国家出版基金项目
NATIONAL PUBLICATION FOUNDATION

中国保险学会 ◎ 著

中国近代保险史

The History of Insurance in Modern China

中国金融出版社

责任编辑：张清民
责任校对：潘　洁
责任印制：程　颖

图书在版编目（CIP）数据

中国近代保险史/中国保险学会著 . —北京：中国金融出版社，2022.5
ISBN 978 – 7 – 5220 – 1432 – 6

Ⅰ. ①中… Ⅱ. ①中… Ⅲ. ①保险业—经济史—中国—近代 Ⅳ. ①F842.9

中国版本图书馆 CIP 数据核字（2021）第 260672 号

中国近代保险史
ZHONGGUO JINDAI BAOXIANSHI

出版
发行　　中国金融出版社

社址　北京市丰台区益泽路 2 号
市场开发部　（010）66024766，63805472，63439533（传真）
网 上 书 店　www. cfph. cn
　　　　　　（010）66024766，63372837（传真）
读者服务部　（010）66070833，62568380
邮编　100071
经销　新华书店
印刷　河北松源印刷有限公司
尺寸　210 毫米 ×285 毫米
印张　36. 5
字数　826 千
版次　2022 年 5 月第 1 版
印次　2022 年 5 月第 1 次印刷
定价　160. 00 元
ISBN 978 – 7 – 5220 – 1432 – 6
如出现印装错误本社负责调换　联系电话（010）63263947

The History of Insurance
in Modern China

中国近代保险史

序

Preface

　　2019 年 1 月 2 日，习近平总书记在致中国社会科学院中国历史研究院成立的贺信中指出："历史是一面镜子，鉴古知今，学史明智。重视历史、研究历史、借鉴历史是中华民族 5000 多年文明史的一个优良传统。当代中国是历史中国的延续和发展。新时代坚持和发展中国特色社会主义，更加需要系统研究中国历史和文化，更加需要深刻把握人类发展历史规律，在对历史的深入思考中汲取智慧、走向未来。"总书记的这段话，对历史研究的价值进行了精辟阐释，也是我们探讨中国保险史的指针。可以说，了解中国保险的演变过程，揭示中国保险的发展规律，为当代中国保险事业提供历史智慧，正是我们研究中国保险史的根本目的。

　　在 20 世纪上半叶，保险界人士在探讨中国保险业问题时，就对中国保险的早期发展历程做过一些介绍和考察，但真正意义上的中国保险史研究是到 20 世纪八九十年代才展开的。在中国走上改革开放道路、保险事业快速发展的背景下，保险学界率先倡导中国保险史的研究，对中国保险业的历史面貌进行初步考察，开创了中国保险史这一研究领域。由中国保险学会组织编写并于 1998 年出版的《中国保险史》就是其中的代表性成果之一。该书第一次对近代以来中国保险的发展演变过程进行了系统整理，勾勒了中国保险史的基本面貌，填补了长期以来的研究空白，引起了保险学界及学术界的广泛关注，起到了引领中国保险史研究的积极作用。在此后二十余年的时间里，中国保险史研究队伍不断充实，研究领域不断扩展，研究内容也越来越丰富和细化，出版了一批新论著，形成了一系列新认识，成绩斐然。基于此，我们组织中国保险史领域的专家学者，历时四年，编写完成了这本《中国近代保险史》，在吸收近年来中国保险史研究新成果的同时，致力于进一步拓展中国保险史研究的深度和广度，深化对中国保险发展的历史规律和基本特点的认识，以期将中国保险史研究提高到新水平。

总体上来说，这本书具有以下学术贡献：

首先，对19世纪初到新中国成立前的中国近代保险发展历程进行了系统、深入的考察。在本书的编写过程中，我们大量发掘、利用档案、报刊等各种中外文献，在充实的资料基础上，对中国近代保险业的相关史实进行了辨析，分阶段考察了中国保险业的演变进程，全面论述与突出重点相结合，较为细致地展示了这一阶段中国保险业的整体发展面貌。

其次，对一百多年中国保险业的发展特征和规律进行了初步总结和认识。该书将中国保险业的演变进程与近代中国政治、经济乃至社会观念变革结合起来进行认识，既揭示西方保险业对中国近代保险市场的控制和垄断，也考察了民族保险业跌宕起伏的演变过程，还探讨了保险制度在中国的移植及其本土化问题，等等，提出了一系列具有新意的学术观点，对中国保险史研究的进一步深入具有启发意义。

最后，就内容而言，这本书既有对保险企业的考察，也有对保险市场的探析，除了介绍外商保险业和华商保险业的发展历程，还关注到保险同业组织、保险监管制度等以往研究中较少注意的方面。此外，书中对新民主主义革命时期中国共产党领导下的根据地保险制度和保险事业进行了专门介绍，对现代保险知识在中国的建构过程和保险学术研究等也做了专题论述，更全面地呈现出1949年前中国保险事业的丰富面貌。

总之，该书既是对二十多年来近代中国保险史研究成果的一个总结，也为下一步中国保险史的研究提供了一个新的学术起点与讨论平台。

迄今为止，现代保险在中国的发展已历时二百余年。正如本书中所指出的，中国保险业的发展过程，也是保险制度在中国的本土化过程，可以说，对这一制度的探索过程一直持续到今天。当代中国经济变革的大潮，向中国保险业提出了探寻自身发展道路的重大命题。在习近平新时代中国特色社会主义理论的指导下，回应现实关切，为中国特色社会主义保险制度寻求理论依据，推动保险业的改革创新，是保险学界当然的责任。对近代中国保险史进行研究，不仅具有为中国保险业累积知识资源的作用，也必然会为当代保险业的发展带来思想智慧的启迪。

The History of Insurance
in Modern China

中国近代保险史

目 录
Contents

The History of Insurance
in Modern China

中国近代保险史

绪 论

Preface

在人类的发展历史上，无论是自然界的水旱霜雹灾害，还是社会的各种意外事故，都是一种普遍的、不确定的客观存在，带来诸如财产、人身等各方面的损失与伤害。为了降低甚至消除各种风险对人类生存与发展的影响，人们千百年来进行了不断的尝试和努力。在某种意义上，文明史就是一部人类从事社会生产活动、与自然灾害抗争、对风险进行管理的历史。

在这一过程中，人类逐渐认识到，通过合作以共同承担风险带来的损失，是对各类风险进行管理最有效的一种方式，保险制度由此产生。现代意义上的保险是一种经济损失补偿制度，就是以某种平均分担风险的形式，对各种具有不确定性的风险损失进行经济补偿的制度安排。商业保险是现代社会最普遍的保险形式，即由作为保险当事人的保险人和投保人建立保险契约，投保人交纳保险费而形成保险基金，当被保险人发生当事人约定的风险损失时，由保险人履行契约，予以经济补偿。我国《保险法》对"保险"的规定是："投保人根据合同约定，向保险人支付保险费，保险人对于合同约定的可能发生的事故因其发生所造成的财产损失承担赔偿保险金责任，或者当被保险人死亡、伤残、疾病或者达到合同约定的年龄、期限等条件时承担给付保险金责任的商业保险行为。"

保险制度的出现，使人类在面对各种自然与社会风险的危害时，不再是被动的承受者。从古代的行会合作保险、相互保险起步，随着商品经济的发展和社会生活的日益复杂化，保险已经渗透到当今人类社会的各个层面，与人类的生产、生活形成紧密而繁复的结合。保险无时无处不在，成为经济乃至社会运行的一项重要制度保障。保险业与其他行业最重要的区别是，保险为社会经济活动提供保障，这也是保险的本质功能所在。比如财产保险、人身保险、责任保险、信用保险等，不仅起着保障经济运行的作用，也具有维护与稳定社会秩序的功能。1924 年 10 月，中国近代保险界著名人士吕岳泉为我国第一本保险学著述——王效文的《保险学》所撰序言中称：

> 备者，立身处世之大要也……保险，备之尤备者也；于物，则有水、火、兵戈；于人，则有人寿、婚嫁、教育、立业。营物者，遇意外而不患丧亡其代价，养生者，遇不测而无虞瞻顾其身后。是故保险制度既行，而后人事万殊，皆有归纳。归纳者，有所备耳。人尽有备，而社会以之安宁。社会安宁，国家焉得不强。

一、 保险的古代起源与演变

在古代社会，为了弥补自然灾害和意外事故所造成的经济损失，产生了各种形式的化解风险的做法，保险雏形开始出现。在这些举措中，就包含了后世保险的基本精神和原则。古代埃及商人的骆驼商队中，骆驼死亡或货物遭受损失的商人会得到未受损失的商人的部分利润作为补偿，这实际上就是一种共同承担风险的经济互助方式。修建金字塔的埃及工匠中有丧葬互助组织，互助组织收取丧葬基金，如果有工匠去世，以基金支付葬礼费用及遗属抚恤的费用等。在罗马帝国，下层民众也往往结成互助性质的组织，由成员缴纳会费，如遇成员死亡，则以互助金支付丧葬费。这样的互助组织在罗马军队中也秘密存在。这些做法即体现了均摊风险的保险意识。

不过，作为一种市场化的风险化解制度，现代保险萌芽于海上贸易及其共同海损原则。在世界历史早期，地中海因为岛屿密布，沿岸城镇众多，航海贸易持续发展，堪称海上贸易的中心地区。早在公元前 3000 年前后，地中海东岸的腓尼基人就凭借其高超的造船与航海技术，开始地中海沿岸各城邦之间的贸易活动，并与埃及建立了商业联系。在长期的贸易活动中，腓尼基人为了减少海上贸易的风险，逐渐形成了"弃货法"和共同海损原则：在航海中为了应对恶劣天气等风险而不得不抛弃的货物，由所有受益的商人共同承担损失。这种分摊海上损失的原则和做法被视为海上保险的起源。此后，共同海损原则以成文法的形式确立下来，公元前 9 世纪的《罗得海法》中就对此进行了记载。如果遇到危急情况，为了全体商人的安全和利益，需要将部分货物抛入海中或者斩断桅杆以减轻船舶载重，等船靠岸后，由全体经商得利者分摊受损者的损失。这一原则后来被地中海沿岸诸多城邦如雅典、克里特、米利都等接受。公元 8 世纪东罗马帝国制定的《罗得海商法》也借鉴了《罗得海法》及其共同海损原则。[①]

腓尼基人之后，具有航海贸易传统的希腊人也为海上保险的发展作出了贡献。希腊半岛三面环海，为商业贸易提供了天然条件，航海贸易很早就已经出现。公元前 8 世纪，古希腊进入城邦时代后，在地中海沿岸建立了频繁的贸易联系。在长期的航海贸易中，希腊人也继承了腓尼基人的共同海损原则，以化解海上风险带来的损失。

在古代巴比伦和腓尼基，还出现了海上抵押借款的做法。船东在出航前，将船舶和货物抵押给

---

① 董波. 世界保险史话 [M]. 北京：中国金融出版社，2020：4 - 5.

海险商，并获得等值的资金，规定船舶到达目的地后归还。如果船舶及货物在航行途中遭受损失，船东可向海险商提出免予归还全部或部分抵押金的申请，海险商在调查核实后应按规定同意船东提出的全部或部分申请。如果船舶平安到达，船东除全部归还向海险商借贷的抵押金外，还需支付一定的利息。船东支付的利息，即具有现代保险费的性质。① 由于债主承担的风险大，其利息也要高得多。可以说，海上借贷已经具有保险制度的雏形。

尽管古代的海上贸易出现了保险的萌芽和雏形，但现代意义上的保险，是资本主义商品经济发展的产物。中世纪的欧洲，随着海上贸易的发展，保险日渐成为航海业和对外贸易的重要组成部分。中世纪晚期，意大利半岛的热那亚、威尼斯、佛罗伦萨、比萨等城市海上贸易十分发达，有关海上保险的法律实践得到了发展，意大利也因此被看作现代海上保险的发源地。"保险"的通用英文词 Insurance 或 Assurance 就起源于意大利 Sigurare 一语。在 14 世纪意大利沿海贸易的商业文件中，常用 Sigurare 一词，有"抵挡""担保""保护""负担"之意。到 14 世纪后半叶，该词就有了"保险"的意义。② 保险单的英文词 Policy，来源于意大利语 Polizza，意思就是"一份保证"。1347 年 10 月 23 日，热那亚出现了世界上第一张海上运输保险单，当地商人乔治·勒克维伦和一位名为巴萨罗穆·巴索的船长订立契约，为从热那亚运往马尤卡的一批羊毛制品提供保险。这是迄今发现的世界上最早的一份保险契约，是现代保险单的雏形。1384 年在意大利沿海城市比萨出现的世界上第一份现代意义的保险单，为一批从法国南部阿尔兹运送到比萨的货物提供保险。这张保险单约定了保险标的以及保险责任，"海难事故，其中包括船舶破损、搁浅、火灾或沉没造成的损失和伤害事故"，在其他责任方面，也列明了"海盗、抛弃、捕捉、报复、突袭"所带来的船舶和货物损失。③

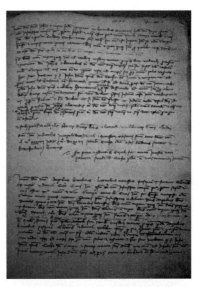

1347 年 10 月 23 日，热那亚出现了世界上第一张海上运输保险单

15～16 世纪新航路的开辟，拉开了西方殖民扩张的序幕。西班牙、葡萄牙、荷兰、英国、法国相继而起，争夺海上贸易，抢占殖民地。大西洋沿岸的西班牙、法国、英国及北欧城市代替了地中海沿岸城市，成为海上贸易的中心。随着海上贸易范

① 严庆泽，梁鸿，王立安. 世界保险史话 [M]. 北京：经济管理出版社，1993：9.
② 中国保险年鉴编辑所. 保险年鉴：1935 [M]. 上海：中华人寿保险协进社，1935：1.
③ 严庆泽，梁鸿，王立安. 世界保险史话 [M]. 北京：经济管理出版社，1993：11.

围的拓展，海上保险也得到前所未有的发展机遇。到 16 世纪初，在法国和地中海地区，海上借贷的做法已经为人们所熟悉。伦敦、安特卫普、阿姆斯特丹、汉堡等著名的贸易港口城市，是当时保险业务最兴盛的城市。比如，荷兰的安特卫普就是北欧海上保险的交易中心，并形成了一套海上关于保险的交易规则。在佛罗伦萨、西班牙等地，还制定了保险法规范。1731 年，汉堡市颁布的海损及保险条例，将保险法提高到新的水平。

从 16 世纪开始，英国在海上霸权的争夺中逐渐兴起，也成为海上保险业的中心。通常的说法是，15 世纪前后，来自意大利的伦巴第移民将海上借贷的惯例和规则带到了英国。到 16 世纪，伦敦一些商人和商业经纪人不断加入这一行业。1576 年，由英国女王特许，伦敦皇家交易所内设立了保险公会，专门办理保险单的登记。保险公会还制定标准保险单，完善保险条款。1601 年英国制定了第一部海上保险法律《商事保险法》。到这一时期，英国的海上保险业已经颇具规模，据估计每年投保金额已有数百万英镑之巨：

皇家交易所周围聚集了许多经营船舶、货物保险业务的公司，如霍尔氏（Hall）经营的保险公司，贝维斯（Bevis）保险公司，等等。这些公司为出发到或来自世界各地的船只及其货物填写保险单，它们所收取的保险费数额则与航程、海险、意外袭击等各类风险成比例。[①]

在英国成为最强大的海上势力的同时，伦敦海上保险业也不断发展。18 世纪初，英国保险业的市场范围已不再局限于本地及英伦诸岛之间的贸易，开始大量接洽海外贸易和运输业务，经营船舶运输的保险公司也纷纷设立。1720 年，皇家交易保险公司和伦敦保险公司经英国女王批准，正式成为经营海上保险的特许公司。其他海上保险公司则被禁止。但由于这两家特许公司的目的主要是在世界保险市场上与其他保险组织竞争，在英国仅经营少量的保险业务，个体保险商因此获得了机会。由爱德华·劳埃德 1688 年在伦敦开设的劳埃德咖啡馆从交流海事和航运信息开始，发展为个体保险经纪人的聚集之地，成为英国海上保险的交易中心。在这家咖啡馆的基础上，1774 年劳合社正式成立。到 19 世纪初，其承保额已占据伦敦海上保险市场的绝大部分份额。1824 年，英国议会撤销了皇家交易保险公司和伦敦保险公司垄断海险经营的特权，一批海险公司在英国迅速兴起，这些公司不断地竞争和发展，促使英国保险业空前兴盛。

除海上保险之外，火灾保险兴起于中世纪的欧洲。其时欧洲行会制度盛行，行会除了实行内部的经济互助，还组织成员承担防火救火的责任，对受害者进行经济补偿。一种看法认为，火灾保险滥觞于德国。15 ~ 16 世纪，德国就出现了一些相互保险、互助的火灾救助团体，主要以酿酒商、布料商等为主。在酿酒业发达的汉堡，就存在不少这样的团体。1591 年汉堡一场大火给酿酒业带来巨大的损失，酿酒业为此制定了新的保险协约，规定如果有成员遭受火灾损失，其他成员有义务均摊其损失。到 1676 年，46 个火灾社团组成了火灾合作社，后又发展为汉堡火灾保险局。

在火险事业的发展过程中，英国的角色也十分重要。据称，英国于 17 世纪上半期出现火灾保

---

① H. A. L. 科克雷尔，埃德温·格林. 英国保险史（1547—1970）［M］. 邵秋芬，颜鹏飞，译. 武汉：武汉大学出版社，1988：4.

险。1666 年 9 月，伦敦一家面包房引发了一场持续数日的火灾，全市 1/3 化为灰烬，20 万人无家可归，财产损失达到 1200 万英镑。这场大火唤醒了人们的火险意识。次年，一位名叫尼古拉斯·巴蓬的牙医出资设立了一个火灾保险营业处，并在 1680 年开办了一家合股保险企业——房屋火灾保险事务所，后更名为凤凰火灾保险社。这家保险公司根据房屋租金和结构计算保险费，并依据危险程度划定费率，为火灾保险制度的完善奠定了基础，对保险业的发展作出了重要贡献，巴蓬因此被誉为火灾"保险之父"。1710 年，著名的英国太阳火险公司成立，"乃今日各国火险公司中之最旧者"。①此后，火灾保险业在欧美以及北美都得到了迅速发展，成为保险事业的重要组成部分。

人身保险的雏形出现得也很早。欧洲中世纪的行会就有对死亡、疾病、伤害等进行救济的做法。一种说法是，中世纪晚期，意大利的海上保险已经将船长的生命列入保险契约，这被看作人寿保险的起源。15 世纪欧洲殖民者的黑奴贸易中，非洲奴隶被作为货物进行投保，后来船上的船员在遇到意外伤害后，也可以获得保险人的赔偿。16 世纪英国的海运保险中，人身安全也被纳入保障范围。此后，专门的人身保险公司开始出现。1693 年，英国数学家哈雷经过对伦敦出生人口和死亡人口的精算，编制了第一张生命表——哈雷生命表，标明每一年龄的死亡率，为寿险保费计算提供了科学依据。到 18 世纪，依据年龄差计算保费的方法得到不断完善，为人身保险提供了技术基础。1762 年伦敦公平保险社（或称为和平保险社），就是依据这一保险技术而设立的，故被视为寿险公司的鼻祖。此后，人身保险获得了巨大的进步。到 1837 年，英国人身保险公司的数量达到 82 家，总资产高达 2775 万英镑。②1870 年，英国颁布人身保险公司法，此后各国也纷纷制定相应的法规，人身保险在欧洲和北美得到了快速发展。

随着资本主义商品经济的发展，保险业开始由海上贸易向工业、商业、畜牧、交通运输、疾病医疗等经济和社会生活领域渗透，业务种类越来越丰富。社会保险意识不断增强，民众对保险的认识不断深化，接受程度越来越高。与此同时，相关制度和法规也得到了完善，保险学术研究开始兴起，专业化的保险知识逐步形成，共同推动了保险业的持续成长。当今世界，保险在人类经济运行和社会发展中开始扮演不可或缺的角色，发挥越来越重要的作用。

二、　传统中国社会的保险

抵御风险的需求伴随着人类活动而出现。中国是世界文明古国之一，也很早出现了原初形态的保险行为。民国保险学者孔滌庵称："吾国以农立国，农民生活，比较安定，对于思患预防之需要，亦因之缺少。然以数千年历史之悠久，苟详为钩稽，则其间类于保险之制度，因大有足称者在。"其列举的四类制度为：

（一）荒政　吾国农国也，国家大患，莫逾于饥馑。故备荒之法，历代君相，无不视为经国大计，如汉之常平仓、隋之义仓、宋之社仓等丰岁而敛之、凶年而散之。其法虽不尽与近世所谓保险

---

① 保险业发达之略历［J］. 大陆银行月刊，1925，3（7）.
② 董波. 世界保险史话［M］. 北京：中国金融出版社，2020：92.

制度者相同，而以相互扶持之精神为思患预防之远谋，其目的固差相仿佛者也。

（二）合会　合会之方法与其名称，随地不同，而其主要之目的，为储蓄者半，为互相救济者亦半。欧洲学者推究人寿保险之历史，谓其导源于古代之（Collegia），盖加入此（Collegia）团体者，对于死亡之会员，各人都负有金钱吊慰之义务，而合会精神之与此暗合，固比比是也。

（三）镖房　镖房为昔时北方运送业之一种。通常运送人之任务，不过尽货物由发送地至到达地为止之职责而已。至于途中如遇有不测致运送品因致灭失者，非运送人所有事也。而镖房则不然，雇有武士，挟以凶器，运送之外，更兼备盗，故运送费中实含有保险费在内。苟遇盗窃，例须赔偿。此制度昔时盛行北方，自轮轨四达以后，渐告寝衰矣。

（四）船舶　船只为水上运送唯一之要具，船主责任，本亦仅以运货为止境。而我国旧时之货船，所立运单，例多载有途中出险，负责认赔等文句。此种习惯，相沿已久，故今日提货单犹用红色（船长所发之提单于运送之外更带有保险者，其以红色纸印之谓之红提单 Red Bill of Landing）。彼西人不察，动以保险思想幼稚相诮，讵知由来者久，不能一朝改革乎![1]

中国古代以自给自足的自然经济为主，如孔滁庵所称，这种农本经济没有对保险的强烈需求。但在生产力低下的背景下，自然灾害频发，尤以水旱饥荒为最，防灾、救灾、赈灾一直是中国社会面临的重要治理课题。在长期的防灾实践中，中国形成了一套救灾赈灾制度体系。仓储制度就是一项重要的内容。义仓、社仓源于汉代，成熟于北齐，兴盛于隋唐，此后一直沿用。五代后周设惠民仓，宋代推广惠民仓、广惠仓、丰储仓，王安石变法提出常平仓新法，南宋朱熹也创办过社仓。明代有预备仓、济农仓。清代州、县设常平仓，市、镇设义仓，乡村设社仓，等等。这些名目不同的仓储设施，由官方、民间分头举办或官民合作办理，平时收储粮食，灾荒时开仓赈济，起着平抑粮价、赈灾备荒的作用。尽管各朝代的仓储制度往往名存实亡，其实践效果并不显著，但其相互扶助与救济精神，与保险制度的目标有一致之处。

传统的合会，是民间小型的经济互助组织。合会名目繁多，有的以共济为目的，参加者按期缴纳一定数额的钱物，困难或急需者可借用；有的专门为丧葬而设，入会者家中老人去世时，会中提供一定的人力物力帮助；有的则纯出于慈善目的，借出欠款无须偿还；有的带有储蓄性质；有的则专门从事借贷；等等。总之，合会普遍具有共济的特征。明清时期盛行的"宗亲福利会""长生会""长寿会""寿星会""葬亲会""父母轩""六文会""孝子会"等社会互保组织，一般将田产用于租佃，善款用于生息，从而使以土养业和以息养产成为筹措经费并保值增值的主要手段。这些组织有的由会员自筹资金，有的用宗族祠堂的部分公产，当会员或族人死亡时，给予死者殡葬费用和遗属抚恤金。这可以看作人寿保险的原始形式。一直到晚清民国，合会在中国骈兴错出。

在中国传统社会，互助共济的组织还包括多种类型。宗族是中国社会主要的组织形式，救济族人是宗族的一项重要功能。不少宗族设有专门管理族产收支、救助同族的机构与设施，包括义庄、义田或义仓等。一些宗族制定了对贫苦族人的救济办法，如对颠沛流离、迭遭凶荒的族人，以及父

---

① 孔滁庵. 论中国之保险业［J］. 银行周报，1928，12（42）.

母早丧、家业凋零的孤儿，富裕的族人应予以帮助。对于贫苦的节妇，除有资财的族人提供资助外，一些宗族还动用宗祠的公积金加以周恤。有义庄的宗族通常给孤儿寡母及孤寡老人分发更多的钱粮，还有的宗族准备专门的经费，来帮助族内贫苦家庭抚养女婴。对同族的贫寒子弟，有的宗族还为其谋职谋生、就学经商提供钱物支持。有的宗族还设立了专门的济贫基金。①

会馆公所通常是以业缘、地缘为纽带而建立的社会组织，其互保行为涉及襄学、施医、济贫、助丧四个主要方面。经费主要来源于乐善人士的捐资、众商集资分摊、行业抽提。有的除分担危险和分摊损失外，还发挥公共救济、相互扶助的功能，如会馆公所还设有义学，助贫寒子弟读书识字。宁波钱商设有银庄，若有行将破产者，则亏空之数往往由同业公摊。

为了标举儒家的仁政思想，中国古代统治者对鳏寡孤独往往采取救济措施。如南朝时设孤独院收养孤儿孤老，设“六疾馆”收养贫病。唐朝设“病坊”收养老年乞丐。宋代设居养院、福田院、养济院、安济坊等救济孤老贫病，设幼儿局、慈幼局收养救助孤儿，设漏泽园收葬遗骸等。明清时期也有养济院。明清时期，民间设立的善堂更十分多见，这些善堂组织大都设置于大城市。例如，上海的同仁堂、辅仁堂、果育堂、普育堂、济善堂、仁济堂、广仁堂等；天津府的养病堂、恤产保婴局、施棺局；广州东莞县的广行善堂、善庆堂、评善堂、普善堂；四川巴县的体仁堂、体心堂、存心堂；江苏江都县的务本堂。此外，还有宗教慈善机构，如唐代的悲田养病坊就是设在佛教寺院收养贫病孤老的机构，又如清代天津府的放生院、育黎堂，以及良乡县的永保堂，均由僧人或者道士管理。这些机构和设施多具有共济性质，体现出与保险制度相类似的功能。

孔滌庵提到的镖局，可以看作原始形态的运输保险。明清时期，随着商品经济的繁荣和贸易运输的发展，出现了镖局或镖行，专门从事押运服务。商人为了货物运输的安全，可聘请镖局沿途押运。镖局承运的货物，称为“镖码”即保险标的。货物须经镖局检验，按贵贱分级，根据不同等级确定镖力即保险费和运费。保运货物失败者，镖局要按市价赔偿给货主。“中国所谓镖局即一种运送保险业，往往自备器械，以御盗贼，亦间与盗贼通。查环球保险业，鲜有野于此。”② 镖局大致分为武术世家、士兵或者自由组合而组建的三种类型，其业务后来从信镖发展到票镖、银镖、粮镖、物镖、人身镖六种“镖码”。插有镖旗的镖车是镖局走镖时的重要交通工具和标识。

江河水运是中国古代最重要的运输方式之一。为了规避风险，也出现了具有保险性质的做法。据美国学者理查逊的记载，以及英国人维克多·多弗（Victor Dover）在其编著的《海上保险手册》中的记述：“甚至更早一些据说已经被证实的例子可以追溯到巴比伦和遥远的3000年前的中国，那时中国商人被证实在扬子江上将他们的货物分装到一批船上，用来‘均摊’风险损失。”③ 这种“分舟运米”的做法蕴含了现代保险制度的风险分散的原理。在清代四川的盐运业中，存在一种“提款自保”、商盐随盐“带征商本税”收取基金的制度。一旦在川江运输中遇险受损，就可以在原场补配

---

① 费成康. 中国的家族法规 [M]. 上海：上海社会科学院出版社，1998：93 - 94.
② 杨荫杭. 商业补助机关之不备 [J]. 商务官报，1906，11.
③ VICTOR DOVER. A Handbook to Marine Insurance [M]. 8th ed，[s. I.]：Witherby，1975：3.

损失的盐斤，不再缴款。类似货物运输保险事前收取保费，事发进行保险补偿。清末在东北的辽河和鸭绿江流域，船户们也自发组织船会、驳船会或艚船会，各种帆船、小艇均须缴纳会费，由船会存储生息，以便船只遇难时由公费救济，这是带有保险性质的一种互助做法。

清末民初活跃在西南地区的"麻乡约大帮信轿行"是一种民间运输组织，是陈洪义（又名陈鸿仁）于清咸丰二年（1852年）在昆明首创的以轿子经营的客运和货运业务。其承揽对象还包括缅甸、安南来中国的商旅。同治五年（1866年）在重庆开设"麻乡约民信局"，经营邮递信件和汇兑。其分支机构曾遍及西南地区各主要州县。上述各项业务，都按约定的损失实行赔偿责任制，如汇兑、现金、包裹大抵以距离、重量和价值计算汇费。其损失的补偿规定：凡人力不可挽救的损失，免赔；如遇盗匪抢劫，赔其一半；其他损失事项负全赔之责。

从上述可见，中国古代在社会保障和救济领域积累了丰富的经验。这些关于社会保障、救济及风险管理的实践和理念，与中国文化传统及先贤对自然、社会的认知、理解有直接的关系。中华上古神话和人物中，如盘古开天辟地、夸父逐日、女娲补天、精卫填海、后羿射日、大禹治水、愚公移山、共工触怒不周山，以及人文始祖伏羲氏、遍尝百草的神农氏、钻木取火的燧人氏、教民构木为巢的大巢氏，等等，都隐约体现了古代先民关于治理自然灾害、防灾、善治和风险管理的梦想，体现了敬畏自然、抵御灾害、敬鬼神而远之的朴素唯物主义观念。源远流长的"天人合一"的观念中，也包含了防灾治灾，进行有效的风险管理，实现人与自然和谐的诉求。以民为本的民本主义思想传统是国家对民众负有保障责任的理论基础，对大同社会的描述则表达了先贤对人人得到充分保障、秩序井然的理想社会的向往："大道之行也，天下为公，选贤与能，讲信修睦。故人不独亲其亲，不独子其子，使老有所终，壮有所用，幼有所长，矜寡孤独废疾皆有所养，男有分，女有归。货恶其弃于地也，不必藏于己；力恶其不出于身也，不必为己。是故谋闭而不兴，盗窃乱贼不作。故外户不闭，是为大同。"（《礼记·礼运篇》）中国古代这些最受推崇的思想传统，蕴含了保险的追求目标，也为中国保险事业的发展提供了重要的思想资源。

尽管中国古代关于社会保障、救济的理念和实践中包含了某些与现代保险类似的原则或设想，甚至一些举措可以看作原始形态的保险行为，但与衍生于西方社会的现代保险制度相比，二者之间仍有本质的不同。现代保险制度是商品与市场经济的产物，是以市场经济手段化解风险的制度安排。迄今为止的人类文明形态或经济的社会形态，大体可以分为历时数千年之久并植根于自然经济的农耕文明与发端于商品经济且经受资本主义生产方式洗礼的工商业文明。在19世纪初西式保险进入中国之前，中国还处于农耕社会，尽管工商业活动很早就已经存在，并在明清时期有加速发展的迹象，但这并不意味着中国必然走上西欧的资本主义方向。十五六世纪以来，大航海时代和资本主义殖民扩张的到来，将原本处于隔离状态的不同文明联系在一起。及至1840年中英鸦片战争，被西方殖民扩张卷入现代世界体系的中国，在世界经济发展潮流中已然落伍，也没有完成从原始的社会保险、保障或救济向以商业保险为标志的近代保险的转型。究其原因，主要在于中国政治经济社会具有保险的必要条件，但是缺乏保险的充分条件。

所谓保险基本具备的必要条件：其一，自然灾害和意外事故等风险的客观存在，这是保险业得以存在的一般自然条件。其二，剩余产品的出现和增加是保险业产生的一般物质基础。其三，商品经济是保险迅速发展的催化剂。其四，中国还最早具备一些有利于保险发展的物质条件、思想因素和其他构件，如中国古代亚细亚社会经济形态，以及由此产生的发达的中央集权的社会制度，所造就的庞大的各种荒政和仓储制度及社会保险和社会救济构件，等等。

但是，18世纪末至19世纪初的中国社会经济制度缺乏保险产生和发展的充分条件，即植根于商品经济土壤的工商业文明、市场经济运行机制及其制度支撑条件。保险是一种特殊商品，是商品经济的一种特殊表现形式，是集合同类风险单位以分摊损失的一项风险转移机制、契约合同或经济制度，并且以保险作为一个独立的部门从生产过程分离出来为必要的前提，必须有赖于商品经济充分发展与社会分工的高度细化。因此，保险商品的交易，需要有大量保险商品的供应者和需求者，通过价值规律在规范的保险市场上实现，这只有在生产者之间有普遍的经济联系方能实现。换言之，商业意义上的近代保险是资本主义商品经济或市场经济的产物，商品经济或市场经济是保险业产生和发展的必要社会经济条件。

中国传统社会处于原始和萌芽的保险经济和思想，由于缺乏一定的经济社会基础和商品经济制度，还陶醉于植根于自然经济土壤的农耕经济制度和"农耕文化"之中，纠结于强烈的大一统的中央集权及国家干预情结，尤其还没有完成从等级固化的"身份社会"到非世袭、平等与广泛合作的现代"契约社会"的转化，缺乏规则意识、契约精神和工商业文明的熏陶，还没来得及做好准备完成从历时四五千年之久的农耕文明向工商业文明的根本性转型，以及从原始保险到近代保险的转型。因此，传统社会的保险行为，没有能够成为中国现代保险业的历史源头。

三、 中国近代保险的历程与特征

从19世纪初现代保险制度在中国出现，到1949年中华人民共和国成立前，是整个中国保险史的一个重要阶段，也可以称为中国近代保险史。中国近代保险史内容丰富，过程复杂，面相多元，既有外商保险，也有民族保险；既有国民党政权构建的国营保险体系，也有中国共产党领导的新民主主义保险事业，多重线索交织，并随着近代经济、政治的变化呈现出跌宕起伏的演变面貌。特别是外商保险与华商保险，其既有共生的特征，又有冲突的一面，且在发展进程上存在明显的不同步现象，这都影响对中国近代保险基本进程的把握和认识。我们将中国近代保险的发展历程大体归纳如下。

从19世纪初开始，在欧洲殖民势力向东方扩张的过程中，保险制度被带到中国。十七八世纪，英国、美国等国家的商人与中国的海上贸易不断发展，为了保障航海货物的安全，西方保险公司在华开设了保险代理业务。1805年，由外商在广州设立的谏当保险行（Canton Insurance Society）是中国出现的第一家保险企业。这既是西方保险制度进入中国的开端，也是中国保险事业的起点。1842年第一次鸦片战争失败后，中国被迫打开国门。不断增长的中西贸易导致西方在华贸易商对保险的更强烈的需求，以此为契机，以英国为首的西方保险公司在不平等条约的庇护下，或通过开设分支机构，或通过建立代理关系，纷纷到中国寻求商业机会。以上海等通商口岸以及香港为中心，外商在华保险企业迅速登陆中国，经营活动不断扩张，形成了在华外商保险业最初的兴旺局面。在为中外航运与贸易提供保险服务的同时，这些外商保险也介入中国本土的经济活动，特别是沿海地区的航运和贸易事业。为了拓展中国市场，外商保险企业建立了保险买办制度，成为其沟通、联系中国社会的特殊桥梁，也是其扎根中国的重要表现。在 1875 年中国民族保险业产生之前，外商保险业凭借其制度、技术上的领先优势，在将保险这一现代经济制度输入中国的同时，也成为中国保险市场的开拓者和垄断者。其在华经营活动的展开过程，也是现代保险在中国最初的兴发过程。

第二次鸦片战争后，随着引进西方技术、求强求富的洋务运动的兴起，中国自办的保险企业开始出现。在举办洋务事业的过程中，李鸿章等洋务派官员对保险有了最初的接触和了解，洋务工矿企业特别是轮船航运事业的建立，则产生了对保险事业紧迫的现实需要。1875 年，第一家民族保险企业——保险招商局创立，这是中国民族保险业最初的起点。轮船招商局此后还相继设立了仁和、济和、仁济和等保险企业，打破了外商独占中国保险市场的格局。作为中国社会的新生事物，轮船招商局创办的保险企业以在华外商保险为参照，采取官督商办模式，尽管受到传统体制的束缚，制度设计先天不足，社会生存环境恶劣，且资金少，规模小，经验缺乏，在依赖外商保险的同时又不得不面临外商保险业的挤压，但仍然为保险制度移植于中国进行了艰难的尝试，为中国民族保险业的成长进行了积极的探索，也为洋务运动时期挽回国家利权、提升国人保险意识作出了贡献。此外，从 1877 年开始到 19 世纪末，以香港为中心，包括上海等地区，还出现了诸如安泰保险公司等数家华商保险企业。这些华商保险公司多由早期投身外商保险业的买办创设，但也具有鲜明的民族特征。与招商局保险企业一样，它们同样是中国近代华商保险业的先驱。这些华商保险企业的出现，使保险业成为中国最早涉足现代工商经济领域的行业之一。

1895—1928 年，也即中日甲午战争失败后的清末时期到民国北京政府时期，是中国保险业的初步发展阶段。中日甲午战争加深了中国的半殖民地化程度，同时也警醒了中国社会。1898 年戊戌变法期间，清政府开始号召民间设厂制造。义和团运动失败后，清政府又实施了新政改革，奖励工商成为一项重要的政策举措，保险观念得到了更广泛的传播。1912 年中华民国成立后，政商各界对保险业也予以积极关注，特别是第一次世界大战爆发后，在欧洲列强无暇顾及中国的情形下，以上海为中心，华商保险企业数量持续增长，一批官僚和商人踊跃投身于保险业，出现了一股国人自办保险业的热潮。1901—1911 年，先后设立的华商保险企业达到 30 余家。1912—1928 年，新增华商保险公司达到 70 余家。但由于缺乏有效的监督和管理，华商保险也存在明显的投机性和失序发展的现象。同一时期，外商保险业也继续扩展，1876—1911 年在华新设外商保险公司约 10 家，新增洋行代理下的外商保险公司则达到百余家。外商在华保险业中，英商保险公司继续保持其此前的优势地位，但到了北京政府时期，以美亚保险和友邦保险为代表的美国保险业及日本保险业则成为外商在华保险业的新势力。在发展方式上，外商保险则由此前的"抢滩"布局，转向提升经营规模和市场占有率。这一时期，以沿海口岸城市为中心的保险市场网络也略见雏形，保险逐渐渗透到中国社会经济活动的诸多层面，报纸广告成为重要的营销手段，投保规条不断完善，保险经纪人和保险公估人也开始出现。与此同时，外商保险同业公会和华商保险同业公会相继建立，也成为这一时期中国保险业发展的表现之一。

从南京国民政府成立后，到 1937 年全面抗战爆发前，中国民族工商业获得了相对稳定的发展环境，这是中国近代保险业短暂的兴盛时代。南京国民政府通过制定《保险法》等，初步建立了保险法律体系。在南京国民政府的扶持下，伴随着工商经济的发展，华商保险业增长提速，市场份额不断扩大。与此同时，以银行资本为代表的新式金融势力纷纷注资保险业，为华商保险业的壮大和规模化发展提供了支持。华商保险业的兴起成为引人注目的现象，著名经济学家马寅初甚至认为，当时华商保险业已经发展成为"经济界四大事业之一"。在 20 世纪 30 年代中国特定的社会经济背景下，一些新的保险领域如社会寿险、农业保险开始受到政府和保险业界的关注，并为此进行了初步的尝试。以上海保险业同业公会为代表的华商保险同业公会的活跃，既表明了这一时期保险领域华商力量的成长，也表明了其已成为中国保险业规范化发展的重要推力。当然，这一时期中国保险业的基本格局尚未出现明显变化，外资保险商仍然占据优势地位，一批立足中国的保险企业如保安保险公司、四海保险公司、美亚保险公司、友邦保险公司等，规模化经营取得了显著进展，业务地域范围已超出中国，这些在中国本土成长起来的外商保险企业，促使中国与世界保险市场形成更紧密的联系，同时也在一定意义上表明中国已成为西方保险业在远东地区的一个重要的立足点，在全球性的保险市场中具有特定的地位和影响力。

1937 年日本帝国主义全面侵华战争的爆发，打破了民族保险业初步繁荣的景象。由此一直到 1949 年中华人民共和国成立前，在接连不断的战争环境下，中国保险业始终处于动荡和危机之中。国民政府迁都重庆后，以重庆为中心的大后方保险业暂时得到了一定的发展。在战时统制经济体制下，国民党政权构建的国营保险体系则开始改变此前华商保险业的格局。在沦陷区，以上海为中心的保险业处于畸形发展状态，尤其是 1941 年太平洋战争爆发后，英、美等国在华保险业被迫退出中国，为填补市场空白，华商保险业一度呈现出异常的投机性繁荣格局。与此同时，日本和汪伪政权也将其势力延伸到保险业。在沦陷区政治、经济和社会动荡不安的局势下，保险业逐渐陷入困境。1945 年抗战胜利后，中国保险业一度出现复苏的迹象，但随着国民党发动全面内战和国民党统治区域通货膨胀的恶性发展，保险业不得不经历一波又一波的冲击，在风雨飘摇中勉强维持，并随着国民党政权的失败，最终陷入了崩溃的危机中。1949 年中华人民共和国成立之后，中国保险业才进入了新的历史发展阶段。

鸦片战争后，中国逐渐沦为半殖民地半封建社会，一方面西方列强对中国的政治、经济控制不断加强，另一方面资本主义先进的生产方式开始在中国兴起。与此相一致，中国近代保险业也具有半殖民地半封建社会的特征。其主要表现就是西方列强力图控制和垄断中国保险市场，中国民族保险业则在压制与束缚下艰难成长。随着反对帝国主义和封建主义的新民主革命运动的兴起，中国共产党领导的人民保险事业经过不断的探索，由萌芽而发展，最终取代了半殖民地半封建的保险业形态，掀开了中国保险的崭新篇章。

大致而言，中国近代保险的发展历程，具有以下三个基本特征。

首先，中国近代保险的基本形态，是半殖民地半封建社会的保险业。率先进入资本主义时代的西方，凭借其技术和制度优势，主导了近代世界市场的形成，保险业也同样如此。在西方殖民势力的扩张进程中，保险制度随着殖民者的脚步被引入世界其他地区，在为列强海外贸易保驾护航的同时，也初步构建了一个全球化的保险市场体系。在一定意义上，殖民势力的航海贸易活动，导致了以西方为中心的世界保险市场的初步形成。19世纪初现代保险事业在中国出现后，外商保险企业持续增长，从水险到火险再到人寿保险等，业务领域不断扩展，始终把持着中国保险业的大部分份额。特别是英国保险业，依靠英国在殖民扩张中的优势地位，长期控制中国保险市场。第一次世界大战后，美国、日本等在华保险企业开始兴起，尽管一定程度上引起了外商在华保险业格局的调整，但不足以从根本上取代英国企业的地位。太平洋战争爆发后，英、美等外商保险企业被迫退出中国，日本保险企业则一家独大。抗日战争胜利后，日本战败，英、美企业再次回归中国市场。尽管外商在华保险业的势力格局不断演变，但其在中国保险业的控制地位未曾改变。中国民族保险企业出现后，以挽回利权为号召，尝试与外商保险业进行竞争，但华商保险企业数量少，规模小，自身也存在诸多问题，很难与外商保险企业形成直接、平等的竞争关系。中国近代的保险市场无论是制度规范的建立，定价机制的形成，还是业务领域的拓展，营销模式的变化，都受西方在华保险企业的左右和控制。外商保险企业凭借其优势地位，将中国近代保险变成了以西方为中心的世界保险市场的一个组成部分。从这一意义上说，中国近代的保险市场是附庸于西方的一个次级的半殖民地市场。

其次，在中国近代政治、经济、社会剧烈变动的背景下，近代保险业的发展历程十分复杂。中国近代保险是国际保险市场的一个组成部分，不仅随着国际保险业的演变而波动，也时刻感受到诡谲多变的世界政治、经济形势的冲击。20世纪上半叶两次世界大战期间外商在华保险业格局的调整，就是世界政治、经济格局影响中国保险业的表现。就外商保险而言，外资保险业之所以在中国市场获得优势地位，除其资金雄厚、经营经验丰富外，也与中西之间不平等的政治地位有关，离不开不平等条约的庇护。当然，外资在华保险业的生存状况，也受到中国政治与社会环境的影响。比如，清末以来频繁出现的民族主义运动、爱国主义运动，在特定时期也对外商保险企业的经营活动产生了一定的冲击，等等。对华商保险业来说，其发展过程更与国内政治、社会乃至思想环境的变化交织在一起。举例而言，20世纪二三十年代劳动保险以及农业保险在中国受到关注，就与"五四"运动后中国社会改造运动有着思想上的关联与互动。在劳工神圣的口号响彻知识界的情形下，凸显劳工利益的劳动保险自然成为社会关注的热点。在中国近代遭受西方侵略的背景下，摆脱列强经济压迫是中国社会共同的政治意愿，担负着挽回民族利权之责的华商保险企业因此被赋予某种先天的正当性。但与此同时，在挽回利权的口号下，保险市场也不乏借此投机的参与者，使得民族保险业呈现出鱼龙混杂、泥沙俱下的景象。保险业的发展与不发展，既有经济因素的作用，也有各种非经济因素的影响。只有综合考察各种因素在中国保险业演变与发展中的影响，才能透过错综复杂的表象揭示中国近代保险发展的真实面貌。

最后，中国近代保险发展的历史，也是保险制度移植于中国的历史。中国近代保险不是中国自然经济演变的产物，而是西方保险制度引进和移植的结果。西方保险制度引入中国后，必然面临与中国社会的结合问题，也就是本土化的过程。广义上的制度，应包括制度理念、制度构造、制度实践三个层面，也就是观念与知识层面、制度建设与构造层面、制度的运行实践层面。从这样三个层面来认识，大致可见保险制度在中国本土化过程的一些特点。就观念与知识层面而言，保险制度的本土化表现为中国社会对保险的认识和接受过程。在这一过程中，保险知识的传播和保险意识的萌发，为保险业在中国的发展提供了条件，但基于中国传统文化和观念的影响，中国社会对西方保险制度的认知与理解也存在谬误和偏差。用"人寿保险"翻译 Life Insurance 一词就是一例。近代保险学者黄其刘曾援引外人论述，指出中国用"人寿保险"翻译 Life Insurance，实则并不合该词的原意，导致国人"产生一种谬误印象"，"而为中国寿险事业进步之障碍"。[①] 就制度构建而言，源于西方的现代保险制度，自然与中国社会难免存在圆凿方枘之处。与近代西方依靠契约规则对经济、社会关系进行界定不同，在注重伦理关系的中国社会，建立一套适应中国社会环境的保险制度并不容易。即便到了民国时期，已有数十年发展历史的华商保险企业仍沿用外文保险单。尽管各界对这一问题颇为关注，但中文保险单迟迟难以推行。究其原因，显然并不只是文本翻译的问题。西式保险单作为内容繁复的契约性文件，其与中国社会观念、惯行与制度的衔接难题，才是保单迟迟不能改用中文的深层原因。类似这些，都是中国近代保险制度建构过程中值得注意的方面。在制度的实践层面上，除关注保险制度各种规则外，更应关注制度的实际运行情态，也就是保险制度的实践效果、市场反馈等。无论是外商保险业，还是华商保险业，其在中国保险市场的经营表现，既有如鱼得水者，也有竭蹶不振者。同样的制度呈现出不同的实践效果，恰恰揭示了制度效应的复杂性，不可一概而论。对这些问题予以适当的关注，将有助于对保险制度本土化的认识和理解，也为中国特色保险制度的发展提供历史的启迪。

中国近代保险史既是西方列强垄断和控制中国保险市场的历史，也是中国民族保险企业努力挽回权利、推进中国经济现代转型的历史，还是中国共产党领导的、与新民主主义革命实践相伴随的人民保险事业萌生、探索的历史；中国近代保险史既包含了保险企业发展、演变，保险市场建立、拓展的过程，也包含了现代保险知识在中国的传播、建构，以及中国社会对保险的认知与理解过程；中国近代保险史既是西方保险制度的移植过程，也是保险制度在中国的本土化过程；等等。中国近代保险业的纷繁内容，蕴含了丰富的历史内涵。我们希望本书的考察和介绍，能有助于对中国保险史的认识，并通过历史与现实的互动，为当代中国保险业提供更多的知识积淀与思想智慧。

---

① 黄其刘. 人寿保险与中国 [J]. 商业杂志，1926，1.

The History of Insurance
in Modern China

中国近代保险史

第一章
Chapter 1

外商在华保险的产生

　　中国现代意义上的保险制度由西方移植而来。15 世纪、16 世纪之交，随着新航路的开辟，全球贸易路线的拓展，原本相互隔离的不同国家和地区被联系在一起，由分散走向整体，世界市场开始形成。西方资本主义殖民扩张，将包括经济制度和规则在内的西方文明扩散到世界的不同地区，现代保险也由此被引入了世界其他地区。保险制度在中国的产生，正是以这一历程为背景。在英国、美国的商人对华海上贸易中，西方国家保险公司开设了保险代理业务。1805 年，由外商在华开设的第一家保险公司——谏当保安行成立，这是中国现代保险制度的开端。鸦片战争后，随着通商口岸的开放，中西贸易的持续增长，保险业在中国逐渐发展。与中国有贸易关系的资本主义国家，几乎都来华开设保险公司或寻找代理人，经营业务由海上保险渐次扩展到火灾保险、人寿保险。这些外商保险公司大都集中在上海、香港、广州、天津等口岸，并进入汉口等内地城市。1875 年前，在华外商保险公司先后有 71 家之多，独占中国保险市场达 70 年之久。

　　外商保险公司及保险代理业务在为中外贸易提供服务的同时，也开始渗透到中国沿海地区的社会经济领域，作为现代服务业必不可少的一环，保险初步成长为一个独立的行业。这一时期的保险业务虽然由主要外商展开，服务于来华外商的贸易和其他经营活动，但作为一个新兴的行业和制度，保险也开始在中国扎根。这一时期，是现代保险业在中国初步兴起的时期。

第一节　中西海上贸易与外商保险公司的兴起

明末清初，中西之间开始建立直接的贸易联系。在数百年的时间里，随着对华贸易的增长，中西之间的海上航运规模不断扩大，产生了对保险的需求，西式保险制度因此被引入中国。"自与各国通商以来，海上贸易日见发达，储藏货物之仓库，亦逐渐增多，保险事业应环境之需要，及亦自外国输入。"① 在现代保险制度被引介到中国及其初步发展的过程中，外商对华贸易无疑是直接的促成因素。

一、中西海上贸易的发展

（一）西方国家的对华贸易

18 世纪至 19 世纪上半叶，随着西方资本主义的迅速发展，各国资本家日益看重世界市场的需求，竭尽全力开拓海外市场，到中国来进行贸易的西方商船日益增多，如表 1 - 1、表 1 - 2 所示。

表 1 - 1　进入广州的西方国家船只吨位（1719—1833 年）

年别	英国		美国		荷兰		法国	
	船只	吨位	船只	吨位	船只	吨位	船只	吨位
1719	2	650	—	—	—	—	—	—
1730	4	1495	—	—	1	400	2	1300
1751	10	4700	—	—	4	3150	2	1800
1790	46	29192	6	1970	3	2090	2	950
1830	72	54940	25	10000	5	4000	5	3000
1833	107	64493	59	24000	8	3200	7	2800

年别	丹麦		瑞典		其他国家		合计	
	船只	吨位	船只	吨位	船只	吨位	船只	吨位
1719	—	—	—	—	4	1344	6	1994
1730	—	—	—	—	1	400	8	3595
1751	1	950	2	1590	—	—	19	12190
1790	1	1100	—	—	1	300	59	35602
1830	1	800	—	—	1	600	109	73340
1833	4	1600	—	—	4	1600	189	97693

资料来源：汪敬虞. 十九世纪西方资本主义对中国的经济侵略 [M]. 北京：人民出版社，1983：13.

---

① 沈雷春. 中国金融年鉴（1939）[M]. 上海：中国金融年鉴社，1939：132.

表 1-2　广州口岸英国、美国和欧洲各国出口船只统计（1784—1811 年）

时间	英国船只	美国船只	欧洲各国船只
1784—1785	14	2	16
1785—1786	18	1	12
1786—1787	27	5	9
1787—1788	29	2	13
1788—1789	27	4	11
1789—1790	21	14	7
1790—1791	25	3	7
1791—1792	11	3	9
1792—1793	16	6	13
1793—1794	18	7	5
1794—1795	21	7	7
1795—1796	15	10	4
1796—1797	23	13	3
1797—1798	17	10	5
1798—1799	16	13	6
1799—1800	14	18	4
1800—1801	19	23	7
1801—1802	25	31	1
1802—1803	38	20	12
1803—1804	44	13	2
1804—1805	38	31	3
1805—1806	49	37	4
1806—1807	58	27	2
1807—1808	51	31	2
1808—1809	54	6	—
1809—1810	40	29	—
1810—1811	34	12	—

资料来源：聂宝璋. 中国近代航运史资料（1840—1895）：第 1 辑上册 [M]. 上海：上海人民出版社，1983：10.

鸦片战争前，到广州进行贸易的西方国家先后有葡萄牙、西班牙、荷兰、英国、法国、美国、丹麦、瑞典和普鲁士等国，进出口商品量和价值都在不断增加，尤以英国最为引人瞩目。18 世纪 40 年代前，英国在西方对华贸易中所占比重还没有超过法国和荷兰；[①] 从 18 世纪 60 年代初到 19 世纪 30 年代初，西方国家对中国的进出口贸易总额由 550 万两上升到 2260 万两，70 年中增加了大约 3 倍。同一时期，英国对中国的进出口贸易总额，则由 290 万两上升到 1730 万两，[②] 增加了将近 5 倍。外国进入广州的船只吨位，从 1730 年至 1830 年的约 100 年间，增加了将近 22 倍；同一时期，英国进入广州的船只吨位，则增加了近 36 倍。18 世纪 30 年代初，英国船只吨位只占全体的 40%，100 年以后，则上升到 75%。[③] 18 世纪后半叶中英贸易总值已占广州海上贸易总值的一半以上，到 19 世纪初期更进一步达到 80% 左右。[④] 在中西贸易份额中，英国已占压倒性优势。美国对华贸易的增长也引人注目。18 世纪 80 年代后期，美国对华贸易总额平均每年不过 45 万两，而到了 19 世纪 30 年代初期，则超过了 500 万两，不到 50 年，增长 10 倍以上。[⑤]

从 18 世纪初至 19 世纪六七十年代，英、美等国的现代工业制品（如机制棉纺织品、机制矿产品）还不能顺利地打入中国市场，在对华输出中占主导地位的，仍然是手工业产品（如毛织品）乃至农产品（如棉花）。为了赚取超额利润并弥补合法贸易的逆差，英美商人开始从事罪恶的鸦片走私。18 世纪 50 年代，英国开始向中国输出鸦片。1786 年首次超过 2000 箱，1790 年又翻了一番，突破 4000 箱。19 世纪 20 年代以前，平均每年销量在 4000 箱以上，价值四五百万元。到了鸦片战争前夕，已达 35000 余箱，价值近 2000 万元，大大超过当时中国丝茶的出口总值。1805 年前后，美国也开始向中国出口鸦片。能够得到的资料显然是节略了的公开记载。在 1805 年刚开始的时候，全年输入为 120 箱，也就是 100 担左右。20 年以后，这个数字变成了 1200～1400 担。19 世纪初，鸦片价值只占美国对华出口商品价值的一小部分，到了 20 年代末，它就超过 100 万元大关，和美国向中国出口的商品总值几乎相当。19 世纪 30 年代初，又进一步突破 200 万元的水平。[⑥]

在鸦片走私活动中担任主角的，是要求自由贸易的所谓"自由商人"。广州的英国散商和美国代理行号几乎都参与了鸦片贸易。英国的查甸·孖地臣行和颠地行（Dent&Co.）、美国的旗昌行（Samuel Russell&Co.），是臭名昭著的鸦片贩子。美国唯一的一家自夸不做鸦片生意的同孚行（Olyphant&Co.），却有挂着美国领事招牌的鸦片贩子做它的后台老板。当鸦片进口超过中国丝茶出口总值之时，广州的英国散商行号增加到了 156 家。活动在中国沿海的鸦片走私船，增加到 20 只以上。[⑦] 走私鸦片的主要洋商及其所有船只数和总吨位数（1823—1860 年）见表 1 - 3。

① 汪敬虞. 十九世纪西方资本主义对中国的经济侵略 [M]. 北京：人民出版社，1983：11.
② 严中平，等. 中国近代经济史统计资料选辑 [M]. 北京：科学出版社，1955：4 - 5.
③ 汪敬虞. 十九世纪西方资本主义对中国的经济侵略 [M]. 北京：人民出版社，1983：10 - 11.
④ 陈争平. 中国经济发展史：第四分册 [M]. 北京：中国经济出版社，1999：1907 - 1908.
⑤ 严中平，等. 中国近代经济史统计资料选辑 [M]. 北京：科学出版社，1955：4 - 5.
⑥ 汪敬虞. 十九世纪西方资本主义对中国的经济侵略 [M]. 北京：人民出版社，1983：54.
⑦ 汪敬虞. 十九世纪西方资本主义对中国的经济侵略 [M]. 北京：人民出版社，1983：45 - 55.

表 1-3　走私鸦片的主要洋商及其所有船只数和总吨位数（1823—1860 年）

洋商名称	船舶数	总吨位数	开始用自有船只走私年份
颠地洋行（Dent）	14	3048	1831
怡和洋行（Jardine Matheson）	13	2144	1833
旗昌洋行（Russell）	8	2047	1836
考瓦斯吉（R. Cowasjee）	6	1515	1831
马凯（Donald C. Mackey）	5	866	1839
弗巴斯（Capt，H. Phbus）	2	572	1836
鲁斯唐姆吉（H. Rustomjee）	2	481	1840
克利夫顿（Capt. W. Clifton）	2	416	1828
太平洋行（Gilman & Co.）	2	410	1842
格兰特（A. Grant）	2	318	1838
其他 40 家洋商各有船一只	40	8717	—
船舶产权人不明	3	318	—
共计	99	20852	—

资料来源：根据 B. Lubbock，The Opium Clippers，第 382 页至第 384 页中有关资料改编（姚贤镐. 中国近代对外贸易史资料（1840—1895）：第 1 册［M］. 北京：中华书局，1962：436）。

鸦片战争以后，鸦片进口量以前所未有的速度增长。尽管缺乏完整准确的数字，但仍有统计显示，鸦片战争后的一些年份中国鸦片的"消费额"分别是：1842 年 28508 箱，1845 年 33010 箱，1848 年 38000 箱，1852 年 48600 箱，1853 年 54574 箱，1854 年 61523 箱，1855 年 65345 箱。[1]

随着通商贸易和鸦片走私的日趋增加，海运量不断增大，海上保险越来越显得重要，"在一种具有贵重船货（鸦片和金银）和很大危险（海盗、不测的波涛和时常有的战事）的贸易中，保险是决不可少的。"贸易、鸦片走私和航运的发展需要保险公司帮助分散风险，导致洋行对保险的需求。然而保险产品的供给却与这一需求极不相称。据称，在 1801 年广州还没有任何公开的保险机关，有些私人临时组织在一起承保船只及其货载，金额最高 12000 元。[2] 当时中英之间的保险服务主要依赖英国本土及其殖民地印度的一些保险公司承担。但是，由于通信技术的限制，外国保险公司很难处理远隔重洋的周折需时的中国保险业务。"在与欧洲联系需要费时数月的过去时光中，对于那些公司设在伦敦的保险公司来说，要确定承担的危险毫无疑问是非常困难的。"因此，在中国设立保险公司，可便捷而准确地办理承保、查勘、定损、理赔，"确有很大的便利。"[3] 在这种情形下，服务于轮运业务的西式保险业就成为对华贸易中的迫切需要。

（二）洋行的兴起与发展

西式保险业被引入中国的另一个至关重要的因素是在华洋行的存在和发展。

---

① 马士. 中华帝国对外关系史：第 1 卷［M］. 张汇文，等，译. 北京：三联书店，1957：626.
② 格林堡. 鸦片战争前中英通商史［M］. 康成，译. 北京：商务印书馆，1961：156.
③ 赵兰亮. 近代上海保险市场研究：1843—1937［M］. 上海：复旦大学出版社，2003：22.

　　1600 年，由英国商人组成的东印度公司正式成立，并从英国女王伊丽莎白手中获得了东方贸易的垄断权。但在利益的刺激下，英国和其他国家的商人也不断尝试进入这一贸易领域。18 世纪初叶，在英印贸易由东印度公司垄断的印度，出现了一批在公司特许之下专门经营中印之间贸易的商人。这种贸易通称为港脚贸易，领取公司执照进行这种贸易的船只通称为港脚船，经营这种贸易的商人称为港脚商人。随着港脚贸易的产生，在广州也产生了一批代理经营港脚贸易的行号，通常称为散商。港脚贸易在中英贸易中逐渐成长，是中英贸易"整个结构的基石"，[①] 而广州代理经营港脚贸易的散商，则被视为广州商业的"中心"和"焦点"。

　　18 世纪末叶，在西方自由资本主义蓬勃发展、自由贸易逐渐成为普遍贸易原则的背景下，东印度公司对东方贸易的垄断地位日渐瓦解，港脚贸易则持续增长。英美等外商纷纷在广州开设代理行号。1780 年在广州的英国散商有 7 家。1782 年，广州出现了一家柯克斯·理德行（Cox - Reid&Co.），即设立中国第一家保险公司的英国洋行怡和的前身。[②] 到 18 世纪末，广州英美代理行号已达 24 家以上，以至于 1800 年东印度公司不得不宣布放弃中印间贩运贸易业务，让与散商船只进行，自己则只颁发执照。日益增多的英印散商船舶要求在广州设有代理人，并建立固定的委托关系。还有很多商船的大班径自以"领事"的名义在广州留驻下来，成为"常驻代理人"或自行开设行号，而随船流动、仅靠收取运费及 2.5% 佣金的"船大班"进而成为代理行号主东。著名的兼营委托代办贸易的美国普金斯行（J. &T. H. Perkins）、英商巴令行（Baring Bros，亦称巴林行）以及宝顺洋行的前身达卫森行（W. S. Davidson &Co.）都是由"船大班"在这个时期先后开设的。柯克斯·理德行几经改组，1803 年改名为比尔·麦尼克行（Beale，Magniac &Co.）。[③]

　　这批以经营代理业务、收取佣金为主的新兴代理行号，不久就接受散商船只的委托，进而规定船只"航行的详情细节"，对"船长"发"指示"，并开始自行置备船只，直接参与冒险生意追求利润了。[④] 在这种情况下，1813 年东印度公司不得不再次向自由资本主义势力让步，其对印度贸易的垄断权被取消。印度贸易的开放"给了英国走私贩子以新的强烈的刺激"，广州出现了创设代理行号的高潮。1818 年，由美商船主罗塞尔（Samuel Russell）与布朗埃维（Brown&Ives）的大班阿密顿（Philip Ammidon）创办的老旗昌行（S. Russell &Co.）开业。1825 年，又一家美商奥理芬行成立，其通称为"同孚洋行"（Olyphant &Co.）。在此期间，英商行号也有发展。1819 年，比尔·麦尼克行改组为麦尼克行（Magniac &Co.），同时出现了泰勒尔·孖地臣行（Taylor and Matheson &Co.）。到 1823 年，颠地行（Dent&Co.）由达卫森行改组而成。[⑤] 1833 年东印度公司对华贸易垄断权被最终废止后，广州再次出现"自由商人"竞设行号的高潮，由 1833 年的 66 家增至 1837 年的 156 家。[⑥]

---

①　格林堡. 鸦片战争前中英通商史 [M]. 康成，译. 北京：商务印书馆，1961：14.
②　格林堡. 鸦片战争前中英通商史 [M]. 康成，译. 北京：商务印书馆，1961：19 - 20.
③　中国社会科学院科研局. 聂宝璋集 [M]. 北京：中国社会科学出版社，2002：5 - 6.
④　格林堡. 鸦片战争前中英通商史 [M]. 康成，译. 北京：商务印书馆，1961：159.
⑤　中国社会科学院科研局. 聂宝璋集 [M]. 北京：中国社会科学出版社，2002：7.
⑥　汪敬虞. 十九世纪西方资本主义对中国的经济侵略 [M]. 北京：人民出版社，1983：45.

在公行制度下，外商对华贸易本来是以广州为限的，由于广州地区对鸦片贸易的查禁，走私利润的刺激，以及与日俱增的鸦片贸易已难以在广州一口消纳等原因，广州代理行号大规模鸦片走私活动遂在沿海各地广泛展开，并同时与印度散商保持日益广泛的代理业务关系。例如，仅麦尼克行一家所代理的印度散商，在孟买一处即达50家以上。①

广州口岸

正是因为这个缘故，1829—1830年的一个季度里，这家行号就独销了5000余箱鸦片，价值达450余万元，足占当时中国进口总额的三分之一。② 据说，在东印度公司垮台的前夕，由麦尼克行（怡和）和颠地行（宝顺）这两家行号所经手的"贸易"额即占广州贸易总额的三分之二。③ 它们是鸦片的最大卖主，也是华茶的最大买主。这些代理行号也开展船运业务，如麦尼克行在东印度公司解散前所开行的鸦片飞剪船即不下10艘。其于1834年改组为渣甸洋行（即怡和）以后，已经拥有一支包括12艘由各种类型的船只所组成的船队。④ 从19世纪30年代起，旗昌也置备船只，大规模从事中国沿海鸦片走私生意。随着鸦片贸易及船运业务的增长，金融汇兑与保险等项业务也成为一部分代理行号的经营项目。多方面的业务关系及其自身所形成的完整业务体系，使渣甸、宝顺等行迅速取代了东印度公司而居于对华贸易的垄断地位。代理行号在中国开辟了广阔的沿海鸦片走私市场，建立了广泛的贸易联系，其业务不限于代理港脚贸易，还扩展到与贸易有关的放款、保险以及船舶修建、租赁等各个方面。

保险制度进入中国之前，在西方已经历了数百年的发展。对来华贸易的外商来说，保险已经成为一种习惯、一种传统。这些洋行和冒险家即便不精通保险，也对保险非常熟悉。事实上，宝顺与渣甸就兼营汇兑与保险业务。⑤ 到19世纪初，随着洋行业务的发展，创办保险公司就成为顺理成章的事情。

洋行资本实力的提高和规模的扩大，为保险制度的引进提供了物质保障。这些代理经营港脚贸易的行号，短期内积累了大量的资本。渣甸·孖地臣行的两名合伙人之一的威廉·渣甸（William Jardine）20年中积累了多达六位数字的财产。当他于1838年回到伦敦时，已经从两手空空的外科医生变成了百万富翁。⑥ 从18世纪80年代到19世纪初，鸦片走私每年为广州大班提供的资金达到220

① 马士．中华帝国对外关系史：第1卷［M］．张汇文，等，译．北京：三联书店，1957：96.
② 格林堡．鸦片战争前中英通商史［M］．康成，译．北京：商务印书馆，1961：124.
③ 费正清．中国沿海贸易与外交：第1卷［M］//中国社会科学院科研局．聂宝璋集．北京：中国社会科学出版社，2002：9.
④ 中国社会科学院科研局．聂宝璋集［M］．北京：中国社会科学出版社，2002：11.
⑤ 中国社会科学院科研局．聂宝璋集［M］．北京：中国社会科学出版社，2002：11.
⑥ 汪敬虞．十九世纪西方资本主义对中国的经济侵略［M］．北京：人民出版社，1983：46.

万卢比到240万卢比不等。① 鸦片代理业务一般佣金率为3%，收益率为1%，运至广州每箱鸦片所获净利即达20元，而走私至其他沿海各地，每箱则高出广州价格50~100元。根据历年鸦片进口的不完整统计，即可粗略估算广州的代理行号由鸦片代理业务及走私所得利润，累积计算，当以千百万计。② 与此同时，保险的高额利润也吸引了这些商人的关注，"事实上当时收到的保险费将使今天任何一位保险商垂涎三尺"。③ 在利益的驱动下，从事对华贸易的洋行商人转而积极创办自己的附属性保险公司。

需要指出的是，早在第一次鸦片战争前，清政府管理对外贸易的公行制度，事实上就已经难以为继，限制外商的各项规定，不过形同具文，往往起不到实际作用。鸦片战争后，这些形式上的规定也被迫一扫而光。西方"自由商人"从此获得了掠夺中国人民的最大限度的自由。④ 他们开办保险公司，资金的筹措不会受到政府的限制，企业经营也无须获得批准和执照，保险利润可自由汇出中国。在这一背景下，外商保险公司的出现就成为必然。

二、 保险代理业务与外商保险公司的出现

（一）保险代理业

西式保险早期进入中国，主要通过以下两种方式，一种是外商保险公司通过在华洋行开办保险代理业务，另一种是由在华洋行自行在中国创设保险公司。这两种方式都是西方保险业开拓中国市场、介入中国经济的尝试，也是保险制度引进中国的重要实践途径。鸦片战争之前，广州由于优越的地理位置和历史原因，成为对外贸易的中心，也是外国保险业进入中国市场的桥头堡。1829年10月17日《广州纪事报》曾开列了一份在广州开办代理处的保险公司名录。涉及的洋行有6家，分别为 T. Dent & Co.（宝顺洋行）、Magniac & Co.（麦尼克洋行、怡和的前身）、J. R. Latimer、Robertson Cullen & Co.、A. Pereira、L. Calco & Co.，其代理的保险公司达16家，其中包括设在印度的保险公司多家，如孟买保险公司、加尔各答保险公司、印度保险公司、孟买保险社、加尔各答保险行、恒河保险公司、印度斯坦保险公司等。⑤ 有的一家洋行代理多家保险公司，有的则为独家代理，可见当时广州的洋行保险代理业务已具有一定的规模，其服务对象则以印度到中国的鸦片贸易航运为主。

在华洋行的保险代理业务最早始于何时，由于资料的限制尚难以查证，但从上述情形推测，应该远早于1829年。另据统计，1838年，亦即鸦片战争前夕，广州外国商行约55家，外籍成年男性约307名，其中20名为保险代理商，代办15家外国保险公司（如伦敦保险公司、联盟保险公司、海上保险公司）的在华保险业务。⑥ 另有资料显示，鸦片战争结束后的1844年，中国各通商口岸和

① 汪敬虞. 十九世纪西方资本主义对中国的经济侵略 [M]. 北京：人民出版社，1983：62.
② 中国社会科学院科研局. 聂宝璋集 [M]. 北京：中国社会科学出版社，2002：11.
③ 聂宝璋. 中国近代航运史资：第1辑 [M]. 北京：中国社会科学出版社，2002：609.
④ 中国社会科学院科研局. 聂宝璋集 [M]. 北京：中国社会科学出版社，2002：12.
⑤ Marine Insurance [N]. The Canton Register, 1829 - 10 - 10.
⑥ 颜鹏飞，李名炀，曹圃. 中国保险史志（1805—1949）[M]. 上海：上海社会科学院出版社，1989：15.

1836 年 7 月 1 日，于仁洋面保安行的一份通告，公布了该公司在伦敦、加尔各答、孟买、新加坡、马尼拉的代理行

香港共有保险公司的代理机构 25 家，其中怡和与宝顺各占 11 家。①

鸦片战争失败后，上海开埠，外资洋行纷纷到上海发展。1844 年上海洋行有 11 家，1847 年增至 24 家，1859 年则达到 62 家。上海迅速发展为中西贸易的中心，也成为保险业务最为活跃的地区。19 世纪五六十年代，一些大洋行，如怡和洋行、宝顺洋行、琼记洋行及旗昌洋行亦即所谓的四大洋行，都开设了保险部管理洋行的保险业务。至 1860 年，在上海设代理处的保险公司有 26 家，其中英商 23 家，美商 1 家，荷商 1 家，德商 1

家，均委托洋行代理。为它们代理的洋行有奥古斯丁、宝顺、怡和、林赛、旗昌、公和、勃林金劳森、沙逊、卡马、仁记、史密斯肯尼迪和卜斯杜等。② 其中怡和洋行和宝顺洋行除分别开设广州保险公司和于仁洋面保安行以外，还从事保险代理服务，1863 年时怡和洋行"还充当外国四家保险公司在上海的代理"，宝顺洋行则是"外国六家保险公司在上海的代理"。③

1860 年以前，在华洋行虽然也开始向自营贩销以及航运、船舶修造、金融服务等专业领域发展，但代理业务仍为主流。与这种贸易局面相表里，作为服务业的保险业尚未大规模展开，外商保险公司在华业务更多的是委托老牌大洋行代理，见表 1 - 4。

表 1 - 4   1860 年以前在华外商保险公司及其代理行一览表

时间	国别	代理洋行	地点	外商保险公司	备注
1829 年	英国	麦尼克行（怡和洋行）	广州	第八届广州保险社、孟买保险社、孟格拉保险社、加尔各答保险社、公平保险公司、长生鸟保险公司	—
1829 年	英国	颠地行（宝顺洋行）	广州	孟买保险公司、加尔各答保险公司、环球保险事务所、印度保险事务所	—
1836 年	英国	—	台湾	利物浦保险公司	海上运送保险代理处
1841 年	英国	仁记洋行	香港	某保险公司	兼营保险代理业务
1843 年	英国	怡和洋行	天津	广东水险公司	—

---

① 丁日初. 上海近代经济史：1843—1894 年 [M]. 上海：上海人民出版社，1994：111.

② 江苏省地方志编纂委员会. 江苏省志·保险志 [M]. 南京：江苏古籍出版社，1998：19.

③ 上海社会科学院经济研究所，上海市国际贸易学会学术委员会. 上海对外贸易：1840—1949 上册 [M]. 上海：上海社会科学院出版社，1989：84.

续表

时间	国别	代理洋行	地点	外商保险公司	备注
1843 年	英国	仁记洋行	天津	巴勒保险公司、公律冠冕（法律联合）保险股份有限公司	兼做保险公证业务
1848 年	英国	仁记洋行	天津	海洋保险股份有限公司	—
1849 年	英国	公平洋行	上海	皇家保险公司（The Royal Insurance Company）	火险
1850 年	英国	怡和洋行	上海	伦敦联合火险公司（Alliance Fire Assurance Company of London）	—
1850 年	英国	祥泰洋行	上海	康联人寿保险公司	—
1851 年（1850 年?）	英国	公易洋行	上海	亚洲海上保险社（Asiatic Marine Insurance Office）	伦敦、孟买、加尔各答、新加坡、香港
1851 年	英国	和记洋行	上海	伦敦和东方汽轮运输保险行（The London & Oriental Steam Transit Insurance Office）	广州、厦门、锡兰、新加坡、孟买、马德拉斯、加尔各答、苏伊士、伦敦
		O. C. Edmond 或 J. A. Olding	香港		
1851 年	—	怡和洋行	上海	保昌水火保险公司（Triton Insurance Co.）	香港、广州、加尔各答、伦敦、孟买
				信任保险公司（Reliance Marine Insurance Office）	
1852 年	—	太平洋行	上海	协和保险社（Amicable Insurance Office）	海上保险，广州、伦敦、孟买、加尔各答
1852 年	英国	广隆洋行	上海	香港海上保险公司（Hongkong Marine Insurance Company）	香港、广州、加尔各答、马德拉斯、伦敦、孟买
			中国	伦敦太阳火险行（Sun Fire Office, London）	香港、广州、上海
1853 年	英国	裕记洋行	上海	格鲁伯（环球）保险公司 Globe Insurance	火险、寿险，年金保险，在中国经营火险
1853 年	美国	旗昌洋行	上海	纽约太阳互助保险公司（Sun Mutual Insurance Company of New York）	海上保险
		同珍洋行			
1854 年	英国	和记洋行	台湾	谏当保安行、于仁洋面保安行	台湾代办处
1854 年	美国	旗昌洋行	上海	美国波士顿中国互助保险公司（China Mutual Insurance Company of Boston. U. S. A.）	1856 年福州，波士顿，中国互助保险公司
1854 年	英国	华记洋行	上海	东方海上保险公司 Eastern（Marine Insurance Company）	广州设代理处
1855 年				北方保险公司（Northern Assurance Company）	火险、寿险，香港、广东有代理处
1855 年	英国	华昌洋行	上海	华记火险公司	—
1856 年	英国	公平洋行	上海	利物浦皇家保险公司（Royal Insurance Company of Liverpool）	火险

续表

时间	国别	代理洋行	地点	外商保险公司	备注
1857 年	荷兰	华记洋行	上海	巴达维亚荷兰印度水火险公司（Netherlands Indian Marine and Fire nsurance Company of Batavia）	香港
1857 年	英国	怡和洋行	上海	利物浦伦敦火险公司（The Livepool and London Fire & Life Insurance Company）	—
1858 年		和记洋行	上海		资本金 67500 镑，福州有代理处
1859 年		R. S. R. Fussell	福州		—
1858 年	德国	Edwin Wadman	宁波	不来梅保险人和海上保险公司（The Underwriters and Marine Insurance Offices of Bremen）	—
1858 年	德国	惇裕洋行	上海	汉堡保险人和海上保险公司（The Underwriters and Marine Insurance Companies of Hamburg）	—
1858 年	德国	鲁麟洋行	上海	汉堡—不来梅火险公司（Hamburg – Bremen Fire Insurance Company）	—
1859 年	—	仁记洋行	上海	卜内门保险公司（Imperial Fire Insurance Company）	—
1859 年	英国	公易洋行	上海	凤凰火险公司（Phoenix Fire Insurance Company）	—

资料来源：1. 格林堡. 鸦片战争前中英通商史 [M]. 康成，译. 北京：商务印书馆，1961：15 – 158.

2. 颜鹏飞，李名炀，曹圃. 中国保险史志：1805—1949 [M]. 上海：上海社会科学院出版社，1989：11 – 22.

3. 吴奋. 台湾省保险业的演变 [J]. 上海保险，1992，3.

4. 天津市地方志编修委员会. 天津通志·保险志 [M]. 天津：天津社会科学院出版社，1999：3 – 63.

5. 《上海新报》《新闻报》、The North – China Herald 等报纸。

这一统计并不完整，仅具参考价值。从表 1 – 4 中可见，1829—1859 年，有 30 多家洋行从事过保险代理业务。通过在华洋行，西方国家的保险公司将业务链条延伸到中国。这是西方保险业早期开拓中国市场的重要方式。

（二）谏当保险行与于仁洋面保险行的设立

鸦片战争前，中国与西方之间的贸易活动已经持续了一段较长的时间。16 世纪中期葡萄牙人窃据中国澳门后，中国澳门成为中西贸易交流的中介。据称，1797 年中国澳门出现了第一家保险公司——澳门之家（Casa de Sequros de Macao），为参与中国贸易发展的其他商人的货物提供保险。[①]但有关该保险公司的具体情形目前尚不得而知。

有资料表明，到 1801 年时广州还没有任何形式的保险机构，为了分散海上运输的风险，一些外

[①] Roy Eric Xavier. Luso – Asians and the Origins of Macau's Cutural Development [J]. Journal of the Royal Asiatic Society Hongkong Branch，2017，57.

商会临时组织在一起，承保海运船只及其货物，金额最高达到 12000 元。随着"港脚贸易"的发展，零星几家加尔各答保险机关在广州设置了代理机构，但这些代理机构很难为海上运输提供便利的保险服务。在这一情形下，1805 年，由东印度公司鸦片部经理达卫孙（W. S. Davidson）发起，在广州设立谏当保险行（Canton Insurance Society），也称为广州保险行、谏当保安行或谏当水险行。参加组织的有两家英商洋行：达卫孙本人的达卫孙·颠地行（Davidson – Dent House），英商渣甸（W. Jardine，1784—1843）拥有的比尔·麦尼克·渣甸号（Beale – Maginie – Jardine Firm）。这是在中国本土出现的第一家保险企业。①②③④

谏当保险行"由达卫孙·颠地行和比尔·麦尼克·查顿号更迭经营，每隔五年解散一次并且成立一个新社。这个企业有很多股份，通常是六十股，在每一个五年期中由在广州经营它的代理行号和其在加尔各答和孟买的'朋友们'所持有。"⑤ 后来，达卫孙·颠地行在广州改名为宝顺洋行，渣甸和另一英商孖地臣（J. Matheson，1796—1887）于 1832 年又在广州成立了怡和洋行（Jardine, Matheson & Co.）。这样，谏当保险行此后就由宝顺和怡和两家洋行轮流经营。除宝顺和怡和外，其他的出资人还有端拿洋行（Turner & Co.）和美资的旗昌洋行（Russell & Co.）。⑥ 该行的设立使保险商得以在中国签发保单和支付损失赔偿，为英商的海上运输提供很大的方便。例如，1834 年春，怡和洋行第一次派船载货从广州驶往伦敦，488 吨的萨拉号（Sarah）装载价值超过 400 万元的丝、丝织品、桂皮、大黄、中国根菜和杂货，保险单就是由谏当保险行在广州签发的。⑦ 1835 年宝顺洋行退出谏当保险行后，"这个'广州社'就永远保持在查顿·孖地臣行的手中了。"⑧

1836 年，怡和洋行将谏当保险行改组为"谏当保险公司"（Canton Insurance Office Ltd.），原始实收资本为 26666 英镑。在怡和洋行的经营下，谏当保险公司的业务范围逐渐扩展到伦敦、印度等地。⑨ 随着对华贸易的增长，其保险经营获得了很大的收益，"每一股一般可以分到三千元至四千元的红利"。⑩

谏当保险行设立后，在 30 年的时间里一直是中国唯一的一家保险公司。到 1835 年，退出谏当行的宝顺洋行在广州自行设立了于仁洋面保险行（Union Insurance Society of Canton），又称为于仁洋面保安行、友宁保险行或保安保险行，实收资本为 50000 英镑。这是在中国出现的第二家保险企业。

---

① 方忠英. 近现代广州的外资保险业：上 [J]. 广东史志，1999，3.

② 杜沛端. 广州华、洋火险业兴替简介 [M] //中国人民协商会议广东省广州市委员会，文史资料研究委员会. 广州文史资料：第 8 辑，1963.

③ 聂宝璋. 中国近代航运史资料：第 1 辑 [M]. 北京：中国社会科学出版社，2002：608.

④ 关于谏当保险行成立的时间，怡和洋行档案中存有一份广东广州（Canton）方面与加尔各答保险办公室 [Secretary (abbreviated) to the Calcutta Insurance Office] 之间的信函草稿（1805 年 10 月 26 日）。这似乎是一封在一艘名叫"Cumbian"的船上写的信，船长名叫 Dennis，其内容涉及一份保单，同时披露了一个消息："最近广东保险办公室成立了"（There has lately been a Canton Insurance Office established here）。

⑤ 格林堡. 鸦片战争前中英通商史 [M]. 康成，译. 北京：商务印书馆，1961：156 – 157.

⑥ 秦贤次，吴瑞松. 中国现代保险史纲 [M]. 财团法人保险事业发展中心，2007：38.

⑦ 林增余. 关于我国第一家外国保险商的旁证 [J]. 上海保险，1991（3）.

⑧ 格林堡. 鸦片战争前中英通商史 [M]. 康成，译. 北京：商务印书馆，1961：159.

⑨ 冯邦彦. 香港金融业百年 [M]. 上海：东方出版中心，2007：45.

⑩ 格林堡. 鸦片战争前中英通商史 [M]. 康成，译. 北京：商务印书馆，1961：157.

谏当保险行和于仁洋面保险行虽然都是由外商发起设立的，但均开设于广州，以对华海上运输业为主要服务对象。它们与华商也建立了十分密切的联系。于仁洋面保险行在开办之初就允许华商附股，以至于当时的报纸都声称于仁洋面保安行是"广东省城商人联合西商纠合本银共同创立的"。① 该行每 3 年结算一次，顾客就是该行的股东。1842 年《南京条约》签订后，中国香港割让给英国，谏当保险行和于仁洋面保险行即迁往香港并注册，②③④ 但其业务重心仍在中国沿海地区。一方面，它们在上海等地设立分公司或代理处，扩充经营地域；另一方面，它们吸纳华商股份，加强与中国商人的联系。1843 年，怡和洋行在天津设立分行，把谏当保险行的水火险业务引入天津。⑤ 1857 年，谏当保险行在上海设立分公司，在南京等地设代理处。⑥ 随着华人商行的迅速发展，该公司分行"在中国商人当中售出保单比在西方商人中售出的数量要多得多"。就连专门办理外商业务的泰西分行，向中国商人出售保单的情况也屡见不鲜。1870 年，谏当保险征集 100 股新股，结果 7 名华商成为该公司股东。⑦ 到 1881 年，谏当保险行在香港改组为广东保险公司，其为主要经营海险业务的有限公司。其在上海《申报》刊发启事："本公司于西历一千八百三十六年开设，到西历本年底意欲停闭，因现有许多人欲重开张，所以定于西历明年元旦再开。本公司专保海险，在中国归怡和洋行经理。现在从新开设，共有一万股，每股二百五十元，定买股份者，须预先每股付现洋十元，到分派股份时，每股再付现洋四十元"。⑧ 这次改组后，香港所有知名的公司几乎都在其中拥有一定的股份，获利极其丰厚。⑨

在中国开设的第二家保险公司——于仁洋面保险行成立后，发展也较为顺利。1845 年，该行在天津设立分公司，这是天津第一家专营保险业务的公司。⑩ 1867 年，宝顺洋行破产倒闭后，怡和、仁记、沙逊、祥泰、华记、义记、禅臣等香港的七大洋行成为于仁洋面保险行的董事。该公司的结账方式是每三年结算一次，这一惯例一直持续到 1874 年。⑪ 1868 年，于

① 聂宝璋. 中国近代航运史资：第 1 辑 [M]. 北京：中国社会科学出版社，2002：611.
② 杜伯儒. 关于我国第一家外商保险公司的查证 [J]. 上海保险，1990，10.
③ 汤铭志. 关于仁洋面保安行的两点疑问 [J]. 上海保险，1993，3.
④ 汤铭志. 话说谏当保安行 [J]. 上海保险，1993，6.
⑤ 天津市地方志编修委员会. 天津通志·保险志 [M]. 天津：天津社会科学院出版社，1999：58.
⑥ 江苏省地方志编纂委员会. 江苏省志·保险志 [M]. 南京：江苏古籍出版社，1998：21 - 22.
⑦ 冯邦彦. 香港金融业百年 [M]. 上海：东方出版中心，2007：45.
⑧ 新设广东保险公司 [N]. 申报，1881 - 12 - 16.
⑨ 中国社会科学院科研局. 聂宝璋集 [M]. 北京：中国社会科学出版社，2002：70.
⑩ 天津市地方志编修委员会. 天津通志·保险志 [M]. 天津：天津社会科学院出版社，1999：59.
⑪ 秦贤次，吴瑞松. 中国现代保险史纲 [M]. 财团法人保险事业发展中心，2007：39.

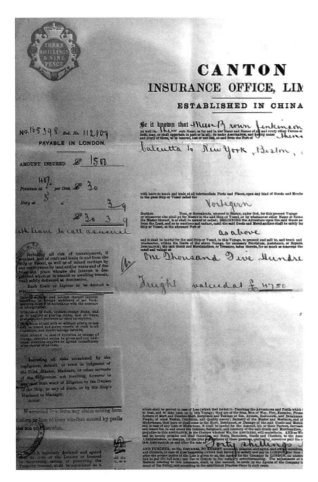

1899 年，广东保险公司的一份保险单

1873 年，《申报》刊登的于仁洋面保安行规条

仁洋面保险行在上海设立分支机构，投资者增加了华记、旗昌等洋行。① 在此之后，于仁的资产不断增加。到 19 世纪 70 年代，这家保险公司不仅在汕头、厦门、福州、宁波、镇江、汉口、烟台、天津、牛庄及台湾等处设立了机构，而且又设分公司在伦敦及日本各埠，发展为活动范围遍及全球的一家大型专业保险公司。② 1882 年，该行易名为于仁保险有限公司（Union Insurance Society of Canton Ltd.），成为一家经营多种保险业务的保险公司，是上海乃至整个中国保险市场中实力最强大的英商保险公司，一直营业至今。

第二节　保险业的早期发展

鸦片战争后，香港被割让，中国被迫开放了广州、厦门、福州、宁波、上海 5 个通商口岸。第二次鸦片战争后，根据不平等条约的规定，开辟天津、南京、汉口、九江、镇江、登州等地为口岸。以这些通商口岸为节点，西方在华经济活动扩张到中国沿海和长江中下游地区。通商口岸城市既是列强侵华的桥头堡，也是新经济因素在中国最早的生长空间，保险业即在其中。

---

① 杜伯儒. 关于我国第一家外商保险公司的查证 [J]. 上海保险，1990，10.

② 保安公司告白 [N]. 申报，1874 - 07 - 03.

一、 保险机构数量的增长

第二次鸦片战争前，外商保险公司数量有限，一般由洋行代理保险业务，保险服务往往只面向外商，业务范围局限于洋行贩销的鸦片和金银等贵重货物以及洋船、洋宅等的保险。[①] 因此，这一时期的外商保险业在中国影响微小。从19世纪60年代开始，以上海为代表，外商保险公司、分公司在通商口岸纷纷成立，这是外资保险业发展的直接表现。1862—1875年，至少有16家外商保险公司、分公司相继在中国成立，见表1-5，加上此前的谏当和于仁，这18家保险公司在此后的发展中虽然有不同程度的兴衰消长，但是总体来说，它们在19世纪占据了中国保险市场的绝大部分份额，处于绝对的支配地位。

1862年，琼记洋行、公平洋行在《上海新报》上刊登的保险广告

表 1-5　1862—1875 年设立的外商保险公司、分公司

成立时间	保险公司	总公司地点	分公司/代理处地点	投资/发起人	国别	代理人	备注
同治元年（1862年）六月	扬子保险公司	上海	伦敦、华盛顿、新德里、新加坡、长崎、横滨、香港、福州、天津、牛庄、烟台、汉口、九江、镇江	旗昌洋行金能亨	美国	旗昌洋行、烟台密多士洋行	又称为洋子保险公司或扬子江保险公司（Yangtze Insurance Association）
同治元年（1862年）十一月	保家行公司	上海	天津	祥泰洋行、履泰洋行、太平洋行、沙逊洋行、汇隆洋行	英国	John. Machintosh	又称为北中国保险公司（North-China insurance Company）
同治二年（1863年）十一月	火轮船公司行	伦敦	上海	伦敦保险公司	英国	—	伦敦保险大公司之分行
*同治三年（1864年）一月	牛庄保险公司	牛庄	—	华记洋行			
同治三年（1864年）	泰安保险公司	—	—	—			香港行名为中国火烛保险行

---

① 颜鹏飞，李名炀，曹圃. 中国保险史志：1805—1949 [M]. 上海：上海社会科学院出版社，1989：4.

续表

成立时间	保险公司	总公司地点	分公司/代理处地点	投资/发起人	国别	代理人	备注
同治四年（1865 年）	中外众国保险公司	上海	香港、宜昌、重庆	琼记洋行	美国	琼记洋行	又称为保宁保险公司、保寗行
同治五年（1866 年）	香港火烛保险公司	香港	上海、天津	怡和洋行	英国	怡和洋行	又称为香港火险公司
*同治七年（1868 年）七月	香港保险公司	上海	—	上升洋行、复生洋行	—	—	—
同治七年（1868 年）	公裕太阳保险分公司	伦敦	上海	太阳火灾保险公司（Sun Fire Office）	英国		
同治七年（1868 年）	巴勒保险远东分公司	伦敦	上海	北英商业保险公司（North British and Mercantile Insurance Co.）	英国	巴勒洋行	—
*同治八年（1869 年）十一月	宝裕保洋险公司	上海	伦敦、香港、东京、福州、汉口、新加坡	有利银行、公正洋行、立德洋行、鲁麟洋行、惇裕洋行、同珍洋行	英国、美国、德国	惇裕洋行 / 义兴洋行	又称为中国东洋保海险公司、中日水险公司、中华日本保海险公司
*同治九年（1870 年）一月	物格朵耳叶保火险公司	上海	—	旗昌、沙宣、乜者士、琼记、法银行、密士伯克生	英国、美国、法国	琼记洋行	又称为域多利亚保火险公司、域多厘保火险公司（Victoria Insurance Company）
*同治九年（1870 年）三月	中国保火险公司	香港	上海、天津		—	仁记洋行	—
同治十年三月十二日（1871 年 5 月 1 日）	华商保安公司（股份银两有限制）	香港	上海、广东、福州、汉口、天津、九江、宁波、镇江、汕头、烟台、厦门等	同孚洋行、亨利洋行（镇江）	—	同孚洋行 / 美最时洋行（光绪四年十一月接办）	—
同治十二年（1873 年）三月	中国保险公司	上海	香港、天津、烟台、牛庄、汉口、九江、镇江	太古洋行	—	太古洋行	—
*光绪元年（1875 年）十月	宝裕互相保险公司	上海	香港等	天裕洋行、鲁麟洋行、德兴洋行、立德洋行、元亨洋行	—	鲁麟洋行	—

资料来源：1.《上海新报》《申报》历年广告和消息报道；*The North - China Herald*；The North - China Herald and Market Report，1868 - 01 - 24.

2. 聂宝璋. 中国近代航运史资：第 1 辑［M］. 北京：中国社会科学出版社，2002：605 - 616.

3. 丁日初. 上海近代经济史：1843—1894 年［M］. 上海：上海人民出版社，1994：11.

4. 中国保险学会《中国保险史》编审委员会. 中国保险史［M］. 北京：中国金融出版社，1998：61.

5. 天津市地方志编修委员会. 天津通志·保险志［M］. 天津：天津社会科学院出版社，1999：53 - 116.

6. 江苏省地方志编纂委员会. 江苏省志·保险志［M］. 南京：江苏古籍出版社，1998：19.

说明：带＊者为最早见报时间；宝裕互相保险公司系宝裕保洋险公司重组而成。

1861 年建造的上海怡和洋行大楼

1862—1875 年新设立的 16 家保险公司中，除 1 家总公司地点不详外，有 8 家总公司设在上海；3 家设在香港；3 家设在伦敦的保险公司，其分公司所在地都是上海；1 家保险公司则设在北方口岸牛庄（营口）。这些保险公司的分公司和代理处除少数扩展到海外的伦敦等地外，大多数分布在香港和内地的通商口岸城市。比如，总行设在香港的华商保安公司，在广东、汕头、厦门、福州、宁波、上海、镇江、汉口、烟台、天津等地均设立分行。① 于仁除香港总行外，在汕头、厦门、福州、宁波及牛庄都设有分行。"迨日本通商，又设公司在日本各埠。"② 宝裕保险公司除上海总行外，"其大英伦敦、香港、日本、福州、汉口、新加坡各口岸皆有代办料理公司"。③ 总行在上海的扬子保险公司的分支机构更是遍布全球，除香港、福州、镇江、汉口、九江、天津、牛庄外，还拓展到了"东洋之长崎横滨""英国京城、花旗京城、印度京城、生架波（新加坡）"。④ 可以说，哪里有华洋行号，哪里有轮运贸易，哪里就有保险。

这些保险公司大多数由在华洋行创设。19 世纪 60 年代起，大量中小洋行在上海兴起，洋行之间的竞争日趋激烈，甚至面临"必须在改弦易辙和亏损破产之间做出抉择"。⑤ 在此情形下，大多数大洋行纷纷扩大经营范围，改变原来单一的投资渠道，转而将资本投放到航运、保险、银行等方面。在保险领域，旗昌就走在前列。1861 年，旗昌洋行的主要负责人金能亨就对贸易形势作出判断："我想我们正不知不觉地发生着巨大变化。"⑥ 为了给旗昌轮船公司的航运业务提供安全保障，更为了竞争并力图控制长江流域的保险业务，1862 年金能亨出面组织创办了扬子保险公司（Yangtze Insurance Association），并将总公司设于上海，同时在香港及中国主要口岸设立分公司。扬子保险公司成为第一家由美商洋行在上海投资设立的专业保险公司，其创立资本为 20 万两，1877 年实收资本则达到 15.7 万两。⑦ 对于率先将资本投入保险业，旗昌洋行的 F. R. 福士在

牛庄保险公司开办广告

启者今於牛庄地方开设保险公司倘贵商有货物从牛庄载往上海厦门福州汕头香港等处本公司均可保险无误此白大英一千八百六十四年正月初一日 华记洋行谨敬

1864 年，牛庄保险公司开办广告

① 华商保安公司条规股份银两有限制 [N]. 上海新报，1871 – 08 – 24.
② 保安公司告白 [N]. 申报，1874 – 07 – 03.
③ 新设宝裕保洋险公司 [N]. 上海新报，1869 – 12 – 04.
④ 保险公司 [N]. 上海新报，1864 – 03 – 24.
⑤ 勒费窝. 怡和洋行——1842—1895 年在华活动概述 [M]. 陈曾年，乐嘉书，译. 上海：上海社会科学院出版社，1986：49.
⑥ 郝延平. 十九世纪的中国买办：东西间的桥梁 [M]. 李荣昌，等，译. 上海：上海社会科学院出版社，1988：22.
⑦ 汪敬虞. 十九世纪西方资本主义对中国的经济侵略 [M]. 北京：人民出版社，1983：498.

1872 年曾颇为自豪地讲："在这些行号（洋行）中，像我们这些经营轮运公司和保险公司的行号是最幸运的。"①

在两者的业务关系上，扬子保险公司以旗昌洋行为"秘书和代理人"，该公司"大部分业务是承保旗昌轮船公司船只装运的货物。"② 不过好景不长，1877 年旗昌轮船公司因竞争失败而告结束，其财产悉数被轮船招商局收购。但是与之唇齿相依的扬子保险公司非但没有随之停业，反而在 1878 年将资本扩充到 42 万两。③ 到 1883 年，扬子保险公司更是将业务扩展到了伦敦及世界其他各地。随后扬子保险公司进行改组，资本再次扩充到 80 万两。1891 年 6 月其母公司旗昌洋行倒闭，扬子保险公司再次改组，脱离旗昌洋行而成为一家独立企业，额定资本高达 120 万两，实缴资本则为 72 万两。④ 1906 年前后，扬子保险公司被英商资本的保安保险公司兼并，自此成为一家在华英商系统的保险公司。⑤

1862 年设立的扬子保险公司

在旗昌洋行之后，19 世纪 60 年代初期琼记洋行大班赫尔德（Albert F. Heard）也认识到贸易形势的改变所带来的压力。他曾言："我越来越相信，我们必须改变我们的经营方式。"⑥ 除积极代理先前已争取到的美商保险公司在华业务之外，琼记洋行也转而直接投入资本，创办了保险公司。1865 年，琼记洋行在香港创设保宁保险公司（China Traders' Insurance Company），也称为中外众国保险公司。保宁保险公司随即在上海设立分公司。发展到 1895 年，保宁保险公司额定资本已高达 157 万余两，实收资本也达到 42.9 万两。⑦ 保宁保险公司成立时英文名称原为 China Traders' Insurance Company，1906 年前后同样被英商资本的保安保险公司收购支配。1916 年保宁保险公司将公司英文名称改为 British Traders' Insurance Company，⑧ 已彻底地英国化了。

部分保险公司设立时的资本情形是：保家行"实备本银壹百二十五万两正"，⑨ 扬子保险公司资本 40 万两，⑩ 宝裕保洋险公司实收本银 30 万两。⑪ 于仁洋面保安行和保宁行实收本银分别为 25 万元

①　郝延平. 十九世纪的中国买办：东西间的桥梁 [M]. 李荣昌，等，译. 上海：上海社会科学院出版社，1988：22.
②　刘广京. 英美航运势力在华的竞争：1862—1874 [M]. 邱锡荣，曹铁珊，译. 上海：上海社会科学院出版社，1988：33.
③　汪敬虞. 十九世纪西方资本主义对中国的经济侵略 [M]. 北京：人民出版社，1983：498.
④　聂宝璋. 中国近代航运史资：第 1 辑 [M]. 北京：中国社会科学出版社，2002：614.
⑤　东亚研究所. 东亚研究所调查报告：英国ノ对支金融业及保险业投资 [R]. 东亚研究所，1939：304.
⑥　上海社会科学院经济研究所，上海市国际贸易学会学术委员会. 上海对外贸易：1840—1949 上册 [M]. 上海：上海社会科学出版社，1989：110.
⑦　颜鹏飞，李名炀，曹圖. 中国保险史志：1805—1949 [M]. 上海：上海社会科学院出版社，1989：28.
⑧　东亚研究所. 东亚研究所调查报告：英国ノ对支金融业及保险业投资 [R]. 东亚研究所，1939：304.
⑨　上海保家行公司 [N]. 上海新报，1865 - 08 - 08.
⑩　聂宝璋. 中国近代航运史资：第 1 辑 [M]. 北京：中国社会科学出版社，2002：614.
⑪　新设宝裕保洋险公司 [N]. 上海新报，1869 - 12 - 04.

司公行家保海上

同治四年六月十二日　本公司謹啟

且有現成條例一覽詳悉仍以三年期滿盈虧照股分派此佈

可于九月十二日前爲信至本公司或親至本公司面議亦可

合股分每股壹千兩華人如要搭分合做各不論股分多寡均

嗣後原股現在尙裝併多股分以期本重利厚之意今議新

至同治四年九月十二日即滿所獲之利至期照股分楚

萬兩正各股先出本銀壹千兩除者因無支缺所以向未動用

合收每股五千兩止共計二百五十股賢備本銀壹百二十五

保險事務共有五人計開祥泰履泰太平沙遜匯隆前者英人

保家行公司於同治元年十一月十二日開張其在上海總理

1865 年，《上海新报》刊登的保家行广告

和 20 万元。[①②] 华商保安公司实收本银 30 万元。宝裕互相保险公司实收资本为 24 万两。[③] 另外一家设在香港的维多利亚保火险公司实收资本 30 万元。[④] 这家维多利亚保险行是旗昌、琼记联合沙宣、乜者士、法银行、密士伯克生 6 家洋行合资于 1870 年在香港创办的。其英文名称为 Victoria Insurance Co.，名义资本为"本银一百五十万元，三千股"。[⑤]

鸦片战争之后，中国的大门被强行打开，为西方列强在中国的经济扩张提供了条件，也为保险业兴起提供了重要契机。19 世纪 70 年代，外商在华保险经历了一个快速增长的时期。英文版《上海晚报》1870 年曾有评论称："在中国，没有别的企业像保险业那样一帆风顺。二十五年来，海事公司的成功一直是一个家喻户晓的话题。而在迄今为止的尝试中，火灾保险公司取得了同样令人满意的结果。"[⑥] 这些保险公司给投资者带来丰厚的利润回报。比如，香港火烛保险公司每年所获的盈利，相当于股本的 50%，股票升水达到 400%。[⑦] 于仁洋面保安行自开办以来"获利甚多。三年一分，凡沾股份，其利倍蓰"。[⑧] 保家行也获利甚丰，《申报》1876 年 4 月报道："本埠保家保险行聚会，将去岁下半年帐略查阅，颇获盈余，嗣即议分花红，每股份得六十两，又分给照顾生意人之花红，按每百两给银六两云。"[⑨] 当商业不景气时，"茶叶和匹头贸易的佣金或预期利润也减少到了最低限度"，而那些"经营轮运公司和保险公司的行号是最幸运的"。[⑩] 1864 年有报道称，公平洋行保险公司"每年约算计保各国及中华通商各口，约收保费银一百三十余万两之谱"。[⑪] 瑞师保险公司 1876 年"清收保险银者，计统有一千二百五十六万四千四百六十九番克，计合规银约二百万两"。[⑫] 保家行在 19 世纪六七十年代年保费收入 400 万两。[⑬] 从中可见，这些外商保险公司的业务已颇具规模。

---

① 于仁洋面保安行规条 [N]. 申报，1873 – 06 – 17.

② 中外众国保险公司 [N]. 申报，1875 – 06 – 04.

③ 创设新宝裕互相保险公司告章 [N]. 申报，1875 – 11 – 08.

④ 保险公司启 [N]. 上海新报，1870 – 02 – 19.

⑤ 聂宝璋. 中国近代航运史资：第 1 辑 [M]. 北京：中国社会科学出版社，2002：616.

⑥ Insurances [N]. The Shanghai Evening Couriers，1870 – 02 – 16.

⑦ 中国保险学会《中国保险史》编审委员会. 中国保险史 [M]. 北京：中国金融出版社，1998：27.

⑧ 聂宝璋. 中国近代航运史资：第 1 辑 [M]. 北京：中国社会科学出版社，2002：611.

⑨ 保家保险行聚议纪略 [N]. 申报，1876 – 04 – 28.

⑩ 郝延平. 十九世纪的中国买办：东西间的桥梁 [M]. 李荣昌，等，译. 上海：上海社会科学院出版社，1988：22.

⑪ 中国房屋保险 [N]. 上海新报，1865 – 01 – 05.

⑫ 瑞师保险公司 [N]. 申报，1877 – 07 – 11.

⑬ 根据《上海新报》《申报》刊登的保家行的章程广告、年度总结、利润分配广告计算得出。

二、 外商保险代理行的发展

第二次鸦片战争后，贸易和轮运业的活跃，也吸引了更多的西方国家保险公司通过在华洋行开办保险代理业务（见表1-6）。当时上海几乎"所有规模巨大的洋行都分为六个部门"，其中就包括从事保险代理业务的"运输保险部（不言而喻，它是有利可图的企业）"。[①]

揚子江保險公司

兹啟者本公司從前議得 貴客商所買本公司保險單者照銀兩當以九折扣還議定新章以八五折交經報保險也今復照銀數扣還特此佈聞 丙正月二十六日 旗昌主人謹啟 1858

1866年，《上海新报》刊登的扬子江保险公司广告

表1-6 1861—1875年通过代理行开办保险业务的非在华外商保险公司

保险公司	国别	代理人	在华代理处地点
某保险公司	英国	鼎新洋行	汉口
某保险公司	英国	义隆洋行	汉口
某保险公司	英国	法米尔	营口
大美国鸟约埠日同保险公司	美国	琼记洋行	上海、香港
大美国鸟约埠商同保险公司	美国	琼记洋行	上海、香港
大美国鸟约埠美同保险公司	美国	琼记洋行	上海、香港
孟买保险公司 （Bombay Ins. Co.）	英国	宝顺洋行	上海
劳合社 （Lloyds'）	英国	宝顺洋行	上海
曲登保险公司 （Triton Ins. Co.）	英国	怡和洋行	上海
永明相互保险公司 （Sun Mutual Ins. Co.）	美国	琼记洋行	上海
帝国信使保险基金会 （Messageries Imperial Ins. Fund）	美国	旗昌洋行	上海
联盟保险公司	英国	怡和洋行	上海、天津
某保险公司	英国	公平洋行	上海等公平洋行所在地
查文尼国某保险公司	德国	鲁麟洋行，汉口广源洋行	上海、汉口
某保险公司	—	广丰洋行	上海等广丰洋行所在地
伦敦保险公司 （London Assurance）	英国	宝顺洋行	上海

[①] 罗兹·墨菲. 上海——现代中国的钥匙［M］. 上海社会科学院历史研究所，编译. 上海：上海人民出版社，1986：85.

续表

保险公司	国别	代理人	在华代理处地点
康联人寿保险公司 （Colonial Life Assu. Co. ）	英国	指望洋行	上海
北中华保险公司	—	牛庄华记洋行	牛庄
巴黎保险公司	法国	立兴洋行	上海、天津
保益（汇安）保险股份有限公司	英国	太古洋行	上海、天津
英商海上保险公司、联合保险、利物浦承 保人协会、广州保险公司	英国	怡和洋行、恒顺洋行、广元洋 行、宝顺洋行、悦来洋行	宁波
大英非妥利亚保险公司	英国	顺章洋行	上海
大英驻中国商人保险公司	英国	顺章洋行	上海
大英本倍那第非保险公司	英国	顺章洋行	上海
瑞记保险公司	德国	瑞记洋行	上海、天津
巴鲁士保险公司	德国	礼和洋行	上海、天津
大荷兰国保险船只货物公所	荷兰	烟台和记洋行	烟台、香港、上海等
伦敦某保险公司	英国	太平洋行	上海
太平洋保险公司 （Pacific Insurance Company）	—	旗昌洋行	—
保兴保险公司 （Eastera Insurance）	—	怡和洋行	—
北英商业保险公司 （North British and Mercantile Insurance Co. ）	英国	太平洋行	上海
快也保险公司	英国	丰泰洋行	上海
某保险公司	英国	火轮公司	上海
长安火灾保险公司	法国	永兴洋行	上海、天津
中国保火险公司	英国（中国香港）	仁记洋行	上海
呀啡保海火险公司	美国	丰泰洋行	上海
茂丰火灾保险公司	法国	永兴洋行	上海、天津
环球保险公司 （Livertpool and London and Globe Insurance Company Ltd. ）	英国	怡和洋行	天津
商业联盟保险公司 （Commerral Union Assurance Company Ltd. ）	—	仁记洋行 新茂洋行	天津
瑞士国保海险公司	瑞士	广源洋行	上海
葛罗巴保海险火险公司	—	丰泰洋行	上海
嘉发保险公司	法国	丰泰洋行	上海
永福人寿保险公司	英国	公裕洋行	上海

续表

保险公司	国别	代理人	在华代理处地点
某保险公司	英国	马立师洋行	上海
中外保险公司	英国	大英轮船公司	上海
由令麦林保险公司	—	李百里洋行	上海
英国和外国水险有限公司 (The British and Foreign Marine Insurance Company)	英国	太古洋行	上海
皇家保险公所	英国	太古洋行、怡德洋行	上海
巴达维亚水火保险公司	荷兰	礼和洋行	上海、天津
瑞师保险公所	瑞士	天源洋行	上海
中华火烛保险公司	—	仁记洋行	上海
总计	51 家		

资料来源：1. 《上海新报》《申报》历年广告和消息报道.

2. *The North - China Herald.*

3. The North - China Herald and Market Report, 1868 - 01 - 24.

4. 天津市地方志编修委员会. 天津通志·保险志［M］. 天津：天津社会科学院出版社，1999：62 - 66.

5. 湖北省保险志编写组. 湖北省保险志［M］. 武汉：湖北省保险公司保险研究所，湖北省新闻出版局，1987.

6. 浙江省保险志编纂委员会. 浙江省保险志［M］. 北京：中华书局，1999：2.

7. 颜鹏飞，李名炀，曹圃. 中国保险史志（1805—1949）［M］. 上海：上海社会科学院出版社，1989：24.

8. 上海社会科学院经济研究所，上海市国际贸易学会学术委员会. 上海对外贸易：1840—1949 上册［M］. 上海：上海社会科学院出版社，1989：84 - 86.

这些代理保险公司业务的洋行，大体分为两类，一类是投资人兼代理人，另一类则只做代理人。在华设立的保险公司，其发起设立的投资行往往就是其总代理，如怡和洋行既投资又代理谏当保安行和香港火烛保险公司，宝顺洋行既投资又代理于仁洋面保安行，旗昌洋行既投资又代理扬子保险公司，同孚洋行既投资又代理华商保安公司。这些代理行往往不止代理一家保险公司，除前面介绍的怡和洋行、宝顺洋行外，鲁麟洋行不仅投资并代理宝裕保险公司，还代理查文尼国某保险公司。琼记洋行不仅投资并代理中外众国保险公司，由它代理的纽约保险公司至少有 3 家。一家保险公司也往往由几家洋行代理，如华商保安公司除由同孚洋行"总管"外，在全国各口岸分别由宝顺、英茂、亨利、逊昌、成记、美士

1872 年，《上海新报》刊登的华商保安公司条规

琼记洋行

咈、美士得沙等洋行代理。①

关于洋行代理下的外商保险业，其在华投入的资本难以估算。"洋商在我国经营保险事业，无华商注册立案手续之繁，更无须专立资本，仅须凭其固有行号名义，即可为其本国任何保险公司代理经营"。② 有学者则进一步称："查在华各外商公司，其总店皆在国外，其在华营业，有些仅委托代理行家承做，有无固定的资本都属疑问"。③ 这些仅委托洋行代理的外商保险业，是与洋行体制紧紧捆绑在一起的。换句话说，洋行只要争取到保险代理权，然后挂一某某保险公司的招牌即可营业。"许多外国保险公司在华并无机构，而是通过在中国的代理人展开业务，总数有100多家。它们的在华投资无法估计，也不宜估计，因为它们在华的费用和利润已包括在其代理人（都是在华洋行）的业务中了"。④

保险代理业为洋行经营提供了新的空间。随着保险市场的成长，保险业成为不少洋行重要的业务内容。比如，琼记洋行是第一家在中国为美国大保险公司当代理人的美国洋行，充当3家纽约保险公司的代理。从这以后，"琼记洋行方始着手经营大规模的保险业务。但在那时以前，它只是为了挣取佣金而经办保险，尽管它不是保险代理商。"⑤

在华设有代理业务的外国保险公司虽然数量可观，但其业务很难与占有地利的在华外商保险公司相提并论。在《申报》《新闻报》等上海报纸上，在华设立的保险公司广告连篇累牍、层出不穷，而这些仅设有代理机构的海外保险公司的身影往往只是过眼云烟、昙花一现。其原因在于这些海外保险公司主要服务于与中国进出口贸易关联的轮运市场，而非面向中国本土市场，其在华业务所占比例尚小。

三、 早期的保险市场

19世纪60年代开始，通商口岸保险业快速发展，最直接的促进因素是沿海地区轮船运输业的增长。鸦片战争后，在华洋行，特别是一些老牌大行，逐步将业务重点从商业贸易转到船运、船舶修造、保险、银行、仓栈等为贸易服务的行业。轮船、船舶修造、码头仓栈、保险以至银行等行号企业纷纷创办起来，一个以轮船运输为中心的完整体系被逐步建立起来。

在西方近代经济体系中，贸易与船运是紧密联系的两个部门，贸易的扩大要求船运力量相应地

① 华商保安公司条规股份银两有限制［N］. 上海新报，1871-08-24.
② 我国保险业概况［J］. 工商半月刊，1934，6（1）.
③ 谢国贤. 保险事业在中国［J］. 银行周报，1937，21（19）.
④ 许涤新，吴承明. 中国资本主义发展史：第2卷［M］. 北京：人民出版社，2005：128.
⑤ 斯蒂芬·洛克伍德. 美商琼记洋行在华经商情况的剖析：1858—1862［M］. 章克生，王作求，译. 上海：上海社会科学院出版社，1992：57.

增加，船运的发展又进一步促进贸易的扩大。船运和贸易的发展又直接或间接关联到码头仓栈、保险、银行以及船舶修造等不同的环节和部门。船运与保险更是如影随形，哪里有船运，哪里就有保险。随着中国大门的打开和通商口岸的开放，除进出口贸易带动了对华轮运业的发展外，通商口岸之间埠际贸易的扩大，沿海沿江地区土货贩运的增长，以及华商货运业的不断发展，都拓展了外商在华船运业的市场空间。列强通过不平等条约获得沿海通商口岸和内江水系的航运贸易权后，外国洋行纷纷置办轮船，垄断中国沿海运输市场。1861 年李鸿章就提到："各口通商，凡属生意马头，外国已占十分之九。"① 此后，各国又竞相设立轮运公司，从 1862 年美商旗昌洋行创办旗昌轮船公司，到 1873 年第一家华商股份制企业——轮船招商局创办前，外商在中国创办的主要股份制轮运企业有旗昌轮船公司（1862 年）、中日（沿海和长江）轮船公司（1862 年）、省港澳轮船公司（1865 年）、公正轮船公司（1867 年）、北清轮船公司（1868 年）、华海轮船公司（1872 年）、中国太平洋轮船公司（1872 年）、太古轮船公司（1873 年）等。

外商洋行经营领域的拓展，是西方在华经济扩张的一个重要表现。在洋行成长为更大的企业集团的过程中，面对保险业的丰厚利润，实力较雄厚的洋行往往不甘心只做保险代理人，大多数还投资创办保险公司。这不仅能获得保险公司的代理佣金，还能获取保险公司的经营利润，达到洋行利润最大化的目的。19 世纪 50 年代，各家洋行"在很大程度上都曾依赖英商怡和和宝顺两家洋行为它们的当地货运进行保险"。"英国 9 家大洋行无一不是主要的代理商，它们也就必然能够接到小洋行所有的发票和货单。再者，接受保险的一方还要接受保险代理商所制定的条款的约束"，"这就使这些小洋行自然而然丧失保险所能给它们带来的好处"。② 为了追逐利润，各行号纷纷自设保险公司或积极争取代理保险，这使得保险业呈现出快速发展的态势。事实上，在中国早期保险业的发展过程中，轮运业与保险业是一对互为表里、互补共生的"孪生子"。洋行在向轮运业拓展的同时，也往往创办或参与保险机构，资本上互相参股，业务上互相扶持，同步发展，如表 1－7 所示。也可以说，保险业是紧随着外国轮运势力兴起的一个新的行业。

表 1－7 外商轮运公司、保险公司关系

投资创办者或总代理	轮运/保险公司
旗昌洋行	旗昌轮船公司
	驳船公司
	扬子保险公司
琼记洋行	省港澳轮船公司
	琼记保险公司
	琼记火险公司

① 李鸿章. 上海一口豆石请仍归华商装运片［M］//顾廷龙，戴逸. 李鸿章全集：奏议一. 合肥：安徽教育出版社，2008：41.
② 聂宝璋. 中国近代航运史资：第 1 辑［M］. 北京：中国社会科学出版社，2002：612.

续表

投资创办者或总代理	轮运/保险公司
同孚洋行	公正轮船公司
	同孚码头
	华商保安公司
怡和洋行	华海轮船公司
	公和祥码头
	保安行保险公司
	香港火险公司
惇裕洋行	惇裕轮船公司
	宝裕保险公司

资料来源：1. 新设宝裕保洋险公司 [N]. 上海新报，1869 – 12 – 04.

2. 新立华商保安公司 [N]. 上海新报，1871 – 03 – 14.

3. 《上海新报》《申报》。

4. 聂宝璋. 中国近代航运史资：第1辑 [M]. 北京：中国社会科学出版社，2002：280 – 298.

　　轮运业和保险业受到追捧，在早期的上海股票交易市场即可见一斑。1843 年上海开埠后，由于外国资本和外国股票的相继进入，上海出现了交易外商股票的场所。19 世纪五六十年代，那些在上海设立的外国洋行及外国航运企业、保险企业已大多采用股份公司组织形式，外商证券交易在上海开始活跃。随着外商轮运和保险股票在中国发行数额的逐渐增大，上海外商证券市场的轮运和保险两个板块开始形成。上海轮运股票交易始于 1862 年，而保险股票买卖始于 1870 年。同治九年（1870 年）九月初七至九月初十，裕盛洋行在《上海新报》刊登了一则《拍卖保险股份》的广告："启者今于本月十一日十一点钟在本行拍卖洋子保险公司股份六份又旗昌火轮公司股份六份，合意者请来面拍可也。"这是迄今为止所发现的关于上海早期保险股票交易的最早的文字材料，它至少能够说明以下三个方面：其一，在 1870 年，上海已有洋行经营保险股票买卖。其二，这则广告只连续刊登了 4 天，在原定拍卖日之后再未出现，可见在拍卖日当天即已脱手，也说明了保险股票买卖从一开始就比较活跃。其三，当时股票上市交易的数量和价值都很可观，而且受到投资者的热烈追捧，可以想见经营股票买卖的利润也会相当可观。因此，裕盛洋行即使不是股票专营商，也很可能是一家以经营股票买卖为主兼营别的业务的洋行。

　　上海较早的中文报纸《上海新报》自 1871 年开始就设置了股票行情表。在 1871 年 3 月的行情表中，所列洋行股票有汇丰银行旧股、新股，旗昌轮船公司旧股、新股等 20 多种。[①] 表 1 – 8 列出了 1871 年 10 月 9 日的股票行情，从中可见资本市场上轮运和保险的热度。

----

　　① 刘志英. 近代上海的外商证券市场 [J]. 上海金融，2002，4.

表 1-8　上海早期资本市场行情表（1871 年 10 月 9 日）

板块	股票名称	面额	市价	超出面值额	升水
轮运	旗昌轮船公司旧股	100 两	196 两	96 两	96%
	旗昌轮船公司新股	20 两	23 两	3 两	15%
	公正轮船公司	100 两	120 两	20 两	20%
	惇裕轮船公司	100 两	60 两	—	—
	虹口船厂公司	500 两	225 两	—	—
	浦东船厂公司	3000 两	1000 两	—	—
	驳船公司	850 两	400 两	—	—
	大桥公司	100 两	200 两	100 两	100%
	同孚码头	600 两	—	—	—
	公和祥码头	100 两	146 两	46 两	46%
保险	保安行保险公司	1000 元	2500 元	1500 元	150%
	扬子江保险公司	500 两	970 两	470 两	94%
	宝裕保险公司	100 两	210 两	110 两	110%
	华商保险公司	200 元	295 元	95 元	47.5%
	香港火险公司	200 元	560 元	360 元	180%
	琼记火险公司	100 元	169 元	69 元	69%
	仁记火险公司	100 元	170 元	70 元	70%
	琼记保险公司	1000 元	3500 元	2500 元	250%
	保家行保险公司	200 两	560 两	360 两	180%
其他	汇丰银行旧股	125 元	170 元	45 元	36%
	汇丰银行新股	100 元	168.9 元	68.9 元	68.9%
	英自来火公司	100 两	137 两	37 两	37%
	法自来火公司	100 两	61 两	—	61%

资料来源：上海新报［N］. 1871 - 10 - 10.

说明：保安行保险公司、宝裕保险公司、华商保险公司、香港火险公司、琼记火险公司、仁记火险公司、琼记保险公司、保家行保险公司的股票的足额面值分别为 5000 元、500 两、1000 元、1000 元、500 元、500 元、5000 元、1000 两。

从表 1-8 可以看出，早期上海资本市场明显分为三个板块：轮运业、保险业及其他行业。上市交易的股票已达 23 种，其中轮运业有股票 10 种，保险业有股票 9 种，其他行业有股票 4 种，轮运业和保险业这两个板块的资本存量明显高于其他行业。大多数股票的市价超出面值，有的甚至远超面值，尤以保险股票升值最大，发展前景一片大好。

股票市价的高低，以及股票交易的活跃程度，基本上取决于企业的经营业绩。企业的经营业绩越好，人们对投资企业的信心也就越高。对于旗昌轮船公司来说，1871 年是它"有史以来最兴旺的一年"，这一年它的船运和仓库的净收入达到 94 万两。[①] 1872 年 7 月 5 日，《上海新报》公布了上一

---

① 张国辉. 洋务运动与中国近代企业［M］. 北京：中国社会科学出版社，1979：153.

年的外股股息。从公布的情况看，除旗昌轮船公司、惇裕轮船公司、浦东船厂公司、保家行保险公司、华商保险公司、大桥公司、同孚码头、公和祥码头等公司的一些股票股息不详外，在已知股息的 14 种股票中，只有驳船公司、法自来火公司、虹口船厂公司、公正轮船公司等公司的 4 种股票的股息低于 10%，其余 10 种股票的股息大多数为 12% 或 15%。股息最高的是琼记保险公司的股票，达到 475%。[①] 这说明，当时大多数外商企业发放的股息较高。股息较高，既是企业经营业绩良好的反映，同时也可以吸引人们踊跃购买它们的股票。

在华洋行之外，华商贸易活动对保险的需求，也是通商口岸保险业发展的一个促进因素。随着通商口岸的增加和沿海地区贸易的发展，"要求西方船只为商品提供安全保证的中国人日渐增多"，开辟华人保险市场成为亟须的而且非常有利可图的事情，不仅可以作为吸引华商货运以拓展轮运业务的手段，还可以赚取保险利润。各家外商保险公司纷纷改弦易辙，实行本土化策略，包括保险服务面向华人客商、吸收华人股东、争取华人代理人等。英国《泰晤士报》为此鼓吹："当今商人的'黄金国'似乎就是中国了。那里还有广阔的真空有待填补……我们英国商人正在闯进中国，好像进入一个未开发的处女地带……'能够保险吗？'中国的托运商很快就提出这个迫切的询问了。因此，为 1/3 人类的贸易开办保险业务，也摆在这些新来的冒险家的面前了。"[②③] 怡和洋行于 1857 年在上海开设谏当保险公司的中国分行，"华人部生意兴隆，好多个月来的收入说明，开给中国人的保险单多于开给外商的保险单"。以至于"这个公司为西人服务的分支机构也经常向中国人开出保险单"。[④]

为了在短时间内聚集大规模资本，壮大实力，以及招徕保险业务获取更多利润，外商保险公司普遍采取于仁洋面保安行的做法，吸收华人入股。扬子、保家行、香港火烛、宝裕、华商保安等企业在招股广告中都千方百计地吸引华人入股。华商保安公司甚至声称"股份之中务欲华人居其大半"。[⑤] 保家行在 1865 年的招股章程中说："华人如搭股合作者，不论股份多寡"，都可以写信商量。[⑥] 这家在开办时仅有资本 12.5 万两的公司，经过短短几年，急剧增加到 60 万两。就连当初纯属外资的谏当保险公司也积极寻求华人投资。香港的一位欧洲籍股东，因对公司的贡献太少，怡和洋行通知他说："鉴于我们保险业务目前所处的竞争状态，我们只能把股份给予那些积极支持谏当保险行的股东。因此，在你的七股股份中，须将三股让给北方有势力的华人，他们在沿海保险业务方面能给予公司以极大的帮助，这样做对我们是最有利的。"[⑦] 这样，怡和洋行控制的谏当保险公司和随后的香港火烛公司在 19 世纪 70 年代聚集了很大一批中国股东。[⑧] 需要说明的是，外商保险公司中的华人股东，只有按股份分得股息红利的权利，企业经营管理实权掌握在外商手中。"这种在保险公司中

① 上海股份行情纸 [N]. 上海新报, 1871 – 07 – 17.
② [N]. The North – China Herald, 1864 – 11 – 26.
③ 聂宝璋. 中国近代航运史资：第 1 辑 [M]. 北京：中国社会科学出版社, 2002：603.
④ 勒费窝. 怡和洋行——1842—1895 年在华活动概述 [M]. 陈曾年, 乐嘉书, 译. 上海：上海社会科学院出版社, 1986：129.
⑤ 新立华商保安公司股份银两有限制 [N]. 上海新报, 1871 – 03 – 14.
⑥ 上海保家行公司 [N]. 上海新报, 1865 – 08 – 01.
⑦ 勒费窝. 怡和洋行——1842—1895 年在华活动概述 [M]. 陈曾年, 乐嘉书, 译. 上海：上海社会科学院出版社, 1986：129.
⑧ 颜鹏飞, 李名炀, 曹圃. 中国保险史志：1805—1949 [M]. 上海：上海社会科学院出版社, 1989：21.

的联合投资是表明中国商业力量的日益增强和西方人在 60 年代企图利用这种力量的另一个迹象。"①

1843 年开埠后，上海成为对外贸易中心

上海自 1843 年开埠后，迅速发展为最具代表性的通商口岸城市，既是中国进出口贸易的中心，也是外国轮运业、工商业和金融业的主要聚集地。在太平天国战争的影响下，江浙地区人口、资金加速了向上海的聚集，促成了上海对内对外贸易迅速发展，新式经济活动最为活跃。随着轮运势力的急剧扩张，外商保险公司纷纷在上海设立，即使把总公司放在香港，也都在上海设立分公司，并以上海为基地逐步向内地通商口岸渗透。保险业一改此前在地域上局限于珠江三角洲及港澳等地区，服务上只面向外商而形成业务范围狭窄的局面，开始介入中国本土特别是沿海地区的经济活动，成为中国经济中一个新的市场环节。上述的在华保险公司和海外保险公司在上海报纸广告投放数量上的差异，也在一定意义上说明，其时中国本土保险市场的吸引力已超过各国与中国之间的进出口运输业务。

综上所述，鸦片战争尤其是第二次鸦片战争后，以上海为代表、以贸易运输为主要服务对象、立足于中国本土的通商口岸保险市场已经略见雏形。外商保险公司纷纷在华设立或者开办代理行，保险公司和代理保险业务的洋行数量迅速增加。这一方面体现了外商保险行号之间的竞争态势，另一方面也表明中国口岸地区贸易活动的迅速发展，其结果就是西式保险逐渐从服务外商对华贸易转变为立足于中国本土市场，服务华商运输和经营活动。这种转变最终导致保险业作为一个独立行业在中国的兴起。

四、 通商口岸的保险业务

保险业务包括保险险种，险种的条款、费率，险种经营，由注册资本金制约的承保限额，经营中的佣金率，再保险，业务理赔及给付等诸多内容。

（一）险种与经营

1. 险种

西式保险进入中国后，早期业务以水险为主。随着通商口岸保险业的发展，外商保险公司的服务开始面向华人客商，业务范围也由单纯水险扩展到了水火险。其经营保险业务的种类主要是财产保险，人身保险则发展缓慢。

（1）财产保险。财产保险类险种主要有水险（即海上保险）、火险（即火灾保险或财产火灾保险）、盗窃险、意外险等。其中，水险又分为水渍险、平安险、船壳险、航程保险、定期保险、货物

---

① 勒费窝. 怡和洋行——1842—1895 年在华活动概述 [M]. 陈曾年，乐嘉书，译. 上海：上海社会科学院出版社，1986：129.

运输险等；火险又分为建筑物（码头堆栈、住宅房、店面房、厂房等）火险和财物火险等。

与航运贸易的发展相表里，水险公司及水险业务最为发达。1805—1875 年，水险公司外商在华保险公司中占有最大的比例，见表 1 - 9。

表 1 - 9　1805—1875 年外商在华财产保险公司

水险公司	货物水险	牛庄保险公司、北中华保险公司、伦敦某保险公司、嘉发保险公司、瑞师保险公所
	船舶水险	大英非妥利亚保险公司、大英·中国商人保险公司、大英本倍那第非保险公司
	船货水险	涑当保安行、于仁洋面保安行、利物浦保险公司、亚洲海上保险公司（Asiatic Marine Insurance Co.）、海洋保险股份有限公司、扬子保险公司、保家行公司、中外众国保险公司、香港保险公司、宝裕保洋险公司、华商保安公司、宝裕互相保险公司、大美国鸟约埠日同保险公司、大美国鸟约埠商同保险公司、大美国鸟约埠美同保险公司、孟买保险公司（Bombay Ins. Co.）、劳合社（Lloyds'）、曲登保险公司（Triton Ins. Co.）、太阳相互保险公司（Sun Mutual Ins. Co.）、帝国信使保险基金会（Messageries Imperial Ins. Fund）、查文尼国某保险公司、广丰洋行保险公司、大荷兰国保险船只货物公所、瑞士国保海险公司、中外保险公司、由令麦林保险公司、英国和外国水险有限公司、皇家保险公所
火险公司		伦敦联盟火险公司（Alliauce Fire Assurance Co. of London）、华记火险公司、利物浦伦敦火险公司、泰安保险公司、香港火烛保险公司、伦敦保险公司（London Assurance）、物格朵耳叶保火险公司、中国保火险公司、长安火灾保险公司、茂丰火灾保险公司、公平洋行保险公司、快也保险公司、中华火烛保险公司
水火险公司		联盟保险公司、火轮船公司行、中国保险公司、呀哷保海火险公司、葛罗巴保海险火险公司、巴达维亚水火保险公司

资料来源：《上海新报》《申报》《北华捷报》（The North - China Herald）等报纸的历年广告及消息报道。

有的公司推出的保险产品已经非常细致，如上海一家火轮船公司行系英国"保险大公司之分行"，其轮船保险包括各种类型："换船驳货往来之间或有毁坏货物""货物寄来本公司栈房或在栈船者""轮船行路之间欲保货物不失不欲保货物不损者""轮船行路之间欲保货物不失并欲保货物不损者""有货物寄在本公司栈房或在栈船者"等，皆可向该行投保。[1]

（2）人寿保险。人寿保险，是以人的生命或身体为经营对象的保险险种，其经营基础建立在相关的生命表（也称为死亡表、死亡统计表）之上。

1850 年 8 月 3 日，《北华捷报》（The North - China Herald）在上海创刊，首次登载上海外商保险公司及代理行名表，其中英商祥泰洋行（Rathbone Worthington & Co.）代理 The Colonial Life Assurance Co.，直译即殖民领地人寿保险公司，这是有关外商在华人寿保险业务的最早记录。[2][3][4] 由此可

---

① 轮船保险［N］. 上海新报，1864 - 01 - 21.
② 汤铭志，杜伯儒. 我国第一家人寿保险公司的辨证［J］. 上海保险，1992，4.
③ 吴越. 永福和大东方人寿是 1946 年开始在上海设立分公司吗［J］. 上海保险，1996，3.
④ 以上两文皆认为"英商公易洋行代理 The Colonial Life Assurance Co."，经查证，应是"英商祥泰洋行 Rathbone Worthington & Co. 代理 The Colonial Life Assurance Co."。

见，至迟到 1850 年，外商已经在中国开展人寿保险业务。此外，1861 年英商联盟保险公司（Alliance British and Foreign Fire and Life Insurance Company）在天津设立代理处，同时经营水火险和人寿保险。① 1869 年 8 月 14 日《上海新报》一则消息称："现在上海又设立以保人性命险公司，其代办者利杭行主也。其总办公司则设在英国伦敦"。② 1871 年，英商永福人寿保险公司（Standard Life Insurance Company of Great Britain）委托公裕洋行在上海展业。③ 上述情形表明，人寿保险已零星出现。

人寿保险业在中国市场的最初拓展，主要依赖在华外国侨民的保险需求。当时缺乏有关中国人口的长时段生命统计分析，而人寿保险是以科学生命表为经营基础的，因此外商人寿保险公司不得不放弃经营华人业务。它们的"营业范围只限通商各埠，投保者也以旅华的外侨为限"。④ 由于在华外侨人数有限，人寿保险尚未形成有规模的市场。以上海为例，上海在开埠前已出现外商的足迹。不过，自英、美、法开辟租界后，外国人数才开始逐年增多。据统计，英美租界内"1843 年外国人人数为 26 人，1844 年为 50 人……1850 年为 210 人……在法租界，1849 年外国人人数为 10 人，1865 年即增至 460 人，以后亦历年有所增加"。⑤ 到 1876 年，公共租界的英美侨民也只有 1073 人。对外商人寿保险公司来说，这无疑是令人悲观的数字。上海尚且如此，其他通商口岸外国人之稀少可以想见，展业对象如此有限，导致早期人寿保险业发展迟缓。

2. 经营

在业务经营中，各保险公司除宣称自己具有费率低、保障全、理赔快、信誉好等优势外，还主要采取以下三种竞争手段：第一种是回佣制，外商保险公司普遍给"照顾保险生意者"以回佣银或经手银和其他好处，回佣银往往按照招徕保险生意的多少以分成制或定额制给出。扬子保险公司"所有经保扣用以每百两扣还拾贰两"，⑥ 华商保安公司"凡有股份又与本公司共生意者，除付经手银外，另将保险价银提回三分之一"。⑦ 更有甚者，瑞师保险公所"保险价可与他行极廉者同一，并自价内当即每百两扣去四十五两"。⑧ 第二种是"顾客即股东"，"保险付银之家"与有股份者一样算付公司红利。扬子保险公司"核计公司所溢，每万两扣除九百两，派给各保险客人"；⑨ 宝裕洋保险公司"所有宝号贵客至本行赐顾生意者，不拘有股份无股份，每年余利给派三成"；⑩ 中外众国保险公司"在所赚数目内提百份之六十六份，按贵客保费多寡照数派分"；⑪ 华商保安公司"净得余利提

---

① 天津市地方志编修委员会. 天津通志·保险志 [M]. 天津：天津社会科学院出版社，1999：15、62.

② 中外新闻 [N]. 上海新报，1869 – 08 – 14.

③ 大英国永福人寿保险公司广告 [N]. 申报，1905 – 08 – 14.

④ 中国保险事业二十年 [A]. 上海市档案馆藏档，档号 Q0 – 9 – 150.

⑤ 邹依仁. 旧上海人口变迁的研究 [M]. 上海：上海人民出版社，1980：66 – 67.

⑥ 扬子江保险公司 [N]. 上海新报，1870 – 01 – 20.

⑦ 新立华商保安公司 [N]. 上海新报，1871 – 05 – 06.

⑧ 保险各价算五五折 [N]. 申报，1874 – 08 – 24.

⑨ 布告 [N]. 上海新报，1864 – 03 – 01.

⑩ 新设宝裕保洋险公司 [N]. 上海新报，1869 – 12 – 04.

⑪ 琼记洋行承办中外众国保险公司告白 [N]. 上海新报，1872 – 02 – 17.

出三分之二，与本公司有股份及无股份而与本公司共交易诸公"。[①] 第三种是"以股份换业务"，既壮大了公司的资本实力，又招徕了保险业务。谏当保险行就曾对能协助公司发展的华商主动让股。"由于'东方贸易大大发展'，谏当保险行宣布发行新股 100 股，并规定留存三分之二而不是三分之一的利润，分配给有贡献的股东。这一更改吸引了上海七名'著名华人'的投资"。[②] 保家行对申请入股者分配股份的多寡，以申请人能给公司保运多少货物为准。[③]

竞争之外，外商保险公司也为了共同利益而建立合作关系。在 19 世纪 60 年代轮船运输体系形成过程中，除各个行号在业务上的依存关系外，洋行商人还以交叉投资的方式建立起企业内部的资本关系，从而导致资本垄断集团的出现。轮船、船舶修造、码头仓栈、保险及银行的各个企业行号，大多数由多家洋行联合集资创办，独资创办者很少，在保险业中这种情况尤为普遍。保家行的主要投资人有祥泰、履泰、太平、沙逊和汇隆。宝裕行的"合伙人"则有公正、立德、鲁麟、惇裕、同珍等洋行。甚至原由宝顺洋行独家经营的"于仁洋面保安行"，此时经过改组，也变成"怡和、仁记、沙逊、祥泰、华记、义记、禅臣七大富行"的合资企业。[④] 怡和经营的"谏当"也不例外，其股东几乎包括"香港所有的知名洋行"。扬子保险公司虽属旗昌独家创办，不过，15 家洋行在资本及货源上支持旗昌，也就无异是对扬子的支持。[⑤]

外商保险公司还以各种手段垄断保险业务。与洋商有经济联系的华商，往往不得不将保险业务交予外商保险。早在 1847 年，琼记沪行贷款给某商时就规定，后者必须把货品贮藏在琼记的仓库里，支付租金和保险费。[⑥] 1862 年 4 月 15 日，谏当、于仁、广隆所属香港保险公司，会同上海引港公司发表公告："自 6 月 30 日起，凡不雇请执有本公司引水执照的其他引水人员引水的船只，本市保险公司即不予承保。"[⑦] 引水、保险两业外商利用特权互相勾结，其目的是垄断上海的引水和保险市场。外商保险公司还利用保险费率垄断业务，据同治十二年（1873 年）二月初一《申报》消息：保家行、保安行、中外众国、扬子、宝裕、华商保安"相议拟由英三月初一起上海至扬子江间各埠保险价银减少"。[⑧]

外商保险公司无论是竞争还是合作，都是为了配合资本主义全球扩张的需要，为在华外资工商业服务的同时，排挤打击中国民族工商业和保险业。

（二）条款、费率、佣金率

1. 条款

外商保险公司使用的水险、火险、寿险等险种的条款未见翔实的资料，不便记述。目前可见两

① 华商保安公司 [N]. 上海新报, 1872 – 05 – 02.
② 勒费窝. 怡和洋行——1842—1895 年在华活动概述 [M]. 陈曾年, 乐嘉书, 译. 上海：上海社会科学院出版社, 1986：129.
③ 保家行告白 [N]. 上海新报, 1871 – 06 – 06.
④ 保安公司告白 [N]. 申报, 1874 – 07 – 03.
⑤ 中国社会科学院科研局. 聂宝璋集 [M]. 北京：中国社会科学出版社, 2002：70.
⑥ 杜恂诚. 民族资本主义与旧中国政府：1840—1937 [M]. 上海：上海社会科学院出版社, 1991：7.
⑦ 聂宝璋. 中国近代航运史资：第 1 辑 [M]. 北京：中国社会科学出版社, 2002：620.
⑧ 保险公司今拟减价 [N]. 申报, 1873 – 02 – 27.

份涉及保单条款的资料，摘录如下。

第一份：

1862 年 4 月 15 日（同治元年三月十七日），怡和洋行所属谏当保险公司、宝顺洋行所属于仁洋面保安行，以及广隆洋行所属香港保险公司，会同上海引港公司行（Shanghai Pilot Company）发表公告："自 6 月 30 日起，凡不雇请执有本公司引水执照的其他引水人员引水的船只，本市保险公司即不予承保。"[①]

第二份：

启者：我等公司所保各轮船夹板船等货，毋论起卸抑装配，除本埠素识之正项有盖驳船外，一概不在保险例内。倘用无盖小船舢板，至有失事，与保家无涉，专此布达。

广东保险公司　怡和洋行

保安公司

保家行

洋子保险公司　旗昌洋行

华商保险公司　华宁洋行

中华保险公司　同孚洋行

伦敦东汇保险大英轮船公司

瑞来保险公司　天源洋行启

丙子年闰五月廿二日上海[②]

第一份设定了承保条件，即"凡不雇请执有本公司引水执照的其他引水人员引水的船只，本市保险公司即不予承保。"第二份规定了保险的除外责任，即"各轮船夹板船等货，毋论起卸抑装配，除本埠素识之正项有盖驳船外，一概不在保险例内"。

1805—1865 年，各国保险公司均使用本国文字的保险单。随着中外贸易的开拓，航运业务的发展，保险服务开始面向华人客商，保险单也开始使用中文。目前已知最早的洋商保险的华商代理人——义和公司保险行 1865 年宣称，保险公司"由来虽久，无如言语不同，字样迥别，殊多未便"，因此该保险行的"保家纸系写一面番字一面唐字，规例俱有载明，并无含糊"。[③] 同年，保家行也宣布"现已新备华文保险凭据，一面英文一面华文，内有条例载明各货色银两保险赔偿等项，须不致悮"。[④] 1871 年 5 月 1 日（同治十年三月十二日），华商保安公司（或称为华商保险有限公司）在香港正式开业，其章程"俱照西式，惟保险单则用华文华字"。[⑤]

---

① 颜鹏飞，李名炀，曹圃．中国保险史志：1805—1949［M］．上海：上海社会科学院出版社，1989：25.

② 特启［N］．申报，1876 - 07 - 20 至 09 - 20.

③ 新开保险行［N］．上海新报，1865 - 05 - 27.

④ 上海保家公司［N］．上海新报，1865 - 08 - 22.

⑤ 颜鹏飞，李名炀，曹圃．中国保险史志：1805—1949［M］．上海：上海社会科学院出版社，1989：34 - 35.

各埠保險公司

新設中國保險公司所有 貴

客貨物銀兩等項往來概可保

險本行在中國貿易多年甚

為妥當如有賜顧者其價銀現扣三分之

一今將各埠頭開列計香港九

相宜即將其價格外

城上海天津烟台牛庄漢口九

江鎮江等處一切但有 貴商

賜顧請至本行面議特此佈聞

同治十二年三月吉日 甲三兴

太古洋行謹啟

1873 年，太古洋行在《申报》上刊登的保险广告

由此可见，至迟到 1865 年，已经有外商保险公司使用中外文对照保险单，但以外文为准。[①] 由于英商保险公司执保险业之牛耳，占据绝对优势地位，因此保险市场上所使用的保险单，主要是中英文对照保险单。这种保险单上一般注有下列内容："此乃彼此谅解同意，遇有疑义以英文章程作为标准，因中文章程乃系译件。""此项保险应受英国法律及习惯之拘束"。[②]

2. 费率

费率是指外商保险业在中国的水险（海上保险）、火险（财产火灾保险）或人寿保险的费率或给付标准等。

1862 年之前，中国土地上只设立了谏当和于仁两家保险公司，另外还有一些外商保险公司在洋行的代理下开展业务，其保险费率以各自国家的保险费率为准，这一时期的保险费率应当是相对稳定的。但是，随着通商后贸易航运的发展，以及保险服务面向华人客商，外商保险公司为了多承揽业务进行竞争，费率的竞争首当其冲。比如，根据 1873 年太古洋行登载的保险广告，自当年 4 月 1 日起，其水险"费用和当地所协议的费用相同，但是如果付现金，则可以打相当于保险费三分之一的折扣"，而火险自 1872 年 4 月 1 日起，"费用则可以按当时的保险费打八折计算"。[③] 1873 年 6 月，上海元亨洋行代理的柏林的一家海上保险有限公司也宣称可以给予全部保费的三分之一折扣。[④] 各家保险公司竞相让利于投保人，折扣和让利的名目五花八门，见表 1 - 10、表 1 - 11。

表 1 - 10　1862—1876 年部分在华外商保险公司保费优惠

保险公司	让利于投保人
于仁洋面保安行	保险价即为扣还现银三分之一
扬子保险公司	保险费八五折，盈余十分之二派付投保人；公司所溢每万两扣除九百两派给保险客人；所余之利银若有一千两者旋提一百五十两给各保险之商照股分派；每年利银提出三分之一付与在本公司的保险客商；各客保险每百两付还回佣五两，即廿五（二十五）两；保险银每百两扣还客商三十三两三钱三分

① 1924 年 3 月 3 日中华全国商会联合会总事务所致天津总商会的函《全国商会四届常会（汉口）议决华洋商人交易单据契约应并列华洋文字案》中也提到："敦谓自海通以来，外人在华之商业机关与我国商人互相贸易，无以其本国文字为标准，举凡契约单据以及各种手续皆以洋文生效力，而以华文旁注……例如运输业之提单、保险业之保险单，银行业之存借单、进出口业之订单等，均与我商人有权利义务关系。"见天津市地方志编修委员会．天津通志·保险志 [M]．天津：天津社会科学院出版社，1999：288 - 289.

② 天津市地方志编修委员会．天津通志·保险志 [M]．天津：天津社会科学院出版社，1999：289.

③ [N]．The North - China Herald and Supreme Court & Consular Gazette, Oct. 9, 1873 - 10 - 09.

④ [N]．The North - China Herald and Supreme Court & Consular Gazette, Nov. 27, 1873 - 11 - 27.

续表

保险公司	让利于投保人
保家行公司	保险费每百两扣去十五两；如有股份者行利之外共得保险银一千两者另有扣还银一百两；分给照顾生意人之花红，按每百两给银六两；一切余利六十六股六号六分与在股来保险者，且在股来保险者每年年底核算扣还六十六股内二十股分予来交往者照其每年来保若干；保费现扣三分之一
中外众国保险公司	年终在份保险者每银百两扣还十六两五钱；所赚数目内提百份之六十六份按贵客保费多寡照数派分；每费洋一百元可得回用香港银二十三元五角
宝裕保洋险公司	保费九折，年终盈余十分之三派于投保人，有股份又与本公司共生意者除经手使费不需外每百两仍退回十分之三；每年利金以三分之二提出与赐顾保险不论有无股份者，保费现扣三分之一
华商保安公司	保费九折，有股份又与本公司共生意者除付经手银外另将保险价银提回三分之一；余利提出三分之二与本公司有股份及无股份而与本公司共交易诸公；盈余每百两送回二十三两
中国保险公司	水险价银现扣三分之一，火险费八折
宝裕互相保险公司	余利以三分之二按照所赐顾之生意而分予各股份主人

资料来源：根据《上海新报》《申报》1862—1876 年的相关报道整理。

表 1-11　1862—1876 年洋行代理下的部分外商保险公司保费情况

保险公司	保费折扣（给投保人）	保险费	保费率
大美国鸟约埠日同保险公司	即时折扣，年终折扣每百扣五现银送还	—	—
大美国鸟约埠商同保险公司	即时折扣，年终折扣每百扣五现银送还	—	—
大美国鸟约埠美同保险公司	即时折扣，年终折扣每百扣五现银送还	—	—
公平洋行保险公司	保险银两当时扣还保主两成	住宅房每保价百两费银二两；店面房保价百两费银三两。坚固房屋取费三分，次者或四分	住宅房 2%；店面房 3%
北中华保险公司	—	牛庄往上海厦门汕头每百元收 1.5 元，牛庄往香港福州每百元收 2 元	牛庄往上海厦门汕头 1.5%；牛庄往香港福州 2%
大荷兰国保险船只货物公所	保险价银照上海一样付时每百两扣回十三两	—	—
伦敦某保险公司	—	规银每千两计保险银 10 两	1%
火轮船公司行	每百元让回 15 元	—	—
葛罗巴保海险火险公司	每百两提回十两，半年揭算利银时再照总数提回五厘	—	—
中外保险公司	保费现扣百分之三十	—	—
瑞师保险公所	保费每百两扣去四十五两	1876 年保费收入规银约 200 万两，1877 年保费收入银 2500000 两	—

资料来源：根据《上海新报》《申报》1862—1876 年的相关报道整理。

从表 1 - 10 和表 1 - 11 可以看出，外商保险公司的名义保费率和实际保费率差别很大，各家保险公司的保费率也各不相同，这一方面说明竞争的激烈，另一方面也说明这种竞争还处于打价格战的初级阶段。

在费率问题上，各保险公司为了利益同样既有竞争又有合作，哪怕合作只是表面的、暂时的。根据 1866 年 6 月 23 日《北华捷报》的消息，鉴于该季度长江航运中木船意外事件，各保险公司一致提高了汉口至吴淞间的保险费率，从 1% 到 2.5%，① 一次提高费率竟达 150%。1867 年 12 月，部分保险公司和怡和洋行、仁记洋行、旗昌洋行等保险代理商刊登声明，终止过去两年保费八五折的做法，从 1868 年 1 月 1 日起按照以往的商业惯例给予保费九折的优惠，涉及的保险公司包括谏当保险行、于仁洋面保险行、保家行、扬子保险公司、太平洋保险公司、域多利亚保火险公司、华商保险公司。②

《申报》从 1873 年 2 月 27 日开始，连续数日刊登"保险公司今拟减价"的广告，保家行、保安公司、中外众国保险公司、扬子江保险公司、宝裕公司、华商保安公司登出"今已相议，拟由英三月初一起上海至扬子江间各埠保险价银减少"的消息。其所开价目如表 1 - 12 所示。

表 1 - 12　六家外商保险公司货物水险费率

项目	往汉口	往九江	往镇江
货物徒保减价	每百两银五耗	银三耗七分五	银二耗五分
货物减损兼保价	每百两银七耗五分	银六耗二分半	银三耗七分半
金银等价	每百两银二耗五分	银二耗	银一两六六分

资料来源：保险公司今拟减价 [N]. 申报，1873 - 02 - 27.

3. 佣金率

佣金率的博弈是保险企业之间进行业务竞争的主要手段之一。早期的外商保险业主要的承保对象是本国实业，且大部分业务能直接揽作，代理人的佣金率是相对稳定的。每做成一笔保险生意应有"百分之点五的佣金"，③ 在"了结保险赔款"的过程中，还可提取 1% 的佣金。此外，从保费收入超过赔款的盈余中，可分派到一定比例的红利。④ 外商保险公司承揽华人客商的保险业务和大量华商经营保险代理业务之后，保险业竞争日趋激烈，造成代理人佣金率逐年提高。1867 年，扬子保险公司的佣金率已达 8%，所有经手保之扣用"现在以每百两扣还八两"，⑤ 至 1869 年更是提高到了 12%。⑥ 1873 年，怡和洋行经理广东保险公司派保险经手佣金比例达到每百元 14.66 元，共派洋 93700 元。⑦

---

① Summary of the week [N]. The North - China Herald, 1866 - 06 - 23.

② [N]. The North - China Herald and Market Report, 1868 - 01 - 24.

③ 格林堡. 鸦片战争前中英通商史 [M]. 康成，译. 北京：商务印书馆，1961：159.

④ 汤铭志. 话说谏当保安行 [J]. 上海保险，1993，6.

⑤ 扬子江保险公司 [N]. 上海新报，1867 - 07 - 12.

⑥ 扬子江保险公司 [N]. 上海新报，1870 - 01 - 20.

⑦ 怡和洋行经理广东保险公司合本股票帐 [A]. 上海图书馆藏盛宣怀档案，档号 004202。

至 19 世纪八九十年代，佣金率更漫无限制，以致严重干扰了保险市场的正常秩序，保险代理人跌价竞争，实际保费愈跌愈贱，威胁到保险公司的正常经营和应有的偿付能力，最终必然有损于投保人的利益，因此，各保险公司被迫连年召开会议，协调佣金率和保费率的问题。

第三节　保险买办与华商保险代理人

在一定意义上，1805 年谏当保险行之所以被视为中国保险业的开端，也在于外商保险业从出现之初，就不仅仅服务于在华外商的贸易活动，独立于中国社会之外。事实上，早期外商保险企业很早就开始拓展中国市场。鸦片战争后，随着通商口岸的开辟，沿海沿江地区华商的贸易活动也进入了保险商的视野，近乎空白的保险市场吸引着他们的注意力，开拓华人保险市场成为一项重要业务。在这一过程中，保险买办和华商代理人成为洋商保险与中国市场的主要中介。

一、保险买办

（一）保险买办的出现

"买办"一词，在明代是指为宫廷购买物品的官方代理人。在清代的广州行商制度下，则是外商采购人，其实质是一种特权商人采购制度。鸦片战争后，行商制度被废除，洋人利用买办的范围随之扩张，买办的人数和职能发生了巨大变化。买办还有其他多种称呼，如"康八杜""康白度""糠摆渡""糠摆度""华帐房""办房""领事的""商伙"等。①

鸦片战争后，公行制度被废除，但语言上的困难、中国货币的复杂以及商业惯例、社会习俗的不同又成为中外交易的主要障碍。随着中西之间贸易活动的发展，对商业中介人的需要变得更加迫切了。"自 1842 年以后，当自由贸易代替了垄断性的公行制度时，洋商们发现要与中国建立直接接触绝对不是一件容易的事，有许多原因使他们必须雇佣中国人充当买办来为他们工作"。对于买办所产生的作用，当时外商报纸评价："不但可以把买办看作轮轴，靠着他，所有外国人同本地贸易的轮子得以转动，而且在许多情况下也可以把他看作轮毂、轮辐、轮缘，实际上是整个轮子，除了油漆。洋行则可以用来象征这一种油漆，给它一种名义的色彩。"② 据统计，1854 年买办约为 250 人，1870年增加至 700 人，到 19 世纪末已达万人。③④

据现有资料统计，在 19 世纪 50 ~ 70 年代，四大洋行（怡和、琼记、宝顺、旗昌）买办共计 88人，其中，琼记洋行买办 24 人，宝顺洋行买办 18 人，旗昌洋行买办 15 人，怡和洋行买办 31 人。⑤

---

① 郝延平. 十九世纪的中国买办：东西间的桥梁［M］. 李荣昌，等，译. 上海：上海社会科学院出版社，1988：45 - 52.
② 郝延平. 十九世纪的中国买办：东西间的桥梁［M］. 李荣昌，等，译. 上海：上海社会科学院出版社，1988：15 - 25.
③ 许涤新，吴承明. 中国资本主义发展史：第 2 卷下册［M］. 北京：人民出版社，2005：147.
④ 另见白吉尔. 中国资产阶级的黄金时代 1911—1937 年［M］. 张富强，许世芬，译. 上海：上海人民出版社，1994：40 - 42.
⑤ 郝延平. 十九世纪的中国买办：东西间的桥梁［M］. 李荣昌，等，译. 上海：上海社会科学院出版社，1988：287 - 290.

这些洋行买办都会直接或间接地与保险业务发生联系。沙为楷依照公司性质与业务将买办分为四类：银行买办、轮船公司买办、保险买办以及普通商店买办。其中，保险买办"立于外国保险公司及华人之间以介绍保险行为为业务，即介绍被保险者于保险公司而处理保险行为一切手续"。[①] 故所谓保险买办，是指所有为洋商保险业提供服务的买办，包括保险公司买办以及洋行保险代理买办。

保险买办的出现有其特定的背景。西方保险商到达中国后，起初其服务对象主要是在华洋商。鸦片战争后，对外贸易、轮船航运业迅猛增长，市场对保险的需求越来越大，中国商人对保险的需求也不断增加。西方保险制度吸引了中国商人的注意，并很快为他们所接受。"自通以来，设有保险之行。以远涉重洋，固能保全血本，凡我华商无不乐从而恒就其规也。"[②] 但对洋商保险来说，如何拓展中国市场则面临一系列困难。除专门人才的缺乏外，洋商保险在中国面对的是一个混乱繁复的市场。以货币为例，晚清流通的货币除白银、制钱、铜元、外国的银元等金属货币外，清政府户部、官银号和各地的钱庄、票号发行的纸质票据也可充当交换媒介。市场上流通的纸币、铜元等"始终没有与银元、银两形成固定的比价关系"。白银的主要计量单位"两"也缺乏统一标准，比如，北京有十足银、松江银，天津有化宝银、白宝银、老盐课银，张家口有蔚州宝、祁县蔚州白宝、江苏镇江公议足纹银等。"银两要用天平来衡量，近代称量银两的衡制几近千种，故而同一宝银，用不同的平砝衡量，其值大异，又要换算。"[③] 复杂的货币体系使得洋商在面对中国业务时力不从心，必须依赖熟悉这一市场的中国人来协助。

更为重要的是，传统中国的商业活动有封闭性的特征，以亲缘和乡缘为基础的行会、公会垄断了主要行业，成为缺乏中国社会关系的洋商保险拓展中国市场的拦路石。行会在中国有长期的历史，在一定的地域范围内，同业者组成行会，以维护本行业的利益。行会规范行业内生产和经营活动，调解行业内外纠纷，代表行业与官方打交道，同时也尝试控制和独占本行业，限制新对手的竞争，实际上成为行业垄断组织。行会往往又与同乡会纠缠在一起，结成紧密的联合体，导致从行业到市场都因这种自我保护而封闭起来。当保险业来到中国寻找业务时，处理与行业掌舵人——行会组织的关系也成为洋商保险业者工作的重要内容。在中国社会，依靠亲缘、血缘的风险保障观念根深蒂固，以及注重宗亲、乡情的口碑式诚信体系，使得洋商在向中国人推销保险商品时，并不容易被接受。在这种情形下，拥有地利、人和的中国商人便自然而然地成为洋商保险进入封闭式的中国商业领域的中介。

此外，交通的不发达以及语言的隔阂等因素，也制约着保险洋商直接拓展中国市场，买办因此成为洋商保险拓展市场的必然选择。保险买办往往具有双重身份，一方面是具备一定影响力的行业商人，另一方面是拿着佣金及提成的保险业者。举例来说，唐廷枢依靠自己的广东同乡林钦介绍至怡和洋行工作，在此之前，他已经是一个在茶行小有名气同时拥有两家店铺的独立商人。当他正式成为怡和洋行买办之后，为怡和洋行保险业务的拓展作出了巨大贡献。此后，怡和洋行买办的职务

---

① 沙为楷. 中国买办制 [M]. 上海：商务印书馆，1934：31.
② 新开保险行 [N]. 上海新报，1865－05－27.
③ 戴建斌. 中国货币文化史 [M]. 济南：山东画报出版社，2011：206－216.

基本被广东籍人士垄断，已知籍贯的 20 位怡和买办中，就有 17 位属于广东籍。从中可见中国经济社会中亲缘及乡缘的重要影响力。

（二）买办制度的成熟

19 世纪初洋商保险发展早期，保险业务主要依靠洋行代理，洋行买办往往兼做保险买办。19 世纪中下期，随着洋商保险业的成长，保险买办也得到了较快发展，并形成了一套保险买办制度。这是一套建立在社会关系网基础上的营销、激励、信用保证制度。

1. 保险买办的来源

保险买办最显著的特点是，拥有一张宽而广的社会关系网。建立与洋商相互信任的关系是保险买办关系网的首要条件；对社会关系网的建设与管理能力是保险买办的核心竞争力。对于保险洋商来说，他们通过各种渠道寻找信任的保险买办候选人，其考量重点就是保险买办个人的社会关系网。保险洋商希望借助"能力强"的买办，通过他们的关系网络来销售保险产品、发展代理、拓展市场。

保险买办社会关系网中，最重要的是与西方保险商的关系。担任保险买办的首要条件是获得洋商的信任，有以下四类人比较容易取得洋商信任。

（1）保险行或洋行内部员工。香港火烛保险公司、谏当保险行买办何东于 1880 年经其姐夫蔡星南介绍进入怡和洋行担任翻译工作。蔡星南当时是怡和洋行的买办。1882 年，何东受到怡和洋行大班的赏识，开始担任怡和洋行的助理买办，负责下属两家保险公司——香港火烛保险公司、谏当保险行的业务。①

（2）保险行或洋行的买办房内部员工。买办房是洋行或保险行内部由买办管理的机构。英国太阳保险公司（公裕保险公司）于 19 世纪末在上海成立分公司，其办公楼即设有买办房："大楼用作营业办公室，顶楼为所。这个营业处非常完美，还有更多优点有待发现……四个房间与当前的办公室大小相当，月租金为二百二十五两银子。两个走廊尽头的房间分给买办，租金每月七十五两银子。"保险公司为买办房安装照明与供暖等设备，买办房成员则由买办"自费雇用"，②"用人因业务大小而异，普通约三四名，多则五六名"。③ 一般情况下，买办"手下各有一帮跑街……跑街即捎客，是买办的触角，买办用跑街串门兜揽生意，因此，在北方跑街也叫串门子……能力愈强，交际手段愈广，招揽的生意也就愈多愈大。买办对公司负责，每做成一笔生意，由公司在收入中提成支付佣金，买办又从自己的佣金中支付跑街佣金"。④ 买办房内部会有协助买办的"助理买办"，管账的"账房"。⑤ 有时因为业务需要，也需要雇佣一些打杂人员。买办房内部成员"如果手段灵活，长

---

① 郑宏泰，黄绍伦. 政商两和——何东 ［M］. 香港：三联书店（香港），2013.

② SUN INSURANCE OFFICE LIMITED. Board and Committee Minutes 1709—1920 ［Z］. London：Guildhall Library, China 4, MS31522/64：43 - 49.

③ 沙为楷. 中国买办制 ［M］. 上海：商务印书馆，1934：33.

④ 陶听轩. 我任保险业买办的回忆 ［M］// 全国政协文史资料委员会. 文史资料存稿选编：第 21 辑，北京：中国文史出版社，2002：720.

⑤ SUN INSURANCE OFFICE LIMITED. Board and Committee Minutes 1709—1920 ［Z］. London：Guildhall Library, China 4, MS31522/64：50.

袖善舞，一旦为洋人垂青，也可成为买办；一旦出错，由买办承担责任，赔偿全部损失"。[①] 太阳保险公司上海分部买办尊金福（Zun King Form）去世后，分部聘请尊金福先生的兄长尊铁福（Zun tsi form）先生担任新买办，尊铁福在利文斯通公司（Living Stone）工作5年，同时兼任中荷商贸公司买办，此外他还是苏州本地公会委员及丝绸公会董事。但尊铁福接受任命以后拉到的业务量微乎其微，同时尊家出现了家庭分歧，失去了洋商对他的信任，被终止了买办服务。最后，太阳公司从买办房内部挑选了孔（Keong）先生成为新的买办。孔先生是"以前的跑街，在我司工作多年，在旧买办朋友及国内代理人中非常出名"。[②]

（3）深得洋商信任的买办所举荐的人。买办们往往互相引荐，推荐其家族成员、朋友或乡里来担任此职。何东担任保险买办后，深得怡和洋行大班们的信任。1888年他决定离开怡和并自办行号，先后举荐过两位弟弟何福、何甘棠以及朋友（后结为姻亲）罗长肇担任香港火烛保险公司、谏当保险行两家保险公司的买办。[③]

（4）得到洋商信任的中国商人。通过与洋商长期直接的商业交往，一个华商如果赢得了洋行合股人的信任，也会被聘为保险买办。太阳保险公司上海分部负责人格拉海姆（Graham）就曾邀请"为自己拥有的资产每年支付一万到一万两千两白银的保费"的天祥洋行（Dowell）买办欧格（Algar）先生调职来太阳公司当买办。欧格在天祥洋行工作了16年，将天祥洋行的保费收入从每年8000两提高至75000两，同时手上掌有大量业务。他还是一位与中国人和欧洲人均有良好交情的上海人。欧格与在上海出生的欧亚混血纳泽尔（Nazer）是合伙人，后此两人通过联姻结为亲戚，加强了彼此的关系。欧格还将资产大量置放在纳泽尔名下。纳泽尔的父亲是来上海多年的洋商，与格拉海姆关系非常要好，后与华人女子结婚，生下纳泽尔，所以纳泽尔在上海亲戚众多。纳泽尔也是一位优秀的保险人，在天祥洋行工作，为天祥洋行拿到了很多欧洲业务，比太阳保险公司两家代理行（禅臣洋行和义源洋行）的总量还要多。这两人都与格拉海姆关系友好，交往密切。格拉海姆在给总公司的信件中评价欧格在"众多中国显赫人物之中声名远扬，信誉良好"。工作上有往来，私底下有交情，欧格在交往中得到了格拉海姆的信任，并受邀去太阳保险公司当保险买办。[④]

对保险洋商来说，买办的社会关系网络非常重要。以唐廷枢为例，唐廷枢10岁时就在香港一所教会学校读书，"说起英语就像一个英国人"，1851—1857年，唐廷枢在香港殖民政府的法院当翻译；1858—1861年，他在上海的海关任职；1861年经同乡林钦（怡和洋行买办）介绍，他开始"代理该行长江一带生意"；[⑤] 1863年被怡和洋行聘为总买办，为怡和洋行"贸易、航运、金融、保险等

① 陶昕轩. 我任保险业买办的回忆［M］//全国政协文史资料委员会. 文史资料存稿选编：第21辑. 北京：中国文史出版社，2002：720.

② SUN INSURANCE OFFICE LIMITED. Board and Committee Minutes 1709—1920［Z］. London：Guildhall Library，China 4，MS31522/64：49-53.

③ 郑宏泰，黄绍伦. 政商两和——何东［M］. 香港：三联书店（香港），2013.

④ SUN INSURANCE OFFICE LIMITED. Board and Committee Minutes 1709—1920［Z］. London：Guildhall Library，China 4，MS31522/64：38-44.

⑤ 汪敬虞. 唐廷枢研究［M］. 北京：中国社会科学出版社，1983：160-161.

曾任保险买办的唐廷枢

方面拓展业务"。① 在唐廷枢成为怡和洋行买办之前，他已经在政界、商界拥有了自己的社会关系网络。

何东也是这样的例子。何东是生于香港的欧亚混血儿，在出任保险买办之前，其家族并不富裕，甚至过着"手停口停"的拮据日子。作为一个"没有传统中国家族、宗族与乡里纽带"② 的混血儿，为了在讲关系、靠人脉的买办圈立足，何东通过呼弟荐友、以戚引戚、混血互助、婚姻结盟、校友合作等方式，逐渐建立起覆盖面非常广的社会网络。何家成员中，其弟何福、何甘棠；其子何世俭、过继子何世荣；其侄何世焯、何世亮均为怡和洋行买办，侄子何世光、何世杰为沙逊洋行买办，何世耀、何世华为有利银行买办，何世奇为安利洋行买办；其子何世礼后来成为国民党将军，何佐芝则创办过电台。其姻亲成员中，岳父麦奇廉为英国商人，姐夫蔡星南为怡和洋行买办，亲家洪金城为殖民政府雇员，弟舅、亲家罗长肇为怡和洋行买办，女婿罗文锦为律师、殖民政府议员，女婿罗文浩为有利银行买办，弟舅罗长业为怡和洋行买办，妻弟、亲家张沛阶也是怡和洋行买办。其他姻亲成员有的从事码头业、建筑业，有的是社会名流、殖民政府官员。其商业伙伴中，除商人外，还有任职外商银行和企业者。另外，何东与政界人物也有不少交往。③④

洋商保险业对于保险买办极为依赖。太阳保险公司上海分部负责人格拉海姆曾在一次谈话中感慨道："在上海，所有的欧洲公司与中国人打交道时都完全依赖于他们的买办。"太阳保险公司因为代理商禅臣洋行业绩不理想，同时代理佣金要求过高，决定"撤销禅臣洋行代理商"，但是"禅臣洋行买办掌控不同代理人所有的前线人员"，所以对其极力拉拢，直接聘用为上海分公司买办，提供新营业办公场所。⑤ 这种做法，足见买办的价值。

何东

① 刘诗平. 洋行之王——怡和 [M]. 香港：三联书店（香港），2010：204.
② 施其乐. 历史的觉醒：香港社会史论 [M]. 香港：香港教育图书，1999：79.
③ 何森. 何世礼将军的传奇一生 [M]. 纽约：北美华文作家出版社，2011.
④ 郑宏泰，黄绍伦. 政商两和——何东 [M]. 香港：三联书店（香港），2013.
⑤ SUN INSURANCE OFFICE LIMITED. Board and Committee Minutes 1709—1920 [Z]. London：Guildhall Library，China 4，MS31522/64：33–43.

至19世纪末，有明确保险买办经历的有49人，扬子、香港火烛、谏当、中外众国、太阳保险、永年人寿、保康、保安8家洋商保险公司已知雇佣保险买办18人，见表1-13。

表1-13　19世纪末部分保险公司买办

保险公司	保险买办	保险公司	保险买办
扬子保险公司	周凤升	香港火烛保险公司	何东、何福、何甘棠
谏当保险行	何东、何福、何甘棠	中外众国保险公司	麦阿忠
公裕太阳保险公司	王明河、尊金福、尊铁福	永年人寿保险公司	王延祺、谢峙亭
保康保险公司	潘华甫、何林	保安公司	黄铨卿

19世纪末至20世纪初经营水火险业务的36家洋行，已知雇佣保险买办共有39人，见表1-14。

表1-14　19世纪末至20世纪初经营水火险业务的洋行保险买办

洋行代理店	保险买办	洋行代理店	保险买办
怡和	唐廷枢、唐茂枝、顾福云	天福	张少霞
老公茂	文秉朝	公平	金被云
协隆	金广生	太古	陈冠一
好时	顾杏卿	茂生	姜桂生
泰和	尹则卿	永平	惠雨亭
保宏	刘于辉	中庸	陈甘棠
礼利	何明生	义记	陈志方
瑞记	江积佑、江善佑	锦隆	丁子乾
丰裕	赵馥畴	禅臣	郑锦丰
义源	叶焕玉	中和	宋寄生
裕丰	潘登波	祥泰	刘国光
保康	徐荫泉	顺利	冯养庭
三井	庄坤元	保宁	罗桂石
巴勒	顾锦斋	太平	黄国恩、凌伯祥
泰和	尹则卿	顺隆	陵伯祥
泰隆	丝锦斋	胜业	吴锡斋
天祥	唐桂生	鲁麟	刘兰生
新沙逊	王愚亭	元亨洋行	—

2. 职责、信用保证与分配制度

保险买办最重要职责有以下两个方面：一是销售公司保险产品；二是发展并培养华人保险代理行。洋商保险公司挑选到信任的买办后，有一段试用期，"往往先试用三个月，如得力则继续任用。"①

---

① 陶昕轩. 我任保险业买办的回忆［M］//全国政协文史资料委员会. 文史资料存稿选编：第21辑. 北京：中国文史出版社，2002：721.

保险买办"得力"与否，主要表现在买办职责的完成情况，外商保险公司对买办的职责有明确规定。

以英国太阳保险公司为例，"太阳保险公司上海分部的买办，兼为该分部华商代理行总主管人。其职责如下：其一，作为买办，其利用自己的影响力直接或通过跑街或掮客间接为公司拉来业务。接见客户和跑街；为保费担保；组织保费收缴工作；支付当地账款；以中文形式妥善保存成套账簿。其二，作为华商代理行总主管，可前往公司认为有潜能的城镇考察。拜访当地官员；挑选并培养当地代理人；检查是否安排了适当担保；与他们保持中文通信；安排代理商每月保险费汇款。"①

通过对买办的挑选、对买办职责的规定，洋商保险公司形成了一套建立在社会关系网络基础上的中国营销制度。与此同时，外商保险公司在实践中也逐渐形成了制约保险买办的信用保证制度。考虑到中国的特殊国情，洋商首先借助社会关系网的力量来保障买办信用。保险买办为维护依靠"口碑"打造的社会关系网，非常重视个人信用，否则就可能丧失社会关系网所蕴含的资源。这就使关系网成为洋商对买办信用的第一层保障。此外，西方保险商也推行保证金制度，把保证金作为一种质押来约束买办的行为。比如，太阳保险公司与尊铁福签订买办协议时规定"向分部提供保证金3000两"。②

保险买办的收入主要由月薪、佣金、华代理商佣金、保管保费投资收益、佣金差额、被保险人酬金等组成，有以下两个特点：其一，固定收入（月薪以及被保险人酬金）所占比重少，而灵活收入（佣金、华代理商佣金、保管保费投资收益以及佣金差额）是保险买办收入的主要来源，所以保险买办之间收入差距非常大。其二，代理商佣金的分配权事实上由保险买办掌控，代理商佣金曾是保险买办收入最主要的组成部分，但代理商佣金因时间、因人而异。通过灵活的薪酬给付方式，西方保险商形成一套激励机制，来调动保险买办的服务积极性。具体来说，保险买办的收入大致包括以下六部分：

一是月薪。因公司不同，买办月薪略有不同，但差距不大。上海保险买办薪酬一般"每月100两至300两"，③ 太阳保险上海分公司买办每月200两。④

二是被保险人酬金。"买办如果做成一笔大生意，使客户前来投保，一旦发生灾情，公司照章赔偿，获得赔款的投保人按5%的比例，作为买办之酬劳，同时还要登报鸣谢。"⑤ 对于华人被保险者来说，索要保险赔偿的过程中总会遇到各种困难，"保险公司虽按实情处理，但总是千方百计借故回避巨额赔款或减少赔款，而受害人家则请买办从中帮忙，尽可能争取多赔款。"⑥

---

① SUN INSURANCE OFFICE LIMITED. Board and Committee Minutes 1709—1920［Z］. London：Guildhall Library，China 4，MS31522/64：46.

② SUN INSURANCE OFFICE LIMITED. Board and Committee Minutes 1709—1920［Z］. London：Guildhall Library，China 4，MS31522/64：51.

③ 沙为楷. 中国买办制［M］. 上海：商务印书馆，1934：33.

④ SUN INSURANCE OFFICE LIMITED. Board and Committee Minutes 1709—1920［Z］. London：Guildhall Library，China 4，MS31522/64：46.

⑤ 马学强，张秀莉. 出入于中西之间：近代上海买办社会生活［M］. 上海：上海辞书出版社，2009：152.

⑥ 陶昕轩. 我任保险业买办的回忆［M］//全国政协文史资料委员会. 文史资料存稿选编：第21辑，北京：中国文史出版社，2002：721.

三是买办佣金。洋商保险公司认为，"不能让员工只拿到职位工资，他们的工资必须与公司业务的利益挂钩。"[1] 为调动买办的积极性，保险公司实行佣金制，由其所销售的保险商品以及发展的代理商数量决定。但"由于（洋商保险）协会的决议对买办的报酬没有限制"，[2] 保险公司之间相互竞争，每家公司的买办佣金，甚至一家公司不同的买办佣金比例都不一样。太阳保险公司上海分部买办尊金福早期与太阳保险签订的协议：每月二百两银子及扣除百分之二十五的折扣或代理费用后，在上海直接、受其影响及通过经纪人间接为当地分部拉来的所有中国业务的保险费净额的百分之五佣金，但雇用一名适当的助理买办和两名账房的薪资需要自负。分部中国代理商在宁波、杭州或其他地方拉到的业务不向买办支付佣金。尊金福去世后，其兄弟尊铁福接替他的职位，他与太阳保险公司签订的佣金条例为：同意支付由尊先生收集的、上海投保单位保险费用净额的百分之十作为佣金。[3]

四是保管保费投资收益。保险买办的职责之一是收交保费，后由买办管理并统一上交公司。太阳保险公司规定买办需于"下月底之前向公司提交上月由其收集的保费总额"，从收到保费到上交给公司，这笔款项由买办保管多达两个月。有的保险公司与买办按季度办理结算，如此，时间就更长。保险买办"对于过手的款项，也可以有份外的好处，那就是把这笔款子暂时套用，或贷给可靠单位，或存放银行，收取日拆（利息），从中获利"。[4]

五是代理商佣金。代理商佣金率的博弈是洋商保险企业之间进行竞争的重要手段之一。对于欧洲业务，洋商达成的协议代理商佣金率为15%，并严格按此执行。[5] 但外商保险公司经营华人客商的保险业务和大量华商进入保险代理领域之后，无论是洋人代理行还是华人代理行都与保险公司反复博弈，以争取更高的代理佣金率。代理商的佣金率对于外商保险公司来说是一事一议，没有固定标准，业务竞争激烈时，代理行佣金率非常高。代理佣金分为以下两类：第一类，洋商代理行保险买办佣金。太阳保险公司档案记载的代理商义和洋行来信称，"若得不到更高佣金条款，代理商工作将难以维系。"该洋行最终得到了"代理人佣金为保险费总额的百分之十，买办佣金为保险费总额百分之二十五"的条款，实际上从保险公司处争取到了35%的佣金比例。25%的买办佣金的分配权由买办掌握。第二类，保险买办控制的华商代理行佣金。由保险买办发展的华商代理行由买办负责，买办可以为华商向洋商保险公司争取更高的代理费，也可以为洋商保险公司争取更低的代理费。实质上，代理费率的高低就成了洋商保险、买办、华行三方博弈的结果，买办是最重要的中间环节。

---

① SUN INSURANCE OFFICE LIMITED. Board and Committee Minutes 1709—1920［Z］. London：Guildhall Library, China 4, MS31522/64：46.

② SUN INSURANCE OFFICE LIMITED. Board and Committee Minutes 1709—1920［Z］. London：Guildhall Library, China 4, MS31522/64：35 - 36.

③ SUN INSURANCE OFFICE LIMITED. Board and Committee Minutes 1709—1920［Z］. London：Guildhall Library, China 4, MS31522/64：46 - 51.

④ 陶昕轩. 我任保险业买办的回忆［M］//全国政协文史资料委员会. 文史资料存稿选编：第21辑，北京：中国文史出版社，2002：721.

⑤ SUN INSURANCE OFFICE LIMITED. Board and Committee Minutes 1709—1920［Z］. London：Guildhall Library, China 4, MS31522/64：52.

外商保险行无法弄清楚华商代理行与买办的分配方式，结果就是划定代理费占总保费的总比例由买办统筹。比如，太阳保险上海分公司规定，把总保费的25%用于买办的折扣、回扣或经纪费。有时候因为竞争激烈，佣金率更高。又如，在与尊铁福签订的买办协议中，太阳保险公司同意将普通中国业务保险费用总额的60%作为经纪费用和买办报酬。① 无论是洋行代理商、华行代理商还是洋商保险公司都必须由买办统筹代理佣金分配。究其根源，是因为洋商保险营销网络建立在买办的社会关系网基础上。保险买办通过培养与自己有紧密联系的代理人或亲人、朋友掌握保险的销售渠道，同时依靠买办职位及洋商保险公司的信任掌握保险的供货渠道。洋商保险公司为了获得市场竞争优势，佣金率漫无限制，一方面导致保险买办从中大获其利；另一方面也干扰了保险市场的正常秩序。

六是赚取佣金差额。买办未通过代理发展的业务，除可以提取佣金外，还可以根据情况赚取差额。按惯例，所有船只货物不经保险，银行就不肯作押汇，所以有些风险较大的航线还要恳请买办通融投保。上海望赉公司保险买办陶听轩曾向公司推荐承做太古渝、恰和渝、招商渝等长江轮船的保险业务，公司以10%的保险佣金率承接业务，而陶听轩对三渝轮船方面以15%的佣金收入接受业务，其中3.5%归陶听轩个人所有。②

上述之外，有的保险公司还为保险买办提供一些办公经费，如太阳保险公司上海分公司就为保险买办提供50两银子用于补贴收账员的工资。③

3. 保险买办的附股

随着保险买办财富的积累，一些保险买办也会附股洋商公司，与洋商从服务关系变为合作关系。一方面，附股使两者结成了更紧密的利益共同体，买办也通过分红以及证券收益积累了更多的财富；另一方面，附股也为洋商保险业的发展提供更多的奖金源及业务量。附股后，买办的身份也由保险公司雇佣人员转变为参与公司经营管理的股东。

华商入股洋商保险公司历史久远。1835年英商宝顺洋行开设的于仁洋面保安行就吸纳了中国商人的股份。鸦片战争后，随着外商保险公司的增多，华人入股越来越普遍。特别是19世纪60年代，一些华商在通商口岸购买了西方轮船、银行、保险、缫丝、电力等企业中的相当股份。1862年在上海创立的美商扬子保险公司，"一开始就有'中国资本的参加'，1878年扩充后，附股的中国商人愈来愈多，在公司的股东代表名单中经常出现华股股东的代表。"泰安保险、保宁保险、香港火烛保险公司、宝裕保险公司等"或者在最初成立的时候，或者在以后的改组过程中，都掺入了中国人的资本"。④ 洋商保险吸收华股，除了可以吸纳华人资本，更重要的是可以利用华股投资人的社会关系网拓展保险业务。

---

① SUN INSURANCE OFFICE LIMITED. Board and Committee Minutes 1709—1920 [Z]. London：Guildhall Library，China 4，MS31522/64：36-51.

② 陶听轩. 我任保险业买办的回忆 [M] //全国政协文史资料委员会. 文史资料存稿选编：第21辑，北京：中国文史出版社，2002：723.

③ SUN INSURANCE OFFICE LIMITED. Board and Committee Minutes 1709—1920 [Z]. London：Guildhall Library，China 4，MS31522/64：49.

④ 汪敬虞. 十九世纪外国侵华企业中的华商附股活动 [J]. 历史研究，1965，4.

　　买办是附股外资企业的主要成员。买办为外商服务，收入较为丰厚，积累了大量的货币资本。据推算，从 1840 年到 1860 年这 20 年的时间里，中国的买办阶层所赚取的经纪费即使从低计算，也达到 2000 万元至 3000 万元。① 在已查明出身的 47 个华籍大股东中，他们附股时的身份，最多的是洋行买办，共 28 人，占 59.6%。② 保险买办也是保险公司股份主要的购买者。唐廷枢 1863 年成为怡和洋行买办，总管怡和洋行所有对华业务，其中包括怡和洋行下设的保险公司——谏当保险行的业务，总是"尽他最大的努力来拉拢中国的生意"。③ 1867 年，35 岁的唐廷枢开始附股谏当保险行。19 世纪 70 年代，怡和洋行两家保险公司发展都"处于一个不能令人满意的处境"，"唐景星似乎在尽他最大的努力来拉拢中国的生意……考虑把他为我们保险行赚来的利润，分一部分给他以及其他有影响的华商"。怡和洋行洋商内部通信中几次提及要将股份给唐廷枢，奖励"他为中国的生意出了大力"。④ 洋商保险公司的这种做法吸引了不少华商，由于入股踊跃，保家行还作出规定，将公司股份与业务拓展直接挂钩，"对申请入股者分的多寡，以申请人能给公司经手保运多少货物为转移"。⑤

　　1882 年，何东受到怡和洋行大班的赏识，成为香港火烛保险公司、谏当保险行的买办后，恰逢谏当保险行改组，将资本扩充为 250 万元，向社会吸纳股东。"本公司之股份，各人均可来买"，"要买股份……同时在英京伦敦，香港，上海三处定买，公司内之银均归汇丰银行收存"。⑥ 何东抓住机会，积极入股。1884 年，何东已成为谏当保险公司的董事和中国经理处的代表。"90 年代以后，（谏当）中国股东的势力，看来还有所增加，在一张出席 1891 年股东代表大会的名单上，单是中国的大股东，就有 8 个。其中包括怡和的另一买办何东的兄弟何甘棠。"⑦

　　买办入股保险公司收益主要有以下两部分：

　　一是保险公司分红。洋商保险公司总利润高，买办可作为股东分享洋商保险公司的高收益。"整个六十年代，保家行都获得了巨额利润，它的股东，除每年坐得百分之十的固定股息以外，还可以得到百分之六十一百分之八十的额外红利。"⑧ 洋商保险公司利润分配上侧重于对股东的奖励以及对公司业务的贡献。"谏当保险行宣布发行新股 100 股，并规定留存三分之二而不是三分之一的利润，分配给有贡献的股东。"⑨ 香港火险公司在章程里规定："公司的年净利润应按以下方式分配：三分之一的年净利润应进入后备基金的账户；三分之一应根据相应的股份数按比例分配给成员；三分之一应根据前一年每人相应贡献的保险费按比例分配给成员。"当保险公司的后备金到达一定额度后，香港火险公司就将大部分利润作为股息分配了。

① 张国辉. 洋务运动与中国近代企业 [M]. 北京：中国社会科学出版社，1979：123.
② 章开沅，林增平. 辛亥革命史（上）[M]. 北京：东方出版社，2010：25.
③ 汪敬虞. 唐廷枢年谱 [M]. 北京：中国社会科学出版社，1983：5.
④ 汪敬虞. 唐廷枢研究 [M]. 北京：中国社会科学出版社，1983：163 – 164.
⑤ 汪敬虞. 十九世纪西方资本主义对中国的经济侵略 [M]. 北京：人民出版社，1983：499.
⑥ 新设广东保险公司 [N]. 申报，1881 – 12 – 15.
⑦ 汪敬虞. 十九世纪西方资本主义对中国的经济侵略 [M]. 北京：人民出版社，1983：498.
⑧ 汪敬虞. 十九世纪西方资本主义对中国的经济侵略 [M]. 北京：人民出版社，1983：500.
⑨ 勒费窝. 怡和洋行——1842—1895 年在华活动概述 [M]. 陈曾年，乐嘉书，译. 上海：上海社会科学院出版社，1986：167.

表1-15　19世纪80年代香港火险公司利润分配表

年份	年利润（元）	股息（元）	股息比（％）	业务贡献奖（元）	贡献奖比（％）
1880	60000	—	—	12000	20
1881	62000	15000	24	12400	20
1882	217000	—	—	33000	15
1884	284200	220000	77	39700	13
1886	262200	220000	83	42200	16
1887	314861	238400	75	44975	14

资料来源：SUN INSURANCE OFFICE LIMITED. Board and Committee Minutes 1709—1920 ［Z］. London：Guildhall Library，China 3，MS31522/62：43-49.

何东最早的原始资本积累来源于保险买办生涯。1882年他开始负责香港火险公司业务。从表1-15可见，这一年香港火险公司利润率有一个大的突破，此后利润逐年增加，何东在其中应作出了巨大的贡献，可以断定他在这个阶段的收入是非常高的。

二是股票证券市场收益。除分红外，证券市场股份升值也会给保险买办带来高额红利。市场上保险公司股票行情好，保险买办的财富也随之增长。"香港火烛保险公司成立后，每年获得的盈利相当于股本的百分之五十，股票升值曾达到百分之四百。香港的一家英国报纸说道：这种兴旺的情形主要归功于它的经理们。何东，正是这个公司的华股经理之一。"[1] 保险股份可以自由买卖，19世纪80年代后各大保险公司买卖股份更加便捷。1881年谏当保险公司登报招股，提出"向来买股份人如欲转手须到香港签字，现定新例，如伦敦人欲转卖股份，即可在伦敦签字，定夺在后告知香港总办"。[2] 股份的自由买卖使保险买办在证券市场所赚得的财富迅速兑现，加速了资本流动。

（三）保险买办制度的衰变

19世纪中下期，是外商保险开拓中国市场、迅速扩张的时期，保险买办制度在这一过程中发挥了重要作用。19世纪末，洋商保险网络的形成以及洋商保险公司资本、规模的成倍增长，确立了洋商保险业的市场地位，洋商保险公司进入发展的稳定期，保险买办的作用逐渐减弱。随着买办社会关系网价值的降低，保险买办制度也逐渐瓦解。在这种情形下，有的洋商保险公司直接雇佣华人经理取代保险买办，有的公司继续使用保险买办，但实质上已成了"不允许代理其他保险行业务"[3]的保险经理人。扬子保险公司在进入稳定期后，1900年大班财克生在报纸上发表公告，"本公司由即

---

① 汪敬虞. 十九世纪西方资本主义对中国的经济侵略 ［M］. 北京：人民出版社，1983：500.

② 新设广东保险公司 ［N］. 申报，1881-12-15.

③ SUN INSURANCE OFFICE LIMITED. Board and Committee Minutes 1709—1920 ［Z］. London：Guildhall Library，China 4，MS31522/64：51.

日起，所有账目保费银两概不归买办捐客及式老夫等手收。"① 太阳保险公司上海分公司为了限制买办的权力，洋经理可以选买办房帐房、提拔跑街为买办等。② 20世纪初，"有些美国保险公司经营就不再依靠传统的买办和代理，而是雇佣受过西式教育的中国员工来发展业务，称之为分公司或部门经理"。③ 这种制度随着洋商保险业的进一步发展被推广开来。民国时期，保险买办逐渐被华人经理所取代。1927年，太古集团招募一批香港大学毕业生到公司保险部充当华人经理，④ 这些年轻的华人经理入职后，在保险公司接受适当培训，成为拿工资的职员。⑤

尽管保险买办可以凭借所掌握的社会关系网络资源尽可能地向洋商保险公司争取利益，但在利益分配问题上保险买办从未真正掌握话语权。保险买办的收入根据洋商保险公司的发展需求不断调整。在洋商保险公司发展稳定后，代理费率被固定下来，保险买办的收益减少了。再加上分配不均且差额巨大的心理影响，以及自身实力（资本以及经验）的增强，与洋商保险公司分道扬镳成为保险买办的必然选择。以扬子保险公司为例。1892年代理费率高达18%，洋商利润为代理费的2倍。1894年，公司代理费率下降至13%，其后近10年都稳定在10%～13%，公司洋商利润都比代理费高出3～5倍。⑥ 代理费率被稳定下来，保险公司不再依靠代理扩张来提高保费收入以及利润额；代理对公司作用的减弱，使保险买办的价值下降。

与此同时，保险买办已具备独立发展的条件。保险买办属于最早接触保险业的一批中国人，他们了解保险制度的基本运作方式，具有一定的资本和经验积累，也最早认识到中国巨大的保险市场需求。高额利润的吸引，使一些保险买办慢慢退出洋商保险业，转而成为华商保险业最早的倡办人、创办人以及投资人。19世纪末，在早期华商保险公司的创办过程中，都有买办的身影。比如，唐廷枢、徐润倡议和推动了轮船招商局增设保险公司，保险招商局、仁和保险公司、济和船栈保险局以及仁济和保险公司的相继成立，都有他们的贡献；保险买办郭甘章则在19世纪70年代后期到80年代初投资创办了香港的安泰保险公司、常安保险公司、万安水火保险公司；1882年设立的上海火烛保险有限公司则有曾在怡和洋行任保险买办的唐茂枝的参与；1895年在香港成立的普安保险兼仓货有限公司，保险买办阮荔邨是重要的创办人，等等。

在某种意义上，19世纪的保险买办是沟通西方保险制度与中国社会的一道桥梁。无论是在洋商保险业的快速扩张过程中，还是在华商保险业的创兴过程中，保险买办都担当了重要的角色。保险买办是中西经济文化碰撞中产生的一种新型商人，一方面他们助力西方保险商垄断中国市场，从中

① 告白 [N]. 申报，1900 - 10 - 22.

② SUN INSURANCE OFFICE LIMITED. Board and Committee Minutes 1709—1920 [Z]. London：Guildhall Library，China 4，MS31522/64：55.

③ HOWARD COX，HUANG BIAO，STUART METCALFE. Compradors，Firm Architecture and the 'Reinvention' of British Trading Companies [J]. Business History，2003，45（2）：15 - 34.

④ 锺宝贤. 太古之道 太古在华一百五十年 [M]. 上海：上海三联书店，2016：118.

⑤ HOWARD COX，HUANG BIAO，STUART METCALFE. Compradors，Firm Architecture and the 'Reinvention' of British Trading Companies [J]. Business History，2003，45（2）：15 - 34.

⑥ 参见《申报》，1893年5月24日、1895年4月11日、1896年4月22日、1897年5月5日、1898年4月25日、1899年4月29日、1900年4月21日、1903年4月30日、1904年4月30日、1905年4月14日、1906年4月29日、1907年5月1日。

国流出的保费总额巨大且无法估量；另一方面，作为洋商进军中国
保险市场的中介人以及华商进入保险业的拓荒人，他们促进了现代
保险业在中国的兴起和发展，在西方保险制度进入中国的过程中担
当了特定的角色。

二、 华商保险代理人

西方国家的保险业一般是先有发达的保险供给和需求市场，然
后才有保险中介市场。然而在中国，保险制度是移植而来的，但最
早的华商保险业却是从保险中介市场开始的。1865 年，第一家华
商代理人——义和公司"保险行"在上海出现，比华商保险公司
的出现早了 10 年。所谓华商"保险行"，是兴起于 19 世纪六七十
年代的一种新的金融业务。从业务性质来看，它介于保险人与投保

义和公司"保险行"开办的告白

人（或被保险人）之间；从民族性来看，它介于外商在华保险公司与华商保险公司之间。在外商保
险公司迅速发展的情形下，华商"保险行"成为晚清保险市场的中介主体，作为居间人或代理人，
为外商保险公司招揽业务，协助经营，在"分洋人之利"的同时，对国人保险意识的提高和民族保
险公司的创立和发展起到了积极的促进作用。

华商"保险行"不是外资在华保险公司。曾在远东经营的美国商人托马斯·诺克斯，1878 年在
《哈泼斯新月刊》（*Harper's New Monthly Magazine*）上发表了一篇题为《买办人物》的文章，讲道
"在所有的中国口岸，都有华人的钱庄，华人保险行，华人贸易团体，华人轮船公司以及其他企业。
所有这些都由华人主管，为华人资本所支持。还有华人的进口商和出口商"。[①] 华商"保险行"由中
国人主管，为华人资本所支持（还有华人的进口商和出口商）。所谓华人主管、华人资本实际就是通
商口岸的买办化商人。买办化商人更早地接纳了资本主义经营理念，也较早地进行了资本的原始积
累。在外商企业尤其是保险公司纷纷抢滩中国、大获其利的情况下，这些中国商人卷入其中，他们
是外商保险服务的推销商，也从中获得收益。

华商"保险行"不是华商保险公司。它们是通商口岸大大小小的商号、买办化商人为了追求利
润最大化以及获取尽可能多的边际收益而进行的新业务开辟或者说旧业务的延伸。一方面，这些
"保险行"本身具有相对固定的客户网络，如丝茶商、匹头商、客货栈等，它们与外商企业有千丝万
缕的联系，进行对外贸易赚钱；另一方面，这些"保险行"利用自身的条件，为客商提供货仓、食
宿、银钱往来、商业信用等服务，进而为外商保险牵线搭桥，代理销售保险单、代理收取保险费。
对于华商"保险行"而言，采取协议型方式代理保险，所需投入的成本是微乎其微的，甚至只需要
在其营业场所内增加一张桌椅即可。华商"保险行"无须承担任何保险公司的风险，它们自己不创
造保险业的规则，只是在遵循保险规则的前提下开展业务，所以，前期主要为外商在华保险业服务，

---

① 郝延平．十九世纪的中国买办：东西间的桥梁［M］．李荣昌，等，译．上海：上海社会科学院出版社，1988：145 – 146.

到后来也可为华商也即民族保险服务。

从表 1−16 统计数量来看，19 世纪六七十年代华商"保险行"在通商口岸的出现已经不是偶然的零星的现象，它反映了这一时期保险业在中国发展的某些特点。

表 1−16　1865—1875 年部分华商保险中介一览表

名称	服务洋行或公司		险种	佣金	时间（最早见报）	地点
	洋行	保险公司				
义和公司"保险行"	怡和洋行	怡和所有及代理的保险公司	货物水路运输险	—	同治四年（1865 年）五月初三	上海
伦敦某保险公司之经手	太平洋行	—	—	保额每千两保费十两，回用一两	同治六年（1867 年）八月二十日	上海
扬子之经手	旗昌洋行	扬子江保险公司	水险	每百两扣还八两；每百两扣还十二两	同治七年（1868 年）六月十一日	扬子江保险公司所在各口岸
域多利亚保火险公司之经手	琼记洋行等	域多利亚保火险公司	火险	—	同治九年（1870 年）一月二十日	域多利亚保火险公司所在各口岸
宝裕之经手	宝裕洋行等	宝裕保洋险公司	水险	—	同治九年（1870 年）三月七日	宝裕保险公司所在各口岸
琼记之经手	琼记洋行	中外众国保险公司	水险	—	同治十年（1871 年）二月二十二日	中外众国保险公司所在各口岸
华商保安公司之经手	同孚洋行等	华商保安公司	水险	—	同治十年（1871 年）三月十七日	华商保安公司所在各口岸
保家行之经手	祥泰洋行等	保家行	水险	—	同治十年（1871 年）四月十九日	保家行所在各口岸
宏昌客栈	马立师洋行	马立师洋行保险部	货物水险	—	同治十一年（1872 年）三月二十三日	上海
华商栈房	琼记洋行	琼记行火险公司	火险	—	同治十一年（1872 年）四月二十六日	琼记行火险公司所在各口岸
招商局刘述庭	琼记洋行	中外众国保险公司	货物水险	—	同治十二年（1873 年）七月初七日	汉口

资料来源：根据《上海新报》《申报》1865—1875 年的相关报道整理。

说明：虽然许多商号不称为"保险行"，但从其所从事的业务来看，应并入"保险行"的范畴。

从"保险行"的开办人来说，有买办化商人，如义和公司"保险行"所在的上海德盛号乃是一家同英商怡和洋行做生意的闽粤著名的华商行号，有客货栈号，如为英商马立师洋行保险部拉保险的宏昌客栈以及为美商琼记火险公司服务的华商栈房，还有更大一部分虽未明确指名道姓，却是客观存在的、各行各业大大小小遍地开花的、为各保险公司服务的华商行号。

就其开办原因来说，义和公司"保险行"讲得非常清楚："自通以来，设有保险之行。以远涉重洋，固能保全血本，凡我华商无不乐从而恒就其规也。由来虽久，无如言语不同，字样迥别，殊多未便。"参加保险对保障贸易运营安全非常重要，但保险公司皆为洋商所设，中西沟通多有不便之处。这样，"我华商等议开义和公司保险行，保家纸系写一面番字，一面唐字。规例俱有载明，并无含糊。"① 由义和公司"保险行"从中牵线搭桥，使用两种文字的保单，建立了洋商保险与中国市场的联系渠道。

从其业务经营来说，根据现有资料，华商"保险行"、"专理客商办货装船保燕疏等事"，② 即仓储、船运、水火险一条龙服务。外资保险公司为这种服务支付"经手"之银，即佣金。佣金分为两种形式：一种按个人经手"保险价银"数量扣还，往往以百两为单位，如扬子江保险公司"所有经保扣用以每百两扣还拾贰两"，③ 即佣金率为12%；另一种从公司"每年生意赚银"之数中提取一定的成数按"来保若干"支取，域多利亚保火险公司"每年生意赚银在百分之内提二十分派付有分之保险回用银"。④ 两种形式有一个共同趋势，即佣金越来越高。这是各保险公司恶性竞争拉拢保户的结果，是中国保险市场形成过程中，各种法律法规不健全、各种经营运作不规范的必然反映。

从其经营成效来说，获得了华商"保险行"、华人客商及外商保险公司"三赢"的结果。华商"保险行"通过提供保险中介服务，赚取佣金及其他相关收益，如客栈、货栈上房率提高，稳定和扩大了客户网络等。华人客商从中享受到了方便快捷，获得了安全保证。外资保险公司赚得了"保险价银"，公平洋行保险公司"每年约算计保各国及中华通商各口约收保费银一百三十余万两之谱"。⑤ 扬子保险公司保费收入不菲，以致1866年按净收益发放了高达8%的股息。⑥ 华商"保险行"、华人客商及外商保险公司紧密联系，支起了中国保险市场的基本框架。

在19世纪中国保险发展史上，华商"保险行"扮演了独特的角色，作出了特殊的贡献。

首先，这些早期华商"保险行"就像二传手，把西方近代保险业务渗透到普通的中国客商中间。中国保险企业最早由外商设立，但由于中外商人之间还不具备贸易交往所必需的信用关系，各个口岸挟资营运的内地商民"与各夷语言不通，气味各别"，因而"向不与夷商对手交易"。华商"保险行"以中介服务沟通了东方与西方、内地与沿海。他们本身具有相对固定的客户网络，例如丝茶商、

---

① 新开保险行 [N]. 上海新报，1865 - 05 - 27.
② 宏昌客栈启 [N]. 申报，1872 - 04 - 30.
③ 扬子江保险公司 [N]. 上海新报，1870 - 01 - 19.
④ 保险公司启 [N]. 上海新报，1870 - 02 - 19.
⑤ 中国房屋保险 [N]. 上海新报，1865 - 01 - 05.
⑥ Yangtsze Insurance Association [N]. The North China Daily News, 1867 - 09 - 20.

匹头商，利用自身的条件，为客商提供办货、仓储、轮运、食宿、银钱往来、商业信用等服务，进而向中国人介绍和推销保险商品。可以说，华商"保险行"的活动在各口岸形成了一个以保险服务为中心的商业贸易网络，为外商打开了中国的保险市场。

其次，华商"保险行"在经营和发展过程中逐步积累起经营规则和经营之道，成为第一批华商保险公司创办经营的参照。这些华商"保险行"通过推销保险给中国客商，最早涉足了保险实践。作为中介人，它们同外商保险公司保持长期密切的联系，不仅积累了资金，尤其重要的是，积累了保险管理和营销的各种经验，成为民族保险业的借鉴和参照。1875 年，中国第一家华商保险公司——保险招商局的招股广告中就明确提出要"仿照各保险行章程办理"。① 由此，华商"保险行"成为中国民族保险业兴起和发展的重要发起人和投资人之一。

在外商保险公司大量兴起而民族保险公司又欲办不能的环境下，华商"保险行"应运而生。它们不仅是以自己名义经商的独立商人，还提供范围广泛的服务。作为中西商贸中介人，它们受到外商的扶持。它们先于民族保险公司而产生，以自己的服务与外商分利，同时为民族保险公司的产生准备了条件。

---

① 招商局告白 [N]. 申报，1875 - 11 - 04.

The History of Insurance
in Modern China

中国近代保险史

第二章
Chapter 2

民族保险业的起步

　　两次鸦片战争后，随着中西贸易的繁荣，以及外商在华经营活动的拓展，保险日益成为中国沿海地区经济体系的一环。与此同时，外商在华保险业也引起了中国部分开明士大夫的注意。在洋务运动的背景下，李鸿章等洋务官员从挽回利权、自强求富的目的出发，开始尝试学习西方保险制度。1875 年，李鸿章等人创建了中国第一家民族资本保险公司——保险招商局，这是中国保险发展史上一个具有标志性意义的事件。由此开始，随着首批华商保险企业的出现，中国人自办的现代保险事业开始起步。

第一节　轮船招商局保险企业的创办

　　19 世纪七八十年代，随着中国近代工商业的兴起，作为服务业的民族保险企业开始出现。1875年，轮船招商局创办的保险招商局是中国第一家民族保险企业；此后的 1876 年、1878 年，轮船招商局又相继成立了仁和保险公司、济和船栈保险局，并最终于 1886 年统一为仁济和保险公司。作为首批国人自办的保险企业，轮船招商局的系列保险企业不仅是保险制度为中国所接纳的象征，也构成了中国经济近代转型的一个侧面。

一、 创办背景

西方保险制度引入中国后，随着沿海地区轮运贸易的活跃，这一新生事物也越来越为中国商人所接受。中国商人风险意识和保险意识提高，产生了对保险商品的需求。到 19 世纪 50 年代后期，中国商人"对海上保险制度的好处日益重视，现在他们一天比一天更广泛地利用这个制度了"。① 参加保险逐渐成为新的商业惯例，华商轮运业需要保险业为其提供保障服务，免除轮运企业的后顾之忧，从而促进自身的进一步发展。

但直到 19 世纪 70 年代，保险业务仍为外商所垄断。在中国通商口岸的各国洋行几乎无一不是各保险公司的所有人或代理人，或者内设有保险部门。掌握保险业务的外商往往也是在中国沿海拥有船队的船主，从独占轮运市场的目的出发，他们既不允许保险利润被别人分割，更不想用保险制度来增强中国旧式帆船在沿海运输市场的竞争力。"没有理由相信中国人自己有像我们一样的保险公司，同时由于外国水险公司当然不承保中国的帆船，其结果是中国商人非常普遍地愿意使用外国船只。这种情形不久将使从事沿海贸易的中国帆船大受排挤。"② "中国帆船正在迅速从商业航线上消逝，中国商人不再雇用帆船了；海上保险的原则消灭了中国帆船"。③ 外商通过推出轮运与保险的"捆绑服务"，一方面利用保险制度在事实上打击中国帆船的船货招徕，促进外资轮运业务发展；另一方面，则利用轮运势力遏制中国民族保险业的产生，保障外资保险业务。怡和等洋行规定"凡在该公司代理之轮船运货的商人，其货物必须向保险部投保，方能上船"。④ 洋行保险一方面尝试开拓华商市场，攫取利益；另一方面又为华商设置条件，加强自己在保险市场的垄断地位。同治十二年（1873 年）底，李鸿章在给两江总督李宗羲的一封信中提到洋商轮运大肆扩张的情形："查询英美各国通例，本国海口可准各国商船贸易，至其外海由此口到彼口，内地由此岸到彼岸，则专归本国商船贩贸，不准外人搀越。中国初立条约时，未闻此义，内地口岸业经允行，几致泛滥无收，喧宾夺主。"⑤ 1876 年太常寺卿陈兰彬在奏折中称，洋人来华通商，"害之最切近者，莫如轮船；缘轮船转运捷而脚费省，又有保险公司，设有意外，照价赔偿，视民船笨滞时虞漂泊者相去霄壤。商民争利趋便，附搭恐后。计十余年来，洋商轮船日增，中国民船日减，获利之后，得步进步，始而海滨，继而腹地，终必支河小水，凡舟楫可通之处，皆分占之"。⑥

19 世纪 60 年代，外国轮船愈来愈多地涌进中国江海水域，侵夺和垄断中国航运利益，而中国帆船在外国船只的竞争和排挤下，被迫大批停航朽坏。比如天津、宁河两县，原有海船七百余只，"乃

① 聂宝璋. 中国近代航运史资：第 1 辑［M］. 北京：中国社会科学出版社，2002：601.
② 聂宝璋. 中国近代航运史资：第 1 辑［M］. 北京：中国社会科学出版社，2002：602.
③ 聂宝璋. 中国近代航运史资：第 1 辑［M］. 北京：中国社会科学出版社，2002：602.
④ 颜鹏飞，李名炀，曹圃. 中国保险史志：1805—1949［M］. 上海：上海社会科学院出版社，1989：13.
⑤ 李鸿章. 致两江制台李［M］//顾廷龙，戴逸. 李鸿章全集：信函二. 合肥：安徽教育出版社，2008：637.
⑥ 中国史学会. 洋务运动：六 中国近代史资料丛刊［M］. 上海：上海人民出版社，1961：9.

早期的上海外滩轮船招商局大楼

自天津通商以后，各国火轮夹板等船装多驶速，日渐增添，内地海船生意多被夺占，十年之间拆卖大半，现存不过二百只"。[①] 航运业者遭受破产，谋生乏术，迫使中国的航运业采用新式航运工具——轮船，转向新的发展道路。但要实现这种转变，却外受洋商的有意排挤，内受政府的限制和束缚，加上中国帆船航运业在技术、管理方法和组织上的落后，不能直接作为转变的基础，以致困难万端，道路坎坷。既没有华商航运公司作为内在依托，又不可能得到外资轮运势力的支持，华商保险公司故而迟迟未能出现。

中国民族保险业的兴起，与新式民族航运业存在共生关系。第二次鸦片战争后，洋务运动开始起步。为了实现"自强"，洋务派首先创办了江南制造局、天津机器局、福州船政局等一批军工企业。此后，"求富"被提上日程，从19世纪70年代以来，洋务派开始兴办民用企业。1872年创办轮船招商局后，开平煤矿（1877年）、上海机器织布局（1878年）、荆门煤铁矿（1879年）、鹤峰铜矿（1881年）、平泉铜矿（1881年）等官督商办企业陆续成立。这些新式民用企业的出现，不仅有助于近代企业制度的引入，也为民族保险业的创建提供了条件。特别是轮船招商局的航运业务，无论是在官方漕粮还是民间货物运输过程中，亟须保险公司为其分担风险，提供安全保障。同时，在通商口岸新建的仓库、码头和堆栈与日俱增，存放了诸多商品和物资，发生火灾等意外事故也就在所难免，这些承保对象或保险标的的涌现也增加了对保险的需求。

在洋务事业的推进过程中，洋务派官员开始认识到保险的重要性。李鸿章作为洋务领袖，很早就有了保险意识。同治十一年（1872年）九月二十三日，李鸿章奏报天津机器局经费清单中，即列有"给发采买外洋铜铁锅铅木植煤炭硝磺漆油镪水杂物及起运器料公司保险"，[②] 可知其时天津机器局已为采买的各项物料缴纳运输保险。同治十三年（1874年）天津机器局收支清单中，也包括"给发采买外洋各色铜、铁、钢、铅、点锡，储备大批紫口生铁，及起运各项公司保险"、"给发采买外洋硝磺、镪水、油漆、木植一切物料，及内地烟煤柴

1901年建设的轮船招商总局大楼（今上海外滩9号）

---

① 李鸿章．海船苦累变通办理折［M］//顾廷龙，戴逸．李鸿章全集：奏议五．合肥：安徽教育出版社，2008：191.

② 李鸿章．奏报机器局经费折（附清单）［M］//顾廷龙，戴逸．李鸿章全集：奏议五．合肥：安徽教育出版社，2008：202.

李鸿章

炭等项，起运船价、夫脚、保险"、"给发清付六角藕饼药机器价值，添购造林明敦枪及枪子机器车、刨、钻、锯床各具脚价、保险"等项开支。① 从中可见，其时天津机器局在外洋购运各种材料、机器、军械等，支出保险费用已成为惯例。此后，李鸿章的奏折函稿中，多将保险费与运费一起提出，称为运保费或险脚，纳入运输货物成本。同治十二年（1873年），总理衙门要求轮船招商局租领福州船政局所造船只，李鸿章在给船政大臣沈葆桢的信中谈及此事，建议降低造船成本，以减少保险费用，"闽、沪各厂工料过昂，每船间减算成本拟须十数万……轮船原无一失，而例须保险，作价少则保资亦较少，庶易招徕"。② 当年十月，他在给上海轮船招商局盛宣怀、唐廷枢等人的信中，又提及对招商局租领福州所造船只的顾虑，一是担心闽厂所造之船装载少而费煤多，二是担心"估价多，保险重，万一失事，商人包赔不起"。③

在给总理衙门的信函中，李鸿章解释说："盖中国自造轮船成本过重，商局租用须向洋人保险，洋人照泰西船价核估，必不及原造之数，万一失事，若责商局赔偿原价，势将倾家败产，必不乐为，不敢为矣。"④ 李鸿章对招商局租领船政局所造之船的态度虽然不无保留，但其中也可见其保险意识。

创办福州船政局的左宗棠很早也对保险有所认识。其在同治五年（1866年）奏报船政局所需费用时，除购买机器、洋员薪水等外，还提到"保险、包扎及募雇洋匠盘费需银二万九千五百十二两"。⑤ 同年十一月，左宗棠上奏办理船政事宜时又说："各项器具、物件由外洋运载来闽，非按洋法包扎，恐多损坏；非交洋行保险，难免疏虞。此项包扎、保险银两，已一并议给。"⑥ 即这些机器物件从外洋购买，如果不一起保洋行保险，恐洋行不予方便。左宗棠认为，西方国家的商业扩张，除兵船实力外，保险制度是另一项重要的保障。其光绪元年（1875年）的奏折中称，西洋国家"惟其志在征商也，故设兵轮船、议保险以护之，遇有占埠头、争海口之举，必由公司召商集议，公任兵费，而后举事"。⑦ 他将保险看作列强对外扩张的重要保障，从一个侧面可见左宗棠对保险的重视。

1873年1月，轮船招商局正式成立。轮船招商局成立之初，循例为招商局的船只寻求保险，但在这一过程中受到洋行的限制和排挤。例如，同治十一年（1872年），从大英轮船公司购进的"伊

① 李鸿章. 机器局动用经费折（附清单）［M］//顾廷龙，戴逸. 李鸿章全集：奏议七. 合肥：安徽教育出版社，2008：177.
② 李鸿章. 复沈中丞［M］//顾廷龙，戴逸. 李鸿章全集：信函二. 合肥：安徽教育出版社，2008：547.
③ 李鸿章. 致上海轮船招商局［M］//顾廷龙，戴逸. 李鸿章全集：信函二. 合肥：安徽教育出版社，2008：610.
④ 李鸿章. 致总署 条议三事［M］//顾廷龙，戴逸. 李鸿章全集：信函二. 合肥：安徽教育出版社，2008：629.
⑤ 左宗棠. 开造轮船请暂动结款折［M］//刘泱泱，等. 左宗棠全集：奏稿三. 长沙：岳麓书社，2014：175.
⑥ 左宗棠. 详议创设船政程购器募匠教习折［M］//刘泱泱，等. 左宗棠全集：奏稿三. 长沙：岳麓书社，2014：300.
⑦ 左宗棠. 复陈海防塞防及关外剿抚粮运情形折［M］//刘泱泱，等. 左宗棠全集：奏稿六. 长沙：岳麓书社，2014：177.

敦"号是中国第一艘悬挂本国国旗航行的轮船，洋商保险公司即以挂龙旗、双鱼旗为借口，拒绝承保，后经再三洽商，英商怡和洋行和保安行才勉为同意，但每家只允许保15000两，且以15天为限。① 以后，招商局的轮船向洋商保险行保险，唯每船限保6万两，其超过6万两

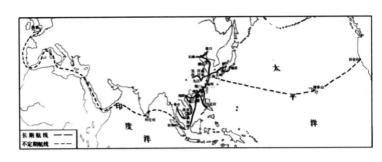

1872—1883 年招商局航线

之额，由招商局中自行保险，保险费均系"通年每月一分九扣，风灾触礁碰船等险均保在内，值十万两之船，每年保费需纳一万两有零"。② 这就是说华商船舶在外商保险公司保险，不仅保险额有限制，而且保险费率高达17%，保费之昂贵，近乎敲诈。外商保险公司提高保费率，既攫得了超额保险利润，又借以压制打击了中国民族轮运业。

　　非唯如此，向外商投保的招商局船只一旦发生事故，洋商的保险赔付也颇为消极，甚至放任责任人逃逸。光绪元年（1875年）二月二十八日，轮船招商局发生首起海损事故。"江苏招商局'福星'轮船装载浙江海盐等县粮米并木料货物，由沪赴津，二月二十八日行至撩木洋地面，被怡和洋行'澳顺'轮船撞坏，米货人客随船沈溺，沈失白粮七千余石。"③ 经上海道台与英领事会讯判定，应由"澳顺"轮船赔偿白银1.1万两。但由于该船主逃走，招商局不仅未追回赔款，反而倒贴抚恤费24万两，直到两年后才追赔到1000英镑（合银3000两）。④⑤ 这一事件也使洋务派对自办保险有了现实的紧迫感。"日后招商局自保船险，获利不资，未始非受洋商保险行垄断之刺激，而有以玉成之也。"⑥ 可以说，国人自办的保险业从一开始，就担负着与外人竞争以挽回权利的使命。

　　总之，外商保险业的示范作用、保险业务丰厚的利润以及中国民族航运业发展的需要等因素，共同促成了民族保险业的出现。"保险业作为一种新的商业服务行业由外国资本引入当时的上海，使它在一段时间内更有利于外资大企业并为外国利益服务。但是，这种保险方式起着很大的示范作用，它的先进性具有很大的吸引力，因而在各种新式行业中，保险业最快为中国商号所接受。中国商号不仅是消极地作为保险业的顾客，当中国第一家轮船企业招商局创办时，华资的保险企业也顺利地产生了。"⑦

---

　　① 张后铨. 招商局史［M］. 北京：人民交通出版社，1988：78 – 79.

　　② 关庚麟. 交通史航政编：第1册［M］. 南京：交通部、铁道部交通史编纂委员会，1931：217.

　　③ 李鸿章. 福星轮船失事被淹各员优恤建祠折［M］. 顾廷龙，戴逸. 李鸿章全集：奏议六. 合肥：安徽教育出版社，2008：282.

　　④ 徐润. 徐愚斋自述年谱［M］. 南昌：江西人民出版社，2012：22.

　　⑤ 吴申元，郑韫瑜. 中国保险史话［M］. 北京：经济管理出版社，1993：43.

　　⑥ 国民政府清查整理招商局委员会报告书：1927年下册［R］.［1928］：19.

　　⑦ 丁日初. 上海近代经济史1843—1894：第1卷［M］. 上海：上海人民出版社，1994：113 – 114.

二、 从保险招商局到仁济和保险公司

（一）保险招商局的创立

1805—1875 年，中国保险市场只有外商保险企业，民族保险公司未能出现。有说法称，早在 1824 年，广东富商张宝顺眼见谏当保险行成立后，获利甚丰，遂在广州开设"张宝顺行"，兼营保险业务，主要承保货物保险，后来"张宝顺行"附股于于仁洋面保险公司。但由于资料缺乏，不能将其列入华人经营保险公司之记录。[①] 到 1871 年，《上海新报》刊登的一则消息称："华商历年见自己贸易中有厚利他人得之，无怪其抱憾，是以定意立一新保安公司，股份之中务欲华人居其大半，俾其亦得分保安公司之厚利。"[②] 这家保安公司聘请美商同孚洋行为总管，各口管事分别为"香港上海广东福州同孚洋行，汉口宝顺洋行，九江英茂洋行，镇江亨利洋行，宁波逊昌洋行，烟台美士咈洋行，天津宝顺洋行，厦门成记洋行，汕头美士得沙洋行"。[③] 从中可见，华商保安公司并非纯属中国人投资、归中国人所有的纯粹华人资本保险公司，更谈不上由华人经营，即使如其所说股份之中"华人居其大半"，华人也不可能掌握公司经营管理实权，不过敬陪末座而已。

华商创办保险公司的活动究竟始于何时？有记述称："（香港）1870 年 2 月已有两家新成立的保险公司开始营业，同年 4 月，中国商人又建立了一家中国人自己的保险公司，这家公司只许中国人持有股份。"[④] 据此，第一家华商保险公司似乎应是 1870 年 4 月由香港华商创办的。但是迄今为止，尚未发现任何其他史料相印证。

真正称得上中国第一家有确切史料证实的华商保险企业，是 1875 年成立的保险招商局。

轮船招商局是洋务运动期间创办的规模最大也最有影响的民用企业。在轮船招商局的筹建过程中，以李鸿章为代表的洋务派官员就将自办保险纳入计划。1872 年 5 月，综理江南轮船操练事宜的前福建台湾道吴大廷向李鸿章和南洋大臣何璟禀呈轮船招商事宜，提出兴办新式航运业有"五难"，指出其中之一是"保险难"。"外国洋商，船有保险。保险者，视其船只新旧坚利，定为保险银若干万两。每行一次给保险银若干两，如利息然，无事则保家坐得其利，设有不测，则照原保险之数，如数赔偿。货物亦然，虽潮湿短少，犹且照赔。而中国无之，谁肯以重资轻于尝试？"江南制造局道员冯焌光也向李鸿章禀呈轮船招商有关事宜，提出了若干建议，包括准许商人集资设保险局，以及不许洋商入股等。[⑤] 李鸿章对此表示认同。1872 年 6 月 20 日（同治十一年五月十五日），李鸿章在奏折中也论及此事，称"各口岸轮船生意已被洋商占尽，华商领官船另树一帜，洋人势必挟重资以倾夺，则须华商自立公司，自建行栈，自筹保险"，"初办恐无利可图，若行之绵久，乃有利益"。[⑥]

① 秦贤次，吴瑞松 . 中国现代保险史纲：1805—1950 [M]. 台北：保险事业发展中心，2007：47.
② 新立华商保安公司股份银两有限制 [N]. 上海新报，1871 - 03 - 24.
③ 华商保安公司条规股份银两有限制 [N]. 上海新报，1871 - 08 - 24.
④ 聂宝璋 . 中国近代航运史资：第 1 辑 [M]. 北京：中国社会科学出版社，2002：1435.
⑤ 王宝华 . 李鸿章、王韬有关保险的论述 [J]. 上海保险，1991，12.
⑥ 李鸿章 . 筹议制造轮船未可裁撤折 [M]//顾廷龙，戴逸 . 李鸿章全集：奏议五 . 合肥：安徽教育出版社，2008：109.

当年 8 月，候补知府朱其昂奉命拟《轮船招商节略并各项条程》，提出自设保险公司的设想，"本局轮船，现由殷实洋商保险，凡各商货物，归货主自行保险"，以后"本局招商畅旺，轮船愈多，保险银两愈重。拟由本局自行保险，俟银两积有成数，再行设立公司，广为保险"。① 同年十一月二十三日，李鸿章在致总署有关轮船招商局事务的信中说："各帮商人，纷纷入股。现已购集坚捷轮船三只，所有津沪应需栈房、码头及保险股份事宜，海运米数等项，均办有头绪。"②

此后，招商局自办保险问题一直受到关注。1873 年，盛宣怀受李鸿章之命赴福建船政局，考察船政局兵轮与商轮兼造和招商局承领船政局所造商轮等问题。在回沪后给李鸿章的禀文中，提出要自立保险，以避免受制于洋人。盛宣怀表示，招商局船只雇佣洋人驾驶，则必须向洋行进行保险，而洋行保险往往低估中国轮船造价，导致船只得不到全面保障；如果轮船不向洋行投保，而"商货向由洋行保者，恐洋行作难，威逼我客商"。为解决这一问题，"局中必须自立招商保险局，以示无求于人"，这样船货都可自行保险。盛宣怀这一设想也得到了唐廷枢、徐润等人的认可。此外，盛宣怀也提出了备选方案，如果继续兼用洋人驾驶，向洋行投保，则只有"保险必请减价，方可支持"。③

作为李鸿章的洋务幕僚，盛宣怀为自办保险进行的策划，还涉及保险局未来的用人问题。盛宣怀认为，华人能够胜任的，便不用洋人。同治十三年（1874 年），在保险招商局成立之前，怡和买办向盛宣怀推荐英国人来担任招商局保险行掌管，盛宣怀亲笔回示："招商局总管拟用华人，保险局事，须俟秋中，方有就绪。届时再当奉闻。"④

在保险招商局的创办过程中，晚清著名实业家唐廷枢、徐润两人发挥了重要作用，堪称民族保险事业的开拓者。1873 年，由于招商局招股不力，经营不善，李鸿章派唐廷枢入招商局任总办，徐润任会办。此前，唐廷枢长期担任怡和洋行买办，并曾附股谏当保险行，对怡和洋行的保险业务有深度参与。在此期间，唐廷枢也有了初步的资本积累，掌握了近代西方公司运营、贸易往来和保险运营等知识。同样，徐润也曾长期任职宝顺洋行，对保险业务也十分熟悉。在被李鸿章委任为上海轮船招商局会办后，也成为招商局保险事业的重要创办人。

在轮船招商局初期经营困难之际，唐廷枢接手招商局总办职务，充分发挥"官督"与"商办"的优势，在短时间内进行募股、改制等行动，让招商局转危为安。在入主招商局后，船舶与货物的保险问题一直困扰着唐廷枢，外国保险公司的承保条件苛刻，不仅可保标的额低，保费还高。在经李鸿章特批后，唐廷枢决定仿照招商局模式，集股招商，与徐润等人一起组建保险招商局。唐廷枢、徐润重订《轮船招商局章程》，规定栈房轮船均宜保险，轮船则俟三年后另筹保险公款自行保险。⑤

① 海防档：甲、购买船炮（三）[M] // 周华孚，颜鹏飞. 中国保险法规暨章程大全：1865—1953 [M]. 上海：上海人民出版社，1992：3.
② 李鸿章. 致总署 论试办轮船招商 [M] // 顾廷龙，戴逸. 李鸿章全集：信函二. 合肥：安徽教育出版社，2008：484 - 485.
③ 夏东元. 盛宣怀年谱长编：上 [M]. 上海：上海交通大学出版社，2004：18 - 19.
④ 夏东元. 盛宣怀年谱长编：上 [M]. 上海：上海交通大学出版社，2004：23.
⑤ 颜鹏飞，李名炀，曹圃. 中国保险史志：1805—1949 [M]. 上海：上海社会科学院出版社，1989：39 - 40.

从这些情形中，可见洋务派对筹组保险公司的积极推进。

轮船招商局在筹组保险公司之前，曾经引进现代保险的某些做法进行自我保障。同治十三年（1874 年），轮船招商局就轮船保险"再明定章程"如下：[①]

窃查招商局各轮船保险一节，向照外国规例，或由外国统保，或就上海各保家暨本局众商分保。凡保本若干均照本一分给费，先立保单，如期起算，久经照办无异。现再明定章程，以期共晓。如存银一万两至局，先行出给收折作为存款，常年一分生息。倘欲将此存款列入保险款内，必须订明某船保银若干，立有保险单。其如何保险之法，仍照外国向例。俟保单到局之日再于保险项下照本按月一分九扣支给保费，另扣九五局用。倘遇不测有干赔偿之例，即于存本内按数扣除。若保安无事，核计存款之息及保险之费可得二分毛利，其息按年凭折支付，保费仍照洋商向例按月算给……

轮船保险单格式抄录如下：

第××号

今保到××船船价银××两，由同治××年××月××日至××年××月××日止，保险费××两

同治××年××月××日　立保单人××

轮船保险章程共十六条，其中：

六条规定了保险责任及其赔偿：船在洋面遇风沉没，照保若干如数赔偿；遇风跨浅，船破货没，照保若干如数赔偿；该船不测，火烧盗劫，照保若干如数赔偿；洋面遇风，抛弃货物银钱，照保险规例摊赔；遇风跨浅求救，驳力需费，照保险规例摊赔；倘遇风打坏船身，并失去傢伙等件，所有修理需费，照保险规例摊赔。

六条规定了除外责任：船上私装火药或行不法之事，被该管官员阻滞与保家无涉；船若漂往小吕宋、暹罗、南洋等处，被该处官员阻滞与保家无涉；十月至十二月间，在印度国洋面遇风失害与保家无涉；所保之船系按所注日期起算，一经过期与保家无涉；船到埠限十日起清，如过十日倘有失陷与保家无涉；船在洋面被敌国兵船劫去与保家无涉。

两条规定了保险理赔的流程：船货遇风不测，须至该处投报本局或经手人查明，给发实据，带至本局，核验相符方能赔偿；船货漂荡别处，一连六月杳无信息者，须至本局报明，俟一个月之后照数赔还。

还有两条进行了情况说明：缺用粮食或中途坏事，往别口添买修理等事，与保险单无碍；船停洋面，相救别船，与保险无碍。

光绪元年（1875 年），经李鸿章批准，轮船招商局总局筹组"保险招商局"，由总办唐廷枢、会办徐润发起，集股 15 万两，开始筹建。为招股的需要，他们于十月四日在《益报》，十月七日起又连续半月在《申报》刊出《招商局告白》：

---

① 轮船保险单并章程［A］. 上海图书馆藏盛宣怀档案，档号 030973.

窃维保险之设，起自泰西。不论船货房屋等项，均可按价立限具保，早有成规。在物主所出不及一分之费，即能化险为夷。惟中国于保险一事，向未专办。现在轮船招商局之船货，均归洋行保险，其获利既速且多。是以公同集股，由唐景星、徐雨之二君总理其事，设立保险招商局，仿照各保险行章程办理，不特商局轮船货物可以酌量保险，即洋商船货投局请保者，均可照章承保，以广招徕。复思洋商保险行，即上海而论，数十年来，从未决裂。所保口岸，自中国至泰西，路途辽远，口岸亦广，兼之时日较多，风险更重。夹版船行驶不能赶期，亦且照例承保。似此每行核计，每年生意有六七十万两至百余万两，惟统扯赔款，每年或五六十万两或三四十万两。且洋商存息不定，其开行、用人、工食、纸笔，一切开销缴费，动辄数万。而我局夹版等船，概不承保，所保轮船货本，拟有限制，口岸少而途路近，时日浅而风险轻，资本随时生息，用度竭力撙节。如此平稳试办，较之洋商利益之多，可操左券。再查保险洋行，资本多则三十万两，少则十万两。本局今议酌中办法，集股一千五百分，每股规元一百两，共成保险本银十五万两。其银分存股实钱庄等处生息，均有券据存局为凭。所有应设保险口岸，姑先悉照轮船招商局已立各码头为限，随后再行加广。如有愿附股本者，请先就近赴局报名。截至十一月二十日以后一概不收。议自光绪元年十二月初一日起至二年十二月底止，试办一年。如投报（保）之数，逾此定额，余向洋商保险行代为转保，庶有划一限制。至各局帐目总规上海保险招商局，周年汇算结总，倘有盈绌，集众公议，照股均派，各无异言。除收到股本之日，填给股票收执，以昭信守外，今将议办情况缕陈大概，并将各口员董开列于后：

上海总局唐景星、徐雨之，镇江分局吴左仪，九江分局黄灼棠，汉口分局刘述庭，宁波分局汪子述，天津分局郑陟山，燕台分局陈雨亭，营口分局郑聘三，广东分局唐应星，福州分局唐静庵，香港分局陈荩南，厦门分局王渊如，汕头分局郑用川。

其余台湾、淡水、鸡笼、打狗及星加坡、吕宋、西贡、长崎、横滨、神户、大板、箱馆等处，再行陆续逐口扩大，次第照章举办，合并登明。

光绪元年十月初七保险招商局公启

在经历了对外战争的失败，外人势力的压榨后，中国社会逐渐认识到资本主义工商制度的优越性，为了实现富国强兵，开始学习和接纳西方经济体制，仿办保险就是其中一项重要的做法。这则公启，介绍了保险招商局创立的动机、业务范围及经营计划、招股办法等，是中国保险史上一份不可多得的重要资料。公启中明确指出，保险招商局不仅承保华商船运，也可承保外商货轮，可见其与外商竞争、挽回利权的强烈意愿。可以说，从一开始保险招商局就具有鲜明的民族立场，是民族保险事业起步的标志。当然，保险公司作为商业组织，从根本上来说，追逐利润才是华商资本对保险业投资的决定因素。正如

保 險 招 商 局 告 白

本局设立保险一事，原议集股本银十五万两，嗣因投股逾额旦近日各口来股史多均与局中有关因易无可推却是以加广五万共成二十万两为度准定本月底截止至办理情形倘已详细注明列发公启每号轮船定有大小新旧之殊自应分别承保又络续有附股诸友应将银两料於本月底缴数之前交局以便兑发股票收执惠特此布

光绪元年十一月　　日总理唐景星徐雨之谨启
开　　甲戌拾贰

1875年，《申报》刊登的保险招商局告白

英国领事麦华陀所说，中国人创办属于自己的保险公司，是为了"获得有如扬子保险公司那样的源源而来的利润"。① 但无论如何，保险招商局的出现，揭开了中国保险史的新一页。

保险招商局公启刊出后，华商认股踊跃，由于"招股逾额"，遂将原定总股额 15 万两扩大为 20 万两，② 原承保数额也有所增加。光绪元年十二月初一（1875 年 12 月 28 日），保险招商局正式成立，从此中国有了民族资本保险公司。上海英国领事麦华陀在 1875—1876 年商务报告中，把保险招商局（"一家与中国招商局有关纯属华商的保险公司"）的成立看成当年保险界的两件大事之一。③ 在保险招商局招股期间，上海《申报》即撰文云：

阅今日本报所列之新告白，知华人有创议开设保险公司一举，取名保险招商局，欲集股一千五百份，每股规银一百两计，共今本银十五万两。主谋者则唐景星是也。查华商装货保险为习者，已实系有徒，而向设保险公司者惟西人独擅其事。今见华人倡设此举，想华商无有不为之庆喜者。夫保险一业，即视本馆近录之保家公司账略，即亦可知矣。既为有利之业，又得唐君景星承办，以保事可落成，则乐以附股者，势必不少。余闻各公司以来所最藉为利薮者，在中国各通商口之间是也，盖以路近而价较昂之。是以华人设公司以专保中国境内往来各货，则其得利更有望矣。④

（二）仁和保险公司和济和船栈保险局

保险招商局成立后，轮船招商局又设立了仁和保险公司和济和船栈保险局，构成了轮船招商局的系列保险机构。

1876 年，《申报》刊登的仁和保险公司公启

仁和保险公司于 1876 年 4 月设立，发起人为徐润、唐廷枢、陈茂南、余富庭等。保险招商局成立后，随着投保船只日益增多，保险标的额金额增大，本金有限而导致承保能力不足的弱点逐渐显露。于是唐廷枢、徐润等人决定在保险招商局的基础上再次融资募股 20 万两，组建仁和水险公司。1876 年 7 月 3 日上海《申报》刊登"仁和险公司公启"："窃闻事宜分任，利贵兼权，善贾必仗多财，盛业何妨继兴，审时乘势，合璧联珠，此仁和公司之所由设也。"公启

---

① 李必樟. 上海近代贸易经济发展概况：1854—1898 年英国驻上海领事贸易报告汇编 [M]. 上海：上海社会科学院出版社，1993：385.

② 保险招商局告白 [N]. 申报，1875 - 12 - 20.

③ Commercial Reports：1875—1876 [R]. 上海图书馆藏 [1877]：34.

④ 华人新设保险局 [N]. 申报，1875 - 11 - 04.

称，保险招商局设立后，"办理颇称起色"，但"每因投保逾额，至代转保于洋商，傍落利权能无介意"，诸人"思维再四，允宜循照成章，广集厚资，别分一帜，因与茶商及各帮公议，另立仁和保险公司。现已集资八万两，再招十二万两，共成二十万两，分作二千股，每股一百两，准于七月朔开办"。①

光绪二年七月初一（1876 年 8 月 19 日），仁和保险公司开张。与保险招商局一样，仁和保险公司专营水险（船舶险和运输险），其全部股本存入轮船招商局，委托其代为管理一切。从可见的资料看，仁和开办后，一度获利甚丰。1881 年《申报》撰文称，仁和水险公司创立以来，"其逐年余利，则定章除按年给息一分五厘外，余俱存为公积，本拟俟积至七十万两或一百万两，然后再议另派余利。本届以生意平顺，获利较丰，即开拓新加坡、旧金山等处保险生意，亦既利益渐多，故复公同商议，除照本给息之外，另派余利一分五厘，而经理者亦照章提二成，以为酬劳。查自光绪元年十二月起至六年年底止，已共给息二十五万三千余两，而本届所派之余息尚不在此数内。由此观之，其获利亦可谓厚矣"。②

仁和保险设立后，招商局码头、栈房和货物等仍然要向外商进行保险，考虑到这一点，唐廷枢等人又招股成立济和船栈保险局，专保仁和保险公司的溢额保险和招商局的货栈等物。1877 年 3 月，招商局购买了美商旗昌轮船公司的 16 艘轮船及各处码头、栈房等资产后，船只多达 29 艘，总载重量达 30526 吨，保险费成为一项大宗支出，以往的保险旧章（即以六成归洋商保险，其余四成归自己保险）已不宜沿用。"每年每船保险费万余两，局中之船日多，保费因之亦多，意外之虞，究非时有。此项利益，为数不资，爰创议自保船险，经费不足。"③ 又由于仁和保险公司只保船舶险和运输险，不保码头、栈房和货物的火灾保险，招商局每年须向外商投保的数量很大。为此，扩大招商局保险经营也十分必要。此外，其时招商局为了培养自己的航运人才，由唐廷枢推举领港粤人张慎之为"江孚"轮船主（船长），打破了以往船主均为外人担任的惯例，外商保险公司以此为借口，拒绝给该船保险，借以打击招商局及其所属保险公司。在这种情形下，1878 年 4 月，招商局又招股 20 万两，设立了济和船栈保险局。当年 3 月 16 日始，《申报》以上海保险招商总局的名义连续一个多月刊载招股公告，称仁和保险公司设立后，"经理数年，俱臻妥善"，由于投保者踊跃，"每多逾额，历向他处转保，统年计之，为数甚钜，利权外溢，诚可惜也。且有储栈各货屡有来局相投保者，而仁和公司以专保船货并不兼保栈货，因此溢利亦非浅鲜"。因此设仁和船栈保险局，招集股银 20 万两，"专保仁和所保逾额，并试办招商局栈储各货保险"。④

济和船栈保险局于光绪四年三月十五日（1878 年 4 月 17 日）正式成立，专保仁和的溢额和轮船招商局的码头、仓库和货物的火险。招商局船只"每船先有保二万两至四万两，后再由洋商与仁和、

① 仁和保险公司公启 [N]. 申报, 1876 - 07 - 03.
② 论招商保险之利 [N]. 申报, 1881 - 03 - 12.
③ 徐润. 徐愚斋自叙年谱 [M]. 台北: 文海出版社, 1974: 175.
④ 济和船栈招集保险股份 [N]. 申报, 1878 - 03 - 16.

济和分保,以轻仔肩"。① 该局成立后,又有增资之举。1882 年 3 月 9 日(光绪八年正月二十日),《申报》刊登招股告白:

济和保险公司现拟招足百万两,先收五十万两。除前集十一万五千两外,余额先尽有保险生意者附股,准于二月十五日截止。如欲附股,请速来挂号,特此布闻。

招商总局代启

济和船栈保险局增资至 50 万两后,扩办为济和水火险公司。仁和、济和两家公司相继设立,资本共达 100 万两,从而减少了外商的掣肘,在赔补海事损失与增强招商局自身实力方面发挥了重要作用。1886 年,两家公司合并为仁济和保险有限公司。

作为最早的几家民族保险企业,保险招商局、仁和公司、济和公司的关系究竟如何?从可见的资料看,1877 年招商局遭遇资金危机时,李鸿章曾提出裁并保险招商局的设想。招商局最早的资金,是借用的天津练军经费 20 万串。此后,招集商股 476000 余两,购买 5 艘轮船,开设栈房、码头、分局。1874 年招商局又订购了 6 条船只,并拟扩招新股。但适逢日本侵略台湾事件发生,商人观望,"只招得新股十万二千四百两"。此时招商局新旧股及练饷钱合计本金为 479000 余两,轮船、码头、栈房等已投入 128 万两,加上又投入部分资金建造 3 只江船以拓展长江沿线业务,向钱庄等挪垫资金共达 60 余万两,李鸿章为此筹拨官款合计达 45 万两。招商局原拟通过招集商股归还官款,但 1875 年马嘉里事件发生,商人担心局势不稳,续招股份仅得 8 万余两。此后招商局合并旗昌轮船公司,折价 222 万两,除奏拨江苏等四省官款 100 万两外,尚欠旗昌尾款 122 万两,而合并旗昌后新招商股仅 45100 两。到 1877 年秋,招商局欠官款 190 万两,加上旗昌尾款和挪借钱庄等款项,负债已十分庞大。此后太古轮船公司恶意竞争,降低运费,招商局收入减少,处境颇为不利。② 为了解决这一问题,1877 年 12 月 29 日,李鸿章在《整顿招商局事宜折》中提出,将各省拨存轮船招商局的官帑银缓息 3 年,并将保险收入由招商局统一管理,充实招商局本金,"所有保险局存本及新收局船保险银两,应并归招商局统领,无须作为浮存照市付息,亦无庸另提九五局用,别立一局,以免盈绌殊盛"。③ 按照这里不必"别立一局"的说法,李鸿章此时似乎已有裁并保险招商局的设想。

保险招商局与仁和保险公司的成立时间前后仅相差半年多,虽然股份有所区别,各有各股,但业务与管理其实是合二为一的。两者的业务方向一样,保险招商局的溢额部分则由仁和保险公司承保,后者类似于前者的分保公司。在轮船招商局内部也常常用仁和保险公司指称它们两者。1877 年 12 月,招商总局在回复上海道的查询中这样说:"(答)复仁和保险股本三十五万:查此次保险局二十万,仁和保险十五万,现存招商局,按年算给一分利息。"④ 文中明确用仁和保险代表两者,股份

① 徐润. 徐愚斋自叙年谱 [M]. 台北:文海出版社,1974:175.
② 李鸿章. 致总署 论维持招商局:附 轮船招商局公议节略 [M]//顾廷龙,戴逸. 李鸿章全集:信函四. 合肥:安徽教育出版社,2008:148-149.
③ 李鸿章. 整顿招商局事宜折 [M]//顾廷龙,戴逸. 李鸿章全集:奏议七. 合肥:安徽教育出版社,2008:498.
④ 汪熙,陈绛. 轮船招商局:盛宣怀档案资料选辑之八 [M]. 上海:上海人民出版社,2002:62.

总额也合并计算，每股都是 100 两。在股票市场交易的股票中，也仅有仁和保险，而没有保险招商局的股价记载。

但此后保险招商局的名称仍然在使用。至 1882 年，《申报》上招商局系统保险公司刊登的广告，无论是招股公启，还是支利告白，都以"上海保险招商总局"的名义发布，且是保险招商局与仁和保险公司合并刊发的，济和则是单独刊发的。从 1882 年 6 月 9 日起，上海平准公司刊登的股份行情纸上列有济和保险、仁和保险、仁和保险新股这三种股票，未见列有保险招商局的股票。值得注意的是，从当年 7 月 16 日开始，《申报》曾连续刊登一则告白：

所有光绪元年起招商保险、二年起仁和保险、四年起济和船栈保险，今已重订新章。于六月初一日起，请将以上各项股票息折，至轮船招商总局倒换新票折，并支公积银两，特此布闻。①

两天后的 7 月 18 日，《申报》刊登的股票交易信息第一次出现"仁和保险新股"的字样，股价也由前一日的"二百十五两"改变为"七十二两五"，原先每股实收 100 两则改为每股实收 50 两。合并后的新仁和保险公司资本总额为 50 万两，分为 1 万股。济和保险公司的股票信息前后则没有任何改动。② 另外，也正是从此时起，仁和保险公司的官余利领取公告中已没有保险招商局的联合署名，而仁和、济和却从此合并刊发广告。光绪十年（1884 年）闰五月初五日，《申报》上以"上海仁和济和保险公司"的名义刊登《请来取息》的广告中，则有"老仁和""新仁和"的说法。在相关资料尚难以查找的情形下，从以上所列事实，可以试作如下推测：1882 年前后，招商局附属保险公司进行了重大的资产重组和结构调整，此后，保险招商局消失了。这有两种可能：第一种是保险招商局解散了；第二种是保险招商局以某种形式并入了仁和保险公司。而第二种的可能性很大，原因如下：一是解散保险招商局对各方都没有好处，在情理上说不通，而由仁和兼并之，则无论是对保险公司、招商局还是对投保人都有益无害；二是由于保险公司业务经营的特殊性，其对投保人的保险责任的延续性，使得保险招商局不能像其他公司一样倒闭或关闭，必须有另一家保险公司把它的保险责任和权利接收过来，仁和与它有很深的渊源，它们的业务又都是水险，由仁和兼并它在事实上行得通；三是从《申报》的相关内容来看，1882 年保险招商局消失了，与此同时，老仁和改组为新仁和，并发行新股，这恐怕不能用"巧合"解释得了。据此可以认为，到 1882 年 7 月，保险招商局与仁和保险公司进行了合并，不再"别立一局"了。

中法战争期间，为避免招商局的船只为法军掳掠，招商局被暂时转售于美国旗昌洋行。仁和与济和自"光绪十年六月初十日轮船招商局归旗昌洋行经理，本公司遂停止生意"。③ 轮船招商局被转售

1882 年，太古洋行、招商局等在《申报》上刊登的声明

---

① 告白 [N]. 申报，1882 - 07 - 16.

② 六月初三日各股份市价 [N]. 申报，1882 - 07 - 18.

③ 仁济和保险公司第一届结账附录光绪十年四月至十一年十二月止收支总结 [A]. 上海图书馆藏盛宣怀档案，档号 041201.

旗昌直接影响到仁和、济和两家保险公司的生存问题，部分股东甚至提出了关停保险的主张。在时任招商局会办马建忠看来，这是唐廷枢在暗中推动的。1884 年 8 月 20 日，马建忠在致盛宣怀的信中，提到了部分股东要求提取保险股份及仁和、济和两家保险公司在此次售产换旗中的去向问题。他说："因串通广帮之有保险股者，至局索银。此系景翁之事，弟调停其间……至保险生意，可仍附入旗昌。旗昌原有扬子保险，所保无多，往往以五六成分与其他保险行。今士米士约以分与其他保险之五六成，一概归入仁济两保险，则仁济保险较前更旺。无如有股者或挟嫌怨，或希图现银，竟商景翁将保险息业。"① 信中的"景翁"即指唐廷枢（号景星）。所幸因为马建忠的坚持和盛宣怀的支持，仁和、济和两家保险公司随同招商局一起盘交旗昌洋行，避免了散股歇业的命运，但"该局董屡来拔本，恐巨资涣散，阻之不从，暂付还七万五千两"。② 幸运的是数额仅有 75000 两，未伤及两家公司根基。从这一风波中可见，招商局内部的复杂关系已影响到招商局保险业的生存。

中法战争结束后，1885 年 8 月 1 日，轮船招商局被重新收回，改换旗帜。此前，1885 年 7 月 28 日，在《申报》上刊登《仁济和公董谨白》：

启者：仁济和保险公司今拟复举，理应邀集在股诸君，公议全订妥章。兹于六月十八日一点钟，请至大马路亦宜轩汇议，届期务乞惠临赐教勿却是盼。

1885 年 8 月 13 日，在《申报》上刊登《仁济和保险邀请议事》：

启者：仁济和保险公司昨接招商局来函，并抄录北洋大臣批示复举保险事宜等情。但本公司以集众股而成，理应知照有股诸君。订于七月初七日准二点钟假座大马路，如何办法以期公允，望切祷切，特此布闻。

济和保险公司谨白

1886 年 2 月 9 日，在《申报》上刊登《仁济和保险开办公告》：

招商局仁济和保险公司，现定于年正月初五日起仍归各埠招商局兼办，保费悉照大例，务祈贵客商格外照顾，同沾利益为幸。

招商总局保险处谨启

1886 年 2 月 11 日，"招商局督会办主稿与保险局董事会议核定"《重订仁济和保险章程》，决定"自光绪十二年正月起将仁和济和保险公司合而为一"，"股本规银一百万两"，"名曰仁济和保险局，专保轮船装载之货"。开办的业务及其限额如下："所保船货本银均有限制，江船最坚固者每船限保十二万两，海船最坚固者每船限保八万两，其次各船限保不得逾六万两，设有逾额即向洋商保险行转保。夹版船坚固者每船限保一万两，次者不保。"③ 即这家合并重组的保险公司从一开始就是一个水险公司，并不是此前学界普遍认为的水火保险公司。仁济和从未自称水火保险公司，而是在发布广告、章程、账略时自称"仁济和保险局"，或者"仁济和保险公司""仁济和保险有限公司"。

---

① 汪熙，陈绛. 轮船招商局：盛宣怀档案资料选辑之八 [M]. 上海：上海人民出版社，2002：165 - 166.
② 汪熙，陈绛. 轮船招商局：盛宣怀档案资料选辑之八 [M]. 上海：上海人民出版社，2002：225.
③ 重订仁济和保险章程 [A]. 上海图书馆藏盛宣怀档案，档号 020079.

新公司名义上是独立的，实际上仍照原来的章程办事，保险业务仍由招商局代理，活动范围仍以招商局为基地，股份大部分仍存招商局，"听商局挪用"，并未改变与招商局的隶属关系。公司董事会成员来自社会各个方面，"向推股分最多或生意最大者公举八位"。1887 年，公司董事计有招商局督办盛宣怀、会办马建忠，麦加利银行买办韦华国（文围），柯化威银行买办郑廷江（秀山），汇丰银行买办唐国泰（翘卿），著名茶商姚锟以及萧郁文、欧阳煌等人。1891 年，著名实业家经元善、招商局商董陈猷也担任了该公司董事。徐润虽未担任董事之职，但他作为投资 15 万两的重要股东，在该公司也有较大发言权。[①] 由此开始，轮船招商局的保险业务即全部归并到仁济和保险公司的名义下，直到 1928 年仁济和保险公司改组独立前，其都是作为招商局的附属公司而存在的。

第二节　仁济和保险公司的经营与起伏

仁济和保险公司是设立最早的华商保险企业，也是近代经营时间最长的一家民族保险企业，一直到抗日战争胜利后才停业。仁济和保险公司的经营与命运演变，是中国近代民族保险业的一个缩影。

一、仁济和保险公司的经营

（一）资本、业务范围与营业网络

1. 资本

1875 年 12 月底，保险招商局创办时，初始资本为上海规元 15 万两，分为 1500 股，每股 100 两。其募集对象是上海和其他各口岸的商人，特别是跟招商局有业务关系的客户。由于受到追捧，保险招商局将资本扩大到 20 万两。受保险招商局超额吸收资本的刺激，1876 年 8 月中旬仁和保险公司成立时，规划的资本额也定在 20 万两以上，每股 100 两，但最后仅募到 15 万两（见表 2 - 1）。仁和保险公司的股东，以茶叶商人和在沪各商帮为主，著名者有姚筠溪、畲富庭、郑秀山等人，先行募集的 8 万两资本即由他们承担。

1878 年 4 月，济和保险公司成立时，资本额再次设定为 20 万两，每股 100 两，共 2000 股。但实际募集到的仅有 115000 两。1882 年 3 月，招商局决定将济和保险公司的资本额扩大为 100 万两，分成 1 万股，每股名义股本 100 两，但实收一半即 50 两，因此实收资本额为 50 万两。此次所扩增出的 385000 两股份，"先尽有保险生意附股"。4 个月后，招商局决定将保险招商局与仁和保险合并为新的仁和保险公司，资本额也相应扩增，由原先的保险招商局 20 万两、仁和保险公司 15 万两增加到新仁和保险公司的 50 万两，扩股数额为 15 万两。

基于仁和、济和最初几年营业上的成功，1882 年 3 月和 7 月两家保险公司分别扩股，吸引力是

① 张后铨. 招商局史：近代部分 [M]. 北京：中国社会科学出版社，2007：174.

空前的，因此短时间内就完成了募集，没有再出现成立时募不到足额股份的困窘情形，追捧程度之高使得分配股份甚至不得不按照认购者与招商局的生意密切度来划分额度。济和保险公司扩股时，盛宣怀曾致函招商局，表示此次他也认购了 5000 两的股份。招商局总办也是仁和、济和两家保险公司创始人的唐廷枢则在回信中拒绝了盛宣怀的要求，表示此次招股系"各户按派，其最大者，并无有五千之股。惟有同昌利等五户，每年与商局交易甚大，各派四千两。其次十户，各派二千两。尊名已在十户之列。余者股分递减。按照所派，洵属公平。限于股数，谅邀原鉴"。①

到 1886 年 2 月，仁和、济和两家保险公司合并为仁济和保险公司，资本额自然合并计算，即100 万两，分为 2 万股，每股股银 50 两。就当时企业状况而言，这个资本额是非常高的。1872 年轮船招商局创办时，额定资本为 100 万两，并且仅收半数，到 1881 年才勉力招足全部资本，1882 年又扩增到 200 万两，是当时中国企业中资本额最大的一家。仁和、济和两家保险公司在分立时的 1882年合计就有 100 万两资本，这笔巨额的资本金，成为招商局的重要投资资金（见表 2-1）。

表 2-1　招商局保险企业的资本额统计表

单位：银万两，1928 年开始为银万元

公司名称	时间	资本额（实收）
保险招商局	1875 年 12 月至 1882 年 7 月	20
仁和保险公司	1876 年 8 月至 1882 年 7 月	15
济和保险公司	1878 年 4 月至 1882 年 3 月	11.5
仁和保险公司	1882 年 7 月至 1886 年 2 月	50
济和保险公司	1882 年 3 月至 1886 年 2 月	50
仁济和保险公司	1886 年 2 月至 1890 年 12 月	100
仁济和保险公司	1891 年 1 月至 1929 年 8 月	80
仁济和保险公司	1929 年 8 月至？	120

从现代公司发展的一般规律来讲，随着公司业务的拓展，公司一般会增资、扩股，资本金逐步扩增。但是，仁济和保险公司在 1891 年却走了相反的路。1891 年是仁济和保险公司合并办理以来的第六年，除该年保费收入达到前所未有的 87000 多两的额度外，另一重要的变动就是公司资本额从成立时的 100 万两减为 80 万两，直至 1929 年 8 月改组前，38 年间未曾再有任何改动。对于这次资本额的减少，仁济和保险公司在该年账略中记载了来龙去脉："公司股本原系一百万两。前年马观察（按指马建忠）有三畏堂押款四万八千逾期未赎，奉文将股票收回抵销。除轮船三百六十七股推归招商局外，其保险二百五十一股照原本一万二千五百五十两推归本公司。连前共有未填以及收回股票三千六百五十六股，本银十八万二千八百两。爰嘱朱静山观察收买三百四十四股，计票本银一万七千二百两。共收回四千股，计本银二十万两。虚股空存，窃虑疏失，持饬涂销。用昭核实，本年结

---

① 唐廷枢致盛宣怀函［A］. 上海图书馆藏盛宣怀档案.

总实存正本八十万两。"① 综上所述，仁济和保险公司领导者对资本额与公司发展的关系，认识上无疑还处在初级阶段。当然，其之所以产生资本额的多少对仁济和保险公司的发展并无影响的判断，根本原因是仁济和依附于招商局的这种特殊体制。

2. 业务范围

招商局创办保险企业的初衷缘于外商保险行一开始拒绝承保其轮船，经交涉后虽然愿意承保，但每船限保6万两，并且保费高昂，剩下的部分由招商局自保。1875年12月底保险招商局成立，就是为了接过招商局自保轮船的担子，在承保轮船的同时也保货物，其限额是"每号轮船只保船本一万两，货本三万两"。1876年2月4日招商局厚生轮失事，徐润致函盛宣怀时明确说明，该船船身"由洋商承保六万两，本局自保三万两，保险商局保一万两，合共十万两"。② 1876年8月仁和保险公司成立后，主要承担保险招商局的溢额部分，因此业务上应该是相同的。1877年，招商局收购旗昌轮船公司后，总办唐廷枢决定将所有轮船收回自保，并决定自1878年起每年提取自保船险公积银15万两。此后，招商局的保险业务即一分为二，所有轮船船身由招商局建立船险公积金自保，保险招商局和仁和保险公司则专保水险等货物运输险。1878年4月济和保险公司成立后，以承保货栈火险为主。

1886年2月，仁和、济和合并为仁济和保险公司，重订仁济和保险章程，第三条即为业务规定，具体是："所保船货本银均有限制。江船最坚固者，每船限保十二万两。海船最坚固者，每船限保八万两。其次各船限保不得逾六万两。设有逾额，即向洋商保险行转保。夹板船坚固者，每船限保一万两，次者不保。其保船等差，无论本局与洋行轮船，皆由总管平日与总船主察验实在，分别记注底册，以定保本之多寡。"这里所说的"所保船货"仅是指货物而言，不包括船舶本身的保险。仁和、济和的改组，在业务上的另一变化是对原货栈火险业务的收缩，改以轮船运输保险即水险为业务重点。《交通史航政编》对仁济和成立后的营业范围调整和营业特点记述道："最高职员办事董二人即招商局办事董，余办事人共七人。专营招商轮船装货保险事业。对于北洋、温州船货物保费，并与怡和、太古两家立有合同，保险费由招商局于收水脚时一并代收。外埠事务并由招商分局代理，在保费额内给百分之五代理费，并于年底加给回俸酬劳一成。现金统由招商局经营。对于收付款项，一并由招商局会计科代理。本公司帐目不过转账而已。"③ 简言之，并入招商局、专营船货保险，是仁济和保险公司的两大特点。

招商局自保船壳（船身）险与仁济和保险公司承保货物运输保险的这一业务分工模式，自1878年招商局设立自保船险公积到1928年仁济和保险公司独立前，始终如一，绝少例外。关于这一业务分工模式，外界当时就不十分清晰，后来的研究者更是将其混为一谈。④

① 仁济和保险公司账略，光绪十七年（1891年）[A]. 上海图书馆藏盛宣怀档案.
② 徐润致盛宣怀函：光绪二年正月十五日（1876年2月9日）[A]. 上海图书馆藏盛宣怀档案.
③ 关庚麟. 交通史航政编：第1册 [M]. 南京：交通部、铁道部交通史编纂委员会，1931：217-218.
④ 如交通部财务会计司、中国交通会计学会组织编写的《招商局会计史》（交通部财务会计司，中国交通会计学会. 招商局会计史 [M]. 北京：人民交通出版社，1994.）中，在这一问题上即混为一谈。

3. 营业网络

1875 年 12 月保险招商局创办时，招商局即明确保险局的营业网络依赖既有的招商局各局，"所有应设保险口岸，姑先悉照轮船招商局已立各码头为限，随后再行加广"，并把当时招商局各分局及负责人名单列入公告中，计有上海、镇江、九江、汉口、宁波、天津、烟台、营口、广东、福州、香港、厦门、汕头共 13 处。招股公告中也对后来的营业网络做了规划，如海外网点，"其余台湾淡水、鸡笼、打狗及新加坡、吕宋、西贡、长崎、横滨、神户、大阪、箱馆等处再行陆续逐口推广，次第照章举办"。[①]

成立仅三四个月，保险招商局营业网络即扩展到了日本。1876 年 4 月，招商局决定在长崎和神户两个港口开展保险业务。"启者本局办理保险事宜，业经办有成效，并已设立各口分局，以广招徕。惟东洋等处尚未分设，每荷客商下问，是以现派黎君荫泉寓长崎广裕隆内经理保险事务，又派何君筠如寓神户广裕隆内经理保险事务"。[②] 1880 年，"本届以生意平顺、获利较丰，即开拓新加坡、旧金山等处保险生意"[③]。长崎、神户、新加坡、旧金山等处保险生意的开展，是中国近代保险业最早向海外扩张的代表和路径。

此后仁和保险公司、济和保险公司设立，直到两者合并为仁济和保险公司，经营网络均与招商局的营业网络重合。1886 年仁济和保险公司开办时，其营业口岸国内为上海总局、营口（时称牛庄）分局、天津分局、烟台分局、宜昌分局、汉口分局、九江分局、芜湖分局、镇江分局、宁波分局、温州分局、福州分局、厦门分局、汕头分局、广东分局、淡水分局，海外则有香港分局、神户分局。1892 年添设仁川分局，但开办仅两年即因甲午战争影响而关闭。1896 年 12 月开办沙市分局，1897 年前后开办南京分局。1901 年后，营口分局因局势和业务的原因而停歇。1911 年前后宜昌分局也停歇。

虽然各地营业网络多有变动，但在 1928 年独立前，仁济和保险公司仍背靠招商局的分支机构开展业务，招商局的上海总局也是仁济和保险公司的总局，两者营业网络是合一的。

（二）保费与收益

保险招商局、仁和保险公司开办两年后，1878 年保费收入据有关记载约为 14 万两，该年初招商局厚生轮失事，公司赔偿该轮船货损失后，仍剩余 72500 两左右。

合并前，仁和、济和两家保险公司的保费收入，目前难以见到详尽的统计数据，但从《申报》的报道中，根据公司的股息支付数据，可以推断当时的保费收入应该极为可观。1886 年 2 月，仁和、济和两家保险公司合并为仁济和保险公司继续营业，盛宣怀作为总办，公司历年账略均须呈请盛氏签署。哪怕是他离开招商局和仁济和保险公司后，相关业务报告仍会呈送盛氏过目。1916 年盛宣怀过世，此后仁济和保险公司跟盛氏的汇报工作也就终止了。目前所能看到的仁济和保险公司的账略，

---

① 招商局告白 [N]. 申报, 1875 - 11 - 04.
② 保险招商局告白 [N]. 申报, 1876 - 04 - 12.
③ 论招商保险之利 [N]. 申报, 1881 - 03 - 12.

除刊登在当时《申报》等媒体上的以外，基本留存在上海图书馆所藏的盛宣怀档案中。表2-2是根据各类资料汇总的仁济和保险公司保费收入。

表2-2 仁济和保险公司总保费收入统计表

单位：银两，1928年开始为银元

年份	总保费收入	年份	总保费收入
1886	67211.090	1904	74125.458
1887	67431.352	1905	66820.032
1888	70197.223	1906	55285.384
1889	69924.472	1907	51544.460
1890	75000.850	1908	57521.100
1891	87116.354	1910	45000（注：约数）
1892	86728.625	1911	36989.564
1893	76758.576	1912	27651.881
1896	64781.828	1913	30499.557
1899	76194.381	1914	36155.729
1900	50460.020	1928	56716.780
1901	68022.317	1929	134970.586
1902	61634.998	1930	90435.931
1903	66980.470		

从表2-2可知，仁济和保险公司的保费收入1886—1910年大致是平稳的，但此后开始下降。1912年亦即民国元年，因局势影响下降到历史上的最低点，全年收入仅为最高时的三成左右。1915—1927年的数据已无从得知，但1928年开始营业额有所上升。

仁济和保险公司的保费收入，在晚清而言，无疑取得了市场中最令人瞩目的成绩。一方面，因为此时保险市场中除外商保险公司外，民族保险公司为数寥寥；另一方面，当然是因为它背靠招商局。但进入民国后，特别是20世纪20年代末以后，随着华商保险业的迅速发展，仁济和保险公司已呈衰相，几乎关门停业。

仁济和保险公司的保费收入中，上海无疑是最大的收入来源地。这与上海是中国近代的经济贸易航运中心密切相关。根据仁济和各局的保费收入统计，上海总局的保费收入始终占据第一位，但起伏很大，1901年后呈现出明显的下降趋势。天津、烟台、汉口三个分局的地位始终处在第二梯队，其保费收入非常重要。但汉口分局受辛亥革命的影响很大，1911—1913年业务大受打击。南方三个分局香港、广东（指广州）、汕头在1893年之前保费收入占有重要地位，但自1896年开始，业务衰落异常剧烈。特别是香港分局的业务呈现出直线下降态势，1893年保费收入还有3800多两，1913

年却下降到连 1 两都不到。三个海外分局仅起到点缀作用。神户、淡水两个分局仅 1886 年有数十两的保费收入。仁川分局在 1892 年开办，仅开办两年，有数百两的保费收入；1894 年，因甲午战争结束后朝鲜半岛落入日本的势力范围而退出营业。

除保费收入外，仁济和保险公司的其他收入在其整个收入体系中占有重要地位。在 1905 年之前，保费收入为主。但从 1906 年开始，保费收入在仁济和保险公司总收入中的比重持续下降，到 1930 年保费收入仅占全部总收入的 26.35%。具体可参见表 2-3。

表 2-3　仁济和保险公司收益构成统计表

单位：银两，1928 年开始为银元

年份	保费收入	投资收益合计	收入总计	保费收入占总收益的比例（%）
1886	67211.090	63456.108	130667.198	51.44
1887	67431.352	87191.581	154622.933	43.61
1888	70197.223	90940.183	161137.406	43.56
1889	69924.472	81286.508	151210.98	46.24
1890	75000.850	75891.918	150892.768	49.70
1891	87116.354	59172.816	146289.17	59.55
1892	86728.625	48707.935	135436.56	64.04
1893	76758.576	41538.245	118296.821	64.89
1896	64781.828	35064.70	99846.528	64.88
1899	76194.381	45473.293	121667.674	62.63
1900	50460.020	56005.114	106465.134	47.40
1901	68022.317	52134.749	120157.066	56.61
1902	61634.998	58456.432	120091.43	51.32
1903	66980.470	51832.419	118812.889	56.37
1904	74125.458	49981.967	124107.425	59.73
1905	66820.032	49743.959	116563.991	57.32
1906	55285.384	59096.048	114381.432	48.33
1907	51544.460	57042.313	108586.773	47.47
1908	57521.100	58982.422	116503.522	49.37
1911	36989.564	60546.99	97536.554	37.92
1912	27651.881	59768.543	87420.424	31.63
1913	30499.557	60214.537	90714.094	33.62
1914	36155.729	61710.62	97866.349	36.94
1928	56716.780	89607.80	146324.58	38.76
1929	134970.586	86185.544	221156.13	61.03
1930	41833.035	116902.597	158735.632	26.35

（三）股息红利与股价

股息是中国近代股份制公司发展史的一个特殊产物，投资者按照招股书中的约定，每年固定领取利息，年利率一般在一分上下。这种股息类似于定期或长期存款的利息，并不以公司的盈利状况为前提，无论盈亏，招股公司均需支付给各位股东。除此之外，尚有红利。红利则视公司盈余状况而定。股息红利在近代一般合称为官利余利或官余利。官利余利或官余利的存在，说明中国近代股份制公司初创时期招股的不易。但随后却成为惯例，到20世纪三四十年代，许多公司创办时仍有发放股息的规定。

无论是保险招商局还是仁和保险公司，以及后来的仁济和保险公司，自始至终在支付官余利，官利利息高，数额大。1881年《申报》报道仁和保险公司时说："自光绪元年十二月起至六年年底止，已共给息二十五万三千余两。而本届所派之余息尚不在此数内。由此观之，其获利亦可谓厚矣。"① 当年该公司又支付了10.5万两的官利。

仁济和保险公司合并创立以来，每年均有巨额的官余利支付，具体可见表2－4，有些年份官余利的数额甚至是该年保费收入的两倍多。高额的官余利支付，对仁济和保险公司的持续发展及壮大无疑是起负面作用的。

表2－4　仁济和保险公司发放的历届官余利统计表

单位：银两，1928年开始为银元

年份	股本	官余利	同期保费收入	同期营业总收入	官余利占总收入的比例（%）	官余利占保费收入的比例（%）
1886	100万	80000	67211.090	130667.198	61.22	119.03
1887	100万	60000	67431.352	154622.933	38.80	88.98
1888	100万	80000	70197.223	161137.406	49.65	113.96
1889	100万	80000	69924.472	151210.98	52.91	114.41
1890	100万	80000	75000.850	150892.768	53.02	106.67
1891	80万	80000	87116.354	146289.17	54.69	91.83
1892	80万	64000	86728.625	135436.56	47.25	73.79
1893	80万	80000	76758.576	118296.821	67.63	104.22
1896	80万	80000	64781.828	99846.528	80.12	123.49
1899	80万	96000	76194.381	121667.674	78.90	125.99
1900	80万	96000	50460.020	106465.134	90.17	190.25
1901	80万	96000	68022.317	120157.066	79.90	141.13
1903	80万	96000	66980.470	118812.889	80.80	143.33

---

① 论招商保险之利［N］．申报，1881－03－12.

续表

年份	股本	官余利	同期保费收入	同期营业总收入	官余利占总收入的比例（%）	官余利占保费收入的比例（%）
1904	80 万	88000	74125.458	124107.425	70.91	118.72
1905	80 万	96000	66820.032	116563.991	82.36	143.67
1906	80 万	88000	55285.384	114381.432	76.94	159.17
1907	80 万	88000	51544.460	108586.773	81.04	170.73
1908	80 万	96000	57521.100	116503.522	82.40	166.90
1911	80 万	72000	36989.564	97536.554	73.82	194.65
1912	80 万	72000	27651.881	87420.424	82.36	260.38
1913	80 万	72000	30499.557	90714.094	79.37	236.07
1914	80 万	80000	36155.729	97866.349	81.74	221.27
1915	80 万	80000	—	—	—	—
1919	80 万	64000	—	—	—	—
1921	80 万	64000	—	—	—	—
1922	80 万	64000	—	—	—	—
1923	80 万	72000	—	—	—	—
1924	80 万	64000	—	—	—	—
1925	80 万	72000	—	—	—	—
1926	80 万	—	—	—	—	—
1927	80 万	48000	—	—	—	—
1928	120 万	32368	—	—	—	—
1930	120 万	36000	—	—	—	—

　　虽然保险招商局比仁和保险公司成立早半年多，但在股票市场中，代表中国保险公司最早交易的却是仁和保险公司，因此可以说仁和保险公司的股票是近代以来中国证券市场中的第一只保险股。

　　1882 年 6 月 11 日，《申报》第一次刊登了前一天的仁和保险公司股票的市场价格：每股原价 100 两照数收足，现价 220 两。[①] 股价上涨了 120%，可见仁和保险公司的股票多么的受市场追捧。同一天的济和保险公司股票交易价格为 72 两，原价每股 100 两、实收 50 两，也就是说股价上涨 44%。当年夏秋季，保险各股虽然涨跌不定，但是其市价均高于面额，有的溢价幅度还很高。同年 7 月 15 日起，仁和保险公司和保险招商局合并，并换发新股票。7 月 17 日，仁和保险公司新股票上市交易，实收 50 两的股票，交易价是 72.5 两，显示仍受市场极度追捧。

　　1883 年春以来，上海银根日益紧张，"市面倍觉暗中窘迫"。直到 1883 年 7 月 9 日，仁和保险公

---

　　① 四月五日各股份市价 [N]. 申报，1882 - 06 - 11.

司的股价波动不大，在66两至72两之间起伏。济和保险公司的股价波动情形类似。但从1883年7月10日开始，受胡雪岩投机生丝生意失败的影响，上海金融市场动荡，随后中法之间局势进一步紧张，仁和、济和两家保险公司的股价双双急剧下跌。到该年底，两家保险公司的股价都跌到每股32两左右，跌幅都在50%以上。1884年继续下跌，到1885年3月19日，仁和、济和两家保险公司的股价双双跌到历史最低值，每股18两，仅是票面价格的三成多，令持股者损失惨重。中法战争结束后，两家保险公司的股价虽有所反弹，但至多上涨到每股30两左右。这次持续两年多的股市下跌，使得仁和、济和两家保险公司的股票形势大坏，部分亏损严重的持股者干脆置之不理。1885年9月5日，《申报》最后一次登载仁和、济和两家保险公司的股价，都是每股23两，仍不到票面价格的一半。

1886年2月，仁济和保险公司成立，每股50两收足。但受前两年股票市场的打击，仁济和保险公司的股票始终没有多少起色，1887年10月每股交易价为51两，股价如一潭死水。但到了该年11月跌到每股35两。关于仁济和保险公司的股价信息极为不全，仅有零散的几个数据。1905年6月28日每股54两，1928年11月每股为32两，无法看出其走势。不过，整体上可以断定，当年极受欢迎、极为火爆的行情大概是一去不复返了。1882—1886年上海保险股票行情见表2-5。

表2-5 1882—1886年上海保险股票行情

单位：两

股价 时间	股票名称				
	济和保险	仁和保险	仁和保险新股	上海保险公司	三源保险
1882年6月初	73	220	—	—	—
1882年7月初	72.5	220	72.5	—	—
1882年8月初	69	—	70.5	—	—
1882年9月初	64.5	—	65.5	50.5	—
1882年10月初	71.5	—	72.5	50.5	—
1882年11月初	69	—	70	50	51.5
1882年12月初	68	—	69	49	51
1883年1月初	68.25	—	69.25	49.5	51.5
1883年2月初	70	—	71	51	51
1883年3月初	72	—	73	52	51.25
1883年4月初	69	—	70	50.25	51
1883年5月初	69	—	70	51.25	52.25
1883年6月初	67.5	—	68.5	52	52.5
1883年7月初	66	—	67	51.75	54
1883年8月初	54	—	55	51.25	—
1883年9月初	52	53	—	52	—
1883年10月初	48	49	—	52	—

续表

时间 \ 股价 / 股票名称	济和保险	仁和保险	仁和保险新股	上海保险公司	三源保险
1883 年 11 月初	47	48	—	52	—
1883 年 12 月初	34.5	34.75	—	35	—
1884 年 1 月初	34.25	34.75	—	28	—
1884 年 2 月初	36	36.5	—	31	—
1884 年 3 月初	36.5	37	—	30.05	—
1884 年 4 月初	32.25	32.75	—	27.25	—
1884 年 5 月初	33.5	33.75	—	23.25	—
1884 年 6 月初	35.75	36	—	21.5	—
1884 年 7 月初	35.25	35.5	—	23	—
1884 年 8 月初	31	31	—	22	—
1884 年 9 月初	26	26	—	20.25	—
1884 年 10 月初	24	24	—	19.5	—
1884 年 11 月初	22.25	22.25	—	19	—
1884 年 12 月初	24.75	24.75	—	14.25	—
1885 年 1 月初	23	23	—	16.5	—
1885 年 2 月初	22	22	—	16	—
1885 年 3 月初	21	21	—	16	—
1885 年 4 月初	19.25	19.25	—	16.5	—
1885 年 5 月初	24	24	—	17	—
1885 年 6 月初	25.5	25.5	—	19	—
1885 年 7 月初	29.12	29.12	—	22.75	—
1885 年 8 月初	29.25	29.25	—	23	—
1885 年 9 月初	23	23	—	23	—
1885 年 10 月初	—	—	—	19	—
1885 年 11 月初	—	—	—	16	—
1885 年 12 月初	—	—	—	18	—
1886 年 1 月初	—	—	—	17	—
1886 年 2 月初	—	—	—	15	—

资料来源：根据 1882 年 6 月至 1886 年 1 月的《申报》整理。

注：济和保险公司股票和上海保险公司股票的足额面值皆为 100 两，实收 50 两；仁和保险公司新旧两种股票和三源保险公司股票的足额面值分别为 50 两、100 两、50 两，收足。

上海保险公司即上海火烛保险有限公司. 上海保险公司告白 [N]. 申报，1883 - 07 - 29.

（四）赔款与公积

保险业对经济发展的贡献集中体现在损失赔偿上，使受损企业能最大限度地减少危害并能恢复生产。招商局创办保险的初衷无疑是能在危险发生后提供最大限度的赔偿。自保险招商局成立以来，保障船身与货物安全的赔款支出始终是支出的大宗。具体可参见表2-6。

表2-6　仁济和保险公司历年赔款支出

单位：银两，1928年开始为银元

年份	赔款支出总额	重要赔款案例
1886	13117.352	"海晏"轮至天津货物损失7071.64两；"丰顺"轮至天津货物损失3221.18两；香港英公司叽列打船至横滨货物损失2365.327两
1887	88517.585	"保大"轮失事赔款78906两；杭州船货物损失4047.9两；杭州船烟土损失1000两
1888	49329.555	"广济"轮货物损失8352.07两；拱北船货物损失27475两；汕头轮船失事货物损失8235.944两；汉口船货物损失1678.807两
1889	85178.890	"丰顺"轮在天津货物损失30354.4两；"丰顺"轮在成山头货物损失48790.8两；和生船货物损失3411.36两
1890	47492.337	"富有"轮货物损失16210两；上年"丰顺"轮补交赔款5139.3两；"图南"轮货物损失4663.66两；香港"央思"轮货物损失12571.5；"海定"轮货物损失3366.08两
1891	7691.230	"海晏"轮、"永清"轮货物损失6375.2两
1892	114247.697	"新盛"轮13次货物损失67226两；"飞马"轮货物损失26600两；"海晏"轮15次货物损失13600.406两；怡和亚基船货物损失2805.841两
1893	34383.762	太古"黄埔"轮货物损失32810两
1896	27318.881	"安和"轮沉没货物损失6800两；"新裕"轮12次货物损失6573.021两；"新丰"轮15次货物损失6033.88两；"新济"轮、"新丰"轮货物损失2690.123两
1899	17679.614	"利运"轮货物损失5359.2两；"飞鲸"轮货物损失5940两；"安平"轮货物损失3212.581两；"飞鲸"轮货物损失2025.691两
1900	674.136	—
1901	1126.897	—
1902	1928.480	—
1903	3195.125	"大利"轮货物损失2250.25两
1904	24404.930	"海琛"轮货物损失19162.5两；"新丰"轮、"丰顺"轮货物损失1566.455两
1905	7162.588	"协和"轮失事货物损失6367.977两
1906	13563.678	"公平"轮货物损失8140.67两；"乐生"轮货物损失3565两
1907	530.1	—
1908	3717.845	"新裕"轮货物损失3352.7两
1911	3285.419	"美富"轮货物损失1619.029两；"新丰"轮货物损失1510两
1912	594.14	—
1913	2933.635	"图南"轮货物损失2633.635两
1914	592.75	—
1928	3319.1	—
1929	125970.49	—
1930	62098.2	—

　　虽然每年均需支付数万两的官余利以及赔款，但从保险招商局至仁济保险公司，利润还是非常优厚的。由于中国近代长期采用传统的会计制度，就仁济和保险公司而言，直到 20 世纪 20 年代才采用新的会计记账格式。因此，晚清时期大致可用每年所结余公积银作为公司最终盈利的考核指标，具体见表 2 - 7。

表2-7　仁济和保险公司历年净计结余公积银

单位：银两

年份	该年底共计结余公积银	
1886	45453.379	—
1887	38590.328	—
1888	81639.098	—
1889	101961.642	—
1890	113036.928	—
1891	159308.116（注：拨出公决金 10 万两入股织布局）	59308.116
1892	—	42393.572
1893	—	45564.913
1895	—	94451.810
1896	—	90633.951
1898	—	49225.624
1899	—	56901.298
1900	—	56509.010
1901	—	69417.037
1902	—	61738.294
1903	—	71308.515
1904	—	74024.178
1905	—	80162.361
1906	—	88765.553
1907	—	100044.653
1908	—	109756.839
1910	—	130200.173
1911	—	144543.368
1912	—	152061.166
1913	—	160075.063
1914	—	168131.523
1928	—	99415.210
1929	—	-10052.663
1930	—	41833.035

注：1928 年开始为纯益，且单位为银元。

从表 2 - 7 可见，到 1891 年仁济和保险公司已结余公积银高达近 16 万两，公司随即以其中的 10 万两作为对织布局的股份投资。但令人奇怪的是，这笔投资从未出现在以后任一年份的仁济和保险公司账略中。在 1892 年的该公司账略中，与织布局有关的会计项目是织布局的存款为 8 万两，持有织布局股票的价值为 17000 两。[①] 织布局的档案中则显示："保险局名下保公记名户上海机器织布局股分……共计票折十副，计票本规银一万七千两。"[②] 这与仁济和保险公司账略中的数字正好对上，可见记载不虚。

1914 年结余公积银再次累积至 16 万多两。上述数据虽不完整，有些年份缺失，但绝大多数年份有盈余，仅 1929 年净亏损 1 万多元。

（五）资金运用

轮船招商局是最早的洋务企业之一，其主导者李鸿章、盛宣怀等人深知这类新式企业对晚清中国的重要意义。因此，自轮船招商局创办保险招商局、仁和保险公司等保险企业后，在提供风险保障之外，李鸿章、盛宣怀等人即以轮船招商局为基础和抓手，使用轮船招商局所有的资金，以及轮船招商局属下这些保险企业所筹集及积累起来的资金，或由自己出面，或以这些保险企业的名义，投资于更多的新式洋务企业，以扶持经济的发展。

1. 对洋务企业的投资扶持

（1）对开平矿务局的财务投资。1878 年 7 月 24 日开平矿务局正式挂牌开局，其主创者唐廷枢也是轮船招商局的创办者。因唐廷枢的关系，轮船招商局作为开平的创办方之一，出资 20 万两入股，1883 年底经李鸿章批复同意，又动用了原存于它账户内的属于仁和、济和两家保险公司合计共 30 万两的股份资金，即"仁和、济和保险局借支三十万"[③]，拨借开平作为运营资金，年利率为 8%。这可谓中国近代民族保险资金的第一笔对外投资。1886 年，仁和、济和两家保险公司合并为仁济和后，这笔投资自然由仁济和继承。随后开平制定规章，确定 4 年内分期归还这笔借款。1887 年，开平矿务局首次以煤炭数千吨抵作规银 5 万两交付仁济和保险公司，仁济和在开平的投资相应减少到 25 万两。1888 年，开平再次以煤炭抵作 5 万两拨还仁济和保险公司，其在开平的投资款项减为 20 万两。1889 年，开平又以煤炭抵作 6 万两拨还仁济和，剩余投资金额变成 14 万两。1890 年，开平仍以煤炭抵作 7 万两拨还仁济和，剩余投资金额变为 7 万两。1891 年，最后一次开平仍以煤炭抵作投资款，将剩余资金悉数交付仁济和，从而退出了其在开平的投资。

综观仁济和对开平的这笔投资，前十年以稳定的财务投资为主，每年收取固定的利息。但自 1887 年起到 1891 年收回全部投资，每次均以煤炭抵资，这无疑反映了开平初期业务经营的困难和资金的匮乏。因此，可以说，如果没有仁济和在资金和业务上的大力扶持，开平的发展也许更为迟缓。当然，对仁济和而言，资金被举步维艰的开平占用，一度引发了盛宣怀、徐润等人的忧虑。或许这

① 仁济和保险公司账略：1892 年［A］. 上海图书馆藏盛宣怀档案.
② 陈梅龙. 上海机器织布局：盛宣怀档案资料选辑之六［M］. 上海：上海人民出版社，2001：159.
③ 李保平，邓子平，韩小白. 开滦煤矿档案史料集：第 1 册［M］. 石家庄：河北教育出版社，2012：293.

是仁济和认同以煤炭抵还借款而退出开平投资的原因所在。1889 年，开平欲再次筹借仁济和 5 万两，"三年为期，按年八厘生息"。但马建忠、沈能虎在致盛宣怀的信函中认为："然前款未清，后款又起，似非所宜。"① 最后这笔筹资未能成功，显然是不难理解的。

（2）对上海机器织布局的股份投资。上海机器织布局是中国近代第一家民族机器纺织企业，筹建于 1878 年。在该局成立的初期阶段，仁济和保险公司并未参股。1890 年 9 月 14 日，因"奉北洋商宪谕，向仁济和保险公司借拨织布局规银三十万两……按周年六厘行息……搭入布股"。② 该关防收据由马建忠代表仁济和保险公司、杨宗瀚代表上海机器织布总局签字画押。上海机器织布局成立初期名义资本为 100 万两，实收 50 万两。相对而言，仁济和保险公司的这 30 万两投资不可谓不大。

对于这笔投资的收回，马建忠原跟上海机器织布局商定的是，自 1899 年开始每年偿还 6 万两，至 1904 年还清。不过，1891 年仁济和保险公司就已收回 22 万两投资，剩余的 8 万两改作借款。1893 年 10 月 19 日，上海机器织布局不幸因大火而焚毁。1894 年，盛宣怀奉李鸿章指令负责重建，并改名为华盛机器纺织总厂。仁济和保险公司的原剩余 8 万两借款改以新厂股票为抵押，直到 1897 年才全部收回。另外还应指出的是，仁济和保险公司曾以公积金名义另持有少量织布局股票，股份金额仅为 17000 两。

（3）对华盛机器纺织总厂的股份投资。上海机器织布局被焚毁后，1894 年重建为华盛机器纺织总厂，资本总额为 100 万两，仁济和保险公司出资高达 339400 两。1897 年，招商局为了"巩固仁济和根本起见"，将仁济和保险公司原来拨交华盛机器纺织总厂股本银中的 32 万两归入自己名下，将同等银数拨还仁济和保险公司。③ 这样一来，仁济和保险公司在华盛机器纺织厂的投资仅剩 19400 两，持有至 1901 年底，因华盛机器纺织厂"原股亏完"，这笔股份打了水漂。④

此外，仁济和保险公司对华盛机器纺织总厂的投资还有 1899 年的一笔栈单抵押贷款，贷款总额为 10 万两，年利率为 6%，1901 年底此笔贷款到期收回。

（4）对华兴水火保险公司的股份投资。保险招商局、仁和保险公司的创办，标志着中国民族保险业的诞生与发展，但在晚清时期市场中新出现的民族保险公司并不算多，能持续经营到新中国成立前后的就更少。上海华兴水火保险公司即是其中为数不多的成功者之一。华兴水火保险公司成立于 1905 年，其发起者是中国通商银行的朱葆三、严信厚、傅筱庵等人。因这些人与招商局及仁济和保险公司有着密切的关系，华兴水火保险公司创办时即由仁济和出资 2 万两，作为"附搭股本"，每年股息为 8 厘。第二年又增加了 6000 两的股份投资，合计共为 26000 两。⑤ 这是仁济和保险公司在漫长的发展史中唯一一次对保险同业的投资。

1926 年，因经营不善，华兴水火保险公司倒闭。仁济和保险公司原有的投资共亏损 24600 余两，

① 李保平，邓子平，韩小白. 开滦煤矿档案史料集：第 1 册 ［M］. 石家庄：河北教育出版社，2012：296.
② 仁济和保险公司附股上海机器织布局收据 ［A］. 上海市图书馆藏盛宣怀档案.
③ 陈玉庆. 国民政府清查整理招商局委员会报告书：1928 年 ［M］. 北京：社会科学文献出版社，2013：452.
④ 仁济和保险公司 1902 年营业报告 ［A］. 上海市图书馆藏盛宣怀档案.
⑤ 仁济和保险公司 1905 年、1906 年营业报告 ［A］. 上海市图书馆藏盛宣怀档案.

可以说几乎是全损。1926 年冬，华兴水火保险公司重组，仁济和保险公司再次附股 5 万两。这其中的主要原因是傅筱庵此时身兼这两家保险保险公司的总经理、总董。1927 年，国民政府在清查整理招商局时对此曾颇为疑惑，认为"既已失败，致该局受巨大损失两万余两之多，何得再附股银五万两之巨，其中有无黑幕尚待查明"。[1] 最后是否查明就不得而知了。

2. 存放招商局生息，并被招商局作为对外投资资金而支配使用

自 1875 年 12 月轮船招商局创办保险招商局，到 1882 年仁和、济和增资收足合计 100 万两的资本金，这些保险企业向市场所募集的资金悉数存放于招商局内，供招商局使用。1883 年由招商局拨出 30 万两给开平矿务局作为借款，见以上所述。自此到新中国成立前后的 60 多年内，除个别年份外，以目前资料所见，仁济和的大部分资本金以定期存款的形式始终存放在招商局内，收取一定的利息。这笔存放在招商局的资本金，对仁济和而言类同定期存款，对招商局而言则是调度资金。1914 年 4 月，招商局董事会在答复股东对这笔资金的质询时说道："此外借用仁济和保险公司八十万两，系本公司附设机关调度应用，与他项欠借不同。"[2]

另外，基于仁济和与招商局的业务往来关系，其在招商局的会计账户上始终有一笔日常往来资金。这笔日常资金数额增减不定，多时曾达 30 多万两，少时也有数万两之巨。这笔保险日常资金与前面的保险资本常项一起成为招商局所借重的重要运营资金，对招商局的意义不言而喻。表 2 - 8 是招商局账户内的保险资金明细。

表 2 - 8　仁济和保险公司在招商局内的资本金与日常往来存款

单位：1928 年前为银两，1928 年开始为银元，1935 年后为法郎

年份	被招商局借用的资本金额	存放于招商局日常往来账户的金额
1875—1877	350000	—
1877—1878	418430	—
1878—1879	582632	—
1879—1880	619848	—
1882—1883	1000000	—
1884—1885	700000	—
1886	600000	63685. 611
1887	500000	123032. 991
1888	300000	88301. 924
1889	300000	75277. 875
1890	300000	132404. 331
1891	200000	191948. 792
1892	200000	155652. 268

---

① 陈玉庆. 国民政府清查整理招商局委员会报告书：1928 年［M］. 北京：社会科学文献出版社，2013：128.

② 汪熙，陈绛. 轮船招商局：盛宣怀档案资料选辑之八［M］. 上海：上海人民出版社，2002：1213.

年份	被招商局借用的资本金额	存放于招商局日常往来账户的金额
1893	0	137926.257
1896	0	141422.951
1897	320000	—
1899	0	133873.749
1900	0	147665.314
1901	0	154362.23
1902	400000	155219.985
1903	400000	278184.938
1904	200000	154237.47
1905	300000	192586.354
1906	400000	201429.055
1907	500000	227150.008
1908	350000	250283.388
1909	350000	—
1910	450000	
1911	450000	307144.213
1912	550000	315454.771
1913	550000	224135.892
1914	300000	234284.705
1921	300000	—
1922	700000	—
1923	700000	—
1924	700000	—
1925	700000	—
1926	700000	—
1928	958904.11	148215.890
1929	958904.11	132710.541
1930	958904.11	49777.931
1937	800000	—
1948	800000	—

资料来源：根据仁济和保险公司各年账略整理而成，上海市图书馆藏盛宣怀档案。

注：1. 1875—1885 年，即仁济和保险公司合并成立前，保险招商局、仁和保险、济和保险的股本都存于招商局，每年股息为 1 分。1886 年仁济和保险公司合并成立后，其股本大部分以长期存在招商局，年利息一般为 6.5 厘。

2. 1928 年 70 万两折合银元为 958904.11 元。

3. 1877—1880 年招商局内所存放的保险股本数据来源于 Chi Kong Lai（黎志刚），"The Managerial Problems and Investment Strategy of the China Merchants' Company"。该论文收入《招商局与中国企业研究》（胡政，等．招商局与中国企业研究［M］．北京：社会科学文献出版社，2015：54 - 57.）

3. 银行存款

在1886年以前，仁和、济和等保险公司没有将资本金存放在外商银行生息。1886年仁济和保险公司成立后，开始将部分资本额以定期存款的形式存放在汇丰、麦加利等银行生息，年利率在5%左右。此后几年，与仁济和有存款关系的银行逐渐增加，包括法兰西银行、德华银行以及华俄道胜银行等。最多时有九成资本额存放在外商银行，其明细见表2-9。

表2-9　仁济和保险公司在外商银行的存款额

单位：两

年份	存款额
1886	100000（汇丰、麦加利各5万）
1887	200000（汇丰、麦加利各5万，法兰西30万）
1888	400000（汇丰15万、麦加利5万、法兰西20万）
1889	350000（汇丰10万、麦加利5万、法兰西15万、有利5万）
1890	150000（汇丰5万、有利5万、惠通5万）
1891	470000（汇丰17万、有利15万、法兰西10万、麦加利5万）
1892	470000（汇丰27万、法兰西15万、麦加利5万）
1893	720000（汇丰15万、法兰西30万、麦加利20万、德华7万）
1896	400000（汇丰15万、华俄道胜10万、麦加利15万）

1897年中国通商银行成立后，为了表示对本国银行业的扶持，仁济和保险公司逐渐将原存于外商银行的资本金转移到中国通商银行，1899年显示存有70万两，接近资本总额80万两的九成。此后虽有起伏，但直到民国初年，中国通商银行始终存有高额的仁济和保险公司的资本金，即便是少时也有15万两之巨。但1928年后仁济和的资本存款急遽减少，1930年时仅剩下500元。所抽走的资本金重新回到了招商局的账户内。

4. 以房产（地契）为主的抵押放款

综观仁济和保险公司几十年有账可稽的对外投资，它仅仅做过两笔以地契为抵押的贷款业务。

一笔是1886年给徐润的抵押放款35000两。徐润虽然是招商局及仁济和保险公司的创始人之一，但仍须以其堂号徐雨记属下的房屋为抵押。给徐润的这笔贷款，1886年12月14日唐廷枢在致盛宣怀的函中这样说道："雨翁欲向保险押银，已承阁下慷慨允许，弟感激之至。想房产抵借，乃极稳当之事，且保险提存银行之银不过周息五厘，毋论雨翁能出一分或八九厘，诚如来示所云，总与仁济和有益无损，自当按照尊意转告各董酌办便是。"[1] 给徐润的这笔抵押放款，本来都以为很稳当，但因为徐润后续投资失败，经多次延期后才最终收回。

---

[1]　汪熙，陈绛. 轮船招商局：盛宣怀档案资料选辑之八［M］. 上海：上海人民出版社，2002：245.

另一笔是 1888 年给叶澄衷的放款，以其堂号叶成记地契为抵押，放款 25000 两，年利率为 7 厘（7%），期限 1 年。这笔款项收回顺利。

从仅有的这两笔地契抵押放款来看，仁济和保险公司的对外投资还是很谨慎的。

5. 政治借款

仁济和保险公司终其一生，仅做过一次对户部的政治性贷款，即 1894 年贷给户部白银 10 万两。该笔贷款 3 年左右结清。1895 年归还第一期 17800 两，1896 年再次归还第二期、第三期共 54800 两，1897 年底归还剩余借款 27400 两。

仁济和保险公司虽然全部由商股组成，但各方面均与招商局密不可分，实际上也是官督商办企业的典型，但它与晚清各政府部门的关系，不仅在保险业务上，在资金关系上也基本没有来往。而后期成立的中国通商银行，则与晚清政府保持着密切的各类关系。前后两者，大不相同。

6. 公债投资

广义而言，公债投资其实可算作政治性投资的一种，是对某项政治举措的支持。仁济和保险公司数十年的历史中仅有一笔公债投资，即 1905 年仁济和保险公司购买了库平银 6 万两的直隶公债票，合上海规银为 65760 两。该项公债年利率为 8%。自 1906 年开始，仁济和保险每年兑付库平银 1 万两，至 1911 年收清。

综观以上仁济和保险公司的所有投资种类，可以得出一个清晰又直观的结论，那就是它的投资是稳健的，也对近代新式企业的产生和发展起了积极的推动作用，这也说明了中国民族保险业自产生以来就体现出了与实业发展的融合趋势。

二、 与招商局的关系

（一）依附关系

保险招商局是招商局发起创办的，仁和保险公司也是招商局发起创办的，济和保险公司还是招商局发起创办的，仁济和保险公司仍是招商局主持合并改组的。虽然这些保险公司中并没有招商局的一分一股，但并不妨碍招商局控制着它们，在公司章程中把它们规定为自己的附属企业。这种依附关系主要表现在以下几个方面。

1. 组织形式与管理制度上的依附性

早在保险招商局、仁和与济和保险公司分立的时期，一切经营由招商局兼理。仁济和保险公司虽然由仁和、济和合并而来，不过从组织上而言，是股份有限公司，而且纯粹由民间资本投资而成。但是公司本身并没有设立董事会（招商局自身也是直到创立 38 年后的 1909 年才有第一任董事会），管理体制上也与招商局合二为一。1886 年《重订仁济和保险章程》中多项条款对此有明确规定：

四、上海仍为总局，综理一切事宜，仍照向来皆由招商总局督会办专主，不另请派总办。照旧仍由局订请熟谙洋务、公正绅士一位为总管。凡保货联单等项，归其一手签字。每日收支帐目及各分局保险单帐，由其详细稽察。遇有要事，面与商局督会办商酌办理。至通商口岸，亦照轮船所立分局口岸为限，即归招商分局照章一律兼办，以免分歧并节糜费。

五、总局董事向推股分最多或生意最大者，公举八位，以便遇事商议、查核账目。如需更换增减，再于年终集众公议。

……

七、总局除用司帐兼填联票正副二人作正开支外，催收客欠保费者一人，招商局揽载司事代为兼揽保险者二三人，并出店茶房各一人，所支薪水、工食、账簿、纸笔、烟茶等项，及各端口招商分局代理者，均归五分经费用内开支，亦无另行津贴之款。

……

九、各项帐目须仿生意常规。每日小结，由总管核对签字。每月月结，由招商局督会办核对签字。每年总结，督会办邀请董事会同核对签字，以重钩稽。每年应派股本利息，须俟正二月各埠单帐寄齐，汇结大总、刊印帐略，于三月初一日请股商到局看账，凭折支利，分送帐略。至应酬、提办事人等花红及董事酬劳，届时察看余利多寡，再行会议。

十、仁济和既并作一气，总办、董事均已更动，应于本届结账分利时，预先登报更换股票、息折，仍由招商局督会办二人，并于保险董事内酌请二人签字，以昭慎重。

以上十条，系招商局督会办主稿，与保险局董事会议核定。一面刊本照办，一面禀明南北洋商宪存案。嗣后如有未尽事宜，再行会商补列。①

综上所述，招商局的管理层即仁济和保险公司的管理层，两者不分彼此，但仁济和保险公司名义上仍有董事数名。这些董事中部分身兼招商局的董事，部分是其他商界的代表，比如汇丰银行买办唐国泰，麦加利银行买办韦华国，柯化威银行买办郑廷江，著名茶商姚锟、萧郁文等人。1886—1902 年仁济和保险公司董事名录见表 2 - 10。

表 2-10　1886—1902 年仁济和保险公司董事名录

年份	董事成员
1886	盛宣怀、马建忠、萧郁文、姚锟、韦华国、唐国泰、郑廷江、李耐三
1887—1888	盛宣怀、马建忠、萧郁文、姚锟、韦华国、唐国泰、郑廷江、欧阳煌
1889	盛宣怀、马建忠、萧郁文、姚锟、经元善、唐国泰、郑廷江、欧阳煌
1890—1891	盛宣怀、马建忠、萧郁文、陈猷、经元善、唐国泰、郑廷江、欧阳煌
1892—1893	盛宣怀、郑观应、萧郁文、沈能虎、经元善、唐国泰、张鸿禄、欧阳煌
1896	郑观应、沈能虎、经元善、唐国泰、张鸿禄、盛昌颐、曾铸
1899—1902	郑观应、唐国泰、张鸿禄、盛昌颐、唐德熙、严潆、曾铸

---

① 重订仁济和保险章程［A］. 上海市图书馆藏盛宣怀档案.

这些董事成员，每人每年领取董事酬劳 200 两。公司具体经营则主要由招商局的办事员董承担，他们大多数并不直接负责业务。

另外，虽然盛宣怀于 1896 年辞去仁济和保险公司的董事，但其实自 1886 年第一届仁济和的账略开始，直到 1901 年第十六届，因为他在招商局的督办身份关系，所有仁济和的账略仍然得送盛宣怀审阅、签署，从未中断。然而在 1902 年的账略上，他已不再署名，改由唐国泰、张鸿禄、盛昌颐、唐德熙、严漱和曾铸六名董事联署。

1903 年杨士琦出任招商局总理后，仁济和保险公司的管理体制发生了重大变动，即撤销了原先的董事制度，改为由多名总董负责公司的日常运营，招商局总理、会办兼任仁济和保险公司总理、会办的体制。杨士琦在解释这一变动时说："本公司向有董事六位（引者注：不确切，前为八位，后为七位，见前表。1903 年最后一次的确仅支取唐国泰、张鸿禄、盛昌颐、唐德熙、严漱、曾铸六位董事的酬劳），每年每位酬劳银二百两，历有年矣。然本公司系招商局经创经办，即保险生意亦赖招商局船者十居七八，原与招商局相为表里者也。公司事务较简，故虽有董事，未尝或有烦劳。且董事之中，有颐养林泉久离申浦者，有荣任他方勤劳王事者，则本公司纵或有事，亦未便相渎。而况公事本简，是以公同筹商，改为现办之员董出名，以昭核实。以前董事酬劳送至今年为止，以后概不再送。今总理、会办皆不开支酬劳，惟总董乃日常办事之人，仍应酌支薪水，亦实事求是之一道也。"[1] 署名者包括总理杨士琦，会办徐润、沈能虎、顾肇熙、徐杰，总董唐德熙、陈猷、施亦爵。

这种名义上的董事制被取消后，仁济和保险公司实际上成了招商局的一个保险部门。这种组织制度上的重大改变，并没有任何董事或者股东提出反对意见，无疑这反映了当时投资者对股份公司管理与运营上的隔绝，或者说投资者仅把这类公司当成了可以固定领取官余利的机构，至于其他则是漠不关心的。目前对近代股份制公司的研究支持了这一论断。仁济和保险公司的这次变更，无疑也是一个鲜明的案例。这次组织体制上的改变，逐渐开始影响到仁济和保险公司的业务。就保费收入而言，1904 年达到 74000 多两的高点，此后逐年下滑，1912 年降到 27000 多两，相当于 1904 年的一半都不到。

1924 年 11 月 1 日，招商局在宁波旅沪同乡会召开股东大会，选举出新一届的董事成员，并讨论通过了《商办轮船招商局股份有限公司章程修订草案》。该章程草案第九章"附属代理机关"第四十条内容为："本公司受股东之委托，代理仁济和保险公司一切业务，专设经理主管，由董事会监督之。"[2] 两天后召开新董事会会议，选举李国杰（即李伟侯）为会长，盛泽承（即盛恩颐，盛宣怀的四子）为副会长，傅筱庵、邵义萱等七人为办事董事。会议再次讨论了仁济和保险公司与招商局的关系问题，认为仁济和"仍暂由本局代理，在未交出以前不能无人管理"。但同时决定："仁济和保险公司似应另组董事会，公推李会长兼仁济和董事长，盛泽承、陈翊周、邵子愉（即邵义萱）、傅筱

---

① 仁济和保险公司账略：光绪二十九年（1903 年）[A]. 上海图书馆藏盛宣怀档案.
② 陈玉庆. 国民政府清查整理招商局委员会报告书：1928 年 [M]. 北京：社会科学文献出版社，2013：591.

庵四君兼董事，邵傅两君并均兼办事董事。"[1] 其中，邵义鋆自1914年以来即以招商局会计科科长身份执掌仁济和保险公司，并于1917年升任招商局董事，此次仍以新一届董事会成员及会计科科长身份兼理仁济和保险公司业务（见表2-11）。

表2-11 1903—1927年仁济和保险公司的办事总董名录

年份	总董
1903—1913	唐德熙、陈猷、施亦爵
1914—1917	唐德熙、陈猷、邵义鋆
1918—1923	陈猷、邵义鋆
1924—1927	邵义鋆、傅筱庵

1928年5月，仁济和保险公司脱离招商局而独立，但这次独立仅是名义上的，新选出的董事长仍由招商局董事长李国杰担任，前后延续关系可见表2-12。

表2-12 1924—1937年仁济和保险公司的董事成员名录

年份	董事成员
1924	李国杰（董事长）、盛恩颐、陈兆焘、邵义鋆、傅筱庵
1928	李国杰（董事长），其他不详
1929	欧阳荣之（仁济和经理）、李国杰（董事长）、唐应华、李次山、许修直
1933	欧阳荣之（仁济和经理）、唐应华、庞仲雅、郭顺、许修直（董事长）
1936—1937	郭顺、庞仲雅、许修直、唐应华（总经理）、欧阳骢

抗战前，招商局对仁济和保险公司的人事影响才逐渐消退，仁济和也就变身为纯粹商办性质的保险公司。

2. 股本长期存放招商局

保险招商局招股时曾言明："本局今议酌中办法，集股一千五百分，每股规元一百两，共成保险本银十五万两。其银分存于殷实钱庄等处生息，均有券据存局为凭。"[2] 但包括随后成立的仁和保险公司和后来成立的济和保险公司，其股本大多数存在招商局。比如，1877年12月招商局答复上海道问询时曾说："查此次保险局二十万两，仁和保险十五万两，现存招商局，按年算给一分利息。"[3]

仁济和保险公司时期仍遵循这一制度，大量的股本长期存在招商局，成为招商局从事营业或者对外投资的工具。仁济和保险公司在招商局的股本金额明细表见表2-13。

---

① 陈玉庆. 国民政府清查整理招商局委员会报告书：1928年［M］. 北京：社会科学文献出版社，2013：531.
② 招商局告白［N］. 申报，1875-11-04.
③ 汪熙，陈绛. 轮船招商局：盛宣怀档案资料选辑之八［M］. 上海：上海人民出版社，2002：62.

表 2-13 仁济和保险公司存放在招商局的资本额

单位：两，1928 年开始为银元

年份	资本额	年份	资本额
1875—1877	350000	1909	350000
1877—1878	418430	1910	450000
1878—1879	582652	1911	450000
1879—1880	619848	1912	550000
1882—1883	1000000	1913	550000
1884—1885	700000	1914	300000
1886	600000	1921	300000
1897	320000	1922	700000
1902	400000	1923	700000
1903	400000	1924	700000
1904	200000	1925	700000
1905	300000	1926	700000
1906	400000	1928	958904.11
1907	500000	1929	958904.11
1908	350000	1930	958904.11

注：1. 1875—1885 年，即仁济和保险公司合并成立前，保险招商局、仁和保险、济和保险的股本都存入招商局，每年利息为 1 分。1886 年仁济和保险公司合并成立后，其股本大部分以长期存在招商局，年利息一般为 6.5 厘。

2. 1877—1880 年招商局内所存放的保险股本数据来源于 Chi Kong Lai（黎志刚），"The Managerial Problems and Investment Strategy of the China Merchants' Company"。该论文收入《招商局与中国企业研究》（胡政，等. 招商局与中国企业研究 [M]. 北京：社会科学文献出版社，2015：54-57.）

3. 经营方式与会计上的依附性

1875 年 12 月保险招商局创办时，招商局对其经营方式及会计特点明确说："至各局账目，总归上海保险招商局，周年汇算结总，倘有盈绌，集众公议，照股均派，各无异言。"[①] 此后，仁和保险公司创办时仍延续这一说法，即"虽名目稍分，而事权归一。所有账目总局经理，周年彙给，盈绌均分"。[②] 1886 年 2 月，仁和、济和两家保险公司合并，《重订仁济和保险章程》第八条对这一业务及会计管理体制明确规定："保险总局帐房与招商总局帐房各立往来账目。所有收进保险费银以及不测赔贴并支股息等项，均归招商总局代为收支，一月一结。存欠悉照按年 6 厘计息。至外埠所收保费，亦经各分局按月开一总单寄沪，将银列入招商总局往来帐内，由沪转收保险局帐。两局往来帐目，每届月终均送招商局督会办过目。至外埠保货票根，即由原船附招商局号信寄沪。设有保险事

---

① 招商局告白 [N]. 申报，1875-11-04.
② 仁和保险公司公启 [N]. 申报，1876-07-03.

务，亦于函内详明，毋庸另信叙述。其上海寄外埠票根等事，仿此办理。"① 也就是说，仁济和保险公司并没有独立的会计体系，一切均在招商局的账目内单列为一个保险项而已。从这个意义上而言，仁济和保险公司不仅是招商局的附属企业，也可以说是招商局的保险部门。

会计上合二为一，还体现在红提单的使用上。所谓红提单，即是一种具有海运提单和保险单双重性质的提单，或者是附有保险单的海运提单。其实在保险招商局和仁和保险公司未创办之前，招商局汉口分局总理唐德熙 1874 年就已设计了轮船保险单格式并拟定了章程，② 保险招商局及仁和保险等公司成立后随即采用了该保险单和章程。唐德熙 1891 年后升任招商局商董、总董兼会办，1899—1917 年为仁济和保险公司的主要负责人之一，对仁济和保险公司的发展作出了积极贡献。

因红提单的存在，招商局在收取船货水脚即运费时，一并收取相应的保费，列入相关账目内。以各分局为例，"按帐上所注局名，过入该局帐内付项，其经手水脚数多于应得佣金，则以余额过入分局付项，反之以缺数过入分局收项。保险过各口分局内保险户收项"。③ 这再次说明仁济和保险公司在业务运营上并没有独立的会计体系，各口保险业务以保险账户的形式列入招商局的会计科目，最后由上海总局汇总后转移支付。每年保费收入与赔项支出结算后的余额列入招商局负债类下的仁济和往来项，"仁济和保险公司股本完全独立，唯应系招商局代理，故进出帐款均有该局经手。收恒多于付，应为存帐。按年利六厘给息"。④

1878 年，招商局的所有轮船均由自保船险公积承保后，留给这几家保险公司的其实只有运输货物保险业务了，红提单对它们的影响不可谓不深远。红提单的部分保费率如下："沪津保货价费，每百两三钱七分半算。沪津金银菘，每百两一钱六分六厘六六算。沪烟保货价费，每百两一钱二分半算。沪烟金银菘，每百两一钱二分半算。"⑤ 假如在费率恒定的情况下，仁济和保险公司的保费收入完全随招商局运输货物价值的增长而增长，双方联动共振。因此，扩大业务的一种方法是扩大保额，然而 1886 年的《重订仁济和保险章程》中有限制性规定："所保船货本银均有限制。江船最坚固者，每船限保十二万两。海船最坚固者，每船限保八万两。其次各船限保不得逾六万两。设有逾额，即向洋商保险行转保。夹舨船坚固者，每船限保一万两，次者不保。其保船等差，无论本局与洋行轮船，皆由总管平日与总船主察验实在，分别记注底册，以定保本之多寡。"⑥ 经过一段时间的实践后，仁济和保险公司决定自 1897 年起提高保额。"据各董声称，本局轮船红提单多有额满分让洋行者。请自二十三年为始，海船最坚固者，向限保八万两者，准保十万两。其次各船限保六万者，不得逾八万两。自系为保费生色起见也。"⑦

红提单的存在也使仁济和保险公司的业务操作趋于简单，它可以完全依赖于招商局的业务和会

---

① 重订仁济和保险章程 [A]. 上海市图书馆藏盛宣怀档案.
② 汪熙，陈绛. 轮船招商局：盛宣怀档案资料选辑之八 [M]. 上海：上海人民出版社，2002：26–118.
③ 交通部财务会计司，中国交通会计学会. 招商局会计史：上册 [M]. 北京：人民交通出版社，1994：142.
④ 交通部财务会计司，中国交通会计学会. 招商局会计史：上册 [M]. 北京：人民交通出版社，1994：131.
⑤ 汪熙，陈绛. 轮船招商局：盛宣怀档案资料选辑之八 [M]. 上海：上海人民出版社，2002：419.
⑥ 重订仁济和保险章程 [A]. 上海市图书馆藏盛宣怀档案.
⑦ 仁济和保险公司账略：光绪二十二年（1896 年）[A]. 上海图书馆藏盛宣怀档案.

计部门人员完成。"总局除用司帐兼填联票正副二人作正开支外，催收客欠保费者一人，招商局揽载司事代为兼揽保险者二三人"[1]，除增加一两个出店茶房外，并不需要额外的人员。这也是 1903 年杨士琦充任招商局总理兼署理仁济和保险公司时认为"公司事务较简"而砍掉董事设置和酬劳支出的主要原因。1927 年，南京国民政府清查整理招商局时，更是直接认为仁济和保险公司的"现金统由招商局经营，对于收付款项，一并由招商局会计科代理。本公司帐目，不过转账而已"。[2] 其具体会计操作手法是："各分局代收保费及代支赔款等项均由转账收入本户（指招商局账户），其所收现款悉数解入总局收账；付款则据该公司支单（逐次编号）及股息单。故本户收项为各局代收保费及该公司解款；付项为分局代支款项及总局代付股息暨其他支款。"[3]

然而，招商局的董事兼会计科长、仁济和保险公司自 1914 年以来的主要办事总董邵义荃（即邵子愉）在答复清查整理委员会的函询时，对此却有不同的看法。他说："查仁济和公司当初系仁和、济和两家，仁和火险济和水险。自仁和停办，而改称仁济和，专营水险生意。此系另一公司另一股东，与积余公司之附属代理者完全不同。至章程所称附属代理机关将仁济和与积余公司并列为二者，实觉似是而非。惟因仁济和公司附设招商局内，一也；办事董有由招商局科长所兼者，二也；其股本八十万两近且存放招商局生息，三也。然而即此数端，亦并无明文规定，各有各股本各做各生意，既非附属于招商公司，又非招商公司所代理。"[4] 作为 1914 年以来仁济和保险公司的实际负责人，邵义荃却对公司的历史沿革都完全说错，实属不该。他对于仁济和不属于招商局的辩解，也是苍白无力的。股本悉数存在招商局，业务完全依赖招商局，一切出纳款项均由招商局会计科经手，所有管理及办事人员均由招商局的人马兼任，仁济和与招商局的关系恐怕比附属公司性质还要更近一步。各有各的股本不假，各做各的生意不真。两者在人事上的重合可见表 2-14。

表 2-14　1927 年仁济和保险公司职员名单

职员	职务	薪金
邵子愉	办事总董	月支夫马费五十两
傅筱庵	办事总董	月支夫马费五十两
严秋庚	—	月支夫马费二十两
陈伯肇	—	月支夫马费二十两
陆梧孙	正账	月薪水一百三十两
张婶卿	副账	月薪水六十六两
陆春生	保险单（办理）	月薪水五十九两

---

① 重订仁济和保险章程［A］. 上海市图书馆藏盛宣怀档案.
② 陈玉庆. 国民政府清查整理招商局委员会报告书：1928 年［M］. 北京：社会科学文献出版社，2013：128.
③ 陈玉庆. 国民政府清查整理招商局委员会报告书：1928 年［M］. 北京：社会科学文献出版社，2013：156.
④ 陈玉庆. 国民政府清查整理招商局委员会报告书：1928 年［M］. 北京：社会科学文献出版社，2013：65.

续表

职员	职务	薪金
张惠君	洋文	月薪水八十六两
关少平	翻译	月薪水三十四两
招商总局同事	—	年酬二百两
招商水脚账房	—	年酬二百两
招商号信房	—	年酬一百五十两

资料来源：陈玉庆. 国民政府清查整理招商局委员会报告书：1928 年［M］. 北京：社会科学文献出版社，2013：129.

对于红提单对仁济和保险公司的积极意义，早期任仁济和保险公司总理的朱静山观察（朱格仁，字静山）曾有不同的声音。1890 年 8 月 24 日，朱静山致函盛宣怀，谈到了红提单及招商局内部管理对仁济和业务影响孰轻孰重的问题。他说："眉叔谈及，'近来仁济和除红提单之外，毫无生意，由于鄙人不肯认真招徕，且于小处苛细之故。'查上年敝处填出保单共计三千二百四十一张，内保沪局红提单货二百四十八张，其余保各号之货二千九百九十三张，皆是红提单外之生意。兹将鄙处所存之联单一份寄呈台阅，则毫无生意之话是真是假，不辩自明矣。然造此言者亦必有故。弟素性迂执，凡我经手之款，必然认真管理，断不肯听其剥削。本公司与商局银钱进出之处甚多，商局往往要占便宜，弟专司保险，不忍坐视吃亏，常与争论，致拂其意。即如今年三公司合同既散，水脚互跌，凤墀硬要减少保费，弟坚执不允，本年保费迄未划付。就商局一边论，轮船公司斗气，船局自应认亏，何与保险局事？就我局一边论，各保险行今年并未跌价，何以独减我局之费？且商局进出甚大，今年一斗，已去数十万金，即少付我一二千金，何补于事？保险生意较小，实在吃亏不起。凡事须讲情理，论情论理，似皆不当少付。凤墀不划，我局已吃亏拆息不少，此事惟有仰恳阁下定夺。若尊意可以少付，弟固不敢置喙。倘蒙惠顾保险，即请严饬凤墀速将本年保费一律照向章划清，勿再拖迟。盼切祷切！"[①] 这封信中朱静山在为自己所付出的努力而辩白的同时，也指出了仁济和保险公司依赖于招商局划拨保费的会计业务特点。红提单业务的确不是仁济和保险公司的唯一业务，但其比重很快上升到绝对多数也是不争的史实。正是基于这点，1927 年 5 月 23 日红提单格式取消，改为货主自由投保。这对仁济和保险公司而言，确确实实是致命的打击。

自保险招商局到仁济和保险公司，这种与招商局名为分立实则一体的依附、伴生关系，导致它们一荣俱荣、一损俱损。以辛亥革命的影响为例，武昌起事后，招商局被迫停开长江沿岸的轮船。这不仅致使该年轮船航运业务量的急剧下降，也相应导致仁济和保险公司的保费收入大为减少。仁济和保险公司在该年的报告中这样总结："上届无闰尚收保费四万五千余两，今届有闰反较少八千余两者，因八月间民军在武汉起义以来，各处市面摧残，商界尽受影响。商局上下游各江轮停驶数月，

---

① 朱格仁致盛宣怀函：1890 年 8 月 24 日［M］//汪熙，陈绛. 轮船招商局：盛宣怀档案资料选辑之八［M］. 上海：上海人民出版社，2002：310.

遂致长江一带生意尤为减色，不仅保险一业然也。"① 1913 年又是如此境遇。该年夏秋之交，长江及淞沪等处受兵戈之扰，招商局的长江航线被迫停航两个多月，致使该年保费收入再受打击。②

仁济和保险公司与招商局这一紧密相连的关系，导致招商局对仁济和保险的影响是全方位的。不仅运量的多少对保费收入产生影响，所运输货物的构成也对仁济和的保费收入有巨大影响。

仁济和保险公司合并成立后，承保对象主要是招商局的轮船及夹板船等所装载的货物，而这些货物中漕米和棉花丝茶等是大宗。因此，仁济和保险公司每年的保费收入不仅受当年大环境的影响，如中法战争、辛亥革命等，还受当年这些大宗货物结构及总量的影响。以 1912 年为例，该年市面已见宁靖，但保费收入还不如兵荒马乱的前一年，具体原因就是"因漕米绝止，遂少收保费五千余两。汉口西茶仅有往年三分之一，又少收保费二三千两"。③ 因此，仁济和保险公司总结自己的生意时时刻刻是"虎尾春冰"，着实不易。

仁济和保险公司附属于招商局的这一模式，某种意义上也可以说是开创了中国近代集团公司的组织形式，故在 1914 年初被复制。1914 年 1 月，招商局决定"仿照仁济和保险公司附属于招商局之成例，在总局内另组机关，事归专责，定其名曰积余产业有限公司，所以图保存而期久远也"。④ 公司资本金为银币 440 万元，于该年 1 月 30 日"成立开办，逐日收支各项及各埠转账之欵，仍由招商局会计科专派一人分管，仿照仁济和保险公司办法，与招商局往来存该各项周息六厘核结"。⑤ 在人事方面，积余公司"各科长、局长及附属机关主任，均由总会办呈请监督核定委派……而董事会受托代理之仁济和及积余公司经理之选任，则仍由董事会径商监督办理"。⑥ 以上所列各点显示，其与招商局的关系，在体制上完全是仁济和保险公司的翻版。

1927 年 10 月，国民政府清查整理招商局委员会对仁济和保险公司与招商局的这种附属关系提出了整改意见："宜注重营业，添设火险部，同时经营水火保险业务，一面应维持其与招商局历史上之关系，所有招商局全部栈房房屋及积余公司房产之火险均应由该公司承保，以此宗营业为其火险营业之基础。至水险营业，亦宜以承保招商局运输货物之水险为其主要营业，水火险营业既均有巩固之基础，不难再谋向外发展。惟该公司基本金全部存入招商局，一时难以提回。故为治标计，此时不宜独立营业，可择殷实之保险公司与之订立代理契约，专取代理佣金而不负赔偿之风险。俟办有成效，再谋自保办法，先自行承保一部分或与他公司订立契约，分认其所出保单之一部分责任。如进行顺利，再逐渐扩大自保保额。"⑦ 然而，李国杰任招商局及仁济和保险公司董事长后，认为解决仁济和营业困顿的选项应该是独立，于是在 1928 年 5 月呈请交通部并得到了核准。就公司体制而言，独立肯定比附属要好。但仁济和保险公司长期依附招商局而存在，特别是在大部分资本金被招

① 仁济和保险公司账略：宣统三年（1911 年）［A］. 上海图书馆藏盛宣怀档案.
② 仁济和保险公司账略：1913 年［A］. 上海图书馆藏盛宣怀档案.
③ 仁济和保险公司账略：1912 年［A］. 上海图书馆藏盛宣怀档案.
④ 商办轮船招商总局布告积余产业公司办理章程［N］. 申报，1914 - 05 - 26.
⑤ 商办轮船招商总局布告积余产业公司办理章程［N］. 申报，1914 - 05 - 26.
⑥ 积余公司答辩文［N］. 申报，1930 - 03 - 31.
⑦ 陈玉庆. 国民政府清查整理招商局委员会报告书：1928 年［M］. 北京：社会科学文献出版社，2013：388.

商局占用的情况下，其独立生存能力十分有限。对它而言，"虎尾春冰"才刚刚开始！

三、 保险业与招商局的金融属性

传统观点认为，轮船招商局是中国近代第一家新式航运企业，也是第一家股份制企业。这当然是准确的，因为从公司名称上即一目了然。[①] 不过，如果说轮船招商局仅仅是一家航运企业，则多少有点小觑了它。其实，从诞生开始，头三年可以说招商局是纯粹的航运企业。但自 1875 年 12 月始，它就被赋予了另一重属性，即金融性。可以说，招商局的业务一半是轮船业务，一半是保险业务。

（一） 中国金融保险业的起点

早在轮船招商局的筹备阶段，李鸿章就对保险事业作了规划，正如《试办招商轮船折》中所提及的"设局招商……现已购集坚捷轮船三只。所有津沪应需栈房码头，及保险股份事宜，海运米数等项，均办有头绪"。1875 年 11 月，轮船招商局发起设立保险招商局，正是按照李鸿章的规划思路而进行的反映。名称叫"保险招商局"，更恰恰反映了轮船即是保险的理念。

此后，1876 年 8 月仁和保险公司、1878 年 4 月济和保险公司的相继设立，使招商局属下同时存有三家保险公司。这在中国近代历史上是绝无仅有的事情。这三家保险公司在 1882 年 7 月合并成仁和、济和两家，资本总额也扩大到 100 万两，与招商局相比毫不逊色。实际上，招商局到 1881 年才勉强募足 100 万两的资本额，1882 年只不过乘势扩大到 200 万两而已。

1886 年 2 月，仁和、济和合并为仁济和保险公司，从数量上而言，三变一，但质量上与此前并无差别。无论是三家时代还是一家时期，它都是招商局的附属企业。除了股份不同，其他均由招商局一并兼理。从这一意义上说，招商局左手是轮船业务，右手是保险业务。用当时人的话来讲："夫轮船与保险，事属两歧，而实则归于一本，有如许保险生意，则必有如许轮船生意。"招商局的金融保险属性得到极好的展现。

1928 年 5 月，仁济和保险公司申请独立。但它的独立多多少少是名义上的，一方面它的股本始终在招商局，从未分离出来；另一方面，它的营业网络与具体业务仍依赖招商局，并未彻底脱离。此外，管理人员更与招商局有着千丝万缕的关系。因此，从某种意义上说，1928 年 5 月以后的仁济和保险公司仍是招商局的半附属企业。

在某种意义上，招商局保险企业的这种金融属性，可以看作中国近代新式金融的起点。到 1897年 5 月，由招商局创办的中国通商银行才作为第一家中国银行得以出现，比保险招商局成立晚了22 年。

1928 年 5 月，仁济和保险公司独立后，招商局与其关系并未断绝。此后，因业务发展的需要，招商局仍先后多次参与保险企业的组建。1945 年招商局参与创办了长华保险公司，为了代理长华保

---

① 关于招商局的企业属性，学术界对招商局研究的重要人物，如聂宝璋、刘广京、朱荫贵、黎志刚、易惠莉、虞和平等著名学者，都认为是中国近代第一家股份制航运企业。

险公司业务的需要，还特意在业务处内设立了保险部。① 1948 年 4 月招商局又参与创办了中国航联保险公司。② 从上述可见招商局对保险企业的热爱。

（二）最早的自保船险基金

招商局金融保险属性的第二个体现是自保船险基金的设立与运作。

1878 年确定以自保船险公积的形式提供招商局所属船舶的船壳险保障，当时规定："轮船、趸船、驳船等船只，均系自保船险。保费每千五两。每月将各船应任保费付各船船帐而收自保船险。"③ 1878 年决定提取 15 万两，1884 年已累积至 80 万两，此后这一公积额增加更加迅速，最高时曾达到 265 万多两，是招商局内部最大的一笔资金。具体数额可见表 2 - 15。

表 2 - 15　招商局自保船险公积概况

年份	自保船险建立过程及概况
1873	保家行每船仅保六万两，超过部分由局中自行保险
1875	设立保险招商局，参与局船自保
1876	设立仁和保险公司，参与局船自保
1877	收购旗昌轮船公司，唐廷枢总办决定一切轮船均归自保
1878	决定自光绪四年（1878 年）正月起每年提自保船险公积银 15 万两
1881	自保船险公积积存 44526.309 两
1882	自保船险公积积存 256000 余两
1884	自盈余内提出 34 万两，连前合成 80 万两
1892	自保船险积存 1038000 余两
1893	自保船险公积 1186716 两。自保趸船险自光绪十四年（1888 年）起每年提存 5000 两，至 1893 年底积存 3 万两
1898	自保船险公积 1187000 余两。自保趸船险 5 万两
1899	自保船险公积 1395000 余两
1901	自保船险公积 183 万两。自保趸船险公积 65000 两
1902	自保船险公积 1975000 余两。自保趸船险公积 7 万两
1903	自保船险公积增加 136000 两。自保趸船险公积增加 5000 两。该年划拨自保船险公积 20 万两为船栈折旧项下
1904	该年海琛轮失事，由自保船险公积项下赔还船本银 35000 两，丰顺轮撞沉法公司轮，赔款 47000 余两
1905	自保船险公积 2217000 余两。自保趸船险公积 9 万两。该年秋协和轮在黑水洋被鱼雷炸沉，由自保船险项下赔还船本银 226000 两。该年再次将自保船险公积项下 20 万两拨入船栈折旧项下
1906	自保船险公积增加 17 万两（原增加 37 万两，拨出 20 万两为船栈折旧）

①　保险部开始营业 [J]. 国营招商局业务通讯，1945，2.
②　交通部财务会计司，中国交通会计学会. 招商局会计史：上册 [M]. 北京：人民交通出版社，1994：60.
③　交通部财务会计司，中国交通会计学会. 招商局会计史：上册 [M]. 北京：人民交通出版社，1994：128.

续表

年份	自保船险建立过程及概况
1907	自保船险公积增加 77000 两。自保趸船险公积增加 8000 两。该年自保船险公积项下再次拨出 20 万两充作船栈折旧
1908	自保船险公积项下再拨出 30 万两充作船栈折旧
1909	自保船险公积增加 9 万余两。自保趸船险公积增加 13000 两。该年再次从自保船险公积项下拨出 10 万两充作船栈折旧。该年自保船险公积结存为 2521800 两
1910	自保船险公积减少约 13 万两。该年自保船险公积结存为 2392300 两
1911	自保船险公积减少 22000 两。自保趸船险公积减少 7000 两。该年自保船险共收保费 237000 余两，但赔偿美富轮 89000 余两以及其他各轮，同时拨出 10 万两为船栈折旧，致使该年自保船险公积反而减少 22000 余两
1912	自保船险公积增加 196000 余两。该年自保船险项下拨出 10 万两充作船栈折旧
1913	自保船险公积增加 171000 余两。该年自保船险项下拨出 10 万两充作船栈折旧。另再拨 292000 两作为招商局股息
1914	自保船险公积增加 229000 余两
1915	自保船险公积积存为 2231000 两。该年自保船险保费收入为 204000 余两
1916	自保船险公积积存 2323000 余两。该年自保船险保费收入为 217600 余两，除赔偿轮船损失外，付给各船洋员花红银 76200 余两
1917	自保船险公积积存 2323000 余两。该年自保船险保费收入为 302200 余两。重大赔偿有安平轮失事赔偿船本 189400 余两
1918	自保船险公积积存 2340900 余两。该年自保船险保费收入为 309400 余两。重大赔偿有致远轮失事船本 14 万两、江宽轮失事船本 147600 余两
1919	自保船险保费收入 336900 余两。自保船险实存公积 2650600 余两
1920	自保船险保费收入 322200 余两。重大赔偿新大轮船本银 813400 余两，拨出 40 万两为船栈折旧。实存公积 1677200 余两
1921	自保船险保费收入 276000 余两。除各赔偿开支外，实存公积 1863600 余两
1922	自保船险保费收入 360700 余两。重大赔偿江通轮失事船本 42000 余两及其他各项赔偿外，实存公积 166 万余两
1923	自保船险保费收入 320400 余两。拨出 60 万两为船栈折旧，实存公积 1358000 余两
1924	自保船险保费收入 314500 余两。再次拨出 60 万两为船栈折旧，实存公积 1026900 余两
1925	自保船险保费收入 319600 余两。再次拨出 50 万两为船栈折旧，实存公积 964400 余两
1926	自保船险保费收入 275600 余两。重大赔偿飞鲸轮失事船本 49000 余两、江永轮失事船本 76000 余两，实存公积 995700 余两
1928	自保船险准备金 1341426.815 两
1929	自保船险准备金 1156529.262 两

资料来源：根据各报告书整理。

注：有的年份移作船栈折旧项下的自保船险公积实际为了支付政府报效。

从表 2 - 15 可见，自保船险公积不仅支付招商局所属船舶出险后的船本赔偿，使招商局能重新添置船舶，后期还成为招商局移作船栈折旧和政府报效的资金来源，应该说偏离了它的设立初衷，也反映了招商局当时内部管理的混乱。1927 年，国民政府清查整理招商局时曾对此有过清晰的断语，负责审查的会计师徐广德在报告里这样说："查该局对于轮船保险，采取自保船险办法，已历有年所。惟查自保船险一门，按照欧美各国办法，必得将按期提出之保费，另行存储，以期稳固可靠。今该局对于各轮，每月按船价抽千分之五，为自保船险准备金，即每万两提五十两为保费。以全年计，每万两存六百两。此款若能分别存储，不作别用，未始不可。乃阅该局丙寅年（指 1926 年）帐略，该自保船险一项，计共九十九万五千七百余两。虽有此项科目，事实上该局并不将该项现金提出，分别存储。每次提出若干，仅就账上转过一遍。考诸事实，实与自保船险原则不符。又查得该局第三十八届发股息廿九万两，乃用该局汉冶萍股票四十万元折合发给，由自保船险项内开支。第三十九届发股息三十万两，亦用汉冶萍股票四十万元折合发给，照旧由自保船险项下开支。又该局第三十八届及第三十九届船身折旧，均由自保船险项下扣除抵冲。又四十一届船本估价增加，而自保船险费并未照增。凡此种种，均与自保船险原则不相符合。"[1]

虽然自保船险公积有种种缺陷，会计上既不独立，多次被挪作他用，更不具有纯粹意义上的自保公司性质，大家也一致认为"自保船险为准备金性质，专备抵补损失，计分自保船险及自保趸船、拖驳船险二户，均在各款总登内。"[2] 但是就像仁济和保险公司在组织管理层面与会计上制度上均由招商局代理而不独立一样，自保船险公积的不独立并不妨碍它存在的积极意义。设立自保船险公积是中国近代的第一家企业第一次试图用自保的形式来解决经营中面临的巨大风险。换句话说，招商局是中国近代第一家开创自保模式的企业。

四、 招商局保险业的成败

保险招商局创立后，在唐廷枢、徐润等人的经营下，最初颇有起色。保险招商局周年一分的官利，给投资者带来了稳定的收益，个别年度尚有一定的余利。1877 年 3 月，保险招商局在报纸上刊登分红公告，称"诸公鸿运尚称顺手，所得余利银两，谨定于二月初十日按照每股照派，凡有股特来支取"。[3] 1879 年，轮船招商局第六年账略称，其时保险局款存规元 582632 余两。[4] 又云："局船归局自保，保费按月由水脚账内提出。上届结余银七万二千余两，今届提有二十五万二千余两，加以局用余款二万四千余两，除赔还'江长'船价二十万两，今年二月失之伊敦趸船三万三千余两，另各船碰坏及意外修理一万七千余两，尚有船险公积九万七千余两。"[5] 光绪六年（1880 年）三月二

① 陈玉庆. 国民政府清查整理招商局委员会报告书：1928 年［M］. 北京：社会科学文献出版社，2013：88.
② 交通部财务会计司，中国交通会计学会. 招商局会计史：上册［M］. 北京：人民交通出版社，1994：128.
③ 保险招商总局告白［N］. 申报，1877 - 03 - 24.
④ 轮船招商局第六年账略［N］. 申报，1879 - 09 - 18.
⑤ 轮船招商局第六年办理情形节略［N］. 申报，1879 - 09 - 19.

十七日，李鸿章在奏折中曾提到招商局保险业务的资金状况，到光绪三年（1877 年）六月底结账，招商局商股 73 万余两，保险商股为 37.4 万余两；光绪四年（1878 年）六月底结账，商股为 75.1 万余两，保险商股为 41.8 万余两，船险公积 9.6 万余两；光绪五年（1879 年）六月底结账，商股 80 万余两，保险商股为 58.2 万余两，船险公积 11.9 万两。"① 两相比对，光绪三年（1877 年）保险商股已相当于招商局商股 50% 以上，至光绪五年（1879 年）更增长到 70% 以上，保险股本的增长速度远超招商局股金，可见招商局保险业务对商人的吸引力要远大于其运输业务本身。此中或有其他原因，但也从一个角度可见招商局保险业务发展的速度。

由中国人自办船舶保险和运输保险，也受到华商的欢迎和支持，如"1872 年成立的上海广肇公所中的粤籍商人对唐廷枢、徐润的保险事业进行了有力的业务支持"。② 由于唐廷枢、徐润与茶叶公所的深厚渊源，1879 年在上海一场火灾导致茶叶商人受损后，经茶叶公所公议，"以后箱茶上栈（按：即招商局码头栈房），统行先买保火险"。"已由公所派分各栈保险存根簿一册。凡茶箱到沪，俾客认买保险，自行签字为凭，无不乐从。"③ 有轮船招商局和广大华商的业务支持，仁和、济和两家公司的业务日益拓展，盈利较多。

仁和、济和成立后，是实收资本最为雄厚的保险公司。关于仁和、济和两家保险公司的发展和经营状况，徐润在其自述年谱中曾屡次提及。他说，1876 年他和唐廷枢等人创设仁和水险公司后，"试办一年，获利颇厚"。到 1878 年又续创济和水火险公司，"此因洋商嫉妒江孚轮船川走长江，用华人张慎之为船主，不允保险，是以多设一公司。然有此百万，得力不少。而怡和等此后亦无异言，如旧照保矣"。④ 1897 年徐润曾向李鸿章陈明，其在 1873—1883 年任职招商局的 11 年间，有八件事"不可谓无功"，其一即为保险。徐润称，仁和、济和两家保险公司设立后，"推及于中国各埠暨外洋星加坡、吕宋等埠，凡二十一处"。到 1884 年实存保险公积银 45 万余两，"商局事事顺手由此而起"。"约至今日，此项公积应有银三四百万两矣"。⑤ 从中大致可见仁和、济和两家保险公司早期的发展过程。保险业务的增长，为招商局的发展提供了保障。李鸿章曾提到，"厚生""江长"两艘招商局的轮船在江海失事，均归保险局偿还，"于局本尚无亏损"。⑥

就组织形式而言，招商局保险企业从一开始就采取股份制。但这一先进的组织方式被局限在官督商办的洋务企业模式中。招商局尽管为保险招商局、仁济和保险公司提供了经营上的便利，但与西方股份公司相比较，保险招商局和仁和、济和、仁济和作为轮船招商局的附属企业，其财产权、经营管理等方面并不具有独立自主性。股东对公司重大事宜的监察权、决定权等都无从谈起。这种权责不清、缺乏独立自主经营能力的经营管理体制和治理结构，是早期官督商办企业的共性特征，

---

① 李鸿章在该折中称，招商局"现在仅欠旗昌十六万，欠华商亦不过三四十万"，官帑银尚存一百七十八万一千五百两。李鸿章. 商局官帑分年抵还折 [M] //顾廷龙，戴逸. 李鸿章全集：奏议九. 合肥：安徽教育出版社，2008：47.

② 汪敬虞. 唐廷枢研究 [M]. 北京：中国社会科学出版社，1983：172.

③ 公议茶箱保险 [N]. 申报，1879 - 09 - 01.

④ 徐润. 徐愚斋自叙年谱 [M]. 台北：文海出版社，1974：47 - 49.

⑤ 徐润. 徐愚斋自叙年谱 [M]. 台北：文海出版社，1974：175.

⑥ 李鸿章. 查复招商局参案折 [M] //顾廷龙，戴逸. 李鸿章全集：奏议九. 合肥：安徽教育出版社，2008：310.

保险企业也不例外。比如其实行的官利制度，虽然使股份公司的筹资集股与传统的筹资方式相一致，更符合当时社会的投资心理，但淡化了股权意识，股东基本不参与公司的经营与运作，缺乏投资的风险意识，投资变成了变相的放款，产业利润表现为借贷利息。同时，官利制度加重了企业的经营负担，也削弱了公司的自我发展能力。[①] 从长期看，必然影响保险公司的经营和发展。由此可见，处在中国早期现代化的启动阶段，中国第一批保险公司在治理结构、管理体制、公司的独立法人地位等方面，与西方股份制企业差距尚远。

中国保险事业由官方率先发起和推动，有其特定的社会背景。在以权力为本位中国社会，官方的批准、提倡、扶持和保护是维持企业生命的必需品，是保障企业在特定社会环境中获取法人地位和顺利实施产权的必要条件。但这种组织特征，使得早期民族保险企业在市场竞争中受到各种非市场因素的掣肘，随着时间的推移，官督商办模式的消极作用体现得更为明显，成为民族保险业发展的制约因素。

轮船招商局作为中国社会的新生事物，也面临各种发展和经营的障碍。《申报》曾有言论提及其时的情形："有人误会招商系官局，有欲来谋事者，有欲受干修者，有欲叨免水脚者，有欲乞借盘川者。未遂所欲，则布散谣言，而当道者或受人所愚，徇情泄怨，竟以为办理局务者，可藉此以发财。"[②] 19世纪80年代后，招商局官督商办的经营模式弊端丛生，轮船闲置，管理混乱，加上中法战争前后上海金融市场的严重恐慌，致使招商局经营陷入困境，进而严重影响了仁和与济和，经营利润开始下降。从这一时期仁和、济和在上海股票市场上的表现即可见一斑。

招商局自成立始，就成为各派政治力量争夺的对象。在唐廷枢、徐润主持时期，其商办色彩较为明显，经常遭受各方人士的攻讦。随着招商局经营陷入困境，1883年李鸿章任命深受其信任的盛宣怀出任招商局督办，取代唐廷枢和徐润。盛宣怀到任后，一方面打破招商局中唐廷枢、徐润占大股的格局，另一方面改变了招商局体制，官权独大，商权则无形中消弭。盛宣怀在招商局内设置八股，其中一股为"保险"，控制了招商局的经营大权。在这种情况下，尽管1886年仁和、济和进行了合并，但此后的仁济和保险公司再也没有什么出色表现和成就。从1886年成立到1891年，每年保费净收入仅几万两，除去酬劳奖赏及其他开销，经营5年，净得公积金（纯利）11.3万余两，即每年转入积累的净余额仅2.26万两，占股本总额的2.26%。[③] 此后虽几经改革，仍难以维持，直到抗战胜利后停业。

从保险招商局到仁和保险公司，再到济和保险公司，最后到仁济和保险公司，这家当时资本额高达100万两的实力雄厚的华商保险公司，最后竟落得如此结局，其原因是多方面的。

招商局保险四公司的历任管理者，不仅是公司的大股东，轮船招商局的大股东、管理人，还是政府官员，如唐廷枢、徐润、盛宣怀等人，有的纯粹是政府指派而走马上任的官员，如仁济和成立

① 李玉. 制约清末公司制度的非经济因素 [J]. 四川大学学报，1995，3.
② 阅光绪八年招商局帐略书后 [N]. 申报，1882 – 10 – 21.
③ 张后铨. 招商局史：近代部分 [M]. 北京：中国社会科学出版社，2007：175.

后，李鸿章派道员朱极仁驻局专司办理仁济和水火险公司业务。这些人的经营理念和成就各不相同。唐廷枢、徐润体现出近代企业家的开拓精神，不断与洋商、与当局进行博弈，以追求商业利益为目标，按照市场经济原则经营轮船招商局。但官督商办的体制和保守的社会与政治环境，使他们以商人为主的经营模式经常受到干涉，难以实现其志愿。后继者盛宣怀虽然也堪称经办企业的能手，但用心不专，更专注于对政治权势和地位的追求，在招商局任上未见出色表现。至于官方任命的管理人员，对于任何工商企业一般说来都是不合格的。

"官权"对"商权"的挤压和干涉，使得招商局保险四公司的股东实际上被剥夺了主导公司经营的权利，只关心是否能按时领到官利；四公司的经营者也不以公司的利益为最大利益，其营业空间一直以轮船招商局为限，成为以轮船招商局的利益为最大利益的专属自保公司。从保险招商局开始，各保险公司不仅股本任由轮船招商局支配使用，且在业务经营和组织体系上没有独立的机构设置。"公司业务均系招商局董事会代理，商局董事长即为公司总董。而经理一席，亦皆以商局董充之。实无所谓董事会。即使股东大会，亦并未召集一次。"① 如前所述，甚至在具体会计科目上，轮船招商局所属各保险公司也仅徒具虚名而已。保险招商局四公司在人事安排、资金运用和经营管理等方面都受制于轮船招商局，没有独立自主权，其经营的积极性无从发挥，所谓挽回利权更难以充分实现。

作为专属保险公司，保险招商局四公司与轮船招商局往往一荣俱荣、一损俱损。轮船招商局在盛宣怀主持期间并未有所发展，从1886年起，逐年航运收入总额都在1885年达到的数额的16%的幅度内上下波动。招商局船队的规模保持不变，而其竞争对手的船队却迅速发展。1894年轮船招商局的船只，总共仍只有26艘（23284净吨），而此时太古轮船公司的船队已增加到29艘（34543净吨），印中轮船公司的船队增至22艘（23953净吨）。② 甲午战争之后，日本航运势力大举入侵中国，轮船招商局的市场份额比例不断减少，同它互为表里的保险业务同样受到明显影响。1889年，仁济和保险公司收入保费7.01万余两，保额不超过12万两，保费日趋下跌。③ 到1896年，保费收入仅为6.7万两，经营规模不断萎缩。④ 仁济和承保对象为轮船招商局的船、栈、货等资产，为避免保险标的过于集中，往往依赖外商保险公司分保，而外商保险公司却绝少分保与仁济和保险公司，"我们额外之保险付予旗昌一家，而各洋行之额外保费，绝无予我者"。⑤ 而"向来保险公司皆赖分保他公司轮船货物，为利重而害轻，本公司尚未办到，是以利不能厚"。⑥

仁济和保险主业一直萎靡不振，在扩大经营上乏善可陈，保费收入连年下降，承保规模不断萎

---

① 招商局总管理处汇报 [M]. 1929：164.
② 刘广京. 1873—1885年中英轮运业竞争：中国近代经济史研究资料 [M]. 上海：上海社会科学院出版社，1984：42 - 43.
③ 颜鹏飞，李名炀，曹圃. 中国保险史志：1805—1949 [M]. 上海：上海社会科学院出版社，1989：76.
④ 汪熙，陈绛. 轮船招商局：盛宣怀档案资料选辑之八 [M]. 上海：上海人民出版社，2002：702.
⑤ 汤铭志. 仁济和保险公司兴衰探源 [J]. 上海保险，1992，7.
⑥ 颜鹏飞，李名炀，曹圃. 中国保险史志：1805—1949 [M]. 上海：上海社会科学院出版社，1989：83.

缩，几乎就以"食利"维生。仁济和每年官利股息分配主要靠存款收入或变相存款（贷款）收入。以 1890 年为例，"本年进项则保险仅有七万五千两，各存项利息八万余两，支项则各局赔款四万六千三百余两，回彩三千五百余两，股分官余利八万两"。① 在中国近代商业高利贷这样一个大环境下，任何企业都摆脱不了旧金融市场的影响，民族保险业对高利贷汲汲以求，就是迎合利用这个环境，从中分割好处。保险业在中国近代是新兴产业，但其经营手段落后，甚至向旧式金融倒退，不啻钱庄。同一时期的外商保险公司却在不断发展。比如扬子水险公司，1883 年公司业务扩张至伦敦及世界其他各地；1891 年，在其发起创立人兼经理人旗昌洋行倒闭后，扬子水险公司变成一家独立企业，公司业务不仅未受影响，反而更加发展。又如，随着上海商业的日臻繁荣，保安行、保家行两家公司也适时开辟新业务，"兼营火险矣"。②

1928 年仁济和公司独立，此后的最初几年，业务经营还算良好，1929 年保费收入高达 134900 多元。但从 1933 年起，因受世界经济大萧条的影响，国内航运经济陷入困顿。此时的仁济和保险公司名义上已独立，但主体业务仍依赖招商局的航运货物保险，一方面各口岸严重拖欠保费，另一方面退保严重。1936 年前后，仁济和保险公司决定收缩业务，暂停水火险业务。抗战胜利后，上海市场中再次出现仁济和保险公司的身影。差不多与此同时，仁济和保险公司还向招商局展开了追讨资本金的行动，但毫无结果。1949 年 5 月 27 日，上海解放，招商局随即被上海市军管会接管。仁济和保险公司则在此后率先展开的金融保险业公私合营中于 1952 年前后汇入保险业整合的历史洪流而消融。

第三节　其他华商保险公司及早期民族保险业的特点

1875 年保险招商局的创办，标志着华商保险业的起步。在此稍后，除轮船招商局先后创立的保险企业外，还出现了一些其他华商保险公司，它们基本集中在香港。与招商局的保险事业一样，它们也是中国最早的民族保险业的组成部分。作为民族保险事业的开拓者，早期华商保险企业对外商保险存在明显的依赖性，资金少，规模小，表现出了民族保险业初创时期的一般特征。尽管初创时期的民族保险业面临种种艰难，但其多方面的历史贡献仍然值得肯定。

一、早期其他华商保险公司

从 19 世纪 70 年代开始，中国民族保险除轮船招商局创办的保险公司外，还出现了其他华商保险公司。到 19 世纪末，共有 8 家新设立的民族保险公司，见表 2 – 16。

① 聂宝璋.中国近代航运史资：第 1 辑 [M].北京：中国社会科学出版社，2002：1089.
② 过福云.五十年前上海保险情形杂忆 [J].保险月刊，1940，2（4）.

表 2 - 16　1877—1900 年新设立的民族保险公司

时间	名称	地点	业务	资本
1877	安泰保险有限公司	香港	船货水险	40 万两
1880	常安保险公司	香港	水火险	—
1881	万安保险有限公司	香港	水险	—
1882	上海火烛保险有限公司（上海保险公司）	上海	中外房产家俬货物火险	50 万两，先收 25 万两
*1895	香港普安保险兼货仓有限公司	香港	水火险	—
1899	宜安水火保险公司	香港	水火险	—
1899	恒安水火保险有限公司	香港	水火险	—
1900	福安水火人寿保险公司	香港	水火险、人寿险和仓库业	—

资料来源：1. 上海火烛保险有限公司 [N]. 申报，1882 - 10 - 22.

2. 上海保险公司告白 [N]. 申报，1883 - 07 - 29.

3. 聂宝璋. 中国近代航运史资：第 1 辑 [M]. 北京：中国社会科学出版社，2002：1437 - 1438.

4. 中国保险学会《中国保险史》编审委员会. 中国保险史 [M]. 北京：中国金融出版社，1998：51.

5. 颜鹏飞，李名炀，曹圃. 中国保险史志：1805—1949 [M]. 上海：上海社会科学院出版社，1989.

注：带 * 者为最早见报时间。

上述 8 家保险公司，除上海火烛保险公司外，其余 7 家设立在香港，可见在早期华商保险业的发展过程中，香港占有重要地位。尽管香港已经被英国殖民统治，但在香港出现的华商保险公司不仅属于民族资本，而且也表露出强烈的与外商保险公司竞争、挽回利权的意愿。比如最早的安泰保险公司，光绪三年二月二日（1877 年 3 月 16 日），"报讯：香港及广东殷实华商仿效招商局所设保险公司，近已设立安泰保险公司，资本实收 40 万两，共计招收 2 千股，每股 2 百两，并在各海口设立分行；轮船最高保额定为 4 万两，帆船 2 万两；一切章程均与西国公司无异。其主持人是郭甘章（曾任人英轮船公司买办），何献墀（曾在香港殖民政府中任职）。主要股东是一批'和澳洲以及旧金山的贸易有联系的、最有势力的中国商人'。其章程和开办宗旨是'中国人以外的任何人不得持有股份'，因此从资本凑集到企业管理，都力图排斥外国洋行的参与。并指责外国保险行进入中国保险市场'不仅利润流向国外'，而且'剥夺了'内地货物'在托保方面的便利条件'"。[①] 1877 年 4 月 21 日《新报》消息："保险公司，中国所无，皆西人为之。自招商局设，遂与他人合伙，创立保险行，后又有从而继之者。然皆资本无多，不能与西商相抗衡。近有粤东富户，凑集股份二千股，合成银四十万两，取名安大（太？）保险公司，各海口设立分行。一切章程均与西国公司无异，轮船保险以四万两为度，帆船则以二万两为度，从此海庆安澜，利收倍蓰。西人虽富，未能独操利权矣。"[②] 根据该公司光绪三年（1877 年）四月到光绪四年（1878 年）四月的年度报告，当年该公司净保费收

① 颜鹏飞，李名炀，曹圃. 中国保险史志：1805—1949 [M]. 上海：上海社会科学出版社，1989：51 - 52.

② 聂宝璋. 中国近代航运史资：第 1 辑 [M]. 北京：中国社会科学出版社，2002：1437.

入为 773143.63 两，加上已缴付的资本金，共计收入 997268.77 两。在支付了每股 12 两、2000 股、总计 24000 两的股息，142513.40 两的赔付款，以及再保险等其他各项费用后，净收益为 442030.26 两。① 1881 年，《申报》刊登告白，安泰保险公司分设在上海丰兴栈内，"凡中外各埠南北洋长江等处往来火轮帆船货物，均可保险，且各埠均有代理人照料，水渍、平安便能随地声明，其保费条规悉照大众相同"。② 1888 年《申报》在报道安泰保险公司为河南助赈募捐的消息时又提到，该公司"于南洋各埠均设有分号"，③ 可见安泰保险公司业务地域已颇为广泛。

在香港华商保险业的发展过程中，安泰保险公司影响显著。1880 年成立的常安保险公司，其经理和董事，几乎是安泰保险公司的原班人马，除经营水险外，兼营火险业务。1881 年设立的万安保险公司，主要经营险种是水险，其发起人名单，与安泰保险公司的发起者大同小异。④ 万安保险公司成立后，当年在上海设代理处进行经营，"专保中外各埠来往火轮帆船货物等项，兹分设在上海金利源马头南顺泰内，其保费规条均照各家例式"。⑤ 普安保险公司 1895 年成立后，以总司理人阮荔邺的名义在上海报纸刊登告白称，该公司实备资本银 80 万元，在上海设分局，"专保内地外洋及来往中外国各港口岸轮船桅船及货物，无意外之虞。所有章程悉依英商保险例办理"，投保者可到上海广德泰号、安和祥号、启昌号、同茂泰号办理。⑥ 宜安保险公司设立后，其在上海经营也由安和祥代理。1909 年初安和祥曾刊登告白，称接到香港宜安总公司要求停保火烛保险的通知，请投保人缴回保单，办理退还保费银事宜。⑦ 恒安水火保险公司 1908 年在上海设分局，其告白称："本公司实具资本一百万元，在香港英署注册。自创设以来，经有十载。历来办事之信实，赔款之迅速，早荷众口称善。现为推广生意、换回利权起见，择于六月初九日在上海开办分局，先保火险。凡南北市之房屋厂栈店铺货物家私衣服等项，一概承保，倘遇不测，立刻赔偿。"⑧ 1909 年，上海南市同和水果行刊登致谢告白称，该行遭遇火灾后，在恒安公司所保火险 3000 两，福安公司保有火险 1000 两，虽然账簿被烧毁，但两公司仍如数赔足，"具见该两公司信誉过人"。⑨ 这几家香港保险公司如恒安、普安、宜安、福安，在民国初年的报纸上仍有零星的消息出现。

19 世纪 80 年代出现的华商保险公司还有上海火烛保险有限公司。这是一家专门的火险公司，正式开业于 1882 年 10 月，首董是怡和洋行买办唐茂枝（即唐廷植，系唐廷枢之兄），总经理是高易洋行买办李秋坪，资本额为 50 万两。其在《申报》上刊登的公启称："本公司集股本银五十万两，先收五成银二十五万两，总公务房设在上海四马路门牌第二十一号。凡有中外房屋及货物器

① The On Tai Insurance Company Limited ［N］. The Shanghai Courier, 1878 - 12 - 19.
② 丰兴代理香港安泰保险有限公司 ［N］. 申报, 1881 - 07 - 20.
③ 巨款叠到 ［N］. 申报, 1888 - 03 - 05.
④ 汪敬虞. 唐廷枢研究 ［M］. 北京：中国社会科学出版社, 1983：131 - 132.
⑤ 万安保险公司 ［N］. 申报, 1881 - 09 - 08.
⑥ 香港普安保险公司告白 ［N］. 新闻报, 1895 - 08 - 21.
⑦ 香港宜安公司停保火险告白 ［N］. 时报, 1909 - 01 - 06.
⑧ 香港恒安水火保险有限公司开办上海分局广告 ［N］. 时报, 1908 - 07 - 04.
⑨ 恒安福安保险可靠 ［N］. 时报, 1909 - 03 - 25.

具等均可承保。其保费照市格外公道，惟每票最多限保四万两为率，倘蒙赐顾，请至本公司面议可也"。①1884 年 10 月，该公司还刊登过派发官利的告白，② 但到 1886 年，该公司即告歇业。当年 7 月其刊登声明称，"本公司业于六月初十日邀集诸股友公同会议，兹已听凭众意，议得公司生意准以停止"，并开始清理押款，至于"所有经保之险，一律截止本年年底为止，如尚有未满期者，照例将保费核算找还可也"。③④

与附属于轮船招商局的保险公司不同，上述几家保险公司没有明显的官方背景，但同样得到了其时社会的积极关注和肯定。1881 年 3 月 12 日《申报》刊文称，香港华商保险公司安泰、常安的生意进展顺利，万安保险公司不日即将开业。"西人所取于中国者，中国即可取之于西人。"⑤ 它们与 19 世纪下半期民族工商业的兴起过程同步，也可以说，在中国现代工商经济的兴起之际，保险业是华商最早涉足的领域之一，在中国民族工商业发展历史上理应占有重要的地位。

二、 民族保险产生时期的特点

（一）外生性特征

19 世纪 70 年代兴起的中国民族资本保险业，不是中国传统经济与社会自行发展的产物，中国民族保险业的兴起是外来因素作用下的产物。

尽管中国传统社会长期存在的救济观念和机制与现代保险有某种思想和原理上的一致性，但传统的小农经济体系，以家庭为单位的生产经营模式，主要依靠自给自足的方式抵御经济活动中的风险，抑制了市场的成长和大规模商业贸易活动的发展，并未产生对保险的强烈需求。同时，在专制政治体制下，各类经济活动事实上主要掌握在国家手中，资源调配主要依靠政府的行政手段进行。类似于仓储、救济这样的举措，也往往由行政权力主导。在这一背景下，保险事业缺少成长的空间，传统的保险组织没能实现质的突变而发展成为现代保险。新式保险在中国的出现是西方保险制度引进的结果，由西方模式移植而来，与中国传统的原初形态的保险制度并没有直接的联系。换言之，与西方保险相比较，中国保险不是自身经济机体发展的产物，具有明显的外生性特征。

正由于民族保险直接移植了西方的保险制度，中国民族保险从创建之时起，也直接借鉴了西方先进的保险发展模式和经验教训，包括保险技术、保险条款、经营管理、法规监管等各个方面，在制度建构上无须经历一个漫长的摸索过程，大大缩减了现代保险在中国的兴起过程。

在 1875 年保险招商局设立前，西方保险企业在中国的发展已持续了 70 年。无论是功能体现还是运作方式，这些保险企业都对中国社会特别是华商产生了示范作用。洋务派举办保险的活动，显然是以在华西方保险企业为参照的模板。同时，在早期民族保险企业的创办和经营中，其骨干人才

① 上海火烛保险有限公司 [N]. 申报，1882 - 10 - 22.
② 上海火烛保险公司告白 [N]. 申报，1884 - 10 - 28.
③ 催赎押款 [N]. 申报，1886 - 07 - 13.
④ 知照保客 [N]. 申报，1886 - 07 - 13.
⑤ 论招商保险之利 [N]. 申报，1881 - 03 - 12.

大多有服务于外商保险企业的经历，他们在创办保险招商局等民族保险企业中，对洋商保险公司的组织和运营模式进行了复制。

学习西方资本主义经济体制，是洋务企业的基本取向。民族保险业的出现，是保险制度移植的结果。不过，由此而产生的一个问题就是，西方社会经济环境与中国存在显著差异，如何克服现代保险制度在中国的水土不服从而与中国社会和经济土壤相融合，就成为中国保险业此后长期发展中的一个需要不断解决的问题。

保险制度变迁离不开一定的社会历史环境，任何制度变迁都是在现有制度基础上发生的渐进变化。在传统中国社会，并没有形成自由市场经济制度，以家族保障为代表的传统的非正式风险分担制度的强大存在，法律环境的缺失，加上重义轻利、天命神意等价值观的影响，使得商业保险并不具备在中国运行的文化和社会基础。早期民族保险企业模仿了西方股份制的企业组织形式，但并不能从根本上摆脱对官僚政治体制的倚重。专制政权凭借权力优势规定和实施产权及交易规则，自由联合的制度安排始终难以在清代社会充分发展，落后的传统政治及其变迁制度的意愿和热情的滞后性，使保险制度在中国的移植呈现出更多的艰难和曲折。

（二）发展缓慢，实力弱小

在外来金融制度中，保险制度是最早被国人所接受的。即使是在外来各行业中，保险也是最早被国人仿效的行业之一。但在相当长的时间里，中国保险始终摆脱不了发展缓慢、实力弱小的处境。保险招商局于 1875 年成立之后，轮船招商局系统的保险公司曾经有过一段快速发展的时期，但为时短暂，不久即渐趋默默无闻。尽管也出现了其他一些民族保险公司，但数量少，规模小，资本有限，经营不稳定，其中也没有产生有影响力的大型保险公司。与外商保险相比，民族保险企业在公司数量、资金实力、经验技术、经营管理等各方面，无一不处于弱势。1875 年上海英国领事报告统计，当时谏当、于仁、扬子、保家行、华商、中国、宝裕 7 家公司的资本共达 57 万英镑，按当时的汇价折算，约合白银 200 万两。[①] 而同年保险招商局成立时资本额仅为 20 万两，仅相当于上述 7 家外商保险公司资本总额的十分之一。早期的民族保险公司，无论是在上海设立的，还是由华商在香港或新加坡设立的，不少只是局限于一地一业，即使到了民族保险公司数量迅速增长的 20 世纪初年，这种情形也远未得到改善。

究其原因，在华外商保险业在客观上开了中国商业保险之先河的同时，也对华商保险业的发展施加了巨大的压力。民族保险出现之前，外商保险企业在中国已经营多年，不仅控制着中国的国际航运业，其触角也深入了中国沿海沿江贸易领域。沿海沿江地区是明清以来中国经济最为活跃的地区，也是最有潜力的保险市场。民族保险从创办开始，就面临外商保险企业的打压和各种非市场手段的竞争，很难靠一己之力在保险市场上获得发展空间。民族保险业起步之际，不得不以洋务派控制下的轮船招商局为依托，就表明了这一点。这种方式容易一荣俱荣，但是也往往一损俱损，而且

---

① 李必樟. 上海近代贸易经济发展概况：1854—1898 年英国驻上海领事贸易报告汇编 [M]. 上海：上海社会科学院出版社，1993：385.

还滋生了不少弊端。

民族保险兴起后，在很长一段时间里，实际上面对的是一个自发自为的市场。所谓自发，是指中国保险市场的形成与发展主要是社会经济自身发展需要的反映。在航运、贸易、工业、城市扩展、人口增长等方方面面的影响下，保险市场的容量逐步扩大，涵盖社会生活的许多方面。在这一过程中，政府并没有起到主导作用，保险市场自发形成和自行发展的态势也始终如一。所谓自为，是指政府对保险市场并没有实行实质性管理，市场秩序的维持主要靠市场本身。换句话说，中国近代保险市场在很长时间里基本上就是一个原生态市场。小到保费率的斟酌修改，大到对保险中介人的管理，诸多方面大多由保险市场自身解决，政府绝少置身或直接干预。中国晚清时期的积贫积弱、政府内政外交的失败，以及经济职能的缺乏，使得政府不可能也无能力对保险进行扶持、引导和规范，政府的不作为无疑应该对保险市场的混乱和发展缓慢承担一定的责任。

另外，民族保险企业兴起的19世纪七八十年代，中国正面临西方列强的侵略压力，动荡不安的时局也为民族保险业的发展造成了不少障碍。比如在中法战争前后，由于沿海形势紧张，招商局保险企业的股本募集就受到了很大的限制，直接影响了保险企业的发展。在这种艰难的环境中，早期的民族保险企业发展道路都十分坎坷。创办于1882年10月的上海火烛保险有限公司，因为经营效益不佳，勉强支撑至光绪十三年（1887年）十二月，就不得不清理账目，登报宣告停闭，"请在股诸君各带股票"至其公务房，"照章缴回股票，派回本银"。[1] 另外一家不知具体成立于何年何月的济安燕梳公司也于1900年底停业。[2] 这些情形表明，包括保险在内的现代经济制度在中国建立的过程远非一帆风顺。

（三）保险市场的国际化特征

这包括以下两层含义：其一，19世纪初，外商为保障贸易安全，已经开始在中国设立保险公司或代理处。开埠通商后，伴随着许多国家与中国的贸易往来，各国保险业纷纷进入中国市场，或者设立总公司，或者设立分公司，或者设立代理处。此后，这一趋势进一步发展。至1911年，中国保险市场上先后存在英、美、德、日、法、荷等外商保险总公司共23个，外商保险分公司约131个，外商保险代理处（洋行代理）约462个。保险公司的国际化也预示着资本国际化和保险业务国际化。因此，中国保险市场自形成之日起就成为国际保险市场的一个组成部分。其二，华商保险业自产生开始也迅速走向了国际化经营的道路。比如，轮船招商局系统的保险招商局及后来的仁济和保险公司；又如，宣统元年（1909年）华通保险公司设新加坡总分公司，管辖南洋业务，在小吕宋、爪哇、婆罗洲（即加里曼丹）一带设立分支机构。[3] 特别是20世纪20年代以后，随着华商银行业与保险业的结合以及所带来的华商保险业进一步发展，这种国际化趋势有了明显加强。除上述两种国际

---

① 摊还股本 [N]. 申报, 1888 - 02 - 01.
② 声明 [N]. 申报, 1901 - 03 - 14.
③ 中国保险学会《中国保险史》编审委员会. 中国保险史 [M]. 北京：中国金融出版社, 1998：80.

化倾向外，近代保险市场还出现了中外资本的交流与合作。[①]

换一个角度来说，近代保险市场国际化的实质也是中国保险市场的半殖民地化。西方列强打开中国大门后，中国逐渐被卷入资本主义世界经济体系，其保险企业将触角延伸到中国沿海地区，并扎根经营，垄断了中国保险市场。处于西方保险企业控制下的中国保险业，是作为西方保险业的次级市场存在的。这一格局形成的原因，一方面是西方占据了近代世界经济体系特别是航运贸易体系中的主导地位，另一方面是鸦片战争后不平等条约对中、西法律地位的规定。即中国保险市场的半殖民地化不仅是中西在世界经济贸易体系中的角色差异所导致的，也是中西政治、法律地位的不平等而强化的结果。

在这一情形下，中国民族保险企业所进入的市场，从一开始就是一个国际化的市场，民族保险企业因此也不得不走上国际化经营的道路。当然，对中国民族保险企业来说，特别是在早期，所谓的国际化主要是随着轮船招商局轮运业务的扩散而呈现出的经营地域范围的扩散，如在南洋一带的经营活动。它依附在招商局轮运体系中，并非一种自然的市场现象。

三、 依赖与独立——与外商保险的关系

外商保险和华商保险是中国近代保险市场上两类经营主体。民族保险企业是在外商保险经营的诱导下出现的。作为"舶来品"，保险随着外商贸易轮运事业以及保险企业的经营活动而为国人所了解，可以说，外商在华保险活动唤醒了中国人的保险意识。外商保险的高利润回报率，对华商自办保险也起到了示范激励的作用。在这一背景下，民族保险企业的创立与洋商保险有密切的关系。民族保险企业对洋商保险有依赖的一面，其在人才、资金等方面都与西方在华保险业具有紧密联系。但与此同时，以保险招商局为代表的早期民族保险企业，直接目的是为民族轮运业的发展提供保障，这使得它与外商保险在华企业存在明显的竞争关系，具有相对的独立性。在这种情形下，民族保险企业只能在夹缝中寻求生存，这是民族保险业初创时期的特殊境遇。

1. 依赖与"共生"

作为保险制度移植的产物，民族保险企业以外商保险为模仿对象，"仿照各保险行章程办理"。表现在以下几个方面：其一，在组织形式上，采用股份有限公司制；其二，在保险技术上，借鉴外商保险公司的保险条款、保单格式，"所有保险章程悉照英例"；[②] 其三，在保险服务上，同样是由船货水险开始，逐渐扩展到码头仓栈货物火险，再到寿险；其四，在保险营销上，包括广告宣传、促销手段等，也以洋商企业为借鉴。

此外，民族保险企业与外商保险企业在经营上也有合作关系。在保险招商局设立之前，轮船招商局的轮船向外商保险公司投保，"惟每船限保六万两，其超过六万两之额，由局中自行保险"。[③]

---

① 赵兰亮. 近代上海保险市场研究：1843—1937 [M]. 上海：复旦大学出版社，2003：387 – 388.
② 香港华商源安保险公司 [N]. 申报，1905 – 04 – 12.
③ 聂宝璋. 中国近代航运史资料：第1辑 [M]. 北京：中国社会科学出版社，2002：1083.

保险招商局设立后，由于资本有限，只能承保船值1万两和货值3万两，逾额须向外国保险公司转保。外商保险公司限保六成，其余仍归轮船招商局自保，风险依然很大，所以就有了仁和、济和等保险公司的创立。徐润说："创议自保船险，经费不足，每船先有保二万两至四万两，后再由洋商与仁和、济和分保，以轻仔肩。迨自保船险项下，获有公积银二十余万两，遂全行自保船险。"①

轮船招商局的船货是保险标的，轮船招商局和货主是被保险人，保险招商局、仁和、济和是保险人，外商保险公司是再保险人。被保险人、保险人和再保险人共同对这些船只进行保险，其中轮船招商局自保一二成，保险、仁和、济和三局保二三成，外商保险公司保六成。自保和投保是企业所采取的两种最重要的风险管理方式，轮船招商局在无力全部自保的情况下，自留了一二成的风险，将其余的风险转移给了保险公司，其中转移给外商保险公司的风险占绝大部分，这反映了民族保险业在其发展初期无论是资本实力还是活动能量都很有限，以致民族轮运业及保险业本身不得不仰仗外商保险公司。

民族保险业与外国在华银行及洋行在资金融通上也有直接或间接的关联，而这些银行和洋行又与外商保险有千丝万缕的联系，从而形成了错综复杂的关系。从前述轮船招商局保险资金的运用情形可见，最初保险招商局、仁和、济和的股本和公积一般存在钱庄、轮船招商局、开平矿务局等处。仁济和创办以后，股本和公积继续存于轮船招商局，并附股开平矿务局和机器织布局，同时与上海富商叶澄忠、三畏堂等私人客户也有金融往来。其股本和公积也存于外国在华银行和企业。1888年底，仁济和股本"结存招商局三十万两，开平局二十万两，法兰西银行二十万两，汇丰银行十五万两，麦加利银行五万两，怡和洋行拾万两"。到1891年，仁济和保险公司存汇丰、有利、惠通等外国银行的股本仍有15万两。②

从上述情形可见，民族保险企业与外商保险企业存在某种"共生"关系，尤其体现在民族保险企业对外商保险业的依赖方面。

这种依赖关系更表现在民族保险企业经营人才和资金的来源上。外商保险业培养了中国保险业最早的一批专门人才。1805—1875年，在外商保险公司独占中国保险市场的过程中，华人以保户、股东、职员或代理人等身份跻身其中。特别是华商附股活动、华人参与保险公司的经营管理活动以及华商"保险行"的代理活动，"不仅让国人看到而且亲身感受到了西方公司制度的组织形式和经营方式，一定程度上训练和准备了日后由国人自身创办、经营公司的人员"。③ 其中，最有代表性的就是保险买办。在中国早期民族保险企业的创立过程中，这些保险买办充当了重要的角色。这一点前面已有介绍，这里仅就买办资金与民族保险业的关系问题略作补充。

华商保险业的兴起，除需要官方支持外，与一般意义上的企业一样，离不开资金、人才和市场需求三要素。早期民族保险公司的资金均由商股聚集而成，其中尤以买办、买办商人的股份为代表。

①　徐润. 徐愚斋自叙年谱［M］. 台北：文海出版社，1974：175.
②　聂宝璋. 中国近代航运史资料：第1辑［M］. 北京：中国社会科学出版社，2002：1087–1089.
③　张忠民. 艰难的变迁——中国近代公司制度研究［M］. 上海：上海社会科学院出版社，2001：126.

华商保险业的开业资金，有相当一部分来源于买办阶层的投资。郝延平根据买办的几类不同来源的收入，估算他们从 1842 年到 1894 年的累计收入数为 53000 万两左右。其中，薪金为 4400 万两，各种佣金（如对外贸易佣金为 16100 万两，鸦片佣金为 1200 万两，工厂企业佣金为 1890 万两等）为 22140 万两。与此同时，1842—1894 年，买办还经营私人商业，利润也相当可观，约为 26540 万两。① 买办力图把这些在流通领域积聚起来的资金，迅速转化为自行增值的资本。甲午战争以前，估计有 19700 万两投资于包括保险业在内的各个行业部门。

保险招商局的投资人主要有以下三类：第一类是招商局大股东，如唐廷枢、徐润等既是轮船招商局的大股东，也是保险招商局的大股东，徐润先后有"保险股份银十五万两"；② 第二类是上海买办（通商口岸的买办和买办化商人），如汉口分局刘述庭是琼记洋行的买办，香港分局陈芰南是上海闻名的买办商人；第三类是其他散户，投资股数多寡不一，其主要是炒股而卷入者或者是接受劝募者，一般股数不多。

洋行买办、与外商有生意往来的华商和这些人的亲朋好友，成为保险招商局的主要投资人，反映了在航运业扩张的同时，保险业如影随形，随之扩大，其中华商（包括买办）的地位开始凸显出来。他们有的直接与外商打交道，有的受买办间接影响，因而对股份制和股票这两个新鲜事物了解较早，得沾风气之先。他们通过为外商服务或与外商做生意，积累了大量的货币资本，经济地位迅速上升，成为当时中国最富有的一批人，购买保险招商局的股票就成为这笔数额巨大的货币资本的投资出路之一。

19 世纪七八十年代开办的保险招商局、仁和保险公司、济和保险公司、仁济和保险公司、安泰保险公司、常安保险公司、万安保险公司以及上海保险公司或上海火烛保险公司等民族保险企业，其董事或主要股东大多是买办、买办商人或华侨商人。创办保险招商局的唐廷枢、徐润自不必说。1877 年 3 月，安泰保险公司成立，其主持人是曾任大英轮船公司买办的郭甘章和曾在香港殖民政府中任职的何献墀。1880 年，华商常安保险公司成立于香港，其经理和董事，几乎是安泰保险公司的原班人马。1881 年，华商又在香港设立万安保险公司，发起人仍为郭甘章等人。郭甘章不仅曾任大英轮船公司买办，在 19 世纪 70 年代初就在香港拥有多艘轮船，还拥有一家甘章船厂。1882 年 10 月，上海火烛保险有限公司正式开业时，首董是怡和洋行买办唐茂枝，总经理是高易洋行买办李秋坪。③

买办在洋行工作多年，与外国人交往频繁，对外商企业内部的管理及运行模式深有了解，这使得他们具备成为早期华商保险业的组织者和经营者的条件和能力。这批在实际事务中成长和锻炼起来的商界人物，已具备近代企业家的某些素质，为华商保险提供了人力支持。实际上，早期投身民族保险业的买办和买办商人，不少人有在洋行保险公司任职的经历。外国在华的保险公司，是中国

① 郝延平. 十九世纪的中国买办：东西间的桥梁［M］. 李荣昌，等，译. 上海：上海社会科学院出版社，1988：129.
② 徐润. 徐愚斋自叙年谱［M］台北：文海出版社，1974：175.
③ 上海火烛保险有限公司［N］. 申报，1882 – 10 – 22.

买办、买办化商人最先趋聚的行业之一。"只要外国侵略者在哪里开辟了一个新的领域，中国的买办和商人也立即把他们手中的货币投向哪里，以寻求赚钱的机会。"① 根据统计，19 世纪华商附股外商保险业情况如下：于仁洋面保安行华商资本额为 178750 两，谏当保险行为 357500 两，扬子保险公司为 298784 两……华商总计投资 2915999 两。② 这些附股外商保险业的"华商"并不一定都有买办名义，但这种"华商"显然不能视为旧式商人，因为"寻常经商之人"，"未闻有乐从而买股者"。故而附股者除去在职买办，以及与外商往来"熟知情形"的买办化商人，此外则"绝无仅有"。③ 买办通过附股增加了自创保险业的经验，而这种管理才能和专业知识、技术，是其他同样拥有资金的阶层如传统绅士阶层所不能获得的。正如当时一位外国人写道："外国人同中国人这种交往的结果并不是完全有利于外国人的。中国人（买办）学会了外国人无形中教给他的生意经，并且学得很好。现已证明，他……是一个比他的导师更强的对手。在所有的中国口岸，都有华人的钱庄，华人保险行，华人贸易团体，华人轮船公司以及其他企业。所有这些都由华人主管，为华人资本所支持。"④ 以主持保险招商局的唐廷枢为例，此前从事洋行保险的经历，使他在 1875 年创设保险招商局时，就能运用他"在东方一家第一流的外国公司（指怡和洋行）任职时"获得的"丰富而广阔的经验""去损伤这些外国公司"。⑤

2. 独立与竞争

尽管与外商保险存在千丝万缕的联系，但民族保险企业毕竟独立的存在，其与外商在华保险企业之间也存在明显的竞争关系。在中国近代，由于轮运业与保险业的特殊关系，中外保险竞争同中外轮运竞争相辅相成，拉航运业务就意味着争保险业务。因此，各公司行号都想方设法地招揽客货。它们普遍设立了招揽客货配装轮船夹版以及代客经手保险的揽载行号，开展仓栈、码头、轮运、水火保险一条龙服务。"怡和洋行早经有怡和仁、怡和正、怡和泰、怡和南、泰安栈等号，而太古亦有太古正、太古惠、太古昌、吉星公等行。"显然，这是华商"保险行"的改良（升级）版。轮船招商局也设立了"长源太、信昌隆、万安

1893 年，《申报》刊登的于仁洋面保安行规条

---

① 汪敬虞. 唐廷枢研究 [M]. 北京：中国社会科学出版社，1983：106.
② 汪敬虞. 唐廷枢研究 [M]. 北京：中国社会科学出版社，1983：99 - 100.
③ 王晚英，叶国庆. 买办与我国早期的保险业 [J]. 邢台师范高专学报，2002，3.
④ 托马斯·诺克斯. 买办人物 [M]//郝延平. 十九世纪的中国买办：东西间的桥梁. 李荣昌，等，译. 上海：上海社会科学院出版社，1988：145 - 146.
⑤ 汪敬虞. 唐廷枢研究 [M]. 北京：中国社会科学出版社，1983：143 - 144.

楼、长发栈、大同源等号"。① 轮船招商局还于 1885—1897 年连续不断地在《申报》上刊登广告，为其修葺一新的北栈、中栈、东栈和新建的浦东杨家渡码头栈房招揽客货仓储、托运和保险业务。②③④

以轮运促保险是中国早期民族保险企业的发展策略。保险招商局等随着轮运市场的开拓，吸引更多客户，将其业务推广到新加坡、旧金山、吕宋等处，承保范围也从只保轮船及其货载扩展到夹板船，货载也"照例承保"。这些举措都增强了其竞争能力。但轮船招商局刚诞生即遭到外商轮运业的围击，同轮船招商局的命运相似，外商保险公司在保险招商局设立之前，互相之间的争夺极为激烈，但到保险招商局设立之后，它们便联合起来，共同对保险招商局进行打击，水脚、保险价银愈跌愈贱。但是价格战对中外双方都无好处。在激烈的竞争下，外资轮运业、保险业也想避免损失，不得不妥协，签订"齐价合同"之类的短期协议。轮船招商局与太古、怡和先后三次订定"齐价合同"，分割航运市场，各占一定比例。招商局的保险业务也受到"齐价合同"的直接影响。"轮船与保险事属两歧，而实则归于一本，有如许保险生意则必有如许轮船生意。第轮船所获者为水脚，与保险所获不同耳。"⑤ 虽然外商保险公司联合并力倾轧，但依靠官督商办的轮船招商局，再加上华商一定力量的支持，招商局的保险业务还是在外商垄断的保险市场中争得了一席之地。

在唐廷枢、徐润主持期间，招商局同外商轮运业展开积极竞争。1883 年"齐价合同"中，"唐景星（按：唐廷枢号景星）的主张大占上风。根据新的协议，长江联营收入分配如下：招商局 42%，太古 38%，怡和 20%。在上海—天津航线上，招商局 44%（漕运收入不计在内），太古 28%，怡和 28%"。⑥ 招商局"既装运漕粮固其本，又招徕商货培其末，断无不旺之理"。⑦ 1884 年，轮船招商局支出的保险费高达 269000 两，⑧ 相当一部分落入仁和、济和的囊中。

鉴于民族保险企业与外商保险既依赖又独立的关系，双方在竞争中也存在合作。1876 年 6 月 13 日，在上海的外商广东保险公司、保安公司、保家行、扬子保险公司、保宁行、中华保险公司、伦敦东汇保险公司、瑞来保险公司等联合在《申报》上刊登"特启"，声明投保的货物"用无盖小船舢板""起卸装配""至有失事"为除外责任。在这次联合行动中，保险招商局被排除在外。而在 1881 年的同一广

1881 年，安泰保险公司在上海《申报》上刊登的拍卖广告

① 聂宝璋. 中国近代航运史资料：第 1 辑 [M]. 北京：中国社会科学出版社，2002：1155.
② 轮船招商局总局谨白 [N]. 申报，1885 – 11 – 11.
③ 招商局东栈告白 [N]. 申报，1886 – 02 – 26.
④ 告白 [N]. 申报，1897 – 05 – 14.
⑤ 中国史学会. 洋务运动：一 中国近代史资料丛刊 [M]. 上海：上海人民出版社，1961：477.
⑥ 刘广京. 1873—1885 年中英轮业竞争：中国近代经济史研究资料 [M]. 上海：上海社会科学院出版社，1984：36.
⑦ 颜鹏飞，李名炀，曹圃. 中国保险史志：1805—1949 [M]. 上海：上海社会科学院出版社，1989：52.
⑧ 费维恺. 中国早期工业化 [M]. 虞和平，译. 北京：中国社会科学出版社，1990：144.

告中，保险招商局以及香港安泰保险公司则名列其中。① 1884年，太古洋行、招商总局、怡和洋行、禅臣洋行统一轮运和保险业务的经营，并在《申报》上发布告白称："本轮船公司装货所发平常黑字提单，向例不包保险，倘遇水渍及船失事等情，定然不赔，如贵客意欲保稳，仍须于水脚价且加付保费，则给红字提单连包保险可保无虞。"② 上述在统一保险除外责任、统一业务经营方面的措施已带有联合行动的性质，但这次则不包括招商局保险企业。总体上来说，以利益为目标的合作是暂时的，竞争是绝对的。

四、 早期民族保险业的意义

19世纪下半叶，是中国民族保险业的创始阶段，尽管民族保险企业遭遇了种种困难和挫折，但作为国人自办保险的尝试，其成效和意义仍值得肯定。

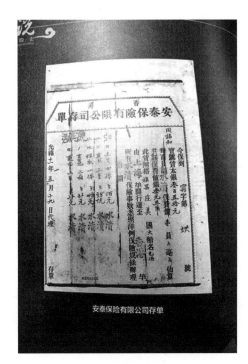

1885年，安泰保险有限公司签发的保单

1. 保障民族轮运业，挽回国家利权

中国第一家大型近代轮运企业——轮船招商局在开办之初，步履艰难，其中之一就是"保险难"。西方资本主义势力企图压垮襁褓中的中国航运业，各洋商保险公司配合其外国轮船公司为招商局设置种种障碍，先是拒保，后又以苛刻条件承保，限制招商局的发展。唐廷枢、徐润发起设立保险招商局等一系列保险公司，一个重要的目的就是打破外商的垄断和限制，为民族轮运业保驾护航。在香港投资创办安泰保险公司、常安保险公司、万安保险公司的广东人郭甘章，其意图同样如此。

在早期民族保险业的经营实践中，一定程度上实现了这一目标。自办保险企业的出现，为民族轮运业提供保障服务，减轻了轮运企业的后顾之忧，相比外商更为合理的保费率，也节省了民族轮运业的保费负担，从而促进了轮运业的发展。轮船招商局第六年度［光绪四年（1878年）七月至次年六月底］账略中提到，当年曾赔还"江长"轮价二十万两，伊敦趸船33000余两，以及其他各船碰坏及意外修理费用17000余两，已可见其成效。轮船招商局"货物转既速，风涛保险可凭，商因乐从，民尤害少"。1883年，轮船招商局所属"美利"号（3月6日遇险）、"兴盛"号（4月17日遇险）、"怀远"号（12月1日遇险）短期内相继失事，都按照保险惯例由各保险公司处理。③

---

① 重申定例［N］. 申报，1881 – 02 – 22.
② 货物保险告白［N］. 申报，1884 – 03 – 21.
③ 颜鹏飞，李名炀，曹圃. 中国保险史志：1805—1949［M］. 上海：上海社会科学院出版社，1989：52 – 56.

更值得注意的是，民族保险企业的出现，对外商保险攫取高额利润也起到了一定的制约作用。光绪四年（1878 年）五月五日，巫山县委托招商局承运巨型木杆 26 根，各洋行分认保险，由仁和、怡和等行共保险本银 229000 两，每千两照章保费 6 两 5 钱，仍照章八折。洋商保险公司在具有较强竞争能力的轮船招商局三大保险机构面前，再也不像旧日用极其苛刻的高达 10%（即"通年每月一分九扣"）的保价，来要挟和压榨了。①《申报》1881 年 3 月 8 日刊登的一则关于重申拒保无盖驳船的声明中，招商保险局和其他 10 余家洋商保险公司并列，这说明洋商保险公司在实际上承认了招商局保险企业的身份和地位。其时，该报有言论称，招商局及其保险企业"近年以来，根基渐固"，"颇有蒸蒸日上之象焉"。文中赞誉说，"中国自通泰西以来，凡有可以获利之事，往往皆为西人所占"，"乃仁和保险公司不畏其难，以克底有成其效，已彰彰可据。若此不但收中国之利，且以夺西人之真利"。②

2. 支持民族工商业的发展

保险招商局的成立，仁和、济和的创设与合并，不但发展了民族保险业自身的力量，增强了轮船招商局同外商航运业竞争的实力，而且利用保险资金广泛进行局内外投资，为民族工商业的发展作出了贡献。

如前所述，轮船招商局的保险企业从成立起即把股本存入轮船招商局，最初几年收取 15% 的利息，后又按 10% 收息，③ 仁济和成立后，招商局则付给该公司 5.6% 的常年利息。④ 此外，招商局的保险企业还把股本分存于开平矿务局、机器织布局、华盛纺织总厂、各家银行，同时进行抵押贷款，⑤ 以此获得相应收益。1884 年，仁和、济和两家保险公司将资金 30 万两投资于开平矿务局。⑥ 1886 年，仁济和保险公司合并重组时规定，100 万两股本中的 60 万两存于轮船招商局，30 万两存于开平矿务局。⑦ 1891 年，"仁济和保险局提公积搭织布局股"，⑧ "存招商局三十万，开平局七万，织布局三十万"，⑨ 1894 年又附股新成立的华盛机器纺织总厂。⑩ 这些做法体现了招商局保险企业的金融属性，为洋务企业提供了重要的资金支持。

实际上，招商局的保险资金应用范围很广。曾入李鸿章幕府的薛福成 1881 年 10 月 1 日在日记中录有招商局禀云："前由保险公积项内拨银廿二万余两，由英订造致远、普济两船，约计年内可以工竣。本届结账，盈余银九万两，现以六万余两购英国新造轮船一号，取名拱北。"⑪ 1882 年 10 月 22

---

① 颜鹏飞，李名炀，曹圃. 中国保险史志：1805—1949 [M]. 上海：上海社会科学院出版社，1989：57.

② 论招商保险之利 [N]. 申报，1881 - 03 - 12.

③ 刘广京. 1873—1885 年中英轮运业竞争：中国近代经济史研究资料 [M]. 上海：上海社会科学院出版社，1984：29 - 38.

④ 张后铨. 招商局史：近代部分 [M]. 北京：中国社会科学出版社，2007：174.

⑤ 聂宝璋. 中国近代航运史资料：第 1 辑 [M]. 北京：中国社会科学出版社，2002：1088.

⑥ 颜鹏飞，李名炀，曹圃. 中国保险史志：1805—1949 [M]. 上海：上海社会科学院出版社，1989：69.

⑦ 重订仁济和保险章程 [A]. 上海图书馆藏盛宣怀档案，档号 020079.

⑧ 股息改期 [N]. 申报，1891 - 04 - 11.

⑨ 颜鹏飞，李名炀，曹圃. 中国保险史志：1805—1949 [M]. 上海：上海社会科学院出版社，1989：82.

⑩ 华盛纺织总厂关于仁济和保险公司原存织布局款批文 [A]. 上海图书馆藏盛宣怀档案，档号 041266 - 2.

⑪ 薛福成. 薛福成日记 [M]. 蔡少卿，整理. 长春：吉林文史出版社，2004：369.

日，薛福成又记录了招商局第九年结算的情形："保险局及各户存银，前届一百十万有奇，今年保险局加本及各户长存甚多，所以添船无须另为筹款。前届保险公积四万四千余两，今届竟有二十五万六千余两。"① 账上显示招商局的保险业务发展良好，为新置船舶提供了资金上的便利。招商局的保险公积金等也为机器织布局、漠河矿务局提供了初期资本支持。时人称："目前仿西法之事，若招商局者最著矣。"②

3. 促进国人保险意识的提高

尽管保险招商局等早期自办保险企业并未得到充分发展，但民族保险业的出现，进一步加深了中国社会对保险的了解和认识。特别是洋务派官员李鸿章、张之洞等人，已具有很强的保险意识。以李鸿章为例，李鸿章不仅支持招商保险局等保险企业的设立，其在 19 世纪八九十年代的洋务和外交活动中，还多次论及中方保险权益的维护问题。中法战争期间，李鸿章曾致电驻德公使李凤苞，就福建水师沉失的鱼雷被美国商人捞运至香港修配拍卖一事，请相关保险行追查。③ 两人在此期间的来往电报中还涉及中国所购德国枪炮军械的运输兵险问题，以防为法国所掠夺。④ 战争期间，法国对中国沿海航运船只横加阻拦，李鸿章曾致电总署，声称江苏、浙江的漕米向怡和、太古、旗昌各洋行购买了兵险，要求总署向英、美交涉，阻止法国任意"搜阻"的行为，⑤ 等等。1894 年甲午战争开始后，李鸿章为战时购买军械的问题进行了筹划，他指出，战时各国皆守局外中立之例，所购军械运输过程中有遭到日人阻截的危险，应酌加运脚兵险之费。⑥ 凡此，可见李鸿章对保险的高度重视。

张之洞

洋务运动后期的重要代表张之洞对保险问题也十分关注。在筹办洋务企业、采买铁、煤炭等原材料和机器时，张之洞多次提及保险，将保险费视为一项必需的开支和成本。甲午战争期间，在有关湖北枪炮厂添设机器设备的一份奏折中，张之洞提到购买费"共合银二十七万八千九百余两，运脚、保险费约银三万余两"。⑦ 其时，张之洞与署任上海道台刘麒祥筹划购买兵械，张之洞在电报中曾转达户部的询问："订购洋枪一万五千支，保险是否在内？"他本人则认为："如有一切险及无货交，皆退价，即是保险在内。"上

① 薛福成. 薛福成日记 [M]. 蔡少卿，整理. 长春：吉林文史出版社，2004：397.
② 论合股经营 [N]. 申报，1882－06－06.
③ 李鸿章. 寄柏林李前使 [M]//顾廷龙，戴逸. 李鸿章全集：电报一. 合肥：安徽教育出版社，2008：424.
④ 李鸿章. 寄译署 [M]//顾廷龙，戴逸. 李鸿章全集：电报一. 合肥：安徽教育出版社，2008：469.
⑤ 李鸿章. 急寄译署 [M]//顾廷龙，戴逸. 李鸿章全集：电报一. 合肥：安徽教育出版社，2008：452.
⑥ 李鸿章. 筹办采运难拘成例片 [M]//顾廷龙，戴逸. 李鸿章全集：奏议十五. 合肥：安徽教育出版社，2008：466.
⑦ 苑书义，孙华峰，李秉新. 张之洞全集：第2册 [M]. 石家庄：河北人民出版社，1998：939.

海方面随后来电证实，"保险等费概包在内"。① 1895 年 4 月甲午战争刚刚结束，张之洞建议江南制造局仿造快枪快炮，他感叹战争期间购买军械洋商保险坐地起价，成为一大障碍："即使委婉向商，设法购运，不特价值昂贵，且运费、保险种种刁难，较平时增至数倍。况敌船不时邀截，涉险运送，实极艰虞。"② 可见甲午战争期间军械购运过程中的保险问题，给张之洞留下了深刻的印象。

其他一些官员对保险的必要性也有深刻认识。1890 年，张之洞在筹办湖北机器织布局期间，曾委托广东方面购买织布机，广东布政使在给张之洞的电报中曾提到购买织布机的保险费用问题："布机后半价及保险费，亦须预先筹措，以免临时掣肘。"③ 前面提到的上海道台刘麒祥，在甲午战争期间给张之洞的另一份电报中提到与信义洋行商定的购械合同："信义十九日申刻送来合同，内各价皆论英镑及德马克，共约银三十六万余两，不保兵险。"刘麒祥则认为应包括保险在内："职道拟与商价议银，一切保险包价内，似属明白。"④ 从两名官员对保险问题的强调中，可知其已经有较强的保险意识。

从客观来说，尽管取得了一定的成效，但以保险招商局为代表的中国早期民族保险业的发展并不尽如人意。对这些国人自办的保险企业而言，它们从一开始，就要面对洋商保险的排挤和打压，也要克服传统体制的束缚和制约，还要尽力弥补规模小、资金少、技术落后、缺乏运营经验等先天性的不足。这些因素决定了中国民族保险业的发展过程充满着艰难、风险甚至挫折。在这一情形下，早期国人自办的保险企业远未能得到充分发展，更难以对洋商保险的垄断格局形成冲击。改良派人士陈炽曾指出："各处纺纱缫丝织布诸局、厂，岁岁增多，资本各数十万金，工人以数百千计。欲不保险，则人命物业跬步堪虞。且步此织布局灾，未经保险，事后之论咸归咎于总理之事，于是每厂每岁数万金之保费，唾手而让之外人……且沿江沿海数十厂，每厂数万金，每年即数百万金，而心让西人以独专其利也，何为也哉？"⑤ 但无论如何，在中国现代化进程因洋务运动而开启的背景下，中国民族保险业的出现，不仅是中国保险史上标志性的一页，也构成了中国现代化进程的一项内容。

① 苑书义，孙华峰，李秉新．张之洞全集：第 7 册［M］．石家庄：河北人民出版社，1998：5836 – 5837.
② 苑书义，孙华峰，李秉新．张之洞全集：第 2 册［M］．石家庄：河北人民出版社，1998：986.
③ 苑书义，孙华峰，李秉新．张之洞全集：第 7 册［M］．石家庄：河北人民出版社，1998：5497.
④ 苑书义，孙华峰，李秉新．张之洞全集：第 8 册［M］．石家庄：河北人民出版社，1998：5919.
⑤ 赵树贵，曾丽雅．陈炽集［M］．北京：中华书局，1997：256 – 257.

保险业的初步发展

（上）

　　甲午战争失败后，中国半殖民地化程度大大加深，市场被迫进一步开放。在空前的民族危机面前，清政府开始尝试政治变革。19 世纪末的百日维新和 20 世纪初的新政举措，带动了中国社会氛围的变动，新旧转换成为中国社会演变的主题。在经济领域，从百日维新期间号召民间设厂制造，到新政时期奖励工商的多方面举措，工商立国的理念逐渐被社会接受，民族工商业发展的闸门由此打开。从甲午战争之后的清末到民国北京政府时期，中外保险公司不断增加，保险市场规模持续扩大，各色险种和服务更为丰富，保险同业公会开始出现。外商保险在稳定经营的基础上致力于提升规模，民族保险业则在无序与混沌的旋起旋灭中，呈现出顽强而快速的生长态势，共同构成了中国保险业初步发展时期的复杂景象。

第一节　保险经营主体的增长

　　作为市场经营主体，保险业的发展直观地体现为保险公司数量的增长。清末，越来越多的外商保险公司进入中国市场，华商保险公司的数量增长也不断加速，这是观察这一时期保险业的一个重要指标。

一、外商保险公司的增长

（一）外商保险的数量统计

19 世纪七八十年代，随着轮船、铁路、电报等现代交通事业的兴起，以及口岸城市的发展，各国在华经济活动日趋活跃。中日甲午战争结束后，西方列强又掀起了瓜分中国的狂潮，抢占租借地，划分势力范围，加强商品和资本输出。1894 年外国在华商业资本和金融资本分别达到 9284 万元和 6680 万元。在交通运输领域，外资占的比重非常大。以全国铁路里程而论，由外资控制的部分，1894 年为 78.9%；在各通商口岸进出的轮船吨位中，1897 年外轮占 76.8%。中国的国内航运和远洋航运都被外国轮船所垄断。[①] 与外国资本的这种优势地位相对应，作为服务业的外商保险公司也相伴成长，见表 3 - 1、表 3 - 2。

表 3 - 1 1876—1911 年设立的外商保险公司、分公司

保险公司	总公司地点	分公司/代理处地点	险种	国别	代理人
1876—1894 年					
广东保险有限公司	香港	上海、天津等	水险	英国	怡和洋行
士地历保险有限公司分公司	新加坡	上海	水火险	新加坡	—
保康保险有限公司分公司	新加坡	上海、香港、汉口、粤省、烟台、汕头、天津、厦门、台湾、牛庄、福州、长崎、宁波、横滨、镇江、芜湖、神户、大阪	水火险	新加坡	旗昌洋行、宝兴洋行、德记洋行等
上海火保险公司	上海	—	火险	—	立德洋行
保宏保险公司分公司	—	上海	水险	英国	
永明人寿保险公司分公司	—	上海重庆	人寿险	英国	怡和洋行、老公茂洋行
永平火险公司分公司	—	上海汉口	火险	英国	惠大洋行、美查有限公司
利川保险公司	伦敦	重庆、宜昌、汉口、上海、天津、广东、香港	水火险	英国	礼和洋行、公发洋行、架喇威治、立德洋行等
永平保险分行	—	上海	水险	—	
合计：9 家					

---

① 赵德馨. 中国近现代经济史：1842—1949 [M]. 厦门：厦门大学出版社，2017：219 - 222.

续表

保险公司	总公司地点	分公司/代理处地点	险种	国别	代理人
		1895—1911 年			
长明人寿保险公司分行	加拿大	上海	人寿险	英国	—
华昌保火险公司分公司	—	上海	火险	英国	—
美国永安保人险公司东方总局	—	上海、厦门、广州、烟台、镇江、福州、汉口、香港、南京、宁波、汕头、天津、神户、长崎、横滨、东京	人身险	美国	—
保平水火险公司分行	伦敦	上海、高丽、台湾、香港	水火险	英国	—
上海火险公司	上海	—	火险	英国	—
宏利人寿保险公司分公司	—	上海	人寿险	英国	—
伦敦合众火险公司分行	—	上海	火险	英国	巴勒洋行、天祥洋行
纳斯那公司分行	—	上海	水险	英国	丰裕洋行
永年人寿保险公司	上海	苏州、杭州、汕头、西贡、汉口、扬州、北京、南京、天津、重庆、宁波	人寿险	—	—
华洋人寿保险公司	上海	—	—	—	—
大英国永福人寿保险公司分公司	伦敦	上海	人寿险	英国	—
南帅仑火险公司分行	—	上海	火险	英国	中庸洋行
东亚公平保寿有限公司分行	檀香山	上海	人寿险	美国	—
莫斯科火灾保险公司	哈尔滨	—	火险	沙俄	—
家畜保险株式会社	台湾		财险	日本	—
为四登保险公司分行	—	上海	水险	英国	—
日宗火险有限公司分局	东京	上海	火险	日本	—
旗昌保险公司	香港	上海	—	英国	—
小吕宋益同人水火保险兼附揭有限公司沪局	小吕宋	上海	水火险	美国	炳记栈
康宁保寿公司分公司	—	清江、扬州、杭州等	人寿险	—	—
大东方人寿保险有限公司中国总分公司	新加坡	上海、镇江、淮安、扬州、苏州、常州、湖州、嘉兴、南京	人寿险	英国	泰来洋行
中国团体保寿会社	上海	—	人寿险	—	—
爪哇仁安保险储蓄会社（望贲）上海分公司	—	上海	人身险	荷兰	—
		合计：23 家			

资料来源：1.《申报》《新闻报》《大公报》相关的报道、消息、广告。

2. 天津市地方志编修委员会.天津通志·保险志［M］.天津：天津社会科学院出版社，1999.

3. 颜鹏飞，李名炀，曹圃.中国保险史志：1805—1949［M］.上海：上海社会科学院出版社，1989.

4. 刘英烈.四川保险志［M］.成都：中国人民保险公司四川省分公司，1989.

5. 浙江省保险志编纂委员会.浙江省保险志［M］.北京：中华书局，1997.

6. 江苏省地方志编纂委员会.江苏省志·保险志［M］.南京：江苏古籍出版社，1998.

7. 郭晋昌.重庆早期的保险市场［J］.当代保险，1989，8.

8. 沈雷春.中国保险年鉴：1937［M］.上海：中国保险年鉴社，1937：7.

表 3 - 2　1876—1911 年增设的洋行代理下的外商保险公司

保险公司	国别	代理人	代理处地点
1876—1894 年			
中华保险公司	—	同孚洋行	上海、宁波
伦敦东汇保险	英国	大英轮船公司	上海
色木林保洋险失火公司	德国	禅臣洋行	上海
巴推唯耳第二枯禄玉保洋险失火公司	德国	禅臣洋行	上海
伦敦某保火险公司	英国	太平洋行	上海
某保险公司	—	宝和洋行	上海
加敦保火险公司	—	同孚洋行	上海、宁波
曼拆士大某保海险火险公司	英国	阿德爱夫扑洋行	上海
咸北庇厘文火烛保险公司	德国	架罗威士公司（香港） 礼和洋行（上海天津）	香港、上海、天津
阿连可伦保火险公司	—	元亨洋行	上海
多给保险公司（东京海上火灾保险株式会社）	日本	三菱公司	上海、天津、台湾
北英贸易火险公司	英国	旗昌洋行	上海
某保险公司	—	申隆洋行	上海
咸北的兰士押兰特火烛保险有限公司	德国	禅臣公司	上海、香港
英京保火险公司	英国	生源洋行、隆茂洋行	上海、重庆
利益保洋险公司	英国	哈味洋行	上海
某保险公司	—	华记洋行	上海
加利多尼衡保人命火险公司	—	申隆洋行	上海
李汇部保海险公司	—	申隆洋行	上海
印度有限保险公司	印度	瑞记洋行	上海
乾元保安有限公司	—	振兴洋行	上海
某保险公司	德国	兴隆洋行	上海、天津
德国火险公司	德国	兴隆洋行、美最时洋行、泰来洋行	上海
喊砵埠火保险公司	—	顺利洋行	上海
毡拿罗火险公司	—	协隆洋行	上海
孟汉记保险公司	—	鲁麟洋行	上海
伦敦门遮司打火险公司	英国	义记洋行	上海
葛麦设五泥恩有限保险公司	—	太平洋行	上海
星架波保险公司	—	天祥洋行	上海
某火险公司	英国	裕昌洋行	上海

续表

保险公司	国别	代理人	代理处地点
1876—1894 年			
英国毡拿路鸦硙连士公司	英国	顺利洋行	上海
德国咸北火险有限公司	德国	顺利洋行	上海
纽约克人命保险公司 （钮雅克生命保险公司） （鸟约人命保险公司）	美国	通易洋行、咪吧洋行、仁记洋行	香港、上海
奴士米士来公司	—	顺利洋行	上海
利文浦公司	英国	公平洋行	上海
北英商老保火险公司（North British &Mercantile）	英国	巴勒洋行	上海
康买兴有宁保火险公司（Commercial Union）	英国	巴勒洋行	上海
哎遮士打（曼彻斯特）保险公司	英国	元亨洋行、茂祥洋行	上海
太阳保火险公司（Sun Fire Office）	英国	公裕洋行	上海、天津、烟台、牛庄、汉口、九江
佑宁火险公司（联盟保险协会）（Union Assurance Society）	英国	泰隆洋行、平和洋行	上海、汉口、九江、芜湖、镇江、天津、苏州
明治火灾保险公司（Meiji Fire Insurance Co. Limited）	日本	三井洋行	上海、天津、台湾、南京
荷兰老保火险公司	荷兰	顺发洋行	上海
司回司保火险公司	—	顺发洋行	上海
宏利人寿保险公司	美国	—	天津
伦敦及兰格西亚保险公司（London &Lancashire Fire）	英国	老太古洋行	上海、天津、南昌、嘉兴、湖州
某火险洋面水险公司（伦敦水险公司）（美地北火险公司）	英国	瑞记洋行	上海、温州
利川保险有限公司	—	—	上海
永平保险公司	英国	美查有限公司	上海
劳洽爱司真火险公司（皇家交易保险公司 Royal Exchange Assurance From FIRF）	英国	老太古洋行	宁波、镇江、芜湖、九江、汉口、宜昌、苏州、杭州、沙市、烟台、天津、牛庄、南昌、嘉兴、湖州
东京水险公司	日本	三井洋行	上海
保宏火险公司	—	—	上海
叭喇定保险公司	—	老太古洋行	宁波、镇江、芜湖、九江、汉口、宜昌、苏州、杭州、沙市、烟台、天津、牛庄、南昌、嘉兴、湖州
合计：51 家			

续表

保险公司	国别	代理人	代理处地点
1895—1911 年			
老公茂康记保水火险公司	英国	老公茂洋行	上海
保康水险公司	英国	老公茂洋行	上海
海陆保险公司	—	庚兴洋行	上海
某保险公司	—	公平洋行	上海
福得南水险有限公司	—	天宝洋行	上海
文谦水险公司	—	祥丰洋行、好时洋行	上海
大英士干的士佑能拿臣那而火险公司（又称士葛治佑宁火险公司、苏格兰国民联盟保险公司 Scottish Union &National Fire &Life）	英国	公信洋行汇通保险公司	上海、天津
中和火险公司（凤凰保险）	英国	中和洋行	上海
英泼来使保水火险公司（Empress Fire Marine）	英国	义记洋行	上海
昆士兰保险公司（Queensland Insurance Co.）	澳大利亚	怡和洋行	天津
矮亨佑业克火险公司	—	鲁麟洋行	上海
亚喇时保火险公司 ATLAS	—	天祥洋行	上海
大英国永明保人险公司	英国	老公茂洋行、怡和洋行	上海、天津、重庆、台湾、高丽、日本
劳给爱司具火险公司	英国	天福洋行	上海
泰和保险公司	英国	—	上海
已立定保险房屋货物家具公司	美国	泰昌洋行	镇江
永年人寿保险公司	英国	—	上海、重庆、温州
些喇文打火险公司	英国	祥丰洋行、好时洋行	上海、杭州
皇后火险公司	—	茂生洋行	上海
东京火灾保险株式会社	日本	—	台湾
哑西哑大洲火险公司	—	台维洋行	上海
东京海上火灾保险株式会社	日本	三井洋行	天津、南京
那乎湛文火险公司	德国	禅臣洋行	上海、杭州
南英商水火保险公司（The South British Fire and Marine Insurance Co.）	英国	瑞记洋行、老沙逊洋行	上海
纽瑞兰火险公司	英国	泰隆洋行	上海

保险公司	国别	代理人	代理处地点
1895—1911 年			
庚兴保险分行	—	—	上海
中英保险公司	—	逊昌洋行	宁波
太平火险公司（克蜜西尔有宁）	英国	太平洋行	上海
英京那甸火险公司	英国	协隆洋行	上海重庆
比列地士科伦水险公司（英国海外保险股份有限公司）	英国	太古水火险公司	上海、天津、南昌、嘉兴、湖州
那乎湛文水险公司	德国	禅臣洋行	上海、杭州
攀来泰火险公司	英国	保裕洋行	上海、天津
阿德来火险公司	—	老太古洋行	宁波、镇江、芜湖、九江、汉口、宜昌、苏州、杭州、沙市、烟台、天津、牛庄、嘉兴、南昌、湖州
某保险公司	—	裕昌洋行	上海
纳斯那公司	英国	丰裕洋行	上海
家定火险公司	—	巴勒洋行、老太古洋行	上海、嘉兴、宁波、南昌、湖州
派得利亚的克火险公司	英国	泰隆洋行	上海
某保险公司	—	美益洋行	宁波
于倍火险公司	法国	立兴洋行	上海
老佑宁公司	法国	裕荣洋行	上海
立兴水险公司	—	怡昌洋行	上海
日本海上水险公司	日本	兼松洋行	上海
日本海上保险公司	日本	日兴洋行	宁波
凤凰火烛保险公司	英国	贺司格洋行	上海、天津
日本海上保险公司	日本	大东轮船公司	上海、杭州、宁波
某保险公司	—	泰乐洋行	上海
南帅仑保险公司上海分行	英国	中庸洋行	上海
士达火险公司	—	新旗昌洋行	上海
祥泰水火保险公司	英国	—	上海
日本大阪水险运送有限公司	日本	东兴洋行	上海
柯里仁火险公司	—	老太古洋行	上海、嘉兴、宁波、南昌、湖州
爱刺士地球火险公司	—	太古洋行	上海、南昌、嘉兴、湖州
英美保险公司	英国	上海胜业公司、哈同洋行、克达洋行	上海、天津
美国反门公司	美国	丰裕洋行、顺发洋行	上海

续表

保险公司	国别	代理人	代理处地点
		1895—1911 年	
那绍纳保险公司	—	丰和洋行	上海
上海保水险会	—	—	上海
茄门颇信万国保险公司	—	兴隆洋行	上海
伦敦丕式咈克承保水火险公司	英国	汇孚洋行	宁波
南兴乃尔火险公司	英国	锦隆洋行	上海、宁波
老也耳公司	—	新沙逊洋行	上海
意奎推勃而火险公司	英国	慎昌洋行（丹麦）	上海
合约水险公司	瑞士	惠大洋行	上海
生脱而火险公司 Central	英国	锦隆洋行	上海、宁波
爱克司西司火险公司 Excess	英国	锦隆洋行	上海、宁波
某保险公司	—	福来德洋行	绍兴、无锡、上海
公平保险公司	—	生大洋行	宁波
帝国水火保险公司	日本	上海东亚公司	上海
康宁保寿公司	—	太古洋行	上海、清江、扬州
日本火险公司	日本	三井洋行	上海、旅顺、宁波、南京
共同火险公司	日本	三井洋行	上海、旅顺、宁波、南京
阿托司保险公司	—	义记洋行、长利洋行	上海
司太德保险公司	—	义记洋行、长利洋行	上海
爱奢克沙福火险公司	英国	义记洋行	上海、宁波、杭州、苏州
爱魁火险公司	英国	义记洋行	上海、宁波、杭州、苏州
生德而火险公司	英国	义记洋行	上海、宁波、杭州、苏州
明治生命保险株式会社	日本	加滕洋行	上海、天津、大连
地球火险公司	英国	德记洋行、科林斯饮料公司	上海、天津
矮耳平轧火险公司	德国	荣记洋行	—
塔勒司派的克火险有限公司	德国	保裕洋行 亨茂洋行	上海、南京、镇江、杭州、宁波、绍兴、温州、苏州、无锡、常州、丹阳、芜湖、扬州、九江
太平生命保险株式会社	日本	瀛华洋行	上海
来安火险公司	法国	永兴洋行	上海、天津
色勒孟达火险公司	英国	好时洋行	上海
及钮齐崙水险公司	—	怡德洋行	上海
欧春火险公司	德国	鲁麟洋行	上海
色勒门特火险公司	英国	美最时洋行	上海
掰罗白司火险公司	英国	美最时洋行	上海
柏灵保险公司	英国	光耀公司	上海

续表

保险公司	国别	代理人	代理处地点
1895—1911 年			
老达文水火险公司	—	波弥文洋行	上海
亨宝掰鲁白斯火险公司	—	波弥文洋行	上海、杭州
圣彼得堡雷特水险公司	—	波弥文洋行	上海
Rossin 火险公司	德国	利康洋行	上海
International Lloyd Bonain 水险公司	英国	利康洋行	上海
合计：91 家			

资料来源：1.《申报》《新闻报》《大公报》等相关的报道、消息、广告。

2. 天津市地方志编修委员会. 天津通志·保险志 [M]. 天津：天津社会科学院出版社，1999.

3. 刘英烈. 四川保险志 [M]. 成都：中国人民保险公司四川省分公司，1989.

4. 湖北省保险志编写组. 湖北省保险志 [M]. 武汉：湖北省保险公司保险研究所，1987.

5. 浙江省保险志编纂委员会. 浙江省保险志 [M]. 北京：中华书局，1997.

6. 颜鹏飞，李名炀，曹圃. 中国保险史志：1805—1949 [M]. 上海：上海社会科学院出版社，1989.

7. 孙玄先. 旧中国嘉兴的保险业 [J]. 浙江金融，1992，3.

8. 吴奋. 台湾省保险业的演变 [J]. 上海保险，1992，3.

9. 郭晋昌. 重庆早期的保险市场 [J]. 当代保险，1989，8.

　　由以上两表统计可以看出：1876—1911 年设立的外商保险公司共 10 家，即广东保险有限公司、上海火保险公司、利川保险公司、莫斯科火灾保险公司、家畜保险株式会社、上海火险公司、永年人寿保险公司、中国团体保寿会社、旗昌保险公司、华洋人寿保险公司，其中 6 家为英国国籍，1 家为俄国国籍，1 家为日本国籍，2 家国籍不详；其间设立的外商保险分公司共 22 家，其中英国 12 家，美国 3 家，新加坡 2 家，日本 1 家，荷兰 1 家，不明国籍的 3 家；其间增设立的洋行代理下的外商保险公司 138 家，其中英国 52 家，德国 15 家，日本 12 家，美国 4 家，法国 3 家，荷兰 1 家，瑞士 1 家，印度 1 家，澳大利亚 1 家，不明国籍的 48 家。在这些外商保险公司中，英商保险公司仍然占据绝对优势地位，数量甚至超过其他所有国家保险公司的数量之和。

　　值得注意的是，除了传统的水火险，外商寿险公司开始增加。比如，1884 年，美国公平人寿保险公司（The Equitable Life Insurance Co.）在上海设立分公司；1891 年，英国资本的加拿大永明人寿保险公司（Sun Life Assurance Company of Canada）在上海设立分公司，不过其展业对象最初仍以在华的外国人为主；[1][2][3] 1897 年，同为英国资本的宏利人寿保险公司（Manufacturers' Life Insurance Company of Canada）在上海设立中国分公司；[4] 1899 年纽约人寿保险公司（New York Life Insurance Co.）、1909 年

---

[1]　Chinese Year Book [M]. 1937：566.

[2]　沈雷春. 中国保险年鉴：1937 [M]. 上海：中国保险年鉴社，1937：9.

[3]　东西研究所. 东亚研究所调查报告：英国ノ对支金融业及保险业投资 [R]. 东亚研究所，1939：141.

[4]　中国征信所主编的《上海之保险业》，《申报》（1936 年 4 月 29 日）；（日）和田喜八的《上海に於ける保险事业の研究》，《支那研究》（第 18 号，1928 年 12 月，第 506 页）。而《中国保险年鉴》1936 年、1937 年则认为宏利人寿保险是一家美国公司。该公司创设于加拿大，有时也被视为一家加拿大保险公司。

清末的上海外滩

英商新加坡大东方人寿（Great Eastern Life Assurance Co. of Singapore）也分别在上海设立分公司；在中国设立的外商寿险公司，较有影响者为1898年成立的永年人寿保险公司（The China Mutual Life Insurance Company，Ltd.），以及1905年以英资为主成立的上海华洋人寿保险公司（Shanghai Life Insurance Company）。①②

其他类似的统计，也表明洋商保险业的长足扩展。以保险代理行为例，1866年，洋商保险公司在上海、香港、汕头、厦门、福州、天津6个口岸城市的保险代理处有102家。③ 到1894年，外商保险公司及其代理处已经从沿海深入内地。粗略统计，代理处有680个。④ 伴随着洋商保险业的发展，已编织一个由沿海到内地的保险经营网络。

天津是在华外商保险重要的聚集地之一。1895—1906年增设的外商保险公司31家，使天津外商保险公司总数达70家。其中分公司较少，多数是代理店。占第一位的仍然是英商，有36家；占第二位的是德商，有12家；随后依次是法商、日商、荷兰商、美商和澳大利亚商等，英商和德商占据天津保险业务的绝大部分份额。就业务而言，多数保险公司经营水火险，少数兼营寿险，寿险专营公司也在天津设立。1906—1911年，外商保险公司增设了25家，其中英商增加了联盟、德隆等10家，德商增加利德等3家，日商增设了日本火灾等13家。到1911年底，天津约有外商保险公司96家，其中英商46家，日商19家，德商15家，其余为法商、荷商、美商、澳商等。⑤ 可以说，天津是外商保险业在华经营网络的一个缩影。

（二）外商保险发展的新特点

与两次鸦片战争后各国保险公司竞相设立的情形相比，这一时期在华新设外商保险公司数量有减少的迹象。其原因是外商保险在经过中国国门初开之际的抢滩式增长后，开始转入相对稳健的运营，以提升经营规模和市场占有率为主要目标。外商保险公司承保能力的扩张，提高了保险市场的集中度。太古火险公司退出保险市场的告白，即表明了这一点："盖因有最大火险公司数家，能承保

① 颜鹏飞，李名炀，曹圃.中国保险史志：1805—1949 [M].上海：上海社会科学院出版社，1989：96-110.

② 关于永年人寿保险公司的成立时间还有另外两个说法，均认为是一家民族保险业：一个说法为1878年，见张永敬的《上海民族保险业概况》，《中央银行月报》（第4卷第8号，1935年8月）；另一个说法为1909年，见沈雷春的《二十五年来我国之保险业》，《信托季刊》（第2卷第3期，1937年7月）。另外，1924年永年人寿和华洋人寿均被永明人寿保险公司合并，见沈雷春的《我国人寿保险业概况》，《工商半月刊》（第6卷第8号，1934年4月15日）；（日）和田喜八的《上海に於ける保险事业の研究》（第505-506页）；以及《中国保险事业二十年》（1932年），上海市档案馆藏档，档号 QO-9-150.

③ 颜鹏飞，李名炀，曹圃.中国保险史志：1805—1949 [M].上海：上海社会科学院出版社，1989：90-92.

④ 中国保险学会《中国保险史》编审委员会.中国保险史 [M].北京：中国金融出版社，1998：65.

⑤ 天津市地方志编修委员会.天津通志·保险志 [M].天津：天津社会科学院出版社，1999：4-5.

无限量之数也。"① 因此，在外商保险公司数量增长放缓的同时，是资本和经营规模的成倍增长，以及外商在保险市场上垄断地位的进一步加强。1875 年，上海 6 家保险公司——谏当、于仁、扬子、保家行、华商保安、中日水险的总资本约合 200 万两。到 1895 年底，这 6 家保险公司的额定资本达近 1000 万两。② 在不计算通货膨胀等因素的情况下，资本平均涨幅近 5 倍，其中怡和洋行下属的谏当保险公司增长了将近 18 倍，见表 3-3。

表 3-3　1875 年、1895 年 6 家外商保险公司资本统计

公司	成立年份	1875 年资本（英镑）	1875 年资本（两）	1895 年资本（两）	涨幅倍数（倍）
谏当保险公司	1805	26666	101584.76	1787500	17.60
于仁保险公司	1835	50000	190476.19	1787500	9.38
扬子保险公司	1862	157000	598095.24	49678	0.08
保家行	1863	157000	598095.24	3405860	5.69
华商保安公司	1871	60000	228571.43	1072500	4.69
宝裕保险公司	1870	60000	228571.43	1500000	6.56
总计			1945394.29	9603038	4.94

资料来源：1. 汪敬虞. 唐廷枢研究 [M]. 北京：中国社会科学出版社，1983：98-102.

2. 李必樟. 上海近代贸易经济发展概况：1854—1898 年英国驻上海领事贸易报告汇编 [M]. 上海：上海社会科学院出版社，1993：384-385.

3. 换算方法：1 英镑 = 20 先令 = 240 便士；1875 年汇率：1 两 = 5 先令 3 便士 = 63 便士。汇率换算参考《上海近代贸易经济发展概况：1854—1898 年英国驻上海领事贸易报告汇编》。

洋商保险公司在华发展初期，经历了一个扩张阶段，包括依靠保险买办铺开代理行，通过降低代理费率吸引客户等，以建立公司的保险销售网络。但这一快速扩张的过程也伴随着风险和利润的不可控。随着洋商保险公司资本的增强，为了利润最大化，其发展战略由规模扩张调整为风险调控，保险公司的主要任务是将代理费率、赔付率和利润率保持在一个相对稳定的、可控的区间，以最小的成本获取最大的利润，以维护其市场地位和收益。扬子保险公司 1891—1905 年利润率、代理费率、赔付率的折线图，即反映出这一转变，见图 3-1。

这一时期外商保险公司发展的另一个特点，是洋行代理的外商保险业务增长极为迅速。尽管此类以代理方式进入中国的保险公司数量众多，但由于"他们的总店大多在国外，在中国营业的……规模并不很大"。③ 这些外商保险公司在华的盈利能力一般较为弱小，甚至微不足道。"据云，（外国公司）保险生意全靠在外国获利，在中国之机关，能获利最好，否则听之，惟机关则不能不设尔。"究其缘由，则"因货之一物，为流通世界之物，货来而保险不来，必不能畅行无阻"而已。④ 从中可见，随着 19 世纪末至 20 世纪初全球经济联系的进一步加强，西方保险公司在中国的商业触角也更为密集。

---

① 保险声明 [N]. 申报，1903-08-20.

② 汪敬虞. 唐廷枢研究 [M]. 北京：中国社会科学出版社，1983：98-102.

③ 谢国贤. 保险事业在中国 [J]. 银行周报，21（19）.

④ 1930 年 6 月陈先生由欧美考察回国后对本行同人演讲 [M] //陈光甫先生言论集. 上海：上海商业储蓄银行，1949：15-16.

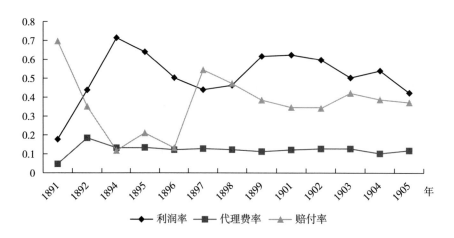

图 3 - 1 扬子保险公司 1891—1905 年利润率、代理费率、赔付率的折线图

（资料来源：申报（上海版）1893 年 5 月 24 日、1895 年 4 月 11 日、1896 年 4 月 22 日、

1897 年 5 月 5 日、1898 年 4 月 25 日、1899 年 4 月 29 日、1900 年 4 月 21 日、

1903 年 4 月 30 日、1904 年 4 月 30 日、1905 年 4 月 14 日、1906 年 4 月 29 日、1907 年 5 月 1 日）

二、 华商保险业的发展

（一）华商保险的数量统计

甲午战争后，清政府允许民间"投资设厂"。戊戌变法期间，颁布了促进工商的诏令。20 世纪初新政开始后，清政府在进行机构改革的同时，制定了一系列保护和奖励工商的政策；1903 年，设立商部作为专门管理工商业的机构，制定公布商会简明章程和奖励公司章程；1904 年，颁布商律及公司注册试办章程；1906 年，颁布奖给商勋章程；1907 年，颁布华商办理工商实业爵赏章程和奖牌章程等，以提倡和鼓励工商业的发展，特别是奖励民间投资，根据投资兴办的工商业规模大小，赏给各种官衔，甚至二品顶戴。① 保险业也获得了清政府的关注。1908 年报纸有消息称，农工商部和度支部计划仿照外洋办法，以官商合办的形式开设保险公司，"一半提拨官款，一半招集商股"。② 1910 年又有报道称，农工商部拟定保险章程七章，即总则、股份公司、相互公会、物产保险、生命保险、罚则、附则，共 106 条。③ 这些活动虽然未见下文，但可见保险事业已进入清政府的视野。另外一个例证是，1909 年 2 月，奥地利驻华大使顾亲斯基（von Czikann, Eugen Ritter）照会外务部，希望清政府派人出席当年 6 月在维也纳举行的万国保险会。这次会议后来由驻奥大臣雷补同派翻译官胡德望参加。胡德望在会后的汇报中提及这次国际保险会议的七个议题：保险公司之监查、保险公司资本之存储、社会保险之核算、保险公司赔偿之核算、社会保险和个人保险之交通、冒险人应

---

① 朱英. 晚清经济政策与改革措施 [M]. 武汉：华中师范大学出版社，1996：261 -264.

② 拟订设保险公司章程 [N]. 时报，1908 - 10 - 23.

③ 保险章程之内容 [N]. 四川官报，1910，17.

否准其保险并如何收费、保险问题对于国家及社会经济上之关系。① 尽管参加这一国际保险会议的活动仅具有象征性的意义，但一定程度上仍表明清政府对保险事业的认同。

在清末修律的过程中，清政府开始考虑制定保险法规。1907—1911 年，由修订法律馆拟定了《保险业章程草案》，所编纂的《大清商律草案》已大部分完稿。在其第二编《商行为》项下，关于保险部分的规定共有两章，第七章《损害保险》，包括第一节通则、第二节火灾保险、第三节运送保险；第八章《人寿保险》，内不分节，两章合计 57 条。该项法案虽然未能公布，但清政府制定保险法的尝试，也代表了其对发展保险的积极态度。

地方政府对民族保险业也给予了帮助。比如，1910 年 9 月 24 日上海商务总会就曾致函吉林劝业道，称上海华安人寿保险公司"现拟分赴内地设立分公司，以广招徕，犹恐有无知愚氓，不顾公益，妄图阻挠，以及藉端滋事等情。为此，诚恳贵商会，按照单开各县，请烦分别行知各该县地方官出示晓谕，并饬甲随时保护，以资安业"。上海总商会的呈请得到了吉林方面的支持。1911 年 1 月 14 日，吉林劝业道发布告示："查该公司仿效泰西办法，招集股本，创设人寿保险公司，以挽利权，而维公益，实含有恤寡慈善事业性质，于国计民生裨益非浅，本道亟应提倡保护。"② 类似的情形在天津也有出现。上海华通水火保险公司在天津设立分公司，天津道张一麟晓谕天津府县予以保护，③ 上海延年人寿保险公司在天津设分公司时，津海关道蔡绍基也给予了帮助，④ 等等。各级政府的提倡和扶持，为华商保险业提供了发展的便利。

甲午战争后民族保险业的发展，与这一时期挽回利权运动也有密切关系。随着民族危机的加深和经济民族主义的兴起，面对中国利权外溢的现实，商界人士从挽回国家利益的角度出发，力求抵制外商经济势力的扩张，是推动民族保险业发展的因素之一。正如华商保险企业所说："近年朝廷振兴商务，力求抵制，于是合众、华兴、华安、华成等公司相继踵起。"⑤ 1905 年，华兴保险公司的成立就是如此。其时福建商帮领袖、上海商务总会议董曾少卿，目睹外商挟资来华，深有感触，认为必须由华人自设银行、航运、保险等业，否则不足以抗衡，挽回利权更难以实现。于是乃联合上海著名绅商朱葆三、王一亭、李平书、陈辉庭、沈仲礼、沈联芳、顾馨一、严筱舫等，于 1905 年 4 月正式成立华兴水火保险公司，曾少卿、朱葆三、严筱舫为总董，陈辉庭为总理。⑥ 在 20 世纪初民族保险公司的创建过程中，类似的情形十分常见。1905 年，北京《商务报》曾刊文指出，外商垄断保险利益之害，倡导国人举办保险事业："即以天津上海两埠计之，水险火险人险公司，何止数十家，大都洋商集款为之，信义所孚，托保者争先踊跃。"文章认为，开设华商保险有利者四："有此公司

① 中国第一历史档案馆. 晚清国际会议档案：第 9 册［M］. 扬州：广陵书社，2008：4987 – 5004.

② 颜鹏飞，李名炀，曹圃. 中国保险史志：1805—1949［M］. 上海：上海社会科学院出版社，1989：130 – 132.

③ 上海商会为上海华通水火保险公司拟在津设立分公司请地方官予以保护事移津商会文及批文［M］//天津市档案馆，等. 天津商会档案汇编：1903—1911. 天津：天津人民出版社，1989：727 – 729.

④ 津海关道蔡为上海延年人寿保险公司在津设分公司事札饬津商会［M］//天津市档案馆，等. 天津商会档案汇编：1903—1911. 天津：天津人民出版社，1989：729 – 730.

⑤ 中国信益水火保险有限公司招股广告［N］. 申报，1907 – 02 – 19.

⑥ 华兴水火保险有限公司广告［N］. 申报，1905 – 05 – 31.

之商埠，各项营业以及稍有储蓄之家，只出些须之费，即可有恃而无恐，一也；其费入华商之手，不至为洋商所独据，从此可稍塞漏卮，二也；设公司者，除出入两相抵也，必有盈余，三也；公司之股款，及所收保险费，兼可经营他业，四也。有此四利，则中国商界之前途，必能日益发达。"①在清末民族主义兴起的背景下，抵制侵略、挽回利权成为颇具影响力的思想口号，也为民族保险公司的创设提供了强有力的舆论支持。1901—1911 年创立的民族保险公司见表 3－4。

表 3－4　1901—1911 年创立的民族保险公司

创立年份	保险公司	业务范围	总公司地点	分公司/代理处
1901	协安保险公司	水火险	香港	上海
*1901	济安燕梳公司	—	—	上海
1904	香港源安洋面火烛保险汇兑附揭积聚按揭货仓公司	水火险	香港注册	上海、天津
*1904	同益火险公司	火险	香港	上海、宁波
1904	香港小吕宋源盛汇理营业水火保险有限公司	汇票保险水火险	香港	上海
1905	华兴水火保险有限公司	水火险	上海	宁波、南京、福州、烟台、广州、香港、汉口、九江、厦门、牛庄、芜湖、天津
1905	华通水火保险股份有限公司	水火险	上海	杭州、宁波、苏州、镇江、青岛、天津、牛庄
1905	中国合众水火保险有限公司	水火险	上海	杭州、宁波、上海、苏州
1905	万丰保险公司	水火险	上海	—
1905	源盛保险公司	汇票水火险	香港	上海
1905	华洋永庆人寿保险公司	人寿险	上海（香港注册）	长沙、天津、北京、汉口、香港、厦门、汕头、杭州、苏州
*1905	香港仁安保险公司	—	香港	上海
1906	华安水火保险有限公司	水火险	上海	汉口、杭州、天津、长沙、南洋、各岛
*1906	同安保险公司	水火险	香港	上海
1906	重庆探矿保险公司	水火风险	重庆	—
1906	华成经保火险有限公司	火险	上海	—
1907	四海通银行保险公司	火险	新加坡	上海
1907	华安人寿保险公司	人寿险	上海	汉口、杭州、长沙、松江、南洋、各岛、常州、苏州、无锡、昆山、镇江、宁波、南江、长春、平湖、嘉兴、湘潭、磜石、厦门

---

① 论中国宜推广保险 [J]. 商务报，1905，66.

续表

创立年份	保险公司	业务范围	总公司地点	分公司/代理处
1907	裕善防险会	火险	天津	—
1907	中国信益水火保险有限公司	水火险	上海	宁波、杭州、苏州
1908	普华保险公司	水火险	上海	天津
1908	大有昌保险公司	水险	安东	营口
1908	恒盛保险公司	水火险	上海	—
1908	汇通保险公司	水火险	上海	—
1908	北洋水火保险公司	水火险	天津	北京
1908	长安火险公司	火险	广州	—
1908	和乐联保火险公司	火险	广州	—
1908	远东火险公司	火险	广州	—
1909	冠球联保火险公司	火险	广州	—
1909	上海永宁人寿保险公司	人寿险	上海（香港注册）	—
1909	上海延年人寿保险公司	人寿险	上海	苏州、天津
1909	当行火险会	火险	北京	—
1909	上海允康人寿保险公司	人寿险	上海	杭州、青浦
*1911	延丰仁寿保险储蓄公司（永丰有限公司）	人寿险	天津	上海
合计			34 家	

资料来源：1.《申报》《新闻报》《大公报》。

2. 天津市地方志编修委员会. 天津通志·保险志［M］. 天津：天津社会科学院出版社，1999.

3. 浙江省保险志编纂委员会. 浙江省保险志［M］. 北京：中华书局，1997.

4. 颜鹏飞，李名炀，曹圃. 中国保险史志：1805—1949［M］. 上海：上海社会科学院出版社，1989.

5. 刘英烈. 四川保险志［M］. 成都：中国人民保险公司四川省分公司，1989.

6. 湖北省保险志编写组. 湖北省保险志［M］. 武汉：湖北省保险公司保险研究所，1987.

7. 中国保险学会《中国保险史》编审委员会. 中国保险史［M］. 北京：中国金融出版社，1998：51 – 54.

8. 天津市档案馆，等. 天津商会档案汇编：1903—1911［M］. 天津：天津人民出版社，1989：727 – 730.

9. 杜伯儒，吴前进. 中国早期的水火保险公司［J］. 上海保险，1990，7.

10. 沈雷春. 中国保险年鉴：1937［M］. 上海：中国保险年鉴社，1937：198.

11. 补荣嘉. 广州火险业的兴衰史［J］. 当代保险，1988，7.

注：带 * 者，为最早见报时间。另外，中国合众水火保险公司于 1907 年 10 月 1 日兼保人寿险（中国合众水火保险公司兼保人寿广告［N］. 申报，1907 – 09 – 18.

　　在第二章中已经提及，到 1900 年底，先后出现的华商保险企业除招商局 4 家外，还有其他 8 家（其中 7 家设于香港，1 家设于上海），共计 12 家。从 1901 年到 1911 年的 11 年间，先后设立的华商保险企业达到 34 家。就数量而言，这一时期华商保险企业的增长速度明显加快。如果从 1895 年算起，至 1911 年，先后出现的华商保险企业数量则为 38 家。民国元年（1912 年）的工商统计资料显示，截至 1912 年底全国保险公司数为 42 个。[①] 上述数据或有出入，但华商保险公司快速增长的趋势是显而易见的。

随着保险企业的增长，保险华商也渐成规模。19 世纪七八十年代，保险华商如唐廷枢等，多出身于保险买办。到这一时期，华商保险企业的创办者也多有在洋商保险任职的经历，如陈辉庭、叶澄忠、朱葆三曾经担任上海火险公司总办，叶澄忠还曾任永明人寿保险公司华人董事，朱葆三还曾任美国永安保人险公司上海监理和董事。[②③④⑤] 后陈辉庭参与了华兴水火保险公司的创办并任总理，朱葆三是华兴、华安、华成经保 3 家华商保险公司的发起创立者和办事总董，并在 1907 年发起组织了华商火险公会。吕岳泉曾经是永年人寿保险公司南京分公司经理，[⑥] 后在 1912 年创设了旧中国华商寿险界的王牌——华安合群保寿公司。上海商会第三任会长李云书 1899 年是永年人寿公司的总董，[⑦] 后参与发起华成经保火险公司。虞洽卿曾任大东方人寿保险公司华人董事，其于 1909 年发起创立了允康人寿保险公司。[⑧⑨] 被尊称为旧中国寿险界老前辈的过福云，曾任怡和洋行所属保险公司的买办以及洋商火险公会的议董，1909 年他受华通保险公司委请赴新加坡，任新加坡总分公司经理。[⑩]

值得注意的是，华商人寿保险业在这一时期集中出现。从 1900 年福安水火人寿保险公司在香港成立开始，到 1905 年华洋永庆人寿保险公司在上海成立，截至 1908 年底，已售出价值达 500 万两的保险单。[⑪] 1907 年 8 月华安人寿保险公司在沪成立，资本为规银 50 万两。[⑫] 同年，中国合众水火保险公司兼营人寿保险。[⑬] 到 1909 年则陆续成立了允康人寿、永宁人寿、延年人寿 3 家寿险公司。当然，华商人寿保险业诞生于 19 世纪末至 20 世纪初，比外商人寿保险业在上海出现晚了半个世纪，也比华商财产保险业的产生晚了近 30 年。与财产保险业比较，华商人寿保险业仅处于起步阶段。

除商业保险公司外，19 世纪末至 20 世纪初，受西式保险的启发，国内一些地区还出现了互助互济性质的保险组织。此类保险组织以行业为限，由行业内商户按一定的原则出资设立保险基金，是一种相互保险组织，如果有成员遇到损失，则按规定予以赔付。1897 年，广东公善堂组织本地各行店试行相互保火险，其章程略谓"香港有火烛保险公司，商务以安。羊城虽不能行其法，然亦无不可变通也"，命名为公共保火烛险公司。[⑭] 其做法是，各行店资产价值经公议确定，其值银若干，准

① 民国元年全国工商业状况 [J]. 农商公报，1915，2（3）.
② 上海火险公司 [N]. 申报，1897 – 09 – 23.
③ 永明人寿保险公司 [N]. 新闻报，1898 – 11 – 28.
④ 美国永安保人险公司 [N]. 申报，1896 – 10 – 25.
⑤ 永安人寿保险公司告白 [N]. 新闻报，1898 – 11 – 06.
⑥ 永年人寿保险公司紧要广告 [N]. 申报，1911 – 11 – 08.
⑦ 永年人寿保险公司 [N]. 新闻报，1899 – 01 – 27.
⑧ 大东方人寿保险有限公司广告 [N]. 申报，1909 – 05 – 16.
⑨ 上海允康人寿保险有限公司广告 [N]. 申报，1910 – 04 – 17.
⑩ 中国保险学会《中国保险史》编审委员会. 中国保险史 [M]. 北京：中国金融出版社，1998：80.
⑪ 颜鹏飞，李名炀，曹圃. 中国保险史志：1805—1949 [M]. 上海：上海社会科学院出版社，1989：110.
⑫ 上海华安人寿保险有限公司开办告白 [N]. 申报，1907 – 08 – 17.
⑬ 中国合众水火保险公司兼保人寿广告 [N]. 申报，1907 – 09 – 18.
⑭ 公共保火烛险公司章程节略草稿 [A]. 上海图书馆藏盛宣怀档案，档号 093217.

其认若干银股份，并买若干银保险。"假如甲铺被灾，甲铺曾经买火烛保险银一万两，则认一万两银股份者，出一两银赔之，认一千两银股份者，出一钱银赔之。"总之"无非有福同享，有祸同当，不使一家独受其难云耳"。①

20 世纪初，此类保险组织在广州屡有出现，如 1905 年广州酒米业商人发起组织了联保火险。这一组织最初只是以同业间救灾互助为目的，但不久就转向建立保险基金的相互保险形式。经酒米行业协议，不采取按房价确定保险金额，而是结合建筑结构等级筹集"会底银"（即保险基金）的办法，对同业联保的受灾房屋用货币予以补偿，每次赔偿金额由会员按所认股份分摊。比如在一次大火使多家店铺受灾、原有基金不足赔偿时，将所剩基金扣除必要的费用外，全部用于支付赔款，不再向各店分摊，以此表明联保火险有限责任的性质。② 1908 年，广州沙基兴隆街和十三行联兴街商人杜桂初以及西关荣楼酒馆杂货商曾少臬等，相继设立了长安保险公司、乐联保火险公司和远东火险公司，后来合并为冠球联保人险公司。公司章程规定，每投保 1000 规银元，一次收取底本即保费 25～30 规银元，入保者（即股友）遭火灾，则由各股友按保股额摊派损失，拒绝者将其入保基金移充抵数，公司对其不再负担联保责任。③ 1909 年，广州西关十八街一带商户也计划联合众商，设立保险，颇获当地商户支持。④

天津也出现了类似组织。1907 年 1 月，天津鞋店业联兴斋、荣升恒、宝兴和、恒吉昌、同升和、同吉升等 15 家鞋商，由徐懋岩牵头设立裕善防险会，并报天津商务总会立案。其禀文称："津邑为商务荟萃之区，生意殷繁，人烟稠密，偶一不慎，遂兆焚如，设遇物燥天干，延烧动至数十百家。在殷实者不难筹款而重开，而亏累者每因一蹶而不振。历观往事，比比皆然。幸有洋商保险，而利权终忧其外溢。商等有鉴于此，爰由董事徐懋岩联合商等十五家议设裕善防险会，筹款存放，以备不虞。"津商会批复："该商等创办裕善防险会，意在挽回利权，实属有益商界，不胜欣慰。应准照议立案，随时保护。仍将按年存款及提用各数目，每届年终，开册禀报查核，以昭核实。"⑤ 此后，天津其他行业纷纷效仿，天津预安防险会（1907 年）、天津公益防险会（1908 年）、天津木商公益防险会（1911 年）相继成立。⑥

在湖北、江西等省，相互保险组织也曾出现。1908 年，湖北官方以省城内的典当各商自行互相保险颇著成效，要求汉口、武昌等地的商会邀集各商广为劝导，设法推广，以维公益而塞漏卮。⑦ 同年，江西省的洋货同业以九江到省城各货需途经鄱阳湖，往往出险，联合创设了保水险公司。凡从九江运到省城的洋货，酌取保费若干，如出险即由公司照原价赔偿。每年结一回账，如其没有赔款，

① 广东公善堂. 羊城火烛保险新法［J］. 知新报，第 41 册，光绪二十三年（1897 年）十二月初一日.
② 中国保险学会《中国保险史》编审委员会. 中国保险史［M］. 北京：中国金融出版社，1998：53.
③ 补荣嘉. 广州火险业的兴衰史［J］. 当代保险，1988，7.
④ 粤东保险公司之发达［J］. 广东劝业报，第 77 期，宣统元年（1909 年）七月初一日.
⑤ 津郡鞋商联兴斋等十五号创办裕善防险会以保火险［M］//天津商会档案汇编：1903—1911，天津：天津人民出版社，1989：726 - 727.
⑥ 天津市地方志编修委员会. 天津通志·保险志［M］. 天津：天津社会科学院出版社，1999：118.
⑦ 劝导各帮自行保险［N］. 北洋官报，第 1866 册，1908 - 10 - 10.

就将保费摊还。又以上海的保火险公司已分设江西，为避免利权外溢，另行组织了保火险公司，专收该业股本，专保该业火险，并置办水龙救火器具等项。①

在北京，1909 年北京典当业为预防火灾及意外事故在思豫堂成立行业互保性的当行"保险公益会"，订立章程 20 条，仿保火险公司办法，稍有变通，自保意外之虞。规定每年由 12 家典当铺轮流值月班，承保对象为当铺质押品。保费不必按月交纳，只按 8 厘行息放存各会员处。遇有某会员典当铺失火，则由会员按保额摊赔。②

华商保险公司数量的迅速增加，以及相互保险组织的不断出现，表明华商保险业的快速发展态势。但在这一过程中也出现了一些问题。1909 年前后报纸上传出消息，称农工商部计划制定取缔规则，实则是限制华商保险公司的办法。1909 年天津县议事会称，天津在庚子之后保险业迅速发展，"但利之所在，害亦随之"，"兹闻各处火灾有谓因亏累自行举火以图赔偿者"，"必须查照法律从严办理"，"对于各公司之滥保，亦须有罚则以示惩戒"。③ 一直到民国时期，此类问题也一直延续，这也是华商保险业兴起初期无序化发展的一个表象。

（二）华商保险代理行

华商"保险行"早期通过为外商保险服务来分享保险利润，华商保险诞生后，它们又同时为华商保险服务。比如，香港安泰保险有限公司在上海由丰兴栈"代理燕梳事务"，④ 在宁波则由"源生昌许霭生翁代理"，⑤ 在其他各口也设有代理。香港万安保险有限公司在上海由南顺泰代理。⑥ 香港普安保险公司在上海由"广德泰号、安和祥号、同茂泰号、启昌号"代理，⑦ 在其他通商口岸也设有代理字号。1876—1912 年华商保险中介见表 3 - 5。

表 3 - 5　1876—1912 年华商保险中介

名称	所服务公司		险种	最早见报时间	地点
	洋行	保险公司			
源生昌许霭生	—	香港安泰保险有限公司	水险	1878 年 5 月 30 日	宁波
丰兴栈	—	香港安泰保险有限公司	火轮帆船货物水渍平安险	1881 年 6 月 22 日	上海
南顺泰	—	万安保险公司	船货水险	1881 年 9 月 8 日	上海
普源公	—	香港安泰保险有限公司	水险	1882 年 3 月 20 日	上海

① 洋货同业自设保险公司 [N]. 河南白话科学报，第 26 期，光绪三十四年（1908 年）十一月初十日.
② 中国第一历史档案馆. 京师当行商会创立思豫堂保险公益会史料 [J]. 历史档案，2000，1.
③ 申请整顿保险事宜 [N]. 新闻报，1910 - 04 - 12.
④ 丰兴代理香港安泰保险有限公司 [N]. 申报，1881 - 06 - 22.
⑤ 托理燕梳 [N]. 申报，1878 - 05 - 30.
⑥ 万安保险公司 [N]. 申报，1881 - 09 - 08.
⑦ 香港普安保险公司告白 [N]. 申报，1895 - 08 - 21.

名称	所服务公司		险种	最早见报时间	地点
	洋行	保险公司			
唐金启 金文瑞	仁记洋行	钮雅克生命保险公司	人寿险	1888 年 8 月 10 日	上海
竺锦章	巴勒洋行	北英商火险公司、康买兴有宁保火险公司	火险	1891 年 7 月 14 日	上海
申昌	美查有限公司	永平保险公司	火险	1895 年 1 月 12 日	上海
广德泰号、安和祥号、同茂泰号、启昌号	—	香港普安保险兼货仓有限公司	水险	1895 年 8 月 21 日	上海
苏桂山	怡和洋行	怡和火险	火险	1895 年 9 月 29 日	上海
沈敦山 凌颎香	巴勒洋行	巴勒火险公司	火险	1896 年 8 月 14 日	上海
大有昌	巴勒洋行	上海巴勒公司	水险	1897 年 6 月 22 日	营口
柏乐文	老公茂洋行	大英国永明保人险公司	人寿险	1897 年 7 月 2 日	苏省
叶慎卿	—	保宏保险公司	火险	1897 年 10 月 25 日	上海
李馨初	义记洋行		火险	1899 年 1 月 2 日	上海
宋锡九	—	永年人寿保险公司	人寿险	1899 年 1 月 7 日	上海
何天生	—	永安人寿保险公司	人寿险	1899 年 7 月 9 日	上海
李步记	禅臣洋行	那乎湛文水险公司	水险	1899 年 8 月 6 日	上海
吴锡斋	好时洋行	些喇文打火险公司	火险	1899 年 8 月 6 日	上海
谢峙亭	—	永明	人寿险	1899 年 8 月 21 日	上海
益成票行	—	—	人寿险	1899 年 12 月 7 日	镇江
成康洋货号	天福洋行	劳洽爱司具火险公司	火险	1900 年 1 月 2 日	上海
王兰翁	中和洋行	—	火险	1900 年 1 月 10 日	上海
胡炳章	裕昌洋行	—	火险	1900 年 2 月 8 日	—
高揾齐	太古洋行	太古公司	火险	1900 年 2 月 15 日	杭州
陆筱珊、李肇初	义记洋行	伦敦门遮司打火险公司	火险	1900 年 8 月 4 日	上海
陆筱珊	—	合众公司	火险	1900 年 8 月 5 日	上海
顾元深	—	保宏、太古	火险	1900 年 8 月 10 日	上海
益顺盛号、同成公号	—	扬子保水险公司	水险	1901 年 3 月 1 日	上海
广永亨	—	济安燕梳公司	—	1901 年 3 月 15 日	上海
朱丕	好时洋行	些喇文打火险公司	火险	1901 年 5 月 18 日	上海
宋燮荣	好时洋行	些喇文打火险公司	火险	1901 年 9 月 1 日	上海
何明生	好时洋行	些喇文打火险公司	火险	1901 年 11 月 2 日	上海
黎赞臣	天祥洋行	—	火险	1901 年 11 月 21 日	上海

续表

名称	所服务公司		险种	最早见报时间	地点
	洋行	保险公司			
任憩亭	老太古	—	火险	1901 年 12 月 25 日	上海
广帮同发昌号	—	香港宜安公司	水险	1902 年 1 月 12 日	上海
钱载博	太古保险行	—	火险	1902 年 2 月 12 日	上海
李肇初	义记保险行	—	火险	1902 年 2 月 12 日	上海
屠华	—	永年人寿公司	寿险	1902 年 4 月 12 日	汉口
何明生	天祥洋行	合众保险公司	火险	1903 年 1 月 24 日	上海
何明生	茂生洋行	英国皇后公司	火险	1903 年 1 月 24 日	上海
美益行	—	礼和火险	火险	1903 年 5 月 12 日	上海
堃记铜锡号	禅臣洋行	伦敦公裕太阳火险公司	火险	1903 年 9 月 30 日	宁波
金广生	—	协隆行	火险	1903 年 12 月 3 日	上海
叶廷辅	—	丰裕行	火险	1903 年 12 月 3 日	上海
福和行陈文鑑	太平洋行	克蜜西尔有宁保险公司	火险	1903 年 12 月 19 日	上海
裴义礼	—	上海永年保寿公司	人寿险	1904 年 4 月 29 日	长江一带
高易馆账房	—	香港源安洋面水险公司	—	1904 年 8 月 9 日	上海
袁声鐏	好时洋行	—	火险	1904 年 10 月 11 日	上海
太极图王梅	—	同益火险公司	火险	1904 年 10 月 11 日	宁波
集昌成	—	香港仁安公司	—	1905 年 10 月 12 日	上海
陈荫庭	—	中国合众水火保险公司	水火险	1905 年 11 月 3 日	上海
黄顺泰号黄锡云李达泉	—	中国合众水火保险公司	水火险	1905 年 11 月 3 日	上海
彩彰宝号	—	中国合众水火保险公司	水火险	1905 年 11 月 3 日	上海
合和糖行陈庆昌	—	中国合众水火保险公司	水火险	1905 年 11 月 3 日	上海
同和祥号凌伯祥沈旭初	—	中国合众水火保险公司	水火险	1905 年 11 月 3 日	上海
元泰栈盛绍昌	—	中国合众水火保险公司	水火险	1905 年 11 月 3 日	上海
绍昌号陈绍周	—	中国合众水火保险公司	水火险	1905 年 11 月 3 日	上海
十六铺内地自来水公司黄星锴叶润生	—	中国合众水火保险公司	水火险	1905 年 11 月 3 日	上海
招商局	—	华兴水火保险有限公司	水险	1906 年 2 月 3 日	宁波、南京、福州、烟台、广州
美记行	—	华兴水火保险有限公司	水险	1906 年 2 月 3 日	香港
汉记行	—	华兴水火保险有限公司	水险	1906 年 2 月 3 日	汉口
成大仁记	—	华兴水火保险有限公司	水险	1906 年 2 月 3 日	九江
瑞记	—	华兴水火保险有限公司	水险	1906 年 2 月 3 日	厦门

续表

名称	所服务公司		险种	最早见报时间	地点
	洋行	保险公司			
元康成号	—	华兴水火保险有限公司	水险	1906 年 2 月 3 日	牛庄
恒泰钱庄	—	华兴水火保险有限公司	水险	1906 年 2 月 3 日	芜湖
禅臣行严焦铭	—	华兴水火保险有限公司	水险	1906 年 2 月 3 日	天津
忠孝巷庞公馆庞梅身钟锡麟	—	中国合众水火保险有限公司	水火险	1906 年 6 月 19 日	杭州
招商码头代理人周衡夫	—	中国合众水火保险有限公司	水火险	1906 年 6 月 19 日	宁波
潘骏甫	—	中国合众水火保险有限公司	水火险	1906 年 6 月 19 日	苏州
蔡寄	—	华洋人寿保险公司	人寿险	1906 年 9 月 20 日	苏州
杨子衡	—	永年人寿保险公司	寿险	1907 年 3 月 8 日	—
余律生	—	锦隆火险	火险	1907 年 6 月 3 日	—
过松堂	—	永年人寿保险公司	寿险	1907 年 9 月 26 日	—
张燮棠	太古洋行	康宁保寿公司	寿险	1908 年 2 月 26 日	清江
张承霖 王蔚卿	太古洋行	康宁保寿公司	寿险	1908 年 2 月 26 日	扬州
裕大庄	—	中国信益水火保险有限公司	水火险	1908 年 5 月 25 日	苏州
魏小辅	—	永年保寿公司	寿险	1908 年 9 月 17 日	扬州
合同巷益和号	太古洋行	太古火险公司	火险	1908 年 9 月 25 日	南昌
北门内大街保元药局	太古洋行	太古火险公司	火险	1908 年 9 月 25 日	嘉兴
北街成章水绸庄	太古洋行	太古火险公司	火险	1908 年 10 月 11 日	湖州
棋盘街安和祥	—	香港宜安公司	火险	1908 年 12 月 28 日	上海
叶慎记叶慎卿	—	保宏公司	火险	1909 年 6 月 23 日	上海
金玉麟	—	保宏公司	火险	1909 年 6 月 23 日	上海
信成银行内股份交通公司	—	延年人寿保险公司	寿险	1909 年 8 月 18 日	上海
和大银行经理俞世臣	保裕洋行、亨茂洋行	塔勒司派的克火险有限公司	火险	1910 年 8 月 4 日	南京
三牌楼劝业场外和记钱庄	保裕洋行、亨茂洋行	塔勒司派的克火险有限公司	火险	1910 年 8 月 4 日	南京
聚兴公	—	香港仁安保险公司	—	1911 年 5 月 31 日	上海

资料来源：根据《申报》1876—1912 年的相关报道整理。

这些华商"保险行"往往是受保险人委托，在从事自身业务的同时，指定专人为保险人代办保险业务的兼业代理人。华商"保险行"的存在和发展，丰富了保险市场主体，完善了保险市场结构，也促进了保险服务水平的提升。

综上所述，至 20 世纪初，以外商保险公司、华商保险公司、华商"保险行"为主体框架的中国近代直接保险市场已略具雏形。它们之间既有斗争又有妥协，共同开发中国的保险市场和保险资源。

三、 保险同业公会的出现

保险同业公会作为保险业的自律组织，具有维护保险市场秩序、规范保险经营等方面的功能，是保险业发展到一定规模的产物。19 世纪末至 20 世纪初，外商保险同业公会和华商保险同业公会的相继出现，也是这一时期保险业发展的表现之一。

（一） 外商保险同业公会的设立

中国最早的外商保险同业公会是上海的洋商火险公会（Fire Insurance Association of Shanghai），成立于 1895 年 5 月 16 日，原使用上海火险费率公会及上海费率协定委员会名称，经伦敦海外火险委员会审核批准后，于同年 9 月 13 日颁发第 6 号通告，改用现名。上海各洋商火险公司从酝酿到设立火险同业公会的过程分为四个时期。

一是萌芽时期（19 世纪七八十年代）。该时期是开展松散的保险小集团联合行动的时期。1876 年，广东保险公司、保安公司、保家行、扬子保险公司、华商保险公司、中华保险公司、伦敦东汇保险大英轮船公司、瑞来保险公司等 8 家保险公司于 7 月 13 日在上海联合召开会议，决定拒保无盖小船舢板，并在上海各报刊连日刊登上述决定。[1] 1881 年，广东保险公司、保安行、北中国保险公司总局保家行、扬子保险公司、华商保险公司保宁行、中华保险公司、伦敦东汇保险大英轮船公司、太古经理保险行、宝和经理保险行、禅臣经理保险公司等，连同中国轮船招商局所属保险招商局以及香港华商设立的安泰行，开会重申执行 1876 年 7 月 13 日决议，并连日在上海各报联署刊登拒保无盖驳船的公告。[2]

二是酝酿时期（19 世纪 90 年代初期）。上海各外商保险公司和各洋行火险代理商定期或不定期地召开上海火险代理商会议（The Meeting of Fire Insurance Agents）。会议一般在上海广东路 2 号北英商保险公司（North British and Mercantile Insurance Co.）办公

啓　　　特

丙子年閏五月廿二日上海

除本埠素誠之止項有蓋駁船外一概不在保險例內倘用

無蓋小船獨販至有失事與保家然無涉取此佈達

啓者我等公司所保各輪船夾版船等貨毋論起卸抑裝配

洋子保險公司　旗昌洋行

中外衆國保險公司同孚洋行

中華保險公司保寍行啓

伦顿東滙保險大英輪船公司

瑞來保險公司　天源洋行

保安公司　怡和洋行

廣東保險公司

保家行

甲巳□

1876 年，《申报》刊登的保险启事

① 特启 [N]. 申报, 1876 - 07 - 16.
② 重申定例 [N]. 申报, 1881 - 02 - 27.

楼内举行，每周一次例会，内设常务委员会，并有会议主席、执行秘书。每次会议结束后，印发会议纪要给各个会员公司。著名的伦敦基尔特图书馆现仅保存寥寥数份 1892 年、1893 年、1894 年的残缺不全的上海火险代理商会议纪要。

三是上海火险费率公会（费率协定委员会）时期（1894 年至 1895 年 5 月）。上海火险代理商在 1894 年频频开会的重要主题，是力图签订一个为各方接受的中国火险费率协定，进而成立上海火险费率公会（Shanghai Tariff Association）。经过多次激烈的争议和反复修改，1895 年 4 月终于产生了一份协议文本，即"上海火险费率规则"，并经 5 月 16 日火险代理商大会最后正式通过。这就是著名的中国 1895 年费率协定书（Tariff Agreement of 1895），并相应成立费率协定委员会。

四是上海火险费率公会（费率协定委员会）易名为上海火险公会时期（1895 年 7 月至 9 月）。上海火险费率公会及其委员会尚无合法性，它必须得到设在伦敦皇后街 11 号的伦敦海外火险委员会（Fire Office's Committee Foreign，FOCF）的正式批准。伦敦海外火险委员会的部分档案及该委员会所属的会员公司的案卷中，有数份资料可为确定上海火险公会的成立时间提供佐证。其一是 1895 年 7 月 25 日伦敦海外火险委员会《会议纪要》第一次出现"上海公会"（Shanghai Association）这一新提法。其二是 1895 年 10 月 4 日伦敦海外火险委员会《会议纪要》第一次设置"地区火险公会"（Local Fire Insurance Association）档目，上海、香港两地赫然列入其间。但设立于 1895 年 5 月 16 日的上海火险费率公会何时变为上海火险公会，细节不得而知。其三是 1899 年 10 月 20 日伦敦海外火险委员会《会议纪要》的"地区火险公会"档目中刊登一则短消息：上海于 1899 年 5 月 26 日召开第四届年会，香港也同时召开第四届年会，伦敦海外火险委员会已收到并审核批准了这两个地区火险公会提交的公函和年度报告。又据 1922 年 5 月 25 日伦敦海外火险委员会《会议纪要》，其"地区火险公会"档目刊登已收到香港和上海火险公会第 27 届年度报告的消息。由此推算，上海外商火险公会成立于 1895 年是确凿无疑的。

此外，在太阳保险公司（系伦敦海外火险委员会成员，其下属上海分公司又是上海火险公会会员公司）的数百卷案宗中，发现了以上海火险费率公会名义颁布的第 6 号通告（1895 年 9 月 13 日）。该通告第三款全文如下："伦敦海外火险委员会秘书长 7 月 12 日来函已获悉。该信函强调指出，该委员会已审核批准了上海火险费率规则，并邀请上海代理商公会申请加入该委员会分支机构，不过应以上海火险公会（The Fire Insurance Association of Shanghai）名义申请。兹已决定颁发一份通知，告知所有的保险代理商（余略）。"①

太阳保险公司在上海的办公大厦

———————————

　　①　颜鹏飞，邵秋芬．中英近代保险关系史研究——中国首家外商保险同业公会（FIAS）和伦敦海外火险委员会（FOCF）考证[J]．经济评论，2000，2．

1892—1897 年，上海各火险公司共五次协定火险费率，分别是 1892 年 1 月、1892 年 6 月、1893 年 3 月、1894 年 1 月、1897 年 12 月。《申报》刊登了相关告白和消息。①②③④⑤ 前四次是"各公司仝启"，并列有各公司名称。第五次却是"上海理事人司各脱启"。1897 年 7 月，一则题为《上海各火险公司会议》告白为"经理本会事务人司各脱告白"。⑥ 不仅同样以"经理本会事务人司各脱"名义发布，且明确出现"本会"字样，说明其具有一定的组织形态。以上表明，随着外商保险公司的不断发展，在激烈的市场竞争中，逐渐产生了阻止恶性竞争、共同厘定费率、划一保价、统一管理的需求，上海外商火险同业公会由此应运而生，成立的年份应在 1894 年 1 月至 1897 年 7 月间。

上海洋商火险公会自产生以来，致力于促进、发展和保护会员的利益，传播最新信息，在会员之间制订费率协定、拟定标准条款、规范中介人的行为、处理赔款纠纷、约束会员公司的市场行为、对保险公司进行信用评定等。⑦⑧

关于晚清上海是否有洋商水险公会的组织，尚须进一步考证。一种说法是，1899 年外商曾在上海设立海上保险协会。⑨⑩ 1904 年，"上海保水险会"在《申报》上发布《保水险声明》，声明中两次提到"本会"，落款为"上海保水险会经理人格宁"，可知"上海保水险会"的存在，但具体情形不详，仅供参考。⑪

其他地区洋商保险公会的情况，根据 FOCF 档案，天津火险公会在 1896 年经审核成立，汉口火险同业公会也在几年后经协调设立。《天津通志·保险志》中则记载称，1917 年以前"全国保险市场上有上海火险公会、上海水险公会、华北汽车险公会、香港火险公会、汉口火险公会等"。"在此前后，天津外商保险公司亦组织了天津火险公会"。⑫ 具体情形同样尚待查证。

洋商保险的同业组织是其垄断中国保险市场的重要工具。1895 年的上海火险公会以及香港火险公会实际上都是在英国海外火险委员会的直接操控下建立的。伦敦海外火险委员会是相对于火险委员会（国内）即 Fire Cffice's Committee（home）而言的，后者成立于 1868 年，是全权处理、协调和管理英国国内火险市场业务的最权威的保险同业公会组织。1869 年，29 家从事英国海外殖民地火险业务的保险商制定并颁布了海外火险费率表，由此而组成海外火险委员会。其工作范围最初只限于保险费率的分类、保险单的划一或标准化、火险的检验以及火险技术和法规的研究等；后来在火险规则的制定和修改、保险纠纷的仲裁，保险机构设置、重大保险活动的举办、保险理论和技术的推

① 上海各火险公司启 [N]. 申报, 1892 - 02 - 19.
② 上海各火险公司订定保费章程告白 [N]. 申报, 1892 - 06 - 03.
③ 上海各火险公司订定保费章程告白 [N]. 申报, 1893 - 03 - 21.
④ 上海各火险公司订定保费章程告白 [N]. 申报, 1894 - 01 - 09.
⑤ 保火险价目 上海各公司会议 [N]. 申报, 1898 - 01 - 02.
⑥ 上海各火险公司会议 [N]. 申报, 1898 - 09 - 01.
⑦ 上海洋商保险公会启事 [N]. 申报, 1910 - 02 - 13.
⑧ 洋商火险公会广告 [N]. 申报, 1910 - 10 - 06.
⑨ 颜鹏飞, 李名炀, 曹圃. 中国保险史志: 1805—1949 [M]. 上海: 上海社会科学院出版社, 1989: 97.
⑩ 汤志钧, 等. 近代上海大事记 [M]. 上海: 上海辞书出版社, 1989: 546.
⑪ 保水险声明 [N]. 申报, 1904 - 11 - 22.
⑫ 天津市地方志编修委员会. 天津通志·保险志 [M]. 天津: 天津社会科学院出版社, 1999: 226.

广，以及处理与非火险组织的关系等方面，都扮演了主导角色，从而登上了全球火险"太上皇"的宝座。除了上海和香港的洋商火险公会，在华洋商1896年设立的天津火险火险公会、1917年设立的汉口火险公会，也都由FOCF操纵。通过这四大火险公会，伦敦海外火险委员会掌握了中国保险市场的费率制定、火险规则制定等权力。其专为中国火险市场制定的中国费率表（China Tariff），几乎每隔几年都要重新修订颁行，是在华各洋商保险公司都必须执行的规则。[①] 洋商火险公会在所有在华的洋商保险同业公会中成立最早，实力最大，对其他洋商公会也产生了直接的影响。如此，通过在华洋商火险公会，伦敦海外火险委员会就在事实上控制了整个中国的保险市场。

（二）华商保险同业公会

1. 香港华商保险同业公会

华商保险同业公会的出现，以香港为最早。1840年鸦片战争后，香港逐渐成为中国保险业的重要聚集地。除外商保险公司外，华商也在香港相继成立了一批民族保险企业。在民族保险业发展的基础上，1903年香港华商保险同业公会成立，初名为"香港华商燕梳行"，参加的有普安、万安、同安、全安、仁安、协安、德安、恒安、福安、宜安、同益及源安12家保险有限公司，由各会员轮流担任主席。公会的宗旨是，组织有益身心的文体活动，加强友谊，促进同业团结。在历届理事和康乐组的努力下，公会经常保持生气和活力。在业务上，会员公司逐步增加彼此间的联系，互相支持，齐心协力，使华商保险同业公会会员公司得以稳步发展，为华商保险事业的拓展奠定了良好基础。[②]

2. 上海华商火险公会

上海是中国民族保险业的中心，特别是20世纪初，华商保险企业如华兴、华通、中国合众、万丰、华洋永庆、华安水火、华成经保、华安人寿等相继成立。同时，香港华商保险公司在上海设立分公司或代理处的已有安泰、万安、普安、宜安、福安、协安、同益、源安、源盛、仁安10家。随着华商保险业的壮大，建立行业公会以联络感情，加强协作，同外商保险业相抗衡，就成为民族保险业的共同愿望。1907年，由创办华兴、华安、华成3家保险公司的总董，上海工商实业界巨擘朱葆三发起组织成立民族火险公会。[③] 这是最早出现的华商保险同业公会，为上海市保险同业公会的前身，也是出现较早的中国近代金融业类公会之一，比上海银行公会的成立早了8年，但比外商的上海火险公会晚了12年。成立时参加的会员公司有华兴、华安、华通、华成经保、源安、源盛、合众、万丰、福安9家。会址设在上海四川路腾凤里。同业公会采取会长制度，由会员公司公推朱葆三为会长。[④]

华商火险公会的宗旨，为联络同业感情及讨论同业间发生的问题，如保价事项等，公会会员只

---

① 颜鹏飞，邵秋芬．中英近代保险关系史研究——中国首家外商保险同业公会（FIAS）和伦敦海外火险委员会（FOCF）考证［J］．经济评论，2000，2．

② 香港华商保险公会九十周年（1903—1993）纪念册［M］//中国保险学会《中国保险史》编审委员会．中国保险史［M］．北京：中国金融出版社，1998：54－55．

③ 关于上海华商火险公会的成立时间，许多记载误为光绪三十一年即1905年。今据上海市档案馆藏保险业同业公会档案中有关该公会的略史（档号S181－1－88），确证为光绪三十三年即1907年。

④ 颜鹏飞，李名炀，曹圃．中国保险史志：1805—1949［M］．上海：上海社会科学院出版社，1989：117．

限于火险公司。公会初创时期缺乏经验，会务较为简单，很少活动，但开创了华商保险同业公会组织的先河。保险同业公会成立后，会员公司由成立时的 9 家迅速增加到 1911 年的 29 家。1912 年，华商火险公会将原来的会长制改为会董、会长并行制。经过会议重新推举，王一亭（华成经保总董）为会董，沈仲礼（华安水火保险公司总经理）为会长。

华商火险公会成立后，成为与外商保险公司的"上海火险公会"相抗衡的组织和力量。尽管在当时发挥的作用还不大，但毕竟是民族保险业迈出联合团结的第一步，为民族保险业的发展和同业公会组织的不断改善打下了基础。

第二节　保险业务经营

19 世纪末至 20 世纪初，保险公司的业务经营范围不断拓展。就险种而言，以水险、火险等财产险为主，人寿险也开始渐成规模。在经营方式上，各种报纸广告成为招揽客户、扩大影响的重要手段。投保规条不断完善，费率相对稳定。此外，保险经纪人和保险公估人也已经出现，但相关制度尚在发育之中。

一、 险种及经营

清末保险业就险种而言，集中于财产险，人寿险处于起步阶段，至于已在西方广为推行的责任险、信用险等险种尚未出现。财产险中，又以直接为商品流通服务的水险最为多见，其次是火险。其中的原因，一方面是因为中国保险制度最初的启动以轮运贸易为依托，贸易的发展产生了对运输险和货物险的自然需求；另一方面，为了确保栈、货等财产的安全，在水险以外又加保火险，火险业务又逐渐面向商业区的坐商和住户。经济活动对财产险的需求更为急切，人寿险则远为逊色。

（一）保险险种

这一时期，新险种不断涌现，原有各个险种也呈不断细分之势。各险种应市场的需要而开发，反映出当时社会经济的新变化。

1. 财产险类

（1）货物运输保险和运输工具保险。以水险为主，包括水渍险、水陆联运险（车轮运输险）、车运险、船舶险（船壳险）、船壳平安险、船壳尽失险、木驳险、船险（渔船）、货物金银运输险等。比如，京津铁路通车后，"因该路上所载货物恒有失窃情事，至物件时有短少"，以故天津"华洋领袖商人议设立保险公司，近已开设，专保天津至北京铁路上载货物之险"。[①]

（2）火险。其包括厂栈险、店铺险、房产险、机器险、货物险、生财险、家私险。

（3）兵盗险。其包括兵险、盗窃险（盗贼险）、海盗险、兵盗险（兵匪险）、银洋茧子水火兵盗

---

① 设立保险公司 [J]. 知新报，第 119 册，光绪二十六年（1900 年）五月初一.

险、银钞兵盗险等。比如，巴勒保险公司承保丝茧水火险，^① 福来德洋行代理的某保险公司承保水火盗险，^② 巴勒洋行、老公茂洋行、锦隆洋行承保兵火险。^{③④⑤}

（4）风潮险、爆炸险。比如，老公茂洋行以"近年沪江潮水每有汛滥之虞，为害剧烈……故特添保岸上潮水险章程"。^⑥ 老沙逊洋行、巴勒洋行、扬子保险公司也都承保风潮险。^{⑦⑧}

（5）邮政保险。邮政保险分为以下三类："寄本国者"，"寄外洋各国者"，"由外洋来交局转寄者"。^⑨ 但似乎第一类经营有方，第二、第三类成效不显。光绪三十三年（1907年）"寄外洋各国者"总计80件，"由外洋来交局转寄者"总计892件。光绪三十四年（1908年）"寄外洋各国者"总计101件，"由外洋来交局转寄者"总计888件。宣统元年（1909年）"寄外洋各国者"总计236件，"由外洋来交局转寄者"总计141件。^⑩

2. 人身险类

19世纪90年代以前，人身险（或称为人寿险、寿险）发展迟缓，仅有两三家外商寿险公司在沿海个别城市开展小范围的代理业务。19世纪末至20世纪初，这一状况开始有所改变。"1888年至1900年，永福公司制成华人死亡经验表，于是开始承保国人寿险"。^⑪ 这一时期出现了1家外商寿险公司，来华设立分公司的外商寿险公司达10家，新设立的华商寿险公司为8家，代理下的寿险公司也很多。

除平常人寿险之外，为吸引保户，各公司还开发出种类繁多的特色险种，包括婚嫁保险、教育保险^⑫、善后保险、限制付款保险、定期保险^⑬、妇女妆奁险、婴孩蓄贮银险、置业本金险、学俸薪金险等^⑭。永年公司"发行新保寿单一种，为中国前所未有，名曰还费保寿单，后如遇不测，除赔偿保款外，并将所付之保费尽数归还……利益甚厚，人皆乐保"。^⑮ 华安公司除寻常寿险产品外，还推出"特别贮银（储蓄）保险"和"子女婚嫁保险"。^⑯ 针对收入低下、有效需求不足的市场状况，永年公司议定小数保寿之法：如有人保寿112两，10年为期，每月只须付1两1钱。办法简易，无须

---

① 巴勒公司承保内地丝茧水火险 [N]. 申报，1897 - 04 - 30.
② 福来德洋行保险 [N]. 申报，1907 - 05 - 16.
③ 巴勒可保兵险 [N]. 申报，1904 - 02 - 18.
④ 承保兵火险 [N]. 申报，1911 - 11 - 08.
⑤ 锦隆招保兵险 [N]. 申报，1911 - 11 - 08.
⑥ 专保岸上潮水险广告 [N]. 申报，1910 - 09 - 13.
⑦ 老沙逊加保风潮险 [N]. 申报，1908 - 08 - 21.
⑧ 扬子公司承保风潮险广告 [N]. 申报，1911 - 09 - 02.
⑨ 邮政局代寄包裹保险章程 [N]. 湘报，1898年第109号.
⑩ 《邮政保险包裹表光绪三十三年分》《邮政保险包裹表光绪三十四年分》《邮政保险包裹数目表宣统元年分》，分别见光绪三十三年（1907年）、光绪三十四年（1908年）、宣统元年（1909年）《邮传部交通统计表》中的"邮政"部分.
⑪ 钱承绪. 中国金融之组织：战前与战后 [M]. 南京：中国经济研究会，1941：77.
⑫ 美国永安保人险公司 [N]. 申报，1897 - 08 - 13.
⑬ 永安人寿保险公司广告 [N]. 申报，1909 - 02 - 18.
⑭ 永年人寿保险公司广告 [N]. 申报，1910 - 12 - 16.
⑮ 永年公司新法保寿出现 [N]. 申报，1911 - 10 - 30.
⑯ 周华孚，颜鹏飞. 中国保险法规暨章程大全：1865—1953 [M]. 上海：上海人民出版社，1992：31 - 37.

医生验看，不论何人每月所得工资有限者，均可照此保法。① 中国合众人寿保险公司也推出简易人寿险，"其办法先投资数元，如遇天年，可领银至一千元，无论男女老幼贫富强弱，皆可投保，并不限年岁，又不用医生验视，以省烦琐"。保险金额的最高限额为 1000 元，保费为"首次五元，以后五角"。②

（二）广告营销

为了利润的最大化，保险企业以各种方式展开竞争，最初是通过在短期内不盈利或微利的定价手段，努力驱逐对手或者是限制新企业的进入。"中日水险公司（China and Japan Marine Insurance Co.）又名'宝裕保洋险公司'"就因此被迫"退出了各项业务活动"。③ 19 世纪八九十年代以后，各保险公司除不断完善传统险种、推出新险种外，还通过多元促销手段提高市场占有率。其中，报刊广告销售尤为常见。

广告是一种非常重要的非价格竞争方式，作用就是通过信息披露，影响受众的消费观念，以建立品牌知名度，扩大产品销售。19 世纪末至 20 世纪初，新式报刊在中国快速发展，并得到不同阶层人士的广泛接受，数以百计的各式报刊构建了一个前所未有的信息传播网络，在社会生活中担当了重要的角色。以报纸为媒介通过广告推销保险产品，也因此成为保险公司的重要营销方式。在《北华捷报》（The North - China Herald）、《字林西报》（North China Daily News）、《上海新报》、《申报》、《新闻报》、《大公报》等中外文报纸上，花样繁多的保险类广告和其他形式的保险信息铺天盖地，内容无所不包，有公司章程、险种章程、保费章程、组织章程、同业会所告白、公司介绍、形象宣传、开设分公司消息、延请代理人广告、招股告白、投资启事、股份出售、股东会记、年度报表、停业公告、分派股息红利、公益告白、辟谣声明、保险理赔、鸣谢广告、保险知识宣传，等等。

从这些广告内容中，可以发现保险公司经营理念的变化。19 世纪 80 年代之前，保险广告往往会有"保险价目格外公道""保价格外相宜""保费格外从廉"等字句，并附上详细的保费、佣金优惠条款。④ 可见此时各保险公司是以低廉的价格来吸引潜在的保险消费者。19 世纪八九十年代，鸣谢广告比比皆是，"赔款迅速"⑤ "诚实可靠"⑥ "保险有益"⑦ 成为出现频率最高的词汇，从一个侧面反映了各保险公司对服务质量的重视。与其他行业的报刊广告一样，保险广告往往持续刊登，甚至常年不断，以加深读者的印象。

保险广告的创意新颖，形式多样。这里仅举以下几个例子：

一是名人广告，即借用社会名流身份为产品做广告。比如，永明人寿保险公司分别在《申报》《新闻报》连续全文登载钦差头等出使大臣、文华殿大学士、太子太傅、一等肃毅伯李鸿章的赞语，

---

① 永年保寿公司告白 ［N］. 申报，1903 - 06 - 17.
② 有父母妻子者请看 ［N］. 申报，1911 - 06 - 25.
③ Commercial Reports：1875—1876 Shanghai ［A］. 上海图书馆藏.
④ 各埠保险公司 ［N］. 申报，1873 - 04 - 01.
⑤ 已赔款迅速，永平可靠 ［N］. 申报，1893 - 04 - 22.
⑥ 好时洋行诚实可靠 ［N］. 申报，1901 - 11 - 02.
⑦ 保险有益 ［N］. 申报，1892 - 01 - 02.

称其"奉使欧洲"，"深悉"英国永明保险公司"立法之善，公积之富，爰亲书赞语以相贻赠"，① 提升了该公司的知名度。

二是顾客证言，即顾客消费保险商品后的反馈。保险属于典型的"后验品"，具有"经验性品质"，也称为"经验商品"，消费者必须在消费产品之后才能确定它的质量，也就是说，消费者对保险产品质量的认识存在不确定性。为打消消费者的顾虑，各家保险公司广泛采用顾客证言这种广告形式，使用的顾客来自各行各业各地。比如，汪恒泰号失慎，"天祥洋行黎赞臣兄经手保险七百两，立即如数赔偿，足见诚信可嘉。若无黎赞臣兄经理……那得有此妥当办法也。故此敬告欲保险者，如不托该行该友经手办理，中外再无第二家信实于孚妥当者矣"。② 消费者的现身说法，无疑具有极强的示范效用。

三是投保案例，即宣传代表性的投保案例，以产生号召效应。1910年，永年人寿保险公司对重庆刘氏三代在该公司投保的事例进行宣传，文中列出刘氏三代统系表，称："永年公司自开办以来，蒙各保户络绎赐顾，其信任最专而且久者，莫如重庆刘氏。刘氏者，重庆之素封也。营业甚富，而以棉花为大宗，其家固方兴未艾也。因为列一统系表。溯自保三子之母刘张氏起，至保年幼之刘君庆祥止，已历三代，统计保单十有五纸，保款银三万两。如此信任专历年久之保户，不数数睹，洵佳话也。"③

四是情感诉求式广告。比如，华安人寿保险有限公司的广告："人寿保险为个人积财计，并为家人公益计，实享无穷之利益……吾华人执业倘非资本家，往往岁入有限，而出款浩繁倍增于昔，苟其家无恒产而欲博区区蝇头所入，以冀积铢累寸集腋成裘，为他日娱老之资，并一切仰事俯蓄之所需，是诚戛戛乎难之顾，即勉为之，偶一不慎便至移东补西积蓄一空，为山之功多亏一篑，固人情之常也。"④ 对顾客晓之以理，动之以情，促其购买保险产品。

在20世纪初民族主义兴起、收回国家利权成为社会热门话题的背景下，民族保险公司往往利用国人的爱国情结，以"挽回利权"相号召，"洋商之操奇计，赢获我厚利"，⑤ "大利旁落，不亦大可惜哉"，⑥ 呼吁国人购买本国保险商品，"庶几利不外溢，团体日坚"。⑦ 在把握消费者心理的基础上，这些广告文字中倾注了情感沟通，以期与消费者形成观念上的互动与共鸣。

五是公益性广告。保险公司往往选择报纸头版的"报眼"位置刊登公益性广告，以提高企业和品牌的知名度和美誉度。许多保险公司在春节来临之际刊登"恭祝新禧"的广告，树立温暖亲切、关心大众的形象。

六是知识性广告。比如，寿险公司往往在报纸上宣传寿险的历史、原理、功能，通过知识普及启发国民保险意识，开发潜在客源，改善寿险公司生存的社会环境。

① 大英国永明保险公司 [N]. 新闻报，1899-01-27.
② 天祥洋行黎赞臣先生保险头等可靠 [N]. 申报，1901-11-21.
③ 刘氏三代之在永年公司保险 [J]. 护卫报，1910（2）.
④ 上海华安人寿保险公司开办广告 [N]. 申报，1907-09-02.
⑤ 中国信益水火保险有限公司招股广告 [N]. 申报，1907-02-23.
⑥ 上海创设华安人寿保险有限公司招股广告 [N]. 申报，1907-08-01.
⑦ 上海允康人寿保险有限公司广告 [N]. 申报，1910-04-17.

太古水火保险公司的广告

保险广告十分注重语言和图片的运用。英商泰和保险公司"泰山可靠，和气生财"①的广告词，既嵌入了公司名称，又传达了保险的意义，且朗朗上口，极便于加深消费者的印象。美国永安人身保险公司"常将有日思无日，莫待无时想有时"②的广告语，则以朴素的生活哲理阐发了人身保险的价值，发人深省，能深深地引发受众的认同感，进而对其产品形成深刻印象。不少广告图文并茂，如太古水火保险公司在《新闻报》《申报》上刊载了一则广告，广告中部为一近似铃铛纵切面的图形，图形中有公司的标志和名称，图形上面用大标题书有"老太古告白"，图形侧面和下面则是老太古代理的 5 家保险公司的名称。③这则广告利用定位设计的原理，强调主体形象的商标、标志，标题和图形的面积对比和明度对比，运用大的标题，以色块衬托、线条陪托主体图形的生动形象，画面大面积的空白，线条的区分，都与版面上的其他内容相区别，突出了自己的独特形象，为消费者留下了深刻的视觉印象，进而实现信息传达的意图。

形式多样、内容丰富的保险广告，是清末保险销售与业务经营的重要方式，从一个侧面反映出这一时期保险市场的活跃程度。此外，保险广告大行其道，也体现出保险企业间激烈竞争的发展格局。

二、 条款与费率

（一）条款

保险条款是保险人与被保险人关于保险权利和义务的约定，也是保险人履行保险责任的依据。清末，险种不断细化，各类保险条款不断完善，保险条款越来越趋向于专业性。外商保险公司的保险条款，基本上依据各自国家的法律规定和保险惯例形成。由于缺乏相应的法律依据，华商保险企业的保险条款，大多是对外商保险公司相应条款的移植。1906 年起，有关各险种投保规条纷纷印行，主要包括火险章程、火险保单格式、火险保单新章、洋面保险单格式、船身机器洋面保险单格式暨章程、平安险规条、水渍险规条、全船失事险规条、舱面险规条（又名松舱险）、兵险与水雷险规条、保险单连驳船险包保在内或特别另保规条、转船及起岸之后火险保包在内规条、江苏浙江属内蚕茧银洋水火盗险规条、鸭尾船或名帆船险规条、轮船失事或货物损失所赔之款按公断人摊派合同格式、铁路保险章程及华安人寿保险章程 17 种。④这些规条涉及投保的具体事项，体现了保险法律中诸如如实告知、弃权等原则。比如，火险章程中就明确规定："凡到保险公司投保者，须将姓名、籍贯、现居何处、作何生理，并将欲保之房屋系用何料、建造何等样式、坐落何处、现居何人，或作住宅，或系别用，均须诸报明保

---

① 英商泰和保险公司 [N]. 申报, 1898 - 09 - 27.

② 常将有日思无日 莫待无时想有时 [N]. 申报, 1898 - 03 - 17.

③ 老太古告白 [N]. 新闻报, 1901 - 12 - 10.

④ 周华孚, 颜鹏飞. 中国保险法规暨章程大全：1865—1953 [M]. 上海：上海人民出版社, 1992：11 - 37.

公司。倘有询问之处，投保人必须从实回答，嗣后，如被火患查有不实等情，不能赔偿。"① 这些保险条款既包括保险人的基本情况，也包括保险标的的详细情形，以及责任免除等内容。

这一时期的相互保险组织，其章程中也有关于保险条款的内容，但与一般保险不同，主要涉及股份认定，保险额度限定、赔付责任等。比如，1897 年广东公善堂组织广州各行店试行相互保火险，其章程第一、第二款规定，各店铺应按生意薄厚由同行公议认定股份数量，并进行登记；第三、第四款规定，保险额度以股份为标准，股份额度不超过保险标的的实际价值，"所以防人心奸巧作弊"；第五款为赔偿办法，即由各行号按照股份的多寡分摊赔偿责任；第六款则类似于附加条款，凡未从事营业的空置房屋店铺，须由专业人员即泥水木匠行勘验其价值，再认定股份及保险额度，等等。②

从 1898 年开始出现的邮政包裹保险，其章程中则规定，一般包裹不强行要求购买保险，但高价值的"金银铜钱及金银各项物件与珠宝玉器并时辰表各项珍宝等类"则必须保险，否则不予代寄，保险限额为 500 元；寄往外国的包裹，邮局保险责任限定在寄件局到收件局之间，保险额度同样为 500 元，寄达国保险限额若在 500 元以下，则不超过其限额；并对违反最大诚信原则作出规定，"倘查有捏报重价如遇遗失损坏等事，邮局不但不为赔抵并可将其人照例送惩"。③

（二）费率

清末的保险费率，也就是行市，往往因各种因素的影响而变化，但大致形成了约定俗成的行市标准。费率标准基本上由外商保险公司厘定，华商公司则参照实行。这一时期，上海保险市场各险种的费率如下。

1. 水险

航线距离与风险的不同，是导致水险费率差异的常规因素。1913 年，《世界年鉴》所录的一份水险价目表见表 3 - 6。

表 3 - 6　上海与各地水险价目表（按货值 1000 两计价）

地名	水　漬	
汉口	一两五钱	一两
芜湖	一两三钱五分	九钱
九江	一两五钱	一两
天津	二两二钱五分	一两八钱五分
南京	八钱五分	五钱五分
香港	一两九钱	一两四钱五分
广东	一两九钱	一两四钱五分
镇江	九钱	六钱

① 周华孚，颜鹏飞. 中国保险法规暨章程大全：1865—1953 [M]. 上海：上海人民出版社，1992：11.
② 广东公善堂. 羊城火烛保险新法 [N]. 知新报，第 41 册，光绪二十三年（1897 年）十二月初一日.
③ 邮政局代寄包裹保险章程 [N]. 湘报，1898 年第 109 号.

续表

地名	水 渍	
牛庄	二两二钱	一两八钱
烟台	一两九钱	一两四钱五分
横滨	二两	一两四钱五分
长崎	二两	一两四钱五分
神户	二两	一两四钱五分
洋油如保各种不测之险，每十一两偿五两		

资料来源：周华孚，颜鹏飞. 中国保险法规暨章程大全：1865—1953［M］. 上海：上海人民出版社，1992：58.

从表3-6可知上海到各口岸货物保险的费率。以货值1000两为基准，长江航线上至南京为8钱5分，至镇江为9钱，至芜湖为1两3钱5分，至汉口、九江均为1两5钱，即其费率分别为0.085%、0.09%、0.135%、0.15%。沿海航线至香港、广东、烟台均为1两9钱，至牛庄为2两2钱，至天津为2两2钱5分，即其费率分别为0.19%、0.22%、0.25%。至日本横滨、长崎、神户均为2两，即其费率为0.20%。表中的右侧所列为折扣后的实际价目，标准要更低一些，折扣率可以达到20%，甚至50%。

1911年，太古洋行部分航程货物险的报价是，宁波到上海，保额1000银元，保费为1元2角5分（实收6角）。上海到天津，保额1000银元，保费为5元（水脚保费共实收3元1角）；保额铜元每箱2000枚，水脚保费共实收7角1分。[①] 其折扣率显然更高。

表3-7中所列为根据盛宣怀档案中部分资料整理的仁济和保险公司一些年份的运输险价格，可供参考。

表3-7　仁济和保险公司货物运输险价目表

航程	保费	保额	年别
上海—烟台	五两五钱	二千二百两	光绪十四年（1888年）五月
上海—厦门	七钱五分	二百两	光绪十六年（1890年）七月
上海—粤省	三两七分	一千两	光绪十六年（1890年）八月
上海—天津	三两五分	一千两	光绪十六年（1890年）八月
上海—烟台	十二两	一万两	光绪十七年（1891年）二月
上海—汉口	八两七钱五分	五千两	光绪二十三年（1897年）十二月
烟台—海州	十三两三钱五分	六千两	光绪三十二年（1906年）十二月
北京—上海	一千四百八十五两	九十九万两	宣统二年（1910年）九月

资料来源：1. 上海图书馆藏盛宣怀档案，分别见："电报局运输保费清单"，档号079328-3；"仁济和保险公司凭单"，档号032883、032884、032895；"上海仁济和保险总局保险单"，档号048784-1；"轮船招商局广济轮由烟台装运赈粮至海州保险单"，档号025436-7。

2. 天津招商局禀本部呈报装运部款船名及核明应收水脚保险各费文［J］. 交通官报，1901，24.

---

① 太古洋行具报水脚保险价单［A］. 上海图书馆藏盛宣怀档案，档号0234595.

根据表 3-7 中所列保费、保额的计算，1888 年上海到烟台的费率为 0.25%；1890 年到厦门的费率为 0.375%，至广东为 0.37%，至天津为 0.35% 左右（因原文不清晰）；1891 年至烟台为 0.12%。1897 年至汉口为 0.175%。1906 年烟台至海州的费率为 0.2225%；1910 年北京至上海的费率为 0.15%。

船舶保险则以年保费的形式收取。因船只质地不同，费率存在明显差异。比如，1905 年招商局的铁驳船，造价为规银 29000 两，年保费为 1740 两；津通小轮船，船本为规银 43000 两，年保费为 2580 两。二者费率均达到 6%。但 1908 年船本 140000 两的船只，按八折即 112000 两投保，年保费为 784 两，费率为 0.7%。[1][2] 二者相差近 10 倍。

2. 火险

1892—1897 年，上海各火险公司五次"公同议定保费章程，一律遵守，庶无彼此轩轾之弊"。现抄录第一次协定火险费率的内容如下：

一、上等什货洋栈，除丝茶洋布不在其内，每千两一年计保费四两。

二、上等最好石库房屋四面有墙者，或二幢相连四面高围墙者，每千两八两。

三、上等洋房号铺坚固砖墙者，每千两八两。

四、石库门坚固房屋，前后砖墙两边三五家屋面有风火隔墙者每千两十两。

五、市房门面仿洋式内系中国式者，每千两十两。

六、木架市房洋布字号每千两十二两。

七、店号市房或住宅木架房屋每千两十五两，烟馆每千两另加二两。[3]

上述各种类型的建筑物，因材料、用途等差异，年保费各不相同。费率为 4‰～17‰（用作烟馆的木架房屋）不等。此外，《世界年鉴》（1913 年版）记录的清末火险费率，也可作为参考。

表 3-8　清末火险费率

	房屋别	保险费（每千两之保险金）	费率（‰）
保房客衣服生财货物	三公司货栈房	二两二钱五分	2.25
	外国商人大货栈	四两五钱	4.5
	中国商人大货栈	六两六钱六分	6.66
	外国人住房（洋楼）	九两五钱	9.5
	头等中国市房	十九两	19
	当铺	十九两	19
	洋式市房	十九两	19

①　轮船往来洙州、汉口按月收支估算清折 [A]. 上海图书馆藏盛宣怀档案，档号 019925-13.
②　今将铁驳船并津通小轮本利各项开呈鉴核 [A]. 上海图书馆藏盛宣怀档案，档号 030129.
③　上海各火险公司启 [N]. 申报，1892-02-19.

续表

	房屋别	保险费（每千两之保险金）	费率（‰）
保房客衣服生财货物	二等市房	十九两	19
	三等市房	三十八两	38
	又在英法大马路	二十八两五钱	28.5
	二面风火墙二楼二底住房	十九两	19
	一面风火墙一楼底住房	十九两	19
	石库门一楼一底住房	十九两	19

资料来源：根据《中国保险法规暨章程大全：1865—1953》中的表改编（周华孚，颜鹏飞. 中国保险法规暨章程大全：1865—1953［M］. 上海：上海人民出版社，1992.）。

从表 3 - 8 可知，不同类别和用途的房屋，包括房客的衣服货物等在内，保险费率最低为 0.225%，最高则达到 2.85%。从这些差别中，可见其时火险费率的划分已较为精细。

3. 寿险

清末，人寿险一般分为 10 年期、15 年期、20 年期三种，受保人保险期内身故，由公司付给赔款，期满无恙，则将保费加利给还。交费标准，各公司均有定例。1909 年，华安人寿保险公司章程规定，以保额 1000 两为基准，如保期 10 年，投保人 17 ~ 25 岁，年交保费 105.9 两，至 26 岁时为 106.15 两，27 岁时为 106.40 两，等等，依次累加，至 55 岁时须交 131.60 两。如保期为 15 年，17 岁至 25 岁每年保费为 68.50 两，26 岁时为 68.70 两，至 55 岁时为 92.80 两。保期为 20 年，17 ~ 25 岁年保费 49.60 两，26 岁时为 49.80 两，至 50 岁时为 69.80 两。该公司特别贮银保险也分为 10 年、15 年、20 年三种，投保者不验体，不限年岁。以保额 1000 两计，每年交费标准固定，分别为 90.9 两、65 两、50 两。保期内遇有不测，"照所贮之本，另加利息给还"；保险期满，给还本利大约在 1500 两。[①]

与华安人寿特别贮银保险的规定相同，1913 年《世界年鉴》所录人寿险价目表，同样分为 10 年、15 年、20 年三种，投保人从 25 岁开始保起，依照投保时年龄大小规定每年的保费固定额。以保额 1000 元为标准，保期为 10 年者，25 岁及以下保起者，每年交保费 110 元，10 年保费合计 1100 元；26 岁保起者，每年保费 110.10 元，10 年保费合计 1101 元；依次累加，至 50 岁保起者，每年须交保费 124.10 元，10 年合计 1241 元。保期为 15 年者，25 岁及以下保起者，每年交保费 71.5 元，15 年共交 1072.50 元；26 岁保起者，每年保费 71.70 元，15 年共交 1075.50 元；依次累加，50 岁保起者，每年保费为 87.80 元，15 年共交 1317 元。保期为 20 年者，25 岁及以下保起者，每年交 52.8 元，20 年共交 1056 元；26 岁保起者，每年交 53 元，20 年共交 1060 元；至 50 岁保起者，每年保费 71.80 元，20 年合计交 1436 元。[②]

---

① 周华孚，颜鹏飞. 中国保险法规暨章程大全：1865—1953［M］. 上海：上海人民出版社，1992：33 - 36.
② 周华孚，颜鹏飞. 中国保险法规暨章程大全：1865—1953［M］. 上海：上海人民出版社，1992：56 - 58.

三、 保险经纪人和保险公估人

保险代理人、保险经纪人和保险公估人是构成保险中介市场的"三大支柱"。在清末保险中介市场上，相对于较为发展的保险代理人，保险经纪人和保险公估人尚处于起步阶段。

（一）保险经纪人

关于保险经纪人，一些研究认为，保险经纪人也就是"保险掮客"，伴随着近代保险业的兴起，保险经纪人即应运而生，在保险市场上担当了重要角色。[1][2][3]但查阅上海《申报》，相对于连篇累牍的招请保险代理人的广告，以及保险代理人自己的宣传广告，关于保险经纪人的广告寥寥无几。到1911 年，出现"经纪"一词的保险广告只有两处：一是 1907 年"协安公司"刊登广告："本公司刻欲添请熟识水火险经纪数位，如有自问堪胜厥任者，请至本公司面议，薪水从优。"[4] 二是 1909 年"四川路四十号中国团体保寿会社"广告称："本会社专保寿险，所定章程较别项保寿公司互异，故于投保者费简而利厚，于经纪人用丰而容易招揽。倘有愿就者，请速临本帐房面议可也。"[5] 这似乎表明，保险经纪人在清末保险中介市场上还不是一种普遍现象，不是保险中介活动的主力军。

关于保险"掮客"。保险"掮客"一词最早出现在《申报》上是 1899 年，至 1911 年也只出现过三处：一是 1899 年"公裕行"的广告称："本行欲招寻火险掮客数位，辛俸从丰。如愿充者，可向本行洋东询问可也。如不识英语，向帐房问明。此布。"[6] 二是同年该报刊登的《掮客公所章程》称，"上海火险诸掮客"为便利办事设立公所，遵照 1898 年 6 月 30 日上海各保险公司议定之章程办理。其条目包括："一、各行买办、帐房及掮客人等，无论经办或帮办火险事务者，必在火险公会册内注明系掮客公所中人，及何公司何行所用之人，籍贯何处。如当买办者，每人须在公会中存洋一百元；帐房及掮客人等，每人须在公会中存洋五十元。二、如办理保险之事不照章程，一经查出，其保险单即作为废纸，并从速知照公会中经理人，其保险之公司将所有不照章程保险之费，自保险单作为废纸之日起，一年内不能收取。三、倘查出不照章程多付折扣，第一次罚洋十元，第二次罚洋二十元，均由买办等存项内提出一半付还保险单作为废纸之人，一半归入掮客公所经费。如受罚以后再有弊端查出，则由火险公会董事办理。"[7] 三是 1911 年，一家外国保险公司的代理商光耀保险公司也在《申报》上刊登过"在中国各处招请掮客"的广告。[8]

尽管"掮客"一词在《申报》上出现的频率不高，但 1899 年成立的"掮客公所"，表明"掮客"已经具有相当的规模。但保险掮客是否等同于保险经纪人，仍然需要讨论。1931 年 3 月 25 日，

---

① 吕明勋. 旧中国的保险经纪人 [J]. 上海保险，1993，2.

② 中国保险学会《中国保险史》编审委员会. 中国保险史 [M]. 北京：中国金融出版社，1998：85 - 89.

③ 赵兰亮. 近代上海保险市场研究：1843—1937 [M]. 上海：复旦大学出版社，2003：373.

④ 招请水火险经纪 [N]. 申报，1907 - 02 - 07.

⑤ 招请掮客 [N]. 申报，1909 - 07 - 17.

⑥ 招寻火险掮客 [N]. 申报，1899 - 06 - 18.

⑦ 掮客公所章程 [N]. 申报，1899 - 08 - 31.

⑧ 光耀保险公司广告 [N]. 申报，1911 - 04 - 09.

上海火险公会致函保险业同业公会，提议："全部中国生意招揽者，无论是买办、经纪人还是其他掮客，都应在两公会登记注册，同时缴纳一定保证金。"① 这份函件把保险经纪人与其他保险掮客并列举出，显然将保险经纪人视为保险掮客的一种。可见，保险掮客其实就是招揽保险业务，在保险合同订约双方之间斡旋，促使保险合同成立，并收取佣金的中间人而已。

作为协助买卖双方成交而从中获取佣金的居间人，掮客制度在各行各业都被采用。汪敬虞在论述中国行商和外国商人相互关系的变化时，认为随着时间的推移，原本独立的、负责监督外国商人的行商，"却逐渐和外国商人沆瀣一气，甚至下降到外国商人代理人的附庸地位"。"行商由独立的商人沦为外国商人的掮客，和他对外商的负债程度的加深是密切相关的。不难设想，当行商的全部资金都须仰给予外国商人之时，他的收入，实质上就是掮客的佣金，而他的地位，实质上成为外商的代理人……1810 年，东印度公司广州大班打破百年的传统，首次以代理推销，分取佣金的办法，利用行商作为公司的代理人，正式将独立的行商变为公司的掮客"。② 显然，汪敬虞在这里认为掮客即外国公司的代理人。

近代以来，移植于中国的西方制度，经历了一个适应中国社会的本土化过程。在这一过程中，不少制度往往发生变异，导致名实不符。如"公司"一词，官督商办洋务企业基本上是采用公司体制，但是统称为"局"，海外华人社团甚至某种秘密结社反而称之为"公司"，后来者不察，往往望文生义，不明就里。保险领域同样如此。1903 年，上海《申报》上的一则"招请保险人"的广告称，本行"经理水火险……欲推广生意起见，如有人能揽水火二险者……自当格外优待"。③ 明明是招请"能揽水火二险"的保险代理人或经纪人，反而打出"招请保险人"的广告。1907 年，一则"注销保险单"的告白中，"保险人"指的又是投保人或被保险人，④ 而保险代理人又往往被冠以经理⑤、经手⑥、式老夫⑦等称呼。对保险"掮客"的理解，显然应注意这些。

民国保险学者孔滌庵在谈论"中国保险业之十大问题"时，论及"保险业之代理店问题"，指出保险"中间人共有两种，一曰代理店（Agency 吾国称为经理），二曰掮客（Broker）。性质虽异，而均以代理保险公司介绍营业为目的。其所司者，或仅为一家，或则数家数十家不等"。⑧ 这与前述学界认为的"保险经纪人又被称作保险掮客，或称保险经理员"等又有所不同。20 世纪 30 年代的一位学者在论及保险经纪问题时，称保险经纪人扣留保费，甚至据为己有，"万一承保财产出险，或者保户提出退费要求，则公司尤为吃亏，此皆滥用经纪人之结果"。⑨ 而事实上，保险经纪人是投保

① 赵兰亮. 近代上海保险市场研究：1843—1937 [M]. 上海：复旦大学出版社，2003：373.
② 汪敬虞. 十九世纪西方资本主义对中国的经济侵略 [M]. 北京：人民出版社，1983：40 – 42.
③ 招请保险人 [N]. 申报，1903 – 02 – 03.
④ 注销保险单 [N]. 申报，1907 – 06 – 03.
⑤ 英商泰隆洋行经理佑宁火险公司 [N]. 新闻报，1896 – 06 – 13.
⑥ 中国东洋保海险公司 [N]. 上海新报，1870 – 04 – 07.
⑦ 招请式老夫 [N]. 申报，1908 – 09 – 09.
⑧ 孔滌庵. 论中国之保险业 [N]. 银行周报，1928 – 10 – 30.
⑨ 郭佩弦. 火险经纪人登记之回顾与前瞻 [J]. 保险季刊，1936，1（1）.

人的代理人，其所向投保人收取的保险费，在法律上并不能视为保险人已经收到。保险代理人的行为，才视为其所代理的保险人的行为，对保险人有约束效力。由此可见，其所称的保险经纪人的行为实则是保险代理人的行为。马寅初先生则称："所谓经纪人，即代表公司招徕保险业务之人也……经纪人每介绍一个保险契约，多者可得第一年保险费百分之八十之手续，故不顾一切，鼓其如簧之舌，将保险之利益说得天花乱坠，使受介绍之人不知不觉堕其术中。""保险公司与普通买卖情形稍有不同，招揽生意不必分设支店，只需派定经纪人前去驻守即可，故禁止外国保险公司经纪人在内地营业，即与禁止其他商业在内地分设支店情形相同。"① 其所谓的保险经纪人，实际上则是保险代理人。

"英美之经营保险业者，大多为国内第一流人才。"② 凡为经纪人者必须先要取得资格证书，呈请主管机关登记，经审查核准，给予营业执照方得执行业务。保险经纪人必须具有较高的保险专业知识，一般要精通法律和保险实务，了解保险市场的发展情况，熟悉各家保险公司的经营专长，从而既可为投保人设计合理的保险方案，又可提高保险公司接纳业务的质量。显然，在清末保险市场上，这样的保险经纪人即便已经出现，也是寥寥无几，换言之，即使不能排除保险经纪人在清末的出现，最起码是规范的保险经纪人制度还在酝酿当中。

（二）保险公估人

19 世纪 20 年代末，保险公估机构就已存在。那时的保险公估机构称为"公证行"，起初也多为外商设立并经营。③ 1843 年，英商仁记洋行在天津设立分行，既经营海洋运输业，又代理巴勒保险公司、公律冠冕（又称法律联合）保险公司的业务，同时还兼做保险公证业务。④ 保险界老前辈过福云曾回忆 19 世纪 90 年代上海保险情形称，"火警发生后，所遭损失，其时皆由保险公司自为估勘；有时数处同时出险，即有人手不敷之苦！鲁意斯摩拍卖行柯柏君有鉴于此，始有公证行之组织，实开今日保险公证事业之先河"。⑤ 而国人创办的保险公估行，则迟至 1927 年益中公证行在上海的设立。⑥

晚清时期，保险公估刚刚起步，保险公司基本采用的是"一条龙"服务方式，即从展业、承保到防灾、定损、理赔、追偿等都由保险公司经营。比如，杭州信德茂玉琳斋裕昌聚兴德顺遭遇火灾，幸而向太古保险，西人何炳君与杨澍南翁从上海总行来杭察看，"一律如数赔足"。⑦ 又如金边王作鸣在永年公司保寿银 3000 元，病故后，"代理人未士那巴龄转达到上海"，上海总公司"即饬司事人

---

① 马寅初．中国保险业与新中国建设之关系［M］// 马寅初．马寅初全集：第 9 卷，杭州：浙江人民出版社，1999：433 - 447.

② 权时．我国保险业不发达之原因［J］．银行周报，1936，20（35）.

③ 陈伊维．WTO 与保险公估理论与实务［M］．北京：中国发展出版社，2001：52 - 53.

④ 天津市地方志编修委员会．天津通志·保险志［M］．天津：天津社会科学院出版社，1999：3.

⑤ 过福云．五十年前上海保险情形杂忆［J］．保险月刊，1940，2（4）.

⑥ 陈伊维．WTO 与保险公估理论与实务［M］．北京：中国发展出版社，2001：53.

⑦ 太古赔款秉公［N］．申报，1904 - 07 - 17.

到金边查明赔偿"。①

第三节　市场格局与保险成效

　　一般来说，保险市场包括三个部分：一是保险经营机构，即保险市场的供给主体；二是投保群体，即保险需求主体；三是能够为保险关系双方提供服务的保险服务机构，即保险中介主体。清末保险市场的需求主体即投保人或被保险人，由于资料限制，只能进行粗略描述。大致而言，最初的投保人为与贸易航运有关的轮船公司、船主、"行商"等。此后，随着近代城市的发展，城市厂局、商铺、住宅密集度的增加，相应的火险业务也出现增长，保险服务开始面向"坐贾"和一般居民等保户。而随着生活方式的变化，对生活保障的需求促使人寿险业务开始起步。但这一时期投保人寿险的，只能是买办、官员、公司经理等部分社会上层人士。关于保险市场的中介主体，前面已经做过论述。这里重点探讨晚清的保险供给主体，亦即外商保险机构和民族保险机构。

一、外商保险独大

（一）数量对比

就数量而言，外商保险机构占据明显优势。

　　根据第一章的介绍，1805—1875 年，在华直接设立的外商保险公司包括谏当保险行和于仁洋面保险公司在内，共有 15 家，来华设立分公司的外商保险公司有 3 家，除此之外，以委托代理形式（洋行代理）进入中国保险市场的外商保险公司数量更多，各阶段约略累计，先后从事代理业务的洋行总计在 100 家左右。而自 1875 年保险招商局成立至 1911 年，新设外商保险公司共 9 家，新增来华设立分公司的外商保险公司 23 家，新增洋行代理下的外商保险公司 143 家。1805—1911 年，中国保险市场上先后存在外商保险总公司共 24 个，外商保险分公司约 132 个，外商保险代理处（洋行代理）约 469 个。另据《中国保险史》统计，到 1900 年已有 52 家洋行代理了 148 家保险公司的业务。② 根据《中国保险史志》中的统计，1894 年外商保险代理处（洋行代理）为 698 个。③

　　1875—1904 年，华商共设立 14 家保险公司。除轮船招商局系统的 4 家保险公司和上海火烛保险公司以外，其余 9 家都设立于香港。其中，招商局保险企业到 1886 年归并于仁济和水火保险公司，上海火烛保险公司于 1887 年停业，另一家是不知创办于何时的济安燕梳公司也于 1900 年底停止。④ 也就是说，1888—1904 年，香港之外的内地事实上只有仁济和一家华商保险公司。"华商保险业仅有

① 永年保寿宝公司台照 [N]. 申报，1899 – 11 – 07.

② 中国保险学会《中国保险史》编审委员会. 中国保险史 [M]. 北京：中国金融出版社，1998：65 – 66.

③ 颜鹏飞，李名炀，曹圃. 中国保险史志：1805—1949 [M]. 上海：上海社会科学院出版社，1989：90 – 92.

④ 声明 [N]. 申报，1901 – 03 – 15.

仁济和保险公司，继起者仅寥寥数公司，其中大多是香港华商保险公司在上海所设分公司。"①

1905—1911 年，华商共设立 31 家保险公司。其中，有 8 家在香港、新加坡，其余在内地设立的保险公司中，有 6 家属于行业内相互保险性质，范围狭窄。华商保险公司经营不稳定性较大，经营时间较短，停业家数较多。1905 年，同益火险公司"闭歇"，② 成立于 1908 年的北洋水火保险公司1912 年"歇业"。③ 人寿保险公司也因经营不善，许多仅是昙花一现而已，如允康人寿、延年人寿等公司，开办仅数年即行停业。《中国保险史》统计，1865—1912 年成立的华商保险公司约有 35 家，但到 1914 年第一次世界大战之前，35 家公司中停业的有 26 家，占 74%。④ 这种经营的不稳定性还可从华商保险同业公会会员数量消长上反映出来，见表 3–9。

表 3–9　上海华商火险公会历年会员公司名表（1907—1911 年）

公司名称	入会时间	出会时间	出会原因
上海华兴保险公司	1907 年	—	—
华安水火保险公司	1907 年	—	—
华成保险公司	1907 年	—	—
华通保险公司	1907 年	1914 年 4 月	停业
源安保险公司	1907	约在宣统年间	停业
源盛保险公司	1907 年	约在宣统年间	停业
福安保险公司	1907 年	1928 年底	停业
万丰保险公司	1907 年	1922 年 6 月	停业
合众保险公司	1907 年	1914 年 12 月	停业
信益保险公司	1908 年	约在宣统年间	停业
协安保险公司	1908 年	约在宣统年间	停业
宜安保险公司	1908 年	约在宣统年间	停业
同安保险公司	1908 年	约在宣统年间	停业
恒安保险公司	1908 年	约在宣统年间	停业
普华保险公司	1908 年	约在宣统年间	停业
益同人保险公司	1908 年	约在宣统年间	停业
恒盛保险公司	1908 年	1912—1913 年	停业

资料来源：上海市保险商业同业公会档案［A］.上海档案馆藏，档号 S181–2–1.

说明：保险公司的排列以入会先后为序；空白格表示一直没有出会。

① 颜鹏飞，李名炀，曹圃.中国保险史志：1805—1949［M］.上海：上海社会科学院出版社，1989：98.
② 同益火险推保声明［N］.申报，1905–05–20.
③ 天津市档案馆，等.天津商会档案汇编：1903—1911［M］.天津：天津人民出版社，1989：738.
④ 中国保险学会《中国保险史》编审委员会.中国保险史［M］.北京：中国金融出版社，1998：70.

表 3 - 9 显示，1907—1911 年，17 家同业公会会员中，先后倒闭者有 14 家，占 82%，其中 1912 年前即停业的有 9 家，占 53%。

根据瑞士再保险公司的统计，19 世纪初期，全世界共有 30 家保险公司（英国 14 家，美国 5 家，德国和丹麦各 3 家，奥匈帝国、荷兰、瑞士各 1 家），而华商保险公司为零；到 19 世纪中叶，全世界 14 个国家中已有 306 家保险公司，平均每个国家有 22 家保险公司，而华商保险公司仍然为零；至 19 世纪末叶，在 26 个国家中共有 1272 家保险公司，平均每个国家有 49 家保险公司，而华商保险公司为 9 家，为世界平均数的 18%；1910 年，29 个国家中共有 2450 家保险公司，平均每个国家有 84 家保险公司，而华商的保险公司为 36 家，为世界平均数的 43%。[1] 由此可见，19 世纪正值西方保险业崛起和快速发展时期，许多国家已形成不同规模的保险产业。而华商保险公司产生晚，数量少，20 世纪初尽管出现了快速增长的态势，但与外商在华保险公司相比仍然相形见绌。

就分布地域而言，外商和华商保险机构均以口岸城市为主，外商保险机构在各个地区也均占有数量优势。从全国范围来看，1894 年，外商保险公司及其代理处遍布中国主要通商口岸，计上海 149 个，香港 146 个，澳门 16 个，台湾 35 个，牛庄 26 个，北京 3 个，天津 42 个，汉口 39 个，宜昌 6 个，重庆 2 个，烟台 37 个，镇江 11 个，芜湖 3 个，九江 11 个，宁波 9 个，温州 1 个，福州 45 个，厦门 55 个，汕头 29 个，广州 3 个，海口 6 个，北海 7 个。[2] 即使到 1911 年，华商保险总公司、分公司及代理处计有：上海 31 个，香港 15 个，天津 13 个，宁波 9 个，杭州 8 个，广州 6 个，汉口 5 个，苏州 5 个，镇江、长沙各 3 个，福州、厦门、重庆、九江、烟台、北京、营口、牛庄各 2 个，汕头、松江、嘉兴、常州、无锡、南京、青浦、芜湖、南江、平湖、安东、长春各 1 个，共计 126 个。巨大的数量差异，表明外商保险在各个区域市场上均处于优势地位。

上海是近代保险业的中心，外商保险业在华投资，设有总公司者全部集中在上海和香港两地，设于香港的也大多在上海设有分公司。根据统计，1894 年，上海除 10 家外商保险公司直接设有总分公司外，尚有 133 家外商保险公司委托 39 家洋行设立保险代理处。[3]

天津是华北保险业中心。1911 年底，有 16 家华商保险公司在天津设有总公司、分公司或代理处，[4] 其中裕善防险会、北洋水火保险公司、延丰保险公司设总公司于天津。与此同时，在天津设有分公司或代理处的外商保险公司则有 94 家之多，其中分公司约有 24 家，英商占第一位，日商占第二位，德商占第三位。[5]

外商保险数量上的优势，使其得以控制中国市场，也压缩了华商保险的发展空间。民国年间有

① 江生忠. 中国保险产业组织优化研究 [M]. 北京：中国社会科学院出版社，2003：28.
② 颜鹏飞，李名炀，曹圃. 中国保险史志：1805—1949 [M]. 上海：上海社会科学院出版社，1989：90 - 92.
③ 颜鹏飞，李名炀，曹圃. 中国保险史志：1805—1949 [M]. 上海：上海社会科学院出版社，1989：90.
④ 天津市地方志编修委员会. 天津通志·保险志 [M]. 天津：天津社会科学院出版社，1999.116.
⑤ 天津市地方志编修委员会. 天津通志·保险志 [M]. 天津：天津社会科学院出版社，1999.17.

人指出，"我国保险事业，发轫于前清光绪年间，为时已达五十余载，而进步之迟缓与黯淡，实毋庸讳言；推其原因……外商公司之过量之发展，亦为主因之一"。[①]

（二）资本规模对比

就资本存量而言，外商保险实力要远远超出华商保险。汪敬虞对 1895 年主要外商保险公司的资本情况进行过统计，表 3 - 10 即在其统计的基础上改编而成。

表 3 - 10　1895 年主要外商保险公司资本统计表

公司名称	成立年份	资本统计年份	额定资本	实收资本	备注
（广东）谏当保险行	1805	1895	（1787500 两）2500000 元	（357500 两）500000 元	《北华捷报》1895 年 12 月 27 日，1064 页
于仁洋面保安行	1835	1895	（1787500 两）2500000 元	（178750 两）250000 元	《字林西报》1895 年 10 月 18 日，4 页
扬子保险公司	1862	1895	（496782 两）694800 元	（298784 两）417880 元	同上
保家行	1863	1895	（3405860 两）500000 镑	（851465 两）125000 镑	同上
保宁保险公司	1865	1895	（1572943 两）2199920 元	（429000 两）600000 元	同上
香港火烛保险公司	1866	1895	（1430000 两）2000000 元	（286000 两）400000 元	同上
华商保安公司	1871	1871	（1072500 两）1500000 元	（214500 两）300000 元	《上海新报》1871 年 5 月 9 日
上海火保险公司	1886	1886	1000000 两	25000 两	—
合计	—	—	12553085 两	2640999 两	—

资料来源：1. 汪敬虞 . 唐廷枢研究［M］. 北京：中国社会科学出版社，1983：98 - 101.

2. 上海火保险公司告白［N］. 申报，1886 - 12 - 16.

3. 资本数额，原统计为英镑或银元者，一律换算为银两（规元两）注入括号之内。银元 1 元 = 0.715 两，英镑折换率根据当年关册所载英镑对银两之折换率折算。

截至 1895 年底，谏当、于仁洋面、扬子、保家行、保宁、华商保安、香港火烛 8 家保险公司的额定资本已达 1255.3 万两，实收资本 264.1 万两（其中华商保安和上海火保险公司资本统计年

[①]　沈春雷 . 中国保险年鉴：1936［M］. 上海：中国保险年鉴社，1936：371.

扬子江保险公司

此行佈照光緒八年四月旗昌洋行敬啟　本公司在中國與東洋總局開設與各在上海其餘分口岸並香港等分處　保驗凡船隻往來所得每年餘利計派四特意備存銀各要另存　分利除付有息外各股份每百元俱盡客盡　本公司股份經理者一萬九千五百四十三萬八千五百三十五萬兩意備存銀二十九萬零五百五十三兩九錢五分歷九可

1882年，扬子保险公司在《沪报》上刊登的启事

份分别为1871年和1886年）。而此时内地仅有的一家华商保险公司——仁济和水火保险公司，资本额为100万两。从总资本额来看，华商保险明显弱于外商保险。同时，外商保险公司还积聚了庞大的公积金。1882年，仅扬子保险公司一家"本银已经收回计四十二万两，及余存银二十三万两，又特意备存银二十九万零五百五十三两九钱五分，算至西历二月十九日，共合银有九十四万零五百五十三两九钱五分"。① 1901年，扬子保险公司"资本洋八十万元，公积洋六十万元，历年及本年余洋五十万六千一百五十一元五角七分"。② 根据银元1元＝0.715两（规元两）的货币比率换算，扬子公司共有银135.6万两。

1905年9家外商保险公司资本情况见表3-11。

表3-11　1905年主要外商保险公司资本统计表

保险公司	统计年份	股份数	股票面额		资本	
香港火险公司	1905	8000	250元	已收50元	200万元	实收40万元
中国火险公司	1905	20000	100元	已收20元	200万元	实收40万元
广东水险公司	1905	10000	250元	已收50元	250万元	实收50万元
保家水险公司	1905	10000	10英镑	已收5英镑	445600两	实收222800两
保宁水险公司	1905	24000	83.33元	已收25元	200万元	实收60万元
保安水险公司	1905	10000	250元	已收100元	250万元	实收100万元
扬子保险公司	1905	80000	100元	已收60元	800万元	实收480万元
上海火险公司	1898	50000	—	—	100万两	100万两
永年寿险公司	1910	—	—	—	50万两	50万两
合计	—	—	—	—	1553.06万两	实收722.83万两

资料来源：1. 各国公司股份行情［N］. 申报，1905-02-07.

2. 上海火险公司［N］. 申报，1898-10-12.

3. 永年人寿保险公司广告［N］. 申报，1910-12-16.

4. 总资本额按银元1元＝0.715两（规元两）折算，英镑折换率根据当年关册所载英镑对银两之折换率折算。

　　关于华商保险公司资本额的统计，由于有名义资本和实际资本之分，如1882年上海火烛保险有限公司成立时，"集股本银五十万两，先收五成银二十五万两"；③ 1906年华安水火保险有限公司"招股本银一百万两，分作五万股，每股银二十两，先收五十万两"，④ 实际资本为名义资本的1/2；

---

① 扬子江保险公司［N］. 申报，1882-05-17.

② 扬子公司财克生谨启［N］. 申报，1901-04-26.

③ 上海火烛保险有限公司［N］. 申报，1882-10-22.

④ 华安水火保险有限公司开办告白［N］. 申报，1906-03-24.

1906 年上海华成经保火险有限公司"议集股本银五十万两，分作五万股，每股九八规银十两，先收五两"，[①] 实际资本为名义资本的 1/2；1908 年北洋水火保险有限公司成立，"共招股银一百万两"，[②] 而"开办时每股先收五成，分两期交付，应共实收银五十万两"，[③] 即实际资本为名义资本的 1/2，到 1911 年 5 月 12 日，还只"实收银二十一万五千余两"；1909 年上海延年人寿保险股份有限公司"共集资本一百万元，分为一万股，每股一百元，先收第一期十成之一，即每股洋十元"，[④] 实际资本只为名义资本的 1/10。晚清，保险公司无论是否为华洋，其实际资本和名义资本都很悬殊，而各保险公司在媒体上刊登的广告以及各种统计资料中的数据，基本上是名义资本，因此，表 3 – 12 作如下处理：已经确切知道为实际资本的，按其统计；只知名义资本的，其实际资本按最高比例即实际资本为名义资本的 1/2 统计；没有确切证据证明在 1912 年前已经停业的，按营业计。

表 3 – 12 华商保险公司资本统计

成立年份	资本统计年份	保险公司	名义资本	实际资本	总公司所在地
1877	1877	安泰保险有限公司	40 万两	20 万两	香港
1886	1886	仁济和保险公司	100 万两	100 万两	上海
1899	1899	宜安水火保险公司	100 万美元	50 万美元	香港
1900	1900	福安水火人寿保险公司	100 万美元	50 万美元	香港
1904	1904	香港源安洋面火烛保险汇兑附揭积聚按揭货仓公司	100 万元	50 万元	香港
1905	1905	中国合众水火保险公司	100 万两	50 万两	上海
合计	—	—	616.7 万两	358.35 万两	—
1906	1906	华安水火保险公司	100 万两	50 万两	上海
1906	1906	华成经保火险有限公司	50 万两	16 万两	上海
1906	1906	重庆探矿保险公司	10 万元	5 万元	重庆
1907	1907	华安人寿保险公司	50 万两	25 万两	上海
1908	1908	中国信益水火保险有限公司	100 万两	50 万两	上海
1908	1908	恒安保险公司	100 万两	50 万两	香港
1908	1908	北洋水火保险公司	100 万两	50 万两	天津
1909	1909	同安保险公司	100 万两	50 万两	香港
1909	1909	上海允康人寿保险公司	50 万两	25 万两	上海
1909	1909	上海延年人寿保险公司	100 万两	10 万两	上海
1911	1911	延丰仁寿保险储蓄公司	20 万元	10 万元	天津
合计	—	—	685.95 万两	305.375 万两	—

资料来源：1.《申报》《新闻报》。

2. 颜鹏飞，李名炀，曹圃. 中国保险史志：1805—1949［M］. 上海：上海社会科学院出版社，1989.

3. 总资本额按银元 1 元 = 0.715 两（规元两）折算，美元折换率根据当年关册所载美元对银两之折换率折算。

---

① 上海华成经保火险有限公司招股广告［N］. 申报，1906 – 10 – 25.

② 各省商务汇志［J］. 东方杂志，光绪三十四年（1908 年）二月二十五日，5（2）.

③ 天津市档案馆，等. 天津商会档案汇编：1903—1911［M］. 天津：天津人民出版社，1989：730.

④ 上海延年人寿保险股份有限公司招股启事［N］. 申报，1909 – 07 – 25.

也就是说，1905 年，香港火险、中国火险、广东水险、保家水险、保宁水险、保安水险、扬子保险、上海火险、永年人寿 9 家外商保险公司的名义资本为 1553.06 万两，实际资本估计为 722.83 万两（上海火险公司成立于 1897 年，资本统计年份也为 1897 年；永年人寿保险公司成立于 1898 年，资本统计年份为 1910 年）。而安泰、仁济和、宜安、福安、源安、中国合众 6 家保险公司的名义资本为 616.7 万两，实际资本为 358.35 万两。即使到 1911 年，所有 17 家华商保险公司实际资本总计 663.725 万两，与外商在华保险公司仍然不可相提并论。当年仅永年人寿保险公司一家，"现有产业总数共银 6311437 两，现有银款总数 6162609 两"。[①]

（三）经营规模对比

就经营规模而言，外商保险公司也远非华商公司可及。外商保险公司资金实力强大，承保范围广泛，其保费收入数量远超华商公司。如怡和广东保险有限公司 1882 年"除转保别公司之外，实收保费银一百零八万八千五百六十七员四毫三仙"；1883 年 1 月至 9 月收到"保费实银一百零九万六千二百九十九员六毫"。[②] 咸北的兰士押兰特火烛保险有限公司，1884 年于香港、上海等处保得 17500 万两。[③] 美国永安保人险公司，1896 年 11 月收到华人保费 89500 两，12 月收到华人保费 113000 两。[④] 1897 年，北中国保险公司报称，"进款约有一十六万九千两，余利十五万二千两。"[⑤]

在水火险领域，扬子保险公司的保费收入情况可参考表 3-13。

表 3-13　扬子保险公司部分年份保费收入统计表

单位：元

年份	保费收入	年份	保费收入	年份	保费收入	年份	保费收入
1891	364314.14	1892	258945.33	1896	426929.36	1897	515156
1899	704635	1900	687119.7	1901	732386.5	1902	822066.6
1903	859819.47	1904	1120534.86	1906	845154.12	—	—

资料来源：根据《申报》《商务报》上的相关告白与消息等整理。

《商务报》1900 年曾介绍扬子保险公司的经营状况，1899 年扬子水险公司"备存资本洋八十万元，贮存公积洋五十五万元，本年实收保费七十万零四千六百三十五元，除赔补项二十七万一千零五十三元外，其余费用汇水等，有资本及公积之溢利，足以相抵，实余四十三万四千四百七十二元。

---

① 永年人寿保险公司广告 [N]. 申报，1911-05-08.
② 怡和广东保险有限公司 [N]. 申报，1883-11-01.
③ 保火险公司告白 [N]. 申报，1888-02-23.
④ 大美国永安保人险公司 [N]. 申报，1897-01-24.
⑤ 中国保险公司 [N]. 时务报，光绪二十四年（1898 年）闰三月十一日，59.

水险如此，火险之利益尤巨，合计每岁不下数百万"。该报感叹："通商以来，西人恃制造之精，每以成本最轻之物，侔我厚利。犹有物以交易也。至若保险，则彼以虚本而获我实银，贸易中至稳至巨之利，莫过于此者。核算历年耗中国银，当以千万计。中国近年于洋货如织布纺纱等，类能集股设厂以为抵制，独于保险不能自设公司，以挽回每岁数百万之漏卮乎？"①

在寿险领域，创办于 1898 年的永年人寿保险公司曾开列其第一年和第十一年的经营成绩进行对比，可见其发展之快速。其第一年收到保费 42698.29 两，利息 3881.74 两，公司共有产业 65110.82 两，保寿之数为 576320 两。第十一年收到保费 2029952.49 两，利息 272091.61 两，公司共有产业 5335867.56 两，保寿之数则达到 25540640 两。② 另根据该公司在《申报》上刊登的广告，其第十一届（1909 财年）担任保寿总数 25541000 两，一年进款 2305376 两。③ 第十二年保寿之总数共银 29000000 两，一年进款截至 1910 年 3 月底共银 2674918 两。④ 第十三年，到 1911 年 3 月 31 日，一年进款 2896553.27 两。⑤ 1910 年上海永年人寿保险公司报告称，其到当年 3 月 31 日，"已有银五百三十三万五千八百六十七两，今悉已有五百五十余万两。该公司能积如是之巨款，皆为保险者之利，而历年付与保险者之赚利及其家属之赔款，亦逾银二百万两。且该公司所交接者，几全为华人付与保险者之款"。⑥

反观华商保险业，由于资金实力的限制，经营规模受到很大制约，承保范围狭窄，所收保费数量有限。19 世纪 80 年代后，仁济和保险公司历年保费未超过 10 万两之数。清末，经营最为稳健的华商寿险公司——华安人寿保险有限公司 1908 年"年内承保总款"，也就是"已及百万之谱"而已。⑦ 成立仅一年就获得如此成绩，实属难得，但与外商保险公司如永年人寿相比，还有很大差距。其他华商保险公司往往局限于一地，不敢接保外埠保单，不敢接保大宗保单，遇有大量赔案或大笔赔款就收缩营业范围，甚至歇业。比如，宜安⑧、同安⑨、源安⑩、协安⑪在 20 世纪初皆曾退保火险，上述同益公司、北洋水火保险公司营业不久即告倒闭。这些都暴露了民族保险在资本、经营、限额确定、分保处理等方面的弱点。

与外商保险相比，华商保险的总营业收入额微不足道。"中国自与各国通商以来，此项保险之经费为洋商所囊括以去者，殆不知其几千万矣"，⑫ "每岁数百万漏卮"。⑬ 以上海一地而论，"清代自道

① 保险公司进款计数 [J]. 商务报，1900，7.
② 永年保寿公司进步记略 [J]. 护卫报，1910，1（2）.
③ 永年人寿保险公司广告 [N]. 申报，1910-05-24.
④ 永年人寿保险公司广告 [N]. 申报，1910-12-16.
⑤ 永年人寿保险总公司广告 [N]. 申报，1911-06-09.
⑥ 永年保险公司之发达 [J]. 陕西官报，1910，9.
⑦ 华安人寿保险有限公司第一期发息并续收股银填换股票广告 [N]. 申报，1908-07-28.
⑧ 宜安公司退保火险广告 [N]. 申报，1908-12-28.
⑨ 同安保险公司广告 [N]. 申报，1909-01-12.
⑩ 源安公司开保火险 [N]. 申报，1909-02-02.
⑪ 协安公司退保火险告白 [N]. 申报，1909-07-01.
⑫ 论中国宜推广保险 [J]. 商务报，1905，66.
⑬ 保险公司进款计数 [J]. 商务报，1900，7.

顺利洋行告白

保险公司告白

光、咸丰以来，上海一隅洋商所设保险公司近数十家，然而绝大多数是外国保险公司在华所设代理店。每岁输出约费保四百余万两"，① "西人设公司者四十余家，岁收保费三百余万"。② 这种保费大量外溢的局面直至20世纪上半叶仍未改观。

（四）外商对华商的压制

与华商相比，外商保险在市场上占据明显的优势。"营业势力范围与经验，自驾乎华商之上。"外商特别是英国保险商是市场规则的主导者，当时水火险业务的经营、保险费率的厘定，均操于英商之手，其他国家的保险公司唯英商马首是瞻。③ "洋商林立，华商资力薄弱，其营业方法又多落后，遂至随起随仆，不能久峙。"④

在中国保险市场，外商保险除采取跌价和放佣的手段与华商保险公司竞争业务外，⑤ 还采取捆绑销售的办法，凭借其政治、经济特权，强制商人向其投保。比如以代理外商保险为大宗业务的怡和洋行，就规定该洋行代理轮船运货的商人，其货物必须向保险部投保，方能上船。从江苏、浙江等产地收购的蚕丝、茶叶、棉花，进入仓库就开始承保火险；此后，货物在运输途中承保运输险；从途中到达上海货栈，加工打包需承保火险；打包后运到仓库储存待运，又得承保火险；从储仓运往码头，装上远洋轮船运往国外目的地港口，要承保运输险。这样整个流通过程的保险业务，全部由怡和洋行垄断，不让其他保险公司插手。⑥ 又如英商保安保险公司天津分公司就凭借英国人对海关的控制权，与天津海关、外商远洋轮船相互勾结。出口货物若要运到国外，必先行定船，轮船公司首先问有无保险，若无保险，则不予登记。通过这种方式，保安保险公司每年天津一地的出口货物保险即占华北出口货物的80%以上，进口货物也占60%左右。⑦

在再保险市场上屏蔽华商保险公司，也是外商打压华商保险的重要手段。保险业要实现稳健经营，要求承保的每一风险单位的风险责任比较均衡，这对保险公司的业务发展，特别是那些财力较小的中小型保险

① 颜鹏飞，李名炀，曹圃．中国保险史志：1805—1949 [M]．上海：上海社会科学院出版社，1989：97 - 98.
② 中国信益水火保险有限公司招股广告 [N]．申报，1907 - 02 - 23.
③ 王仁全．洋商保险业之在华情形 [J]．保险月刊，1940，2 (3)．
④ 调查报告书：1935 年 [A]．上海市档案馆保险档，档号 S181 - 1 - 89.
⑤ 中国保险学会《中国保险史》编审委员会．中国保险史 [M]．北京：中国金融出版社，1998：56.
⑥ 中国保险学会《中国保险史》编审委员会．中国保险史 [M]．北京：中国金融出版社，1998：66.
⑦ 洪辰辰．英商保险公司的"生意经"[J]．当代保险，1989，1.

公司，构成很大的限制，遇到保险金额较大的保险标的就会因无力承担而被迫放弃。在再保险市场上，洋商保险占有明显优势，"洋商林立沪上，各处遍设分行，互相联络。凡遇大宗保险，一公司承认，数公司摊派，设有赔偿，势分害小。以故洋商之操奇计，赢获我厚利，推广不遗余力"。[1] 由于华商保险公司数量少，规模小，资力虚弱，只靠华商保险公司间进行再保险远远不够，唯一可行的是与外商保险公司建立再保险关系。而出于对华商保险业的压制与蔑视，外商公司不仅不会分出保险业务给华商公司，还对华商公司的再保险要求不断刁难。华商保险公司与外商保险公司的分保关系时断时续，受到外商保险公司很大程度的掣肘。这一情形在中国近代保险市场上长期存在，是制约华商保险发展的一个重要因素。比如，外商以华商同益水火保险公司上海分公司经营失败为借口，不与华商办理分保和业务交换。[2] 洋商在"上海火险公会"章程中，还订明会员公司不得与非会员公司即华商保险公司共保或分保，华商保险公司承保的业务，如有超过自留额的部分，外商保险公司不接受其溢额部分的再保险。[3] 1905 年在上海成立的华兴保险公司，其初期营业状况较为良好。但由于华商保险同业少，分保不易，该公司自留保额大，所负风险也就非常沉重。而外商保险公司不批予华兴保险公司再保险份额，以致华兴保险公司不敢接受较大保额的保险业务。为此，华兴保险公司多次与有关外商保险公司交涉洽商，最后外商保险公司才同意接受华兴保险公司的再保险分出业务。[4] 由于华商保险大多为小公司，经营年期短暂，资金实力薄弱，缺乏风险管理经验，有的本来就是投机性企业，经营稍有不慎就会发生亏损，有的甚至开业不久即告停业改组或破产。1910 年，洋商保险公会在报纸上发表公告称，洋商保险公会"立法完善，共相遵守……近则伦类不齐，每有贪图微利之流，并非同业，居然到处抖揽，败坏向章，罔顾大局"，[5] 实则对华商保险的信誉进行诋毁。直到 20 世纪 20 年代，分保问题依然是困扰民族保险业的一个难题。中国保险公司的创办人宋汉章曾说："开办之初，拟定先办水火保险，其他各项从缓相机推广。但水火保险最感困难者为转保（即分保）一事，如不预先订定转保，则将来设有巨额，其势不能独受。顾本国所有各家保险公司资本有限，不能承受转保，故不得不向洋商订约。"[6]

英商泰和保险公司的广告

尽管处境不利，华商保险业仍通过各种方式与外商保险展开竞争。一是加强同业间的联系与合作。华商保险业已经认识到加强同

① 中国信益水火保险有限公司招股广告 [N]. 申报，1907 – 02 – 23.
② 颜鹏飞，李名炀，曹圃. 中国保险史志：1805—1949 [M]. 上海：上海社会科学院出版社，1989：112.
③ 吴奋. 旧中国华商火险公会的诞生 [J]. 上海保险，1993，8.
④ 颜鹏飞，李名炀，曹圃. 中国保险史志：1805—1949 [M]. 上海：上海社会科学院出版社，1989：111.
⑤ 上海洋商保险公会启事 [N]. 申报，1910 – 02 – 13.
⑥ 汤铭志. 解放前中国保险公司再保险业务的回顾 [J]. 上海保险，1991，5.

永安保人险公司
的广告

业合作的重要性，"华商苟能多设公司，群策群力，逐渐与洋商争衡，方足以抵制"。① 1907 年，华商火险公会的成立，虽然没能从根本上解决华商保险业的分保问题，但是毕竟走出了华商保险联系的关键一步，在一定程度上增强了华商保险公司的承保能力。比如，上海棋盘街裕昌洋广货号"在华兴、同安、合众、华安、源盛、源安各公司保有火险货银四万九千两"；②协成乾洋货布号"在华兴、源盛、华成、华安保险共计规元一万八千两"；③ 上海百老汇路新昌五金号"在华成保有险银三万二千两，内经分与恒安、华兴、华安、信益各公司合保"，④ 这些都表明了华商保险业团结合作、自立自强的信心和决心。二是在经营活动中善用国人的爱国情结。在 20 世纪初爱国运动不断高涨的背景下，抵制外货、提倡国货在相当一个时期内成为振兴民族经济的一股强大动力。这一方面激发一些有识之士自办保险，以挽利权；另一方面，也促使人们投保本国保险公司，以打击外国保险公司。民族保险业正是凭借政治运动的助力，扩展了自己的实力和社会影响。三是加强营销。华商保险公司设立时都在报纸上连续发布广告，宣传自己的开办宗旨、经营理念、业务优势等内容，树立自己的保险品牌。在市场拓展中，各保险公司从最初普遍使用低费率、高返还、高回扣等促销手段，逐渐发展到开始注重服务，以吸引保户、留住保户，尤其在理赔环节上，强调赔补迅速、足额，诚信可靠。在 1890 年以后的《申报》上，"保险有益""保险可靠""赔补迅速"这类广告用语举不胜举。华商保险刊登这些连篇累牍的保险广告，也是与外资保险竞争的重要手段。

二、 保险业的社会成效

（一）支持工商经济

清末，随着保险市场的扩大，特别是一批华商保险企业的成立，保险业与中国经济、社会的关系更为紧密。作为一种保障制度，保险在保障经济运行、稳定社会等方面发挥了"安全网""精巧的稳定器"的重要功能作用。在清末报刊上保险受益保户的自白中就可以看到这一点。自 19 世纪 90 年代开始，上海《申报》上大量登载了题为"保险有益""保险可靠"之类的投保人告白，这些多为投保人出险后得到赔付而对保险表达赞誉和谢意之词，如"小号去腊装定海帆船煤油六千箱，曾向安和祥号代理普安公司保险银九千五百四十两，该船在九江左右被江永轮撞沉……赔款如数交足，毫无短少"⑤等。从此类广告内容看，受益的投保人来自各行各业，如货

---

① 中国信益水火保险有限公司招股广告 ［N］. 申报，1907 – 02 – 23.
② 赔款迅速 ［N］. 申报，1907 – 01 – 31.
③ 华商保险公司信实可靠 ［N］. 申报，1908 – 01 – 10.
④ 华成保险公司赔款妥速 ［N］. 申报，1910 – 10 – 06.
⑤ 保险有益 ［N］. 申报，1902 – 04 – 17.

栈、书坊、书局、嫁妆店、熟食店、药店、土栈、鞋帽店、服装店、客栈、土行、京广货、马房、烟铺、参号、绒衫号、蜜栈、银楼、住宅、绸庄、油麻号、钟表店、烛店、茶石店、洋货店、丝厂、米栈、钱庄、洋货布号、火腿店、五金号等，除财产险外，有很多寿险投保人，不一而足。从中也可看到，其时保险业务在城市商业活动中已经有普及之势。1908 年，中国品物陈列所制定的章程中，也规定对所有寄陈物品代为投保，"寄陈之品物主须估定确实价值，报明本所，经董事局覆估属实，由本所保险，其保险费与物主无干，倘有不测，即将保险赔款偿还"。① 可见保险在市场经济活动中的广泛渗透。

从投保额度上来看，一些投保金额较大的保户，受灾后也能得到更全面的保障。比如，上海法界三洋泾桥利兴号曾遭遇一场火灾，受灾栈房存货价值达 108000 两，协隆行赔还 7 万两，丰裕行赔还 2 万两，此外"烧剩之货拍得之款"，该两行又"从中补回些与小号"。② 又如，"大亨船遭焚"，巴勒水险公司"顾全商本"，赔还川帮聚兴仁、聚兴成"保平安险银"6740 两，川帮利川升 6000 两，川帮寿康祥 12960 两。③ 扬子水险公司赔还川帮寿康祥、恒裕公、复茂源、仁义永、大成福、源顺昌、源泰昌、利川升共保平安银 60500 两。④

保险公司的会计年度报表，也反映了这一点。怡和广东保险有限公司 1882 年赔款银 779096.43 两。1883 年 1 月至 9 月，9 个月赔款银 305576.88 两。⑤ 扬子保险公司 1891 年赔款 253772.08 元，⑥ 1892 年赔款 90994.18 元，⑦ 1896 年赔款 156133.11 元，⑧ 1897 年赔款 280154.62 元，⑨ 1900 年赔款 343488.37 元，⑩ 1901 年赔款 253652.07 元，⑪ 1902 年赔款 281145.3 元，⑫ 1903 年赔款 362095.56 元，⑬ 1904 年赔款 430180.45 元，⑭ 1906 年赔款 386994.1 元。⑮ 这些赔款支出，体现了保险的社会保障和经济补偿作用，保险作为社会"稳定器"，其意义也得到了社会更充分的认可。

如前所述，外商保险机构在中国保险市场上明显占据了优势地位。关于外商保险对中国经济与社会的作用，需要进行辩证分析。首先，从整体上来看，在华外商保险服务于外国在华贸易和投资事业。外商保险业最初是为了保障外国对华航运贸易的顺利进行而进入中国市场的，尤其在初期，

① 中国品物陈列所章程 [N]. 申报，1908 - 07 - 20.
② 保险有益 [N]. 申报，1903 - 12 - 03.
③ 巴勒水险公司赔还巨款 [N]. 申报，1904 - 02 - 04.
④ 扬子公司赔还巨款迅速 [N]. 申报，1904 - 02 - 11.
⑤ 怡和广东保险有限公司 [N]. 申报，1883 - 11 - 01.
⑥ 扬子保险公司告白 [N]. 申报，1892 - 05 - 26.
⑦ 扬子公司总结 [N]. 申报，1893 - 05 - 20.
⑧ 扬子公司总结 [N]. 申报，1897 - 05 - 02.
⑨ 扬子总结 [N]. 申报，1898 - 04 - 25.
⑩ 扬子公司财克生谨启 [N]. 申报，1901 - 04 - 26.
⑪ 扬子公司财克生谨启 [N]. 申报，1902 - 04 - 23.
⑫ 扬子公司财克生谨启 [N]. 申报，1903 - 04 - 27.
⑬ 扬子公司财克生谨启 [N]. 申报，1904 - 04 - 29.
⑭ 扬子公司财克生谨启 [N]. 申报，1905 - 04 - 17.
⑮ 扬子水险公司财克生谨启 [N]. 申报，1907 - 05 - 02.

外商保险甚至与臭名昭著的鸦片贸易及掠卖华工的苦力贸易联系密切，谏当保安行就是为了保障鸦片及其贸易所得的安全而设立的。此外，近代数以万计的在华外国侨民，其人寿保险需求的提供者更是仅为外商人寿保险业。从外资在华投资到侨民的生命财产，外商保险业提供了安全保障，从而维护了他们在华的最大利益。

但与此同时，外商保险业对中国近代工商贸易的发展也产生了一定的作用。由于华商保险业发展缓慢，实力较弱，无法完全满足中国航运、贸易、工业等经济发展的保险需求，外商保险业在长时间内为贸易经济乃至社会发展提供了某种保障。比如，江南制造局长期以来就只能向外国保险商投保，[①] 又如天津"华商产业，从前均就外人所设洋行购买保险"，[②] 天津商务荟萃，人烟稠密，商户往往因火灾损失惨重，甚至一蹶不振，"幸有洋商保险"，[③] 为商户提供了一定的保障。当然，外商保险出于对华人客商的诬蔑、歧视和压制，又对中国经济发展的溢额保险需求采取高额保费率。在火灾保险方面，中外保户同居一座建筑，费率却因中外国籍不同而不同（外国人保险的费率为2.5‰，中国人却要12‰）又是一例。[④] 因此，既要看到外商保险业对中国经济发展有利的一面，也要看到不利的一面。

以永年人寿保险公司为例，上海《中外日报》曾撰文称，"该公司虽由深于寿险阅历之洋人经管，而其事业之大者，则常由华经理所为"，"所积款项悉存中国，大半借与华商以营事业，其存款极稳永，未受一元之损失"，"该公司之宗旨既在利益均沾，是以所赚之利，统以九成派与保寿诸君"，开办十一年，"付出之赚利及赔款已逾银二百万两，是该公司之有益社会，此其明验也"，"其所以有此成效，则因该公司之职员，皆系深有阅历之人，而办事诚实无欺故耳"。[⑤]

（二）助力防灾事业

保险的社会"稳定器"作用不仅体现在分散风险、经济补偿上，还体现在保险公司凭借自己风险管理与防范的经验及技术力量进一步减少、化解风险上。防灾防损是风险管理的重要内容，也是保险主要的派生职能。其最大的特点在于保险公司主动参与、配合防灾防损工作。保险公司通过参与创建城市消防、港口引水、气象预报等活动，在敦促工商业者强化风险意识、增加防范措施、有效控制风险的同时，也推动了城市的现代化建设。

在这方面，最典型的是城市消防事业。早在1864年，上海的保险公司就与公共租界、商人等组织消防队。1865年6月，公共租界设立火政局，不久改为救火会。1866年，上海公共租界正式成立消防队，其经费即由各保险公司担任。"救火所用水龙，除工部局备置外，另有怡和代理之香港火烛保险公司及仁记代理之中华火烛保险公司合置一辆"。遇有火警先由礼堂打钟，继由港内所泊之轮船鸣炮三响。消防队订有组织章程，其第二条规定"本队以保护产业，消灭火患为宗旨"；第三条规定

① 尚未保险 [N]. 申报, 1895 - 02 - 26.
② 天津市档案馆, 等. 天津商会档案汇编: 1903—1911 [M]. 天津: 天津人民出版社, 1989: 727.
③ 天津市档案馆, 等. 天津商会档案汇编: 1903—1911 [M]. 天津: 天津人民出版社, 1989: 726.
④ 吴奋. 旧中国华商火险公会的诞生 [J]. 上海保险, 1993, 8.
⑤ 永年人寿保险公司第十一届之报告 [J]. 护卫报, 1910, 1 (2).

早期上海公共租界的消防队

"美英法三租界，以后应简称火警第一区，第二区，第三区。本队消防区域，以租界内为限，但是必要时，得有总机师命令者，不在此限"。① 为便于救火，保险公司还在保户门楣上悬钉一种铜质或轻铁质火标，以提醒救火人员（均系各洋行西籍行员义务充任，其中尤以从事保险业者为多）奋勇抢救。一般中国保户以悬挂火险标志为荣，因为非殷实商店住户，洋商大多不贸然承保，火险标志无形中成了财富多寡的标志和象征，又促成了火灾保险公司火险业务的进展，以及公共消防事业的产生和发展。这一做法后来也有华商保险公司仿效，1906 年，上海华商保险公司也"于南市设立救火善会，购置汽龙并各种救火器具，与总工程局消防队联合操演，以备不虞"。② 在晚清上海消防事业创建过程中，保险公司是重要的推动角色。

港口引水和气象也是保险公司介入的领域。早在 19 世纪 60 年代，保险公司就要求各船主雇用经过考核并为保险公司认可的引水员引水，以防范风险减少损失。③ 1881 年，在上海各轮船公司和保险公司的倡议下，上海商会"从事于组织一个气象报告系统‘以提高对风暴的起源和方向的知识，并向海员们发出风暴来临的警报’。商会向几年来一直设在上海附近徐家汇的耶稣会内的天文台台长提出了要求。天文台现由一位有才干的气象学家领导，他的调查研究已经使中国沿海的航海者大受其益。这位气象学家欣然同意商会的建议，愿意担任气象报告的指导工作"。对中国沿海的气象预报，"可望对科学和航海带来很大好处"。④ 晚清时期，此类举措虽然仍属有限，但也起到了提升社会防灾防损意识的作用，同时也推动了城市设施的现代化。

上海徐家汇观象台

（三）促进资金融通

保险业的发展，也具有促进资金融通、扩大社会信用的作用。资金融通功能是保险的衍生功能，主要指保险资金的积聚和运用功能。保险业的丰厚利润，吸引了资金的投入，刺激了资金流向的变化。为了提高保险资

---

① 颜鹏飞，李名炀，曹圃. 中国保险史志：1805—1949［M］. 上海：上海社会科学院出版社，1989：30.
② 上海华成经保险有限公司招股广告［N］. 申报，1906 - 10 - 25.
③ 聂宝璋. 中国近代航运史资料：第 1 辑［M］. 北京：中国社会科学出版社，2002：609 - 620.
④ 李必樟. 上海近代贸易经济发展概况：1854—1898 年英国驻上海领事贸易报告汇编［M］. 上海：上海社会科学院出版社，1993：614.

金的收益率，保险公司必须对其资本金、公积金和保费收入等善加运用。在增加自身盈利能力、促进保险业发展的同时，也在其他方面支持社会经济活动。在轮船招商局的早期发展中，保险资金即起了一定的作用。

保险与银行业有紧密联系。最早进入中国市场的丽如银行早在 1866 年前就握有大量保家行的股票。① 后来又投资于中华火险公司。② 1864 年进入上海的利生银行也曾握有保险行的股份。宝裕保洋险公司成立时，有利银行是其发起设立人，并担任司理董事一职。③ 有利银行也曾投资中华火险公司，其负责人在 19 世纪 70 年代初期一度担任中华火险公司董事。④ 法兰西银行是 1870 年成立的物格朵耳叶火险公司的发起设立人之一。⑤ 总部在新加坡的印度有限保险公司 19 世纪 80 年代来上海招股集资、开展业务，其公司资本中就渗入了有利银行、丽如银行、麦加利银行、汇丰银行的投资，各银行的负责人还担任公司的董事一职。⑥

1905 年，华兴保险公司的设立标志着近代华商银行业对保险业投资的开始。"该公司系通商银行朱葆三、傅筱庵、严筱舫等发起"，⑦ "以曾少卿、严筱舫、朱葆三为总董，徐润、谭干臣、施子英、谢纶辉、周金箴、苏宝森为董事，陈耀庭为总理，严子均、吴涤宜为经理，其中大部分是中国通商银行高级职员"。⑧ 尽管两者之间有投资关系，但更主要的是人员上的互动。直到民国初年，华兴保险公司在改组后才完全隶属于中国通商银行。

直接由华商银行投资创办的保险公司，据可查资料，最早的是四海通银行保险公司。光绪三十三年一月四日（1907 年 2 月 17 日），四海通银行设立保险公司，资本收足叻币 200 万元，专营银行保险业务。其由侨商创办，总部设在新加坡，并按照英属海峡殖民地公司条例，向当地政府注册，在上海、汕头只设有代理机关。⑨

银行投资保险公司大多获得了优厚的股息红利和一定的保费折扣，保险积聚的大量资本和保费又成为银行吸收资金的来源。保险公司将相当一部分资金存入银行，这在晚清是一种相当普遍的现象。仁济和保险公司多年来就在各外商银行存有股本，1890 年存法兰西银行 15 万两，汇丰银行 10 万两，麦加利银行 5 万两，有利银行 5 万两。⑩ 中国第一家银行中国通商银行成立后，从 1897 年到 1911 年，仁济和保险公司在中国通商银行的存款，高的年份有 70 万两，低的年份有 20 万两。华兴保险公司从 1906 年到 1909 年在中国通商银行存款 3 万两，1910 年增加到 8 万两，1911 年则达 13.5

① ［N］. The North China Daily New, 1867 - 01 - 16.
② 汪敬虞. 外国资本在中国近代的金融活动［M］. 北京：人民出版社，1999：212.
③ 新设宝裕保洋险公司［N］. 上海新报，1869 - 11 - 04.
④ 汪敬虞. 外国资本在中国近代的金融活动［M］. 北京：人民出版社，1999：212.
⑤ 保险公司启［N］. 上海新报，1870 - 02 - 19.
⑥ 印度有限保险公司［N］. 申报，1884 - 06 - 12.
⑦ 沈雷春. 中国金融年鉴：1939［M］. 上海：中国金融年鉴社，1939：195.
⑧ 颜鹏飞，李名炀，曹圃. 中国保险史志：1805—1949［M］. 上海：上海社会科学院出版社，1989：111.
⑨ 颜鹏飞，李名炀，曹圃. 中国保险史志：1805—1949［M］. 上海：上海社会科学院出版社，1989：118.
⑩ 光绪十五年分办理仁济和保险有限公司节略［N］. 申报，1890 - 04 - 18.

万两。① 按照华兴保险公司的规定，"所有股本议定，五分之一存银行，五分之四存放钱庄"。② 另外，保险公司往往委托银行承办支付和其他委托事项，诸如代收股份银、代收保费、代支股息红利、代理保险业务，等等，银行则从中收取手续费。

与此同时，保险也提高了市场交易双方的信用度，便利资金融通，减少纠纷或分歧。例如，建筑物、船舶及货物等，经投保火灾保险或海上保险后，以之抵押或担保，可增加其担保价值，而且容易获得所需的资金。又如，加入人寿保险后的个人也可借以提高其信用。清末，以保险股票押借银两、保险单抵押银两已经是十分寻常之事，上海图书馆盛宣怀档案中保存了一份1909年的《东方银行押款起息日期条》，内容为，"东方银行押款规元拾五万两，以招商局股分一千五百股、仁济和保险股分四百股抵押，六个月期长，年七厘半起息"。③ 另一份"汉冶萍押券"则显示，1908年汉冶萍总局则以招商局股票500股、仁济和保险公司股票1000股为抵押，从上海户部银行借款10万两。④ 1905年，《申报》上刊登"悦来新益记栈主人"声明保险单作废的一份告白，也可见保险单可成为抵押银两的依据。⑤

保险公司也提供抵押贷款服务。仁济和保险公司1886年成立时，就"经各董允议徐雨之观察房地暂押三万五千两"。⑥ 1890年用于抵押贷款的资金为118000两，其中叶成忠房地抵押40000两，徐子静房地抵押30000两，三畏堂股票抵押48000两。⑦ 上海火烛保险公司、永年人寿保险公司、华通水火保险公司都宣称可以"以顶好产业作押款"，出借"巨数款银"。⑧⑨⑩ 广东保险公司从1906年起常年向凤华公司出借规元9万两，⑪⑫⑬ 保安保险公司在以"美册道契某某号抵押"的情况下于1910年12月27日向盛宣怀长房长孙盛毓常出借"规元卅五万两"。⑭ 永安保人险公司除了提供寿险保单抵押贷款，⑮ 还有面向投保人的贷款政策："凡向本公司保险之君，如已付过保险费三年者，或有要需，随时可向本公司商借若干，而仍允其保险如前。"⑯

保险的投融资功能，主要由人寿保险业承担。但清末人寿保险尚处于起步阶段，吸收的保费微

---

① 中国人民银行上海市分行金融研究室．中国第一家银行［M］．北京：中国社会科学出版社，1982：118－119．仁济和保险有限公司第二十届办理情形节略［A］．上海图书馆藏盛宣怀档案，档号041215．

② 华兴水火保险有限公司广告［N］．申报，1905－05－30．

③ 东方银行押款起息日期条［A］．上海图书馆藏盛宣怀档案，档号012496－6．

④ 汉冶萍押券［A］．上海图书馆藏盛宣怀档案，档号039772．

⑤ 声明保险单作废［N］．申报，1905－09－26．

⑥ 光绪十二年分办理仁济和保险有限公司情形节略［N］．申报上海图书馆藏盛宣怀档案，档号041201．

⑦ 光绪十六年分办理仁济和保险有限公司情形节略［N］．申报上海图书馆藏盛宣怀档案，档号041205．

⑧ 声明［N］．申报，1886－10－15．

⑨ 有银出借［N］．申报，1903－01－24．

⑩ 华通水火保险公司有银出借［N］．申报，1908－05－15．

⑪ 凤华公司与谏当保险公司押款转期合同、凤华公司地基房屋典契［A］．上海图书馆藏盛宣怀档案，档号052105．

⑫ 广东保险行押款合同［A］．上海图书馆藏盛宣怀档案，档号051747．

⑬ 凤华公司与谏当保险公司押据［A］．上海图书馆藏盛宣怀档案，档号052116．

⑭ 〔盛毓常〕向保安保险公司抵押借款条［A］．上海图书馆藏盛宣怀档案，档号004338．

⑮ 美国永安保人险公司［N］．申报，1897－08－13．

⑯ 永安人寿保险公司广告［N］．申报，1909－02－18．

小，同时外商人寿保险业又多将资金转移到国外，在中国投放的长期寿险资金极为有限，未能发挥出保险的投融资功能。民国保险学者王效文曾指出："积贫如我中国，非利用外资，不足以致富强。然利用外人资本于生产事业则可；国民资本而为外人利用则断乎不可……保险事业所吸收者，均为民间财富，设使悉由外人经营，则此仅有之民力，几何不随海舶乘桴而去，我国家虽欲为系于苞桑之叹，不可得也！"① 因此，晚清保险在促进资金融通、扩大社会信用、支援工商实业发展等方面的作用又是有限的。

总体而言，清末保险已逐渐渗透到中国社会经济活动的诸多层面。在晚清口岸城市经济的发展过程中，保险业起到了保障贸易运输安全、促进工商发展和经济稳定、推动城市消防等公共事业建立的作用，是晚清城市经济系统构建过程中不可或缺的一环。保险业的发展历程与城市社会经济活动相交融，从一个特定角度展示了晚清近代化的演变历程。

---

① 王效文. 五十年来之中国保险业［M］//上海通商银行. 五十年来之中国经济. 上海：中国通商银行，1947：196.

保险业的初步发展

（下）

1912 年中华民国的成立，为中国资本主义工商业的发展提供了新的契机和动力。特别是 1914 年第一次世界大战爆发后，在欧洲列强无暇顾及中国的情形下，以上海为中心，华商保险企业数量持续增长，一批官僚和商人踊跃投身保险业，出现了兴办保险业的热潮。不过，这一时期华商保险业尚不能动摇外商保险企业的优势地位。外商保险凭借通过不平等条约获得的特权，以及雄厚的资金与丰富的经营经验，仍然把持着中国保险市场。除英商保险继续处于主导地位外，20 世纪 20 年代，美国、日本的保险企业也在中国市场上占有了一席之地。与此同时，由于缺乏有效的监督和管理，这一时期保险业在快速增长的同时，也表现出明显的投机性和失序发展的特征。整体而言，1912—1928 年的民国北京政府时期，中国保险业仍处于初步发展阶段。

第一节　民族保险业的快速发展

辛亥革命推翻了清朝统治，建立了民主共和体制，实现了中国民族资产阶级的政治诉求，也为民族工商业打开了生存和发展的空间。随着民国的成立，社会保险意识的进一步提高，保险市场巨大的吸引力，使国人自办保险蔚然成风。清末民族保险业的发展势头被延续下来，保险公司数量增长继续加快，保险同业公会在各地出现。这一时期民族保险企业财产保险经营活跃，人寿保险在与洋商的竞争中获得了市场份额的提升，并开始进入保险公证等业务领域。尽管民族保险业仍面临规模小、资金少、管理不规范等问题，且具有明显的投机性等问题，但仍然推动了中国保险事业的发展和进步。

一、 保险企业的数量

（一）民国政府对保险的关注

民国初年，保险业受到了政府和社会更多的关注。袁世凯的民国北京政府建立后，最初设有工商部，保险事业即归该部管理。1913 年 12 月，民国北京政府将农林部、工商部合并为农商部，农商部工商司执掌事务之一即"关于保险、运送、外国贸易事项。"[1] 根据随后公布的《农商部分科规则》，该部总务厅劳工科执掌事务之一是"关于奖励劳工保险及储蓄事项"，工商司第三科执掌事务之一即"关于银行、保险、运送、交易场及其他特种营业事项"。[2] 1912 年 6 月，民国北京政府工商部曾令各地商务总会调查保险业情形："保险一业，各国行之最盛，以足期商业未来之安全，补商家意外之损失，法至良意至美也。顾吾国之经营斯业，在前农工商部注册者，仅属寥寥，未见普及，是应亟筹良策，提倡推广，以期渐臻发达，藉收宏效。惟欲施适当之方法，必先察实际之情形，为此令行该商会，各就该地华洋商人所开水火人寿保险各公司详细调查，将其资本、财产、组织方法及营业统计等造册报告，以便参酌施行。"[3] 一些在工商部注册的华商保险企业也得到了民国北京政府的支持。比如，1912 年华洋人寿保险股份有限公司注册后，工商部行文江苏都督，称该公司"遵章到部，呈请注册，业经本部核准，注册给照在案。相应开列名号，咨行贵都督，饬属妥为保护"。江苏方面为此于 1912 年 10 月通令南京府知事和各县民政长，对该公司予以保护。[4] 1914 年，金星人寿保险公司成立后，拟在直隶、奉天、吉林、安徽、四川、山东、湖南、湖北、广东、广西等省设立分公司、分局多处，经该公司总董唐绍仪呈请；1914 年江苏省也向各省巡按使发出咨文，请予保护；[5] 等等。到 1918 年，农商部（1913 年由农林、工商部合并组成）还派人到苏州、上海一带，"视察棉纱、面粉、保险各公司及工商各团体办理情形"。[6]

不过，民国北京政府对保险业虽然有所关注，但总体上来说，其对保险业并未表现出更积极的支持态度。比如，在保险法规的制定上，1913 年开始报纸上即出现制定保险法规如保险契约法等的消息，但政府在事实上并未真正予以重视。直到 1916 年、1917 年之际，民国北京政府才在保险立法

① 修正农商部官制 [J]. 政府公报，1913，589.
② 中国第二历史档案馆. 中华民国史档案资料汇编：第三辑　农商（一）[M]. 南京：江苏古籍出版社，1991：5.
③ 工商部部令 [J]. 政府公报，1912，34.
④ 通令南京府知事、各县民政长准工商部咨为华洋人寿保险有限公司注册给照遵章保护 [J]. 江苏省公报，1912，52.
⑤ 农商部. 咨直隶奉天吉林安徽四川山东湖南湖北广东广西巡按使 [J]. 农商公报，1914，1（3）.
⑥ 农商部委任令 [J]. 安徽实业杂志，续刊，1918，12.

上有所行动，其起因则是上海租界当局试图限制华商保险的举措。

民国初年，华商保险企业数量增长较快，但一些企业不乏投机意图，导致保险市场情形混乱。1916年，上海各西人报纸盛传工部局计划对华商保险业进行严格管理和限制，报纸消息称："我国保险事业向未设立专章，各商埠之经营是业者，离奇狡谲，往往出人意表，政府对于此种行为，又漫不注意。近闻上海工部局方面乃拟另订严章，取缔营业。并有各缴资本半额之保证金方准营业之说。"①② 上海《申报》报道称："本埠保险事业，十年前仅有洋商，近年华商相率继起。保火险者如华安、华盛、华兴等公司，保寿险者如华安、合群、金星、康年等公司，均蒸蒸日上。惟以近来小保险公司不免有失信用，租界当局颇有加以取缔之意，然吾国政府苟能即颁保险专律，或不至成为事实。"为此，上海华商保险业积极促使民国北京政府颁行保险法。华安水火险公司总董朱佩珍、金星人寿公司总董唐绍仪、华安合群保寿公司总董沈敦和等人致函总商会，转请农商部迅速厘定保险专律予以颁布，并由华安公司副经理沈敦和专程赴京请愿。③ 在此情形下，民国北京政府不得不对华商保险业的诉求有所回应。1916年，农商部声称计划调查保险业状况，"以此种事业信用为最要，拟先将各省之保险营业状况，加以调查，以为编写统计之用"，咨文要求各省填报，包括保险公司的名称地址、营业种类、设立与注册年月、资本金、基金、公积金，年收入保险费及利息支出、赔偿金等项。④ 当年该部还聘请在华经营保险多年、时任华安保险公司总理的英国人郁赐（A. J. Hughes）为保险科名誉顾问。到1917年，民国北京政府农商部参事厅起草了《保险公司条例》，分9章36条，包括资本金不得低于20万元，须以有限公司注册，保险公司不准兼营他业，须由三家公司连环保结等内容。⑤ 在上海华商保险同业的促请下，1918年民国北京政府又在《保险公司条例》的基础上草拟了一份《保险业法案》。该法案初由农商部制定，又经法制局拟定，共42条，规定保险公司须以股份有限公司进行组织，外国人股份不得超过资本额的1/3，保险公司资本额不得低于20万元，保险公司不得兼营人寿保险和损害保险等，对保险公司章程、保险约款、监管、解散及清算、保险契约转移等方面，也作了规定。⑥ 对于该法案，保险业界希望尽早实施，但这一法案本身系仓促制定，且未涉及外国在华保险业的监管等问题，业界反响不一。有人指出："现在外国保险公司就沪地一邑而论，为数已有数十家之多，至就各地所设之支店、代理店统计，尤属不少，若政府漫不稽考，一任自然，则何以励本国保险之发达，而谋人民利益之安全。"⑦ 事实上，法案在业界和社会上均未得到充分的讨论，更难以见诸实施了。

在此期间，民国北京政府中的部分人士曾提出建立国家保险机构的设想。1915年，时任财政总长周学熙还以财政困难为由，计划开设国家保险公司。⑧ 1917年，时任财政总长陈锦涛又拟定了设

---

① 保险业请颁专律 [N]. 时报，1917 - 02 - 15.
② 保险业将受外人干涉 [N]. 民国日报，1917 - 02 - 21.
③ 保险业请愿速颁专律 [N]. 申报，1917 - 02 - 15.
④ 农商部调查保险营业 [N]. 时报，1916 - 03 - 23.
⑤ 保险条例之提出 [N]. 时报，1917 - 02 - 24.
⑥ 法制局所拟之保险业法案 [J]. 银行周报，1918，2 (48).
⑦ 北京特约通讯（四）：监督保险之先声 [N]. 新闻报，1919 - 01 - 20.
⑧ 内国专电 [N]. 时报，1915 - 08 - 5.

立国立保险局的计划。这份《国立保险局则例草案》称，"本局以经营官吏年金及人寿农业水火保险为业务"，资本总额为500万元，由国库拨付，"拨足十分之一即行开始营业"，总局设北京，各省地方设分局，以官立银行分局及邮电分局为代理处，亦可与私立银行及商号订立契约，经财政部批准后从事委托代理业务。总局拟设总裁、副总裁各一人，等等，并规定"本则例自公布日施行"。[①] 这一拟设的国立保险局为财政部官办的保险机构，其意图显然也在于解决民国北京政府的财政困窘。该消息一度引起了上海保险业界的关注，"以政府久失信用于民，官吏尤无保险学识经验，设因办理不善竟至失败，不独国家失坠信用，且恐民业保险前途大受挫折"。[②] 从实际情形看，所谓国立保险局的计划只是财政部的异想天开，远未进入具体实施。

总体而言，尽管民国北京政府对保险有所注意，但这一时期国内政治局势并不稳定，特别是1916年袁世凯复辟帝制失败后，出现了军阀割据和混战的局面，民国北京政府自身尚且动荡不安，更难以在经济领域有所作为，其对保险业的关注，实际上仅是有限的姿态而已。不过，新的国家体制的建立，毕竟为工商经济的发展提供了契机，随着中国社会保险意识和挽回利权意识的提高，已有数十年历程的华资保险业也获得了初步的经验积累，从而为自身的成长提供了条件，使得民国北京政府时期的华商保险业延续了清末的增长势头，呈现出加速发展的景象。

（二）华商公司的数量增长

统计表明，自民国元年（1912年）到民国十六年（1927年）批准注册的工商企业共1650家，其中保险公司为31家。[③] 如果加上未注册的，这一时期设立的华商保险企业数量要大得多。有研究者依据多种资料，对1912—1928年新增设的民族保险公司进行统计，共达74家，见表4-1。

表4-1 北洋政府时期成立的民族保险公司一览表

成立年份	公司名称	总公司所在地	资本总额	营业种类	主要发起人及股东
1912	华安合群保寿公司	上海	50万元	寿险	吕岳泉、王人文、朱葆三、徐绍祯
1912	均安水火保险公司	香港	50万元（港元）	水火险	关仲晃、梁正修、陈松乐
1912	康年人寿保险公司	上海	100万两（规元）	寿险	张振勋、熊希龄、陈孤、张作霖
1913	羊城保险置业公司	广州	100万元（港元）	水火险、置业、按揭	林护、李煜堂、马应彪、李菀生
1913	爱群联保寿险公司	江苏	—	—	—
1914	金星人寿保险公司	上海	100万元（银元）	寿险	唐绍仪、卢信、易次乾、孙仲英
1914	永康联保寿险公司	上海	7.5万元	寿险	黄韫甫、王志良、程镜心
1914	香安保险公司	香港	100万元（港元）	水火险、置业、按揭	蔡兴、郭泉、马应彪、蔡昌
1915	上海联保水火保险公司	香港	300万元（港元）	水火险、船壳、汽车险	李自重、黄茂林、陈任国

---

① 国立保险局则例草案 [J]. 实业杂志，1917，1.
② 保险业注意国立保险局 [N]. 民国日报，1917-04-16.
③ 颜鹏飞，李名炀，曹圃. 中国保险史志：1805—1949 [M]. 上海：上海社会科学院出版社，1989：137.

续表

成立年份	公司名称	总公司所在地	资本总额	营业种类	主要发起人及股东
1915	永宁水火保险行	天津	100 万元	水火险	刘晦之、周学熙、郭信、刘啸秋
1915	先施保险置业公司	香港	120 万元（港元）	水火险、按揭、汇兑	马应彪、欧彬、马永灿、蔡兴
1915	两利联保寿险公司	上海	—	寿险	—
1915	益众联保寿险公司	上海	—	寿险	沈尚志
1915	金星水火保险公司	上海	100 万元（银元）	水火险	唐绍仪、卢信、易次乾
1915	博爱人寿联保所	上海	—	寿险	游荫乔
1915	永益联保寿险公司	上海	—	寿险	徐家祥
1915	永隆人寿保险公司	上海	—	寿险	李邦柱
1915	通安水火保险公司	上海	—	水火险	柳杰士
1915	联益水火保险公司	—	—	水火险	—
1916	华年人寿水火保险公司	汉口	100 万元	人寿、水火险	马冀平
1916	永安水火保险公司	香港	150 万元（港元）	水火兵盗汽车风险	郭乐、郭泉、杜泽文、林弼南
1916	中和人寿保险公司	天津	100 万元	寿险	李樵石、何梦植
1917	广恒水火保险公司	上海	—	水火险	—
1917	益众人寿保险公司	上海	—	寿险	—
1917	福星人寿小保险	福州	1.5 万元	寿险	林敬铨、林觐宸
1918	麸皮业久安内地保险公司	上海	2 万元	水火险	赵茂华
1918	中华商立寿险公司	上海	100 万元	寿险	龙应鹏、施子英、程鸿宾
1918	联泰水火保险公司	香港	150 万元（港元）	水火船壳等险	谭焕堂、李煜堂
1918	锦星水险股份有限公司	下关	5 万元	货物驳运保水险	骆焕章
1919	仁安保险有限公司	上海	—	水火险	—
1919	信达水火保险公司	上海	—	水火险	—
1919	益兴内河水险公司	上海	—	水火险	—
1920	东方人寿保险公司	北平	100 万元（银元）	寿险	钱新之、曾叔度
1920	上海商业联合保险公司	上海	200 万元	火险	陈惠农、朱赓石、邬挺生
1920	宝兴长水火保险公司	上海	50 万元	水火险	刘树森
1921	华侨保险公司	新加坡	500 万元（叻元）	水火、意外险	黄兆圭、王文达、林烈文
1921	太平水火保险公司	上海	—	水火险	徐子珊
1921	公益保险公司	上海	—	水火险	郑紫峰
1921	全安保险公司	上海	—	水火险	—
1921	大中国水火保险公司	杭州	20 万元	水火险	王悦山、张百期
1922	先施人寿保险公司	香港	200 万元（港元）	寿险	蔡兴、马永乐
1923	丰盛保险公司	上海	20 万元	水火船壳汽车险	周作民
1923	福田保险公司	福建	2 万元	寿险	陈有余、黄葆障

续表

成立年份	公司名称	总公司所在地	资本总额	营业种类	主要发起人及股东
1924	永安人寿保险公司	香港	150万元（港元）	寿险	郭乐、郭泉、杜泽文、林弼南
1924	中国兴业水火保险公司	杭州	50万元	水火险	—
1924	天祥人寿保险公司	—	—	寿险	—
1925	大中华水火保险公司	杭州	20万元	水火险	俞叶封
1925	宁绍水火保险公司	上海	50万元	水火船壳汽车险	方淑柏、袁履登
1925	中安水火保险公司	上海	30万元	水火险	杨寿生、胡涤生
1926	安平保险公司	上海	100万元	水火汽车邮包险	刘子山、钱新之、吴蔚如、徐新六
1926	珠江保险公司	广州	100万元	火险	梁培基、何永浩
1926	中国工商保险公司	上海	10万元	寿险	刘兆华、刘兆雄、林云卿
1926	恒泰保险公司	上海	10万元	水险	江苏省长
1926	福州利群人寿小保险	福州		寿险	福建实业厅
1926	宝福人寿小保险	福州	—	寿险	福建实业厅
1926	大陆人寿保险	天津	5万元	寿险	直隶省长
1926	大中保寿储蓄	福建	10万元	寿险	福建实业厅
1926	康龄人寿小保险	北京	3.5万元	寿险	京兆尹
1926	健康保寿	福建	10万元	寿险	福建实业厅
1927	大华保险公司	上海	12万元（银元）	水火意外信用险	陈光甫、刘鸿生、潘学安
1927	通易信托公司保险部	上海	30万元	火险	黄溯初、周守良、刘放园
1927	陆海通人寿保险公司	香港	200万元（港元）	寿险	陈符祥、杨金添、陈元喜、陈卓然
1927	集益保险公司	天津	2万元	寿险	直隶省长
1927	黑河济安水火保险公司	黑龙江瑷珲	60万元	水火险	毕鸣山、梁官臣
1927	怡康保寿公司	福建福州	10万元	寿险	林步青、林超
1927	新华合群水火保险公司	上海	—	水火险	范友三
1927	普安保险公司	上海	—	水火险	李瀛洲
1927	茂生保险行	上海	—	水火险	叶春深
1927	顺利水火险邮政保险公司	上海	—	水火险	—
1927	万国邮件保险公司	上海	—	邮政险	—
1927	丰年水火保险公司	上海	—	水火险	—
1928	爱群人寿保险公司	香港	150万元	寿险	黄耀东、岑日初
1928	肇泰保险公司	营口	100万元	玻璃汽车意外险	李子初、唐筱泉、陈干青、李序园
合计			74家		

资料来源：1. 王晚英. 北洋政府时期的民族保险业 [D]. 苏州：苏州大学，2004.

2. 略去原表"资料来源"一项。

该表尚有遗漏和不准确之处，如设在杭州的大共和保险公司未在其中。1924 年，《保险与储蓄》曾刊出该公司招请经理的消息，称该公司设在杭州兴武路十八号，"开幕以来，营业发达，信用卓著"，拟于汉口设立分公司，并计划在北京、天津、南通、扬州等九地设分公司，"如有经验宏富、诚实可靠、愿任分经理者，可直接与总公司接洽"。[①] 另外，1924 年在杭州设立的公安保险公司也未列入表中。不过，这一时期华商保险企业数量的增长由此已可见一斑。

华商保险公司不仅数量增长明显，发展也颇为兴旺。比如，1915 年 6 月有消息称，青岛 1914 年成立的福业保险公司，未几因战争（按：指 1914 年第一次世界大战爆发后日本以对德参战为由出兵山东）而停办，后由商会总理傅炳昭等重新组织恢复，"一时生涯颇为发达"。[②] 又如，上海的新华合群水火保险公司因开办时规模未备，"特委大中国公司全权代理"，随着两家公司营业日增，"事务日繁，有不暇兼顾之势，且办公场所，不敷应用"，双方商定解除代理契约，由新华合群保险公司收回自办，总公司移设法租界天主堂街 93 号。[③] 不久后，其又因"营业甚为发达"，办公地不敷需要，再次迁移到九江路新址。[④] 不过，就实际情形而言，华商保险企业资金少、规模小，仍是普遍的现象。表 4 - 1 中所列的资本总额，并非实收资本，如 1924 年在杭州设立的中国兴业水火保险公司，其开业时收足第一期股款为大洋 125000 元。[⑤] 由于资金规模、经营能力等方面的限制，不少华商公司持续时间有限，短期内歇业倒闭者为数不少。比如，1909 年设立的上海允康人寿保险公司，1913 年在农商部注册，"因各股东暨发起人等散处四方，督理营业，每虞丛脞"，该公司"出入相衡，并无亏短，所余债务，均有抵当"，1918 年召开股东大会后，决议解散，"将公司全部营业合并于华商中华商立寿险股份有限公司承受接管"。[⑥] 一直到 20 世纪 20 年代，华商保险公司旋起旋灭的现象也未明显改观。1925 年 12 月，杭州中国工商水火保险公司召开股东会议，宣告停业，退保清算。[⑦] 即使经营相对成功的华商公司，也十分脆弱。比如，上海华兴水火保险公司 1924 年的一次股东会上宣布的当届经营成绩：共收保费 10 余万两，除去赔款开支，尚余 5 万余两，股东官利按照 8 厘摊派，尚获净余 15000 余两。[⑧] 该公司号称在国人自营保险业中"资格最老，信用最著"，但到 1926 年，由于某经理亏款，根基动摇，经股东大会决议，"准将公司牌号、资产、人欠欠人及营业上之责任，一并出盘"，重新改组，成立新局。[⑨]

因此，华商保险企业数量虽然可观，但能够持续发展的为数甚少。1917 年 6 月，包括数家总公司设在香港的分公司在内，上海民族火险公会成员有 27 家。[⑩] 另根据上海市保险业同业公会历年会

①　大共和保险公司招请经理 ［J］. 保险与储蓄，1924，5.
②　重组保险公司事业 ［N］. 新闻报，1915 – 06 – 02.
③　新华合群保险公司收回自办 ［J］. 保险与储蓄，1924，5.
④　新华水火保险公司迁址 ［N］. 民国日报，1924 – 11 – 13.
⑤　中国兴业保险公司将开始营业 ［J］. 保险与储蓄，1924，5.
⑥　为转送允康人寿保险公司解散注册文件请核转由 ［J］. 江苏实业杂志，1919，2.
⑦　杭州短简 ［N］. 时报，1925 – 12 – 24.
⑧　华兴保险公司之股东会 ［N］. 新闻报，1924 – 07 – 26.
⑨　华兴保险公司新局成立纪闻 ［N］. 新闻报，1926 – 11 – 27.
⑩　颜鹏飞，李名炀，曹圖. 中国保险史志：1805—1949 ［M］. 上海：上海社会科学院出版社，1989：163.

员申请入会统计，这一时期申请入会的保险公司有 22 家。上述 22 家保险公司于该时期内因停业而出会的就达 8 家之多。① 即使到 1930 年，上海市保险公会会员公司实际仅有 20 家而已，实收资本总额共计也不过 1000 万余元，平均每家仅 50 万元。② 以寿险而论，1927 年底，在实业部注册的华商保险公司共 20 家，资本合计 1300 万元（410 万两，另加 7295000 元）。但实收额可能不及该数之半。除华安合群公司的发展最为突出外，"上海之延年、允康、华洋、康年、金星、中华商立，天津之中和，北京之东方，汉口之华年，皆为大公司，额定资本皆在一百万元左右。其余如杭州之大中华，福建之建康、怡康、福康、利群、福日、颐远，北京之康龄，则规模甚小，资本在一万元与十万元之间，多在近年设立"。比如，杭州之大中华，开办不过 3 年；北京的康龄 1927 年 1 月才开始营业；福建的小保险公司也多为新设的，1926 年即成立了 5 家。"然此类公司，资本微薄，且含特别性质，不可与大公司相提并论。"③

华商保险业的这种情形，与外资保险业在中国市场上占据主导地位有直接的关系。外资保险的优势地位，压缩了华商保险业的发展空间。此外，中国现代工商经济的落后、政府缺乏对保险业的管理和扶持、中国社会保险意识的单薄，以及华商保险自身存在的种种问题，也都影响着华资保险业的生存状况。1923 年，鉴于洋商垄断保险业，华商资本过小，难以发展，上海总商会还致函各华商保险公司，建议"（一）迅速组织华商保险公会；（二）迅请政府颁定华商保险业规约；（三）每届预算时将负债资产列表公布，以坚信用"。④ 故就总体上说，这一时期华商保险业的发展仍处于不稳定阶段。

二、 华商保险业的经营状况

（一）水火险企业及经营状况

民国北京政府时期，尽管华商保险业面临各种障碍，但一些保险公司仍然积极经营，努力在保险市场争取一席之地。就业务范围而言，水火险和人寿险是这一时期华商保险业的主要业务。在水火险方面，先后出现的主要保险企业如下。

联保水火险公司。该公司由李自重等人发起，最初在香港设立，投资主要来自广东银行。1915 年在上海设立分公司。上海《新闻报》1915 年 4 月 16 日刊登消息："上海联保水火险公司已于昨日（十五号）在江西路三十号开幕，查创办人为香港著名保险家，联益、联泰两保险公司总理李煜堂君、黄碧荃君及先施公司总理欧彬君，发起集合资本一百万元，并联合香港联益、联泰、福安、香安、羊城五大公司，共为一大联保。其魄力雄厚，足与欧西各公司抗衡。勿论保额之多寡，均可受保，洵属挽回外溢利权。闻已将江西路四明银行及江苏银行两房屋置为该公司不动产业。"⑤ 到 1918

---

① ［A］. 上海档案馆保险档，档号 S181 – 1 – 88.
② ［A］. 上海市档案馆藏档，档号 Q0 – 21 – 428.
③ 我国人寿保险业之概况 ［J］. 经济半月刊，1928，2（14）.
④ 总商会发展保险业之建议 ［N］. 申报，1923 – 04 – 07
⑤ 联保水火险公司开幕纪盛 ［N］. 新闻报，1915 – 04 – 16.

年底，该公司"生意极其发达，获利五十万，拨存公积三十万已足，红本一百万元"。① 1927 年，联保总公司迁至上海，由李煜堂任总经理。此后，该公司以上海为经营中心，一直持续到 1949 年。其间在香港、广州、汉口、九江、镇江、杭州、青岛、烟台等地设数十处分公司。国外在仰光设有分公司，新加坡设有代理处。该公司在东北地区也设有多家分公司，如营口、长春、吉林、公主岭、安东等地。当时，保险公司无论是外资还是华资，赔偿裁决权往往掌握在总公司手中，赔款不能及时，联保公司采取下放赔偿权等方式，拓展保险市场。比如在大连，"上海联保水火险公司大连分公司洞悉此中隐弊，删除积习，名虽曰上海联保水火险公司关东洲总代理店，其实握有裁处实权，如在该公司投保水火险之事者，该公司对于勘验及赔金手续，可以自由裁决，无电请办法等手续"，"故其赔款，较他称速"。"望其余各家，亦对此点努力，则大连保险事业，前途庶可进步"。②

永宁水火保险公司。该公司于 1915 年设立，为官商合作性质的保险公司，由中国实业银行拨资，初名中国实业银行永宁水火保险行，总公司设在上海。1932 年，该公司改组为独立的永宁水火保险股份有限公司，资本总额 100 万元，由中国实业银行各地营业点代理，经营水险、火险业务。该公司曾一度中辍，后又复业。

中央信托公司保险部。1921 年，绍兴帮钱庄业人士田祈原、田时霖、宋汉章等发起成立中央信托公司，田时霖为董事长，严成德为总经理。同时设立保险部，经营水火险。在汉口设分公司，其他大中城市设代理处。1935 年南京国民政府设立中央信托局保险部后，该部改名为中一信托公司保险部，1945 年抗战结束后歇业。

宁绍水火保险公司。1925 年，宁绍商轮股份有限公司以该公司"自保船险项下，逐年积余银二十五万元，经本年四月股东常会议决，以此款为基本，兼营水火保险事业"，定名为宁绍商轮股份有限公司保险部。③ 同年 11 月初，保险部开业，但随后农商部以保险不能兼营为由拒绝其立案。1935 年改为独立的股份有限公司，实收资本 25 万元。除在上海设总公司外，在沿海和沿江多个城市设有代理处。方椒伯任董事长，胡詠骐任总经理，后为袁履登。经营水险、火险、船壳险、汽车险等业务。

安平保险公司。该公司于 1926 年设立，由刘子山、吴蔚如、赵叔馨、徐新六、钱新之等人发起，投资主要来自东莱银行。初名安平水火保险公司，董汉槎任总经理。公司实收资本 50 万元，专保水火险业务，先后在南京、汉口、天津、青岛、济南、杭州、广州、郑州、哈尔滨、长沙、重庆等地设分公司。1933 年，该公司由东莱银行投资设立的太平保险公司管理，此后其业务领域得到扩充，兼营意外、汽车、船壳、兵匪、邮包、茧钞险等业务，后改称为安平保险公司，先后设立的代理处遍布全国，达 224 个。

通易信托公司保险部。该保险部于 1927 年设立，原是通易信托公司的一个部门，次年 7 月注册

① 联保水火险公司将开股东会［N］. 时报，1919－04－17.
② 大连保险业之实况［J］. 银行月刊，1928，8.
③ 宁绍轮公司兼营保险请备案［N］. 新闻报，1925－11－07.

为股份有限公司，由黄溯初任董事长兼总经理，专营火险业务，在北平、南京、广州、杭州、苏州等地设分公司，另外有多个代理处。1936年因通易信托公司倒闭，保险部随之结束。

大华保险公司。该公司于1927年设立，由陈光甫、刘鸿生、潘学安等发起，投资主要来自上海商业储蓄银行，资本总额12万元，后于1936年增加到20万元。陈光甫任董事长，潘学安为总经理。该公司经营水险、火险和意外险，以及信用险、汽车险、兵盗险等业务。

此外，1928年设立的肇泰保险公司最初设在营口，次年迁入上海，在营口、天津、青岛、龙口、沈阳设分支公司，代理处偏重设于东北一带，经营火险、船壳险、汽车险及意外险等业务。

在水火险领域，还有几家总公司位于香港，在上海设立分公司的保险机构。比如先施保险置业公司，1915年由港、沪、粤三地的先施百货公司共同设立，资本金共120万港元，三家各拨款40万港元，总公司设在香港，由蔡兴任总司理。该公司成立后，即在上海、广州设分局，后又扩展到福州、天津、汉口以及新加坡、越南、泰国等国家和地区，经营水险、火险、置业、按揭等业务。永安水火保险公司，1916年由香港永安集团公司及侨商发起，资本金150万港元，郭乐任董事长，林弼南为总司理。其成立时先在上海、广州设分公司，后来扩展到汉口、天津、汕头等地及国外的暹罗、雪梨等地，其他国内主要城市则设有代理。经营水火险、兵盗险、汽车险、按揭、货仓、储蓄、信托、汇兑等业务。1924年，《申报》一则报道称，"该公司年来营业颇为发达"。①

另外一些水火险公司，在经营上也有较好的表现。比如，1924年华兴水火保险公司在第19届股东会上称，该公司向来稳健经营，"查明即赔，毫无留难隔膜之弊，且彼此均属华商，接洽较易，故保日增"。本届共收保费十余万两，"除去赔款开支，尚余五万余两。股东官利如仍照八厘摊派，尚获净余一万五千余两"。②

不过，与外商公司相比，华商保险公司在水火险市场上的整体劣势仍十分明显。有言论称："上海为中国唯一通商大埠，水火险公司，不下百余家。而纯粹华人组织、管理完善者，为数甚少，且均不能有充分之发展。推原其故，厥为洋商火险公司，欲垄断全埠火险事业，拒绝与华商火险公司合作，并绝对不接受华商转保之火险，是以华商公司之保额极小，遂致发展远逊于洋商公司。"③ 民国初年，随着各商埠城市空间的扩大，人口的增加，以及商业活动的兴旺，都为华商火险业的发展提供了机会。但与洋商相比，华商公司主要靠更低的费率进行竞争，其面临的风险也更大。比如，1916年在福州，一些新设的华商保险公司靠着比外商公司低30%～40%的费率，承揽了中国人大量的保险生意。但这年11月11日和15日，福州发生了两场大火灾，第一场大火灾导致两家中国保险公司分别损失12400元和8000元，第二场大火则烧掉了一英里长、半英里宽的街区，2000栋建筑被摧毁，带来的财产损失在百万元之上，保守估计，保险公司的损失达到8万～10万元。在6个星期中，福州的中国保险公司估计损失了15万元，导致不少公司退出福州市场。"毫无疑问，中国公司

---

① 永安保险公司之进行 [N]. 申报，1924－03－14.
② 华兴水火保险公司之股东会 [J]. 保险与储蓄，1924，4.
③ 中国保险界之好消息 [N]. 新闻报，本埠附刊，1927－07－15.

还在黑暗中盲目摸索"。①

（二）寿险企业及经营状况

民国北京政府时期，清末出现的华商寿险业一度呈现出竞相发展的热潮。这一情形的出现，大致有以下两方面原因：一方面，外资保险公司在财产保险领域经过长期经营，地位已经稳固，比较而言，中国人寿保险市场起步较晚，对华商保险业来说发展空间较大。同时，与外资保险业相比，华商保险业因为对中国社会心理、习俗更为熟悉和了解，在市场拓展上有特定的优势。实际上，这一时期的在华外商寿险公司大多并不在华人中开展业务，"据可靠之观察，此类公司所保寿险，百分之八十皆为外人，华人寿险成数不过百分之二十"。其原因在于外商寿险公司与中国社会心理的隔膜，"外国人在中国所开公司，除友邦外，所保华人寿险，数仍有限。盖外人终难解华人心理，营业方法及手续，多有不当之处"。②另一方面，就世界范围来看，这一时期寿险也是保险业重要的拓展领域，正处于快速增长进程中，中国保险业自然也受这种趋势的影响。其时，国内报刊和保险业界对寿险予以积极关注，呼吁发展寿险市场。1924 年有文章指出："此时诚为人寿保险时代。如美国老派人寿保险公司与法定储蓄人寿保险公司，一千九百二十三年中，共保一万一千七百一十兆金元，而一千九百二十二年只保九千三百兆金元，是则去年所保者，较前年增加百分之二十六矣。"作者称，美国寿险业是美国铁路建设的重要资金来源，为美国经济发展作出了重要贡献。该文强调了人寿保险事业对中国的价值："人寿保险公司，各国皆有需用之必要，但以中国为最甚。盖中国需用之理由，实二倍于他国者。第一可得保护个人及家庭安全之法，而集巨款以发达国家之经济。第二中国可获按理当得之国际地位也。"其理由是，中国欲"与近代文明同一步骤"，首先要实现统一，而实现统一，最要者为交通建设，"虽然非敢谓人寿保险公司为医治中国百病之万应妙药也，然此项公司，如按美国否定储蓄法，多在华人中间营业，以保费投于中国实业之中，在此三十年之内，即可使中国获莫大之益，此吾人确信之事也"。③ 依据表 4 - 1，这一时期出现的华资保险公司中，专门从事寿险业务的至少有 30 家之多。

在华商寿险公司中，1912 年 6 月在上海设立的华安合群保寿公司最具代表性。该公司的创设，得到政商各界一批要人的支持。比如，陆军上将徐绍桢、四川总督王人文等人，徐绍桢认股规银 1 万两，王人文认股 2 万两。1913 年 7 月，徐绍桢、王人文等人还呈文大总统及国务总理，争取政府对寿险业赞助扶持。呈文内称，人寿保险业"为实业前途，关系非细……保寿风气，尚未大开，社会上对于保寿之利益，亦未能如外国人民之深知。今欲开

华安合群保寿公司创办人吕岳泉

---

① The Chinese Insurance Gamble［N］. The North China Daily News, 1916 - 11 - 30.

② 我国人寿保险业之概况［J］. 经济半月刊, 1928, 2（14）.

③ 美国及中国人寿保险公司之利益［J］. 国际周报, 1924, 2（24）.

通社会，强击信用，不得不赖在上者之赞助扶持"。① 最终华安合群保寿公司争取到冯国璋和黎元洪入股，冯国璋一度任该公司董事，黎元洪也担任过该公司名誉董事。② 此外，工商界巨擘如朱葆三、桑铁珊、顾棣三等众多名流也入股华安合群保寿公司。

华安合群保寿公司的"创其始而总其成者"为吕岳泉。吕岳泉，1877 年生，江苏南汇人，此前为洋商永年人寿保险公司南京分行的总经理。在发起设立华安合群保寿公司时，吕岳泉得到了原永年人寿经理、南京分行总董郁赐和原永年人寿精算师第黻礼（F. Defries）的大力支持。这两人也脱离永年人寿而加入华安合群保寿公司，郁赐出任总理，第黻礼出任总稽核兼秘书长。第一次世界大战爆发后，第黻礼回国参战，捐躯战场。郁赐则一直为华安合群保寿公司工作，在吕岳泉出任总经理后，改任专门顾问。吕岳泉初为稽查，后任经理部主任，直至总经理。

吕岳泉"经验宏富，对于保寿业积有二十年之经验，为国内保寿界唯一无二之人材"。华安合群创立时，实收资本银 13 万两，到 1923 年底，保险额共计 894 万余两，公积金达到 1146000 余两，所置房产值银 1426000 余两。其上海一处地产位于跑马厅对面，占地 12 亩，价值 80 万两，并在其中的 2 亩 6 分地上花费 60 万两建造八层公司大楼。这是当时该区域内的最为宏伟的大楼，也是华安合群保寿公司行业地位的象征。公司 12 年来付出的赔款、满期保费及红利达到 100 万两。"该公司之名誉信用，在中国公司中，可称首屈一指。"③ 当年该公司总司理郁赐欲赴南洋各埠推广业务，请求上海总商会具函介绍。商会派会董二人到该公司调查，结果显示："该公司办事人员，共有七十余人，著名商埠，皆有分行。创始在民国元年，资本元拾二万三千两。于民国十一年十二年，二次添加资本元一万二千三百两，至民国十二年，共实收资本元十三万五千三百两。首任董事为沈仲礼君，总经理为吕岳泉君。历年营业，颇形发达。"公司在上海的地产坐落静安寺路东首，地亩有十二亩零。余产不计。其地产契据以及各项押款、公债、股票等证券则存于花旗银行。④ 到民国北京政府末期，延续华安人寿的华安合群公司被看作华商保险公司中"营业发达最速者"。"分行国内外共有一百六十七家"，1926 年前 8 个月，新保寿险达 4223412 元，付出保金 90963 元。当年底，该公司资产为规元 2003019 两。⑤

这一时期，1914 年 4 月 2 日开业的金星保险公司也一度受人瞩目。曾任内阁总理的唐绍仪为该公司主要发起者，其董事包括唐绍仪、李经方、杨小川、丁宝铨、赵凤昌、唐文治等政商界名流，唐绍仪为总董，曾任农商部总长的卢信为副总董，易次乾为总理，总公司设于上海。与华安公司相比，该公司政治背景更为雄厚，成立之后很快在多个省份设立了分公司。1914 年，"统计有五百万左右之保险费"。在经营上，"除公司一切股息、红利费用及投保人利息外，将所获一切溢利，均作百

① ［A］. 上海市档案馆藏华安合群保寿公司档案，档号 Q336 - 1 - 11.
② 华安合群保寿公司二十周年纪念刊［A］. 上海市档案馆藏华安合群保寿公司档案，档号 Q336 - 1 - 56.
③ 华安合群保寿公司之内容［N］. 申报，1924 - 12 - 22.
④ 上海总商会与保险公司［J］. 保险与储蓄，1924，8.
⑤ 我国人寿保险业之概况［J］. 经济半月刊，1928，2（14）.

分，股东占百分之十，余百分之九十则均派与投保人享受"。[1]　1915
年，该公司又将业务领域拓展到水火险，创办金星水火保险公司。
1920年，两家合并为金星水火人寿保险公司，简称金星保险公司。
1924年，有报道称："该公司……业于国内各省设立分公司及经理
处百有余所。近于国外各埠如暹罗、南洋爪哇等处，亦次第筹设分
局，其进展之蓬勃，可见一斑。""公司创办人均具世界眼光，通经
济原理，且股东之中坚分子，多系有学识有思想之人物。"这一时
期，曾任国务总理的王正廷任董事长，卢信为总理，代理董事长为
美国哥伦比亚大学政治经济学士、前任广州市财政局局长蔡增基，
日本法学士、前任京师地方检察厅首席检察官的刘伯材任总务主
任。日本商业学校毕业、前汉口工商银行行长黄芬圃为协理兼运营
主任，等等。"该公司资本额定壹百万元，第一次收四分之一，第
二次收四分之二，共已收足柒拾五万元。其地皮、房屋及各种资

华安合群聘请的总司理英国人
郁赐

产，历积共约贰佰余万元。其不动产之显著者，在上海有江西路及广东路之洋楼，占地面积四亩余，
及西区住宅等。在汉口有洋楼、房屋及金星里铺面住宅等。余如福州、济南、四川、云南等处，均
有不动产业。"开办至今，"有效保险单统计额数合洋千万有奇"。"历年赔款支出达捌拾万元。"[2]　到
1928年前后，除青海、西藏、甘肃等偏远省份外，其他各省都已设有分公司，在海外则逐步扩展到
法属印度支那、暹罗、爪哇等华侨势力延伸的地方。[3]　但此后由于经营不善，1929年即告停业，退
出了上海保险同业公会。

　　此外，江苏中华商立寿险公司、先施人寿保险公司、永安人寿保险公司也是较有规模的寿险公
司。1918年成立的江苏中华商立寿险公司，是1909年开办的原上海允康人寿保险公司改组而成的，
总公司设在上海，资本金规银100万两。该公司代总董龚应鹏，总理程鸿宾，经营普通定期寿险、
终身寿险等业务。先施人寿保险公司和永安人寿保险公司均在香港设立，前者由香港先施百货公司
发起，额定资本200万港元，蔡兴任董事长，古卓伦为总司理，1923年5月在上海设分公司，在广
州、石岐、江门等地设分支公司，代理处遍布全国各大城市，经营终身保寿、普通储蓄保寿、分期
还款储蓄保寿、儿女教育年金保寿、儿女婚嫁立业保寿、意外保寿、海陆军人保寿、团体保寿等业
务。永安人寿保险公司1924年由香港永安公司、上海永安公司、永安纺织公司等永安系公司发起，
是永安公司的一个组成部分。董事长为郭乐，何纫秋任总司理，资本初为150万港元，后增资为500
万港元。1925年在上海设立分公司。当年8月有报道称，其人寿保险部开幕以来，"未及数月，本埠
男女各界纷纷储蓄投保之，为数已达一千余号之多，乃于本月一日起，聘请向在永安公司之华经理

①　中国保险事业调查记［J］．农商公报，1915，1（9）．
②　金星人寿保险有限公司调查：二［J］．保险与储蓄，1924，4．
③　和田喜八．上海に於ける保险事业の研究［J］．支那研究，1928，18：509．

钱万青君为内外部经理，一切营业更加进步。现钱君将从事扩张，分设外埠经理，预定年内各部均须分设完竣"。① 1927 年报道中又称，该公司"如遇赔款，必照赔足，且迅速异常，为保险者得益非鲜，故投保纷纷，营业发达，为沪上寿险公司之冠"。② 其又在广州、汉口、雪梨设分局，在南京、北平、重庆、长沙、南昌、青岛、石岐建代理处。该公司经营终身寿险、储蓄保险、特种储蓄保险、儿女婚嫁保险等业务。

东方人寿保险公司设于北京，属于中外合资性质的寿险公司。该公司由周自齐等与日本三菱公司、明治保险株式会社岩琦小弥太等洽商，于 1920 年设立，注册资本 100 万元，实收 25 万元。东方人寿保险公司"专营各种寿险，如养老保险、教育保险、结婚保险、事业保险等类。自开办以来，营业甚为发达"，总经理钱新之为交通银行协理，为拓展南方市场，又设立上海部于广东路九号。③此外，该公司在天津、大连、汉口、杭州等地设代理处。1934 年其改组为纯粹华商公司。

20 世纪 20 年代，一些地区还出现了一批小型的寿险机构。在福州，小保险、小储蓄公司数年间就设立了 20 多家。这些公司大多以保险与储蓄相结合，资本低者数千元，高者达 20 万元，影响较大者有华南银行附设的储蓄百寿会、钱业人士组织的颐远保寿储蓄公司等。投保者填写志愿书，指定赔款归何人所有，提交照片等资料，经公司调查合格后，即可起保，此后依照不同种类，按月缴费，期满为止，"前往投保及储蓄者甚众"，"各公司之营业，莫不蒸蒸日上"。由于此类经营方式金融风险较大，福州官方曾制定小保险小营业章程，进行干预。④

随着华商寿险公司的发展，在与外商人寿保险公司的市场竞争中获得了相当的份额。到 1920 年，"华人寿险事业，已足与洋商分庭抗礼，并驾齐驱矣"。当时，华安合群保寿公司已有国内分公司、经理 90 余处，每年营业额约 400 万元；康年保寿公司有国内分公司、经理 30 余处，每年营业额约 140 万元；金星保寿公司有国内分公司、经理 80 余处，每年营业额约 300 万元。其他如福安保寿公司有国内外分公司、经理 50 余处，每年营业额约 300 万元。⑤ 不过，华商寿险业并未能延续其发展势头，到 1937 年全面抗战爆发前，除华安合群保寿公司外，不少寿险公司已停业，其中许多仅是昙花一现而已。因此，这段时期华商人寿保险业的发展实际上尚处于初始阶段。正如 1928 年有论者所指出的，民国北京政府时期"外国保寿公司之侵入中国而设支店者日多，而华商新公司，亦产出不少，保险事业，渐有推入于内地之倾向，而华商公司，亦能与外国公司竞争不让。惟统全体观之，华商保寿公司势力，仍不如外国公司"。"直至今日，我国人寿保险事业仍不能谓为已脱离幼稚时代"。⑥

（三）其他保险业务及保险同业会

除水火险与人寿险外，其他华商保险营业也有发展。清末开办的一些保险业务如邮政保险信

---

① 永安人寿保险部之扩张 [N]. 时报，1925 – 08 – 22.
② 永安人寿公司女界保险特创 [N]. 新闻报，1927 – 11 – 26.
③ 上海又多一家保寿公司 [J]. 保险与储蓄，1924，4.
④ 福州小保险小储蓄营业近况调查 [J]. 中外经济周刊，1927，223.
⑤ 本埠人寿保险公司之调查 [N]. 申报，1920 – 08 – 08.
⑥ 我国人寿保险业之概况 [J]. 经济半月刊，1928，2（14）.

件，在民国初年出现稳定增长的态势。据统计，1913 年、1914 年、1915 年中国邮政保险信件分别为 15895 件、29888 件和 49652 件，[①] 其增速也较为可观。从 1920 年 1 月 1 日开始，邮政总局还创行了国际保险信函，在各省会商埠开办，"保险数目以三千佛朗为度"，每满 300 佛朗纳保险费 3 角。[②]

到 20 世纪 20 年代，华商也开始进入保险公证领域。1926 年 5 月有报道称："上海一埠，无日无火灾之事，而投保火险者，百不得一能明瞭火险之章程，一遇纠葛，公司辄据定章以相难，其对全市工商各界关系极巨。海上中外火险业，关于火险公证事项，最初由英国火险专家麦秀师，应鲁意斯靡洋行之聘，创办火险办理公证事务。嗣麦氏自行创办远东保险公证局，但专为保险公司方面，办理证明及按章评判赔偿、折扣等事，从无有人为保户设计者。顷有华人留学欧美专门研究保险法者数人，于北京路卅号创中国保险公证局，系根据各国保险法令及章程，谋为保户之保护，延林暮娄为公证人。林氏助理麦秀氏有年，对于保险公证事务，极有经验。该局董事长为英美法学家赵恩德律师，此外办事专家共有六人。兹闻公费仅照收回实数保费，收取百分之三，即每百元收费三元，一切费用在内。此项事业，在我国尚属初创。"[③] 1926 年，保险公证局鉴于保险单多为英文，保户难以明瞭，往往发生各种困难，还开展保险章程、律例等方面的咨询，协助保户与保险公司交涉，开展代存保险单等业务。[④]

随着华商保险公司的增长，保险同业公会也在各地设立。1923 年，镇江出现了保险公会。"镇江为通商巨埠，凡水火人寿保险公司，日益加多，而火险营业，更是异常发达，然各公司平时散处，遇事向无结合地点，殊形缺憾"，因此发起组织保险公会，为同业全体赞成。[⑤] 在杭州，1924 年有消息称："自大中国、大中华、大共和和公安等成立后，现又有新华一家，招集股款，不久即可开业。惟保险事业发达，而纵火图赔者，亦在所不免……现闻各保险公司，决定组织保险公会，新公司一律加入，严订保险章程，免为奸商利用，以维市面。"[⑥] 1924 年 6 月，杭州正式成立华商水火保险公会，成立大会颇为盛大，来宾参观者不下数百人，大中国公司张梦龄当选总董，朱志瀛等四人当选副董。[⑦]

尽管华商保险业仍然处于初步的发展阶段，存在规模小，资金少，管理不规范、有较明显的投机性等诸多问题，但这一时期华资保险公司的增长，对中国民族保险业的发展仍然起到了积累的作用。20 世纪 20 年代末，日商三井沪行保险处主任伊藤继撰文称，华人保险公司此前信用不彰，"其初华人公司中无能对抗外人公司之有力者。因之华人自身亦不信用本国保险公司，势必与外人公司订约，而依时势推移，国民自悟之结果，此倾向渐薄。中国公司抬头之时期已近"。"近年中国保险

---

① 中国邮政纪实 [J]. 太平洋，1917，1 (5).
② 中国创行国际保险信函 [J]. 大事汇刊，1920，1 (1).
③ 华人创办保险公证局 [N]. 民国日报，1926 – 05 – 11.
④ 中国保险公证局新章 [N]. 民国日报，1926 – 06 – 28.
⑤ 保险业组织公会 [N]. 新闻报，1923 – 06 – 11.
⑥ 保险事业之新消息 [N]. 新闻报，1924 – 04 – 23.
⑦ 华商水火保险公会开会记 [N]. 申报，1924 – 06 – 25.

1912 年，华安合群保寿公司在上海外滩开业

公司关于保险事业，亦得相当经验，经营方法等，亦由先进外国公司习学而来，渐以再保险，商诸上海外国公司，或远求于海外，将来与其他事业同样，中国保险公司中，基础亦当渐固，且将有大保险公司发生。"[1]

三、 华安合群保寿公司的成长历程

（一）华安合群保寿公司的经营状况

在民国北京政府时期成立的华商保险企业中，华安合群保寿公司无疑是最著名者之一，其发展历程代表了近代民族寿险业的成长过程。

华安合群保寿公司成立于民国元年，"中华民国缔造之年，即华安合群保寿公司创设之岁"。[2] 1912 年 6 月 15 日开始试营业，7 月 1 日正式开业。其时总公司位于上海黄浦滩（即今外滩）30 号。1912 年 12 月呈请工商部注册，执照号码为 11 号。

华安合群保寿公司是在合并原上海华安人寿保险公司的基础上重新发起设立的。上海华安人寿保险公司创立于 1907 年 8 月，名义资本 50 万两，但实收资本仅 10 万两。创办董事为朱葆三、沈仲礼、李伯行、施子英、王子展、谢纶辉、邓鸣谦、丁介侯、王阁臣、沈联芳共 10 人，以朱葆三为总董，沈仲礼为总理。[3] 后因经营不善，公司在 1912 年初陷入困境。华安合群保寿公司成立后，所有原上海华安人寿保险公司的业务关系即移交给前者。

1912 年，民国政府工商部颁发的华安合群保寿公司注册执照

综上所述，华安合群保寿公司得到了政商各界人士的支持，这对华安合群公司的发展有着重要的意义。从资本额来看，华安合群保寿公司并不是一家实力雄厚的公司，总额仅 50 万元，且直到 1937 年底也未曾增资。但是它的发展速度却相当快。1912 年是创立之年，会计上的营业时间仅 7 个月，但保费收入达到 97496 元。此后，华安合群保寿公司努力推广营业，先后在国内各重要商埠设立分公司，至 1915 年投保额已达 6026052 元，新保费收入达到 166901 元。至 1931 年，华安合群保寿公司历年有效保额增长统计见表 4 - 2。

---

① 中国中外保险业近状 [J]. 财政旬刊，1929，21.
② 赵君豪. 华安合群新屋落成志庆 [N]. 申报，1926 - 10 - 10.
③ 上海创设华安人寿保险有限公司招股广告 [N]. 申报，1907 - 07 - 14.

表4-2 华安合群保寿公司有效保额增长表（1912—1931年）

单位：元

年份	有效保额	年份	有效保额
1912	1660616	1922	12258318
1913	3080103	1923	13060707
1914	4531164	1924	14410588
1915	6026052	1925	15166949
1916	6979804	1926	15621362
1917	7392163	1927	15147047
1918	7642725	1928	15890329
1919	9277952	1929	17298148
1920	10390141	1930	18579230
1921	11517684	1931	19965042

资料来源：华安合群保寿公司二十周年纪念刊［A］. 上海市档案馆藏华安合群保寿公司档案，档号Q336-1-56.

在近20年的时间内，华安合群保寿公司的有效保额一直稳步增长，年增长率达到13.98%，逐渐成为中国近代实力最为强大的华商专业寿险公司，见图4-1。

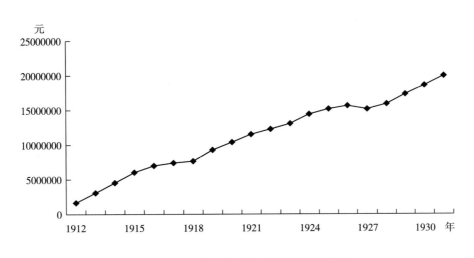

图4-1 华安合群保寿公司有效保额增长图

有效保额的增长意味着保费收入的增加，1912—1931年华安合群保寿公司保费及其他收入总数据见表4-3。

表4-3　华安合群保寿公司历年保费及利息收入统计

单位：银元

年份	新保费	续期保费	各项利息
1912（6个月）	97496.4	—	4235.75
1913	113392.71	49846.69	4199.96
1914	135062.49	133329.59	3280.71
1915	166900.9	180444.48	8079.66
1916	122020.33	241362.81	7703.6
1917	151611.34	282825.34	14747.48
1918	127441.08	343184.34	18764.49
1919	198814.73	387868.67	30589.68
1920	184745.35	524543.59	46203.22
1921	192463.0	568746.37	63209.21
1922	175489.95	636466.7	111676.99
1923	187813.73	667138.36	123469.33
1924	226451.52	684062.03	129878.75
1925	232645.51	732007.55	136274.96
1926	209410.33	798123.03	156407.34
1927	176670.02	816986.88	171817.33
1928	220445.3	838986.78	184781.58
1929	228019.32	897700.92	231527.45
1930	273857.31	931529.99	273448.02
1931	310154.22	962647.53	249298.92
合计	3730905.54	10677801.65	1969594.43
总计	14408707.2		

资料来源：华安合群保寿公司二十周年纪念刊［A］. 上海市档案馆藏华安合群保寿公司档案，档号Q336-1-56.

　　营业收入的增加，与营业网络的建设密不可分。鼎盛时期，以华安合群保寿公司的国内营业网络来看，除青海、西藏、外蒙古外，各省均设立了分公司。[①] 到1925年时，公司的业务范围还覆盖到南洋群岛，同年还设立了巴达维亚分公司。1932年，华安合群保寿公司的海外分公司还有棉兰和盘谷两家。[②] 当年华安合群保寿公司的经营网络见表4-4。

---

① 和田喜八. 上海に於ける保险事业の研究［J］. 支那研究，1928，18：508.
② 华安合群保寿公司二十周年纪念刊［A］. 上海市档案馆藏华安合群保寿公司档案，档号Q336-1-56.

表 4 - 4　华安合群保寿公司各地分公司一览

区域	经理或负责人	公司地址
河北省		
北平	郑陟夫	东单二条胡同 28 号
天津	洪佑之	法租界四号路 129 号
石家庄	程步棠	兴隆胡同 12 号
山东省		
济南	陈隽人	中国银行
烟台	马翼君	刘公祠街
青岛	李少臣	馆陶路取引所 20 号
威海卫	滕鸿笙	福泰号
江苏省		
南京	杨仲仰	白下路 248 号
徐州	沈闻炫	三马路 9 号
苏州	顾公达	养育巷 177 号
镇江	谢树南	大龙巷 7 号
扬州	莫润生	犁头街生余庄
海门	吴少峰	茅镇
南通	陈小如	世界书局
浙江省		
杭州	刘利宾	泗水芳桥西浣纱路 4 号
绍兴	陈荣洤	上大路日晖巷口
宁波	陈彤黼	三北轮埠公司
温州	缪伯华	朔门大简巷 8 号
瑞安	曹筱卿	广达利号
海门	陈莼园	永川轮船局
硖石（海宁）	史诵良	裕通庄
长安（海宁）	徐子祥	大街裕长庄
福建省		
福州	应利康	泛船浦吉安里
厦门	张念坤	中山路和记洋行

续表

区域	经理或负责人	公司地址
湖北省		
汉口	邱良荣	特二区群寿里
宜昌	刘尚玉	一马路新盛街 53 号
湖南省		
长沙	潘伯士	草潮门上河街
安徽省		
蚌埠	顾松龄	大通煤矿公司
河南省		
开封	谢选卿	新街口路南
郑州	郑紫莼	大通路协和烟公司
洛阳	朱仙居	东大街路北 119 号
广东省		
广州	卢宝书	一德路中圣伯禄楼
辽宁省		
辽宁（指沈阳）	孙莱阶	城内钟楼南大街 10 号
安东	邹瀛泉	太古洋行
南洋群岛		
巴达维亚	郭天如	—
棉兰	徐华彰	—
暹罗		
盤谷（今曼谷）	A. Linbird	Vacuum Oil Co.

其他未设分公司但有营业的，还有黑龙江、山西、陕西、四川、甘肃、绥远、察哈尔等地。另外，广州的分公司属于两广总分局性质的公司，规格及规模上比一般分公司高，下辖两广各地的分支机构。因此，华安合群保寿公司在国内的营业重点是江苏、浙江、山东以及两广。

人寿保险业的终极目的是保障人身及家庭的安全，很显然这体现在它的赔偿及满期支付上。表 4-5、表 4-6 分别是华安合群保寿的赔偿统计及满期支付统计，从中可见人寿保险所存在的社会价值。

表 4-5 华安合群保寿公司历年身故户数及赔款统计

年份	身故户数（户）	身故赔偿金数额（银元）
1912（仅6个月）	1	1369.86
1913	9	13682.97
1914	15	37129.56
1915	25	38136.05
1916	33	60533.84
1917	52	34426.23
1918	63	107696.49
1919	83	146051.26
1920	92	166648.18
1921	109	145574.41
1922	110	203238.36
1923	123	192347.51
1924	133	170594.55
1925	155	216446.71
1926	178	221496.89
1927	175	234472.52
1928	136	203341.42
1929	147	310449.85
1930	148	257529.37
1931	130	192605.05
总计	1917	2953771.08

表 4-6 华安合群保寿公司满期户数及满期支付数额统计

年份	满期户数（户）	支付满期款数额（银元）
1922	25	42989.74
1923	58	113818.74
1924	65	132224.29
1925	91	120224.55
1926	91	128691.36
1927	123	272882.96
1928	179	332638.53
1929	285	511753.42
1930	258	449019.46
1931	253	434184.63
共计	1428	2538427.68

华安合群保寿公司保费收据（1933年）

（二）推动寿险业的发展

在企业利益之外，推动民族寿险业的发展，是华安合群保寿公司追求的目标。华安合群保寿公司在其经营史上，有几项事务值得记述。

1. 开拓团体寿险业务

近代人寿保险业进入中国后，先期主要以普通的各种保寿业务为主，寿险公司的业务也以个人的保寿产品为重心。20世纪20年代后，随着中国经济的发展，各类工商组织和机构趋于发达，劳动保险受到关注，具有大众性及社会性的团体保险也引起了保险公司的兴趣。在团体寿险项目上，华安合群保寿公司即是重要的倡导者和推广者。

1919年，华安合群保寿公司开始试办税务机关、邮电机关及劳工三个团体保寿业务，这是华安合群公司团体保寿业务的发轫。1926年，华安合群保寿公司厘定新章后，再次大力推广，得到了市场的积极反应。商务印书馆的全体职员4771人悉数加入了团体保险，该年商务印书馆死亡职员78人，得到华安合群保寿公司共15600元的赔偿，人均200元。① 这不仅保障了员工家庭的后续生活，也减轻了商务印书馆资方的负担，可谓保险的社会稳定功能的真实体现。随后加入团体保寿的还有家庭工业社、新闻报馆等著名工商新闻机构。1926—1931年，华安合群保寿公司的团体保寿业务发展情况见表4-7。

表4-7 华安合群保寿公司团体保寿统计表

团体名称	保寿年期	年份	投保人数（人）	死亡数（人）	赔款数（银元）
商务印书馆	1年	1926	4771	78	15600
	1年	1927	4894	58	11600
	1年	1928	4746	49	9800
	1年	1929	4794	70	14000
	1年	1930	5137	72	14400
家庭工业社	1年	1926	116	5	937
	1年	1927	106	0	0
	1年	1928	113	3	600
	1年	1929	135	0	0
	1年	1930	146	3	600
	1年	1931	150	1	200

---

① 华安合群保寿公司二十周年纪念刊［A］．上海市档案馆藏华安合群保寿公司档案，档号Q336-1-56.

续表

团体名称	保寿年期	年份	投保人数（人）	死亡数（人）	赔款数（银元）
新闻报馆工友	20 年	1929	320	2	400
	20 年	1930	345	8	1600
	20 年	1931	346	7	1400
新闻报馆职员	20 年	1930	140	3	1404.68
	20 年	1931	149	2	512.56
同仁昌鱼行	以 55 岁为满期	1930	50	0	0
	以 55 岁为满期	1931	53	1	250
上海内地自来水公司	15 年	1930	100	3	516
	15 年	1931	95	5	896
光华火油公司	15 年	1931	194	2	700

2. 倡导保险救国

维护民族利益、挽回国家利权是华安合群保寿公司重要的经营理念，将保险业务的拓展与反帝爱国运动相结合，彰显了华安作为民族保险公司的责任意识，也为公司赢得了社会声誉。在 20 世纪 20 年代的赎回胶济铁路和五卅运动中，华安合群保寿公司都作出了积极反应，成为保险救国理念的积极倡导者。

第一次世界大战结束后，中国原本作为胜利的协约国之一，理应收回被日本侵占的原德国在山东的权益，但这一要求遭到 1919 年巴黎和会的拒绝。1921 年 11 月，华盛顿会议召开，山东问题仍是核心议题之一，中日双方在 1922 年 6 月最终签订了《解决山东悬案条约》，但部分权益仍被日本控制。华盛顿会议期间，国内民众以胶济铁路事关山东存亡和国家利益为由掀起了声势浩大的赎路运动。华安合群保寿公司除立即认购赎路储金 100 万元外，还在 1922 年 5 月发起"赎路储金保寿"项目。其缘起为，胶济铁路赎路之款至少需要 3000 万元，政府无力及此，不得不由全国民众分担，但华盛顿会议闭会以来，"扰攘数月，毫无成绩……本公司鉴此情形，故按各国人寿保险事业，以财力补助国家经济，以储财赡家兴业济国劝勉国民，并以自身为其信托机关之本旨，除先自认赎路储金一百万元以为提倡外，特定此'赎路储金保寿'，使国民既尽爱国之义务，并可获得对于本身及家庭之保障"。[①] 赎路储金保寿项目最终成绩如何虽然无法了解，但这一举动无疑表达了华安合群公司的民族立场。

1925 年五卅惨案发生后，华安合群保寿公司除尽力协助各界、呼吁援助外，还发起了"经济救国保寿"项目。其发起宣言指出，"中国之积弱不振，实以外债之压迫为最大原因"，"故今日之局面当以清还外债，收回路矿，为救国之切要问题，亦即为恢复经济自由之第一步骤"。有鉴于此，华

---

① 华安合群保寿公司二十周年纪念刊［A］. 上海市档案馆藏华安合群保寿公司档案，档号 Q336 - 1 - 56.

安合群保寿公司特别制订了"经济救国保寿"专则，"愿本素志，出其全力，为经济救国作前驱之走卒，鼓励国人共为经济自立运动之合作"。① 凡此，都可见华安合群保寿公司保险救国的理念。这些举措，都为民族保险业作出了表率。

3. 推动保险教育

中国近代的人寿保险业自产生以来，行业发展迟缓的原因之一是学理及知识的落后。1924 年 1 月，华安合群保寿公司鉴于"吾国对于人寿保险事业，向鲜研究，即高级学校，亦未有保寿专科之设立，而一般人对于人寿保险之利益，均漠然不加注意，引为深憾，故有人寿保险函授科之创立，俾造就寿险人才，为吾国人寿保险界放一线曙光。其学科分：人寿保险原理，保寿种类，招徕学，商业道德，簿记学等。期限六个月毕业，学员由各地教育机关或实业机关介绍。毕业后量才分派实习试用。当时介绍就学者达六百余人之多，有远在云贵及南洋群岛者。六个月届满，毕业学员共计四十七人。此本公司对于保寿教育与宣传之一大措施，差堪告慰于国人之前者也"。② 能够吸引到包括偏远地区在内的 600 多人报名，表明了华安合群保寿公司的影响力。

此外，华安合群保寿公司还根据市面形势，适时推出有利于行业发展和社会稳定的险种，比如当时各银行钱庄每天都要派人员运送交易所用的白银，但时有白银被劫之事。但当时租界规定普通人员不得携带武器。有鉴于此，华安合群保寿公司发起设立了"送银员防护保险"，从而使雇主的责任转移到保险公司，为送银员提供了安全保障。

尽管这一时期华商人寿保险业尚不发达，且华安的经营成绩与外商相比仍有相当大的差距，但华安合群保寿公司的业绩仍然得到了业界和社会的肯定。1927 年 8 月，美国著名的保险学大家许本纳（Dr. S. S. Huebner）来华访问，由华安合群保寿公司单独负责招待事宜。许本纳在华安合群保寿公司作了《生命价值之科学管理》的演讲，听众云集，这是当年寿险界的大事。1931 年 6 月，华安合群保寿公司作为发起人之一，牵头组织同业设立了联合分保团，是中国保险界携手合作的先声。1934 年 2 月 27 日，美国寿险学院院长克拉克、教务长许本纳及秘书长麦克海联名来函，聘请华安合群保寿公司总经理吕岳泉为中国寿险咨议。③ 上述这些都表明了华安合群保寿公司在民族保险业中的领袖地位。

第二节　外商保险业格局的演变

民国北京政府时期，外商保险企业依然保持了其在中国保险市场的优势地位。这一时期，除原有的外商在华保险机构外，也有新的外国保险企业进入中国市场，洋行保险代理业务也在继续发展。

---

① 华安合群保寿公司二十周年纪念刊［A］．上海市档案馆藏华安合群保寿公司档案，档号 Q336 - 1 - 56.
② 华安合群保寿公司二十周年纪念刊［A］．上海市档案馆藏华安合群保寿公司档案，档号 Q336 - 1 - 56.
③ 颜鹏飞，李名炀，曹圃．中国保险史志：1805—1949［M］．上海：上海社会科学院出版社，1989：276.

第一次世界大战期间，部分外商在华保险经营受到一定的影响，但 20 世纪 20 年代又快速增长。外商公司还通过入股、合并等方式扩大经营规模，巩固其市场地位。与此同时，外商在华保险业格局也出现了一些变化，除英商公司继续保持其主导地位外，美国、日本等国的保险公司也扩大了其在中国市场的影响，出现了以友邦人寿等为代表的一批保险新势力。

永年人寿保险公司大楼

一、外商地位进一步巩固

（一）外商保险业状况

进入民国后，外商保险公司在中国市场的地位得以保持。伊藤继曾提及 20 世纪 20 年代后期上海各保险协会会员的构成情形："外人组织之上海火灾保险协会，会员数现有一三五公司，其中英国公司七四，居最多数，其次美国公司十六，日本公司十四，此外为德法荷意及瑞士、瑞典诸国。""上海海上保险协会，会员数有公司六八，亦以英国公司四三，为最多，其次日本公司八，此外为俄德法美荷意及瑞士等国。""汽车保险协会，会员中英国三二，美国三，荷兰二，中法日各一，共四十。"其中，中国公司为上海联保公司。"近年日本在沪公司设立亦多。中国之保险界，其先殆为英国公司所独占，及大正七八年顷（即民国七八年），美国保险公司相继发现，华人保险公司亦有设立，所至以保寿命为业。"[①] 从中可见，无论是火险、海上保险还是汽车保险，英国公司数量都居于首位，且占有明显的优势，保持了其在上海乃至中国保险市场上的主导地位。

这一时期，原有的外商在华保险公司继续拓展市场。于仁保险公司在第一次世界大战期间付出了至少 2000 万元用于战争赔款，相当于（甚至高于）公司 1914 年底的总资产。但战争结束后，到 20 世纪 20 年代，该公司在上海、汉口、北京、天津、广州等地，都开设了附属机构，在海外各大城市也设立分支机构，形成"遍布世界的办事网络"，成为一家著名的跨国保险公司。[②] 其他如扬子保险公司、香港火烛保险公司、华洋人寿保险公司等，都

扬子水火保险公司大厦

---

① 中国中外保险业近状 [J]. 财政旬刊，1929，21.
② 冯邦彦. 香港金融业百年 [M]. 上海：东方出版中心，2007：47－48.

字林西报大楼

华安合群保寿公司的华安大楼

获得了相当的发展。在经营地域上，外商保险从沿海港口城市向内地城镇扩散，如成立于1818年的丹麦罗细亚水火保险公司总行设于丹麦首都，资本金600万元，到20世纪20年代，"在中国各埠营业遂三十余年"，1924年在苏州设立经理处，① 等等。在经营业务上，新险种层出不穷，如扬子保险公司在20世纪20年代对其汽车保险业务进行了大量宣传，成为这一业务领域的领先者。

凭借在中国市场获得的丰厚收益，也为了彰显自身的实力，在上海的外商保险公司往往设在豪华气派的大楼，如友邦人寿、美亚保险公司、四海保险公司就设在1924年初竣工的字林西报大楼内。一些保险公司甚至建造了自己的大楼，除永年人寿保险公司1910年即建造了一座豪华大楼外，1918年扬子保险公司在上海外滩建造的七层新大楼落成，"其建筑之精良，装饰之华丽，不惜工本，煞费经营"。② 一些外商银行、洋行如汇丰银行、麦加利银行、横滨正金银行、怡和洋行等也在20世纪20年代完成了新大楼的建设。它们和1926年落成的华商华安合群人寿保险公司大楼等一起，构成了20世纪20年代上海金融业、保险业发展的物质景观。

一批外资保险公司也在这一时期进入中国。民国北京政府时期，随着中国工商经济的发展，英国保险公司继续扩大在中国的经营活动，如1913年英商保众人寿火险公司（General Accident Fine & Life Assurance Coiporation Ltd.）在上海设立中国分公司。1917年，挪威安平保险公司（The Norwegin Lloyd's Insurance Co., Ltd.）在上海设立分公司。其他国家的保险公司也有继续登陆中国者，如法商保太保险公司（Assurance France – Asiatiqus）1918年在法国设立后，当年即在上海设立远东分公司，经营水火险、汽车险、意外险等业务，后在广州、天津、北京（北平）、济南、烟台、汉口、辽宁、苏州、杭州、温州、汕头设代理处。1919年，联安水火保险公司（Luen An Fire & Marine Insurance Co.）在华设公司。1920年，丹麦永保水火保险公司在上海设公司。1920年，美国营业水火保险公司（Spring Field Fire & Marine Insurance Co.）、华美储蓄人寿公司（Victory Underwriters of America）、新大陆水火保

---

① 罗细亚保险公司分设苏州经理处［J］. 保险与储蓄，1924，4.
② 扬子保险公司迁移新屋广告［N］. 申报，1918 – 05 – 07.

险公司和丹麦保康保险公司（National Insurance Co. of Copenhagen）在上海设公司经营。

1922—1927 年，在华设立公司或分公司的外商保险公司还有大英保险公司（The British Insurance Underwriters）、大美保险公司（Great America）、美商中美水火保险公司、英商平润保险有限公司（The Ocean Accident & Guarantee Corporation Ltd.）、美商好望保险公司（Home Insurance Co. of New York）、英商百立泰保险公司中国分公司（The Palatine Insurance Co., Ltd. China Branch）、美商信孚水火保险公司、美商美华水火保险公司、英商永隆（联苏）保险公司（Scottish Union & National Insurance Co.）、美商泰兴水火保险公司、美商联邦火险公司（United States Fire Insurance Co.）、英美保险公司、美丰保险公司、花旗保险公司等，以及日商的中和人寿保险公司等。[①]

这一时期也有新的外商保险公司在中国设立。比如 1917 年，远东保险公司（The Far Eastern Insurance Co., Ltd.）在上海成立，总公司设上海外滩 26 号，经营水火险及意外险等财产保险。[②] 后来于 1938 年底与同属英国资本的扬子保险公司合并。[③] 1918 年法商设立了法亚保险公司，由上海法商以 300 万法郎之资本组成，召开了两次董事会，议决了办事规则，并任命了正副经理。[④]

洋行保险代理业务也在继续扩展。仅 1915 年，在中国设代理处的保险公司就有益兴水火险公司（Yorkshire Insurance Co., Ltd.）、诒昌保险公司（Molnar & Greiner）、保宏水火保险公司（New Zealand Insurance Co., Ltd.）、保隆水火保险公司（Excess Insurance Co.）、保泰水火保险公司（South British Fire & Marine Insurance Co.）、英国大名永水火保险公司（British Dominions General Insurance Co.）、利物浦尤宁水险公司（Union Marine Insurance Co., Ltd. of Liverpool）、洛西亚（天一）水火险公司（Rossia Insurance Co.）、加拿大康宁保寿险公司（Federal Life Assurance Co. of Canada）、欧春保火险公司（Aachen & Munich Fire Insurance Co.）、延丰益寿保险储蓄会社（Lion Mutual Provident Life Assurance Society）、信平理水火保险公司等。

1917 年则有祥泰洋行保险部、太古洋行水火保险房（Butterfield & Swire）、日本水火保险公司（Nippon Marine Transport & Fire Insurance Co.）、来安保险公司（巴黎联合）（Union of Paris Fire Insurance Co., Ltd.）、安利洋行水火保险部、保定火险公司（The State Assurance Co., Ltd.）在上海设代理处。1918 年泰隆洋行火险公司在常州设代理处。汇通洋行保险部（J. A. Wattie & Co., Ltd.）在上海设立。世界保险公司（World Auxiliary Insurance Co., Ltd.）1919 年在伦敦成立后，即来华开业，在上海、天津、广州等城市以望莱、德隆、免那等洋行为代理行，经营水火险业务。瑞士的巴噜士水险公司也在 1924 年前来华开业，在上海设营业所，先后以保慎水火保险公司以及安旗、百利等洋行为代理行。[⑤] 1920 年英国西苏保险行（West of Scottland Insurance Office Ltd.）在上海设代理处。美国钜泰保险公司、慎昌保险公司则在无锡、常州设代理处。1921 年美国瑞丰水火保险公司在常州设

---

① 江苏省地方志编纂委员会. 江苏省志·保险志［M］. 南京：江苏古籍出版社，1998：523 – 528.
② 沈春雷. 中国保险年鉴：1936［M］. 上海：中国保险年鉴社，1936：374.
③ 杉村广藏. 列国对支投资概要——第一调查委员会报告书别册［M］.［出版地不详］：东亚研究所，1943：97.
④ 法商保险公司之成立［N］. 时报，1918 – 04 – 20.
⑤ 黄光域. 近代来华百大保险公司［M］//庄建平. 近代史资料文库：八. 上海：上海书店出版社，2009：631 – 632.

代理处。

1921 年，荷兰商人合伙组建上海保险行（Shanghai Insurance Office），设于上海四川中路，资本金为华币 5 万元。同年年底，原美昌洋行大班鲍爱德组织了溥丰洋行，其中所设保险部名为太平洋保险公司，"经理英、瑞大保险行四家"，聘请买办 4 人，"二月以来，营业极为发达"。① 美商福来洋行为美国圣保罗水火保险公会远东总经理，1923 年 10 月，"为扩充远东保险事业起见，对于岸上火险、洋面水险一律承保"，经圣保罗公司之同意，"在远东广添分经理，而保险费更将特别廉收，藉以普及各界"。② 1924 年 3 月，同属美商的花旗保险公司开幕，"英界外滩十七号花旗保险公司，全权代表美国雪凡泥保险公司，专营本外埠水火保险事宜，营业异常发达，一般捐客向该公司转保者甚多"。③ 19 世纪下半期开设的上海祥兴洋行，代理英国哪吨公司（Northern Assurance Co.）和大鹰公司（The Eagle Insurance Co.）两大水火保险公司在华业务，"承保中国境内，上海及外省各埠房屋、厂栈、店铺、货物、机器、生财、装修、衣服等火险，并一切水险，以及汽车、行人危险等。遇有不测，由本行直接估值，赔款迅速，早为各界所赞许"；1924 年为扩充保险营业，"特聘郑杰臣、陈明裕两君，为保险总买办，陆叔同、孙瑞源、吴星垣三君为营业部主任，外省各埠均设有分经理"，以扩充业务。④ 1927 年，上海德商设立的鲁麟洋行成为德国亨堡希勒斯保险公司委托的驻华总代理，为此该洋行专门开设了保险部，⑤ 等等。

1922—1927 年，在中国设代理处或办事机构等外商保险英商的西英商保险公司、保慎水火保险公司（Legal & General Insurance Co.）、黑海保险公司（Black Sea & Baltic Insurance Co.）、新康水火保险公司、康泰保险公司（Cornhill Insurance Co.）、统益保险公司、保兴保险公司、威康洋行保险部、利兴保险公司、连纳保险公司，德商的禅臣洋行保险部、利瑞保险公司，美商的普益水火保险公司，法商的保平保险公司，以及国籍不详的祥利水火保险公司、美兴水火保险公司、协生洋行保险部等。⑥

在寿险领域，加拿大永明人寿保险是一家有影响的外资寿险公司。该公司成立于 1865 年，到 1924 年其有效保额达 15000 万英镑，公积金达 4500 万英镑，在中国营业则达 25 年之久，各商埠均设有代理。"其分公司遍设加拿大及英国各埠，在美国亦有十五大处，世界各国除欧洲大陆及澳洲外，几无不有代理处。在中国营业已历二十余年，其营业之发达，骎骎乎有执远东洋商寿险公司牛耳之势"。1920 年前后，该公司合并了美国公平寿险公司、纽约寿险公司以及永年寿险公司的在华业务。⑦ "永明而外，其他外国公司，比如加拿大之宏利保险公司（Manufacturers Life Insurance Co. of Canada），英国之模范保险公司（天祥洋行代理）（The Standard Life Insurance Co. of Great Britain）与

① 今年新组之洋行及保险行 [N]. 时报，1922 - 01 - 19.
② 福来洋行扩充保险业 [N]. 申报，1923 - 10 - 10.
③ 花旗保险公司正式开幕 [N]. 新闻报，1924 - 03 - 15.
④ 祥兴洋行保险部扩充营业 [J]. 保险与储蓄，1924，5.
⑤ 鲁麟洋行新添保险部 [N]. 新闻报，1927 - 10 - 10.
⑥ 江苏省地方志编纂委员会. 江苏省志·保险志 [M]. 南京：江苏古籍出版社，1998：524 - 528.
⑦ 上海洋商寿险业之又一合并 [J]. 保险与储蓄，1925，12.

美国之旧金山保险公司（West Coast Life Insurance Co. of the United States），在我国皆甚有势力，由其资本雄厚信用较著之故。"①

总体而言，民国北京政府时期外商保险公司仍然是中国保险业的经营主体，各地情形大抵相似。比如天津保险业，"频年以来，华人自立者，亦乘时奋起，但极少数耳"；②"火险事业津埠以洋商最多，洋商中又分单独专营火险事业者，与出进口洋商代理者，二者之中以代理居多数"。这些洋商保险代理机构包括新泰兴、仁记、德隆、慎昌、平和、信记、兴隆等洋行，"颇属可观"。"单独经营者荷兰、花旗、汇克大、保宁、美孚、上海丰业，亦甚卓著。华商只永宁、先施、永安、金星、华安、福安等家，永宁行系附属于本津中国实业银行，其他均系沪上分支者，营业亦颇不恶，究以家数太少之故，不能与外商相抗衡耳"。③

（二）外商保险的经营状况

外资在华保险公司起步早，经验丰富，信誉充分，经营网络相对更完备，市场地位也更为稳固。这一时期在华外商保险业的经营状况大体上较为稳定，但不同业务领域也有波动与变化。以水险而论，第一次世界大战爆发后，由于战争为海上运输带来了危险因素，导致水险保费提高，甚至达到平时的两倍，经营海上运输保险的各洋商保险公司因此而得益。战争结束之后，其营收则明显下降。在火险领域，随着中国城市经济的发展，火险市场迅速扩大，为外商保险提供了业务持续增长的条件。凭借其在中国市场的多年经营，外商在火险市场上的地位十分稳固，不仅吸引了中国商人，也吸引了政府机构和事业部门的投保。比如，苏州电话局创办后，保有火险银8万两。1921年，该局向交通部领得巨款，建设洋式局所，扩大业务，"特向美商新大陆火险公司，加保银四万两，连同前保之数，一并移归该公司经手任保"。④ 在人寿保险领域，尽管外商保险公司大多以在华外国人为投保对象，较少面向中国人，但仍然拥有相比华商公司更高的信誉。比如，在日本横滨的华侨，"投保人寿保险于永年、永明者……实属不少。盖此等公司之信用有以致之，岂寻常保险家所能与之竞争于斯业也"。⑤

从清末开始，随着现代民族主义的兴起，外商保险公司的经营活动受到中国国内政治因素的影响。一方面，民国时期的报刊舆论对外商保险在华攫取的巨额利益不断表达不满，新兴的华商公司则以挽回国家利权为号召，力争在由外国人占据的保险市场上分得一席之地；另一方面，反对帝国主义侵略的一系列政治运动在中国社会时有出现，也时常会对外商保险业带来冲击。1925年五卅运动发生后，"英日保险公司之营业大受打击，尤以香港注册之公司为最巨，美法德荷等公司乘机活动，几有取而代之之势，惟英商因实力充足，仍占优势，然日商之营业则一蹶而不振矣"。⑥ 除此之

① 我国人寿保险业之概况 [J]. 经济半月刊，1928，2（14）.
② 天津保险业概况 [N]. 大公报（天津），1926 - 12 - 20.
③ 天津保险业概况：四 [N]. 大公报（天津），1926 - 12 - 23.
④ 电话局投保火险 [N]. 大公报（天津），1921 - 11 - 18.
⑤ 保险须知 [J]. 中国实业杂志，1916，7（4）.
⑥ 王仁全. 洋商保险业之在华情形 [J]. 保险月刊，1940，2（3）.

外，中国政治局势的变化也会对外商保险经营产生即时性的影响。1926年7月，广东国民政府领导的国民革命军正式出师北伐；8月北伐军进入湖北，这一形势也引发了保险市场的动荡。1926年9月11日，伦敦电称，伦敦市场出现在华货物大批保险生意，"凡上海与汉口外人租界栈房之货物，取费每月百分之一。但昨日保险价趋坚，有索价每百镑取五十先令者，而不在租界之产业，每月竟索费百分之五，水险商行现注意于运入中国内地之货物，间有承保战争或内乱损失之险者，但闻重要保险单不将上述损失承保在内"。① 不过，这些政治因素的影响往往是暂时的和局部的，不足以动摇外商在华保险业的整体优势，也不会对外商保险业带来根本性的冲击。事实上，尽管有起伏变动，这一时期外商保险公司在华业务仍呈现出不断增长的态势。

以华洋人寿为例。在外资寿险业中，华洋人寿是有影响的一家。"本埠寿险公司，首推华洋，非独资本雄厚，章程完善，而行中各执事生，富有经验，办事精密，此营业之所以日形发达也。"② 该公司历届年会的报告反映了业绩的稳步增长。1915年，其第十届年会报告称，由于第一次世界大战爆发的影响，该公司当年年度业绩低于前一年，新增保险额4320055两。到1915年3月31日，其有效保险总额达到16806556.44两，包括保险费、利息、投资等收益为1628402两。公司总资产达到3158368.28两，比上年增加761379.54两。③ 1916年，其第十一届年会报告则称，当年该公司新增申请保险额达到4950523两，发出保单额共4647788两，另有302735两保单额则被推迟或拒绝。到1916年3月31日，保险总额达到18385744.17两。公司总资产则达到3953646.90两，比上年增加795278.62两，包括保险费、利息、租金、股息、投资收益等在内的收入为1901245.19两，比上年增加272843.19两。④ 1917年，其第十二届年会称，当年收到保险额申请5491551.50两，发出保单额为5143571.50两，推迟和拒绝的保单额为347980两。到1917年3月31日，该公司保额总计20457175.15两，公司总资产增加631445.63两，达到4585092.53两，所有收入合计为1971531.97两，当年对保险人和受益人的赔款支出为675896.78两。自公司设立以来，赔款支出总计则达到2751867.26两。⑤ 1919年4月，其第十四届年会宣称，公司新增申请保险额5792619.25两，发出保单为5404284.25两，有388335两的保单额被延迟或拒绝。到1918年12月31日，公司保险额累计达22364335.90两。公司总资产达5569215.69两，比上一年增加691559.81两。扣除了再保险、所得税和注销投资后的总收入为2262668.3两。一年内赔偿金额为909356.89两，该项总支付额则达到4385058.48两。⑥

永年人寿保险公司的情形类似。根据该公司1914年第十六届年会的报告，"本届新揽之生意得银八百零一万二千四百三十两"，该公司"去年提前之盈余为十四万四千零四十九两，而盈余总数本

① 伦敦市场对华保险涨价［N］. 时报，1926－09－14.
② 华洋保险公司之十五周年纪念［N］. 时报，1920－03－14.
③ Shanghai Life Insurance Co., Ltd. Annual Meeting［N］. The North－China Daily News，1915－06－26.
④ Shanghai Life Insurance Co., Ltd. Annual General Meeting［N］. The North－China Daily News，1916－07－18.
⑤ Shanghai Life Insurance Co., Ltd. Annual Meeting［N］. The North－China Daily News，1917－08－04.
⑥ Shanghai Life Earns Tls. 2262668［N］. The China Press，1919－04－26.

届发表者共有三十二万四千一百二十七两，以是知本届所获之余利为十八万零七十八两"。[1] 一年后该公司的报告显示，截至 1915 年 3 月 31 日的上一年度，公司新保险申请额达到 5904705 两，发出了 2607 份保单，保单额为 5039275 两，另有 865430 两的申请额被推迟或拒绝，有效保单总额累计为 31711861 两。该年度收入为 2705220.93 两，公司总资产为 9324124.87 两，增加了 265010.01 两，支付保险人和受益人的赔偿额达到 1752748.53 两，自公司成立以来累计赔付额则达到 10301361.06 两。[2] 1919 年，该公司一则广告声称，公司资产总额已经达到 9292560.55 两。[3]

香港火险公司的经营也较为稳健。该公司 1912 年净利润为 324131.74 元；1913 年 为 408079.90 元；[4] 1914 年净利润为 344549.16 元，每股派息 27 元；1915 年为 505936.73 元；[5] 1921 年盈利为 551140.59 元，比之前最好的年份 1920 年约高出 17000 元；[6] 第 55 届年会表示，1922 年该公司盈利 633749.89 元；1923 年为 515163.24 元。[7] 到 1924 年底，该公司总资产显示为 5894190.17 元。1923 年净保费收入为 997863.81 元，盈余 503721.80 元，每股分红 35 元，与去年持平。[8] 香港火险有限公司到 1924 年资产达到 5894190.17 元；1923 年净保费收入 997863.81 元，盈余 503721.80 元；1924 年净保费收入 910882.02 元，盈余 513777.07 元。[9]

英商保家水火保险有限公司的火险保单

从其他一些零星的资料中，也可发现外商保险公司的发展状况。比如英商保家水火险公司，1919 年有报道称，该公司上年的盈利，"自本年五月日发给余利一成半以后，目下尚余五十二万二千余两，拟再派余利一成半"。当年上半年的盈余为六十一万二千余两。[10] 又如扬子保险公司，1920 年的报纸消息称，该公司"一九一八年及以前数年，获利二百八十二万余两，每股派息二分，共二十四万两。存预备金三十六万两，归入次年二百二十一万余两。又去年获利一百七十一万八千余两，亦归入新帐，以备他日

① 记永年人寿保险有限公司第十六届年会 [N]. 时报，1914 - 08 - 05.
② China Mutual Report [N]. The China Press, 1915 - 07 - 08.
③ The China Mutual Life Insurance Co., Ltd. [N]. The North - China Herald, 1919 - 11 - 01.
④ Hong Kong Fire Co., Ltd. [N]. The North - China Daily News, 1914 - 03 - 30.
⑤ Hong Kong Fire Insce Co., Ltd. [N]. The China Press, 1916 - 03 - 30.
⑥ Hong Kong Fire Insurance Co., Ltd. [N]. The North - China Daily News, 1923 - 04 - 13.
⑦ Hong Kong Fire Insurance Co., Ltd. The Annual Report [N]. The North - China Daily News, 1924 - 03 - 28.
⑧ Hong Kong Fire Insurance Co., Ltd. [N]. The North - China Daily News, 1925 - 03 - 26.
⑨ Hong Kong Fire Insurance Co., Ltd. [N]. The Shanghai Times, 1925 - 03 - 27.
⑩ 保家门火险公司之分红 [N]. 新闻报，1919 - 11 - 05.

发给中期利息"。^① 1921 年，扬子保险公司盈余 1865820.45 元，付息 2 分；远东保险公司为 238099.62 元，每股可付息 6 厘。1920 年，中国保险公司净利为 617272.06 元，每股发息 7 元，红利 3 元。^②

第一次世界大战结束后，外商保险公司业绩在 20 世纪 20 年代出现了较快的增长。1920 年，英华合资的华洋保寿公司，有国内外分公司、经理 70 余处。英商永年保寿公司，"自创办至今，保额积至二千数百万金"，有国内分公司、经理 34 处，国外分公司、经理 40 余处，每年营业额约为 600 万元。^③ 有外国人评论 1922 年中国保险业状况时称，外国保险公司表现出强势地位，设立在上海和香港的外国公司，香港火险公司和广东保险公司分别盈余 631693 元和 2352375 元，前者支付的股息达到 50%，后者则为 40%。扬子保险公司在 1922 年则取得了最佳业绩，获利 2221996.17 元，业务量稳定增长。1921 年和 1920 年的业绩也超过预期。在扬子公司控制下的远东保险公司的业绩则远好于此前的平均水平，其盈余由 1921 年的 214092 两增加到 1922 年的 561546 两。作为世界上最大火险水险公司的保安保险公司（于仁保险公司）业绩同样令人满意，它拥有和控制着中国火险公司和保家行，其中，中国火险业绩最为突出，其股息达到 50%。于仁保险公司经营范围遍布世界，其保费收入达到 1417972 元，虽然少于 1921 年，但 1922 年的损失也小，其盈余为 670586 英镑。与此同时，华商保险公司给人印象不深，虽然华商水火险公司为数不少，但没有一家取得明显的进步，其原因可归于资金弱小和过高股息。华商保险公司更注重短期利益，尚不能与规模较大的外资保险公司竞争。由于外商公司在中国商户保险折扣问题上的规范做法，设在上海的华商公司业务良好，但在费率相同的条件下，外国保险公司可以凭借其声誉获得生意。^④ 根据报纸消息，1922 年保太水火保险总公司盈余达到 319060 两。^⑤ 1923 年保安保险公司的业绩也十分突出。有报道称："保安保险公司，自设立至今，已八十九年。每年收进保险费，常在千万元之外。闻去年之盈余，计五百余万，故股东红利可派五分，一般华洋股东闻之，无不欣喜异常。"^⑥ 保家行 1922 年盈利达到 299600.91 两，1923 年保费收入达到 2655464.31 两，为公司有史以来最高，盈余达到 710563.05 两。^⑦

20 世纪 20 年代，在华外商保险公司还通过入股合并等方式扩大企业规模。在寿险领域，1920 年永年人寿入股华洋人寿，1924 年又被永明公司合并。有记述称："在我国营业之外国人寿保险公司中，永明公司，资格最老，根底最固，营业历史已有三四十载。一九二四年，该公司吞并永年公司，后复吸收美国公平保险公司、纽约人寿保险公司，与纽约互利人寿保险公司 The Mutual Life Insurance Co. of New York 在华之支店，可见其势力之雄厚与信用之昭著。"^⑧ 1925 年，保安、扬子、远东、保

---

① 扬子保险公司将开年会 [N]. 新闻报，1920 – 04 – 29.
② 各保险公司报告盈余 [N]. 时报，1922 – 05 – 20.
③ 本埠人寿保险公司之调查 [N]. 申报，1920 – 08 – 08.
④ 1922 Reports of Insurances Concerns are Satisfactory [N]. The China Press, 1923 – 06 – 05.
⑤ 保太保险公司之股东会 [N]. 新闻报，1923 – 06 – 23.
⑥ 保安保险公司分派红利 [N]. 新闻报，1924 – 05 – 22.
⑦ North China Insurance Co., Ltd. [N]. The North – China Herald, 1924 – 07 – 05.
⑧ 我国人寿保险业之概况 [J]. 经济半月刊，1928，2 (14).

家、保宁 5 家英商保险公司合并资产，以保安公司为母公司，扬子及远东总经理播纳氏兼任保家总经理，以及保安、保宁两家的分经理，"就资本上论，当可谓为远东最大之交易"。[①] "其合并之巨，为远东以前所未有"，"五行人员，均归在一起，在扬子房屋内办公。保安总行，旧在香港，为中国最老行家之一。近月扬子、远东二家股票，多为所收买，四月十七日扬子股东会议，即赞成合并。十九日远东股本亦赞成此事，于五月一日实行合并"。[②] 通过合并，洋商保险规模得到了扩大，其地位也进一步得到巩固。

二、　美国、日本在华保险业的兴起

19 世纪初以来，英国保险公司一直在中国保险业中占有最大份额，处于垄断地位。中华民国北京政府时期，英商保险业仍然是中国保险市场的控制者，但与此同时，美国、日本等国的保险商也加大了开拓中国市场的力度，成为外商保险业的新势力。

（一）美商保险势力的兴起

1. 美国保险公会来华

第一次世界大战结束后，美国在资本主义世界的地位得到了迅速提升，由债务国一跃而成为债权国，伴随着美国在华贸易、航运、银行资本等的增长，保障其利益扩展的美商保险业在中国也趋于活跃。1919 年，作为美国 16 家保险公司联合组织的美国保险公会（American Foreign Insurance Association）在上海设立分公司，[③][④] 标志着在华美商保险势力的崛起。美国保险公会于 1918 年在纽约成立，据称是当时世界上最大的保险集团。"其包括美国籍公司 15 家及加拿大籍公司 1 家……资本金总计达到 7488 万多美元……1935 年保险费收入总计 2 亿 7 百万余美元。"[⑤] 美国保险公会成立仅仅一年即进入中国，可见其对东方市场特别是中国市场的重视。1920 年 1 月，有报道称："纽约美外保险公会之赫格士君，新乘亚洲皇后号船来沪，预备组织水火保险大公司。此为美商加入中国方面水火险事业之第一声。赫君为美外保险公会总办，该公会为美国二十家保险公司组织而成，其总资本共有五十兆金元，所拥财产值四百兆金元。"又云："上海各洋行，现今代理美国各保险公司者，为普益银公司、新茂洋行、茂生洋行、慎昌洋行、协隆洋行，内中以新茂、慎昌两家，所保火险为最巨。其他杂险，尚无人经理。"报道还提到美国保险公会对美国商人的意义以及上海其他保险公司对此事的关注："美国各保险公司，因本国营业甚巨，获利甚厚，不暇顾及对方，故出口商家于保险一事，每致依赖他人。自设立美外保险公会以后，美商散在各处，始能招本国公司保险，其资本既极雄厚，此后于发达商务一端，必有重大关系。""该公会之魄力既厚，又无重保之繁，故本埠各旧公

---

① 五保险公司合并 [N]. 申报，1925 – 05 – 07.
② 英国保险公司之合并 [N]. 新闻报，1925 – 05 – 07.
③ 沈雷春. 中国保险年鉴：1937 [M]. 上海：中国保险年鉴社，1937：2.
④ 中国征信所主编的《上海之保险业》中认为该会是 17 家美国保险公司的联合组织（中国征信所. 上海之保险业 [N]. 申报，1936 – 04 – 22）。
⑤ 杉村广藏. 列国对支投资概要——第一调查委员会报告书别册 [M]. [出版地不详]：东亚研究所，1943：105.

司，颇为经意"。①

美国保险公会不仅在上海设分公司，汉口、天津也均设有分公司。不过，美国保险公会真正投入上海保险市场的数额并不大。据称，"为了营业，其在华投入的资本约为30万元的程度"。人员配置也非常有限，"在华职员上海有10名、汉口2名、天津1名"。② 但该公司在中国市场经营成绩良好，"在华每年保险费收入约华币100万元"。③④⑤⑥ 一种说法是，在1921年上海北苏州路一场损失达1000万两以上的大火灾中，各洋商保险公司损失巨大，赔款总计为700余万两，其中尤以"美国保险公会所赔偿数额为最巨，总计约二百余万两……洋商保险业受此打击后，对于中国火险营业，咸具戒心。英商之营业策略，仍固守阵线，以待时机，而美商领袖美国保险公会，因受创过巨，几欲退出中国之保险市场"。⑦ 美国保险公会"因受北苏州路大火灾之影响后，对于水火保险之择取，甚为严格，故其营业之范围虽大，而未有长足之进展"。⑧

自1919年美国保险公会设立上海分公司起，上海的美商保险公司数量日益增多，势力也显著增强。1923年，在上海开展火灾保险业务的美商保险公司已达到22家。以加入外商保险公会者计，1927年8月上海火险公会会员128家中，美国保险公司为16家，少于英国而位居次席。此后10多年内，上海火险公会中的美商保险公司数大都维持在这一数量上下。⑨⑩ 20世纪20年代上海美商保险公司数目可见表4-8。

表4-8　1923—1929年上海美商保险公司统计表

1923 年		1925 年		1927 年		1929 年	
火灾	海上	火灾	海上	火灾	海上	火灾	海上
22	4	20	3	16	3	17	6

资料来源：仲维. 欲求中国商业之发展必先提倡保险事业 [J]. 商业杂志，1931，5 (9).

当然，与英商保险业相比，美商保险业无疑仍显底气不足。以1927年的上海火险公会会员组成而言，当时英商保险公司73家，⑪ 大概是美商保险公司16家的5倍。

① 美人添设保险公司 [J]. 银行周报，1920，4 (4).
② 杉村广藏. 列国对支投资概要——第一调查委员会报告书别册 [M]. [出版地不详]：东亚研究所，1943：105.
③ 中国征信所主编的《上海之保险业》中认为该会是17家美国保险公司的联合组织（中国征信所. 上海之保险业 [N]. 申报，1936-04-22）.
④ 杉村广藏. 列国对支投资概要——第一调查委员会报告书别册 [M]. [出版地不详]：东亚研究所，1943：105.
⑤ 沈雷春. 中国保险年鉴：1937 [M]. 上海：中国保险年鉴社，1937：2.
⑥ 许多资料显示，美国保险公会在华每年营业收入为100万元左右.
⑦ 王仁全. 洋商保险业之在华情形 [J]. 保险月刊，1940，2 (3).
⑧ 王仁全. 洋商保险业之在华情形 [J]. 保险月刊，1940，2 (3).
⑨ 例如，1937年上海火险公会会员142家中美商为19家 [谢国贤. 保险事业在中国 [J]. 银行周报，1937，21 (19)].
⑩ 1938年，该公会会员130家中美国公司是18家（兴亚经济研究所. 中国损害保险事情と诸问题 [M] //兴亚政治经济研究：第三辑. [出版地不详]：[出版者不详]，1942：277）.
⑪ 和田喜八. 上海に於ける保险事业の研究 [J]. 支那研究，1928，18：524.

2. 史带与美国在华保险业

美国保险公会进入中国后，总公司设在上海的另一家美商保险公司——美亚保险公司（American Asiatic Underwriters Fed, Inc., U. S. A）成立。该公司成立于 1919 年 12 月 12 日，[①] 但通常认为该公司创于民国九年亦即 1920 年。[②③④⑤] 其总公司设在上海，创始人为美国人科尼利斯·范德尔·斯塔尔（Corneliors Vander Starr），当时人称史带或史丹。

美亚保险公司创办人史带

史带是近代上海保险界的名人，从上海起家，以美亚保险公司为根基，迅速建立了自己的保险"帝国"，曾被称作"远东保险王"。史带与美亚保险公司关系十分紧密，堪称两位一体，"美亚实为史氏化身，史丹即为美亚"。史带早年为美国加利福尼亚州执业律师，但因为律师业务不振，为时未久即停业。"1917 年欧战突发，乃服军役。战后来沪，创办美亚保险代理行，代理美国保险公会管理下之大美洲及新大陆等保险公司之业务，营业虽颇发达，然因赔款过多，致被美国保险公会解除代理职务……其时史氏境况恶劣，幸得普益银公司雷文 F. J. Raven 君资助，始能维持。旋回美活动，由美国全球、联邦等公司委为驻华代理人，史氏始得展舒其手腕，拉拢有力买办，联合本埠中外金融界创办美亚，惨淡经营，不遗余力。不数年间，获利甚巨。乃组织友邦银行及友邦人寿保险公司，并改美亚保险代理行为公司，并在市场发行股票。后又得美国储蓄会董事施佩 N. Speelman 之协助，该公司股票价格，因之抬高。论理保险代理商之组织，不能与保险公司相提并论。史氏以一保险代理商，能发巨量股票，其魄力手腕，可谓伟极。"[⑥⑦] 从中可见，史带与美国在华保险业关系之紧密。

从营业性质看，美亚保险公司是一家以保险代理业务为主的公司，早期称美亚保险代理行，

美亚保险公司办公大楼入口近景

---

① 颜鹏飞，李名炀，曹圃. 中国保险史志：1805—1949 [M]. 上海：上海社会科学院出版社，1989：171.

② 上海商业储蓄银行调查报告：第 13416 号 [R]. 1937 - 02 - 01.

③ [A]. 上海市档案馆藏上海商业储蓄银行档案，档号 Q275 - 1 - 1823.

④ 沈雷春. 中国保险年鉴：1937 [M]. 上海：中国保险年鉴社，1937：2.

⑤ 中国征信所. 上海之保险业 [N]. 申报，1936 - 04 - 22.

⑥ 上海商业储蓄银行调查报告：第 13416 号 [R]. 1937 - 02 - 01.

⑦ [A]. 上海市档案馆藏上海商业储蓄银行档案，档号 Q275 - 1 - 1823.

以代理美国保险公会旗下 9 家公司的保险业务为任。[①] 一种说法是，1920 年上海北苏州路的大火（此次大火灾实际发生在 1921 年 3 月）为美亚保险的发展提供了契机。由于美亚在火灾后赔款迅速，"被灾户深为满意，从此获得社会人士的信任。更因它所代理公司多，承受保额大，业务日有起色"。[②] 到 1923 年美亚就已获得了业界肯定："很明显，它的生意是成功的并在稳步增长中……这家公司在当地与美国友华银行（The Asia Banking Corporation），美丰银行（The American – Oriental Banking Corporation），华俄道胜银行（The Russo – Asiatic Bank），国际银行公司（The International Banking Corporation）等银行有业务往来……它有良好的声誉和稳固的后盾支持。"[③] 但到 1924 年前后，由于赔款过多，美亚被解除了与美国保险公会之间的代理关系。此后经过史带多方游说，美亚才重新争取到了几家美商保险公司驻华代理权。后来还获得了英国及其他国家保险公司的代理业务。

除广泛代理各国保险公司之外，美亚的经营地区也相当宽广。早在 20 世纪 20 年代初，美亚就将保险代理业务分为两个组织经营。"一个设纽约，经营火灾和海上保险。另一个在远东上海，经营火灾、海上及生命保险。"[④] 到 1929 年，美亚保险公司改组为股份有限公司，每股 10 美元，共 3 万股，计 30 万美元。[⑤] 20 世纪 30 年代，"其总行设于上海外滩 17 号，分行设于汉口、天津、重庆、广州、杭州、福州、香港、仰光、小吕宋、巴达维亚、海防、纽约等地"。[⑥⑦]

从经营成绩来看，美亚各年都有不俗表现。但应该注意以下两个方面：第一，美亚仅是一家保险代理行，也就是说其收取的保费并不是美亚自己所得。第二，美亚除代理保险外，还从事其他投资活动，并且投资收益与代理保险收益几乎平分秋色。换言之，"美亚本身不直接经营保险业务。所有保险单上的风险都由各保险公司承担。美亚所有利润都来自保险代理手续费及投资收益"。[⑧] 从具体营业成绩来看，美亚"代理保险行家，多至廿五六家，历年营业鼎盛，信用素著。廿二年前每年保费收入各达二百万两以上"。[⑨⑩⑪⑫] 另据统计，1925—1929 年美亚平均每年净收入达 115000 多两。[⑬]

① 颜鹏飞，李名炀，曹圃. 中国保险史志：1805—1949 [M]. 上海：上海社会科学院出版社，1989：171.

② 林豹岑，王新厚. 美商美亚代理保险公司记略 [M] // 中国人民政治协商会议全国委员会文史资料委员会. 文史资料选辑：第 126 辑. 北京：中国文史出版社，1999（合订本第 43 卷）：174.

③ Inforamation of A. A. U, Private & Confidential：1923 – 12 – 22. [A]. 上海市档案馆藏上海商业储蓄银行档案，档号 Q275 – 1 – 1823.

④ 和田喜八. 上海に於ける保险事业の研究 [J]. 支那研究，1928，18：528.

⑤ 中国保险学会《中国保险史》编审委员会. 中国保险史 [M]. 北京：中国金融出版社，1998：121.

⑥ 沈雷春. 中国保险年鉴：1936 [M]. 上海：中国保险年鉴社，1936：375.

⑦ 沈雷春. 中国保险年鉴：1937 [M]. 上海：中国保险年鉴社，1937：2.

⑧ Report for 1930, A. A. U. [A]. 上海市档案馆藏上海商业储蓄银行档案，档号 Q275 – 1 – 1823.

⑨ 上海商业储蓄银行调查报告：第 13416 号 [R]. 1937 – 02 – 01.

⑩ [A]. 上海市档案馆藏上海商业储蓄银行档案，档号 Q275 – 1 – 1823.

⑪ 在《中国保险年鉴（1937）》中，认为每年收入保费为 300 万元（沈雷春. 中国保险年鉴：1937 [M]. 上海：中国保险年鉴社，1937：2）。

⑫ 在 1936 年 4 月 22 日《申报》上刊登的《上海之保险业》中，也认为每年保费收入为 300 万元（中国征信所. 上海之保险业 [N]. 申报，1936 – 04 – 22）。

⑬ Report for 1930, A. A. U. [A]. 上海市档案馆藏上海商业储蓄银行档案，档号 Q275 – 1 – 1823.

1921 年，即美亚保险公司在上海成立仅仅两年之际，史带又发起友邦人寿保险公司（Asia Life Insurance Co.）。该公司依照美国法律在上海成立，资本 50 万美元，实收 14 万美元。[①] 友邦人寿保险公司与美亚保险公司有着如胶似漆般的关系。在资本来源方面，美亚保险公司握有友邦人寿 4 万股中的 25000 股，[②] 控股比例高达 60% 以上。除美亚保险公司在其中的大量投资外，友邦人寿"资本中亦有少量中国资本"[③]。史带以美亚保险公司董事长的身份兼任友邦人寿保险公司的董事长直到 1938 年。[④]

1921 年 9 月 1 日，友邦人寿开始营业，当日开出的保险单总额达 30 万元。[⑤] 成立初期，限于资力不足，友邦人寿营业尚以中国范围为主。与其他外商寿险公司不同，友邦人寿"对于华人保险，竭力招徕"。[⑥] 1924 年，友邦人寿新增保单总额为 500 万元，"其中百分之八十五为吾国人所投保，而且大半系从内地招来"。[⑦] 1925 年，由于国内局势动荡，友邦人寿全年新增保单不及预期，为 220 万元。保险额总数则达到 11792824 元。其时，分公司一家在重庆，另一家在香港，并在哈尔滨设立总经理处，"中国全境皆已有友邦之服务机关"。[⑧] 到 1926 年 12 月 31 日，该公司保单总额达 13626290 元，公司资产 1169402 元。[⑨] 另据称，截至 1928 年，"友邦人寿保险公司在招徕华人生意上，特别是在一些大学知识阶级中比较成功"，[⑩] 已经成为外商在华寿险业的代表。不过，该公司的发展强劲势头虽然已经显露，但当时其实力与华商之华安合群保寿公司仍不相上下。根据 1924 年的一则报道，友邦人寿保险公司在此前一年开始涉足水火险业务，"自去年九月间，添设水火险部后，营业更盛"。[⑪]

友邦人寿保险公司之前，美国公平人寿、纽约人寿、纽约互利人寿等保险公司在华设有分公司，友邦人寿保险公司作为近代唯一一家总公司设在上海并且专营人寿保险业务的美国公司，堪称美国在华寿险业的代表。公司积极揽取华人投保，并极力在东南亚地区拓展，取得了不菲成绩。它是美亚保险集团的重要成员，在中国人寿保险发展史上具有不可忽视的地位，甚至影响了中国人寿保险业的进程。

除友邦人寿外，这一时期进入中国的美资保险公司还有旧金山人寿保险公司（The West Coast Life Ins. Co.）。该公司 1906 年成立于旧金山，"至 1923 年始在华扩充营业……分公司设于上海广东

---

① 和田喜八. 上海に於ける保险事业の研究 [J]. 支那研究，1928，18：507.

② 中国征信所. 上海之保险业 [N]. 申报，1936 – 04 – 22.

③ 杉村广藏. 列国对支投资概要——第一调查委员会报告书别册 [M]. [出版地不详]：东亚研究所，1943：99.

④ 根据友邦人寿保险公司历年营业报告，原件英文（[A]. 上海市档案馆藏上海商业储蓄银行档案，档号 Q275 – 1 – 1823）。

⑤ 友邦保险公司第一日之交易 [N]. 时报，1921 – 09 – 05.

⑥ 我国人寿保险业之概况 [J]. 经济半月刊，1928，2（14）.

⑦ 中国保险事业二十年 [A]. 上海市档案馆藏档，档号 Q0 – 9 – 150.

⑧ 友邦人寿保险公司之股东会 [N]. 新闻报，1926 – 03 – 19.

⑨ 我国人寿保险业之概况 [J]. 经济半月刊，1928，2（14）.

⑩ 和田喜八. 上海に於ける保险事业の研究 [J]. 支那研究，1928，18：508.

⑪ 友邦保险公司之水火险部 [J]. 保险与储蓄，1924，4.

路 3 号……国人投保者殊鲜"。① 以 1926 年计，其全部"保险契约额为 99115621 美元，其中中国契约额为 3931550 美元"，② 中国份额约占公司总额的 4%。据称，即便到了 1936 年，该公司"在华有效保额依然非常小"。③

此外，不少美商洋行此时也代理美商保险公司业务。比如，1925 年 4 月美商老晋隆洋行组织章程中就规定，其内部设立保险部"经营保险代理商除人寿保险外的各种保险业务"。④ 慎昌洋行也是一家著名的保险代理商，并且以保险代理人的身份参加了 1928 年的上海美国商会。⑤ 有些在沪美国企业出于自身的保险业务需要，甚至出资创办附属性保险公司。比如，1902 年进入上海市场的英美烟公司于 1936 年创办了孚图保险公司，⑥ 总公司即设于上海，经营英美烟公司系统内的保险业务。

（二）日本保险业的在华扩张

在美资保险业之外，这一时期日本在华保险业也出现了较快的扩张。甲午战争后，日本加快了对中国的资本输出，对华各项投资迅速增长。上海和东北成为日本投资的关注点，并且据称，"日人在上海的企业投资，比在东北的投资发展得更快"。⑦ 随着日本在华投资的扩张，日本保险业也进入中国。1896 年，日本海上保险株式会社在上海设立分店，⑧ 成为当时所知最早进入上海市场的日商保险公司。不过，"据三井物产公司的伊藤继氏回忆，大概在明治三十三、四年（即 1900 年、1901年），明治火灾保险公司最早进入中国市场"。⑨ 不管哪种说法更为准确，日商保险业都是在甲午战争后随着其在华经济利益的扩张而出现在中国的。除上述两家外，日本另一家著名的保险公司即东京海上火灾保险公司，1900 年前后其也在上海设立了中国分公司。⑩ 但这一时期，日商保险业在上海乃至中国市场尚不起眼。

第一次世界大战期间，日本借对德国宣战的机会，扩大其在中国的政治、经济势力。以日本在沪最具代表性的棉纺织工业来看。第一次世界大战以前，英资棉纺织业是上海该业中实力最为强大者。但是经过第一次世界大战及战后发展，日资棉纺织业迅速崛起。据统计，"至 1927 年，包括原有的上海、内外棉、日华 3 个公司在内，日资开设的棉纺织厂共计 30 家之多，纱锭总数达 947540枚，比 1919 年增加了 2.03 倍，年均增长率仍然高达 14.86%。这时，上海日资纱厂总规模远非英资纱厂所能比拟，其纱锭数是英资纱厂的 4.6 倍，超过华资纱厂的 33.1%……日本资本已在上海棉纺

① 沈雷春. 中国保险年鉴：1937 [M]. 上海：中国保险年鉴社，1937：10.
② 和田喜八. 上海に於ける保险事业の研究 [J]. 支那研究，1928，18：507.
③ 杉村广藏. 列国对支投资概要——第一调查委员会报告书别册 [M]. [出版地不详]：东亚研究所，1943：106.
④ 上海社会科学院经济研究所. 英美烟公司在华企业资料汇编：第 1 册 [M]. 北京：中华书局，1983：12.
⑤ 罗志平. 清末民初美国在华的企业投资：1818-1937 [M]. 台北：国史馆，1996：341-348.
⑥ 上海社会科学院经济研究所. 英美烟公司在华企业资料汇编：第 1 册 [M]. 北京：中华书局，1983：119.
⑦ 雷麦. 外人在华投资 [M]. 蒋学楷，赵康节，译. 北京：商务印书馆，1953：355.
⑧ 颜鹏飞，李名炀，曹圃. 中国保险史志：1805—1949 [M]. 上海：上海社会科学院出版社，1989：94.
⑨ 兴亚经济研究所. 中国损害保险事情と诸问题 [M] //兴亚政治经济研究：第三辑. [出版地不详]：[出版者不详]，1942：298.
⑩ 保险业调查资料 [A]. 上海市档案馆藏上海商业储蓄银行档案，档号 Q275-1-1823.

织业中占据首位"。^① 此外，在其他工业领域，第一次世界大战后日本也明显加大了在上海的投资力度，仅 1918 年新设企业数就达到 43 家。^② 日本在华投资的兴盛，带动了日商保险势力在中国市场的逐步加强。1926 年 11 月，实为日本资本控制的泰康保险公司（The Cornhill Ins. Co., Ltd.）在上海设立分公司。^{③④} 据称，"康泰在名义虽为英人所设立，但实际上系日人所主持，其资本总额 50 万金镑，实收 25 万金镑，总公司设于伦敦，上海分公司设于外滩 18 号……其幕后支持者则为日商东京保险行（Tokyo Ins. Co., Ltd.）"。^⑤ 换句话讲，泰康保险公司实际上是"东京海上火灾保险公司在伦敦的子公司"。^⑥

为了与其他外资保险公司竞争，上海的日资保险企业还在 1920 年组织了保险同业会，每月开会一次，相互联络以谋发展。1921 年，为了获得外资、华资保险业界的认可，其改名为上海日本人保险协会，并于 8 月 9 日举行了首次例会。^⑦ 到 1923 年，在上海经营火灾保险业务的日商保险公司有 15 家，经营海上保险业务的是 8 家。^⑧ 此后几年，日商在沪保险公司数目变动幅度较小，见表 4-9。

表 4-9　日商在沪保险公司数目（1923—1929 年）

1923 年		1925 年		1927 年		1929 年	
火灾	海上	火灾	海上	火灾	海上	火灾	海上
15	8	15	8	16	8	14	7

资料来源：仲维. 欲求中国商业之发展必先提倡保险事业 [J]. 商业杂志，1931，5（9）.

另据统计，到 1938 年上海市场的日商保险公司仍保持在 16 家左右。该年在外商组织之上海火险公会中，日商保险公司为 16 家，位居英、美之后。^⑨ 在海上保险公司数量上，日商保险公司甚至一度超过美商，位列英商之后。比如，1927 年 8 月，上海海上保险协会共有会员 61 家，其中英商公司为 43 家，日商公司 8 家，美商公司则仅为 3 家。^⑩ 尽管如此，在总体实力上日商保险业仍远落后于英、美两国。

民国初年，日本人寿保险业也进入中国。近代上海日本侨民众多，上海一度被日本人称为"长

---

① 丁日初. 上海近代经济史：第 2 卷 1895—1927 [M]. 上海：上海人民出版社，1997：20.

② 杜恂诚. 日本在旧中国的投资 [M]. 上海：上海社会科学院出版社，1986：380.

③ 张肖梅. 日本对沪投资 [M]. 上海：商务印书馆，1937：110.

④ 在颜鹏飞、李名炀、曹圃主编的《中国保险史志（1805—1949）》中，认为实为日本资本控制的泰康保险公司（The Cornhill Ins. Co., Ltd.）在上海设立分公司是 1925 年（颜鹏飞，李名炀，曹圃. 中国保险史志：1805—1949 [M]. 上海：上海社会科学院出版社，1989：190）。

⑤ 中国征信所. 上海之保险业 [N]. 申报，1936-04-23.

⑥ 颜鹏飞，李名炀，曹圃. 中国保险史志：1805—1949 [M]. 上海：上海社会科学院出版社，1989：190.

⑦ 日人注意保险事业 [N]. 时报，1921-08-10.

⑧ 仲维. 欲求中国商业之发展必先提倡保险事业 [J]. 商业杂志，1931，5（9）.

⑨ 兴亚经济研究所. 中国损害保险事情と诸问题 [M] //兴亚政治经济研究：第三辑. [出版地不详]：[出版者不详]，1942：277.

⑩ 和田喜八. 上海に於ける保险事业の研究 [J]. 支那研究，1928，18：551.

崎县的上海市"。1912 年，旅沪日侨达到 7734 人，[1] 大大超过英国在沪侨民人数，跃居第一位。在上海的日商人寿保险公司主要依赖这些旅沪日侨。据统计，1930 年前后上海的日商寿险公司约为 7 家，这"七家人寿保险公司虽小，而上海的日侨均投之于彼，所以足可维持其营业"。[2]

实际上，日本在华寿险的营业范围并不仅限于上海。1915 年国内曾有报道，设于东京的日本大正生命保险会社为日本著名保险公司，"以华胄界之柳原义伯爵为社长，重职及股东，亦皆以第一流之实业家充之，富豪名士，网罗殆尽，会社之基础以固，信用以坚。业务成绩，恒为同业者之冠，卒有以握东洋保险界之霸权"。据报道，当时该社除在上海设分公司外，还在东北拓展势力，在大连、抚顺、奉天、旅顺、营口设有分公司。[3] 1923 年 7 月 13 日《盛京时报》报道，日本在中国东北还开办了简易人寿保险。"据闻日本简易生命保险，六月中之保险契约，综计二千八百十五人，共计金额（保险费）六十三万八千五百六十四元八角，合以前共计为三万四百五十一人，保险费七百十六万一千一百十八元七角。"[4]

甲午战争后，日商洋行逐渐从欧美洋行手中夺回中日贸易控制权，从而逐渐获取了相关保险业务。但在另一方面，这一时期日商保险公司在中国的经营则受到中日两国政治关系变化的直接影响。第一次世界大战爆发后，日本在中国的侵略扩张引发了中国社会的强烈不满，特别是五四运动后，各日商保险公司普遍"营业大受影响，由五卅至一二八更形衰落"。[5] 以至于想进入上海市场的日本东京海上火灾保险公司不得不改头换面，"其对华人经营，系采用英商康泰（Cornhill Ins. Co.），及意商意泰（Assicurazioni Generali）等公司名义经营之"。[6] 在此情形下，日商保险公司在上海的经营成绩恐怕较为一般。尽管日资曾一度在上海市场占据主导，但在财产保险业领域并没有出现与之匹配的兴盛局面。[7]

除英、美、日之外，法、德、荷等国的保险公司也在中国设有分支、代理机构。其他一些国家的保险企业也积极拓展其在中国的经营活动。1927 年 8 月，上海海上保险协会共有会员 61 家，除上述各国保险公司外，尚有瑞士公司 2 家，丹麦、意大利公司各 1 家。[8]

整体而言，民国北京政府时期，在华外资保险业继续保持了其在中国市场的主导地位。与此同时，其格局也开始出现变化。除英资保险公司保持其原有地位外，美国、日本在华保险业则呈现出明显的扩展势头。这一情形的出现，是世界经济和东亚政治格局演变的结果，也表明各国在华政治经济势力的起伏。

① 张肖梅. 日本对沪投资 [M]. 上海：商务印书馆，1937：12.
② 仲维. 欲求中国商业之发展必先提倡保险事业 [J]. 商业杂志，1931，5 (9).
③ 大正生命保险会社记 [J]. 中国实业杂志，1915，6 (1).
④ 日人在满洲简易保险成绩 [J]. 农商公报，1923，111.
⑤ 王仁全. 洋商保险业之在华情形 [J]. 保险月刊，1940，2 (3).
⑥ 在杉村广藏编的《列国对支投资概要——第一调查委员会报告书别册》中，认为日本东京海上火灾保险公司是在 20 世纪 20 年代进入上海市场的（杉村广藏. 列国对支投资概要——第一调查委员会报告书别册 [M]. [出版地不详]：东亚研究所，1943：104）。
⑦ 根据一份东京海上火灾保险公司的历年营业统计，可见该公司的发展非常迅速，但其在华分公司之营业似乎没有很大起色。
⑧ 和田喜八. 上海に於ける保险事业の研究 [J]. 支那研究，1928，18：551.

第三节　保险市场的发展与失序

民国北京政府时期的保险业，一方面是保险业规模增长，业务领域与覆盖地域范围不断扩大，保险市场呈现出迅速发展的趋势；另一方面，缺乏监督和管理，经营活动的不稳定性、无序竞争性以及投机性等特征，也是保险业和保险市场上存在的明显问题，这成为影响中国保险业发展的因素。发展与失序，构成这一时期中国保险市场的双重面相。

一、市场扩展与成效

晚清时期，中国保险市场主要集中在沿海口岸城市，这一格局一直延续到民国初年。随着保险业的发展，到 20 世纪 20 年代，除口岸城市、中心城市的保险机构持续增长外，内地一般商业城镇保险业也开始发展，表明保险市场呈现出显著的扩展态势。蓬勃发展的保险业，一方面体现出保障社会经济稳定的功能；另一方面，在保险业尚处于粗放发展的阶段，往往会引发冲突和矛盾，反映出其时保险市场不成熟的一面。

（一）保险市场的扩展

1. 民国初年的市场分布

中华民国建立之初，保险市场仍以开埠城市和商业中心城市为主，保险机构分布稀疏，覆盖面尚有限。由于缺乏全面的资料，这里仅以华商公司的分布状况为参照。1919 年民国北京政府国务院统计局发行的《统计月刊》曾根据第五次农商统计表，刊登了《历年各种保险公司统计表》，该表中列出，1912—1916 年华商保险公司分别为 21 家、10 家、16 家、14 家、12 家，分公司则分别为 21 家、24 家、39 家、45 家、44 家。[①] 根据此次统计填制的《各省保险公司一览表（民国五年份)》（以下简称《一览表》），可见民国初年各地保险业的一个侧面。

京兆地区，有 3 家保险分公司营业，分别为大兴的康年保寿有限分公司和宛平的金星人寿保险分公司、香港华商福安水火人寿保险有限公司北京分局。1916 年 3 家分公司合计收入 36827 元，其中金星人寿保险分公司收入 23000 元，康年保寿有限分公司另有利息收入 10000 元，其他收入 1000 元。3 家分公司支出赔偿金共计 3615 元，营业费 20581 元，其他支出 2651 元。金星人寿和福安水火人寿当时的保险契约分别为 270 件、97 件，保险金额共 39727 元。

直隶省保险业主要集中在天津，《一览表》中列有 5 家保险分公司，即福安、金星、华安、华兴和联泰，除福安保险分公司兼营人寿险和水火险外，其余各家经营水火险。保险费收入共计 91331 元，其中金星最高，为 36807 元，其次为华安 23359 元，福安 17000 元。福安分公司另有利息收入

---

① 历年各种保险公司比较表 [J]. 统计月刊, 1919, 19.

560 元，其他收入 4750 元，赔偿金共支出 33597 元，营业费 27038 元，其他支出 5600 元。在直隶其他地区，则仅列有设于万全县的永年人寿保险分公司，营业状况不详。

奉天省保险业分布在沈阳、营口、安东三地。沈阳有华洋人寿保险分公司和金星人寿保险分公司两家，均经营人寿险；营口有华安水火保险有限分公司、金星东三省分公司、福安保险分公司 3 家，除福安兼营人寿、水火险外，另外两家均经营水火险；安东有大有昌公司和合记公司两家，均经营水险，1916 年保险费收入分别为 80000 元、3000 元，规模甚小。上述各家保险费共计收入 104500 元，营口的福安分公司保险费收入最高，达 41500 元，金星东三省分公司保险费收入为 27000 元，可见营口为奉天省保险业的中心。全省各家合计，当时有保险契约 709 件，保额 5413520 元。

在吉林省，仅有设于江滨的福安保险分公司一家，但《一览表》中列出的保险费收入竟高达 404000 元，支出赔偿金则达 225000 元，甚至远超天津数倍，这一数字显然并不可靠。

在山东省，历城设有两家保险分公司，一家为华安合群保寿险有限分公司，另一家为金星人寿保险分公司，保险费收入分别为 7000 元和 4000 元。

在河南省，郾城和安阳分别设有华洋人寿保险分公司，经营状况不详。

在山西省，《一览表》中仅列有金星人寿保险公司介休县分局一家，经营状况不详。

在江苏省，上海为国内保险业中心，表 4 - 10 中列有 8 家保险公司的经营状况。

表 4 - 10 1916 年上海华商保险公司经营状况表

名称			金星人寿保险有限公司	康年保寿有限公司	华洋人寿保险公司	华安合群保寿公司	华成火险有限公司	华安水火保险股份有限公司	先施水火保险置业有限公司	福安保险有限公司
营业种类			人寿险	人寿险	人寿险	人寿险	火险	水火险	水火险	人寿险、水火险
设立年份			1914	1912	1904	1912	1906	1906	1915	1901
注册年份			1914	1914	1912	1912	—	1915	—	1916
资本总额/已缴纳额（元）			1000000/250000	1000000/150000	1500000/825000	1499250/149925	400000/220000	1500000/601500	1200000/600000	1000000/500000
公积金额（元）			—	—	172500	110989	5600	80287	—	129320
一年间的财况	收入（元）	保险费	431965	43481	285000	16747	34000	149044	172150	123000
		利息	10373	10798	8250	4647	18700	38284	6553	—
		其他	—	—	—	36	—	—	—	—
	支出（元）	赔偿金	11913	15728	39750	1499	11800	37920	94920	71205
		营业费	42308	37755	135000	101147	10200	29234	63635	15000
		其他	—	9855	6000	5757	20200	—	8953	—
现在契约状况	件数		1924	1225	250	610	1200	2821	2553	3373
	金额（元）		7897591	2012750	75000	119940	34000	1659420	756400	9000000
罹灾件数			15	—	—	16	65	51	79

资料来源：根据《各省保险公司一览表（民国五年份）》（《统计月刊》第 20 期）改制。

除上海之外，江苏省其他地区的民族保险分公司也相对较多。江宁（南京）有金星人寿和华安合群保寿两家分公司，丹徒有华安人寿保险分公司和金星人寿保险分公司，金坛有福安保险分公司，松江有华洋人寿松江分公司，吴县有华安合群保寿分公司和金星人寿保险分公司，江都有金星人寿保险分公司，高邮有金星人寿保险分公司，共计10家。

在江西省，九江设有宜安保险分公司和仁济和保险分公司。

在浙江省，表中列有兰溪、杭县、金华、永嘉四地五家保险公司。设于兰溪的是利运保险有限公司，其1912年设立，经营水险业务，但资本金仅有5000元；1916年保险费收入为2680元，支出赔偿金为700元。杭县的两家公司是华安合群人寿保险分公司和上海联保分公司，分别经营人寿险和水火险。金华的一家公司则是利运保险分公司。永嘉的一家公司是华安人寿保险分公司。这5家分公司均设立于1912—1915年。1916年5家公司保险费合计收入393007元，支出赔偿金49381元，营业费则为227045元。

在湖北省，《一览表》中列有夏口（即汉口）的5家保险分公司，分别为华安水火保险分公司、华侨合资水火有限分公司、金星人寿保险分公司、华兴水火保险分公司，以及羊城水火保险置业有限分公司。1916年，5家公司保险费合计收入160021元，支出赔偿金49225元，营业费37136元。

在广东省，《一览表》中列有4家，其中番禺3家。中华人寿保险公益总会经营人寿险，其1913年设立，资本金为6000元；1916年保险费收入23127元，支出赔偿金8641元。仁济保寿公司1914年设立，资本金5000元；1916年保险费收入2642元。另外一家为金星人寿保险分公司。东莞的一家公司为永福人寿保险公司，其1914年设立，资本金也仅有5000元。[①]

《一览表》中所列显然并不完备，其数额也颇多不合情理之处，不能视为可靠的统计资料，但毕竟为了解民国初年华资保险业的状况提供了一些参考。从表中所列看，其时华商保险公司及其分设机构主要集中在上海、天津、汉口等开埠城市，略具规模者则均在上海。其他地区的保险机构几乎均系上海保险公司的分公司或分设机构，非上海的保险公司仅有浙江兰溪利运保险有限公司、番禺的中华人寿保险公益总会、仁济保寿公司，以及安东的大有昌公司、合记公司等5家，但规模十分有限，甚至可忽略不计，可见这一时期华商保险企业的集中程度。

根据该表，其时设有两家及两家以上保险机构的城市除上海外，还有天津、夏口（汉口）、营口、沈阳、安东、历城、江宁、丹徒、吴县、九江、杭县、番禺等十余地，经营略有规模的实际上只有天津、汉口、营口等几地。从华商保险机构的地域分布上来说，除了包括上海在内的江苏省相对较多外，其他地区都十分稀疏，保险机构的覆盖地域还十分有限。表明这一时期保险市场还集中在部分城市地区。

2. 保险市场的地域扩展

随着社会保险意识的提高，民国北京政府时期，保险业在内地商业城镇开始被普遍接受，得以快速兴起，市场覆盖范围显著扩大，保险业经营地域已不限于口岸城市。到20世纪20年代，中国

---

① 各省保险公司一览表：民国五年份［J］. 统计月刊, 1919, 20.

保险市场已经延伸到更广泛的一般城镇。在江苏、浙江一带的商业城镇，保险市场与此前相比显著扩大。民国初年，浙江嘉兴保险业并不活跃，"惟人寿保险略有认保，然百人中，亦不过一人而已，火险尚毫无认保，所以此种营业，竟无人注意。而经理此项营业之人，到处宣示利益，仍不得他人一盼"。但到20世纪20年代初，"竟大发达"，火险超过人寿险业务，"目下商家，保有火险者，已居十分之五，人寿险亦有十分之三，营业渐广，经营亦易"，"而保险业亦得有进步矣"。① 1922年，上海福安人寿水火保险公司将其业务扩展到无锡，"营业殊为发达"。1923年，"入春以来，投保各户，日益加增……殊有应接不暇之势"。② 英商望莱保险公司以往在天津、汉口等地承保水火等保险，1923年新茧上市之际，该公司派人来无锡，与各茧行接洽，由于定价稍廉，"各茧行投保临时及常年险者，为数颇多"，"纷至沓来，营业颇为发达"。③ 到这一时期，财产保险在不少内地商埠城镇已经为各色商户所接受，投保财产保险成为一种商业惯例。

东北地区的情形同样如此。东北保险市场主要由英、日等国的保险企业占据，以人寿保险和损害保险为主。到20世纪20年代，随着移民规模的增长，东北城镇数量不断增加，保险业也随之扩散。比如在南满，1923年旅顺、大连、金州、普兰店、貔子窝、营口、瓦房店、大石桥、辽阳、鞍山、奉天、本溪、抚顺、铁岭、开原、长春、四平、公主岭、安东均设有保险代理或分支机构。其中，大连66处，貔子窝88处，营口及营口日本领馆属地共42处，奉天及奉天领馆属地37处，开原32处、长春44处、安东58处，相对较为密集。④ 这些情形表明，到20世纪20年代，中国保险业的市场空间正处于不断扩展的过程中。

以寿险市场为例，1917年《华安杂志》第三期曾列有得到该公司赔款的投保人姓名，共计100人，除居于新加坡1人外，其余99人分布在除东北、西北和西南地区外的32个城市和地区，上海有25人，厦门有8人，杭州、福州、宁波均有7人，南京有6人，北京有4人，苏州、扬州均有3人，⑤ 可见该公司的经营业务分布以东南沿海为主，同时辐射到内地较大范围的地区。

3. 保险业的活跃

民国北京政府时期，中国保险市场发展的另一个重要表现，是保险经营日趋活跃和发达。经过民国初年保险业的发展热潮后，随着城市规模和空间的扩大，以及社会保险意识的提高，保险业在口岸城市和商业中心的活跃度越来越高。

上海是中国保险业的中心，进入民国后，保险经营更趋于繁盛。1920年有报道称，上海"近年来水火人寿险等营业日盛，去岁各公司之盈余，自数百万至十余万不等，而尤以欧战期内之水险营业为佳。盖由各交战国潜艇横行，鱼雷密布。危险甚多，保险费因而大增，而运输货物者，则以沿途荆棘，不得不投巨资于保水险公司，营业遂大得利。至火险则以本埠营业者为最发达。内地各处

① 保险业已发达 [N]. 四民报，1921 - 12 - 22.
② 保险公司营业发展 [N]. 无锡新报，1923 - 03 - 24.
③ 保险公司扩充营业 [N]. 无锡新报，1923 - 05 - 05.
④ 予觉氏. 满洲忧患史：卷三 [M]. 天津：天津益世报馆，1929：134 - 135.
⑤ 已领本公司赔款之各保寿人姓氏录 [J]. 华安杂志，1917，3.

因街道狭窄，救火之设备不精，往往一有火警，数十百家同归于烬，公司乃不免有受累者。又人寿险，分无定期缴费、定期缴费、普通保险、存银保险、幼孩保险、大富保寿、储蓄保寿等七种，各有定程，公司与保险者两方面皆可享受利益，故各行营业，皆称发达"。其列出的华商人寿保险为华安、福安、金星、康年、商立5家；英商人寿保险为永年、华洋、永福、宏利、永明5家；华商水火保险为华安、华兴、华成、联保、联泰、联安、福安、香安、羊城、广恒、仁济和、金星12家，洋商水火保险有太阳、尤宁、皇后（茂生代理）、以归提勃（慎昌代理）、扬子（慎昌代理）、大名永（安大生代理）、Employers Inability、马达尤宁、保众、保宏、保太、保家、保安、保定、保泰、保隆、Imperial Fire Office、National Union、Foncler de Fraune et des Colonies、Royal Feochaongo、Atlas、Quaonaland 等37家，以及另外的49家；华商水火保险还有2家——先施、永安；华洋合办水火保险——华暹。[①]

产业的发展，是保险市场扩大的重要促成因素。以棉纺织业为例。棉纺织业是民国北京政府时期发展较快的行业，无论是原料还是成品，其运输和储存过程都对保险有着广泛的需求，保险在该行业也较为普及。比如，当时以存储棉布为业的货栈，大都保有火险。"本埠华洋经保火险各公司近查外洋运沪匹头货件，因市面不振，销路呆滞，致存储于中西各栈房几为之满。除洋商本栈及各公司堆栈均遭顿积外，即苏州湖［河］沿民族各栈中，亦大半存储此项匹头货件为多数，且皆投保火险，致各公司咸均经保足额（保险公司章程如受保五万、十万、数十万限满，须分给他公司承保）。"[②]

在保险商户不断增长的支持下，保险掮客甚至成为一个颇有规模的职业。1921年一则新闻称，上海"全埠华商保有火险者，十居八九"，其中向保险公司直接投保者只是少数，大多由掮客经手。其时，商界联合会曾倡导各路商界自行组织保险公司为本行业提供保险服务，以防利权外溢，"各商号遇掮客向兜揽时，多以待自组之公司承保拒却"，"自新年至今，继续投保者实属寥寥"，以至于影响到保险掮客的生计。[③]

上海之外，在其他重要的口岸与商业中心，保险企业数量也显著增加。比如在汉口，除早期的仁济和公司外，从清末民初开始，一批华商公司如华安、华兴、永安、先施等先后在当地营业，其间永安、先施曾一度离开汉口市场，退回上海。但到20世纪20年代中期，"兹则华商西商，营业竞争，大有并驾齐驱之势，不但收回上海者重整旗鼓，而新开之公司，亦层出不穷"。随着汉口保险企业的增加，当地出现了3家保险公会："华商公司之保险公会设于联保，西商保险公会设于三义，华人充当保险经理者，设保险经理公会于商会侧。"在汉口经营水险的保险公司，日商有三菱1家，西商有保安、协平两家，华商有华兴、华安、永宁3家，另外，太古、怡和等洋行均代保水险。华商保险公司包括华兴、华安、永宁、福安、丰盛、联保、先施、永安等，在汉口经营时长从20余年到10余年不等，每年营业额多在10万元上下。洋商保险公司及代理商则有鼎新、保安、美亚、怡和、

---

① 上海保险业之调查［J］. 银行周报，1920，4（12）.
② 上海商情［J］. 银行周报，1920，4（46）.
③ 保险掮客生计艰难［N］. 民国日报，1921-03-29.

太古、永年等 30 余家。保险企业数量的增加和市场的发展，还催生了当地的保险公证业，公证人以三义洋行最为著名，因其熟于建筑及绘图，"西商之业保险者，多借重之为之估计，乃在保险时既为之所估，火险发生后亦不得不请其估计余烬（俗名渣子）"。① 其他如香港、天津、广州等地，保险企业的数量和保险业的活跃程度也不断提升。

在保险市场上，各保险公司的竞争也日趋激烈。保险费率高低的调控，是保险公司竞争的重要手段。20 世纪 20 年代初，上海火险市场，减低保险费率是常见的竞争手段。为此，外商火险公会曾要求一律按照定章，各公司须向保户公布保费定率，禁止各公司自行减低费率，但收效并不明显。寿险领域的情形同样如此。1919 年 11 月，有消息称，华商设立的华安、金星与洋商设立的永年、华洋 4 家保寿公司召开联合会议，决定从 1920 年 1 月开始增加保费，其理由是中国"对于国民之生死，公家向无统计，无从推算其确数。现在中国境内经理人寿保险之各公司，其沿用之价格多系根据外国保寿人死亡之统计而定保费之多少，若揆之中国近日情形，社会卫生问题尚未改良，危险较多，保费自应增加"。但增加多寡仍由各公司自定，实则并无效果。② 外商保险公司虽然一再指责华商保险业以极低的保险费率来承揽业务，扰乱了保险市场。但事实上，这也是外商保险公司在竞争中采取的手段。1922 年，镇江日新街先后发生两次大火，各保险公司损失重大，不少公司随即将保费增加十分之一二，还有一两家宣称此后不再做镇江生意。英商扬子保险公司虽然两次火灾摊赔多，但一度并未调整保费，"故连日该公司生意颇为发达"。③

除费率竞争外，广告也是保险公司常用的竞争手段。保险公司的广告既是宣传品牌的手段，也是招揽生意的通道，各式广告在报刊上的大量出现，表明这一市场的热度。如何发挥广告在保险营销中的效用，也引起了人们的注意。1915 年，留美经济硕士杨荫樾专门撰文对保险业广告问题进行讨论。文中建议，保险广告应有针对性，"仅载资本几何，盈余几何，与董事姓名，为保全体统计"，这类广告实则不具有效力，"凡业保险者，其资本必甚殷实，其董事必皆社会知名之人，此人人皆知，无待于广告者也"。他认为，"保险行之广告，其法甚多，要当说明某行保费所以较廉，或条件所以较优之故，更应使人知保险之利益，及不可不保险之理由"。杨荫樾还翻译了英国二则最佳保险广告为国内保险业界参考。④ 此外，不少保险公司还在每年年底印制各种精致的新年月份牌，广为赠送，以扩大宣传。这种做法由洋商保险公司首先采用，后来为华商公司仿效。1917 年，上海的一首竹枝词云："保险洋行号燕梳，行中股实有盈余；纷纷传派燕梳纸，岁底年年送历书。"⑤ 但月份牌印制花费颇大，到 1924 年前后这种做法渐渐消退。

一些保险公司积极树立社会信誉，扩大了保险产品的影响力。华安人寿保险公司一位名为高厚甫的投保人，其为驻清江宪兵连长，1916 年夏在华安清江分公司投保 1500 元，仅交纳了一次保费，

① 黄既明. 汉口之保险业 [J]. 银行杂志, 1926, 4 (1).
② 四大保寿公司之会议 [N]. 新闻报, 1919 – 11 – 05.
③ 保险公司与镇江 [N]. 四民报, 1922 – 06 – 10.
④ 杨荫樾. 保险行之广告 [J]. 中华实业界, 1915, 2 (3).
⑤ 杂录：别琴竹枝词 [N]. 申报, 1917 – 01 – 27.

即于当年冬病故，随即获得了公司的赔偿金。其家属为此登报通告表达谢忱："我国通商大埠，保险公司林立，类皆系外人资本，章程虽善，不无扞格。求一章程美备、信用昭著而又适合华人之性情及社会之要求习惯者，其惟华安合群人寿保险公司！是华安者为纯粹华人资本，故对于保险者之特别优待及期满后之利益均沾，无不较他公司为美备。"高氏病故后，"未逾旬日，而款已领到，足徵该公司之信用及赔款之迅速"。[①] 此类报道在当时的报纸上屡有所见，保险公司虽以此作为宣传和招徕，但从另一个角度看，这些事例的传播也有助于社会保险意识和保险公司社会信誉的提高，为寿险市场的拓展提供帮助。

尽管保险业在这一时期得到较快的发展，但中国保险市场的规模仍然有限。民国保险界著名人士吕岳泉曾为王效文的《保险学》作序，外资保险业进入中国后，"乃有一部分人投资于保险公司，然其感应，仅侧及于中产阶级，中人以下，仍漠然无所觉也。以视一九一六年美国纽约一州，卅五家保寿公司，承保总额一百六十万万元，则吾国所得称为保险者，其成绩之幼稚，实足惊人。而况国内保险机关，大都为水火险，寿险公司甚不多觏，且强半为外人投资，是收效虽厚，而利权之溢出者亦复不少。一出一入，其利害正相当焉"。他说："吾公司号称发达，而所占保额，初不逮全国人口万分之一。即以全国保险公司而论，物险人险合计，占额亦不过千分之一。以言发展，以言普及，不亦难乎？"[②]

总体而言，这一时期中国保险市场仍处于低水平发展的阶段。以寿险而论，"根据某在华多年之外国保险家所推测，四万万人中，保寿险者，不过五万人。又有一专家，估算中国人寿保险总额，以为不及三千万元，而其中有一千二百万元，尚系外人所保。此等数目，固难期准确，然去事实当不至甚远"。与其他国家相对比，差距十分明显。比如，1926 年美国人寿保险单达 108429000 件，保额超过 79950000000 美元，同年英国人寿保险单为 380000 件，保额达 128000000 英镑。1924 年，日本保寿金额达 2404762000 美元，甚至印度保额已合 204372000 美元，比中国多十余倍。人均保额以美元计算，1924 年美国为 556 元，加拿大为 428 元，英国为 212 元，荷兰为 70 元，日本为 45 元，中国则不到 1 元。[③]

（二）保险赔偿案

1. 天津"壬子兵变"赔案

灾害与风险爆发，尤其是重大灾害与风险出现之际，往往是保险发挥其保障功能的契机。民国北京政府时期的保险业，一方面体现出维护社会经济稳定的功能，另一方面在保险业尚处于粗放式发展的阶

1912 年"壬子兵变"后的天津

① 高厚甫家属通告 [J]. 华安杂志，1917，3.
② 吕岳泉. 王编保险学序 [J]. 保险与储蓄，1924，8.
③ 我国人寿保险业之概况 [J]. 经济半月刊，1928，2（14）.

段，这一功能难以充分实现。保险人和被保险人之间的保险赔偿问题，是一个经常性的纠纷，甚至演变成诉讼案件。民国初年，天津"壬子兵变"保险赔案是一个影响较大的案例。[1][2][3]

晚清天津是北方保险业发展的中心。1911 年底，有 94 家外商保险公司在天津设有分公司或代理处，有 16 家华商保险公司在天津设有总公司、分公司或代理处。1912 年 1 月 1 日，中华民国成立，2 月 12 日清帝退位，按照此前南方革命党人与袁世凯的协议，孙中山提出辞职，参议院举袁世凯为临时大总统。在南方派出蔡元培等到北京迎接袁世凯南下就职之际，1912 年 2 月 29 日晚，北京首先发生兵变；3 月 2 日（旧历壬子年正月十四日）晚，天津发生兵变，兵变士兵在天津北马路、北门里、北大关等华界进行了疯狂的抢掠和焚毁，给天津商民造成了重大的经济损失。

兵变后，根据天津商会 2012 年 3 月 20 日善后办法中的提法，"除被焚房屋尚未查清外，计银钱、货物、衣具等项报会注册者，二千一百余户，统计值银千余万两之谱"。参加保险的商户成了索偿保险会，要求商会进行交涉，"日集三百余名到会要求，情词迫急"。天津商会函请各保险行筹议办法，但洋商各行始终不露面。[4] 不得已之下，天津商会禀请直隶总督张锡銮进行交涉。同年 3 月 27 日商会在禀文中称："查阳历三月二日，津市各商被焚三百余号，货物、楼房尽付一炬，困难情形，万分迫切，虽经保险，不过十分之四五，保款约在一百三十余万两。"文中开列了向各保险行索赔的数额，涉及的保险行包括礼和行、隆茂行、德义行、瑞记行、立兴行、太古行、禅臣行、新太兴、兴隆行、平和行、世昌行、仁记行、立达行、三井行、德隆行、瑞丰行等共 24 家，索赔总额达 1353598 余两。索赔额较高者为太古行（140748.283 两）、平和行（145000 两）、瑞记行（139900 两）、仁记行（92500 两）、礼和行（86700 两）、德隆行（70000 两）等，最低为禅臣行（1000 两），其余各家则在 4 万余两到 3000 余两不等。[5] 直隶总督张锡銮批转由直隶交涉公所办理，交涉公所则聘请律师贝萨德，拟起诉各洋商保险行。此后，天津商会先后两次转呈交涉司保险单共 264 余份作为凭证。在当年 5 月天津商会致交涉司的函件中，还另外开列了 26 家商号 46 份被焚保险单的情况，保额共计 83300 两。[6]

在索赔过程中，洋商保险公司拒绝赔偿。华商公司则表态："如洋商各保险行愿认赔偿，华商亦即照赔。"[7] 2012 年 3 月 21 日，上海《申报》报道："天津洋商保险公司刻正要求该国公使向袁总统交涉，谓津埠商店多买保险，经此火灾多向公司要求赔偿，而公司以此次被灾为变兵所延烧，与照章应给赔偿之火灾不同，一切损失应由中国政府代为照赔，各公司不能担负此等责任。"[8] 天津商号据理力争，指出这次兵变并非兵火险，"然所谓兵火险者，系指战地线内弹火而言，此次津埠之灾，

---

① 天津市地方志编修委员会．天津通志·保险志［M］．天津：天津社会科学院出版社，1999：6 – 7.

② 天津市地方志编修委员会．天津通志·保险志［M］．天津：天津社会科学院出版社，1999：311 – 313.

③ 天津市地方志编修委员会．天津通志·保险志［M］．天津：天津社会科学院出版社，1999：368 – 370.

④ 后核定损失为 12123662 余两（天津市档案馆，等．天津商会档案汇编：1903—1911［M］．天津：天津人民出版社，1989：2539 – 2543）。

⑤ 天津市档案馆，等．天津商会档案汇编：1903—1911［M］．天津：天津人民出版社，1989：2559 – 2561.

⑥ 根据索偿保险会的说法，收集到的保险单共计 265 份，起诉保险金额为 1037700 两（天津市档案馆，等．天津商会档案汇编：1903—1911［M］．天津：天津人民出版社，1989：2566）。

⑦ 保险交涉［N］．大公报（天津），1912 – 03 – 15.

⑧ 京津兵变余谈［N］．申报，1912 – 03 – 21.

不过兵变后，土匪乘机燃放，希图抢掠，非同战场弹火之延烧可比，只能认为普通火灾，不得谓为兵火险"。① 其间，还请有专门商学法律学知识的王劢廉等人，对中外各保险章程进行审查讨论，"倘有可争之点，当合官民全力以争之"。② 但此后交涉仍然未能达到目的。直隶交涉使与德国领事、商会、保险公司及商会代表曾订于 1912 年 4 月 15 日开会商议，③ 但当天的会议实际上变成了被灾商户的会议。④ 在此情形下，同年 5 月 8 日，天津《大公报》刊登消息称，由于保险索赔未能达到目的，天津商会聘请律师，不日将起诉。⑤ 根据 1913 年 2 月直隶交涉公所的呈文，在聘用律师向英、德领事起诉前，经交涉公所核准，财政总汇处拨付行化银 1200 两、银元 22231.1 元作为起诉费用，"交贝萨德律师支配英德各领署应付各款"。但这场诉讼最终失败，"兹据该律师称，此案现经判决，难以赔偿"。中方为诉讼共支付了诉讼费、律师费等共计行化银 778.4 两，又 8631.41 元。⑥

1912 年 10 月 2 日，上海《申报》《时报》同时报道了这一诉讼案的结果。"天津兵变所遭损失，保险公司不肯照赔一案，兹经天津裁判所判决，以所焚各屋实因内乱所致，故判保险公司得直。"⑦⑧ 关于这次诉讼的情形，被灾商户代表在给天津商会的说帖中称："自壬子中秋，经英国顾问官堂讯，不论事实，一味偏袒，以不赔二字模糊了事，随又宣布任我上控。"被灾商户随后召开大会，计划另行聘请名律师到香港、伦敦等处进行交涉，但所需费用在 10 万两以上，要求直隶都督府代为筹措。天津商会认为，被灾商户一意上诉，"事关商命存亡，势难劝阻"，但能否达到目的还难以预料，"而消耗已属不赀，究应如何设法筹恤，俾众灾商不至旷时糜费，即可转危为安"，"再四筹思，计无所出"，只得转请直隶总督查核。在此情形下，直隶总督令交涉司筹款恤银 5 万两，"以苏商困"，安抚各商户。⑨ 交涉公所向直隶保商银行商借行化银 5 万两转交天津商会，⑩ 加上诉讼所余的行化银 421.6 两及银元 13599.69 元，由索偿保险会各商户领取。"按各商号保险单上原数，每千两均得四十五两。"⑪ 从可见资料看，这一保险赔偿案就以此结束了。⑫⑬⑭⑮

①　津商与保险公司之交涉［N］．时报，1912 - 03 - 20．
②　力争赔款［N］．大公报（天津），1912 - 03 - 16．
③　订期开会［N］．大公报（天津），1912 - 04 - 13．
④　灾商开会［N］．大公报（天津），1912 - 04 - 19．
⑤　力争赔款［N］．大公报（天津），1912 - 05 - 08．
⑥　天津市地方志编修委员会．天津通志·保险志［M］．天津：天津社会科学院出版社，1999：2567 - 2568．
⑦　特约路透电［N］．申报，1912 - 10 - 02．
⑧　特约路透电［N］．时报，1912 - 10 - 02．
⑨　天津市档案馆，等．天津商会档案汇编：1903—1911［M］．天津：天津人民出版社，1989：2569 - 2570．
⑩　天津市档案馆，等．天津商会档案汇编：1903—1911［M］．天津：天津人民出版社，1989：2541．
⑪　天津市档案馆，等．天津商会档案汇编：1903—1911［M］．天津：天津人民出版社，1989：2543．
⑫　关于天津"壬子兵变"索赔案，还可参见天津市地方志编修委员会的《天津通志·保险志》，该保险志称，兵变后，被灾商户向保险公司"共索赔白银 1436898 两 2 钱 8 分 3 厘，其中向外商索赔额为 846148 两 2 钱 8 分 3 厘。占总索赔额的 58.887%。一年之内中外保险业约支付赔款白银 40 余万两。索赔额的大部分得到了赔偿"。这一索赔额系 1912 年 3 月 27 日天津商会在给直隶总督张锡銮的禀文中列的向各保险行索赔额（1353598.283 两）与 5 月 7 日天津商会致交涉司函中列的被焚保单保险额（83300 两）简单相加而成，或距事实不远。但一年之内赔款 40 余万两的说法不见依据。
⑬　天津市地方志编修委员会．天津通志·保险志［M］．天津：天津社会科学院出版社，1999：6 - 7．
⑭　天津市地方志编修委员会．天津通志·保险志［M］．天津：天津社会科学院出版社，1999：311 - 313．
⑮　天津市地方志编修委员会．天津通志·保险志［M］．天津：天津社会科学院出版社，1999：368 - 370．

上海报纸上有关北苏州路
火灾的报道

2. 上海北苏州路火险赔案

1921年，上海北苏州路发生的大火灾，是民国北京政府时期的另一个影响较大的保险赔案。这场火灾发生在1921年3月11日，从3月12日开始，上海《申报》连续多次进行了报道，火灾发生在北苏州路与北西藏路转角的上海公栈，凌晨二时起火，三时烧穿屋顶，延烧到北西藏路4号、5号和北苏州路2号、3号、4号等四处洋栈和某米行，午后四时火势才逐渐被控制，中西救火队员各伤1人。①

根据报道，火灾发生的当天下午，各保险行大班均到现场查勘。初步核算，美商各保险行受保数额200万~300万两，英商安利行100万两左右，其他各保险行亦经保不少。② 火灾被焚物以丝、茧为多，其中丝价值300余万元，茧价值500万~600万两，估计"赔款终须千万左右，如此巨大之赔款，为上海开埠以来所未有"。《申报》转引英文《大陆报》的报道称，12日下午，各洋行保险洋商保险行为此集议，"此次火灾，上海保险公司受损甚巨，以安利洋行为最"。初步估算损失，"已在七百四十七万五千两以上，而尚有承保巨款之数行，未经列入。大约上海所有保险公司，无一不受影响"。又称，据统计，各保险公司的保数如下："斐莱一百零三万五千两。美利坚外国保险会社一百万两。中法太保公司三十二万五千两，益兴公司六十万六千两，伦敦会社三十四万五千两，保安公司二十九万三千两，保家公司二十六万二千两，苏格兰会社二十二万七千五百两，扬子公司二十二万一千两，保丰公司二十一万五千两，凤凰公司二十七万九千两，保泰公司十九万三千两，三井公司十六万三千两，日本公司十五万两，巴勒公司十三万九千两，安平公司十五万五千八百两，西澳公司九万七千两，上海联保公司八万四千九百两，巴答维亚公司八万八千两，公平公司三万五千两，香港火险公司三万两，皇后公司一万五千两，太阳公司一万两，英美公司一千五百两，永年公司六万两，此外尚有多家。闻华商所办之保险公司，共承保十二万六千两，上述保险公司，泰半为英商，共有英法荷日瑞威加拿大公司各数家。"由于火灾中仅蚕茧一项损失即在数百万两以上，上海市场蚕茧因而紧张。报纸报道说，此前八年，上海火患之损失，共约369万两有零，"此次之损失，则几三倍于八年总数"。③④ 火灾殃及堆栈多家，还有不少货物未投保。13日下午，承保各该栈的保险公司又在火险公会商议清赔手续。此后《申报》又有消息称，据巡捕房调查，"各堆栈被焚之货，其保险者约共四百余万，未保之货约计三百万之谱"。这些货物在银行、钱庄做有押款，其中钱庄押款有75万两，钱庄商量如何向保险公司交涉。⑤ 15日，各保险公司在火险公会商议，决

---

① 新垃圾桥塊大火纪［N］. 申报，1921 – 03 – 12.
② 苏州河各堆栈大火纪［N］. 民国日报，1921 – 03 – 12.
③ 新垃圾桥塊大火续纪［N］. 申报，1921 – 03 – 13.
④ Shanghai Silk Godowns Swept By Fire, Loss Taels 10000000［N］. The China Press, 1921 – 03 – 12.
⑤ 新垃圾桥塊大火四纪［N］. 申报，1921 – 03 – 15.

定紧急修改同业定章，"头等洋栈（即丝茧等贵重物品）保费每千每年仅收银五两，二等洋栈（洋货杂什）每千仅收银七两五钱，较三等店铺市房每年每千收费念五两，头、二等店铺（洋房店铺与石库门及有风火墙之店铺）每千亦须收十二两五钱至十八两之数，相差似觉太远，而且近年来洋栈失慎独多，被灾动辄数十百万两"，议定从当月16日起，头等洋栈每千两保费一律酌加2两，增为7两，二等洋栈亦加2两，增为9两5钱，并通告各保险行执行。① 但在实际执行上，只是降低了折扣。

上述报道中的数字可能并非准确无误，但可见此次火灾后保险公司承受了很大的赔付压力。各保险公司此后聘请英商鲁意师洋行为此次火险办理公证人，并在报纸上进行公告，请各保险公司与该洋行联系。同时也提请遭受损失的各商户按照保险单的条款立刻知照保险公司，并在15天内开具赔款清单，写明损失货物及价值，与其他相应的资料提交保险公司。

上海报纸上有关北苏州路火灾的报道

火灾发生后，当年5月有消息称，益兴保险公司"已将所保房屋赔款银十四万六千余两，如数照赔"。② 受损最大的丝茧业各商户，将件数、价格、保数等依式填就，报告丝茧总公所，汇交总代表和保险代表核算保险银。但其赔付过程也经过了一番交涉。由于大火中被焚的丝、茧均向钱庄做了押款，各钱庄也牵连其中，多次进行交涉。6月下旬，各保险公司给出了丝茧赔款账目，"惟所赔之款，均照二月行情，尚有数种丝茧，价目相差甚远"，钱业为此提出要加价赔偿。③ 到8月中旬，《申报》有消息称，经中外保险行延请鲁意师摩及克佐时等洋行详细审查，"迄已数月，始克竣事。所有一应赔丝茧各保险银两，据各货主开单所报之市价及数目，共五百余万以上。照焚去时之估价，约七折赔偿，惟各保险尚未一律通过"。④

从此后的报纸报道中，可了解这场火灾的一些赔偿情形。8月19日、20日，《申报》首页刊登

---

①　新垃圾桥塅大火六纪［N］. 申报，1921－03－17.
②　北苏州路被焚栈屋已赔偿［N］. 新闻报，1921－05－11.
③　钱业会议保险赔偿问题［N］. 新闻报，1921－06－27.
④　保险业定期会议赔偿丝茧款［N］. 申报，1921－08－18.

了美商新大陆保险公司、美商美丰水火保险公司、花旗合群保险公司 3 家保险公司的赔款通告。自 8 月 29 日起，对这场大火中丝、茧类损失先行赔付。① 9 月、10 月间，《申报》则登出了几则商户的鸣谢启事。"勤记号"在启事中称，其向三井洋行投保的布疋火险银 13500 两，也实足收领。② 常州广新纱厂存放该处的棉纱 10 件，向美国新大陆保险公司投保 1500 两，也如数领足。"久如庄"刊登的鸣谢则称，其商号在大火中损失的茶叶 127 件，也领到 11500 两的赔款。③④ "陈灏记"称，该号在益兴投保 5500 两，向海通投保 3000 两，已如数领到两公司赔偿款。⑤ 济泰纱厂称，其在火灾中损失的棉纱杂货，向瑞丰公司投保的 1 万两保险银也如数领到。⑥ 当年 9 月的一则消息称，益兴保险公司也分别两次赔出这次火灾的房屋和货物损失款银 146000 余两、27 万余两，"该公司系潘明孙君经理，信用素著，此次赔款，虽受损甚巨，而仍如数认赔，以此各保户对之，颇示满意"。⑦ 根据 1923 年 2 月英文《大陆报》的报道，这次火灾被看作远东地区已知的最大的一场火灾，赔款数额在 800 万两银以上，涉及将近 50 家保险公司，其中一些遭受到严重打击。⑧

尽管 1921 年北苏州路发生的大火灾给上海各保险公司带来了损失，但 1922 年上海的火险业则有良好的发展，火灾损失较小。1922 年，牵涉一笔 40 万两保险金、一笔 30 万两保险金的火灾损失，年底的一场棉花火灾保险公司赔款 4 万两。另外，还有一些小型的火灾。在上海华界，一场火灾损失 10 万两，另一场损失 4 万两，属于比较正常的情况。当年其他城市火灾损失不严重，比如无锡、苏州、绍兴、宁波、杭州。火灾损失较大的是汉口，该地火灾损失累计达到 200 万两，保险公司的赔偿总计略超过 100 万两，对汉口市场而言是比较大的损失，这使得保险业受到重创，一些公司甚至相继决定暂时退出当地保险市场。⑨ 但在保险公司付出巨额赔偿的背后，则是大量商户利益得到了维护，从而为经济活动的延续提供了保障。

除"壬子兵变"天津保险赔案和上海北苏州桥火灾赔案外，这一时期报刊上还多次有过此类保险赔付案件的报道。比如，1924 年 7 月 16 日深夜，杭州发生一场火灾，宝山玻璃厂、电料公司、长胜斋、源兴祥京货店等工厂商号以及"上等住宅数处"，均遭焚毁，"幸各家曾皆在大中华公司保有火险，事后经该公司查明属实，悉已立予赔偿"；⑩ 1927 年 12 月 1 日，上海宜昌路的长丰面粉厂发生火灾，新、老两厂均付之一炬，该厂曾经向英商安利洋行等投保火险，共保银 139 万两，其中安利分给其他保险行的保额有 50 万两。火灾发生后，经洋行评估，损失达到 110 余万两。⑪ 尽管不能

① ［N］. 申报，1921 － 08 － 20.
② 鸣谢三井杂货赔款实足收领［N］. 申报，1921 － 09 － 14.
③ 鸣谢美国新大陆保险公司赔款［N］. 申报，1921 － 09 － 14.
④ 鸣谢美商新大陆保险公司赔款［N］. 申报，1921 － 10 － 08.
⑤ 鸣谢益兴、海通保险公司赔款［N］. 申报，1921 － 10 － 10.
⑥ 鸣谢瑞丰保险公司北苏州路杂货赔款迅速［N］. 申报，1921 － 09 － 14.
⑦ 公栈火险中之益兴赔款［N］. 新闻报，1921 － 09 － 03.
⑧ Fire Losses in Shanghai Moderate Last Year［N］. The China Press，1923 － 02 － 24.
⑨ Fire Losses in Shanghai Moderate Last Year［N］. The China Press，1923 － 02 － 24.
⑩ 大中国保险公司诚实可靠［J］. 保险与储蓄，1924，3.
⑪ 长丰面粉厂大损失［N］. 时报，1927 － 12 － 05.

得知保险公司最终的赔偿详情，但此类保险显然有助于企业降低损失，从而为经济和社会的稳定运行作出了贡献，彰显了保险业的价值。

二、 保险市场的失序现象

（一）保险业的失序问题

民国北京政府时期，在保险业不断增长的同时，也存在不少问题，尤其是保险市场的失序与混乱，成为制约保险业发展的重要因素。发展与失序，构成了这一时期中国保险市场的两重面相。无论是外商保险公司还是华商保险公司，都是保险市场秩序混乱的制造者。

就外资保险公司而言，除导致中国利益外溢、压制民族保险业的发展外，其在华经营也以不平等条约为护身符，经常漠视中国投保人的利益。再加上保单使用洋文，导致保险人和被保险人的沟通困难，以及赔款手续繁复等问题，难以保障被保险人的权利。由于外资保险业长期控制中国保险市场，此类问题实则由来已久。"省会商埠等处，则洋商公司倍蓰于国人自办之公司。以国民之储蓄金，而贸然盲从，置诸于外人之手，无论洋商公司若何殷实可靠，已非吾国之利。况如一旦发生争执，则因性情不同，法律互异，在吾国领事裁判权，尚未收回，洋商公司营业吾国者，吾政府悉取放任，未能仿照欧美各国政府之办法，先令注册，并缴保证金，故其结果，惟有吾国民隐忍受痛而已。"[1]

华商界与外商保险公司之间的此类纠纷，可谓为数不鲜。1920 年 3 月，旅沪川商由汉口转运宜昌的一批货物，在宜昌怡和栈房堆存期间因失火被焚。该批货物在上海太古洋行投保 9 万余两，另在巴勒保险公司分保 5000 两。事发后，巴勒保险公司照数赔偿，但向太古洋行索赔的 59000 余两，经数月交涉仍未给付，旅沪川商不得不请上海总商会代为交涉。[2] 1921 年，潮州帮商人瑞大号从芜湖贩米到汕头，向实泰保险行保水险 98000 余两，但船只失事覆没后，实泰保险行始终推诿不赔，瑞大号请广肇公所、潮州糖杂货联合会、杂粮公会等出面联合追索，历时一年交涉，实泰行仍置之不理。一直到 1922 年 7 月，瑞大号还邀集豆、米两业同行，以及广东、潮州、汕头、厦门、福建等客帮共同商议，要求实泰保险行赔款。[3]

在其他地区，此类事件也常有所见。1922 年，英商协丰公司派人到奉天省临江县招揽火险生意，经当地商会向奉天省商会及英国领事查询后，共有 30 余家投保。1923 年 4 月，临江县的一场火灾中，有 21 家投保商户受灾，但随后的索赔遇到了很大的阻碍。大火发生后，协丰公司改换牌号，另一家参与其中的金龙公司经理英国人庆译则拟从奉天潜逃未遂。后经反复交涉，外商才从上海派人到临江县调查，结果"只认赔偿苏格兰之单四份，计保额洋五万余元，其余金龙保单计三十张，保额计洋二十余万元，除去烧剩之货作价抵补外，实遭损失洋十七万五千余元，置之不理，询其理由，

---

① 人寿保险概论 [J]. 华安杂志，1920，2 (5).
② 川商火险赔偿之交涉 [N]. 国民日报，1920 - 09 - 07.
③ 保险行不赔险银之公愤 [N]. 时报，1922 - 07 - 16.

据称金龙已歇业，协丰不负责任"。该案后被转至上海处理，但奉天商户代表在上海与英国领事交涉不得要领，不得不要求上海交涉员援助。①② 在福州，"营水火人寿保险者强半皆为外国公司，其利权外溢自不待言，且保单所载均为洋文，吾国商人多不了解。若无出险赔偿，皆可相安无事；一遭不幸，则相互争执；苟诉诸法律，解释文句，则公司每多胜讼。更有甚者，以外国领事为护身符，多方延避，徒使投保者，有纳费之义务，无赔款之权利"。③在大连，营业的保险公司不下六七家，但多为分公司或代理处，"信用优劣不齐，赔款速缓弗一。独其为代理性质则同。名曰代理，其无裁决之权可知。且本公司皆远设在国外，一旦遇事，函电往复，颇费手续。故投保火险者，每经肇事，心先畏怯，畏其交涉费时，隔膜及障碍，又苦太多也。言语不通，理不能达，隔膜一也。假托翻译，弊端丛生，隔膜二也。代理各家，无表决权，电报往还，费时太多，障碍三也。中外情形不同，勘验方法迥殊，障碍四也。故其赔款最早，亦需持至半月以后，甚有数月未解决者。比及解决矣，保金亦赔矣，此数月间之损失，当不可以纪其极，又将问谁索乎？有此种种隔膜及障碍，欲冀保险事业之发达，不可得也"。④

对华商保险业界来说，情形则更为复杂和严重。在民族主义思潮兴起的背景下，挽回利权成为社会流行话语。实业界往往以此进行号召和标榜，保险业也不例外。在保险界的言说中，外资保险把持中国保险市场，导致中国利权大量外溢，国人自办保险公司就具有了堵塞漏卮、保护利权的功能，也成为保险公司的社会责任。"本国人寿保险公司之责任，除各国公司原有者外，且有堵塞漏卮，以挽权利之一端。往者，本国未有保寿公司，独由外国公司张其旗鼓，保费收集之后，举而为投资于外国之市场，试思一年之中，由此途径输出之金钱，何虑千万？纵以外债之行使，仍复输于我国，则一转手间，权利之丧失如何？故凡本国人寿保险公司之真为办法正当者，莫不以挽回外溢之金钱与权利为其创办宗旨之一，恃以毅力，对之进行者也"。⑤ 这种号召方式，不仅有助于保险业界树立其爱国形象，也具有现实的市场动员效果。永安人寿保险公司在招股缘起中即称："人寿保险事业，于国计民生，均有深切之关系，其在商业上之位置，实重且大，第吾国现有之人寿保险公司，多为外人所操纵，外溢之数，不知凡几，同人等怵于漏卮之巨，爰有本公司之组织。"⑥ 1926 年，出资创办安平水火保险公司的东莱银行对此颇为激昂，其文内称："吾国自通商互市以来，保险事业亦与年俱进。顾民族业此者寥寥无几，每年保费为数甚巨，悉周转于外人之手，利权外溢良可慨叹。而太阿倒持、仰人鼻息尤为国人所应急起直追，以图挽救者也。"⑦

不过，与外商保险公司一样，国人自办保险企业的根本目的，同样在于获取保险市场的利益。以民族主义相号召，有助于其树立社会形象，获得社会情感上的认同，但从根本上来说，华商保险

---

① 奉商追索火险赔偿 [N]. 时报，1923 – 10 – 27.
② 奉天追索火险赔偿续闻 [N]. 新闻报，1923 – 10 – 27.
③ 魏芳. 福州的保险业 [J]. 福州高中校刊，1928，1（创刊号）.
④ 大连保险业之实况 [J]. 银行月刊，1928，8（5）.
⑤ 郁赐. 女子与寿险：二 [J]. 保险与储蓄，1924，3.
⑥ 永安人寿保险公司招股缘起 [J]. 保险与储蓄，1924，5.
⑦ [A]. 上海市档案馆藏东莱银行档案，档号 Q283 – 1 – 14.

企业是否能够获得发展，仍在于其经营成效。事实上，这些保险企业的表现往往并不尽如人意。其中，既有社会环境的因素，也有保险公司自身的原因。

民国初年，华商保险公司在竞相设立的同时，也不断卷入各种保险纠纷事件中。

一方面，各种恶意骗保事件层出不穷，成为保险公司经营的一大障碍。1914 年，报纸上有评论称："上海火案，每年约略计之，纵火者居十之七八，无心失慎者不过十之二三耳。年来各保险公司侦查失火缘由不可谓不严，地方官厅研究火案亦不厌其详，而纵火者仍不免时有所闻。"[1] 骗保事件在各地频繁出现，既有投保户的不良意图，也有保险从业者的促推因素。"以保户论，容意纵火图赔之事，尽人皆知"。而在保险公司方面，"所服役之华人，束身自好者固多，因利施弊者亦不鲜"，"其间层层剥制，加以与经纪人或经理从中搆通，按之保户初意，原本备而无患之旨，及今反行耽搁时日，耗费金钱，不就彼等之范围，实难如愿，废时失业，莫此为甚"。[2] 在江西九江，频仍的火灾危及社会安全，九江总商会认为保险公司"平时滥图受保"，投保者"故意漫不经心"，是其中重要的原因，为此还专门致函上海总商会，要求转商华商火险公会，"请其对于敝埠分经理，审慎委任，慎重受保，以资救济，而防流弊"。[3] 1918 年，天津总商会曾布告称，"近年来保险业日渐发达，各商财产概托庇于保险之赔偿，以为兆灾后之接济。法善意美……是以一般人视保险为赌博，侥幸思得，不惜自焚其财产，而获保险之利益，殃及邻舍，牵及无辜，不但世风日薄，且扰及社会公安"，要求"各商民邻舍保险逾额的随时到会呈报，本会即予调查，以昭核实，先事预防，消弭隐患"。[4] 1919 年，天津有绅商上书，称天津屡有保险商号发生火灾，"其起火原因，类多有防火嫌疑，长此以往，实与地方公安社会经济大有影响"，要求对保险业严加取缔限制。[5] 恶意骗保事件的迭发，成为保险公司经营中需要面对的一大风险。1922 年，浙江湖州也出现了火灾频仍的情形，"各保险公司赔款，已达两万余金之谱，核计出纳之数，损失颇巨，恐其中有勾串纵火情事"，以至于各保险公司计划暂停投保。[6]

另一方面，以保险公司为投机手段借机敛财甚至名为保险实则行骗的情形时有所闻，是导致各种保险纠纷的主要原因。设在汉口的华年公司，一度颇具规模。1916 年底，该公司"忽暗中将屋中什物搬迁一空，人亦不知去向，迁往何处，是否照旧营业，均未登报布告"。[7] 1917 年初，上海爱众联保寿险公司倒闭，"各保户贫苦者多，无不忿恨"，向保险公司索偿者 6000 余人。[8] 一位投保人曾两次呈文江苏省省长公署，指控上海爱众保险公司"设局串骗，请饬追究"，公署批示请具呈人"迳

---

① 时评三 [N]. 时报，1914 – 03 – 21.
② 天津保险业调查：五 [N]. 大公报（天津），1926 – 12 – 24.
③ 为浔分局经理请郑重派人事致华商火险公会函 [J]. 上海总商会月报，1923，3（8）.
④ 总商会公布三则 [N]. 大公报（天津），1918 – 09 – 29.
⑤ 取缔火险之呈请 [N]. 大公报（天津），1919 – 06 – 13.
⑥ 火险公司暂停保险 [N]. 新闻报，1922 – 12 – 14.
⑦ 滑头保险公司亟应严重取缔 [N]. 民国日报，1916 – 12 – 21.
⑧ 保险捐客受累 [N]. 新闻报，1917 – 02 – 07.

呈承审官厅核办"。① 1916 年，设在上海英租界的永益寿险公司倒闭，"投保该公司之寿险者，皆系贫苦年迈之男女"，其中一位居住在浦东洋泾附近的乡妇李金氏年届六旬，先后交保费 58 元 2 角，听闻公司倒闭以后，以领款无着，自缢而死。② 设在四川路的信达保险公司，系苏人陈氏父子开设，"内容空虚，近因各埠保户迭出灾祸，共需赔偿银四万余金。陈氏父子无法可施，日前遂将公司招牌收起，人亦避匿不见"。③ 1920 年，中华商立人寿保险公司经理程鸿宾向上海公共公廨申请破产，"未待核准，即行避匿，致无人负债务之责"，引发控案。但该公司各董事，包括前司法部长、现任律师的张一鹏等均托词未到，仅派律师出面。唯一到案的列名董事毛子坚则称："该公司董事股东名册内，附入伊之姓名，初未知悉，且已于该公司开幕未久，登报辞退，并将报纸呈案。"④

以保险公司为名，行骗局之实，在民国北京政府时期的保险热中也不少见。曾经一度在报纸上大加宣传的华暹保险公司就是如此。该总公司设在香港，1920 年春在上海开设分公司。当年 10 月有报道称：

南京路四十三号楼上南洋华暹水火保险公司，本年春间，有潮州人苏澄如、马树棠等开设，号称基本金三百万铢，场面甚为阔绰。广招经理人，收入保费，为数颇巨。浦东烂泥渡一带，各商店向该公司投保者不下五十余家。闸北一带，亦颇不少。本月七号，闸北某姓家失慎，得赔款四百两，为登广告，盛称该公司资本充足，信用可靠。讵登报颂扬之日，即为若辈出走之时。据称该公司正副经理，是日日中尚在，午后陆续散去。伙友三人，亦携带行李而去。二房东管门人向询，答有要事乘轮回籍。茶房则为送行者，亦一去不返。⑤

香港也出现了类似的情形。1917 年有消息称，由于香港的保险公司如雨后春笋般涌现，香港立法局一读通过法案，要求所有在香港营业的水火保险公司必须缴纳注册保证金 10 万元，以监督那些不具备财务基础的保险公司的增长。⑥

对于一些小保险公司来说，情形则更为严重。福州聚集了不少专营寿险的小公司，"其成立之初，多未曾向政府注册履行办公司手续；而官厅方面亦无检查其资本，监督其营业，令其编造各种报告表，以资察核，故间有资本亏损，仍可继续营业，一旦倒闭，贻害社会经济，岂云浅鲜"。由于民众缺乏保险知识，保险经理员往往"鼓其如簧之舌，多端掩饰，社会皆受其蒙蔽；日后如有发觉，悔之晚矣"，"曾闻某公司，资本不雄厚，社会不能信用，营业退步，彼则交接经理员，增加介绍费，使其利令智昏，为其招揽生意；种种欺骗社会，只图自己利益，不顾保户日后损失。此等经理员诚罪大恶极，社会之蟊贼也"。该地"继金星公司之后者，又有康年集益宣告倒闭，福州保险业前途，将一蹶不振矣"。⑦ 福建政务委员会为加强管理，曾公布小保险小储蓄营业章程，要求各机构一个月

① 江苏省长公署批第四百六十二号 [J]. 江苏省公报，1917，1196.
② 保险公司倒闭害人 [N]. 新闻报，1916 - 12 - 17.
③ 保险公司形同拐骗 [N]. 民国日报，1920 - 01 - 17.
④ 中华保险公司倒闭后之控案 [J]. 华安杂志，1920，2（1）.
⑤ 华暹保险公司之骗局 [N]. 民国日报，1920 - 10 - 16.
⑥ Mushroom Insurance in Hong Kong [N]. The North - China Daily News, 1917 - 11 - 24.
⑦ 魏芳. 福州的保险业 [J]. 福州高中校刊，1928，1（创刊号）.

内补行立案，后又展期两个月，但"遵章补行立案者虽不乏人，而心存观望未行呈报者亦属不少"，"此项营业虽足以奖励人民储蓄，并养成勤俭之风，但社会良莠不齐，难保无投机攫利之徒，假借名义欺诈从事者"，"不经官厅立案注册，万不能准其任意设立"。但鉴于成效不彰，官方不得不再次展期两个月，并表示如果继续拖延不报，将严加取缔，以免贻害地方。① 在苏州也有类似的现象，"始而永隆、永春、兆年、永益、爱众等，纷然风起云涌，披靡一时"。各家公司所定章程颇为优异，吸引了不少贫苦百姓投保。公司初立之始，出险赔款，尚如数缴付，"未几兆年、永隆及永春三家相继倒闭，连累保户，在苏者几达数千户……至去年冬间，永益又倒"，仅剩爱众一家勉强维持，但已有巨额亏损，这些小公司因此也被看作"设局骗钱之一种"。②

实际上，1918 年民国北京政府拟定的《保险业法案》，主要是针对华商保险业的问题。法制局提出了六条法案理由，其中，第一条即"保险事业，本含有投机之性质，近来此等公司之设立，日益增加，非明定监督之方，恐难免欺诈之弊"；第三条则强调对保险公司的监管，"保险公司之信用，关系于被保险人或偿金领受人之利益者甚大，故公司之资本是否确实，责任准备金是否充足，不可不加以严重之监督"，要求"保险公司成立或增加资本时，应将实收资本额呈部查验。又人寿保险须以每年收额五分之一，作为特别保证金，由部监督存储"；第四条称"保险营业危险，较他种营业为大，故监督亦宜较他种营业为严"；第五条更直接表示："近今各处以保险名目诈欺取财者，时有所闻，非严定罚则，不足以资惩戒。"③ 上述立法意图，实则映射出其时国内保险业界的失序乱象。

到民国北京政府时期，尽管保险制度在中国的引进已有上百年的历史，但其在中国的发展还处于摸索状态。这一时期保险业存在的种种失序现象，与中国社会对保险制度的认知有直接的关系。无论是以创设保险行敛财之实，还是借投保以骗取私利，都将保险视为投机的工具和手段。保险市场的乱象，从一个侧面表明，民国北京政府时期的中国保险业还处于粗放发展的阶段。1942 年，有论者将中国保险业分为三期：其一为外资侵入时期；其二为草创时期；其三为步入正轨时期。草创时期，"国人集少数资金，剽袭外商公司之皮毛，草草组织，对于保险原理及经营方针，则懵然无知，国家既无法令之保障，人民亦鲜深切之信仰，且投资不加审慎，准备亦无法定，故营业不佳，致先后中折，徒贻国人不良印象"。④

（二）各界对保险业问题的关注

华商保险业的投机乱象在这一时期也引起了社会舆论和保险界自身的关注。从发展中国保险业的目的出发，不少人对保险业的失序问题进行反思，并提出解决方案。1917 年，曾被聘为北京农商部保险科顾问、任职于华安合群保寿公司的英国人郁赐致书上海《字林西报》称，7 年前上海延年寿险公司设立时，"余知其内容不妥"，曾以该公司不具备从事保险业的条件，一旦倒闭不但影响保

---

① 呈文［J］. 福建省政府公报，1927，8.

② 苏州之社会事业观［N］. 时报，1917 - 02 - 14.

③ 法制局所拟之保险业法案［J］. 银行周报，1918，2（48）.

④ 介如. 论我国保险业［J］. 中联银行月刊，1942，4（3）.

户利益也影响整个保险行业的信誉，要求上海租界工部局采取措施，但工部局并未答复。"不数年延年公司果然倒闭，影响及于中国一般保险公司之营业甚巨。"他认为，解决问题的办法是由民国北京政府颁布保险律，"倘此后政府不设保险律为之限制"，"目下上海西人所办火险公司亦同一情形，此等公司关于华人保险之生意几停顿不前，盖皆受自由营业任意竞争之公司之影响也，而寿险事业结果或且更恶"。因为火险保期大抵以一年为限，而寿险则十年甚至终身为期，问题累计将更为严重。《字林西报》次日发表社论，表示"其所论弊害及改良方法大致可得普通之同情也"。①②③

保险市场的失序，导致社会对保险业形成了不良印象。报纸曾有消息说，上海虹口的窃贼，"居然设个事务所，制备白地红字的执照，分给船户，每月缴费一元，担保不被盗贼"。有人评论此事称，"这种奇谈，看去令人发笑"。"人生最怕是死，其次是水火盗贼。精于理财的，揣摩大众心理，就创办什么人寿保险、水火保险，操那吃多赔少的胜算，在投资的，做事狠，可放心，在担保的，着实赚他几个，真是双方交利。"④ 在作者看来，所谓盗贼保险，与军务、警务并无二致，言下之意，虽然是在发泄对政治的不满情绪，但从中也不难看出其对保险业印象不佳。吕岳泉在论及其寿险事业时也提到，"草创之初，危机万状。良以明瞭寿险真旨者，为数极少，而世风日偷，假美名以济其奸者，比比皆是。蒙其欺者，遂至因噎废食，十手所指，几几不可终日"。⑤

在舆论界和保险界人士看来，这种情形的出现，有政府、社会和保险业界多方面的原因。上海英文报纸曾刊发郁赐对中国寿险业的观察，从多个方面分析中国寿险业发展的制约因素，署名"重民"的译者将其译为中文发表，可资参考。该文总结说："综其大意，则（一）为交通之不便，（二）为货币之不一，（三）为时局之不靖，（四）为观念之谬误，（五）为习俗之保守，（六）为卫生之忽略，（七）为法律之无有。此七种障碍中，交通、货币、时局及法律皆为政府之事；观念、习俗与卫生，则为人民之事，可知吾国寿险事业之无进展，咎非尽在政府，亦非尽在人民也。此外公司职员及经纪人等专门人材之缺乏，亦一大障碍。"关于华资寿险业经营上的问题，该文提到，中国人投保寿险，"大都昧于寿险实际之价值，而希冀收回其已缴保费之总和，至少附有他种投资所能得到之利息"。但中国利率之高，为世界各国所不及，很难满足投保者的这一要求，"乃有华人自投之公司，不惜助长此习惯，特定一种配红利之估计表格，宣示于公众之前。按其实则高昂太过，决非实际所能应付也。此种欺骗公众之手段，既经采用，及至保单到期，而寿险乃不可避免，因此而损害中国寿险事业之名誉及希望者，盖已不可胜数也"。该文还称，由于在中国缺乏对保险的法律监督，"华人之自办保险公司者，多为无责任、无经验、无学识、无资格之人，以此等人而经营保险，宜其公司之夭折于草创之初，迄今大半皆成过去矣"。⑥

① 西人对于华人保险公司之评论 [N]. 时报，1917－01－26.
② Chinese Insurance Companies: The Urgent Need of Legislation [N]. The North－China Daily News, 1917－01－18.
③ Chinese Insurance Cos. [N]. The North－China Daily News, 1917－01－19.
④ 盗贼保险 [J]. 兴华，1921，18（2）.
⑤ 吕岳泉. 王编保险学序 [J]. 保险与储蓄，1924，8.
⑥ 重民译. 中国寿险业之障碍 [J]. 保险与储蓄，1924，10.

　　保险公司特别是寿险公司未能经营长久，各有其具体原因，但就大的方面而言，不外社会和保险业者两方面因素。"吾国为经济落伍之国，一切事业，均因内外环境恶劣之影响，不能呈其自然之发展，保险事业，其尤者也。而社会方面对于保险，亦多视为一种射利行为，等诸投机，以故现在国中保险公司，其经营既不以科学为标准，而基础薄弱，保额微少，较诸欧美日本先进诸国，其相去盖不可以道里计也。"① 一方面，社会对保险的认知有限，接受度和认同度不高，为保险业的经营设置了障碍和困难，"我国保险事业，尚在幼稚时代，国人昧于保险原理者，实居多数。其眼光与心理，对于寿险辄有口是而腹非之者"。另一方面，保险业界流品复杂，"向所谓寿险人才者，多由外国公司所养成，而其中流品太杂，且素来招徕之方法，多有出于常轨之外，因此社会往往因对人问题，更生误会"。② 有论者指出，在中国社会风气闭塞的情形下，早期来华经营的外资保险公司，"不免稍宽于营业"，看重数量扩张和一时利益，"而不暇先为根本上智识之教导"，中国社会也因此始终未能理解人寿保险的本相。随着中外保险公司的增加，保险市场竞争日趋激烈，加以缺乏法律监督，保险营业"过于自由"，"逾范越矩，以为招徕，投机骗财。以办公司之弊伪，日益百出"。"混珠害马，一日不去，则非法竞争，一日不已。正当公司之受害，日深一日，而事业之元气与社会上智识开通已保寿险者之利益，日益斲丧一日。优良公司，无以自表。"③ 至于以开办保险为行骗之具，更为保险业发展的大害。"更有借美名为济奸之具者，取资之道类局骗，一旦携资而遁，十目所视，十手所指，驯使人寿保险蒙不白之冤。"④ 20 世纪 20 年代初，汉口曾出现一批扰乱保险市场秩序的"攉摸经纪"，"在外冒称经理名义，招摇行店"，"不问公司之可靠及保户之妥实，肆行招揽，彼挖此夺。言营业绝无规则，论弊害由此丛生"。汉口保险经理公会为此通过汉口商会转请警察厅和夏口县出示布告，予以取缔。⑤

　　政府当局对保险业的漠视，加上保险业自身缺乏组织和自律，导致保险业的发展障碍重重。进入保险业没有限制，保险公司也无从得到资质认定，往往不得不求助于商会。《保险与储蓄》一刊的记者认为，由于"人寿保险无公会之组织"，"以证明公司优劣、介绍营业一琐事，上不能请之于政府当局，下不能求之同业团体，乃辗转吁恳于商会者，诚可浩叹矣"。商会从支持华商的立场出发，对保险企业的这类请求多予以支持，但保险公司不断倒闭歇业，又令商会处于尴尬境地。"遇该公司分设支店或推广营业要求介绍时，例为具函吹嘘，而以上海总商会为尤著。但民九民十之间，沪上人寿保险公司之以倒闭闻者日多，关系者以有商会之介绍，乃纷向商会诘责"。为此，上海总商会于1921 年曾决议对保险公司的此类请求一概拒绝。后又于当年秋两次讨论"保险公司介绍案"，决议有保险公司请介绍时，须先调查其资本及营业状况。⑥

　　① 孔滁庵. 论中国之保险业［J］. 银行周报，1928，12（42）.
　　② 金星人寿保险有限公司调查：二［J］. 保险与储蓄，1924，4.
　　③ 郁赐. 女子与寿险：二［J］. 保险与储蓄，1924，3.
　　④ 人寿保险泛论［J］. 华安，1926，2（7）.
　　⑤ 保险攉摸经纪之取缔［J］. 保险与储蓄，1924，4.
　　⑥ 上海总商会与保险公司［J］. 保险与储蓄，1924，8.

《保险与储蓄》曾刊发"效文"（应即王效文）的《保险业中之害马》一文称：

上海公共租界之内，有华人集资创设之某年公司，自民国三年开办以来，于今十有余年矣。然营业日渐衰退，保费有进无出，会审公堂控案重重，而本外埠经理人，仍然极力兜揽，中国政府不之禁，租界当局不之理，未知何邪？吾恐长此以往，不加取缔，影响所及，不独保户直接蒙其害，即保寿同业亦将间接受其毒也。

夫以保寿契约之繁复，承包人（即公司）与受保人之间，因解释误会，发生争执，自为事之所难免。然未闻受保人控之于公堂，而承保人常避而不到者也。若被告而为一自然人，避而不到，公堂无法拘捕，置之不理，犹有可言，何以对于公司，亦鲜有办法者耶？

尝闻人言，该公司不独契约到期，保金不赔，即如退款、押款等事，亦一概谢绝不理。如此之保寿公司，政府及社会仍若置之不问，听其自生自灭，吾恐保寿业之前途，永无光明之一日矣。噫！[1]

客观地说，保险业内人士对这些问题也有相当认识。1917年，《保险业法案》的起草者英人郁赐上书北京农商部某公，"无论水火人寿保险公司，各国政府莫不设有专律，以资取缔，而为公众利益之保障"，但中国由于保险法案尚未实施，"故无识而逐利者，群体创设保险公司，以图侥幸。资本不充，办理不善，旋开旋闭，股东保户，双方受损。不但储为水火灾害赔偿之资，均付东流，即多数人历年汗血之所蓄，亦均一旦归于乌有。浸至保险业对社会之信用，大受影响，实力优厚之公司，亦蒙其累"。如果仍不迅速实施保险法案，"公司滥设，仍无限制，东开西倒，有非令保寿业信用扫地不止之势，卒致延年公司，演成空前之失败，为害之巨，实开保险业之创史。社会痛恨，至有请租界当局，从严订律，取缔华商公司之说"。在他看来，政府对保险业监督不力，是国内保险业混乱的原因之一，因此以法案对保险公司进行监督和限制，实际上是保护保险业，"政府颁行法案，以纳国内保险业于正轨，则其发达，不难蒸蒸日上，以与外洋各国齐驱并驾"。[2] 郁赐堪称保险界的资深人士。其对于华商保险业的观察和看法，应有相当依据。

1927年，中国留美学生所办的《留美学生季报》也曾刊文对中国人寿保险问题进行讨论。该文指出："这十年内，国政混乱，政府自顾不暇，国内应有的保险商法，尚未有规定，保险公司，也乐得自便，因之各种保险事业，亦很混乱，这是很可惜的。""华人自办的公司，也有多所，可惜大半都缺乏宏大的资本，或管理人才，以致营业不善，一蹶不起者不少。幸这数年内，国内的公司，除数目增加外，营业也有进步，中国永年人寿及金星等，可称是中国寿险业内的首屈一指的。"作者指出，与其他国家相比，中国寿险事业仍十分落后，"全中国寿险保额的总数，从来没有人调查过；但依据某数公司的推测，全中国保有寿险人数，不逾五万人；所保数额，当不过五千万金"。如此有限的市场规模，实则无法与他国比较。仅以其时美国一年的寿险数额而论，"已有八百万万美金，发出保单，有一万零八百万纸。就是千九百二十四年内，日本全国保有的寿险总额，也过了二十四万万

① 效文. 保险业中之害马 [J]. 保险与储蓄，1925，12.
② 郁赐. 论政府颁行保险业法案之必要 [J]. 华安杂志，1917，8.

四百万美金"，连印度也保有寿险 20400 万美元。该文认为："寿险事业，未能发达，是一种特别现象；因为中国别种事业，都有进步，只有寿险不然。例如银行，过去二十年内，国人自办的新式银行，已由零数加至一百至百五十所之多；资本过了一万五千万。中国的铁路及交通大道，也新筑了很多；进出口货，比较十年前，多了一倍。此外，烟、茶、丝、纸、铁、铜、毡、棉花、棉布，豆，豆油，豆饼，皮，木料，蛋，羊毛等出产，都比较前时多；生活程度自然高了不少。保险事业内，火险水险，也很有进步。住在交通口岸的人，建了房子，头样事情，便去保火险；房子没保有火险，是不能用作抵押借款的。至于转运船只货物，都先保有水险。可惜这火险水险，强半在外人手内；国内商业，受外人操纵，不免利权外溢；但是比较寿险，总有进步。"文章将中国寿险的情形概括为："（一）外商操纵，（二）华商力弱，（三）保业幼稚，保额甚小，（四）缺乏政府监察。"①该文虽然专就寿险情形而论，但实则也揭示出国内保险市场的普遍问题。

从保险界和社会人士的这些言论中，不难体会到民国北京政府时期保险业的存在样貌。在外商对中国保险市场的持续控制下，实力有限、缺乏展业经验的华商，本身就有鱼龙混杂之嫌，再加上政府监督和管理的缺位，社会尚未形成正确的保险理念，种种因素，共同导致保险业失序发展的格局。当然，保险市场的这些问题，并非民国初年才出现。自 19 世纪初保险业在中国的产生开始，放任与失序，就一直是中国保险市场的另一个面相。民国北京政府时期保险业的状况，表明这一时期的中国保险业尚未进入常轨，如时人所论，还未脱离其发展的"幼稚时代"。

---

① 邓贤．人寿保险与中国［J］．留美学生季报，1927，20（3）．

近代保险的短暂兴盛

　　20 世纪 20 年代末到 1937 年全面抗战爆发前，中国保险业的发展经历了一个短暂的兴盛时期。1927 年国民党南京政权建立后，基本结束了军阀割据的局面，相对稳定的社会环境，促使中国经济在这一时期出现了较快发展，也带动了保险市场和保险业的兴旺。南京国民政府制定了《保险法》等相关保险法律，初步建立了保险法律体系，起到了推动保险业发展的作用。随着华商银行资本的投入，民族保险业的发展快于外资保险业，市场份额逐渐扩大。在 20 世纪 30 年代中国特定的社会经济背景下，一些新的保险领域如社会寿险、农业保险开始受到政府和保险界的关注，并为此进行了初步尝试。而华商保险同业公会的活跃，既表明了这一时期保险领域华商力量的壮大，也成为中国保险业规范化发展的重要推力。当然，就整体而言，这一时期中国保险业的基本格局并未出现明显变化，外资保险商仍然占据着明显的优势地位，以英、美两国的保险商为代表的一批保险企业立足中国进行经营范围的拓展，促使中国保险市场与世界保险市场形成了更紧密的联系。此外，这一时期，以上海为中心、沿海口岸和沿江城市为主要节点的中国保险市场也渐趋成熟，这是中国保险业繁荣的重要表现。

第一节　保险立法的推进

保险法是以保险关系为调整对象的法律规范的总称。广义的保险法包括保险公法（保险事业监督法和社会保险法等）和保险私法（营利保险法和相互保险法）。保险事业监督法是政府依据其管理保险事业的法律，有时称为《保险业法》。保险私法是关于保险人与被保险人之间契约关系的法律，有时简称《保险法》。中国保险业在 19 世纪初即已出现，但长期以来并不存在相关的保险法律规范。从"法律经济学"的角度看，中国近代保险法律规范的有或无、超前或滞后，都会给保险业的发展带来促进或延缓的作用。从清末开始，中国政府进行了保险立法的尝试，但并未取得实际进展，保险业的发展长期处于失序状态，成为制约保险业发展的一个重要因素。南京国民政府建立后，保险立法才开始得到重视。随着《保险法》等一系列法律的制定，在规范保险业的同时，也为保险业发展提供了保障。

一、 各类保险法规的出台与实施

早在南京国民政府成立前，国民党领导的广东国民政府就对保险业的规范问题予以关注。1926 年 8 月下旬，广州市政委员会通过并修正《广州市火烛保险公司章程》，要求在广州经营火险业务的保险公司须按照该章程进行营业，比如对保险公司的注册、营业执照、保证金缴纳、年度营业状况报告、处罚办法等作了规定。[①] 1927 年南京国民政府建立后，有关保险立法问题逐渐为社会人士所重视。胡詠骐曾撰文指出："欲求事业本身之稳实，厥惟管理之合法与健全，因此保险公司管理之是否合法与健全，与其事业之成败得失，痛痒相关，休戚与共，岂能等闲视之？"[②] 南京国民政府意识到保险立法的重要性，制定了规制保险行业的系列法律规范。

1929 年 12 月 30 日，国民政府首次公布《保险法》

（一）《保险法》

南京国民政府成立后，即令相关部门草拟保险法。1928 年 9 月，金融管理局提出《保险条例草案》，后因金融管理局被撤销而杳无音信。1929 年立法院审议《保险契约法草案》，并将原草案名称中之"契约"删除，改称《保险法》。同年 12 月 31 日，南京国民政府明令公布《保险法》。此部《保险法》设有"总则"、"损害保险"、

---

① 广州市火烛保险公司章程 [J]. 广州市政公报, 1926, 第 235 期、第 236 期、第 237 期合刊.
② 胡詠骐. 促进中国保险业刍议 [J]. 保险季刊, 1936, 1（1）.

"人身保险"三章，共计82条，内容实质为"保险合同法"。"虽未至善，惟较之旧商行为法案中，保险部分之规定，又不啻有霄壤之别"。① 无论是从名称、体例还是从内容来看，此部《保险法》是基本接近现代保险法立法的一部专门法规。但该法公布后，各界反响不一，有言论称，"我国既无固有之法系可资可袭，且事属草创，诸多未备"，加之"当时事实上尚无此需要"，② 所以并未施行。

到20世纪30年代，保险事业的发展对保险法规的需要越来越迫切。1935年起由立法院商法委员会根据已公布之保险法另行起草"保险法草案"。1936年春起草完竣，当年秋由立法院商法委员会先后开会十余次逐条讨论，经立法院第四届第八十一次会议讨论通过。③ 1937年1月11日，国民政府公布修正后的《保险法》。修正后的《保险法》，"参酌目前事实及菲律宾之法例，并容纳实业部与保险业的意见，予以补充"，④ 设置"总则"、"损失保险"、"人身保险"和"附则"四章，共计98条，较之1929年的《保险法》，新设了"附则"一章，增加了17条，内容有较大变化。由于"现行法对于保险利益漫无限制"，⑤ 修改内容涉及保险利益的限制，明确了损失保险和人身保险的范围。在损失保险中规定，火灾保险、责任保险等均属其范围，规定运送人或保管人对于运送保管之货物，以其所负责任为限，亦始有保险利益，于被保险人对于保险标的，无保险利益者，保险契约无效；其以赌博或投机为保险标的而订之保险契约无效。在人身保险中规定，人寿保险、伤害保险均属其范围，并规定要保人对于本人或其家属的生活费或教育费所仰给之人，债务人及为本身管理财产或利益之人的生命或身体，始有保险利益。另外，还新增了复保险和保险特约条款方面的规定。⑥

1937年1月1日，《保险法》经修订后重新公布

（二）《保险业法》

1937年1月11日，南京国民政府还公布了《保险业法》及其施行细则。早在1933年4月，立法院商法委员会函聘上海保险法专家王效文起草《保险业法》（草案），又函请上海市保险业同业公会推举行业代表出席审查，1935年6月7日经立法院三读通过。1935年7月5日，南京国民政府公布《保险业法》。1937年1月11日修正后再次公布。修正后的《保险业法》体例结构设置七章，分别为第一章"总则"、第二章"保证金"、第三章"保险公司"、第四章"相互合作社"、第五章"会计"、第六章"罚款"及第七章"附则"，共计80条。《保险业法》要

---

① 余国雄. 修正保险法案之我见 [J]. 中行月刊, 1937, 15 (1).

② 王孝通. 论我国修正保险法 [J]. 信托季刊, 1938, 第3期、第4期合刊.

③ 马寅初. 中国保险业与新中国建设之关系 [J]. 保险界, 1937, 3 (11): 4.

④ 沈雷春. 二十五年来我国之保险业 [J]. 信托季刊, 1937, 2 (3).

⑤ 沈雷春. 二十五年来我国之保险业 [J]. 信托季刊, 1937, 2 (3).

⑥ 中国保险学会《中国保险史》编审委员会. 中国保险史 [M]. 北京：中国金融出版社, 1998：100 – 101.

点：其一，保险业不得自由经营，非呈请实业部核准并依法缴存保证金，领取营业执照后，不得开始营业。其二，仅准华洋合资共办损失保险而不准经营人身保险。因人寿保险具有储蓄的性质，华洋合资则难免权操外国人，人身保险之股东须全体为中国人。损失保险则在加以相当限制的条件下，准予华洋合资。相互保险社，也以全体中国人为限。其三，华资向外国登记之保险业，或向外国属地登记之保险业，不视为本国保险业，而与外国保险业受同等的待遇。其四，保险业不得兼营他业。其五，外国保险公司之营业范围以通商口岸为限。其六，保证金为实收资本或基金总额的 15%，实收总额超过国币 50 万元时，除 50 万元的保证金仍照前例规定缴存外，其超过部分之保证金，得照 5% 缴存，但至多以国币 20 万元为限。其七，资本总额不得少于国币 20 万元，所有股款须以现金缴纳。相互保险社的基金总额一次缴足者，不得少于国币 10 万元；分期缴纳者，不得少于国币 20 万元，但分期以两次为限。其八，经营保险者以股份有限公司和相互保险社为限。等等。就其内容而言，实质为"保险业监理法"。

（三）《保险业法施行法》

1937 年 1 月 11 日，南京国民政府还公布了《保险业法施行法》。《保险业法施行法》共 19 条，规定了对于《保险业法》施行前登记的保险业，如其公司章程与《保险法》抵触者，应于《保险业法》施行后 1 年内修正；保险业资本不及国币 20 万元者，应于《保险业法》施行 2 年内补足；其兼营他业者，应于 2 年内依法改组，并分别呈请登记；至保险业应缴的保证金应于《保险业法》施行后 6 个月内缴存国库；保险契约规定以中文为准。此外，经纪人、公证人、保险计算员的给证办法和监督事项，均由实业部另订监督规程。

《保险业法施行法》对《保险业法》施行细则作出具体规定，增加其可操作性。至此，南京国民政府《保险法》《保险业法》分别立法体制正式确立，近代保险立法规模初具。胡詠骐评论称："中国保险事业之兴衰，固须赖乎管理之合法与健全，要亦赖乎国家法律之监督。比近我国立法当轴，修订保险法及保险业法，以冀扶纳保险事业于正轨，各公司均能深体斯意，参加赞同，可见各方热望于保险事业之健全者，朝野同具此心，此乃良好之现象。"[1]

南京国民政府的保险立法活动，目的在于规范保险业的发展，"使其走上正轨"，[2] 但上述几种保险法规公布以后并未真正付诸实施。究其缘由，主要在于其中有些条款限制了外国保险公司在中国领土上的经营范围和特权。比如，《保险业法》规定，人身保险只准国人经营，损失保险可华洋合资办理（第 9 条）；"外国保险公司在中华民国领域以内设立支店或事务所或委托代理人或经纪人时，应呈请实业部核准并依法登记"（第 10 条）；限定外国保险公司营业范围在通商口岸（第 20 条）；"外国保险公司在中华民国领域内设立支店或事务所，或委托代理人或经纪人代为营业或介绍保险业务者，须缴纳保证金（按实收资本或基金总额的 15%），于设立时缴存之"（第 22 条）[3]；等等。这

① 胡詠骐. 促进中国保险业刍议 [J]. 保险季刊，1936，1 (1).
② 沈雷春. 二十五年来我国之保险业 [J]. 信托季刊，1937，2 (3).
③ 保险法 [J]. 国民政府公报，1937，2250.

些条款触及了在中国境内设立的外国保险公司的利益，受到外国保险公司的干预和反对，外国保险公司均以本国法律为依据，加之国内政局总体不稳，没有相应的保证贯彻执行，故而上述保险法规均未能"落地"。尽管如此，这些保险法规的颁布，仍然对民族保险业的快速发展起到了一定的引导和促进作用。

二、 对保险业的监管尝试

保险业监管是指政府对保险业的成立、经营、财务等各方面实施的监督和管理。保险业在中国出现后，长期处于无监管状态。清末新政期间，保险事务才成为新设的农工商部负责事项之一。[1] 其后制定的《保险业章程草案》规定，"凡经营保险事业者，必先呈请农工商部及该管地方官立案，俟注册后方准营业"。[2] 但该草案并未实施。民国北京政府时期，保险监管由农商部负责，但实则仍处于放任状态。监管机构的缺乏，是民国北京政府时期保险业出现失序乱象的一个重要原因。及至南京国民政府成立后，对保险业的监管才正式提上日程。

（一）监管机构的设立

1927年8月后，南京国民政府相继设立财政部、工商部等，开始加强在金融领域的控制。1927年11月，财政部内设立金融监理局。该金融监理局的监管对象除银行等重要金融机构外，还有"关于审核交易所、保险公司、信托公司、储蓄会等之业务事项"。[3] 同年12月2日公布的《金融监理局补行注册简章》中更明确规定："银行、信托公司、保险公司、储蓄公司、储蓄会，应造具自开业之日起至本年六月三十日之简明业务报告书，以资查核。"[4] 1928年的《保险条例草案》中，再次重申了金融监理局对保险业的监管权，即"凡欲设立保险公司者，须由发起人开具下列各款、署名、签押连同章程呈请金融监理局核准注册，发给执照后方得营业"。[5] 但到1928年8月，金融监理局裁撤，由财政部钱币司接管，对保险业的监管也随即改为钱币司负责。其实，即便在金融监理局存在时期，钱币司对保险业即有监管权。1928年5月25日公布施行的《财政部组织法》中，就曾规定钱币司职掌事务之一为"监督交易所、保险公司事项"。[6] 1931年2月21日，《财政部组织法》修正公布，其中仍然规定钱币司具体执掌"监督交易所、保险公司、储蓄会及特种营业之金融事项"。[7]

除财政部的监管机构外，工商部也对保险业有监管之责。1928年3月27日《国民政府工商部组

① 汪敬虞. 中国近代经济史：1895—1927 中册 [M]. 北京：人民出版社，2000：1483.
② 周华孚，颜鹏飞. 中国保险法规暨章程大全：1865—1953 [M]. 上海：上海人民出版社，1992：37.
③ 财政部财政科学研究所，中国第二历史档案馆. 国民政府财政金融税收档案史料：1927—1937年 [M]. 北京：中国财政经济出版社，1997：391.
④ 财政部财政科学研究所，中国第二历史档案馆. 国民政府财政金融税收档案史料：1927—1937年 [M]. 北京：中国财政经济出版社，1997：394.
⑤ 周华孚，颜鹏飞. 中国保险法规暨章程大全：1865—1953 [M]. 上海：上海人民出版社，1992：91.
⑥ 中国第二历史档案馆. 中华民国史档案资料汇编：第五辑 第一编 财政经济 一 [M]. 南京：江苏古籍出版社，1994：113.
⑦ 财政部财政科学研究所，中国第二历史档案馆. 国民政府财政金融税收档案史料：1927—1937年 [M]. 北京：中国财政经济出版社，1997：91.

织法》规定，工商部下设秘书处、工业司、商业司、劳工司，商业司职掌之一就是"关保险事项"。同年 5 月 25 日，《工商部分科规则》公布，其中商业司注册科掌管事项有"关于保险、转运、交易所及其他特种营业之审核及监督事宜"。1930 年 12 月，国民政府明令裁撤工商、农矿两部，合并建立实业部。1931 年 1 月 17 日《实业部组织法》公布，规定实业部管理全国实业行政事务，下置林垦署及总务、农业、工业、商业、渔牧、矿业、劳工 7 司，其中商业司执掌事务之一即为"保险公司及特种营业之核准登记及监督事项"。[①] 1935 年 7 月 5 日，国民政府公布的《保险业法》规定："经营保险业者，非呈请实业部核准并依法登记缴存保证金领取营业执照后，不得开始营业。"[②] 随后，实业部公布《保险业登记规则草案》称："保险业法暨本规则所称之主管官署为实业保险监理局。"[③]这是首次出现确定的专门保险监管机构，也就是实业部下设的实业保险监理局。但应该指出的是，该实业保险监理局并没有当即成立。到 1937 年 1 月 11 日，上述《保险业法》经修正后再次公布时，仍然明确规定实业部为保险业监管部门。

此后，为争取尽快设立保险监理局，1937 年 2 月 1 日，实业部派员赴上海调查中外保险业概况，并就保险监理局设置一事征询上海华商保险业意见。同年 2 月 4 日，上海市保险业同业公会经过执委会讨论后，就保险监理局设置及管理事宜，正式向实业部代表提出了以下详细意见："1. 保险监理局应根据保险业法及保险业法施行法管理以下各事：①核准保险业之设立，②登记经纪人、计算员、公证人，③核准并登记外国保险公司及之代理人等，④资金及责任准备金之投资，⑤查核保险业之营业报告，⑥监督保险业之清算，⑦收受保证金，⑧执行保险业法，⑨责任准备金之计算，⑩核定保价。2. 保单登记办法绝对不能采用。3. 希望保险监理局全国只有一个，俾归划一，向免歧异。4. 希望保险监理局成立以后，各地对于保险业之单行法，政府将其一律取消之。5. 希望保险监理局设立咨询机关，延聘中外保险业实务专家，共襄保险业兴革事宜。"[④]

该建议上报后，未见回应。1937 年 6 月，有学者撰文呼吁政府应尽快设立"中央保险监理局"，文内称："我国政府对于保险事业，向采自由放任政策，近年来虽有保险法和保险业法的制定，然未完全实行。其最大缺点，是没有一个常设的监理保险机关……至少应由实业部设立一'中央保险监理局'，监理全国的保险事业。我国的保险公司，其总公司大都设在上海，所以'中央保险监理局'可仿国际贸易局的例，也设在上海，就近监督一切。"[⑤] 但由于全面抗战随即爆发，无论是实业部设立保险监理局的动议，还是有关人士的倡议，都被中止。相反，1942 年汪伪政府携正统政府之名以管理上海保险市场为借口，却率先设立了实业部保险监理局。[⑥]

（二）监管方式与内容

如果说监管机构的设置是政府对保险业进行监管的第一步，那么政府以何种方式进行监管则能

① 蔡鸿源. 民国法规集成：第 34 册［M］. 合肥：黄山书社，1999：81.
② 周华孚，颜鹏飞. 中国保险法规暨章程大全：1865—1953［M］. 上海：上海人民出版社，1992：167.
③ 周华孚，颜鹏飞. 中国保险法规暨章程大全：1865—1953［M］. 上海：上海人民出版社，1992：141.
④ 同业公会执委会会议记录：1937 年 2 月 4 日［A］. 上海市档案馆藏上海市保险业同业公会档案，档号 Q365 - 1 - 17.
⑤ 张素文. 设立中央保险监理局之必要［M］//沈雷春. 中国保险年鉴：1937. 上海：中国保险年鉴社，1937：34.
⑥ 吴景平，等. 抗战时期的上海经济［M］. 上海：上海人民出版社，2001：365.

直接体现其管理思路。从保险业监管的历史发展来看，监管方式大致分为三种：第一种为公示方式，即政府对保险业的实体不加以任何直接监管，而仅将保险业的有关经营事项等内容予以公布，由被保险人及社会公众自己判断选择。这是最为宽松的监管方式。第二种为规范方式，该方式又称为形式监督主义，是由政府规定保险业经营的一定准则，要求保险业共同遵守的方式。但是政府对保险业是否真正遵守这些规则，仅仅在形式上加以审查。第三种为许可方式，即实体方式，政府有完善的保险监管规则，监管机构具有较大的权威和权力，保险组织创立时，必须经政府审核批准，发放许可证后才开始营业。① 许可方式是最为严厉的监管方式，也是大多数国家采取的保险监管方式。从清末开始，中国政府对保险的监管都采用许可方式，但事实上都停留在纸面上，并未得到落实。南京国民政府建立后，虽然在保险法规中均规定了许可监管方式，但由于保险业法规无一付诸施行，同时上海华商保险业大都托身租界，政府即便试图管理也会鞭长莫及，从而使许可方式成为名义上、文本上的规定而已。换言之，即"我国政府对于保险事业，向采自由放任政策"。②

就监管内容而言，大致可分为组织形式、业务范围、资金额、资金运用等方面。从组织形式来看，从清末开始出现的保险业法律都明确规定为股份公司制。作为外来经济制度之一的保险制度，在欧美各国大都采用股份公司制或者相互保险公司制。因此，历届政府对保险业组织形式的规定当然会以该制度原型为蓝本。1928 年的《保险条例草案》规定，保险公司以有限公司组织之，1935 年和 1937 年的《保险业法》则规定，经营保险业者，以股份有限公司和相互保险社为限。

在业务范围上，从清末开始，均明确了分业经营的原则。1928 年制定的《保险条例草案》，规定除生命保险、伤害保险、水火保险外，保险公司不得兼营其他业务，后来的《保险业法》则规定，同一保险业不得兼营财产保险和人身保险，保险业不得兼营其他事业，非保险业不得兼行保险或类似保险之营业。分业经营是当时各国保险业广泛采用的原则。因为财产保险和人寿保险有着不同的数理基础和经营理念，混业经营往往会顾此失彼，给其中一业的发展带来危害。但许多华商保险公司并没有遵守这项规定。像太平保险公司、中国保险公司等著名的保险公司都同时兼营财产保险和人寿保险。1937 年，兼营两项业务的华商保险公司才逐渐实行分业经营。比如 1937 年 5 月，中国保险公司的原人寿保险部改组为独立的中国人寿保险公司。

首先从资本额看，《保险业法》规定股份保险公司的资本额不得少于 20 万元。这是从保障保险公司正常运作出发。例如，1928 年的《保险条例草案》规定，保险公司之股本最低额之限制：承保一种危险者，20 万元；承保两种危险者，50 万元；承保三种危险或三种以上者，100 万元。后来的《保险业法》除规定资本总额不少于国币 20 万元外，还规定所有股款皆须以现金缴纳。因为"保险要想与他人以保障，它自己就必须有很大的一宗资本"。③ 但华商保险公司的资本额实际上都很难达到这一要求。

① 裴光. 中国保险业监管研究［M］. 北京：中国金融出版社，1999：36–37.
② 张素文. 设立中央保险监理局之必要［M］///沈雷春. 中国保险年鉴：1937. 上海：中国保险年鉴社，1937：34.
③ 亚当·斯密. 国民财富的性质和原因的研究：下册［M］. 郭大力，王亚南，译. 北京：商务印书馆，1974：318.

其次从资金运用的规定看，自清末到民国北京政府时期，近代华商保险业仍处于初始阶段，在制定相关法律时没有考虑到保险公司资金运用问题。20 世纪 20 年代后期开始，民族保险业无论是资本额还是承保额都有了较大程度增加，其资力也有了明显增强。因此，南京国民政府明确规定了保险公司的资金运用方向。1928 年的《保险条例草案》规定，保险公司之投资限于下列各款：其一，国民政府发行或认可之债券及其他有价证券，其估价在额面或市价之下者；其二，以前项各种债券为抵押放款；其三，国境内稳妥工商业之公司股票或抵押借款。1935 年和 1937 年的《保险业法》则规定，保险业之资金及责任准本金之运用，以下列各款为限：一是银钱业存款；二是信托存款；三是以担保确实之有价证券为抵押之放款；四是以人寿保险单抵押之放款；五是以不动产为第一担保之放款；六是对于公债及库券及公司债之投资；七是对于不动产之投资。前项第七款之投资，不得超过资金或责任准备金总额的 1/3，但营业用之房屋不在此限。保险业之资金及责任准备金，至少以总额的 80% 投放于中华民国领域以内。

最后从对近代外商投资民族保险业的规定看，这项规定显然是当时中外合资保险公司出现的事实在法律上的体现。1930 年以前，中外保险业间除了业务竞争，在资本层面上很少有联合。但是，1931 年 9 月由上海商业储蓄银行与太古洋行及英国多家保险公司合资的宝丰保险公司成立，从而打破了中外保险业在资本上的隔离，这是近代首家中外合资保险公司。1932 年 8 月，由浙江兴业银行与美商美亚保险公司等合资创设泰山保险公司，这是第二家中外合资保险公司。这两家中外合资保险公司的出现，引起了当时保险界的关注。该项规定，显然带有保护民族保险业的意图，特别是企图抵制外商人寿保险业在内地对中国长期资金的吸收。因此，1935 年的《保险业法》中曾明确规定："外国保险公司之经纪人……领有执业证者，其营业范围以通商口岸为限，并不得委托他人在内地代为经营或介绍保险业务。"[1] 换言之，能在内地经营的只能是民族保险业。也就是说，"人身保险业参有外国资本者，即视为外国保险公司，其营业范围以通商口岸为限；损失保险则规定较宽，且外人不熟识内地情形，损失保险不敢经营，此又损失保险可以放任之理由也"。[2]

综上所述，可见南京国民政府在保险业监管上的尝试。尽管相关规定和设置因为颁而未行或迟迟未能落实，基本上停留在文本层面，使得这一时期的保险市场事实上仍处于放任自由状态，但南京国民政府在保险法律的制定及监管设置上的起步，仍然体现了其在规范中国保险业方面所作的努力，对这一时期中国保险业的发展自有其潜在的积极意义。

第二节　民族保险业的壮大

南京国民政府成立之际，华商保险业经过数十年的摸索和积累后，已初步形成了一定的规模。

---

① 周华孚，颜鹏飞. 中国保险法规暨章程大全：1865—1953 [M]. 上海：上海人民出版社，1992：167.
② 马寅初. 中国保险业与新中国建设之关系 [M] //马寅初全集：第 9 卷. 杭州：浙江人民出版社，1999：438.

随着国内政治局势趋于相对稳定，20 世纪 20 年代末到 30 年代中期，中国工商经济进入了一活跃时期，为民族保险业的发展提供了基础条件。与此同时，南京国民政府也以民族主义为旗号，对民族保险业采取了一定的扶持政策。在这些因素的作用下，民族保险业进入了一个发展较快的时期，这是近代民族保险业最为兴盛的一个时期。

一、 民族保险业的兴盛

南京国民政府成立后，以革命政权自居，一再标榜其反对帝国主义、挽回国家权利的立场，表现出抵制外国资本侵略、支持民族工商业的姿态。比如在保险法制定中，就鉴于"过去的保险业皆为买办阶级的作祟，致令我国今日的保险事业，大半落于外商之手"，① 将外商保险经营范围限定在通商口岸，并对华洋合资经营保险等进行了限定，等等，都是其这一立场的表达。

在保险业界的积极努力下，南京国民政府对民族保险业的扶持力度有所加大。1930 年 4 月，华安合群保寿公司"上书国民政府工商部，请该部下文告知各机关，办理团体保险应委托国人经营之公司承办"。同年 9 月，华安合群保寿公司又"上书国民政府行政院，请令各机关提倡职工团体人寿保险，并由纯粹民族公司承办"。② 同年 11 月，全国工商会议召开，华安合群保寿公司总经理吕岳泉在会议上提出"各种保险应归本国公司承保"之议案，得到大会通过。③ 此外，吕岳泉还提出："政府机关暨工商各业之职员工役应保职工团体寿险，并应由纯粹中国保寿公司承保。"④ 该议案也由大会通过。在民族保险公司的多次申请下，1931 年 3 月，南京国民政府内务部致函各地，指出："国有财产及国营事业，应一律归中国保险公司保险。"⑤ 5 月 14 日，行政院也致函上海市保险业同业公会："奉兼院长蒋谕，查前据上海保险同业公会呈，为官有财产如需水火保险，请一律归民族公司投保以挽利权等情，到院……当以案关维护保险事业，经本部呈奉令准通饬遵照。"⑥ 上海市商会也于6 月 3 日通函全市各业及市民，呼吁全体"改弦易辙，群向民族保险公司投保，庶挽积年坐失之利源，并免法权牵制赔偿纠纷之危险"。⑦ 6 月 8 日，行政院再次就国有财产及国营事业应归中国公司保险一事，发出批文："经本院核准，通令遵照在案。"⑧ 不久之后，行政院再次于 7 月 3 日发出国有财产企业保险承保训令，通饬各省称："查关于国有财产及国营事业应一律归中国保险公司保险一案，前据实业部呈请到院，当经通令遵照在案。据呈前请，除指令准予照办并分令外，合行令仰该部即便转饬所属一体切实遵行。"⑨ 此后，实业部也于 7 月 21 日"通令各部会各省市政府，饬属一体

---

① 沈雷春. 二十五年来我国之保险业 [J]. 信托季刊，1937，2 (3).
② 颜鹏飞，李名炀，曹圃. 中国保险史志：1805—1949 [M]. 上海：上海社会科学院出版社，1989：231－233.
③ 实业部总务司，商业司. 全国工商会议汇编 [M]. 南京：实业部，1931：26.
④ 实业部总务司，商业司. 全国工商会议汇编 [M]. 南京：实业部，1931：178.
⑤ 颜鹏飞，李名炀，曹圃. 中国保险史志：1805—1949 [M]. 上海：上海社会科学院出版社，1989：240.
⑥ 行政院秘书处致上海市保险同业公会函：1931 年 5 月 14 日 [A]. 上海市档案馆藏档，档号 Q365－1－57.
⑦ 颜鹏飞，李名炀，曹圃. 中国保险史志：1805—1949 [M]. 上海：上海社会科学院出版社，1989：242.
⑧ 行政院批文：批字第 183 号，1931 年 6 月 8 日 [A]. 上海市档案馆藏档，档号 Q365－1－57.
⑨ 中国第二历史档案馆. 中华民国史档案资料汇编：第五辑　第一编　财政经济　四 [M]. 南京：江苏古籍出版社，1994：741.

切实遵行"。①上海市社会局随即于 7 月 22 日发出训令,指出,"关于国有财产及国营事业应一律归本国保险公司保险"。② 1933 年,国民政府将全国国有铁道路局交华商保险同业联保火险,保险额达到 2000 万元,为历年来华商保险业最高的保额纪录。③④

1931 年 10 月 1 日,上海市保险业同业公会成立,会议代表合影

长期以来,中国保险市场由外国保险商控制,伦敦海外火险委员会(FOCF)是中国保险市场事实上的管理者。国民政府扶持民族保险的尝试,触动了伦敦海外火险委员会的利益。比如 1928 年 8 月,国民党广东省政府出台了《广东省财政厅整理保险事业暂行条例》,规定"广东省政府财政厅有监督管理及保护取缔境内一切保险事业之权",要求在广东境内的中外保险业一律登记,领取特许证,缴纳按保金,方准营业。同时,保险公司须向财政厅报告营业状况,财政厅有权随时对保险公司进行稽查,等等。⑤ 这一举措引起了外国保险商和伦敦海外火险委员会的不满,各洋商保险拒绝登记。双方就此进行了交涉,南京国民政府也牵涉其中,但最终仍不得不退让,广东整理保险事业的设想也未能得到落实。就此而言,南京国民政府对民族保险进行扶持的实际效果是有限的。但无论如何,南京国民政府对民族保险业相对更为积极的姿态,仍然具有一定的意义和作用。

在这一背景下,南京国民政府时期民族保险企业的数量和资本得到了较快增长。根据 1935 年《保险年鉴》中的调查统计,其时在国民政府事业部注册并加入上海保险业同业公会的 28 家正式的华商保险公司,以及广州、香港、北平等地的保险总公司,各公司资本总额达到 49244000 元,资产总额为 49820000 元,人寿保险的有效保额为 44047969 元,水火保险收入保险费 3335868 元,支付保险金 1969317 元。⑥ 1940 年,有人撰文称:"保险事业,在战前数年中,堪称为全盛时代。资本之增加、制度之改良、人员之选择,皆模仿外国之著名公司,且将保险契约之改订,又得中央政府之各

① 实业部训令:商字第 5917 号 [A]. 上海市档案馆藏档,档号 Q365 - 1 - 57.
② 颜鹏飞,李名炀,曹圃. 中国保险史志:1805—1949 [M]. 上海:上海社会科学院出版社,1989:242.
③ 陆士雄. 一年来之上海保险业 [J]. 人寿季刊,1934,4.
④ 也有资料称保额为 4000 万元(沈雷春. 中国保险年鉴:1936 [M]. 上海:中国保险年鉴社,1936:23).
⑤ 财政厅整理保险事业条例 [J]. 商业特刊,1928,1.
⑥ 中国保险年鉴编辑所. 保险年鉴:1935 [M]. 上海:中华人寿保险协进社,1935:4 - 5.

社团之积极援助，于保险法规，亦加以厘定，并设立保险业监理局，其范围之扩大，可毋待言。"[1]

表5-1根据1937年上海市保险业同业公会会员名册，按照成立年份之先后顺序而制成，从中可见上海民族保险业在这一时期的发展状况。

表5-1　1937年上海市保险业同业公会会员公司概况

公司名称	开办时期	资本总额（万元）	实收资本（万元）	经营业务	经理
上海华兴保险公司	1905年	50	50	水火、汽车等险	厉树雄
华安水火保险公司	1906年	60	60	水火、船壳等险	傅其霖
华成保险公司	1906年	20	20	水火、意外等险	秦子奇
华安合群寿公司	1912年6月	50	50	人寿险	吕岳泉
先施保险置业公司（上海分公司）	1914年8月	120	30	水火等险	黄泽生
上海联保水火险公司	1915年	300	143	水火、船壳、汽车等险	冯佐芝
永安水火保险公司	1916年1月	150	20	水火、汽车等险	郭瑞祥
永宁水火保险公司	1919年	100	50	水火、船壳等险	殷子白
上海中一信托公司保险部	1921年10月	300	300	水火险	严成德
先施人寿保险公司（上海分公司）	1922年	200	20	人寿险	霍永枢
丰盛保险公司	1923年	20	20	水火等险	总经理周作民，协理丁雪农
永安人寿保险公司（上海分公司）	1924年8月	500	20	人寿险	郭八铭
宁绍水火保险公司	1925年11月	50	25	水火、船壳等险	乌崖琴
安平保险公司	1926年12月	100	75	水火、汽车意外等险	总经理周作民，协理丁雪农
大华保险公司	1927年3月	20	20	火险、汽车等险	潘学安
肇泰水火保险公司	1928年2月	100	50	水火、汽车等险	徐可陛
太平保险公司	1929年11月	500	300	水火、人寿、汽车、船壳等险	总经理周作民，协理丁雪农
中国第一信用保险公司	1930年1月	20	20	信用险	潘学安
宝丰保险公司	1931年9月	50	50	水火汽车等险	朱如堂
中国保险公司	1931年11月	500	250	水火人寿汽车等险	过福云
宁绍人寿保险公司	1931年11月	25	25	人寿险	胡詠骐

---

[1]　生. 上海百业漫谈二［N］. 中国商报，1940-11-03.

续表

公司名称	开办时期	资本总额（万元）	实收资本（万元）	经营业务	经理
泰山保险公司	1932 年 8 月	100	100	水火、人寿等险	徐新六
中国海上意外保险公司	1932 年 10 月	20	20	水火、意外等险	陈幹青
四明保险公司	1932 年 11 月	100	50	水火、汽车等险	谢瑞森
华商联合保险公司	1933 年 8 月	80	40	火险等	邓东明
中国天一保险公司	1933 年 11 月	100	50	水火、人寿、汽车、意外等险	王仁全
兴华保险公司	1935 年 1 月	100	50	水火、汽车、信用等险	任望南
中央信托局保险部	1935 年 10 月	500	500	水火、人寿、汽车等险	项馨吾
太平人寿保险公司	1937 年 5 月	100	100	人寿险及意外险	总经理周作民，协理丁雪农
广东保险公司	1937 年 5 月	50	25	水火、汽车等险	陈其标
以上 30 家合计	—	4385	2533	—	—

资料来源：上海市保险业同业公会报告册：1937 年度［A］. 上海市档案馆藏上海市保险业同业公会档案，档号 S181 - 1 - 88.

根据表 5 - 1，可以制成晚清政府、民国北京政府与南京国民政府三个时期民族保险业发展比较表，见表 5 - 2。

表 5 - 2　1937 年上海市保险业同业公会会员公司的成立时期比较

成立期间	尚存家数	资本总额（万元）	实收资本（万元）
晚清时期	3	130	130
北洋时期	13	2010	823
南京国民政府时期（1937 年以前）	14	2245	1580
合计	30	4385	2533

晚清时期成立的民族保险公司截至 1937 年底仍在营业者仅存 3 家而已。而此时尚在营业的民国北京政府时期出现的民族保险公司则为 13 家，但实收资本方面要显得脆弱些，仅为 823 万元，平均每家只有 60 余万元。南京国民政府时期，不到十年出现了 14 家保险公司。更应注意的是，其实收资本已有较大程度的增长，达到 1580 万元，平均每家达到 100 万元以上。换言之，此时民族保险业的实力已非前两个时期可以比拟了。著名学者马寅初甚至认为，当时华商保险业已经发展成为"经济界四大事业之一"。[1]

---

① 颜鹏飞，李名炀，曹圃. 中国保险史志：1805—1949 ［M］. 上海：上海社会科学院出版社，1989：269.

以上海的寿险公司为例，也能看出华资保险企业的增长和发展。1929年，金城银行独资创办太平保险公司，内设人寿保险部，兼营人寿保险业务。1932年则又出现了3家兼营或专营人寿保险的公司，分别是兼营人寿保险的由中国银行投资设立的中国保险公司、浙江兴业银行等投资设立的泰山保险公司以及专营寿险业务而与四明银行有关的宁绍人寿保险公司。1937年1月，南京国民政府公布《保险业法》，规定保险公司实行分业经营。此后，中国保险公司的人寿部于该年5月改组，独立组成中国人寿保险公司。到1937年，上海的华商人寿保险业，设立于1929年之前并尚在营业的仅有华安合群保寿公司1家，其余各家，包括太平保险公司、永安人寿保险公司上海分公司、先施人寿保险公司上海分公司、中国保险公司、泰山保险公司、宁绍人寿保险公司、邮政储金汇业局、中央信托局保险部、中国人寿保险公司，均设立于1929—1937年。[1][2] 1912—1937年，先后在沪设立的寿险公司及兼营寿险的公司见表5-3。

表5-3　上海民族人寿保险公司（包括兼营性公司）（1912—1937年）

公司名称	注册年份	总公司所在地	备注
华安合群保寿公司	1912	上海	营业
上海康年保寿公司	1914	上海	停业
金星人寿保险公司	1914	上海	停业
江苏中民族立寿险公司	1918	上海	停业
中华人寿保险公司	1918	上海	停业
大华保险公司	1928	上海	停业
四有人寿保险公司	1928	上海	停业
太平保险公司	1929	上海	营业
永安人寿保险公司上海分公司	1931	香港	营业
先施人寿保险公司上海分公司	1931	香港	营业
中国保险公司	1932	上海	营业
泰山保险公司	1932	上海	营业
宁绍人寿保险公司	1932	上海	营业
邮政储金汇业局	1935	上海	营业
中央信托局保险部	1935	上海	营业
中国人寿保险公司	1937	上海	营业

资料来源：1. 中国保险事业二十年［A］. 上海市档案馆藏档，档号Q0-9-150.

2. 沈雷春. 中国保险年鉴：1937［M］. 上海：中国保险年鉴社，1937：3-4.

---

[1]　中国保险事业二十年［A］. 上海市档案馆藏档，档号Q0-9-150.
[2]　沈雷春. 中国保险年鉴：1937［M］. 上海：中国保险年鉴社，1937：3-4.

从表 5-3 可见，这一时期营业的寿险公司大部分是在 1928—1937 年设立的。这一时段，也是华商人寿保险业发展最为快速的一个时期。

就全国而言，1935 年《保险年鉴》调查所得为 35 家，1936 年包括人寿小保险公司在内有 48 家。按组织性质而言，国营 2 家，民营 46 家；按经营种类而言，专营人身保险 13 家，专营财产保险 30 家，两者兼营的 5 家；按所在地而言，上海 25 家，香港 13 家，广州、福州各 3 家，天津 2 家，北平、重庆各 1 家。分公司总计 135 家，较 1935 年增加了 11 家，增长率为 8%，其中国内 121 家，设于国外的有 14 家。在这些保险公司中，其中 40 家资本总额合计 57294000 元，较上年增加 805 万元，增长率为 16%；实收资本 38071260 元，增加 715 万元，增长率达到 22%。资本额 500 万元以上的有 5 家，100 万 ~ 300 万元的有 19 家，100 万元以下的有 16 家。[①] 这些变化反映出 20 世纪 30 年代华商保险业的发展。

但同样需要指出的是，华商保险业自产生以来就是高风险的行业，淘汰比例相当高。统计显示，到 1931 年底先后成立的华商保险公司超过 50 家，但能够坚持营业的只有 23 家而已。[②] 淘汰率在 50% 以上。截至 1937 年底，上海市保险业同业公会的会员公司仅 30 家，全部资本额也仅为 4000 多万元，实收资本更是少到仅一半有余。而当时在沪营业的外商保险公司却达到了 150 家。[③] 尽管大多数外商保险公司只是依赖代理形式的保险公司，但是背靠母公司支持，从整体实力来看，民族保险业难以望其项背。

南京国民政府时期，华商保险企业的经营状况整体上呈现出发展态势。以 1927 年由上海商业储蓄银行及刘鸿生等共同投资的大华保险公司为例。该公司成立时，资本仅为 12 万元，规模甚小，但营业状况却较为突出，见表 5-4。

表 5-4　大华保险公司营业状况（1927—1933 年）

单位：元

年份	资产总额	保费收入	盈余
1927	142290	22797	5022
1928	172740	81514	18017
1929	193033	87593	19997
1930	224545	105645	30052
1931	274176	126010	37357
1932	220958	130004	36126
1933	261184	176261	40371

资料来源：上海商业储蓄银行关于保险业的调查资料［A］. 上海市档案馆藏档，档号 Q275-1-1823.

---

① 沈春雷. 中国保险年鉴：1936［M］. 上海：中国保险年鉴社，1936：1-7.
② ［A］. 上海市档案馆藏档，档号 Q0-21-428.
③ ［A］. 上海市档案馆藏合营私营保险业联合档案，档号 Q364-1-32.

1931 年，中国保险公司办公大楼

中国天一保险公司保险单

以区区 12 万元资本，自 1930 年起能做到年盈余在 3 万元以上，大华保险公司的资本收益率达到 25% ～ 34%，不可谓不高。

再以另一家著名的中国保险公司为例。1931 年成立的中国保险公司实收资本为 250 万元，1932 年盈余为 165540 元，1933 年盈余提高到 250692 元，1935 年为 267323 元，1936 年为 268500 元，实际纯益累计则超过了 100 万元。[①]

部分保险公司的情况则不同。中国天一保险公司由中国垦业银行于 1934 年创办，实收资本 250 万元，有相当的实力。但由于保险业的激烈竞争以及该公司自身经营不善，虽然"营业尚属不恶……营业部分人欠、欠人暨准备金互抵之下纵有所缺，为数尚不甚巨"。[②] 最终于 1936 年 5 月由太平保险公司收购。

无论是数量规模还是经营状况，华商保险业在南京国民政府时期的发展是显而易见的。华商保险业的快速增长，在一定程度上表明中国保险业正在走上正轨，进入一个新的阶段。

二、 银行资本介入保险业

晚清以来，商业资本率先进入保险领域，一直到民国初年，保险业仍然是商业资本的舞台。从 20 世纪 20 年代末开始，以银行资本为代表的新式金融势力纷纷投资保险业，这是华商保险业发展的一个直接、重要的促进因素。

（一）民族银行投资保险业的背景

银行资本涉足保险领域始于清末。1905 年设立的上海华兴保险公司背后就有中国通商银行的身影。至民国初年，华兴保险公司改组后即完全隶属于中国通商银行。此外，1907 年 2 月四海通银行设立的四海通银行保险公司，总部设于新加坡，专营银行保险业务，是首家直接以银行保险相称的保险公司。[③] 1919 年 6 月，由中国实业银行创设的永宁保险行成立，这是民

---

① ［A］. 上海市档案馆藏档，档号 Q275 - 1 - 1823.
② 中国人民银行上海市分行金融研究室. 金城银行史料 ［M］. 上海：上海人民出版社，1983：292.
③ 颜鹏飞，李名炀，曹圃. 中国保险史志：1805—1949 ［M］. 上海：上海社会科学院出版社，1989：118.

国第一家民族银行保险企业。① 1932 年 4 月，中国实业银行遵从《银行法》的规定，将永宁保险行改组为独立的永宁水火保险公司，但是仍"就本行董事中推举二人为该公司董事，代表本行会同主持一切事物，俾无管辖之名而行监督之实"。②

第一次世界大战后，民族银行业发展迅速，到 20 世纪 20 年代初期整体实力已超过在华外商银行。自 20 世纪 20 年代后期直到全面抗战前，以华商银行为中坚的中国金融界加大了对保险业的投资力度，中国近代著名的保险公司，几乎都在此时由民族银行业出资创办。

与民国时期其他保险公司一样，民族银行对保险业的投资，往往也以抵制外资、挽回利权为号召。投身保险业的著名银行家金城银行总经理周作民曾说："就上海一地言，每年保费达七千万元，从前几全在外人保险公司之手。作民曾对陈光甫等办保险同业云：只可向外人争，不可自争，果能争得百分之十，每年亦有七百万元。"③ 但从根本上来说，华资银行业对保险业的投资，最重要的动机还是追逐利益。保险业"风险虽大，利益颇见优厚"，故而重要华商银行在"证券外汇之投资与投机而外……多拨定资本，而事保险业之经营"。④ 长期以来，中国保险市场处于外商的主导和控制下，华商保险企业一直处于弱势状态。即使到 20 世纪 30 年代中期，洋商保险的地位仍不可动摇。有资料称："洋商总公司之在我国上海者有六，在香港者有六，分公司在上海者有十八，代理处则无从统计宜。查上海火险公会，有会员一百四十二家，上海水险公会有会员五十四家，华北汽车险公会有会员五十三家，香港火险公会有会员一百零八家。"⑤ 出于对民族保险业的压制和蔑视，外商保险公司在 1930 年以前几乎不与华商保险公司发生业务关系。华商保险公司的承保能力有限，"20 世纪 30 年代中国出现了几家较为著名的保险公司。虽然那样，它们中也很少有公司能够单独签发船体保单"⑥。除华商保险业自身经营中存在的种种问题外，资本规模的弱小，也是限制华商保险业发展的一个重要因素。因此，银行资本的进入，是华资保险业发展的客观需要。

与此同时，民族银行业也具备了投资保险领域的条件。1897 年，中国通商银行的成立拉开了民族银行业的序幕。清末 10 多年里，已有 20 家银行。进入民国后，仅 1912 年就成立了 14 家，1913 年又成立了 11 家。根据有关统计，1915—1921 年，全国新设银行共达 124 家。1912 年民族银行资本额累计为 2713 万元，1916 年就已增至 5197 万元，到 1925 年增至为 16914 万元，是 1912 年的 6.2 倍。⑦ 南京国民政府建立后，民族银行业持续增长，从表 5 - 5 中可见当时上海的情形。

---

① 关于永宁保险公司的设立时间，大多认为是 1915 年。现在根据有关永宁保险公司和中国实业银行的档案资料，确定时间为 1919 年 6 月（［A］. 上海市档案馆藏永宁保险公司档案，档号 Q344 - 1 - 44 和［A］. 中国实业银行档案，档号 Q276 - 1 - 100）。

② ［A］. 上海市档案馆藏中国实业银行档案，档号 Q276 - 1 - 160.

③ 中国人民银行上海市分行金融研究室. 金城银行史料［M］. 上海：上海人民出版社，1983：291.

④ 王宗培. 中国金融业之新动态及其批评［J］. 申报月刊，1934，3（7）.

⑤ 沈雷春. 中国保险年鉴：1937［M］. 上海：中国保险年鉴社，1937：1.

⑥ G. C. Allen. Western Enterprise in Far Eastern Economic Development［M］. London：［出版者不详］，1954：121.

⑦ 唐传泗，黄汉民. 试论 1927 年以前的中国银行业［M］// 中国近代经济史丛书编委会. 中国近代经济史研究资料：第 4 辑. 上海：上海社会科学院出版社，1985：63 - 64.

表 5 – 5　1928—1931 年上海主要民族银行概况

单位：元

类别	1928 年	1929 年	1930 年	1931 年
实收资本	144160093	149025268	150197868	155784785
公积金及盈余	41650457	40944695	47792925	47347456
库存现金	122657074	139531805	156480337	194280724
各项存款	1123470646	1320151727	1620261033	1860656525
各项放款	1056358175	1221940222	1420540837	1603905114
纯益	13530294	18967392	21591571	21065553
资产总额	1661808681	1908985162	2274653211	2533792331

资料来源：根据《上海市统计》中的内容编制（上海市地方协会. 上海市统计 [M]. 上海：商务印书馆，1933：9 – 17）。

　　除个别年份以外，上海主要的民族银行各项经营指标均处于上升状态，且有的增幅相当大，比如库存现金、各项存款、各项放款及资产总额。银行业的这种瞩目发展状况，使其具有了扶持保险业的实力。

　　银行业的发展，也产生了对各项保险业务的需求。银行自身的财产、房屋等需要保险，其放款业务，特别是抵押放款业务更需要保险的支持，即"银行所营之货物或不动产押款，均须保险"。[①] 1933 年 2 月 26 日，交通银行、四行储蓄会、浙江兴业银行、金城银行、劝工银行等与闸北水电股份有限公司在签订的承受发行公司债合同中明文规定："（闸北水电）公司应将担保品中之土地，缴足钱粮捐税，水电各项设备，建筑物及器具等，随时修理完固，并保足火险（双方认为必要时，并加保兵险或水险）。"[②] 银行抵押放款业务量的增加，促使保险需求的放大，也成为银行业拓展利源的机会。参与创办宝丰保险公司的上海商业储蓄银行即称："查保险事业与银行有密切之关系，本行业务上应保之水火险每年为数甚巨，向在各公司投保。嗣以求其稳固与便利起见，遂与太古洋行合资创办宝丰保险股份有限公司。"[③] 资本的流动以追逐利润为目的，民族银行资本对保险业的挹注也不例外。

　　为"过剩资金"寻求出路，是华资银行投资保险的促成因素。尽管民族银行业在 20 世纪二三十年代得到了巨大发展，但这一发展主要与国民政府的公债政策有关，整体来看，银行与工商业的关系并不是很密切。[④] 这反映在银行的资产负债表上，就是银行存款额相比放款额的"入超"。也就是说，各银行积聚了大量资金但却没法投放出去。1929 年后，受世界经济大萧条的影响，此现象更加突出。大量闲散资金滞留无疑会增加银行的压力，"民族银行最初存款不过一亿元，而最近已增加至二十亿元以上。内地农村脂血，一天天向上海灌注，现金完全集中上海以后，而内地的投资又缺乏

---

① 钱承绪. 中国金融之组织：战前与战后 [M]. 南京：中国经济研究会，1941：91.
② 交通银行总行，中国第二历史档案馆. 交通银行史料：第一卷 1907—1949 上册 [M]. 北京：中国金融出版社，1995：426.
③ [A]. 上海市档案馆藏上海商业储蓄银行档案，档号 Q275 – 1 – 828.
④ 李一翔. 中国近代银行与企业的关系 [M]. 台北：台湾东大图书公司，1997.

保障，于是便发生了现金的出路问题"。[①] 为了对付资金流入及过剩的问题，有的银行甚至决定不再吸收长期存款。上海商业储蓄银行总经理陈光甫就曾在行务会议上讲："我行之定期存款期限，愈长息愈重，以后应改变办法不收长期存款，凡两年三年以上之存款此后一律不收，唯一年及十五个月者则仍照旧办理，如此则利息较低，藉此可以减轻成本。"[②] 在这一情形下，投资保险业不失为一种有利的缓解方式，甚至是银行业过剩资金的绝好出路。"金融业因受工商业衰落，农村破产，资金集中于都市之影响，乃竞相以其过剩之资金，投资于保险业，于是保险业遂成为金融资本之副业。"[③]

（二）民族银行业与保险业之关系

约略统计，从清末开始，总计有16家保险公司与民族银行业之间存在被投资关系，近代著名的华商银行几乎都在其中，见表5-6。

表5-6 近代民族银行业对保险业的投资关系（1905—1937年）

设立年份	保险公司名称	总公司所在地	资本总额	实收资本	发起创办银行
1905	华兴保险公司	上海	50万元	50万元	由中国通商银行高级职员发起成立，民国初年改隶于中国通商银行
1907	四海通银行保险公司	新加坡	200万叻元	200万叻元	专营银行保险业务
1919	永宁保险行	上海	100万元	50万元	由中国实业银行拨资创办，1932年改组为永宁水火保险公司
1921	华侨保险公司	新加坡	500万叻元	435万叻元	华侨银行发起设立
1926	安平水火保险公司	上海	100万元	75万元	东莱银行创办
1927	大华保险公司	上海	12万元	12万元	上海银行发起创办
1929	太平保险公司	上海	500万元	300万元	金城银行独资创办，1933年联合交通、大陆、中南、国华、东莱等银行加入，增资500万元，实收300万元
1930	中国第一信用保险公司	上海	20万元	20万元	由上海银行发起创办
1931	宝丰保险公司	上海	50万元	50万元	上海银行与太古洋行等合资创办
1931	中国保险公司	上海	500万元	250万元	中国银行独资创办
1932	泰山保险公司	上海	100万元	100万元	中国通商银行、浙江实业银行、浙江兴业银行、中孚银行与美亚保险公司合资成立
1933	四明保险公司	上海	100万元	50万元	四明银行创办
1933	兴华保险公司	重庆	100万元	50万元	聚兴城银行创办，一说为1935年创办
1934	中国天一保险公司	上海	500万元	250万元	中国垦业银行创办
1935	中央信托局保险部	上海	500万元	500万元	中央银行独资创办
1937	中国人寿保险公司	上海	100万元	50万元	中国保险公司与中国银行联合投资创办
合计	16家	—	2732万元；700万叻元	1807万元；635万叻元	—

---

① 张公权. 内地与上海 [J]. 银行周报，1934，18（14）.

② 中国人民银行上海市分行金融研究所. 上海商业储蓄银行史料 [M]. 上海：上海人民出版社，1990：412.

③ 沈雷春. 中国保险年鉴：1937 [M]. 上海：中国保险年鉴社，1937：5.

1933 年四明银行开设的四明保险公司

民族银行业对保险业的投资相对集中在 20 世纪 20 年代末至 30 年代初，投资力度也较为可观。1935 年的《保险年鉴》中称："最近三年，保险事业有长足之进步。盖国人为挽回权利计，对于保险事业之开拓与扶持，不遗余力，银行之投资保险事业者，如交通、金城、大陆、中南、国华等银行投资于太平保险公司，中国银行投资中国保险公司，上海银行投资于保丰保险公司，浙江兴业银行投资于泰山保险公司，中国垦业银行投资于中国天一保险公司，四明银行投资于四明保险公司，不但管理科学，且资本雄厚。"① 对某些银行而言，对保险业的投资在其总体投资中占有很大的比例。比如 1935 年前，中国银行在金融业、工业、电力、商业及交通运输等方面共投资 1195.92 万元，其中仅保险业一项就达到 550 万元，占该行在金融领域投资总额 852.5 万元的 64.5%，全部投资额的 46%。② 1937 年，中国银行还创设了中国人寿保险公司，该行上到总管理处、信托部，下到各地分行，都在中国人寿保险公司里投入了资金。③

除资本投入外，民族银行业与保险业的联系也体现在以下两个方面。

首先，银行代理销售保险产品。其形式为以下两种：一种是银行内部设立信托部代理销售；另一种是直接由银行总行或分行代理销售。尤以第一种形式为主，比如 1933 年 6 月，交通银行在总行内设立储蓄信托部，其信托业务之一即为"代理保险：保险业务有经保水、火、盗及寿险等数种"。④ 同年 10 月，交通银行因有与太平保险公司的投资关系，"与太平保险公司订立代理保险契约，由储蓄信托部代理保险事务，各分支行亦先后举办"。⑤ 1935 年安平、丰盛两家保险公司并入太平保险公司组成太安丰保险集团后，交通银行之保险"代理业务仍之。（1935 年）十二月太平保险公司增办人寿保险，本行亦为代理，截至二十五年十二月二十二日，分支行办事处之代理保险业务者凡七十有六"。⑥ 而当年底交通银行全部分支行也不过只有 113 家。⑦ 1936 年 1 月，交通银行制定了《代客投保各种保险规则》，其中规定："凡委托本行代向本行代理之各种保险公司投保水、火、兵、

---

① 中国保险年鉴编辑所.保险年鉴：1935 [M].上海：中华人寿保险协进社，1935：2.
② 中国银行行史编撰委员会.中国银行行史：1912—1949 [M].北京：中国金融出版社，1995：283-284.
③ 中国银行对保险业的投资 [A].上海市档案馆藏中国银行档案，档号 Q54-1-38.
④ 交通银行总行，中国第二历史档案馆.交通银行史料：第一卷 1907—1949 下册 [M].北京：中国金融出版社，1995：1212.
⑤ 交通银行总行，中国第二历史档案馆.交通银行史料：第一卷 1907—1949 下册 [M].北京：中国金融出版社，1995：1209.
⑥ 交通银行总行，中国第二历史档案馆.交通银行史料：第一卷 1907—1949 下册 [M].北京：中国金融出版社，1995：1212.
⑦ 交通银行总行，中国第二历史档案馆.交通银行史料：第一卷 1907—1949 上册 [M].北京：中国金融出版社，1995：131-135.

人寿、行动汽车、玻璃、电梯、盗窃及其他各险者，均以本规则办理。"① 此外，交通银行为方便人寿保险投保者及维护其利益，又制定了《寿险信托规则》，为顾客理财。以宝丰保险公司为例，1936 年 9 月 24 日，宝丰保险公司（甲方）与江西裕民银行（乙方）签订了经理水险合同，规定乙方以"宝丰保险股份有限公司代理处"的名义招揽水险业务，代理佣金为实收保费的一成。②

安平丰盛保险公司济南分公司办公楼

其次，银行业和保险业的人事关联。金融界的人事兼任是中国近代金融史上非常突出的现象。通过人事兼任形成的网络，将不同的金融机构联接起来，成为其互动的内部纽带。随着银行资本挹注到保险业，保险业也被连接到这个网络。银行业与保险业之间的人事兼职可分为以下两种情况：一种是保险公司的领导层主要由有关银行的人员兼任，这在投资银行与被投资保险公司之间表现得最为明显；另一种是保险公司的分支业务机构，特别是代理机构大多由有关银行人员兼职兼办。太平保险公司成立于 1929 年，是金城银行独资创办的，与后者存在密切的人事关联。1933 年，太平保险公司决定增资为 500 万元，实收 300 万元，并邀请交通、大陆、中南、国华、东莱等银行加入，"所有董监事均由股东银行的高级职员担任，并由每行指派稽核一人"。③ 除领导人员的兼任外，此类保险公司的分支或代理机构负责人一般也由投资银行人员兼职。中国实业银行在给实业部的呈文中称："查本行接受永宁保险公司委托代理保险业务，综计总行信托部及各分支处共 28 处，均为该公司之代理人，各分支行处之经副理正副主任亦即为执行业务之重要职员。"④

天津金城银行办公大楼。1929 年，金城银行独资创办了太平保险公司

银行投资为民族保险业提供了支持，成为保险业发展的强大后援。这主要体现为民族保险公司的资本额，特别是实收资本额的增长。综上所述，截至 1936 年底，各民族银行对保险业共挹注了名义资本 2432 万元和 700 万叻元，实收达到

①　交通银行总行，中国第二历史档案馆. 交通银行史料：第一卷 1907—1949 下册 [M]. 北京：中国金融出版社，1995：1245.

②　[A]. 上海市档案馆藏宝丰保险公司档案，档号 Q360-1-705.

③　中国人民银行上海市分行金融研究室. 金城银行史料 [M]. 上海：上海人民出版社，1983：294.

④　[A]. 上海市档案馆藏中国实业银行档案，档号 Q276-1-203.

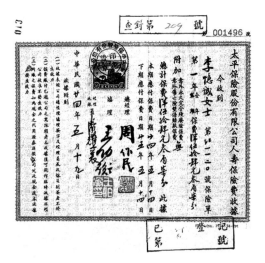

太平保险公司保费收据

1757 万元和 635 万叻元。而该年全国所有民族保险公司实收资本额为 38071210 元（包含一部分港元），[①] 有银行背景的保险公司的实收资本额约占 63%。资本扶持增强了民族保险业的竞争实力，"一向被人漠视忽略的民族保险业，这几年来已呈现一种生气勃勃的景象了。金融界方面给予的助力，实在不小。全国各大银行凭着他们深厚的金融势力，直接间接地扶持了一些规模较大的保险公司出来，集成一条坚固的阵线，以与洋商公司相抵抗，社会观听为之一新"。[②]

银行的经营网络，也为保险公司业务领域的扩展和经营范围的扩大提供了帮助。"先前民族保险业规模极为弱小，营业范围局限在特定的一般业务上。而得到基础强固的中国银行业作为后援后，逐渐发展兴盛，营业范围也逐步扩大。"[③] 借助银行营业网点，保险公司可以在短时间内将其触角延伸到各地。银行人力资源的共享，也降低了保险公司的经营成本。比如，由上海商业储蓄银行投资的宝丰保险公司，其"外埠分公司大多附设我分行内，职员亦由吾行行员调充，每月薪水仍由银行支给，其他待遇亦与银行行员相同。惟由该公司贴还我行代利佣金，按保费收入百分之二，分红则按百分之五计算，年终结算时将此应得之佣金转入银行损益帐内"。[④] 保险公司还可利用投资行的品牌资源提升自身信誉，比如中央银行、中国银行、交通银行、上海商业储蓄银行、浙江兴业银行、浙江实业银行、金城银行、盐业银行、大陆银行、中南银行等，都是其时著名的民族银行，中国保险公司在其广告中就宣传"完全华股、国人经营、公积雄厚、赔款迅速"、"经理处附设各地中国银行"。[⑤] 这既显示出其营运网络的便利，也从心理上给了保险客户安全保证。同时，银行在要求抵押品投保时，一般会指定自己投资的保险公司。换言之，"保险公司则以其背景银行为业务之基本来源"，从而

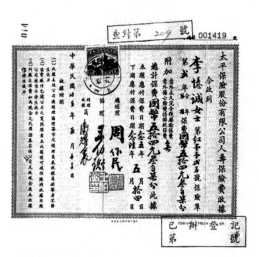

太平保险公司保费收据

---

① 沈雷春. 中国保险年鉴：1936 [M]. 上海：中国保险年鉴社，1936：198.

② 谢国贤. 保险事业在中国 [J]. 银行周报，1937，21（19）.

③ 东亚研究所. 东亚研究所调查报告：英国ノ对支金融业及保险业投资 [R]. 东亚研究所，1939：140.

④ [A]. 上海市档案馆藏上海商业储蓄银行档案，档号 Q275－1－828.

⑤ 《全国银行年鉴》（1934）之保险公司扉页。该广告在《保险年鉴》《申报》《保险月刊》等图书和报纸杂志上均有出现。

造成了"银行家数增多，保险公司亦随之增多"的局面。① 对一些实力相对较小的保险公司来讲，投资银行本身对保险业务的需求甚至成为维系生存的业务基础。比如，上海商业储蓄银行早先投资 12 万元创办的大华保险公司，"该公司向以承做本行保险为最多"。② 后来上海商业储蓄银行又与太古洋行等合资创设宝丰保险公司，大华保险公司受到来自宝丰保险公司的"营业竞争，影响甚巨"。③

以太平保险公司为例作初步分析。太平保险公司成立于 1929 年 11 月，由金城银行独资创办，"定资本一百万元，实收半数，办理水、火、船壳、汽车各险，并酌量承办玻璃、邮包、行动、茧纱等险"。④ 由于有金城银行的支持，太平保险公司成立甫始就加入了外商保险公司在上海的同业组织——上海火险公会。这是首家也是当时唯一一家加入外商上海火险公会的华商保险公司，⑤在一定程度上打破了当时中外保险公司不相往来的局面。依托金城银行的已有网络，太平保险公司业务迅速发展。

东莱银行投资的安平保险公司火险保单

但由于资本额仍显弱小，业务经营上颇受限制。1933 年，金城银行联合交通、大陆、中南、国华、东莱五家银行共同出资，将太平保险公司增资为 500 万元，实收 300 万元。该公司进一步扩资发展，"据传未来之新公司，资本总额为 1000 万元，先收半数，计银 500 万元。如斯大规模之组织，在我民族保险业中，可称独步"。⑥ 改组后的太平保险公司，人事构成、营业网络都与各投资银行结下深厚关系。该公司所有董事、监事均由"股东银行的高级职员担任……所有六家股东银行与四行储蓄会的各地分支行、会，均由总公司与之订立契约，委托为公司的业务代理人。这样，把所有六行一会的放款与押汇上的保险业务统统网络在内……不数年间，太平遂成为全国著名的数一数二的民族保险公司"。⑦

在业务迅猛发展的基础上，太平保险公司通过并购逐渐建立了以自己为核心的保险集团。1934 年 2 月，丰盛保险公司"以别种关系，意欲停业"。经过洽商后，"该公司允以一万元之代价让渡"

① 张奇瑛. 论我国保险事业 [J]. 财政评论，1945，13 (4).
② 中国人民银行上海市分行金融研究所. 上海商业储蓄银行史料 [M]. 上海：上海人民出版社，1999：843.
③ 中国人民银行上海市分行金融研究所. 上海商业储蓄银行史料 [M]. 上海：上海人民出版社，1999：843.
④ 中国人民银行上海市分行金融研究室. 金城银行史料 [M]. 上海：上海人民出版社，1983：289.
⑤ [A]. 上海市档案馆藏上海市保险业同业公会档案，档号 S181-1-13.
⑥ 王宗培. 中国金融业之阵容 [J]. 申报月刊，1935，4 (8).
⑦ 中国人民银行上海市分行金融研究室. 金城银行史料 [M]. 上海：上海人民出版社，1983：294.

其牌号与太平。[①] 1935 年，太平保险公司再次并购了由东莱银行投资创办的安平保险公司。1936 年 5 月，太平保险公司第三次出资购并了由中国垦业银行创办的中国天一保险公司。此外，1936 年太平保险公司还收购了 5 万多元的中国联合保险公司股份。[②] 这些公司被太平保险公司购并后，"牌号仍都保持不动，于是以太平为母公司，安平、丰盛、天一为子公司，成立总管理处，仍旧分别在各地设立分支机构及代理处，由不同的经副理及代理人拉揽生意，继续营业。这样，太平只需要用一套管理人员去处理来自四个公司的业务"。[③] 至此，形成了以太平保险公司为核心的太平保险集团。

借助投资银行的扶植，太平保险公司的营业网络扩展迅速。到 1937 年，其分支机构已有 15 家，代理处则达到 240 个。太平保险公司子公司之一且同样有银行投资背景的安平保险公司也有很大程度发展，1937 年该公司的分支机构达到 14 家，代理处也多达 224 个。[④]

在各投资银行的支持下，太平保险公司自成立后，业务收入就较为可观。表 5 – 7 和表 5 – 8 分别是太平保险公司水火险保费收入情况及其指数表，从中可见其营业收入在短期内都有巨额增幅，"银行保险"的竞争优势逐步显现。

表 5 – 7　太平保险公司水火险业务实况（1930—1934 年）

单位：元

项目	1930 年	1931 年	1932 年	1933 年	1934 年
火险收入保费	154144	389278	418420	579721	906353
火险赔款	4609	34329	48533	118823	113333
水险收入保费	67550	199725	207206	322213	402465
水险赔款	15055	43691	38454	49712	66360
各险佣金	18357	42342	64355	118887	237367

资料来源：［A］. 上海市档案馆藏太平保险公司档案，档号 Q334 – 1 – 239.

表 5 – 8　太平保险公司水火险业务实况指数（1930—1934 年）

单位：元

项目	1930 年	1931 年	1932 年	1933 年	1934 年
火险收入保费	27	67	72	100	135
火险赔款	4	29	41	100	95
水险收入保费	29	62	64	100	125
水险赔款	30	88	77	100	135
各险佣金	15	36	54	100	200

资料来源：［A］. 上海市档案馆藏太平保险公司档案，档号 Q334 – 1 – 239.

① 中国人民银行上海市分行金融研究室. 金城银行史料［M］. 上海：上海人民出版社，1983：292.
② 中国人民银行上海市分行金融研究室. 金城银行史料［M］. 上海：上海人民出版社，1983：292 – 293.
③ 中国人民银行上海市分行金融研究室. 金城银行史料［M］. 上海：上海人民出版社，1983：295.
④ 中国保险学会《中国保险史》编审委员会. 中国保险史［M］. 北京：中国金融出版社，1998：79.

保费收入的增多，表明太平保险公司可能会获得较高的盈余。表5-9是太平保险公司的收益增长情况及其投资利润率。

表5-9　太平保险公司历年盈余（1930—1936年）

单位：元

年份	盈余总额（S）	资本总额（C）	投资利润率（S/C）
1930	57525	500000	11.51%
1931	71731	500000	14.35%
1932	149244	500000	29.85%
1933	142848	2500000	5.72%
1934	254267	2500000	10.17%
1935	273448	3000000	9.11%
1936	293438	3000000	7.78%

资料来源：中国人民银行上海市分行金融研究室. 金城银行史料 [M]. 上海：上海人民出版社，1983：296.

1928年有学者指出，民族保险业不发达、不能为外国人接受的原因之一即是"在外无中国银行之分店"。"吾国保险公司非不知分保之必要也，而苦于外国公司无由知其内容。苟无媒自介，强欲为之，彼必要求存储巨款，以免他日危险发生，可以资为保障。如有银行从中保证张其信誉，则此中痛苦自可避免。不幸吾国银行业亦甫在萌芽，经营地域限于国内，自无余力为保险公司后援。"[①] 银行资本进入保险领域，在一定程度上改善了这一状况，既壮大了保险企业的实力，更带来了保险业务上的发展。"近十年来，由于国内银行业之突然发达，而所营货物或不动产押款，因均需保险以资保障，故金融界乃认保险为有利之企业，纷纷起而经营，规模宏大、资本充足之公司，遂相继成立，保险业务之突飞猛进，大有一日千里之势。"[②]

不过，银行对保险业的投资，也有学者认为其对民族保险业和银行业都有害处："内国银行努力于水火保险事业的经营的结果，只是代替了民族保险公司的地位而成为外商洋行的一大掮客，则内国银行资本的运用，其效能也就没落得够可怜的了"[③]。此外，一些银行业内人士则看到了银行业与保险业的人事交叉，特别是业务人员兼职带来的问题。比如宝丰保险公司，"银行代理保险之所以未能有优异之成绩者，其故在于银行之经理。因银行业务纷繁，对于保险业务势难充分致力兼顾……是以所得生意无非直接与银行有关系者，甚至一部分有关系之生意亦因他公司之竞争而为他人所得。反之分公司经理专心营业，力谋发展，职员亦以公司之发达兴否与其自身休戚相关而奋勉从事。盖分公司以事业为目标，而代理处则以佣金为目标也"[④]。有论者后来指出："最近十年来，我国保险

---

① 孔滌庵. 论中国之保险业 [J]. 银行周报，1928，12（42）.
② 沈雷春. 我国之保险业 [J]. 实业部月刊，1937，2（5）.
③ 吴承禧. 中国的银行 [M]. 上海：商务印书馆，1935：116.
④ [A]. 上海市档案馆藏宝丰保险公司档案，档号Q360-1-798.

业已渐发达，不仅新创公司年有成立，而资本亦相当雄厚。更由于银行业之猛进，而所营货物或不动产押款均需保险；遂竞以其过剩之资金，投资于保险事业，于是保险业渐成银行之副业。"[1]

但无论如何，民族保险业在 20 世纪 20 年代末至 30 年代中期的快速发展，仍然得益于银行业的扶持。还应该指出的是，近代民族"银行保险"的产生和发展，最终促成了数个大型金融服务集团的出现，即中央银行与中国信托局保险部组成的银行保险集团，中国银行与中国保险公司、中国人寿保险公司组成的银行保险集团；金城银行、交通银行、东莱银行、大陆银行、中南银行、国华银行、中国垦业银行等数家银行及太平保险公司、安平保险公司、丰盛保险公司及中国天一保险公司组成的银行保险集团，上海商业储蓄银行与宝丰保险公司、大华保险公司组成的银行保险集团，浙江兴业银行、浙江实业银行等与泰山保险公司组成的银行保险集团，等等。这些大型金融服务集团的形成使近代民族金融整体实力得以进一步提升，增强了与外商金融业抗衡的力量。

三、 同业组织的活跃

（一）上海保险业同业公会的演变

同业组织在保险业的发展中起着重要作用。19 世纪末，上海外商即组织了上海火险公会，1907年华商火险公会也在上海出现，为最早的华商保险业公会组织。民国时期，华资保险业同业组织在天津、汉口、南京等保险业发展较快的地区都曾出现，其中上海华商保险业同业组织最有影响力。

先施保险置业公司总部大楼

上海华商火险公会成立时仅有 9 家会员，进入民国后，随着华商保险业的拓展，1917 年 10 月 1 日，该火险公会共 14 家公司代表召开特别会议，通过了修改名称的动议，正式更名为华商水火保险公会，并通过了新的会章，共 12 章 37 条。同时规定取消会董制，推行正副会长制。[2][3]

随着国人自办寿险业的初步兴起，1928 年 9 月 8 日，由先施、华安、联保、永安、丰盛、中央、通易、华安合群 8 家华商保险公司成立筹备会，商讨关于华商水火保险公会再次改名的事宜。[4] 同年 11 月 4 日，更名后的上海保险公会正式成立，并通过了上海保险公会章程，共 8 章 34 条。此时，会员公司已达到 20 家，即上海联保、联泰、永安水火、永安人寿、先施保险置业、先施人寿、华安水火、华安合群、华兴水火、中央信托公司保险部、丰盛、金星水火、安平水

① 介如. 论我国保险业 [J]. 中联银行月刊，1942，4（3）.
② 颜鹏飞，李名炀，曹圃. 中国保险史志：1805—1949 [M]. 上海：上海社会科学院出版社，1989：163.
③ 周华孚，颜鹏飞. 中国保险法规暨章程大全：1865—1953 [M]. 上海：上海人民出版社，1992：69.
④ 颜鹏飞，李名炀，曹圃. 中国保险史志：1805—1949 [M]. 上海：上海社会科学院出版社，1989：220.

火、宁绍、肇泰水火、通易信托公司保险部、羊城、仁济和水
火、永宁水火、华成经保火险。① 从火险公会到水火险公会再到
保险公会，名称更迭也折射出民族保险业经营领域的依次拓展。

1929年8月17日，南京国民政府公布实施《工商业同业公会
法》，要求此前设立的各同业团体，限期1年内进行改组。②③④ 翌
年6月7日，上海市党部民训会修正公布《上海市工商同业公会
组织程序》共13条，上海市政府公布《上海市工商业团体登记规
则》，上海市社会局也制定了《上海市工商业团体立案程序》，对
各业团体申请手续作了详细规定。1930年7月25日，南京国民政
府工商部正式公布《工商同业公会法施行细则》，共17条。⑤

1931年1月21日，上海保险公会召开会员大会，议决通
过修改章程，并成立保险业同业公会筹备委员会。⑥ 同年10月
1日，保险业同业公会举行成立大会，通过了新章程，共7章
23条。⑦ 1937年10月前，保险业同业公会各个阶段的名称及
主要领导者见表5-10。

上海永安水火保险公司

表5-10　上海市保险业同业公会历年负责职员名表

名称及时期	负责职员称谓	姓名及任期
华商火险公会时期（1907年至1917年9月）	会长	朱葆三（1907年至1911年） 沈仲礼（1912年至1914年4月） 洪文廷（1914年4月至1917年底）
华商水火保险公会时期 （1917年10月至1928年10月）	会长	洪文廷（1918年1月至1919年2月） 李煜堂（1919年2月至1920年3月） 罗倬云（1920年3月至1922年4月） 穆杼斋（1922年4月至1923年4月） 罗倬云（1923年4月至1925年3月） 冯佐芝（1925年3月至1927年3月） 罗倬云（1927年3月至1929年1月）

① 中国第二历史档案馆. 中华民国史档案资料汇编：第五辑　第一编　财政经济　四［M］. 南京：江苏古籍出版社，1994：738
-739.

② 中国第二历史档案馆. 中华民国史档案资料汇编：第五辑　第一编　财政经济　八［M］. 南京：江苏古籍出版社，1994：689-
691.

③ 在该同业公会法公布以前，北洋政府农商部曾先后于1917年4月公布《工商同业公会规则》和1918年4月27日公布施行《修正工
商同业公会规则》。但这两项同业公会规则对上海保险业同业公会并未产生影响。

④ 中国第二历史档案馆. 中华民国史档案资料汇编：第三辑　农商　二［M］. 南京：江苏古籍出版社，1991：844-845.

⑤ 上海百货公司，等. 上海近代百货商业史［M］. 上海：上海社会科学院出版社，1988：278.

⑥ 颜鹏飞，李名炀，曹圃. 中国保险史志：1805—1949［M］. 上海：上海社会科学院出版社，1989：237.

⑦ 周华孚，颜鹏飞. 中国保险法规暨章程大全：1865—1953［M］. 上海：上海人民出版社，1992：264-267.

名称及时期	负责职员称谓	姓名及任期
上海保险公会时期（1928 年 11 月至 1930 年 12 月）	主席	傅其霖（1929 年 1 月至 1930 年 1 月） 刘石荪（1930 年 1 月至 1931 年 1 月）
上海保险同业公会时期（即上海市保险业同业公会筹备会时期）（1931 年 1 月至 10 月）	主席	华兴公司（1931 年 1 月至 10 月）
上海市保险业同业公会时期（1931 年 10 月开始）	常务委员会主席	厉树雄（1931 年 10 月至 1935 年 10 月） 胡詠骐（1935 年 10 月至 1937 年 10 月）

资料来源：上海市保险业同业公会史略［A］. 上海市档案馆藏上海市保险业同业公会档案（以下简称上档保险档），档号 S181 - 1 - 88.

上海保险业同业公会章程，以联合保险业界，履行保险章程，维持保险价格，促进保险业发展为宗旨，事务所设立于上海爱多亚路 38 号。根据 1931 年章程的规定，凡上海市区域内经营水火人寿等各种保险业之公司，资本实收在 20 万元以上，经政府核准注册者，皆得为本会会员。会员 2 人以上之介绍，经执行委员会过半数之通过，提交会员会议决。入会费为国币 400 元整，并缴纳同业保证金 1 万元，常年经费由各会员每家每年负担 300 元。同业公会由会员大会选举执行委员 7 人，其中常务委员 3 人，并由常务委员中选任 1 人为主席。公会会议分执行委员会、会员常会、会员年会三种，应办之事务则为：一是关于同业之调查、研究、改良、整顿及建设事项。二是关于会员与会员或非会员间事议经会员请求之调解事项。三是关于同业劳资间争执之调解事项。四是关于会员营业上弊害之矫正。五是关于请求政府免除杂税事项。[①]

1935 年 2 月 15 日，宁绍人寿保险公司致函保险业同业公会，以水险、寿险等日渐发达，建议同

宁绍人寿保险公司

业公会扩大研究范围，除火险外，还要设水险、寿险、汽车险等，以促进保险业务发展。[②] 经此提议后，保险业同业公会的组织逐步完善，到 1936 年已有 21 个机构，即火险组委员会、水险组委员会、汽车险组委员会、人寿险组委员会、估价委员会、保证金保管委员会、华洋联合委员会出席代表、市商会出席代表、实价委员会、保单译文委员会、华北汽车险公会出席代表、兵险公约委员会出席代表、筹办图书馆委员会、统一寿险名词委员会、组织上海火险联合会出席代表、修正火险保价出席代

① 周华孚，颜鹏飞. 中国保险法规暨章程大全：1865—1953［M］. 上海：上海人民出版社，1992：264 - 267.
② 宁绍人寿保险公司致保险业同业公会函：1935 年 2 月 15 日［A］. 上海市档案馆保险档，档号 S181 - 1 - 41.

表、修改章程委员会、寿险组精算委员会、寿险组医务委员会、寿险专刊委员会、互助委员会。[①]
1937 年又新设了出席中华保险年鉴社代表、保险法规研究委员会、调查委员会、火险业规委员会、
修改代理人规章委员会、寿险业规起草委员会、出席华洋联合特务委员会代表、临时特务委员会、
水险特务委员会、兵险咨询委员会。[②]

（二）同业公会的活动

南京国民政府时期，保险业同业公会在推进同业合作、维护同业利益等方面发挥了积极的作用。
有人指出，1930 年以来，华商保险业的进步体现在"一为华商公司之得承揽大宗保额，向之支配分
保率受洋商之操纵者，今乃渐入华商之掌握中。一为华洋保价之归于一致，保价划一，互相遵守，
苟有违犯，照章处罚。一为华文保险单之采用。往者保单纯用西文，陈陈相因，徒成具文，今则迻
译其意，妥加修改，华商同业一律通用，文义精确，字句浅显，条文诠释无复牵强晦涩之弊，凡此，
皆荦荦大者"。[③] 在这几方面，同业公会都有其贡献。概略而言，上海保险业同业公会主要包括以下
活动。

1. 税收问题的交涉

1931 年后，同业公会的一个重要活动，是要求减免杂税，争取保险业界的利益，集中在印花税、
所得税及营业税三个问题上。

第一，印花税问题。印花税是指对商事、产权等行为所书或使用的凭证进行征税。清政府曾于
1896 年、1907 年先后两次研究开征印花税，1909 年颁行印花税制，但随着清朝的灭亡而不了了之。
民国成立后，1912 年颁布《印花税法》，印花税成为税制体系的组成部分。从征收对象来看，华商
保险业所出售的商品，即各种保险单无疑是印花税的重要税源之一。但在较长一段时间里，一方面
由于税率较低，另一方面民族保险业规模有限，且以租界为庇护，一直未贴用印花。

南京国民政府成立后，1928 年 7 月全国财政会议召开。为了研究税收问题，国民党中央政治会
议通过了《印花税暂行条例》，并于 8 月 4 日公布施行。1930 年 7 月，江苏省印花税局在与驻沪各国
领事及公共租界工部局协商后，"决定在上海租界开始实行印花税条例，并专设上海特区印花税办事
处，下设保险印花税办事处"。[④] 随后，"部定保险业印花税贴法，通令实行"。[⑤] 有关保险单贴用印
花方面，规定按照保费实收数目贴用，具体划分为："火险单：照实收保费计算贴足。实收保费二元
五角以上满五元者贴二分，五元以上满七元五角者贴四分，七元五角以上满十二元五角者贴六分，
多数类推，如未满二元五角者免贴。火险收据：一元以上贴一分，十元以上贴二分。凡银钱收据贴
至二分为度，不屡推进。水险单：每张一律贴一分。汽车险、茧子险、盗窃险、兵匪险、狗险、马
险：以上六种概照火险单贴法。人寿险：照国民政府印花税暂行条例第二类第三种保险单贴花，银

①　保险业同业公会报告册：1936 年度［A］. 上海市档案馆保险档，档号 S181－1－88.
②　保险业同业公会报告册：1937 年度［A］. 上海市档案馆保险档，档号 S181－1－88.
③　中国保险年鉴编辑所. 保险年鉴：1935　序［M］. 上海：中华人寿保险协进社，1935.
④　颜鹏飞，李名炀，曹圃. 中国保险史志：1805—1949［M］. 上海：上海社会科学院出版社，1989：232.
⑤　张永敬. 上海民族保险业概况［J］. 中央银行月刊，1935，4（8）.

数在一元以上未满十元者贴一分，十元以上未满一百元者贴二分，一百元以上未满五百元者贴四分，五百元以上未满一千元者贴一角，一千元以上未满五千元者贴二角，五千元以上未满一万元者贴五角，一万元以上未满五万元者贴一元，五万元者贴一元五角，五万元以上不再加贴。"①

同业公会对此提出了斟酌意见，提议保险单贴花暂缓，不过遭到政府拒绝。考虑到此次贴花税率尚不构成对保险营业的较大影响，保险业同业公会也就偃旗息鼓了。但其后突如其来的一道贴花税率修正案，则引发了保险业同业公会的激烈反应。1931 年 5 月底，上海特区保险印花税办事处突然印发修订保险印花税率，并以财政部的名义通令各华商保险公司遵照实行。该修订印花税与前者最大的区别之处，是将以前按照实收保费贴用印花改为按照保险金额贴用印花。众所周知，实收保费是保险金额与保险费率的乘积，两者相差甚巨，如此改动无疑使保险业的印花税负担明显加重。据称："火险收据原系一元以上贴一分，十元以上至无限数贴二分，今则百元以上皆累进添贴。又如人寿保险，原定百元以上未满五百元者贴四分，累进至五万元者贴一元五角，今则百元以上至五百元贴印花五分，累进至五万元者贴五元。"②

1931 年 6 月 18 日，同业公会就该次新印花税事分别呈文行政院、立法院、财政部、实业部、上海特区地方法院五部门，认为"现行印花税贴法，如水火保险单本系按照实收保费计算，今新订税则则系按照保数计算……是此次新订税则，较之原定贴法加重在过倍以上"，并以洋商并未遵照执行为由，要求恢复原定税额。③ 同业公会同时致函上海特区保险印花税局，声称"故对于此次新订税则万难承认"。④ 同年 6 月 20 日，上海特区保险印花税局复函保险业同业公会，表示江苏所定税率，与湖北、浙江相比已经"减轻多多"，不同意改回原例，并以外商已同意改正为由，要求保险业同业公会遵守执行，在洋商未普及前，"暂予通融，以示优待"。⑤

就在保险业同业公会决定继续向上申诉的时候，1931 年 7 月 8 日，上海特区印花税办事处忽然致函保险业同业公会："查保险业印花税，前经委派王燕祥承办……该员自承办以来，并不遵章办理，业已将其免职。凡该员发出之各种章程税则，概为无效。嗣后此项印花税，由本处令饬各区推销员兼办，并不加盖保险二字，以省手续。"⑥ 此后，实业部也将财政部办理此案的大致经过转文保险业同业公会，表示王燕祥新订税则无效。⑦ 9 月 2 日，上海特区印花税办事处也就水险、寿险贴花办法应该酌量变通，维持原例之事通令保险业同业公会。9 月 16 日，该处再次致函保险业同业公会，指出印花税贴花办法仍照该局以往两次呈准办法办理。在这次贴花税率事件中，同业公会维护了保

① 保险业同业公会报告册：1931 年度［A］．上海市档案馆保险档，档号 Q0 - 21 - 428.
② 保险业同业公会呈行政院、立法院、财政部、实业部、上海特区地方法院文：1931 年 6 月 18 日［A］．上海市档案馆保险档，档号 Q365 - 1 - 57.
③ 保险业同业公会呈行政院、立法院、财政部、实业部、上海特区地方法院文：1931 年 6 月 18 日［A］．上海市档案馆保险档，档号 Q365 - 1 - 57.
④ 保险业同业公会致上海特区保险业印花税局函：1931 年 6 月 18 日［A］．上海市档案馆保险档，档号 Q365 - 1 - 57.
⑤ 上海特区保险印花税局致保险业同业公会函：1931 年 6 月 20 日［A］．上海市档案馆保险档，档号 Q365 - 1 - 57.
⑥ 上海特区印花税办事处致保险业同业公会函：1931 年 7 月 8 日［A］．上海市档案馆保险档，档号 Q365 - 1 - 57.
⑦ 实业部训令：商字第 7202 号 1931 年 9 月 1 日［A］．上海市档案馆保险档，档号 Q365 - 1 - 57.

险业界的利益。

保险业同业公会为印花税与政府交涉实际上包括两个层面，其一是如上所述之事关税率变动问题的交涉，其二是关于重复征税问题。华商保险公司多设于上海，其在外地的业务因为各地要求贴用当地印花税，事实上形成了重复征税。1931 年 3 月 25 日，华安水火保险公司曾致函保险业同业公会，称"贴足上海印花税须受各该埠印花税局留难"，"政令纷歧，莫衷一是"。① 同业公会为此又呈文财政部，要求承认各营业所贴用的当地印花税。到 7 月 18 日，财政部批文称："所请将各保险公司由外埠经理处转发之保险单，各就营业所在地贴用各该地印花，姑准照办。惟由上海总公司直接发交保户之保险单，仍应在上海贴足印花，俾清界限。已由部通令各省局遵照矣。"② 7 月 30 日，上海特区印花税办事处也致函保险业同业公会，重申了上述规定。

1934 年 12 月 8 日，国民政府公布新的《印花税法》，拟于 1935 年 9 月 1 日起开始施行。新印花税法规定"保险单（凡保险公司出给投保者遇有所保事项发生险故时，凭以取偿所载保额之证单皆属之），每件按保额每千元贴印花二分，其超过之数不及千元者，亦以一千元计。凡每件保额不及一千元者免贴，政府所办保险事业及关于劳动保险事业出给之保险单均免贴。如用暂代单可暂免贴，如发生赔偿效力时，应即补贴。惟此项暂代单超过其规定限额，仍不发正式保险单者，应照保险单贴用印花"。③ 但就保险业情形而言，由于保费折扣的存在，各公司得到的保费并不是按照保险单上的保险金额计算的。按照保险金额贴花要比按照实收保费贴花负担更重。

上项印花税法公布后，由于距离施行日期尚有一段时日，保险业同业公会初始反应平淡。但是到了 1935 年夏，该法施行也已迫在眉睫，保险业同业公会于是先后多次呈文财政部、立法院等部门，试图挽回。9 月 6 日，财政部在保险业同业公会的一再申诉下作出初步决定："除人身保险单向系依照条例贴用印花，新税法所定税率已较旧条例减轻，应毋庸置疑外，其余财产保险单一项，业已据情呈请行政院转咨立法院核办，仍仰一面依法贴用印花，一面听候立法院决议可也。"④ 10 月 18 日，立法院财政委员会召开会议，讨论新印花税法。会议由马寅初主持。保险业代表到会表达了业界的意见。10 月 23 日，外商之上海火险公会致函保险业同业公会，对于该印花税提出了 5 条修正意见，希望转呈政府采纳。立法院最终于 1936 年 2 月 10 日公布修正后的印花税率表，其中涉及保险业者的规定如下："人身保险，每件按保额每千元贴印花二分，其超过之数不及千元者，亦以一千元计。财产保险，每件按保额每千元贴印花一分，其超过之数不及千元者，亦以一千元计，但每件所贴印花最多以三元为限。凡每件保额不及一千元者免贴。政府所办保险事业及关于劳动保险事业出给之保险单均免贴。如用暂代单可暂免贴，如发生赔偿效力时，应即补贴。惟此项暂代单超过其规

---

① 华安水火保险公司来函：1931 年 3 月 25 日［A］. 上海市档案馆保险档，档号 Q365 – 1 – 57.
② 财政部批字第 13291 号：1931 年 7 月 18 日［A］. 上海市档案馆保险档，档号 Q365 – 1 – 57.
③ 财政部财政科学研究所，中国第二历史档案馆. 国民政府财政金融税收档案史料：1927—1937 年［M］. 北京：中国财政经济出版社，1997：1044.
④ 财政部批文：税字第 7021 号　1935 年 9 月 6 日［A］. 上海市档案馆保险档，档号 S181 – 1 – 49.

定限额，仍不发正式保险单者，应照保险单贴用印花。"① 尽管保险业同业公会的意见没有被全部采纳，但仍取得了一定的成效，"新印花税法，虽与本会所贡献者尚有出入，然较前年（1934 年）所颁布者已经减轻"。②

第二，所得税问题。所得税也称收益税，以纳税者的所得额为征收对象。所得税的设立从清末开始筹议，民国北京政府时期也曾经发布征收通告，但一直未正式实施。南京国民政府成立后，对开征所得税也进行了讨论，但由于存在争议，也未能推行。1936 年 7 月 21 日，《所得税暂行条例》由国民政府公布，决定于同年 10 月 1 日开始施行。《所得税暂行条例》规定，"凡公司、商号、行栈、工厂或个人资本在二千元以上营利之所得"、"官商合办营利事业之所得"、"属于一时营利事业之所得"、"凡公务人员、自由职业者及其他从事各业者薪给报酬之所得" 以及 "凡公债、公司债、股票及存款利息之所得"，③ 均必须缴纳所得税。根据上述规定，华商保险业特别是人寿保险业无疑属于纳所得税的行业。保险业同业公会随即作出反应。太平、安平、丰盛保险集团在其机关刊物上发表短评《人民应付之寿险保费不应视为所得》中指出，国民政府前颁行的《所得税暂行条例》第二条规定的免税种类，并未包括保费在内。因此，此举 "不仅有违国家提倡保险之旨趣，且亦违背近代立法之精神也"。④ 保险界人士也发表文章，依据保险学理及世界各国所得税则的相关规定，指出寿险保费 "不应视为营利事业之所得"，假以征收则 "不合赋税公平普及之原则"，因此 "不免妨害寿险事业之进展"⑤。

1936 年 8 月 26 日，保险业同业公会就人寿保险暨各种保险之保费与保险金免征所得税问题，议决 "先向政府呈文吁请。⑥ 9 月 2 日分别呈文立法院、财政部、实业部，呈请 "对人寿保险暨各种保险之保险费及保险金免征所得税"。⑦ 9 月 9 日，保险业同业公会致函市商会，请求协助呈请政府免征该所得税；12 日，又致函时任立法院商法委员会主席的马寅初请予协助，⑧ 得到了马寅初的同情与支持，"据其个人意见，本会所提各节，颇有理由"。⑨ 10 月 18 日，保险业同业公会假座银行俱乐部招待马寅初及财政部所得税事务处上海办事处有关负责人予以协商，双方 "对于免税之意见，彼此大同小异"。⑩ 但 11 月中旬，财政部批文拒绝了同业公会的要求。⑪

收到该批文后，保险业同业公会立即再次呈文财政部："从事实而论，各种保险之赔偿金，纯属抵偿损失而发，不能视为所得而须课税。盖其所得之保险金，仅足以抵偿损失而使其恢复原状。此

---

① 蔡鸿源. 民国法规集成：第 52 册 [M]. 合肥：黄山书社，1999：93.
② 保险业同业公会报告册：1936 年度 [A]. 上海市档案馆保险档，档号 S181 - 1 - 88.
③ 蔡鸿源. 民国法规集成：第 52 册 [M]. 合肥：黄山书社，1999：85.
④ 人民应付之寿险保费不应视为所得 [J]. 太安丰保险界，1936，2 (14).
⑤ 郭佩弦. 人寿保险应免征所得税之理由及例证 [J]. 银行周报，1936，20 (33).
⑥ 保险业同业公会会员大会记录：1936 年 8 月 26 日 [A]. 上海市档案馆保险档，档号 S181 - 1 - 1.
⑦ 保险业同业公会呈立法院等文：1936 年 9 月 2 日 [A]. 上海市档案馆保险档，档号 S181 - 1 - 1.
⑧ 本会要求政府对保险费和保险金免征所得税的有关来往文书 [A]. 上海市档案馆保险档，档号 S181 - 1 - 50.
⑨ 保险业同业公会报告册：1936 年度 [A]. 上海市档案馆保险档，档号 S181 - 1 - 88.
⑩ 保险业同业公会报告册：1936 年度 [A]. 上海市档案馆保险档，档号 S181 - 1 - 88.
⑪ 保险业同业公会执行委员会会议记录：1936 年 [A]. 上海市档案馆保险档，档号 S181 - 1 - 2.

种损失保险金，纯为预防危险发生之一种抵偿损失保障，其非所得，理至显然。如水险、汽车险等损失保险金性质，正与火险损失保险金相同，既非所得，自应免纳所得税。"① 财政部最终同意修改，"查第三类所得税征收须知草案第七项之立法意义，系因人寿保险含有储蓄性质，其满期领受之保险金额，超过保险费总额之部分，无异存款所生之利息。故应按存息所得税率课征所得税……至人寿水火汽车等险赔偿金额之所得，系属损失赔偿金，在所得税暂行条例所定之各类之所得中，无可比附，依法不在课税之列"。② 至此，保险业同业公会在所得税问题上的申诉得以解决。

第三，营业税问题。营业税是以营业额为征税对象的税。南京国民政府成立后，为了筹措军费开支，财政部赋税司主张在裁厘之后开征营业税，将之划为地方税收，并提出了《营业税条例草案》。1928 年 7 月，全国财政会议正式宣布裁厘后由各省举办营业税。随后财政部召开全国裁厘委员会议，通过了《各省征收营业税大纲》，共 9 条。但由于当时政令尚未统一，营业税并未开征。③

到 1931 年 1 月 20 日，行政院通过了财政部上报的《各省征收营业税大纲》及《各省征收营业税大纲补充办法》，随即由财政部通令各省开征。该大纲明确规定"营业税为地方收入……税率应照课税标准，用千分法计算征收，至多不得超过千分之二。但关于奢侈营业及其他含有应行取缔性质者，不在此限"。④ 江苏、浙江等五省在上述大纲及补充办法公布后即着手征收营业税，其他各省随后实施。在此过程中，各省大多将课税范围扩大，税率加重。针对华商保险业的税率就远远超出上述规定，比如浙江省征收营业税标准为按照资本额的 20‰，⑤ 远高于 2‰ 的既定标准。与此同时，外商则被排除在课税范围之外。

营业税开征后不久，保险业同业公会就接到了营口保险同业公会的求助申请。1931 年 2 月 5 日，保险业同业公会致函各会员公司，要求各公司提出意见，以确定交涉方针。⑥ 2 月 16 日先施人寿公司来函表达了意见，要求保险业营业税不能超过法定的 2‰，人寿保险公司不应征税，其代理机关应免除营业税。⑦ 3 月 16 日，华安合群、先施人寿、永安人寿三家寿险公司在致函保险业同业公会的同时，又联合呈文实业部、财政部，认为人寿保险公司代客户储蓄，应比照银行免缴营业税。⑧ 但这些呼吁并没有得到重视。当年 4 月，"财政部修正苏浙营业税条例，规定保险业按资本额征收营业税千分之二十，将呈由中央政治会议暨院部核准施行"。⑨ 在这种情形下，4 月 14 日，保险业同业公会推定厉树雄、刘石荪、吕岳泉、郭八铭、潘学安、胡詠骐六位保险界知名人士，前往市政府请愿。同日，保险业同业公会分别呈文中央党部、行政院、财政部、实业部、上海市政府，要求删除苏、

---

① 保险业同业公会报告册：1936 年度 [A]. 上海市档案馆保险档，档号 S181 - 1 - 88.
② 保险业同业公会报告册：1936 年度 [A]. 上海市档案馆保险档，档号 S181 - 1 - 88.
③ 中国国家税务总局. 中华民国工商税收史：地方税卷 [M]. 北京：中国财政经济出版社，1999：19.
④ 中国第二历史档案馆. 中华民国史档案资料汇编：第五辑　第一编　财政经济　二 [M]. 南京：江苏古籍出版社，1994：423 - 424.
⑤ 中国国家税务总局. 中华民国工商税收史：地方税卷 [M]. 北京：中国财政经济出版社，1999：22.
⑥ 保险业同业公会致会员公司函：1931 年 2 月 5 日 [A]. 上海市档案馆保险档，档号 Q365 - 1 - 57.
⑦ 先施人寿保险公司来函：1931 年 2 月 16 日 [A]. 上海市档案馆保险档，档号 Q365 - 1 - 57.
⑧ 华安合群、先施人寿、永安人寿三公司来函：1931 年 3 月 16 日 [A]. 上海市档案馆保险档，档号 Q365 - 1 - 57.
⑨ 保险业同业公会报告册：1931 年度 [A]. 上海市档案馆保险档，档号 Q0 - 21 - 428.

浙按资本额征收 20‰的规定，代之以根据收益缴纳 2‰。① 同业公会还派出人员赴上海市财政局营业税筹备处和上海市各业税则委员会面陈意见，致函市商会请求援助，并联络汉口保险同业公会，提示采取一致行动。经多方努力，1931 年 6 月 1 日，国民政府再度修正苏浙营业税条例，"保险业原拟 10‰，现减照保费 2‰"。②

2. 争取民族保险业的承保权

为民族保险企业争取承保权，也是保险同业公会的一项重要活动。一个典型的事例，是保险业同业公会争取承保胶济铁路的活动。1930 年 11 月，在华安合群保寿等公司的争取下，全国工商会议通过了有关国有财产及国营事业应一律归中国保险公司保险的议案。1931 年初，传出了胶济铁路财产保险为外商承办的消息。同年 4 月 2 日，保险业同业公会呈文铁道部，要求将"胶济路局将房屋材料等险交民族承保，毋为外商所乘以维利权"。③ 4 月 16 日，铁道部批文保险业同业公会，以太古洋行和美国保险公会保费最为优惠为由，予以拒绝。④ 此后，保险业同业公会又两次呈文铁道部，同样没有结果。与此同时，保险业同业公会还于 4 月、5 月两次呈文行政院，6 月则呈文实业部，请求落实国有财产和国营事业由民族保险企业承保的政策，均得到了支持，行政院、实业部均为此通令各机关遵照实行。保险业同业公会还致函上海钱业公会："敬烦贵会鼎立提携，劝告各同业遇有⋯⋯财务应需保险之时，务希一致向各民族保险公司投保。无论其额巨细，敝同业等无不竭诚向以。"⑤ 直到 1932 年 12 月，保险业同业公会仍为此事致函宝丰等五家会员公司，称"就铁道部路产保险案，公推太平、中国、宝丰、华安、安平五公司为全权代表，与铁道部接洽"。⑥

除铁路财产的承保权外，保险业同业公会还与外交部等其他政府机构联系，争取承保事宜。6 月 23 日保险业同业公会又致函租界纳税华人会，争取工部局所辖租界市民公共机关的承保权。⑦ 这些努力最终也取得了成效。上海市社会局于 7 月 22 日训令保险业同业公会，"关于国有财产及国营事业应一律归本国保险公司保险，遵照办理。"⑧ 到 1935 年，民族保险公司也获得了铁道部路产保险权。"其保额计四千万元，为我国保额中之最大者"。⑨

为了谋求民族保险业的利益，与国民政府各部门、地方政府或相关人士进行频繁沟通，是同业公会的日常性事务。尽管成效不一，但可见同业公会为维护保险业界利益所作的努力。

3. 提供保险法律意见

保险业同业公会对保险法律规范的制定也较为关注，特别是对事关保险业发展的《保险法》《保

---

① 保险业同业公会致中央党部、行政院、财政部、实业部、上海市政府函：1931 年 4 月 14 日 ［A］. 上海市档案馆保险档，档号 Q365 - 1 - 57.

② 市营业税筹备处通过营业税率 ［N］. 申报，1931 - 06 - 01.

③ 保险业同业公会呈铁道部文：1931 年 4 月 2 日 ［A］. 上海市档案馆保险档，档号 Q365 - 1 - 57.

④ 铁道部批文，财字第 815 号：1931 年 4 月 16 日 ［A］. 上海市档案馆保险档，档号 Q365 - 1 - 57.

⑤ 保险业同业公会致钱业公会函：1931 年 5 月 19 日 ［A］. 上海市档案馆保险档，档号 Q365 - 1 - 57.

⑥ 保险业同业公会致宝丰等五公司函：1932 年 12 月 22 日 ［A］. 上海市档案馆藏宝丰保险公司档案，档号 Q360 - 1 - 808.

⑦ 保险业同业公会致租界纳税华人会函：1931 年 6 月 23 日 ［A］. 上海市档案馆保险档，档号 Q365 - 1 - 57.

⑧ 保险业同业公会报告册：1931 年度 ［A］. 上海市档案馆保险档，档号 Q0 - 21 - 428.

⑨ 沈雷春. 中国保险年鉴：1936 ［M］. 上海：中国保险年鉴社，1936：23.

险业法》，均积极参与，提出意见。由于保险法属于契约法范畴，技术性较强。以下仅以各保险公司极为敏感的行业管理性法规即《保险业法》为例。

1929 年，国民政府公布《保险法》后，随即着手制定《保险业法》。1933 年初，立法院初步拟定出该法草案，交保险业同业公会征询修改意见。同年 4 月，在广泛征询各会员公司后，保险业同业公会提出了自己的详尽意见。表 5 - 11 是该保险业法草案、保险业同业公会修改意见及最终公布之《保险业法》的主要相关条文的对照，从中可以发现保险业同业公会在该法修正上所起的作用和成效。

表 5 - 11　保险业同业公会对保险业法草案相关条目的修改意见及成效

立法院起草之保险业法草案	保险业同业公会修改意见	最终公布之《保险业法》内容
第六条第一项第四款：保险费及积存金之计算基础，应由所在地保险业公会议决定之	第六条第一项第四款：应改为保险费及积存金之计算基础，应由所在地保险业公会议决呈经实业部核定之	第六条第一项第四款：保险费及积存金之计算基础，应由所在地保险业公会议决呈经实业部核定之
第九条：保险业应设置保险计算员至少一人	第九条：应加"但财产保险不在此限"	第八条：保险业应设置保险计算员至少一人，但财产保险不在此限
第十条：保险业之股东或社员应以有中华民国国籍者为限	第十条：原文删去，应改为，下列保险业为民族保险业：一、人身保险业其股东全体为中国人者；二、财产保险业其资本三分之二以上为中国人所有，并其董事三分之二以上及总经理为中国人者；三、相互保险社其社员全体为中国人者	第九条：下列保险业为民族保险业：一、人身保险业其股东全体为中国人者；二、财产保险业其资本三分之二以上为中国人所有，并其董事三分之二以上及总经理为中国人者；三、相互保险社其社员全体为中国人者
第十二条：保险业资金之运用，应以下列各种放款或投资为限：一、存放于银钱业；二、以不动产为抵押之放款；三、以担保确实之有价证券为抵押之放款；四、对于公债库券及公司债之投资；五、对于不动产之投资。前项第五款之投资不得超过实收资本总额二分之一	第十二条：应改为，保险业资金及积存金之运用，应以下列各款为限：一、存放于银钱业；二、信托存款；三、以担保确实之有价证券为抵押之放款；四、保险单为抵押之放款；五、以不动产为抵押之放款；六、对于公债库券及公司债之投资；七、对于股实公司股票之投资；八、对于不动产之投资。前项第七款之投资，不得超过实收资本或基金四分之一。前项第八款之投资，不得超过资金及积存金总额三分之一，但营业用之房地产不在此限。保险业之资金及积存金，应以百分之八十投于中国领域以内	第十一条：保险业之资金及责任准本金之运用，以下列各款为限：一、银钱业存款；二、信托存款；三、以担保确实之有价证券为抵押之放款；四、以人寿保险单抵押之第一担保之放款；五、以不动产为第一担保之放款；六、对于公债及库券及公司债之投资；七、对于不动产之投资。前项第七款之投资，不得超过资金或责任准备金总额三分之一，但营业用之房屋不在此限。保险业之资金及责任准备金，至少以总额百分之八十投放于中华民国领域以内

续表

立法院起草之保险业法草案	保险业同业公会修改意见	最终公布之《保险业法》内容
第十三条：保险业由主管官署监督之	第十三条：应改为，保险业由主管官署组设保险委员会监督之	第十二条：保险业之业务由主管官署监督之
第二十二条：保险业特许营业执照与经纪人公证人执业证书之规则，由主管官署另订之	第二十二条：应改为，经纪人及公证人不得为未经主管官署核准之保险业经营或介绍保险业务	第二十一条：经纪人及公证人不得为未经主管官署核准之保险业经营或介绍保险业务

资料来源：1. 保险业同业公会报告册：1934 年度［A］. 上海市档案馆保险档，档号 Q365 - 1 - 58.

2. 周华孚，颜鹏飞. 中国保险法规暨章程大全：1865—1953［M］. 上海：上海人民出版社，1992：167 - 175.

从表 5 - 11 可见，保险业同业公会的修改意见基本上被立法院采纳。

4. 保单改用中文的问题

华商保险业自产生以来，从保单条款到生命表编制，从经营原则到再保险业务，无论是保险原理还是保险实务，一直以外商为模仿对象。以保险单而论，即沿用外文保单。保险业同业公会就此解释说："保险专科，导源欧美，一字出入，不容穿凿，务求惬洽，义译甚难。加之本埠洋商公司，数倍于我，所有一切章程单据，大率皆以英文为主，同业分保，咸从其便。故我会员公司亦皆袭用英文，且相沿二三十年之久，而未易更张也。"[1] 但对民族保险业的发展而言，沿用英文保单则是一个障碍。至晚在 1921 年上海北苏州路大火后，就有人提出保单应附有中文的建议，有学者甚至将其称为民族保险业存在的十大问题之首。[2][3] 直至 1930 年 11 月初召开的全国工商会议上，华安合群保寿公司总经理吕岳泉提出的"各种保险契约一律应用中国文字"的议案获得大会通过后，[4] 保单译文问题才正式提上了保险业同业公会的议事日程。

1931 年 2 月 5 日，保险业同业公会致函各会员公司，要求上海各同业公司将所有通用文件、营业章程以及单据式样汇交公会，以便订期开会研究。[5] 随后，保险业同业公会于 2 月 10 日召开会员大会，"议决各公司营业章程单据一律改用中文"，[6] 同时决定由各会员分组研究，并延聘律师从事译文工作。当年 11 月底，水险保单由魏文瀚律师翻译完成，并上交保险业同业公会；12 月，伍守恭律师也基本完成了火险保单的翻译工作。

不过，中文保单迟迟未得到实际使用。1932 年 11 月 21 日，保险业同业公会又作出议决，决定

---

① 保险业同业公会报告册：1931 年度［A］. 上海市档案馆保险档，档号 Q0 - 21 - 428.

② 孔滌庵. 论中国之保险业［J］. 银行周报，1928，12（42）.

③ 其认为民族保险业之十大问题：（1）保单文字之统一；（2）保费之协定；（3）投保被拒者之相互通知；（4）死亡表及火灾海事统计之编制；（5）危险之选择及分配；（6）保险业之公积金问题；（7）保险业之投资问题；（8）保险业之人才问题；（9）保险业之代理店问题；（10）危险之预防问题。

④ 实业部总务司，商业司. 全国工商会议汇编［M］. ＼ 南京：实业部，1931：26.

⑤ 保险业同业公会致各会员公司函：1931 年 2 月 5 日［A］. 上海市档案馆保险档，档号 Q365 - 1 - 4.

⑥ 保险业同业公会报告册：1931 年度［A］. 上海市档案馆保险档，档号 Q0 - 21 - 428.

"汉译保单希望自明年一月一日起各公司一律实行"，① 但仍未得到落实。此后两年间同样没有进展。1935 年 2 月 14 日，保险业同业公会在致执委丁雪农的函中称："本会因鉴于会员公司所用译文参差不一，爰经大会议决，交由小组委员会负责办理翻译事宜。"② 可知中文保单仍未定稿。这一时期华商保险公司使用的所谓中文保单，均在最后一条载有"本保单中文系译自英文，如有差异之处，应以英文为准"的字样。③

保险业同业公会在中文保单问题上的拖延，招致了不少批评。1935 年 9 月 6 日，美亚织绸厂经理蔡声白致函中国保险公司董事长宋汉章，对此事表示不解之余，希望宋汉章出以倡领而切实实行。该函称："以为民族保险业一切单据改用中文，于情于理于习惯于交易皆无困难也……更仰执事德高望重，全国敬佩，至祈贵公司首先改用中文为准则，登高一呼，众山皆应。"④ 10 天后，上海市商会也发文保险业同业公会催促实施；市社会局也发出训令，要求尽快落实，但并无结果。1936 年 6 月 24 日，市社会局再次发出训令，要求同业公会 10 天内呈报使用中文单据章程的具体办法，⑤ 但保险业同业公会依然不紧不慢。6 月 30 日，保险业同业公会会员大会决定，"聘请蔡汝栋律师主持将火险、水险、意外险三种业务所用之单据章程，译为华文。并公选朱如堂、冯佐芝、潘学安三君组织译文委员会"。⑥不过，同日保险业同业公会还是以急件致各会员公司，要求"须于七月一日将火险保单内第 22 条'本保单中文部分系译自英文，如有差异之处应以英文为准'一条中英文完全删去"。⑦

早在 1931 年，保险业同业公会就曾慷慨激昂地称："文字之要，所关于国家之递嬗兴衰者大矣。奈何一国重要之保险事业，乃竟袭用外国文字，而循而不改邪，不亦嗅乎！"⑧ 但在事实上，公会在采用中文保单上一再延宕，即便到了 1937 年，除火险及汽车险保单已经译完并得到会议通过外，水险保单仍未译竣。⑨ 保险业同业公会的这一做法，"考其用意，不外恐华文译句一时未能正确，欲以英文字义于法庭上求得相当保障而已"。⑩ 换言之，保险业同业公会对采用中文保单的态度，实则取决于维护自身利益的需要。尽管在争取承保权等问题上，同业公会一直以"民族保险"相标榜，但对华商保险企业而言，利益才是最重要的目的。毋庸置疑，这种做法从长远看也阻滞了民族保险业的自身发展。

5. 提倡保险观念

保险意识的缺乏和保险观念的滞后，是中国保险发展的一个制约因素。保险业同业公会较早就

---

① 保险业同业公会致各会员公司函：1932 年 11 月 22 日［A］. 上海市档案馆藏宝丰保险公司档案，档号 Q360 - 1 - 808.
② 保险业同业公会致丁雪农函：1935 年 2 月 14 日［A］. 上海市档案馆保险档，档号 S181 - 1 - 41.
③ 华商保险单中文须以英文为准［N］. 新闻报，1935 - 09 - 25.
④ 美亚织绸厂总经理蔡声白致宋汉章函：1935 年 9 月 6 日［A］. 上海市档案馆保险档，档号 S181 - 1 - 48.
⑤ 市社会局训令：第 4235 号 1936 年 6 月 24 日［A］. 上海市档案馆保险档，档号 S181 - 1 - 48.
⑥ 保险业同业公会会员大会记录：1936 年 6 月 30 日［A］. 上海市档案馆保险档，档号 S181 - 1 - 1.
⑦ 保险业同业公会致各会员公司急件：1936 年 6 月 30 日［A］. 上海市档案馆保险档，档号 S181 - 2 - 60.
⑧ 保险业同业公会报告册：1931 年度［A］. 上海市档案馆保险档，档号 Q0 - 21 - 428.
⑨ 保险业同业公会报告册：1937 年度［A］. 上海市档案馆保险档，档号 S181 - 1 - 88.
⑩ 保险业同业公会会员大会记录：1936 年 6 月 30 日［A］. 上海市档案馆保险档，档号 S181 - 1 - 1.

认识到这一问题，为此进行了一些努力。"本会对提倡保险学识，苟立之所及，靡不勉力进行，以冀我国保险人才与日俱增，则我民族保险事业前途，有利赖焉。"①

1934 年 11 月 2 日，保险业同业公会致函各会员公司，"介绍各国留学生与公司通讯，研究保险"。函中提到 6 名留学生，其中 5 人为留日生，分别是东京商科大学本科毕业后在大来火灾保险会社服务的张焕三，在神户商业大学会计统计科就读的刘秉衡，在东京学习保险银行科的韩仲贤和学习保险科的梁振东，在福冈学习法律科的苏芷坡；另一人是在英国学习海上保险科的魏文达。②

为了扩大保险知识常识在社会上的传播，1935 年，经宁绍人寿保险公司的建议，同业公会与中国保险学会联合呈请教育部，建议将保险知识编入小学教科书。同时，保险业同业公会也就此呈文实业部。同年 11 月 22 日，保险业同业公会又致函中国保险学会，随即两者联合呈请"中英庚款委员会，请于录取出洋学生酌定二名，使学习保险"。③ 1936 年 10 月，保险业同业公会与中国保险学会联名致函公私各大学、各学院及各专门学校，请将保险学一科定为必修课程。"该函去后，如武昌中华大学、上海沪江大学、广东法科学院等均有复函，或称保险科已列入必修科，或谓已设有保险学程，或表示赞同，允予设法设立，藉以培养保险人才。"④ 同年 11 月 21 日，保险业同业公会主席胡詠骐到教育部再次提出保险编入教材的建议，得到了肯定答复。1937 年 1 月 4 日，教育部批文保险业同业公会"将来编订教学要目时，可将保险一项列入要目中。至民众学校课本，业已编竣，将来改编时，亦可收保险材料酌量加入"。⑤

保险业同业公会还在会内筹办了保险书籍流通图书馆。1936 年 10 月 3 日，保险业同业公会"议决推选经干堃等三人为筹办图书馆委员会委员"。⑥ 1937 年 10 月，图书馆正式建成，并向所有会员开放。⑦

宁绍人寿保险公司开展业务培训

6. 火险保费实价与经纪人问题

保费是保险公司征收的承保费用。由于该保费率是根据统计和概率计算得来的，一般不容许保险公司在保费征收上存在折扣的现象，否则会危及保险公司的资金安全和正常营业。19 世纪下半叶，外商保险公司为了招揽生意，已经在保费收取上实行折扣优惠。如此一来就产生了保费毛价和实价之

---

① 保险业同业公会报告册：1936 年度 [A]. 上海市档案馆保险档，档号 S181 - 1 - 88.
② 保险业同业公会致各会员公司函：1934 年 11 月 2 日 [A]. 上海市档案馆保险档，档号 Q365 - 1 - 58.
③ 保险业同业公会致中国保险学会函：1935 年 11 月 22 日 [A]. 上海市档案馆保险档，档号 S181 - 1 - 53.
④ 保险业同业公会报告册：1936 年度 [A]. 上海市档案馆保险档，档号 S181 - 1 - 88.
⑤ 教育部批文：第 00003 号 1937 年 1 月 4 日 [A]. 上海市档案馆保险档，档号 S181 - 1 - 86.
⑥ 保险业同业公会报告册：1936 年度 [A]. 上海市档案馆保险档，档号 S181 - 1 - 88.
⑦ 保险业同业公会报告册：1937 年度 [A]. 上海市档案馆保险档，档号 S181 - 1 - 88.

别。保费毛价即保单上规定应交纳的保险费，保费实价则是打折以后的保险费。20 世纪 20 年代，随着华商保险业的兴起，保费折扣现象更加严重。当时保费毛价与实价差距之大，匪夷所思，"竟有放至一折以下者，而保价遂一落千丈"。[1]

保险经纪人在保费折扣的问题上起了推波助澜的作用。保险经纪人替保户选择保险人，代办保险手续，保险人要按照保险费收入的一定比例支付佣金。华商保险业兴起后，亦从外国保险业先例，延用保险经纪人招揽生意。保险经纪人为了揽取业务，竞相在保费问题上放低折扣，导致保费实价日趋低落，严重扰乱了保险市场的发展。为了解决这两个问题，本不相互来往的民族保险业同业公会与外商上海火险公会不得不开始了漫长的磋商。

1928 年 11 月 28 日，上海保险公会召开会员大会，会长刘石荪提议就火险保价问题与外商上海火险公会接洽，"设法提高保险价格折扣并整顿保险掮客"。[2] 同年 12 月 5 日，上海保险公会方面正式推选联保公司、永宁公司及刘石荪为华方代表出席联席会议，讨论划一价格折扣和整顿经纪人的问题。但由于"火险价目为年来保险同业所公认为最难能决之烦重问题"，[3] 两公会的磋商时断时续。1929 年 4 月，联席会议初步商讨增加保费。同年 5 月 9 日，上海保险公会召开会员大会，对"洋商增加保费应否采取一致案，议决采取一致办法，惟加倍不照办"。[4] 并且议决该规定自次日即 5 月 10 日起实行。然而，这项规定并未切实实行。1930 年，"经华洋同业两方初步之洽商，订定火险规章一册，然事实上，火险之价目，就上海而论，乃由公会估价委员会视房屋之建筑分等级规定。年来因华洋保险业，对于业务竞争甚烈，以致折扣日低，甚至仅有按毛费一折或一折以内实收者。故公司利益甚为菲薄。且经纪人份子又十分复杂，保险公司掣给毛费收据，实际上所收仅为收据所载几分之几。对于法律上，亦兹多流弊"。[5] 换言之，不对保险经纪人有所管理就使保价规定形同虚设。

1931 年 3 月 25 日，上海火险公会就经纪人问题致函保险业同业公会，提议："全部中国生意招揽者，无论是买办、经纪人还是其他掮客，都应在两公会登记注册，同时缴纳一定保证金。经纪人签发的保险单以得到两公会认可的经纪人为限。"[6] 4 月 2 日，保险业同业公会复函火险公会，表达了合作意愿。4 月 11 日，保险业同业公会"议决组织保价委员会，并推举联保、中央、通易、肇泰、安平、宁绍、华安水火七公司为委员。"[7] 经过两公会组织的上海华洋保价委员会频繁磋商后，同年 8 月制定了《火险保价规率草案》，规定华洋保户实行不同级别的费率。为此，8 月 10 日上海火险公会致函保险业同业公会，认为："中国和外国保费率不同，在目前中国特殊的危险状态下是必要的，

① 郭佩弦. 火险经纪人登记之回顾与前瞻 [J]. 保险季刊, 1936, 1 (1).
② 保险业同业公会史略 [A]. 上海市档案馆保险档, 档号 S181 - 1 - 88.
③ 张肖梅, 等. 中外经济年报: 第三回续编　第七编 [M]. 上海: 世界书局, 1941: 26.
④ 保险业同业公会史略 [A]. 上海市档案馆保险档, 档号 S181 - 1 - 88.
⑤ 张肖梅, 等. 中外经济年报: 第三回续编　第七编 [M]. 上海: 世界书局, 1941: 26 - 27.
⑥ A letter from Shanghai Fire Insurance Association (SFIA) to Shanghai Insurance Association (SIA): 25th March, 1931 [A]. 上海市档案馆保险档, 档号 Q365 - 1 - 57.
⑦ 保险业同业公会报告册: 1931 年度 [A]. 上海市档案馆保险档, 档号 Q0 - 21 - 428.

如果把它们拧在一起将是不可行的。"[1] 8 月 20 日，上海火险公会再次致函保险业同业公会，指出联合委员会已通过"新费率章程，定于 10 月 1 日起施行"。[2]

上述火险保价规率对营业规则、保价率、标准保单款式、条文字句、地域区分、代理人规则、特价保率及违章处理等作了详细规定。在折扣问题上更明确规定："凡本章程所不准者，切不可照定价减除不出险花红折扣减价或特别优待，亦不许照外国价目承保之生意上，支给掮客员办佣金。"[3]但是华洋保户价目不同，又致使这项规定根本没有约束力。后来，事实也证明了这一点。据太平保险公司 1933 年业务报告书中称："本年中同业竞争之烈，视前去年度变本加厉，减价让佣无所不用其极，支吾应付环境至艰。"[4]

如此一来，两公会的联合组织上海华洋保价委员会只有继续商讨。1933 年 9 月，保价划一问题再次被提上两公会议事日程。[5] 在反复讨论下，1934 年 7 月 25 日，保险业同业公会召开会员大会，正式通过如下议决："1. 华洋公司对于华洋保户价目应用同一价格，并一律按实价收取。2. 经纪人佣金限制至多不得超过 20%。3. 经纪人应行登记，公会得主管执行违反保价规律之处罚事项。"[6]

此后，问题的焦点逐渐集中到保险经纪人的规范约束方面。

在 1934 年 7 月 25 日的会员大会上，对有关保险经纪人管理的问题，保险业同业公会议决："1. 两公会各推三人为办理经纪人及介绍火险生意者登记委员；2. 介绍火险生意者（包括买办经纪人等）在准许经营介绍火险生意与任何公司之前，必须向两会联合登记委员会登记；3. 除已登记之介绍火险生意者外，会员公司不得接受任何人介绍之生意或给予佣金。"[7] 但这些举措并未落实。1935 年 7 月，国民政府公布《保险业法》，其中对保险经纪人的管理作出了明确规定："保险业之经纪人及公证人非向实业部登记领有执业证，不得执行业务。"[8] 由于该法并未实施，保险经纪人问题依然未能解决。

直到 1936 年初，保险业同业公会在火险保价和经纪人问题上的决断才重新出现转机。同年 2 月，华洋联合委员会拟出《火险经纪人登记与管理规章草案》，提交两公会讨论。其中，重要规定如下："保险业同业公会与上海火险公会共同组织之联合委员会即为本规章所称之主管机关，办理所有有关经纪人之登记领证及本规章之解释与施行等事。""凡公会会员公司或其代表人除已在公会登记之经纪人外，概不准接受任何第三者所介绍之华人火险生意。"在火险保价折扣上则规定："凡公会所规定之火险保价，须祥载于各火险保险单或承保单或续保收据上，所有折扣或临时特别折扣，均不得超过百分之八十五，且须分别详注各单上。此外，被保险人所纳保费之实数，亦须在结单及保

---

① A letter from SFIA to SIA：10th August，1931［A］．上海市档案馆保险档，档号 Q365 - 1 - 57.
② A letter from SFIA to SIA：20th August，1931［A］．上海市档案馆保险档，档号 Q365 - 1 - 57.
③ 周华孚，颜鹏飞．中国保险法规暨章程大全：1865—1953［M］．上海：上海人民出版社，1992：273.
④ ［A］．上海市档案馆藏太平保险公司档案，档号 Q334 - 1 - 239.
⑤ 张永敬．上海民族保险业概况［J］．中央银行月报，1935，4（8）.
⑥ 保险业同业公会会员大会决议：1934 年 7 月 25 日［A］．上海市档案馆保险档，档号 Q365 - 1 - 58.
⑦ 保险业同业公会报告册：1934 年度［A］．上海市档案馆保险档，档号 Q365 - 1 - 58.
⑧ 周华孚，颜鹏飞．中国保险法规暨章程大全：1865—1953［M］．上海：上海人民出版社，1992：169.

费收据上注明。"①

1936 年 2 月 24 日，保险业同业公会召开常务讨论会，通过了该项草案。3 月 7 日，中国、太平、宝丰、四明、中国天一、泰山、安平、丰盛、中央信托局保险部 9 家公司联署致函保险业同业公会，对该规定表示支持。3 月 12 日，保险业同业公会再次召开会员大会，讨论该项草案，保险经纪人管理开始逐渐走向规范化。3 月 18 日，保险业同业公会再次就火险保价问题进行讨论，通过了《火险经纪人登记与佣金限制规章草案》。经双方多次讨论，5 月 1 日，《火险经纪人登记与管理规章》正式施行，各保险公司经纪人逐渐向华洋联合委员会登记。到该年 12 月 6 日，上海保险业经纪人公会设立。保险业同业公会在保险经纪人管理问题上的运作初见成效。

此外，在火险保价折扣方面，1936 年 4 月 17 日，保险业同业公会通告各会员公司，要求遵照华洋联合委员会所订之火险新率施行。② 但部分保险公司以"经纪人拒绝登记，而各公司营业大受打击"为由，"要求将火险新章展缓施行"。③ 但保险业同业公会仍坚持执行。5 月 19 日起连续 3 天以两公会的名义就火险保价改用实价之事，在《申报》登载声明，明确规定"改填实价收费，不折不扣"。④ 至此，两公会在火险保价折扣问题上的合作也取得了初步成绩。对于违反折扣规定的会员公司，也进行了处罚。比如，1936 年 10 月 3 日，华洋联合委员会就华商华成保险公司违反规章一事上报保险业同业公会，保险业同业公会随即作出议决，禁止各会员公司与华成保险公司发生分保关系。⑤ 此后，华成保险公司致函保险业同业公会，要求变更此决定，公会议决维持原案。1936 年 11 月底，华成保险公司再次请求恢复分保营业。保险业同业公会经调查商讨后认定："按照会章，准其于十二月四日恢复同业分保，惟该华成公司须于十二月四日以前将所有违章保单，照章概行撤销，并停保一年。"⑥ 此后，保险业同业公会开始进一步筹划实行火险实价，"由华洋两公会各推代表三人组织火险实价委员会，拟订实价表。预拟于火险经纪人登记与管理规章施行六个月后即行取消该规章，实行火险实价"。⑦ 但即便到 1937 年全面抗战爆发前也未见付诸实行。

从某种意义上说，正是保险业同业公会的不作为，在客观上纵容了各会员公司对经纪人在保价上的滥放折扣。为了与实力雄厚的外商保险公司竞争，华商保险业实行适当的保费折扣未尝不可，但漫无限制的保费折扣，对民族保险业来讲无异于自杀。有学者概括说："华洋保价之不一，由来已久。洋商照定律实收，华商则例有折扣。虽为招徕起见，不得不稍示通融，而经纪人垄断包揽，亦为主要原因。不意近年来，保险业务，需要日切，推行日广，遂致不能团结，而竞争愈烈往往放盘兜揽，不暇虑及有无影响于事业。在投保者故取其省费，容有比较之心；而承保者忽于远谋，只以

---

① 周华孚，颜鹏飞. 中国保险法规暨章程大全：1865—1953 [M]. 上海：上海人民出版社，1992：348 – 349.

② 保险业同业公会致各会员公司通告：1936 年 4 月 17 日 [A]. 上海市档案馆保险档，档号 S181 – 2 – 60.

③ 民族联合等公司致保险业同业公会函：1936 年 4 月 22 日 [A]. 上海市档案馆保险档，档号 S181 – 2 – 60.

④ [N]. 申报，1936 – 05 – 19.

⑤ 保险业同业公会执行委员会会议记录：1936 年 [A]. 上海市档案馆保险档，档号 S181 – 1 – 2.

⑥ 保险业同业公会执行委员会会议记录：1936 年 [A]. 上海市档案馆保险档，档号 S181 – 1 – 2.

⑦ 保险业同业公会报告册，1936 年度 [A]. 上海市档案馆保险档，档号 S181 – 1 – 88.

敏活为务，忘其所负责任，但冀取快于一时。"①

当然，保险经纪人管理本应属于政府监管部门的职责。南京国民政府 1937 年 1 月修正公布的《保险业法》虽然对保险经纪人的管理作出了规定，但并未实施，导致政府在保险经纪人管理问题上的缺位。保险业同业公会在这一问题上的举措，一定程度上体现了其对保险业的协调和管理。

四、 保险领域的拓展

1935 年的《保险年鉴》中介绍说，其时国内保险业大致分为四类险种：一是海上保险，包括船壳平安险、船壳尽失险、运输平安险、水渍险、兵盗险等。二是火灾保险，包括厂栈险、房屋险、货物险等。三是人寿保险，包括终身保险、储蓄保险、教育年金保险、婚嫁立业保险、年金保险、团体保险、意外保险。四是其他保险，比如汽车保险、茧子保险、邮包保险、信用保险、火车保险、玻璃保险、兵灾保险、盗窃保险、牲畜保险、运输保险，等等。这些保险均有华商公司参与经营。②此外，信用保险、再保险、农业保险、社会保险等险种，也成为保险业发展的新领域。

（一）信用保证保险业的萌芽

信用保证保险，也称诚实保证保险，或者信任保险、忠诚保险等。此项保险是指，当被保证人的不诚实行为致使权利人遭受经济损失时，由保证人承担损失赔偿责任的一种保险。一般而言，诚实保证通常为对雇主保证。信用保证保险产生于 18 世纪的英国，随后逐渐在世界各国推广。在中国保险市场中，华商信用保证保险业直到 20 世纪 30 年代初才出现。

在信用保证保险出现以前，中国社会一直存在担保制度。比如，在华早期洋行雇用买办通常会采用三种担保制度，即信用担保、现金担保和道契担保。但对其他普通民众来说，这三种担保要求均难以办到。为了能谋求到工作，许多劳工不得不与资方签订苛刻的保证书，这不仅加重了立保证者的负担，有时也会使保证人一方望而却步。"盖社会上种种人事，咸须有信用以为担保，故谋得职业者，必先觅保人，觅保之难，胜于谋业。每有初入社会者，信用未孚，虽有美材，而难觅妥保，即不能就职任事。而为人保证者，又鉴于责任之重，不敢草率从事，万一发生事变，保人竟有因此倾家荡产者。而雇用方面，亦受极大之影响。"③ 因此自 20 世纪 20 年代起，信用保证保险开始受到一些银行家的关注。同时，针对中国原有保证制度的缺憾，已有学者在《银行周报》上撰文介绍信用保证保险制度的特点和适用性。④⑤

在华商信用保证保险业的产生过程中，上海商业储蓄银行总经理陈光甫是积极的倡导者。1929 年 7 月 4 日，上海商业储蓄银行副经理杨敦甫（Mr. T. P. Yang）致函中国银行上海分行经理贝祖诒（Mr. Tsuyee Pei）："我想告诉您的是，陈先生对推进中国的忠诚保险（Fidelity Insurance）事业很有

---

① 张肖梅，等. 中外经济年报：第三回续编 第七编［M］. 上海：世界书局，1941：26 – 27.
② 中国保险年鉴编辑所. 保险年鉴：1935［M］. 上海：中华人寿保险协进社，1935：4.
③ 中国第一信用保险公司成立［J］. 银行周报，1930，14（28）.
④ 孔滌庵. 信任保险论：上［J］. 银行周报，1927，11（22）.
⑤ 孔滌庵. 信任保险论：下［J］. 银行周报，1927，11（23）.

兴趣。当他在伦敦时，他曾就此事与当地的保险人士进行过接触。他还要求我就当地的情形做过调查，并且昨天专门为此事举办了午宴，向从事此业的朋友征询意见。"① 正是基于陈光甫对信用保证保险事业的关注，1930 年 1 月由上海商业储蓄银行倡办的中国第一信用保险公司成立。

中国第一信用保险公司"资本国币 20 万元。董事长伍克家，董事有朱如堂、徐谢康、金宗城、潘学安等，总经理为潘学安"。② 该公司创办后，外界对其评论曰："凡谋得职业而不能得保者，该公司均可为代为保证，其取费极廉，而所负之责任极重，经该公司代保者，凡发生一切诈欺偷窃、侵占舞弊之行为，致雇主受有损失，该公司均负赔偿之责云。"③

中国第一信用保险公司是中国近代首家，也是唯——家专营信用保险的公司，公司开办后，"初因我国人民，对于此种保险咸不明了，且该公司初设，信用尚未昭著，故生意寥寥"。④ 其时，在该公司投保的主体并不是中国公司，而是一些外国公司。"这些著名的外国公司用忠诚保单取代了原先的保人制度。这些公司主要为：Standard Oil Company of New York、Shanghai Power Company、Vaccum Oil Company、Asia Realty Company、China Electric Company..."⑤ 十数家。在此情形下，该公司初期营业成绩极为有限，"第一年之成绩，直等于零……第二年收入 24000 余元，去年（1932 年）收入 30000 余元"。⑥

1933 年还出现了另一家冠有信用保险名号的中国经济信用保险有限责任合作社。不过，该社的意图在于提倡合作事宜，"乃是使社会上认为合作事业之必要，以养成团体组织，改善一般经济生活之环境"。⑦ 虽然在上海市社会局登记的业务经营为"信用保险"，但它主要从事储寿基金、定期储金、职员储金等业务，并不是真正的信用保险公司，且规模甚小，1936 年全部营业额仅有 33936 元而已。⑧

信用保证保险是市场经济比较发达、市场信用制度较为完善的体现。20 世纪 30 年代，中国信用保证保险业仍处于萌芽状态，说明中国市场经济的发展尚处于初期水平，对信用保证保险并未形成明显的需求，市场经济信用制度体系尚未完成。此外，中国传统文化中重视对人的信用而轻视对物的信用之观念，也是一个重要的制约因素。

（二）华商再保险业的出现

再保险也称为"分保"，是指保险人为了减轻自身承保的危险，而将其业务的一部分或大部分依

---

① A Letter from Mr. T. P. Yang to Mr. Tsuyee Pei, July 4th 1929 ［A］. 上海市档案馆藏上海商业储蓄银行档案，档号 Q275 - 1 - 828.

② 中国人民银行上海市分行金融研究所. 上海商业储蓄银行史料［M］. 上海：上海人民出版社，1990：844.

③ 中国第一信用保险公司成立［J］. 银行周报，1930，14（28）.

④ 中国人民银行上海市分行金融研究所. 上海商业储蓄银行史料［M］. 上海：上海人民出版社，1990：844.

⑤ ［A］. 上海市档案馆藏上海商业储蓄银行档案，档号 Q275 - 1 - 1823.

⑥ 中国人民银行上海市分行金融研究所. 上海商业储蓄银行史料［M］. 上海：上海人民出版社，1990：845.

⑦ 中国经济信用保险有限责任合作社文书处. 中国经济信用保险有限责任合作社三周年纪念特刊［M］. 上海：中国经济信用保险有限责任合作社事务处，1937：23.

⑧ 中国经济信用保险有限责任合作社文书处. 中国经济信用保险有限责任合作社三周年纪念特刊［M］. 上海：中国经济信用保险有限责任合作社事务处，1937：23. 46.

照合约规定转移给其他保险公司的行为。一般称分出保险公司为原保险公司，接受再保险公司为再保险公司。就公司经营而言，既有兼营再保险业务的保险公司，也有专营再保险业务的保险公司。再保险可以扩大保险公司的承保能力，减少风险，促进保险公司的发展。对实力较弱的华商保险公司而言，尤具有意义。

华商再保险业是从联合保险开始的。最早见于记载的联合性保险公司是上海商业联合保险公司。该公司于1920年6月由上海商业各界共60余人筹划发起，预定资本为规银200万元，以承保火险为主。① 但该公司最终成立与否及其业务如何，目前尚未得知。1929年12月，上海联保、联泰、肇泰、羊城4家华商保险公司，设立四行联合总经理处。原上海总商会总务主任兼商业夜校校长徐可陞被聘为该总经理处司理。在徐可陞的建议下，各保险公司在保单上载明四联总经理处所受分保数额。1930年2月，四行联合总经理处改名为中国联合保险总经理处。随即，太平、华安水火、宁绍及通易保险部等保险公司相继加入。② 不过，无论是四行联和还是中国联合，其保险总经理处并不是独立的公司组织，只是松散的联合承保体，加入的公司也有限。

1931年5月，由上海市保险业同业公会出面组织，另一家带有再保险机构性质的华商联合分保团，即华商保险公司合组经理处成立。该联合分保团"集中二十公司之财力，承受各界巨额之保险"，③"专营大宗保险业务，并力谋外界接洽便利为宗旨"，④ 并在《申报》上以"上海市保险业同业公会全体会员联合分保团"的名义刊出启事，称"本月开始营业，兼旬以来，谬承各界垂顾，业经接受巨额保险多起"。⑤ 其经营形式是："团员公司除例假外，各派全权接受分保之重要职员，于每日午后十二时半至二时止，集合本会议事厅，视各家提出之承保业务，择别受保……如有巨额保险，须先报告团内，会同各公司妥商办理。如民族公司保额已满，得由分保团分与外商公司承保，但此项受保公司须直接向欧美之大公司订定。"⑥ 可以看出，该联合分保团其实是一个由保险公司组成的交换市场，某种程度上类似于英国的劳合社，依然是一个松散的集合体。

1933年2月10日，上海60余家公会组织的上海各业保险总经理处股份有限公司，是一家范围更大的保险联营企业。其决议称：其一，各业以后各种保险，应尽量委托上海各业保险总经理处办理。其二，各业各种保险前由洋商经理者，以后应逐步转移至民族。其三，通告各业组织保险分经理处，定名为"上海各业保险总经理处某某业经理处"。⑦

随着联合保险的发展，专业性再保险公司最终出现。1932年，通易、肇泰、宁绍、华安水火、先施保险置业5家保险公司联合呈文国民政府实业部，提议组织再保险公司，即华商联合水火保险股份有限公司，作为华商各公司"对外对内一切分保之统一机关"。请求政府给予该公司"特许设立

① 颜鹏飞，李名炀，曹圃. 中国保险史志：1805—1949 [M]. 上海：上海社会科学院出版社，1989：174.
② 颜鹏飞，李名炀，曹圃. 中国保险史志：1805—1949 [M]. 上海：上海社会科学院出版社，1989：228–230.
③ 沪市商会介绍华商保险 [J]. 工商半月刊，1931，3（13）.
④ 周华孚，颜鹏飞. 中国保险法规暨章程大全：1865—1953 [M]. 上海：上海人民出版社，1992：267.
⑤ 为我华商保险公司全体组织联合分保团接受巨额保险敬告各界诸君 [N]. 申报，1931–06–16.
⑥ 上海市保险业同业公会报告册：1931年度 [A]. 上海市档案馆藏档，档号Q365–1–57.
⑦ 各业公会提倡民族保险 [J]. 工商半月刊，1933，5（5）.

之权利，并于商股之外由大部认股提倡，以示重视"。① 1933 年 1 月 27 日，国民政府工商部奉命会同交通、铁路、财政三部，经审查初步通过"认官股五万元，实行监督保护"的意见，后报行政院修正通过。② 到 1933 年 6 月，由肇泰、华安水火、永宁、永安水火、先施保险置业、中国海上意外、通易信托公司保险部及宁绍商轮公司水火保险部 8 家公司发起的华商联合保险公司终于正式成立，并通过了公司章程。公司资本额为规银 80 万元，实收半数，"为全国保险业对内对外之分保机关，并承保或经理各种官有财产及国营事业之水火等险"。华商联合保险公司的出现标志着中国近代专业再保险公司的产生，但其营业范围仍兼顾其他险种。

华商联合保险公司的分保后台是英国劳合社。1934 年，华商联合保险公司通过了百分率分保办法，决定实行固定比率分保制，即"将每次本公司受保额均分为十份，内以二份归劳合，其余八份分作一百份由本公司自身及股东公司九家，按照认定之百分率分派受保。"③ 1935 年，华商联合保险公司保费收入为 2.8 万余元，分保佣金为 0.7 万余元。1936 年，该公司营业有了显著增长，保费收入已达约 4.6 万元，分保佣金也增为 1.7 万余元。④

虽然出现了专业再保险公司，但华资保险业的弱势事实上仍迫使各保险公司走上各种形式的联合保险道路。以水险业而论，尽管华商保险业已取得引人注目的发展，但却几乎没有一家公司有能力承保船壳险。⑤ 于是在"紧随中国第一家再保险公司之后，几个月前，第一家中国水险保险集团公司成立，名为中国船舶联合保险会。它由九家公司组成。其首要的目标是就保费率和生意分配上统一意见。中国船舶联合保险会的保单已被译成中文，这是在华发行的第一份使用中国本国文字的水险保单"。⑥ 该船舶联合保险会由船险联合团演变而来，于 1934 年 4 月开始在上海市场营业。其英文名称为 The China Associated Hull Underwriters。9 家公司为华安水火保险股份有限公司、上海联保水火险有限公司沪局、肇泰水火保险股份有限公司、宁绍商轮股份有限公司水火保险部、先施保险置业有限公司沪局、太平保险股份有限公司、联泰水火保险有限公司沪局、永宁水火保险股份有限公司、中国海上意外保险股份有限公司。⑦

此外，上海保险市场中经营再保险业务的华资保险公司还有 1935 年 10 月成立的中央信托局保险部。1937 年 5 月 5 日，国民党中央政治会议第 43 次会议曾作出议决："公有财产之……再保险概应由中央信托局办理，交行政院拟具条例，呈候核定。"⑧ 不过由于全面抗战随即爆发，中央信托局保险部的工作重心也就转移到运输兵险和陆地兵险两项业务上去了。

---

① 颜鹏飞，李名炀，曹圃. 中国保险史志：1805—1949［M］. 上海：上海社会科学院出版社，1989：249 - 250.
② 颜鹏飞，李名炀，曹圃. 中国保险史志：1805—1949［M］. 上海：上海社会科学院出版社，1989：262.
③ 周华孚，颜鹏飞. 中国保险法规暨章程大全：1865—1953［M］. 上海：上海人民出版社，1992：328 - 329.
④ 颜鹏飞，李名炀，曹圃. 中国保险史志：1805—1949［M］. 上海：上海社会科学院出版社，1989：265.
⑤ G. C. Allen. Western Enterprise in Far Eastern Economic Development［M］. London：［出版者不详］，1954：121.
⑥ ［J］. The Insurance Review，1934，1（5）.
⑦ 华安等九家保险公司合组船舶保险会［J］. 工商半月刊，1934，6（9）.
⑧ 颜鹏飞，李名炀，曹圃. 中国保险史志：1805—1949［M］. 上海：上海社会科学院出版社，1989：338.

（三）农业保险的尝试

农业保险的概念在清末开始出现。进入民国后，农业保险也屡受关注。1913 年一则报刊消息称，浙江鄞县几年间牛疫盛行，当地章、王二人"邀集同志，仿照外国人寿保险办法，发起久安耕牛保险团"，"倘遇病死、被害等情，就可把所得的赔款再买新牛，而且保险费分别等级，贫富都宜。平时又专雇牛医，研究良法，随时防护。现在已经订好章程，设个总事务所于江北，并设分事务所于各乡村"。① 这是较早的关于农业保险的一次实践。20 世纪 20 年代，在农业和农村凋敝的背景下，农业保险受到了更多的关注。1924 年夏季，长江水灾发生后，各界人士在传统的募捐赈灾之外，也开始介绍农业保险这一新式救灾制度。当年 8 月，《大公报》登载了湖北实业厅厅长杨树芬拟定的《备荒裕农四大计划》，其中涉及金融业的即是筹备农业银行和计划农业保险。在社会各界的推动下，多家保险公司甚至一些银行也在全国多地逐步尝试举办以耕牛保险为主的农业保险。比如，1934 年上海银行在内部特设了农业部，以安徽乌江为范围，举办了耕牛保险的尝试。"凡农民之耕牛，均可向该行保险，酌收保险费，该行对于耕牛之健康，时常检验，如打防疫清血针等，如试办有成效决再扩充云。"②

20 世纪 30 年代，耕牛保险主要在浙江、江苏、江西等省尝试。在浙江，1932 年 1 月鄞县第十区创立了有限责任耕牛保险合作社。根据该社章程，其存立时间为 5 年，期满经大会同意可延长。该区范围内年满 20 岁，有正当职业且畜有耕牛者可入社。社股每股国币 2 元，入社至少认缴 1 股，至多不超过设股总额 2/10。股息常年 5 厘，盈余除按比例划为公积金、公益金及职员酬劳外，余额按所交保费多寡，按比例返还社员。保险分社员耕牛死亡和被盗两项。合作社规定了各项业务操作细则及保费标准。社员须首先填写保险请求书，经稽查医务会查评价格和社务委员复核后，依评定的保险金额交纳不同等次的保费。③ 此后，耕牛保险合作社在鄞县各区迅速推开。1933 年初，还在泗港姜村设立了鄞县东南有限责任耕牛保险合作社。④

在江苏，江苏农民银行介入农业保险，"代理合作社牲畜运销，代理农产品保险"。报道称其"以极低之保费，谋农民产品最大之安全，闻已与太平保险公司订立合约，代理该公司经办各种保险业务，其项目有水险火险牲畜险汽车险行动险丝茧险人寿险等，而其中最为特点，即民船险与牲畜险两种，该行在江苏省各地分支行营业处均可代理云"。⑤ 该行在上海奉贤和南汇两地设立办事处，"鉴于农户所畜耕牛，对于农民辅助生产效力至巨，但农民往往因一旦耕牛死亡，一时无力购买影响农户家庭至巨，故创办一种耕牛保险，又因农民所畜猪牛羊等牲畜，系属生产副业，但牲畜之类，

① 创办耕牛保险团 [J]. 通俗教育报，1913，135.
② 萧惠庆. 上海银行在皖试办耕牛保险 [J]. 沪农，1934，2（1-2）.
③ 鄞县第十区有限责任耕牛保险合作社章程：附鄞县第十区有限责任耕牛保险合作社执行业务细则草案 [J]. 浙江省建设月刊，1932，6（2）.
④ 鄞县耕牛保险合作社讯 [J]. 合作月刊，1933，5（4）.
⑤ 苏农行救济农村经济 [J]. 农行月刊，1934，1（2）.

运输非常困难，现正由该行向太平保险公司，商讨办法，使农民以最低代价，享受保险利益云"。①

在江西，自1935年8月开始在临川试办耕牛保险。临川实验区第四联保制定了耕牛保险社总则及细则，组成了由13人组成的管理委员会。②当年9月，开始办理登记，经对耕牛健康检查，"合格者计三八四头，由保险社委员共同估定牛价总额六千五百四十元，依照耕牛保险社总则规定，保险费按估定之牛价每年缴纳百分之五，分两期缴纳，现悉第一期耕牛保险费一百六十三元五角，业于二月间陆续缴齐，即由耕牛保险社呈准实验区促进委员会将款储存抚州中国银行，以备不时之需，至第二期耕牛保险费，已定四月一日起缴纳，他日耕牛保险费如获盈余，待积有成数，即以之发展第四联保畜牧事业及改良耕牛之用"。③该社开办一年后据称颇有成效，"当地人士对此项事业，亦已发生相当信仰。本年度特加扩充，于上月中旬着手，截至月底止，投保耕牛已达一千三百零三头。废历年后，尚须扩充两联保，预计投保耕牛当在三千头内外，保价约六万元左右云"。④邹锡章也曾撰文介绍临川的耕牛保险："一年来的结果，因为有防疫人员周到的保护，畜主都能遵守保险规则，注意管养，仅仅只死了耕牛一头，赔偿了十元，就中除用去一部分药费及薪工外，赢余约280元。此款现在都贷借给保险区域内勤谨贫苦的农家充作买牛资本，收五厘的低利，分两年摊还，这是最初试办的情形。这回办理以后，附近农民都知道耕牛保险对他们本身很有利益，很愿加入，所以本年特加扩充，从一个保联扩充到五个，从三百八十四头耕牛扩充到二千余头，所收的保险费也跟着增加，保险规则也大加改革，严密审订，大致农家保险了的耕牛，发了疾病，可得到无代价的诊治，死了可得到照价的百分之七十的赔偿费，并且持有保险证，可向就近合作社抵押借款，灵活金融，避免高利贷的剥削。"⑤

20世纪30年代，农村经济萧条，乡村社会失序，民族危机不断加深。在此情形下，知识界大力倡导农村复兴理念，开展乡村建设实验，试图寻求农村发展道路，在中国社会产生了广泛影响。以耕牛保险为主的农业保险尝试也因此也受到重视，但就农业保险的发展而言，这种尝试还十分有限。

（四）社会保险的起步

民国时期，随着劳工阶层的成长，特别是社会对劳工问题的不断关注，知识界和保险界人士从保障劳动者利益出发，开始倡导社会保险亦即劳动保险理念。《华安杂志》曾刊文指出："吾国劳动保险，尤其急务也。吾国劳动者，既无法律之保障，更无种种之救济，设有不测，遇疾病或死亡，一家数口，惟有坐而待毙"。该文建议仿照德国1911年的劳动保险律，仿行伤害保险、疾病保险、废疾与遗族保险等，并称这些劳动保险法律"在德国行之已久，其法至善，各国仿效者亦颇多，而我国尚未实行，殊深为憾"。⑥到20世纪30年代，以简易寿险和人力车夫保险为代表，中国的社会

---

① 创办牲畜保险 [J]. 农行月刊，1935，2（6）.
② 临川实验区开始办理耕牛保险 [J]. 江西农讯，1935，1（17）.
③ 临川实验区耕牛保险近况 [J]. 江西农讯，1936，2（8）.
④ 耕牛保险事业特加扩充 [J]. 江西农讯.，1937，3（4）.
⑤ 邹锡章. 耕牛保险的推进与农村复兴 [J]. 江西农讯，1937，3（8）.
⑥ 徐世模. 论保险为国民生计之必要 [J]. 华安杂志，1920，2（3）.

保险事业开始进入最初的实践阶段。

简易寿险起源于近代的欧洲，以德国为典范。德国在 19 世纪末至 20 世纪初，利用密集又便捷的邮政系统，发展了以养老与疾病保险为核心的社会保险体系。20 世纪初，实现了工业化的日本也创建了自己的简易寿险等社会保险体系。南京国民政府成立后，学习和借鉴欧洲及日本的社会保险制度成为当政者和知识界颇为关注的话题。1930 年 3 月，国家垄断性质的邮政储金汇业局成立。在其组织架构中即设有保险处，举办保险事业。当年，该局总办刘书蕃出席万国邮政会议，了解到日本邮局所办简易寿险颇有成效，邮政储金汇业局于是决定仿照日本的办法，筹设一种小额寿险，亦即简易寿险，随即组织人寿保险委员会，讨论详细进行方案。由保险处拟具法规草案，经人寿委员会多次讨论后，通过了《简易人寿保险法草案》（以下简称《草案》），共四十二条，于 1931 年 8 月 31 日呈送交通部审核。交通部法规委员会除文字稍有修改并将条文减为四十条外，对于《草案》大纲全部采纳，随即由呈请行政院转送立法院审核。"因《草案》规定以储金汇业局为保险人，依法负付给保险金额之责任。适其时邮政受时局影响，连年未有盈余，如果全国同时举办，能否有此巨款以充营业之基金，殊有考虑之必要。此案遂在立法院暂时搁置。"① 加上"九一八"事变和 1932 年"一二八"事变的爆发，简易寿险事宜不得不暂停。

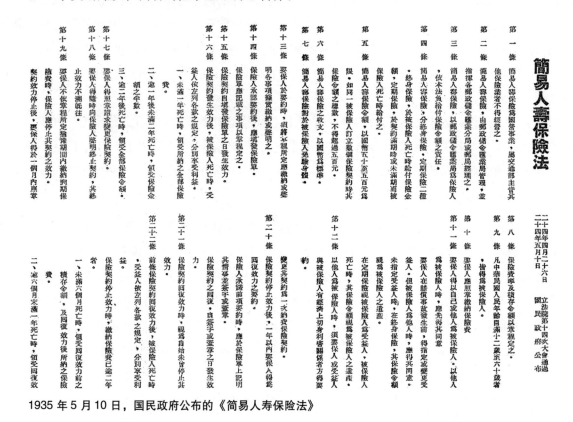

1935 年 5 月 10 日，国民政府公布的《简易人寿保险法》

① 王辅宜. 交通部筹办简易人寿保险之经过 [J]. 交通职工月报，1936，3（12）.

1933 年 10 月，朱家骅就任交通部部长，简易寿险案再次由交通部呈请行政院转咨立法院继续核议。朱家骅又令行邮政储金汇业局拟定详细的实施计划。1934 年秋，邮政储金汇业总局派张明昕等赴日本进行了两个多月的考察。1935 年 4 月 26 日，立法院第十四次大会通过了《简易人寿保险法》，共计三十八条。同年 5 月 10 日，由国民政府明令公布。其要点包括：简易寿险为国营事业，由邮政储金汇业局兼办，保额最高为 500 元，最低 50 元，投保者免验身体，投保未满 1 年死亡者可领回所缴保险费，满 1 年未满 2 年死亡者，可领保险金额的半数，满 2 年死亡则领取全部保险金，对保费的用途和监管也进行了规定。①

简易寿险最初定于自 1935 年 7 月 1 日开始在上海和南京试办，但由于《简易人寿保险章程》仍待行政院审核，具体实行日期几次推迟。初期举办地，则在上海、南京之外，又增加了汉口。"上海方面除由总局与上海邮政管理局在南市、闸北、法租界、公共租界等各主要区域之分局会同筹备外，复分令南京储汇分局与江苏区邮政管理局，汉口储汇分局与湖北区邮政管理局联络进行筹备。"② 同年 8 月 10 日，《简易人寿保险章程》通过了行政院的审核；9 月 12 日以院令公布。内分九章七十一条。其要点为：保费的交纳以月付为原则；保费的征收，由保险局征收员至要保人家收费为原则；凡投保简易人寿保险者，须先决定保费额，然后推算保额；采用国民死亡表，作为推算保费的基础；团体契约须集合 15 人以上之被保险人，始得按九五折征收保费。与此同时，邮政储金汇业局则在加紧编制五年经费编造预算及"关于人寿保险依年龄推算之死亡率表及保费应解计算例"，同时草拟各项内部办事细则。直至该年 12 月 2 日，简易寿险才正式开始在邮政储金汇业局的上海总局和南京、汉口两个分局营业。"其他沪苏浙皖赣鄂湘各邮区，拟于明年三月一日起，酌量情形，分别先后办理。"③

简易寿险基金为 50 万元，由交通部一次性拨给邮政储金汇业局。"凡在五十元至五百元以下之人寿保险，无论个人或团体，皆属于简易人寿保险范围。暂分终身保险、定期保险二种（定期保险又分十年、十五年、二十年、二十五年等保险）。"④ 简易寿险开办之第一日，"计上海局订约五十九件，保险金额共一万五千四百余元，保险费三千三百余元，尚有手续未完备者四十余件，未计在内。南京局订约者约五十件。汉口局订约者约三十余件。"⑤ 开办月余，上海工商各界投保者已达 3000 余户，南京亦达 1000 余户。⑥ 该局还订立了团体投保办法，举凡各机关、公司、银行、工厂、学校及其他团体集合在 15 人以上前往投保，皆按原额九五折收费，以示优惠。交通部除通令该部所辖机关员工悉数投保外，"并呈请行政院令知全国各机关员工一体加入，藉资表率"。⑦ 为了使民众接受简

---

① 沈雷春. 二十五年来我国之保险业 [J]. 信托季刊，1937，2 (3).
② 储汇局扩充简易寿险 [N]. 申报，1935 - 06 - 25.
③ 邮政简易寿险定期开办 [J]. 太安丰保险界，1935，1 (2).
④ 储汇局简易寿险今午正式开幕 [N]. 申报，1935 - 12 - 02.
⑤ 王辅宜. 交通部筹办简易人寿保险之经过 [J]. 交通职工月报，1936，3 (12)：4 - 9.
⑥ 邮储局计划简易寿险普遍发展 [J]. 太安丰保险界，1936，2 (2).
⑦ 邮政储金汇业局主办国营简易寿险优待团体投保办法 [N]. 申报，1936 - 01 - 19.

易寿险业务，邮政储金汇业局委托大华公司摄制《血汗钱》影片，巡回展映推广。①

自 1936 年 3 月 1 日开始，简易寿险业务扩展到江苏、浙江、安徽、湖南、湖北、江西、上海七区邮政管理局和各一等局。"营业尤有突飞猛进之势"。② 同年 7 月 1 日起，简易寿险业又扩展到广东、广西、福建、四川、河南五省。到 1936 年底，总计办理简易寿险业务的各类邮局全国共达 300 多处。开办半年多后，"保户已达一万余户，平均每户二百元，计算保额，数在二百余万元"。③ 以邮区论，至 1936 年 11 月 "总计办理简易寿险的局所共二百七十九处，成立契约一万六千六百七十四件，按月保费共一万八千二百四十四元五角二分，共保金额三百四十三万一千九百四十七元六角"。④ 以上海局成绩为最佳，汉口局、南京局次之。在简易寿险合同中，定期保险较终身保险为多，被保险人职业以商界为最多，交通界及家事次之，农民最少。被保人之性别，则男者约 3 倍于女者。年龄则男者 26 岁至 40 岁为最多，女者 46 岁至 60 岁为最多。就保险金额与保费之大小而言，"缴纳保费以一角至五角者件数最多，六角至一元者次之，其余保费愈大，则件数愈少。保险金额亦然。足证社会一般人经济力量之薄弱。亦可见小额保险之正切社会之需要也"。⑤ 总体而言，简易寿险虽然取得了一定的成绩，简易寿险仍处于尝试与起步阶段。

除简易寿险之外，开发人力车夫保险也是这一时期社会保险的尝试。人力车也称黄包车，是近代从日本引进中国的一种交通工具。由于便捷性及价格低廉，其在上海、北京、天津等城市颇为普及，尤以上海为最，鼎盛期当地有近 5 万名人力车夫。人力车夫绝大多数为底层的民众或移民，基本没有文化知识，自然也没有社会保障。随着近代工人运动的兴起，人力车夫保险问题得到了许多社会关注。

人力车夫保险以上海为代表，主导机构是 1935 年成立的人力车夫互助会。根据该会主要创始人朱懋澄的说法，互助会成立后，就开始考虑以保险的方式来解决人力车夫的社会保障问题。但向保险公司投保，41000 余名会员每年保费须交 28000 余元，所以决定由互助会自办。⑥ 由互助会设立保险委员会，"先由保管委员会提出款三万元，存入银行保险账项下。另组保险理事部，以现有保险委员会全体委员，及保管委员一人司其出入"。⑦ 1936 年 5 月 1 日，相关 3 万元的经费到账，人力车夫保险计划正式启动。该计划规定："会员死亡之后，其家属可得赔款国币四十元，其余因遭意外而丧失手足或失明者，亦各有规定之赔款。"⑧ 保险委员会主席为朱懋澄，会计严成德，相关经理则由互助会的总干事张登瀛兼任。

根据统计，到 1937 年 9 月底，人力车夫保险"赔款案件已有一百一十二起，计赔去国币四千

---

① 简易人寿保险近况 [J]. 国际劳工通讯，1936，3 (10).
② 交部令附属机关员工加入简易寿险 [N]. 申报，1936 – 04 – 14.
③ 邮储局请市府饬属保团体寿险 [N]. 申报，1936 – 08 – 08.
④ 沈文涛. 简易人寿保险一年来业务概况 [J]. 简易人寿保险，1937，1 (1)：17 – 21.
⑤ 沈文涛. 简易人寿保险一年来业务概况 [J]. 简易人寿保险，1937，1 (1)：17 – 21.
⑥ 朱懋澄. 一个劳动保险试验的报告：上海人力车夫互助会四万一千车夫保险概况 [J]. 教育与民众，1937，8 (5).
⑦ 人力车夫互助会概况 [N]. 申报，1936 – 04 – 08.
⑧ 人力车夫保险已开办 [J]. 太安丰保险界，1936，2 (11).

四百二十元"，其中死亡 107 件，残疾 5 件。死亡案件中以患地方病、流行病及传染病者为最多，以平均年龄 40 岁左右者为多，残疾案件中失明者计 4 件。^① 至全面抗战爆发一年后的 1938 年 7 月底，"先后受理保险案件共计八百六十八件，支出保险赔款三万四千余元"。开办之始的前 3 个月，保险案 81 件，第一年保险案 259 件，第二年保险案 528 件。第二年案件的激增，则是因为受到日本侵略战争、传染病流行以及不良居住环境的影响。^② 在人力车夫保险之外，上海市社会局由公用局出面，于 1937 年初创办了强制性的人力车失窃保险。试办期规定为一年，保费为每辆每月 5 分。^③

全面抗战爆发后，人力车夫保险仍得以持续。汪伪政府成立后，为了争夺正统性，自然也不敢取消这项业务。1943 年 10 月，汪伪政权社会福利部社会简易保险局创办人力车夫强制劳动保险。"本局为改善本市人力车夫生活、增进国民健康，特举办本市人力车夫强制劳动保险。业经组织人力车夫社会保险业务委员会专资处理。兹定于本月十六日开始征收，保险费由车商代征汇缴本局。"^④ 不过由于准备不足，保费征收后来展期至当年 11 月 1 日。^⑤ 至 1944 年 6 月，"（甲）投保人数：人力车夫社会保险被保险人为三万五千七百七十七人。（乙）保险费及收入：人力车夫保险费，则根据每辆车出班次数计算，平均为每一辆人力车每月征收保险费四十二元。自去年十一月起至本年六月底止，收入总数为二百零四万四千一百四十八元。平均每月收入为二十五万五千五百一十八元。每一被保险人每月平均负担亦仅二十元左右"。^⑥

民国北京政府时期，与社会保险相关的立法实践就已经展开，并一直延续到抗战胜利之后。从最初的《矿业条例》（1914 年）、《暂行工厂通则》（1923 年）到《工厂法》（1929 年颁布，1932 年修订）、《社会保险法原则》（1947 年），这些制度的建立推动了中国社会保险制度的尝试。但与此同时，民国时期社会保险制度建设存在以下重大缺陷：

第一，民国时期，国家长期处于内忧外患之中，国民经济发展处处受制，政府财力匮乏，社会保险制度很难有效实施。社会保险的保费大部分由劳动者和雇主负担，国家给予少部分的补贴。社会保险并没有发挥到补偿劳动者意外损失、保障其基本生活的作用，反而额外增加了他们的经济负担。由于没有国家举办的强制筹集的社会保险基金，当劳动者发生风险时，责任承担者就只有劳动者个人及其所在的企业。因为"一般工人工资微少，除生活费外，多无余赀……强迫储蓄数额甚微，工资低者，虽积年累月，亦尚不足保障失业疾病或老年期内之生活"。^⑦ 企业为工人的工伤、疾病、生育、失业、养老等社会保险也承担了极大的责任，但也只有经济条件良好的大规模企业才能负担起这样的风险责任，小企业或小工厂根本无力承担。

① 朱懋澄. 一个劳动保险试验的报告：上海人力车夫互助会四万一千车夫保险概况 [J]. 教育与民众，1937，8（5）.
② 仇子同. 上海人力车夫团体保险概况 [J]. 保联，1939，1（6）.
③ 人力车失窃保险 [N]. 申报，1937 - 03 - 17.
④ 社会福利部社会简易保险局通告 [N]. 申报，1943 - 10 - 17.
⑤ 上海特别市人力车业同业公会开征人力车夫劳动保险保险费通告 [N]. 申报，1943 - 10 - 31.
⑥ 一年来之社会保险 [N]. 申报，1944 - 07 - 29.
⑦ 吴至信，李文海. 民国时期社会调查丛编：社会保障卷 [M]. 福州：福建教育出版社，2004：202.

第二，制度设计存在先天不足。社会保险的受益对象应该是全体劳动者，这样才能真正起到稳定社会的作用。民国政府制定的《工厂法》第一条规定："凡用（汽力电力水力）发动机器之工厂平时雇用工人在 30 人以上者适用本法。"由于现代工业在我国并不占有重要的地位，产业工人数目少，非产业工人数量庞大。据权威统计，1933 年前后，我国的产业工人为 393 万人，而非产业工人有 5036 万人。^① 根据《工厂法》，占雇用劳动者绝大多数的非产业工人无法获得保障。其他阶级的劳动者，诸如公务员或农村劳动者，也基本上被排除在外。此外，我国大多数工厂是资本额小、规模小、雇工人数少的私人小厂。20 世纪 40 年代末，据相关人士统计，我国工厂和作坊工场共计 14078 家，符合《工厂法》规定的有 3312 家，不符合《工厂法》规定的有 10766 家。在上海的 7738 家工厂中，符合《工厂法》规定的也仅有 1945 家，不符合的有 5793 家。^② 可见，该制度实施近 20 年后，大多数工厂仍不在制度的覆盖范围内。

第三，社会保险制度体系不完善。国民政府在社会保险立法方面，更偏重伤害保险和健康保险险种。对老废保险和失业保险并不重视。1932 年，南京国民政府公布的《劳工强制保险法草案》对工业伤害保险、疾病保险等作了详细规定，对因伤害暂时不能工作之工人、因伤病成为残废之工人、死亡之工人给予保障。但是对养老、失业等保险没有作出相关规定。

应该注意的是，民国时期社会保险制度的产生既是社会化大生产的产物，又有中国特殊的历史因素：极端严重的劳工问题、极度匮乏的社会保障体系、国共两党为争取民心的政治斗争、不断普及的西方保险理念，外加国际劳工组织的推动等，共同促成了中国社会保险制度的起步。换一个角度看，这也反映出社会保险事业在民国时期起步之际的复杂境遇。

第三节　外商保险业的发展状况

20 世纪 30 年代，尽管华商保险业获得了空前发展，但尚不能动摇外资保险公司在中国市场的优势地位。1935 年，有人指出："比年以来，洋商公司增至二百家之多，而华商公司仅乃居七一。"^③ 以英、美、日等国为主的外商保险企业，继续维持了其在中国保险业的控制角色。

一、英商保险业

（一）英商保险企业的数量规模

从 19 世纪初开始，英国资本在中国保险业中即占有主导地位，并一直延续到 20 世纪 30 年代。1937 年前后，洋行代理下的英国保险公司数量庞大。见表 5 - 12。

---

① 刘明逵，唐玉良，等. 中国近代工人阶级和工人运动：第七册 [M]. 北京：中共中央党校出版社，2002：55 - 126.
② 彭泽益. 中国近代手工业史资料：1840—1949　第 4 卷 [M]. 北京：中华书局，1962：555.
③ 中国保险年鉴编辑所. 保险年鉴：1935 序 [M]. 上海：中华人寿保险协进社，1935.

表 5-12　以代理形态在上海营业的英国保险公司（1937 年前后）

公司中文名称	公司英文名称	成立年份	总店所在地	上海代理机关或代理人
联盟保险公司	Alliance Assurance Co., Ltd.	1842	伦敦	怡和洋行；Barlow & Co.；Sir Elly Kadoorie & Sons
地球保险公司	Atlas Assurance Co., Ltd.	1808	伦敦	利兴洋行；Butter & Co.；Harrisons, King & Iruin, Ltd.
	Bankers and Traders Insurance Co., Ltd.	1921	悉尼	怡和洋行；E. Brook & Co.
黑海保险公司	Black Sea & Baltic	1925	伦敦	—
英美保险公司	British American Assurance Co.	1833	多伦多	上海保险行
海外保险公司	British and Foreign Marine Insurance Co., Ltd.	1863	利物浦	太古洋行
保慎保险公司	British Oak Insurance Co., Ltd.	1908	伦敦	Hugh Middle & Co., Ltd.
克廉保险公司	Caledonian Insurance Co. （Edingburgh Scotland）	1805	爱丁堡	Dodwell & Co., Ltd.（天祥洋行）
中央保险公司	Central Insurance Co., Ltd.	1899	伦敦	H. B. Scott, Secretary（Shanghai）
世纪保险公司	Century Insurance Co., Ltd.	1885	爱丁堡	上海保险行（Shanghai Insurance Office）
爱尔兰保险公司	Commercial Insurance of Ireland, Ltd.	1919	Belfast（贝尔法斯特）	Harvie Cooke & Co., Ltd.
老公茂康记保险公司	Commercial Union Assurance Co., Ltd.	1861	伦敦	E. Lester Arnold（Shanghai Manager）
合众人寿保险公司	Confederation Life Association（Tronto, Canada）	1871	多伦多	Canton Road, Shanghai（上海分店）
康泰保险公司	Cornhill Insurance Co., Ltd.	1905	伦敦	Dodwell & Co., Ltd.（天祥洋行）；Harking Import & Export Co. S. H. Peek（Shanghai Manager）
永康保险公司	Crown Life Insurance Co., Ltd.	1900	多伦多	Crown China Co., Shanghai
博望保险公司	Eagle Star Insurance Co., Ltd.	1904	伦敦	四川路（分店）
联东保险公司	Eastern United	1913	新加坡	S. J. David & Co., Ltd.
经济保险公司	Economic Insurance Co., Ltd.	1901	伦敦	美亚保险公司；Glen Line Eastern Agencies, Ltd. Sun Insurance Office（Shanghai Branch Manager）
保裕保险公司	Employers' Liability Assurance Corp., Ltd.	1880	伦敦	Sassoon House F. R. Barry（远东经理）

续表

公司中文名称	公司英文名称	成立年份	总店所在地	上海代理机关或代理人
厄色克斯保险公司	Essex and Suffolk Equitable Insurance Society, Ltd.	1802	Colchester	Cecil Holliday (China) Co., Shanghai
保隆保险公司	Excess Insurance Co., Ltd.	1894	伦敦	C. E. Sparke, Shanghai
美艺保险公司	Fine Art & General Insurance Co., Ltd.	1890	伦敦	North British & Mercantile Insurance Co., Ltd; 美亚保险公司
保众保险公司	General Accedent Fire & Life Assurance Corp., Ltd.	1885	伦敦	Algar Building（香港路 60 号，上海分店）
格勤善保险公司	Gresham Fire & Accident Insurance Society Ltd.	1910	伦敦	Calder, Marshal & Co., Ltd.
汇安保险公司	Guardian Assurance Co., Ltd.	1821	伦敦	Lester, Johnson & Morriss
季尔德和尔保险公司	Guidhall Insurance Co., Ltd.	1919	伦敦	上海保险行
哈利法斯保险公司	Halifax Fire Insurance Co.	1809	Halifax（哈利法克斯，加拿大）	—
卜内门保险公司	Imperial Fire Office	1926	伦敦	Edward Ezra & Co.
澳大利亚保险公司	Insurance Office of Australia, Ltd.	1910	Melbourne（墨尔本）	Blom & Van der Aa.
法联保险公司	Law Union & Rock Insurance Co., Ltd.	1806	伦敦	Reiss, Massey & Co.
保慎保险公司	Legal & General Assurance Society Ltd.	1836	伦敦	Hugh Middleton & Co., Ltd.
保丰保险公司	Licences & General Insurance Co.	1890	伦敦	Hugh Middleton & Co., Ltd.
环球保险公司	Liverpool & London & Globe Ins. Co., Ltd.	1836	利物浦	H. B. Scott, Secretary（Shanghai）
伦敦保险公司	The London Assurance	1720	伦敦	Scott, Harding & Co., Ltd.
郎卡邑保险公司	London & Lancashire Fire Ins. Co., Ltd.	1861	伦敦	太古洋行
伦敦水险公司	London & Provincial Marine & General Insurance Co., Ltd.	1860	伦敦	保安保险公司
苏格兰保险公司	London & Scottish Assurance Corp., Ltd.	1862	伦敦	Holland China Handels Compagnie (Shanghai)
保地保险公司	London Guarantee & Accident Co., Ltd.	1869	伦敦	Harrisons, King & Irwin M. Hind（Manager for China）
曼彻斯特保险公司	Manchester	—	—	保定保险公司 Butler & Co. 祥茂洋行 A. R. Burkill & Sons.

续表

公司中文名称	公司英文名称	成立年份	总店所在地	上海代理机关或代理人
永隆保险公司	Maritime Insurance Co., Ltd.	1864	利物浦	Charted Bank
保裕保险公司	Merchant Marine Insurance Co., Ltd.	1871	伦敦	Sassoon Houseommercial Union Co., Ltd.；Employers' Liability Assurance Corp., Ltd.
摩托保险公司	Motor Union Insurance Co., Ltd.	1906	伦敦	太古洋行；H. C Dixon & Son, Ltd.；Bradley & Co.；Gibb Livingston & Co., Ltd.
保宏保险公司	New Zealand Insurance Co., Ltd.	1859	Auckland（奥克兰）	Reiss, Massey & Co.
巴勒保险公司	North British & Mercantile Ins. Co., Ltd.	1809	伦敦	A. M. Bourne（Shanghai Manager）
那顿保险公司	Northern Assurance Co., Ltd.	1836	伦敦	Calder, Marshal & Co., Ltd.
平澜保险公司	Ocean Accident & Guarantee Corp., Ltd.	1871	伦敦	E. Lester Arnold（Shanghai Manager）
巴勒水险公司	Ocean Marine Insurance Co., Ltd.	1859	伦敦	North British & Mercantile Insurance Co., Ltd.
东方保险公司	Orient Insurance Co., Ltd.	1912	伦敦	太古洋行
百立泰保险公司	Palatine Insurance Co., Ltd.	1886	伦敦	E. Lester Arnold（Shanghai Manager）
皇后保险公司	Patriotic Assurance Co., Ltd.	1824	都柏林	外滩 1 号
珍珠保险公司	Pearl Assurance Co., Ltd.	1864	伦敦	天祥洋行
凤凰保险公司	Phoenix Assurance Co., Ltd.	1872	伦敦	Kien Yeh Development Corp. H. N. Hind（Manager for Far East），北京路 27 号
慎康保险公司	Prudential Assurance Co., Ltd.	1848	伦敦	Blom & Van der Aa.
	Queensland Insurance Co., Ltd.	1886	伦敦	怡和洋行；Brandt & Rodgers
旅安保险公司	Railway Passergers' Assurance Co.	1849	伦敦	A. M. Bourne（Shanghai Manager）
联运保险公司	Road Transport & General Insurance Co., Ltd.	1918	伦敦	Burkhandt, Bunchan & Co.
交易保险公司	Royal Exchange Assurance	1720	伦敦	太古洋行
皇家保险公司	Royal Insurance Co., Ltd.	1845	利物浦	H. B. Scott, Resident – Secretary（Shanghai）
保慎保险公司	Scottish Insurance Corp., Ltd.	1877	爱丁堡	Hugh Middleton & Co., Ltd.
永隆保险公司	Scottish Union & National Insurance Co., Ltd.	1824	爱丁堡	Hugh Middleton & Co., Ltd. F. P. C. Ashe（Manager for Far East）

续表

公司中文名称	公司英文名称	成立年份	总店所在地	上海代理机关或代理人
海洋保险公司	Sea Insurance Co., Ltd.	1875	利物浦	太古洋行
保泰保险公司	South British Insurance Co., Ltd.	1872	Auckland（奥克兰）	W. G. Dove（Shanghai Manager）
永福保险公司	Standard Life Assurance Co., Ltd.	1825	爱丁堡	E. F. Harris（Shanghai Manager）
标准保险公司	Standard Marine Insurance Co., Ltd.	1871	利物浦	太古洋行
保定保险公司	State Assurance Co., Ltd.	1891	利物浦	Wr. Little & Co., Ltd.；Butler & Co.；Brook & Co.
公馀太阳保险公司	Sun Insurance Office Ltd.	1710	伦敦	D. H. Lee Co.；Alan Tipple, Siemssem & Co., Ltd. T. P. Pottinger（Shanghai Manager）
永明人寿保险公司	Sun Life Assurance Co. of Canada	1865	Montreal（蒙特利尔）	E. F. Harris（Shanghai Manager）
曲登保险公司	Triton Insurance Co., Ltd.	1850	Calcutta（加尔各答）	怡和洋行
英伦保险公司	Union Assurance Society of Landon, Ltd.	1714	伦敦	天祥洋行（Dodwell & Co., Ltd.） E. Lester Arnold（Shanghai Manager）
尤宁保险公司	Union Marine & General Insurance Co., Ltd.	1863	利物浦	Commercial Union Assurance Co.；Barlow & Co.
联英保险公司	United British Insurance Co., Ltd.	1915	伦敦	Colder, Marshall & Co., Ltd.
	Western Assurance Co.	1851	多伦多	上海保险行；N. China Ins. Co., Ltd.
	Western Australian Insurance Co., Ltd.	1912	伦敦	United Shanghai Underwriters. 南京路 390 号
西苏保险公司	West Scotland Insurance Office, Ltd.	1886	Glasgow（格拉斯哥）	卜内门公司（广东路）
博望保险公司	World Auxiliary Insurance Corp., Ltd.	1919	伦敦	Blom & Van der Aa.
世海保险公司	World Marine & General Insurance Co., Ltd.	1894	伦敦	North British and Mercantile Insurance Co., Ltd. 江西路 259 号
益兴保险公司	Yorkshire Insurance Co., Ltd.	1824	York（约克）	天祥洋行（Dodwell & Co., Ltd.） H. E. Wright（Shanghai Manager）

续表

公司中文名称	公司英文名称	成立年份	总店所在地	上海代理机关或代理人
益兴保险公司	Friend Provident & Century Life Office	1832	伦敦	上海保险行； Barlow & Co.； Union Underwriters of China
	New India Assurance Co.，Ltd.	1919	孟买	Harvey Cooke & Co.，Ltd.
	Norwich Union Fire Insurance Society，Ltd.	1797	伦敦	Carlowitz & Co.； Reuter Brockelman & Co.
	Reliano Insurance Co.，Ltd.	1881	利物浦	怡和洋行
	Universal Insurance Co.，Ltd.	1908	伦敦	Kooyman & Lonborgs China Insurance Office；Metropolitan Trading Co.，Shanghai；Stegar & Co.

资料来源：1. 沈雷春. 中国保险年鉴：1937［M］. 上海：中国保险年鉴社，1937：15-28.

2. 在《中国保险年鉴》（1937 年）中的《上海外商保险公司一览》的英国部分。

3. 东亚研究所. 东亚研究所调查报告：英国ノ对支金融业及保险业投资［R］. 东亚研究所，1939.

4. 沈雷春. 中国金融年鉴：1939［M］. 上海：中国金融年鉴社，1939：393-397.

5. 申报年鉴社. 申报年鉴：1936［M］. 上海：申报年鉴社，1936：621-625.

6. 桂中枢，等. 中国年鉴：1935—1936 英文版［M］. 上海：商务印书馆，1937：563-567.

7. 各国在华保险业调查，上海市档案馆藏金城银行档案，档号 Q264-1-1157.

　　除为数不多的在上海设有总公司外，更多的是英商保险公司在上海设立的分公司。据统计，1937 年底上海的英商保险公司分公司约有 20 家，见表 5-13。

表 5-13　上海的英商保险公司分公司概况（1937 年）

公司名称	上海分公司成立年份	资料来源
总公司在国外者		
保裕保险公司	1880	《申报》，1936 年 4 月 22 日
老公茂康记保险公司	不详	《中国保险年鉴》（1937 年），中编，第 11 页
保泰保险公司	不详	同上
公馀太阳保险公司	不详	同上
康泰保险公司	不详	同上，第 12 页
保众保险公司	不详	同上
益兴保险公司	不详	同上
永隆保险公司	不详	同上
巴勒保险公司	不详	同上，第 13 页
凤凰保险公司	不详	同上

续表

公司名称	上海分公司成立年份	资料来源
总公司在国外者		
联运保险公司	不详	上海市档案馆藏档，档号 Q264 – 1 – 1157
皇家保险公司	不详	同上
环球保险公司	不详	同上
挪威佑宁保险公司	不详	同上
总公司在香港者		
谏当保险公司	1857	《中国保险史志》，第 21 页
于仁洋面保安行	1875 年前	聂宝璋编的《中国近代航运史资料》，第一辑，第 605 页
保宁保险公司	同上	同上
宝裕保洋险公司	同上	同上
香港火险公司	不详	《英国ノ对支金融业及保险业投资》
中华保险公司	不详	同上

以上是财产保险公司的大概。此外，从晚清起即有一些英国寿险公司先后进入中国，在香港、上海当地拓展业务，比如永明人寿、宏利人寿、新加坡大东方人寿等公司，另外，永康人寿保险公司于 1930 年、合众人寿保险公司于 1932 年分别在上海设立中国分公司，竞争上海乃至全国的人寿保险业务。[1][2] 还有两家不知具体进入上海市场年份的英商兼营人寿保险公司，即保众火险人寿（The General Accident Fire and Life Assurance Corpration, Ltd.）和英国永隆（The Scottish Union and National Insurance Company）保险公司。[3] 还有一家则是 1930 年成立的四海保险公司，其总公司设在上海外滩 17 号。该公司是英美合资性质公司，但有华人董事周寿臣、徐新六等。四海保险公司以英商资本占多数，因此可以归于英商保险业之列。该公司按照香港政府 1907 年公司条例在香港注册，以经营人寿保险为主，同时兼营水火等财产保险。资本额定为

20 世纪 30 年代，宏利保险公司办公室工作照

---

① 沈雷春．我国人寿保险业概况 [J]．工商半月刊，1934，6（8）．
② 沈雷春．中国保险年鉴：1937 [M]．上海：中国保险年鉴社，1937：8．
③ 和田喜八．上海に於ける保险事业の研究 [J]．支那研究，1928，18：503．

1000 万两，实收 300 万两。1936 年，其有效人寿保额达到 14089903 元，据称华人投保者占 94%。[1][2]

（二）英国保险业在华投资额

虽然公司数量众多，但英国保险业在中国投入的资本总额却不多。20 世纪三四十年代日本在调查欧美各国在华各项投资时，将由洋行代理的英商保险业在华总资产估算为 100 万元。[3] 根据 1936 年《中国保险年鉴》的统计，在华共 10 家英国保险公司的资本额总数为 2600 多万元。

表 5-14　英商在华保险公司资本统计（总公司在华者）（1936 年）

保险公司名称	资本额	实收资本	实收资本折合元
友宁	540000 英镑	540000 英镑	8858510
谏当	2000000 元	1000000 元	1000000
香港	2000000 元	800000 元	800000
保宁	300000 英镑	192000 英镑	3149692
中华	2000000 元	2000000 元	2000000
旗昌	5015000 元	1024000 元	1024000
扬子	2500000 元	1500000 元	1500000
保家	150000 英镑	150000 英镑	2460697
远东	1000000 两	720000 两	1019367
四海	10000000 两	3000000 两	4247487
合计	—	—	26059753

资料来源：1. 沈雷春. 中国保险年鉴：1936 [M]. 上海：中国保险年鉴社，1936：382-385.

2. 孔敏. 南开经济指数资料汇编 [M]. 北京：中国社会科学出版社，1988：449-478.

注：实收资本折合元为换算所得。其中，英镑与元折合汇率以 1936 年为准，该年平均 1 元 = 14.43 便士；两与元折合汇率以 1932 年为准，该年平均 1 元 = 0.7063 两。

根据日本对 1936 年英商在华保险公司的资本统计，这 10 家总公司在上海与香港共有额定资本 194215907 元，实收资本为 26704372 元。与表 5-14 统计的实收资本 26059753 元相差不大。

以上两份统计数据都以 1936 年为统计年份。为了能较为准确地考察英商保险公司的在华投资力度，不妨再参考另一份统计资料，见表 5-15。

---

① 沈雷春. 中国保险年鉴：1936 [M]. 上海：中国保险年鉴社，1936：377.

② 沈雷春. 中国保险年鉴：1937 [M]. 上海：中国保险年鉴社，1937：6.

③ 杉村广藏. 列国对支投资概要——第一调查委员会报告书别册 [M]. [出版地不详]：东亚研究所，1943：94.

表 5-15 英商在华保险公司资本额统计（1938 年前后）

公司名称	资本额	实收资本额	实收资本折合元
保家行保险公司	150000 英镑	150000 英镑	2460697
扬子保险公司	2500000 元	1500000 元	1500000
远东保险公司	1000000 两	720000 两	1019367
四海保险公司	4195804 元	4195804 元	4195804
保安保险公司	2000000 英镑	810000 英镑	13287765
广东保险公司	2500000 港元	1000000 港元	1069519
保宁保险公司	1000000 英镑	192000 英镑	3149692
香港火险公司	2000000 港元	800000 港元	855615
中华保险公司	2000000 港元	2000000 港元	2139037
旗昌保险公司	2560000 港元	1024000 港元	1095187
合计	—	—	30772683

资料来源：1. 东亚研究所. 东亚研究所调查报告：英国ノ对支金融业及保险业投资 [R]. 东亚研究所，1939：304-321.

2. 孔敏. 南开经济指数资料汇编 [M]. 北京：中国社会科学出版社，1988：449-478.

3. 中国科学院上海经济研究所，上海科学院经济研究所. 上海解放前后物价资料汇编：1921—1957 年 [M]. 上海：上海人民出版社，1958：113.

注：1. 实收资本折合元为换算所得。其中，英镑与元折合汇率以 1936 年为准，该年平均 1 元 = 14.43 便士；两与元折合汇率以 1932 年为准，该年平均 1 元 = 0.7063 两。

2. 港元与元汇率以 1936 年平均为准，该年平均 100 元 = 93.5 港元。

表 5-15 反映的大概是 1938 年前后的数据。因此可以说，1937 年前后，英商保险业在近代上海和香港的实际投资额，以设有总公司者计，为数应该在 26059753 ~ 30772683 元。[①]

那么，英国保险公司在华分公司有多少资本投入呢？根据巫宝三、刘大钧分别提出的分公司资本投入为总公司资本额的 5% ~ 10% 的理论，以设立在上海的有资本数据的 14 家分公司为对象，做一估算，见表 5-16。

---

① 关于这些总公司在上海与香港的英国保险公司的资本额，还有不同的统计。在许涤新、吴承明主编的《中国资本主义发展史》第 2 卷《旧民主主义革命时期的中国资本主义》中有如下数据：保安保险公司额定资本 250 万港元，已付资本 25 万港元；广东保险公司额定资本 250 万港元，已付资本 50 万港元；香港保险公司额定资本 200 万港元，已付资本 60 万港元；保宁保险公司额定资本 200 万港元，已付资本 60 万港元；扬子保险公司已付资本 41.6 万港元；保家行已付资本 92.6 万两；中国火险公司已付资本 40 万港元（许涤新，吴承明. 中国资本主义发展史：第 2 卷 [M]. 北京：人民出版社，2005：98）。汪敬虞在《唐廷枢研究》一书中，对于仁洋面保安行、谏当保险行、扬子保险公司、保家行、保宁保险公司、香港火烛保险公司、宝裕保洋公司、民族保安公司 8 家英国在华保险业资本的统计（其中，前 6 家的数据为 1895 年的，后两家的数据分别为 1870 年、1871 年的），其额定资本总额为 13053085 两，实收资本为 2915999 两（汪敬虞. 唐廷枢研究 [M]. 北京：中国社会科学出版社，1983：98-101）。

表 5 – 16 近代上海英商保险公司分公司资本额估算 (1937 年)

单位：元

公司名称	公司资本额 (实收)	上海分公司估算资本额	
		按 5% 估算	按 10% 估算
保裕保险公司	4844280	242214	484428
老公茂康记保险公司	44567800	2228390	4456780
保泰保险公司	440650	22033	44065
公馀太阳保险公司	7544000	377200	754400
康泰保险公司	3147500	157375	314750
保众保险公司	8655625	432781	865562
益兴保险公司	3457936	172897	355794
永隆保险公司	6295000	314750	629500
巴勒保险公司	30688125	1534406	3068812
凤凰保险公司	1321950	66097	132195
永福人寿保险公司	1167400	58370	116740
永明人寿保险公司	6043200	302160	604320
永康人寿	278440	13922	37844
合众人寿	200000	10000	20000
合计	118651906	5932595	11885190

资料来源：沈雷春. 中国保险年鉴：1937 ［M］. 上海：中国保险年鉴社，1937：8 – 31.

注：永康人寿及合众人寿两家保险公司资本额的单位为加拿大元。

由以上可以得出，1937 年前后英商保险业在中国也就是在上海、香港两地的资本投入，总额在 31992348 ~ 42637873 元。

（三）英商保险业的经营状况

表 5 – 17 是依据部分零散资料制成的英国保险公司（以总公司在沪港者为主）20 世纪 30 年代营业状况统计。

表 5 – 17 英国保险公司在华营业成绩（总公司在沪港者）

公司名称	年份	公积金	净保费额	支出及未支出保费总额	支出及未支出保费占净保费的比例（%）	手续及管理费	手续及管理费占净保费的比例（%）
保宁保险公司（英镑）	1932	—	364213	174491	47.9	—	—
	1933	—	334140	136577	40.9%	—	—
	1935	785007	333360	186186	55.84%	127147	38.14
	1936	785114	312769	117111	56.62%	115053	36.78

公司名称	年份	公积金	净保费额	支出及未支出保费总额	支出及未支出保费占净保费的比例（％）	手续及管理费	手续及管理费占净保费的比例（％）
保宁保险公司（英镑）	1937	728612	375586	222883	59.36	126644	33.71
	1938	846174	384337	234941	61.13	—	—
广东保险公司（港元）	1926	—	3567000	—	—	—	—
	1935	13403670	3445102	1922361	55.80	1008876	29.28
	1936	13032875	3738886	2416936	64.64	1086704	29.07
	1937	15814789	3869870	1302640	33.77	882840	22.80
	1938	15909685	3303756	865988	26.21		
旗昌保险公司（港元）	1926	—	530000	—	—	—	—
	1933	—	262407	119901	45.7		
	1935	1016864	849524	324583	38.23	426510	50.24
	1936	701063	237110	174016	73.39	117922	49.61
	1937	676961	264304	197255	74.63	114551	43.34
	1938	727288	269977	123933	45.91	—	—
保家行保险公司（英镑）	1933	—	167068	68278	40.9	—	—
	1935	657854	166680	93092	55.74	63574	38.08
	1936	670702	156384	88555	56.62	57524	36.78
	1937	638523	187793	105245	56.02	63322	33.72
	1938	706807	192169	113423	59.02	—	—
保安保险公司（英镑）	1932	—	1753541	764542	43.6	—	—
	1933	—	1611458	600875	37.3	—	—
	1935	4161971	1610336	898912	55.83	612243	38.28
	1936	4549655	1563845	885558	56.62	575172	36.77
	1937	4136525	1877933	1052447	56.04	633145	33.71
	1938	3986616	1921686	1174163	61.10	—	—
扬子保险公司（元）	1933	—	3818755	1560673	40.9		
	1935	12980578	4147261	2482233	59.46	1592143	38.14
	1936	13191245	3916412	2074570	52.97	1431107	36.54
	1937	12842134	4744250	2815573	59.35	1599755	33.72
	1938	30299561	8647585	5283822	61.10	—	—
中华火险公司（元）	1932	—	2913717	1272741	43.7		
	1933	—	2308037	951140	41.2		
	1938	11718082	3100535	1895322	61.13		

续表

公司名称	年份	公积金	净保费额	支出及未支出保费总额	支出及未支出保费占净保费的比例（%）	手续及管理费	手续及管理费占净保费的比例（%）
远东保险（元）	1933	—	801007	520223	65.0	—	—
	1937	2120576	1581417	938457	59.34	—	—
香港火险（元）	1926	—	1021000	—	—	—	—
	1938	8212961	1278099	385270	30.14	—	—
四海保险（英镑）	1938	86921	44302	26302	59.37	—	—

资料来源：1. 广东、香港火险、旗昌 3 家公司 1926 年的数据来源于（日）和田喜八的《上海に於ける保险事业の研究》一文（和田喜八. 上海に於ける保险事业の研究 [J]. 支那研究，1928，18：526－527）。

2. 以上各公司 1932—1933 年的数据来源于《中国保险年鉴（1936）》（沈雷春. 中国保险年鉴：1936 [M]. 上海：中国保险年鉴社，1936：384）。

3. 以上各公司 1935—1937 年的数据除远东保险公司外，其余来源于（日）《英国ノ对支金融业及保险业投资》（东亚研究所. 东亚研究所调查报告：英国ノ对支金融业及保险业投资 [R]. 东亚研究所，1939）。

4. 以上各公司 1938 年数据及远东公司 1937 年数据来源于兴亚经济研究所的《中国损害保险事情与诸问题》（兴亚经济研究所. 中国损害保险事情与诸问题 [M] // 兴亚政治经济研究：第三辑. [出版地不详]：[出版者不详]，1942：296）。

注：旗昌与四海两家公司不包括人寿保险业绩。

表 5－17 共统计了六项指标。从表中数据来看，各公司都有巨额公积金，显示出公司经营的成效和稳健。各保险公司的公积金在 1936—1937 年大都出现升降现象，无疑有战争的因素在内。净保费收入是反映一家保险公司营业能力高低和在保险界地位的重要指标。从表 5－17 来看，保安保险公司无疑是营业实力最大的公司，因此无可争议地占据保险界领先地位。不过，1932—1937 年，保安保险公司历年净保费收入总体呈下降趋势。另外，支出与未支出保费占净保费收入的比例，大多数在 40%～60%，有时甚至达到 70%，反映出各保险公司承担的风险之大，当然也有对社会经济发展提供安全保障的贡献方面。

二、 美商保险业的拓展

（一） 美商保险企业数量统计

与英国相比，美商在华保险业的规模和影响要小得多。到 1936 年，美商在华保险公司数量仍不到英商保险公司的一半。该年英商在华保险公司为 94 家，美商保险公司为 38 家。[①] 这一数字可能并不准确。表 5－18 列出了 20 世纪 30 年代上海的美商保险公司。

---

① 东亚研究所. 列国对支投资与支那国际收支 [M]. 东京：实业之日本社，1944：80.

表 5 – 18 20 世纪 30 年代上海的美商保险公司（包括人寿保险公司）

公司中文名称	公司英文名称	成立年份	总公司所在地	上海代理行或分公司
新大陆保险公司	Agricultural Ins. Co.	不详	—	—
爱伦斯保险公司	Alliance Ins. Co. of Philadelphia	1904	费城	旧金山公司，赫尔保险公司（K. B. Hill Insurance Agency）
新泽西保险公司	American Ins. Co. of New Jersey	1846	Newark	普庆堂 Belgion Mission；Steyle Mission
友邦人寿保险公司	Asia Life Ins. Co.	1921	上海	—
美国哥伦布保险公司	Columbia Casualty Co. of New York	1920	纽约	—
大陆保险公司	Continental Ins. Co.	1853	纽约	怡昌洋行 Dodge & Seymour（China），Ltd.
飞鹰保险公司	Eagle Fire Ins. Co.	1912	Newark	民族环球保险行（Universal Insurance Underwriters）
公正保险公司	Equitable Fire Ins. Co. Charleston, S. C.	1894	查尔斯顿	平和洋行 Liddell Bros & Co., Ltd.
忠信保险公司	Fidelity Phoenix	1910	纽约	Robert Lang & Co.
菲尔德尔菲亚保险公司	Fire Association of Philadelphia	1817	费城	茂生洋行 American Trading Co.；华洋保险公司
花旗全救保险公司	Globe & Rutgers Fire Ins. Co., New York	1920	纽约	
大美保险公司	Great American Ins. Co.	1872	纽约	龙和洋行，H. Toussaint Ins. Office
汉诺威保险公司	Hanover Fire Ins. Co.	1852	纽约	美亚保险公司 A. A. U.
哈得富尔保险公司	Hartford Accident & Insurance Co.	1913	Hartford	华嘉洋行，Robert Doller Co.；Shanghai Commercial Co.
好望保险公司	Home Ins. Co. of New York	1853	纽约	美国保险公会；慎昌洋行
环球储备保险公司	—	1934	—	—
新康水火保险公司	—	—	—	—
北美意外保险公司	Indemnity Insurance Co. of North America	1920	费城	—
本薛文义保险公司	Ins. Co. of State of Pennsylvania	1794	本薛文义	美亚保险公司 A. A. U.
北美洲保险公司	Insurance Company of North America	1792	费城	上海分公司
国际保险公司	International Ins. Office.	1909	纽约	四海保险公司
林肯保险公司	Lincaln Fire Ins. Co. of New York	1923	纽约	Lincaln Insurance Agency
宏利人寿保险公司	Manufactures Life Ins. Co.	1887	多伦多	上海分公司

续表

公司中文名称	公司英文名称	成立年份	总公司所在地	上海代理行或分公司
美华水火保险公司	—	—	上海	—
国家保险公司	National Union Fire Ins. Co. of Pittsbury	1901	匹兹堡	美亚保险公司 A. A. U.
北河保险公司	North River Insurance Co.	1822	纽约	美亚保险公司 A. A. U.
纽约人寿保险公司	New York Life Ins. Co.	1884	纽约	美国保险公会
永享人寿保险公司	Occidental Life Ins. Co.	1906	洛杉矶	上海分公司
费城保险公司	Philadelphia Fire & Marine Ins. Co.	1923	费城	—
皇后保险公司	Queen Insurance Co. of America (New York)	1891	纽约	德康洋行 Frost Bland & Co.
洛西亚保险公司	Rossia Insurance Co. of America	1915	纽约	美亚保险公司 A. A. U.
	Springfield Fire & Marine Ins. Co., Mass.	—	—	美国保险公会
标准人寿保险公司	Standard Life Ins. Co.	1910	匹兹堡	分公司
圣保罗水火保险公司	St. Paul Fire & Marine Ins. Co., Minnessota	—	—	美亚保险公司 A. A. U.
联邦火险公司	United States Fire Ins. Co.	1824	纽约	American Securities Corp.
联邦人寿保险公司	United States Life Ins. Co.	1850	旧金山	W. R. Rice & Co.
美国水火保险公司	U. S. Fire & Marine Ins. Co. of New York	—	纽约	—
旧金山人寿保险公司	West Coast Life Ins. Co.	1906	纽约	上海分公司（广东路51号）
美亚保险公司	American Asiatic Underwriters	1920	上海	—
美国保险公会	American Foreign Insurance Association	1918	纽约	上海分公司
友邦水火保险公司	Asia Fire & Marine Underwriters	—	上海	—
英美保险公司	British-American Underwriters	—	—	—

资料来源：1. 东亚研究所. 米国ノ对支金融业及保险业投资［M］.［出版地不详］：东亚研究所，1940：53–128.

2. 沈雷春. 中国保险年鉴：1937［M］. 上海：中国保险年鉴社，1937：15–28.

3. 申报年鉴社. 申报年鉴：1936［M］. 上海：申报年鉴社，1936：625–626.

4. 沈雷春. 中国金融年鉴（1939）［M］. 上海：中国金融年鉴社，1939：398–399.

5. 外务省通商局. 美国对支经济势力の全貌［M］. 东京：日本国际协会，1940.

6. 中国征信所. 上海之保险业［N］. 申报，1936–04–22至1936–05–04.

在这些公司中，除之前已在华开展的业务外，也有20世纪30年代进入中国的，北美洲保险公司（Insurance Company of North America）就是其中之一。该公司成立于1792年，是美国最早的保险公司之一，总公司设在美国费城。1932 年，该公司"委任荷兰人克罗伦（R. A. Kreulen）君为远东总经理，开始来华经营保险，除其附属公司如费城、爱伦斯等公司外，并以其经理之个人名义代理瑞商瑞士保险公司（Switzerland of Zurich）及英商世界、安泰等保险公司"。[①] 除设有上海分公司外，其在华分公司还有香港及天津等地。[②] 从营业上看，北美洲保险公司"在华营业以长江水险为中心"。[③] 由于得到"聚兴诚银行之帮助，在长江上游具有极雄厚之势力"。[④] 然而全面抗战爆发后，其长江水险业务即受到致命打击。因此，北美洲保险公司在华卓有成效的经营实际仅有 5 年左右。在寿险领域，20 世纪 30 年代进入上海市场的有合众人寿保险公司（Confederation Life Association）、联邦人寿保险公司（United States Life Insurance Co.）等。合众人寿保险公司创立于 1873 年，资本总额为 100 万美元，但总公司设于加拿大。1932 年，该公司在上海设立分公司，"迄至 1934 年止，在华有效保额近美元三百万元"。[⑤] 联邦人寿保险公司 1850 年成立，总行设在纽约，上海分行设于 1935 年。[⑥] 此外，还有一家不知何时进入上海的永亨人寿保险公司（Occidental Life Ins. Co.），该公司创立于 1906 年，总公司设在洛杉矶，上海分公司设于九江路 113 号。[⑦] 1936 年，永亨人寿保险公司全部"契约额约为两亿九千二百万美元，中国契约额约为一百万美元，保费收入折合华币约为十二万元"。[⑧] 中国市场份额仅占该公司全部契约总额的 0.34%，可谓微不足道。以每份保险单的保险金额为 1000 美元计，其在华承保对象仅 1000 人而已。

（二）美商保险在华资产额及美亚保险集团

美商保险公司在华资产见表 5 - 19。

表 5 - 19　美商保险公司在华资产推定额（1936 年）

单位：元

项目	公司数	实收资本（公司数）	额定资本（公司数）	在华资产推定额
总公司在国外者	35	360886395（29）	—	—
总公司在上海者	1	666666（1）	8807717（1）	3083000
保险代理业	8	2797202（1）	5319713（1）	5820000
合计	44	364350263（31）	14127430（2）	8903000

资料来源：杉村广藏. 列国对支投资概要——第一调查委员会报告书别册［M］.［出版地不详］：东亚研究所，1943：94 - 96.

① 王仁全. 洋商保险业之在华情形［J］. 保险月刊，1940，2（3）.
② 中国征信所. 上海之保险业［N］. 申报，1936 - 04 - 22.
③ 杉村广藏. 列国对支投资概要——第一调查委员会报告书别册［M］.［出版地不详］：东亚研究所，1943：105.
④ 王仁全. 洋商保险业之在华情形［J］. 保险月刊，1940，2（3）.
⑤ 颜鹏飞，李名杨，曹圃. 中国保险史志：1805—1949［M］. 上海：上海社会科学院出版社，1989：248.
⑥ 罗志平. 清末民初美国在华的企业投资：1818—1937［M］. 台北：国史馆，1996：390.
⑦ 沈雷春. 中国保险年鉴：1937［M］. 上海：中国保险年鉴社，1937：9.
⑧ 杉村广藏. 列国对支投资概要——第一调查委员会报告书别册［M］.［出版地不详］：东亚研究所，1943：106.

1936 年，美商保险公司在华资产总额约为 890 万元，这一数字并不算大。比如，仅华商资本的中国保险公司一家在 1936 年的资产总额就达到了 560 余万元。[①]

美商在华保险企业中，以美亚保险公司为核心的保险集团引人注目。1919 年，史带设立美亚保险公司后，1921 年又成立友邦人寿。到南京国民政府时期，史带的保险"帝国"更迅速扩大：

> 史氏雄心极大，因欲向各国殖民地发展营业，请法籍 E. Sigaut 出面组织法商法美保险公司，以谋在安南方面占一席地。更使英人施美士出面，在香港注册，组织英商四海保险公司，以图获得香港方面之营业。复鉴于中国人士对于保险渐有倾向于民族保险公司之趋势，乃拉拢民族领袖徐新六、李馥荪、刘鸿生及民族保险公会会长厉树雄等，组织民族泰山保险公司，请徐君等为董事，实则徐君等所占股份，仅数千元而已。史氏利用若辈名义为号召，以冀迎合华人心理。史氏为欲操纵国际新闻及上海舆论，于数年前，将英文大美晚报馆购为己有……美亚所代理之全球、联邦、保宏、英美等公司，因史氏侧重个人事业，故已先后与之脱离关系，解除其该公司代理之职。故目下美亚所代理之各国公司，大都属于二三等之流，头等公司均已移转于他人。目下与美亚有关之保险行，为泰山、四海、法美等保险公司，保平保险代理行、友邦人寿保险公司、友邦水火保险代理行，其他如花旗、新大陆、普益、联邦、英美等保险公司，不过具其名而已。上述各保险公司之大权，悉操于史氏一人之手，运用资金、聘用人才以及一切设施，无不以美亚为中心。史氏本人实一保险界之独裁者。上述与其有关之各公司多以史氏之命运为命运也。[②]

友邦人寿是美亚的第一家外围公司，第二家则是友邦银行。1930 年，友邦人寿保险公司储蓄部改组成立为独立的友邦银行（Underwriters Savings Bank for the Far East, Inc.），该银行"由同公司的总支配人 C. V. Starr 创设"。[③] 友邦银行在美国康乃尔迪克省注册，总行设在上海，资本 50 万元，专营储蓄业务。史带也曾一度担任该银行的董事长。[④] "第三家外围公司是以英商资本为主、1930 年在上海成立的四海保险公司。美亚保险公司在其中投资多少尚不清楚，但据说"美亚保险公司气大财粗……不仅代理了美国及其他各国的保险公司业务，并且连法商的法美保险及英商的四海保险也都在它的支配下"。[⑤] 史带在 1938 年前担任四海保险公司的董事。[⑥][⑦] 第四家外围公司是法美保险公司，成立于 1931 年，"虽为法商，但其大半投资为美亚保险公司"。[⑧] 法美保险公司在营业方面以法属印度支那及安南地区为主，因此美亚保险公司的势力又得以深入法属领域。第五家外国公司是民族资本为主的泰山保险公司。泰山保险公司由浙江兴业银行发起创办于 1932 年 8 月，属中外合资性质，

---

① 中国保险公司 1936 年营业报告 [A]. 上海市档案馆藏上海商业储蓄银行档案，档号 Q275 - 1 - 1823.
② 上海商业储蓄银行调查报告：第 13416 号　1937 年 2 月 1 日 [A]. 上海市档案馆藏上海商业储蓄银行档案，档号 Q275 - 1 - 1823.
③ 东亚研究所. 米国ノ对支金融业及保险业投资 [M]. [出版地不详]：东亚研究所，1940：41.
④ 沈雷春. 中国金融年鉴（1939）[M]. 上海：中国金融年鉴社，1939：384.
⑤ 杉村广藏. 列国对支投资概要——第一调查委员会报告书别册 [M]. [出版地不详]：东亚研究所，1943：106.
⑥ 沈雷春. 中国保险年鉴：1937 [M]. 上海：中国保险年鉴社，1937：6.
⑦ 沈雷春. 中国金融年鉴：1939 [M]. 上海：中国金融年鉴社，1939：382.
⑧ 沈雷春. 中国保险年鉴：1937 [M]. 上海：中国保险年鉴社，1937：5.

浙江兴业银行总经理徐新六任公司董事长，资本额为 100 万元，分 10 万股，全额实收。美亚在泰山保险公司中持有 23000 股，占全部股份的 23%，其中史带个人投资为 3000 股。从创立伊始，史带及美亚保险公司的另两位成员就分别担任泰山保险公司的董事和监事之职。[①]

除上述五家公司外，美亚保险公司还控制了大美晚报馆（Post Mercury Co.）、恒业地产公司、United Property Investment Trust、信昌机器公司、American International Underwriters 等企业，[②] 从而形成了以保险为核心，涵盖银行、地产、报业等产业，交织美、英、法、中各国势力在内的美亚保险集团。到 1934 年，仅美亚保险公司就已经"雇有西籍职员 30 余人，华员约 200 人"，[③] 成为一个庞大的保险"帝国"。

三、 其他国家的在华保险业

（一） 日本在华保险业

南京国民政府时期，随着日本加强对中国的侵略，其在华经济利益也在不断扩张。继清末进入上海的日本海上保险公司、1926 年日本资本控制的康泰保险公司在上海设立分公司后，1931 年日商扶桑水火保险公司（Fuso Marine & Fire Insurance Co.，Ltd.）也在上海设立分公司，位于九江路 69 号。[④] 该公司成立于 1913 年，是日本老牌保险公司之一，总公司设在东京。[⑤] 表 5 -20 反映了上述 3 家日商保险公司上海分公司 1937 年的资本概况。

表 5 -20　上海的日本财产保险分公司概况（1937 年）

单位：日元

公司名称	资本额	已缴资本	上海创设年度
康泰保险公司	75000	55000	1926 年 11 月
日本海上保险株式会社上海支店	10000	2650	1896 年（本店）
扶桑海上火灾保险株式会社	10000	—	1931 年

资料来源：张肖梅. 日本对沪投资 [M]. 上海：商务印书馆，1937：110.

除上述 3 家设有分公司外，上海市场中的其余日商保险公司主要归日商洋行代理。由于当时以三井、三菱为代表的日商几家大洋行几乎控制了日中贸易的全部，并且同时"操纵轮船运输和保险业务"，[⑥] 因此，在沪日商保险公司也"大都归三井、三菱等洋行代理"。[⑦][⑧] 表 5 -21 反映了 20 世纪

①　泰山保险公司重开创立会议记录：1933 年 1 月 28 日 [A]. 上海市档案馆藏泰山保险公司档案，档号 Q362 -1 -1.
②　上海商业储蓄银行调查报告：第 13416 号　1937 年 2 月 1 日 [A]. 上海市档案馆藏上海商业储蓄银行档案，档号 Q275 -1 -1823.
③　上海商业储蓄银行投资审查：1934 年 9 月 [A]. 上海市档案馆藏上海商业储蓄银行档案，档号 Q275 -1 -838.
④　张肖梅. 日本对沪投资 [M]. 上海：商务印书馆，1937：110.
⑤　沈雷春. 中国保险年鉴：1937 [M]. 上海：中国保险年鉴社，1937：14.
⑥　上海社会科学院经济研究所，上海市国际贸易学会学术委员会. 上海对外贸易：1840—1949 上册 [M]. 上海：上海社会科学院出版社，1989：520.
⑦　王仁全. 洋商保险业之在华情形 [J]. 保险月刊，1940，2（3）.
⑧　杉村广藏. 列国对支投资概要——第一调查委员会报告书别册 [M]. [出版地不详]：东亚研究所，1943：104.

30 年代日商洋行与在沪日商保险公司的代理关系，从中可见以三井为代表的日商大洋行在保险代理上的控制地位。

表 5 –21 20 世纪 30 年代上海的日商保险公司及其代理洋行关系

公司中文名称	公司英文名称	创立年份	总公司所在地	上海代理机关
千代田	Chiyoda	1913	东京	三井洋行
富士（扶桑）	Fuso Marine & Fire	1913	东京	住友公司，后设分公司
帝国	Imperial Marine of Tokyo	1893	东京	保安保险公司
神户	Kobe Marine	1907	神户	三井洋行
三井	Kyodo	—	—	三井洋行
三井	Meiji	—	—	三井洋行
三菱	Mitsubishi	1919	神户	三菱公司
日本火灾	Nippon	1892	神户	三井洋行
共立	Nippon Kyoritsu	1918	神户	上海运轮公司
日本海上	Nippon Marine	1896	大阪	生远洋行
大仓	Okura	1911	东京	大仓洋行
大阪	Osaka Marine & Fire	1893	大阪	三井洋行
色沮	Settsu Marine & Fire	1919	大阪	—
太绍	Taisho Marine & Fire	1917	东京	三井洋行
东京火灾	Tokyo Fire	1887	东京	三井洋行
东京海上	Tokyo Marine	1879	东京	三井洋行，上海设分公司
横滨	Yokohama	1897	横滨	三井洋行

资料来源：1. 沈雷春. 中国保险年鉴：1937 ［M］. 上海：中国保险年鉴社，1937：15 – 28.

2. 申报年鉴社. 申报年鉴：1936 ［M］. 上海：申报年鉴社，1936：627.

3. 沈雷春. 中国金融年鉴（1939）［M］. 上海：中国金融年鉴社，1939：399 – 400.

从资本额来看，日商保险公司在华资本实力最雄厚的是东京海上火灾保险公司，该公司之中国分公司早在 1900 年前后即成立于上海，据称其"一九三六年度在华资本约十二至十三万日元"，[1][2][3] 仅此而已。此外，"其他保险公司的在华机构都比较小，资本一般都不超过两万日元"。[4] 据统计，1936 年所有在华日商保险业资本，总共只有 51 万余日元。[5]

"九一八"事变特别是"一二八"事变之后，上海的日商人寿保险公司数量有较大幅度增加，

---

① 此外，东京海上火灾保险公司 1930 年时的实收资本额已达 3000 万日元，比较其在华投资额度而言，后者无疑微不足道。

② 杜恂诚. 日本在旧中国的投资 ［M］. 上海：上海社会科学院出版社，1986：366.

③ 保险业调查资料 ［A］. 上海市档案馆藏上海商业储蓄银行档案，档号 Q275 – 1 – 1823.

④ 杜恂诚. 日本在旧中国的投资 ［M］. 上海：上海社会科学院出版社，1986：366.

⑤ 杜恂诚. 日本在旧中国的投资 ［M］. 上海：上海社会科学院出版社，1986：366.

1937 年前后一度达到 17 家之多。①② 不过，旅沪日侨此时一直维持在近 3 万人的数量，由于这些日商人寿保险公司不仅全部为代理性质的公司，且在中国持续不断的反日运动影响下，其对华人展业极为困难，总体营业成绩并不突出。据称："日本之寿险公司，皆于上海约定代理商行，代为办理寿险契约收款等事。其中以明治、日本、千代田、第一、帝国等家公司在沪最为活跃。该五公司在沪寿险契约额共一千七百五十万元。其次有十二家势力较弱，在沪保额共计三百万元。十七家合计二千零五十万元，每年须缴保险费约共七十一万五千元。"这些日商寿险公司的具体营业成绩为：1933 年底，有效保险金额 11500 千日元；1934 年底，14500 千日元，1935 年底，18000 千日元；1936 年 5 月底，20500 千日元。③ 以 1936 年的有效保险金额计算，平均每家日本寿险公司约为 120 万日元。华商寿险公司不仅难以比肩四海保险公司、友邦人寿保险公司等英美大公司，即便与华商寿险企业华安合群保寿公司相比，也要逊色很多。1931 年底，华安合群保寿公司的有效保险金额已累计达 1996 万余元。④

（二）法国在华保险业

1937 年前后，上海保险市场中的法商保险业据统计共有 11 家，其中 10 家见表 5 – 22。

表 5 – 22　上海市场中的法商保险公司（1937 年前后）

公司中文名称	公司外文名称	创立年份	总公司所在地	上海代理机关
保太	Ass. Franco – Asiatique	1918	巴黎	上海分公司
安全	Compagnie d'Assuranceo Ge'ne'rales contre l'Incendie	1912	巴黎	保太保险公司上海分公司
法美	Compagnie Franco – Americaineo	1930	上海	—
法商	—	1932	巴黎	—
茂盛	L'abeille Fire of Paris	1857	巴黎	永兴洋行
巴黎	La Confiance of Paris	1844	巴黎	立兴洋行
长安	La Nationale Fire	1920	巴黎	中法银公司、永兴洋行
保障	La Protectrice Ins. Co. of Paris	1911	巴黎	友邦保险公司
乌尔班	La Urbaine	1880	巴黎	立兴洋行
巴黎联合	L'union Compagie d'Assurance	1828	巴黎	义品银行

资料来源：1. 沈雷春. 中国保险年鉴：1937［M］. 上海：中国保险年鉴社，1937：15 – 28.

2. 申报年鉴社. 申报年鉴：1936［M］. 上海：申报年鉴社，1936：628 – 629.

3. 沈雷春. 中国金融年鉴（1939）［M］. 上海：中国金融年鉴社，1939：401.

---

① 这 17 家日本寿险公司分别为明治、日本、千代田、第一、帝国、三井、住友、日清、东洋、日华、大正、太平、有邻、片仓、大同、安田、野村。

② 张肖梅. 日本对沪投资［M］. 上海：商务印书馆，1937：110.

③ 张肖梅. 日本对沪投资［M］. 上海：商务印书馆，1937：110 – 111.

④ 华安合群保寿公司二十周年纪念刊［A］. 上海市档案馆藏华安合群保寿公司档案，档号 Q336 – 1 – 16.

关于法商保险公司在沪资本及资产额，由于大多数公司都是被代理性质的公司，实际上只能考虑法美保险公司和保太保险公司。据统计，1936 年底法商保险公司在华资产，"以一家总公司在华之公司及一家准总公司在华之公司言，估计为七十七万九千美元"，[①] 其他被代理的保险公司则未计入。

表 5-23　法商保险公司在沪资本及资产估算（1936 年）

单位：元

项目	公司数	实收资本（公司数）	额定资本（公司数）	在沪资产估算额
总公司在国外者	6	20270000（5）	—	1800000
总公司在上海者	1	560000（1）	866553（1）	867000
合计	7	20830000（6）	866553（1）	2667000

资料来源：杉村广藏 . 列国对支投资概要——第一调查委员会报告书别册［M］. ［出版地不详］：东亚研究所，1943：95.

从表 5-23 可知，不足 80 万美元的法商保险公司在沪资产，折合法币也只有 260 余万元而已。然而仅一家总公司设于上海的英商四海保险公司 1934 年底的资产额就达到法币 628 万多元。[②] 另据有关统计，1937 年前后各国在华保险业投资共约 3800 万美元。从比例来说，其中英国占压倒性的 89%，美国也占到 8%，法国则仅占 2%。[③] 尽管位列第三，但在沪法商保险业较之英、美，不啻霄壤之别。

保太保险公司（亦即法亚保险公司 Assurance Franco - Asiatique）是法国资本在近代上海创设的仅有两家保险公司之一。该公司于 1918 年在沪创办，资本总额定为 700 万法郎，经营水、火、汽车以及意外等险。[④] 1935 年前后，保太保险公司将总公司迁至巴黎，原上海总公司则改为远东分公司。[⑤⑥⑦] 不过，据称该公司仍是"以远东利益为主之唯一本国保险公司。中国之上海、天津、香港、沈阳有分公司，此外西贡、海防亦有分公司"。[⑧] 从营业成绩来看，至 1934 年底，保太保险公司的公积金已达到 2262 余万法郎，资产总额更高达 3609 余万法郎。每年营业收入据称也达 2000 余万法郎。[⑨] 但上述数据应该被慎重对待，因为该公司 1931 年盈余只有 6 万法郎，1932 年盈余也只有 11 余万法郎而已。[⑩] 保太保险公司将总公司迁至巴黎后，经营重心有所转移，该公司在华资产急剧降低。

---

① 各国在华保险业调查［A］. 上海市档案馆藏金城银行档案，档号 Q264 - 1 - 1158.

② 沈雷春 . 中国保险年鉴：1936［M］. 上海：中国保险年鉴社，1936：381.

③ 东亚研究所 . 列国对支投资与支那国际收支［M］. 东京：实业之日本社，1944：91.

④ 中国征信所 . 上海之保险业［N］. 申报，1936 - 04 - 23.

⑤ 王仁全 . 洋商保险业之在华情形［J］. 保险月刊，1940，2（3）.

⑥ 但是也有资料认为其总公司仍在上海.

⑦ 及川朝雄 . 上海外商株式市场论［M］. 上海：上海三通书局，1941：46.

⑧ 各国在华保险业调查［A］. 上海市档案馆藏金城银行档案，档号 Q264 - 1 - 1158.

⑨ 中国征信所 . 上海之保险业［N］. 申报，1936 - 04 - 23.

⑩ 中国征信所 . 上海之保险业［N］. 申报，1936 - 04 - 23.

"保太公司在民国二十五年底之资产，为三千七百五十四万三千法郎。在华资产，若法本国与中国、安南对总资产作平均分配，可约为百分之三十，而为一千一百二十六万三千法郎……折合为五十二万六千美元"。[1] 与英美大保险公司相比，规模有限。还应该注意的是，保太保险公司营业收入的大部分并非来源于中国市场。据统计，1936 年保太保险公司的保费收入中来源于中国市场的份额只占总营业额的三成左右。[2] 表 5 - 24 反映了保太保险公司 1936 年、1937 年的营业收支状况。

表 5 - 24　保太保险公司营业收支（1936 年、1937 年）

单位：法郎

项目	1936 年	1937 年
保险费纯收入	1742453	3121750
支出赔款	5891630	11822951
手续费	1695134	3165105
经费	3233679	4340241

资料来源：各国在华保险业调查［A］. 上海市档案馆藏金城银行档案，档号 Q264 - 1 - 1158.

从表 5 - 24 可见，保太保险公司实际处于亏损状态，特别是 1937 年该公司纯保费收入仅为 312 万余法郎，支出赔款却高达 1182 万余法郎，近乎前者的 4 倍，再加手续费和经费，则该年保太保险公司亏损巨大。究其原因，或许与中日战争的爆发不无关系。

另一家将总公司设在上海的法商保险公司是带有合资性质的法美保险公司（Compagnie Franco - Americaineo）。法美保险公司创立于 1930 年，实收资本为 350 万法郎，总公司设在上海爱多亚路 7 号，并且在"汉口、天津、青岛、哈尔滨、沈阳设分公司，安南亦有分公司"。[3] 该公司在法国领事署注册，但其股东则由法美两国人士组成，据称"法国籍股东及美商美亚保险各投资一半"。[4] 不过，握有法美保险公司实权者，则为美商美亚保险公司董事长史带，因此对该公司又"不能以纯粹之法国公司目之"。[5] 从该公司营业状况来看，1934 年法美保险公司共收保费 246 万余法郎，1935 年则达到 289 万多法郎。[6] 但 1936 年该公司保险费收入却骤降至仅 19 万余元。[7][8][9] 此外，至 1934 年底法美保险公司公积金达到 96 万多法郎，资产总额约为 500 万法郎。尽管如此，但该公司在华资产折合美元仍有限。据称，由于该公司"资产中现金之保有率甚高，有价证券对法美证券之投资当甚

①　各国在华保险业调查［A］. 上海市档案馆藏档，档号 Q264 - 1 - 1158.
②　杉村广藏. 列国对支投资概要——第一调查委员会报告书别册［M］.［出版地不详］：东亚研究所，1943：107.
③　各国在华保险业调查［A］. 上海市档案馆藏档，档号 Q264 - 1 - 1158.
④　杉村广藏. 列国对支投资概要——第一调查委员会报告书别册［M］.［出版地不详］：东亚研究所，1943：100.
⑤　王仁全. 洋商保险业之在华情形［J］. 保险月刊，1940，2（3）.
⑥　中国征信所. 上海之保险业［N］. 申报，1936 - 04 - 23.
⑦　杉村广藏. 列国对支投资概要——第一调查委员会报告书别册［M］.［出版地不详］：东亚研究所，1943：100.
⑧　不过，另据有关调查，法美保险公司 1936 年保费纯收入为 1742453 法郎，1937 年再次高涨至 3121750 法郎。
⑨　各国在华保险业调查［A］. 上海市档案馆藏金城银行档案，档号 Q264 - 1 - 1158.

少，其全部资产可作在华资产，折合美币为253000美元"。① 应该指出的是，法美保险公司营业"注重于安南各埠"。② 因此，上述法美保险公司保费收入中很难界定有多少份额来源于中国市场，大体估计而言，保太保险公司的三成比例似乎可作参考。

（三）德国在华保险业

德国在华保险业主要以代理形式出现。19世纪50年代中期，德国鲁麟洋行（Reuter Brockelmann & Co.，1855年3月）、禅臣洋行（Seimssen & Co.，1856年1月）先后进入上海市场。普法战争后，德国国力显著增强。德商洋行也开始加快在华发展。据海关统计，1872年在华德商洋行约为40家，1894年则增加到85家，已经超过美商和法商。③ 到1936年，虽然数量比以前有所减少，但上海的德商洋行仍然有77家，仅次于英商和美商。④

德商保险业在上海的经营即完全依托于这些本国洋行代理。资料显示，1863年鲁麟洋行在沪已经代理了德国Hambury Bremen Fire Co.的保险业务。⑤ 一些洋行在设立之初即以代理保险为主要业务方向之一。比如，1866年在上海设立的美最时洋行（Melchers & Co.），主要经营海运及保险业。⑥ 禅臣洋行的四大部门之一就是保险部，"承保本外埠中西工厂、行号、堆栈、住宅以及轮船、货物等水火保险业务"。⑦ 其他如1911年在沪成立的捷成洋行（Jebon & Co.）也"兼营保险"⑧。另一家著名的德商礼和洋行也设有保险部。⑨ 表5-25反映了20世纪30年代上海市场上德商保险公司及其代理洋行关系。

表5-25　20世纪30年代上海的德商保险公司及其代理行关系

公司中文名称	公司英文名称	创立年份	总公司所在地	上海代理机关
亚亨	Aachen Munich Fire	1825	亚亨	鲁麟洋行
联合	Allianz & Stuttgarter Verein	1890	柏林	禅臣洋行
巴鲁士	Baloise	—	—	礼和洋行

---

① 各国在华保险业调查［A］. 上海市档案馆藏金城银行档案，档号Q264-1-1158.
② 中国征信所. 上海之保险业［N］. 申报，1936-04-23.
③ 上海社会科学院经济研究所，上海市国际贸易学会学术委员会. 上海对外贸易：1840—1949上册［M］. 上海：上海社会科学院出版社，1989：103.
④ 上海社会科学院经济研究所，上海市国际贸易学会学术委员会. 上海对外贸易：1840—1949上册［M］. 上海：上海社会科学院出版社，1989：217.
⑤ 上海社会科学院经济研究所，上海市国际贸易学会学术委员会. 上海对外贸易：1840—1949上册［M］. 上海：上海社会科学院出版社，1989：86.
⑥ 颜鹏飞，李名炀，曹圃. 中国保险史志：1805—1949［M］. 上海：上海社会科学院出版社，1989：30.
⑦ 中国人民政治协商会议上海市委员会文史资料工作委员会. 旧上海的外商与买办［M］. 上海：上海人民出版社，1987：204.
⑧ 颜鹏飞，李名炀，曹圃. 中国保险史志：1805—1949［M］. 上海：上海社会科学院出版社，1989：130.
⑨ 上海社会科学院经济研究所，上海市国际贸易学会学术委员会. 上海对外贸易：1840—1949上册［M］. 上海：上海社会科学院出版社，1989：205.

续表

公司中文名称	公英文名称	创立年份	总公司所在地	上海代理机关
汉堡	Hambury Bremen	1854	汉堡	美最时洋行
马德堡	Magdebury Fire	1844	马德堡	万泰洋行、上海保险行
保馀	National General of Stettin	1845	斯德丁	捷成洋行，信记洋行
涅沙脱尔	Neuchateloise	—	—	慎馀洋行
北德	Nord Deutshe	1857	汉堡	上海保险行
北方	Nordstern & Vater – land	1886	柏林	北方公司
鄂尔顿堡	Oldenburger	1857	鄂尔顿堡	环球保险行
图林根	Thuringia of Erfurt	1853	欧法特	保慎保险公司

资料来源：1. 沈雷春. 中国保险年鉴：1937 [M]. 上海：中国保险年鉴社，1937：15 – 28.

2. 申报年鉴社. 申报年鉴：1936 [M]. 上海：申报年鉴社，1936：627 – 628.

3. 沈雷春. 中国金融年鉴（1939）[M]. 上海：中国金融年鉴社，1939：400 – 401.

在众多代理保险业的德商洋行中，最为重要的是禅臣、美最时、鲁麟以及礼和4家洋行。据称："在华之德商保险公司系归美最时、禅臣、鲁麟等洋行代理。"[1] 据统计，1900 年禅臣洋行代理了多达35 家保险公司的业务。而美最时洋行也代理了13 家、鲁麟及礼和洋行则各代理了3 家保险公司的业务。[2]

应该指出的是，德商洋行代理下的保险公司虽然数目可观，但主体并不是德商保险公司。1929 年，在上海经营火险业务的德商保险公司仅有1 家，经营海上保险业务的也不过4 家而已。[3] 德商洋行实际上代理了更多他国的保险公司业务。据统计，11 家德商洋行共代理了23 家保险公司，其中属于英国的有9 家，荷兰有7 家，另外还有美国1 家，瑞士2 家，德国则只有4 家。这种以代理他国保险公司为主的经营取向，是德商洋行在近代上海从事保险代理的主要特点，也是它能够占据上海保险市场一席的原因所在。当然，英美等其他国家的洋行也代理了几家德商保险公司业务。据1936 年底的统计，英商洋行代理了1 家，美商洋行也代理了1 家，荷兰则代理了4 家，中国商行代理了2 家，其他国家洋行代理了1 家，德商洋行自己则代理了4 家，共计13 家德商保险公司的业务。[4]

就保险公司数量而言，德商在沪保险业似乎并不弱小。但"各洋行并非专营保险业，其营业未能十分发展"。[5] 这些洋行代理下的德商保险公司也未必有一分一厘的资本投入上海市场，因此各德商保险公司应该只是具名而已。[6][7]

---

① 王仁全. 洋商保险业之在华情形 [A]. 保险月刊，1940，2（3）：51.

② 颜鹏飞，李名炀，曹圃. 中国保险史志：1805—1949 [M]. 上海：上海社会科学院出版社，1989：98 – 102.

③ 仲维. 欲求中国商业之发展必先提倡保险事业 [J]. 商业杂志，1931，5（9）.

④ 杉村广藏. 列国对支投资概要——第一调查委员会报告书别册 [M]. [出版地不详]：东亚研究所，1943：101 – 103.

⑤ 王仁全. 洋商保险业之在华情形 [J]. 保险月刊，1940，2（3）.

⑥ 比如，1936 年日本有关机构在对各国在华保险业资产推算中，就没有估算德国保险业在华资产额。

⑦ 杉村广藏. 列国对支投资概要——第一调查委员会报告书别册 [M]. [出版地不详]：东亚研究所，1943：95.

（四）荷兰在华保险业

早在 16 世纪前后，荷兰就走上了海外贸易与殖民扩张的道路。"海上马车夫"的环球贸易活动将荷兰保险业带到了全球各地。荷商保险公司在华经营活动开始得很早，但真正进展要到 19 世纪末至 20 世纪初，而且为时很短。"光绪三十三年间，荷商公司有七家在上海营业，其公司数次于英、美、德而居于第四位，多于法国之六家公司"。[①] 民国以后，由于荷兰在华势力的整体衰退，荷商保险业由此"对中国之活动终为不振"，且组织形式有所改变，"其后实非保险企业，而仅为保险代理"而已。[②] 表 5 - 26 反映了 20 世纪 30 年代荷兰在沪各保险公司及其代理机构概况。

表 5 - 26　20 世纪 30 年代上海的荷商保险公司

公司中文名称	公司英文名称	创立年份	总公司所在地	上海代理机关
望赉	Java Sea & Fire	1861	巴达维亚	分公司
	Ardjoeno	1901	—	永兴、鲁麟洋行
荷兰	Holland Assurance	1859	多德勒喜特	上海保险行、美最时洋行
一八四二	Netherlands F. & M. of 1842	1842	阿姆斯特丹	美意洋行、美兴洋行
一八四五	Netherlands Ins. Co. Est. 1845	1845	海牙	礼和洋行
鲁意	Netherlands Lloyd	1923	阿姆斯特丹	上海保险行
阿姆斯特丹	Standard of Amsterdam	1901	阿姆斯特丹	博望保险公司、美最时洋行
巴达维亚	Batavia	1843	巴达维亚	礼和洋行
三宝垅	Samarang Sea & Fire	1866	巴达维亚	保兴保险公司、经济保险行
万立德	Veritas	—	—	五星，茂孚洋行

资料来源：1. 沈雷春. 中国保险年鉴：1937［M］. 上海：中国保险年鉴社，1937：15 - 28.

2. 申报年鉴社. 申报年鉴：1936［M］. 上海：申报年鉴社，1936：629.

3. 沈雷春. 中国金融年鉴（1939）［M］. 上海：中国金融年鉴社，1939：401 - 402.

虽然近代荷兰在沪保险业以代理形式为主，但其势力不容小觑。与其他国家更多依赖洋行从事展业代理有所区别，荷兰以专业性的保险代理行而著称于上海市场。据称，"荷兰代理商，五家公司所代理之各国保险公司共有三十家，其中专业保险代理四家，共代理二十八家公司"。[③] 可见这几家保险代理行的营运能力非同一般。最著名的两家荷兰保险公司是望赉保险公司（Java Sea and Fire Insurance Co.）上海分公司和上海保险行（Shanghai Insurance Office）。在沪"荷兰保险公司，多归上海保险行及望赉保险公司两公司代理"。[④]

---

① 各国在华保险业调查［A］. 上海市档案馆藏金城银行档案，档号 Q264 - 1 - 1158.

② 各国在华保险业调查［A］. 上海市档案馆藏金城银行档案，档号 Q264 - 1 - 1158.

③ 各国在华保险业调查［A］. 上海市档案馆藏金城银行档案，档号 Q264 - 1 - 1158.

④ 中国征信所. 上海之保险业［N］. 申报，1936 - 04 - 23.

望赉保险公司成立于1861年，资本为120万法郎，总公司设于巴达维亚。[1] 1910年，该公司在上海设立分公司，同时以博望保险行（Blom and Van Der Aa）之名义，代理其他保险公司业务，达8家之多（其中英国4家、荷兰4家）。由于当时荷兰在沪保险公司大多数归该行代理，其进入上海市场初期曾在外商保险业中占有一定的地位。及至另一家荷兰保险代理公司——上海保险行成立后，数家荷兰保险公司随即转归上海保险行代理，望赉保险公司的"势力亦随分化"，代理业务大受影响。[2]

上海保险行是一家合伙性质的专业保险代理机构，成立于1921年，资本仅为"华币五万元"，总行设于上海四川路299号，分行设于天津、汉口两处，经理水火保险。上海保险行不仅代理几家荷商保险公司的业务，也代理其他外商保险公司，包括8家英商保险公司和3家德商保险公司的业务，总数甚至达到14家之多。[3]

除上述两家专业保险代理行外，荷兰保险代理业还有克鲁伦保险公司（R. A. Kreulen）和宝隆保险行（Union Underwriters of China）。1936年，前者代理了4家，后者则代理了2家保险公司业务。[4] 其规模无疑比上述两家要弱小许多。在荷兰保险代理行代理的30家保险公司中，英国有12家，美国有6家，德国4家，瑞士2家，荷兰也只有6家。因此，"与其说英国在洋行代理保险业上实力占压倒性地位，不如说美国与荷兰在专业保险代理业上占有优势"。[5]

荷商保险业的营业状况以上海保险行为例。虽然其只有5万元资本，但营业却不逊色，"每年收入保费约二十万元，净盈二三万至五六万不等"。[6] 连同其他代理机构，全部荷商保险业"每年在华保险收入约为四十万元的程度"。[7] 这个数字仅相当于一家民族保险公司的营业水平，比如华商太平保险公司仅1932年的火险保费收入一项就达到41万多元，[8] 与之相当。荷兰海外贸易17世纪之后就趋于衰落，"关于国外贸易之保险，几悉依赖伦敦，而无保险企业自主之确定政策"，其自身保险业并未充分发展，"道光二十五年于海牙设立之 Assurantie – Maatschappij de Nedelanden Van 1845，其实收资本为五百四十万富洛林，乃为稀有之大公司。而大多资产均不过为百万富洛林以及不过百万而已"。[9] 这种情形自然影响到荷兰在华保险业的势力。据称"在中国营业之五家（设总公司于巴达维亚），悉受英商公司之支配"。[10]

（五）其他国家在华保险业

除上述各国保险公司之外，其他国家的保险公司也有零星在华经营者。1938年，上海火险公会

---

① 中国征信所. 上海之保险业 [N]. 申报，1936 - 04 - 23.
② 王仁全. 洋商保险业之在华情形 [J]. 保险月刊，1940，2（3）.
③ 中国征信所. 上海之保险业 [N]. 申报，1936 - 04 - 23.
④ 各国在华保险业调查 [A]. 上海市档案馆藏金城银行档案，档号 Q264 - 1 - 1158.
⑤ 杉村广藏. 列国对支投资概要——第一调查委员会报告书别册 [M]. [出版地不详]：东亚研究所，1943：102 - 104.
⑥ 沈雷春. 中国保险年鉴：1937 [M]. 上海：中国保险年鉴社，1937：2.
⑦ 杉村广藏. 列国对支投资概要——第一调查委员会报告书别册 [M]. [出版地不详]：东亚研究所，1943：107.
⑧ 太平保险公司五年来业务实况比较 [A]. 上海市档案馆藏太平保险公司档案，档号 Q334 - 1 - 239.
⑨ 各国在华保险业调查 [A]. 上海市档案馆藏金城银行档案，档号 Q264 - 1 - 1158.
⑩ 各国在华保险业调查 [A]. 上海市档案馆藏金城银行档案，档号 Q264 - 1 - 1158.

共有会员公司 130 多家，除去上述几国，其他外商保险公司仅有 10 多家，[①] 这些外商保险公司要么依托本国洋行，要么即由其他外商保险代理行兼理，比如"瑞士保险公司，并无本国人之在华代理业，而以德商、美商乃至荷商为代理"，[②] 实际上只是点缀而已（见表 5 – 27）。

表 5 – 27 20 世纪 30 年代上海的其他外商保险公司略表

公司中文名称	公司英文名称	创立年份	总公司所在地	上海代理机关
瑞士				
赫尔维西亚	Helvetic Swiss	1861	加仑	美最时洋行、民族汉利华行
瑞士	Switzerland General	1869	苏黎世	保隆保险公司
苏黎世	Federal of Zurich	1881	苏黎世	美亚保险公司
意大利				
意泰	Assicurazioni General	1831	德利亚斯德	上海分公司，保慎保险公司
德利亚斯德	Ruinione Adratica Di Sicuta of Irieste	1838	德利亚斯德	美亚保险公司
其他各国				
挪威佑宁	Norwich Union	1870	俾尔根	鲁麟洋行，礼和洋行
哥本哈根	Rossia of Copenhagen	1918	哥本哈根	威厘洋行
新印度	New India	1919	孟买	威厘洋行、美亚保险公司
马尼拉	Metropolilan of Manila	—	—	美亚保险公司
郎卡沙亚（乌拉圭）	Lancashire	—	—	威厘洋行
东印度	Eart India Sea & Fire	—	—	民族保隆保险行

资料来源：1. 沈雷春. 中国保险年鉴：1937［M］. 上海：中国保险年鉴社，1937：15 – 28.

2. 申报年鉴社. 申报年鉴：1936［M］. 上海：申报年鉴社，1936：629 – 631.

3. 沈雷春. 中国金融年鉴（1939）［M］. 上海：中国金融年鉴社，1939：402 – 404.

四、 外商保险业的个案考察

南京国民政府时期，外商保险公司作为中国保险市场的操控者，诸如保安保险公司、四海保险公司、美亚保险公司、友邦保险公司等英商保险公司、美商保险公司，在保险市场上具有更大的影响力，其经营业绩远超华商公司。

（一）保安保险公司

在近代上海保险市场乃至整个中国保险市场，保安保险公司无疑都是势力最为强大的英商保险公司。中国征信所在其主编的《上海之保险业》中对英商在沪保险业的查考更是首推该公司。[③][④] 保

---

① 兴亚经济研究所. 中国损害保险事情と诸问题［M］//兴亚政治经济研究：第三辑. ［出版地不详］：［出版者不详］，1942：277.

② 各国在华保险业调查［A］. 上海市档案馆藏金城银行档案，档号 Q264 – 1 – 1158.

③ 中国征信所. 上海之保险业［N］. 申报，1936 – 04 – 23.

④ 有关保安保险公司的资料特别是档案资料，目前极为缺乏。在上海市档案馆藏上海商业储蓄银行档案中，幸运地发现了一部分保安保险公司的资料，但相当不完整。该资料档案号为 Q275 – 1 – 1823.

安保险公司的前身即 1835 年在广州成立的于仁洋面保险行。该公司设立后，在 19 世纪下半期逐渐成为一家国际性大保险公司。19 世纪末至 20 世纪初，保安保险公司相继合并了扬子、保家行、保宁、中国火险及远东等在华英商保险公司，还兼并了 1908 年在伦敦成立的保慎保险公司（British Oak Insurance Company）以及另外两家加拿大保险公司（Farmers' Fire & Hail Ins. Co. Colgary Canada 和 Beaver Insurance Co.），①② 并且与老公茂保险公司（Commercial Union Ins. Co.）以及太古洋行保险部建立了密切联系，③ 在远东最早组成了强大的保险托拉斯联盟。尽管怡和洋行、太古洋行等可以算作当时上海最大的保险代理机构，但"从实际上言之，保安保险公司堪为盟主"，④ 甚至"日本保险业也是在英国系公司的支配下"。⑤ 所以，对保安保险公司经营状况的考察或许就是对英商在沪保险业经营半壁江山的考察。图 5 - 1 反映了保安保险公司的支配关系。

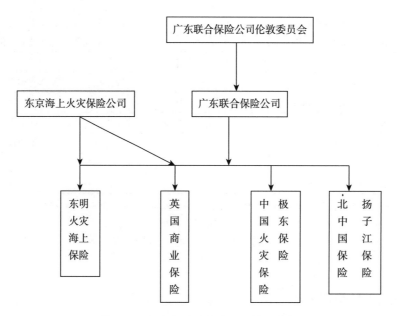

图 5 - 1　保安保险公司支配网络示意图

［资料来源：森次勳. 在华列强资本的研究［J］. 中国经济，张汉，译. 1934，(5).］

图 5 - 1 中的广东联合保险公司即为保安保险公司，英国商业保险公司即保宁保险公司，中国火灾即中华火险公司，极东保险则为远东保险公司，北中国则是保家行，扬子江保险即扬子保险公司。东京海上火灾保险公司和东明火灾海上保险则是两家日商保险公司。从图 5 - 1 可见，保安保险公司的强大支配势力。

---

① 东亚研究所. 东亚研究所调查报告：英国ノ对支金融业及保险业投资［R］. 东亚研究所，1939：318.
② 杉村广藏. 列国对支投资概要——第一调查委员会报告书别册［M］. ［出版地不详］：东亚研究所，1943：97 - 98.
③ 王仁全. 洋商保险业之在华情形［J］. 保险月刊，1940，2 (3).
④ 王仁全. 洋商保险业之在华情形［J］. 保险月刊，1940，2 (3).
⑤ 森次勳. 在华列强资本的研究［J］. 中国经济，张汉，译. 1934 (5).

　　再来看保安保险公司的具体营业成绩。表 5 - 28 是 1919—1937 年保安保险公司的营业统计。值得注意的是，由于保安保险公司合并了以上另外 5 家沪港英商保险公司及三家海外英商保险企业、加商保险企业，故此对其营业数据的分析应该慎重。根据曾在保安保险公司工作的有关人员回忆，被合并的各公司对外"原来名称不变，表面上各自独立经营，实际上皆属'保安保险公司'……各公司一年的业务收支全汇列入'保安保险公司'总账以内"。[①] 因此，以下所统计之数据极有可能包含其余数家子保险公司，即保安保险总集团公司的营业反映。

表 5 -28　保安保险公司营业统计（1919—1937 年）

单位：英镑

年份	资产总额	净保费收入	赔款额	年度净利润
1919	6200010	1609640	551435	926829
1922	5259739	1417972	509582	620586
1923	5561182	1650414	591629	640848
1924	5476279	1437288	622276	506724
1926	5810307	1135365	538787	418245
1927	5823448	1069592	488592	429427
1928	5852662	1004885	458419	436179
1929	5676240	964152	419709	440790
1930	—	852040	453816	—
1931	5627904	788467	343234	338966
1932	6522111	1753483	764554	705005
1933	6258947	1611398	657875	732684
1935	—	1610336	898912	—
1936	—	1563845	885558	—
1937	—	1877933	1052447	—

　　资料来源：1. 1919—1933 年的数据来源于上海市档案馆馆藏保安保险公司历年营业报告，档号 Q275 - 1 - 1823。其中，1932 年、1933 年的保费收入和赔款，《中国保险年鉴（1936）》统计为：保费收入分别是 1753541 英镑和 1611458 英镑；赔款分别是 764542 英镑和 600875 英镑。上述保费收入及 1932 年的赔款与档案中显示的数值极为接近，1933 年的赔款则稍有出入。

　　2. 1935—1937 年数据来源于（日）《英国ノ对支金融业及保险业投资》。

----

　　① 曹韵清. 英商"保安保险股份有限公司"概述［M］//中国人民政治协商会议天津市委员会文史资料研究委员会. 天津文史资料选辑：第 9 辑. 天津：天津人民出版社，1980：202.

表 5-28 中包括四项统计科目。从资产总额的变动看，保安保险公司 1919—1932 年呈现出 V 形发展态势，即 1919 年资产总额为开始的顶点，1922 年则跌到最低点，此后在反复中逐渐回升，1932年达到结束的顶点，并且比开始时有了一定的增长。但从总体来讲，这段时期无疑是保安保险公司资产发展的低潮期。另外，尽管这一时期保安保险公司的年均净保费收入、年度净利润等营业成绩仍然相当可观，比如每年净保费收入大多数在 100 万英镑以上，但应该注意的是，1919—1931 年保安保险公司各项营业指标实际上都呈现出一路下降的态势。而特别值得指出的是，1929—1931 年营业指标更是跌落至谷底，1932 年才开始出现强劲反弹。众所周知，1929 年敲响了席卷欧美各国经济大萧条的钟声，而中国由于自身货币制度及其他因素的原因，到 1931 年前后才开始受到这场全球性经济灾难的影响。保安保险公司这种业务经营持续走低与此时段中国经济形势相对平稳甚至好转的反相关关系，能否依此推断出保安保险公司营业收入更多的是与中国以外的地区经济形势相关联呢？尽管该公司在华英籍经理曾说"保安保险公司在世界各处业务，以在中国的营业为最好"，[①] 但是要判断保安保险公司的保费收入中有多大比例来源于中国市场，的确不是一件容易的事情。假如一定要推测的话，1/3 至 1/2 也许已是相当大的比例。

（二）四海保险公司

四海保险公司成立于 1930 年，[②③] 按照香港政府 1907 年公司条例在港注册，总公司设在上海外滩 17 号。四海保险公司的名义资本额为 1000 万两，实收 300 万两。该公司以人寿保险为主，同时兼营财产保险，与保安保险公司以财产保险为主业有所不同。

20 世纪 30 年代，四海保险公司的广告

四海保险公司成立较晚，是 1937 年前英商保险业中将总公司设在上海的最后一家。此外，四海保险创设时，上海保险市场已有众多的外商保险公司。有统计显示，1929 年在上海从事火险经营的外商保险公司共有 136 家，其中仅英商公司即 71 家。经营海上保险（水险）的外商保险公司有 67 家，其中英商公司 42 家。[④] 除外商保险公司外，华商保险业此时也已开始在上海市场崭露头角。可见当时上海保险市场中的竞争已非常激烈。换言之，非有强大的资本支持，要想在上海保险市场立足恐非易事。

① 曹韵清. 英商"保安保险股份有限公司"概述 [M] //中国人民政治协商会议天津市委员会文史资料研究委员会. 天津文史资料选辑：第 9 辑. 天津：天津人民出版社，1980：207.
② 在一封关于四海保险公司的调查信函中，认为四海保险公司成立于 1931 年 4 月。
③ 上海商业储蓄银行致天津大华火油公司的信函：1933 年 4 月 20 日 [A]. 上海市档案馆藏档，档号 Q275-1-1823.
④ 仲维. 欲求中国商业之发展必先提倡保险事业 [J]. 商业杂志，1931，5（9）.

在资本构成上，四海保险是英、美、法、中四国商人共同投资的产物，但以英国资本为最多，其中又与汇丰银行有着较深的关系。[①] 四海保险中的美资则主要来自美亚保险公司，据说四海保险曾一度"由美亚保险公司下属的国际保险公司（International Underwriters, Ltd.）管理"。[②] 在营业网络建设方面，四海保险也得到来自美亚保险集团的帮助。1931年10月，四海保险人寿部就是由美亚保险公司属下的友邦人寿保险公司协助成立的，据称建设费用相当低廉。[③] 民族资本在四海保险中投资最少，主要来自上海商业储蓄银行、浙江兴业银行等。以上海商业储蓄银行为例，它在四海保险的投资仅有2000股，每股5两，共10000两。[④]

四海保险公司董事会成员以英美人士为主。以1933年1月董事会的构成为例，该年董事会主席为英人施密斯（F. R. Smith, Chairman），其余董事为美亚保险公司创办人、董事长史带（C. V. Starr），以及 R. Buchan, V. Meyer, R. F. C. Master, M. Speelman, J. E. Swan, A. J. Welch, R. Calder – Marshall, G. E. Marden 等，华人董事仅浙江兴业银行总经理徐新六（Singloh Hsu）一人。[⑤][⑥][⑦]

四海保险公司的经营业绩。据与四海保险有业务往来的民族银行评价，四海保险"进出无多，情形甚好"。而某洋商银行也评价道："自该公司成立以来，敝行与该公司往来情形始终满意。"[⑧] 但四海保险的营业表现果真如此吗？

首先来看四海保险作为经营重点的人寿保险方面的业绩。从创办之日起，四海保险的领导层就决心把"人寿部发展成为公司经营中最重要的部分"，[⑨] 并且踌躇满志地认为："中国人对人寿保险的兴趣正在全国范围内广泛地增长……公司有最大的机会成为这项发展中事业的领导者，或许是人寿保险业中最重要的一支力量……通过人寿保险的持久发展，我们希望我们的公司不仅成为一家重要的金融企业，还成为一家能够最大程度地为社区谋取福利的机构。"[⑩] 为此目标，1932年9月四海保险积极参加了中华人寿保险协进社在上海的组建工作。据称，"公司对该协进社给予了全部支持……该学会……以通过教育和出版向中国大众传播人寿保险的作用与利益为宗旨"。[⑪] 由此可见，其对中国人寿保险业务的关注。

有关四海保险公司在人寿保险及财产保险方面的经营业绩统计见表5-29。

---

① 天津大华火油公司致上海商业储蓄银行信函：1933年4月14日 [A]. 上海市档案馆藏档，档号 Q275 – 1 – 1823.

② 上海商业储蓄银行致天津大华火油公司的信函：1933年4月20日 [A]. 上海市档案馆藏档，档号 Q275 – 1 – 1823.

③ 股东常会报告：1932年5月10日 [A]. 上海市档案馆藏档，档号 Q275 – 1 – 1823.

④ 本行投资洋商企业的审查报告：1934年9月 [A]. 上海市档案馆藏上海商业储蓄银行档案，档号 Q275 – 1 – 838.

⑤ 四海保险公司致上海商业储蓄银行信函：1933年1月14日 [A]. 上海市档案馆藏档，档号 Q275 – 1 – 1823.

⑥ 李铭也曾担任过四海保险公司的华人董事。

⑦ 本行投资洋商企业的审查报告：1934年9月 [A]. 上海市档案馆藏上海商业储蓄银行档案，档号 Q275 – 1 – 838.

⑧ 中国征信所第3949号报告书：1934年1月23日 [A]. 上海市档案馆藏档，档号 Q275 – 1 – 1823.

⑨ 股东常会报告：1932年5月10日 [A]. 上海市档案馆藏档，档号 Q275 – 1 – 1823.

⑩ Encouranging Report Despite Depression：1933. 5. 27 [A]. 上海市档案馆藏档，档号 Q275 – 1 – 1823.

⑪ Encouranging Report Despite Depression：1933. 5. 27 [A]. 上海市档案馆藏档，档号 Q275 – 1 – 1823.

表 5 –29　四海保险公司营业成绩（1931—1937 年）

单位：元

年份	财产保险毛收保费	财产保险净收保费	有效人寿保险金额	年度纯利润
1931	—	605772	286677	72975
1932	1943244	865199	3558375	148403
1933	1919600	854798	8027730	415612
1934	2069362	702027	10883191	362068
1935	—	456751	12486014	90411
1936	2508551	415564	14089903	159742
1937	3458392	861386	16500312	6440

资料来源：1. 根据上海市档案馆藏四海保险公司各年营业报告统计，档号 Q275 – 1 – 1823。

2. 孔敏. 南开经济指数资料汇编 ［M］. 北京：中国社会科学出版社，1988：478.

说明：1. 1931 年与 1932 年原单位为两。按 1932 年两元汇率折算，该年平均 1 元 = 0.7063 两。

2. 1935 年、1936 年财产保险总保费及净保费收入不包括意外险。

　　从表 5 –29 可以看到，作为四海保险经营重点的人寿保险的确成效显著，有效承保金额一路攀升，从 1931 年的 286677 元急剧增加到 1937 年的 16500312 元，年均增长率达到 96.5%。不过在 1934 年前，保险金额还比较低。

　　再来看四海保险财产保险方面。四海保险在毛保费收入上确有不俗表现，1937 年前一直处于稳步上升中。但是净保费收入却起伏不定，1936 年跌至开始营业年份即 1931 年的 2/3 左右。资料显示，1933 年度四海保险净收保费为 854798 元，净赔款额则为 418685 元，净赔款额已经占到了净保费收入的 48.98%。然而该年度佣金和开支两项又分别占净保费收入的 22.99% 和 10.73%。[1] 三者合计，总支出比例共占净保费收入的 82.7%。而 1934 年度保费与损失赔款的比率则高达 55.53%，同时佣金与开支又占到保费的 16.79% 和 18.21%。[2] 三者合计更是达到了异乎寻常的 90.53%。由此看来，四海保险公司似乎并不是前述的"进出无多"，而是"进出都多、剩余无多"了。

　　另外，四海保险公司的年度纯利润也跌宕起伏。从 1934 年开始，公司纯利润出现下滑趋势，1935 年即落至 90411 元，而受战争影响的 1937 年纯利润更

20 世纪 30 年代，四海保险公司的广告

---

① 股东常会报告：1934 年 5 月 19 日 ［A］. 上海市档案馆藏档，档号 Q364 – 1 – 25.

② 股东常会报告：1935 年 6 月 1 日 ［A］. 上海市档案馆藏档，档号 Q275 – 1 – 1823.

是只有少得可怜的 6640 元而已。这种利润下降状况可以从其股价变动得到佐证，四海保险创办时股价为每股 5 两，1932 年曾达到每股 14 元，折合则近 10 两。但是到 1937 年，每股已跌价近半，最高价 9. 75 元，最低价只有 6. 43 元。[①]

四海保险在财产保险经营上的波动显然与中国以及世界经济形势的变化密切相关。比如，1929 年爆发的经济大萧条在 1931 年前后波及中国，由此引发的中国经济衰落无疑增加了各保险公司的经营难度。四海保险为此向股东会抱怨："正如你们所知道的，无论在东方还是其他地区，1932 年对商人来说不是好过的一年……由于低费率及折扣问题，火险业务仍然面临着困难境地。中国建筑物的质量在稳步地提高，然而保险费率下降的速度则更快。"[②] 1935 年，早已危机四伏的中国货币制度面临崩溃的压力，白银外流日益严重，"对上海和大多数中国地区而言，由于严重通货紧缩，1935 年里它们遭受了痛苦的金融困乏。"[③] 整个中国乃至世界经济形势的逆转，使四海保险公司 1935 年度的业绩一落千丈，净利润由 1934 年的 36 万多元跌至只有 9 万元。到 1936 年，四海保险在财产保险经营上继续呈现出颓势，不过由于人寿保险营业额的迅猛增长，而使公司净利润有了较大反弹，达到 159742 元。所以，四海保险颇为自豪地说："1936 年与其说是数量增长的一年，不如说是巩固成绩的一年。"[④] 但是这种状况在 1937 年被日本全面侵华战争打破了。该年公司的净利润则跌至区区 6640 元了。

20 世纪 30 年代四海保险公司广告

值得指出的是，如果仔细审读四海保险在 1937 年的营业成绩，就会发现，除净利润外，无论是在财产保险毛保费收入、净保费收入还是在有效人寿保险金额上，四海保险其实仍然处在上升势头。那么，这些经营成绩来源于何处？答案不难找到。四海保险在股东大会上所作的报告称，"我们不能企望我们在中国的正常经营将来有一天会恢复。受中日战争影响的中国生意在很大程度上被海外生意部分的增长所抵消"。[⑤] 其中，人寿保险经营方面的贡献相当显著。据统计，"1937 年的人寿保险生意，超过 65% 是来自中国以外的地区"。[⑥] 1938 年，来自中国的部分据说"比上年减少 66%。中国收入的减少则被马来及法属印度支那的

---

① 及川朝雄. 上海外商株式市场论 [M]. 上海：上海三通书局，1941：32.

② Encouranging Report Despite Depression：1933. 5. 27 [A]. 上海市档案馆藏档，档号 Q275 - 1 - 1823.

③ International Assurance Co. Reports Profit：1936. 6. 18 [A]. 上海市档案馆藏档，档号 Q275 - 1 - 1823.

④ International Assurance Co. General Meeting：1937. 6. 22 [A]. 上海市档案馆藏档，档号 Q275 - 1 - 1823.

⑤ Report of the Eighth Annual General Meeting of the International Assurance Co. ：1938. 6. 28 [A]. 上海市档案馆藏档，档号 Q275 - 1 - 1823.

⑥ Report of the Eighth Annual General Meeting of the International Assurance Co. ：1938. 6. 28 [A]. 上海市档案馆藏档，档号 Q275 - 1 - 1823.

大量增加所弥补"。①

事实上，海外人寿保险业务对四海保险经营业绩的贡献应该更早。四海保险公司在对股东汇报1936 年经营状况时就曾提到："我们的股东肯定有兴趣想知道，虽然我们在中国的生意很重要，但是去年全部人寿保险申请单中有超过 60% 的部分是来自海外。"②③ 到 1938 年，受抗日战争扩大化及形势日益严峻的影响，这一趋势或许只是进一步强化而已。因此，四海保险总结该年成绩时，即认为："考察过去一年的经营，人寿保险业务的 73% 来源于中国以外的区域，并且全部寿险被保险人的66% 以上是外国人。"④

除这两家代表性英国保险公司外，在华商企业代理下的其他英国保险公司收益如何呢？根据有关调查，1936 年上海民族保险业、贸易业等的 13 家公司总共代理了 15 家外商保险公司的业务，其中英国保险公司为 8 家，美国、法国、德国各 2 家，瑞士 1 家。⑤

在代理英商保险公司业务的华商企业中，浙江兴业银行是非常著名的一家。从 1930 年起到 1936年，浙江兴业银行同时代理了远东保险（Far Eastern Ins. Co.）、英美保险（British America Ins. Co.）、哈德逊保险（Hudson Insurance Company）3 家英商保险公司的业务。除远东保险总公司在上海外，其余两家的总公司则远在英国。据不完全统计，1930 年浙江兴业银行代理哈德逊保险公司的保险业务批单共 209 件，总保险金额合计为 2675900 两，平均每件约 12803 两。⑥ 另据统计，1930 年6 月至 1932 年 1 月，浙江兴业银行代理英美保险公司的保险批单为 122 件，总保险金额合计为1893430 两，平均每件为 15520 两。⑦ 1936 年该银行代理远东保险公司的保险批单则为 29 件，总保险金额为 559000 元，平均每件 19276 元。⑧ 以上总保险金额共计折合为 7028390 元，假如按照 5‰ 的保险费率计算，3 家公司由浙江兴业银行代理收入的保费约为 35142 元。除去赔款、开支及代理手续费用，各被代理保险公司能否盈利颇值得怀疑。有调查称，"那些总公司在国外的保险公司，其在华收取的保险费中要支付保险代理公司、贸易公司等代理手续费，其对华投资无疑是亏损的"。⑨ 由此推算，尽管此类属于被代理性质的保险公司数量众多，但由于"他们的总店大都在国外，在中国营

① 杉村广藏. 列国对支投资概要——第一调查委员会报告书别册 [M].[出版地不详]：东亚研究所，1943：97.
② International Assurance Co. General Meeting, North China Daily News: 1937. 6. 22 [A]. 上海市档案馆藏档，档号 Q275 - 1 - 1823.
③ 对于这一比例，也有异议。在沈雷春主编的《中国保险年鉴（1937）》中，就认为 1936 年的四海寿险有效保额里华人投保者占 94%。不过，根据人寿保险是中国近代保险业中极为不发达的一支力量来判断，也许四海保险自身的报告较为恰当。
④ Report of the Ninth Annual General Meeting of the International Assurance Co.: 1939. 4. 16 [A]. 上海市档案馆藏档，档号 Q275 - 1 - 1823.
⑤ 杉村广藏. 列国对支投资概要——第一调查委员会报告书别册 [M].[出版地不详]：东亚研究所，1943：102.
⑥ 浙江兴业银行代理 Hudson Insurance Company 的保险批单：1930—1931 年 [A]. 上海市档案馆藏档，档号 Q362 - 1 - 358.
⑦ 浙江兴业银行代理 British America Insurance Company 的保险批单：1930—1932 年 [A]. 上海市档案馆藏档，档号 Q362 - 1 - 356.
⑧ 浙江兴业银行代理 Far Eastern Insurance Company 的保险批单：1930—1936 年 [A]. 上海市档案馆藏档，档号 Q362 - 1 - 357.
⑨ 杉村广藏. 列国对支投资概要——第一调查委员会报告书别册 [M].[出版地不详]：东亚研究所，1943：100.

业的……规模并不很大"。① 换言之，这些被代理性质的英商保险公司在沪盈利能力一般较为弱小，有的甚至微不足道。

（三）美亚保险公司

美商保险公司的势力仅次于英商，其中美亚保险和友邦保险尤为引人注目。美亚成立后，到1930年已经"代理着21家美国和欧洲的大保险公司……此外，它还设有 The International Insurance Office，在上海、天津、哈尔滨等设有办事处"。② 据称，1936年美亚代理下的保险公司已经多至26家，从而成为上海保险市场中的巨擘。美亚所代理的保险公司并不限于美商保险公司。比如，美亚曾是英国著名的"Messrs. Sedgwick Collins & Co.，London 公司除日本外在远东的唯一代表。这家公司在劳埃德经纪人、保险公司管理人以及再保险公司代理及经纪人中非常著名"。③ 另有资料称，美亚在1937年曾代理了"3家英国公司、1家菲律宾公司以及法国、意大利、瑞士等国公司"④ 的业务。

到1930年，"美亚的分支机构网络已经遍及整个中国、法属印度支那、暹罗、马来亚、爪哇和菲律宾"。⑤ 另据1936年调查，美亚的分行当时已有汉口、天津、重庆、广州、杭州、福州、香港、纽约、仰光、小吕宋、巴达维亚、海防等处，而代理处则设于爪哇、新加坡、河内、沈阳、哈尔滨等地。⑥⑦ 这种遍布中国及东南亚甚至包括美国本土在内的经营网络，不仅使美亚获得大量的保费收入，成为国际知名的保险企业，也是我们分析美亚经营业绩时要注意的问题。

先看美亚保险公司的资本额。1929年7月1日，美亚保险公司改组并发行新股，此时公司资本额定100万两，实收35万两。⑧ 到1936年，该公司"资本收足银二百万两"⑨。短短7年，实收资本翻了两番多。资本额的大增，无疑是该公司业务经营蒸蒸日上的一种体现。

随着世界经济大萧条波及中国，美亚在市面衰落的影响下，采取了"一面内部实行紧缩，一面缩小营业范围，将满洲、印度支那、马来亚等处之分行裁撤，另设代理处于爪哇、星嘉坡、河内、沈阳、哈尔滨等处"⑩ 的策略，结果经营业绩仍呈上升势头。1933年，美亚营业"仍达三百万元左右，计获盈余344808.87元；廿三年营业收入为810593.26元，盈余144199.65元"。⑪ 不过，美亚经营并不总是成功。1935年，美亚拥有大量股份的美丰银行倒闭，结果使美亚该年盈余下降到118691.41元。

---

① 谢国贤. 保险事业在中国 [J]. 银行周报，1937，21（19）.

② Report for 1930，A. A. U. [A]. 上海市档案馆藏上海商业储蓄银行档案，档号 Q275-1-1823.

③ Report for 1930，A. A. U. [A]. 上海市档案馆藏上海商业储蓄银行档案，档号 Q275-1-1823.

④ 杉村广藏. 列国对支投资概要——第一调查委员会报告书别册 [M]. [出版地不详]：东亚研究所，1943：106.

⑤ Report for 1930，A. A. U. [A]. 上海市档案馆藏上海商业储蓄银行档案，档号 Q275-1-1823.

⑥ 上海商业储蓄银行调查报告：第13416号1937年2月1日 [A]. 上海市档案馆藏上海商业储蓄银行档案，档号 Q275-1-1823.

⑦ 沈雷春. 中国保险年鉴：1937 [M]. 上海：中国保险年鉴社，1937：2.

⑧ Report for 1929，A. A. U. [A]. 上海市档案馆藏上海商业储蓄银行档案，档号 Q275-1-1823.

⑨ 上海商业储蓄银行调查报告：第13416号1937年2月1日 [A]. 上海市档案馆藏上海商业储蓄银行档案，档号 Q275-1-1823.

⑩ 上海商业储蓄银行调查报告：第13416号1937年2月1日 [A]. 上海市档案馆藏上海商业储蓄银行档案，档号 Q275-1-1823.

⑪ 上海商业储蓄银行调查报告：第13416号1937年2月1日 [A]. 上海市档案馆藏上海商业储蓄银行档案，档号 Q275-1-1823.

1936 年，美亚投资再次失败，倒亏 73 万多元，使得 1937 年、1938 年连续两年出现亏损。表 5-30、表 5-31 分别反映了美亚的经营业绩。

表 5-30　1925—1929 年美亚保险公司营业统计

单位：两

年份	总收入	开支	净收入
1925	237824.5	143552.8	94271.7
1926	296501.1	180048.0	116453.0
1927	381923.1	258316.7	123606.5
1928	470870.1	352285.5	118584.7
1929	519201.5	392593.0	126608.4
平均	—	—	115904.9

资料来源：Report for 1930，A. A. U.［A］. 上海市档案馆藏上海商业储蓄银行档案，档号 Q275-1-1823.

注：总收入包括保险代理收入和投资收入。

表 5-31　1930—1940 年美亚保险公司的经营业绩

年份	资产总额	保费收入	赔款额	盈余
1930	—	—	—	252330.00
1931	—	—	—	302044.00
1932	—	—	—	78658.00
1933	6775835.36	—	—	507723.30
1934	6307761.43	810593.26	652864.77	222504.95
1935	—	—	—	118691.41
1936	—	—	—	-730871.62
1937	4911837.03	859858.80	484245.38	-563129.32
1938	4602130.85	578963.31	500320.33	-364346.80
1939	7525746.17	2269300.63	931111.17	593199.97
1940	14908784.31	4270344.70	1604205.56	660164.75

资料来源：1930—1932 年的数据来源于 1936 年 4 月 22 日《申报》。另外，1933 年、1934 年盈余额据《申报》1936 年 4 月 22 日记载分别为 344809 元、144200 元。其余数据根据上海市档案馆藏档的《美亚保险公司历年营业报告》，档号 Q275-1-1823。

说明：1. 1932 年前单位为两，以后为元。

2. 保费收入是指保险代理费收入，不包括投资收入。

　　将上述两表合并考察，就会发现 1933—1934 年美亚经营处于顶峰，此后几年美亚的经营业绩实际上处于下降过程，直到 1938 年前后才止住颓势。这与保安保险公司的经营发展历程具有很大的差异，但是否可以说美亚经营更多受中国经济形势影响呢？当然也未必。因为对于两表所反映的美亚经营业绩，应该注意它如同其营业网络遍布中国、东南亚及美国本土一样，并不都来源于中国境内。

关于此点，正如 1930 年美亚向股东大会作报告时所指出的那样，美亚的"基础是坚固的，前途是光明的。因为它的生意并不是局限在一个国家，而是拓展到整个东方的大部分地区。关于这点，可以从中国最近几年的混乱并没有给公司经营的稳定增长带来影响得到证明……事实证明，在过去的二十年里，保险生意在远东地区有了非常大的增长。下一个十年将会出现更大发展。保险必须与工业化进步、财富集中与流通以及商业与金融系统化相伴随。东方工业化的进步比世界其他地区都要快……中国的战争虽然阻碍了但是并不能阻止持续的工业化发展与商业的增长"。[①]

最后，还要指出的一个问题是民族银行业对美亚的投资行为。由于该公司"赔款从未愆期，信用既著，营业自扶摇直上"，[②] 所以上海商业储蓄银行曾在 1929 年美亚改组时购买了一定数量的公司股票，具体为："优先股 1050 股，每股 100 元，合国币 146853.14 元（市价）。普通股 900 股，每股 10 两，合国币 12587.4 元（市价）。"[③] 当时美亚全部优先股为 5000 股，普通股为 15000 股。[④] 如此看来，上海商业储蓄银行至少在美亚优先股上占有一定的份额。

（四）友邦人寿保险公司

友邦人寿是近代唯一一家总公司设在上海并专营人寿保险业务的美国公司，与美亚保险公司有紧密关系。创始人史带以美亚董事长身份兼任友邦人寿董事长直到 20 世纪 30 年代后期。除美亚保险公司的大量投资外，友邦人寿也有少量中国资本。中国银行曾在友邦人寿里有少量投资，而中国银行沪行经理贝祖贻也曾任友邦人寿董事。表 5-32 反映了 1933 年友邦人寿保险公司主要领导人员的构成。

表 5-32 1933 年友邦人寿保险公司主要领导人员简表

职务	姓名	简介及评价
董事长	C. V. Starr	美国人。美亚保险公司董事长，恒业地产公司、新瑞和洋行、四海保险公司、泰山保险公司、法美保险公司董事。饶于资产，信誉殊佳
董事	F. J. Raven	美国人。美东银公司、美丰银行、普益地产公司、公济医院等董事长，科发药房副董事长，普益信托公司董事兼经理，上海公共租界工部居董事等。沪地外商领袖，信用颇好
董事	贝祖贻	江苏吴县人。中国银行董事兼沪行经理，中央银行监事，上海工部局华董，中国保险公司、安平水火保险公司董事等
董事	T. O. Thackrey	大美晚报总经理
董事兼总经理	Mansfield Freeman	美国人。友邦银行董事兼司库。家道殷实，声名不恶
董事兼副总经理	N. Vander Starr	美国人。家道小康，声誉甚佳
董事	C. L. Seitz	英国人。祥泰木行董事

资料来源：中国征信所调查报告：第 3927 号 1934 年 1 月 24 日 [A]．上海市档案馆藏上海商业储蓄银行档案，档号 Q275-1-1823．

---

① Report for 1930，A. A. U. [A]．上海市档案馆藏上海商业储蓄银行档案，档号 Q275-1-1823．
② 上海商业储蓄银行投资审查：1934 年 9 月 [A]．上海市档案馆藏上海商业储蓄银行档案，档号 Q275-1-838．
③ 上海商业储蓄银行投资审查：1934 年 9 月 [A]．上海市档案馆藏上海商业储蓄银行档案，档号 Q275-1-838．
④ Report for 1929，A. A. U. [A]．上海市档案馆藏上海商业储蓄银行档案，档号 Q275-1-1823．

尽管友邦人寿"事业的活动中心是上海和远东",[1] 但具体营业地域则包括美国、中国、英国、英属领地及保护领地、法属印度支那、荷属东印度等。[2] 友邦人寿有纽约、伦敦、巴黎、柏林等欧美分行及福州、哈尔滨、北平、天津、汉口、广州、西贡、香港、小吕宋、海防、仰光、新加坡、巴达维亚等远东分行。[3] 正是这种遍布中国、远东各地乃至欧美的全球营业网络给友邦人寿带来了巨大经营业绩。表5-33反映了友邦人寿历年累积有效保险金额增长情况。

表5-33 友邦人寿保险公司有效保险金额增长表（1921—1937年）

年份	有效保险金额（华币：元）	指数
1921	1033210	100
1922	3152294	350
1923	6044000	580
1924	9466484	920
1925	11792824	1170
1926	13625290	1300
1927	14062216	1390
1928	17267290	1690
1929	24098486	2300
1930	34428000	3300
1931	40966440	3950
1932	51195942	4980
1933	51528385	5000
1934	56683892	5500
1935	59846252	5800
1936	59559470	5760
1937	63156776	6100

资料来源：以上数据来源于友邦人寿各年财务报告、中国征信所第13449号报告书（1937年2月8日）、中国征信所调查报告第16581号（1938年10月12日），以及上海市档案馆档藏，档号Q275-1-1823。

① 杉村广藏. 列国对支投资概要——第一调查委员会报告书别册 [M]. [出版地不详]：东亚研究所，1943：99.
② 东亚研究所. 米国ノ对支金融业及保险业投资 [M]. [出版地不详]：东亚研究所，1940：61.
③ 中国征信所调查报告：第3927号 1934年1月24日 [A]. 上海市档案馆藏上海商业储蓄银行档案，档号Q275-1-1823.

友邦人寿在短短 16 年里，有效保险金额从 100 多万元达到 6300 多万元，年增长率高达 29.3%。而四海保险公司到 1937 年有效保险金额也不过 16500312 元。[1] 另一家最大的民族寿险公司华安合群保寿公司 1931 年的有效保险金额也仅为 1996 万余元。[2] 而友邦人寿在该年则为 4000 多万元，是华安合群保寿公司的两倍多。

从有效保险金额来讲，友邦人寿的业绩肯定是无与伦比的。其资产总额的增长及丰厚的盈余额也证明了它的事业成功，以至于花旗银行赞美它们之间的关系："许多年来它（友邦保险）是我们（花旗银行）的顾客，我们之间的关系非常融洽和密切。"[3] 正是由于友邦人寿的业绩迅速发展，才使其储蓄部于 1930 年在沪改组成为友邦银行。

友邦人寿保险公司招聘广告

表 5 - 34　友邦人寿保险公司资产总额及盈余额增长表（1932—1937 年）

单位：元

年份	资产总额	盈余额
1932	5927466	233316
1933	—	403964
1934	7204796	371580
1935	—	301622
1936	8807717	218933
1937	10058357	185000

资料来源：友邦人寿保险公司各年报告，原件英文。上海市档案馆藏上海商业储蓄银行档案，档号 Q275 - 1 - 1823。

友邦人寿的营业网络遍布全球，其业绩当然也来自全球各地的分公司。受 1929 年开始的经济大萧条影响，以及越来越多寿险公司的竞争，友邦人寿此后每年在华寿险营业额明显减少。从表 5 - 34 中可见，1932—1934 年是友邦人寿有效保险金额增长相对较慢的几年。1933 年后，其盈余额更是逐渐减少。而其他地区，尤其是东南亚一带此时开始成为友邦人寿的重要业务来源。据称，20 世纪 30 年代初期，"友邦的活动舞台大体是中国、马来亚、菲律宾各占三分之一"。[4] 而到 1933 年，在友邦人寿的庞大经营网络中，各地在营业贡献上的排序已有所改变，此时"各埠营业以小吕宋为最巨，

① International Assurance Co. General Meeting ［N］. The North - China Daily News, 1937 - 06 - 22.
② 华安合群保寿公司二十周年纪念刊［A］. 上海市档案馆藏华安合群保寿公司档案，档号 Q336 - 1 - 16.
③ 花旗银行信函：1935 年 12 月 16 日［A］. 上海市档案馆藏上海商业储蓄银行档案，档号 Q275 - 1 - 1823.
④ 杉村广藏. 列国对支投资概要——第一调查委员会报告书别册［M］.［出版地不详］：东亚研究所，1943：99.

次为上海".① 以下不妨以几个年份为例分析友邦人寿的业务来源构成。

资料显示,1935 年友邦人寿新增保额为 12462189 元,其中"收入在中国者为 5437881 元,较上年略差。在印度支那、马来亚、菲律宾等处者,共 7024308 元,较上年增 10%".② 从中可见该年东南亚等地的人寿保险契约额已超过中国地区许多。不过到 1936 年,友邦人寿新增保额为 11732566 元,"其中 6110567 元来自中国,另 5671999 元来自菲律宾、马来亚、法属印度支那等地".③ 可见中国部分又超过东南亚地区,但只占一半稍强,并且据称中国部分的"近 90% 来自华中地区".④ 据 1937 年友邦人寿全部有效保额的统计,其地区来源构成见表 5 – 35。

表 5 – 35　截至 1937 年底友邦人寿保险公司全部有效保额的地区来源构成

有效保额来源地区	所占比例（%）
上海	18.2
华北	11.4
满洲	1.2
华中、华西	5
华南	8.7
香港	7.5
中国部分　合计	52
法属印度支那	6.2
马来亚	12.4
荷属东印度	2.2
菲律宾群岛（小吕宋）	27.2
中国以外部分　合计	48
总计	100

资料来源:Good Year Reported by Asia Life Insurance Company in Spite of Hostilities Here ［N］. The China Press, 1938 – 05 – 13.

从表 5 – 34 可见,中国部分之营业额在友邦人寿总营业成绩中仅占一半稍强,上海的营业额在其中份额最大。如果进一步考察以后年份,就会发现中国部分所占比重更趋减少。到 1939 年时,受

① 中国征信所调查报告:第 3927 号　1934 年 1 月 24 日 ［A］. 上海市档案馆藏上海商业储蓄银行档案,档号 Q275 – 1 – 1823.
② 中国征信所调查报告:第 13449 号 1937 年 2 月 8 日 ［A］. 上海市档案馆藏上海商业储蓄银行档案,档号 Q275 – 1 – 1823.
③ 友邦人寿保险公司 1936 年营业状况报告 ［A］. 上海市档案馆藏上海商业储蓄银行档案,档号 Q275 – 1 – 1823.
④ 杉村广藏. 列国对支投资概要——第一调查委员会报告书别册 ［M］. ［出版地不详］:东亚研究所,1943:99.

抗日战争形势影响，友邦人寿全部有效保额中的"中国部分仅占27%，菲律宾则增加到近40%。"[①]到1940年这一比例再次跌落至不到12%。[②] 可以说友邦人寿当时正慢慢淡出中国市场。

对上述几家保险公司进行考察，可见其一个共同特点，即尽管几家公司最早都是在中国设立的，但到20世纪30年代，其经营地域范围已不限于中国境内，经营业绩的变动不仅受到中国保险市场，也受到中国之外保险市场变化的影响。换言之，在一定意义上，这些创设于中国的外商保险企业已经建立了以中国为中心、地域辐射广泛的经营网络。这再一次证明了中国近代保险业的国际化特征。在西方保险业构建的国际保险市场网络中，中国作为一个半殖民地的次级市场而存在，与此同时，中国保险市场又是西方保险业在远东地区一个重要的立足点，在全球性的保险市场中占有其特定的地位。

第四节　保险业的市场格局

南京国民政府时期，中国保险市场的发展逐渐趋于成熟，以上海为中心，以沿海沿江城市为主要节点，保险企业的地域布局，反映了20世纪30年代中国保险市场的基本格局。下面分别对上海和其他城市的保险市场发展状况进行简略介绍。

一、上海的保险市场

保险业是社会经济发展的一个侧面，与工商经济活动紧密相依、互为扶持。上海是中国现代工商经济的中心城市，其保险市场也最为活跃和繁荣。南京国民政府成立后，上海工商业的发展尤为引人注目。以实力最强大的棉纺织业为例。20世纪20年代中期以后，上海棉纺织业无论是棉纺厂数、纱锭数还是织布机台数、棉纺厂资本数，都呈现出较快的增长趋势。1925年，上海棉纺厂达22家，纱锭达到677238锭，布机5090台，资本为48629576元；1931年棉纺厂31家，纱锭1066920锭，布机为7244台；1936年棉纺厂为31家，纱锭1114408锭，布机为8754台，资本则达到69419072元。[③] 棉纺织业是一个存在广泛保险需求的行业。各大棉纺织厂商大多数为企业投保了财产保险，甚至当时以存储棉布为业的货栈，也大都投保了火险。

烟草业同样是对保险有强烈需求的一个行业。上海是中国近代烟草业的中心，"1911至1924年，上海先后成立的民族烟厂共计43家"。[④] 根据统计，1924年上海华资卷烟厂有16家，卷烟机数为113台，职工人数为5721人。从1925年开始，烟草业在上海的发展更显迅速，见表5-36。

① 杉村广藏. 列国对支投资概要——第一调查委员会报告书别册 [M]. [出版地不详]：东亚研究所，1943：99.
② 友邦人寿保险公司1940年营业状况报告 [A]. 上海市档案馆藏上海商业储蓄银行档案，档号Q275-1-1823.
③ 熊月之. 上海通史：第8卷 民国经济 [M]. 上海：上海人民出版社，1999：4.
④ 方宪堂. 上海近代民族卷烟工业 [M]. 上海：上海社会科学院出版社，1989：29.

表 5 - 36　1925—1936 年上海华资卷烟厂情况统计

年份	厂数	卷烟机数	职工人数
1925	52	176	8615
1926	64	318	14515
1927	67	344	15781
1928	101	414	17913
1929	100	416	17427
1930	94	543	19683
1931	79	540	15447
1932	75	535	15255
1933	58	519	17483
1934	53	495	17875
1935	49	482	14822
1936	44	474	13663

　　资料来源：方宪堂. 上海近代民族卷烟工业 ［M］. 上海：上海社会科学院出版社，1989：273 - 274.

　　在零售业方面，第一次世界大战后，近代上海著名的大型百货公司相继成立，到 1936 年各公司营业都有了飞速发展。上海四大百货公司的营业增长状况通过表 5 - 37 可见一斑。营业额的不断增长，预示着社会经济的整体发展，也就表明人们的消费与购买力提高，从而会间接有利于包括保险业在内的许多行业的发展。

表 5 - 37　上海四大百货公司的营业增长状况

单位：法币万元

公司名称	开幕初期营业额	1936 年营业额	增长速度（%）
先施公司	360（1918 年）	600	66
永安公司	455（1919 年）	869	93
新新公司	300（1926 年）	540	80
丽华公司	150（1927 年）	240	60

　　资料来源：上海百货公司，等. 上海近代百货商业史 ［M］. 上海：上海社会科学院出版社，1988：112 - 113.

　　晚清开埠以来，上海一直是中国保险业的中心。仅就华商保险业而言，有统计显示，1935 年全国共设有 48 家华商保险总公司，其中国营 2 家，民营 46 家。专营人身保险者 13 家，专营财产保险者 30 家，兼营人身保险、财产保险者 5 家。这 48 家公司分布情形为：上海 25 家，香港 13 家，广州 3 家，福州 3 家，天津 2 家，北平、重庆各 1 家。分公司的设立情况为：上海 12 家，南京 10 家，苏州 2 家，杭州 6 家，宁波 2 家，北平 3 家，天津 12 家，济南 5 家，青岛 6 家，开封 1 家，郑州 3 家，龙口 1 家，汉口 13 家，芜湖 1 家，九江 1 家，长沙 3 家，宜昌 1 家，重庆 4 家，南昌 1 家，广州 17 家，汕头 1 家，哈尔滨 5 家，沈阳 3 家，大连 1 家，营口 1 家，石歧 4 家，台山 1 家，厦门 1 家。另外，香港有 3 家。按照不同区域各公司的资本额统计，上海有 36344000 元，占 63.5%；香港有 16700000 元，占 29%；广州有 3000000 元，占 5%。[①] 这些数据反映了上海在中国保险市场中的地位。

20 世纪 30 年代，上海市场上的保险种类已十分丰富。人身保险方面，有人寿保险、终身保险、养老保险、教育保险、婚嫁保险、资富保险、团体保险等；财产保险方面，水险有船壳平安险、船壳尽失险、运输平安险、水渍险、海盗险、兵险，火险有厂栈险、房产险、货物险；此外，还有汽车险、飞机险、兵灾险、盗窃险、信用险。[②]

关于上海保险市场的费率，以 1929 年的情形为例略作说明。其一，火险方面，洋商与华商略有不同，"华商较洋商稍贵"。以洋商而论，以 1000 两保额为标准，洋房（四围有树木隙地者）：租界为 8 两，华界为 10 两；石库门：租界为 12.5 两，华界为 15 两；店面：租界 18 两，华界 30 两；洋栈：自 15 两起不定。"其余价格极繁，须视房屋之式样、质量及环境等，及其危险程度至若何地步而定。"不过，这些定价均有折扣，自三折到五六折不等，"大抵三折为最普通"，"如投保住宅一千两者，定价十二两，则仅需付三两六钱已足。"其二，水险方面。一为平安险，"所保货物，须完全沉没水中，始能照赔，若受水渍，并不赔偿"。价格以目的地而定，一般价格为：上海至镇江、南京或芜湖，每千两保费均为 3 钱 5 分；上海至安庆，每千两保费为 4 钱；上海至汉口，每千两保费为 5 钱；上海至福州、香港、广东，每千两保费均为 1 两；上海到新加坡，每千两保费 2 两 1 钱。上述价格，一般可以打九五折或九折。二为水渍险，价格较平安险略贵。一般 5 月到 9 月，照平安险加 1/4；10 月到次年 4 月的风季，则照平安险加半。另外，水险往往在货物到达目的地后加保短期的货栈火险，依据时间长短相应增加保费。比如，加保火险 3 天，加银 5 分；加保 5 天，加银 8 分；7 天加银 1 钱；14 天加银 1 钱二三分。[③]

尽管这一时期上海社会相对稳定，为保险市场的发展提供了有利条件，但突如其来的时局变化也会对保险市场产生冲击。1932 年，日本在上海制造"一二八"事变，战事爆发后即引起保险业的反应，外商保险不再承保租界外的财产。租界内的不动产保费，每月由 3% 提高到 5%。[④] 事变期间，闸北等地遭受了日军的蹂躏，繁盛街市顿成瓦砾之场，不少商民遭受了严重损失。一些曾投保的商民要求保险公司赔偿。在双方就此交涉期间，上海市商会也介入其中，当年 3 月曾致函保险业公会，认为闸北民众的损失中，一些确实是失火而非兵灾造成的，要求按照火险办理赔偿。[⑤] 但保险业认为兵险与火险不同，依照保单章程，万难赔偿，"几经涉讼，均依此判决"。但保户并不接受这一结果，还组织了灾区火灾赔款协进会，集合保户数百人，继续向各公司索赔。最终，经上海市社会局和保

① 王雨桐. 中国之保险业 [J]. 经济研究，1942，4（2）（专号）：41-47.
② 张永敬. 上海华商保险业概况 [J]. 中央银行月报，1935，4（8）.
③ 爱纶. 保险业概况记略 [J]. 行储堂杂志，1929，4.
④ 沪事变中的保险业 [N]. 时报，早晨号外，1932-02-04.
⑤ 市商会函保险业闸北火灾仍应赔偿 [N]. 时报，早晨号外，1932-03-15.

险业同业公会协议,由各华洋承保公司各自捐洋2万元,作为救济闸北灾民之需,"其事始寝"。[①]

同一时期,上海人寿保险市场的拓展取得了一定进展。人寿保险市场的活跃程度,表现在有效保险金额的增长上。表5-38中的数据是中国、中国天一、太平、永安人寿、先施人寿、泰山、华安合群保寿、宁绍人寿8家兼营或专营寿险业务的民族保险公司不完全业绩统计。从1930年起,民族人寿保险业的发展呈现出逐步上升的态势,各保险公司总的有效保额、保户人数、保费收入三项指标在这一时期都处于稳步上升中。

表5-38　8家民族保险公司寿险营业成绩(1930—1934年)

单位:元

项目	1930年	1931年	1932年	1933年	1934年
保费收入合计	1766017	1992268	—	4037346	3203900
付出赔款合计	813091	811284	774812	1039872	1106867
有效保额合计	25433405	28293086	32283824	42562921	48953788
保户人数合计	7775	9464	10973	12492	38574

资料来源:沈雷春.中国保险年鉴:1936[M].上海:中国保险年鉴社,1936:205-207.

从表5-38看到,尽管从1930年起中国的经济形势开始趋向萧条,但华商人寿保险业的发展却呈现出上升的态势,各公司总的有效保额、保户人数、保费收入三项指标在这一时期都处于稳步上升中。从投保人的角度看,这一时期的人寿保险主要是上层社会人员,见表5-39。

表5-39　人寿保险保户职业统计

业别	人数	业别	人数
商人	19534	自由职业	2154
官吏	5125	军人	1011
教育界	4153	其他	2333
职员	3957	总计	38357

资料来源:沈雷春.中国保险年鉴:1936[M].上海:中国保险年鉴社,1936:208.
注:自由职业包括记者、律师、会计师、牧师、医生、艺员、掮客等。商人包括企业家。

不过,以上海为中心的寿险业到1937年前虽然取得了一定程度的发展,但是其总体实力仍然比较弱小。在全国40家华商保险公司中,专营人寿保险的只有7家,兼营者3家,总共仅10家而已。[②] 从资本额来说,这10家公司在1937年总实收资本为1123万元。[③] 以参加投保人寿险的人数

---

① 王雨桐.中国之保险业[J].经济研究,1942,4(2)(专号):54.
② 沈雷春.中国保险年鉴:1937[M].上海:中国保险年鉴社,1937:15.
③ 沈雷春.中国保险年鉴:1937[M].上海:中国保险年鉴社,1937:3-4.

计，"四亿中国人中，现在加入生命保险的只不过五万人左右"。[①] 全部有效保险金额累积到 1936 年也不过 5000 万元左右。[②] 而同年，仅一家美国在沪寿险公司友邦人寿保险公司的有效保险金额即达到了 6300 多万元。另据有关统计，1933 年前后，我国"平均每人有寿险二角八分！比之蕞尔之日本，大我四百三十五倍"。即便是"墨西哥……平均每国民有寿险美金 6 元……而巴西……平均每国民有寿险美金 4 元"。[③] 相比之下，整个民族寿险业无疑相形见绌。

但无论如何，上海保险市场仍呈现出前所未有的繁荣景象。在上海，由字林西报馆建设的外滩十七号字林大厦是外商保险业集中之地。美国著名保险商、被誉为"远东保险业的领袖"的史带将其公司设在字林大厦，自己也长期租住在这里。"这里有英美法各国国籍的保险公司不下二三十家（这些家外籍公司不像其他一些外籍公司，仅在上海设分公司或代理处，而是在上海设立公司，上海为其总公司之所在地），还有由全上海洋商保险公司为主体所组织的上海火险公会、上海水险公会、华北汽车险公会。上海洋商火险、汽车险与水险的经营，无不须依照这几个公会的指令办理，所以外滩十七号竟俨然成了上海保险业的大本营了。""据说近十余年来，大厦内曾培育了不少的保险人才。有四家华商保险公司的总经理都是在'十七号'出身的，而职位仅次于总经理者出身在'十七号'的，更不知有多少。"[④][⑤] 作为上海保险市场的运作中枢，字林大厦也成为上海保险业发展的一个象征。

二、其他地区的保险市场

南京国民政府时期，其他各地的保险市场也得到了进一步拓展。仅就华商保险业而言，民国北京政府时期已开始在内地展业，由上海而逐渐扩展到江苏、浙江、安徽、湖北、湖南、江西、四川等省，向北则达到河北、河南、山东等省，南至福建、广东、广西、贵州、云南各省，"保险之营业网络已密布于全国各地"。从 1937 年华商保险总公司和分公司在全国各地的分布情形，大致可见保险市场的地域格局。这一年，除上海市设有 24 家总公司、11 家分公司外，江苏省的华商保险公司分布在南京、镇江、苏州三地，其中南京设有 5 处分公司，其余两地各 1 处。浙江省杭州分公司有 6 处，宁波有 2 处。江西省南昌有 4 处分公司，九江 1 处。湖南长沙有 6 处分公司，湖北宜昌有 1 处，福建闽侯有 1 处。在广东省，广州有 2 处总公司，18 处分公司，汕头、台山各有 1 处分公司，石歧则有 3 处。四川重庆有 1 处总公司，6 处分公司。河南开封有 1 处分公司，郑县则有 5 处。北平有 1 处总公司和 3 处分公司，天津有 10 处分公司。在山东省，济南、青岛和龙口则分别设有 5 处、6 处和 1 处分公司。此外，香港则有 10 处总公司和 6 处分公司。华商保险公司还在海外的巴达维亚、仰光、庇能、油麻地、新加坡、棉兰、暹罗、澳洲、湾仔等地设有多处分公司，包括在新加坡的 2 处总公司。[⑥] 这一

① 和田喜八．上海に於ける保险事业の研究［J］．支那研究，1928，18：504.
② 沈雷春．中国保险年鉴：1937［M］．上海：中国保险年鉴社，1937：15.
③ 张似旭．人寿保险与国家经济的发展［J］．银行周报，1933，17（39）.
④ 忠．外滩十七号——上海洋商保险业的大本营［J］．保险月刊，1941，3（7）.
⑤ 忠．外滩十七号——上海洋商保险业的大本营［J］．保险月刊，1941，3（8）.
⑥ 志刚．再论华商保险业［J］．中央经济月刊，1942，2（11）.

统计虽然并不准确，但仍然可以为了解这一时期保险市场的地域格局提供一定的参考。

保险公司代理处或分公司在各地的设立情形也反映了这一点。根据 1935 年《保险年鉴》，上海华兴保险公司在杭州（2 处）、南京、宁波、营口、镇江、汉口、厦门均设有代理处。总公司设在香港的联保水火保险公司在上海、汉口、天津、大连、广州、仰光、哈尔滨设有分公司，另在镇江、九江、杭州、烟台、青岛、威海卫、一面坡、龙口、辽宁、营口、长春、吉林、大黑河、泰安镇、三岔河、公主岭、郭家店、范家屯、安东、富锦、珠河、黑龙江、海拉尔、满洲里、阿什河、普兰店、卅里堡、富尔基、金州、新加坡 30 处设有代理处。太平保险公司除上海总公司、分公司外，还在南京、汉口、天津、济南、郑州、广州、哈尔滨、沈阳设分公司或支公司，代理处则设于长沙、常德、南昌、九江、许昌、重庆、新浦、嘉兴、绍兴、杭州、宁波、金华、乌镇、青岛、潍县、太原、北平、信阳、苏州、镇江、扬州。中国天一保险公司除了上海的总管理处，在上海、南京、天津、汉口、青岛、宁波、杭州、苏州、北平设有分公司，另外在吴淞、嘉定等地还有 40 个代理处。中国保险公司的代理处则分布在河北、河南、山东、辽宁、吉林、黑龙江、安徽、江西、湖北、湖南、四川、福建、广东、江苏、浙江等省，共 59 处。其中，仅浙江即有 13 处，江苏 10 处，山东 8 处。总公司设在香港的先施人寿保险公司在上海、广州、天津、石歧设有分公司或支公司，还在南京、汉口等处设立 31 个代理处。①

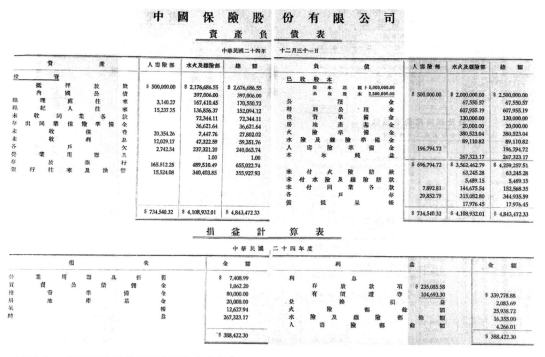

1934 年，中国保险股份有限公司资产负债表

① 中国保险年鉴编辑所. 保险年鉴：1935 [M]. 上海：中华人寿保险协进社，1935：10 – 82.

华东地区处于上海保险业的直接辐射下，保险市场较其他地区更为发展。南京在成为国民政府所在地后，保险市场出现了快速增长。1935 年，有 7 家华商保险公司在南京设立了共 8 处分公司或分局，保险代理商 15 家。[①] 1937 年《中国保险年鉴》介绍说：

一、营业数量之增加。京市自奠都以后，人口激增，十年以来，已增加二倍有余，而衣食住行之必需设备，亦随之而增。关于建筑方面，进步尤速，土木之工，无时或辍，故就火险而论，五年之中，几增一倍。人寿险亦因年来政局安定，其营业总数，增加甚速，就华安合群保寿公司一家而论，去年份新生意总数，较二十二年度已增加四倍有余，其他各种水险汽车险等，亦均年有增加。

二、外商公司势力之减退。京市各种财产保险，本握于外商之手，年来外商公司如太平、中国、宝丰公司，相继设立，因办理完善，又得银行界之协助，故营业蒸蒸日上，外商公司之在今日，仅存极小部分势力，且即此少数之公司，于保险业法实行后，营业亦再有减少之可能。

南京的华商保险公司也设有保险业同业公会。根据介绍，南京民族保险公司组织的同业公会"成立于前年冬季，有会员公司 15 家，现任主席为张梦文，常务委员为范宝华，执行委员为高六也、戈恒甫、周正祥、张纪纲、徐文华、张蔚观等，按月开会讨论本业应兴应革诸事，故京市各项房产保险费及折扣，均由公会订定，而对外则为全业之代表焉"。[②] 1935 年，南京保险业同业公会在第二次会员大会上，还制定通过了《同业行规草案》。[③]

在江苏省，1935 年南通、响水口、徐州、泰州、常州、常熟、清江浦、盛泽、宿迁、扬州、无锡、新浦、溧阳、宁海、嘉定、镇江、苏州等市镇均设有华商保险代理机构，常州、镇江、苏州、无锡分布尤密。镇江是长江与大运河航运的重要节点，也是商业重镇，但此前保险业并不十分发展。1929 年，江苏省政府从南京迁至镇江后，人口激增，商业发展，各保险公司纷纷设立代理处，"营业年有增进"。在镇江设有代理处的民族保险公司计有中央、中国、太平、安平、丰盛、天一、宝丰、四明、先施、永宁、上海联保、华兴、宁绍寿险等家，业务以火险为最佳，水险、寿险、汽车险等次之。1935 年，火险保费收入在 10 万元左右，赔款约 7 万元。水险、寿险、汽车险等 1935 年保费收入 3 万余元，赔款 1 万余元，较 1934 年略有增加。但由于缺少保险同业团体，保价不一。[④] 与整个中国保险市场相一致，镇江保险市场的波动也很明显，比如在 1933 年前后，经济大萧条也影响到中国，并进而传导到当地的保险市场，镇江一度仅有 5 家保险公司营业。[⑤]

对保险市场而言，灾害的发生往往会激发人们对保险的需求。1932 年，松江一家绸缎庄遭受火灾，累及周边多家商户。上海保险公司如华商安平公司、外商之怡和洋行保险部等，纷纷借机开拓当地的保险市场，"保险业如雨后春笋，各商家为保障财产计，颇乐于接洽"。[⑥]

①　中国保险年鉴编辑所．保险年鉴：1935 [M]．上海：中华人寿保险协进社，1935：151 – 168.
②　沈雷春．中国保险年鉴：1937 [M]．上海：中国保险年鉴社，1937：137 – 139.
③　保险业公会通过同业行规 [N]．中央日报，1935 – 09 – 18.
④　沈雷春．中国保险年鉴：1937 [M]．上海：中国保险年鉴社，1937：132 – 136.
⑤　实业部中国经济年鉴编纂委员会．中国经济年鉴：第三编 [M]．上海：商务印书馆，1936：104.
⑥　火警后保险业勃兴 [N]．申报，1932 – 08 – 17.

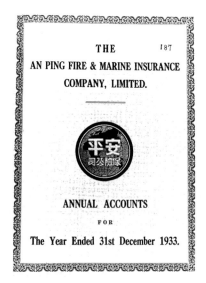

THE   187
AN PING FIRE & MARINE INSURANCE
COMPANY, LIMITED.

平安
司公险保

ANNUAL ACCOUNTS

F O R

The Year Ended 31st December 1933.

安平保险公司 1933 年报告册

在浙江省，1935 年保险代理机构已遍布该省主要市镇，包括平湖、台州、石浦、坎门、吴兴、板浦、金华、定海、杭县、奉化、柴桥、南浔、海门、海宁、黄岩、黄古林、贵驷桥、庄桥、碳石、绍兴、乌镇、宁波、温州、象山、湖州、慈溪、润安、嵊县、嘉兴、余姚、德清、临海、临浦、龙游、镇海、鳌江、兰溪等，代理商达到 100 多家。① 杭州的保险业在 20 世纪 30 年代最为兴旺。1935 年，有 7 家华商保险公司在该地设有分公司，保险经纪人达到 74 名。② 1936 年，各保险公司营业收入共约 80 万元以上，赔款 60 万元，盈余 20 余万元。③ "保险公司如雨后春笋，经理人更如恒河沙数"。由于竞争激烈，各家公司都以极低折扣揽客。当地一家服装店开业后，同时送来的保单竟然有 7 张之多，"拼命式的掮客来了十多个"。④ 1937 年春，有报道称，杭州商业虽然不景气，但保险业"实在是蒸蒸日上、一日千里的进展着"，"杭州一隅的地方，保险公司竟有四十多家，此业中的从业员及掮客，不下有二三千人之多"。⑤ 当然，杭州保险市场的这种异常兴隆景象，显然是畸形的。

相对于江浙地区，江西省的开放程度要落后很多，保险业主要在南昌和九江，以火险为最多，水险、人寿险次之。根据 1934 年的调查，南昌的火险业务有 6 家经营者，除一家开设日期未详外，其余各家开设在 1929 年到 1932 年间，其中 1932 年即开设了 3 家。投保客户合计有三四百户，其中 80% 甚至 90% 为商店，少量为住户。由于当地工业不发达，工厂投保者极为少见。在九江营业的保险公司有 10 余家，宝丰、中国、太平、太古、华安合群 5 家公司合计投保户数约五六百户，其中华安合群在当地的投保人数为 43 人。⑥ 1935 年的统计则显示，九江和南昌的华商保险公司代理商分别有 10 家和 8 家。⑦

在华北地区，天津是北方保险业中心。与其他地区相似，洋商处于绝对优势地位。根据天津《大公报》的报道，1931 年初，天津"中国火险公司，共有七家，而洋商则有百三十余家"。⑧ 1932 年 2 月 9 日，《大公报》又报道说：

津市保险业，原操诸于英、美行家，尤以美行为最。每年年终无不获利巨万，盖以资本雄厚，经营之户极少。近年各国商人，以该业易为发展，争先恐后，加入竞争，营业虽不若往昔之兴盛，

① 中国保险年鉴编辑所. 保险年鉴：1935［M］. 上海：中华人寿保险协进社，1935：169 – 175.
② 中国保险年鉴编辑所. 保险年鉴：1935［M］. 上海：中华人寿保险协进社，1935：180 – 181.
③ 杭保险业盈余［J］. 浙江经济情报，1937，2（4）.
④ 纪杭州之保险业［N］. 金刚钻，1936 – 08 – 17.
⑤ 畸形发展中之杭州的保险业［N］. 金刚钻，1937 – 03 – 08.
⑥ 江西保险业概况调查［J］. 经济旬刊，1934，3（12）.
⑦ 中国保险年鉴编辑所. 保险年鉴：1935［M］. 上海：中华人寿保险协进社，1935：181 – 182.
⑧ 火险公司之注册［N］. 大公报（天津），1931 – 01 – 22.

然每届岁杪，亦有相当盈余。但各商为自身业务计，四处分布代理店，设置分行，开支因之增加。据一月份统计，津市保险业大小已达三百余户。现该业以户数激增，营业自有影响，遂纷起减低扣佣，藉图生存。年来以国际市场萧索，出进口货物异常稀少，经营水险者已感受极大打击，而出进口商对于水险，多不似已往之重视。津市为华北商业之枢纽，水险既趋不振，火险当然萧索。近来该业尚能维持现状，不致一蹶而不振者，盖因资本殷实，已往盈余犹能把注，故其势力仍为外商所独占。华商如大中国保险公司、太平保险公司、永宁保险公司，虽占有势力，终未能驾英美商而上之。外商在津之保险业，美商以美国、美亚、花旗、美丰、北华等户为最大，英商则为太古、南英、太阳、保安等户，荷商则有荷兰、华昌两家，日商以三井、三菱、大仓为最有力，营业较盛者，厥为美国、太古、三井等数行。然较之往昔，则大有逊色也。①

　　1935年，华商保险公司在天津设有14家分公司。② 1936年1月初，《大公报》介绍了天津华商保险业的发展状况："本市华商保险业天一、太平、中国、四明、安平、永安、永宁、先施、泰山、华安、宁绍、肇泰、联保、宝丰等十四家公司，完全华股组织，资本雄厚，总额达国币三四千万之巨，办理水险、火险、人寿险、汽车险、火车险、船壳险、兵险、盗险、信用险、邮包险、意外险、玻璃险及利益损害险等，信用昭著，办事敏捷，并遵中央政府颁布之工商同业公会法之规定，组有天津市保险业同业公会，以利同业之研究，及谋保户之利益为宗旨。经会员公司之努力合作，组织周密，成绩斐然，诚庆我国保险事业之发展云。"③ 天津华商保险业同业公会于1931年改组成立，会址位于法租界中街44号楼上，常务委员3人，处理一切会务。1937年，常务委员为刘文星（华安水火）、龚作霖（中国）、孙静澜（太安丰）三人，对会务颇为努力，"故津市民族保险业务，大有蒸蒸日上之势"。④

　　根据1937年的统计，天津除洋商设立的130多家分公司和代理处外，主要华商公司也都设有分公司，比如太平、安平、四明、丰盛、天一、永宁、肇泰、宝丰、上海联保、兴华、永安水火、永安人寿、先施水火、华安水火、华安合群、宁绍人寿、东方人寿、泰山等公司。"保险业务以火险为大宗，汽车险水险次之，寿险业务迄未十分发展，但较前已大胜"。年保费收入以1935年估计约50余万元，火险约占6/10，汽车险及水险等占3/10，寿险约占1/10，其中华资公司占4/10。1935年，津市火灾出险次数约80余次，赔款共约18万余元。⑤

　　另外，北平、青岛、济南、郑州等，也是保险业较为发达的

中国天一保险公司的广告

①　保险业之萧条 [N]. 大公报（天津），1932 - 02 - 09.
②　中国保险年鉴编辑所. 保险年鉴：1935 [M]. 上海：中华人寿保险协进社，1935：152 - 153.
③　华商保险事业日见发展 [N]. 大公报（天津），1936 - 01 - 05.
④　沈雷春. 中国保险年鉴：1937 [M]. 上海：中国保险年鉴社，1937：178.
⑤　沈雷春. 中国保险年鉴：1937 [M]. 上海：中国保险年鉴社，1937：178.

城市。比如，1935 年华商中国天一保险公司、通易信托公司保险部、华安合群保寿公司、宁绍人寿保险公司在北平设有分公司，华商保险公司的代理商则有 7 家；青岛、济南各有 4 家华商保险公司的分公司，郑州有 2 家。另外，开封、济南也有保险公司的分公司营业。就华商保险公司的代理商而言，以山东省各城市为多，1935 年青岛有 12 家，威海卫有 5 家，烟台有 9 家。此外，卅里堡、周村、龙口、泰安、登州、济宁、潍县、临清也都设有华商保险代理机构。河北省唐山、秦皇岛也有华商保险公司的代理商从事营业。在河南，除郑州、开封外，此类代理机构则见于信阳、陕州、许昌、渑池、偃师、义井铺、驻马店、归德等处。[①]

在华中，汉口是长江中游地区保险业最为集中的城市。根据 1931 年春季的调查，汉口市保险公司 37 家，其中 14 家为华人创办，"且其中尚有为华人代理洋商者数家"。[②] 同一时期，另一则统计则称，"汉口保险业共计四十二家，洋商占十之七"。华商保险公司如先施、联保、永安、永宁、丰成、联康、永升、汉口、盛兴、华懋、鼎新等，洋商则有新大陆、花旗、新大美、其来、慎昌、生利、美商保险公司、太古、太平、保安、保和、平和、隆茂、永年、寰球、良济、安利美、通和、立兴、永兴、协平、礼和、福来德、天利、禅臣、嘉利、源泰、三井、信孚、新泰、宝林、义品等公司。[③] 汉口工业较为发达，火险市场规模亦较大，1933 年，汉口申新纱厂的火险，赔款即达到 121.3 万元，是当年国内赔款额最大的一宗，也是几年中赔款较大的火险案之一。[④] 1935 年，汉口华商保险公司的分公司或分局已有 14 处。[⑤]

此外，1935 年长沙有安平水火保险公司、宝丰保险公司设立的 2 个分公司，永安人寿保险公司也在该地设有办事处。[⑥]

在华南地区，保险市场以广州为中心，设有众多的中外保险公司的分支机构。根据 1935 年底的调查统计，"外商有六十九家，国籍分英、美、德、法、瑞士五国，民族只得二十五家，等于外商公司数三分之一强"。民族保险公司的资本额与外商相比也相差甚远，保险额仅有外商的一半。"所谓三分天下，外商有其二矣"。1934 年，包括寿险、火险、水火险、意外险、水险等险种在内，全省投保共 24008 件，保险额达 274574470 元，保费收入为 745457 元，"其中属于外商者计 36821 件，保险额 179365810 元，全年保费收入达 4384222 元；属于民族者有 27187 件，保险额 95208660 元，全年保费收入为 3069835 元，外商保险件数多于民族四分之一，保险额则多二分之一，全年保费收入，又多四分之一强，利权外溢四百余万元"。[⑦] 又根据 1935 年《保险年鉴》的统计，当年广州设有 3 家华商保险总公司，即羊城保险置业公司、珠江保险公司和广州大华保险公司。华商保险分公司有 14

① 中国保险年鉴编辑所. 保险年鉴：1935 [M]. 上海：中华人寿保险协进社，1935：153 - 180.
② 天君. 汉口市保险公司调查表 [J]. 新汉口，1931，2（11）.
③ 汉口保险业 [N]. 大公报（天津），1931 - 04 - 08.
④ 陆士雄. 一年来之上海保险业 [J]. 人寿季刊，1934，4.
⑤ 中国保险年鉴编辑所. 保险年鉴：1935 [M]. 上海：中华人寿保险协进社，1935：155 - 156.
⑥ 中国保险年鉴编辑所. 保险年鉴：1935 [M]. 上海：中华人寿保险协进社，1935：156.
⑦ 广州保险业概况 [J]. 香港华商月刊，1936，1（10）.

处，总代理 1 处。①

关于广州保险业的经营情形，1936 年初太平保险公司的薛巩初在《广东保险情形纪略》一文曾详细描述其沿革、经营区域、经纪与代理、保险价目、保费、保险物品、水险、汽车险、人寿险等情形。该文称，"广东为我国保险事业发源地，中外公司经营最早，具有悠久历史，惟以民族之经营是业者，多墨守成法，鲜知变通，故迄今数十年，仍无长足进步。且一般人，对于公司内容，甚少注意，故经纪人及代理人等，往往得因此操纵市面。近年在广东经营保险业者，分营业公司，及联保公会（即相互保险）两种。而营业公司复分为外商公司及民族公司，最近则上海民族公司纷纷在粤设立分公司"。此前广州火灾频仍，保险价格昂贵，"每千元保费达五六十元，外加经纪佣金若干"，联保公会以相对较低的保费，一度得到迅速发展，"乘时而兴者达五十余家"，但随着广州城市马路开辟，防火条件改善，营业公司降低保费，加上联保公会良莠不齐，营业日渐衰落，民族保险公司则因实力有限，难以推广，也仅存十余家。洋商在广州营业的保险公司则不下百余家，占广州保险营业的大宗。

关于保险价目及保费，"广州民族保险公会，向无定价，一如水险、兵险，先由经纪与公司商妥宝（保）费，然后再拟浮价毛费书明单上，洋商则有价目表以资遵守，而宝（保）价亦与民族相同。上海公司只通易悉依民族习惯定价，其余则照洋商办理。洋商价目每千元保价约分为 15、18、21、25、27、30、35、40 元数种，另有价目表规定……至于折扣实收，则视城市而定。两广保险费，全年收入仅四百万，其中人寿约占百万，其余水险、汽车及其他各险亦占数十万之收入，应占二万元耳"。

关于火险，"投保物品习惯以屋宇装修为多，货物家伙亦逐渐推广，所保数额大都以二三千至三四万为率，十万以外之保额为数极少，百万以上之额仅省营之电灯厂等数票而已"。关于保险纠纷的解决，"广州向无正式公证行，故遇牵蹇不能解决之案，非往香港延请洋商公证人不可"。后来上海三义洋行分设支行于广东沙面，专门办理保险赔偿公证事务，"现今洋商公司之不交三义洋行办理者，仅美亚一家，而民族则除无法解决者，乃交其办理"。

关于水险，民族火险公司除太平外，极少经营水险业务，船壳险向香港洋商投保，专在省河行驶的小火轮很少保险，"间中亦有向洋商投保者，更有渡船木驳等，则至今尚未闻有保险者"。

关于汽车险，广州汽车有 3000 余辆，但经营汽车险的只有洋商公司，价格低于上海，不过投保者也不多。人寿险相对而言在广州接受较多，"以故近年中外公司之在粤经营寿险者，成绩均有可观"。

关于人寿险，"粤省之人寿事业，早得人寿会之宣传，多半已明了其重要，归国华侨于外洋亦早有寿险之常识，以故近年中外公司之在粤经营寿险者，成绩均有可观，且投保者类皆出于诚意，非如京沪之由于情面而来者可比，故续缴保费之成绩，亦非他地所能及。盖其人民宗族观念极深，为

---

① 中国保险年鉴编辑所. 保险年鉴：1935［M］. 上海：中华人寿保险协进社，1935：156 – 157.

后人未雨绸缪计，皆愿投保人寿。惟是经纪尚形缺乏，则经理人员之训练，亦经营寿险之要图也"。①②

广州之外，石歧、台山、汕头等地是广东省保险业较为发达的地方。1935 年，石歧有 5 家华商保险公司设立的分公司、支公司、分局或办事处，台山有 2 家，汕头有 1 家。以华商保险公司的代理商而论，九江、小榄、石歧、江门、市桥、台山、西宁、佛山、汕头、虎门、容奇、陈村、新会城、新昌、潮阳等地均有分布。③ 在华南保险市场上，华商与洋商公司的竞争也十分激烈。1929 年，有报道称，广州华商组织的联保公会等，因赔款办法较外商保险为通融，"历年皆以华商之公司为旺"。1927 年 12 月中共领导的广州起义失败后，华商公司对受损店铺多予理赔，原本可望获得经营上的发达。但外商公司散布谣言，自诩其绝无倒闭之虞，吸引了大量投保，华商公司的营业竟因此下降一半。④ 在汕头保险市场，洋商同样占据主导地位。汕头 1930 年各保险公司设立的代理机构已有 49 家，包括专保人寿者 4 家，火险者 25 家，其他各类保险和兼营水火险者 20 家，每年保费数百余万元。但中国商人经营者只有 7 家，其余均为外商代理机构。⑤

在西南地区，重庆是长江上游的中心城市。20 世纪 30 年代重庆保险市场以外商经营为主，民族保险业的数量不多，实力弱小。根据 1933 年的有关记载，此前重庆水火保险业，只有"英商白理洋行、华兴公司、安利英洋行、太古洋行，及美商美亚公司，民族联保公司，日商三井洋行等从事经营"。属于华商的联保公司及此后到重庆经营的南华公司都因营业不佳而结束，属于日商的三井洋行也自行歇业。"故至今全渝经营保险业者，全为英美两国公司矣"。此外，也有一些银行代理保险业务，比如四川商业银行代理英商康泰保险公司，中国商业代理中国保险公司，美丰银行代理美国保险公会，川康殖业银行代理美商宝丰保险公司，盐业银行则设有保险部。⑥

重庆为长江上游水运集散地，因川江航运时常发生触礁撞沉之类的事故，当地运货商人对投保水险颇为重视，水险事业因此而发达。此外，因重庆消防建设尚不完善，加之此前有过大火灾，一般市民"有不能不投保火险之事"。在重庆经营的保险公司，"其规模宏大者为英商白理、华兴、太古、太阳四公司，此四公司中，尤以白理、华兴两公司为最"。但两家公司实则为一，代理各英商保险公司业务，其经营范围还包括遂宁、成都、泸县等地的火险业务。除此之外，还有美商美亚洋行、英商安利英洋行等。聚兴诚银行则代理英商保家火险公司及保宁水险公司。华商保险公司则只有中国银行及宝丰公司两家。⑦

在此期间，随着华商公司逐渐进入重庆，"保户之趋向，也日渐转移"，包括一度几乎占有重庆火险市场半数的白理洋行在内的洋商保险则渐趋衰落。此前，重庆火险保价一度较高，头等住宅千

① 薛巩初. 广东保险情形纪略 [J]. 太安丰保险界，1936，2（8）.
② 薛巩初. 广东保险情形纪略 [J]. 太安丰保险界，1936，2（9）.
③ 中国保险年鉴编辑所. 保险年鉴：1935 [M]. 上海：中华人寿保险协进社，1935：158 – 187.
④ 广州保险业近况 [N]. 大公报（天津），1929 – 02 – 15.
⑤ 汕头登记保险事业 [N]. 中央日报，1930 – 09 – 27.
⑥ 重庆水火保险业概况 [N]. 四川月报，1933，2（3）.
⑦ 重庆市保险业概况 [J]. 工商特刊，1933，创刊号.

元保额实际保价也需 10 元以上。但因为保险商跌价竞争，仅仅两年之后，到 1936 年保价就下跌了 50%。[1] 总体而言，20 世纪 30 年代重庆保险市场规模还十分有限。根据 1936 年的调查，重庆全市保有火险者不过 212 家，保险额总计 316 万余元，公司收益共计 54000 余元。[2]

在东北地区，"九一八"事变前，辽宁省保险事业日趋发达，"本省通商各埠，中外保险公司林立"，"一般商民轻信不疑，多往投保"。但多数未立案注册，导致保险赔付纠纷频繁发生。为此，辽宁省还制定了限制保险事业章程，加强管理。[3] 在东北的保险市场上，洋商保险也占据了大部分份额。大连是东北保险业的中心之一，"英、美、日等国主要保险公司皆设有支行在大连。关东一区，保险公司设立者，已有 61 所。南满铁路区域共 130 所，区外 93 所。总资金达 666800000 元"。[4] 这些合计达 200 多家的分支机构，表明大连保险市场已有相当的发展。但大连的华商保险业数量极少。根据 1935 年的《保险年鉴》和 1936 年的《中国保险年鉴》介绍，仅有上海联保水火险公司在大连设有分公司。其经理为吕春寿，地址设在东乡町甘番地。

哈尔滨及奉天、营口、沈阳等地，也是保险业较为集中的东北城市。1935 年，华商保险公司在哈尔滨设立了 5 家分公司，包括上海联保水火险、太平保险、安平水火保险、羊城保险置业公司和华安水火保险公司，其他 3 个城市也都有华商开设了保险分公司。在东北地区，华商保险公司的保险代理商分布在一面坡、吉林、阿什河、长春、哈尔滨、珠河、富锦、大黑河、泰安镇、海拉尔、富尔基、黑龙江、满洲里、山城镇、公主岭、金州、洮南、安东、海城、开原、范家屯、奉天、通辽、郭家店、锦县、营口、盖平、普兰店、辽阳、沈阳等市镇。[5]

总体来看，这一时期保险业在东南沿海、华北、东北、华南等地区已经形成了一定的规模，但随着从沿海向内陆延伸，保险业的发展程度则呈递减态势。1935 年《保险年鉴》的统计显示，在安徽省，屯溪、安庆、蚌埠、芜湖、临淮设有华商保险公司的代理机构，湖北省除汉口外，此类机构则集中在沙市、宜昌两地。湖南除长沙外，仅常德和湘潭有华商保险公司的代理商。至于内地地区，更是只有零星存在。比如，四川除重庆外，可见者亦仅万县 1 处有代理商；山西省仅太原设有太平保险公司的 1 处代理机构；陕西省仅在潼关有 2 处保险代理；绥远省也仅在包头有 1 处华商保险公司代理。1936 年的《中国保险年鉴》中，陕西省仅可见西安有中国天一保险公司所设的 1 个办事处，潼关的代理商则仅列有 1 家；山西省的保险代理机构未见列入；绥远依旧仅在包头有 1 家代理。以人寿保险市场而论，从 1936 年《中国保险年鉴》所列的华安、永安、先施、中国等公司寿险保户籍贯统计表中可见，当时人寿保险的投保人主要来自江苏、浙江、广东等省。[6] 这些情形，都表明保险业市场发展的不平衡。

---

① 朱少渔. 四川重庆火险业务调查 [J]. 太安丰保险界，1936，2 (19).
② 重庆保火险者全市达二百十二家 [J]. 蜀曦，1936，3.
③ 辽宁省限制保险事业章程 [J]. 工商半月刊，1930，2 (24).
④ 周志骅. 东三省概论 [M]. 上海：商务印书馆，1931：149.
⑤ 中国保险年鉴编辑所. 保险年鉴：1935 [M]. 上海：中华人寿保险协进社，1935：159－191.
⑥ 沈雷春. 中国保险年鉴：1936 [M]. 上海：中国保险年鉴社，1936：209.

　　总之，在 1937 年日本全面侵华战争爆发前，中国近代的保险业正逐渐步入正轨，呈现出前所未有的兴盛局面。"八一三战前数年，保险业务，殊臻发展，而同业之努力，亦足称道。如增加资本，改良制度，选派人员赴欧美考察，与海外著名保险公司直接订立再保险条约等，此外政府及社会各界，亦积极协助，如保险法之修改，保险业法之订定，保险业监理局之筹设，国营保险事业之建立，凡国有财产及银行钱庄之放款押款投资，或其他信明担保关系之工厂、商号、房屋、轮只、货物等财产，尽量纳入华商公司之承保范围"，虽然还不能与洋商并驾齐驱，但保费收入已占到 40%。① 但是，随着 1937 年日本发动全面侵华战争，中国保险即告别了这一短暂的兴盛时期，命运急转直下。

---

① 杨德惠. 上海商业物写：保险业 [J]. 商业月报，1939，19（7）.

第六章

Chapter 6

保险业的动荡与危机

1937 年日本全面侵华战争开始后，随着大片国土的沦陷，中国保险业的上升势头被打断，进入一个动荡与起伏的时代。国民政府迁都重庆后，带动了大后方保险业的兴盛，但在战争局势下，保险业的发展并不稳定。日本侵略军占领上海后，上海保险业经历了短暂的衰退，及至太平洋战争爆发，在华外资保险业被清理停业，华商保险一度获得了扩大的机会，以上海为中心的沦陷区保险业出现了畸形繁荣的局面。但随着日资保险企业在中国的扩张，华资保险业也处于动荡不定的状态。至于东北、华北等沦陷区及台湾、香港地区，保险市场则几乎完全为日伪政权和殖民统治者所控制。1945 年抗战胜利后，中国保险市场出现复苏的迹象，但国民党政权随即发动全面内战，国内政治经济形势的变化时刻对保险业造成了严重冲击。总体而言，从 1937 年到 1949 年，中国保险业始终处于动荡起伏的状态，及至中华人民共和国成立，中国保险史才掀开了新的一页。

第一节　全面抗战时期大后方的保险业

1937 年卢沟桥事变发生，日本帝国主义挑起全面侵华战争。1937 年 7 月底，日军占领北平、天津，11 月上海沦陷，12 月占领南京。在动荡的局势下，沿海地区工商经济遭到严重打击。面对敌强我弱的现实，国民政府于 1937 年 11 月宣布迁都重庆，将西南、西北地区视为"抗战建国"的大后方。为了保存经济实力，国民政府组织企业内迁，将西南地区作为战时经济建设的中心。抗战时期的大后方保险业，也由此获得了快速发展的机会。

一、 大后方保险业的发展

中国保险事业发轫以来，一直以上海为代表的沿海各大都市为主，存在地域分布严重不均衡的问题。内地各省除了部分口岸城市，尚难言普及。及至全面抗战爆发，随着国民政府各机关的内迁，西南各省成为战时中国赖以生存的重要基地。经济建设是战胜日本的重要保障，保险业作为提供风险保障的重要经济部门也得到了重视。在这一情形下，以"陪都"重庆为代表，大后方保险业迅速兴盛起来，除重庆外，昆明、贵阳等西南地区的保险业也有较快发展。大后方保险事业的发展，带来了中国保险业地域格局的变化，是全面抗战爆发后中国保险业的一个重要变化。

（一） 战时重庆保险业

重庆位于长江上游，是西南工商重镇。全面抗战爆发前，重庆经营保险业的公司共有 30 余家，保险业务大都操纵于外商之手。日本全面侵华战争爆发后，重庆保险市场也受到巨大冲击。1938 年有报道说："重庆保险公司，向以保运输水火险为最大业务，寿险仅属小部。抗战以来，交通大非昔比，货运困难，各商店虽未完全停顿，但仅应付门市，于本较大者，或恃过去悠久历史之名誉，差能勉强维持，小资本或代理者，竟致无业可营。全市营保险者，共三十余家，近两月内，先后关门，现所有者不过十余家而已。因公司关门，连带受实业之苦者，约在千余人以上。"①② 直至抗日战争进入战略相持阶段，以及大后方建设的展开，重庆华商保险业才逐渐摆脱战争初期的不利影响，获得迅速发展。1938 年，国民政府经济部指定保险业为重庆的重要商业之一，③ 对重庆保险业发展起了积极的推动作用。重庆保险市场经营主体快速增加，保险公司与银行集中在陕西路、打铜街、新华路、小什字一带，牌匾林立，十分热闹。据调查，截至 1943 年，重庆的保险公司已经增至 21 家，分别为中央信托局人寿保险处、中央信托局产物保险处、邮政储金汇业局保险处、大东保险公司、大南保险公司、中国人寿保险公司、中国天一保险公司、中国平安保险股份有限公司、中国保险股份有限公司、中兴保险股份有限公司、太平人寿保险公司、太平保险公司、永大保险股份有限公司、安平保险公司、永兴保险公司、亚兴产物保险股份有限公司、裕国产物保险公司、华安保险公司、兴华保险股份有限公司、丰盛保险公司、宝丰保险公司。④⑤ 其中，总公司者 12 家，分公司者 8 家，另有 1 家为代理处；经营人寿保险者 3 家，简易寿险者 1 家，人寿并财产保险者 1 家，盐载保险者 1

---

① 两月来之商业动态 [J]. 四川经济月刊，1938，10（4）.
② 两月来之商业动态 [J]. 四川经济月刊，1938，10（5）.
③ 一月来之商业动态 [J]. 四川经济月刊，1938，10（6）.
④ 重庆市保险业调查 [J]. 金融月刊，1943，2（2）.
⑤ 重庆市保险业调查 [J]. 金融月刊，1943，2（2）.

家，财产保险者 15 家。

根据保险业人士董幼娴统计，截至 1944 年 11 月底，重庆各类保险公司已增至 53 家，[①] 详见表 6 - 1。

表 6 - 1　重庆保险业调查表（1944 年 11 月）

牌号	负责人	资本总额	业务	成立时间
中央信托局人寿保险处	罗北辰	1000 万元	人寿保险	1941 年 3 月
邮政储金汇业局保险处	汪一鹤	500 万元	简易寿险	1935 年 1 月
中国人寿保险股份有限公司	钱家泰	500 万元	人寿保险	1933 年 7 月
长华保险股份有限公司	丁趾祥	1000 万元	财产保险	1943 年 8 月
中国工业联合保险股份有限公司	章剑慧	2000 万元	财产保险	1944 年 9 月
安密保险股份有限公司	李肃然	500 万元	财产保险	—
恒昌保险股份有限公司	吕巷岩	500 万元	财产保险	1943 年 9 月
裕中财产保险股份有限公司	李叔言	500 万元	财产保险	—
永中保险股份有限公司	汤壶峤	500 万元	财产保险	1944 年 6 月
华联财产保险股份有限公司	杨经才	1000 万元	财产保险	—
太安丰保险股份有限公司	戴自牧	200 万元	财产保险	1943 年 11 月
中华财产保险股份有限公司	黄厚贤	1000 万元	财产保险	1944 年 5 月
中国人事保险特种股份有限公司	王晓籁	3000 万元	人事保险	1944 年
全安保险股份有限公司	戴思基	1000 万元	财产保险	1944 年 4 月
中国工商联合保险股份有限公司	姜有为	1000 万元	财产保险	—
怡太财产保险公司	杨管北	1000 万元	财产保险	1944 年
太平人寿保险股份有限公司	李启宇	100 万元	人寿保险	1938 年 12 月
中央信托局财产保险处	项馨吾	500 万元	财产保险	1935 年 10 月
中国天一保险股份有限公司	李启宇	100 万元	财产保险	1944 年 7 月
中国保险股份有限公司	钱家泰	500 万元	财产保险	1931 年 11 月
中兴保险股份有限公司	杨经才	300 万元	财产保险	1942 年 3 月
太平保险股份有限公司	李启宇	500 万元	财产保险	1930 年 3 月
安平保险股份有限公司	李启宇	100 万元	财产保险	1927 年 5 月
裕国财产保险股份有限公司	谭俪三	600 万元	财产保险	1942 年 4 月
华安水火保险股份有限公司	李启宇	600 万元	财产保险	1938 年 4 月
兴华保险股份有限公司	潘昌猷	100 万元	财产保险	1935 年 1 月
丰盛保险股份有限公司	李启宇	20 万元	财产保险	1931 年 9 月

---

① 董幼娴. 重庆保险业概况［J］. 四川经济季刊，1945 - 01 - 01.

续表

牌号	负责人	资本总额	业务	成立时间
宝丰保险公司	邵竞	50 万元	财产保险	1930 年 11 月
川盐银行保险部	朱寿珊	20 万元	盐载保险	—
亚兴财产保险股份有限公司	翟温桥	100 万元	财产保险	1942 年 6 月
太东保险股份有限公司	唐有烈	100 万元	财产保险	1942 年 4 月
太南保险股份有限公司	张昌祈	100 万元	财产保险	1942 年 6 月
中国平安保险股份有限公司	汪荣熙	100 万元	财产保险	—
永大保险股份有限公司	夏大栋	500 万元	财产保险	1943 年 3 月
永兴保险股份有限公司	翟温桥	500 万元	财产保险	1944 年 4 月
民安保险股份有限公司	杨经才	1000 万元	财产保险	1943 年 11 月
合众保险股份有限公司	沈铭盘	500 万元	财产保险	1943 年 11 月
太平洋保险股份有限公司	钱新之	1000 万元	财产保险	1943 年 12 月
中国农业特种保险股份有限公司	顾翊群	1000 万元	特种保险	1944 年 3 月
中国航运意外保险股份有限公司	邓华益	500 万元	意外保险	1944 年 4 月
新丰保险股份有限公司	张明昕	100 万元	财产保险	1944 年 5 月
民生保险股份有限公司	周蔚柏	1000 万元	财产保险	1944 年 4 月
宁波保险股份有限公司	虞仲阳	1000 万元	财产保险	1943 年 11 月
华孚保险股份有限公司	沈楚宝	500 万元	财产保险	1944 年 2 月
裕国保险公司	—	—	—	—
富滇保险公司重庆经理处	—	—	—	—
开维财产保险股份有限公司	—	—	—	—
联安保险股份有限公司	—	—	—	—
泰安保险股份有限公司	—	—	—	—
太古洋行保险部	—	—	—	—
怡和洋行保险部	—	—	—	—
美亚人寿保险公司	—	—	—	—
中央、太平洋、中国、中农盐运保险联合管理处	—	—	—	—

资料来源：董幼娴. 重庆保险业概况 [J]. 四川经济季刊，1945，2（1）.

根据这一调查，华商保险公司共计 50 家，外商保险公司仅 3 家，即太古洋行保险部、怡和洋行保险部和美亚人寿保险公司。由于"对外交通受阻，迨不平等条约取消，外人非法权益，已失保障，其保险业务，困难日增，交易则亦大受影响"，大部分外商保险公司"均已相继收歇"，陆续宣告停业，撤离回国。[①] 留在重庆的太古、怡和公司业务萎缩，仅经营与自身贸易有关的保险业务；友邦公

---

① 董幼娴. 重庆保险业概况 [J]. 四川经济季刊，1945，2（1）.

司则专营人寿保险，但有效保单数量急剧下滑。外商保险势力在重庆保险市场垄断地位丧失，华商保险业占绝对多数，是大后方保险业一个显著的变化。

在表 6-1 所列华商保险公司中，其来源如下：一是自外迁移而来，比如中国、太平、宝华、四明等保险公司；二是实业界包括内迁的工商企业投资兴建，比如中国工业联合、永大、永兴、中兴、裕国、合众、大南、大东、华孚、长安、宁波、亚兴、恒昌、长华、怡太、民生、民安、安宁、中国航运意外和中国人事等保险公司；三是归属国家资本保险体系，比如中央信托局保险处、邮政储金汇业局保险处、中国保险公司、太平洋保险公司、中国农业保险公司、资源委员会保险事务所等。从表中部分保险公司成立的时间看，以民国三十一年到三十三年亦即 1942—1944 年为多见。杨德昌 1944 年称："我国自抗战以来，保险事业，日形发达，保险数额，年有增加。因之，最近新公司之成立于陪都者，几如雨后春笋，大有蓬蓬勃勃之势，此诚为我国保险事业发展的好现象。"[1] 董幼娴 1945 年称："重庆保险业的极形发达，乃为自抗战发生以后特别是近两三年以内的事情。"但重庆大部分保险公司资历较浅，带有浓厚的战时色彩，保险市场还不成熟。"各保险业的资金运用，不是以其所有资金转放短期高利贷，即是以所收保费，兼营商品买卖，投机取巧，否则即为买卖黑市外汇与黄金。此种非法运用，若不加以限制，不惟无以管制商业资本，稳定物价，抑且无以保障被保险人的利益。长此以往，保险业前途的危机实不堪想象。""当此抗战方酣，胜利在望之时，并值社会生产资金极形枯涩，工商业俱形黯淡之际，而保险一业，独有迈进的发展，殊足令人玩味！"[2]

就资本额而言，除 9 家资本额不详以外，其余 44 家保险公司中，"以五百万元者为最多，而以一千万元者（共十二家）之资力总额最为大"，最高者达 3000 万元，最低者仅 20 万元，平均资本额为 580 余万元。考虑到大后方的通货膨胀，"衡以当前物价上涨之高度，实嫌过于薄弱"。[3] "每遇大宗保额，必须联合同业数家，共同承保。"[4] 董幼娴也指出，重庆保险业合作不够充分，本身资力薄弱，加上抗战以来，物价高涨，国内保险业资金有限，不得不与外商保险公司订立分保契约，将其"溢额"转分国外。巨额保费流向国外，国内保险公司所得只是再保险的佣金，"无形中替外商在国内推展保险业务"，华商保险事业"却无从发展"。[5]

随着重庆保险机构逐渐增加，保险业务种类亦日益丰富。属于财产保险的，有火险、各种运输险（包括轮船、木船、汽车、飞机、火车、驮运、板车、邮包、停泊、水险等）、运输工具险、盗匪险、茧钞险、兵险、牲畜保险等；属于人寿保险的，有国民寿险、简易人寿保险、团体人寿保险、个人寿险（验体）等。此外，还有特种保险如信用人事险等。保险学人董幼娴曾言及抗战中后期重庆保险市场的业务种类是"异常复杂"，大概有一百余种，几乎是有一危险发生，"即有一种保险以

---

① 杨德昌. 保险业自保额亟应提高的理由 [J]. 财政评论，1944，12（2）.
② 董幼娴. 重庆保险业概况 [J]. 四川经济季刊，1945，2（1）.
③ 董幼娴. 重庆保险业概况 [J]. 四川经济季刊，1945，2（1）.
④ 李荣廷. 中国保险业之回顾与前瞻 [J]. 经济汇报，1944，9（2）.
⑤ 董幼娴. 重庆保险业概况 [J]. 四川经济季刊，1945，2（1）.

相适应"。① 但与此同时，重庆保险市场营业种类也呈现出明显的不平衡性。表6-1 各家保险公司中，除情况不详的9家以外，共有37家保险公司经营财产保险；经营人事保险、意外保险、特种保险各仅1家；经营人寿保险的保险公司仅有4家，即中央信托局人寿保险处、邮政储金汇业局保险处、中国人寿保险公司和太平人寿保险公司。可见重庆保险市场上财产保险发展相对发达，人寿保险发展次之，其他险种发展刚起步。正如董幼娴所述："就目前重庆情形而论，特种保险，刚开始萌芽，仅中国农业及中国人事保险公司两家，产物保险（财产保险）特别发达，人寿保险较次之。"② 但无论如何，业务范围和营业规模的不断扩大，使重庆保险辐射整个大后方，成为大后方保险业的中心。

在保险经营趋于繁荣的同时，重庆的保险公证业也获得了发展。1938年，上海益中公证行在重庆设立分行，不久改组为中华保险公证事务所；1941年7月又在此基础上组织了中国公估行，由魏文翰律师任董事长，陈叔如任总经理。公估行实力雄厚，人才齐备，几乎包揽了各家保险公司和航运业的查证、估损和共同海损理算业务。1944年，在卢作孚、童少生的支持下，该行承办了民生公司承运的桐油、猪鬃、肠衣等大宗出口的商检业务，其业务范围扩展到西南各省和西安、兰州等地，是重庆保险业发展的重要辅助力量。③

根据国民政府的要求，1938年重庆市保险同业公会成立。1939年2月，根据同业公会法的新规定，重新组织为重庆市保险商业同业公会。其主要任务是办理会员公司登记、制定会员规章，进行同业调查和接受主管官署和商会委托事项等。公会下设费率委员会，费率规章中未明确规定的费率，由该会讨论制定。1944年曾制定《四川省火险费率规章》《水上运输平安险费率》。保险公会不仅是行业联合组织，也接受社会局的领导，协助政府对保险业进行管理。④

（二）大后方其他地区保险业

除重庆之外，西南地区云南、贵州、广西的保险业都有一定发展，尤其集中于昆明、贵阳等省会城市。

昆明为云南政治、经济中心，毗邻缅越，不仅是西南地区进出口贸易的重要枢纽，也是康藏物资转运聚散地。早在1905年，昆明自开商埠，但因地处内陆，经济并不活跃，保险业的发展也较为滞后。1949年，昆明保险公会理事长、富滇保险公司总经理的缪成勋撰文介绍说，1921年前，永年、金星两家人寿保险公司曾来滇成立分公司，后因业务不振，先后结束。随着部分内迁工商业借址昆明，昆明人口显著增加，加上东南沿海贸易线被切断，滇缅公路成为中国唯一国际交通线，昆明也成为大后方重要的交通枢纽，地位日益重要。"八一三"淞沪会战打响后，保险业界最早迁往昆明的是中央信托局保险部的一部分。步其后者则有中国、太平、太安丰、宝丰、兴华等数家。1938

---

① 董幼娴. 重庆保险业概况 [J]. 四川经济季刊，1945，2 (1).
② 董幼娴. 重庆保险业概况 [J]. 四川经济季刊，1945，2 (1).
③ 中国保险学会《中国保险史》编审委员会. 中国保险史 [M]. 北京：中国金融出版社，1998：150.
④ 中国保险学会《中国保险史》编审委员会. 中国保险史 [M]. 北京：中国金融出版社，1998：154.

年，中央、中国、太安丰、宝丰等保险公司相继来滇经营开设分公司或者成立办事处。1939年6月，国民政府令云南、贵州两邮区开办简易人寿保险业务。1940年2月，富滇新银行联合其他保险公司成立富滇产物保险公司，额定资本100万元，是云南省首创之保险公司。富滇银行秘书周浩东任经理，原在香港金城银行的李楠公任协理，对昆明本地保险业的发展颇有帮助。此后，昆明保险市场逐年有同业加入。至1945年，昆明保险公司计有太平、宝丰、中信产险处、中国、富滇、云信、太平洋、兴华、华安、中国工联、合众、民安、华孚、新丰、中信寿险处、永大、裕国、群安、华丰、保平等20家。[1]

抗战初期，昆明保险业的业务经营采取同业互助合作的方式。1938年，云南保险同业改组云南省保险同业保价委员会，成立云南省保险同业合作委员会。在合作委员会的影响下，1942年冬，昆明市保险商业同业公会正式成立，第一届理事长为梁硕父，会址附设于富滇保险公司内。公会成立后，定期举办活动，曾开展统一各险费率规章的工作。1944年11月召开第二届代表大会，改选郑鹤春为理事长。[2] 昆明各保险公司的具体业务，偏重于运输险和火险，基于滇越路等交通路线的运输保障需求，运输险成为昆明保险的最主要险种，其他险种的市场需求较小。[3]

贵州省会贵阳保险业同样起步很晚。贵阳保险业肇始于1936年4月中央信托局成立贵阳代办处（附设在中央银行内），举办保险。抗日战争全面爆发后，原设在南京的太平、平安保险公司先后迁来贵阳，设立分公司。1938年秋，贵阳中国银行复业，即受中国保险公司委托成立经理处。1939年，邮政储金汇业局贵阳分局成立，除办理储蓄、汇兑等银行业务外，设保险股（课），办理邮包平安险及人寿保险。1942年1月，中央信托局建立贵阳分局，下设产物保险处、人寿保险分处。至1943年，贵阳全市经营保险业务的保险公司达10家。为了加强同业间的合作，避免相互间的盲目竞争，经中国、宝丰、太平三家保险公司倡议，成立贵阳市保险业同业协会局，推举中国保险公司贵阳经理处业务主任潘吟荪任会长。贵阳保险业务主要有财产火险、运输险和人寿险。1939年以后，为适应战时需要增办兵险。

广西作为西南重镇，也是抗战建国的重要依靠。20世纪20年代，华安合群保寿公司在桂林开设分公司。20世纪30年代后期，广西也出现过家畜保险等事业。全面抗战爆发后，中央信托局桂林分局1939年初增办运输兵险业务，"并同时举办水火险、汽车险、邮包险、玻璃险等"。[4] 1942年，广西建设研究会曾拟定创建广西保险公司的进行办法、业务计划以及公司章程。计划由广西银行发起，在桂林设立广西保险股份有限公司，集资1000万元，除水火运输险外，还拟设立广西人寿保险公司，举办农业及社会保险，培训保险人才，甚至还拟定了《广西保险股份有限公司章程草案》，以资推动。[5] 但事实上只是一纸空想，广西保险的发展仍属有限。

---

① 缪成勋. 昆明保险事业概述 [J]. 保险知识，1949，2 (5).
② 缪成勋. 昆明保险事业概述 [J]. 保险知识，1949，2 (5).
③ 李育英. 昆明保险业概况 [J]. 保险月刊，1944，2 (6).
④ 信托局桂林分局增办保险业务 [N]. 新闻报，1939 - 01 - 18.
⑤ 创设广西保险公司办法 [J]. 建设研究，1942，8 (4).

二、 战时保险法规的制定

在特殊的战争环境下，国民政府极为重视发展保险业，1938 年指定保险业为重要商业之一，提升保险业地位。不仅如此，国民政府还对保险法制进行改革与调整，制定各类应对性保险法规，以适应抗战建国之需。由于受战争、经济等国内外因素的影响，国民政府战时保险法制改革与调适的重点向保险业法倾斜。1943 年 12 月 25 日，国民政府行政院颁行《战时保险业管理办法》。尽管该法仅有 25 条，与 1937 年修正后的《保险业法》相比，却是国民政府加强保险业监管机制的重大步骤。

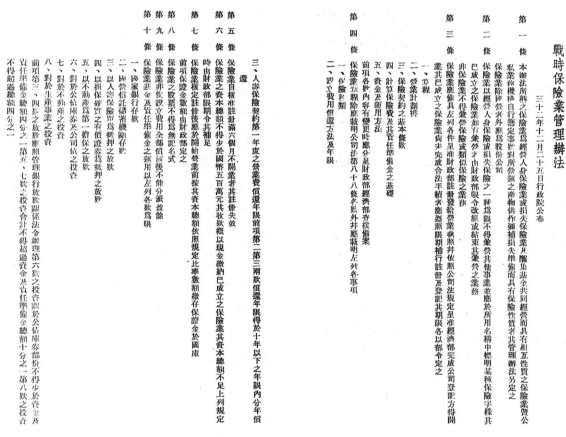

1943 年 12 月 25 日，国民政府公布《战时保险业管理办法》

第一，明确保险业的专业性质"以经营人身保险或损失保险之一种为限"，规定"不得兼营其他事业并应于所用名称中标明某种保险字样，其已成立之保险业如有兼营者由财政部限令改组或结束其兼营之业务。非保险业不得兼营保险或类似保险之业务"（第二条）。

保险业务的分类实为区隔业务范围，以便主营机关对保险经营予以有效监理。1943 年，中国农民银行申请设立中国农业保险公司，原拟业务范围既包括农产物、农林及耕牛暨其他牲畜保险，也包括农民人寿保险。财政部按照《战时保险业管理办法》中产物保险不得兼营人身保险的规定，训令中国农业保险公司不必将农民人寿保险列为本身业务。《战时保险业管理办法》颁行后，全安产物保险股份有限公司代理人川康兴业公司、太平洋水火保险股份有限公司代理人重庆鼎昌盐号、均益地产公司、上川企业公司、田舍企业社、大道公司、糖业公会、大公商行、中植油厂、裕通行等均依法不得代理保险业务，财政部训令全安产物保险股份有限公司和太平洋水火保险公司解除了代理契约。

第二，明确保险业的市场准入秩序，规定保险业应具备章程、营业计划、保险契约之基本条款、计算保险费及其责任准备金的基础、资金及运用方法，"呈准财政部注册发给营业执照，并依照公司法规定呈准经济部完成公司登记方得开业，其已成立之保险业尚不完成合法手续者应遵照限期补行注册及登记，其期限各以部令定之"（第三条）[1]。

1937 年修正后的《保险业法》规定保险公司开业应呈准实业部（后经济部）核准；而《战时保险业管理办法》作了调整，明确保险公司必须呈准财政部核准注册发给营业执照，并向经济部完成登记手续，方能开业。也就是说，战时民营保险事业由经济部移归财政部管理。财政部作为战时保险事业的监督管理机关，鉴核保险公司注册各项文件，审核规章"极为审慎"，往往一再纠正，"需时过久"。[2] 1945 年，华联产物保险公司未经财政部核准注册，擅自开业，动用股款，并接受分保业务。财政部认为，该公司在筹备期间代办同业分保，无论为代办分保或自行经营，均与战时保险业管理办法第三条规定不符，依照修正非常时期管理银行暂行办法第十四条第二款规定，予以处经理人 1 万元之罚金。比如，华联及保安保险公司尚未呈准财政部注册给照，即与裕国产物保险股份有限公司有分保业务往来，财政部训令裕国产物保险股份有限公司立即解除与华联及保安保险公司的分保契约。由此可见，战时国民政府对保险业的监管逐步加强。

第三，明确规定资本充足性及偿付能力的监管，规定"保险业之资本总额不得少于国币五百万元"（第六条），"保险业核定注册后，应于开始营业前按其资本总额依照规定比率数额缴存保证金于国库"（第七条）。

第四，明确规定保险的监管方式。一种为公示监管，即"保险业应于营业年度终了后将其营业状况连同资金及责任准备金之运用情形投放区域呈报财政部查核"（第十六条），"保险业于营业年度结算或书及分配盈余决议案呈报财政部备案"（第十七条）；另一种为现场检查，"财政部得令保险业报告营业状况，并随时派员检查其营业财产及关于责任准备金之账簿"（第十八条）。[3] 战时财政部派出监督管理小组到重庆全安保险股份有限公司、太平洋水火保险股份有限公司、云南云信保险股份有限公司和中国农业保险特种股份有限公司等检查业务，检查的重点是被检查保险机构簿籍、账册、表单及有关文件。例如，1944 年 12 月财政部派员检查太平洋水火保险股份有限公司业务，发

---

① 国民政府行政院关于"抄发战时保险业管理办法一份令仰知照并饬属知照"的训令：案卷号 29 - 153 ［A］. 重庆市档案馆藏，重庆市政府，全宗号：0053.

② 重庆华联产物保险公司核备注册、迁移、更册等事项文件：案卷号 2574 ［A］. 中国第二历史档案馆藏，财政部，全宗号：三（6）.

③ 国民政府行政院关于"抄发战时保险业管理办法一份令仰知照并饬属知照"的训令：案卷号：29 - 153 ［A］. 重庆市档案馆藏，重庆市政府，全宗号 0053.

现"该公司代理处往来户有黄勉之账。查黄勉之系经纪人，何以入代理人账，应即查明具报。再代理人往来账户结余额九十六万余元，又经纪人往来户共计壹百余万元，代理人经纪人往来数额如此巨大，是否系未解保费，抑系其他款项往来"，训令该公司应即查明具报。1945 年 1 月，太平洋水火保险股份有限公司就此呈文财政部称："代理处往来账户有黄勉之账，查系记账错误。嗣经转正代理处往来账户余额九十六万余元，经纪人往来账户壹百余万元，俱系未解保险费"。[①] 财政部和太平洋水火保险股份有限公司往来函件，大致可见战时国民政府对民营保险事业监管的严厉。

第五，修订保险资金的运用形式，调整保险资金运用比例。就保险资金的运用形式而言，1937 年修正后的《保险业法》规定保险资金可运用于银钱业存款、信托存款、以担保确实之有价证券为抵押之放款、人寿保险单抵押放款、以不动产为第一担保的放款、对公债库券及公司债的投资、对不动产的投资等七项。《战时保险业管理办法》除增加对生产事业的投资之外，还强调保险资金仅存放国家银行和国营信托机关储蓄存款。这说明战时国民政府对保险资金运用监管进一步加强。就保险资金运用比例而言，1937 年修正后的《保险业法》仅规定，对于不动产之投资，"不得超过资金及责任准备金总额三分之一，但营业用之房屋，不在此限"；保险资金运用"应至少以总额百分之八十，投放于中华民国领域以内"。总体来看，其规定比较粗放。抗战时期，国民政府调整了保险资金运用的比例，人寿保险单抵押放款和以担保确实之有价证券为抵押的放款按照管理银行放款关系办理，投资公债库券部分不得少于资金及责任准备金总额 1/4，以不动产为第一担保之放款和投资不动产合计不得超过资金及责任准备金总额 1/2，投资生产事业不得超过总额 1/4。

由此可知，战时国民政府已意识到保险融资投资的职能，着手改革保险资金的运用方式和运用比例，进一步加强保险资金的监管力度，便于资金运用风险控制。例如，裕国产物保险股份有限公司向义昌盐号放款 1000 万元，为数过巨，与《战时保险业管理办法》第十条规定不符，财政部要求裕国产物保险股份有限公司收回具报。除此之外，财政部还责令该公司收回对中央工校信用放款 26 万元，究其缘由是"核与规定不符"[②]。中国农业保险特种股份有限公司投资盐运 3233 万元，为数甚巨，"超过资金及责任准备金总额四分之一"。[③] 财政部责令该公司陆续收回超出规定之投资数额。又如，太平洋水火保险股份有限公司定活期存放中国通商银行国币 1267.5 万元，云南云信产物保险股份有限公司资金存放侨民银公司、劝业银行、昆明县银行，兴华产物保险股份有限公司上海分公司资金存放上海聚兴诚银行，均与《战时保险业管理办法》第十条规定应存放于国家银行和国营信托机关不符。财政部训令上述公司应即移存国家银行或国营储蓄信托机关，并要求将存放机关日期、数额和存单号码报送财政部，以便备查。

为缓解战时经济困难，扩大抗日生产，战时国民政府引导保险资金投资公债库券和生产事业。

[①] 渝市太平洋保险公司增资改名注册卷：案卷号 1642 ［A］. 中国第二历史档案馆藏，财政部，全宗号：三（6）.

[②] 财政部钱币司关于裕国产物保险公司注册检送业务报告、增资等事宜文：案卷号 1163（2）［A］. 中国第二历史档案馆藏，财政部，全宗号：三（6）.

[③] 渝市中国农业保险公司增资改名注册卷：案卷号 1639 ［A］. 中国第二历史档案馆藏，财政部，全宗号：三（6）.

例如，重庆全安产物保险股份有限公司投资政府证券，仅有乡镇公益储蓄证券数千元，并未投资公债库券，"与规定数额相差甚远"，1945 年 3 月财政部训令该公司依法补购政府公债库券。重庆全安产物保险股份有限公司回应，由于"公债库券因保险同业公会正在摊派中"，故未先行购置，但如摊派不足，"自应逐步购置满额"①，以符规定。又如，太平洋水火保险股份有限公司资金股本为 1000万元，仅投资公债 33 万余元。故财政部为该公司算了一笔账：除缴保证金 100 万元外，其余 900 万元所提责任准备金 7 万元，依法应提 1/4，计 226 万余元投资公债库券。其与《战时保险业管理办法》规定金额相差甚远，故财政部训令太平洋水火保险股份有限公司逐渐购置足额。根据《中央银行昆明区昆明分行检查云信保险股份有限公司报告书》透露，该公司未投资公债库券和生产事业，1945 年财政部责令其注意办理，以符法令。

总而言之，《战时保险业管理办法》尽管仅有 25 条，却对经营保险业务的条件作了比较全面和严格的规定，这是国民政府加强保险业监管机制的重大举措。值得一提的是，为了具体执行《战时保险业管理办法》，国民政府将"管理办法"有关内容加以具体化，于 1944 年 5 月 8 日公布《战时保险业管理办法施行细则》（15 条），进一步明确保险业呈请注册时补充文件、注册费的标准、保证金的比例、责任准备金等。还特别规定，凡资本总额不及 500 万元者，有兼营其他事业的保险业，或非保险业兼营保险业者，有兼营损失保险和人寿保险者，均限期一年或半年加以改组和纠正。可以说是将"管理办法"中的各项规定进一步落实，更有利于政府对保险业监督管理工作的认真执行。同年 6 月公布《保险业代理人经纪人公证人登记领证办法》。至此，抗战时期保险法律法规体系得以建立。

三、 国营保险体系的构建

晚清以来，历届中央政府都有过设立大型国营保险机构的设想，但限于条件，均停留在初步提议的层面，未能成为事实。南京国民政府建立后，对建立国营保险业的态度更为积极，及至全面抗战爆发，借集中全国人力、物力、财力进行抗战的需要，国民政府推进统制经济体制的建设，以掌控大后方经济、支持持久抗战。在这一情形下，一批以国家资本为背景的国营保险公司相继得到发展。这些国营保险机构，有的此前已经成立，有的则是在抗战期间设立，共同构成了这一时期的国营保险体系，并在重庆乃至大后方保险市场占据了主导地位。这是抗战时期中国保险业格局一个值得注意的重要变化。国营保险机构集中设于重庆，主要有中国保险公司（后分为中国产物保险公司和中国人寿保险公司）、中央信托局保险部（后分为产物保险处和人寿保险处）、邮政储金汇业局保险处、太平洋产物保险公司、中国农业保险公司、资源委员会保险事务所等 6 家。

（一）中国保险公司

中国保险公司 1931 年 11 月创建于上海，由中国银行总经理宋汉章发起并任董事长。该公司除

---

① 重庆全安保险公司增资改名注册卷：案卷号 1640 ［A］. 中国第二历史档案馆藏：财政部，全宗号：三（6）.

中国银行高级职员附有少数股本以外，基本上是中国银行独家投资的国营保险企业，主要利用各地中国银行分支行处为其当然的经理处或分经理处办理保险业务。全面抗战爆发前，中国保险公司即进入重庆市场。1933 年 11 月，中国保险公司在重庆设立经理处，主营水火保险业务。1935 年 9 月，又在重庆增设人寿保险部，拓展寿险业务。其时《四川月报》报道："近该公司应社会需要，特增设人寿保险部，聘戴治中、铁华峰、罗子谦三君，分任正副主任，即日起在小梁子中国银行内开始营业。其寿险之种类，分终身保险、限期缴费终身保寿、储蓄保寿，及子女教育金保寿四种，并保意外保险。保寿时间，分十年、十五年、二十年、二十五年、三十年五种。该公司每年盈余，提出90% 作红户之红利，其余 10%，则作职员薪资与办公费。"[1] 1941 年太平洋战争爆发后，日军侵占上海租界。中国保险公司在重庆设立总管理处，并先后向桂林、昆明、贵阳、成都拓展业务。1943 年重庆总管理处改组后，行使总公司的职权。

中国保险公司财产保险主要承保当地中国银行押汇、放款业务及该行投资兴办的企业和仓库财产，还有一些官办大企业的保险份额和当地吸收的少数分保业务。在重庆承保的，有四川油矿探勘处、豫丰纱厂、四川电力公司、四川丝业公司、中棉公司、渝商楚盐联合办事处、四川省立重庆大学等大中型企业，在西安承保的，则有中行所属雍兴公司的 20 多个厂矿企业。从业务量和保险费收入来说，在西南、西北地区的同业中均占较大比重。

中国保险公司储蓄寿险保险单
（1939 年）

1937 年 4 月，中国保险公司按照《保险业法规》规定，将1933 年设立的寿险部划出而另组成中国人寿保险公司，实际上在内部仍是一个机构。中国人寿保险公司主营的寿险产品以经营保额较大，期限较长、验体的普通寿险为主，有终身保寿、限期交费终身保寿、储蓄保寿及子女教育金保寿等。但由于有验体要求，"凡投保在一万元以上者，则须请两位医师验体；倘保额在一万元者，则仍请一位医师检验可矣"，[2] 加之寿险产品保额较大、期限较长，对普通居民的吸引力不大，故中国人寿保险公司业务规模不大。

（二）中央信托局保险部

1935 年 10 月 1 日，中央银行划拨资本 1000 万元成立了中央信托局。作为中央银行的附设机构，中央信托局是国民党政府重要的金融机关。中央信托局成立后，当年 11 月中央银行又划拨资本 500 万元增设了保险部。此部会计独立，资金雄厚，负责办理水险、火险、兵盗险、汽车险、人寿险及一切财产与人身意外

---

① 中国保险公司来渝增设人寿保险 [J]. 四川月报，1935，7（3）.
② 中保公司来往函件：渝寿字第 20 号 1938 年 9 月 [A]. 重庆市档案馆藏中国银行重庆分行档案，档号 0287 - 1 - 1193.

险，并经营分保业务。1940 年，中央信托局保险部随总局从上海迁到重庆办公，职工曾达 150 余人，是当时规模最大的一家国营保险机构。

1941 年 3 月，根据《战时保险业管理办法》第二条"同一保险业不得兼营损失保险和人身保险"的规定，中央信托局将原保险部关于人寿保险的业务划出，成立了人寿保险处，额定资金 1000 万元，实行单独经营。罗北辰任经理，周绍濂任其副理。人寿保险处成立后，积极进行寿险宣传，采取废除佣金、免验身体、丰富产品等举措，业务发展较快。当年 6 月 15 日，原保险部更名为产物保险处，负责办理水火险、运输险、意外险、运输兵险、陆地兵险及产物再保险等项业务。火灾保险承保对象主要是中央信托局自身财产和所经营的有关业务，如财政部花纱布管制局、中国农民银行和国营的复兴公司、富华公司、农本局中国茶叶公司、储东记等进出口物资与财产。就资金、规模以及业务等方面而言，中央信托局保险部都是保险机构的翘楚，每年保费收入居大后方保险业之首。

（三）重庆邮政储金汇业局分局

全面抗战爆发后，邮政储金汇业局逐渐将简易寿险业务重心转向大后方。1939 年，南京分局驻渝办事处升格为重庆邮政储金汇业局分局（以下简称重庆分局），并在成都添设办事处（其隶属于重庆分局），责成云、贵、川、黔、陕、甘等大后方各邮区开始办理简易寿险。1943 年，邮政储金汇业局设立的分局有 23 处，除重庆外，其余各分局所在地则包括成都、贵阳、昆明、长沙、桂林、西安、兰州等，各局下设办事处共 37 处，分理处 7 处。其中，重庆分局下设 9 个办事处，8 个分理处，规模为各局之最。其他办事处较多者如成都、昆明两处的分局，各分局仅有 4 个办事处。

重庆分局不仅在组织规模、组织结构方面优于其他分局，且其寿险业绩领先于其他分局。重庆分局的简易寿险，最初推展缓慢。1939—1943 年，仅为"维持时期"。[①] 1943 年 4 月 1 日重庆分局设立保险股，负责该市区域招徕新契约、征收保费，业务开始较快增长。半年间共计"受理普通寿险契约 3354 件（月保费 8.1 万元），部属员工契约 1413 件（月保费 1.5 万元）"。[②] 此后，重庆分局办理部属各机关员工团体寿险，策动重庆市各业同业公会推广团体寿险，试点举办重庆市按户投保简易寿险运动，使重庆简易寿险业绩居全国之首。1944 年邮政储金汇业局保险处下放部分权力，各分局可直接签发保险单，重庆分局保险股事务递增数倍。自 1935 年 12 月至 1945 年 11 月，重庆分局完成保额达 5.1 亿元，占总数的 36.2%。[③] 时人赵基立称："储局自民念四年开办以来，在重庆一地成立契约即达五万余件之多，推行颇著成绩。"[④] 其中，1944 年 1 月至 4 月，新订立寿险契 5000 余

---

① 邮政储金汇业局保险处第四课第一次业务会议记录：档案号 1 - 644 ［A］. 重庆市档案馆藏，邮政储金汇业局重庆分局档案 0290.

② 重庆邮政储金汇业局分局关于 1723 号通电的公函：档案号 1 - 388 ［A］. 重庆市档案馆藏，邮政储金汇业局重庆分局档案 0290.

③ 谢孟哲. 十年来简易寿险业务概况 ［J］. 简易人寿保险开办十周年专刊，1945.

④ 赵基立. 我看简易寿险 ［J］. 邮汇通讯，1947，创刊号.

件。① 至当年 8 月，已订立寿险契约 2.05 万件，月收保费 46.18 万元，保额为 4476.03 万元。其中，有效契约 1.68 万件，约占其寿险契约总数的 81.7%；失效契约 3773 件，约占其寿险契约总数的 18.3%。②

（四）资源委员会保险事务所

1932 年 12 月东北沦陷后，国民党政府在参谋本部下设国防设计委员会；1935 年易名资源委员会，改隶军事委员会；1938 年又改属经济部，负责资源的调查、研究、开发，并逐渐成为抗战时期的重工业管理部门，主要从事与军事相关的工业产业活动，下辖大量厂矿企业，实际上是国民党实施战时工业经济垄断的主要领导机构。为保障所属机关资产及其产品安全，资源委员会 1943 年 7 月制定《资源委员会保险事务所章程》，拨付资本 200 万元，设立保险事务所，独资经营，蔡致通任经理。保险事务所内设总务、业务、赔款、会计四课，办公地址位于重庆牛角沱。

不同于一般的保险公司，资源委员会保险事务所以资源委员会及所属机关的产物为限，办理资源委员会各附属机关的一切保险事务。其营业范围以产物保险为主，包括水陆空运输保险（包括水险、公路运输险、铁路运输险、飞机运输险、驮运险等）、运输工具保险（包括船舶险、汽车险、第三者险等）、火险、兵险和其他险。③ 保险事务所虽未参加重庆市保险业商业同业公会，但产物保险遵守同业规章，与同业有分保关系，"以溢额向外再保险"，只分出，不分入（章程第 6 条）。事务所在川江事故多发地区设置查验站，配备潜水人员，打捞抢救受损物资。由于资源委员会在战时掌握了整个国统区的资源命脉，除一般轻纺工业外，其他工矿企业如各种能源公司及重要厂矿的财产物资均在保险范围以内，使得保险事务所得以占据保险市场很大的份额。

资源委员会保险事务所也涉及寿险。从 1941 年开始筹划为所属员工办理团体保险，1942 年曾要求团体员工保险由中央信托局办理，后又实现互助寿险，除职员外，还扩大到工人。到 1944 年 8 月，资源委员会将员工互助寿险业务交由保险事务所办理。

（五）太平洋产物保险公司

太平洋产物保险公司是抗战中期以交通银行投资为主建立的一家经营产物保险的公司。交通银行曾投资于上海太平保险公司，太平洋战争爆发后，太平保险公司把交通银行在该公司的一切权益划归上海伪交通银行。1943 年上半年，重庆的交通银行总管理处决定放弃太平保险公司而另组新保险机构，即太平洋产物保险公司。④ 同年 12 月 8 日，太平洋产物保险公司在重庆成立。开业之初，总公司及重庆分公司的地址设在重庆五四路 60 号，并在昆明、贵阳、兰州、西安、成都、万县、自贡、泸县、内江、自流井、宜宾、乐山、合川等地建立分支机构。1946 年 3 月，总公司迁沪。⑤

---

① 重庆邮政储金汇业局分局函字 3707 号：档案号 1-406（1）[A].重庆市档案馆藏，邮政储金汇业局重庆分局档案 0290.

② 保险股乔竹君呈重庆邮政储金汇业局分局文：档案号 1-406（2）[A].重庆市档案馆藏，邮政储金汇业局重庆分局档案 0290.

③ 资源委员会保险事务所章程 [J].资源委员会公报，1943，5（2）.

④ 重庆金融编写组.重庆金融 [M].重庆：重庆出版社，1991：273.

⑤ 联合征信所调查组.上海金融业概览 [M].重庆：联合征信所，1947：35.

太平洋产物保险公司成立时额定资本 1000 万元，其中的 45% 由交通银行投资，其余的 55% 则由川康银行、新华银行、金城银行、大陆银行、民生实业公司、中华实业公司及华侨企业公司等凑足。董事长是外交界前辈王正廷，总经理则由钱新之兼任，协理二人中王伯衡负责业务，浦心雅负责财务。公司总务、稽核、会计、投资等部门由交通银行在员工中挑选担任，秘书、火险、水险、分保等部门的人员从重庆及西南各地的保险界中物色而来。

太平洋产物保险公司因后台力量较强，业务关系广泛，一开始就比较兴旺，1944 年保费收入 5867.54 万元。[①] 除交通银行本身的业务外，还有从太平保险公司转来的基本业务，包括盐载保险等。太平洋产物保险公司主营产物保险。其中，火险约占 20%，运输险约占 80%。保险标的物十分广泛，包括桐油、木材、食糖、棉花、食米、生铁、食盐、布匹、日用百货、煤炭、化工产品、五金工具、银钞、邮包、厂房、机器、设备、宿舍、铺面、家具、衣服、行李等。

（六）中国农业保险股份有限公司

1944 年 3 月，中国农民银行改组信托处代理中信局业务的保险课，在重庆民国路 17 号设立中国农业保险公司，资本额为 1000 万元。中国农业保险股份有限公司以办理农业产物水火险、农业产物运输险、农林灾害险、牲畜险，以及与农业有关的其他产物保险为主。但由于成立时间较晚，抗战方殷，农村经济凋敝，"自由区域日渐缩小，局促一隅无法伸展"，初期业务范围甚小，集中于重庆及附近的少数城市。保费收入以盐载运输险为大宗，其他部分为数甚微，勉力支撑。[②] 据统计，1944 年公司全部保费收入为 2969.08 万元，其中火险 7339931.63 元，水险 16241756.26 元，特种险 6109242.21 元；1945 年保费收入 288511472.90 元，其中火险 49301969.03 元，水险 235884165.75 元，特种险 3325338.12 元。仅就数据而言，增长十分显著。

中国农业保险公司曾在四川省各区域办理的牲畜保险，其主要以耕牛、生猪为对象，业绩颇丰。该公司最多时保有耕牛 2000 余头、生猪 3000 余头。

这些国营保险公司的先后开设，在以重庆为中心的大后方构建了一个比较完整的国营保险体系，几乎包罗当时主要经济领域的各种保险。除与国家银行投资和放款有关的财产保险必须由国营公司承保外，一些大企业的高额保险业务则采取在国营公司内部联办共保的办法，由中央信托局产物保险处、中国、太平洋、农业 4 家公司按比例或平均分配保额，尽可能不使业务外流，实际上形成对大后方整个保险市场的垄断。这种坐地瓜分业务的做法，加上不少中小公司分来的再保险业务，使国营保险公司获得了大部分保费收入。国营保险业的兴起，使得国民党政权借动员全国物力、财力进行抗战的机会，加强对其统治区域保险、金融业的控制，体现了其建立统制经济的意图，其实质是官僚资本对国民经济领域的控制。就保险业本身而言，国营保险业的扩张，是这一时期中国保险业格局最值得注意的变化之一。

---

① 太平洋保险股份有限公司 1944 年资产报告 [A]. 重庆市档案馆藏，档号 0288003100014400001000.
② 中国农业保险股份有限公司业务辑要 [A]. 重庆市档案馆藏，档号 0289000101300000196000.

四、 地方保险机构

地方保险机构，主要是指地方政府和财政金融部门投资开办的保险公司。抗战期间，四川战时经济发展，保险业空前兴旺，地方保险机构也因此得到成长。最具代表性的当属由四川金融界和实业界人士筹资创办的兴华保险公司和川盐银行保险部。

（一）兴华保险公司

1933 年 10 月 15 日，四川聚兴诚银行组织创办兴华保险公司，资本总额为 100 万元，实收 50 万元，专营水险、火险业务，董事长为杨粲三，总经理为任望南。1935 年 1 月，公司正式开始对外营业；同年 9 月，设总公司于重庆；10 月，设上海分公司，同时加入上海市保险业同业公会，并在长江沿岸各重要口岸如汉口、沙市、宜昌、万县、涪陵、南京、长沙等地设有办事处或代理处。

1937 年 3 月，四川省财政厅兼川盐银行董事长刘航琛试图联合几家川帮银行，合资开办一家保险公司。恰巧杨粲三也正考虑将兴华保险公司扩充为股份有限公司。于是，由聚兴诚银行邀集川盐银行、川康银行、美丰银行、四川商业银行、四川省银行、重庆银行，以及和成钱庄、民生实业公司、华通公司等共同参加合股，兴华保险公司遂易名为兴华保险股份有限公司。兴华保险股份有限公司资本额仍维持 100 万元，由聚行认股 30 万元，川盐、美丰、川康、省行、平民、重庆、商业各银行及华通、民生两公司暨和成钱庄等 10 家各认股 7 万元。董事长为杨粲三，总经理为周见三，杨锡远任上海分公司经理。[①] 但川盐银行因对人事安排不满，故未入股，也未交出盐载保险业务。

这次改组使兴华保险股份有限公司获得几乎所有川帮银行的支持，成为民营和中小保险公司的代言人，在中国保险市场占有一席之地。虽然公司由独资变为股份制，但聚兴诚银行对兴华保险股份有限公司的领导地位并无实质性变化。

太平洋战争爆发后，沦陷区华商保险业对欧美的分保线均被切断，处于后方的华商保险公司向外分保又因交通中断而异常紧张。因此，向外寻求新的分保途径以及各公司间的分保争夺十分激烈。这一时期，兴华保险股份有限公司先后参加两个分保集团，"尤以保险业务贵有集团力量，故在沪则参加久联集团，其团员有中国宝丰、中孚、大华、泰山等先进公司，在渝则有筹备四联集团之举，以中国、太平、宝丰及我公司为集团中坚"，使公司的分保获得保障，业务得以正常运转。1942 年，兴华保险股份有限公司仍秉一贯主张，"对国外同业维持友好协助态度，在可能范围并谋求业务互惠，因而有新兴印度保险公司缔订互惠火险条约之议"；"虽因物价暴涨、开支激增，业务方面亦因种种关系未敢过度推展，但届年终盈余仍达三十余万元"。由于兴华保险股份有限公司依靠聚兴诚银行和其他川帮银行，积极发展保险同业的关系，对外又恢复了欧美的分保线，再加公司经营作风正派，不做投机生意，业务一直比较平稳。也正因为此，兴华保险股份有限公司能一直维持到新中国成立。

---

① 兴华保险公司扩大组织［J］. 四川月报，1937，10（3）.

（二）川盐银行保险部

1932 年 7 月 4 日，川盐银行拨款 20 万元设立盐载保险部，并在自贡（当时称自流井）、邓井关、江津、合江、万县、合川、涪陵等盐岸设立保险办事处或代办处，专门办理川江盐载保险，业务范围遍及西南及川江沿岸各地，还附设水上查证机构。1945 年，根据《非常时期保险业管理办法》规定的"保险业不得兼营其他事业"，以及《非常时期管理银行办法》禁止银行兼营保险业务的条款，川盐银行的全部资本增至 500 万元，并将保险扩建为独立的川盐产物保险公司，刘航琛任董事长，颜伯华任经理。

五、 大后方的保险业务

抗战时期大后方的保险业务，既包括财产保险、人寿保险、责任保险和信用保险等，也有专业保险性质的业务。

（一）财产保险

财产保险是大后方保险的主要业务，主要集中在重庆。前述 1944 年重庆 53 家保险公司中，"除不详之九家外，四十四家保险业中，其属于人寿保险者仅有四家。其余人事保险、意外保险、特种保险各只一家，其他三十七家全为产物保险"。"特种保险刚开始萌芽，仅中国农业及中国人事保险公司两家，产物保险特别发达，人寿保险较次之"。53 家保险公司中，除中央信托局人寿保险处、中国人寿保险公司、太平人寿保险公司及邮政储金汇业局保险处及美亚人寿保险公司 5 家外，余为产物保险公司。"查产物保险之所以如此发达，而寿险则相反者，不外下列几项原因：1. 由于战事影响，一般物价不断上涨，商品原料机器等来源被阻，运输困难，物资奇缺，厂商为避免意外损失计，皆乐于投保。2. 敌机轰炸，当有遭遇意外风险的可能，故亦极欲投保，藉资保障。3. 产物保险较人寿保险期限为短，易收实利。4. 国民教育程度低，对于人寿保险无相当认识，且因国民所得有限，一般生计窘迫，实无投保寿险之资力。5. 战时生活动荡不宁，人民迁徙无定，更难于投保寿险。"① 大后方的财产保险为战时经济活动提供了保障，如国营资源委员会保险事务所赔款手续简单、迅速。1946 年，中央电瓷制造厂装载一船电瓷产品由重庆运往南京，曾向保险事务所投保产物保险。该船驶抵宜昌附近，货船全部沉没。随后中国公估行派员前往查勘，查勘报告书 8 月 5 日寄达，然而该所赔款早已于 6 月底交付。②

重庆之外，在西南地区的其他城市，财产保险规模相对较小。比如在贵阳，贵阳街道狭窄，房屋多为砖木或木质结构的，加之消防设备简陋，因而较大的商号和富户，为维护财产安全，自愿投保火险。1939 年，贵阳保险业参照重庆市保费标准，按受保物品的堆放情况、安全条件及保期长短，规定火险保费率分三个等级：钢筋水泥结构、四面有封火墙的瓦顶房屋为头等；三面有封火墙的瓦

---

① 董幼娴. 重庆保险业概况［J］. 四川经济季刊，1945，2（1）.
② 本会要闻及事业消息［J］. 资源委员会公报，1946，11（3）.

顶房屋为二等；一般木质结构的瓦顶房屋为三等，年保费率分别为 15‰、20‰ 和 25‰，如屋内存放易燃品，按原费率加收保费 50%。各公司为减轻风险，降低赔款损失，对大宗业务，采取同城联保或分保办法。根据不完全统计，中国保险公司贵阳经理处 1939 年 10—12 月受保火险 115.2 万元，月平均 8.4 万元，1940 年累计保额 1232.3 万元，月平均 102.7 万元；1941 年 1—10 月累计保额 2089.6 万元，月平均 209 万元。中央信托局贵阳分局 1942 年 1—2 月平均保额 480 万元，1945 年累计保额 35004 万元，月平均 2917 万元。

运输险是战时财产保险的重要一类。抗战时期贵州省境内尚无铁路，货物运输以汽车为主，投保运输险的多为银行押汇项下的质押品，保费率按路程及公路状况确定。1943 年，贵阳市保险业同业协会局议定保费率：自贵阳至昆明、重庆为 7.5‰；至广州湾（今湛江市）为 12.5‰；至镇南关（今中越边境友谊关）为 11‰；至越南海防为 13.5‰。各保险公司为适应其投资银行办理押汇的需要，均开办此项业务。中国保险公司贵阳经理处 1940 年承保总额 152.9 万元，次年 1—10 月增至 173.7 万元。中央信托局贵阳分局 1942 年累计保额为 4076 万元。1947 年邮政储金汇业局贵阳分局曾办理钞票运输险，分航空与公路运输两种，自保限额飞机为 5 亿元，汽车为 2 亿元。由于国家银行大宗钞券由宪警武装押运，商业银行及商号的资金调拨多由国家银行汇兑，因而业务无法开展，不久即停办。邮包平安险的保价包裹限额为 500 万元，省内商店自上海、广州、成都等地邮购布匹等贵重商品时，多向该局投保。

昆明保险业务情形类似。昆明的建筑一般是泥墙木料的，但是出险的事倒很少。据说原因是由于这里地势高，空气稀薄，空气中氧的成分比较少，不易起火。相比之下，运输险的业务比较大。除滇越路外，公路方面的费率相当高。至于其他种类的险，则需要比较少。[①]

（二）人寿保险

大后方涉足寿险业务的保险机构为数不少，除专营寿险的中国人寿保险公司外，中央信托局保险处、邮政储金汇业局的寿险业务，规模也相对较大。

中央信托局保险部成立后，就有人寿保险业务。1941 年 3 月中央信托局人寿保险处成立后，"积极从事于制度及技术之改进"，故而"业务遂大开展"。[②] 资料显示，1937—1942 年中央信托局的人寿保险业务，就被保险人而言，"截至二十九年底尚不足五千人；至三十年底增至一万二千五百余人，三十一年一年中激增四万七千余人，约当过去数年之四倍"；就保险金额而言，"截至二十九年底不过九百二十七万余元；至三十年底增至四千七百万余元；至三十一年底已增至一万八千五百万元，此一年增加约一万三千八百万元，约当以往数年总数之三倍"；就保险收入而言，"截至二十九年约九十五万元；至三十年底为二百八十余万元；至三十一年底约达九百万元，在三十一年中之增加数约当过去数年总数之二倍余"；就保险给付而言，"截至二十九年底付出赔款约九万元，至三十年底约增为二十一万元，至三十一年底约增为五十八万余元。是三十一年之增加数仅

---

① 李育英．昆明保险业概况［J］．保险月刊，1944，2（6）：138.
② 罗北辰．一年来之中央信托局人寿保险业务［J］．经济汇报，1942，5（9）.

合以往数年总数之二倍"。① 因此，无论是被保险人、保险金额还是保费收入等项目的增加数，1942年较之往年均在两倍以上，说明中央信托局人寿保险处自 1941 年 3 月成立起到 1942 年底的经营业绩。

人寿保险处采取如下措施：一是废除佣金制度。我国近代人寿保险公司效法英美各国，一般采取佣金制度亦即经理员（agent）制度，以期鼓励经理员招徕业务的积极性。但在时任经理罗北辰看来，佣金制度是"合法的舞弊制度"，流弊甚多，如忽视投保人的健康状况，影响公司信誉，不利于养成职业道德等。② 鉴于此，中央信托局人寿保险处决然废除佣金制度，扫除原来雇请"捐客"（经理员）的种种流弊，"以使社会耳目一新，而图恢复寿险界之信誉"。③ 1941 年 3 月 28 日，中央社曾发表评论，肯定其废除佣金制度的举措，"为保险事业之创举，亦为保险史上值得大书特书之一页"④。二是加强职员训练和寿险宣传，如外勤职员"与社会人士日常接触"，选择与录用均"力崇审慎"。⑤ 在管理上，"外勤职员上午与内勤职员同样签到，并提前上班半小时举行朝会，对内勤职员则于每星期二下午四时举行学术讲演一次，敦请专家学者演说，以资训练"。⑥ 在寿险宣传上，一方面增加各种广告以"促进国人对于寿险事业之认识"，⑦ 另一方面发动成立了中国人寿保险学社，筹备发行了寿险刊物，举办了寿险学术演讲及其他阐扬寿险的工作等，从而为其展业奠定了基础。三是简化手续，免验身体。检验身体是寿险承保的先决条件。许多华商人寿保险公司如中国人寿保险公司、太平人寿保险公司等，仿照外国保险业界的通例，以经营验体的长期寿险业务为主。罗北辰指出，"验体寿险，往往不能得到预期的满意结果"。⑧ 其缘由一是中国卫生事业不发达，大部分地方几乎无法进行验体寿险，限制了寿险业务的拓展；二是在佣金的诱惑下，部分验体医师敷衍塞责、虚伪报告。"为适用目前（战时）环境，大量发展业务"，应大胆尝试简化手续，开展免验寿险业务。⑨

中央信托局人寿保险处还不断开发寿险产品，在原有储蓄寿险、终身寿险、人寿再保险等产品的基础上，增设了国民寿险、公务人员团体寿险、厂矿职工团体寿险、养老年金等新产品。孔祥熙亲自发起国民寿险推进运动，"用以倡导"。中央信托局人寿保险处还积极派员向社会各界宣传国民寿险保障生活安定、促进经济发展的作用，以及

中央信托局理事长孔祥熙

① 中国第二历史档案馆. 中华民国史档案资料汇编：第五辑　第二编　财政经济　四［M］. 南京：江苏古籍出版社，1998：317.
② 罗北辰. 一年来之中央信托局人寿保险业务［J］. 经济汇报，1942，5（9）.
③ 罗北辰. 一年来之中央信托局人寿保险业务［J］. 经济汇报，1942，5（9）.
④ 中信局寿险废除佣金制度［J］. 经济汇报，1940，2（6）.
⑤ 罗北辰. 一年来之中央信托局人寿保险业务［J］. 经济汇报，1942，5（9）.
⑥ 中国第二历史档案馆. 中华民国史档案资料汇编：第五辑　第二编　财政经济　四［M］. 南京：江苏古籍出版社，1998：284.
⑦ 罗北辰. 一年来之中央信托局人寿保险业务［J］. 经济汇报，1942，5（9）.
⑧ 罗北辰. 我国寿险事业之改造［J］. 银行界，1942，1（2）.
⑨ 罗北辰. 一年来之中央信托局人寿保险业务［J］. 经济汇报，1942，5（9）.

条款优厚、手续简便的优势，取得了良好的成效。根据《中央信托局 1942 年度重要工作报告》记载，截至 1942 年底，"寿险部分，废除佣金及免验体格等办法，亦见成效，保额已达一万四千余万元，较上年超过二倍半"①。被保险人数、有效保额、应收保费、给付额等，1942 年均呈大幅上升的趋势，"废除佣金制度，举办免验寿险，已获圆满结果"。②

中央信托局人寿保险处特别侧重推广团体寿险尤其是公务人员团体寿险和厂矿职工团体寿险。公务人员团体寿险是该局人寿保险处成立后适应战时公务人员及国民政府的需要而举办的。其"采六十岁养老保险兼残废保险"而制，以服务机关为要保人，全体员工为被保险人，员工亲属为受益人。被保险人可免验身体，但以身体健全在职工作者为限。被保险人年龄以 20 岁以上、55 岁以下为原则。保险金额最低 600 元，最高 2 万元。为了推展公务人员团体寿险，1943 年 4 月 8 日，该处致函财政部，请财政部"公函各省市政府转饬所属要保本局公务人员团体寿险"，③ 得到财政部的支持。在各方推动下，"要保者至为踊跃"，④ "各工厂次第参加者已不下数百团体"。⑤ 国民政府财政部、盐务总局、中央造币厂、资源委员会、资中酒精厂、中央电工器材厂、经济部日用必需品受理处、兵工署第二十七工厂、军需署第六军需局被服厂、花纱布管制局、委员长接待室第三处、中央政治学校、陕西省政府等均陆续投保。⑥ 重庆市工务局还主动致函中央信托局人寿保险处联系投保，其职员 171 人、工役 50 人填送了要保书投保。⑦ 1942—1943 年，公务人员团体寿险有效保额约达 1 亿元，⑧ 可见其业绩。

中央信托局人寿保险处还与重庆市政府合作，举办厂矿职工团体寿险。1941 年，重庆市政府筹备举办重庆市厂矿职工团体寿险，计划与中央信托局人寿保险处合作，办理各工厂员工团体寿险，并由双方于当年 12 月商定了相关办法。1942 年 2 月，重庆市政府颁布《重庆市各工厂员工投保团体寿险办法》，规定：凡 30 人以上的机关厂矿、企业单位，其职工必须参加重庆市厂矿职工团体寿险。此项团体寿险，以中央信托局人寿保险处为保险人，重庆市各工厂为要保人，工厂员工为被保险人，其亲属为受保人。保费由单位和职工各负担半数。⑨ 该计划推行以来，"要保者异常踊跃"⑩，参加投保团体寿险的单位曾一度约占厂矿企业总数的 90% 以上⑪。罗北辰称，"此举开中国团体的先例，造

---

① 中国第二历史档案馆. 中华民国史档案资料汇编：第五辑 第二编 财政经济 四 [M]. 南京：江苏古籍出版社，1998：273.
② 中国第二历史档案馆. 中华民国史档案资料汇编：第五辑 第二编 财政经济 四 [M]. 南京：江苏古籍出版社，1998：284.
③ 《重庆市政府档案》0053 - 29 - 153 财政部公函渝钱特 54059 号："为检同原送公务人员团体寿险及国民寿险简章各一份函达查照办理见复由。"
④ 《钢铁厂迁建委员会档案》0182 - 5 - 82 中央信托局寿业字第 96 号函："函送中信局保寿简章一份送请查照参考酌量办理由。"
⑤ 《兵工署第二十四厂档案》0178 - 1 - 3191 中央信托局函寿业三二字第 125 号："为函请举办贵厂员工团体寿险祈惠予迅速办理见复由。"
⑥ 《钢铁厂迁建委员会档案》0182 - 5 - 82 中央信托局寿业字第 96 号函："函送中信局保寿简章一份送请查照参考酌量办理由。"
⑦ 《重庆市工务局档案》0067 - 1 - 676 重庆市工务局签函："为本局员工投保寿险函请派员往局收取保险费并由双方订立合同按期起保而凭查考由。"
⑧ 罗北辰. 一年寿险事业之回顾与前瞻 [N]. 商务日报，1942 - 03 - 01.
⑨ 《重庆市政府档案》0053 - 2 - 1235《重庆市工厂员工团体寿险办法》.
⑩ 罗北辰. 一年寿险事业之回顾与前瞻 [N]. 商务日报，1942 - 03 - 01.
⑪ 刘英烈. 四川保险志 [M]. 成都：中国人民保险公司四川省分公司，1989：33.

福社会不小"。①

为了扩大业务，中央信托局人寿保险处还采取一系列促销措施。比如，关于投保一年定期团体寿险，1940 年中央信托局人寿保险处与国民政府经济部工矿调整处协商合作，制定了优待办法六项，凡由经济部工矿调整处介绍前往投保的工厂均可以享受这一优待。② 1942 年，中央信托局人寿保险处与国民政府财政部洽商制定了《财政部员工团体寿险办法》，7 月开始施行。此外，人寿保险处还着手创办乡镇公益寿险。这些举措促使其寿险业务得到迅速发展。截至 1943 年 9 月底，被保险人数为 6.8 万余人，有效保额已达 2.4 亿余元③。到 1944 年底，其业绩"和上年全年数比起来，也都超过半数"。④

邮政储金汇业局主要从事简易人寿保险，以重庆为中心进行，主要活动有三项：一是推进国民政府各部属机关的简易寿险业务；二是面向重庆市各业同业公会推广团体寿险；三是试点按户投保简易人寿保险。

全面抗战爆发前，简易寿险开始在国民政府一些部属机关推行，如交通部就在 1936 年要求部属各机关工作人员率先投保简易寿险，这一工作延伸到全面抗战期间。1942 年 12 月，交通部对不同收入水平的保险费缴纳标准进行了具体规定。由于部属各机关单位大部分迁渝办公，邮政储金汇业局将办理部属各机关员工团体寿险业务交予重庆分局，并转呈《重庆驻地各部属机关一览表》，望该局积极跟进。⑤ 根据 1943 年 6 月宋寅生向邮政储金汇业局所呈《关于办理重庆市部属员工投保经过情形的报告书》，其时重庆驿运服务所、招商局机器厂、招商局长江业务管理处、长江航政局、綦江铁路工程处已办理员工加投保；公路邮局、公共汽车管理处、川湘川陕联运处、铜铁配件厂均表态"允予投保"，嘉陵江运输处、电信局、中国航空公司、长途电话工程处、驿运总管理处、造船处以各种缘由拒绝投保或者延搁投保，川康藏电政管理局、交通部"尚待派员往洽"。⑥ 当年 12 月起，交通部人事处向重庆分局投保员工团体寿险，预付一年保费。⑦ 1944 年 6 月，整车委员会向重庆分局投保员工团体寿险。⑧ 至 1944 年 8 月，共有 13 家部属机关向重庆分局投保员工团体寿险，有效契约

① 罗北辰. 民元来我国之保险业［J］. 银行周报，1947，31（23）.
② 《天原电化厂档案》0260-1-31：经济部工矿调整处训令矿整字第 8789 号。优待办法主要内容为：（一）雇佣职工在五十人以下之工厂亦得投保。惟须经寿险办事处医师到厂个别询问健康状况。（二）因空袭而致死亡者，应给付保险金额全数。（三）原办法第五条所称之"服务人员全体"概以工厂长期雇佣之工人为限。（四）原办法第六条保额之规定，为适应工厂经济能力计，最小保额该为国币贰佰元，最大保额不得超过平均保额之三倍。（五）定期一年之寿险保额每百元，职员保费二元一角，工人保费二元二角。但若工作性质过于危险者，得酌加保费或却保。（六）原办法其余各条之规定仍旧。
③ 中信局之寿险业务［J］. 财政评论，1943，10（3）.
④ 中国第二历史档案馆. 中华民国史档案资料汇编：第五辑　第二编　财政经济　四［M］. 南京：江苏古籍出版社，1998321.
⑤ 邮政储金汇业局保险处函第 504 号：档案号 1-388［A］. 重庆市档案馆藏，邮政储金汇业局重庆分局档案 0290.
⑥ 重庆邮政储金汇业局分局呈邮政储金汇业局文第 3648 号：档案号 1-388［A］. 重庆市档案馆藏，邮政储金汇业局重庆分局档案 0290.
⑦ 交通部人事处公函人二发字第 3838 号：档案号 1-406（2）［A］. 重庆市档案馆藏，邮政储金汇业局重庆分局档案 0290.
⑧ 交通部公路总局整车委员会公函整人字第 3185 号：档案号 1-406（2）［A］. 重庆市档案馆藏，邮政储金汇业局重庆分局档案 0290.

3161 件，月收保费 7.49 万元。① 从中可见重庆分局办理部属各机关员工加投保团体寿险的大体情形。

面向重庆各业同业公会推广团体寿险的活动，是重庆分局寿险业务的另一项主要工作。1941 年 3 月，邮政储金汇业局召开局务会议，决议首先在城市利用各业公会推广团体投保。经与社会部交涉，1943 年 3 月，社会部承诺引导推广简易寿险；4 月 29 日，重庆市社会局召集全市 42 家各业同业公会代表，汇聚社会局大礼堂商讨推广简易寿险事宜，要求各业同业公会配合国民政府的战时金融政策，发挥作用协助办理；5 月，重庆分局向全市各业同业公会发起声势浩大的寿险宣传活动，先后函请三民主义青年团重庆支团部、重庆市市党部、重庆市警察局、国民党渝市执行委员会等机构，请其协助投保。此后又函请重庆市五金电料商业同业公会、重庆市国货厂商联合会、重庆市图书教育用品商业同业公会、重庆市银行商业同业公会等给予协助，将所属员工全体投保，并获得了各方的响应，办理 1 个多月，"经已局部造册声请订约办理者固已甚多"。② 鉴于部分公会和工商团体尚处于观望状态，重庆分局一方面函请社会局通令各同业公会催促办理，另一方面加大宣传劝导的力度，同时还制定优惠政策，吸引投保。比如，1943 年 8 月邮政储金汇业局规定："凡团体投保人数较多，体格全数健康，于投保时缴有该团体负责人及正式医师证明文件者，万一遇有保户在限制期间内死亡时，除照简易寿险法第 16 条规定赔款外，其不足保额之数，另有本局拨给补助金补足之，该项补助金由本局在该项团体保费收入项下按月提出一部专款（5%）存储，以资拨补。"此外，还放宽条件，要求各分局招徕团体契约时，符合下列条件的团体，即"正式工商社团有相当信誉而职业上无特殊危险性者（并非临时凑集而成者）"，"其人数在 100 人以上或人数在 50 人以上而月缴保费总数在国币 1000 元以上者"③，只要在投保时提出书面声请，附上该团体负责人、合格医师会同证明职工身体完全健康的文件，经保险处核准，皆可适用上项办法。由此，重庆分局逐渐吸引了一批处于观望状态的同业公会、团体投保。新生活运动促进总会陪都新运模范区向重庆分局投保团体寿险，就提出要求"希将寿险法则第十六条所规定之赔款限制予以通融免除"。④ 对此，重庆分局认为"该区职员均注重卫生健康等事，似无体质过于衰弱者在内"，⑤ 同意通融办理。当年 9 月 21 日，重庆市银行商业同业公会要求各会员银行切实办理员工投保事宜；22 日，重庆市银楼商业同业公会召开理事会研究，决定"派员专办"；⑥ 24 日，永利银行总行、华侨兴业银行向重庆分局要保。同年 12 月 17 日，华福卷烟厂股份有限公司向重庆分局投保 30 人，每人保额为 3000 元，保期为 15 年，并一次性预缴半年保费 3135 元，从 1944 年 1 月 1 日起保。⑦ 据不完全统计，1943 年 8 月，重庆参加简易寿险

---

① 重庆市档案馆藏，邮政储金汇业局重庆分局档案 0290，"重庆邮政储金汇业局分局保险股移交清册"，档案号 1 – 644。
② 重庆市档案馆藏，邮政储金汇业局重庆分局档案 0290，"重庆邮政储金汇业局分局'函请通令各业公会尽力协助办理寿险'的函"，档号 1 – 388。
③ 邮政储金汇业局通代电渝：保字第 94 号 档号 1 – 388 ［A］. 重庆市档案馆藏，邮政储金汇业局重庆分局档案 0290.
④ 生活运动促进总会陪都新运模范区函：档号 1 – 388 ［A］. 重庆市档案馆藏，邮政储金汇业局重庆分局档案 0290.
⑤ 重庆邮政储金汇业局分局函：第 3290 号 档号 1 – 388 ［A］. 重庆市档案馆藏，邮政储金汇业局重庆分局档案 0290.
⑥ 重庆市银楼商业同业公会第 38 次工作报告：档号 1 – 478 ［A］. 重庆市档案馆藏，重庆市银楼商业同业公会档案 0086.
⑦ 重庆市纸烟工业同业公会函：第 186 号 档号 1 – 388 ［A］. 重庆市档案馆藏，邮政储金汇业局重庆分局档案 0290.

的职工团体共有 100 多家单位。① 截至 1944 年 4 月底，"已完成半数以上"。为此，邮政储金汇业局还致函感谢重庆市社会局的支持。②

按户投保简易人寿保险是从 1944 年开始的。当年 4 月 14 日，邮政储金汇业局函请重庆市政府，希望试点举办全市每户一人投保简易人寿保险运动；③ 4 月 26 日，重庆当局回应表示支持，训令所属各局处机关遵照办理；6 月，重庆市政府与邮政储金汇业局联合制定《重庆市政府办理按户投保简易人寿团体保险办法》，④ 规定该项活动由重庆市警察总局统筹，各警察分局、各区属为督导中心，责成各户籍员生、各镇保长协同办理。据称，该项活动举行后，1945 年 "成立契约甚多"⑤。时任邮政储金汇业局局长汪一鹤指出："全市初期按户投保运动成效亦佳。"⑥ 邮政储金汇业局一度希望将这一方式推广至全国；"各地局所若能普遍仿行，则以我国地域之广，城镇之多，人口之众，加之邮局普遍，员工众多之利，则壹万万件目标，似殊不难于数年内完成之"⑦。但由于推行过程中多次发生强迫保险的事件，引发社会反响，1945 年 7 月，遂暂停办理。

此外，资源委员会保险事务所也涉足人寿保险，但主要以自身员工为对象。1941 年 2 月，资源委员会制定《资源委员会管理员工福利事业基金办法》，提出动用员工福利事业基金统筹办理合作社团体保险或者其他生活救助，由附属机关自行办理。⑧ 1942 年 8 月，资源委员会订定《资源委员会及附属机关职员互助寿险暂行办法》，要求本会各附属机关如已办理同性质的保险，应即取消，一律参加职员互助寿险；10 月起试办职员互助寿险，由资源委员会秘书处人事科负责。截至 1943 年 8 月底，参加机关计有 95 个单位，职员人数约 1 万余人，实发寿险金 23.36 万元。⑨ 1944 年 2 月，资源委员会又制定《资源委员会及附属机关工人互助寿险办法》，举办工人互助寿险。参加互助寿险的工人，每人每月交纳保费 4 元。遇有死亡时，由所属机关在扣缴寿险费项下核实发给寿险金每人 5000元。余额由资源委员会建立工人互助寿险总周转金，专户存储。⑩ 1944 年 8 月，资源委员会将员工互助寿险业务交由保险事务所办理。抗战结束后，1946 年，资源委员会制定《资源委员会员工寿险办法》。与 1942 年的《互助寿险暂行办法》相比，新增了意外伤亡赔款，保险金计算和保险费率也有相应变化。

大后方其他地区也开办寿险业务。比如在贵阳，中央信托局贵阳分局、中国保险公司贵阳经理处、邮政储金汇业局贵阳分局及商办太平保险公司，均曾办理此项业务。中央信托局贵阳分局 1937 年 7 月开办寿险，是贵阳市最早办理寿险的公司。据不完全统计，1942 年累计寿险保额 69 万元，共

①　颜鹏飞，李名炀，曹圃. 中国保险史志：1805—1949［M］. 上海：上海社会科学院出版社，1989：406.
②　重庆市社会局训令：社三福字第 0999 号 档号 1-1307［A］. 重庆市档案馆藏，重庆市各商业同业公会档案 085.
③　邮政储金汇业局函：渝保字第 32327 号 档号 29-153［A］. 重庆市档案馆藏，重庆市政府档案 0053.
④　邮政储金汇业局通饬：渝保字第 109 号 档号 1-1396（2）［A］. 重庆市档案馆藏，邮政储金汇业局重庆分局档案 0290.
⑤　重庆市警察局训令：行治字第 264 号 档号 16-4614［A］. 重庆市档案馆藏，重庆市警察局档案 0061.
⑥　汪一鹤. 三十三年度寿险业务概况［J］. 储汇服务，1944，45.
⑦　汪一鹤. 三十三年度寿险业务概况［J］. 储汇服务，1944，45.
⑧　资源委员会管理员工福利事业基金办法［J］. 资源委员会公报，1941，1（1）.
⑨　资源委员会及附属机关职员互助寿险统计表［J］. 资源委员会公报，1943，5（2）.
⑩　资源委员会及附属机关工人互助寿险办法［J］. 资源委员会公报，1944，6（3）.

收保费 2414.58 元，其中个人直接投保者极少，多为集体投保。1943 年 3 月，曾对全市公务人员及企业职工推行"国民寿险"，并由贵阳市政府通知各机关、各行业同业公会赞助办理，但因货币贬值日益加剧，而终身寿险、储蓄保险期限较长，到期支付储蓄款仍按原订货币金额计算，不能保证投保人受益，群众不愿投保而停办。邮政储金汇业局贵阳分局 1939 年开办简易人寿保险，分终身保险和定期保险两种。根据不完全统计，该局 1947 年 11 月共订寿险契约 40333 件，保险金额为797271.2 万元，月保费收入为 5076.8 万元，按当时贵阳物价指数较 1940 年上升 9214.4 倍计算，分别相当于 1940 年的 86.5 万元及 5510 元。

（三）专项保险

专项保险中，业务广泛、影响较大的，主要是战时运输兵险、陆地兵险和川江盐运保险。它们的开办，对鼓励沿海沿江工厂内迁、保障大后方生产和生活物资的安全起到了积极的作用。

1. 战时运输兵险

近代以来，随着帝国主义在全球扩张，各类冲突与战争不断发生。为了保障贸易在战乱频仍的时代仍能顺利运作，兵险制度因此产生。晚清时期，兵险制度就在中国出现。1885 年，英俄两国在阿富汗发生冲突，为了防范两国冲突影响到英国在华贸易，上海的英资银行就要求相关利益人必须投保兵险。《申报》报道称："本埠各银行于昨日登告白于西字报，谓刻下上海、汉口运货至外洋者，曰须投保兵险，盖防有俄患也。"[1]

进入民国后，国内军阀混战和国际局势的动荡，使兵险成为市场瞩目的一种经济安全保障制度。比如，1924 年发生在江浙的齐卢战争就致使兵险需求上升。其时《申报》刊登《投保兵险须知》云："保险种类繁多，除水火险人寿险外，尚有战争期内之兵险。其业务范围，约分二种。一生死险，二财产险。保费之算法，一方固依其保额多寡而定，但投保者所处地位如何，及其财产所处地位如何，皆有分别。例如投保者之财产接近战区，则保费亦必增加。而生死险则务必平时保有寿险者，方得投保。今齐卢之战方酣，洋商之承保兵险者日多。普通社会或有未能明了其性质者，爰撮要列述于后：一、投保战时寿险者须向原保之公司缴纳战时保费，其正式收条应交合法领款人执管，以备不虞。二、凡现役军人，如欲投保战时寿险者，亦应向原保之公司缴纳战时保费。三、投保战时财产险者，不必限定在战区范围以内。四、投保战时财产险者，其保额多寡当从实估计，不可以多保少，亦不可以少保多，以免将来发生纠纷。五、投保战事生死险及财产险者，其保费须直接交与总公司以取得正式收条为凭，不可假手掮客致遭迟误。六、投保战时财产险者，当先调查其公司是否殷实以免误受局骗。"[2]

1932 年"一·二八"事变发生后，上海各保险公司判断形势险恶，一度停止承保兵险。但随着局势和缓及中国军队的连战皆捷，中外保险公司又纷纷开始承保兵险。其承保办法如下："全沪划成东北中西四，保价不同。一、中区：自公共租界黄浦滩路起，至卡德路静安寺各地止，每保

① 须保兵险 [N]. 申报，1885 - 05 - 06.
② 刘梅庵. 投保兵险须知 [N]. 申报，1924 - 09 - 18.

兵险价额一千元者，保价费为三十元，合千分之三十比率。二、北区：自苏州河以北，至闸北各地，虽不拒绝兵险之承保，但接受与否，由各公自行酌量。三、东区：自虹口至杨树浦一带，与北区同，惟较北区略可通融。四、西区：即静安寺以西及法租界各地，保价较中区稍低云。"至于赔偿办法，规定一旦出险后，中外保险公司则"委定黄浦滩路十二号三义洋行经理尼而逊（译音）氏为公证人，负责调查战区内保户之成灾原因及损失价额，分为兵灾或真实之火灾，书面报告中外保险业同业公会然后确定赔偿与否之正当办法。外商保险公会，最近曾致函华商保险同业公会，特开会员大会，讨论此事，共到全体会员二十余人，由联保水火保险公司经理冯古芝为主席。讨论结果，对于中外保险业两公会共同合作，委任尼而逊为公证之调查及办法，完全同意"。①

1935 年，随着欧洲局势的恶化以及战争阴云的笼罩，中外贸易深受影响。上海的中外保险公司开始加收兵险费，以应对战争危险。据大通社报道，由于"意阿事件日趋严重，海轮经过地中海，危险实甚，保险行家、伦敦劳合德公司已于十六日决议，取消一切公开合同中之保险条文，另订保险合同，而收特别费。大通社记者昨晨探悉本埠保险行，于前（十八）日起，亦已加收特别兵险费，已实行者有扬子、保定、信孚、华安、肇泰、新大陆、仁济和等四十余家。费额方面，以前每保费一千元，收兵险费为二角五分。自前日起，凡兵险费货物须经过地中海者，每千元加收洋五角。及至昨日上午，已较平日涨至十倍，每千元为二元五角。依据国际情势，及各国在地中海之军事行动状况，将有极度涨落云"。②

与此同时，在中国国内，随着日本侵略者的步步进逼，华北局势日益紧张，上海各大保险公司率先行动起来，在原有中外保险同业联合组织的兵险委员会的基础上，统一筹划兵险事宜。该委员会决定"对上海闸北（包括江湾吴淞）、南市、公共租界、法租界等区均规定最低价格……目前投保兵险之价格，闸北以保额一千元为标准：（一）一个月保费八元，（二）三个月保费十元，（三）六个月保费十七元五角。至于南市公共租界法租界等区域，保费则较闸北为低。惟上项价格为最低额。凡承做兵险之中外各保险行，则于承做时须视各区投保地段酌予增征收保费，至于保险期内，以六个月为限。今该兵险委员会认为目前上海情形尚未达到最严重时期，所以保费并未提高。但必要时得随时提高。至于一二八上海事件时之兵险，每保额一千元，其保费为一百七十五元，与目前保费比较相差甚远云云"。③

全国各地厂商为了应对战争风险，也纷纷投保兵险，但随着战争的日益临近，保险公司已不敢再继续承保。据记载，1936 年 10 月"武汉各厂商近日纷向各保险公司保兵险，各保险公司十月廿二日接沪总公司电令停保兵险，申请保险者仍纷至沓来，现正向伦敦请示中"。④ 上海一些外商保险公司有鉴于华北时局的变幻莫测，在 1937 年一致决定兵险费加倍，即"凡往来中国沿海长江各口岸与

①　保险业承保兵险［J］. 剪报，1932，9.
②　意阿风云中本埠保险行已加收兵险费［N］. 申报，1935 – 09 – 20.
③　保险业公会议定兵险最低行市［N］. 申报，1936 – 10 – 09.
④　武汉各厂商纷纷向各保险公司保兵险［J］. 太安丰保险界，1936，2（22）.

香港各外船所载货物之兵险费，均照前加倍收取，且将随时势之变化，随时增减。海盗险并不列入兵险之内。该会并决定对于由一货栈移入另一货栈，及悬中日旗轮船所载之货物，暂时均不订定保险费"。①

七七事变的爆发以及"八一三"淞沪会战的打响，预示着中日战争向纵深发展。在这种情形下，各大口岸的中外保险公司一致的反应是停保兵险。1937 年 8 月，上海市"中外保险同业停止承保我国兵险"。② 中外保险同业经会商后共同决定，此后"对于我国任何区域，兵险一律停止承保，今无论外商及华商保险行均已实行矣"。③ 但市场需求是客观存在的，各住户前往各保险公司请求投保房屋及其他不动产保险者连续多日络绎不绝。

上海方面，中外保险业一律停保兵险后，考虑到市场的担忧，同时也顾忌战争时期的暴动与骚扰，为了保障商民的安全，经会商后决定"对兵灾虽不欲保险，经两公会屡次协商，于原则已互相同意。洋商火险公会，原定上月底举行会员大会，决定一切，但届时竟未举行。故本会亦不欲单独表示。现拟俟下星期本会执委会再行讨论，或有相当结果。至本市愿保兵险者，仅有美商数家云"。④ 香港方面，各保险公司对于投保兵险并未断然拒绝。在抗战爆发后，兵险的需求非常畅旺，"盖出入口货物各货主为慎重计，均纷纷购备兵险，以防日舰之留难"。但在港的外国保险公司，只承保悬挂英国旗的船货，"货主并须声明货物之性质及其航行日期。惟征收保险费，较平时略昂。所有购买保险之货物，只限航行时发生效力，如运登陆上，所受之损失，保险公司方面不负责任。近日运货商人为安全计，多已将货物交英商船运输"。⑤ 尽管香港仍承保兵险，但国内其他口岸都已拒绝了兵险业务。在这一情形下，如何保障战时人员与财产的安全，需要国民政府作出决断。于是，由政府主导的以保障战时力量为目的的战时兵险就应运而生了。

日本侵华战争全面爆发后，淞沪处在敌海、陆、空三重威胁下，爱国的民营厂矿企业家为抢救战区民族工业，防止厂矿落入侵略者之手，纷纷向国民政府提议"举厂内迁"。1937 年 8 月 10 日，行政院第 324 次会议对各厂所请议决"由资源委员会、财政部、军政部、实业部组织监督委员会，以资源委员会为主办机关，严密监督，克日迁移。关于印刷业之迁移，由教育部参加监督"，并由资源委员会的林继庸等 4 人组成监督委员会，负责策划工厂内迁的任务。随着时局的变化，国民政府军事委员会设立工矿调整委员会，"承军事委员会委员长之命，对全国工矿事业负促进调整之责"。⑥ 工矿调整委员会下设厂矿迁移监督委员会，全面负责战区厂矿的内迁工作。

由于长江已宣告封锁，抢运工作仅恃铁路和公路，在敌机滋扰下，威胁极为严重。当时主办工

① 外商水险公司议决兵险加倍收费 [J]. 太安丰保险界，1937，3 (15).
② 本市简讯 [N]. 立报，1937－08－05.
③ 中外保险同业停保我国兵险 [J]. 太安丰保险界，1937，3 (16).
④ 保险业停保兵险后会商保暴动骚扰险 [J]. 太安丰保险界，1937，3 (16).
⑤ 香港运货商纷购兵险 [J]. 太安丰保险界，1937，3 (18).
⑥ 孙果达. 民族工业大迁徙——抗日战争时期民营工厂的内迁 [M]. 北京：中国文史出版社，1991：49.

矿迁移之工矿调整委员会联合贸易及农产品两调整委员会，共同建议由政府举办战时运输兵险，保障内迁的安全。1937 年 8 月，国民政府作出了迅速开办战时兵险的决定，并由财政部拨出专款 1000 万元，委托中央信托局保险部筹办"运输途中兵险"（1940 年改为战时运输兵险）；10 月 18 日（各国在华保险公司拒保兵险后）正式开业，一切会计事务独立核算。其承保范围以在水陆空运输的农产品、矿产品、工业制造品、国际贸易物品、运输工具和运输员工为限。运输路线分水路、铁路、公路、航空 4 种，各线保险费率由中央信托局参照危险程度，确定收费标准。①

根据规定，中央信托局保险部的战时运输兵险业务，分托各华商保险公司代理承保。② 经兵险顾问委员会通过的代理保险公司有中国、太平、宝丰、永宁、泰山、兴华、安平、丰盛、四明、华兴 10 家。1940 年，中央信托局保险部随总局迁到重庆后，永宁、泰山、四明、安平、丰盛 5 家由于总公司没有迁渝而停止代理。中央信托局还与各大银行签订代理合同，比如浙江地方银行就代理了战时兵险业务，其通告称："本行受中央信托局保险部委托，承办战时运输途中兵险，即日开始办理，如蒙惠顾，请向太平坊本总行信托处接洽。"③

运输兵险的保险范围为："一、运输途中兵险，以转运期间，国内水陆运输之兵险为限，凡入口卸运前及出口装载后之运输兵险，概不包括在内，至普通运输险亦得合并承保，但单独陆地兵险暂不承保。二、承保运输途中兵险分下列六种，甲、农产品，乙、矿产品，丙、工业制造品，丁、国际贸易物品，戊、运输工具（以在运输途中而与甲乙丙三项有关者为限），己、运输员工（以在运输时间而与甲乙丙三项有关者为限，但须限制保额），关于出口物品之运输途中兵险，必须经贸易调整委员会许可，方得投保。三、本局对于保险物品及运输情形认为危险过大时，仍得向投保人说明理由，拒绝承保。"④

运输兵险一经开办，立即得到了商民的欢迎。开办仅仅旬日，"各界投保者，已达二万万元以上，据悉该局对于内河航轮短距离货物，亦可承保"。⑤ 最初，单程运输的基本费率为 30%，转运物资加收 25%。武汉沦陷后，则从基本费率逐程附加改为从最高费率逐层递减的办法，并按战区和非战区的不同情况，分为水路、铁路、公路和航空 4 种，规定一次运程的费率最高为 10%。1940 年后，由于运输路线转入西南、西北山岳地带，敌机轰炸减少，铁路、公路车辆也基本掌握了避免空袭的规律，保险费率的最高额因此减为 5%，并根据运输工具的转换而增减，还订有优惠费率。比如，运输全程经过两线者减收 20%，经过三线者减收 30%，经过四线者减收 40%。至于运送粮食、食盐及出口换汇物资，还另有优惠。交通部三都材料库和贵州火柴原料厂先后于 1942 年、1943 年运送钢材及原料至广西柳州，向贵阳中信局投保运输兵险，总保额 1660 万元，共付保费 27.65 万元。

---

① 财政部钱币司. 十年来之金融［M］. 重庆：中央信托局印制处，1943.
② 中国第二历史档案馆. 中华民国史档案资料汇编：第五辑　第二编　财政经济　四［M］. 南京：江苏古籍出版社，1998：325.
③ 浙江东方银行代保战时兵险［J］. 金融周报，1937，4（20）.
④ 财政部令中央信托局办理战时兵险业务［J］. 太安丰保险界，1937，3（21）.
⑤ 中央信托局兵险业务近况［J］. 太安丰保险界，1937，3（22）.

中央信託局戰時運輸兵險費率表　第十四號

民國二十九年三月四日實行

（一）說明

甲　本保險費率以壹百圓為計算單位但保實收不給任何折扣或佣金後列各項尤須遵守

一　戰時兵險費率以壹百圓為計算單位但保實收不給任何折扣或佣金後列各項尤須遵守

甲　八小時後該保險單或合約之內所載某線或某段須通知四十八小時後該保險單或合約之內所載某線或某段須通知

乙　要保人請求承保戰時兵險接受本部逐達俟某段成立通知
得作為根據

丙　戰時兵險長期保險單或保險合約之計算費率以通知逐運日期為準如戰時兵險接受本部逐達俟某段成立

二　要保人請求永保戰時兵險接受本部逐達俟某段成立通知
保險費率

丁　戰時兵險接受本部俶起逐運日期按照某段後或需否則所開保險費率不能起逐得將改定逐達費率以通知逐運日期為準如

戊　凡一切損失基於能工暴動騷擾所致者非經請求增保並由局加收保費簽發背書予以承保不

己　凡一切損失基於能工暴動騷擾所致者非經請求增保並由局加收保費簽發背書予以承保不
要求賠償

要保運輸工具戰時兵險其保險費率與普通運輸物賠

三　本保險費率表內定全程兵險包括自保險標的之全部行程（簡稱全程）經過二線以上時得按照左列規定給予增減折扣其無逐折扣之純水陸之路線倘保險標的之仍須存放地點起至逐達到達地點起存放七天為止但七天不得請求延逐（如全程規定十天途中祇費兩天存放七天以其仍存放期仍為

四　三線照各該費率之和減百分之二十

乙　鐵路　四線或以上照各該費率之和減百分之三十

丙　公路鐵路或水路兩線聯運照各該費率之和減百分之十
二線照各該費率之和減百分之二十

丁　全程中非戰區內鐵路公路或水路任一線以上時仍得將各該費率先行折算然後加入計算
或以上之公路或鐵路亦同樣計算

戊　全程兵險費率以每百圓拾圓為最高限度超過者亦按拾圓計算但延期仍照規定另擇保費
本保險費率表得不經公告隨時參照危險程度加以低改增刪

『甲』水路　（二）費率

項目	運程	費率		全線期限
一　海岸線1（沿海谷口岸往來廣州除外）		壹元伍角		拾五天
二　海岸線2（由廣州至沿海各口岸）		壹元伍角		拾五天
三　海岸線3（上海香港澳門及仰光間直達作非戰區論）		伍角玖分伍印		廿五天
四　長江線（自成都至沙市）		貳元伍角		拾五天
五　長江線西段（自成都至宜昌）作非戰區論		貳元		五十天
六　長江線東段（自宜昌至沙市）		貳元		卅五天
七　內河線1（戰區或接近戰區或已受戰事行動直接影響者）		貳元		十五天
八　內河線2（戰區或接近戰區或已受戰事行動直接影響者）　長程		（暫不分訂）		

中央信托局战时运输兵险费率表

九　內河線3（非戰區）　黃浦駁運線

附註				
十　內河線3（非戰區）	黃浦駁連線	★伍角　★貳角伍分		三十天　廿四小時

『乙』鐵路

項目	運程	費率		全線限期
一　津浦線				
二　津浦線北段		貳元		十五天
三　津浦線南段				
四　粵漢線（自長沙至韶關）		（暫不分訂）		
五　粵漢線北段				
六　粵漢線南段				
七　隴海線（自寶雞至鄭州）				
八　隴海線西段		貳元		二十天
九　隴海線東段				
十　平漢線				
十一　同蒲線				
十二　正太線				
十三　浙贛線				
十四　湘贛線				
十五　廣九線				
十六　滬杭線				
十七　京滬線				
十八　海線				
十九　潮汕線				

附註：　以上各線內中途轉船每次加收該地所屬各線中最低一線費率百分之二十五另加期限限十天
2　一線內中途轉船或輪拖則費率加半計算並加期限限七天

			湘桂線（自長沙至桂林）
滇緬線南段（自老開至海防）作非戰區論			潮油線
滇緬線北段（自昆明至老開）			湘桂線（自長沙至桂林）
滇緬線（自昆明至海防）		壹元伍角	杭甬線2（自寧波至曹娥運）曹娥至江邊公路
漢韶線（自昆明至海防）		★伍角	杭甬線1（自寧波至曹娥）
南海線		貳元	

『丙』公路

項目	運程	費率		全線期限
一　戰區線（戰區或接近戰區或已受戰事行動直接影響者）		★伍角		二十天
二　非戰區線		貳元		二十天

附註：貨物如裝區間車依照規定費率加收百分之五十期限加倍

『丁』航空

項目	運程	費率	全線期限
一　渡港線1			
二　渡港線2			

中央信托局战时运输兵险费率表

战时兵险的推行，保障了内迁货物、人员的安全，在中国浴血抗战时期发挥了极为重要的作用。根据1940年初的统计，"中央信托局自中日战事爆发以还，即经营兵险业务，其保额共达865000000元之巨，其中关于货运者独占600000000元，截至本年七月初旬，未到期之保险单总额，尚有335000000元，其中关于货运者，占200000000元。关于各地，尤其是重庆财产者，占135000000元，至其所征收之保险费，最高者为1%。该局在此项兵险业务中所获之盈利，闻已达一千万元云"。[1] 到太平洋战争爆发前，中央信托局保险部承保的运输兵险状况如表6-2所示。

表6-2　中央信托局保险部运输兵险承保额、保费及赔款额

单位：元

年份	承保金额	收入保费	赔款额
1937	17233000	731576.50	1334983.95
1938	168793000	6408445.48	3364471.65
1939	270174000	10250098.28	5991650.84
1940	446710000	18410266.56	11247141.15
1941	959679000	34228326.02	22889777.90

资料来源：中国第二历史档案馆. 中华民国史档案资料汇编：第五辑　第二编　财政经济　四［M］. 南京：江苏古籍出版社，1998：358-368.

中央信托局保险部的运输兵险承保金额、保费收入、赔款额，5年间分别增长了55倍、46倍、16倍。即便扣除了通货膨胀因素，增长也是十分明显的。在为工矿企业内迁提供一定保障的同时，中央信托局保险部也因此获得了丰厚的利润。但对于参加分保的民营保险公司来说，其代理兵险，绝大多数就"纯系为政府尽义务，而非以图利为目的"了。[2]

战时运输兵险自1937年开办到1945年结束，历时8年。承保保额共达26016140000元，每年具体承保金额和收入保费情况如表6-3所示。

表6-3　历年战时运输兵险统计

单位：元/国币

年份	承保金额	收入保费
1937	17233000.00	731576.50
1938	168793000.00	6408445.48
1939	270174000.00	10250098.28
1940	446710000.00	18410266.56

---

① 中央信托局办理兵险统计［J］. 金融周报，1940，10（6）.
② 中国第二历史档案馆. 中华民国史档案资料汇编：第五辑　第二编　财政经济　四［M］. 南京：江苏古籍出版社，1998：326.

年份	承保金额	收入保费
1941	959679000.00	34228326.02
1942	7037758000.00	37173403.40
1943	8119525000.00	140652287.00
1944	7803718000.00	156158612.81
1945	6195150000.00	75709504.54
合计	31018740000.00	479722520.59

资料来源：财政部财政年鉴编纂处．财政年鉴三编［M］．南京：财政部财政年鉴编纂处，1947：162－163.

在 1943 年之前的 7 年中，承保金额呈递增趋势，1944 年、1945 年则趋于下降。由于运输兵险承担的风险大，赔付率非常高。举办的当年，收入保费 73 万元，赔款 133 万元，赔付率高达 182%。因同业不愿接受分保，最后决定不办再保险，由政府全额负担。自开办至 1945 年日寇投降后结束，历时 8 年，年平均赔付率达 78%。除开办当年外，1942 年、1945 年也发生亏损，照付率分别为 282%、105%①（中央信托局提供的资料则显示，发生亏损年份是 1937 年、1942 年和 1943 年）。

2. 战时陆地兵险

由于运输兵险保险范围仅限于运输物资，加上战时日军的轰炸对内迁大后方厂矿的威胁，部分工商业者对厂矿内迁怀有疑虑。1938 年冬，广州失守，武汉吃紧。当国民政府再一次号召内迁时，一部分工商界人士担心即使内迁成功，新厂建成，厂房机器设备和物资存储等也有随时遭到轰炸的危险，因此虽口上积极拥护，行动上却徘徊观望，这也使运输兵险保险范围过于狭窄的缺点暴露出来。为了保障大后方生产事业，国民政府财政部 1939 年夏再拨 1000 万元，委托中央信托局保险部，举办战时陆地兵险，当年 12 月宣布分别在重庆、昆明开办。② 随后又分别在贵阳、桂林、衡阳、成都、万县、宝鸡、西安等地中央银行内派驻人员办理陆地兵险及其他保险业务，其他小县城则委托当地的中央银行和中央信托局分支机构代办。

1940 年 6 月，中国、太平、宝丰三家保险公司致函上海市保险业同业公会，要求同业公会向中央信托局交涉，将陆地兵险"仍照运输兵险之例，委托商营公司代理"，"以免影响火险营业"。③ 1941 年 7 月，上海市保险业同业公会再次呈文财政部和经济部，最后中央信托局不得不同意"陆地兵险业务得委托民族民营公司代理，公有产物或公私合办事业之兵险、火险概由中信局承办"。④

出于防止日军破坏的考虑，陆地兵险的开办和推展都是秘密进行的。为举办陆地兵险，中央信托局保险部经理项馨吾由昆明潜赴上海，在上海市保险业同业公会和上海市保险业业余联谊会的大

---

① 吴申元，郑韫瑜．中国保险史话［M］．北京：经济管理出版社，1993：280.
② 战时陆地兵险 信托局开始举办［N］．大公报（重庆），1939－12－18.
③ ［A］．上海市档案馆藏上海保险业同业公会档案，档号 S181－1－60.
④ ［A］．上海市档案馆藏上海保险业同业公会档案，档号 S181－1－60.

力协助下，秘密招聘了一批有经验的工作人员，比如张仲良、林震峰、程恩树、包玉刚、唐雄俊、沈雍康、茅子嘉、徐曾渭、周志斌、胡肇忠、沈尔元、童肇麟、赵镇圭，后来在保险界被戏称为"十三太保"。他们此前都是保险从业人员，奔赴大后方后，则成为陆地兵险的主要力量。战时陆地兵险承保区域共包括川、康、滇、黔、粤、桂、陕、甘、浙、赣、闽、湘、鄂、皖14省，其中除闽、皖、鄂3省因战事关系未能及时开办而由总局代理签单外，余均由各省省会及重要地点直接办理。①

1939年，中央信托局选聘的13名业务骨干（誉称"十三太保"）合影

战时陆地兵险的保险标的，"以存储或坐落国内后方且与抗战民生有关"② 为限，分为存栈货物（包括农产品、矿产品、工业制造品、国际贸易品）、生产工具（包括投保工厂之机器与直接关系生产之厂房等）及必须存储之原料和建筑物（以在营业中之仓库工厂为限）3类，均各有保额限制。战时陆地兵险保险范围，是以"飞机射击、空战及防空炮火所致之损毁和延烧之损失及因从事消灭前项灾害而致损毁之损失为限"，包括：其一，飞机轰炸射击空战及防空炮火所致之损毁暨延烧之损失。其二，间谍奸细掷弹爆炸或纵火焚烧之损失。其三，从事消灭前列甲乙两项灾害而致损毁之损失为限。其最低基本费率为每百元5角。另按照建筑等级、占用性质与毗连危险以及坐落区域，计算加费，最高费率当为每百元1元余。保险期限，以1个月为限，续保时以续保之日所实行之费率为准。③ 保险限额原规定第一限额为200万元，第二限额为150万元。1941年为适应各方需要，改订为，第一限额为300万元，第二限额则以不超过第一限额为限。1942年12月又核准提高限额，第一、第二限额共为1000万元。随着战事的发展，陆地兵险的投保范围逐步扩大，"凡经营商业之建筑教育、社会、卫生、交通事业之建筑物，公共机关之办公房屋、必要用具、运输用具等项"④，均包括在内。

重庆是抗战时期遭受敌机轰炸最严重的地区。1940年后，敌机对大后方实施空袭，频繁轰炸重庆。重庆形势一度混乱，各商店纷纷疏散，以致市面停顿，物价狂涨。为了保证重庆的物资供应安全，中央信托局在重庆开办了指定商店兵险、重庆轮渡兵险等特殊险种。商店兵险是为维持重庆市面开设的，由重庆市社会局指定商店，投保货物主要为生活必需品，以每家5000元为限。综合性商

①　中国第二历史档案馆. 中华民国史档案资料汇编：第五辑　第二编　财政经济　四［M］. 南京：江苏古籍出版社，1998：358.

②　财政部钱币司. 十年来之金融［M］. 重：中央信托局印制处，1943.

③　沈雷春. 将战前后之我国保险业［J］. 金融导报，1940，1（第5期、第6合期）.

④　财政部钱币司. 十年来之金融［M］. 重：中央信托局印制处，1943.

场及日用必需品公卖处则以 5 万元为限。① 1941 年 2 月,义泰和等 29 家单位投保指定商店陆地兵险,投保金额达 45.45 万元;② 5 月,大中国棉织厂等 33 家单位投保指定商店陆地兵险,投保金额达 53.03 万元;③ 6 月,大中国帽行等 56 家单位投保指定商店兵险,投保金额达 773.13 万余元;8 月,民生饭店、遗爱慈镇消费合作社等 24 家单位投保陆地兵险,投保金额达 45.37 万元。④ 自开办指定商店兵险起到 1941 年 4 月,该险种的"损失超过收入保费达七倍以上"。⑤

轮渡兵险是为保障重庆物资和人员流动而设的。1938 年成立的重庆轮渡股份有限公司是战时重庆水上交通的主要经营者,但日军频繁地轰炸,使轮渡正常运转无法得到保障,公司也陷入亏本状态。经该公司向中央信托局陈情,中央信托局报经财政部许可,特予对重庆轮渡承保。1940 年 5 月,行政院秘书长魏道明致电重庆轮渡公司,"重庆轮渡公司全部轮渡已由工程专家祥为勘估,除第四、第六、第九、各号侯改进再予承保,其余各轮拟予照保"。⑥ 如此,保证了长江两岸往来船只运行,便利了物资运输和人员流动,同时进一步扩大了兵险范围。

战时陆地兵险自 1939 年开办至结束,承保保额共达国币 27894319993.33 元,收入保费 230313414.66 元。按年列表,如表 6-4 所示。⑦

表 6-4 历年战时陆地兵险统计

单位:元

年份	承保金额	保费收入
1939	8111500.00	96915.16
1940	1079165600.05	13541900.36
1941	2826288734.84	32050557.21
1942	4709827118.83	39410440.65
1943	6718011691.97	52004426.85
1944	8803771013.38	69350126.23
1945	3749144334.26	23807303.85
合计	27894319993.33	230261670.31

资料来源:战时兵险业务报告 [A]. 重庆市档案馆藏, 0061-15-4605.

---

① 重庆市社会局协助营业商店投保兵险办法 [A]. 重庆市档案馆藏, 0053-2-685.
② 重庆市政府工作报告 [A]. 重庆市档案馆藏, 0053-3-82.
③ 重庆市政府工作报告 [A]. 重庆市档案馆藏, 0053-3-30.
④ 重庆市政府社会局工作报告 [A]. 重庆市档案馆藏, 0053-3-25.
⑤ 中国第二历史档案馆. 中华民国史档案资料汇编:第五辑 第二编 财政经济 四 [M]. 南京:江苏古籍出版社, 1998:343.
⑥ 重庆轮渡公司轮渡投保兵险 [A]. 重庆市档案馆藏, 0053-29-172.
⑦ 战时兵险业务报告 [A]. 重庆市档案馆藏, 0061-15-4605.

在陆地兵险承保金额中，重庆比重最大，约为50%。兹分区将承保金额、保费收入列表比较，如表6-5所示。

表6-5　各区域陆地兵险承保情况表

区域	包括省份	承保金额（元）	保额百分比（%）	保费收入（元）	保费百分率（%）
重庆	—	14307720299.51	51.29	134714905.83	58.49
川康	四川、西康（除重庆以外）	4892968550.79	17.54	32612454.23	14.16
西北	陕西、甘肃	3220735935.58	11.55	23896644.12	10.37
西南	云南、贵州、广东、广西	3033614617.08	10.87	22012678.23	9.56
华中	湖南、湖北	1215186931.43	4.36	9161018.83	3.98
东南	浙江、安徽、江西、福建	1224093658.94	4.39	7915713.42	3.44
合计	—	27894319993.33	100	230313414.66	100

重庆之外，成都、昆明、贵阳等地也先后开办此项业务。比如，贵州盐务管理局曾于1942年将运盐汽车44辆及器材向中央信托局贵阳分局投保兵险638.5万元。截至1945年底，贵阳中信局承保兵险总额24385万元。此外，太平保险公司贵州分公司也一度代办陆地兵险。

3. 川江盐载保险

盐载保险，即盐运水险，是一种专门针对川盐水路运输的保险，因其时食盐以"载"为计算单位而得名。四川是内地产盐大省，所产食盐除供给四川各地外，还远销贵州、云南、湖南、湖北等省。川盐外运皆走水路，盐船重载，失吉时有发生。1930年，重庆盐业公会附设保险部，"因鉴于运商每年失吉盐载甚多，或有因此而财产薄然，一跌不振者，该会各商为顾全全体盈亏苦乐之平衡起见，乃根据万国保险律自营水险之规定，于该会附设保险部，承保边计楚岸花巴盐载水险"。[①] 同年11月，重庆盐业公会将保险部交给四川盐业银行经营。四川盐业银行第十次董事会议决案中有这样的内容："除楚盐载额不属于本行股东外，其余岸，全是本行股东交与本行营业，甚为稳安。楚盐准其自由投保以外，各岸之盐纯由本行保险部承保，其保费盈亏由本行负担。"[②] 这是川盐银行档案中所见最早的银行经营盐载保险的记录，四川盐业银行经营盐载保险即由此起步。1932—1934年，为四川盐业银行独家经营时期。由于运商运盐时基本上在盐业银行办理押汇，银行为了保障押汇安全，要求盐载必须保险，故保险部盈利颇为丰厚。到1937年，7年间除1935年略亏损4万余元外，其余各年盈利，总计777470.56元，见表6-6。[③]

---

① 重庆盐业公会之新设施 [J]. 川盐特刊，1930，132.
② [A]. 重庆市档案馆藏，川盐银行，2195 卷.
③ [A]. 重庆市档案馆藏，川盐银行，3324 卷.

表6-6　川盐银行保险部1930—1937年保费赔款缴用损益表

单位：元

年别	保费	赔款	缴用	损益
1930年9月至1931年底	520766.12	109676.62	62780.69	益348308.81
1932年	337016.47	159464.68	40230.57	益137321.22
1933年	325465.50	126916.75	48816.75	益149732.00
1934年	336335.77	130310.66	50781.62	益155243.49
1935年1月至9月底	209316.20	216353.61	40187.42	损47224.83
1935年10月至1936年	465099.31	352654.40	102496.01	益9948.90
1937年1月至9月底	267521.96	184614.08	58766.91	益24140.97

资料来源：［A］.重庆市档案馆藏，川盐银行，3324卷。

　　川盐银行保险部丰厚的利润引发了各方觊觎。早在1937年初，东部淮盐运商的势力就已经渗透到了四川。随着抗日战争的全面爆发，国民政府内迁重庆，盐载保险业务成为各方争夺的对象。为保证战时食盐供给，川省盐务局打算增加富荣盐场的产额。初定每月增产250载，济销湘、鄂、赣、皖等省。淮盐运商借机与盐务局接洽，对增产之盐，谋自购自运，等于是将川盐运商的固有利益强行瓜分。淮商的资力和政治背景雄厚，任其发展，最终恐难免喧宾夺主，尽夺川盐利益。因此，不仅川盐场商、运商谋求抵制，川盐银行从维护其汇押和保险业务起见，也不得不谋划对策。最终形成的方案是，盐载押汇由川盐与金城、中国、中国农民四行联合办理。川盐、金城、中国农民银行各承办放款的1/5，中国银行承做2/5，而运销渠岸的100载盐，其押汇押款则由川盐银行单独承做。四川盐务管理局与该四行签订合约，规定"凡所押盐载在船必须投保水险，在仓必须投保火险，其保险单应过入银团名下。押款盐载投保水险必须向川盐银行办理，如商将盐投保水险时应会同川盐银行保险部检查装盐船只，如船身朽坏，得商请甲方饬令更换。其存仓之盐投保火险，则有组织银团各行之有保险部者按成摊保"。[①] 在这次实行联合押汇之后，川盐银行保险部因为有盐务管理局和中央银行的参与，加强了其垄断地位。有关资料显示，川盐银行保险部1939年获利15万元，1941年获利149.4万元，1942年获利109.1万元。[②]

　　川盐银行盐载保险也引起了内迁各家保险公司的注意。中央信托局、中国保险、太平保险3家公司先后要求承保川盐，并得到中央银行、中国银行、交通银行、中国农民银行组成的四行联合办事处的支持。[③] 同时中信局、中国保险、太平保险3家公司成立了盐运保险管理处（当时被称为"三

①　［A］.重庆市档案馆藏，川盐银行，1842卷：95.

②　魏原杰，等.中国保险百科全书［M］.北京：中国发展出版社，1992：691.

③　王化南.忆中国保险公司［M］//全国政协文史资料委员会编.中华文史资料文库：第14卷 经济工商编.北京：中国文史出版社，1996.

联"），并在自流井设立保险办事处，由淮商胡耀堂为主任。在此期间，时任财政部长的孔祥熙亦筹设裕国保险公司，并在自流井设立分公司。

对四行联合办事处的要求，川盐银行无从拒绝，最初同意让出40%的业务，交由"三联"办理。但具有特殊政治背景的裕国保险公司也随即介入，一时更难商妥。但"三联"方面不能等待，乃由自流井押汇代表行中国银行，对押汇盐载，以"三联"保险处所出具之保单为限。从1940年下半年开始，物价上涨，淮帮运商因能利用国家银行的低利放款，办运盐载，不但不受货币贬值的影响，且能获利甚巨。而川帮运商，以资金来源的利率高于盐局核给的搁本子金（商人垫本应得的利息），无法办运，纷纷放弃载额，所有载额几乎全由淮帮运商和国家银行投资附设的盐号办运。因此运商多是淮帮或四行投资所设的盐号，与四行关系密切，与川行毫无交易。此时运商只好将盐载暂时捆运，请川盐局迅予解决。重庆盐务总局只好将此事转陈财政部（其时部长即孔祥熙），并且文内声明，川盐银行保险部办理盐运水险有年，对川江滩险情形及木船户的管理，均具有经验，为战时物资运输的安全和保险业务的本身利益计，仍望川盐银行保险部能得各保险公司合作承办以臻完善。

财政部接到盐务总局来文后，由钱币司会同盐政司召集盐政总局、四联总处、川盐局所属的重庆分局共同洽商。其解决办法，是自贡两场盐运水险，以现在自贡市业已设立的保险公司为限（其时在自流井已设立的保险公司为川盐银行保险部、三联保险办事处、裕国保险公司三家）。此规定无形中将裕国公司列入，办法甚为巧妙。而裕国保险公司早在自流井设立分公司，此亦有其深长的意义。最终商定三联保险办事处承保40%，川盐银行保险部与裕国保险公司各承保30%。1943年，太平洋保险公司成立后，取代太平保险公司加入盐运保险管理处。1944年中国农业保险公司成立，也加入了这一行列。这样便形成了由4家官办公司共同分配40%保险份额的"四联"。后来，中央信托局产物保险处与川盐银行保险部在业务上有分歧，请时任裕国保险公司董事长谭备三出面调解。结果将原有的盐运保险份额重新分配，形成川盐承保40%、"四联"承保30%、裕国承保30%的"四三三"分配制。此项办法的实施，将川盐银行保险部多年经营的水险业务夺去了60%。

抗战结束后，各保险公司围绕川盐保险仍然进行了激烈的争夺。中央信托局在其产物保险处成立再保险科，要求所有盐载保险的再保险必须向中央信托局承办，扩大了其利益。盐运四联也将一部分业务分走。1946年，自贡盐场边计岸运商联合组织了"盐联产物保险股份有限公司"，专以盐载保险为业务，凡投资该公司之同业，应将所有承运沪、合、津、渝、渠、涪、万七据点之盐载全部向该公司投保。[①] 在盐载保险的竞争中，川盐产物保险公司已不再具备以往的优势。盐载保险所谓的开放，实际上加强了官僚资本对盐载保险的控制和垄断。直到新中国成立后，盐载保险才最终停办。[②]

---

① ［A］．重庆市档案馆藏，川盐银行，2629卷：4．
② 罗德明，黄跃棠．自贡盐业营运中的押汇、承兑汇票和盐运保险［M］//政协自贡市委员会文史资料委员会．自贡文史资料选辑：第18辑．自贡：政协自贡市委员会文史资料委员会，1988．

（四）大后方的再保险业务

抗日战争以前，西南地区保险业的分保业务，一般要通过上海保险市场办理，其中相当部分的分保费辗转流入外国保险商手中。抗战开始不久，重庆成为后方各地保险业的分保中心，尤其是太平洋战争发生以后，沪、港等地相继被日军侵占，割断了与外商联系分保的渠道。只有中央信托局产物保险处、中国保险、太平保险、宝丰保险等少数几家公司仍与外国有分保合约关系，它们除用于自身保险溢额外，虽然也能接受一部分同业分保，但还是不能完全解决同业的溢额分保的问题。因此，各种形式的再保险组织纷纷出现。

1942年，中国保险公司联合太平、宝丰、兴华3家公司成立了"四联保办事处"。它们通过4家原有的国外分保关系，向伦敦再保险市场恰定了一个很大的自动分保总额，虽有承受巨额保险的能力，但这个集团内部缺乏合作，并未发挥很大作用。抗日战争胜利后，因各总公司复员返沪而解散。

1944年在民办公司中，中兴、永大、亚兴、永兴、民安等公司，针对当时官办公司意图垄断整个再保险市场，联合组成了"华联产物保险公司"，专营再保险业务，因参加者多是中小型公司，业务来源有限，并未能达到预期的愿望。该公司后迁至上海，并改组为"中国再保险公司"。

与此同时，中央信托局产物保险处，曾竭力想通过再保险的国有化，独占国内再保险市场，但遇到了各方面的反对，在抗日战争期间一直没有实现。到了抗日胜利后的1945年10月，才由国民党政府财政部拨出巨款作为基金，交由中央信托局产物保险办理再保险，在内部设立了再保险科。开业那天，许多中小型公司几乎都将自己的超额业务交由中央信托局产物保险处集中办理。但不久大后方的保险业中心重新移回上海，中国的再保险市场又是另一番景象。

（五）相互保险——云南省保险合作社的尝试

合作保险，也就是相互保险，是保险业的重要组织形式之一。欧美各国保险机构中采用相互保险组织的，均有相当的数量。但这一组织形式在中国的发展却极为滞后。进入民国后，一些城市曾出现过以行业为基础的相互保险组织，但此类保险形式还远不成熟，也未能得到充分发展。20世纪20年代，合作运动在中国开始出现。及至南京国民政府建立后，为了应对乡村危机，合作运动被看作实现乡村振兴的重要手段，得到了各方的提倡和推广。在这一过程中，一些地方进行了农业合作保险的尝试。比如，20世纪30年代的耕牛保险合作社，就是其中之一。为了促进和规范合作保险的发展，1935年的《保险业法》第四十六条规定"相互保险社除本法别有规定外，准用合作社法之规定"。《保险业法》规定，相互保险社之设立，其发起人须有15人以上，其预定社员人数在损害保险不得少于50人，在人身保险不得少于100人。其自筹资金，一次收足不得少于国币10万元。其组织程序须先拟定各种规章、表册，呈经许可设立后，始能正式组织。虽然这些规定并未落实，但对合作保险的发展仍具有引导意义。

全面抗战爆发后，1938年国民党通过了《抗战建国纲领》等决议和政策，包括推动农村经济建设、奖励合作等内容。1939年又设立合作事业管理局，其最初属经济部，后改归社会部。各省则设立合作事业管理处，各县设立指导室。一些地方建立了合作事业实验区，设立了不同的农村合作组织。1941 年夏，云南省合作委员会举办合作指导员进修班，其中设有保险合作一课。当时该合作委员会的常务委员黄石拟定了云南省保险合作事业方案，供学员讨论，引起了大家的广泛兴趣。该年冬，省合作委员会奉令拟订云南省合作事业三年计划，保险合作事业方案成为其中的一部分，随即呈经省政府核准备案。这样，保险合作社由原来的动议变成定案。

云南省保险合作社带有行业发端的意义。该方案对云南省保险合作社的组织、股本、业务、保险种类及保额、赔款、盈余分配等方面作了规定。社员分三种：基本社员为本省所属各级合作工作人员，普通社员为 20—60 岁有法定资格且身体健康而入社者，团体社员为单位合作社及其他公私机关法团以团体名义加入者。合作社股本规定，第一次应缴足之总数最低为国币 50 万元，分为 5 万股，股金利率定为年息 6 厘。合作社委托各县指导员办事处或合作金融机关为代理处，各县个人社员达百人以上时，可设立分社。关于业务，则规定为人寿保险、耕牛保险、产物保险三种。先开办人寿保险，经营有基础后再开办耕牛及产物保险业务。人寿保险暂以储蓄保险、终身保险、团体定期保险为限，其保额定为自 1000 元至 1 万元，保期分为 10 年、15 年、20 年、25 年及终身五种。保费参照各保险机关成例制定，身体检查采用门诊及望诊填表审查办法的原则，必要时可聘请医师检查。对耕牛保险和产物保险的种类、保额、保期、保费及检查办法也作了相应规定。[1]

拟定规章后，1942 年 2 月，云南省合作委员会及省合库分别通令各县指导员及农贷员加为基本社员，同时与各合作机关商洽参加事宜。至 4 月 25 日，又召集本该合作及农贷各机关代表，举办了省保险合作社筹备会，决定以到会之 22 人为发起人筹组云南省保险合作社。会上通过了社章及业务计划草案，讨论了增认股本、征求新社员、决定理监事人数及筹备手续等各类方案。到 7 月间，加入的个人社员已有 187 人，团体社员 15 个单位，认购股金达 502380 元，超过原定数额。1942 年 8 月 8 日召开创立大会，正式通过社员社章暨业务计划，选举理监事，由此云南省保险合作社宣告成立。

1943 年 2 月，云南省保险合作社正式对外营业。为表倡导，省合作管理处及省合作金库的全体高级人员首先自动投保，并命令两机关所属人员一律投保。省保险合作社一面通函各社员办理投保手续，一面派员访问有关机关，劝导其投保。省保险合作社在本省合作事业月刊中开辟保险合作讲座，刊登保险合作论文，同时积极参加各种集会宣讲保险合作。到 1943 年 12 月底，已加入的个人社员为 286 人，团体社员有 22 家单位，股金总额 512230 元，投保人数 176 人，承保总额达 62568000 元，收入保费 72651 元。该年总决算共获纯益 159862.19 元。[2]

云南省保险合作社不仅为社员和投保者提供保险保障，它还是一个自治的社区，给社员带来附加的社会福利。福利事业有以下几种：一是福利贷款。凡是合作处所属员工已加入投保者，如因婚丧医药、子女教育等需要款项时，均可申请借款。每人以 1000 元为限，月息 1 分 5 厘，期限最长 1 年，可以分期偿还。贷款基金则由合作处拨给专用。二是接受各县社员委托代办事项，省保险合作

---

① 云南省单位保险合作社之尝试 [J]. 合作经济，1944，1（2）.
② 云南省单位保险合作社之尝试 [J]. 合作经济，1944，1（2）.

社社员大多散居在外县各地工作，为了解除社员的困难，规定凡属外县工作同仁均可以免费委托该社办理有关合作消息的询问解答、订购书报杂志、购买婚丧庆吊礼品、购买药品与公私日用物品，以及跟上面有关的人事探访或照应。三是合作保健。其办法是各合作机关以团体名义将所属职员全体加入，每人月缴保健费 10 元，如职员中遇到疾病，即可领取就医证至指定医院或特约医师处诊治，除享有费用八折优惠外，每患病一次由会补助医药费 200 元。以 2000 元的医药费而言，费用八折则实支 1600 元，申请福利贷款 1000 元，剩余 600 元，保健会补助 200 元，最后患者只须自负 400元即可，大大减轻了患者的压力。①

第二节　沦陷区的保险业

日本发动全面侵华战争后，侵占了中国大片领土。在日军占领的沦陷区，保险业也在寻求生存机会。抗战前期，随着局势的变化，上海保险业在经历了短期的衰退后，又出现了异常的繁荣。太平洋战争爆发后，在外资保险业被迫停业的情形下，上海华商保险业借机而起，呈现出畸形发展的特征。日本和汪伪政权也将其势力延伸到保险业，导致保险业格局变动。在东北、华北等沦陷区及日本殖民统治下的台湾，保险业则为日本所控制，成为攫取中国财富的工具。总体而言，在沦陷区政治、经济和社会的动荡局势下，保险业在不断的起落中逐渐陷入困境。

一、　战时上海保险业的畸形繁荣

（一）淞沪会战期间的暂时衰退

1937 年七七事变爆发后，上海外商水险公司联合会率先作出反应，决定"凡来往中国沿海、长江各口岸与香港各外船所载货物之兵险费率均照前加倍收取"。与此同时，德国汉堡保险公司联合会也发出通告："将与远东往来之货物运输战争险，取消战争危险之条款，凡中国、日本、高丽、满洲等地均在其内。"随后，外商保险公司相继作出了停保兵险的决定。同年 8 月，英国劳合社及各海上保险公司发出通告："决定不再承保上海、香港、大连及东北各港口岸的货物运输险；地中海上向东行驶的船，凡经过直布罗陀海峡者，保费也一律增加。"② 10 月，美国及其他国家的保险公司也都发表声明，不再承保运往中国及香港的货物运输兵险。

在严峻的局势面前，民族保险业也着手应变，借鉴 1932 年"一二八"抗战时期组织兵灾特务委员会处理火险及兵险的办法，于 1937 年 7 月成立上海华洋联合特务委员会。此外，7 月 31 日，上海市保险业同业公会召开常委会，针对华北战区火灾情形，提出了五项建议，核心内容是建议天津市

---

① 云南省单位保险合作社之尝试 [J]. 合作经济，1944，1（2）.
② 中国保险学会《中国保险史》编审委员会. 中国保险史 [M]. 北京：中国金融出版社，1998：160.

保险业同业公会与当地洋商公会组织联委会，商讨灾区火险赔偿办法，华洋同业采取一致行动。[①] 会后，上海市保险业同业公会立即致电天津市保险业同业公会，转达了上海业界的意见。此后不久，随着 8 月 13 日淞沪会战的开始，上海工商各业也直接面临战火危险。为此，上海华洋联合特务委员会当即设立兵灾特务委员会（Sino—Japanese Hostilities Special Insurance Committee），办理兵灾特务事宜。[②] 9 月 1 日，上海保险业同业公会又制定出火险退费办法："八月十三日以后在战区之火险，如保户请求退保，应即自是日起并按日记算法（Pro rata）退费。"[③] 11 月 26 日，上海华洋联合特务委员会设立华洋兵险咨询委员会，以应付各项兵险赔偿问题。同时又分别制定了火险退费办法、保险费收现规定、内地最低保额收费等。各保险公司一方面收缩业务，将处于战区的分公司或代理处进行撤销或合并；另一方面，"另辟蹊径，向西南及边陲各地伸张，以收桑榆之效"。[④] 1937 年 11 月，作为国营保险公司的中央信托局保险部开始派员在重庆中央银行办理保险业务，到 1940 年随总局正式迁往重庆。中国保险公司也在重庆设置总管理处，加大了对后方业务的拓展。民营保险公司方面，除太平、宝丰、四明、兴华等保险公司加强了在后方的机构外，绝大多数保险公司出于对租界安全的期望，仍将业务中心放在了上海。

日本发动全面侵华战争，给上海保险业带来了直接冲击。据统计，从抗战开始到上海沦陷的 3 个月时间内，上海战争损失达 44 亿余元，超过了"一二八"事变时损失的 3 倍。[⑤] 工厂受损者达 4998 家之多，占到了上海总工厂数的 95%。[⑥] 众多商店、货栈、房屋被毁，人员伤亡亦颇为惨重，仅 8 月 23 日一天，日军就在大小川沙河两岸杀害 2444 人。同日，上海市中心区的先施、永安公司被炸，215 人死亡，570 人受伤。[⑦] 随着战区的逐步扩大，与上海保险业有密切业务关系的江浙地区工商业及民众也罹难深重。而在进出口贸易方面，自"八一三"淞沪会战爆发后，上海与周围战区的交通便被日军封锁，进出口贸易额锐减，7 月上海贸易总额为 13000 万元，8 月则仅为 5192 万元，减少 60.2%。[⑧] "工厂仓库均遭损坏焚毁，不但削弱保险业务之对象，抑且因所保标的物之毁灭，终止保险责任，必须将未耗保险费，全部退还，因此保险业在战时，非但不能进行业务，且须返还大量退保费。此外，由于铁路之停运，长江与内河之封锁，水险及运输险，全形停顿。而寿险保户之死亡率，因战事关系而较高，保单失效率亦因保户环境之变迁而增加，均直接予保险公司莫大之打击。"[⑨] 更为甚者，"苏州、无锡的许多丝厂，亦因战事关系要求退还保险费"[⑩] 1937 年，各保险公司的经营状况普遍急剧下降。

① ［A］. 上海市档案馆藏上海保险业同业公会档案，档号 S181 - 1 - 4.
② ［A］. 上海市档案馆藏上海保险业同业公会档案，档号 S181 - 1 - 4.
③ ［A］. 上海市档案馆藏上海保险业同业公会档案，档号 S181 - 1 - 4.
④ 沈雷春. 抗战前后之我国保险业 ［J］. 金融导报，1940，1（第 5 期、第 6 合期）.
⑤ 季啸风，沈友益. 中华民国史史料外编——前日本末次研究所情报资料：第 66 册. 桂林：广西师范大学出版社，1996：92.
⑥ 申报年鉴社. 申报年鉴：1944 年 ［M］. 上海：上海申报年鉴社，1944：713.
⑦ 任建树. 现代上海大事记 ［M］. 上海：上海辞书出版社，1996：678.
⑧ 熊大惠. 调整对外贸易与统制运输：上 ［J］. 银行周报，1938，22（2）.
⑨ 沈雷春. 抗战前后之我国保险业 ［J］. 金融导报，1940，1（第 5 期、第 6 合期）.
⑩ 涛士. 中国保险业之近况与将来 ［J］. 保联月刊，1939，1（5）.

表 6-7 上海部分保险公司 1936 年、1937 年纯益对照表

单位：元

公司名称	1936 年纯益额	1937 年纯益额
太平	293439	46450
中国	268500	137761
泰山	113100	61807
宝丰	110138	48508
中国天一	34858	10332
大华	1137	835
永安水火	155266	48538
安平	93934	10872
民族联合	25174	23225
丰盛	24104	7688

资料来源：沈雷春. 中国保险年鉴：1939［M］. 上海：中国保险年鉴社，1939.

从表 6-7 可见，绝大多数保险公司的纯益减少 50% 以上，太平保险公司则下降 84%，可见战争对保险业打击之沉重。

应该指出，虽然上海工商各业在淞沪会战期间受到了惨重打击，各保险公司也受到了巨大损失，但由于上海保险界早在 1936 年 11 月就与外商订立了《上海兵险公约》，[①] 在战事爆发前，由"各工厂商号听从保险业之预先劝导，向伦敦劳合公司投保巨额兵险，致获得兵灾赔款，为数约在三千万元，不但使一部分民族资本能在抗战期间恢复生产，而对海外贸易上亦获得甚多之外资"，为全面抗战初期上海工厂的内迁提供了重要的帮助。[②] 而南京国民政府提供的工厂内迁费用，"仅于（1937年）九月八日拨到十五万元"。[③] 即便后来"呈请军事委员会核定，全国各地补助总额暂定五百万元"，[④] 相比仍属有限。可以说，在大后方工商经济恢复和建设上，上海保险业有其贡献。

（二）"孤岛"时期的恢复与发展

1937 年 11 月 11 日，随着最后一支国民党部队弃守上海西撤，淞沪会战结束。在英、美等国与日本矛盾尚未激化的情况下，上海公共租界、法租界仍处在工部局和公董局的管辖下，成为日军统治一时还不能直达的"孤岛"。战时遭到沉重打击的上海经济得到了喘息之机，保险业也逐渐恢复。1938 年 2 月，自上海到沿海各地和江浙内河的航线恢复，经由上海的进出口贸易也逐步正常。1938年 5 月，上海对外贸易额已占到全国外贸总额的 22.9%，到 9 月增至 40% 以上。[⑤] 10 月，广州、武

---

① ［A］. 上海市档案馆藏上海保险业同业公会档案，档号 S181 - 1 - 59.
② 沈雷春. 抗战前后之我国保险业［J］. 金融导报，1940，1（第 5 期、第 6 合期）.
③ 中国第二历史档案馆. 中华民国史档案资料汇编：第五辑 第二编 财政经济 六［M］. 南京：江苏古籍出版社，1997：392.
④ 中国第二历史档案馆. 中华民国史档案资料汇编：第五辑 第二编 财政经济 六［M］. 南京：江苏古籍出版社，1997：406.
⑤ 任建树. 现代上海大事记［M］. 上海：上海辞书出版社，1996：722.

汉相继沦陷后，华南各埠及香港对外贸易日渐萎缩，上海的对外贸易则进一步回升，到 1939 年 4 月，已占全国贸易总额的 47% 强。[①] 1939 年 9 月欧战爆发后，上海进出口业务更是异常旺盛。当年，上海出口贸易额占全国的 60%，进口贸易额则占 43.79%。[②] "孤岛"时期，上海内外贸易中心地位得以维持。同时，由于江浙等地民众纷纷逃进上海，沦陷区的富有阶层也携带巨资避入上海租界，促使上海人口激增，"孤岛"资金麇集。到 1938 年 10 月中旬，上海两租界人口已近 500 万人，一年间新设米店近千家，共有米店 2700 余家，为战前的 3 倍多。[③] 1940 年，两租界新增建筑及建筑价值均创抗战以来最高纪录。这一年公共租界净增华式房屋 788 所，建筑价值较 1938 年约增 85%。法租界方面则约增 268%。[④]

淞沪会战以后，江浙各地大约 29 家银行迁沪营业，到"1940 年，租界内的银行增加到 208 家，比 1936 年增加 134 家；钱庄 212 家，增加 120 家"。[⑤] 金融机构的麇集与游资的增加交互影响，上海市银行界披露，到 1940 年 3 月 7 日，上海大约有游资 30 亿元。[⑥] 随着上海与外地贸易的恢复，每年流入上海的资金也为数巨大，仅"西南各地对孤岛贸易入超，年达五至六亿元以上，也造成大后方资金大批流沪"。[⑦] 数额庞大的游资急需要寻找出路，除绝大多数涌入投机市场外，一部分也投入了工商企业中。"据统计，1938 年 1 月至 12 月，上海新开设的工厂商号共有 491 家。其中饮食业 129 家，日用贸易 251 家，交通运输公用事业 20 家，金融业 16 家，文化娱乐 85 家。"[⑧] 另外，根据工部局的统计，"1935 年公共租界内共有工厂 3421 家，到 1938 年底工厂总数增至 3879 家"。[⑨]

在工商贸易发展、人口和住房激增的环境下，上海保险业自 1938 年起开始逐渐恢复，到太平洋战争爆发前，各险种的业务均有不同程度的增长。寿险业方面，除淞沪会战期间沦陷区内的保险分公司或经理处因环境关系暂停营业外，租界内各保险总公司的营业大体上没有受到严重影响。上海成为"孤岛"后，"寿险同业，较前更见发达"，其原因在于："1. 在非常状态下，生命感受威胁，我人对寿险更觉需要。2. 华商寿险同业，历年服务成绩，斐然在人耳目；加以年来国人对寿险真义之认识，较前深切。3. 沪地人口激增，需要保险之人数，遂亦比例增大。"[⑩] 各寿险公司为了扩大资金流通，稳定业务，提请保险业同业公会"呈请财政部引用四行联合贴放办法，予我整个保险同业以贴现方便"，[⑪] 同时"对于保户之利益，除契约单上有规定外，在此非常时期，更体察情形，随时予以相当便利，如保户因迁移无定，保费未能按时给付，除保单已满三年以上者，契约规定，可以

① 时事问题研究会. 抗战中的中国经济 [M]. 奉化：抗战书店，1940：245 – 246.
② 时事问题研究会. 抗战中的中国经济 [M]. 奉化：抗战书店，1940：254.
③ 任建树. 现代上海大事记 [M]. 上海：上海辞书出版社，1996：724.
④ 任建树. 现代上海大事记 [M]. 上海：上海辞书出版社，1996：792.
⑤ 中国人民银行上海市分行. 上海钱庄史料 [M]. 上海：上海人民出版社，1961：287.
⑥ 中国人民银行上海市分行. 上海钱庄史料 [M]. 上海：上海人民出版社，1961：768.
⑦ 过去游资活跃 [N]. 申报，1941 – 12 – 01.
⑧ 涛士. 中国保险业之近况与将来 [J]. 保联月刊，1939，1 (5).
⑨ 唐振常. 上海史 [M]. 上海：上海人民出版社，1989：802.
⑩ 胡詠骐. 中国保险业近况 [J]. 保险月刊，1940，2 (1).
⑪ [A]. 上海市档案馆藏上海保险业同业公会档案，档号 S181 – 1 – 5.

向公司借款付费继续有效外，其未满三年者，准其保单推后几时，酌量免验身体，续付保费，恢复保单效力；洋商公司对新保单俱加战事条款，民族同业多不加贴，对于因战祸而死亡者，概予赔偿；对于战区内保户之死亡，除特别情形外，只需其家属作一详细报告，并附有证件者，当予赔偿。内地保户因受外汇限制，对于保费之汇付，常感困难，可否予以便利，著令内地银行，准各保户根据保险公司之收费通知单，照数代汇，并将汇水减低"。① 在业界的努力下，1938 年起各人寿保险公司营业额出现回升。以太平人寿保险公司为例，该公司 1937 年基本上没有盈余，但从 1938 年起盈余额有了较大增长，1938 年为 56137.98 元，1939 年为 118495.13 元，1940 年、1941 年则分别为 103186.13 元、138206.54 元。②

水火险及其他险种的业务情形类似。到 1938 年底，租界内水险及汽车险业务额已超过战前的水平。"火险方面年来因沪租界人口密集，住户激增，店铺亦较昔时增加，业务自亦随之扩展；汽车保险业务亦尚良好。"③ 根据中国保险公司 1938 年的营业报告，其火险费收入，毛数为 189 万元，较 1937 年的 172 万元增加 17 万元，保费净数除拨付分出保费外，则较上年增加 48 万元。宝丰保险公司 1938 年的火险净保费为 37 万元，较上年增加 18 万元。泰山保险公司 1938 年保费收入为 59 万元，纯益为 8 万元，较上年增加 5 万元。④ 1939 年延续了这一趋势。当年，太平保险公司各项保费总收入为 134.5 万元，较上年增加 79.4 万元；纯益为 23.6 万元，较上年增加 7.6 万元。⑤

1938 年 8 月 17 日，为统一保价，上海保险业同业公会与洋商火险公会成立华洋统一保价委员会（Special Joint Tariff Revision Committee）。⑥ 1939 年 10 月 11 日，上海华洋联合委员会将火险保费收价率由 1.5 折增加为 1.8 折。⑦ 这些措施有助于提高上海民族保险业的盈余率。

上海的外商保险业更是获得了可观收益。1936 年，美商友邦保险公司的资产负债额仅为 8807717.43 元，1938 年则达到 16884957.63 元，增加了近一倍；盈余总额也从 1936 年的 218933.01 元增加到 808876.05 元，几乎翻了两番。⑧⑨ 英商永亨人寿保险公司 1936 年资产负债额为 37371017 美元，1938 年底增加到 59540930 美元，其中盈余为 300599 美元。对照中外保险业的盈余情况，"孤岛"时期获利最大的还是拥有雄厚资本的外资保险公司。

全面抗战爆发后，中央信托局保险部即开始在重庆中央银行办公，1940 年又随总局迁入重庆，但在 1940 年前，中央信托局保险部的业务中心还是在上海。如前所述，"孤岛"时期中央信托局保险部举办各类业务中，战时兵险十分兴旺。

① ［A］. 上海市档案馆藏上海保险业同业公会档案，档号 S181 - 1 - 9.
② 太平人寿保险公司营业报告：1937—1944 年［A］. 上海市档案馆藏上海保险业同业公会档案，档号 S181 - 1 - 86.
③ 胡詠骐. 中国保险业近况［J］. 保险月刊，1940，2（1）.
④ 寒芷. 战后上海的金融［M］. 香港：香港金融出版社，1941：190.
⑤ 中国保险学会《中国保险史》编审委员会. 中国保险史［M］. 北京：中国金融出版社，1998：161 - 162.
⑥ ［A］. 上海市档案馆藏上海保险业同业公会档案，档号 S181 - 1 - 6.
⑦ ［A］. 上海市档案馆藏上海保险业同业公会档案，档号 S181 - 1 - 9.
⑧ 沈雷春. 中国保险年鉴：1937［M］. 上海：中国保险年鉴社，1937.
⑨ 沈雷春. 中国保险年鉴：1939［M］. 上海：中国保险年鉴社，1939.

"孤岛"时期，上海也出现了新的保险公司。1940年1月18日，淞沪会战之后的第一家民族资本保险公司——长城保险公司正式成立。长城保险公司实收资本为法币60万元，6月6日开始营业。它由原英商太阳保险公司的李劲根发起，并得到上海金融界、实业界巨子秦润卿、郭顺、刘国钧、劳敬修、方液仙、项康元等人的投资，公司董事长为秦润卿，总经理为李劲根。长城保险公司以经营水火险与责任保险为主，"经营方针除全力承保当地国人产业外，并努力致力于南洋及荷属东印度等处侨胞方面的营业。开业至今，未逾旬日，即接受各大国货厂商及银行钱庄等巨额之保险"。① 长城保险公司先后在天津、北平、汉口、青岛、杭州、宁波等地设有分公司。到1940年10月，上海市保险业同业公会有会员29家，② 与战前的30家相差无几。

全面抗战爆发后，上海市保险业同业公会积极协调行业内部问题，与英美等外商保险业协同处理遭炮火轰炸产生的理赔事件，还投身抗敌斗争。淞沪会战爆发前夕的1937年8月11日，上海市保险业同业公会召开常委会，推选胡咏骐、丁雪农、项馨吾、吕岳泉、过福云等上海保险界知名人士21人为保险业同业公会救国捐筹募委员，并加入上海市各界抗敌后援会。随后又积极认购救国公债，决定"本会认购五十万元，由各会员公司于实收资本内提2.5%以上认购之"。③ 最终认购数目远大于此，仅中国保险公司就认购及劝募150万元，太平保险公司认购30万元。

此外，1938年7月，上海市保险业还成立了上海市保险业业余联谊会（以下简称保联）。保联成立后，采取各种合法的组织形式，积极发动保险业职工，坚定抗战信心，开展抗日救亡运动。1939年后，在上海局势处于相对平静的情况下，保联又开展了各项保险实务和学术研究，举办多种讲习班、讲座，培养保险技术人才。保联还创办了《保联》月刊（后改为《保险月刊》），发表保险理论和保险实务方面的文章。④

在其他方面，上海保险业界也有一定的活动。1940年4月，上海市保险业同业公会呈文经济部及教育部，要求将保险学列为商科学生的必修科。同年5月得到批复，"已将财产保险学列为银行学系必修科目及工商管理学系选修科目；将人寿保险学列为统计学系选修科目"。⑤ 但在日本侵略军的占领下，上海保险业界的活跃程度已经大不如前。

（三）太平洋战争爆发后的畸形繁荣

1941年12月8日，太平洋战争爆发当天，日军便开进上海租界，"孤岛"局面结束；11日，日军封锁各外商银行、堆栈，不许提款提货。1942年1月8日，日军宣布接管所谓"敌性国"名义的英美等国的工厂。作为金融业重要组成部分的英美商保险业，也逃脱不了遭日军接管的厄运。1942

---

① 长城保险公司开业盛况 [J]. 保险月刊, 1940, 2 (6)：134.
② 这29家保险公司是太平、宝丰、安平、中国、联保、中央信托局保险部、华安水火、永安水火、宁绍水火、中一信托保险部、民族联合、丰盛、天一、肇泰、永宁、四明、泰山、兴华、长城、宁绍人寿、海上意外、大华、华安合群保寿、先施人寿、先施保险置业、永安人寿、信用、太平人寿、华兴（[A]. 上海市档案馆藏上海保险业同业公会档案，档号 S181-1-10）。
③ [A]. 上海市档案馆藏上海保险业同业公会档案，档号 S181-1-4.
④ 中国保险学会《中国保险史》编审委员会. 中国保险史 [M]. 北京：中国金融出版社，1998：179-181.
⑤ [A]. 上海市档案馆藏上海保险业同业公会档案，档号 S181-1-10.

年 1 月 26 日，日本当局宣布："在沪开业的英美一百二十家保险公司，今起置于日方监督管理之下，其中二十家英美保险公司由日本当局指定的日本保险公司直接管理。"① 此后，上海方面日军又命令各保险公司以 4 月 11 日为限，停止一切营业，清理工作则委托日本保险公司办理。所有以前订结契约，均由日方保险公司按照共同承受制度继续承保。具体如下：

一是损害（财产）保险公司部分。其一，东京海上火灾保险株式会社负责清理 21 家，除 1 家为美商外，其余属英商，其中 3 家为代理店，包括太古洋行、新沙逊洋行等；其二，日产火灾海上保险株式会社负责清理的有 10 家，其中 1 家为美商，2 家（祥兴洋行、平安公司）为代理店；其三，帝国海上火灾保险株式会社负责清理 10 家，其中美商 1 家，代理店 1 家（博望保险公司）；其四，三菱商事株式会社负责 3 家，均为英商，其中 1 家为代理店；其五，大北火灾海上运送保险株式会社负责 2 家，均为英商；其六，神户海上火灾保险株式会社负责 7 家，均为英商，其中 1 家为代理店；其七，株式会社昭和海运公司负责 1 家，为英商；其八，住友海上火灾保险株式会社负责 13 家，均为英商，其中 3 家为代理店（祥泰洋行、保定水火保险公司、保丰保险公司）；其九，国际运输株式会社负责 19 家，均为美商，其中 2 家为代理店；其十，三井物产株式会社负责 17 家，11 家为英商，6 家为美商，其中 3 家为代理店（怡和洋行、美亚保险公司等）；其十一，三井物产株式会社负责 1 家，美商，为代理店；其十二，日本海上火灾保险株式会社负责 23 家，其中 16 家英商，7 家美商，5 家为代理店；其十三，朝日海上火灾保险株式会社负责 3 家，均为英商；其十四，千代田火灾保险株式会社负责 1 家，英商，为代理店；其十五，东洋火灾保险株式会社负责 1 家，英商，为代理店；其十六，东京火灾保险株式会社负责 3 家，均为英商，其中 1 家为代理店；其十七，日本火灾保险株式会社负责 1 家，为英商；其十八，帝国火灾保险株式会社负责 1 家，为英商。

以上合计，共清理英美财产保险公司（包括代理店）达 137 家，其中英商 101 家，美商 36 家。

二是人寿保险公司部分。其一，三井生命保险株式会社负责清理 3 家，分别为美商联邦人寿保险公司、英商四海保险公司、加拿大宏利人寿保险公司；其二，帝国生命保险株式会社负责清理 1 家，为加拿大合众人寿保险公司；其三，第一生命保险株式会社负责 1 家，为加拿大公司代理店，即永康人寿保险公司；其四，千代田生命保险相互会社负责 1 家，即美国永亨人寿保险公司；其五，明治生命保险株式会社负责 1 家，为加拿大永明人寿公司；其六，第一征兵保险株式会社负责 1 家，为英商望莱保险公司；其七，富国征兵保险相互会社负责 1 家，为美商旧金山人寿保险公司；其八，日本生命保险株式会社负责 1 家，即美商友邦人寿保险公司。

以上共计 10 家，其中英商 2 家，加拿大 4 家，美商 4 家。②

到 1943 年，由 18 家日商保险公司参与的清算工作确定了各公司全部债权债务，定于 1943 年 2 月 25 日至 3 月 20 日发还保险契约之保险费及解约金，其中 38 家公司是全额发还者，10 家发还半数

① 任建树. 现代上海大事记［M］. 上海：上海辞书出版社，1996：834.
② 敌国系保险公司之清算［J］. 华兴商业银行经济汇刊，1942，3（4）.

以上，发还半数以下者50家，有4家则不能发还。[①] 从中可见，所谓的发还已经大打折扣。

在日军的高压管制下，英美等国的保险公司纷纷从上海撤退。数量众多的一批华资保险公司则借机设立，填补市场空白，导致上海保险业格局出现前所未有的变化。自1940年长城保险公司创办到1941年，先后有15家保险公司设立。1942年有55家。根据统计，到抗战结束，在上海市保险业同业公会登记的民族保险公司为99家，先后成立者则为110家。

表6-8　截至1945年8月底上海民族保险公司概况

名称	成立时间	实收资本（万元）	总经理
大陆	1942年6月30日	中储券100	蔡福堂
同安	1942年6月10日	中储券50	葛杰臣
大中	1942年6月3日	国币250	傅湘丞
中国工程	1942年7月	中储券500	朱博全
中国联业	1942年7月26日	中储券500	叶荫三
金安	1942年6月21日	中储券250	贝在荣
企华	1942年7月18日	中储券500	周孝伯
一大	1942年7月11日	中储券200	胡养吾
华一	1942年6月30日	中储券50	曹楚宝
振泰	1942年6月6日	中储券150	张笠渔
和安	1942年6月14日	国币250	董干文
中南	1942年6月18日	中储券30	邵宝兴
联华	1942年5月28日	中储券50	葛维安
大中	1942年6月3日	250	傅湘丞
华业	1941年3月30日	国币100	金性初
光华	1942年11月12日	国币100	华大年
中国航运	1941年10月30日	国币50	董汉槎
大达	1942年8月7日	中储券125	陈培根
大中国	1942年10月1日	国币200	叶弼亮
长城	1940年1月18日	法币60	李劲根
大业	1940年9月24日	国币25	邱菊夫
中华	1941年11月7日	国币30	祈锦华
新丰	1942年4月10日	国币100	张明昕
华泰	1942年4月4日	100	孙让三
大南	1941年8月17日	法币50	胡贵庚

①　工商一周［J］. 三行经济周报，1943，2（7）.

续表

名称	成立时间	实收资本（万元）	总经理
大东	1941 年 4 月 26 日	法币 50	董汉槎
宝隆	1941 年 11 月 16 日	中储券 150	汤秀峰
中国利民	1942 年 8 月 3 日	国币 125	张剑虹
中国正平	1942 年 9 月 12 日	中储券 100	吕睿寰
中孚	1942 年 9 月 2 日	中储券 100	孙仲立
久安	1942 年 9 月 11 日	中储券 100	刘子树
华孚	1942 年 8 月 27 日	中储券 100	丁方源
安业	1942 年 8 月 29 日	国币 200	沈秋生
上海	1942 年 7 月 21 日	中储券 25	施家传
长安	1942 年 7 月 21 日	中储券 100	陈有运
民族兴业	1942 年 3 月 1 日	中储券 25	唐联芳
华一	1942 年 6 月 30 日	中储券 50	曹楚宝
华丰	1942 年 9 月 14 日	国币 100	鲍和卿
安达	1941 年 11 月 22 日	中储券 100	吴仕勤
中南	1942 年 6 月 18 日	中储券 30	邵宝兴
丰业	1941 年 11 月 25 日	中储券 500	杨洪山
富华	1942 年 8 月	250	许晓初
宁兴	1942 年 10 月 12 日	中储券 50	王其培
金华	1941 年 9 月 10 日	中储券 50	金锡章
安中	1942 年 10 月 2 日	国币 200	俞树棠
华侨人寿	1941 年 12 月 2 日	中储券 50	林茂
华侨	1941 年 11 月 28 日	中储券 100	林茂
大成	1941 年 11 月 25 日	中储券 50	乐嘉祥
民族保安	1942 年 9 月 27 日	国币 50	郑学坊
五洲	1942 年 9 月 20 日	国币 200	朱晋椒
建安	1942 年 9 月 21 日	中储券 50	邹樟
大同	1942 年 9 月 15 日	中储券 50	陈志梅
中原	1941 年 10 月 15 日	国币 100	王功达
安宁	1942 年 8 月 11 日	中储券 50	郁纯一
中国公平	1942 年 7 月 5 日	中储券 50	庄智耀
民族同安	1942 年 6 月 10 日	中储券 50	葛杰臣
裕华	1942 年 9 月 15 日	中储券 150	陈其昌
大丰	1941 年 11 月 20 日	国币 50	徐仲良
国华	1942 年 4 月	中储券 50	李百祥

续表

名称	成立时间	实收资本（万元）	总经理
大新	1942 年 5 月 2 日	中储券 50	顾文生
中贸	1942 年 10 月 18 日	中储券 500	徐贵生
南丰	1942 年 10 月 26 日	中储券 150	张嘉辰
上海商业	1943 年 2 月 1 日	中储券 500	包诚德
华兴	1905 年 4 月	中储券 300	李祖基
肇泰	1928 年 3 月	国币 25	赵甫臣
联保	1915 年 3 月	国币 300	邓文炳
大上海	1942 年 10 月 1 日	中储券 500	董汉槎
大公	1942 年 8 月 25 日	中储券 500	李楠公
大安	1942 年 5 月	中储券 500	郭雨东
永安人寿	1925 年 6 月	港币 200	蔡惠棠
永安水火	1916 年 3 月	国币 20	郭瑞祥
永宁水火	1932 年 6 月	国币 300	许密甫
永丰	1943 年 10 月 1 日	中储券 300	周乡肼
公安	1941 年 11 月	中储券 300	娄隆后
太平	1930 年 2 月	国币 1500	丁雪农
太平人寿	1938 年 12 月 31 日	中储券 100	顾炳元
四明	1933 年 4 月 6 日	国币 300	谢瑞森
中国平安	1943 年 5 月 31 日	联银券 200	马一青
中国安全	1944 年 6 月	中储券 300	徐锦字
中国海上水火	1933 年 1 月	国币 300	罗亮生
中国第一信用	1930 年 1 月	国币 50	潘学安
大华	1927 年 7 月	国币 300	潘学安
天平	1942 年 9 月	中储券 300	金观贤
中一	1943 年 3 月 1 日	中储券 300	严成德
中央	1944 年 7 月 1 日	中储券 10000	许建屏
中国	1931 年 11 月 1 日	国币 250	过福云
中国工业	1942 年 10 月 14 日	中储券 300	朱博泉
中国天一	1934 年 2 月 1 日	国币 500	谢志方
保安	1942 年 10 月 16 日	国币 300	郑学坊
泰山	1932 年 8 月	国币 100	朱博泉
泰安	1942 年 5 月	中储券 300	乐嘉祥
通惠	1943 年 7 月 20 日	中储券 1000	董涤生
先施	1915 年 7 月	港币 120	梁国华

续表

名称	成立时间	实收资本（万元）	总经理
先施人寿	1913 年 5 月	20	霍永枢
安中	1943 年 2 月 23 日	中储券 300	俞树棠
安平	1927 年 5 月	500	屠伯钧
宁绍	1925 年 11 月	300	郑良斌
宁绍人寿	1931 年 11 月	—	龚渭源
宁兴	1942 年 10 月 12 日	中储券 300	戚正成
华安水火	1906 年 3 月	中储券 300	傅其霖
华安合群	1912 年 7 月	50	吕岳泉
华孚	1942 年 8 月	中储券 300	金瑞麒
华成	1906 年 10 月	300	路式导
民族联合	1933 年 6 月	中储券 500	邓东明
华隆	1943 年 4 月	中储券 300	张乾铭
万安	1943 年 3 月	中储券 300	陈培根
兴华	1935 年 1 月	20	杨絮三
兴业	1943 年 7 月 1 日	中储券 300	杨洪福
丰盛	1931 年 9 月	国币 500	陶听轩
宝丰	1931 年 11 月	25	朱如唐

资料来源：［A］．上海市档案馆藏上海保险业同业公会档案，档号 S181 - 1 - 44.

中国民族保险业经过 60 年发展，到 1935 年共有保险公司 53 家。[①] 根据表 6 - 8，1945 年抗战胜利前，上海共新设保险公司 83 家，其中 1940 年 2 家，1941 年 15 家，1942 年 55 家，1943 年 9 家，1944 年 2 家。1942 年新增公司最为集中，占这几年间新增总数的 2/3。可以看出，太平洋战争的爆发，英美等外资保险公司的撤离，导致上海乃至国内保险业格局的巨大变化。抗日战争结束后，国民政府财政部谈到战时保险业时称："保险业战前多集中上海，外商势力特大，几成独占。自太平洋事变发生后，外商自动撤退，情形丕变，国人始竞起集资经营。"[②] 在这一情形下，华资保险公司开始成为中国保险市场的主要角色。

保险企业数量的迅速增加，也是上海经济畸形繁荣的结果和表现。如前所述，上海在"孤岛"时期人口迅速增长，据户口调查，1942 年 2 月 27 日，上海市人口超过 400 万人。[③] 此外，日伪滥发钞票，造成通货膨胀，游资充斥，"大概有二十五亿元以上至四十亿元的数目"。[④] 金融业畸形发展，

---

① 王效文．五十年来之中国保险业［M］//中国通商银行．五十年来之中国经济．上海：中国通商银行，1947：197.
② 财政部财政年鉴编纂处财政年鉴：三编　第十篇［M］．南京：财政部财政年鉴编纂处，1947：160.
③ 任建树．现代上海大事记［M］．上海：上海辞书出版社，1996：838.
④ 长沼辛廷．上海游资问题的动态［J］．中国经济评论，1943，3（3）：105.

"五年间（1938—1943 年）新开设银行 118 家，新设钱庄 146 家，创历史最高纪录"，[①] 也促使大量游资向保险业的投机转移。就实收资本额而言，1942 年成立的 55 家保险公司实收资本总额为中储券 9910 万元，实收资本超过 500 万元的保险公司只有 7 家，其他众多的保险公司实收资本额大都很低。1943 年，新设的保险公司实收资本普遍较高，但若扣除通货膨胀因素，其实收资本依然有限。保险公司数量快速增长，实则泥沙俱下，包含大量的投机成分，这是上海保险业这一时期畸形发展的重要表现。其时，有人指出，太平洋战争发生后，航路停顿，交通梗阻，上海水险业务大受影响。上海伪政府当局限制汽油使用，汽车数量下降 90%，汽车险因之锐跌，人寿保险和其他各种保险也因为社会经济因素而呈现出颓势。在上海工商业陷入沉滞退缩的情形下，"保险业则反向蓬勃，供需背驰，事属反常"，实则面临巨大的危机。[②] 倪纯庄后来撰文称：

前沦陷区之保险业，一似金融机关，莫不集中于上海一地，最盛时有一百家之多（内经营人寿者六家），其业务范围，多围于苏浙皖三省二市及平津一带。各公司的资本，自伪中储券三百万元起至一千五百万元不一。半数以上之公司，其资本均为伪中储券三百万元。其经营之业余，除寿险公司经营寿险外，均着重于火灾保险一项，其他如运输险（包括水险）、汽车险，因格于当时环境，实无法兼营，有之，亦不过略事点缀而已。至于各公司之业务，大体而言，则尚差强人意，以言管理及同业合作，则迄今未能趋入正轨，不无遗憾。因之大多数的公司，均不能在保险本身上自给自养，公司之得能生存，苟延残喘者，其唯一之给养线，舍投机囤积莫属。这一类的公司，其不被淘汰也几希。[③][④]

但无论如何，保险业市场格局的变化，成为华商保险扩大经营的机会。各大华商保险公司在业务上也有提高。以泰山、太平两家人寿保险公司的盈余为例，1940—1944 年，泰山保险公司的盈余分别为 218958.85 元、221177.90 元、220945.58 元、245977.17 元、918550.91 元，太平人寿保险公司则分别为 103186.13 元、138206.54 元、120559.60 元、190542.30 元、349470.97 元。[⑤][⑥] 从中可见，太平洋战争后的 1942 年，泰山、太平人寿两家保险公司的盈余曾一度有所下降，但是 1943 年、1944 年开始回升，1944 年的盈余则有明显增加。一些保险公司的经营地域也有扩张。比如在无锡，到 1942 年底，上海各华商在当地设立的代理机构就有 16 家之多。[⑦]

华商保险业的发展也表现在自组分保集团方面。日本全面侵华战争爆发后，随着日军的推进，"内地各省，外商纷告退出，民族保险业益见挺进"。[⑧] 但英美等外商保险公司在退出内地市场的同时，却加强了对上海市场的控制。"孤岛"时期，华商保险业出于自身的资力及承保能力有限，在保

① 任建树. 现代上海大事记 [M]. 上海：上海辞书出版社，1996.
② 通明. 最近上海之保险业 [J]. 华股研究周报，1943，5 (8).
③ 倪纯庄. 胜利前后之上海保险业 [J]. 银行周报，1946，30 (7).
④ 倪纯庄. 胜利前后之上海保险业 [J]. 银行周报，1946，30 (8).
⑤ 泰山保险公司营业报告 [A]. 上海市档案馆藏泰山保险公司档案，档号 Q361 - 1 - 331；Q362 - 1 - 32、65；Q335 - 1 - 9.
⑥ 太平人寿保险公司营业报告：1937—1944 年 [A]. 上海市档案馆藏上海保险业同业公会档案，档号 S181 - 1 - 86.
⑦ 保险业在无锡 [N]. 无锡日报，1943 - 01 - 04.
⑧ 胡詠骐. 中国保险业近况 [J]. 保险月刊，1940，2 (1).

险业务特别是分保业务上还不得不仰其鼻息。据统计，每年流出的外汇，曾一度达到 235 万英镑，是当时全国保费收入的 75%。[1]

太平洋战争爆发后，一方面日军宣布接管英美等国的保险公司，另一方面日商保险公司乘机抢占上海市场，联合成立了东亚保险公司，力图垄断上海的保险和再保险市场。激于民族义愤，上海保险业界拒绝与日商保险公司发生业务往来，特别在再保险方面。由于单个保险公司难以承担巨额保险，民族保险业只有联合起来才能解决分保问题。1942 年 2 月，太平、中国天一等 7 家保险公司决定组成太平分保集团，缔结了分保合约，划定了业务范围，包括上海、汉口、浙东、华北、山东、长江沿岸各埠及香港，并且再次与中立国瑞士再保险公司确立了分保业务，借以加强自身的承保能力。不久以后，大上海分保集团也宣告成立，成员有 19 家保险公司。同年 11 月，中国、宝丰、泰山等 9 家保险公司又组成久联分保集团，也与瑞士再保险公司及华商联合保险公司订立了共同分保合约。此后，又相继成立了五联、十五联、华商联合 3 个分保集团，总共 6 个分保集团，见表 6-9。

表6-9　上海华商保险业各分保集团概况

分保集团名称	成员公司数目	实收资本总额（万元）
太平分保集团	19	4747.5
大上海分保集团	19	2330
久联分保集团	12	507.5
五联分保集团	5	625
十五联分保集团	15	1022.7
民族联合分保集团	10	470
合计	80	9702.7

资料来源：中国保险学会《中国保险史》编审委员会. 中国保险史［M］. 北京：中国金融出版社，1998：174 - 177.

这些分保集团成立后，在再保险业务上按照所属公司的资本金额和营业状况，呈比例分配，共同承担盈亏。[2] 各分保集团每年将纯益提成充作赔款准备金，借以增强集团力量，维护保户利益。上海保险业分保集团的成立，抵制了日本保险公司控制上海保险市场的企图，加强了同业的团结，解决了华商保险业的风险分散问题，为以后华商保险业自主经营奠定了基础。倪纯庄后来说：

太平洋战事前，华商公司之再保险头寸，每仰给予外商公司。太平洋战事爆发后，外商公司什九因战争关系，被敌方清理，而华商公司所有再保险之头寸，一时均无法利用。当时华商公司，为谋生存起见，纷纷集合同业，组织再保险集团（俗称分保集团），以资补充。先后成立之集团，有

---

① 中国保险学会《中国保险史》编审委员会. 中国保险史［M］. 北京：中国金融出版社，1998：172.
② 中国保险学会《中国保险史》编审委员会. 中国保险史［M］. 北京：中国金融出版社，1998：173.

"太平""大上海""久联"等，各集团几囊括上海所有的火险公司。因再保险"集团"之成立，再保险的头寸问题，得迎刃而解，太平洋战事后，三年来再保险费的流出于外商公司，不知减少几许。[1][2]

（四）日伪势力控制上海保险市场的图谋

日本全面侵华战争前，在华日本保险公司还无法与实力雄厚的英美保险公司相抗衡。有统计称，到 1935 年底，在华日本保险公司共 14 家，英国则为 76 家，美国为 23 家。[3] 日商保险公司以东北和天津为业务中心，有 8 家专营寿险业务，6 家专营水火险。"日本在华保险业都是总公司在日本的在华分公司，或事务所、出张所、驻在所……这些大公司中在华资本最雄厚的是东京海上火灾公司，1936 年度在华资本约为十二至十三万日元。其他保险公司的在华机构都比较小，资本一般都不超过两万日元。"从资本总额来看，1936 年日本在华保险业资本总额为 512546 日元，[4] 而仅仅一家美商美亚保险公司在 1929 年改组招股时，资本就达到 30 万美元。[5]

淞沪会战结束后，在刺刀的保护下，日本保险公司开始抢占上海市场。到 1938 年底，日本保险公司在上海的分支机构达到 16 家，分别是千代田、扶桑、帝国、神户、三井（Kyodo）、三井（Mei-ji）、三菱、日本火灾、共立、日本海上、大仓、大阪、太绍、东京火灾、东京海上、横滨。它们全部经营水火险，这是上海沦陷成为"孤岛"后，日军加强与上海的贸易联系的典型反映，16 家保险公司的资本额达到 28194064 日元。[6] 到 1941 年底，上海共有中外保险公司 173 家，其中日本保险公司 30 家，[7] 首次超过了美商保险公司。不过，此时日本保险公司还无法控制上海保险市场。

太平洋战争爆发后，日军进占上海租界，于 1942 年 1 月 26 日宣布监管英美等国的保险公司。这样，操纵上海保险市场近 100 年的英美等国的保险公司被迫关闭，先后撤出上海。在挤走英美等国的保险公司后，日本保险公司控制中国保险市场的企图表露无遗。1942 年 9 月，制定了各日商损害保险公司在中国境内分区办理的办法：华北地区为帝国、三菱、小仓、住友、大阪等保险公司；华中地区为神户、东京、台北、大正、日产、日本等保险公司；华南地区为共同、明治、日本海上等保险公司，从而加强了其对占领区保险业的控制。[8] 同时，东京海上、明治火灾、三菱海上、日本火灾、帝国海上等十多家保险株式会社联合投资，组成了"东亚火灾海上再保险株式会社"，妄图控制上海的再保险市场。但在上海华商保险业的抵制下，其业务开展并不顺利。日方只能改变策略，转而与中国民营保险业实力最雄厚的太平保险公司合资创办了通惠水火保险股份有限公司。

1943 年 7 月 20 日，通惠水火保险股份有限公司正式成立。日文《大陆新报》对此作了详细报

① 倪纯庄. 胜利前后之上海保险业 [J]. 银行周报，1946，30（7）.
② 倪纯庄. 胜利前后之上海保险业 [J]. 银行周报，1946，30（8）.
③ 王效文. 五十年来之中国保险业 [M]//中国通商银行. 五十年来之中国经济. 上海：中国通商银行，1947：198.
④ 杜恂诚. 日本在旧中国的投资 [M]. 上海：上海社会科学院出版社，1986：366.
⑤ 中国保险学会《中国保险史》编审委员会. 中国保险史 [M]. 北京：中国金融出版社，1998：121.
⑥ 沈雷春. 中国保险年鉴：1939 [M]. 上海：中国保险年鉴社，1939.
⑦ 许晚成. 全国金融市场调查录 [M]. 上海：龙文书店，1942.
⑧ 中国保险学会《中国保险史》编审委员会. 中国保险史 [M]. 北京：中国金融出版社，1998：169-170.

道："东京海上保险会社及其关系会社三菱海上、明治火灾、大仓火灾等，曾与中国最大保险企业之太平保险公司，计划互相提携，合办通惠保险股份有限公司（为中国法人），资本一千万元（中储券）。兹已得到国民政府（注：汪伪）之特许，定于 20 日在黄浦大楼开业。查该公司之出资比例，华商为 51%，日方为 49%。公司中之一切行政，将由中国方面任要员经营之。其职员名单如次：董事长周作民（太平董事长），常务董事丁雪农（太平常务董事兼协理）、和田义正（东京海上上海支店长）、董事唐寿民（交通银行董事长）、吴震修（中国银行董事长）、叶扶霄（大陆银行协理）、黄浴沂（中南银行总经理）、铃木祥枝（东京海上社长）、龟田俊藏（三菱海上社长）、门野重九郎（大仓火灾会长）、古井一作（东京海上常务）。监察人为：饶韬叔（国华银行常务）、朱如堂（上海银行总经理）、朱博泉（中国工业银行经理）、八卷连三（明治火灾社长）、小山内信（三菱银行上海支店长）。"[1] 通惠水火保险公司有巨额实收资本，远非 1942 年、1943 年上海出现的其他保险公司所能比，可见其主导上海保险市场的意图。另外，从这份名单中，可见其时上海金融业与日本金融业、保险业在通惠水火保险公司中的密切关系。中方在通惠水火保险公司中有一定的决定权，这是太平洋战争后，日军调整其侵华策略、扶助汪伪政府的表现。通惠水火保险公司以经营华商保险同业和日商水火险的再保险业务为主。1943 年 12 月，其盈余就达到 452638.7 元（注：中储券）。[2] 但由于它的亲日背景，除太平保险公司外，其他华商保险公司大多与之疏远，业务往来稀少。

淞沪会战结束后，1937 年 12 月 5 日，日军扶持下的伪上海市大道政府宣告成立。当天，大道政府就致公函上海银行公会和上海市总商会，[3] 以拉拢上海资产阶级特别是金融资产阶级。但在太平洋战争以前，上海伪政权的统治还仅限于租界之外的地区。租界内的重要经济、金融机构，大多仍然听从已西撤重庆的国民政府的管理，与国民政府保持密切的互动。1940 年 2 月 20 日，国民政府行政院通过了《非常时期保险业管理规则草案》《保险委员会章程草案》，拟于 3 月 1 日施行。上海市保险业同业公会得知后，当即召集会议，几经讨论，认为"我国保险法尚属初创，其中难免有若干困难问题，必先制定《保险法实施法》，以为根据；至于非常时期保险业管理规则，即以环境关系，为种种客观条件所限制，未便施行"。[4] 经过争取，该管理规则获准缓行。但太平洋战争后，汪伪的统治展及租界，国民政府对上海保险业的管理也随之中止。这之后于 1943 年 12 月 2 日颁布的《战时保险业管理办法》，及财政部 1944 年 4 月 13 日训令施行的《战时保险业管理办法施行细则》，已影响不到上海了。

1940 年 3 月 30 日，汪伪国民政府在南京成立，伪上海特别市政府随即隶属汪伪。太平洋战争爆发后，汪伪尾随日军进入租界，着手实施控制整个上海的计划，金融业首当其冲。作为上海金融业重要组成部分的保险业，自然难逃被汪伪政府管理与控制的厄运。

1942 年 6 月至 10 月，上海保险业投机风潮大兴，甚至一天之内有数家保险公司成立。面对这一

---

① 中国保险学会《中国保险史》编审委员会. 中国保险史 [M]. 北京：中国金融出版社，1998：163.
② 通惠水火保险公司营业报告：1943 年 [A]. 上海市档案馆藏上海保险业同业公会档案，档号 S181 - 1 - 86.
③ 上海市档案馆. 日伪上海市政府 [M]. 北京：档案出版社，1986：8.
④ 保险法及非常时期保险业管理规则暂缓当局缓予施行 [J]. 保险月刊，1940，2 (4).

现象，汪伪政府出台了一系列措施，在加强对上海保险业监督与管理的同时，也试图进一步控制上海保险市场。首先是费率方面。1942年6月1日，汪伪政府以"安定金融、整理旧币"为借口，由伪中央储备银行公布了收回法币办法。上海市保险业同业公会人寿保险会员公司依此发出公告："凡本会会员公司于本年六月八日以前所发出之旧法币各种人寿保险单，所有保额、保费等之收付，一律以旧法币二对一之比率改为中储券单位处理之。"① 8月，汪伪政府重新审定了《苏浙皖三省各埠火险保价规则》，用于统一火险费率。② 但是，中储券的急剧贬值超过了人们的预期。汪伪政府只好于1944年2月批准了《火险实价施行办法》，规定自4月17日起施行。6月又通过了保险业同业公会拟定的《淮海省区保率》，同时通令"苏浙皖京各省火险保价规则及实价施行办法，应于本年六月一日起施行于淮海省区"。③

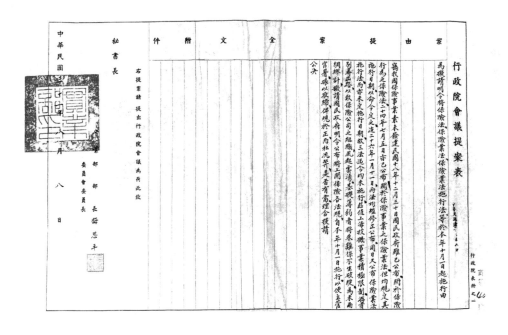

国民政府行政院提请实施《保险法》《保险业法》《保险业法实施法》的提案

1942年10月10日，汪伪政权正式施行《保险法》。该法由南京国民政府拟定，曾在1929年12月和1937年1月先后两次公布。1940年2月，迁居重庆的国民政府计划实施，上海保险界以该法"尚属初创，其中难免有若干困难问题"为由加以反对，结果不得不缓行，直到1942年10月才由汪伪政府公告施行。1943年4月21日，汪伪政权在对《保险业法》《保险业法实施法》进行修订后，公布施行《修正保险业法》《修正保险业法施行法》，成为汪伪政府监管保险业的具体依据。《修正

---

① 上海市保险业同业公会人寿保险会员公司公告 [N]. 申报，1942－06－12.
② 中国保险学会《中国保险史》编审委员会. 中国保险史 [M]. 北京：中国金融出版社，1998：169.
③ [A]. 上海市档案馆藏上海保险业同业公会档案，档号S181－2－53.

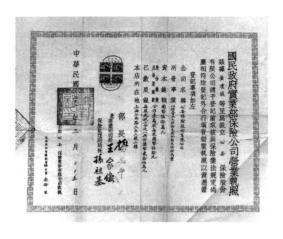

汪伪政府签发的营业执照

保险业法》包括总则、保证金、保险公司、互相保险社、会计、罚则、附则 7 章共 79 条,^① 规定了保险公司的成立、营业规则、资金运用及政府对保险业的监管。比如,"同一保险业不得兼营损失保险与人身保险""保险业不得兼营其他事业"等。《修正保险业法施行法》共 19 条,规定了《保险业法》的施行细则,如"实业部得设置保险监理局监督保险事业"等。^②

其实,汪伪政府的保险监理局 1942 年 10 月就已设立。为了加强对保险市场的监管与控制,1942 年 9 月 29 日,汪伪实业部根据《保险业法施行法》中的有关条文,提请伪行政院会议议决设置全国保险监理局,并提交了《全国保险监理局组织规则草案》《保险业发起及登记申请规则草案》等文件。这些文件规定,"保险监理局隶属于实业部","经实业部核准设立登记之保险业,应将保证金全部缴足及领得营业执照,始准开业"。^③ 同年 10 月 6 日,汪伪实业部保险监理局正式成立;10 月 20 日,伪上海市保险监理局也宣告成立,"负责管理保险业,孙祖基任局长"。^④ 1943 年 6 月,汪伪实业部保险监理局又呈请伪行政院在南京、苏州、杭州、汉口、广州设立办事处,^⑤ 加强对各地保险业的监管。

1942 年,上海保险公司大量出现,保险经纪市场十分混乱,伪实业部 12 月 14 日公布《保险业经纪人公证人登记规则》,以冀加强对保险经纪人的管理。该规则规定:"保险业经纪人公证人开始执行业务前应具声请书连同证书呈请保险监理局登录;保险业经纪人公证人不得兼任公务员或保险业之董监事及职员;保险业经纪人得与保险业约定受取佣金,其佣金章程由所在地保险业经纪人同业公会决议,呈请保险监理局核定之。"规定经纪人、公证人"(一)不得与未经登记领证之人共同行使业务或令用本人名义行使业务。(二)于合法约定佣金或公费外为额外之需索或与委托人订立成功报酬之契约。(三)对于受命委托事件有不正当之行为或违背废弛其业务上应尽之义务。"^⑥ 该规则施行后,并未改变保险经纪市场的乱象。1944 年 2 月,上海保险业经纪人公会上报保险监理局:"近来本市保险业因互相竞争,滥放折扣,招致一部非经纪人授以额外报酬,藉作拉拢营业之工具,造成保费跌价之恶风,以致经纪人合法佣金无从取得。"^⑦ 保险监理局曾令经纪人公会切实查明,但最终收效甚微。

① 蔡鸿源. 民国法规集成:第 34 册 [M]. 合肥:黄山书社,1999:97 – 157.
② 蔡鸿源. 民国法规集成:第 97 册 [M]. 合肥:黄山书社,1999:97.
③ 中国第二历史档案馆. 汪伪政府行政院会议录:第 15 册 [M]. 北京:档案出版社,1992:607.
④ 任建树. 现代上海大事记 [M]. 上海:上海辞书出版社,1996:853.
⑤ 中国第二历史档案馆. 汪伪政府行政院会议录:第 19 册 [M]. 北京:档案出版社,1992:537.
⑥ 蔡鸿源. 民国法规集成:第 93 册 [M]. 合肥:黄山书社,1999:216 – 218.
⑦ [A]. 上海市档案馆藏上海保险业同业公会档案,档号 S181 – 2 – 53.

太平洋战争爆发后，上海新设的保险公司实收资本大都很少，有的甚至仅仅为二三十万元，经营风险大，威胁到保险市场的稳定。1943 年 7 月中旬，汪伪政府财政部首先对银行、钱庄、信托公司增资作出规定："在六个月内，各银行钱庄必须至少增资六百万元，普通商业银行兼营信托业务则至少增资五百万元，违者将勒令合并或停业。"① 1943 年 12 月 28 日，伪行政院第 193 次会议通过了《保险公司增资办法草案》，规定自 1944 年 1 月 1 日起，保险公司实收资本总额应增至国币（中储券）300 万元。② 这些法规和管理措施，使汪伪加强了对上海保险市场的监管，1943 年没有再出现保险公司蜂拥设立的局面。1944 年，施行保险公司增资办法后，只成立了两家保险公司，一家是实收资本中储券 300 万元的中国安全保险公司，另一家是汪伪政府斥巨资 1 亿元设立的中央保险股份有限公司。

汪伪政府为了控制其统治区特别是上海的保险业，一开始就在伪中央储备银行之下"添设中央信托股份有限公司，经营信托、储蓄、保险业务，为他公司所不及"。③ 1944 年 7 月，为了更有效地操纵上海保险市场，汪伪政府将中央信托股份有限公司的保险部独立出来，注入 1 亿元中储券，另行成立了中央保险股份有限公司。1944 年 8 月 15 日，获准备案的《中央保险股份有限公司章程》规定，该公司由"中央储备银行"设立，资本总额为 1 万万元，由该行一次拨足，必要时可将股份转为商股等。同时规定公司董事会由 9 人组成，除"中央储备银行"总裁、副总裁为当然董事并为董事长、副董事长外，其余 7 人由"中央储备银行"总裁、副总裁派充。董事会设常务董事 5 人，除"中央储备银行"总裁、副总裁为当然常务董事外，其余 3 人由该行总裁、副总裁从董事中指定；另外还由 3 人组成监察会，同样由"中央储备银行"总裁、副总裁派充，总经理由"中央储备银行总裁、副总裁"从本公司常务董事中派充。④

伪中央保险股份有限公司（以下简称伪中央保险公司）董事长由时任汪伪行政院副院长兼财政部部长、中央储备银行总裁的周佛海兼任，汪伪中央储备银行副总裁钱大魁任副董事长，许建屏任总经理，同时聘请了日本人木村增太郎、吉川智慧丸为顾问。⑤ 伪中央保险公司除在上海设立总公司外，还在南京、苏州设立分公司，在徐州设立办事处。伪中央保险公司实收资本 1 亿元中储券，其时中储券的发行当时已近天文数字，上海的物价指数如果以 1936 年为 100，1944 年底则达到了 284302.00，⑥ 但伪中央保险公司仍是当时实收资本额最大的保险公司。

伪中央保险公司成立后，除宣布继续接办所有中央信托公司前保险部业务及一切契约保单等件外，⑦ 1945 年初在南京、上海、苏州、无锡、常州、镇江、扬州、杭州等地开办了战争伤亡保险业务，指定中国、安平、泰山、宝丰、永安、四明、太平人寿、华安和群人寿、太平产物、中国人寿、

① 任建树. 现代上海大事记［M］. 上海：上海辞书出版社，1996：868.
② 中国第二历史档案馆. 汪伪政府行政会议录：第 23 册［M］. 北京：档案出版社，1992：206.
③ 中国第二历史档案馆. 中华民国史档案资料汇编：第五辑　第二编　附录下［M］. 南京：江苏古籍出版社，1997：742.
④ 蔡鸿源. 民国法规集成：第 96 册［M］. 合肥：黄山书社，1999：446－450.
⑤ 中国保险学会《中国保险史》编审委员会. 中国保险史［M］. 北京：中国金融出版社，1998：170.
⑥ 贾秀岩，陆满平. 民国价格史［M］. 北京：中国物价出版社，1992：252.
⑦ 中央保险股份有限公司通告［N］. 申报，1944－07－01.

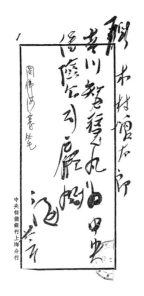

汪伪要员周佛海关于
中央保险公司聘请日
本顾问的亲笔信

先施等 23 家保险公司代办此项业务。根据伪中央保险公司的章程，其业务范围十分广泛：关于水火险、意外险及其他损失各险之经营；关于人寿保险之经营；关于国家及公共机关团体保险之经营；关于承受一般保险公司各种保险之分保；关于分保额之支配；关于国际分保制度之推进。伪中央保险公司经营损失和人寿险，明显违背了 1942 年 10 月公布的《保险业法》和 1943 年 4 月公布的《修正保险业法》中"同一保险业不得兼营损失保险与人身保险"的规定。伪中央保险公司还具有分保额的支配权；经伪中央储备银行核准后，得办理下列各事务：一是关于一般保险公司业务上之指导；二是关于各地保险业公会之指导。可以说，伪中央保险公司名为股份有限公司，实质上是由汪伪中央储备银行独家投资并直接控制的子公司，目的就在于垄断和控制沦陷区保险业。在伪保险监理局撤销后，伪中央保险公司的监督权更加扩张。

伪中央保险公司具有一定的监管职能。1942 年，汪伪保险监理局设立后，保险业一度由汪伪实业部会同财政部共同管理。1944 年 1 月 1 日起，有关保险公司的注册、监督指挥权完全归财政部。当年 7 月 1 日伪中央保险公司成立后，汪伪财政部已有撤销保险监理局的想法；10 月 31 日，汪伪行政院会议正式讨论了这一问题。伪财政部提出："将保险公司之注册监督指挥事项由本部直接办理，其保险公司之检查事项则委托中央储备银行附设之中央保险股份有限公司设置检查机关办理。并拟将以前设置之保险监理局及颁订之保险监理局组织规程，分别予以撤销废止。"[1] 这一提议最后得到批准。此后，上海市保险业同业公会会员公司的应行检查事项，均由伪中央保险公司专设检查机关办理。但上海保险业的注册以及监督指挥等事项，由汪伪财政部直接办理。[2] 可见，上海保险业的监督管理权直接掌握在汪伪财政部手中。

汪伪政府还试图控制上海的社会保险市场。早在 1940 年 5 月 20 日，汪伪行政院公布的《社会部组织法》规定，"社会部管理全国社会行政事务"，其公益司掌管事务中有"关于社会保险事项"。[3] 1943 年 3 月，汪伪社会部改组为社会福利部，下设有社会简易保险局。[4] 汪伪行政院于同年 4 月 3 日制定并公布了《社会福利部社会简易保险局暂行组织条例》，授权该机构掌理社会保

汪伪政府中央保险
股份有限公司聘请
日本顾问的聘书

---

① 中国第二历史档案馆. 汪伪政府行政院会议录：第 28 册 [M]. 北京：档案出版社，1992：463.
② 上海市保险业同业公会致各会员公司函：1944 年 11 月 23 日 [A]. 上海市档案馆藏上海保险业同业公会档案，档号 S181 - 2 - 53.
③ 蔡鸿源. 民国法规集成：第 91 册 [M]. 合肥：黄山书社，1999：14.
④ 蔡鸿源. 民国法规集成：第 91 册 [M]. 合肥：黄山书社，1999：300.

险和简易保险之业务事项。[1] 1943 年 8 月 16 日，社会简易保险局在上海市设立的事务所全部成立。此前社会简易保险局于 7 月 25 日以"安定劳工生活"为由，规定上海各工厂必须于 8 月 4 日前，往该局办理"强制劳动保险"手续。[2] 上海各同业公会也先后收到了社会简易保险局的催办令。社会简易保险局还派出督察人员坐镇一些同业公会，监督限期办理保险手续。比如，上海市机器同业公会就曾被迫连续开会讨论这一问题，最后不得不要求各会员就近办理劳动保险。[3] 除强制办理劳动保险以攫夺保费外，从 1944 年 1 月底开始，汪伪政府还曾举办过中央公务员特种保险，但收效不大，且仅局限于南京汪伪中央政府机构内部。[4][5][6][7]

综上所述，汪伪政府采用了种种手段，力图对以上海为中心的沦陷区保险业实行控制和监管，但在伪中央保险公司设立仅一年后，汪伪政府便随着日本军国主义的投降而瓦解，它左右上海保险市场的迷梦并未实现。

二、 其他沦陷区的保险业

在华北沦陷区，天津是保险业的中心。20 世纪二三十年代，天津不仅是北方的贸易与航运中心，也是工商与金融中心，吸引了大量外商和华商保险公司，虽然这些公司大多是上海或华南各地保险公司的分支机构，但也蔚然大观，兴盛一时。随着日本侵略势力向华北的延伸，七七事变爆发前，日本保险业即在天津开始扩张。1937 年 3 月有报道称，日本为统治华北经济，着手于保险业，"业已成立一所（即××保险会社华北推广部）……其第一步计划即为普招营业员（即跑街），专门兜揽津市及冀察各县人寿保险，目下为该部聘任者，达二百人之多（津市当地已有三十余人）……津市保险业，不久当可为该部独霸……其第二步计划即为增添火险、水险、航空等险，届时华北各保险业，将同遭其打击"。[8]

七七事变爆发后，天津在短短三周时间里即迅速沦陷。1938—1941 年，天津新增日商保险公司 8 家，包括帝国海上火灾保险株式会社、安田火灾海上保险株式会社、东洋海上火灾

20 世纪 40 年代，日本安田海上火灾保险广告

① 蔡鸿源. 民国法规集成：第 93 册 [M]. 合肥：黄山书社，1999：258.
② 任建树. 现代上海大事记 [M]. 上海：上海辞书出版社，1996：869.
③ [A]. 上海市档案馆藏上海机器同业公会档案，档号 S1－1－16.
④ 中国第二历史档案馆. 汪伪政府行政院会议录：第 23 册 [M]. 北京：档案出版社，1992：400.
⑤ 中国第二历史档案馆. 汪伪政府行政院会议录：第 29 册 [M]. 北京：档案出版社，1992：148.
⑥ 中国第二历史档案馆. 汪伪政府行政院会议录：第 30 册 [M]. 北京：档案出版社，1992：162.
⑦ 中国第二历史档案馆. 汪伪政府行政院会议录：第 31 册 [M]. 北京：档案出版社，1992：385.
⑧ 燕. 津保险业将为某方独霸 [N]. 上海报，1937－03－29.

保险株式会社、辰马海上火灾保险株式会社、福寿火灾保险株式会社、千代田火灾保险株式会社、日本海上保险株式会社、住友海上火灾保险株式会社等，日商保险公司在天津达到 46 家。太平洋战争爆发后，与上海保险业的情形类似，天津的洋商保险公司逐步撤退，天津海关及进出口业务几乎全被日商控制，水险业务也全归日商保险公司。① 其时，华北英美系保险公司共 52 家，支店 24 家，代理店 38 家，其每年保险金额 3000 万元，吸收全国资金不下 3 亿元。② 日伪接收后，1942 年 12 月在天津成立华北损害保险协会，1943 年又设立了华北保险协会。该会理事长由日本人担任，理事 5 人（日商 3 人，华商 2 人），华商推龚作霖、冯仲博为理事，张章翔为监事。凡在华北经营保险业务的公司，不论国籍均须参加华北保险协会。③ 1942—1944 年，天津新增日商保险公司 8 家，即天津保险公司、共同火灾海上保险株式会社、朝日海上火灾保险株式会社、日本海上火灾保险株式会社、太平洋海上火灾保险株式会社、东亚火灾海上保险株式会社、小仓水火保险公司、华北邮政总司保险处。在此期间，天津约有日商保险公司 53 家。1945 年春，天津全部日商保险公司的业务归并为东亚火灾海上保险株式会社 1 家。当年日军投降后，日商保险公司也随即撤离。④

关于天津华商保险业沦陷时期的状况，赵兴国在《沦陷时期天津保险业之隆替》一文中介绍说，七七事变发生后，天津洋商保险公司大多采取收缩业务的对策，退出了一些领域，华商保险业顺时应运，一时间在市场上崭露头角。就保险种类而言，华商保险公司主要经营火险以及人寿险，市场最为重要的水险仍由以英美为主的西商把持。在日本侵略军的庇护下，日本保险业此时夺取了水险市场的一点份额，但主体仍是英美保险公司。这一时期天津设立的华商保险公司，据统计共有 12 家，分别是中国、太平、安平、丰盛、天一、联保、先施、宁绍、肇泰、永宁、南丰、华安等，大多是市场中的老牌保险公司，从公司形态上而言，都是分支机构。

太平洋战争爆发后，西洋保险势力自华北沦陷区内撤出，整个区域内的最大宗保险业务水险业全部被日本保险业独占。至于其他险种的业务，则由中国保险商人承接。天津保险市场呈现出日本保险商主导水险、中国保险商主导火险及其他险的局面。借此机会，天津乃至华北的华商保险业有所增长。在 3 年多时间里，天津增设的华商保险公司共有 27 家。其中，成立于 1942 年的有 11 家：兴华、大达、中孚、大公、大安、大东、华莱、华联、大上海、久联、宝隆；1943 年设立 11 家：中国平安、中国利民、新甡、保丰、长城、大南、大中、中国工业、中贸、富华、泰山；1944 年设立 4 家：久丰、金华、华一、富兴；1945 年设立 1 家：大中国。外资保险撤退，华商保险业继承了大批保户的保险额。尽管日本保险业凭借武力征服获得了部分保险市场，但沦陷区民众对日本保险业的抵制，对日本保险业的拓展起到了制约阻滞作用，华商保险因此而得到较大的市场份额。另外，华商保险也结成业务集团，互相投资，在天津乃至华北保险市场上占有一

① 天津市地方志编修委员会. 天津通志·保险志［M］. 天津：天津社会科学院出版社，1999：89.
② 英美系保险业之消灭［J］. 中联银行月刊，1941，2（6）.
③ 中国保险学会《中国保险史》编审委员会. 中国保险史［M］. 北京：金融出版社，1998：193 – 194.
④ 天津市地方志编修委员会. 天津通志·保险志［M］. 天津：天津社会科学院出版社，1999：89 – 90.

席之地。

沦陷时期，天津华商保险业也存在不少问题；第一，资本贫乏。天津的华商保险公司多为分支机构，又因互相投资运营业务的关系，虚而不实，资本额实属有限，一旦遇到意外情况，极有可能发生资金周转不灵的现象。比如，1945 年天津发生的马家口大火几乎导致大上海保险集团倒闭。第二，同业间非法竞争。华商保险公司为了吸收保户，不惜给予经纪人最大的折扣。普通经纪人当时已拿到双八折扣，恶意者甚至在双八折扣外再打九折。这样的结果即是折扣越多，保险公司收入越少。这种非法竞争，成为市场的顽疾。第三，经营不善。各保险公司几乎都依赖经纪人招徕业务，对经纪人一方并没有严格的管理，对于保险准备金也无限制，导致经纪人居间作祟。各保险公司为了减轻赔付责任，又多加入业务集团，结果作茧自缚，集团越多越消化不良。第四，商业畸形。沦陷时期华北社会经济动荡，商业畸形发展。特别是太平洋战争爆发后，粮食成为保险的重要标的。1943 年，日寇在华北统治食粮，导致游资转向棉布与杂货。1945 年初游资再次转向金银股票，致使保险市场一落千丈。这种畸形的商业，遂使保险业的发展也陷入起伏不定乃至穷途末路中。随着日军在太平洋战场节节败退，日寇在沦陷区的统治也摇摇欲坠，各地金融动荡不安。天津市场上，囤积物资和投机倒把之风愈演愈烈，金银买卖及股票市场投机盛行。另外，币值的原因，使得市场上的保险金额越来越高，但保险业却不敢超额承保，逐渐陷入困境，出现了崩溃的迹象。[①] 总体上来说，太平洋战争开始后，华商保险公司一时间迅速增加，填补了洋商撤退后的市场空间。但这种所谓的一时之盛，也只是沦陷区保险畸形发展的表现。及至抗战胜利前后，天津保险业又遽尔衰落，经历了大起大落的历程。

此外，1942 年 7 月 16 日，日本为掠夺华北资财、稳定华北日伪政权，创建了华北邮政总司保险处，先在北京、天津、济南、青岛、开封、太原、徐州、烟台、唐山、保定、石门（石家庄）11 处创办，到 1943 年 7 月 16 日又决定北京邮区、河北邮区、济南管辖区、太原管辖区、开封管辖区近百处二等邮局兼理此项寿险业务。[②]

华北沦陷期间，北平、山西、山东等地的保险市场也为日本人控制。北平在七七事变前，共有中外保险公司 18 家。日军占领北平后，中外保险公司相继撤离，日商则乘虚而入。日本本土的 10 余家保险公司在北平设立分支机构，包括住友生命、安田火灾海上、帝国生命等，占据北平的保险市场。1941 年，伪华北政务委员会在北平成立"中华人寿保险公司"，由曹汝霖担任董事长，但经营大权则由董事兼经理的日人铃木格三郎掌控。在山西省，1942 年伪山西邮政管理局设立保险科，专营邮政人寿保险业务。当时太原的人寿保险市场主要是工商业主和上层人士，范围不大，投保者甚少。据 1942 年《华北邮政人寿统计年报》记载：是年山西沦陷区总承保数为 3016 件（其中日本人 417 件），总保险金额为 1062203 元，保费收入 8349 元，全年死亡 4 人，给付保险金 1663 元，盈余 6686 元（均为伪联银券，即伪中国联合准备银行发行的纸币）。在山东省，太平洋战争爆发后，

---

① 赵兴国. 沦陷期间天津保险事业之隆替 [J]. 河北省银行经济半月刊，1946，1（9）：25.

② 天津市地方志编修委员会. 天津通志·保险志 [M]. 天津：天津社会科学院出版社，1999：89 - 90.

日军查封、关闭英、美等国的洋行，烟台的保险业为日本的三井、三菱、东京 3 家保险株式会社所霸占。①

　　1931 年"九一八"事变后，东北由此处于日本的殖民统治下，直到 1945 年日本投降。1932 年 3 月，由日本帝国主义扶持的傀儡政权伪满洲国成立，在此期间，日本保险业逐渐驱逐其他国家保险业在东北的经营活动，对东北保险市场进行实际控制。"东三省有着哈尔滨、沈阳、营口、大连等近代的都市和通商口岸，更有着占全国 40% 的铁路线，北接苏联，南临渤海，物产丰富，贸易频繁，本为刚萌芽滋长的保险业之最好的发展地；但自'九一八'事变，东三省沦陷，情势大变，中国保险业在该处之发展已无余地。"② 华商保险在东北处境极其艰难，不仅被屈辱对待，业务经营也举步维艰，商家被威吓不准在中国保险公司投保，"至于官产保险，固有三井、帝国等行所包办"。③ 在商业凋零的情形下，日伪政府以对保险业的控制为对东北进行经济掠夺的手段，到 1935 年，伪满地区的保险企业从原本的 10 多家，已增加到 170 余家。④ 这些新设的保险机构，多为日本保险公司开设的支店或代理店。1937 年"七七"事变前，日本保险业已经在东北保险市场上占有优势。以 1939 年安东保险市场为例，当年安东保险业及代理业共有商号 22 家，清一色为日伪保险企业的支部或代理店。⑤

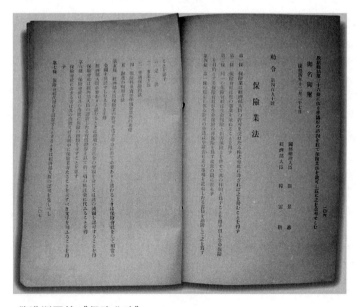

伪满洲国的《保险业法》

　　为进一步加强对东北保险业的垄断和控制，1938 年 12 月伪满政府公布伪《保险业法》，共 37 条，主要内容：经营方针以股份有限公司为限；保险业实行许可制；保险公司不得兼营其他事业；保险公司拟设立代理店，须经经济部大臣认可，并以一店一社为原则；外国保险公司在本法实施地区内设立的店、事务所及代表者，必须缴纳相当的保证金。次日又公布了伪《保险业法实施规则》，共 6 章 25 条。⑥ 1937 年，日伪还在长春设立满洲火灾保险协会，1940 年又设立满洲生命保险协会。两家保险协会通过统一保险

---

① 中国保险学会《中国保险史》编审委员会. 中国保险史 [M]. 北京：中国金融出版社，1998：194 - 195.
② 陈源生. 西南经济建设与中国保险业 [J]. 保联，1939，1 (4).
③ 东北保险业之厄运 [J]. 大亚画报，1933，381.
④ 伪满百业凋零，保险业特别发达 [N]. 上海报，1936 - 04 - 08.
⑤ 丹东市保险志编纂委员会. 丹东市保险志：1908—1985 [M]. 沈阳：春风文艺出版社，1992：22 - 24.
⑥ 付文龄. 吉林省金融编年纪事：1738—1985 [M]. 延吉：延边大学出版社，1994：49.

费率与条款、协调保险业界关系等活动，完全服务于日伪政权。

伪满保险业的保险业务分两种：一是生命保险险种，包括分红养老保险（后改为福禄寿有奖大保险）、定期寿险、邮政简易人身保险、征兵保险、伤害保险、无诊查保险，子女保险。二是损害保险险种，包括火灾保险、海上保险、运送保险、自动车保险、农业保险、水害保险、家畜保险、信用保险、利益保险、森林保险、盗难保险、航空保险等。[①]

日本对东北保险业实行控制，目的在于掠夺中国的财富。为了独占和垄断东北保险业，伪满政府根据 1933 年 3 月公布的《满洲经济建设纲要》，设立了两家所谓的"国策会社"，分别垄断生命保险和财产保险。

一是满洲生命保险株式会社，由伪满政府和日本各保险会社共同出资 300 万元（伪国币），实收 150 万元，共分 6 万股，1936 年 10 月批准设立，负责伪满洲国的人寿保险业务。在东北各地遍布支店、办事处等，1944 年达到 92 处。该会社从成立到 1944 年，保险件数达 647977 件，保险金额达 1044882190 元，收入保险金 56571743 元，赔款 7602640 元。[②] 该社规定最低保险金额为 1000 元，除劝诱伪满洲国官员参加保险外，还制定了所谓福禄寿奖券，凡保险 2000 元以上者都可抽奖，中奖后有 50 元到 5000 元奖金。对城市有能力的工商业者，按照财产和收入情况，由会社规定数额强迫加入保险。会社还派人到各县农村调查，开列清单，强制农民加入保险，不愿加入者便扣上"反满抗日"的帽子，农民签订保险契约后，就是变卖财产也要按期缴纳保险金。在这样的搜刮下，1943 年保险总额达到 16 亿元，其中日本各保险会社移交 8 亿元。一直到 1945 年 8 月，东北人民每年交出保险金却什么好处也没得到。[③]

二是满洲火灾海上保险株式会社，1937 年 10 月设立，资本 500 万元，实收 125 万元，分 10 万股，其中满洲兴业银行 2000 股，大兴公司 2000 股，国际运输股份有限公司 2000 股，另外还有日本损害保险公司 34 家 94000 股，经营火灾保险、海上保险、运输保险、汽车保险，总社设于长春（新京）。[④] 该会社在大连、沈阳、哈尔滨设 3 个支店，在安东、天津等地设 12 个营业所，在东北其他地方设 213 个代理处。到 1943 年，该会社保险件数达到 20652697 件，保险金额达 41293046386 元，收入 81492452 元，赔款 31207426 元。[⑤] 从 1940 年开始，满洲火灾

大连满洲火灾海上保险株式会社

---

①　颜鹏飞，李名炀，曹圃．中国保险史志：1805—1949 [M]．上海：上海社会科学院出版社，1989：325.

②　长春市地方志编纂委员会．百业源流 [M]．长春：长春出版社，2000：64.

③　中央档案馆，等．日本帝国主义侵华档案史料选编：东北经济掠夺 [M]．北京：中华书局，1991：806-807.

④　丹东市保险志编纂委员会．丹东市保险志：1908—1985 [M]．沈阳：春风文艺出版社，1992：24.

⑤　长春市地方志编纂委员会．百业源流 [M]．长春：长春出版社，2000：65.

海上保险株式会社也是伪满洲火灾保险协会的核心。

为发展财产保险业务，日伪在东北设立了大量的代理机构。最活跃的保险代理机构为大兴公司。该公司是一家伪满洲政府官办的企业，1933 年成立，资金来源于伪中央银行，实际为中央银行的分身。其营业组织遍布东北各省市县乃至集镇，从事当铺、造酒、制油、杂货、财产管理和代理等各种业务，是日本在东北进行经济掠夺的一个工具。该公司的火灾保险代理业务尤为显著，自代理满洲火灾海上保险株式会社的财产保险业务后，至 1938 年，已有总店 114 所，支店 225 所。1941 年太平洋战争爆发后，素称"保险霸王"的太古洋行所代理的业务，全部由大兴公司接管。①

另外，1937 年 9 月伪满洲国政府颁布《邮政生命保险法》，在各级邮政局设立保险科，办理邮政生命保险业务。该业务为官营独立的保险业务，归伪满洲国交通大臣管辖，伪邮政总局掌管，分终身保险、养老保险及立业保险三种，属于简易人寿保险。

通过上述这些举措，日伪实现了对东北保险业的垄断经营。在对东北的殖民统治期间，日本通过保险业从东北攫取了大量利益。1937 年，日本在旅大地区掠夺保费 1678 万元（伪满币）。1937—1944 年，日伪保险业累计所获保费约 2.5 亿元。②

日本在东北实施殖民统治期间，华商保险业屈指可数。根据 1935 年的《保险年鉴》和 1936 年的《中国保险年鉴》统计，仅有上海联保水火险公司在大连设有分公司。其经理为吕春寿，地址设在东乡町甘番地。以哈尔滨为例，哈尔滨原为东北地区保险业聚集地之一，从清末开始即有多家保险公司入驻。"九一八"事变之前，在哈尔滨营业的华商保险公司有华安、联保水火、永宁、联太、羊城、平安、先施、肇泰、华东、太平、自卫共 11 家。外商保险公司则有花旗、美亚、永保、老晋隆、永宁、利昌、阿良斯、三井、巴鲁士、三菱、德利祥、太吉、永丰、大连、太阳、巴达维亚、祥茂、一日利、光武、怡和共 20 家。③"九一八"事变后，东北沦陷。伪满成立后加强在金融保险领域的控制权，要求各中国保险公司每家需要缴纳 30 万元的保证金，导致中国保险公司除华安、永宁、太平三家合并为中国太平一家营业外，其余悉数撤退。外商保险公司也是如此，陆续撤出哈尔滨，日本保险公司独占了哈尔滨的保险市场，主要有三井、三菱、满洲、东京海上、帝国等数家。而存留的中国太平一家因与上海总行不能通汇，实际上是在苟延残喘。

太平洋战争爆发后，在除了上海之外的华东，以及华中和华南地区外，日本保险业也借助日本侵略势力进行积极扩张。比如 1940 年 6 月，7 家专营损害保险的日本株式会社（帝国海上、日本海上、三菱海上、东京火灾、住友、东洋火灾等）即在无锡共同设立营业所。④ 又如武汉原为华中保险市场的中心，日军占领后市场凋敝，金融不振，外商保险公司或撤离或停业，留下来的也只能苦苦支撑。太平洋战争爆发后，日商保险公司随日军势力加强在汉口市场的扩张，一度高达 15 家，霸占了武汉的保险市场，外商只剩下德商 9 家，华商保险公司则处境艰难。1942 年 4 月，日商设立华中

① 吴申元，郑韫瑜. 中国保险史话［M］. 北京：经济管理出版社，1993：128.
② 颜鹏飞，李名炀，曹圃. 中国保险史志：1805—1949［M］. 上海：上海社会科学院出版社，1989：327 - 410.
③ 陈一凡. 关于保险公司的调查［J］. 哈市经济，1948，8.
④ 颜鹏飞，李名炀，曹圃. 中国保险史志：1805—1949［M］. 上海：上海社会科学院出版社，1989：373.

火灾保险协会。再如厦门，1938 年被日军占领后，部分中外保险公司撤入鼓浪屿租界继续营业，太平洋战争爆发后，鼓浪屿租界被日军占领，整个保险市场也为日商所攫取。三井洋行代理东京火灾、东京海上、千代田火灾、大正海上、日本火灾、明治火灾、横滨火灾等 8 家保险公司，高桑洋行代理东京火灾、第一征兵、帝国生命 3 家保险公司，日商会社代理东洋海上保险公司。[①] 可以说，沦陷区的保险业已经完全沦入日本的手中，成为其对中国进行经济掠夺的工具。

三、 台湾及香港、 澳门保险业

晚清通商后，台湾因为樟脑、糖、茶叶等商品的输出而产生保险需求，在台北出现外商保险公司的代理机构。最早的是 1836 年英商利物浦产物保险公司在台北设立的代理店。1854 年，英商和记洋行也开始代理保险业务。到 1894 年，台湾的淡水、基隆、台南安平等地有 15 家洋行，为 35 家外商保险公司代理保险业务。[②]

1895 年中国在甲午战争中失败后，台湾被割让给日本，台湾保险业成为殖民地保险业。20 世纪初在台湾从事保险代理的有德记洋行、义和洋行等，代理保险公司十多家。比如，和记洋行代理于仁洋面保险公司（Union Insur. Society of Canton Ltd.）。德记洋行 1902 年在台北设代理店，代理南英保险有限公司（South British Insur. Ltd., Co.）、北方保险有限公司（Northern Assur. Ltd., Co.）、华北保险有限公司（North China Insur. Ltd., Co.）、扬子联合保险有限公司（Yangtze Insur. Association Ltd., Co.）、纽约保险有限公司（Board of Underwriters of New York）等。义和洋行（Jardine）1906 年在台北设代理店，代理广东保险公司（Canton Insur. Office Co.）、联合保险公司（Alliance Assur. Ltd., Co.）、香港火灾保险公司（Hong Kong Insur. Ltd., Co.）、新西兰保险公司（New Zealand Insur. Ltd., Co.）、美满保险公司（American and Manchurian Insur. Ltd., Co.）的业务。

这一时期，日商保险公司开始进入台湾。1897 年，明治火灾保险会社进入台湾，两年后在台北设立支店。此后，东京海上保险会社、东京火灾保险会社接踵而至，这是日本财产保险公司在台湾经营之始。与此同时，英商在台湾的经营受到日本的限制，1918 年，英商保险机构全部退出台湾。到 1920 年，已有 7 家日本产物保险公司在台湾设立分支机构。1920 年，在台北设立的大成火灾海上保险株式会社，是唯一总公司设在台湾的产物保险公司。1924 年，该公司的保险契约为 46547 件，1930 年增长到 81460 件，1935 年为 137182 件，1940 年为 1406863 件，1942 年更达到 7873326 件。公司总资产则从 1920 年的 5047604 日元增加到 1941 年的 9021347 日元。其部分年份的保费收入情况：1920 年为 17951 日元；1925 年为 1772234 日元；1930 年为 1666892 日元；1935 年为 2003993 日元；1940 年为 3591735 日元；1942 年为 6155040 日元。[③]

20 世纪二三十年代，日本国内各保险公司纷纷来台设立分支机构，到 1937 年已有 32 家之多，

---

① 中国保险学会《中国保险史》编审委员会. 中国保险史 [M]. 北京：中国金融出版社，1998：195 – 196.
② 秦贤次，吴瑞松. 中国现代保险史纲 [M]. 财团法人保险事业发展中心，2007：124.
③ 黄秉心. 台湾保险业之史的研究 [J]. 台湾银行季刊，1947，1 (2).

比如东京火灾海上保险株式会社、三菱火灾海上保险株式会社、明治火灾海上保险株式会社、共同火灾海上保险株式会社，以及朝日、神户、横滨、日产、太平洋、昭和等海上保险株式会社均在其中，1942 年太平洋战争爆发后，这些分支机构则合并为 12 家。其营业范围大体以水火险为主，也有运送险、玻璃险、窃盗险、汽车险等。1914—1945 年台湾水火险业务情况见表 6 - 10。

表 6 - 10　1914—1945 年台湾水火险业务情况

单位：日元

| 年份 | 保险公司总数 | 火险 | | | | 水险 | | | |
| | | 新契约增加 | | 年底契约 | | 新契约增加 | | 年底契约 | |
		件数	金额	件数	金额	件数	金额	件数	金额
1914	30	3950	33315040	3496	21155473	3974	36420573	128	363273
1915	30	5601	46073080	4580	26499995	5906	46310618	205	1878209
1916	32	6546	52957922	5140	30753052	7044	55691957	266	2993943
1917	32	13513	75010159	5882	35683531	6377	69723841	219	4263240
1918	32	14669	89977210	6525	42349280	6585	79512726	165	2409450
1919	36	12483	124226394	7196	55443962	7265	104263788	384	5082428
1920	42	14267	206204797	8947	79095326	6871	110740468	276	2139631
1921	42	19380	191639216	11205	99110843	7920	71929621	291	2073878
1922	43	20936	192708794	14073	127067153	9448	87915473	250	2723312
1923	43	19235	180937744	13665	139103271	9869	88716814	268	2867333
1924	44	20698	203502165	14934	147081147	15260	126711897	936	9288739
1925	44	19991	209560154	16073	160851600	19982	159137158	573	3449925
1926	43	25332	275850199	19432	170745601	20582	159259988	628	3037784
1927	44	26952	278643451	22336	192079842	24507	156530046	584	3279566
1928	48	30928	340686081	25231	221151280	20678	149334345	611	6196464
1929	47	23409	381054045	31448	254579872	22350	157520680	488	4384898
1930	58	48980	381983592	40748	277342259	18335	119424176	685	2211692
1931	52	51267	394940778	42362	283939256	22384	91087782	1291	3635223
1932	53	53939	402961466	45290	288645895	24288	114539489	2692	12258077
1933	54	62566	422155353	52073	328547974	26660	132095990	3082	12108678
1934	56	69482	471693419	60417	366947658	33680	149737523	4467	20895546
1935	60	82405	633011741	76504	406444068	30224	176098245	2699	16466297
1936	60	88177	744738172	73571	447423778	37909	199248759	3335	15535145

续表

年份	保险公司总数	火险				水险			
		新契约增加		年底契约		新契约增加		年底契约	
		件数	金额	件数	金额	件数	金额	件数	金额
1937	59	89337	916292585	77670	501731441	42315	222129912	3453	31281931
1938	55	100401	788915922	89582	577133469	36304	277038314	3019	20775773
1939	54	135830	1007638108	117292	694458088	37988	299007354	2577	25275714
1940	53	241453	1317014874	218661	884881619	33802	349363200	2508	30091184
1941	—	41266	735944511	—	735283197	13477	264817692	—	264717254
1942	—	41904	928900854	—	926885399	14118	269685327	—	269025422
1943	—	61572	1457243735	—	1456193653	15770	250871047	—	249195686
1944	—	81614	2607524689	—	2606045470	12002	297805885	—	295978381
1945	—	84213	2788485152	—	2785424109	12181	66675013	—	65612107

资料来源：黄秉心．台湾保险业之史的研究［J］．台湾银行季刊，1947，1（2）．

1902 年，日本帝国生命保险株式会社率先在台湾经营，两年后正式开设了办事处，日本人寿保险业在台经营活动正式开始。此后十余年间，明治生命保险株式会社、太平生命保险株式会社、第一生命相互保险株式会社、东洋生命保险株式会社相继而来。1913—1914 年，又有日本、大正、日清、千代田等来台设代理店，达到 13 家之多。到 1942 年前，台湾人寿保险公司获得营业执照的有 34 家，基本上是日本公司的分公司或代理店。太平洋战争发生后，日本为统治经济起见，将其合并为第百、帝国、明治、第一相互、日产、野村、大同、日本、安田、住友、三井、第一征兵、千代田相互、富国征兵相互共 14 家。1914—1945 年台湾生命保险业务概况见表 6–11。

表 6–11 1914—1945 年台湾生命保险业务概况

单位：日元

年份	保险公司总数	人寿保险				伤害保险			
		新契约增加		年底契约		新契约增加		年底契约	
		件数	金额	件数	金额	件数	金额	件数	金额
1914	30	5889	4966299	21542	18602906	186	873500	128	262542
1915	30	4612	4161224	19791	17012556	299	429700	64	180952
1916	32	4991	4197013	20325	17481328	105	185000	50	123590
1917	32	5891	5212934	21196	19218791	78	111000	37	52990
1918	32	7410	6673871	24589	21866103	103	115000	72	77930

续表

年份	保险公司总数	人寿保险				伤害保险			
		新契约增加		年底契约		新契约增加		年底契约	
		件数	金额	件数	金额	件数	金额	件数	金额
1919	36	9798	10094440	30413	28284952	101	153500	59	94892
1920	42	10975	12476893	36446	36242896	48	113600	20	75214
1921	42	7994	9896210	37164	38407487	25	58000	21	47606
1922	43	7586	10358124	36955	40393849	26	75500	23	62186
1923	43	7226	10461701	36447	42121212	8	43000	11	43686
1924	44	9996	13516570	40069	48847951	44	134000	33	116000
1925	44	10293	24428857	43462	54225169	46	48300	27	65258
1926	43	12146	17298590	48981	62724292	33	74000	29	69840
1927	44	13300	22982098	54087	74448215	42	100200	34	92170
1928	48	13429	21163593	58930	84031193	58	132600	29	103600
1929	47	18838	28995590	66787	98033472	45	123100	27	105100
1930	58	20042	33366508	76907	116326930	34	93900	23	64900
1931	52	21041	35559299	84758	131353513	52	78300	39	104990
1932	53	26710	40767184	96262	148229619	66	162000	63	156980
1933	54	33698	51713323	114939	175199253	97	173000	87	155900
1934	56	44600	69115986	142904	218150816	62	156000	52	126000
1935	60	63780	91762697	183265	267741305	51	111500	45	87900
1936	60	71378	92558445	225282	320943761	170	374500	152	263500
1937	59	62378	88109950	260254	366169926	228	625600	199	503550
1938	55	73721	108048014	294560	422075833	267	709200	202	491183
1939	54	83702	124541057	345233	502867075	362	920078	305	682416
1940	53	101980	157188204	404003	600030885	402	1571000	315	1328612
1941	—	78129	118945000	395209	599358000	—	—	—	—
1942	—	80956	134781000	478008	734460000	—	—	—	—
1943	—	83225	206689080	486448	868745840	—	—	—	—
1944	—	71005	186343530	551758	1028335758	—	—	—	—
1945	—	9326	391814000	549767	1034536115	—	—	—	—

资料来源：黄秉心．台湾保险业之史的研究［J］．台湾银行季刊，1947，1（2）．

此外，1927 年日本还开始在台湾举办简易人寿保险。当年，新契约为 18504 件，保费收入 27031 日元，保险额为 5033026 日元；1937 年，新契约为 74918 件，保费收入 101597 日元，保险额为 18188280 日元；1944 年，新契约达到 404479 件，保费收入 738536 日元，保险额为 135166311 日元。1937 年日本发动全面侵华战争后，在台湾也举办过战争保险。该险由日本政府大藏省委托各保险公司开办，其战争产物保险还包括地震保险。以每千元的契约而论，普通保费之外，另外征收战争保费和地震保费，保险期 6 个月以上 1 年以下者，战争保费 2 元，地震保费 5 角；3 个月以上 6 个月以下者，战争保费 1 元，地震保费 2.5 元；1 个月以上 3 个月以下者，战争保费 6 角，地震保费 1 角 5 分；1 个月以内者，战争保费 2 角，地震保费 5 分。到战争末期，盟军空袭台湾，受损者十之七八，日政府无力赔偿，到 1945 年日本投降时，已债台高筑。①

日本在对台湾实行殖民统治期间，1922 年在台北还成立了台湾生命保险协会，1937 年设立台湾火灾保险协会，1941 年改名为损害保险协会。通过这些协会组织，对台湾保费市场实行独占经营。按照日本保险法规，简易人寿保险和战争险归公营，其余均归私营。私营保险公司又分为股份有限公司和相互有限公司两种。1897 年，日本农商务省曾发布台湾保险业法，次年则依照颁布的新商法规定进行管理。此后，日本还颁布了相关的保险法规，后又经多次修正。台湾保险业即依照日本保险法令，并由台湾总督参酌情形，相继颁布了台湾保险公司细则、台湾保险业法施行规则、台湾外国保险公司条例，1944 年还颁布了战时特殊损害保险法。②

关于抗日战争末期台湾保险业的经营状况，1944 年 4 月到 1945 年 2 月，台湾 14 家生命保险公司计保户 500794 件，保险契约金额为 1015460000 元，责任准备金累计 14304 万元。其中，属于台湾同胞者，计保险契约 34 万件，保险额 57500 多万元。但台湾光复后国民政府接收时，"除了破屋数幢，债台数座之外，实一无所有"。12 家日本产物保险公司的经营概况：一般保险方面，1945 年承保 90077 件，保险契约金额 193338 万元，保费为 1076 万元，付出赔款 419 万元；战争保险方面，1945 年承保 101097 件，保险契约金额 306829 万元，保费 1006 万元，应付赔款 31952 件，金额 70428 万余元。③

在日本统治台湾期间，日本在台保险业是对台湾实行经济榨取的工具。以人寿保险而论，日本保险企业通过各种不择手段的"劝谕"与强制，要求台湾民众普遍参加保险。其在台湾设立的生命保险会社，都属于分店性质，"其本店均设日本本土，所吸收的大批资金，均携归国内，弥补其不足，并藉以运用。"及至日本战败，国民党政权接收之时，各保险会社残留的只是 50 余万件保单，以及估价 1200 余万元的不动产，现款均被缴解日本国内，总计超过 1 亿元。④

香港是中国保险业最早发展的地区之一。鸦片战争后，随着香港被割让给英国，香港出现了大量经营对外贸易和航运事业的洋行，这些洋行同时也作为保险代理商而存在，代理英国保险公司和

---

① 黄秉心. 台湾保险业之史的研究 [J]. 台湾银行季刊，1947，1 (2).
② 黄秉心. 台湾保险业之史的研究 [J]. 台湾银行季刊，1947，1 (2).
③ 陈霞洲. 台湾的保险业 [N]. 金融日报，1947 - 11 - 17.
④ 台湾人寿保险公司概况 [J]. 台湾银行季刊，1947，1 (2).

"劳合社",有的甚至一家代理 10 多家保险公司。中国本土第一家保险公司谏当保险行以及于仁洋面保险公司也迁至香港,成为最早将公司总部设在香港的保险公司。1881 年,谏当保险行改组为广东保险公司,逐渐将业务扩展到上海、天津、广州、汉口、九江、福州、汕头等国内主要城市,以及伦敦、印度和世界各地。于仁保险第二次鸦片战争后也在上海设立分支机构,并在伦敦、墨尔本等地设分公司。随着 19 世纪下半期贸易活动的迅速发展,香港还出现了保宁保险公司(1865 年)、香港火烛保险公司即香港火险公司(1866 年)、维多利亚保险公司(1870 年)、华商保安保险公司(1871 年)等,业务范围由水险扩展到火险、寿险等领域。其他国家保险公司也有进入香港经营者,但英国保险公司始终占有垄断地位。到清末,保险同业公会在香港开始出现,1895 年香港火险公会成立,1906 年出现了香港洋面保险公会。从 1877 年开始,香港还创办了一批民族保险公司,比如安泰、常安、万安、普安、宜安、恒安、福安等,华商燕梳行也在 1903 年成立,到 1942 年更名为香港华商火险公会。

民国时期,香港保险业进一步发展。于仁洋面保险公司在第一次世界大战后其分支网络已扩大到全球各地,并进行了多次兼并,成为一家著名的跨国保险公司。香港火烛保险公司在厦门、广州、汉口等多处设有分公司,获利丰厚,股票增值曾达到 400%。在寿险方面,加拿大宏利人寿保险公司 1897 年开始在上海展业的同时,也在香港开办业务,到 20 世纪 30 年代成为香港最著名的寿险公司。1915 年,香港先施百货公司创立先施保险置业有限公司,经营水火保险和置业按揭业务,在国内广州、上海、天津等多处设立分公司,新加坡、泰国、越南等地也设有分行,1922 年还创办了先施人寿保险公司。另一家永安百货公司也在 1915 年设立永安水火保险有限公司,1925 年又组成永安人寿保险公司,也是香港最有影响的华商保险公司之一。另外,一些规模较大的华商保险公司也在香港设立分公司开展业务。1935 年,总公司设在香港的华商保险公司有 10 家,另外还有 4 家华商公司在香港开设了分公司。[①] 统计称,香港 1903 年华商保险公司有 12 家,1941 年增加到 20 家。到 1941 年,香港保险公司已有 100 家左右。[②③④⑤]

日本发动全面侵华战争后,平、津、沪、粤等地不少富人避居香港,保险业务因之大增。1938 年,香港的中西保险业"均大获利","比抗战前好转百分之六十",使香港保险业已"紧握南中国保险事业之牛耳"。[⑥] 1941 年 12 月太平洋战争爆发后,日军侵占香港,香港百业凋零,保险业也不例外。在日军占领香港前,香港外商保险已进行了撤退或停业准备。及至香港沦陷,广东保险公司和于仁保险公司均撤至悉尼,外商保险公司被全面接收,业务完全停顿,英籍人员被关进集中营。华商保险也遭遇厄运,比如先施保险在内地和新加坡的分公司均告停业,仅在香港勉力维持,永安

---

① 中国保险年鉴编辑所. 保险年鉴: 1935 [M]. 上海: 中华人寿保险协进社, 1935: 160 – 161.
② 冯邦彦, 饶美蛟. 厚生利群: 香港保险史 1841—2008 [M]. 香港: 三联书店(香港), 2009.
③ 越心. 香港保险业简介 [J]. 国际观察, 1995, 3.
④ 蔡志刚, 梁衡义. 香港的保险业 [J]. 外国经济与管理, 1995, 7.
⑤ 高炜. 探析香港保险业的历史发展进程 [J]. 内蒙古保险, 1998, 5.
⑥ 香港一九三八年保险事业之发达 [J]. 保险界, 1939, 5 (3).

人寿保险公司的处境也十分困难，业务难以展开。为了维持社会和经济运作，日本占领当局迫令所有华商保险公司恢复营业。但当时香港和英国信息中断，原来华商和国外的分保合同不能履行，大额业务的危险无从分散，为此华商保险公会成立了火险分保组，以相互分保形式，暂时解决了同业向外分保上的困难，此后该组织一直延续。到1944年12月，香港华商保险业近17家（其中有14家为损害保险公司，2家生命保险公司）。

日本保险业也借机向香港扩展。除原在香港营业的日本海上火灾保险株式会社及东京火灾海上保险株式会社外，新进入者有日本火灾海上保险株式会社、共同火灾海上保险株式会社、明治火灾海上保险株式会社、安田生命保险株式会社、千代生命保险株式会社共5家。日本保险公司代理店则有25所，其中从事损害保险的有18所，从事生命保险的有2所。[①] 在日本侵占香港期间，香港保险市场同样动荡不安，保险业的发展受到了严重损害。

抗日战争胜利后，香港保险市场得到了恢复。这一时期，香港的人口达到180万，开始成为远东贸易的重要中心之一，为保险业的发展提供了市场条件。1948年有报道称，其时香港西商保险公司和代理商中，保火险的有85家，保水险的有65家，意外险的有35家。其中太古、渣甸、于仁、太平、新西兰、美亚、友邦等公司规模为大。华商保险公司只有19家，包括先施、永安、上海联保、太平、太平洋、华侨、民安、中央信托局、中国、宝丰、联泰、联安、联益、同安、全安、万安、宜安、南华、农业等。无论是西商和华商，都按照香港中西保险公会规定的价目营业。[②] 作为英国在远东的殖民地，香港保险市场始终处在英国保险业的控制之下。

澳门在明朝中叶被大航海时代东渡而来的葡萄牙租居，随之而来的海上保险的思想和做法逐渐通过澳门在明朝和清朝时期传播开来。不过，在保险国际市场竞争激烈的几个世纪里，在澳门居住的葡萄牙人及其自治政府并没有主动采取积极措施监管澳门保险业。葡萄牙里斯本王室发往澳门的敕令，仅局限在规范澳葡政府的官方财产保险。比如，19世纪初被迫逃亡到巴西的葡萄牙王室发布1810年5月18日摄政王敕令，要求澳门议事会成立澳门保险之家（Casa de Seguros de Macau），为澳葡官方财产提供保险。[③] 澳葡政府的所有动产和不动产均须由国库（Fundo da Reserva）投买保险，见1923年10月24日第55号立法证书（Diploma Legislativio N.°55, de 24 de outubro de 1923）。[④] 该种做法也被日后所效仿，比如1930年1月11日第17881号法令（Decreto n° 17881, de 11 de Janeiro de 1930）。[⑤] 葡萄牙人由经商和传教双重驱动而东来，在澳门成立的自治政府也一贯保留从事商业贸易的传统，自治政府官方财产通常由其成立的官方保险基金给予保险，而禁止私人保险公司或保险代理涉及承保。此种做法甚至影响澳门特别行政区现行的《保险业务法律制

---

① 颜鹏飞，李名炀，曹圃. 中国保险史志：1805—1949［M］. 上海：上海社会科学院出版社，1989：418.
② 黄学尧. 香港的保险业［N］. 大公报，香港，1948-11-09.
③ Officio relativo á continuação da Caza de Seguro de Macáo：12-5-1818［M］. Macau：Imprensa Nacional，1969：137.
④ Boletim Oficial do Govêrno da Província de Macau［Z］. 1923-10-27.
⑤ Seguro contra o risco de incêndio dos bens móveis e imóveis de Macau, pelo Fundo da Reserva：1932-05-09以前［A］. 澳门档案馆藏，MO/AH/AC/SA/01/13931.

度》的规定。

澳葡政府从 20 世纪初开始逐步适用《葡萄牙商法典》和单行保险法规，以加强监管澳门保险事业。《葡萄牙商法典》于 1888 年颁布实施，并于 1894 年延伸适用于澳门，该商法典中列有专章规定保险事业。19 世纪，西方保险公司纷至沓来占据清朝时期的中国保险市场，包括香港和澳门的保险市场，但私人葡资保险公司仍鲜见。澳葡政府也未严格适用《葡萄牙商法典》中有关保险的规定。20 世纪初，葡萄牙颁布实施单行保险法规，即 1907 年 10 月 21 日和 12 月 28 日发布的两个敕令，规范并监督保险业。① 该单行保险法规在 1927 年经在《澳门政府宪报》上刊登而得以延伸适用于澳门，1929 年有澳门华商据此保险法规向澳葡政府申请成立保险公司。② 据此，如欲在澳门开展保险业务，须通过澳葡政府行政报批等手续。如果出现保险纠纷，可以根据当事人签订的保险合同约定的方式进行解决，澳葡法院审理过若干个保险纠纷案件。由此，澳葡政府一改 19 世纪放任保险市场发展的态度，运用立法、行政和司法等手段逐步监管和规范澳门保险市场的有序开展。

20 世纪上半叶，经澳葡政府登记的保险代理主要为葡商代理，极个别为华商代理。经澳葡政府登记的葡商保险代理情况如下：一是葡商洋行（António Alexandrino de Melo）成立于 1840 年，在澳门经营保险代理业务的时间比较长且规模也较大。其办公地址为澳门罗飞勒前地 22 号和 24 号，代理范围包括西方保险公司的保险业务，1921 年前后曾代理 China Fire Insurance & C.° Ltd. 的保险业务。③ 二是澳门葡商罗德里洋行（Firma F. Rodrigues）于 1916 年在澳门创立，办公地址位于新马路 8 号和 10 号，其曾代理葡国保险公司（Companhia de Seguros Tagus（创立于 1877 年）、于仁洋面保险公司、英国利物浦 & 伦敦 & 环球保险有限公司、Mindello Insurance Co. Ltd 和 Lloyd's）的保险业务④⑤ 三是葡商代理 Julio Alberto Bastos，办公地址为新马路 1 - F - 2 号。⑥ 四是葡商代理 M. G. Fernandes，办公地址为龙嵩正街 26 号和 28 号，电话 860，其代理葡国海外保险公司（Companhia de Seguros，Ultramarina）的保险业务，总部设在葡萄牙里斯本，主要经营火险。⑦

20 世纪上半叶，澳门华商代理财产保险和人寿保险的情况如下：一是吕秀代理环球公司的保险业务。二是李如楷代理康年人寿公司的保险业务。三是马成德代理友邦人寿公司的保险业务。四是官生代理南英修附毕嗜火险、永安人寿、康年人寿的保险业务。五是李鲁屏代理乌思伦火险公司的保险业务。六是卢炳楷代理火险保险业务。七是潘海东代理保慎火险公司的保险业务。八是龙齐济代理英商日球火险公司的保险业务。九是潘世谦代理三井洋行的保险业务。十是陈宸卿代理南英水

---

① Decreto de 21 de Outubro de 1907. Diario do Governo［Z］. 1907 - 10 - 23.
② ［A］. 澳门档案馆藏，档案号 AH/AC/SA/01/12409.
③ Anuario de Macau［M］. 1921：9，1922：58 - 329，1924：2，1937：13.
④ Anuario de Macau［M］. 1921：6；1922：50 - 329；1924：2.
⑤ 澳门指南［M］. 澳门：澳门经济局出版，1932：27，1933：6，1934：6，1935：6 - 20，1936：3 - 36，1937：1 - 5.
⑥ 澳门指南［M］. 澳门：澳门经济局出版，1933：6，1934：6，1935：6 - 20.
⑦ 澳门指南［M］. 澳门：澳门经济局出版，1937：31.

火险公司的保险业务。十一是永和澄记（WING WOO Ching Kee）吕宋烟庄代理美商美亚美水火险公司（American Asiatic Underwriters Inc. , U. S. A. ）的保险业务。①②

20世纪上半叶，澳门人寿保险公司及代理情况刊登在澳葡政府官方指南上③，详细情况如下：一是1921年，China Mutual Life Insurance Co. Ld. 和 Shanghai Life Insurance Co. Ld. 两家人寿保险公司的代理均在澳门指定 A. & P. Leong Hingkee & Co. 。④二是加拿大宏利人寿保险公司，英葡文混合名称为 The manufactures Life Insurance Co. de Toronto（Candadá），设有澳门代理波治（Agente em Macau, Arture Borges），办公地址为罗飞勒前地8号。⑤ 1933年，澳门代理在澳葡政府官方指南上刊登宣传购买人寿保险的中文广告，"朋友们想曾有读念过孔圣人之格言？有云'船到降薪补漏迟'。之句是为警醒尔们应十分注意句中之深意，令尔们当预早为尔们亲爱儿女谋将来之幸福并教育费。及尔们年老之时定然减少好多忧心，而有非常美满安乐。至于儿女亦有娱快之幸福者。应从速往研究投保加拿大人寿保险燕梳，则前途幸福不少也"。⑥三是1935年，人寿保险公司 China Underwriters 在澳门设代理 C. de Mello Leitão，办公地址位于新马路19号。⑦四是1937年，澳门人寿公司 The manufactures Life Co. 成立，办公地位设在商业最繁荣的新马路上。⑧同年，澳门人寿保险公司 Sun Life & Co. 在巴掌围斜巷16号成立。⑨

纵观19世纪至20世纪上半叶，澳门保险业发展模式主要由西方保险公司通过香港和澳门代理拓展。

英商公裕太阳保险公司（Sun Insurance Office Limited. ）设有香港代理"香港禅臣燕梳（Siemssen @ Co. ）"，香港代理在澳门设立澳门总局和分局，澳门分局位于船澳口1号，代理人为卢炳楷。卢氏家族是当时澳门影响力最大的华商家族之一，以卢廉若为首的卢氏家族物业购买了该英商保险公司的火险。20世纪上半叶，该英商公裕太阳保险公司占据了澳门保险市场的大部分份额。1909年，澳门规模较大的公司老三记（J. V. Fernandes & Co. ）向该公司投保房屋火险，并把保险单收据发给被保险人卢廉若。⑩根据澳门档案馆收藏的部分保险单，英商公裕太阳保险公司1909—1911年在澳门的保险业务概况见表6-12。

---

① 澳门商业人名录［M］. 澳门，1933.
② 澳门指南［M］. 澳门：澳门经济局出版，1932：22.
③ 澳门指南［M］. 澳门：澳门经济局出版，1933、1934、1935、1936.
④ 澳门指南［M］. 澳门：澳门经济局出版，1921-11.
⑤ 澳门指南［M］. 澳门：澳门经济局出版，1933、1934、1935、1936.
⑥ 澳门指南［M］. 澳门：澳门经济局出版，1933.
⑦ 澳门指南［M］. 澳门：澳门经济局出版，1935.
⑧ 澳门指南［M］. 澳门：澳门经济局出版，1937.
⑨ 澳门指南［M］. 澳门：澳门经济局出版，1937.
⑩ ［A］. 澳门档案馆藏，档案号 MO/AM/DA/002/01/003.

表 6 - 12　1909—1911 年英商公裕太阳保险公司在澳门的保险业务概况

单位：美元

档案标注	保险标的	保险费	保险金	保险期限
1①	河边新街 271 号及国王新街 67 号、69 号的房屋	37.75	3000.00	190 年 11 月 27 日至 1910 年 11 月 27 日
2②	和平斜巷 8 号屋	24.25	4900.00	1909 年 12 月 24 日至 1910 年 12 月 24 日
3③	河边新街 275 号 A、沙栏仔街 29 号及工匠巷 21 号、23 号的房屋	75.25	6000.00	1909 年 12 月 24 日至 1910 年 12 月 24 日
4④	沙栏仔街 37 号 A 号屋	12.75	1000.00	1910 年 1 月 25 日至 1911 年 1 月 25 日
5⑤	关前后街 43 号屋	37.75	3000.00	1909 年 12 月 8 日至 1910 年 12 月 8 日
6⑥	红窗门街 19 号、21 号房屋	45.25	3000.00	1910 年 12 月 5 日至 1911 年 12 月 5 日
7⑦	卖草地街 12 号、14 号、16 号、18 号，卖草地围 4 号、6 号、8 号、10 号、14A 号、14B 号屋	225.25	15000.00	1911 年 8 月 1 日至 1912 年 8 月 1 日
8⑧	龙嵩正街 8 号、12 号、14 号屋	30.25	4000.00	1911 年 8 月 1 日至 1912 年 8 月 1 日
9⑨	卖草地街 12 号、14 号、16 号、18 号，卖草地围 4 号、6 号、8 号、10 号、14A 号、14B 号，红窗门街 19 号、21 号，关前后街 43 号的房屋	373.75	24900.00	1911 年 11 月 6 日至 1912 年 11 月 6 日
10⑩	关前后街 43 号屋	75.25	5000.00	1914 年 1 月 1 日至 1915 年 1 月 1 日
11⑪	卖草地街 12 号、14 号、16 号、18 号，卖草地围 4 号、6 号、8 号、10 号、14A 号、14B 号屋	570.25	38000.00	1914 年 1 月 1 日至 1915 年 1 月 1 日
12⑫	Beco do Louceiro 11 号、13 号屋	33.25	2200.00	1914 年 1 月 1 日至 1915 年 1 月 1 日
13⑬	营地大街 96 号屋	—	—	1914 年 1 月 1 日至 1915 年 1 月 1 日
14⑭	营地大街 98 号屋	—	—	1914 年 1 月 1 日至 1915 年 1 月 1 日

　　文献来源：［A］. 澳门档案馆所藏档案，档案号 MO/AM/DA/002/01/004、MO/AM/DA/002/01/007、MO/AM/DA/014/01/01、MO/AM/DA/014/01/10.

---

① ［A］. 澳门档案馆藏，档案号 MO/AM/DA/002/01/004.
② ［A］. 澳门档案馆藏，档案号 MO/AM/DA/002/01/005.
③ ［A］. 澳门档案馆藏，档案号 MO/AM/DA/002/01/006.
④ ［A］. 澳门档案馆藏，档案号 MO/AM/DA/002/01/007.
⑤ ［A］. 澳门档案馆藏，档案号 MO/AM/DA/014/01/01.
⑥ ［A］. 澳门档案馆藏，档案号 MO/AM/DA/014/01/02.
⑦ ［A］. 澳门档案馆藏，档案号 MO/AM/DA/014/01/03.
⑧ ［A］. 澳门档案馆藏，档案号 MO/AM/DA/014/01/04.
⑨ ［A］. 澳门档案馆藏，档案号 MO/AM/DA/014/01/05.
⑩ ［A］. 澳门档案馆藏，档案号 MO/AM/DA/014/01/06.
⑪ ［A］. 澳门档案馆藏，档案号 MO/AM/DA/014/01/07.
⑫ ［A］. 澳门档案馆藏，档案号 MO/AM/DA/014/01/08.
⑬ ［A］. 澳门档案馆藏，档案号 MO/AM/DA/014/01/09.
⑭ ［A］. 澳门档案馆藏，档案号 MO/AM/DA/014/01/10.

1926—1931 年，英商公裕太阳保险公司在澳门承保火险的保险单被澳门档案馆保存下来的有 34 份①，均详细记载了该保险公司的地址、人事信息、投保人、被保险人、保险标的、保险费、保险金、保险期限和保险合同条款等内容。例如，第 16153271 号保险单，承保澳门华人龙嵩正街 8 号和 10 号两间房屋，保险费为 33.75 元，保险金达 4000 美元，承保期限为 1929 年 2 月 7 日至 1930 年 2 月 7 日；②第 16290183 号火险保险单，写明了保险标的是澳门沙栏仔街 29 号屋，保险费为 150.50 美元，保险金达 10 万美元，保险期限为 1930 年 3 月 26 日至 1931 年 3 月 26 日。当发生火险纠纷时，保险合同条款约定优先由仲裁员调解。③

德国柏林安联保险公司（Allianz Insurance Company of Berlin）在澳门设有总代理 Messrs. Siemssen & Co. 。曾经承保华人 Lee Sue Tsun 和 Lee Tse Mung 位于营地大街 96 号和 98 号屋两间，保险费分别为 42 元和 36 元，保险金分别为 2800 元和 2400 元，承保期均为一年（1914 年 1 月 1 日至 1915 年 1 月 14 日）。④

伦敦和兰开夏保险有限公司（London & Lancashire Insurance Company LTD. ）通过香港代理 Butterfield & Swire，拓展澳门保险市场。例如，当地影响力最大的华商澳门老三记卢廉若于 1927 年 2 月 7 日为其公司新市东街 19 号、21 号、23 号和 25 号四间屋子购买了该公司火险，保险费为 180 美元，保险金为 12000 美元。⑤ 卢廉若去世后，继续由其夫人卢陈氏续保。⑥

于仁洋面保险公司（Union Insurance Society of Canton Limited）通过香港代理，1927—1928 年，为新马路第 52 号、54 号、56 号、58 号、96A 号、98 号、100 号、104 号、106 号、108 号、110 号、112 号、139 和 141 号屋，卖草地街第 23 号屋，鹅眉街第 4 号屋，永乐街第 11 号、11A 号、13 号、15 号和 29 号屋共 17 所房屋提供火险，保险费共计 1585.25 美元，保险金达 120850 美元。⑦同时，为草地围 23 所房屋提供火险，保险费共计 264.87 元，保险金达 33612 美元。⑧ 1926—1930 年连续三年为澳门东望洋斜巷 1 号屋提供火险，收取保险费共计 653 美元，保险金每年均为 30000 美元。⑨同时，为医院横街 4 号屋，水坑尾街 49 号、51 号、53 号和 55 号屋共 5 间房屋提供火险，每年共收取保险费 470.25 美元，每年保险金达 48000 美元。⑩于仁洋面保险公司在较长时间内占据着澳门保险市场，直至 1958 年仍有泰兴公司为其物业中央酒店向该保险公司续保火险。⑪

英国利物浦 & 伦敦 & 环球保险有限公司（Liverpool and London and Globe Insurance Company Lim-

---

① ［A］. 澳门档案馆藏，档案号 MO/AM/DA/005/06/001、MO/AM/DA/005/06/034.
② ［A］. 澳门档案馆藏，档案号 MO/AM/DA/005/06/020.
③ ［A］. 澳门档案馆藏，档案号 MO/AM/DA/005/06/031.
④ ［A］. 澳门档案馆藏，档案号 MO/AM/DA/014/01/09、MO/AM/DA/014/01/10.
⑤ ［A］. 澳门档案馆藏，档案号 MO/AM/DA/005/06/002.
⑥ ［A］. 澳门档案馆藏，档案号 MO/AM/DA/005/06/025；MO/AM/DA/005/06/027.
⑦ ［A］. 澳门档案馆藏，档案号 MO/AM/DA/005/06/007.
⑧ ［A］. 澳门档案馆藏，档案号 MO/AM/DA/005/06/013.
⑨ ［A］. 澳门档案馆藏，档案号 MO/AM/DA/005/06/011、MO/AM/DA/005/06/016、MO/AM/DA/005/06/029.
⑩ ［A］. 澳门档案馆藏，档案号 MO/AM/DA/005/06/012；MO/AM/DA/005/06/012.
⑪ ［A］. 澳门档案馆藏，档案号 MO/AM/DA/008/03/04/035.

ited）通过香港代理 Dodwell & Company Limited，在澳门拓展保险业务。1929—1931 年，投保人 Repartição Superior Fazenda de Macau 为被保险人李子农购买了 5 份房屋火险，保险费分别为 192.15 美元[1]、85.50 美元[2]、33.75 美元[3]、1092.15 美元[4]和 85.50 美元[5]，共计 1489.05 美元。

第二次世界大战期间，澳门保险业因太平洋战争爆发而陷入短暂停顿。1945 年后开始有所恢复，20 世纪五六十年代渐有发展，见表 6-13。

表 6-13 1958—1959 年澳门保险公司及保险中介概况[6]

序号	公司名称	公司代理人和地址
1	上海联保水火险有限公司	地址十月初五街 136 号，电话 2323
2	中国保险公司	地址新马路 1 号 JK，电话 3548。代理处为大华行，位于福隆下街暗围 1 号，电话 3817
3	香港联泰保险公司	地址米糙街 10 号二楼，电话 3672。代理人有邓晴隆、洛士利洋行保险部、永胜洋行保险部；代理人还有李仕占，位于卖草地围 18 号三楼
4	年丰人寿保险	代理人为陈荣熙，地址海傍 7 号码头
5	新西兰保险公司	代理人为陈立民，位于新马路 1 号，电话 2556
6	联安保险公司	代理人为李松龄，位于快艇头街 35 号，电话 3880
7	旗昌保险有限公司	代理人为郭泰芝，地址利斯大厦 207 室
8	葡国得戈保险公司	南湾街 71 号
9	美亚南英商保险公司	总代理人为曹宝骥，地址三巴仔街 10 号，电话 3668
10	宏利保险公司	代理人为韦颂，电话 2252、2973
11	友邦保险公司	代理人为戴文浩，地址东方斜巷 10 号地下
12	永隆保险公司	代理人为胡志端，地址新马路 142 号
13	香港永安保险公司	代理人为陈培，地址海傍新街 175 号二楼
14	圣保罗保险公司	代理人为梁康，电话 3759、2251
15	啰士洋行保险部	代理人为刘明新，地址 7 号码头内

---

① ［A］. 澳门档案馆藏，档案号 MO/AM/DA/005/06/023.
② ［A］. 澳门档案馆藏，档案号 MO/AM/DA/005/06/022.
③ ［A］. 澳门档案馆藏，档案号 MO/AM/DA/005/06/030.
④ ［A］. 澳门档案馆藏，档案号 MO/AM/DA/005/06/034.
⑤ ［A］. 澳门档案馆藏，档案号 MO/AM/DA/005/06/033.
⑥ 澳门工商年鉴：1958—1959 ［M］. 澳门：澳门启明印务馆.

第三节　抗战胜利后保险业的格局与危机

1945 年 8 月 15 日，日本宣告无条件投降，艰苦卓绝的抗日战争取得了最终的胜利。随着沦陷区的收复，国民政府对日资保险企业进行了接管，对保险业进行了清理和整顿，华商保险业开始恢复，外商保险企业也开始陆续返回中国。与此同时，国民党政权控制下的国营保险事业则迅速膨胀，成为中国保险市场的操控者。但为时未久，随着国民党挑起全面内战，国内政治、经济形势每况愈下，通货膨胀愈演愈烈，保险业又陷入新一轮的危机。整体而言，从抗战胜利到 1949 年国民党政权败退大陆前，中国保险业始终没有摆脱动荡不安的处境。直到 1949 年中华人民共和国成立，中国保险史才由此揭开了新的一页。

一、保险业格局的演变

（一）接管、清理与整顿

抗日战争的胜利，成为中国保险业摆脱困顿局面的契机，但与此同时，也面临一系列问题。原先迫于战争而从东部各省市西迁到大后方的保险企业，如何回到昔日的上海以及沿海各省？当时，始终在沦陷区营业的保险企业又该如何处理？因此，战后中国保险业面临的首要问题即是清理与整顿。

1945 年 9 月 29 日，国民政府财政部公布《收复区商营金融机关清理办法》，共 12 条，规定"除东北九省及台湾省外，收复区内金融机关之清理，悉依本办法之规定"。该办法的核心思想是"收复区金融机关应一律停业，依照本办法规定清理"，限 3 个月完成。此前一日即 10 月 28 日，财政部已经公布了《收复区商营保险公司复员办法》，共八条。该办法对于在抗战时期迁到后方的保险公司以及战时在沦陷区营业的保险公司，规定了战后的复业与清理办法，内容如下：

第一条　收复区商营保险公司暨分支公司

收復區商營保險公司復員辦法

三十四年九月二十八日財政部公布同日施行

第一條　收復區商營保險公司暨分支公司之復業及推設，依本辦法辦理、

第二條　凡經工商部前實業部及經濟部登記、在收復區設立之保險公司，在抗戰時期繼續營業者、應俟依照收復區商營金融機構清理辦法補行註冊、其在收復區之分支公司，已呈准前工商部前實業部或經濟部登記者、由總公司負責依法清理後、在後方設立之保險公司、得依法申請財政部補行註冊

第三條　依照第三條規定申請之保險公司、應於本辦法公布後一個月內、將在收復區之分支公司編製一覽表、註明核准登記之日期、開業日期及負責人姓名、報請財政部備案、

第四條　凡經財政部核准註冊、准予在原設立分支公司、在抗戰時期、停止營業、或移撤後方者、得呈准財政部在原設地方復業、

第五條　凡經財政部核准註冊之保險公司、呈請在收復區已設立之分支公司、得修訂章程、檢具修正意章及股東會議決議案、呈請財政部核准、將總公司遷地營業、

第六條　凡經財政部核准註冊之保險公司、得備具下列各件呈請財政部核准在收復區增設分支公司、

一 三十四年上半年度資產負債表、

二 營業計劃書、

三 分支公司設立費用之預算、

四 主持人姓名履歷書、

第八條　本辦法自公布日施行、

1945 年 9 月 28 日，国民政府财政部颁布的《收复区商营保险公司复员办法》

419

之复业及准设，依本办法办理。

第二条　凡经前工商部、前实业部及经济部登记在收复区设立之保险公司，在抗战时期继续营业者，应俟依照收复区商业金融机关清理办法清理后，得依法申请财政部补行注册。

第三条　凡呈经财政部核准补行注册，在后方设立之保险公司，在收复区之分支公司及其呈准前工商部、前实业部或经济部登记者，由总公司负责依法清理后，得呈请财政部核准在原设地方复业。

第四条　依照第三条规定申请之保险公司，应于本办法公布后，一个月内将在收复区之公司编制一览表，注明核准登记之机关、核准日期、开业日期及负责人姓名，报请财政部备案。

第五条　凡经财政部核准注册之保险公司呈准在收复区已设立之分支公司，在抗战时期停止营业或移撤后方者，得呈准财政部在原设地方复业。

第六条　凡经财政部核准注册之保险公司，得修订章程，检具修正章程及股东会议决议案，呈请财政部核准，将总公司迁地营业。

第七条　凡经财政部核准注册之保险公司，得具备下列各件，呈请财政部核准，在收复区增设分支公司：

一、三十四年上半年度资产负债表。

二、业务计划书。

三、分支公司设立资产之预算。

四、主持人姓名、履历书。

第八条　本办法自公布之日施行。[①]

一言以蔽之，即先停业清理，再申请复业。

1945 年 10 月 29 日，财政部驻京沪区财政金融特派员办公处发布公告，称凡向敌伪组织登记设立的保险公司，一律停业清理。以上海而言，奉令清理的保险公司共计 57 家，基本上是太平洋战争爆发后才设立的。这 57 家保险公司名称简称如下：

一大、上海、大同、上海商业、大上海、大中、大中国、大公、大成、大陆、大新、久安、天平、中一、（伪）中央、中孚、中南、中原、中国工业、中国公平、中国正平、中国安全、中国利民、中国联业、中贸、公安、五洲、永丰、企华、同安、安中、安宁、安达、安业、和安、金安、金华、长安、南丰、建安、保安、振泰、泰安、通惠、国华、富华、宁兴、华一、华孚、华隆、华丰、万安、裕华、兴业、联华、丰业、玖如人寿。

遵照财政部规定，凡执有前工商部、前实业部颁发的执照或向经济部登记的保险公司，在清理期间须依法申请补行注册，可以继续营业的共有 28 家。这 28 家公司名称简称如下：

永安水火、泰山、安平、宁绍水火、华安水火、肇泰、兴华、先施保险置业、华成、民族联合、中国天一、中国海上意外、大华、丰盛、上海联保水火、中国航运、大业、大南、大东、宝隆、大

---

① 收复区商营保险公司复员办法 [J]. 银行周报，1945，29（41－44 合期）.

丰、长城、大达、光华、中华、中国平安、大安、华泰。

其中，长城成立于 1940 年，中国航运、大业、大南、大东、宝隆、大丰、光华、中华、大安共 9 家成立于 1941 年，大达、中国平安、华泰 3 家成立于 1942 年，其余均为抗战前设立的老牌保险公司。

另外，抗战胜利前在后方及收复区内均有机构之公司，经营产物保险者有 7 家：

太平产物、宝丰产物、中国产物、新丰产物、永宁产物、四名产物、兴华产物。

抗战胜利前由财政部核准设立于后方的保险公司，经营产物保险者有 24 家：

中国农业产物、中兴产物、太平洋、民生产物、民安产物、永大产物、永兴产物、合众产物、长华产物、恒昌产物、亚兴产物、裕国产物、华孚产物、宁波产物、全安产物、永中产物、大上海产物、中华产物、新中国商业产物、亚洲产物、怡太产物、中国工业联合产物、云信、华联。

上述的 31 家自然不受影响，加上继续营业的 28 家，其时全国经营产物保险的公司共有 59 家。如果包括寿险公司，国营之中央信托局产物保险处、中国人事保险公司等，及若干未统计在内之公司，全国所有的各种保险公司，有 70 家之多。[1][2]

在天津保险市场，除日商保险公司全部结束外，奉令清理停业的保险公司有久丰、中孚、利民、新生、金华、南丰、大中国、中国贸易、中国工业、大中、大东、华业、大公、福华等 14 家。同时，从内地来设立分公司者，有中信局、太平洋、中兴、民安、民生、中农、世界、太安丰、保平、中华、永大、裕国、永中、华泰、华商中华、亚洲等 10 余家。新成立的有渤海、义利、中华、保商 4 家。其时，天津保险同业公会会员公司有 41 家，包括华商 37 家，美商 2 家，法商 1 家，瑞士 1 家，未加入公会者还有北美洲、南英、保安 3 家。[3]

再以北平为例。根据 1946 年 4 月公布的调查报告，北平市奉令停业清理的保险公司计有中贸、中孚、大公、利民、富华、久丰、大中国、金华、中国工业、新牲、大中、国华共 12 家，其中仅中贸、中孚两家在北平有专人负责清理，其余各家皆自动撤至天津各该公司管理处合并清理。另外，根据规定暂准继续营业的保险公司则有 16 家，分别是上海联保、太平、大达、永宁、平安、

1946 年 5 月，广东省政府就恢复保险业的管理发布布告

---

① 倪纯庄. 胜利前后之上海保险业 [J]. 银行周报，1946，30（7）.
② 倪纯庄. 胜利前后之上海保险业 [J]. 银行周报，1946，30（8）.
③ 周裕尧. 天津市保险业概观 [J]. 天津经济统计月报，1947，19.

宝隆、安平、大安、大南、天一、长城、丰盛、先施、泰山、中国以及东方人寿。[1][2]

（二）保险业的短暂发展

抗战爆发之前，以英美为主的外商保险业是中国保险市场的控制者。日本全面侵华战争爆发后，随着日军占领区的扩大，刺刀庇护下的日资保险业在中国攻城略地，自东北至华北华东沿海各省，保险市场逐步落入日资的控制之下。太平洋战争爆发后，上海及各地的英美等国保险业则被日军视为敌国产业，要么被迫撤离，要么被接管，东部沿海的保险市场成为日资独占的天下。抗战胜利后，日资保险业被中国政府接管，德、意两国的保险业也因为战败国的关系而退出中国市场，原先占据主导地位的英美等国保险业还来不及全面返回中国市场。一时间，中国保险市场成了国人主导的市场，民族保险人一直梦寐以求的局面因为时势的变化就这样一下子实现了。

在这一情形下，保险企业的数量再次出现快速增长。以上海为例。战时上海保险业曾有过极为迅猛的畸形发展，特别是太平洋战争前后的两年。战后随着清理整顿，大部分伪政府时期成立的保险公司被勒令停业，而原先撤到大后方的保险公司则纷纷复业。同时，因为战后形势的变化，新设保险公司又如雨后春笋般兴盛起来。1947 年 5 月，上海市保险公会会员共有 147 家，分别为：上海海上物产保险公司、上海联保水火保险公司、大安保险公司、大东保险公司、大产产物保险公司、大南保险公司、大信产物保险公司、大通产物保险公司、大华保险公司、大达保险公司、大丰保险公司、久安产物保险公司、中央信托局人寿保险处，中央信托局产物保险处、中东产物保险公司、中南产物保险公司、中国人事保险公司、中国人寿保险公司、中国再保险公司、中国工商联合产物保险公司、中国工业联合产物保险公司、中国天一保险公司、中国平安保险公司、中国企业产物保险公司、中共保平产物保险公司、中国海上意外保险公司、中国航运保险公司、中国第一信用保险公司、中国产物保险公司、中国农业保险公司、中国兴业产物保险公司、中华产物保险公司、中兴产物保险公司、太平人寿保险公司、太平洋水火保险公司、太平产物保险公司、太安丰产物保险公司、天利产物保险公司、天祥人寿保险公司、天新产物保险公司、友宁产物保险公司、四明产物保险公司、四海保险公司、永大产物保险公司、永中产物保险公司、永平产物保险公司、永平安产物保险公司、永安人寿保险公司、永安水火保险公司、永泰产物保险公司、永宁产物保险公司、永兴产物保险公司、北美产物保险公司、民生产物保险公司、民安产物保险公司、民丰产物保险公司、世界产物保险公司、全安产物保险公司、合安产物保险公司、合众产物保险公司、先施人寿保险公司、先施保险置业公司、光华保险公司、兆丰产物保险公司、同信产物保险公司、65 交通保险公司、好华产物保险公司、江南产物保险公司、安平保险公司、安泰产物保险公司、安宁产物保险公司、安众产物保险公司、利华产物保险公司、亚洲产物保险公司、长城保险公司、长华产物保险公司、怡太产物保险公司、东南产物保险公司、保安产区保险公司、美亚保险公司、美联保险公司、南华产物保险公司、南隆产物保险公司、信孚产物保险公司、信义产物保险公司、恒安产物保险公司、

① 北方经济旬刊调查组. 北平市暂准继续营业保险公司调查表 [J]. 北方经济，1946，1（9）.
② 北方经济旬刊调查组. 北平市停业清理保险公司调查表 [J]. 北方经济，1946，1（9）.

恒昌产物保险公司、恒隆产物保险公司、预丰产物保险公司、建国产物保险公司、建兴产物保险公司、茂德产物保险公司、金陵产物保险公司、泰山保险公司、泰山人寿保险公司、泰安产物保险公司、泰东产物保险公司、浙江产物保险公司、海龙产物保险公司、国泰产物保险公司、国际产物保险公司、国丰产物保险公司、常安产物保险公司、盛安产物保险公司、商务意外损害保险公司、惠中产物保险公司、裕民产物保险公司、裕国产物保险公司、华安水火保险公司、华安合群保寿公司、华成保险公司、华孚产物保险公司、华茂产物保险公司、华泰保险公司、华通产物保险公司、华商中华保险公司、华商联合保险公司、华业保险公司、云信产物保险公司、宁波产物保险公司、宁绍人寿保险公司、121 宁绍水火保险公司、宁远产物保险公司、富滇产物保险公司、资源委员会保险事务所、新中国商业产物保险公司、新亨产物保险公司、新宁兴产物保险公司、新丰产物保险公司、群安产物保险公司、瑞士商业保险公司、福安产物保险公司、福美产物保险公司、福华人寿保险公司、万国产物保险公司 135、荣丰产物保险公司、远东产物保险公司、肇泰保险公司、维安产物保险公司、暨南产物保险公司、兴华产物保险公司、历阳产物保险公司、鸿福产物保险公司、联安产物保险公司、风盛保险公司、宝隆保险公司、宝丰产物保险公司。①

到 1948 年初，市面上的民族保险公司竟然有 192 家之多。其中，总公司或分公司设在上海者为 158 家，其余较小的 34 家总公司则分设在南京、天津、广州、重庆、汉口、昆明以及兰州等各大城市。② 若就保险企业数量而言，此时的中国保险业已达到一个极为发展的阶段。

在保险公司数量增长的同时，保险业界也在不断尝试扩大经营。1946 年，保险同业公会为便利业务发展，计划于各处普设分支机构。为了应对通货膨胀，保证保险企业经营资金，除函请现有各保险公司自行增资至战时保险业管理办法规定的资本额 10 倍以上外，还呈请社会局，要求新设保险公司，资本额至少为 5000 万元，实收不少于 2500 万元。③ 保险业界也积极展开活动，以推进保险业的发展。1946 年，保险界专家项馨吾奉派到欧美各国考察保险业。1947 年 5 月，其返国后表示："英美各国自第二次世界大战结束后，对保险业务，较战前更有进展，一切行政，亦较我国保险业合理化，我国同业大有急起改进之必要。切盼我全国保险业，均能团结一致，共图发展，则今后我国保险业务，实不难与欧美并驾齐驱，且可向国外谋发展。"④ 1947 年 12 月，保险界著名人士董汉槎随同中国工矿建设协进会赴台湾考察，报纸介绍说，"董氏为国内保险业之权威，毕业致力于中国保险业之推展，当洋商保险业之跋扈时代，董氏高瞻远瞩，领导华商自办之保险公司，以与抗衡，奠定中国保险业今日之基础，先后出任各大保险公司总经理、董事长，现任大东、大南及中国航运三保险公司总理，及中国平安、天一、永大、大沪等保险公司常务董事，忆中银公司总经理"。并称"董氏精明强干，目光远大，为不可多得之企业家，此行必当有良好之收获焉"。⑤

① 罗北辰. 民元来我国之保险业：附上海市保险公会会员及会员代表名单 [J]. 银行周报，1947，31（23）.
② 上海华商保险业概况 [J]. 现代经济通讯·星期增刊，1948，38.
③ 保险业公会将普设分支机构 [N]. 民国日报，1946－08－17.
④ 项馨吾考察返国，盼保业共谋发展 [N]. 金融日报，1947－05－17.
⑤ 本市保险巨子董汉槎赴台考察 [N]. 真报，1947－12－04.

抗战胜利后，中国保险业在恢复、发展的过程中，一个新的趋向是集团化经营。集团化经营既是保险业规模成长的需要，更是战后保险业面对通货膨胀的情形下作出的不得已选择。由于经济形势的不断恶化，通货膨胀难以遏制，原本资金有限的保险公司都感受到生存危机。

面对这种恶劣的处境，保险业的应对方式之一是进行集团化经营。1946 年底，报纸消息称，因为将届年关，"市场上大部分商业皆呈紧迫状态，独保险业稳健如常。因该业采用'集团制'，一个集团包括十余家公司，有福同享，有祸同当，致遭遇风险时，足有力量以应付也。我国现有之保险业，共分五集团，即大上海集团、太平集团、华商集团、中国集团及外商集团"。[①] 实际上，保险公司之所以选择"集团化"经营，首先是自身资力有限。1947 年 3 月，全国保险业联合会理事长罗北辰表示："据最近统计，全国每月保险费之收入，在一百亿元以上，惟因各公司开支浩大，致收支尚不能平衡。现保险业正发动一'保险总集团'运动，俾联合全国同业互助团结，使利权不致外溢，外商美亚保险公司等九家已参加本市同业公会组织，其余尚在向财部办注册手续中。"[②] 此后不久，罗北辰等人又提出，拟联合各保险公司组织人生保险总集团，"原则业已通过，现正积极开始筹备，草拟章则，并择定爱多亚路一六〇号四楼为办公地址"。[③] 此类消息，都透露出保险业经营上的"集团化"趋向。

事实上，由于不少保险公司资金规模有限，其应对风险能力十分薄弱。当年上海一度火灾频仍，保险公司生意甚至因此而发达，"四月来本市火灾竟达三百八十五次之多，平均每天几达三次，市民经惨痛之教训后，业已正视消防，观之连日本市各保险公司中申请保火险者之拥挤情形，可以证明"。[④] 但频繁的火灾也给资本有限的保险公司带来了很大的赔付压力。为了减轻这种压力，也有必要联合起来。"上海保险公司在胜利初只有七家，现在却有一百余家，因为抢生意，大家拉拢捐客。而最近火灾不断发生，苦头吃得不胜其冤。因此有几爿保险公司预备自弄消防队，省得赔不起，而有一部分保险公司则为了减轻一些负担，组织一个个小集团了。"[⑤]

在抱团经营的过程中，各保险公司相互结合，逐渐结成了 5 个比较大的业务集团。到 1948 年，5 个集团中有 2 个为火险集团，3 个为水火险集团，一共涵盖了 90 家公司之多。详情如下：

一是中国保险公司集团（水火险）。有关系的公司共 26 家，包括中国产物（负责人过福云。以下省略负责人三字）、永兴水火（翟温桥）、新中国商业产物、民族联合（张治甫）、中华产物（吴奇天）、联安产物（杨俊三）、南华产物（潘墀）、大信产物（茅子嘉）、普安、新宁兴产物（宣松溥）、天新产物（朱叔仪）、怡泰产物（李志一）、建中、肇泰（黄国清）、永平产物（钱尚甡）、远东产物（刘应吕）、永中产物（周惠卿）、亚洲产物（夏绍言）、中南产物（张廉君）、中国企业产物（葛宇赓）、安全、保宁、长华产物（杜子杰）、茂德产物（杨志雄）、振兴产物、中国工商联合产物（闵斌甫）。

---

① 保险业五六集团［N］. 民国日报，1946 – 12 – 30.
② 保险业倡导"保险总集团"［N］. 大公报（上海），1947 – 03 – 05.
③ 本市保险业筹组人生保险总集团［N］. 金融日报，1947 – 03 – 26.
④ 莫非. 保险业鼎盛［N］. 诚报，1947 – 03 – 14.
⑤ 保险业组织小集团［N］. 导报，1947 – 04 – 17.

二是久联保险公司集团（火险）。有关系的公司共 11 家，包括兴华产物（杨培之）、光华（刘玉麒）、保丰、长城（吴醴祥）、恒昌产物（姚耀祖）、泰山（任硕宝）、华通产物（郭佶）、新丰产物（张明昕）、大华（陈紫垣）、久安产物（金志仁）、华业（金性初）。

三是华商联合保险公司集团（火险）。有关系的公司共 13 家，包括中国保平产物（叶国良）、联保产物、永安水火（容受之）、永宁产物（王侃如）、先施保险置业（梁国华）、国际产物（朱仪鸿）、华成（姚铭如）、宁绍水火（罗振英）、南隆产物（程顺元）、大达（丁葆元）、大丰（徐仲良）、大安（郭雨东）、全安产物（毛啸吟）。

四是太平保险公司集团（水火险）。有关系的公司共 22 家，包括太平产物（金瑞麒）、中国天一（谢志方）、丰盛（陶听轩）、裕民产物（郑国忠）、宝隆（汤惠龙）、云信产物（黄世杰）、浙江产物（薛轶群）、安平（屠伯钧）、华安水火（傅其霖）、合安、富滇产物（蒋志霄）、民丰产物（王仁元）、同泰、国泰产物（朱善丰）、华茂产物（曹骏白）、四明产物（王信丰）、常安产物（丁趾祥）、福安产物（蔡燮昌）、大隆、太安丰产物（金瑞麒）、中国海上意外（罗亮生）、天丰。

五是大沪保险公司集团（水火险）。有关系的公司共 18 家，包括永平产物（钱尚牲）、永大产物（张昌祈）、大沪、永平安产物（汪尧昌）、中国统一、平安、中国航运（吴成美）、大东（王显猷）、大南（汪尧昌）、群安、利华产物（王丰年）、裕商、宁安、好华产物（施家傅）、惠中产物（俞鼎镜）、永泰产物、裕民产物（郑国忠）、东南产物（魏光荣）。[①]

（三）全国保险业联合会的成立

随着战后国内保险业的变化，保险业界另一项重要活动，是成立全国性的保险业同业公会联合会，即中国保险商业同业公会联合会，一般又被称为全国保险业联合会。1946 年，上海、重庆、昆明三处保险业同业公会发起组织全国保险商业同业公会联合会，得到了各地保险业界的一致赞同。当年 7 月 14 日，中国保险商业同业公会联合会在上海召开了成立大会。大会在爱多亚路上海保险业公会举行，与会者包括来自上海、重庆、昆明、南京、天津、北平、青岛、杭州、汉口、苏州、永嘉等各地业界代表 30 余人。国民政府经济部次长潘序伦、中委潘公展、社会部组训司长陆京士以及财政部、银行公会代表等也参加了成立会。成立会会期两天，通过了成立大会宣言，呈请政府要求：速开经济会议，挽救经济危机；推代表 3 人参加国民大会，为社会贤达代表；参加全国商会联合会；请修正保险单贴花办法；完成保险自主市场，再保险应先分与国内同业；保险营业所得税，请由总公司缴纳；请废除战时保险业管理办法；厘定全国性保险费率规章及条款。此外还进行了理事选举，当选理事 29 人，监事 10 人，当场宣誓就职后，又召开了理监事会议。互推罗北辰、毛啸岑、陈已生、董汉槎、丁雪农、过福云、张仲贤等 9 人为常务理事，罗北辰为理事长。[②]

1947 年 4 月 15 日，在上海举行第一届第二次全体理监事会议后，罗北辰表示："我们发动全国性之组织，是有着不少理想与抱负的联合会组织。在此时此地是有其组织之重要性。（1）联合会是

---

① 上海华商保险业概况［J］. 经济特讯，1948，205.
② 全国保险业联合会隆重举行成立大会［N］. 中华时报，1946 - 07 - 15.

融合各地代表于一处，可以公开而热烈地来讨论问题，可以打破不必有的隔膜，有苦痛可以互相陈述，有艰难，可以大家来设法克服。（2）联合会中各个分子，可互通声气，共同淬职，启发推广保险业务，对外可求得一致，对政府提出建议，可以有一个全国性的机构来代理，使社会重视保险业……有了联合会的组织，可以使各地的地方问题，汇合成一个全国性的问题，这样在解决时，可以得到不少的便利。同时政府要推行一个政策，联合会是很有帮助的功能。（3）保险业不应密集于几个重要城市，应拓展到全国各地，所以保险人才，也必须走向各地去，联合会的组织是含有朝这条路走的意义在内。"① 换言之，成立全国保险业同业公会联合会，目的就是联合起来共同应对困难和问题，争取自身利益，推动保险业的发展。

在第一届第二次理监事会议上，联合会议决了多个事项：进行保险法令法规的研究，以备政府修正时参考；保险费率不拟全国统一，不做硬性规定，但在该地区必须统一；拟定共同规约，不互相倾轧，平等待遇；组织保险总集团，集中分保；等等。②

（四）国营保险公司的垄断

战后的中国保险业，对商办公司而言，表面上数量众多，欣欣向荣，但政治局势的动荡不安，通货膨胀的恶性发展，加上市场投机因素以及激烈的竞争，使得保险业市场并不稳定，不少公司实际经营状况并不如意，保险业始终处于危机之中。但与私营公司相比，国营保险公司则因为对各种经济资源与经济活动的控制和垄断，业务量则不断增长，形成了一股独大的局面。这些国营保险公司包括资源委员会保险事务所、中国纺织建设公司保险事务所、中央信托局产物保险处、中国银行投资的中国保险公司、交通银行投资的太平洋保险公司以及中国农民银行投资的中国农业保险公司。它们除承保有关机关或有关资本集团的大量物资财产外，还接受各商办保险公司的分保业务，其承保额及收益自然远远超过商办保险公司之上。

与民营保险业相比，国营保险公司有政治资源的支持。以中央信托局产物保险处为例，抗战胜利后，鉴于中国保险业财力薄弱，诸如盐运等业务不得不向外商保险公司分保，导致每年外汇资金流出甚巨。财政部拨款 10 亿元，由中央信托局洽商中国、中农、太平洋保险公司合作组织盐运再保险管理处。1946 年，财政部又以维护保险业利益，解除中央信托局经济困难为由，"特增拨四十亿元，连前共计五十亿元，交由中央信托局办理再保险业务"。③ 1947 年上半年，中央信托局产物保险处的火险、水险、船舶险及其他各险承保总金额，包括各种外币保险在内，共为法币 31979 亿余元，共收保费法币 118 亿余元。下半年各项指标更是大为增加。除外币承保额外，法币承保金额下半年为 199145 亿元，保费收入为 623 亿元，较上半年增加约 5 倍，如将外币部分合并计算，所增加的倍数自然更大。尽管其中有通货膨胀的因素，但比较民营保险公司的营业数据，仍有云泥之别。表 6－14 是中央信托局 1947 年 7 月至 12 月的各险承保额及保费收入细目表，其规模之庞大可见一斑。

① 全国保险业联合会任务极为重大 [N]. 金融日报, 1947－04－19.
② 全国保险业拟定共同规约 [N]. 金融日报, 1947－04－16.
③ 财政部拨交中信局四十亿元办理再保险业务 [N]. 新闻报, 1946－07－17.

表6-14　中央信托局产物保险处1947年7—12月各项保费收入

币别	承保金额	保费收入
国币	19914576272029.81	62348140774.32
东北券	23901812740.44	62645538.98
台币	729636133.32	2316494.67
港元	55683390.18	178163.82
英镑	2215532.00	93922.49
美元	1499076.00	21868.65
菲币	76000.00	12730.43
卢布	18040.00	166.32
加拿大元	—	1365.52

资料来源：上海华商保险业概况 [J]. 现代经济通讯·星期增刊，1948，38.

表6-14以国币计算的保费收入中，火险占50.25%，水险占42.9%，船舶险占3.16%，其他包括汽车险、家畜险、银钞险等在内的各险占3.69%。另外，表中尚未列入再保费收入。如果加上1947年该处再保费收入433亿余元，全年中央信托局产物保险处总保费收入为1174亿余元。以米价计算，这些保费值上等米13多万担。

中央信托局的保险业务在抗战胜利后快速扩展，在各地均成绩不菲。比如，1945年11月其天津分局设立后，主要经营物价指数个人指数个人保险、产物保险、运输保险三项。物价指数个人保险是以"生活费指数单位"为保险单位，被保人之保额，随着生活费指数的涨落自动增减，不受物价波动影响。1946年，在津承保人数3129人，保费15948568元。产物保险以公产、公营事业及一般工厂为对象，1946年承保总额为2517亿元，保费收入3.843亿元。运输保险承保405亿元，保费2000万元。[①]

资源委员会保险事务所1946年回迁南京太平路，先后分设上海分所、华北分所、台北分所和重庆办事处。同年4月，资源委员会改革保险事务所组织架构，修正《保险事务所章程》，制定《资源委员会保险事务所组织规程》；扩大保险事务所资金，由成立之初的200万元增至5000万元；扩大业务范围，增加员工人事保险；调整组织机构，增设理事会，设理事长1人、理事5至7人，均由资源委员会选派，理事会负责本所预决算、工作计划、业务方针和工作报告的审核，核定本所保险费率、资金运用和重要章则契约等事项；除总务、会计二组之外增设产险、寿险二组。[②] 1947年6月，再次修正《资源委员会保险事务所组织规程》，扩大保险事务所资金，增至5亿元。

1946年4月，中国农业保险公司迁沪；6月，公司改组，粮食部、农林部等部参与投资，资本增为3000万元，董事长为陈果夫，总经理先后为顾蛰群、李叔明。公司改组后，积极争取与中国、中央、交通三行所设公司的平等待遇，调整限额，较前加大十倍，并将公积金逐渐加大，资力增厚，

---

① 周裕尧. 天津市保险业概观 [J]. 天津经济统计月报，1947，19.
② 资源委员会保险事务所组织规程 [J]. 资源委员会公报，1946，10（5）.

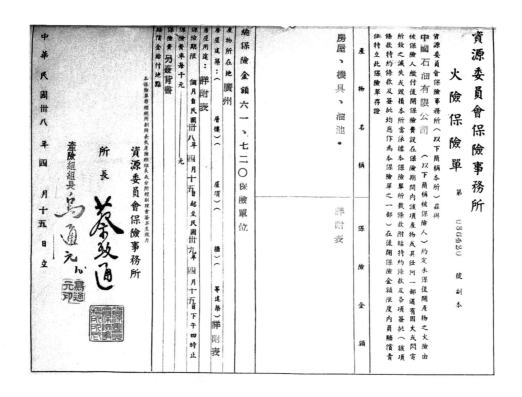

1949 年 5 月 12 日，资源委员会保险事务所签发的火险保险单

改订各行处代理本公司业务办法、限额、费率、契约条款等，颁发全国各级行处。自全面推动以来，不但普通业务大量扩展，而且四公司联合办理的盐运保险亦广续递增，继而主办春秋茧贷款的"茧钞联合特种保险"，承保总额达 200 亿元。其他如中纺公司的全部水火险、国营招商局统一运输险等，均由四公司洽定部分、平均分摊，连同各行处新增业务，总计 1946 年前 9 个月保费收入已 5 倍于 1945 年。

表 6-15　中国农业保险公司 1944—1946 年保费收入统计表

单位：元

时间	火险	水险	特种险	合计
1944 年 1 月至 12 月	7339931.63	16241756.26	6109242.21	29690830.10
1945 年 1 月至 12 月	49301969.03	235884165.75	3325338.12	288511472.90
1946 年 1 月至 6 月	127343369.31	127834287.63	75951377.46	331129034.40
1946 年 7 月	45297041.95	88221014	50607070.80	184125126.75
1946 年 8 月	82854552.81	52772022.72	47571000	183197575.53
1946 年 9 月	44332945.09	100912527.34	137779500	283024972.43
合计	356469809.82	621865773.70	321343528.59	1299679012.11

资料来源：中国农业保险股份有限公司业务辑要［A］. 重庆市档案馆藏，档号：02890001013000000196000.

国营保险业的增长，也表现在新的保险巨头的出现上。1948 年 6 月 10 日，轮船招商局总经理徐学禹联合航业界各巨头以及四行保险公司（即中央信托局保险处、中国保险公司、太平洋保险公司以及中国农业保险公司），投资设立了中国航联意外责任保险公司和中国航联产物保险公司，准备承揽日本运华赔偿物资的保险业务，资本总额各为 250 亿元，可以说是资本实力最为雄厚的保险企业。因此被民间认为保险业中的辛迪加，许多资本不足 2 亿元的小公司只能望尘莫及。中国航联意外责任保险公司和中国航联产物保险公司各有董事 21 名，多为航运、实业及金融界的著名人士，其中像杜月笙、钱永铭、宋汉章、徐学禹等人则同为该两公司的董事。[①] 意外责任保险公司的营业范围为旅客及员工责任保险、一般意外保险及其附属业务。产物保险公司的营业范围为水险、火险、船舶险、运输险、邮包险以及损失保险与附属业务。

国营保险公司的扩张，实际上直接排挤了民营保险商。重庆市保险业曾召开会员大会，提出诸如要求政府不要随意增税、废除限制私营公司申请外汇法规等议案，并指出："自抗战胜利后，保险业务，虽较前开展，但大部分保险业，仍归几家与国家银行、财政部直接发生关系的保险公司所垄断（如中农、中国、太平洋、欧亚等事），像押汇、盐载保险，私营公司因限于法令，均无法染指，他们通过政府特殊关系，勾结官僚资本，尽量排斥私营公司……申请外汇，私营公司也无力过问，都是具体的例子。又收复区国家之财产，政府仅允与政府有关之保险公司承包保险，私营公司不能保险，更不合理云。"[②] 1946 年 12 月，《民国日报》曾以《官僚资本怎样打击民用保险业》为题，刊文揭露中央信托局在盐运再保险业务中对民营保险业的挤压。[③] 在国营保险业的压制下，民营保险业每况愈下，处境艰难。

二、 保险业的危机与困境

（一）通货膨胀下的保险业

抗日战争胜利后，尽管民营保险公司数量一度迅速增加，国营保险企业则实施规模扩张，但这种表面上的恢复和发展，并不能掩盖保险业的根本性危机，1946 年 6 月国民党政权发动全面内战后，随着国内政治经济形势的变化，中国保险业一步一步走向无法自拔的生存困境。

首要的困境无疑与货币相关。自抗战胜利至 1949 年新中国成立之间短短 4 年，国内经历了法币的恶性通货膨胀与金圆券改革以及所带来的更为剧烈的通货膨胀。一次货币改革，前后两次恶性通货膨胀，不仅使各保险公司的资本力变得微不足道，也直接导致各公司的承保能力急遽下降，甚至最后使包括保险业在内的整个社会经济崩溃。覆巢之下，岂有完卵。

对于恶性通货膨胀所带来的后果以及保险业界的混乱状态，多数业界人士充满了忧虑。尽管抗战胜利后保险业界一度对业界前景有良好的期待，有踌躇满志之感，但在事实上，保险业的经营状

---

① 中国联航保险公司前日创立 [J]. 征信所报, 1948, 679.
② 官僚资本无孔不入，保险业亦被垄断 [J]. 经济通讯, 1946, 15.
③ 官僚资本怎样打击民营保险业 [N]. 民国日报, 1946 - 12 - 09.

况其实并不理想。1947 年初，上海有消息称："顷据本市保险业权威方面统计，截止上年十二月份止，共有大小同业一百三十四家，若平均每家开支，按月以八千万计算，总计为一百零七亿二千万元。但全市每月保费收入，闻总额尚不到一百亿元，以致整个保险业务，收支多不能平衡。"[①] 1947 年初，据全国保险商业公会联合会理事长罗北辰估计，保险费估计月收入应已达到 100 亿元。[②] 但与全国形势一样，战后上海社会经济发展面临的最大问题，就是法币的滥发与严重的通货膨胀。尽管民营保险公司的数量在短短两年左右的时间扩展到了战前的近 4 倍，但实力却衰弱了。1947 年 3 月 1 日，财政部钱币司保险事业主管科长傅奎良在南京资源委员会保险事业所同仁训练班开业仪式上说："到目前为止，呈准政府发给执照的有一九二家，分支机构两百余处，资本总额仅两百余亿，平均每家公司之资本不到二亿。若与外商公司相较，实不可同日而语。即一家外商公司应缴保证金折合国币计算，即可收买大多数民族公司。现在外商公司声请注册的有八十二家，已经批准的计二十二家……在上述一九二家公司中（华商），只有九家是寿险公司（其余都是产物险），资本总额只有十二亿……关于资本额问题，目前已经引起严重注意，有人主张亟应增加，但因为物价跳动太快，无法赶上。而且，假如现在决定最低资本额为十亿，也许大多数公司都要遭到非常的难关。"[③] 个中原因，当然得归咎于如脱缰野马般的通货膨胀。实际上，当月 24 日，财政部训令上海、南京、重庆、昆明、天津、青岛各市保险业同业公会，将保险业最低资本额提高到 1 亿元。

查依照战时保险业管理办法第六条之规定："保险业之资本总额不得少于国币五百万元。"该项办法颁行已久，年来物价继续增高，各种保险之投保金额，随之剧增，动辄数亿至数百亿之巨。各保险公司因资本总额过小，资力薄弱，其承保数额未能随物价比例增加，常不及投保金额之什一，核与设立原旨有违。为使各公司增厚资力，扩大承保额，予社会以充分保障起见，兹将保险业最低资本额提高为至少一亿元。已开业之公司，其资本不足此数者，应于文到六个月内增资足额，逾期应即合并或撤销。[④]

虽然投资额有了大幅度提高，但与通货膨胀相比，仍远远不敷现实需要。1948 年初，华商联合保险公司总经理邓东明指出："目前各保险公司，在火险业务上竞争得十分剧烈，其原因为公司太多……但何以一遇到保额在二千亿元左右之火险业务办理分保起来，就觉十分为难，尤其是建筑较次、危险性较重之业务，无法立刻分妥。按二千亿元币值，以最简单方式，用米计算，不过五六万担。此五六万担米依战前价格估计，约合法币五六十万元。曾记得战前各公司，对于优良建筑，每一险额之自由额约在万元左右。照此项办法计算，则该二千亿元左右之数额，只需五六十家同业原可分担。现在同业一百八十余家（外商除外），何以在分保上面会发生困难呢？这就说明，现在同业家数虽多，而各公司之承保力量，已远不如战前。假使依照战前保险公司之资力，由五六十家中国同业来分担此二千亿左右之保额，则每家公司当能分担卅余亿之保额。但照目前同业的资力，决无

① 保险业收支不平衡 [N]. 金融日报, 1947 - 03 - 05.
② 保险业保费收入每月可有一百亿 [N]. 申报, 1947 - 03 - 05.
③ [J]. 保险知识, 1948, 1 (10).
④ 财政部训令保险业最低资本额提高为至少一亿元 [J]. 金融周报, 1947, 16 (24).

力量可以承保三十余亿之保额，是可断言。如此情形之下，于是各公司对每一笔业务都拼命分保。又因本国同业资力不足，所接分保受保数有限，遇到较大保额即不得不转求于在中国营业之外国公司……此项不必要之漏卮，似乎须加以补救。又因尚多办理分保手续，各公司所费人力物力财力皆比昔时加多，足以增加公司之开支负担。在我国同业中，除极少数天赋独厚者外，大部分收入与支出不易平衡。照此推论，各公司似有不可终日之势，然而事实上各老公司都仍在，而且时常还有新公司成立，是何缘故呢？这是因为各公司向国内外同业间所订合约分保，可按保费扣提百分之四十六未到期保费准备金，利用此准备金投放生息，甚至更作其他不合法的运用，以增加收益而弥补开支。因为此项准备金之规定利息极低，普通月息最多为七八厘之谱，扣存之公司至少可获月息二十分左右。加之币值逐渐低落，又可获得分外利益。目前大部分公司之所以仍能存在，其最大原因就在于此。由于扣存准备金利益之大，所以一般公司均不择手段以竞争业务。"①

这段话所揭示的保险业资力不足，无力接受分保业务，都要拼命竞揽业务，其结果只有分给外商公司，借扣提部分保险费准备金，以为投机之资本，这些情形，也可以说是中国保险业买办性与投机性的典型表现。

保险业的危机，也与外商保险公司的挤压有关。抗战结束后，外商保险公司重返中国。到1946年，在上海营业的外商公司已有30余家。其数量虽然不大，但资金规模远超华商保险企业。1946年，中国保险商业同业公会联合会秘书长王中振将外国保险公司的竞争视为华商公司面临的危机之一："上海外国保险公司虽为数只有三十余家，但其资本以美元、英镑计算，中国在沪保险公司虽有九十九家之巨数，其资力则远不如外国保险公司。故目前情形，在沪外国经营之事业，我国保险业当无法染指。即中国经营之事业，或更信托外国保险公司，或我国保险公司资本薄弱，无力为之保险，甚至外国保险公司保险者为数亦颇不少。该会有鉴于此种危机，连日会商，已谋得解决办法，即中国经营之事业，设法使其自愿来中国保险公司保险，若一家保险公司无力承担，可由总会分与几家公司，共同负责保险，其中国保险公司全力不够负担者，可再让与外国保险公司承担。"② 但上述设想其时很难实现。1947年初，有报道说："上年度我全国保险业，保费收入总额约在一千亿元以上。惟该项收入，几有百分之六十以上，均由华商公司向外商公司再保，故上年我国保费外汇之损失数字，颇堪注意。"上海市保险业公会号召组织分保集团，但保险企业并不踊跃，"最近华商公司又纷纷与外商公司订立再保合约，外汇损失，未能预计"。③ 1948年初，有报道称，除少数国营公司外，民营保险公司已很少能够盈余。上海全市每月保险费估计达到千亿以上，但半数以上流入了外商再保险公司。④ 粗略估计，1946—1949年仅在上海的64家外商保险公司从中国攫走的保险费就达到1000万美元以上。⑤

① 　［J］．保险知识，1948，1（16）．
② 　保险业也有危机［N］．侨声报，1946－07－23．
③ 　全国保险业多向外商再保，影响外汇甚大［N］．中央日报，1947－01－16．
④ 　沪保险业上年鲜有盈余［J］．征信新闻，1948，531．
⑤ 　陈继儒．保险学概论［M］．北京：中国财政经济出版社，1991：40．

在保险业界看来，另一项危机则是捐税负担的问题。"至于印花税一项，即占万分之三，再加营业税、所得税等，保险界负担太重，实不胜其苦。现该会已呈请政府修正保险贴花办法。"①

类似这样的问题，实际上一直伴随着抗战胜利后的中国保险业。1946 年，《大公报》即撰文称，由于物价昂贵，币值低落，保险额"高得惊人"，一张保单甚至达到 50 亿元之巨，而华商保险业往往只有数千万元的资本，难以承保，不得不请外商公司分保，导致外汇大量流出。1945 年，后方保险业付给国外的保费达 200 余万英镑，合 800 多万美元。至于进出口贸易保险，则几为外商包办。尽管财政部拨款 10 亿元由中央信托局承办分保业务，但数额有限，不足以解决这一问题。此外，按照新印花税的规定，保单须按照保险额的 3/10000 征收印花税，保险业也难以承受，甚至导致保费收入还不够缴纳印花税。②

为了应对危机，保险业界也采取了多项举措。1948 年初，罗北辰列举保险业的进步情形时说，在寿险方面，1946 年 9 月开始推出物价指数人寿保险的尝试，1947 年该项保险额达到 14000 多亿元。在产物保险方面，资产与技术等也都有所进步，外商加入上海保险公会，保险课税问题获得一定程度的解决，也都是保险业发展的表现。"总之，从三十六年这一年中各种情事的表现来看，保险事业在困苦环境中不仅并不退后，而且有了长足进展，有些进展出乎一般预料之外，算得一种奇迹。"③

但事实上，罗北辰的这种乐观情绪并不真实。进入 1948 年，尽管保险企业的数量仍在增长，比如 1948 年 5 月，上海保险企业已有 200 余家，其中华商 175 家，洋商 65 家，④ 当年 10 月，上海保险业同业公会成员已经达到 241 家，其中洋商约占 30%，⑤ 但随着国共两党在军事战场上形势的转变，国民党统治危机已越来越明显，国统区通货膨胀恶性发展，保险业的生存环境持续恶化。1948 年 4 月，财政部"以物价高涨，保额扩大，原定保险公司资本为一亿元之标准，对于巨额保险，无法承受"，要求华商保险业增加资本金。财政部规定"凡今后申请设立保险公司，或已呈请注册而未完成手续者，其资本至少应为一百亿元。已开业之公司，其资本不足此数者，应于本年六月底前增资足额"，应缴纳的保证金则提高到 10 亿元。⑥ 上海保险业同业会认为数额过高，时间过促，无法实现，与财政部交涉要求降低额度，放宽时限。财政部则坚持要求保险业增资，据称："我国华商保险业经财部核准登记者一百九十二家，资本总额三百亿元，平均每家不及二亿元。现以物价不断上涨，保额增加甚巨，投保一千亿元以上者，极为普遍。"华商保险业必然需要提高资本和保证金。⑦ 经过保险业同业公会的多次交涉，最终确定增资标准为 20 亿元。⑧

1948 年 8 月，国民政府发布《财政紧急处分令》，以金圆券取代法币，以法币 300 万元折合金圆

① 保险业也有危机 [N]. 侨声报，1946 – 07 – 23.
② 季崇威. 中国保险业的危机 [N]. 大公报（上海），1946 – 07 – 14.
③ 保险业艰苦奋斗，年来进展殊速 [N]. 金融日报，1948 – 01 – 01.
④ 本市保险业达二百余家 [N]. 大公报（上海），1948 – 05 – 06.
⑤ 保险业商讨增资 [N]. 经济通讯，1948 – 10 – 01.
⑥ 财政部限令增资 [N]. 新闻报，1948 – 04 – 14.
⑦ 保险业增资财政部认为有此需要 [N]. 金融日报，1948 – 04 – 28.
⑧ 保险业增资问题解决，资金总额决定二十亿 [J]. 纺织新闻，1948，320.

券 1 元收兑法币。同时要求保险业继续进行增资，每家最低额为金圆券 20 万元，折合法币 6000 亿元，以半数实收，也需 3000 亿元，并须在 3 个月内完成增资。对这一要求，保险业有限的资本已无从应对，不得不与国民政府多次交涉。尽管币制改革有利于保险业的稳定，上海保险业界甚至还准备借机开展大规模的保险运动，"除将原有保险业务如再保险、水险、火险、寿险等加强推进外，并拟在寿险中添办国民保险及乘客保险等新业务"，[①] 以实现保险业的自救。但这些都不足以从根本上解决保险业的危机。任职于中国保险公司的叶绪茂撰文称，内战的扩大，恶性的通货膨胀，都对保险业带来致命的打击。币制改革后保险业收入有所增加，比如中国保险公司 9 月营业净收入较 8 月增加了 70% 左右，但这只是"通货膨胀的另一种指标"。"在这种情势下的保险业，前途是相当黯淡的"。[②] 到 1948 年 10 月，金圆券政策难以为继，国民政府公布《修改金圆券发行办法》，取消对金圆券发行总额的限制。金圆券发行量迅速增长，保险业随之也深陷危机，不能自拔，不断出现保险企业倒闭歇业的消息。"由于大局的变化，金圆券的贬值不已，保险业在今日几乎已遭到了冻结的命运。""保险业无不在风雨飘摇之中……前途诚不堪设想也。"[③] 在恶性的通货膨胀下，保险业已不堪重负。1949 年农历春节前，中联公司的"太平"轮驶往台湾途中，与自台湾驶来上海的"建元"轮相撞，导致两船沉没。"太平"轮曾向华泰保险公司投保 24 万美元的保险额，以黑市汇率计算，合金圆券 3 亿 1 千 2 百余万元。该公司因难以担负赔付责任而倒闭，总经理则暗自潜逃。[④]

到 1949 年 6 月，金圆券已形同废纸，国统区经济陷入崩溃。在国民党政权失败前夕，保险业已处于瓦解的边缘。1949 年 5 月底，《保险知识》报道了上海保险业的情形："在此局势下，生意的清淡是不用说了。原来同业在一百五十家以上，到今天有些简直锁上了门，有些名存实亡……也有几家到港穗设立分支机构。现在能够应市的不到以前三分之一，那还是靠了集团的力量。上海的同业和从业员遇着有史以来最惨淡的逆境！维持最低生活已经不容易——公司方面约分三种，一是吃以往盈余，二是吃老本，三是先天不足的门关着。公会方面开会减了劲，次数也少了，一切在瘫痪和呻吟状态下。"[⑤] 还有人描述其情形："因生产停顿而商品减少，因交通阻滞而输运客货减少，而物价暴涨而保险资本常感不足。再加上一般人因货价不断上涨，保额始终有定，遭受损失得到赔偿时，亦不足其什一，故投保客户，亦大为减少。最近有保险公司因业务清淡而改为半日办法，并大量裁员……曾经盛极一时的华商保险业，确已走上没落之途，如言复兴，当俟诸异日矣。"[⑥]

（二）各地保险业之衰败

抗战胜利之处，各地保险业界经过清理整顿后，经过了一个重组和恢复的过程，其发展轨迹大体来说与上海相似。随着国共内战的开始和国统区政治、经济危机的演变，保险业界所希望的前景

① 保险业计划发起大规模保险运动 [N]. 辛报，1948 – 09 – 06.
② 叶绪茂. 币制改革以来的保险业 [J]. 莫厘风，1948，3（3）.
③ 钟杰. 保险业风雨飘摇 [N]. 辛报，1949 – 02 – 08.
④ 西门居. 华泰倒闭引起保险业之波浪 [N]. 导报，1949 – 02 – 07.
⑤ 鸥. 瘫痪的上海保险业 [J]. 保险知识，1949，2（17）.
⑥ 方人. 没落中的保险业 [N]. 大上海报，1945 – 05 – 31.

尚未出现，就在一波一波的通货膨胀和政治、经济危机中受到持续的冲击，开始趋于萧条和衰落。

在重庆，抗战胜利后，随着大批保险机构还迁沿海，重庆保险业一度受到影响。但到1947年，当地保险市场又开始出现增长。"年来物价波动急剧，渝沪价格差数增大，川中各种农产原料纷纷东运，而向保险公司投保，致更趋发达。据统计本市登记设立之保险公司共七十二家，其中于战后卅四年成立者有十一家，卅五年有二十三家，卅六年有十六家，近尚有数家正筹备开设中。该业在战时及战前开设者，则闻仅共十余家。"① 但在这种增长背后，重庆保险业已经开始陷入困境。"战后内地之保险业其资金充足者，均东迁京沪等地营业。留内地者，多是资金缺乏之民营公司。目前内地各业正遭受不景气影响，故内地保险业在今日亦无法扩展业务，停闭者时有所闻。"② 保险公司数量虽然有所增加，但大多资金不足，只能艰难维持而已。1947年，重庆有保险公司共64家，"总公司为19家，其余大都为分公司。"其中59家为产物保险。战前财政部规定保险公司立案标准为资本20万元，后因物价上涨，又提高到100万元乃至500万元，始准立案。1947年，更要求达到1亿元。但仍不足以应付局面，市面"每一幢屋，辄值数亿元乃至数十亿元，每一载货，辄值数十亿元乃至数百亿元，今后任何保险公司，接受任何业务，势非流入再保，或分保不可，故以现在财经两部所规定之保险业资本，犹嫌薄弱，亦不过为暂时调整而已"。③ 1948年，重庆保险业为57家，"半数系近三年来所增设。除经营人身之公司仅有4家外，其余均为产物保险公司。在此57家之中，就地设立之总公司共占26家，其余均为外埠保险总公司设渝之分公司。此外现正办理设立手续之新公司，尚有20家左右"。但就经营状况而言，"由于各保险公司之组织背景各有特殊之关系，致其业务之盛衰亦各有异同"。在货币贬值的背景下，投保人寿险甚至不如存放生息合算。除中央信托局采取物价指数办法承保等举措，尚有所推进外，其他业务都是一片惨淡。乘客意外险有所增长，"实已难能可贵"；火险

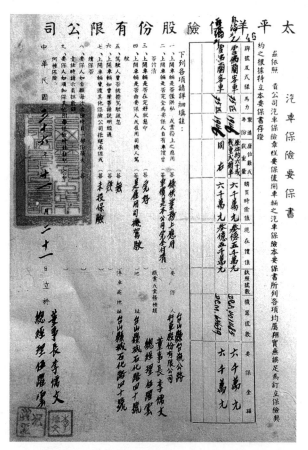

太平洋保险公司汽车保险要保书

---

① 渝保险业增至七十二家 [N]. 金融日报, 1947 – 12 – 10.
② 内地保险业纷纷迁京沪 [N]. 中央日报, 1946 – 06 – 29.
③ 罗君辅. 重庆保险业之展望 [J]. 四川经济汇报, 1948, 1 (1).

"受物价波动与高利贷之影响。多有卷入经济不景气之漩涡者，以致不乏顾及成本而冒险不保其财产者，亦有投保不足额者"；轮船运输险"尚属盈多亏少，一部分同业且有以此项业务为其大宗之收入"；航空运输险"收入为数甚少"；汽车运输险"平时多不保险，同业获保者更属寥寥无几"；再保险"多数公司因年资不深，业务尚未臻普遍发展"，加上金圆券发行后，资金无形缩减，"致每向先进之同业，洽取再保险额，不获圆满之结果。影响所及，其业务益难开展"；川江盐运保险"受客观环境之限制，发展至感困难。一年来业务，多不景气"，"各保险公司虽有业务，亏累仍多"。①1948 年，保险业人士罗君辅也曾指出："重庆保险业，近年来，在数字上似乎突飞猛进，究其实际，以资历言，基础未固，历史浅短，以资本言，因物价飞涨，不能应用自如，以信誉言，未能确切树立，甚有少数份子，不免有投机心理，意存侥幸，侧重现时利害，而忽视永久信用，假使危险发生，或则借故拖延，迟不发费，或因手续繁琐，拖延时日，更有借口调查，节枝横生，凡此种种，皆使保险者望而生畏，裹足不前。"②日益艰难的环境，使得重庆保险业多次向政府提出扶持要求，但此时的重庆当局已经顾不上保险业了。到 1949 年初，重庆约有 1/4 以上的保险公司陷入停顿，其中向保险公会申请退会停业的已有四五家，暂告停顿的则有十六七家之多。③由于水运轮船减少，重庆保险业已陷入"极困难之境地"，一旦长江轮运停止，就只有"少数之火险"了。④

　　天津是华北保险业的代表。从 1946 年开始，当地保险业特别是民营保险经营活动就开始进入萧条。有消息称："本市保险业，近来几全陷停顿，其中又以民营为甚。究其主因，自内河航行权开放，加速工商业萧条，外资配合官僚买办资本垄断市场，更加以政治上之病态，致促成今日无法继续生存。"⑤1947 年，天津市场上的保险公司大多为上海、香港等地保险公司的分公司，总公司在天津者仅有肇泰、中国、平安、义利、渤海 5 家，业务则以产物保险为主。华商各公司资本多在 3000 万元左右，与动辄超过千亿元的外商公司相比，十分薄弱。由于物价波动，保险金额随之剧增，天津民营保险公司实则无从应对。"其承保额未能随物价上涨比例增加，往往尚不及投保金额之什一。"⑥1948 年初，天津保险公司有 30 多家。由于工商萧条，水险寥寥可数，火险业务更少得可怜。无人主动投保，保险公司就要想法去拉生意，国营保险公司还可以因为国家银行的贷款关系获得一些生意，民营保险公司的处境就十分艰难了。"由于业务大部分须靠跑合人奔走介绍，保险费的收入也大受影响，许多营业较差的公司，不惜以超过规定的折扣招揽生意。通常的折扣是八折，但有人却愿意在八折后再给一个九扣，你争我竞，结果越压越低，有的公司收入甚至还不够开支，有的便明做保险，暗地里也经营存放，也经营其他随时认为有利的业务。据说三十家左右中有七八家连营业执照都没有，这样的公司在抢生意时自然是更不择手段了。"在工商业衰败、生意太少的情形下，

---

① 金振声. 一年来之重庆保险业［J］. 保险知识，1949，2（4）.
② 罗君辅. 重庆保险业之展望［J］. 四川经济汇报，1948，1（1）.
③ 渝保险业业务清淡［N］. 金融日报，1949 - 01 - 26.
④ 轮运水险难保，保险业陷入困境［N］. 大公报（重庆），1949 - 02 - 09.
⑤ 内河航权开放后保险业萧条［N］. 益世报，1946 - 06 - 22.
⑥ 周裕尧. 天津市保险业概观［J］. 天津经济统计月报，1947，19.

保险业成了"几乎连自身也难保险的行业。""在今天，没有任何行业能够逃脱不安定的时局造成的厄运，给人以安全的保险业又怎能真正的安全呢?"[①]

汉口是保险业最为集中的城市之一。汉口保险公会理事长钱仰之撰文总结称，1948 年汉口保险业"非惟无所开展，反之，凄凉万分"。汉口原本为交通要地，贸易发达，适合保险发展，"无如时与愿违，因国家政治之不安，致产销地带之不畅……素称繁荣之处，亦因环境之变迁，顿呈冷落之地。各商无智可谋，吾保险业何能例外"。商贸交易梗阻不畅，经济法令朝修暮改，"继以物价飞昂，各公司开支增加，其中基础未固，或因组织未全，维持为难，宣告停业与无形停顿者达十之二三"。汉口保险公会原有会员公司 51 家，正式宣布停业的已有两家，曾加入公会但未见正式营业的有 3 家，还有几家在半停顿状态，到 1948 年底，正常营业的只有 30 家左右。[②]

在西北地区，抗战时期，随着工商重心西移，兰州保险业曾一度有所发展，出现过大小同业十余家。抗战胜利后，兰州小型工商业相继倒闭，不少保险机构撤销在兰州的经营，东下沿海地区，保险业务随即一落千丈。西北产物保险公司陈昌明对 1948 年兰州的保险业进行了总结：1948 年，兰州的同业有太平洋、西北产物、合众、中国、中信局等几家，由于当地缺乏保险意识，保险者为数寥寥，自动投保者绝无仅有，"其业务重心，十九均系行庄借户"，"三十七年（即 1948 年）一年间之兰州保险业，在全国保险业务惊风骇浪过程中，笼罩着严重的惨淡色调"。除政局动荡、币值贬落、收费迟延、折扣滥放等情形外，"过去一年中，各同业在兰州之业务收入，多不敷开支"。[③]

上述情形，反映出国民党政权失败前夕国内保险业已到穷途末路。保险原本是促进工商业的工具，但在工商业萎靡的情形下，保险业已经自身难保。到新中国成立前后，全国保险业的分布见表 6 - 16。

表 6 - 16　各阶段保险公司概况统计

时期	地点	业务种类	家数	性质 国营	华商	洋商	日商
抗战胜利前	上海	水火人寿	172	2	28	126	16
	重庆	水火人寿	4	—	1	3	—
	东北	水火人寿	30	1	9	10	10
	汉口	水火人寿运输	60	1	6	53	—
	北京	水火	7	—	6	1	
	天津	水火人寿	174	1	13	160	
	—	小计	447	5	63	353	26

---

① 工商不振生意少，保险业务萧条 [N]. 益世报，1948 - 01 - 15.
② 钱仰之. 一年来之汉口保险业 [J]. 保险知识，1949，2（6）.
③ 陈昌明. 一年来兰州之保险业 [J]. 保险知识，1949，2（9）.

时期	地点	业务种类	家数	性质 国营	华商	洋商	日商
抗战胜利前	上海	水火人寿	106	—	96	—	10
	重庆	水火人寿	60	4	53	3	—
	东北	水火人寿牲畜	13	—	1	—	10
	汉口	水火运输	35	—	21	—	14
	北京	水火	21	—	6	—	15
	天津	水火人寿	43	—	3	—	40
	—	小计	278	4	180	3	91
新中国成立前	上海	水火	238	23	152	63	—
	东北	水火	18	4	14	—	—
	汉口	水火	50	4	3	42	—
	北京	水火	24	3	21	—	—
	天津	水火	17	4	9	4	—
	—	小计	347	39	199	109	
新中国成立后	上海	水火	104	1	62	41	
	东北	水火	1	1	—	—	
	汉口	水火	9	1	5	3	
	北京	水火	2	1	1	—	
	天津	水火	8	1	3	4	
	—	小计	124	5	71	48	
	—	合计	1196	53	513	513	117

资料来源：中国人民保险公司筹备处．中国保险事业的过去现在和未来［J］．银行月刊，1949，（6）．

在中国近代保险业 100 多年的演变历程中，列强的控制和压榨、政府的无能和腐败、社会与民生的动荡和不安，使保险业始终难以步入正轨。到 1949 年全国解放前夕，随着国民党政权的沦落，中国保险业更是一片衰败景象，濒临崩溃的局面。

The History of Insurance
in Modern China

中国近代保险史

第七章
Chapter 7

人民保险事业的早期探索

从 1919 年五四运动开始，中国历史进入了无产阶级领导的反帝反封建革命时期，也就是新民主主义革命时期。中国共产党作为无产阶级的先锋队，是中国新民主主义革命的领导者。1921 年，中国共产党成立后，就将争取和保障劳动阶级的政治经济权利置于重要的位置，萌发了对劳动保险、社会保险的初步认识。在新民主主义革命的历程中，中国共产党在不同历史时期进行了创建革命根据地的伟大斗争。在领导根据地经济和社会建设的过程中，以保障劳动者的权利为中心，根据地政权在劳动保险、失业保险、社会保障等方面进行了积极的探索，为 1949 年后人民保险事业的展开进行了思想和理论准备。

第一节　中国共产党早期对保险的认识

从 1921 年中国共产党成立，到 1927 年大革命失败前后，中国共产党在中国革命道路的早期探索中，就已经开始将争取和保障劳动阶级的权利作为主要目标之一。从 1922 年到 1929 年，中国共产党为发动工人阶级革命，前后召开了五次全国劳动大会，劳动保险及劳工救济是其中一项重要议题。

随着工人运动的展开，中国共产党形成了对劳动保险的早期认识，可以说是人民保险思想的发端时期。

一、 中共成立时期对劳工与保险问题的关注

鸦片战争结束以后，西方列强凭借不平等条约，在上海等通商口岸开始经营近代工业，中国产业工人由此产生。1894 年，中国产业工人在 10 万人左右，到 1919 年则猛增至 200 多万人。其中，在直隶（河北）、江苏、浙江、湖北、福建和广东等省份，尤其在唐山、上海、长辛店、无锡和南京等地，工人规模比较大。到 20 世纪 20 年代后期，中国产业工人达到 300 万人左右。1927 年，第四次全国劳动大会上通过的《组织问题决议案》中提到，"中国工人总数若是一千二百万，其中手工业工人及店员即占九百万"。[①] 这是中国近代工人阶级的基本发展状况。

中国产业工人自产生之日起，即受到中外资产阶级和封建势力的剥削与压迫，生活条件和工作环境十分恶劣。瞿秋白在《共产国际远东书记处公报》第 1 期（1921 年 2 月 27 日）"远东来信"中刊登了《中国工人的状况和他们对俄国的期望》，做了详细的披露。文章指出，中国因为是"特殊国家"，同国际工人代表会议通过的实行 8 小时工作日的决议是不相干的。不但如此，在中国没有任何调整劳资关系的法令，因此，中国的资本家可以肆无忌惮地剥削工人，而不必担心政府的干涉。虽然有各种各样的行会，但因没有真正的工人组织，其作用是无足轻重的。至于招工的方法，中国至今存在一种残酷的包工制。包工头与企业主谈妥以后，就包下一项工作，从企业主那里得到一笔钱，然后再去挑选那些最贫穷的工人。而企业主是不管包工头雇多少工人和付给工人多少报酬的，因此包工头剥削起工人来是毫不手软的。

唐山煤矿公司的矿工一天分作三班，每班工作 8 小时。可是由于工资低，他们不得不每天工作 16 小时，每天的最低工资是 1 角 6 分，最高工资是 1 元 1 角。在这些企业中也都实行包工制，包工者分作几等，即第一等是包工头，第二等是监工，其余两等负责招工和监视工人。不熟练的工人因为工资很快就花光，只有付出极高的利息，才能向包工头借到钱。工人生病期间得不到生活费，一旦生病就死路一条。工人死了，管理部门并不发给家属抚恤金。如果死亡原因是工作时间的事故，那么家属可得到 40 元。

城市工人的生活条件差别很小。一般来说，内地省份一个工人的最低生活费和工资大大低于大城市的工人。根据 1920 年 5 月《新青年》杂志第七卷第六期（劳动节纪念号）刊登的有关中国工人问题的材料，上海工厂约有工人 23.4 万人。织布工人（男工和女工）每天工作 12 ~ 14 小时，最低日工资为 2 角 2 分，最高为 5 角 5 分。童工的工资每天从 8 分到 1 角。印刷工人的工作日是 9 小时。在有些印刷厂里，工人一天工作 12 小时，他们的月工资是 10 ~ 15 元，学徒工一个月只能得到 1 块钱。缫丝和织袜女工一天工作 12 小时以上，她们的工资一天 3 角多。上海的商务印书馆，是中国最大的图书出版社。那里的女工，在分娩前后有两个月的假，还可领 10 块钱作为医疗费。工人生病

---

① 中华全国总工会组织部. 中国工会章程简史［M］. 第 2 版. 北京：中国工人出版社，2018：171.

1920 年，《新青年》劳动节纪念号

了，馆方就送他进医院。这个企业还为工人的孩子办了免费学校，不过入学人数是有限制的。而其他企业，工人的待遇则很糟糕。

当时，中国手工业工人的工作时间是没有限度的。一般每天工作 12 小时以上，手工业工人的工资取决于当地的人口密度和生活水平，在有些地方，他们勉勉强强地过着苦日子。手工业工人生病或者死亡，他的家属从雇主那里得不到任何照顾。在南京的各纺丝工厂里，有一类为小资本家干活的工人职员，吃东家的饭，还领取工资，但一旦厂主由于没有订货而停产，他们也就一无所有了。

总而言之，这些工人的生活是暗无天日的，他们从早到晚做工仅仅勉强维持自己和一家人的生活，而农民的状况就更加可怜。中国的无产阶级没有文化，由于工业和农业不发达，不懂得如何组织起来——而包工头制度、帮会或者同乡会制度有很大的负面作用——同资本家和政府进行斗争。

进步知识分子和中国共产主义者对工人阶级生存状况的关注，以五四运动时期"劳工神圣"思潮为背景。五四运动时期，各种社会主义思想在中国知识界十分流行，社会改造成为思想界和知识界的重要话题。1918 年 11 月 16 日，在北京大学为庆祝协约国在第一次世界大战获胜举行的讲演会上，蔡元培发出了"劳工神圣"的口号，引起了知识界和媒体的迅速响应。进步知识分子欢迎劳工

1920 年，《申报》刑登的劳工神圣宣传画

世界的到来，礼赞劳动的价值，颂扬劳工的伟大，视之为社会财富的创造者。1920 年 5 月 1 日，《晨报》刊发渊泉的文章《人类三大基本的权利》，即"生存权、劳动权、劳动全收权"。同日，《新青年》《星期评论》《建设》《时事新报》采取统一行动，出特刊纪念"五一"国际劳动节，同时刊发李大钊的《"五一"May Day 运动史》。中国共产党的缔造者之一陈独秀主编的《新青年》在当月出版的"劳动节纪念号"（即第七卷第六期）上刊登了一系列有关国际工人运动的文章和中国工厂劳动状况的调查报告，其中包括《一九一九年巴黎"五一"运动》（T. C. I.）、《职工同盟论》（俄国 S. A. P. 著、C. S. 生译）、《劳动问题是些什么?》（刘秉麟）、《劳动者的觉悟》（陈独秀）等文章，《上海厚生纱厂湖南女工问题》《香港罢工纪略》《南京劳动状况》《唐山劳动状况》《山西劳动状况》《江苏江都劳动状况调查表》《长沙劳动状况》

《无锡各工厂劳动调查表》《芜湖劳动状况》《北京劳动状况》《上海劳动状况》《皖豫鄂浙冶铁工厂劳动状况》《天津造币总厂底工人状况》等工人状况调查报告。《新青年》自此逐渐变成了中国共产党的机关报，成为"由美国思想变为俄国的思想"、由宣传资本主义变为"宣传社会主义"的标志。[①]

劳工创造世界、劳工神圣与劳工阶级现实处境之间的强烈反差，使得进步知识分子认识到，唤醒劳工觉悟，争取工人的权利，改善工人的处境，是中国社会改造的重要内容。劳工保险问题也由此引起了报刊的关注。早在1890年，传教士在华举办的《万国公报》就刊发了陈萸生的《德国百工保险新法》（第16册），介绍了德国工人的劳动保险制度。《万国公报》也是最早提到马克思的一份中文刊物，在1899年2月刊载的英国传教士李提摩太翻译的《大同学》第一章中，就介绍了马克思及其关于资本的学说，不仅使用了"马克思"这一译名，并称其为"百工领袖著名者"。五四运动时期，西方国家工人劳动保险的相关介绍在国内报刊上频频出现。《东方杂志》先后发表了署名"君实"的《劳动者失业保险制度》（1918年第15卷第3号）以及《劳动者疾病保险制度》（1919年第16卷第3、第5、第6号），在《解放与改造》创刊号上，俞颂华的《社会主义之批判》一文把"普通保险制度"和"宽大之救济制度"列为社会生活的一个主要条件，指出："（一）保持健全之遗传，即应用优生学之合理的制度，使儿童有良好之天禀也。（二）保护儿童使得健全之发达，保护为母之女子，俾得适当地保育其儿童。（三）教育制度适合于社会的需要，富于合理的生活及社会服务之理想。（四）凡可预防之疾病使不发现。（五）职业上陋习与罪恶之消除。（六）立普通保险制度，俾于日常生活偶遭不测者，得所倚恃，不致陷于贫困。（七）立宽大之救济制度，供物质的需要于遭不幸者。（八）生活程度之高，足使各个人有营养，合理的娱乐，适当之居住，以及其他生活上之必需品。（九）社会的宗教，在使各个人皆以服务于人类全体，为其最高之鹄的。"[②] 登树屏则直接提出中国工人的保险问题，将保险视为"救济失业工人的第一方法"。[③]

特别值得注意的是，中国青年领袖、第一代马克思主义者恽代英1918年2月在《东方杂志》上刊载的《人寿保险事业之新发展与长生会》一篇译文，是最早的中国马克思主义者涉及保险问题的文献。这篇文章大意介绍了美国"长生会"（The Life Extension Institute），称其宗旨是"扶助人民而得较长而较优美的生命"。介绍长生会的业务是为入会者定期体检，并提供健康、饮食等方面的咨询服务。文中称，该会得到了各大保险公司的支持，也因对社会有益而受到关注，等等，实际上将长生会视为人寿保险事业一个新的发展方向。[④]

在中国共产党正式成立前，中国马克思主义者已经将目光投向工人阶级。1920年7月，在第三国际协助下，在上海成立五人"革命局"（第三国际代表维金斯基、《新青年》主编陈独秀、李汉俊、施存统、俞秀松），下设出版部、宣传报道部和组织部，并召开10个地方工会和行会（各出两

① 蔡和森. 蔡和森文集［M］. 北京：人民出版社，2013：792.
② 俞颂华. 社会主义之批判［J］. 解放与改造，1919，创刊号.
③ 树屏. 中国急宜举办人工保险［N］. 申报，1920 - 09 - 04.
④ 人寿保险事业之新发展与长生会［J］. 恽代英，译. 东方杂志，1918，15（2）.

名代表），开会成立"工会中央局"即工人委员会。① 1921 年 7 月，中国共产党正式成立。中共"一大"通过了《关于当前实际工作的决议》，确定党成立后的中心任务是组织工会和教育工人，领导工人运动，对党领导工人运动的任务、方针、政策和方法都提出了规定或要求。作为无产阶级政党，保障工人权利，改善工人处境，是中国共产党领导工人运动的一项重要工作，中国共产党对劳工保险、社会保险的关注也由此开始。这是中国共产党领导人民保险事业最初的历史起点。

二、 五次全国劳动大会与劳动保险及劳工救济

1921 年 8 月，中国共产党在上海成立中国劳动组合书记部，作为领导工人运动的总机关。1922 年 5 月 1 日，在广州召开了第一次全国劳动大会，书记部机关之后由上海迁至北京。1923 年 2 月，"二七"大罢工后，又由北京迁至上海。1925 年 5 月 1 日，在广州召开了第二次全国劳动大会，决定成立中华全国总工会，取代中国劳动组合书记部。在此之后，1926 年、1927 年和 1929 年，中国共产党又以中华全国总工会的名义召开了第三、第四、第五次全国劳动大会。五次劳动大会推动了劳工和职工运动，制定了劳动保险和社会保障法令，号召实现劳动保险、劳动保护和失业救济，改善劳动条件和生活条件。这是中国共产党领导工人运动的伟大实践，也反映了中国共产党在劳动保险、救济等方面的思想探索。此外，1927 年"八七"会议和 1928 年"六大"更是明确了劳动保险和社会保险的纲领。前者通过了《最近职工运动议决案》，其劳动斗争纲领包括"实行失业救济和劳动保险"；后者通过了《政治议决案》和《职工运动议决案》，其十大政治纲领包括"实行社会保险"。这些内容和主张，都是中国共产党早期劳动保险思想的集中反映。

（一）1922 年第一次全国劳动大会

中国劳动组合书记部成立后，张国焘、邓中夏先后任主任，毛泽东为湖南部主任。劳动组合书记部出版了指导工人运动的刊物《劳动周刊》，发表了《中国劳动组合书记部宣言》。1922 年，中国劳动组合书记部由上海迁到北京后，改《工人周刊》为机关刊物。1922 年 1 月掀起了以香港海员大罢工为标志的第一个工人运动高潮。正是在这一新局面下，1922 年 5 月 1 日，中国劳动组合书记部在广州召开了第一次全国劳动大会，代表 30 余万名工人的各劳动团体的 160 名代表，通过了共产党提出的"打倒帝国主义""打倒军阀"的口号，以及十大议案。其中包括：承认罢工权和罢工援助案；开展劳动运动或者经济运动，制定工会法、工厂法和劳动保险法；制定八小时工作制；制定中国劳动歌和劳动旗帜，尊重劳动节；建立全国总工会组织原则；等等。

中国劳动组合书记部利用北洋军阀吴佩孚声称恢复国会制定宪法的机会，举行争取劳动立法的运动，拟定了《劳动立法原则》《劳动法大纲》，发出了《关于开展劳动立法运动的通告》。中国劳动组合书记部拟定的《劳动法大纲》（1922 年 7—8 月）从立法高度规定了劳动者的权利和劳动条件。其内容除了承认劳动者有集会结社、同盟罢工、缔结团体契约、国际联合等权利，实现 8 小时

---

① 中共中央党史研究室第一研究部. 联共（布）、共产国际与中国国民革命运动：1920—1925 ［M］. 北京：北京图书馆出版社，1997：31 - 35.

工作制、最低工资保障、休假制度等外，其 17 条还专门就保险问题作出规定：一切保险事业规章之订立，均应使劳动者参加之，俾可保障政府、公共及私人企业或机关中，劳动者所受到的损失，其保费完全由雇主或国家分担之，不得使被保险者担负。这一主张突出了劳动者在劳动保险问题上的角色，其目的在于更好地保障劳动者权利。其时保险学界对劳动保险问题上国家或政府的主体责任尚缺乏认知和阐释，中共的主张从劳动阶级的立场出发，强调政府对劳动保险的责任，体现出鲜明的阶级性和革命性。

中国共产党人作为劳苦大众的代表，在劳动立法的保障对象方面也提出了建设性意见。1922 年 8 月，李大钊在女权运动同盟会招待报界学界茶话会上的讲话中表示，希望把女工保护加入劳工保护法内；[①] 陈独秀在《对于现在中国政治问题的我见》中表示，在中国政治和经济的现状之下，在第一段民主主义的争斗中，把"定保护农民工人的各种法律"列为最重要的目标之一。[②] 这些主张和要求，对劳动立法运动的宣传起了积极作用，有利于工人采取正确的途径争取自己应得的劳动权益。

此外，1922 年 6 月 15 日中国共产党发表了对于时局的主张，提出 11 条斗争目标，其中第五条是：制定保护童工、女工的法律及一般工厂卫生、工人保险法。同年 7 月，《中国共产党第二次全国代表大会宣言》提出建立"工厂保险"制度，作为工人政纲的一项重要内容。同年 8 月在《劳动法案大纲》中又具体规定："一切保险事业，须由工人参加规定之，以保障所有在政府的、公共的、私人的企业和机关内的工人之损失或危险。保费完全由雇主或国家支出，受保险者决不分担。"[③] 1926 年 5 月，《劳动法大纲决议案》中又重申了上述原则，并且将其写入《中国共产党党纲草案》（1923 年 6 月），要求"制定强迫的劳工保险法（灾病死伤的抚恤等），工人有参与办理保险事项之权"。[④]

值得一提的是，1922 年 12 月，水口山铅锌矿工人俱乐部通过罢工斗争，与矿方代表谈判达成以下具体协议：其一，工人因公丧命者，由矿局发给抚恤费。每年工资在 150 元以下者，给 150 元；在 150 元以上者，给一年工资。一次性发给，由亲属具领。其二，工人因公受伤致残不能工作者，由矿局给予相当的安排，否则每月发给伙食 6 元。其三，工人生病者，病假以 4 个月为限。在工作地病亡者，发给工资 5 个月，一次发给。协议中的条款具有一定的劳动保险性质。

（二）1925 年第二次全国劳动大会

1922 年 7 月举行的中共"二大"和 1923 年 6 月的中共"三大"通过了国共合作的方针政策。1924 年 1 月，中国国民党第一次全国代表大会提出了新三民主义，确定了联俄、联共、扶助农工的三大革命政策，由此而形成了第一次国共合作。

孙中山把民生主义视为其社会政策的指导思想，一直积极倡导保障劳动者权利，推行保险事业。

① 中国李大钊研究会. 李大钊全集：修订本 第四卷 [M]. 北京：人民出版社，2013：109.
② 陈独秀. 陈独秀文集：第二卷 [M]. 北京：人民出版社，2013：268-269.
③ 中共中央党史研究室、中央档案馆. 中国共产党第二次全国代表大会档案文献选编 [M]. 北京：中共党史出版社，2014：88.
④ 中共中央党史研究室、中央档案馆. 中国共产党第二次全国代表大会档案文献选编 [M]. 北京：中共党史出版社，2014：9.

1912 年，他在为英文《大陆报》（1912 年 10 月 10 日）撰写的《中国之铁路计划与民生主义》一文中，关注劳工权利，并提出兴办慈善事业，"如养老恩俸、收养残废跛瞎之人"。① 在 1920 年的《地方自治开始实行法》中，孙中山提出关于地方自治团体开展保险合作的主张，认为地方自治兴办、推广后，"为地方自治团体所应办者，则农业合作、工业合作、交易合作、银行合作、保险合作等事"。② 1923 年 1 月 1 日，孙中山在《中国国民党宣言》中提出，"制定工人保护法，以改良劳动者之生活状况，徐谋劳资间地位之平等"。③ 1924 年 10 月 1 日，孙中山以大元帅名义颁布的《工会条例》中规定：工会的职责之一是组织劳动保险和储蓄。④ 在 1924 年 1 月 23 日通过的《中国国民党第一次全国代表大会宣言》中，规定了国民党的对内政策，其中第三条指出，"土地之税收，地价之增益，公地之生产，山林川泽之息，矿产水力之利，皆为地方政策之所有，用以经营地方人民之事业，及应育幼、养老、济贫、救灾、卫生等各种公共之需要"；第 12 条则提出，"制定劳工法，改良劳动者之生活状况，保障劳工团体，并扶助其发展"。⑤ 孙中山还积极宣传德国、美国和英国的社会保险："作工时间是由国家规定了八点钟，青年和妇女作工的年龄与时间，国家定了种种限制，工人养老费和保险费，国家也有种种规定，要全国的资本家去担任实行。"他以美国福特汽车厂举例说，该厂"并代全厂的工人保人寿险，工人死亡之后，遗族可以得保险费，又可以得抚恤金"。⑥

在这一背景下，1925 年 5 月 1 日，第二次全国劳动大会在广州召开。当时国共合作以后，国内革命运动日益发展，阶级矛盾也日益尖锐；以国民党右派为首的国内反革命分子，竭力破坏中国共产党领导下的各革命阶级的统一战线和中国工人阶级的内部团结。中国共产党考虑到这一情况，为了不予国内反革命分子进行的诽谤以借口，而谋工人阶级内部的广泛团结，已没有必要用中国劳动组合书记部的名义来召集这次大会，而改由中华海员工业联合会、汉冶萍总工会、全国铁路总工会、广东工人代表会四个团体发起召集。⑦ 这次大会与会代表 277 人，代表全国 165 个工人团体、54 万名有组织的工人，以及 21 万名有组织的农民。会议通过了工人阶级与政治斗争、经济斗争、组织问题、工农联合等 30 个决议案，成立了中华全国总工会，通过了中华全国总工会章程，把"保障工人利益，设法解决救济及职业介绍等事项"作为"本会之职"，并且选举包括刘少奇和邓中夏在内的 25 人执行委员会作为中华全国总工会最高主管机构。至此，中国劳动组合书记部完成了自己的历史使命。

第二次全国劳动大会通过著名的《经济斗争决议案》，决议案第一句话就是"工人阶级的斗争，不论是经济的或政治的，只有一个最后的目的，就是劳动的完全解放"，不仅仅强调"改良劳动待遇条件，提高工人生活程度，以及部分的要求"，"不否认经济斗争，不否认目前切近要求的改良运

① 孙中山. 孙中山全集：第 2 卷 [M]. 北京：中华书局，1982：493.
② 孙中山. 孙中山全集：第 5 卷 [M]. 北京：中华书局，1985：224.
③ 孙中山. 孙中山全集：第 7 卷 [M]. 北京：中华书局，1985：4.
④ 霍新宾. 清末民初广州劳资关系变动研究 [M]. 广州：中山大学出版社，2017：280.
⑤ 孙中山. 孙中山全集：第 9 卷 [M]. 北京：中华书局，1986：123 – 124.
⑥ 孙中山. 孙中山全集：第 9 卷 [M]. 北京：中华书局，1986：372 – 374.
⑦ 中华全国总工会中国职工运动史研究室. 中国历次全国劳动大会文献 [M]. 北京：工人出版社，1957：36.

动"，同时也应该看到，"每个经济的斗争，同时就是政治的斗争"。① 《经济斗争决议案》明确提出了"劳动保护与社会保险"，"应实行社会保险制度，使工人于工作伤亡时，能得到赔偿，于病疾失业老年时能得到救济"，并要求：

（甲）一切企业机关应设法消除或减少于工人身体有害的工作及生产方法，必当预防不幸的事情的发生；极力注意工场卫生与防疫事宜。

（乙）对于从事有危害健康的工作之工人，工厂须供给他以种种抵抗危险的服装、用器、消毒材料等。

（丙）应实行社会保险制度，使工人于工作死亡时能得到赔偿；于疾病、失业、老年时能得到救济。

1925 年《经济斗争决议案》还特别关注"女工童工之生活改善"，要求禁止妇女及十三岁以下的童工从事特别困难与危险的工作，不许怀孕与哺乳期妇女从事夜工及高强度工作，妇女产前后有数星期的休息并照领工资，绝对禁止使用十三岁以下的女童工及使用童工作夜工，每日工作六小时，每周须有连续四十二小时的休息时间，不得克扣工资，为童工设立免费的平民学校，等等。②

此外，《经济斗争决议案》为工人阶级提出的迫切要求还有：按照各地各时生活情况，规定最低限度的工资；规定八小时工作制；反对一切虐待；取消包工制，等等。

应该指出，与商业保险、社会救济、社会福利的概念大相径庭的社会保险，在 20 世纪 20 年代主要指劳工保险或劳动保险，没有强调国家或政府的主体责任。而只有中国劳动组合书记部拟定的《劳动法大纲》（1922 年 7—8 月）强调"劳动者所受到的损失，其保险费完全由雇主或国家分担之，不得使被保险者担负"。20 世纪 30 年代，社会保险逐渐取代劳动保险的名称，强调实施社会保险的主体亦即国家或私营企业主："劳动保险的意义，就是说国家或私人，对于现代这些藉工资生活的劳动者，因为偶发的事故，减少或丧失劳动能力与劳动机会，因而将其时一人所受的经济损失，分配于大多数人的负担中。这便叫做劳动保险制度。又因这种保险制度，是国家的社会政策之一，所以又可叫做社会保险制度。这种保险制度，可分两类，一是强制的，一是任意的。"③ 20 世纪 40 年代，社会保险概念中政府主体突出，保险对象不再局限为劳动者："社会保险一词，含义原极宽广，概括然之，就是政府利用法律，按危险分担的原理，来策动社会力量，来发扬互助合作的精神，从而保障人群生活，策进社会安全的经济制度。"④ 在这一点上，可见中国共产党对劳动者保险权利的充分重视。

（三）1926 年第三次全国劳动大会

第三次全国劳动大会与广东第二次全省农民代表大会，乘着五卅运动、广东战争和扶助广州政

---

① 中华全国总工会中国职工运动史研究室. 中国历次全国劳动大会文献 [M]. 北京：工人出版社，1957：14 - 15.
② 中华全国总工会中国职工运动史研究室. 中国历次全国劳动大会文献 [M]. 北京：工人出版社，1957：16 - 17.
③ 陶百川. 中国劳动法之理论与实际 [M]. 上海：大东书局，1931：230.
④ 陈煜堃. 社会保险概论 [M]. 南京：南京经纬社，1946：12.

府北伐之革命热潮，于 1926 年 5 月 1 日至 12 日在广州召开；参加者包括全国 699 个工人团体（总会及分会），代表 502 人，共代表全国有组织的工人 124.1 万人。另外，农民代表 250 余人，代表有组织的农民群众 80 余万人。与第一次全国劳动大会有组织的工人 20 万人、第二次全国劳动大会有组织的工人 54 万人相比，可见中国共产党领导的工人运动发展之迅速。

第三次全国劳动大会听取和通过了刘少奇代表中华全国总工会执行委员会所做的《关于中国职工运动的发展及其在国民革命运动中之地位》的报告，以及海员总工会、武汉工人代表团和安源路矿工人报告。大会增选李立三、项英为执行委员，并通过了若干决议案，其中与社会保险和社会救济直接相关的，就有《工会运动中之女工及童工问题决议案》《劳动法大纲决议案》《失业问题决议案》《合作社问题决议案》。

第三次劳动大会有关工人的报告，反映了中国工人的经济处境。以海员为例，中国海员不下 10 余万人，雇佣于外国轮船公司的占 80% ~ 90%，最高工资每月 70 元的，占 1%；50 元者，占 2%；30 元者，占 30%；5 ~ 20 元者，占 80%；0.25 元者，占 2% ~ 3%。每月工资 5 ~ 20 元者，根本不能养家糊口，其他工人的生存状况同样困苦。武汉工会工人总数 4.23 万人，纺织业工人占了一半。"倘遇什么疾病，他个人只有向无情的空间睁着白眼，哪还有供父母妻子的生活费用？此外，武汉工人中，每月只能挣得 10 元上下的苦工，大多露宿于街头巷尾，或十多人窝居在丈多方地的极低湿的棚户中，聊避无情的风雨而已。即是每月能挣得 15 ~ 20 元的中级工人，也只能在黑暗毛（茅）草板房中，维持他不能够养活父母妻子的两顿糙饭。"[1]

大会决议案充分关注了劳动者处境的改善问题。《劳动法案大纲决议案》共 17 条，其中最值得注意的是要求"国家设立劳动局"，"国家设立劳动保险，保险费由雇主或国库支出"。此外还要求：工人有集会、结社、言论、出版和罢工的自由；工会应有团体契约权，工人有加入国际组织的权利；工作时间以 8 小时为原则，对于卫生有妨害之工作得缩减之；等等。[2]

《失业问题决议案》共 17 条，强调"失业，是工人阶级在资本主义制度下最大的一件痛苦""失业保险，是工人应有的权利，应向资本家提出这种要求。在劳动雇用契约时，更必须要提出关于失业保险的规定"；工人须以团结的力量防止失业的发生，如一旦发生，必须设法救济；各工会应设立救济的组织，以及工作介绍的机关；对于因罢工或工会运动而失业者，工会应尽量设法救济。[3]

此外，《工会运动中之女工及童工问题决议案》共 13 条，与以往的同类决议案相比较：一是强调同工同酬，即"女工童工与成年男工同样工作者，须得同样工资"；二是"要求政府制定女工及童工保护法"以及"工会内应设女工及童工委员会"。[4]

（四）第四次（1927 年）和第五次（1929 年）全国劳动大会

在中国共产党的组织和领导下，工农运动得到了迅速发展。第一次国内革命战争即北伐战争末

---

① 中华全国总工会中国职工运动史研究室. 中国历次全国劳动大会文献 [M]. 北京：工人出版社，1957：67 - 81.
② 中华全国总工会中国职工运动史研究室. 中国历次全国劳动大会文献 [M]. 北京：工人出版社，1957：112 - 113.
③ 中华全国总工会中国职工运动史研究室. 中国历次全国劳动大会文献 [M]. 北京：工人出版社，1957：113 - 114.
④ 中华全国总工会中国职工运动史研究室. 中国历次全国劳动大会文献 [M]. 北京：工人出版社，1957：111.

期，中国共产党于 1927 年 4 月召开第五次全国代表大会之际，所属工会组织已经拥有 280 万名会员，农会会员达到 972 万户，约数千万之众。但随着蒋介石和汪精卫两大集团相继背叛革命，投入帝国主义势力、地主阶级和买办资产阶级的反革命营垒，大革命宣告失败，工农运动也随之顿挫。在错综复杂的政治形势下，中国共产党又召开了第四次和第五次全国劳工大会，对 1200 万名中国工人（其中手工业工人和店员 900 万名），2000 万名农村工人，以及全国有组织的 280 万名工人的状况做了深入的分析，提出了七个重大的问题。其中，第六个问题涉及"应该如何参加各级政权机关，要求实施劳动保护法、工厂法及国家劳动保险制度"。①

1. 第四次全国劳动大会及其保险规程

经济斗争是第四次全国劳动大会关注的焦点。大会通过以下四个决议案：《产业工人经济斗争决议案》（49 款）《救济失业工人决议案》（14 款）《手工业工人经济斗争决议案》（8 款），以及《女工童工问题决议案》（23 款）。其中，经济斗争决议案鲜明地凸显了"全国工人阶级急需的经济斗争的总要求"，包括：必须立即规定全国工人实行法定的劳动时间；适应社会经济的变化，规定最低工资标准，并按照物价规定工资增加的比例；为了保障工人的生活条件，对不可避免的疾病、死伤、失业、衰老等，实行社会劳动保险。② 并且把"要求救济失业、实行劳动保护、工厂法、国家保险"视为工人阶级的责任之一。③

《产业工人经济斗争决议案》内容十分详尽。

一是关于工作时间的具体规定，有 9 条，如立即实行 8 小时工作制、保障工人休假时间、实行加班时间限制等。

二是关于工资和雇佣条件的具体规定，有 5 条，包括制定最低工资标准、订立劳动合同、发给退职津贴等。

三是关于童工及女工保护的具体规定，有 10 条，包括不许雇用 13 岁以下的儿童、限制 16 岁以下的童工工作时间、禁止使用 16 岁以下的童工及女工从事夜班等。

四是关于劳动保护的具体规定，有 5 条，包括对从事重工业、化学工业、有害健康工业的工人，每年给一个月的休假，照发工资等。

五是关于医疗及劳动保险的具体规定，有 8 条，包括：企业主为工人设立诊疗医院；工人因病在 3 个月内不能工作时，仍照发工资；因工受伤时，除发给医药费外，照发工资；因公切断手足残废时，终身发给原来工资。如能从事适当的工作时，仍发给原来工资；政府设立劳动保险局，由资本家每月缴纳工资总额 3% 为基金，此外政府从预算中拨出若干，以充做工人失业救济及养老金；工人病死时，按照其工资的 3 倍发给家属作为抚恤金；因公死亡时，资本家按死亡工人原来工资发给其子女抚恤金，至年满 16 岁止，子女满 16 岁后，按死亡工人原工资的 1/3 的比例终身发给其妻子；

---

① 中华全国总工会中国职工运动史研究室. 中国历次全国劳动大会文献［M］. 北京：工人出版社，1957：157.

② 中华全国总工会中国职工运动史研究室. 中国历次全国劳动大会文献［M］. 北京：工人出版社，1957：211－212.

③ 中华全国总工会中国职工运动史研究室. 中国历次全国劳动大会文献［M］. 北京：工人出版社，1957：233.

年老残废者，由劳动保险金中发给终身养老金。

六是关于学徒待遇的规定。

七是关于改善待遇的规定。

八是关于实现以上条件的4点保证：为实现以上最低限度的要求，政府须在最短时间内颁布劳动法；工会为改善工人的经济地位，须继续进行经常的经济斗争；为了取得工人的经济利益，工会和企业主之间必须订立合同；工会须在短时期内，根据经济要求大纲与资本家缔结合同。

九是一切劳资纠纷应通过工会与资本家谈判、调解或提请裁判、罢工等方式解决。[①]

《救济失业工人决议案》则包括：国民政府每月拨出经常费作为失业救济津贴；失业津贴不能少于原工资的一半；失业津贴的来源应该是政府支付，或者雇主出款及在各种税款上附加一定的百分数，作为失业救济费；有关失业救济组织及经费等一切事项，由政府劳工部在各地设立机构承办；为迅速救济失业，政府须设立疗养所、宿舍和食堂；除发失业津贴外，限制工厂、作坊及商店解雇工人，以减少失业。工会也要密切监督工人及其领袖的行动；工会必须对雇主随便开除工人的行为进行严正的斗争；工厂、作坊、商店增加人员时，须征得工会的同意；政府劳工部迅速设立劳动职业介绍所；劳动职业介绍所登记所有的失业工人；介绍所与工会共同努力为失业工人介绍职业；失业津贴经介绍所发放；工会与介绍所要有密切的联系，因此任命介绍所的负责人，须经工会的同意；要求政府补助将破产的企业，并资助新企业的发展，以防止失业，救济失业。并且大会委托下届执行委员会立即向全世界无产阶级呼吁，救济中国的失业工人，援助中国工人的反对帝国主义运动。[②]

《手工业工人经济斗争决议案》首次为手工业部门制定了详细的条款，规定手工业工人每天工作时间在10小时以内，实行最低工资标准等。决议案还特别提出，学徒疾病、死伤时，由店主负担医药费，养病期间的工资照发；因公或在学徒期间死亡时，发给治丧费，并按工作年限抚恤：1年以内者1个月的工资，2年以内者两个月的工资，3年以内者4个月的工资，4年以内者6个月的工资，5年以内者8个月的工资，10年以上者1年的工资；不得无故解雇工人；包工合同与工程任务应向有关工人公开；手工业工人得享受劳动保险的利益；签订劳动合同，规定双方应遵守的有关劳动条件的权利和义务，并要求政府制定商店法、手工业劳动保护法。[③]

2. 第五次全国劳动大会及其保险规程

第五次全国劳动大会通过了《中华全国工人斗争纲领》，在政治方面提出了11条为之奋斗的目标，关于待遇方面列出了9条，关于失业方面列出了9条，而关于经济方面则推出了14项要求。

在经济要求方面，要求：应立即实行8个小时工作制；增加工资，应按照生活标准，规定最低工资，反对一切任何方式的克扣工资、拖欠工资的办法；应规定每星期有连续36小时的休息，每年

① 中华全国总工会中国职工运动史研究室. 中国历次全国劳动大会文献［M］. 北京：工人出版社，1957：212－214.
② 中华全国总工会中国职工运动史研究室. 中国历次全国劳动大会文献［M］. 北京：工人出版社，1957：214－215.
③ 中华全国总工会中国职工运动史研究室. 中国历次全国劳动大会文献［M］. 北京：工人出版社，1957：215－217.

有 4 个星期的连续休息, 发给工资; 保护女工, 增加女工工资, 产前产后应有 4 个星期的休息, 工资照给; 应废除 14 岁以下的童工工作及童工女工之危险工作, 同样工作应给同等工资。应从根本上废除包工制及包工头制, 反对开除工人。关于工人待遇, 指出应由工人自己组织的工会, 监督工厂设施最完备的卫生防险等设备, 反对因生产合理化、进攻苏联及军阀混战, 而延长工作时间, 加重工作, 改恶待遇。反对工人储金制度、联保、照相、打骂、搜身、滥罚工资。举办工人社会保险, 恢复失业工人工作、救济失业工人等。"这个行动纲领是代表目前中国工人最痛苦的起码要求"。①

应该看到, 中国共产党领导的工农运动, 以及全国劳动大会推出的劳动保险和劳工救济的政策主张, 反映了中国共产党人的人民性和无产阶级立场与情怀, 但也应该注意到, 这一时期中国共产党的劳工政策, 在一定程度上也受到共产国际错误的与中国国情不符的指导意见的影响。大革命时期, 共产国际在劳工保护政策方面对中共作出了一些指示。第三国际的《第四次代表大会关于东方问题的总提纲》(1922 年) 指出, "在半殖民地国家 (如中国、波斯) 中", "颁布劳工法, 保护童工, 保护妇婴等"。② 中国共产党第五次全国代表大会完全接受了《有关中国形势问题的决议案》(共产国际执行委员会第 7 次扩大会议第 28 次会议, 1926 年 12 月 16 日), 决议案明确提出了 "实行劳动法: 八小时工作制, 每周休息一天, 规定最低工资额; 实行社会法: 卫生检查和劳动条件, 住宅问题, 对疾病、伤残、失业等实行保险, 保护女工和童工, 禁止女工上夜班, 禁止工厂使用不满十四岁的童工; 建立工厂检查制度; 废除罚款和体罚制度; 撤除一切驻厂军警; 同失业现象作斗争: 工会给失业者以补助, 工会附设职业介绍所"。③④

为了保障劳动法规的有效实施, 1923 年 6 月, 瞿秋白起草了《中国共产党党纲草案》, 明确要求由国家设立监督机关监督执行工厂卫生及劳动条件的法律规定, 且工人有权参与该过程, 同时工人有权办理保险 (灾病死伤的抚恤等) 事项。⑤ 1924 年 11 月, 为了全民族的解放, 为了被压迫的兵士、农民、工人、小商人及知识阶层的特殊利益, 中国共产党向临时国民政府及国民会议明确提出了当时最低限度的要求: 对工人死伤要规定保险法等。⑥ 1925 年, 邓中夏在第二次全国劳动大会前讨论了《劳动运动复兴期中的几个重要问题》, 提出了劳动保险目标的斗争策略, 即只有依靠组织的力量, 利用时机实行罢工或怠工, 才能强制资本家屈服并执行劳动保险。1927 年 4 月底, 中国共产党第五次全国代表大会通过的《对于职工运动的决议案》, 认为职工运动应包括一些新的方针, "要求政府实行高度劳工政策, 颁布劳工保护法、工厂法, 使工人生活水平线能随时提高。这些工作都应该是劳工部主要的工作, 并须设立监督机关, 保障这些法令的实施", 及 "要求社会保险之实践, 救济失业工人" 等; 在 "经济斗争" 问题中提出: "在劳动保护法已经颁布以后, 监督这个法令之

① 中华全国总工会中国职工运动史研究室. 中国历次全国劳动大会文献 [M]. 北京: 工人出版社, 1957: 355-356.
② 中国社会科学院近代史研究所. 共产国际有关中国革命的文献资料: 第 1 辑 [M]. 北京: 中国社会科学出版社, 1981: 73.
③ 中国社会科学院近代史研究所. 共产国际有关中国革命的文献资料: 第 1 辑 [M]. 北京: 中国社会科学出版社, 1981: 285.
④ 中央档案馆. 中共中央文件选集: 第 3 册 [M]. 北京: 中共中央党校出版社, 1982: 37.
⑤ 瞿秋白. 瞿秋白文集·政治理论编: 第 2 卷 [M]. 北京: 人民出版社, 1988: 120.
⑥ 中共中央党校党史教研室. 中共党史参考资料: 二 第一次国内革命战争时期 [M]. 北京: 人民出版社, 1979: 53.

实施将成为工会主要责任之一。工会应该注意资本家对于工人的欺骗，随时代工人向监察机关提出抗议。使工人阶级的生活，真能得这些法令的保障而提高。"①可以说，中国共产党从建立之初，就力主实施劳动保险、失业保险、社会保障和社会救济，拉开了人民保险事业的帷幕。

第二节　土地革命时期苏区的保险事业

1927 年南昌起义爆发，中国共产党开始独立领导武装斗争。秋收起义后，中国共产党创建了第一个革命根据地——井冈山革命根据地。由此，建立革命根据地成为中国革命的主要形式。中国共产党在根据地建立各级苏维埃政权，这些根据地或苏维埃区域简称苏区。到 1930 年初，中国共产党领导下的根据地，除毛泽东等人创建的井冈山、赣南和闽西根据地外，还有湘鄂西、鄂豫皖、闽浙赣、湘鄂赣等地，分布在湖南、湖北、江西、福建、广东、广西、四川等十多个省的边界地区或远离中心城市的偏僻山区。到 1934 年 10 月中央红军长征前夕，全国存在的革命根据地主要有中央革命根据地、鄂豫皖革命根据地、川陕革命根据地、黔东革命根据地、闽浙赣革命根据地、陕甘边革命根据地、陕北革命根据地等。以瑞金为中心的中央革命根据地（1929 年 1 月至 1934 年 10 月），是第二次国内革命战争时期全国最大的革命根据地，拥有四省（江西省、福建省、粤赣省、闽赣省）30 多个县，8.4 万多平方公里，435 多万人口，是中华苏维埃共和国党、政、军首脑机关所在地和全国苏维埃运动的中心区域。

在苏区，根据革命战争的需要，从有利于发展社会生产力出发，中国共产党着手制定和初步实施关于社会保险、社会保障和社会救济的政策法规。这一时期根据地保险的特征，主要是以近福利性质的劳动保护、社会保险、社会救济为主，由政府和雇主为劳动者提供必要的生活保障，它保障广泛且保费由雇主支付，社会保障给付或为实物或为抚恤金。这些特点符合根据地团结广大工农劳动者的需求，有利于改善工农劳动者的政治地位、经济生活，从而促进了根据地的经济建设。

一、　土地革命时期保险事业的启动

土地革命时期中国共产党对保险事业的主张，主要体现在中国共产党和苏维埃政府政纲、中华苏维埃共和国宪法大纲、苏维埃政府组织法、劳动法决议或劳动法规，以及劳动部训令或命令之中。其宗旨就是通过调整劳资关系（其中包括特定的保险关系）来维护劳动者的基本利益，从而使党所领导的民主革命得到广大劳动群众的支持。

中国共产党和苏维埃政府政治纲领、中华苏维埃共和国宪法大纲是苏区保险赖以建立的法律基础。1928 年 7 月，中国共产党第六次全国代表大会《政治决议案》规定了现阶段中国革命的 10 条口

---

① 中共中央党史研究室，中央档案馆. 中国共产党第五次全国代表大会档案文献选编［M］. 北京：中共党史出版社，2014：13－15.

号，其中第六条为"实行八小时工作制，增加工资、失业救济与社会保险等"。① 此后，在苏区颁布的宪法性文件和政治纲领中，这一主张得到了沿用。1929 年，《湘鄂赣边革命委员会革命政纲》第19 条规定，"实行八小时工作制，增加工资、失业救济及社会的劳动保险"；② 1930 年 5 月，在上海召开的全国苏维埃区域代表大会上，通过了《中国苏维埃的政纲》共 10 条，规定了苏区劳动法的基本内容："颁布劳动保护法，实行八小时工作制，童工每日六小时工作，普遍的增加工资，规定最低工资每月不得少过四十元，女工产前产后休息八星期，工资照给。对资本征收失业保险费以救济失业工人，实行社会保险制度以救济工人的疾病、养育、老弱等。设立劳动检查所，由工会代表参加，以监督这一法令的实行。如果资本家违反劳动法，必须给以严重的处分以至没收他的工厂。"③ 1930年 9 月，由中国共产党提出，中国工农兵会议第一次全国代表大会中央准备委员会全体会议通过的《中华苏维埃共和国国家根本法（宪法）大纲草案》提出了七大原则，其第七原则就是"坚决执行八小时工作制及劳动保护法。"④

　　1928—1930 年，苏区还制定和颁布了部分劳动法规、提案、议决案，反映了新型生产关系和劳资关系，是党的劳动政策的法律表现。其中最具有代表性的，当属中共上杭县执行委员会 1929 年 10月 2 日颁布的《上杭县劳动法》，这是目前见到的革命根据地闽西区最早的一个劳动法。《上杭县劳动法》共 9 条，规定工人应增加工资，经工会通过并由县政府批准执行，店东不得无故辞退工人，老板不得打骂工人，失业之工人由政府设法救济，以及工人有集会、结社、言论、出版、罢工的绝对自由权，女工与男工工作平等者工资亦一律平等。⑤ 此外，闽西地区苏维埃还出现过《永定劳动法》（1930 年 2 月）以及经闽西第一次工农兵代表大会通过并颁布的《闽西劳动法》（1930 年 3 月25 日）。按照闽西特委第二次特委扩大会议《工人运动决议案》而制定的《闽西劳动法》，共 9 章 70多条。⑥ 其中包括工厂工人条例、商店工人条例、工场作坊工人条例、自由手工业工人条例、运输工人条例、女工条例、失业工人救济条例。但是，它虽然暂时保护了工人的眼前利益，却脱离了根据地社会政治经济的实际状况，带有"左"的倾向。例如，其《总纲》规定：工人有组织工会、言论、集会、出版、罢工之自由权；各工会应规定最低限度工资，并按照生活程度递加；各种工人利益由各工会会员大会随时规定，得总工会批准后执行，并须报告所在地政府，如政府认为不妥时，得召集联席会议解决之；失业工人政府应设法救济，并分与田地及介绍工作；取消工头制度，不准工头克扣工资；纪念日例假休息，工资照发；工人暴动以前，过支东家之款取消；长期工人遇疾病死伤者，其医药费、抚恤费由东家供给；工人有监督资本之权，以及工作同等者工资同等。

① 中央档案馆. 中共中央文件选集：第 4 册［M］. 北京：中共中央党校出版社，1989：251.
② 中国社会科学院法学研究所. 中国新民主主义革命时期根据地法制文献选编：第 1 卷［M］. 北京：中国社会科学出版社，1981：23.
③ 中共江西省委党史研究室. 中央革命根据地历史资料文库：政权系统　6［M］. 南昌：江西人民出版社，2013：11.
④ 中国社会科学院法学研究所. 中国新民主主义革命时期根据地法制文献选编：第 1 卷［M］. 北京：中国社会科学出版社，1981：6.
⑤ 许毅. 中央革命根据地财政经济史长编［M］. 北京：人民出版社，1982：596 - 597.
⑥ 闽西第一次工农兵代表大会宣言及决议案［Z］. 1930 - 03 - 25.

1930 年 5 月，在上海由李立三主持召开的全国苏维埃区域代表会议上，通过了《劳动保护法》。这是第一部适用于全国苏维埃区域的正式的《劳动保护法》，共 8 章 42 条，并且在中共中央机关刊物《红旗》的第 107 期全文刊登。同时，刊载的《劳动保护法解释书》，分别从工作时间、休息时间、工资、妇女与未成年工人、保障与抚恤、工会、社会保险、劳动监察这八个方面做了解答，对社会保险尤其予以关注：

社会保险制度在中国根本没有成立过，这是中国工人生活水平线低落的重要证明。真正的社会保险的实施只有在苏维埃政权之下才能实行。本法规定社会保险制度为对于工人失业、疾病、死亡及其他临时救助事项等，保险费用全部由雇主担负（资本主义国家劳动保险费多取于工人本身及政府，仍属剥削工人血汗的制度），并规定办理社会保险之权赋予工会机关，俾能完全根据工人利益为正当的支配。至于雇主出资成数，须经苏维埃政府与工会机关按照实际情形予以详细之规定。[①]

这一时期制定和颁布的劳动法规，比如《劳动保护法解释书》所说，是"中国劳动者的权利宣言，是代表千百万在帝国主义与国民党反动统治下工钱劳动者的反抗呼声"，但是，其中规定了若干不适时宜的"左"倾政策。许多条款形同虚设，无法实施，它脱离了中国当时社会政治经济的实际，特别是手工业占主要地位而又日趋衰落的根据地的现实状况，并不具备现实的可行性。

二、 苏区劳动法与保险的规定

1931—1934 年，是根据地发展壮大的时期，也是苏区劳动法与保险事业的发展时期。其标志是1931 年 12 月中央工农民主政府颁布的《中华苏维埃共和国劳动法》和 1933 年 10 月颁布修改后的《中华苏维埃共和国劳动法》。此外，还有共 9 章 36 条的《湖南省工农兵苏维埃政府暂行劳动法》（1930 年 7 月）、共 9 章 68 条的湘鄂赣省工农兵苏维埃政府劳动法（1931 年 8 月）、湘赣省第二次苏维埃代表大会关于劳动法执行条例的决议（1932 年 8 月 1 日）、江西省苏维埃第一次代表大会实行劳动法令的议决案（1932 年）、闽浙赣省第二次工农兵代表大会实行劳动法令决议案（1933 年 4 月 24 日），以及"争取实现劳动保护法和社会保险"的《湘赣边苏区赤色工会暂行组织法》（1931 年 10 月 6 日）等。

1931 年 11 月 7 日至 20 日，中华苏维埃第一次全国代表大会在江西瑞金叶坪召开，中央区、闽西、湘鄂赣、湘赣、湘鄂西、豫（鄂）东北、琼崖各个苏区，全国总工会，以及红军各部队代表共计 610 人，宣告中华苏维埃共和国成立。中

1931 年 11 月，中华苏维埃第一次全国代表大会在江西瑞金召开

---

① 劳动保护法解释书［J］. 红旗，1930，107.

华苏维埃共和国的成立，为实施 1928 年中共"六大"通过的《政治决议案》第 6 条"实行社会保险"准备了基础条件。

中华苏维埃第一次全国代表大会讨论并通过了宪法大纲、劳动法、土地法、经济政策和红军问题。《中华苏维埃共和国宪法大纲》在根据地保险史上具有重大意义，第一次把劳动法、社会保险制度与国家失业津贴列入了国家根本法。这是根据地劳动法规及其保险制度赖以产生的法律基础。宪法大纲共有 17 条。第 5 条指出："中国苏维埃政权以彻底的改善工人阶级的生活状况为目的，制定劳动法，宣布八小时工作制，规定最低限度的工资标准，创立社会保险制度与国家的失业津贴，并宣布工人有监督生产之权。"① 1933 年又推行《中华苏维埃共和国十大政纲》，第 5 条规定，改善中国工人生活，实行八小时工作制，青工工作六小时，14 岁到 16 岁者工作四小时；禁止 14 岁以下的童工工作；改善女工待遇，增加工资，施行失业救济与社会保险等。②

1931 年 12 月颁布的《中华苏维埃共和国劳动法》，是继 1930 年 5 月的《劳动保护法》之后的第二个劳动法。该法共 12 章（总则、雇用的手续、集体合同与劳动合同、工作时间、休息时间、工资、女工青工及童工、劳动保护、中华全国总工会及其地方的组织、社会保险、解决劳资冲突及违犯劳动法的机关、附则）75 条。但其时在以博古为代总书记的中共临时中央的领导下，该劳动法受到王明路线过"左"政策的影响，是立三路线时期《劳动保护法》的继续和发展。

这一劳动法也是共产国际施加直接影响的结果。1930 年 6 月，《共产国际执行委员会关于中国问题的决议》指出，"改善苏区工人生活状况方面，应按立法程序实行八小时工作制，建立最低限度的社会法制，允许自由成立工会与自由开展活动。此后的一切改善，不应通过苏维埃机关的法令来求得，而应根据当地的具体条件，经过阶级斗争和工会活动来求得"。③ 1931 年 8 月 26 日，《共产国际执委会主席团关于中国共产党任务的决议案》进一步指出，"实行社会立法和工人监督生产"，"苏维埃政权应该立刻实行八小时工作制，对同等劳动给以同等报酬，实行劳动法（每年的休假期：每周一个休息日；保护童工，使童工不受剥削，用时要采取一种方针，以便手工业与家庭手工业中完全废止童工制；并颁布法令禁止苏区的一切工业企业中采用童工制，工人生病时予以医治和给以工资；给残废者以津贴，由业主出钱作保险费；辞退和雇用工人，只有经过职工会）。从十四岁到十六岁的幼年工人，其工作日，应该限定为四小时，从十六岁到十八岁的青年工人，则限定为六小时"，"雇农劳动时间的控制（指容许延长的那一部分），应当在农业雇工的特殊暂行条例中予以规定。同时，这个条例中还应规定生产的季节性和中农临时雇短工的事项"，"苏维埃政权应立即采取措施，以帮助失业工人和减缓失业现象"，"必须制止私营企业主关厂和停产"。④

---

① 中央档案馆. 中共中央文件选集：第 7 册［M］. 北京：中共中央党校出版社，1991：773.
② 中国社会科学院法学研究所. 中国新民主主义革命时期根据地法制文献选编：第 1 卷［M］. 北京：中国社会科学出版社，1981：17.
③ 中国社会科学院近代史研究室. 共产国际有关中国革命的文献资料：第 2 辑［M］. 北京：中国社会科学出版社，1982：95.
④ 中国社会科学院近代史研究室. 共产国际有关中国革命的文献资料：第 2 辑［M］. 北京：中国社会科学出版社，1982：149 - 162.

在这一背景下，《中华苏维埃共和国劳动法》作了很多不切实际的规定。其第八章"劳动保护"（第 44~57 条）要求：无论何种企业必须发给工人工作专门衣服，工作专门衣服的种类及穿着的期间，由中央劳动部特别规定之（第 46 条）；企业管理处须供给工人特别的保护衣服及其他保护物（如护眼器、面具、呼吸器、肥皂、特殊食品、肉类与牛乳），在有毒企业内供给消毒药品或器具，这些设备不得由工人负担，并须按期检查工人身体，借谋保护（第 47 条）；由工厂出资建筑工人寄宿舍，无代价地分给工人及其家庭，未建筑寄宿舍的，每月由工厂津贴相当的房金（第 53 条）；工人和职员若自愿地解除劳动合同，雇主须发给他半个月的中等工资，作为卸工津贴费，若雇主开除工人和职员，雇主须发给他 3 个月的中等工资作为卸工津贴费（第 54 条）；工人和职员若暂时丧失劳动能力，雇主须保留他原有的工作地位和原有的中等工资（第 54 条）。①

《中华苏维埃共和国劳动法》专设第十章"社会保险"（第 68~71 条），将社会保险写进《劳动法》，表明苏维埃政权对社会保险的高度重视，但同样也脱离了苏区的实际。其第 68 条称，社会保险"对于一切雇佣劳动者，不论他在国家企业、协作社或私人的企业，不论工作时间之久暂及付给工资的形式如何都得施及之"。其第 69 条强调，由雇主于应付的工资之外支付全部工资额 10%~15% 的数目，作为社会保险之基金，该项百分比例表另由中央劳动部以特别命令颁布之，绝对不得向被保险人征收保险费，也不得从工资中克扣。②③ 第 70 条规定，社会保险优恤的种类包括：（甲）免费的医药帮助——不论是普通病或因工作致病、遇险受伤、职业病等都支付医药费，其家属也同样享受免费的医药帮助。（乙）暂时失却工作能力者的津贴，如疾病受伤受隔离，怀孕生小孩以及服侍家中的病人等空缺时间内的工资。（丙）失业津贴费——职工会会员做工在一年以上就可得失业津贴费，非职工会会员做工在 2 年以上才可得失业津贴费；失业工人必须在失业劳动介绍所或在当地工会注册或由机关证明曾被雇用过或有职工会会员证作证才能得到优恤金；支付失业津贴费时间之长短可按照当地情形和社会保险基金的状况加以限制，但于失业工人仍可继续领相当的优恤金。（丁）残废及老弱的优恤金。（戊）婴儿的补助金。（已）丧葬津贴费——工人及其家属之死亡，都由社会保险处领取丧葬费。（庚）工人家属贫困补助金。第 71 条则着重指出，社会保险处之管理与社会保险基金之用途，雇主不得过问，雇主只尽纳保险费的义务，由职工会的代表大会选举社会保险机关的管理委员会，并由政府批准，而在职工会和劳动部监督之下，管理社会保险基金的收集与用途。④

在艰苦的革命战争环境下，革命根据地的中心工作是军事斗争，并不具备实施劳动法的条件。《中华苏维埃共和国劳动法》经过一年半的时间后，不少问题逐渐暴露出来。一方面，在紧张的军事

① 中共中央文献研究室，中央档案馆. 建党以来重要文件选编：一九二一——九四九　第 8 册 [M]. 北京：中央文献出版社，2011：709 - 710.

② 中央对于湘赣省苏维埃政府做了批评："对于社会保险应由资本按工资百分之十至十五的数目交给社会保险处，你们决定区县政府按月津贴是不妥的，这都表示你们对于政权认识不清楚。"

③ 中央对于湘赣省苏的指示 [J]. 红色中华，1932，33.

④ 中共中央文献研究室，中央档案馆. 建党以来重要文件选编：一九二一——九四九　第 8 册 [M]. 北京：中央文献出版社，2011：712 - 714.

形势下，劳动法在苏区无暇落实；另一方面，对劳动条件和保险待遇的过高规定，远远脱离了苏区的实际状况。中央执行委员会为了增进全体雇佣劳动者即工人的利益，在1933年3月28日人民委员会第38次常会上，听取了劳动部所召集的各级劳动部长会议情况汇报，对于颁布劳动法的各种附属法令，以及建立失业介绍所、劳动检查所与社会保险均有相应决议，尤其讨论并组织了劳动法的起草委员会以重新起草劳动法。① 时任中华全国总工会委员长的刘少奇、副委员长兼组织部长的陈云等人，也针对《劳动法》中出现的"左"倾条文，在《斗争》和《苏区工人》等刊物上，连续发表重要文章对其进行批评。1933年4月，陈云撰写了《关于苏区工人的经济斗争》一文，认为"不能不顾实际情况，不体现出各个企业不同工人的具体要求，千篇一律地抄录劳动法"，指出这样执行的结果只会"破坏苏区经济的发展，破坏工农的经济联盟，破坏苏维埃政权，破坏工人自己彻底的解放"。该文批评了王明"左"倾冒险主义起草的《劳动法》规定，是"极端危险的工团主义倾向"。② 同年5月1日，张闻天发表了《五一节与劳动法执行的检阅》一文，指出，"为了大都市大生产所订立的劳动法，在经济上比较落后的苏维埃区域内，是不能完全机械执行的"，"这里劳动法的机械执行，对于苏维埃政权与工人阶级本身都有害处，没有好处的"，"所以在小的企业中间，劳动法上的有些条文，是不能机械执行的……我们完全不能同意木船青工因为要实行他的六小时工作，所以撑船到半路上就停下来了"。他举例多处批评《劳动法》，希望"我们的党与苏维埃政府用十分审慎的态度来解决我们在执行《劳动法》中所遇到的各种困难问题，使《劳动法》的执行更能够适合于我们目前的环境与需要"，决不能与整个苏维埃的利益相抵触。③ 6月，刘少奇发表了《停止"强迫介绍"与救济失业工人》一文，评判政府与工会没有很好地解决和救济部分地区的工人失业问题，导致"强迫介绍"问题的产生，呼吁应"停止强迫介绍，必须同时很好地来救济失业工人"，并要求对于工厂、作坊、店铺、苦力运输、乡村中的失业工人给予不同的补助，"劳动介绍所也必须建立起来"。④ 在此基础上，中央执行委员会主席毛泽东，副主席项英、张国焘签署了《关于重新颁布劳动法的决议》。1933年10月15日，中央工农民主政府重新公布了修改后的《中华苏维埃共和国劳动法》，计15章121条，

苏区出版的《斗争》

---

① 人民委员会第三十八次常会 ［J］. 红色中华, 1933, 67.

② 陈云. 关于苏区工人的经济斗争 ［J］. 斗争, 1933, 9.

③ 洛甫. 五一节与劳动法执行的检阅 ［J］. 斗争, 1933, 10.

④ 中央苏区工运史征编协作小组. 中央革命根据地工人运动史 ［M］. 北京: 改革出版社, 1989: 317－320.

包括：总则，雇佣及取得劳动力的手续，工作时间，休假时间，工资（劳动力的报酬），妇女及未成年人的劳动，学徒，保证与津贴，劳动保护，社会保险，集体合同，劳动合同，职工联合会及其在企业、机关、商店中的组织，管理规则，解决争执及处理违犯劳动法的机关。

新《劳动法》具有较多的灵活性，修改或删除了某些过高的福利要求和脱离苏区实际的条文。例如，各企业各机关各商店以及私人雇主，对付给工人职员工资之外，将公私企业支付的社会保险基金的比例，由原定工资总额的 10% ~ 15% 改为 5% ~ 20%，缴纳给社会保险局，作为社会保险基金。该项百分比例表，由中央劳动部以命令规定之。保险金不得向被保险人征收，亦不得从被保险人的工资内扣除。注：社会保险基金不得使用于其他与社会保险无关系的用途（第 67 条）。社会保险的实施如下：免费的医药帮助；暂时丧失劳动能力者付给津贴（疾病、受伤、受隔离、怀孕及生产，以及服侍家中病人等）；失业时付给失业津贴；残废及衰老时，付给优恤金；生产、死亡、失踪时，付给其家属的补助金（第 68 条）；社会保险机关，如因基金缺乏得相当减少付给暂时丧失劳动能力者之津贴的额数（第 71 条）；被保险人及被保险人之妻，如生产小孩缺乏抚育能力者，须付给一次补助津贴并小孩在 10 个月内必需的物品与养育费，但此项补助津贴的总数不得超过被保险人 2 个月的工资（第 72 条）；被保险人及被保险人担负生活费的家属，如有死亡，须付给必需的丧葬费，其数目由当地保险机关决定，但不得超过被保险人 1 个月的工资（第 73 条）。领取失业津贴，须先到劳动介绍所登记，领失业证书，如是职工会会员，须有职工会会员证为凭。支付失业津贴期间之长短，可按照当地情形和社会保险基金的状况加以限制（第 74 条）。凡被保险人，因疾病或遇险而致部分或全部残废，或因年老而丧失劳动能力，经过专门委员会的审查确定后，须付给优恤金。优恤金付给的额数，以残废的程度及性质与被保险人的家庭状况决定之（第 75 条）。凡被保险人死亡或失踪，若被保险人家属，因而无从取得生活资料者，经过专门委员会的审查确实，须付给补助金，付给补助金的额数及方式，由当地社会保险机关视受津贴人的年龄及财产状况决定之。但只有被保险人家属的下列各人，才能领取本条所规定的补助金：未满十六岁的子女兄弟及姊妹；无劳动能力的父母及妻；上述家属各人虽有劳动能力，而被保险人有未满八岁的子女者（第 76 条）；等等。

各地在执行过程中注意到了实际存在的过"左"问题，提出了修正意见和新举措。比如，汀州市工会的新规定："如洗衣、剃头，年关费，年关双薪等一概取消，工资提高，伙食归并。对辞退工人疾病等一切待遇，均有更具体的规定。"[①] 1933 年 4 月，川陕革命根据地的《川陕省苏维埃政府公粮条例》中规定，以公粮的 1/5 作为社会保险基金发放给没有生产能力的孤寡病老者。中共湘赣省第三次代表大会颁布《经济斗争与工会工作决议案》："在工人经济斗争中，必须清晰地了解企业大小与城乡差异地方社会程度，依据工人意见去订立适合工人口味与经济条件的要求纲领和各种合同，反对提出盲目的、过分的要求，普遍的改订过去有些千篇一律的合同，特别是要注意巩固工农经济联盟"。[②]

---

① 汀州市工会进行改进合同 [J]. 红色中华, 1933, 55.
② 江西省档案馆. 湘赣革命根据地史料选编：下 [M]. 南昌：江西人民出版社, 1984：572.

《劳动法》的修订和各地在实践中的做法，一定程度上修正了过"左"的劳动政策及社会保险和社会救济政策，对于调动劳资双方的积极性，发展根据地经济，巩固工农联盟和红色政权，起了一定的积极作用。但是，苏区的《劳动法》还没有完全摆脱"左派幼稚病"的影响，一直到1935年瓦窑堡会议之前，并没有从根本上得到纠正。同时，由于第五次反"围剿"在即，新《劳动法》也无法付诸实施。

三、　根据地保险的组织与实践

各地各级政府设立专门执行和监督机构，是推行劳动保护、社会保险和社会救济的重要组织保证。这就是由苏维埃全国代表大会—中央执行委员会—劳动人民委员和劳动部—劳动科构成的纵向框架，以及劳动保护局、失业工人介绍局（内设救济、统计二科）、经济评判局和社会保险局的横向框架。

1931年11月27日，中央苏区第一次全国代表大会上选举产生的最高政权机关中央执行委员会召开第一次会议，选举毛泽东为主席，项英、张国焘为副主席以及人民委员。其中，项英兼劳动人民委员（1933年4月，劳动人民委员会随临时中央政府迁往沙州坝。刘少奇、朱荣生在8月9日被任命为副部长。1934年1月召开的第二次全国苏维埃代表大会上，改任邓振询为部长）。同年12月20日，中央执行委员会通过了《关于实行〈劳动法〉的决议案》。

在中华苏维埃共和国正式成立和《中华苏维埃组织法》颁布之前，苏区保险事业的组织，各地情形有所不同。最早的相关规定，可以上溯到1928年7月中国共产党第六次代表大会通过的《关于苏维埃政权的组织问题决议案》。该决议案规定，在苏维埃委员会设立社会保险部，其职责是实施劳动法，分配好房屋给工农和分配工作。[1] 各地执行劳动法的机构，省级有劳动监督部、社会保险委员会、劳动保险委员会、裁判委员会及劳动法庭、劳工委员会。乡级和县级机构有工农监委会、劳动检查所。这样从省级，到县级和乡级形成了劳动法执行机构的体系框架。各地劳动机构的职能主要是签订合同、规定工作时间、检查工作、介绍情况、向雇主和资本家抽取保险金、裁判劳动法案件，等等。但在实际上，各苏区的情形多有参差。《江西苏维埃临时组织法》规定，省、县、市苏维埃执行委员会设立劳动保险及失业救济委员会。[2] 1930年9月的《修正闽西苏维埃政权组织法》则规定，在闽西工农兵代表大会执行委员会的常务委员会下，单独设立社会保障委员会，下辖社会保险部。[3] 同年《湖南省工农兵苏维埃暂行组织法》规定，省苏维埃执行委员会下设常务委员会单独设立劳动保险委员会。[4] 1931年7月发布的《鄂豫皖区苏维埃临时组织大纲》规定：一是可以设立内务委员

---

[1]　西南政法学院函授部. 中国新民主主义革命时期法制建设资料选编：第1册 ［M］. 重庆：西南政法学院，1982：87.

[2]　此件无颁布日期，根据内容应为第二次国内革命战争初期的文件（中国社会科学院法学研究所. 中国新民主主义革命时期根据地法制文献选编：第一卷 ［M］. 北京：中国社会科学出版社，1981：101－110）。

[3]　《闽西第二次工农兵代表大会决议》中的《修正闽西苏维埃政权组织法》（1930年9月）。

[4]　中国社会科学院法学研究所. 中国新民主主义革命时期根据地法制文献选编：第二卷 ［M］. 北京：中国社会科学出版社，1981：137.

会，其职责是管理社会保险（设立社会保险局、赤区民警、户口调查、统计、卫生、婚姻登记等）。具体条例另定。二是建立劳工委员会，办理劳工保险局、劳工介绍所、失业保险局等。具体条例另定。①

中华苏维埃共和国成立后，1932 年 4 月 20 日，劳动人民委员项英签署《中华苏维埃各级劳动部暂行组织纲要》，以中央劳动部的名义予以颁布。② 该纲要确定了劳动部下设劳动保护局（内设劳动检查、技术检查和卫生检查三科）、失业工人介绍局（内设救济、统计二科）、经济评判局（内设统计、指导二科），以后增设社会保险局。同日，中华苏维埃临时中央政府劳动部发布第一号训令《关于劳动部组织与工作》和第一号布告《关于实行劳动法问题》，指出："为了实际执行全苏大会保护工人阶级的政纲和劳动法令，必须健全劳动部的组织与工作。查过去各级苏维埃政府，有的未建立劳动部，有的在形式上建立了无工作，全苏大会闭幕至今为时已半年，劳动法令的实施，不仅没有去做，甚至有的从未过问这一问题，以致在苏维埃政权下，使工人阶级没有完全实现他们应享受之一切权利，许多地方资本家还是用过去剥削工人的方式来继续剥削工人，这是何等严重的现象，不仅有损于苏维埃政权的威信，而且减弱工人阶级参加苏维埃斗争的积极性。"③ 要求务必在红五月内完成整改要求，即健全劳动部和劳动科之组织，并依级转报各上级劳动部审查备案；真正实现 8 小时工作制，最低工资规定每月为大洋 7 元（连伙食在内）；各个工会代表和资本家雇主将劳动合同到当地劳动部（科）重新登记和重新检查；鉴于社会保险费的实行在当时农村及小城市中比较困难，由各地劳动部或者劳动科根据实际情况拟定应实行之办法，对于已实行之保险金者，在社会保险局未成立前，暂委托职工会管理与支配。

1932 年 12 月 20 日，鉴于资本家及雇主交纳保费的情况不明，在未设立社会保险局之前暂时委托工会代为征收、保管和分配保险金的政策并未得到很好地执行（"没有把保险金有计划地去分配来救济工人"或者"挪作他用"），中央劳动人民委员部专门强调，"为实施社会保障及保障工人利益起见，立即建立社会保险局"，并"决定从 1933 年起直接由各级劳动部设立失业劳动介绍所"。④ 同日，劳动人民委员项英签署命令，强调乡一级职工会是团体组织而不是行政机构，不能自由设立劳动部和失业劳动介绍所。乡间一切劳动保障问题由区一级劳动部直接负责。⑤

1933 年，中华苏维埃共和国还颁布了一系列与保险相关的命令和政策。同年 4 月 18 日，中央劳动保护局局长朱荣生签署训令，为保障社会保险法的实施，清算过去社会保险金的工作，完成与开展反贪污斗争，提出了五项检查任务。其中包括督促各级保险金清算委员会清算保险金工作，彻查的重点对象是征收社会保险金的经手人与偷漏和拒交社会保险金的业主。并禁止非社会保险金机构

① 中国社会科学院法学研究所. 中国新民主主义革命时期根据地法制文献选编：第二卷［M］. 北京：中国社会科学出版社，1981：146 – 147.
② 厦门大学法律系，福建省档案馆. 中华苏维埃共和国法律文件选编［M］. 南昌：江西人民出版社，1984：315 – 316.
③ 厦门大学法律系，福建省档案馆. 中华苏维埃共和国法律文件选编［M］. 南昌：江西人民出版社，1984：315.
④ 中央劳动人民委员会命令第二号［J］. 红色中华，1933，47.
⑤ 中央劳动人民委员会命令第一号［J］. 红色中华，1933，47.

征收保险金，绝对禁止向工人征收保险金。① 同年 6 月 20 日，劳动人民委员项英部长和刘少奇副部长颁布了《中华苏维埃共和国劳动人民委员部秋季冲锋季工作计划》。为了迎接第二次中华苏维埃全国工农代表大会（1934 年 1 月 21 日至 2 月 1 日）的召开，检查劳动法的执行情况，建立和健全各级劳动部的组织及工作，中央劳动部在 7 月、8 月 2 个月内，颁布劳动介绍所章程、社会保险局章程、农村工人补助法令、学徒保护法令、劳动检查条例、各业最低工资规定。并且强调"各地政府劳动部和科应将劳动委员会建立起来"，"7 月 15 日前建立中央社会保险局"以及准备汀卅、瑞金等州成立社会保险局，已经成立社会保险局机关的地方，8 月 16 日至 9 月底，将保险契约订立完毕。② 但由于压倒一切的第五次"反围剿斗争"的到来，这个工作计划的实施已经大打折扣。中央社会保险局从劳动部中独立出来的设想也未付诸实施。同年 9 月 26 日，项英部长和朱荣生副部长颁布劳动人民委员部第十号命令《关于陆上苦力运输工人的劳动介绍、劳动检查与社会保险问题》。该命令严厉批评了"对于陆上苦力运输工人的社会保险，不是从雇主那边征收，而是直接向工人征收，甚至不顾挑货的人是帮人挑运还是自己挑运一律要征收保险金，不交的就把人、货留住"的严重错误，等等。

在其他苏区也出台了推进保险的相关制度。比如，1933 年 2 月颁布的《川陕省苏维埃组织法》对三级苏维埃关于保险和救济的职能作了详细规定。乡一级苏维埃设立劳动内务委员会，职责是检查劳动法令的执行情况，介绍工人的工作，注意卫生防疫和戒烟工作。区一级苏维埃设立劳工委员，其职责是实行劳动法令，介绍工人工作，实行社会保险，向雇主抽社会保险金。县一级苏维埃设立劳工委员会，执行社会保险，向雇主抽社会保险金，介绍失业工人的工作，检查工厂是否安全卫生，是否执行劳动法令。川陕省苏维埃设立劳工委员会，下辖社会保险部、劳动介绍所、劳动检查所。③

到 1933 年 10 月，中华苏维埃颁布了经修改的《中华苏维埃共和国劳动法》，对于各地区苏维埃政府劳动部及其保险机构，作了统一的规定。当年 12 月 12 日的《中华苏维埃共和国地方苏维埃建设暂行组织法》（草案）就此作了合法的组织决定、职能界定和编制安排，规定设立专门劳工保护和保险管理机构——劳动委员会或劳动部及劳动保护科、失业劳动科、劳动检查所和社会保险局等。

一是省、县、区、市各级劳动部之下，均设劳动委员会，该委员会为讨论和建议关于劳动部工作中各种问题的机关。劳动委员会，省由 15 人至 21 人、县由 13 人至 19 人、区由 9 人至 11 人组织之，市按市之大小由 9 人至 21 人组织之。

二是劳动委员会，由部长、副部长、劳动保护科长、失业劳动科长、社会保险局长、职工会的代表 2 人至 3 人、国民经济部及土地部的代表、所在地附近的下级劳动部长，及其他工作人员中能任此职者组织之，以部长为委员会的主任。劳动委员会的委员，经同级主席团审查通过后，须送上级劳动部批准。

三是省县区市劳动部之下，设劳动保护科、失业劳动科及社会保险局分局支局或办事处（社会

---

① 原件藏江西省赣州市委党史工作办公室。
② 中共江西省委党史研究室.中央革命根据地历史资料文库：政权系统 7［M］.南昌：江西人民出版社，2013：791－793.
③ 中共陕西省委党史资料征集研究委员会.陕西党史专题资料集：六［A］.1987：36－48.

保险局暂时受劳动部节制)。

四是省劳动部设部长 1 人,副部长 1 人至 2 人。县区市各级劳动部均设部长 1 人、副部长 1 人。各级劳动保护科,失业劳动科,各设科长 1 人。社会保险局设局长 1 人。省劳动部及中央直属市劳动部,均设秘书 1 人。省劳动部及省属市劳动部,均设文书 1 人。各级劳动保护科之下,均设劳动检查所。在工业发展区域,劳动保护科之下,还须设置卫生检查所、技术检查所及经济评判所。

各级失业劳动科之下,均设劳动介绍所。在失业工人较多的区域,当地失业劳动科之下,还须设置失业劳动救济委员会。

五是部长、副部长及各科的职权如下:部长管理本部全部工作;副部长助理部长进行工作,部长因故离职时代理部长之职权;劳动保护科,管理劳动保护的工作,监督与检查劳动法的实行;实业劳动科,管理失业劳动的登记和统计劳力的调剂,劳动的介绍,指导工人组织生产合作社等;社会保险局,管理社会保险的工作。

1934 年 3 月 24 日,《红色中华》刊登的表扬叶坪犁牛合作社的文章

六是劳动检查所长、检查员及社会保险局各级局长,由同级职工联合会推荐。经劳动部审查委任之。①

1934 年 1 月,中央苏区政府主席毛泽东在中华苏维埃第二次全国工农兵代表大会的报告,为早期革命根据地的保险事业作了总结。截至 1933 年底,苏区工会会员数,仅中央苏区及其附近几个苏区,就有 229000 人,其分布为,中央苏区 110000 人,湘赣 23000 人,湘鄂赣 40000 人,闽浙赣 25000 人,闽赣 6000 人,闽北 5000 人。只有 3676 人没入工会,占比为 5% 。毛泽东指出:"苏维埃的劳动政策的原则是在于保护工人阶级的利益,巩固与发展苏维埃政权"。② 由此而确立了社会保险制度,苏区一般实行 8 小时工作制,订立了劳动合同与集体合同。社会保险局已建立在苏区各个城市,并且设立了失业救济机关,农村工人又都分配了土地。在城市内与许多的乡村内,已经普遍建立了劳动检查所与检查员,目的是检查雇主是否有违背苏维埃劳动法的行为。对于雇主犯法行为的裁制权,则属于专门设立的劳动法庭。为了防止资本家对于劳动力的操纵,为了保护失业工人,苏维埃垄断了劳动介绍权,一切资本家请工,必须到苏维埃设立的劳动介绍所去。毛泽东在报告中还规定了下述任务:"必须充分执

---

① 中国社会科学院法学研究所. 中国新民主主义革命时期根据地法制文献选编:第二卷 [M]. 北京:中国社会科学出版社,1981:51 - 94.

② 中共江西省委党史研究室. 中央革命根据地历史资料文库:政权系统 8 [M]. 南昌:江西人民出版社,2013:1324.

行劳动法，把劳动法的每一条文解释给广大工人群众听。八小时工作制的实行，最低工资的规定，是保证工人利益的中心与起码的部分。劳动检查所与劳动法庭，必须使之起完全的作用。必须向着那些忽视工人利益而企图与资本家妥协的人员作坚决的斗争。必须对于失业工人实行具体的与及时的救济，失业救济委员会必须在一切有失业工人的地方组织起来。社会保险制度，必须在一切可能实行的地方真实地实行，必须给予社会保险局的工作以应有的注意，必须避免过去有些地方对于保险金支配上的错误。为了这些工作的充分执行，应该把苏维埃劳动部健全起来，劳动部与工会之间应该发生密切的关系。"①

为了保障根据地农业生产，中央苏区大力倡导耕牛合作社。叶坪耕牛合作社就是"全苏区的模范"，其制定的保护耕牛规则已经蕴含了现代保险的元素。例如，中央苏区设立筹备委员会进行集股运动、支付入社基金、倡导租耕牛农具、租金等级制度。提倡集体养牲口、耕种互助、人工换人工、人工换牛工或牛工换牛工，禁止杀牛，准许租牛，鼓动牛多的地区出借或者出租牛等；强调基本农民群众的自愿原则，每只耕牛耕田多少、耕牛的分配，由耕牛合作社多数社员决定，取决于"社员所有面摊数与耕牛能力大小"；设立筹备委员会进行集股运动，没收地主全部和富农剩余的耕牛农具入会；耕牛合作社所有财产，包括新生的牛仔归全体社员所有；非社员要求加入者必须支付入社基金；耕牛合作社挑选一人负责，其报酬包括牛粪归管理者所有；租耕牛农具的办法：社员具有优先权，社员的租金比非社员要高一点，富农又比非社员要高一点，牛饲料以饱为原则，夜喂禾草一把；租钱用于耕牛饲料、修理农具以及管理者津贴；保护耕牛规则包括，"若有耕牛保护得不好，耕牛收回，并按其轻重处罚"，耕牛站的耕牛农具必须先耕种红军公田等。②③

由于第三次"左"倾路线与第五次"反围剿斗争"的失败，1934 年 10 月，主力红军离开中央根据地开始了万里长征。长达 7 年之久的革命根据地人民保险事业被迫中断，但为抗日战争时期根据地保险尤其陕甘宁边区保险的建立和发展积累了初步的经验。

第三节　抗日战争时期根据地保险事业

在历时 8 年的全面抗日战争期间，中国共产党先后建立了 19 个抗日根据地，即陕甘宁边区、晋察冀边区、太行区、太岳区、冀鲁豫区、山东区、晋绥边区、苏北区、苏中区、浙东区、苏浙区、淮北区、淮南区、皖江区、豫西区、鄂豫皖区、湘鄂赣区、东江区、琼崖区，总人口共有 9950 万人。陕甘宁边区是抗日战争时期中共中央和中央军委所在地，是全国革命的指挥中心和敌后抗日根据地的总后方。其前身是陕甘边和陕北两个革命根据地。1935 年 10 月，中央红军主力长征到达陕北

---

① 中共江西省委党史研究室．中央革命根据地历史资料文库：政权系统 8 [M]．南昌：江西人民出版社，2013：1351.
② 建立耕牛站 [J]．红色中华，1933，57.
③ 叶坪犁牛合作社是全苏区的模范 [J]．红色中华，1934，166.

后，建立了中华苏维埃人民共和国中央政府西北办事处，这是土地革命战争后仅存的革命根据地。第二次国共合作建立后，陕甘苏区于 1937 年 9 月 6 日易名为陕甘宁边区，并成立了陕甘宁边区政府（1937 年 11 月至 1938 年 1 月改称为陕甘宁特区政府），林伯渠任主席，辖 23 个县，约 200 万人，首府为延安。在艰苦的战争环境下，以陕甘宁边区为中心，中国共产党为建立人民保险制度继续进行探索。

一、 劳动保护和劳动保险法规及其实施

1936 年 2 月，陕甘宁边区成立了陕北省总工会，工会会员达 1 万余人。1937 年 4 月，成立陕甘宁边区总工会。1939 年 5 月 1 日，中共中央成立了中央职工运动委员会。1944 年，产业工人达 1.2 万人左右。1945 年初，陕甘宁边区总工会人数达 60956 人，各解放区工会的人数达 780809 人。这一时期的社会保险制度，项目少，标准低，社会保险之各项津贴、救济与抚恤标准因由各地依具体情况决定而有所差异。在一切为了抗日民族统一战线大局的情况下，从实际情况出发，采取公私兼顾的政策，通过修订以往"左"的规定，制定了相应的劳动政策。

在抗日战争的艰苦环境下，中国共产党人仍然继续努力通过包括实行保险等方式，以保障劳动阶级的利益。为发展边区经济，保障抗战需要，抗日战争时期中国共产党人主张取消对资本家、富农经营生产事业的各种限制，主张工人在抗战期间以 8 小时为基础适当增加工作时间，但厂方也应改善工人的生活，比如适当地增加工资等。1939 年 1 月，林伯渠在陕甘宁边区第一届参议会所作的《政府工作报告》中提议："实行一种仲介制度，在政府仲介之下，劳资双方订立劳动契约，根据各地不同的生活条件，酌量增加工资，减少工作时间，改良工人生活待遇。"[①] 1940 年 3 月，林伯渠又在陕甘宁边区县长联席会议上作了"新民主主义政治"报告，提出："在统一战线的政权下，资本家是同样地受到保护的，但在劳资间要有适当的调整，须保证八小时工作制及改善工作条件"，要求同时保护工人阶级和资本家的利益，获取一切可能的抗战力量。[②] 1941 年 3 月，《中共中央劳动政策提纲（草案）》分析了各种"左"的错误倾向及其产生的社会历史根源，推行适当地改善工人生活和不妨碍资本主义经济正当发展的两重性的劳动政策。同时，确定以"战争、生产、教育"为中心的工会工作方针，并作出原则规定：社会保险或者劳动保险，

20 世纪 40 年代初期，陕甘宁边区领导及财政厅人员合影

---

① 林伯渠. 林伯渠文集 [M]. 北京：华艺出版社，1996：106.
② 林伯渠. 林伯渠文集 [M]. 北京：华艺出版社，1996：191.

以及社会保险基金，由厂方和政府各出一部分，具体数目不作划一规定。同年 5 月 1 日，《陕甘宁边区施政纲领》首次提出"调节劳资关系"，提出实行发展实业和保护私有财产的经济政策，总的方针是必须改善工人生活，但加薪减时均不应过多，实行 8～10 小时工作制，同时还提出"保护女工、产妇及儿童"等政策。

中共中央确定的劳动政策的基本原则，被各抗日民主根据地采纳。各个公营工厂、私营企业和农村雇工一般执行了这些规定。部分公营企业由于职工大多来自部队机关，职工的劳动保险实际上成了供给制的一部分。

陕甘宁边区以及晋冀鲁豫边区、晋察冀边区等抗日根据地，根据各自具体情况，制定了适合于本地经济社会生活水平的劳动保护、社会保险和社会保障政策条例和办法。把中共中央劳动政策即1941 年 3 月《中共中央劳动政策提纲（草案）》和 11 月 6 日《陕甘宁边区施政纲领》予以具体化。陕甘宁边区总工会还起草了《陕甘宁边区工厂工会章程准则》（共 6 章 26 条），并且广开言路，把"提供参议会及政府关于颁布或者改废各种劳动法令之意见，并依法推选政府所属之各级劳动社会保险机关及检查机关之职员"作为工厂工会的十大任务之一。①

陕甘宁边区在公营工厂中实施劳动保险的办法，见诸于《陕甘宁边区战时工厂集体合同暂行准则》（1940 年 11 月）以及《陕甘宁边区战时公营工厂集体合同准则》（1942 年 5 月）。前者明确规定了女职工享有生育保险和工人享有工伤保险的权利，② 后者修订了以往一些"左"的规定。例如，1940 年曾规定工人因病医治或住院者，医药费概由厂方负责；病假在 1 个月之内者，工资照发，病假 2 个月者，发给工资一半，病假至 3 个月，发工资的 1/3，3 个月以上，停止发给工资；医药伙食费仍由公家设立之医院负责，并由工厂每月发给 1 元至 3 元的津贴费及衣服；等等。1942 年则修改为病假期间停发工资，由厂方酌量予以津贴，事假一律不发工资。此外，1941 年 9 月，鉴于边区生活必需品物价上涨，边区政府还颁布《陕甘宁边区关于公营单位工人工资标准之决定》，重新制定工资标准，以每个工人生活所需为最低工资，工资之高低由工人之技术程度、劳动强度决定，工资之发放采用实物与货币混合制。③

值得提到的是，1942 年冀中区还规定了退休金制度。当年 2 月的《冀中区总工会、农村合作社冀中总社关于各级社工厂职工待遇之共同决定》，确定实行退休金办法，即由厂方在工资以外，按工资总额的 1/10 存贮作劳动退休金，于工人脱离工厂时发给。④

对于根据地的私营工厂，也有劳动保险的法规条例。《陕甘宁边区劳动保护条例（草案）》（共 11 章 50 条）将原来的中华苏维埃共和国劳动法中的两章（社会保险、中华全国总工会及其地方组织）合并为工人权利一章，其中规定："雇主不得无故开除工人，如因故开除工人时，须先得工会同

---

①　甘肃省社会科学院历史研究室. 陕甘宁革命根据地史料选辑：第 1 辑 [M]. 兰州：甘肃人民出版社，1981：105－110.

②　中华全国总工会中国职工运动史研究室. 中国工会历史文献：第 4 册 [M]. 北京：工人出版社，1959：167－168.

③　中国社会科学院法学研究所. 中国新民主主义革命时期根据地法制文献选编：第四卷 [M]. 北京：中国社会科学出版社，1981：640－642.

④　中华全国总工会中国职工运动史研究室. 中国工会历史文献：第 4 册 [M]. 北京：工人出版社，1959：413－418.

意，并给予退工津贴及路费；工人因公得病或受伤，医药费由雇方供给，休假期间工资照发，并得保留其原有工作地位；工人因工作而致残废，丧失其全部或一部分工作能力者，雇方应给残废津贴，其津贴数目，以残废部分之轻重为标准，最少不得低于半年之平均工资；工人因病死亡家庭无力葬埋，雇方须负责葬埋费。并须调查死亡者家庭状况，酌量给以抚恤金；工人因工受伤死亡者，雇主应给该工人两年之平均工资，抚恤其遗族。"[1]

在晋冀鲁豫根据地，制定了《晋冀鲁豫边区劳工保护暂时条例》（1941 年 11 月公布施行，1942 年 12 月 10 日修正公布）规定，凡属本边区之工人（工厂工人、作坊工人、矿场工人、运输工人、手艺工人、店员、学徒、雇工、牧畜工人及家庭之雇工等）与资方（厂主、作坊主、矿场主、商店主、师傅、雇主等）均为适用对象。条例第 10 条规定：公私工厂、矿场及作坊工人每日工作时间以 10 小时为原则，但地下矿工工作时间不得超过 9 小时。其他因地方情形或工作性质必须延长工作时，至多不得超过 11 小时，并须按照增加钟点增加工资。一般手艺工人、商店店员、运输工人及学徒之工作时间，除双方协议规定者外，得依习惯行之。农村雇工、牧畜工人及家庭雇工，其作息时间依习惯行之。第 21～25 条规定，工人患病，经医生证明需要休息，其病期在 1 个月以内者，除工资照发外，并由资方出医药费，但最多不得超过相当 2 市斗小米之市价。其病期逾 1 个月者，医药费可停止补助，至于工资续发与否，得按当地习惯由劳资双方协议决定。工人因工作致伤，除工资照发外，其治疗费应全部由资方负担。工人因工作致残，而尚能做轻微工作者，资方除负责治疗外，应增发 1 个月至 3 个月的工资作为抚养金。工人因工作致残不能继续工作者，资方得按其工作时间长短、技能强弱、残废程度，发给 3 个月至 1 年之工资作为抚恤金（1944 年 1 月 17 日修正条例改为：工人因工作致残废而不能继续工作者，资方得按工作时间长短，技能强弱，残废程度发给 1 个月至 3 个月之工资作为抚养金）。工人因工作致死者，资方除给予埋葬费（相当于 4 市斗小米之市价）外，并须给其家属以抚恤金（以 3 个月至 6 个月工资为限）。如当地习惯超过此规定者，依习惯执行。该条例第五章制定了严格的"劳动合同"，以保障工人的利益：劳资合同之缔结以劳资双方自愿为原则，期满后任何一方均有宣告解除契约之权；劳资双方如中途因故解除合同时，须经双方同意方为有效；一方不同意而对方认为仍须解除合同时，须报告工会或农会调解，调解无效时得呈请政府处理之；劳资之一方有不履行合同者，他方有提出解除合同之权，但不得无故退工或解雇；资方如因天灾、敌灾或其他变故无力继续经营其事业时，应于 7 日前通知工人另找工作，但资方有支付能力时须发给工人以一定之解雇金。其数额以半个月至 1 个月之工资为标准。[2]

晋西北根据地制定的《晋西北工厂劳动暂行条例》（1941 年 4 月 1 日公布）共 10 章 45 条。条例规定：工人工资水平由估价委员会估定（估价委员会由劳、资、工会三方面组织之，无估价委员会者，由劳资双方协同工会共同决定），厂务会议议决公布（第 3 条）；每日工作时间以 10 小时为原

① 陕甘宁边区办公厅．陕甘宁边区政策条例汇集续编［M］．1944：648.

② 中国社会科学院法学研究所．中国新民主主义革命时期根据地法制文献选编：第四卷［M］．北京：中国社会科学出版社，1981：659－675.

则。如因抗战急需，在工人自愿的原则下，可以增加工作时间，但最多不能超过 12 小时（第 10 条）；工人因重病暂时不能工作时，医药费由厂方负责（唯自请医生自购药品者不在此限），病假在 1 个月以内者，工资照发，病假在 3 个月以内者，仅发伙食，3 个月以上者，伙食亦停发，病愈时须保存其工作地位。以上所称救济，工作满 1 年者始得享受之。不满 1 年者，应酌情决定。私人经营之工厂，资本不厚或盈余不多时，本章所规定之救济抚恤等费应酌量减少。第 11 条规定，厂方如解雇工人时，须在 10 天前通知工会，以便提出意见（工人自动辞职时，亦须在 10 天前通知厂方），如工会同意解雇时，应由厂方发给 1 个月之工资，作为解雇金。如违犯法令而被解雇与自动辞退者，不在此例。①

此外，还有《晋绥边区关于改善工人生活办法草案》《苏皖边区劳动保护条例》等规则。

关于农村雇工的劳动保险法规条例，包括《关于保护农村雇工的决定》（晋察冀边区行政委员会 1940 年 9 月 20 日实行）、《山东省改善雇工待遇暂行办法》（山东抗日根据地 1942 年 5 月 15 日公布施行），苏中区的《苏中区改善农业雇工生活暂行条例（草案）》（苏中行政公署 1944 年 7 月公布）最为典型，一共有 5 章 32 条。其第三章"休息和医药"规定，长工每月应有两天的休息，息工时雇主不能扣除工资，但在农忙时没有特别的事情不应休息，其应休息的天数，等忙时过了再补。长工害病经过医生证明要休养的，雇主要给他休养。病期在 1 个月以上的，其医药费与工资，可依当地的规矩，由双方和工抗会商议办理。如果是花柳病，雇主不必补助其医药费。雇工因做工受伤，除工资照发外，医药费由雇主完全负责。女工在生产后应该休息 1 个月，工资照发。在生产前 1 个月，不能给她做有碍生育及健康的工作。童工与女工，不能给他们做有碍身体健康的工作。此外，还另行规定了对年老长工的养老办法：在一个雇主家做了 15 年以上的长工，解约时如体力未衰老的，应当给他个人 3 年生活费；已衰老的，应给他养老费。但雇主经济确系困难者，得由工抗会斟酌双方实际情形评定之。在一个雇主家做了 15 年以上的长工，年龄在 50 岁以上而体质衰老的，其养老办法应照下列规定：老长工没家的或是家里无法生活的，雇主应供约他生活到老死为止，死后衣棺埋葬费用均归雇主负担；长工在雇主家养老时，雇主应给予必需之零用费，数目大小应经工抗会同意；在雇主家养老的长工，如不妨碍他健康时，尽可能帮助雇主照料家务或做些轻微工作；老长工自愿回家养老的，除发给他 3 年养老费外，在死时衣棺费亦由雇主负担，在解雇时应提出保证或提交工抗会保管；雇主应付给雇工的养老费、衣棺费，如一次付不出时，可以分期付给。②

二、　抗日根据地的社会保障体系

社会保险、社会救济、社会福利和荒政制度构成了社会保障体系，以陕甘宁边区为代表的抗日根据地的社会保障体系，既包括互助共济性质的各种合作社尤其是牲畜保险合作社，也包括社会救

---

① 中国社会科学院法学研究所. 中国新民主主义革命时期根据地法制文献选编：第四卷［M］. 北京：中国社会科学出版社，1981：675－681.

② 中国社会科学院法学研究所. 中国新民主主义革命时期根据地法制文献选编：第四卷［M］. 北京：中国社会科学出版社，1981：694－700.

济和难民安置、社会优抚和社会福利等制度设施，体现出以下一系列特征：

一是以公私两便、劳资两利为原则。边区政府注意继承、吸收、借鉴早期革命根据地的经验，纠正"左"的因素，以公私两便、军民兼顾、劳资两利为原则，建立了独具特色的低水准、广覆盖的抗日根据地社会保障体系。一般意义上的社会保险是国家通过立法采取强制手段对于国民收入进行的再分配，具有国家立法强制、国家专营和不以盈利为目的的特点，养老、失业、医疗所支付的保险费由国家、社会和个人共同承担。抗日根据地并未实行严格意义上的社会保险，而主要是新型的强制性职工劳动保险或者劳工保险，是从国家、社会或所在单位及雇主资本家手中获得物质帮助的一种社会保障，由企业、单位或雇主缴纳保险费，劳动者享有，且具有较大的灵活性，适用于农村雇工和城市职工、国营企业和私营企业乃至各种类型的合作社。社会保险项目不多，待遇标准较低，即低水准广覆盖。至于社会优抚和社会救济则以国家为主，政府救济与民间救济并存，发挥政府、社会组织和个人三者的作用，从而使根据地的社会保险具有自身的鲜明特色。

抗日根据地社会保险的供应待遇和标准不高，更多地强调社会互助和个人生产自助。根据地社会保险即劳动保险、社会救济、社会优抚、社会福利，覆盖了工、农、兵、学和公务人员，相对较广。比如在社会保险方面，保障对象主要为边区的工人，涉及工伤、失业、医疗、生育等内容。在社会救济方面，主要是灾民和难民，以及少数享受社会抚优和社会保险之后仍很困难的抗工属、工人等。在社会抚优方面，主要是抗日军烈属、残废退役军人等。在社会福利方面，主要受益者是儿童、老人和公职人员中的知识分子。公职人员实行供给制，依职级发给数额不等的津贴作为福利。

二是社会保障体系具有可靠的组织保障。为了贯彻落实各项社会保障政策，陕甘宁边区政府和其他抗日根据地政府完善了有关的组织机构。1937年10月，西北办事处司法内务部改组成民政厅，下设民政、社会保证、卫生三科。各工厂企业设工厂委员会及劳动保护委员会，边区建立总工会。1938年成立隶属民政厅的救灾总会，此外还创立了陕甘宁边区救济分会和各支区救济支会、专管移民垦荒的"移垦委员会"等组织。边区民政厅还成立了抚恤委员会、保育行政组织、敬老院以及难民收容所、抗战后援会等。1938年9月2日，边区政府成立赈济委员会，1940年3月，要求各县应即组织5~7人的赈济委员会，县委书记或县长为主任委员，由县委书记、县长、县互济会主任、后援会主任、保安队长及当地驻军长官组成之。1942年1月公布的《陕甘宁边区县政府组织暂行条例》《陕甘宁边区各乡市政府组织条例》规定，乡一级政府也要设立优待救济委员会。此外，1940年中共中央召开防疫工作会议，成立延安防疫委员会，1941年边区成立家畜防疫委员会。次年4月，边区正式成立"防疫总委员会"，并在区乡村设立卫生防疫小组，责成边区的三大医疗机构中共中央系统、中央军委系统和边区系统向民众提供防疫和医疗服务。

三是自力更生提供资金来源。边区收入主要来自本身，在边区经济被封锁，以及大西北高原地广人稀、自然灾害频繁、经济落后的严酷情况下，主要依靠发展经济保障供给，自力更生与力争外援共举，生产自给和财政补贴并重，政府救济与民间救济并存，发展和巩固新型的合作互助共济的社会关系和生产关系。

四是重视法规政策建设。边区的三大纲领即《抗日救国十大纲领》和两个《施政纲领》，都对"增进人民福利"、保障社会各阶层人民基本生活作了原则规定。1939年2月，边区第一届参议会通过《陕甘宁边区抗战时期施政纲要》，其中有关民生内容的有11条，涉及社会保障问题的就有5条。依据这些原则规定，边区政府制定和颁布实施了一系列法规和政策条例。例如，《抗日军人优待条例》（1937年）、《陕甘宁边区政府优待外来难民和贫民之决定》（1940年3月1日）、《关于赈济工作的决定》（1940年3月30日）、《边区民政厅关于赈济灾难民的指示信》（1941年5月27日）、《边区养老院组织规程（草案）》（1941年6月）、《陕甘宁边区优待难民垦荒条例》（1943年9月1日），《新订陕甘宁边区优待抗日军人家属条例》（1943年），等等。

边区社会保障体系，主要由以下几个方面构成：

第一，合作互助共济性质的牲畜保险合作社。边区政府沿用了土地革命战争时期建立耕牛合作社的做法，积极组织发动群众互助互济，自力更生，建立带有合作互助共济性质的耕牛合作社（耕牛站）、牲畜保险合作社。边区政府建设厅《1943年农业工作总结》曾撰文表彰盐池县二区的牲畜保险合作社经验："为了减少死亡率，增加繁殖量，明年必须在解决草料和加强防疫两个基本问题上用功。关于前者，应继续推广积草，种苜蓿，普遍提倡打山草，收集秋收遗下的豆叶、瓜蔓、枯桑叶、柳梢等，要做到下雪不能放牧时或无草放牧时，不致饿死饿乏牲口。关于后者，今年盐池县二区的牲畜保险合作社，是值得广泛提倡的。因为这是群众的创造，是群众合作发展牲畜的良好办法，一切新的防疫办法以及改善牲畜管理办法，均可经过保险合作社来推行。"[1]《解放日报》1944年报道了华池县牲畜保险委员会的做法："华池县在县联社下设一牲畜保险委员会，该委员会由四人组成，决定每一区有两个兽医脱离生产，受该会领导，负责本区兽医工作。该会资金由合作社负责，给群众医治牲畜，按百分之四十减低医费。现已请得兽医三人。目前该会并派人去庆阳购买药品。目前主要的工作是治羊，现正调查每一乡村的牲畜情形。"[2]1943年12月16日，林伯渠主席在陕甘宁边区劳动英雄代表大会上的闭幕词上提到："为了防备荒年，老百姓发起义仓运动，关中的张清益首先提倡，在他的影响下发展了义仓二十三处。说到畜牧要算贺保元有办法，他的羊喂得好，不生病。而在靖边还创造了一种牲畜保险合作社，给牲畜医病防疫。"[3]1944年，他又在陕甘宁边区政府委员会第四次会议所作的总结报告上号召农民组织起来，开展合作运动，其中包括提倡牲畜保险合作社。

第二，创办、推广义仓。陕甘宁边区地处西北高原，气候较为恶劣，每年都有地方受到旱、雹、水、冻、霜、虫等自然灾害的破坏。据不完全统计，1939—1945年，边区农田受灾面积达2553.7万亩，损失粮食123.3万石，受灾达160万人次。除了主要的自力更生大生产运动，创办义仓或者救济仓也是重要举措。边区政府倡导在县属各区设立群众性的经济组织——民间义仓，以积谷备荒的形

---

① 中国财政科学研究院. 抗日战争时期陕甘宁边区财政经济史料摘编：第2编［M］. 武汉：长江文艺出版社，2016：84.
② 华池县联社成立牲畜保险委员会［N］. 解放日报，1944-04-25.
③ 陕西省档案馆，陕西省社会科学院. 陕甘宁边区政府文件选编：第7辑［M］. 西安：陕西人民教育出版社，2015：273.

式，在平年和丰年动员机关、团体、学校及民众捐粮，集中仓储，歉收与荒年时开仓调剂与解决粮荒。1943 年春，关中分区新正县三区一乡雷庄村在共产党员张清益带领下，全村开义仓用田 25 亩，规定每人全年给义仓义务出工 5 天，收获 4 石义仓粮食。此后，在本乡建立 5 处义仓，开 65 亩义仓田。又在三区建立 23 处义仓，开了 400 多亩义仓田。雷庄村还建立了义仓生产委员会和义仓管理委员会，制定了 5 条管理规则：各村义仓借粮，须经管理委员会通过，在村民大会上批准；借粮时间，规定为每年四五月青黄不接之际，秋收后不借出；参加开义田者，借粮 1 斗，加利 1 升，不参加开义田者，借粮斗，加利 3 升；丰年借粮，本利秋收一并归还，歉年还本欠利，荒年本利缓交，俟年头转好交还；不务正业、吃烟耍赌、不事生产者，不给借粮。① 新正县委对这一举措进行推广，由村到乡、区、县乃至关中地区，掀起了创办义仓运动。1944 年 8 月 22 日，边区政府主席林伯渠、副主席李鼎铭、民政厅厅长刘景范、副厅长唐洪澄批复了参议会议员任绍亭，委员杨正甲、白文焕、高崇尚提出的关于在陇东分区及靖边接创办义仓以备灾荒的议案，发布"积极劝导人民普遍创立义仓加紧备荒"命令。② 根据 1946 年 6 月的统计，仅陇东分区已经建立 67 个义仓，积存粮食1008.31 石。③

其他根据地也有类似的举措。1943 年夏，晋冀豫边区发生了严重旱灾，中央晋冀豫区党委发出了关于救荒防荒的紧急号召，推出了 6 条措施，其中之一就是"普遍促进义仓制度，增加社会储蓄"。④

第三，劳动合作互助互济组织。劳动合作互助互济组织主要有劳动互助社、合作社、耕田队、生产突击队、变工队、扎工队等。⑤ 边区采取了灵活多样的形式，包括人工换人工、人工换牛工或牛工换牛工、集体养牲口，以及白原村式变工、马家沟式变工、吴家枣园式变工、后殿村的唐将班子、刘秉温式变工队等新的劳动互助组织形式。劳动互助组织一定程度上解决了农村面临的人力、畜力、农具缺乏的困难，提高了劳动生产率。边区积极鼓励变工队、扎工队等群众互助组织在灾荒中种旱田、修水利、开荒地以及抢种补种等工作，用增加生产的方法应对灾荒。到 1943 年，陕甘宁边区组织起来的劳动力有 81128 个，占全边区劳动力的 24%；1944 年达到 21 万人，占全边区劳动力的45%。变工队和扎工队开荒 100 万亩，产粮 100 万石。1944 年边区第二届第二次参议会上，林伯渠在《边区民主政治的新阶段》的报告中肯定了合作互助运动的成绩："经过劳动英雄和模范工作者，经过变工队和合作社，这就是我们实现边区经济建设任务所必须经过的道路和方法。"⑥

---

① 陕甘宁边区财政经济史编写组，陕西省档案馆. 抗日战争时期陕甘宁边区财政经济史料摘编：第 2 编 [M]. 西安：陕西人民出版社，1981：640.

② 陕甘宁边区财政经济史编写组，陕西省档案馆. 抗日战争时期陕甘宁边区财政经济史料摘编：第 2 编 [M]. 西安：陕西人民出版社，1981：356 – 357.

③ 边区政府民政厅. 陕甘宁边区社会救济事业概述 [Z]. 1946.

④ 1943 年太行党的文件选辑 [Z]. 中央档案馆收藏，1943：273.

⑤ 扎工队或者变工队，此前江西中央苏区时期称之为劳动互助社、耕种队。扎工就其本来意义，是一种集体雇工的组织，许多出雇的短工共同组织在一起，向外出雇。而几家农户之间在进行农业生产的时候，把他们的人力和畜力（甚至包括农具和田地）相互调剂，互相交换，相互帮助，称之为变工、搭工、插工或者换工。

⑥ 中国财政科学研究院. 抗日战争时期陕甘宁边区财政经济史料摘编：第 7 编 [M]. 武汉：长江文艺出版社，2016：423.

劳动互助组织并不局限于农村，也包括消费合作社、手工业合作社、运输合作社、信用合作社、机关合作社、部队（军人）合作社、学校合作社和综合合作社等。合作社还扩展到拥军优抗、自卫动员、文化卫生等领域，在帮弱救贫、优待抚恤抗日军人及其家属生活方面，作出了积极贡献。比如在组织代耕队帮助抗日家属方面，1939 年边区政府制定颁布的《陕甘宁边区义务耕田队条例》指出，义务耕田队的宗旨是边区公民为抗属提供义务劳动，这是群众自愿条件之下一种义务劳动组织，帮助无劳动力，或缺乏劳动力之抗日军人家属，进行代耕、代锄、代收等工作。1940 年 3 月 5 日，边区政府民政厅发出《为优待抗属组织代耕工作队给各县的指示信》，指出代耕是优待工作最中心的方式，代耕队要按时耕种、收割，务使代耕队收获量不低于一般耕地，抗属生活水平不低于一般人。同年 8 月又公布了《陕甘宁边区优待抗属代耕工作细则》，规定代耕队的组织以乡为单位，乡设总队、行政村设计分队、村设小组。全边区代耕户数占抗工属总户数的 54.4%，代耕面积达 2.6 万垧，受益户户均 6.6 垧。

第四，社会救济、优抚和福利事业。陕甘宁边区针对灾民的社会救济措施，主要有拨粮筹款、借粮借贷、以工代赈等。边区在赈灾活动中，注意物质救济与精神救济、生活保障与服务保障的有机结合。边区对移民、难民采取优待政策，取得了显著的成绩。据统计，到 1945 年，全边区共安置移民、难民 6.39 万户 26.67 万人，占当时边区总户数的 20%，总人口数的 16.7%。延安县 1942 年全县人口增加了一倍，户数增加一倍以上。

边区优抚的主要对象是抗日军人家属、抗日工作人员家属、残废退役军人等。按照先贫后富、先抗属后工属、公平合理的原则，从物质上的保障和精神上的安慰两个方面给予优待。政府或银行农工商业贷款抗属享受优先权；抗工属享受医疗保健优待，其他公益事业抗属优先享受；享受优先承领、承借、承租、承买包括公有土地房屋、场所器具物品；公司事业、公共机关启用招收员工时，抗属优先，抗工属子弟入学优先录取；公营商店及合作社的商品货物，抗属凭优待证享受优惠，日用品缺乏时抗属优先购买，帮助缺乏劳力的抗属代耕、代收，供给抗属必需的柴、米、衣物，以确保其生活水平不低于当地一般人并提高其社会地位。抗日军人在战斗中牺牲或在工作中病故、致残者，享受边区政府抚恤，对其家属一次发给抚恤金大洋 20 元，其家属依照优待规定继续办理，对于致残废者，则根据边区政府规定的不同残废标准，发给残废证书和数额不等的抚恤金。[①] 对退伍退职人员、复员将士及来边区的老弱病残国民党士兵，边区政府按照不同情况，有区别地给予适当安置或救济。对于严重残废军人，或送入荣誉军人教养院长期休养，或根据本人意愿安置在农村，由当地政府保障生活。对已大体恢复的残废军人，则根据他们的意愿，或继续在部队服务，或转入后方机关、学校工作。

边区在社会福利方面，主要以儿童、老人和公职人员中的知识分子为对象。1939 年，边区政府公布《陕甘宁边区抗战时期施政纲领》，要求大力开展儿童保育工作；1941 年 6 月又颁布了《边区养老院组织规程（草案）》。边区兴办公共福利设施，建立托儿所、幼儿院，学龄儿童进保育小学、

---

① 梁星亮，等. 陕甘宁边区史纲 [M]. 西安：陕西人民出版社，2012：399–403.

中学以及其他学校。边区曾在民政厅下设保育科，各县市政府设保育科员，区、乡设保育员，主要任务是负责儿童的登记、统计、卫生、奖励和保障工作。对脱产工作人员的子女，边区实行公家供给、抚养、教育制度，解除他们的家庭顾虑，并根据年龄差别发给相应的保育费。各机关、团体设立托儿所，比如陕甘宁边区儿童保育分院，每3个儿童有一个保姆，5个幼稚生有一个教员。保育分院每天有白面、白米及代乳粉和牛羊奶等较好滋养料的供给。[①] 另外，还设立职业介绍所、学生疗养院、养老院、工人俱乐部、图书馆等适合不同年龄、不同人士需要的公共福利设施，为工人、学生、老人、知识分子及妇女儿童等提供福利待遇。

三、 山东抗日根据地的社会救济与劳动保险

山东抗日根据地是抗战时期敌后最完整、最重要的战略基地。1938年，在根据地建立了中共苏鲁豫皖边区省委，成立了中共中央山东分局。抗战后期根据地拥有鲁中、鲁南、滨海、胶东、渤海等解放区，有12.5万多平方公里土地和2400多万人口。在经济活动方面，山东根据地出台了一系列法规、制度，其中包括劳动保护政策，推动了根据地财政经济工作的良性发展。到1944年底至1945年春，山东根据地税收总数超过1.5亿元，贸易盈利6000万元；公营工业有88家（工人数为2900余人），资本超过法币3000万元。各地群众生产也迅速发展，共有纺车50万辆，织机8万张，土布全年产量近200万大匹。

山东根据地重视社会救济和保障工作。自1943年8月起，中国共产党领导的山东省国民参政会设立山东省战时行政委员会，为全省行政统一领导机关。委员会下设民政处，其职责之一是管理赈灾、抚恤、优抚、保育及其他社会救济事项。根据地将全省划分为若干行政区，设行政公署、行政督导专员公署、县区乡村各级政府组织，行政公署、行政督导专员公署和县均设民政处科，乡公所和村公所成立优待救济委员会，为根据地社会救济工作提供了保障。1944年2月，山东省战时行政委员会颁布多次修改的《山东省战时施政纲领》第六条规定，正确执行中共中央所提出的土地政策和劳动政策，调整阶级关系，改善工农生活。具体内容包括实行减租减息、交租交息政策，改善雇工待遇，以及救济贫民、难民、灾民，调解租佃纠纷、劳资纠纷，保障劳工及农民利益等。[②]

1943年秋至1944年春，山东各地区工商管理局相继成立，公营企业的劳动保险或劳动保护工作是其重要的职责。[③] 在这一方面，山东根据地在公营企业中尝试一方面以供给制和工资制来保障工人日常生活需要，另一方面以分红制来保证工人获得努力增产所得到的成果。公营企业设职工会，民主讨论生产计划、工资待遇、劳模运动等群众关心的问题，由工厂和工人协商决定。根据地企业建

① 中国社会科学院近代史研究所《近代史资料》编译室主编：《陕甘宁边区参议会文献汇辑》，知识产权出版社，2013年，第15页。

② 《山东省战时施政纲领》（山东省临时参议会1届2次会议通过，山东省战时行政委员会1944年2月28日公布）（山东省胶东区行政公署．法令汇编［M］．1944）。

③ 薛暮桥．山东工商管理工作的方针和政策［J］．斗争生活，1945，38.

立劳动保险金制度，工厂从盈利中抽 5% 为劳动保险金，作为救济该厂职工特殊困难之用。劳动保险金由工厂与职工会各派代表组织委员会来负责保管和支配用途。各公营工厂的职工会可以建立联合组织，抽调各工厂劳动保险金的半数来统一分配，互相调剂。但不应集中使用劳动保险金，或把劳动保险金用作其他用途。关于劳动时间，则规定为，普通工人 10 小时，女工 9 小时，工作特别繁重的 9 小时或 8 小时（如铁工矿工等），各厂每 10 天放假 1 天。女工生育，除产前产后给假两个月，照发工资，婴儿保育如有困难，则于劳动保险金中予以救济。抗日军属应由其丈夫所属机关负责资助，或由政府按照救济流亡抗属办法予以适当照顾，等等。

在农村雇工劳动保护方面，山东省临时参议会、山东政委会及行政公署专门制定颁布了《山东省改善雇工待遇暂行办法》（1942 年 5 月 15 日公布施行），共 21 条。该办法以法律形式规定了工资标准和支付形式，如成年男工，除雇主提供食宿等外，年工资以能再供一个人之最低生活必需费用为标准，但最低不得少于通用食粮（高粱或玉米）300 斤。成年女工最低工资不少于成年男工 1/2，童工不低于 1/3。工资之支付，均以粮食为标准。对短工的工资标准以及支付方式也进行了规定。雇工患有疾病，经医生证明需要休息，其病期在 1 个月以内者，除工资照发外，并须由雇主补助其医药费。雇工因作工致伤，除工资照发外，其治疗费完全由雇主负担。女工在分娩前后，须给 1 个月之休假，工资照发。①

四、 中国共产党领导下的保险公司

全面抗战期间，中共地下党还在上海和重庆创立了两家保险公司，并领导了上海市保险业业余联谊会（简称保联）的活动。保联利用保险业与各行各业联系广泛的行业特点，掩护地下党员和党组织的秘密活动和抗战救亡运动，不仅为我党提供了大量的活动经费，开展了党的统战工作，还为党培养了一批富有经验的金融保险骨干。

（一）重庆民安产物保险公司

陪都重庆在抗战时期是中国政治、经济和文化中心，工商业、运输业迅速发展，保险机构多达 50 余家。1943 年，中共党员卢绪章以广大华行总经理的身份，在重庆创办了民安产物保险股份有限公司，成为由中国共产党实际

1940 年，卢绪章（前排左五）在重庆与广大华行员工合影

---

① 中国社会科学院法学研究所. 中国新民主主义革命时期根据地法制文献选编：第四卷［M］. 北京：中国社会科学出版社，1981：691 – 694.

领导的一家保险企业。

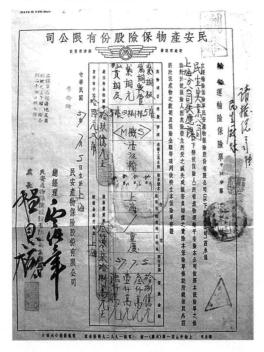

民安产物保险公司保单

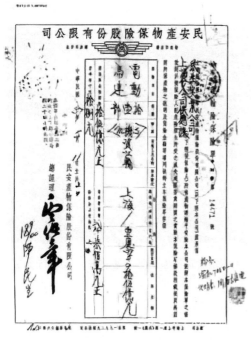

民安产物保险公司保单

早在 1933 年，卢绪章与杨延修等人在上海集资成立了广大华行，开展西药和医疗器械的邮购业务。1938 年，卢绪章发展广大华行副总经理杨延修等广大华行创始人加入中国共产党，广大华行发展成为一家上海地下党企业，为党提供和调节经费。国民政府迁都重庆后，广大华行也迁到重庆，进一步扩大经营规模。1939 年底，周恩来部署广大华行由重庆红岩村八路军办事处单线领导，广大华行内的党员由卢绪章单线领导。1943 年 4 月，卢绪章提议创办一家保险公司，为党的秘密工作创造更有利的条件。在党中央、周恩来同志批准下，卢绪章以广大华行总经理的身份开始筹建保险公司。由卢绪章代表广大华行一方，卢作孚代表民生实业公司一方，共同投资法币 1000 万元，双方各筹资 50%，四川、重庆和云南政界与商界的许多著名人物参加认股，民安产物保险公司于 1943 年 11 月正式开业。公司由卢作孚任董事长，杨经才任总经理，卢绪章任副总经理，杨延修、舒自清和张平分别任常务董事和董监。公司之所以取名"民安"，是因为卢作孚先生认为该保险公司之职责应侧重于人民物资之安全保障，故命名为民安保险股份有限公司。这标志着中共地下党所领导的企业，已跻身大后方金融实业界，这是广大华行党组织正确执行党的抗日民族统一战线政策的成果。此外，广大华行和民生实业公司还联合投资了民孚企业公司，由卢作孚任董事长，卢绪章任总经理，主要从事桐油、猪鬃、肠衣等的出口和化工原料、钢铁五金材料的进口。

民安开业以后，民生实业公司将所有的 50 余艘轮船的运输险业务交给了民安保险公司承保，奠定了坚实的业务基础。为全面拓展业务，民安保险公司在四川内江设立了分公司，聘请糖业公会负责人为经理，承揽了内江糖业运输及各制糖厂的水、火保险。此后还在昆明设立了分公司，在成都、贵阳、西安、自贡、盐都、泸州、宜宾、合江、资中等地设立分支代理机构。

中共地下党对公司的管理经营有重要的影响。卢绪章对公司的中层干部进行充实调整，特调衡阳党员程恩树任业务处处长。在通货膨胀、物价暴涨的大后方，卢绪章运用民安保险公司的资金与保费盈利 10 万美元，在工矿银行重庆分行副经理包玉刚和中央银行处长卢孟野协助下，进行黄金美元买卖，以保存经济实力；又以"民安"同仁福利名义，开设民益商行，经营土特产购销业务，安定职工生活。随着业务的蓬勃发展，民安保险公司在大后方保险业中的名声和影响越来越大。1945 年 5 月，卢绪章接任了民安保险公司总经理职务。

抗战胜利后，经党中央同意，民安保险公司于 1945 年 9 月东迁上海，广大华行、民安保险公司的总公司均设在中山东一路 1 号，卢绪章既是广大华行董事长，又是民安保险公司总经理。1946 年初，原为民安保险公司附属的民益商行扩股独立为民益运输公司，利用民生实业公司的关系，在国内各个重要口岸设立了十多处分支机构，建立了轮船、铁路、飞机的联运网络，其运营中的所有运输险由民益运输公司代为向民安保险公司投保。随着民孚、民益等关联公司的发展，不仅为民安保险公司开辟了新的业务领域，还推动民安保险公司与美亚保险公司建立了合约分保关系。到 1946 年 7 月底，民安保险公司总资产达 3.69 亿元，当月纯益 112 万多元。[①] 1947 年，为吸引更多的保险经纪人协同承保，民安保险公司又设立了联安保险公司，卢绪章任董事长，朱介成任总经理，谢步生任总稽核，与民安保险公司同址办公营业。民安保险公司先后向大安保险公司等数十家企业进行了参股投资，使公司的业务范围和社会影响进一步扩大。一直到 1953 年 5 月 26 日，民安保险公司才正式宣告结束。

（二）上海大安产物保险公司

1941 年，日军占领上海租界，控制上海保险市场的英美商保险公司被迫停业。在上海工作的中共地下党员、中国天一保险公司襄理谢寿天向上海地下党职员运动委员会书记陆志仁提出创办保险公司的建议，以便于开展党的抗日民族统一战线工作。经党组织同意，由谢寿天出面邀集郭雨东、陈巳生、关可贵、董国清、龚渭源、全宝瑜等为发起人，于 1942 年 5 月创办大安产物保险公司。该公司注册资金 50 万元，实收 25 万元。公司董事长为新华银行副总经理孙瑞璜，经理郭雨东，副经理董国清、李晴斋，总稽核谢寿天。公司设在广东路 51 号大莱大楼内（后迁至北京路 356 号四楼宁绍人寿保险公司原址），又先后在天津、南京、广州、青岛、烟台、北平设有分公司，并在

20 世纪 40 年代初期，大安保险公司人员合影

① 中国人保编写组. 不忘来时路——中国人民保险的记忆［M］. 北京：中国金融出版社，2021：23.

武汉、无锡、苏州等地设有代理处。在业务经营上，大安保险公司发起推动组织大上海分保集团，依靠华商自己的力量，妥善解决集团各公司的溢额分保问题。

大安产物保险公司是一家职工不满 30 人的小型企业，高级、中级职员中有多名地下党员。其中，常务董事 7 人中，谢寿天、陈已生都是在抗战时期加入中国共产党。郭雨东 1948 年去香港后也加入了中国共产党。公司的 7 名中层人员中，则有蒋学杰、赵帛、蔡同华、吴福荣 4 名地下党员。其中，蒋学杰（谢寿天夫人）曾任上海职业妇女救国会副主席。[①] 他们以大安产物保险公司的职业为掩护，在发展业务的同时，按照上海地下党的意图，从事革命活动，开展统一战线工作，为上海保险界群众团体——上海市保险业业余联谊会的各项活动作出了重要贡献。

保联徽章

抗战胜利后，在保险业的清理整顿中，大安保险公司与其他小型保险公司一样，也陷入了资金缺乏的处境。由地下党组织提供了十根金条（即 100 两黄金）予以支持，民安保险公司也认购了大安的部分股份，大安保险公司得以继续经营。经过种种努力，大安保险公司渡过了国民党统治时期的动乱年代，迎来了上海的解放。到社会主义改造时期，大安保险公司率先参加公私合营新丰保险公司，资产上交国家作为公股。

（三）上海市保险业业余联谊会

上海市保险业业余联谊会（以下简称保联）成立于 1938 年 7 月，其宗旨是"联络感情，交换知识，调剂业余生活，促进保险业之发展"，是中共上海地下党领导下的团结保险职工和中上层人士的上海保险界群众团体。

上海市保险业业余联谊会成立一周纪念大会徽章

1937 年全面抗战爆发后，经上海保险界进步人士胡詠骐、谢寿天、杨经才、郭雨东等人的积极筹划，成立了保险界战时服务团。1938 年 5 月，党组织根据形势变化，抽调程恩树、林震峰两位党员组成保险业党支部。经过积极推动，由保险业同业公会主席和宁绍人寿保险公司总经理胡詠骐、中国天一保险公司谢寿天、太平保险公司郭雨东、美商北美洲保险公司董国清、宁绍水火保险公司程恩树、中国保险公司林震峰等人发起筹备了上海市保险业业余联合会。会所设于爱多亚路（现延安东路）160号，原泰晤士报大厦四楼。1938 年 7 月 1 日召开了成立大会，经选举组成了第一届理事会，推选郭雨东为理事会主席。同年 10 月 30 日召开了第二次会员大会，增选了理事、监事等。1939 年

---

① 中国人保编写组. 不忘来时路——中国人民保险的记忆 [M]. 北京：中国金融出版社，2021：12.

6月第三次会员大会上，选举了保联第二届理事会、监事会。

保联的成立，标志着中国共产党在保险业建立了统一的抗日战线。保联以"联络感情，交换知识，调剂业余生活，促进保险业之发展"为宗旨。其内部分为学术部、体育部、娱乐部、图书委员会、福利委员会、消费合作社等机构。保联是上海职业界救亡协会领导下的一支比较活跃的队伍，使抗日救亡运动扩展到整个保险行业，参加人数也由原来的300人扩大到2000余人。保联以合法组织的身份发动群众，广泛开展职工运动，使抗日救亡运动和保险业职工的业务技术学习、文娱体育与日常生活紧密结合。保联学术部结合抗日战争的形势和保险业的特点，举办时事讲座和保险业务讲习班。抗日战争前期，学术部先后举办了"政治经济学讲习班""新文艺讲座"，由梅益、王任叔、杨帆等主讲；所举办的"时事政治讲座"，对激发保险业职工民族意识、参与革命事业起了积极的作用。同时，还先后举办了"火险实务讲习班""寿险实务讲习班""保险会计班""保险知识讲座""火险技术研究班""水险技术讲习班""人寿保险讲习班"。1942年以后，又举办了"保险学术研究讲座""保险学术讲习班"，培养了大批保险业务技术人员。

为扩大影响，保联在1938年11月创办出版了《保联》月刊，1940年1月改为《保险月刊》。辟有"保险论坛""保险浅说""保险杂谈""保险信箱""保险问题研究""保险判例"等专栏，为广大保险职工提供学术研究和实务方面的学习资料，此外还出版《保联会报》半月刊。保联开展了包括球类（篮球、乒乓球、小型足球）、文娱类（评剧、话剧、歌咏）和消费合作社等在内的多种活动。

太平洋战争爆发后，在日伪统治下，保联公开的政治性活动被迫停止，但仍然坚持开展以生活互助为中心的各项活动。抗战胜利后，保联立即展开复兴会务的工作。1945年11月，地下党成立保联党团，加强对保联的领导。自1945年底到1946年4月底，保联连续举办了20多次有关时事形势、政治经济方面的演讲会，邀请著名民主人士郭沫若、黄炎培、陶行知、马寅初、沙千里、马叙伦、章乃器、沈钧儒、茅盾、胡子婴、雷洁琼、吴晗、娄立斋、吴承禧等来会所报告，听众十分踊跃。上海解放前夕，保联根据上级党的指示，在保险界为地下党外围组织上海职业界协会发展会员，散发党的文件，宣传党的城市和工商政策，激发群众斗争精神，积极迎接上海的解放。[①] 保联的活动，在上海保险业职工运动史上留下了光辉一页。

第四节　解放战争时期的保险事业

解放战争时期，中国保险业发生了重要的变化。一方面，国民党占领区的保险业中心东移上海；另一方面，随着世界反法西斯战争胜利以及新民主主义经济呼之欲出，植根于根据地的人民保险事业进入确立阶段。1949年10月20日，与带有半封建半殖民地性质的旧保险业迥然不同的新中国人

---

① 中国人保编写组. 不忘来时路——中国人民保险的记忆［M］. 北京：中国金融出版社，2021：55－60.

民保险机构——中国人民保险公司应运而生，成为人民保险事业正式确立的重要标志。

一、 解放区保险事业的方针与第六次全国劳动大会

抗战胜利前夕，全国已有晋冀鲁豫边区、山东区、晋绥边区、苏北区、苏中区、浙东区、苏浙区、淮北区、淮南区、皖江区、豫西区、鄂豫皖区、湘鄂赣区等 19 个大的解放区，人口近 1 亿人。1945 年 8 月，抗日战争胜利后，中国共产党努力争取和平建国，国民党则积极准备内战。1946 年 6 月，国民党撕毁停战协定和政协决议，全面进攻解放区，解放战争由此正式开始。1947 年 6 月，在经过一年的战略防御阶段后，解放战争进入战略反攻阶段，战争从解放区转入国民党统治区域。1948 年 9 月到 1949 年 1 月，人民解放军先后进行了辽沈、淮海、平津三大战役，基本解放了长江中下游以北地区。1949 年 4 月 23 日，解放军占领南京，国民党统治宣告覆亡。到 1949 年 9 月，全国大陆地区绝大部分获得解放。10 月 1 日，中华人民共和国宣告成立。

随着解放战争的进行，解放区不断扩大，中国共产党领导的民主政权日益巩固和发展。在中国革命逐渐走向全国胜利的背景下，中国共产党面对形势变化，对劳动保险问题作了若干重要指示，成为解放区保险事业的指导方针。

1945 年抗日战争胜利前夕，毛泽东在中国共产党第七次全国代表大会的政治报告《论联合政府》中明确指出："在新民主主义的国家制度下，将采取调节劳资间利害关系的政策。一方面，保护工人利益，根据不同情况，实行八小时到十小时的工作制以及适当的失业救济和社会保险，保障工会的权利；另一方面，保证国家企业、私人企业和合作社企业在合理经营下的正当盈利，使公私、劳资双方共同为发展工业生产而努力。"[①] 1946 年 3 月 28 日，他在《中共中央关于经济建设的几项通知》稿中加写了"关于工业与工运问题的方针"，要求"解放区劳资关系必须采取合作方针，以达发展生产、繁荣经济之目的，无论公营、私营，都是如此。工人福利必须于发展生产、繁荣经济中求之，任何片面的过火要求，都将破坏解放区的经济"。[②] 1947 年 12 月 25 日，毛泽东又在《目前的形势和我们的任务》中提出"发展生产、繁荣经济、公私兼顾、劳资两利"的总目标，坚决避免重复土地改革中"以近似的片面的所谓劳动者福利为目标"的错误。[③] 1948 年 2 月 28 日，毛泽东在《关于工商业政策》一文中，从中国工人阶级的远大利益出发作了重要指示："将发展生产、繁荣经济、公私兼顾、劳资两利的正确方针同片面的、狭隘的，实际上破坏工商业的、损害人民革命事业的所谓拥护工人福利的救济方针严格地加以区别……决不可只看到眼前的片面的福利而忘记了工人阶级的远大利益"。[④]

毛泽东的这些指示，表明中国共产党人劳动保险思想彻底摆脱了土地革命和抗日战争时期对劳

---

① 毛泽东. 毛泽东选集：第三卷［M］. 北京：人民出版社，1966：1082.
② 中共中央文献研究室. 毛泽东文集：第 4 卷［M］. 北京：人民出版社，1996：101 – 102.
③ 中共中央文献研究室中央档案馆. 建党以来重要文献选编：1921—1949 第二十五册［M］. 北京：中央文献出版社，2011：185.
④ 毛泽东. 毛泽东选集：第四卷［M］. 北京：人民出版社，1966：1228.

动者利益进行片面、机械保护的做法，依据中国国情，从解放区实际出发，形成了具有特色的新民主主义劳动保护思想，也是中国共产党人民保险思想初步建立的重要标志。随着解放区的不断扩大和民主政权的日益巩固，这些指示成为各解放区制定和实施各项保险制度和政策的指导方针。

中国共产党人民保险事业的方针，在第六次全国劳动大会形成的决议中得到了具体体现。1948年8月，根据解放战争形势的变化，为了加强党对职工运动的领导，在解放战争进入战略决战阶段前夕，第六次全国劳动大会东北解放区首府哈尔滨召开。出席会议的代表500余人，代表全国有组织的职工283万人。大会通过了《中华全国总工会章程》，明确了工会以保护工人目前利益和长远利益为宗旨和目标，通过了《关于中国职工运动当前任务的决议》，指出："解放区工会工作的任务，是在发展生产、繁荣经济、公私兼顾、劳资两利的总方针下，团结全体职工，积极劳动，遵守纪律，保护职工的日常利益，教育职工提高他们的文化水平，尤其是提高他们的技术能力和业务水平。"该决议认为，关于劳动保护和职工福利事业，因在中国从无基础，又处在战争时期，我们要来办理全国有系统的社会保险还有困难，暂时应依下列各点办理：第一点，尽可能改善工厂健康设备和安全设备，政府定期派人检查。第二点，伤害疾病老残等的医疗津贴抚恤，暂由工厂负责办理或由工厂和工会共同负责办理，其办法由政府规定或批准并监督实行，在工厂集中的城市或条件具备的地方，可以创办劳动保险。第三点，职工福利事业（文教合作及贫困的救济等）由工厂和工会共同负责，或分别负责办理。第四点，以上办法，适用于工厂职工，其他非工厂职工，劳动保护和福利事业，由工会参照固有习惯与业主协定之。第五点，失业救济主要为帮助就业组织生产，由政府负责办理。[①]

1948年9月，中华全国总工会执行委员会在《关于职工运动当前任务决议案中几个问题的说明》中，就前述决议中关于劳动时间、工资，尤其对劳动保护问题作了具体说明。

第一，决议所指劳动保护，包含三方面的问题：其一，劳动保障。其二，职工福利。其三，工厂安全卫生。关于新解放区城市之失业问题及在业职工因战争所受生活上之困难，在一定时期内，由政府按一般社会问题处理，不在决议所谓劳动保户范围之列。

第二，关于国营、公营企业的劳动保护问题，有三种意见：其一，将劳动保险与职工福利事业合而为一处理，即凡属职工之伤亡、残废、疾病、老弱及贫寒家属的救济等项，均由工厂每月按工资的总额拨出若干份作为劳动保险基金，交由工厂与工会等各方面共同组织的职工福利委员会统筹解决（在这种意见中，另有主张职工应出本人工资的0.5%者）。其二，将劳动保险与职工福利分开，关于劳动保险问题，战时很难作为社会上的统一专门设施，即凡职工伤亡、残废、疾病、老弱等问题，由国家立法，由各企业单位在厂规及集体合同中解决，另由工厂拨出工资总额的2.5%，职工缴纳本人工资的0.5%，作为职工福利基金，解决职工生活中凡厂规与集体合同中所不能解决的问题（诸如职工生育补助、家属疾病、死亡、灾害的救济，及家庭人口过多者的部分津贴等项）。其三，将劳动保险分为两部分：职工伤亡、疾病时的工资和医药费由工厂直接支付，而职工伤亡、老残、疾病、生育的抚恤、救济、补助金等，则由工厂每月按工资总数支出3%，职工缴纳本人工资

---

① 中华全国总工会中国职工运动史研究室. 中国历次全国劳动大会文献［M］. 北京：工人出版社，1957：411－412.

5‰，作为保险基金，由工会与工厂共同组织委员会，按照政府颁布之劳动条例办理，并由政府监督实行；由工厂每月按工资总数拨出 1.5%，缴工会办理职工文化教育事业。上述三种办法，各地可择其适合当地条件者试办之，而在工业比较集中的城市，则可按第一种办法逐步试行，并可将保险基金缴政府劳动局统筹办理。

第三，对私营企业的劳动保护问题，决议未作具体规定。兹提下列办法，以供参考：雇用 20 人以上之企业，一般可参照公营企业原则办理，但在政府有专门保险机关的地区，雇用 20 人以上之私人企业主及其职工，亦须按规定交纳保险金，其与公营企业之比例，可以一样，不必另有区别；雇用 20 人以下之企业，原则上从其习惯。私营企业中的劳动保护问题，不论企业规模大小，其中具体问题均由劳资协议规定，除政府法令规定者外，不可强与公营企业的办法一样。①

第六次劳动大会通过的决议，结合解放区的实际，为劳动保护和保险事业的举办提出了具体意见和实施方案，体现了中国共产党的劳动保护和劳动保险的指导思想，对解放战争时期中国共产党领导的人民保险事业的创办和发展具有参考意义，从而推动了解放区保险事业的进一步发展。

二、 解放区的保险法规

保险法规是人民保险事业的基础内容。解放战争时期，随着解放区的扩大，特别是城市解放区的发展，保险法规的制定成为建立人民保险事业的必要步骤。就解放战争的进程而言，中国共产党领导下的城市解放区最早出现在东北地区。1945 年日本宣布投降后，中共中央东北局和中国共产党领导下的各路军队迅速进入东北，接收城市，组建人民民主政权。到 1945 年底，东北解放区成立了十个省和两个特别市。此后，国民党军也侵占东北地区，但东北解放区仍具有相当的规模。在这一背景下，东北解放区成为中国共产党从农村政权建设向城市政权建设包括法制建设的试验田，也是新民主主义保险法规建设的先行区。

（一）城市解放区的第一部劳动基本法

1946 年 4 月 28 日，东北民主联军接管哈尔滨，哈尔滨从此成为全国解放最早的大城市和解放战争的后方中心基地，是我党在东北解放区长期的政治、经济、军事、文化的中心和重要的战略基地。1946 年 8 月 31 日，中国共产党领导的哈尔滨市临时参议会通过的《哈尔滨市施政纲领》，确立了哈尔滨经济法制建设的立法原则，即"发展生产、繁荣经济、公私兼顾、劳资两利"。以"改善工资待遇，稳定工人生活"为出发点，哈尔滨市民主政权进行了一系列的立法活动，其形式包括条例、条例施行细则、办法、规定、决定、命令、指示、布告、通告等。1946—1949 年，颁布劳动法规 45 部、工业法律法规 96 部、工商业法规（包括《工商业管理法规》《工商业税收法规》《工商业劳动法规》）136 部，最突出的成果，就是中国共产党在城市解放区的第一部劳动基本法即《哈尔滨特别市战时暂行劳动条例》。

---

① 中华全国总工会中国职工运动史研究室. 中国历次全国劳动大会文献 [M]. 北京：工人出版社，1957：411 – 412.

1948 年 1 月颁布《哈尔滨特别市战时暂行劳动法（草案）》，后根据中共中央的指示进行了修改，并更名为《哈尔滨特别市战时暂行劳动条例》，于 8 月开始正式施行。同时，先后在劳动工资、劳动保险、劳动争议解决等方面制定颁行了相应的一系列配套法规。在 45 部劳动法规中，调整工业生产企业的劳资关系的法规共有 42 部，占劳动法规数量的绝对比例，诸如《哈尔滨特别市公营企业机关学校战时工薪标准暂行办法》《哈市关于实行劳动保险有关问题的决定》《哈市劳动争议处理暂行劳动办法（草案）》《哈尔滨市关于处理劳动争议暂行办法》《哈市关于签订集体合同、劳动契约的决定》《哈市劳动保险暂行条例（草案）》《哈尔滨特别市合作社组织暂行条例》和《哈尔滨特别市为公私营各工厂职工因公负伤或死亡须进行登记的通告》等。哈尔滨的工人阶级经历了敌伪时期十四年的残酷剥削，这些法律法规的制定和执行，有力地改善了工人生活，保障了工人权利，推动了哈尔滨和东北解放区的经济发展，同时也为后续出台的保险法规提供了先行先试的宝贵经验。

《哈尔滨特别市战时暂行劳动条例》共 43 条，分为十章和附则，[①] 其中第一章为总则，其他九章分别规定了劳动者之权利与义务、工作时间与工资、女工与童工、雇用与解雇、企业内部规则、集体合同、劳动保险、劳动争议、劳动局 9 个方面的具体内容。

该条例第一条即规定了基本原则为"新民主主义经济政策之既定方针：发展生产，繁荣经济，公私兼顾，劳资两利"。立法的目的则在于发挥劳动创造力，以支援战争，供给国计民生之需要（第二条）。该条例规定了企业劳资双方的权利和义务，以及工会组织的行为和作用。在公营企业中，劳动者应遵守工厂内部规则，爱好机械和工具，节省原料，以求生产之发展。反对浪费原料、怠惰，与盗取国家财物之行为。规定企业所应承担的义务有，"资方应注意适当改善劳动条件，保证职工战时必须生活及尊重职工政治上和社会上的权利"，"资方应尊重工人及职员在管理上生产上的意见"。

关于劳动时间的规定，提出区别不同情况的灵活性原则，即"在战争时期一般规定为八小时至十小时制度，对特别有害健康的生产部门，如气体化学工业，可规定六小时，但须取得市政府或国家企业领导机关之批准方为有效"。同时，又对加班进行了规定，"遇有紧急生产任务，在取得工人同意与政府批准后，得延长工作时间，但每日劳动时间连加工在内，最高不得超过十二小时，加工连续不得超过四天，全月不得超过四十八小时"。

该条例规定了劳动争议和劳资双方矛盾处理的公平机制，即签订合同，劳方、资方、政府三方的协调机制，以及法律的途径。同时，规定了纠纷解决的步骤是：劳动争议解决之第一步骤为厂内调解，经本企业中职工会与资方交涉不能解决时，得由职工会与资方之同业工会组织双方同等人数之劳资争议委员会解决之。劳动争议解决之第二步骤为市劳动局之调解与仲裁。最后，如遇重大事件，当事人之一方再有不服时，可向法院上诉之。

第三十二条规定："集体合同为代表工人职工之职工会与公营企业管理人或私营企业主根据劳动条例原则订立。关于职工劳动条件，职工之任用，解雇与奖罚，劳动保护与职工福利，厂规要点内容，一经双方协议成立集体契约并经市劳动局登记备案后，双方均有遵守之义务。"劳资双方平等遵

---

① ［A］. 哈尔滨市档案馆馆藏革命历史档案，全宗号 2。

守义务，平等享有调解、上诉权利的精神，是对"劳资两利"处理解决纠纷的法律保障和程序保障。

这部与劳动保险、劳动保护、社会保险或社会保障息息相关的劳动基本法适应东三省实际情况和战时劳动环境，以保障劳动者权利为主体而以建立新型劳动秩序为目标，是对新民主主义经济政策"发展生产，繁荣经济，公私兼顾，劳资两利"的法律解读，其中涉及关于国营、合作社、国家资本主义和私人资本主义多种经济形式并存的经济模式；"先工业后商业""先公后私"的方针；关于私营企业和公营企业均设立厂长负责制的厂方与工人共同委员会的政策，关于解放区有益国民经济的私营企业（包括暂时允许存在的外资企业），在一定条件下（大体上亦是为人民国家服务的，是于工人阶级、劳动人民及新民主国家有利的）与不受人民领导的国统区私营企业不同，与完全反对人民的官僚资本更是不同，以及关于照顾工人利益也照顾全体人民利益与资本家利益的政策取向，受到了东北财政经济委员会的高度肯定。

（二）第一部系统性和专门性的保险法规《东北公营企业战时暂行劳动保险条例》

1948年10月27日，东北解放区东北行政委员会颁布《东北公营企业战时暂行劳动保险条例》（共6章29条）。各章分别为概则、关于劳动保险基金之征集与保管方法之规定、应举办之各项劳动保险事业、关于劳动保险基金支配方法之规定、劳动保险基金之监督与检查、附则。翌日颁布《东北公营企业战时暂行劳动保险条例试行细则》（共16章84条），各章分别是总则、关于劳动保险基金之征集与保管方法问题、关于职工因公负伤残废医疗和恤金的规定、关于职工疾病及非因公伤残之医疗和补助救济的规定、职工及其直系亲属死亡丧葬补助及救济金的规定、关于有一定工龄之老年职工生活补助金的规定、关于工龄的规定、关于直系亲属的规定、关于集体劳动保险事业的规定、关于劳动保险基金之支付问题、关于各企业劳动保护委员会的组织和工作问题、关于劳动保险基金之监督与审核、附则。

该条例和试行细则是为了保护公营企业中工人和职员的健康，减轻其战时生活困难，依据战时条件而制定的。暂从部分法定的企业系统着手试办，俟有成绩后，再推广于其他公营企业。凡企业中之供给制人员不适用本条例，被法庭判决剥夺公民权者，无享受劳动保险之权利。

关于应举办的各项劳动保险事业，包括以下几方面：因公负伤残废与因公死亡之恤金的规定；[①]疾病及非因公残废医药补助金之规定；[②]关于职工本人及直系亲属之丧葬补助金之规定；对于老年职

---

① 因公负伤残废与因公死亡之恤金共有4点规定：（1）因公负伤职工之全部医疗费，由该职工所属之企业负担，并须付给治疗期间的全部工资。（2）因公死亡职工之丧葬费，由该职工所属之企业全部负担，但不得超过本人所得两个月的工资。另由劳动保险基金中，付给原为该职工所抚养之直系亲属以一定的抚恤金。其数目按死者在所属企业工作之年限付以15%～50%的死者原有工资，并以10年为限。（3）因公负伤或因公积劳成疾致残废之职工，依其残废程度，由劳动保险基金中每月付给等于本人工资5%～60%的残废恤金，至本人老死时止。（4）因公死亡或残废职工之直系亲属（兄弟子女）之具有工作能力者，本企业应尽先录用。其子女已具有入学年龄而无力就读者，享有国家义务教育的权利。

② 关于疾病及非因公残废医药补助金共有3点规定：（1）职工本人患病负伤时之全部医疗费，由所属企业负担，但须在本企业所办之医疗所或指定之医院中治疗，否则不发给医治费。（2）职工患病及非公负伤在3个月以内者，按职工在该企业工作之年限，付给相当于本人工资55%～100%的工资之补助金，由该职工所属之企业支付。患病3个月以上及伤病成残废者，得由劳动保险基金中发给疾病或残废的救济金，其数额等于因公残废恤金之半数，直至能工作时为止。（3）职工直系亲属患病时，得在企业所办之医疗所免费治疗，酌减药费。

工生活补助金；关于职工生育儿女补助金之规定；凡未加入职工会者，因公伤亡时，得享受与工会会员同样的恤金；但是，未加入职工会之女职工生产时，亦得享受与职工会会员同样不扣工资之休假期。但疾病、养老、死亡、丧葬、生育儿女等补助金，未加入职工会之职工只能领取相当于职工会会员应领额之半数。

东北行政委员会1948年12月为此发布命令：自1949年4月1日起，首先在东北铁路、邮电、矿山、军工、军需、电气、纺织等七大行业中试行，同年7月扩大到东北地区所有公营企业。同时，规定："上述各国营企业，从明年一月起，即须按月缴纳劳动保险金，由各该企业管理人于每月发放工资日，按等于本企业工资支出总额百分之三缴纳之。明年一二两月份，全数作为劳动保险总基金，明年3月起，各企业应缴纳之劳动保险基金，以百分之七十保存于本企业中，作为支付本企业职工劳动保险费之用，其余百分之三十，则缴存于指定之银行，归入劳动保险总基金项内。"① 各国营企业于命令到达日起，企业管理人与本企业职工会，应即共同组织本企业劳动保险委员会，并责成本会劳动总局协同东北职工总会，制定劳动保险条例实施细则。

该条例统一了各企业之间的劳动保险标准，推广了保险范围，提高了劳动保费，且规定保费的支出由企业承担，工人无须交纳保费，从而使实施劳动保险第一次成为国家制度。这是新中国成立前夕较为完整的劳动保险条例，成为后来《中华人民共和国劳动保险条例》的雏形。

为实施条例，东北政委会自1949年1月起，首先在国营铁路、矿山、军工、军需、邮电、纺织、电业七大企业以及鞍山钢铁公司和本溪煤铁公司进行了为期3个月的准备工作。应广大职工群众的迫切要求，决定凡正式开工复业，常年固定生产的公营工矿业，均从7月1日起开始正式实行劳动保险。吉林省总工会专门下达了《吉林省劳动保险及福利教育实行方案》16条。据1949年4月至10月的统计，东北公营企业实行劳动保险的职工人数共计55万余人，其家属为150万人。劳动保险金为东北币690万余元。自该条例公布至全国统一的社会保险条例颁布前，东北全境共有420个厂矿企业的79.6万名职工享受了社会保险待遇。许多工人踊跃参加工会，哈尔滨鸡鸭公司职工主动要求参加工会，新发展会员占全厂职工的15%；根本不注意职工福利的官僚主义有所克服；许多工人打消了历史上遗留下来的保守思想，比如"养儿防老""靠天保佑""整这套干啥？多给点工资比啥都好""还年轻享受不了劳保"和靠命运的思想，工人的阶级觉悟得到提高，"这劳动保险是毛主席领导解放军给咱们打来的（连机厂霍维周）"，"我拿着劳保登记表和在农村分地后得到地照一样地高兴，咱们不好好生产，就对不起毛主席"（炼焦厂姜凤文），认识了巩固工人阶级领导政权与保护工人阶级利益关系的重要性，大大提高了发展生产的积极性。② 天津、太原、石家庄等重要城市解放后，陆续参照《东北条例》，制定了本地区的劳动保险、劳动保护或社会保险的政策及实施方法。

1949年，中国人民政治协商会议在起草《共同纲领》时，毛泽东首先提出要在全国实行劳动保险。他表示："全国解放了，农民分得了土地，享受到了革命胜利的果实。现在我们进城了，企业职

① 东北解放区财政经济史编写组. 东北解放区财政经济史料选编：第4辑 [M]. 哈尔滨：黑龙江人民出版社，1988：372.
② 东北人民政府劳动总局. 劳动保险工作概况 [M]. 1950：51－75.

工生活有困难怎么办？马上提高工资没有条件，当前主要任务是恢复生产，但是职工中的生老病死、伤残问题还是可以解决或减轻的吧。而且东北地区实行劳动保险的效果很好，全国也可以实行。"[1]同年 9 月 29 日通过了《共同纲领》，其"经济政策"部分提出，要根据各地各业的情况逐步实现劳动保险制度。这部具有临时宪法作用的《共同纲领》，为在全国建立统一的劳动保险制度提供了法律依据。

这一阶段各个解放区颁布的保险法规或劳动政策还有《保护工厂劳动条例》（苏皖边区政府颁布，1946 年 5 月）、《华北区年老病弱退职人员待遇办法》（1948 年 11 月 2 日）、《哈尔滨市关于实行劳动保险有关问题的决定》（1949 年 5 月 1 日）、《太原国营公营企业劳动保险暂行办法》（1949 年 7 月 5 日，太原市军事管制委员会公布施行）、《关于在国营、公营企业中建立工厂管理委员会与工厂职工代表会议的实施细则》（华北人民政府颁布，1949 年 8 月 10 日）、中国全国总工会颁布的《关于劳资关系暂行处理办法》、《关于私营工商企业劳资双方订立集体合同的暂行办法》、《劳动争议解决程序的暂行规定》（1949 年 7 月）、《上海市军事管制委员会关于私营企业劳资争议调处程序暂行办法》（1949 年 8 月 19 日）等。

三、 解放区保险事业的发展

解放战争时期，也是人民保险事业的筹备阶段，同样以东北解放区最有代表性。东北地区保险业早期以营口为集中，继而以沈阳、哈尔滨、大连最为发达。1902—1911 年，仅英国、日本和俄罗斯就在大连、沈阳开设了近 40 家保险公司；1922 年，随着华商保险业的发展，在营口出现了东三省华商保险公会；1926 年哈尔滨相继成立华洋保险公会和洋商保险公会，其中外资保险公司及代理店逾百家；1931 年日本帝国主义制造"九一八"事变前，东北地区有保险公司 30 余家，每年所收保险费约 1.5 万两黄金；1932—1945 年的伪满时期，东北最大的 3 家保险公司每年的收入，折合黄金达 4.5 万两之多。抗战胜利后，国民政府中央信托局物产保险处于 1946 年 3 月在沈阳接收的保险公司就有 44 家，计伪满和日商保险公司共 42 家（其中伪满官办保险公司 2 家）。这就给东北解放区开创人民保险事业创造了得天独厚的前提条件。

东北解放区的保险事业大致经历了以下三个阶段：

第一个阶段，1945 年 8 月至 1948 年 10 月，为私人经营阶段。抗战胜利后，日本保险公司被接管，整个哈尔滨保险市场成了华商保险公司的天下。1946 年 4 月，哈尔滨解放，至 1948 年初，先后在哈市营业的保险公司主要有六家，即太平、中兴水火、阜成水火、联保水火、亚洲与华东。其中，华东因业务经营不善而倒闭，保户由亚洲接管。外商方面仅有由苏联方面监管的原德商阿良斯保险一家。以上持续营业的五家民族保险公司，太平、联保水火的总公司分别在上海和香港，哈尔滨的分号虽然营业尚可，但并无实际资本；中兴水火、阜成水火、亚洲三家则是总公司设在哈尔滨的保险公司。其董事长及主要董事多属哈尔滨市政界、工商界的头面人物，但这三家保险公司，资本额

---

[1] 刘贯学. 新中国劳动保障史话：1949—2003 [M]. 北京：中国劳动社会保障出版社，2004：11.

为数不大，由于缺少再保险机构，其营业状况也不乐观。表 7 - 1 是五家民族保险公司 1947 年的营业统计，除太平在保费收入、出单件数等方面显示出营业状况较好外，其他四家均表现平常。

表 7 - 1　1947 年哈尔滨市保险公司营业统计

单位：元

	阜成水火	太平	亚洲	联保水火	中兴水火
职员人数	20	30	20	12	14
开业年月	1947 年 3 月 1 日	1930 年 1 月 1 日	1947 年 4 月 28 日	1946 年 1 月 1 日	1947 年 3 月 20 日
原有资本金	1440000	—	25000000	—	12500000
现有资本金	4232619	—	25000000	—	12500000
保险总额	1784570190	3873800232	1641203000	1049581600	1131571625
保费收入	16162554.67	35854744	16208701	12302521	17953447
房租及其他收入	6607186.8	351114	4085540	319654	10045765
开支	13679482	15586542	12150401	7943029	12263544
赔款	1296095.9	3459710	177448	996846	202395
出单件数	2793	6622	1682	3148	1555
未收保费	1558164.25	5503555	1941057	1666524	3748958
现款	896051.38	12421978	2044156	2625064	1683248

资料来源：陈一凡. 关于保险公司的调查 [J]. 哈市经济，1948（8）.

第二个阶段，1948 年 10 月至 1949 年 4 月，东北保险业开始进入合作经营阶段。在 1948 年 8 月哈尔滨第六次全国劳动大会精神的鼓舞下，当年 11 月，由国营东北银行总行和哈尔滨市政府发起，5 家保险公司合并成立解放区根据地第一家公私合营性质的哈尔滨联合保险公司，经理、董事长和监事长由公方代表担任，股本为法币 100 亿元。翌年 2 月，哈尔滨联合保险公司并入东北银行组建的新华保险公司，新华保险公司派员分赴北满各地主要县市，相继建立起保险业务代理处。这是中国共产党和东北民主政府领导的全国第一家人民保险机构，标志着私人独资的保险业的终结和公有制保险业的新生。1948 年 12 月 27 日，东北人民政府颁行《东北公营企业战时暂行劳动保险条例》，约有 40 万名职工及 100 万名家属首先享受到该条例所规定的待遇。

第三个阶段，1949 年 5 月到 10 月，为国营东北保险公司阶段。随着东北全境解放，1949 年 4 月 1 日，东北银行总行关于保险问题给东北行政委员会的报告中提出建立国营东北保险公司的建议："查既往私营保险公司，多为实力微小且以营利为目的，既不能满足社会之要求，更（也）不能执行国家之政策，因此在新民主主义社会下，保险公司决不宜私人经营。关于保险公司之灾害赔偿，普遍并无须提出巨额资金支付。以保险收入即可充当。据统计，赔款仅占保费的 25%，各种费用占 10%～30%，支付劝募私人财产保险的经纪人佣金为 20%，公有财产保险减收保费 15%，依此标准如果经营得当，总可得 40% 的利润。如果保险公司非国家经营而任私人去做，则对于政府财政收入上实有相当的损失。""根据以上理由，提议由东北银行开办东北保险公司"。① 当年 5 月，东北银行在沈阳设立东北保险公司，出资 2 万两（原定 5 万两）黄金以作灾害赔偿资金，至 10 月，南北满初步建成了保险公司网，领导哈尔滨市公司及辽西、辽东、吉林、黑龙江、松江、热河、内蒙古、长春等设立代理处。随着中国人民保险公司的成立，东北保险公司于 1949 年 10 月 20 日改名为中国人民保险公司区公司。

《中国人民保险公司哈尔滨分公司 1949 年工作报告》中指出："由于各级党政领导部门的重视与支持，短期内即取得了较好成绩。仅据哈尔滨分公司 1949 年统计，全年承保总件数 9461 件，承保总额达 5863 亿元（东北币，以下同），共收保费 89 亿元。全年理赔 91 件，实际赔款 36277 万元，为承保总额的 0.62%，占保费净收入的 4.1%，为保障人民财产安全和为国家积累资金，起了积极作用。"② 作为解放区金融的一个重要部分，保险业对于发展生产、繁荣经济、公私兼顾、劳资两利的作用，不可忽视。

解放战争时期，中国共产党也领导了国统区保险业的职工运动。1945 年 9 月，上海市保险界民主促进会宣布成立。1946 年 9 月，中共保险业地下党组织的外围群众组织——上海市保险业业余联谊会改为上海市保险界同仁进修会、1949 年又出现了上海职业界协会。在党的领导下，这些组织团结了广大保险业职工，为争取和平民主和改善职工生活而斗争，从而为接管和改造保险业以及建设

1948 年 12 月 1 日，中国人民银行在石家庄成立，图为中国人民银行行长南汉宸（后排左六）与副行长胡景沄（后排左五）等同志合影

和发展社会主义保险事业培养了一定的干部力量。1947 年 2 月 9 日，国民党当局在上海各界反对美货倾销的集会上制造了"二九惨案"，保险界成立了二九惨案后援会。在同年国统区爆发的反饥饿、反内战、反迫害运动中，保险业界积极投入和支援。1948 年 2 月初，国民党当局在镇压上海申新第九棉纺厂罢工斗争中又制造了"申九惨案"，保险界也成立申九惨案后援会，开展声援和募捐活动。此外，中共在保险界还进行了反对国民党对保险业增资的活动，组织和领导太平等保险公司职工开展争取最低生活待遇的罢工斗争，并在罢工胜利的基础上成立了太（平）、安（平）、丰（盛）、天（一）同仁联谊会，等等。国统区保险界的这些活动，表明保险业界政治立场的转变。

① 东北解放区财政经济史编写组．东北解放区财政经济史料选编：第 3 辑 ［M］．哈尔滨：黑龙江人民出版社，1988：562－653.

② 颜鹏飞，李名炀，曹圃．中国保险史志：1805—1949 ［M］．上海：上海社会科学院出版社，1989：469.

1947 年 11 月，石家庄解放。1948 年 12 月 1 日，中国人民银行在石家庄宣告成立。南汉宸担任中国人民银行总经理，胡景沄、关学文任副总经理。新中国的保险事业也由此进入诞生期。1949 年，随着三大战役的胜利和解放区的不断扩大，天津（1949 年 1 月）、北平（1 月）、南京（4 月）、太原（4 月）、武汉（5 月）、上海（5 月）等重要城市相继解放，国民党政府各类金融机关和国营保险公司陆续被接管和改组。1949 年 4 月 25 日，毛泽东主席、朱德总司令发布《中国人民解放军布告》，规定："没收官僚资本。凡属国民党反动政府和大官僚分子所经营的工厂、商店、银行……均由人民政府接管……所有在官僚资本企业中供职的人员，在人民政府接管以前，均须照旧供职，并负责保护资财、机器、图表、账册、档案等，听候清点和接管……凡愿继续服务者，在人民政府接管后，准予量才录用，不使流离失所。"遵照党中央规定的政策方针，各地在地方党委和军事管制委员会领导下进行接管工作。天津解放后，天津市军事管制委员会金融接管处接管了原官僚资本的金融机构，1949 年 3 月 30 日命令中国产物保险公司天津分公司改组为天津中国产物保险公司，由中国人民银行拨资 1000 万元。这是由中国人民银行出资创办的全国第一家国营保险公司，受中国人民银行天津分行领导。1949 年 4 月 4 日，天津中国产物保险公司正式开业。[①] 公司主要经营火险，少量的水险、运输险、邮包险业务。公司经营初期，火险限额为 200 万元（旧人民币）。到 1949 年 5 月，赔款责任准备金增至 5000 万元；8 月，与上海中国产物保险公司建立分保关系。到 1949 年 10 月 20 日改为中国保险公司天津分公司之前，天津中国产物保险公司直接业务保费收入 5957.9 万元。[②] 北平解放后，同样以原中国产物保险公司北平分公司为基础，由中国人民银行拨资旧人民币 5000 万元，恢复办理保险业务。武汉解放后，中国产物保险公司汉口分公司为基础，由中国人民银行拨资旧人民币 3 亿元作为赔款责任准备金，办理有关银行贷款、押汇和仓储等水火险业务。

上海是中国金融业和保险业的中心，国民党政权官僚资本中国银行、中央信托局、交通银行、中国农民银行等以及附属这些机构的保险总公司、总管理处、事务所等也集中在上海。上海解放前夕，保险业地下党谢寿天、郭雨东等受命在上海和香港两地对保险界开展安抚工作，与太平保险公司董事长周作民、总经理丁雪农，中国银行沪行经理吴震修，中国保险公司总经理宋汉章等上海金融界领袖人物多次接洽，争取他们留在大陆。人民解放军渡江后，中共中央华东局抽调了大批干部集中在江苏丹阳，为接管上海进行准备。1949 年 5 月 27 日，解放军进驻上海，开始接管上海各行各业。在苏北解放区专门学习接管城市政策的保险业地下党员孙文敏等与留守上海的林震峰、吴越等人汇合，在上海市军管会财政经济接管委员会金融处，共同组建了"保险处"。金融处副处长谢寿天分管保险组，上海地下党保险业总支部书记林震峰担任保险组组长，孙文敏为副组长，郭雨东协助保险组全面工作。5 月 30 日，上海市军事管制委员会财政经济接管委员会金融处发出保字第 1 号训令，令上海市保险业同业公会通知所属会员，限期具结填报股东名册。各股东户名按类别填写：甲、属于伪党、政、军、特务机关、四大家族及其以各种化名出现者；乙、属于伪党、政、军、特务机

---

① 天津市地方志编修委员会．天津通志・保险志［M］．天津：天津社会科学院出版社，1999：139 – 140.

② 天津市地方志编修委员会．天津通志・保险志［M］．天津：天津社会科学院出版社，1999：373.

关重要人物者，及与甲项有关但一时不能判明确属甲项或其他可疑者；丙、不属于上述两项者。各保险公司须切实保证，不得故意将甲乙两项财产列入丙项，企图蒙蔽，并须具结，倘以后发现有以上情事，使官僚资本逃避者，除令赔偿责任外，并按情节轻重依法论处。[①] 按照没收官僚资本和保护工商业政策规定，除应予接管的保险公司外，对官僚资本所占比重不超过 50% 的保险公司进行监理。为审定机构性质，对其历史沿革和资本构成进行调查，经清产核资后，对总资本中的民营工商业或私人投资予以保留。

根据党的政策和上海上军事管制委员会确定的"依照系统、原封不动、从上而下，整套接收"的方针，军事代表和联络员自 1949 年 5 月 30 日起分别进驻各接管和监管单位，责令造具移交清册，查封金银、证券等主要财物，准备办理交接。参加接管的人员，均为原上海保险业的共产党地下党员，了解上海官僚资本保险机构的情况，经接管人员全力以赴，快速完成了接管任务。被接管的上海官僚资本保险机构共 24 家，即中央信托局产物保险处、中央信托局人寿保险处、中国农业保险公司、资源委员会保险事务所、国民产物保险公司、台湾产物保险公司上海分公司、中国产物保险公司、中国人寿保险公司、中国联航产物保险公司、中国联航意外责任保险公司、太平洋产物保险公司、交通产物保险公司、中国再保险公司、中合产物保险公司、江苏产物保险公司、世界产物保险公司、中国人事保险公司、四联盐运保险管理委员会、盐运再保险总管理处、中国纺织建设公司保险事务所、人和产物保险公司、同信产物保险公司、中南产物保险公司、浙江产物保险公司上海分公司。此外，官商合办的四明产物保险公司、新丰产物保险公司、泰安产物保险公司、永宁产物保险公司 4 家，因官僚资本所占比重未超过 50%，经一度监管，在审查股权和资产负债情况后，撤销监管，允许其继续营业。林震峰介绍接管成绩说："接管黄金 123 两、银元 1718 枚、美钞 15783 元、港币 3345 元、英文打字机 88 台、小轿车 19 辆以及少量股票、债券、金圆券和房地产，还有 4 支自备手枪。保险机构的员工 777 人，其中职员 652 人，工人 125 人。"[②]

1949 年 9 月 1 日，联合清理处成立，到 10 月 23 日，接管清理工作基本结束。在官僚资本保险机构中，除批准中国产物保险公司、专营船舶保险和船员意外保险的中国联航意外责任保险公司恢复营业外，其他被接管的保险公司对未到期火灾保险单一律办理退保手续，终了保险责任。对人寿保险单的清理，与银行存款清偿同样，草拟了《人寿保险金清偿办法》，上报审批。

与此同时，为适应保障工商企业财产，促进城乡物资交流，迅速恢复国民经济活动的需要，军管会金融处自接管官僚资本保险机构和采取扶持私营保险公司复业措施的同时，鉴于恢复国营保险业务和处理国内外分保问题亟待解决，决定批准中国产物保险公司复业。中国产物保险公司 1931 年 11 月 1 日成立于上海，全部由中国银行拨资，1944 年 10 月由国民党政府财政部规定改组为中国产物保险公司。该公司创办较早，组织健全，制度完善，在国内主要城市设有分支公司，海外也有机构多处。1949 年 6 月 20 日，中国产物保险公司在上海四川中路 270 号原址改组复业。暂定火险最高自

① 中国保险学会《中国保险史》编审委员会．中国保险史［M］．北京：中国金融出版社，1998：225.
② 林震峰．建国初期的上海保险业［J］．中国保险，1999，10.

留限额为旧人民币 5 亿元，水险最高自留限额为 2 亿元，后又分别提高到 12 亿元和 4.5 亿元。该公司除继续履行原已接受的分保合约外，1949 年 7 月与伦敦订立水险分保和约，最高限额为 12.5 万英镑，自留 0.5 万英镑。火险合约于同年 8 月 1 日订立，最高限额也为 12.5 万英镑。为配合保险同业解决分保困难，该公司对华商民营保险公司组织联合分保机构和接受分保给予大力支持。

当时上海及沿海地区时常遭受国民党飞机轰炸，海上运输也不安全。中国产物保险公司为配合人民政府反封锁、反轰炸政策，适时开办了运输兵险、航业员工兵险和小额船壳兵险三项政策性新业务。自复业至 1949 年底，该公司国内外业务合计毛保费收入为旧人民币 274.08 亿元，净保费收入为 304.29 亿元，其中国外业务收入 274.08 亿元，国内业务收入 30.22 亿元；付出赔款 133.01 亿元，其中国外业务赔款 121.98 亿元，国内业务赔款 11.03 亿元。

对私营保险业，上海军事管制委员会财政经济接管委员会金融处保险组根据对私营工商业"利用、限制、改造"的方针，对旧保险市场进行整顿。规定保险公司除经营保险业务外，不得兼营金钞证券及其他业务，不得签发外币保险单。要求保险公司具报股东名册和保险负债表，填报调查登记表，具结承保契约责任。1949 年 6 月 18 日，军管会金融处保字第 4 号训令规定，保险公司按经营业务类别缴存的保证金为火险旧人民币 200 万元，水险 100 万元，其他险 150 万元，限于 6 月 20 日起半月内缴付。非经核准，不得签发国内业务外币保险单，分保合约须缴呈审核。根据上述规定，获批恢复营业的保险公司，包括接管后复业的中国产物保险公司、中国联航意外责任保险公司共有 106 家。其中华商 64 家，外商 42 家。原经营寿险的公司均未复业。获准营业的保险公司以经营火险或兼营水险者居多，专营水险或其他非寿险业务者甚少。针对保险业历来存在的滥放折扣等陋规恶习，上海市军管会金融处于 1949 年 7 月 5 日制定《上海市保险业经纪人佣金限制办法》，规定保险公司自接受业务起 7 天内收足保费；经纪人佣金为火险 20%、水险 30%，保险公司不能给予经纪人任何名义或津贴；保险公司特约代理处佣金不能超过 15%；同业分保佣金为火险 30%、水险 15%。

由于华商原有的分保集团大部分解体，对外分保关系中断，复业后的保险公司大部分资力脆弱，承保能力有限，在军管会金融处保险组的促进和支持下，1949 年 7 月 21 日成立了民联分保交换处。这一联合分保组织由军管会金融处领导，由复业的中国保险公司支持，私营保险公司自愿参加为原则组成。除久联分保集团的大华、光华、长城、泰山、华业、新丰、宝丰，以及华商联合保险公司外，参加的华商私营保险公司共有 47 家。公推太平产物保险公司协理丁雪农为主任委员，大东和大南保险公司经理董汉槎、合众物产保险公司经理毛啸岑、中国保险公司副总经理孙广志为副主任委员，原兆丰保险公司副经理唐雄俊任经理。办事机构设于太平物产保险公司内，工作人员 46 人，大部分从各公司抽调，其工资及一切费用从按月向各公司摊收 5% 的净保费收入中支付。

民联分保交换处是集中办理华商私营保险公司分保交换的服务性机构，不直接经营保险业务。由于水险业务未能普遍开展，其经办的分保交换以火险为限，由会员公司全体大会通过的火险限额表按建筑类别和危险程度分级订立。除规定禁保项目外，限定了每一危险单位承保的共同自留额。各公司承保业务及同业分保业务全部由民联分保交换处按照各自占保成分分配。从 1949 年 7 月到

1950 年 3 月，民联分保交换处经汇总统计的保费收入，共计旧人民币 43.85 亿元，赔款 0.68 亿元，赔付率为 1.54%。保费收入分配为会员公司旧人民币 24.11 亿元，占 54.99%；同业公司 3.70 亿元，占 8.43%；临时分保 16.04 亿元，占 36.58%。[①]

四、 中国人民保险公司的成立

1949 年 9 月 25 日，中国人民银行总行召开第一次全国保险会议。1949 年 10 月 20 日，在党中央的关怀和指导下，中国人民保险公司正式成立，从此揭开了中国保险史上新的一页。

1949 年 2 月，中国人民银行从石家庄迁入北平。同年 10 月 19 日，中央人民政府正式任命南汉宸为中国人民银行行长，胡景沄、关学文为副行长。抗战时期即投入中国共产党金融战线的孙继武负责接受旧政府银行、中央信托局的工作，后任中国人民银行储蓄处处长。南汉宸等人将主要精力投入建立新中国金融体系的伟大事业，边接管，边建设。

1949 年下半年，全国解放战争已取得决定性胜利，统一财政经济政策并使财政经济状况得到根本好转，已经成为建立新中国的一项重要任务。在财政经济方面，当时的工作重心就是彻底改变因战争造成的经济上分散管理和各自为政的状况，实现财经经济的统一管理和领导。为适应这一中心任务，更好地发挥保险在经济补偿、促进进出口贸易、积累财政资金等方面的作用，建立统一的国家保险机构被提上日程。

在接收中央信托局的工作经历中，孙继武认识到该局的储蓄、信托和保险三大金融功能不可或缺。孙继武积极倡导设立保险公司，南汉宸、胡景沄接受了他的建议，并上报中央财经委，得到了陈云、薄一波的一致同意。1949 年 8 月，由陈云同志主持，在上海召开了华东、华北、华中、东北、西北 5 个地区的财政、金融、贸易部门领导干部参加的财经会议。这是建国前夕一次重要的经济工作会议，创建中国人民保险公司的建议就是在这次会议上提出的。

会议期间，金融小组分析了保险业当下的状况，总结了在接收平、津、沪等地中国产物保险公司进行试办取得的经验和存在的问题，一致认为对全国保险事业的集中领导好统一管理十分必要，在现有基础上筹备一个全国性的保险公司条件已经成熟，于是在小组讨论会上通过了对于建立中国人民保险公司的议案，同时提出为了进行对国际贸易有关的外汇保险，以原中国产物保险公司为基础专设中国保险公司。当时会议决定前者由中国人民银行总行负责筹备，后者上海已有机构，由华东区行负责整顿改组。各地区公司机构，由中国人民银行各区行着手筹备，东北银行所属的东北保险公司，应即改组为东北分公司。

上海财经会议结束后，中国人民银行总行自 9 月起，在南汉宸、胡景沄的直接领导下，由孙继武具体负责筹建工作。孙继武将在人民银行信托局工作的赵济年、阎达寅、程仁杰带到保险公司筹建组。同时，孙继武又提出将上海保险业的地下党员和专家请到北京，参与筹建。上海方面随即由郭雨东、姚洁忱、陶增耀、戈志高 4 位党员带领从接管单位挑选的 30 多位思想进步、熟谙业务的中

---

① 中国保险学会《中国保险史》编审委员会. 中国保险史 [M]. 北京：中国金融出版社，1998：224－235.

青年积极分子，到北京参与筹建工作。至此，延安根据地的金融干部及华北造币印制局的一批干部，和上海保险业地下党的金融家，在北京共同组成新中国保险业的干部队伍。

1949 年 9 月 17 日，中国人民银行总行正式备文中央人民政府政务院财政经济委员会，呈请核准设立中国人民保险公司。由总行行长南汉宸，副行长胡景沄、关学文签署。9 月 21 日，中央财经委陈云、薄一波联名向中共中央报告：

八月在上海由陈云同志主持之财经会议，由人民银行各区负责同志组成之金融小组会上，提出了建设全国保险事业之建议，并进行了具体讨论。顷接银行呈请关于建立中国人民保险公司之计划，内容大致如下：我之保险事业，开始建设于平津解放之后。以接收之保险机构为基础进行试办；但限于地区狭小，资金有限，对较大之建筑及大宗物资均无力负担保险之责任。因之，生产缺乏安全保障，也相当影响了出口贸易之经营。过于中国公司，由于实力薄弱，多依赖帝国主义之外商公司分保，造成资金外溢。上海解放前，全部保险费半数为外商公司拿去；上海解放后，才进一步建设我之保险事业。数月来，对恢复上海市场，起了一定的辅助作用，同时积聚了一批游资。八月底保费收入已达四亿以上。估计仅上海一地，年可收入百亿左右。如将此大批游资用于保障建筑、物资、生产工具及人身等方面之安全设备，国家可减少大量之建设财政开支。又在今后计划经济原则下，实行经济核算制，又须实行保险以防意外损失之发生，亦为平衡预算收支之重要保证。又现在东北实行之劳动保险，已有显著收获，可以推广。因此，我们认为保险事业对于保护国家财产，保障市场安全，促进物资交流，安定人民生活，组织社会游资，壮大国家资金是有重大作用的。目前保险公司，虽已在各主要城市中均有开展；但由于没有集中统一之领导，各有各之资金，各有各之做法，结果分散力量，限制了工作之开展，也无力与私商及外商公司进行竞争……现拟出了初步的建设计划，拟设总公司于北平，由人民银行总行直接领导管理，资金拟定二百亿元，由银行拨付（但只作转账手续，并不拨付现金），并在人民银行各区行所在地设立各地区公司，东北银行所属之东北保险公司，可划归人民保险公司领导，改为东北区公司之组织。[①]

经过 1 个多月的筹备，1949 年 9 月 25 日，中国人民银行总行组织的第一次全国保险工作会议在北京举行。参加会议的有筹备中国人民保险公司总公司的负责干部如孙继武、阎达寅、程仁杰、郭雨东，有中国人民银行总行各处的代表，还有华东区的林震峰和陆自诚，华中、东北区的罗

第一次全国保险工作会议代表合影

---

① 中国保险学会《中国保险史》编审委员会. 中国保险史［M］. 北京：中国金融出版社，1998：237－238.

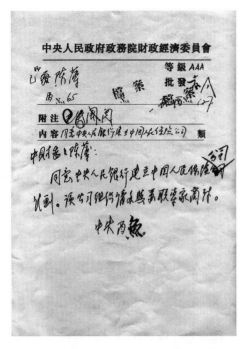

1949 年 10 月 1 日，毛泽东、朱德、周恩来、刘少奇、陈云、薄一波等在报告上圈阅

1949 年 10 月 2 日，薄一波给南汉宸的信

高元和陈鸷如，西北区的王慈，西南、京、津等地的代表。会议组织成立了大会主席团，由筹备总公司的主要负责人和各区公司代表共 9 人组成，轮流主持会议，组织讨论。南汉宸、胡景沄首先报告会议精神，继由各地代表报告当地保险工作情况，接着进行研讨，最后由胡景沄同志作了总结。会议期间，薄一波于 10 月 2 日亲笔函告南汉宸"中央同意搞保险公司"，使与会代表受到了极大鼓舞和振奋。

会议期间，代表们讨论了总公司开业以后的业务规划。认为当时的方针是建设发展和壮大国营保险使用，大力开展业务，积累经验，培养人才。同时注意改变单搞业务作风，要从积极预防灾害来考虑保险工作。在机构建设方面，首先是设立华东、西北、东北、华东各区公司各重要省、市分公司以及中国保险公司。其中中国保险公司是将原中国产物保险公司总管理处加以调整，并将原中国人寿保险公司并入，规定其任务为：（一）专门从事外币保险业务；（二）争取国外保险业务；（三）国外保险关系的联系与监理；（四）接受国内溢额保险业务。其次再设立西南、华南的区公司和分公司。在干部的调配方面，要作出全面计划，统一调整，先将接收人员分配使用，必要时可以吸收和招考有能力、有经验的保险人才及青年知识分子，也可以聘请各方面的专家。在开办险种方面，寿险从火险、运输险、兵险做起，然后再试办团体意外险、旅客险和人身保险，也要试办折实险和农业保险。

代表们经过学习和讨论，对党和政府关于私营、公私合营、外商保险公司的政策统一了认识。对于私营保险公司，在新民主主义经济政策下是允许存在的，基本上是采取改组和团结的政策，特别是国营公司尚未发展起来的时候，更应如此，因为实现保险业的完全国有还需要相当长的过程。对私营保险公司应视其性质分别对待：对生产有利的就应团结，必要时加以扶助；对买办性的也不是没收和消灭，而是要断绝其依赖外商的关系，积极地改造和争取他们。私营公司的资金和保费收入的运用要加以限制，其用途应是：（一）折实存入银行；（二）正式生产事业的投资；（三）买卖证券。

对于公私合营公司，除特殊情况外，原则上不保留，公股应抽出。对于外商公司要严格管理，可以规定一般在中国的外国企业可以由外国公司承保火险，但中国人在中国境内开办的企业应不许外商公司承保火险。

根据总行指示，会议明确中国人民保险公司的领导关系原则上是垂直系统，垂直领导。但可以采取总公司和各地人民银行区行的双重领导。并且规定总公司有下列六项权力：（一）方针任务的决定；（二）总计划的提出；（三）章则办法的制定；（四）重要制度的制定；（五）资金限额的分配和资金的调拨；（六）重要人事的任免。其他如开支制度、人员待遇、经费的审核、具体的计划、低级人员的任免等就交给中国人民银行区行负责，只须报告总公司备案。会议还通过了《中国人民保险公司条例草案》和《中国人民保险公司组织规程草案》。

会议对接手敌伪保险机构的清理交接工作也作出了决定，主要是：（一）原来各地公司的资金盈余交回当地中国人民银行；（二）保险责任及未到期的保费由人民保险公司接受继续承担；（三）其财产如人民保险公司有需要可以接受，但要估价后转账；（四）清理交接过程中业务应继续进行；（五）人员视情况调整。

此外，会议还完成了下列各项材料，即公司条例、组织规程、工作计划、限额表、工作程序、再保险办法、会计制度、私营保险业管理办法、报告制度、火险运输险赔款处理办法。

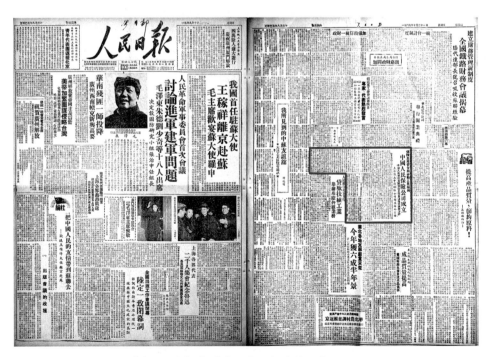

1949 年 10 月 21 日，《人民日报》报道中国人民保险公司成立

10月6日会议闭幕。大会结束时，苏联财政部副部长库图佐夫介绍了苏联保险的基本原则及如何把保险事业作为一项社会政策来推行。胡景沄作了会议总结报告。①

会议结束后，以原北京中国产物保险公司为基础，建立了总公司营业部。

第一次全国保险工作会议的召开，明确了新中国保险事业的基本方针，较为全面地为中国人民保险公司的组建进行了组织上的准备，为新中国保险事业的发展指明了方向。《人民日报》稍晚的报道称：

中国人民银行为筹备中国人民保险公司之成立，曾于九月二十五日至十月六日在北京召开了全国保险工作会议。华东、华中、西北、东北、京、津均有从事保险工作之负责代表参加，大会对新民主主义保险事业的方向，作了充分的讨论，明确规定了保险也必须为发展生产服务的基本方针；并指出了新民主主义的国家的保险事业的三个主要任务：一、保障生产安全，扶助贸易之发展，促进城乡物资交流；二、保障劳动人民生活之安全；三、保护国家财产。国营保险公司应领导私营保险公司共同为实现上述任务而经营，必须改造过去私营公司单纯的营利观点，与各种不合理的经营方法，必须克服过去主要的是依赖帝国主义外商公司的买办性。此外由于中国保险业的十分脆弱，国民党反动统治时代的官僚资本的保险公司，又完全是为四大家族的利益服务，因之中国的保险事业实际是为外国帝国主义势力所控制，造成严重的利权外溢。全国保险该工作会议在研究了这些情况之后，确定国内是以建设强大的国营保险公司为基础，团结与改造私营公司；对国外则主要的服从国际贸易的需要开展业务，目前应即考虑与已经与我建立外交关系的社会主义国家苏联及新民主主义国家如何建立关系，同时向他们学习建设保险事业的经验。②

1949年10月20日，中国人民保险公司在北京成立，中国人民保险总公司和直属营业部在北京西交民巷108号正式开业。中国人民保险公司由中国人民银行总行副行长胡景沄兼任总经理，孙继武任副总经理。当天，上海《大公报》刊登消息称：

为发展生产，繁荣经济，并执行新民主主义的保险政策，中央财委会特核准人民银行设立中国人民保险公司，额定资本人民币二百亿元，总公司设北京，各主要地区设区公司。总公司及华东区公司定于今日分别在北京及上海同时成立，其他各区公司将于本年内分别在各区成立。中国人民保险公司的主要任务在减少社会上各种灾害及损失，保障生产贸易与运输的安全，保障人民生命财产的安全，其业务除领导与监督全国保险业外，并经营后列各种业务：（一）产物保险；（二）人身保险；（三）农业保险；（四）国内再保险；（五）代办劳动保险；（六）代理或代办其他保险业务。

在目前将先举办兵险、火险、运输险及团体员工意外险、乘客意外险等，以后将视实际需要，络续添办各种业务。华东区公司于今天正式营业，区公司经理为谢寿天，副经理为林震峰、孙文敏，地址在外滩廿四号人民银行华东区行内，电话一五四七〇转接各部，即日起已开始接受业务，正式

---

① 中国保险学会《中国保险史》编审委员会. 中国保险史 [M]. 北京：中国金融出版社，1998：239 - 244.
② 中国人民保险公司成立 [N]. 人民日报，1949 - 10 - 21.

签发保险单。①

10 月 21 日，《人民日报》刊发报道称：

中国人民银行为保障生产安全，提高劳动人民福利，及保护国家财产，特决定设立中国人民保险公司。该公司经过一个多月的筹备，总公司已于本月二十日在北京正式成立。各区设立区公司（均设于中国人民银行区行所在地），各主要城市设立分公司及办事处。设在上海的华东区公司，天津的直属分公司，以及原北京中国产物保险公司改组的总公司营业部，亦于同日开业。此外，汉口之华中区公司，西安之西北区公司，沈阳之东北区公司，计划于十一月一日开业。西南及华南之区公司亦在筹划中。该公司资金定为三百亿元，由中国人民银行一次拨给，必要时还可作更大之支持，以使保险公司能对生产机构之厂房，及其原料和产品、贸易部门之物资仓库、运输工具等，国家之建筑设备以及劳动者之人身福利有充足的保障。其业务种类，首先办理火灾保险、运输保险（包括陆路、水路、内河、航海、空运等）、运输兵险（如爆炸）、团体人寿保险（即机关与企业单位的工作人员之团体与人寿保险），计划中的尚有乘客意外险，折实储蓄寿险，牲畜保险，农业保险等，凡公私企业、机关团体及各界人士均可向该公司投保。②

中国人民保险公司的成立，宣告了新中国统一的国家保险机构的诞生，中国保险史由此揭开了崭新的一页。

---

① 中国人民保险公司成立［N］. 大公报（上海），1949 - 10 - 20.
② 中国人民保险公司成立［N］. 人民日报，1949 - 10 - 21.

The History of Insurance
in Modern China

中国近代保险史

第八章

Chapter 8

保险知识传播与保险学研究

19 世纪，在西方保险制度引进中国的同时，保险知识也在中国逐步传播。晚清时期，西式报刊和西学著述对保险知识作过介绍，部分开明士大夫对保险形成了初步的认识。20 世纪初，随着新式教育的兴起，专门的保险教育开始出现，标志着保险知识传播趋于制度化，中国社会的保险意识也得到了提升。20 世纪二三十年代，在保险事业快速发展的同时，一批保险刊物和保险著述出现。与此同时，中国保险学会成立后，在知识传播、学术研究、推动保险事业发展等方面取得显著的成绩。在保险学界和社会各界的共同推动下，有关保险的学术研究初步兴起，促进了中国保险思想的发展。保险知识的传播、保险观念的演变，以及保险学术研究的兴起，是中国保险发展的侧面反映。

第一节　中国社会对保险的早期认识

晚清时期，伴随着外商在华保险业的兴起，现代保险知识也开始在中国的传播。鸦片战争前后，早期西学书刊对保险进行了零星介绍，洋务运动时期，一些开明思想家和官员对保险有了初步的了解和认知，及至清末民初，新式报刊宣传保险知识，探讨中国保险发展问题，进一步推动了保险知识的扩散和传播。保险意识在通商大埠初步兴起，保险观念逐渐形成，构成了中国保险业发展的舆论背景和思想氛围。

一、 鸦片战争前后的保险知识传播

鸦片战争前后，在西式保险制度被外商引介到中国的同时，西方保险知识也通过报刊、著述等途径被零星地传播到国内，这是该时期中国社会保险知识的主要来源。

据现有史料考证，最早通过书籍传播西方保险知识的是著名的德国来华传教士郭士立（Karl Friedrich August Gützlaff，郭实腊、郭实猎）。郭士立知识广博，精通多种语言，用中文撰写了多种著述。19 世纪 30 年代，郭士立曾三次在中国沿海航行考察，是来华外国人中对中国了解颇深的一位人物。1833 年，他在广州创办了中国大陆境内第一份新式中文报刊——《东西洋考每月统记传》。这份刊物既是西方传教士传教布道的工具，也是西方社会多方面信息的载体，其中就有对西方保险制度的介绍。

《东西洋考每月统记传》共有两处提及西方保险制度。

一是在 1837 年刊登的一篇新闻中。该文介绍了英吉利京都六月大火的事件：烈火起于栈房，又蔓延至邻房，使得广大仓库尽焚，损失数百万洋银。消息接着说，在西方各国，有"保货船屋之会"，按照"每百银货价抽银数分，每年还会保主"的方式进行投保。遇有"灾祸或船沉屋烧货坏"，由保会主（保险公司）补偿其损失。因为参与了保险，所以在大火中"财主难损失祸财，亦免得倒行"。[①] 借这一火灾新闻，简单介绍了西方国家的水险和火险，也说明了保险的含义与意义。

二是在道光戊戌年（1838 年）8 月刊印的《东西洋考每月统记传》中。该文通过一则故事，以华人"曾相公"与洋商对话的形式，详细介绍了西方当时的四种保险制度。[②]"曾相公"担心外洋舟船动辄来往数万里，危险重重，万一受灾则得不偿失。洋商则答复称："外国商恐遭害，常请保举之会，担保船只物件，设使亡，就还物之价值矣！"

并详细解释了保举会，"贸易险中做，运货未稳当，故此商贾请人担保之。那人虽有财，但不足以保多也。故招他人，合其财为一本，设使十人题名，各人出一万银，以此为其会之本也。我要发船载货，共计五万银，遂往请保举之会担五万银。他曰，可也。汝抽一百员（元）裨我，或二员或三员或四员，设使货到不受害，我利此银。倘货失，我还汝五万银。相约停当，不敢失言，而出票以立凭据而已矣。"郭士立将保险（insurance）译作担保，保

1838 年，《东西洋考每月统记传》中对保险的介绍

---

① 爱汉者，等. 东西洋考每月统记传 [M]. 黄时鑑，整理. 北京：中华书局，1997：216 - 217.
② 爱汉者，等. 东西洋考每月统记传 [M]. 黄时鑑，整理. 北京：中华书局，1997：407.

险公司译作保举会，以船货保险为例介绍了保举会的成立与运作方式：商人以船货为保险标的物向保举会投保，按照保险标的的价值交纳保费，保举会根据保险大数法则来平摊风险，发生风险则进行赔付和经济补偿，若船货安全，则保费算作保险公司盈利。所谓"出票以立凭据"，即今天所说的保险单。文中还提到，保险公司对光怪诡谲之人乘机担保船，故意打烂后讨保举之银的保险欺诈行为，要立凭据对证以塞奸伪之道。

接下来洋商继续为"曾相公"介绍保举火之会、保举命之会和保举年之会的分类情形。[①] 保举火之会，即财产保险中的火险，是远国之人为担保房屋而向保举会投保，在不幸遭难时由保举会赔偿。这种保举火之会在西国遍处已立。保举命之会就是人寿保险。文章中解释说，人寿保险通常是投保人因为自己身为家父，"有许多子，不知自己命之长短"，故每年交给保举会一定数额的银钱，死后便将银钱还于孥子家小，这样一来家父为被保险人，孥子家小为受益人，使其生活不至于困顿。每年交的钱越多，死后保险公司归还的钱越多。保举年之会相当于储蓄型保险，将本钱交给保举会，保举会每年返还利息等，但不归还本金。[②] 最后作者通过"曾相公"之口赞叹保险功能强大：保险可以使"商又无本失，保又发财"，在国内为广东、上海来往之船商间的生意提供信用保证，在国外可招徕外国商船，然后可富民富国。

《东西洋考每月统记传》中关于保险的介绍，是目前发现最早的关于西方保险制度的中文记述。这些内容为我们介绍了19世纪初的水路运输保险投保流程，出票（即保险单制作）等细节，以及保险缘于贸易的风险性、保险的本质（即聚各家之财，赔付一人的损失）等保险常识。

此外，1840年郭士立与他人合撰《贸易通志》一书。在这本合计约3万字的五卷本著述中，郭士立向中国人介绍了西方文明，涉及西方商业、贸易等介绍。其第四卷"担保会"一章对当时西方保险制度作了专门介绍。文中说："世事变迁，与日俱更"，一些商贾难免遭遇"船沉物没尽丧血本"之事，故而有担保会，遗物可以补其所失。郭士立描述称，担保会可分为海担保会、火担保会和命担保会。所谓海担保会，乃是鉴于远洋贸易"九危十险"，故要与担保会签订保险之约，按照"每百银月俾汝二三银钱致担保货与船"。如果船货没有出事，则每月保银就当丢失了；若船沉货溺，则可凭保险合同获得担保会的相当于保险标的赔偿。在与担保会订立的契约中，也可以定下只要"折桅船身货溃"便须赔付的标准。但是双方都要遵守诚信原则，"必据情实报"。人们"有屋业恐火焚烧，不时尽失"，所以和火担保会签下契约，按年交纳相当于保险标的的物价值1%的保费，火担保会和投保人要按契约来履行双方的责任。命担保会的规则是，投保人生前每年付命担保会50元，死后家里人得到保险公司一定年限的赔付。文中最后总结说，担保会这种公司，"资人得利，收其银钱者又得利也"。郭士立还介绍了英国担保会的分布和运作方式，称担保会"西国遍处立也，省城亦有二十一会"。担保会本钱一般七八万元左右，可以众商合立，也可招商贾每人出一股，年底查定数目，大家均摊其利与失，"其利者过其失乃寻常之事"。在《贸易通志》卷五《保护》一文中，郭士

① 爱汉者，等. 东西洋考每月统记传［M］. 黄时鑑，整理. 北京：中华书局，1997：408.
② 爱汉者，等. 东西洋考每月统记传［M］. 黄时鑑，整理. 北京：中华书局，1997：409.

立还提到了保险的除外责任：倘若两个国家在海上交战，那么行驶于海上的本国商船容易遭到敌国攻击强取，所以西国通过立法规定"战之际不容商船任意出口，如果擅自行作，不幸遭危，其担保会不补其失也"。①

鸦片战争后，在国人开眼看世界的过程中，魏源及其所著《海国图志》最具代表性。作为中国近代第一批代表性的西学著作之一，《海国图志》从1842年的50卷扩展到1847年的60卷，1852年又增补到100卷，对世界地理、历史、政治、经济、文化、社会、科技等进行了广泛介绍，代表了当时中国开明士大夫对西方的认知水平。《海国图志》对西方保险制度也进行了介绍。在卷五十一《海国图志·英吉利国广述上》中，魏源引述了新加坡人所撰的《英国论略》，提到了英国保障海上贸易的船保险。称英国的海上保险是出于"虞船货之存失不定，则又约人担保之"，"设使其船平安抵岸，每银百两给保价三四元，即如担保一船二万银，则预出银八百元，船不幸沉沦，则保人给偿船主银二万两"。② 在卷八十三《夷情备采·贸易通志》一章，魏源摘录了德国传教士郭士立《贸易通志》一书中关于保险制度的叙述，进行了简洁概括。文中称，西洋国家"所立规制以利上下者，一曰银票，二曰银馆，三曰挽银票，四曰担保会。前二者，国王与商民分立之。后二者，则商民自设之"，分别指纸币、银行、支票信用工具和保险公司。以担保会称呼保险公司，应该是沿用了郭士立的译法。"此三者，中国皆有此例，惟担保会，则中国无之。"他介绍说，担保会有三种，一曰船担保，二曰宅担保，三曰命担保。船担保，即水路运输保险之意。船主货主出于对"舟航大海，难免倾覆"的担心，为自己的船和货物进行投保，投保程序是先确定船、货价值，"假如船价二万元，载货五万元出海"，然后根据一定的保险费率，"每月纳会中银，每百两纳二三钱"。投保过后，"设使船三月到岸，平安无失，所纳银存为会中公费"。如或船货有失，视其损失之分数，担保会采取保险组织经济赔偿制，按照受损失的程度来定额赔偿。他对英国水险公司的集资规模、盈亏分摊等作了介绍，说在英国首都伦敦一共有21个这样的担保会，这种担保会通常"本银或八万，或五六万，或三四万元不等"，根据"同休戚，共利害，岁终会计，有利均分，有害分受"的规章运行。关于宅担保，主要是针对个人财产的火险，"城市稠密，回禄（按：火神）堪虞"，所以"假如本屋价银二千，每年纳会中银二十元，不幸被灾，则会中亦代偿其半"。命担保即人寿保险，因"老妻弱子，身后恐无生计"的未来不可预测性，"每年于会中入五十元，死后如后嗣成立，无需赒恤则已，如贫不能自存，则会中赡其家，每年一千元"。这里关于保险制度的介绍，涉及现代意义上几个重要的保险原则：一是经济补偿原则，"如仅桅折货湿，会中按数偿补，如或全船沉溺，则会中即偿其半"，即当保险标的发生保险责任范围内的损失时，保险赔偿是使投保人恢复到受灾前的经济原状，而不是使其额外受益。二是最大诚信原则，在投保之前双方当事人"必实报实验，众力恤灾，从无推却"。《海国图志》还提到"兵船保护商船之法"：如商船在海上遭遇仇国或海贼威胁，该国兵船予以保护，"凡交战之际，商船皆不得出港，倘擅动蹈危，则担保会中不偿其所失"。这是"交战之际，出

---

① 郭实腊著的《贸易通志》，2015年11月由上海社会科学院熊月之教授处获得该书复印本。
② 魏源. 海国图志 [M]. 李巨澜，评注. 郑州：中州古籍出版社，1999：326-327.

魏源

港损失自负"的保险除外责任的体现。①

《海国图志》中的保险知识，主要来自郭士立的介绍，但一定程度上体现了魏源本人对保险的认识。《海国图志》在19世纪下半期曾多次刊印，被称为"中国知西政之开始"，②书中的这些保险知识也随之得到传播，使中国人认识到保险的重要性。该书还在日本多次翻印，对日本社会了解西方保险制度也有积极的影响。③④⑤

太平天国运动期间，洪仁玕在其《资政新篇》中也对保险制度有一定的介绍。《资政新篇》"法法类"的第十八条，建议太平天国要学习西方的保险制度。原文道："外国有兴保人与物之例：凡屋宇、人命、货物、船只等有防于水火者，先与保人议定，每年纳银若干，有失则保人赔其所值，无失则赢其所奉。若失命，则父母妻子有赖，失物则已不致尽亏。"这段话虽然简洁，但涉及保险的种类、保险的赔付方式等。《资政新篇》将设立保险单独作为一项社会改革措施，视为"正正堂堂之技"，但由于当时太平天国处于战争环境和外国侵略者封锁之下，其建议和主张没有得到实施。

此外，1854年，英华书院和马礼逊教育会创办了《遐迩贯珍》，其第一号《补灾救患普行良法》介绍了英美国家生命保险和火灾保险制度，第一次将人寿保险中的生命周期理论介绍到中国。

中文的"保险"一词，最早出现在隋唐之际，出自《权德舆文》《隋书·刘元进传》，但中国典籍中的"保险"并不具有今天的意涵。上述对保险的介绍，使用"担保会""保举之会"来指代西方的保险公司。大约在19世纪五六十年代，英文insurance被翻译为"保险"，并被普遍使用。比如，1869年《中国教会新报》介绍说："外国有保险一事，现在上海口岸中国人亦知其益，如房产货栈轮舟帆船火车以及人之性命，皆可保也。所保水火风浪意外之灾，如保人系毒害病症等事，并不保其不遇祸害，系保过着祸患之后亏折之价。"该文介绍了保险在西方发展的历史，建议在中国推行保险。⑥《上海新报》1869年3月13日也转录了该文。此外，在广东地区，insurance也被音译为"燕梳"，并在中文报刊中使用。一直到民国时期，"燕梳"一词仍时有可见。民国保险学者孔滌庵称："保险非我之固有语也，夷考流衍地点，肇始粤东，故粤人迄今犹就原字（Insurance）语首，称曰燕梳。如寿险则曰人寿燕梳，水火险则曰洋面、火烛燕梳。"⑦

① 魏源. 海国图志［M］. 李巨澜，评注. 郑州：中州古籍出版社，1999：326－327，449－450.
② 魏源. 海国图志［M］. 李巨澜，评注. 郑州：中州古籍出版社，1999：326－327，63.
③ 日本保险史学家认为，日本的保险知识由荷兰直接输入，但间接由中国输入，即是通过魏源的《海国图志》等书。根据东京海上火灾保险株式会社的史料记载，《海国图志》是最早向日本传播保险知识的文献。
④ 颜鹏飞，李名炀，曹圃. 中国保险史志：1805—1949［M］. 上海：上海社会科学院出版社，1989：18－19.
⑤ 赵守兵. 仰望百年——中国保险先驱四十人［M］. 北京：中国金融出版社，2014：1.
⑥ 保险［J］. 中国教会新报，1867，26.
⑦ 孔滌庵. 论中国之保险业［J］. 银行周报，1928，12（42）.

二、　洋务思想家对保险的介绍与认知

王韬

第二次鸦片战争后，以自强、求富为目标，洋务派引进西方技术，兴办了一批近代军事和民用企业，兴起了洋务运动。随着对西方认识的丰富，这一时期的思想家王韬、郑观应、陈炽、薛福成等人对保险也有了更多的了解。他们提出了学习西方保险制度、为富国强兵服务的倡议，也围绕中国保险业的建立和发展，进行了初步的思考。

王韬是洋务时期对西学有深入了解的著名学者，他关于建立保险制度的设想主要体现在所著《弢园文录外编》一书中。1883 年编成的这本著作，主要汇集了王韬在香港《循环日报》等报刊中发表的政论文章。在《代上广州府冯太守书》一文中，王韬阐述了他的强盛中国的五点主张，包括广贸易以重财货、开煤铁以足税赋、设保险以广招徕、改招工以杜弊病、杜异端以卫正学。王韬把设立保险单独列为一项，足见其对保险的重视。王韬指出，西商贸易因为"顾风波之险，有时不可测料，于是特设保险公司以为之调剂，于百中取二三，无事则公司得权微利，有失则商人有所藉手，不至于大损，此其法诚至善也"。其时，洋务派创办的轮船招商局已经运行，王韬认为"招商、保险二者要当相辅以并行"，不应仅仅依赖于西人保险，否则"寄人篱下，权自彼操，无以独立门户"。他建议创立中国自己的保险公司，"以中国之人保中国之货，不必假手于外洋，而其利乃得尽归于我"。轮船招商局在海外拓展业务时，保险公司也能"随地立局，与轮船公司相为左右"。他还对在海外设立保险分公司任用人选的问题提出了具体设想，"宜于其地简华人之名望素著，洽于舆评者司理其事"。王韬以英国支持东印度公司为例，强调轮船、保险的重要性，"中国变通其法而行之，其兴可立而待也"。他建议官方办理保险可由"商出赀而官预其间"，"此实以助商而非病商"，"故招商局启，轮船可至于远方；保险局开，货物可通于异地"。他甚至声称："轮船、保险二公司之立，虽以申贸易之权，而国体之尊，国威之张，未必不由乎是。"[①] 在《西人渐忌华商》一文中，王韬对招商保险局予以肯定。他指出，在保险招商局成立前，华商"每事无不藉手于西商，而运货之费、保险之值已至不赀，适为西商增其利益而已，华商所赢无几"，"今则不然，自轮船招商局启江海运载，渐与西商争衡，而又自设保险公司，近十年以来，华商之利日赢，而西商之利有所旁分矣"。[②] 从中不难看出王韬对民族保险业积极肯定的态度。

郑观应亲身参与了洋务实践，对富国强兵的问题进行了深入思考，所著的《易言》《盛世危言》等著述，都论及保险问题。在 1875 年成书的二十篇本《易言》中，郑观应介绍说："西人保险公司有数种，有保屋险，有保船险，有保货险，有保货水渍之险，有保人生死之险，其章程甚详，获利

---

① 王韬. 弢园文录外编 [M]. 上海：上海书店出版社，2002：250－251.

② 王韬. 弢园文录外编 [M]. 上海：上海书店出版社，2002：75－76.

均厚，亦宜招商仿办。"① 从中可见，郑观应对西方保险公司的险种、章程、经营状况等都有所了解。在1894年完成的《盛世危言》一书中，郑观应全面表达了学习西方的主张。《盛世危言》中的《保险》一文，是中国第一篇论述保险的专文。该文中首先指出了保险分担风险的内在意义："盖所谓保险者，不过以一人一身之祸派及众人。"文中介绍说，保险分为三种，"一水险，二火险，三人险"。水险保船载货，火险保房屋、货栈，人险保性命、疾病。根据风险大量和风险分散原则，"保房屋一千座，其中一座失险，则以九百九十九座之利银偿还遇险之一座"。在货物保险中，郑观应提到，"非独寻常之时，即遇战事、盗劫，凡意外之灾，皆可以保，惟价分数等"，"兵祸中保险其价最昂，较寻常须加数倍；其盗劫等事次之，然亦与寻常保险不同，缘此等事非意料所可及也"。他介绍说，西方保险之事，始于明嘉靖二年（1523年），由国家所保。火险、人险始于康熙四十年（1701年），至乾隆二十七年（1762年），伦敦又设一保险公司专保人险。② 文中还谈到，西方国家多以严厉惩治为手段以解决保险欺诈问题，并列出了外国水险、火险和人险章程。③

郑观应还留意到社会保险事业，他以美国、德国之例作了介绍。美国有保险公司，凡水火、盗贼、房屋、宝物无不可保，人之死、生、寿、夭，亦可出资保之，这些都组成了美国的社会保障体系。在德国有专保百工之险者，分养老、工伤、疾病等种类。"凡七日抽工银数厘，厂主各助数厘，国家贴官帑若干，积成巨款"，然后可对有需要的工人进行拨赔养赡。郑观应赞叹这样的保险制度："利己利人，莫善于此。"④ 郑观应对民族保险业的态度十分积极，称"招商局创立仁和、济和保险公司，不为外人掣肘也"，并说"然轮船公司、保险公司不嫌其多"。⑤

在参与洋务运动的过程中，郑观应有切身的保险实践。1894年，中日战争爆发之前，轮船招商局为防止战争影响其轮船使用，在郑观应的主导下与德国公司明卖暗托，换旗保产。郑观应与德商签订的"换旗"合同中，第六条明确规定，保产的四艘轮船由仁和、济和保险公司承保，保单交给德商连纳，出了事故由德商连纳自行理值。⑥ 同时，郑观应将保险计入经营成本中，他在论及铸银时指出：铸银成本包括工费、利息和保险；在总办汉阳铁厂时，铁产品成本亦包括运费、保险等。可见郑观应已将保险视为经济活动的一个重要环节。无论是保险主张还是保险实践，郑观应在洋务运动时期中国保险发展史上都是一个颇有贡献的人物。

陈炽也是著名的改良思想家，他对保险的认识体现在其《庸书》《续富国策》等著述中。陈炽称："今之洋务，莫要于通商，而隐与商务相维系者，有数事焉。"其中第二项就是保险。陈炽介绍了水险、火险、人寿险，这些保险皆"积年累月，所费无多，偶有不测之灾，即可赔偿巨款"，保险将"万姓之有无多寡"拿来"抚恤被难之穷民"，"仁心仁术，惠而不费"。⑦ 陈炽认为，中国应学习

① 夏东元. 盛世危言：上 ［M］. 北京：中华书局，2013：201.
② 此处指1762年在伦敦成立的公平保险社，此为世界上第一家真正依据保险技术（寿险生命表等）成立的人身保险公司。
③ 夏东元. 盛世危言：下 ［M］. 北京：中华书局，2013：417-420.
④ 夏东元. 盛世危言：上 ［M］. 北京：中华书局，2013：302.
⑤ 夏东元. 盛世危言：上 ［M］. 北京：中华书局，2013：407.
⑥ 夏东元. 郑观应 ［M］. 北京：中华书局，2013：159.
⑦ 赵树贵，曾丽雅. 陈炽集 ［M］. 北京：中华书局，1997：101-102.

西方保险制度，以有助于富国强兵。他指出，经济活动面临多种风险，"一商受亏，群商失色，于本国商务大有所妨"，因此，保险对一个国家的商业发展具有重要的保障作用。其《续富国策》中的《保险集资说》一文集中表达了他对举办保险事业的认识。他先从"保轮船轮车之险"说起，在这类保险中，保险费率"按五厘"，即5‰的比例来收取保费。再保险过后，"无事商人则徒损失几百金，有事的话则可获赔万金"，这样商人具有东山再起的资本，履险如夷。同时，保险的大数定理又决定了"遇险者一，偿者一，不偿者千百"，保险公司"固仍坐收非常之大利也"。接着陈炽列举了保险种类，"附舟附车之货物保险，载客之轮舟轮车亦保险，市肆之股商工厂保险，到最后凡私心爱赏欲购而不易得者，皆估价而保险"。在人寿保险上，陈炽赞赏人寿保险具有恤老济贫、衷此茕独之意。他还提到前人未涉及的人寿保险中的体检问题，即要求被保险人在投保之前要经过医生诊视身体，3年之内可保无虞方能投保。①

结合当时民族保险业的发展状况，陈炽论述其保险主张，仁济和保险公司在水路运输保险方面获利，但是在纺纱、缫丝等局的保险悉被外商垄断，每年数百万金却让西人独专其利。而且国内官商、商商隔膜，以致"自相携贰，不顾大局"。鉴于这种情况，陈炽提出保险集资说。他认为，要先由"官设立商政局，选举公正绅董，纠资集股，自立保险公司，只收华人保险之费，每岁亦数千百万金，开诚布公，通力合作，保众人之物业，收各埠之利权"。即此"保险一端，而华商之大势成，中国之全局振矣"。② 陈炽认为，可以由官方先设立商政局以总领商务，然后由商政局发起成立保险公司，来保障所有华商企业。陈炽强调保险的关键性作用，只要民族保险业办好了，则华商可成大势，中国全局也得以带动发展。针对国内保险业发展过程中出现的资金不足、灾难多、损失大等问题，陈炽还提出了再保险主张，仿效外国多设分行，可以五家分行保之，这样便可以再次分散风险，提高保险赔付能力，更有利于保险公司开展业务。另外，陈炽认为，保险公司应该以防患于未然为原则，主动到工厂客户中去积极宣传防火防盗，与当地水会即消防队联系，以避免火灾等的受损过多。

陈炽对西方保险业的发展有更多的认识，当时西方刚刚出现的现代责任险以及汽车保险，陈炽均有提到。陈炽强调保险对工商业发展的意义，指出外商独占中国保险利益的症结，建议中国自行集资开办保险公司，为工商业提供保障，由此带动国内工商业的发展，将保险置于前所未有的高度，表明其保险观念的进一步深化。

洋务思想家、外交家薛福成对保险也十分重视。薛福成曾先后入曾国藩、李鸿章幕府，参与洋务事宜。其间耳闻目染，对保险很早就有了认识。其日记中多处留下了有关仁济和保险公司经营状况的记录。光绪十六年（1890年），薛福成担任出使英、法、意、比四国大臣。在国外期间，他对西方邮政保险有了初步的了解。光绪十八年（1892年），他

薛福成

① 赵树贵，曾丽雅. 陈炽集［M］. 北京：中华书局，1997：255 - 257.
② 赵树贵，曾丽雅. 陈炽集［M］. 北京：中华书局，1997：257.

在日记中谈到英国邮政章程时称，在寄送重要物件或者汇款单银票等高价值物品时，须向邮局挂号寄送，以获得邮局的丢失赔偿承诺。挂号费即作为保险费，为寄送物品提供保险，"如有重价要件，汇单银票，当向邮局挂号，多出挂号之费，取回收到执照，谓之保险；但保险之价，不得逾百磅之数"。其叙述英国邮政保险的定价规格时称："凡寄英国三岛及沿海各小岛……每信或每包，寻常保险费二本士，格外保险费三本士，须用英二寸零四分之一信封，除保险费外，再照各信轻重量贴信票。"所谓"信票"者即邮票。薛氏称，英国邮政保费分为一般保险和额外保险两种，保费与邮费分开核算。"惟其包或长或圆，必不得过英六尺，重不得过十一磅，保险及赔偿费亦不得过英金十镑"，包装重量有一定限制，保险和赔偿费用也不得超过十英镑，防止索赔无度。① 薛福成对邮政保险的关注，丰富了洋务时期中国社会对保险事业的认识。

总体来说，洋务时期的思想家对保险问题十分关注，指出保险对轮船运输以及工商贸易乃至国家和社会的稳定与发展的重要意义，甚至将其视为国家富强的基础条件，表明他们对保险制度的积极肯定。他们主张发展中国自己的保险业，希望通过保险制度为洋务事业保驾护航，实现富国强兵的目的。另外，在他们的保险观念以及相关建言中，也体现出抵制西方经济侵略的鲜明立场。他们认为，发展中国自身的保险业，除可以促进工商贸易外，还可以与外商保险进行竞争，挽回国家利权，保障民族利益。这些认识和见解，对推动中国民族保险事业的发展，无疑具有重要的意义。

三、 清末民初的保险观念

甲午战争之后，随着维新变法运动的兴起，发展工商经济成为社会重要的话题，保险由此受到中国社会更多的关注。这一时期，国人自办报刊业开始兴起，新式报刊登载了一些相关文章，普及保险知识，传播保险理念，呼吁推广和发展保险。一些报刊曾介绍过国外保险章程，1897 年澳门出版的《知新报》还刊登了广州公善堂所拟的《羊城火烛保险新法》十二条，称"香港有火烛保险公司，商务以安，羊城虽不能行其法，然亦无不可变通也"，以借此改变"洋人为之，华人旁观艳羡而已"的局面。② 1898 年该报又称"此法之美善，有公无私，人皆获益……凡有志救世之士，靡不喜其善而乐赞其成焉"，并刊登了上海某太守的一封信函，对其所拟保险之法大加赞赏。③ 值得提到的是，1898 年上海《农学报》第 42 期到第 50 期连载了日人吉井东一所著的《农学保险论》一书，译者为日人山本宪。全书大半篇幅介绍保险的必要性和功效，保险原理，以及保险类别如生命保险、财产保险、海上保险，并录有日本明治生命保险公司、东京火灾保险公司章程，以及东京海上保险公司处理方法，说明保险条款、投保方法等。另外一部分内容主要结合日本农业的状况，对日本的农业保险问题进行论述，强调农业保险的重要性。该书应该是保险学最早的译著之一，尽管是以报刊连载的形式出现的，但仍值得重视。其他如著名的《时务报》等报刊，也可见有关保险的消息和

---

① 薛福成. 薛福成日记 [M]. 蔡少卿，整理. 长春：吉林文史出版社，2004：705 - 707.

② 广东公善堂来稿. 羊城火烛保险新法 [J]. 知新报，第 41 册，光绪二十三年（1897 年）十二月初一日.

③ 上海某太守与某先生论保险书 [J]. 知新报，第 54 册，光绪二十四年（1898 年）四月十一日.

内容。

20 世纪初，"保险"一词在报刊上出现的频率更高。相关内容涉及各国保险业发展情况、保险金额、欧美保险新法的介绍，也有各地创设保险公司、各行业保险消息等。一些文章则以保险知识的普及性介绍为主题，比如 1900 年《译林》第 6 期刊登的《各国生命保险金表》。1902 年《湖北商务报》曾分三次（107—109 期）连载《保险篇》一文，分别为"保险总义""损害保险总义""火灾保险要义"等部分，称"保险之法，有相互保险、营利保险二种之分别，细别营利保险，则为损害保险与生命保险，损害保险中，包含火灾保险、运送保险、产物保险、债权保险等，生命保险中包含死亡保险、生存保险、生命年金三种"。① 此类文章还有不少，1905 年上海出版的《大陆》杂志第 3 卷第 12 期刊登了《信用保险》一文；1906 年《万国公报》第 210 期登载了《论人寿保险》《论保火险公司》《德国百工保险新法》等文；1907 年《农工商报》第 7 期刊登了《火烛保险之法》；1908 年《北洋官报》刊登过北洋水火保险有限公司招股章程，同一年的《农工商报》（第 27 期、第 28 期）则刊登了署名"侠庵"的《农业保险论》一文；1911 年《东方杂志》第 8 卷第 4 号登载《欧美人寿保险制度》一文，主要关注小额保险，指出小额保险"即行于劳工及其他生计不裕者之人寿保险制度也"。文章分别介绍了英国、美国、德国、法国、新西兰等国的简易保险制度及发展状况，称"劳工之小额保险，实为社会制度上重要之事业"，② 等等。这一时期的部分译著中，也有涉及保险的内容。比如，1898 年出版的江南制造局所译《国政贸易相关书》，系英国人法拉原著，傅兰雅等人翻译，介绍了法律、税则、邮政、专利、公司等讲求贸易之法，其中即包括"议保险之法"。③

民国初年，报刊上保险知识介绍持续增加。比如，《进步》杂志 1914 年第 5 卷第 1 期曾刊登《人寿保险与民生之关系》，介绍人寿保险的意义及基本原理等。1920 年前后，有关保险知识的介绍性文章，以及阐发保险意义的论述更为多见。这些文章有一般性的保险知识介绍，比如《商学季刊》1923 年第 1 卷第 2 期发表的《保险概说》一文，还涉及人寿保险、劳工保险、海上保险、信用保险等诸多方面。在人寿保险方面，《东方杂志》1918 年第 15 卷第 2 期刊登恽代英所译《人寿保险事业之新发展与长生会》，《钱业月报》1923 年第 3 卷第 3 期有《论人寿保险之利益》一文。在劳工保险方面，《东方杂志》1918 年第 3 期有君实的《劳动者失业保险制度》一文，1919 年第 16 卷第 3 期又开始连载君实《劳动者疾病保险制度》一文。在信用保险方面，《银行周报》1918 年第 2 卷第 19 期刊登《筹设信用保险公司议》，该刊还在 1923 年第 7 卷第 31 期刊登《存款保险制度考略》一文。在海上保险方面，《法政学报》1919 年第 10 期、第 11 期连载了由 Frederick Templeman 所著、卢燮机翻译的《海上保险论》一文。就此类报刊文章的内容而言，保险知识的传播已经越来越趋向于专业性。

清末民初，保险的价值在中国社会得到了更广泛的认可，知识界和舆论界人士积极呼吁设立保

---

① 保险篇一：保险总义 [J]. 湖北商务报，1902，107.
② 王我臧. 欧美人寿保险制度 [J]. 东方杂志，1911，8（4）.
③ 徐维则，顾燮光. 增版东西学书录 [M] //王韬，顾燮光，等. 近代译书目. 北京：北京图书馆出版社，2003：163.

险公司。天津《大公报》1905年刊文："水火刀兵死亡疾病，世界上所恒有之事也……西人虑之熟而计之深，于是有保险之一法，微特意外之水火可以保险，即意中之刀兵、意中之死亡疾病亦可以保险。揆其法之所自始，盖原因于统计学，而复参以公益公利之心以成立者也。"该文认为，举办保险公司，其利有四："有此公司之商埠各项营业以及稍有储蓄之家，出些须之费即有恃而无恐，一也；其费入于华商手，不至为洋商所独据，从此可稍塞漏卮，二也；设公司者，除出入两抵外，必有赢，三也；公司之股款及所收保险费，兼可经营他业，四也。有此四利，则中国商界之前途必能日益发达。""际此商战剧烈之时代，愿内地之为华商者急起而共图之也。"①

"欲发达国内实业，不可不首谋企业之安全；欲增进人民幸福，不可不预防倘来之事变。由前之说，则必有海上保险、火灾保险，以促工商之振兴；由后之说，则必有人寿保险、劳动保险，以固民生之乐利。"②清末知识界和思想界对保险也有了更积极的思考。

针对这一时期民族保险业发展中的问题，各报刊也进行讨论和思考。以保单文字为例，在20世纪初收回利权运动的背景下，一些人士对华商公司保单使用英文表示不满。1906年《时报》论说，外商保险导致中国利权外溢，但华商保险无力应对，改良办法一是扩充资本，二是固结商情，三是保险单改用汉字，"有此三者，而犹有利权外溢者，吾不信也"。③1909年初，《申报》登载署名"振亚子"的一篇来稿，对华商保险使用英文保单和聘用外国人主持提出批评，提出华商保单宜用华文，至少也应华洋合璧，"此固亟宜改良万不能缓者"。④华商保险同业代表陈辉庭、沈仲礼在《新闻报》刊文回应，指出华商保险公司开设降低了洋商不保险的保费，"不独挽回利权，并为吾同胞免受外人之挟制"，至于保单之所以兼用洋文的问题，其原因是："（一）上海租界纵横三十余里，保险一层，往往有与洋公司同保者。譬如有屋沿街，系洋公司所保，而弄内号房则系华公司承保者，他与甲乙数家同居一屋，楼上或系洋公司所保，楼下或系华公司所保，一旦失慎，华洋分赔，颇有交涉，不得不用洋文考查。（二）华人有房产货物，往往持保单赴洋行银行抵作押款者，不用洋文，何能信用。（三）租界内每遇失慎，捕房首索保险单阅看，如非洋文亦觉不便。（四）招商、太古、怡和三大公司洋栈以及浦东洋栈、上海丝栈，寄存货物各所，货主自择华洋公司承保，往往华洋各保，而货物同存一处，倘遇失慎，须查照洋文保单，以便认定各家须赔之货。此皆不得不兼用洋文之实在情形也。"⑤尽管保险业与社会人士对此有不同观点，但对此类问题的讨论，表明保险业已受到社会更广泛的关注。

近代保险制度和保险知识由西方引进而来，在这一过程中，中国社会基于自身的传统观念与文化，对保险的认知与理解也存在着偏差与误读。上海外国人的报纸上曾刊文指出："今日中国国民之性情及风俗，或与寿险之意义相反，或与寿险之意义相离，其所以致此而为中国寿险事业进步之障

①　华商宜自设保险公司说［N］. 大公报（天津），1905 – 09 – 24.
②　吴瑞. 国立人寿保险公司案［J］. 实业杂志，1912，6.
③　论中国保险亟宜改良［N］. 时报，1906 – 01 – 10.
④　振亚子. 敬告华人自立之保险公司［N］. 申报，1909 – 02 – 23.
⑤　答论华人自立之保险公司［N］. 新闻报，1909 – 03 – 7.

碍者，则由于此业输入时代之错误。当时因中外文字翻译之困难，且无适当名词以表现寿险之意义，致产生一种谬误印象。盖中国至今犹以'人寿保险'四字代表西文 Life Insurance，而所谓人寿保险，实'Insurance of Longevity'之译意，与 Life Insurance 之原意何与乎？且也中国拘忌之根性，每讳言死，故寿险之效用，由中国人观之，为家属及子孙谋利益者轻，而为投保者自身谋得存款或养老金者重。"该文指出："此种观念，近已愈趋愈广，故各公司不得不出售此类保险单，而实则与寿险之真意不相侔。盖其效用，乃在投保者之生存而不在乎其死也。"① 保险学者黄其刘在论及中国人寿保险业发展问题时曾援引此观点："今日之吾国，国民之性情及风俗，或与寿险之意义相反，或与寿险之意义相离，其所以致此而为中国寿险事业进步之障碍者，则由于此业输入时代之差误。当时因中外文字翻译之困难，且无适当名词以表现寿险之意义，致产生一种谬误印象。盖中国至今，犹以'人寿保险'四字代表西文 Life Insurance，而所谓人寿保险，实'Insurance of Longevity'之译意，与 Life Insurance 之原意何与乎？且也，吾国拘忌之根性，每讳言死，故寿险之效用，由他国人观之，为家属及子孙谋利益者轻，而为投保者自身谋得存款或养老金者重，职是之故，人有以人寿保险为言者，其人必望望然去之。"② 这些涉及中国社会保险观念的讨论，从一个侧面表明中国社会保险认识的不断深化。

第二节　保险教育的创设与发展

保险教育既是保险人才培养的主要途径，也是保险知识传播与学术研究的制度化安排，为保险业的发展提供重要的支持。20 世纪初，在新式教育兴起的过程中，保险教育开始在中国发轫。从最早开设相关保险课程，到民国时期成立专门的保险系科，形成初步的保险教育体制，中国保险教育事业经历了一个逐渐成长、略具规模的发展过程。

一、保险教育之肇始

1805 年西方保险传入中国，经过近百年的发展，至 20 世纪初，保险教育开始在中国起步。1905 年，清廷废除科举制度，广兴学堂，保险作为新兴商业学科的组成部分，在新式学堂中开始设立，中国保险教育即由此启动。清末至新中国成立前，中国保险学科教育大体分为两个阶段：一是兴起与发展阶段；二是设立保险系的专业化教育阶段。

（一）京师大学堂筹办保险门

大致而言，保险教育是随着商科教育概念的出现而确立的。甲午战争之后，教育改革成为广受关注的议题，其时提出的各种建议中，已有商业教育的概念。在筹议京师大学堂期间，1896 年 8 月

① 重民译. 中国寿险业之障碍 [J]. 保险与储蓄，1924，10.
② 黄其刘. 人寿保险与中国 [J]. 商业杂志，1926，1.

1912 年，京师大学堂更名为国立北京大学

管学大臣孙家鼐建议京师大学堂实行分科教育，共设十科，商学科即为其一。① 1898 年，总理衙门筹议的京师大学堂章程，规定课程分溥通学和专门学两种，前者为学生通习内容，后者为专攻。专门之学分为 10 种，商学也列入其中。② 20 世纪初，清末新式教育起步之际，经济类课程多以理财学为名。1902 年，同文馆并入京师大学堂，随后改为译学馆，所设课程中即有理财学，比如财政、贸易之类，其中很可能已经涉及保险的内容。京师大学堂在"学部考试译学馆甲班学员毕业全题"中，商业经济学题为："近来各国盛行保险事业，其种类如何？其效用如何？能详举否？"③

创办京师大学堂，是戊戌新政的举措之一。在其创办的过程中，保险课程被正式确立。京师大学堂创设于光绪二十四年（1898 年）四月二十三日，该学堂同时是全国教育总管行政机构，行使教育部之职能，统领全国教育。1900 年，京师大学堂遭八国联军破坏而停办，1902 年恢复，由张百熙出任管学大臣。根据张百熙拟定的《钦定京师大学堂章程》，京师大学堂分为大学院、大学专门分科、大学预备科三部分（分别相当于研究生、本科、预科），并附设仕学馆和师范馆。其中，大学分科中拟设商务科，预备科则分政、艺二科，政科课程中设有"理财学"。另外，仕学馆开设算学、博物、物理、外国文、舆地、史学、掌故、理财学、交涉学、法律学、政治学等 11 项课程，其中"理财学"为 3 个学年：第一年开设理财学通论，每周 4 学时；第二年开设国税、公产、理财学史，每周 4 学时；第三年开设银行、保险、统计学，每周 4 学时。④ 这是迄今所见中国保险课程的最早记载。1904 年初，《奏定大学堂章程》进一步规定，京师大学堂设 8 个分科大学（相当于今天的学院），即经学科、政法科、文学科、医科、格致科、农科、工科、商科。其中，商科大学下设银行及保险学门、贸易及贩运学门、关税学门。在银行及保险学门的主课中，有一门课程是"保险业要义"，第一年每周 3 学时，第二年每周 4 学时，第三年每周 2 学时。从学时看，"保险业要义"和"银行学要义"一样，仅次于"外国语"的 3 年 18 个学时，是学时最长的专业课程。⑤

1909—1910 年，京师大学堂分科大学筹办工作紧锣密鼓。但鉴于师资和经费限制，原定的 8 科 46 门的计划被迫大幅缩减。根据 1909 年《学部奏筹办京师分科大学并现办大概情形折》，大学堂计

① 孙家鼐. 议复开办京师大学堂折［M］//汤志均，陈祖恩，汤仁泽. 中国近代教育史资料汇编·戊戌时期教育. 上海：上海教育出版社，2007：226.

② 总理衙门筹议京师大学堂章程［M］//汤志均，陈祖恩，汤仁泽. 中国近代教育史资料汇编·戊戌时期教育. 上海：上海教育出版社，2007：231.

③ 牧洲，牧小. 北大故事［M］. 北京：中国物价出版社，1998：81.

④ 舒新成. 中国近代教育史资料［M］. 北京：人民教育出版社，1981：545－551.

⑤ 璩鑫圭，唐良炎. 中国近代教育史资料汇编·学制演变［M］. 上海：上海教育出版社，2007：382.

划开设7科13门。"商科原分三门，现拟先设银行保险学一门。"① 1910年3月31日，京师大学堂分科大学举行了开学典礼。

（二）南洋高等商业学堂保险专修科

京师大学堂筹办保险门之时，著名教育家，曾留学日本的湖南湘潭人胡元倓（子靖）拟在上海湖南会馆开办银行专修科。根据上海《申报》1908年3月10日的报道，胡子靖曾呈请度支部开设银行专修科并得到允准，拟设于上海湖南会馆。此后，"经胡君禀请江督，许为官立，改设金陵"。② 次日该报又补充说："兹悉江督以银行为商业之一部分，专办银行取义过狭，应于省城设立南洋高等商业学堂，先设银行专科，再推保险、税则等学科。"③ 两江总督端方任命候补道孙廷林为该校监督，留日银行专修科毕业生陈福颐为教务长，胡元倓为庶务长。④ 当年，该校又与江南中等商业学堂合并。1908年8月初，《申报》刊登的该校招考函云："南洋高等商业学堂与江南中等商业学堂现已合并……兹复添设高等预科，并附设保险专修科、税关货栈专修科及商业教员讲习所。"请各教育会、劝学所遴选学生于"七月十五日前后保送至商务局本堂候期考试"。⑤ 由于税关货栈和保险两个专修科在南京招考的学生英文程度有限，该校随后又在上海当地进行了招考。⑥

根据该校招生广告，保险专修科拟招生60人，报考者"须中学毕业或已习过英文、算学三四年者"。学制为2年，每学期学费、膳食费共35元，年龄要求在16~23岁。其课程设置为"保险专科十八门：商业道德、商业作文、商业算术、商业地理、商业历史、簿记学、商品学、法学通论及民商法、商事行政法、交涉法、理财学、财政学、统计学、商业学、保险论、保险实务、英语、体操"。⑦

南洋高等商业学堂虽然在1908年开办了保险等3个专修科，但根据清政府颁布的学制，保险教育属于商科大学的内容。《奏定学堂章程》规定，商科大学应开设银行及保险学、贸易及贩运学、关税学3门，而高等商业学堂并不分门教授。学部以此为依据，最初驳回了南洋高等商业学堂开设专修科的建议。两江总督端方对此的解释是："银行、保险、关税三门，查奏定章程商科大学始有此项目，高等商业学堂所附设之专攻科，亦系高等毕业者尚欲专攻其已习之学，特设此科使精究之，非习商科大学科目，而有银行、保险、关税诸专修科也。惟以上三项人才目前需用甚急，中国现少高等商业毕业之人，自难胶柱鼓瑟，不得不变通办理。"⑧ 1909年端方在奏折中又称："惟银行、税则、保险三科诚为商科大学专门，际此商战时代，三项学科实握全国财政实业最要之关键。中国于此项人才最为缺乏，现在竞争激烈，需用尤殷，现经详订课程，遵照高等本科科目加授各专门学问，于

① 潘懋元，刘海峰. 中国近代教育史资料汇编·高等教育［M］. 上海：上海教育出版社，2007：42.
② 银行专修科改设金陵［N］. 申报，1908 – 03 – 10.
③ 宁垣设立南洋高等商业学堂［N］. 申报，1908 – 03 – 11.
④ 江督奏设高等商业学堂之用意［N］. 申报，1908 – 06 – 01.
⑤ 南洋高等学堂暨江南中等商业学堂致各教育会劝学所招考函［N］. 申报，1908 – 08 – 06.
⑥ 南洋高等商业学堂在沪考验专修科学生广告［N］. 申报，1908 – 08 – 28.
⑦ 南洋高等江南中等商业学堂招生广告［N］. 申报，1908 – 07 – 31.
⑧ 江督批准商业学堂合办办法［N］. 申报，1908 – 08 – 17.

定章虽微有出入，然分科肄习，则心志专一，程功自易，收效自速。"① 在这种情形下，清政府予以批准，但要求南洋高等商业学堂银行、税则、保险各专修科须仿照法政别科办法，由 2 年制改为 3 年制，同时要求"所有肄业专修科三年毕业学生，拟请比照法政别科请奖，并分别咨送度支部、农工商部、水务处考验任使。"②

1911 年，江南高等商业学校专修科首届学生即将毕业之际，两江总督端方咨询学部是否将各专修科毕业生送京覆试，学部回电称："现在法政学别科毕业生并未送京覆试，该省银行、关税、保险三专修科系比照法政别科办理，自应毋庸送京覆试。即由学司到堂会同考试毕业，将试卷送部覆核。各科讲义及学生履历分数应一并呈报学部。"③ 进入民国后，该校改名为南洋高等商业学校。1912 年，报刊还刊登过一份该校保险专科学生发起的"中华民国保险学会"章程。④

根据现有资料，南洋高等商业学堂保险专修科是最早开办的保险专业教育。该专修科的具体运作情形虽不得其详，但作为保险专业教育之创始，其在中国保险教育史上占有重要的地位。

二、 专业系科的创建

（一） 大学保险教育的发展

1912 年中华民国成立后，当年 10 月教育部公布《大学令》，规定大学分为文科、理科、法科、商科、医科、农科、工科 7 科。1913 年初公布《大学规程》，规定大学商科共设 6 门：银行学门、保险学门、外国贸易学门、领事学门、税关仓库学门、交通学门。保险学门的课程包括经济原论、商业数学、商业史、商业地理、商品学、商业簿记学、商业通论、商业各论、商业经济学、财政原论、保险通论、生命保险、损害保险、决疑数学、商业政策、统计学、民法概论、商法、破产法、国际公法、国际私法、会计学、应用统计学、英语、第二外国语、实地研究。⑤ 根据《大学规程令》，除商科之保险学门开设保险课程外，大学法科之经济学门也开设"保险学"课程。

马寅初

1912 年 5 月 3 日，京师大学堂改称为北京大学。1916 年，蔡元培出任第二任北京大学校长。蔡元培上任后的第二年，实施了北京大学商科改制。其时，北京大学商科因经费不足，不能按照教育部要求分设银行、保险等门学科，仅讲授普通商业学，经呈请教育部批准，将

① 潘懋元，刘海峰 . 中国近代教育史资料汇编·高等教育 ［M］. 上海：上海教育出版社，2007：199－201.
② 咨两江总督札江宁学司南阳【洋】高等商业豫科及附设银行关税保险专科商业教员讲习所均准照办专科任使及动用款项应由他部酌核文：宣统元年七月初九日［J］. 学部官报，1909，23（99）.
③ 致两江总督银行关税保险三专修科毕业生毋庸送京覆试电：宣统三年二月二十二日［J］. 学部官报，1909，10（153）.
④ 该章程于 1912 年 11 月 15 日以《河南保险学会简章》为题在《山西实业报》第 1 年第 18 期上发表，"河南"疑为"江南"之误。
⑤ 大学规程［J］. 江苏教育行政月报，1913，8.

商科改为商业学，其隶属于法科。① 1923 年 6 月 16 日，《北京大学日刊》刊登的《政治学系课程沿革说明书》表明，1917—1918 年，北京大学法科之政治学门曾开设"保险统计算学"课程。1917年，北京大学法科四年级学生王杰撰写题为《保险论》的毕业论文，指导教师为周家彦教授。1918年，《国立北京大学廿周年纪念册》记载，北京大学法科研究所法律门设有"保险法"这一研究科目，担任教员是左德敏教授。《国立北京大学学科课程一览》记载，1919—1920 年，北京大学经济学系本科课程设有一门"保险学"，主讲教师为 1919 年出任北京大学第一任教务长的马寅初教授。根据《北京大学日刊》相关消息，1922 年、1923 年马寅初均在北京大学开设保险学课程。此后，余文灿也担任过经济系四年级的保险学课程。1925 年下半年，其所用教材为 Huebner – Life Insurance 与 Property Insurance。② 另外，《法学院法律学系课程一览》《法学院政治学系课程一览》记载，1935—1936 年，北京大学法学院的法律学系和政治学系均开设"保险法"课程，主讲教师均为戴修瓒教授。故北京大学经济学门、法律学门和政治学门都曾开设过保险类课程，但并未设立专门的保险学系。

私立教育方面，复旦大学开商科教育风气之先，在商科课程中引入了保险学科。复旦前身创办于 1905 年，由部分反对法国教会干涉学务的震旦学院师生在马相伯的带领下创办，被视为中国人自主创办的第一所高等院校。1917 年，复旦公学改为私立复旦大学，下设文、理、商三科及预科等。复旦商科创办后，开设了保险课程。根据 1919 年复旦大学章程，复旦商科本科一年级开设了保险货运课程，每周 6 课时。③ 1920 年，复旦商科选读课程④开设了保险学，内容为微积学、保险利息算学、保险原理、产业、保险簿记，每周皆为 2 课时。⑤ 1924 年 2 月 23 日，校行政院召开常务会议，修正该校学制系统表：大学部设商科、理工科、文科、心理学院。商科下设银行金融学系、工商管理学系、保险学系、运输学系。⑥ 但专门的保险系并未开办。1929 年，复旦商科课程表显示：商科一年级各系必修保险原理，两个学期，每周 3 课时，计 4 个学分；商科二年级各系选修寿险、火险、水险，一个学期，每周 3 课时，计 3 个学分。⑦

复旦商科保险课程的师资主要来自美国哥伦比亚大学及伊利诺伊大学。据记载，1919 年后，复旦大学聘请美国哥伦比亚大学硕士李松涛讲授保险法等课程。据《复旦大学章程（民国十八年春季重订）》记载，1921 年，复旦商科以学生日多、事务益繁为由，乃设商科主任一职，第一任为蔡竞平硕士。1921 年，哥伦比亚大学硕士、美籍教员欧蔼诺，讲授保险法、会计学等课程，后哥伦比亚大学经济硕士欧莱女士（Miss Maude Oyler）接替欧蔼诺任教。1929 年，34 岁的哥伦比亚大学博士李权时接任蔡竞平主持复旦商学院，并讲授保险课程。哥伦比亚大学硕士陈熹教授经济、商业地理、

① 北京大学改制与蔡元培 [N]. 申报，1917 – 08 – 22.
② 余文灿启事 [J]. 北京大学日刊，1925 – 05 – 16.
③ 《复旦大学章程（1919）》。
④ 本科一年级每周需修 12 课时；本科二年级 13 课时。
⑤ 《复旦大学章程（1920 年重订）》。
⑥ 《复旦大学商科章程（1924 年重订）》。
⑦ 《复旦大学章程（民国十八年春季重订）》。

20 世纪 20 年代的大夏大学校舍

保险学及作文，美国伊利诺伊大学商学硕士周茂藩教授商业地理、商法、保险学。自 1939 年至新中国成立，伊利诺伊大学经济学硕士李炳焕接替李权时主持商学院。

大厦大学商科也较早举办了保险教育。1924 年 6 月，厦门大学发生学潮，300 多名师生为争取民主办校而奔赴上海筹建新校，设立"大厦大学筹备处"。"大厦"即"厦大"之颠倒，后取"光大华夏"之意定名大厦大学，聘化学家马君武为校长。大夏大学先后设 5 个学院以及 3 个专修科，即文学院、理学院（后改为理工学院）、教育学院、商学院、法学院及师范专修科、体育专修科。大夏大学创办的第二学年，制订了扩充计划，其中最重要的一点是在商科教育中增设了潘序伦博士讲授国际汇兑、银行会计、商业组织，李权时博士讲授理财学，吴倚沧讲授保险学。① 潘序伦 1921 年毕业于上海圣约翰大学，后赴美留学，就读哈佛大学和哥伦比亚大学，分获两校企业管理硕士和政治经济学博士。潘序伦不仅是中国现代杰出的会计学家和教育家，还是中国保险公估业的奠基人。李权时 1918 年毕业于清华学堂，后留学美国，获芝加哥大学经济学硕士学位和哥伦比亚大学财政学博士，在当时中国保险学术界颇具影响。吴倚沧早年加入中国同盟会，后留学美国，在伊利诺伊大学学习经济，是政界和学界的知名人物。由此可见大夏大学商学院师资力量之深厚以及其与保险关系之密切。

大夏大学商科以研究高深商业学术、造就专门人才以应社会需要为宗旨，商科学生毕业之年须完成毕业论文一篇并经商科教务会认为满意方能毕业。商科课程中有四个保险学程：一是保险学原理，3 个绩点，该学程研究保险学之意义原则及功用，各种保险如寿险、火险、水险、信用保险、劳工保险汽车保险等之大概情形。二是人寿保险，3 个绩点，该学程研究保险单之性质，保险单内之条件，保险公司之组织，保险费、公积金及保险费之计算法，盈余分配，特种人寿保险，代理人之责任，政府与保险公司之关系。三是火险学，3 个绩点，该学程研究火险证书，保险单内之条件，经纪人与佣金，保险证书续补及取消之条件，火险赔偿准备金，保险费率，政府与火险事业之关系。四是水险学，3 个绩点，该学程研究水险证书之种类及性质，海上各种危险之性质，损失之种类及算法，保险费率，水险与国际贸易之关系。② 从上述保险学程研究内容看，其学术性与实用性已很好地结合，已具备现代保险教育的专业水准。大夏大学非常重视商科教育，1928 年 1 月 1 日《大夏大学周报》曾登载了商科主

潘序伦

① 大夏大学之扩充计划 [N]. 申报, 1925 – 07 – 06.
② 商科课程 [Z]. 私立大夏大学一览, 1929: 12.

任孙瑞硕士的《商科之新计划》，其包括建设商科图书馆、增设商科推广夜校及添办大夏商科调查院。[①]

总体上来说，由于早期大学规模有限，虽然名义上设有专门的保险学系，但实际上大多仅体现为保险课程。20 世纪二三十年代，其他一些大学也开设过保险课程，比如燕京大学、圣约翰大学、光华大学、大同大学、沪江大学等。

1937 年全面抗战爆发后，在陪都重庆，保险学科教育也有了发展，1937 年成立的重庆大学商学院，1938 年设立银行保险学系。[②] 1947 年重庆大学校刊介绍称，商学院成立于 1937 年，先后由马寅初、刘大钧等人主持，现任院长为陈豹隐，各届毕业生已有百余人。当时，商学院设银行保险、会计统计、工商管理 3 个系，当年银行保险系聘请董问樵为系主任。[③] 该系一直延续到1947 年。

这一时期的商业专门学校也有开设保险专科者。根据 1912 年 12 月教育部公布的商业专门学校规程，商业专门学校分 18 个科目，在商业学一科中开设"保险论"课程。1921 年，汉口明德大学添设商业保险科一班，名额 40 人。[④] 1922 年，该校附设保险科，修业期为 3 年。[⑤] 北京法政专门学校分法律、政治、经济 3 科，其经济科下第三学年也设有保险学课程。[⑥] 高等工商专门学校一般设有保险课程，比如北平财商学院开设有保险学，天津工商学院分工学院和商学院两学院，其商学院也开设保险学课程。一些社会教育机构如函授教育等，也开设保险课程。比如，1915 年 9 月开课的中国商业函授学校设于上海，其学制为正科一年，预科一年，在当年 11 月的招生广告中，所开列的课程已包括保险学。[⑦] 1920 年、1921 年其招生广告中均列有相关的保险课程。1923 年，该函授学校成为中国商业公学函授部。[⑧]

（二）上海商学院保险学系

在中国保险教育发展历程上，国立上海商学院的保险学系占有重要地位。上海商学院的前身是1917 年 9 月国立南京高等师范学校创办的商业专修科，杨杏佛任商科主任。1921 年夏，东南大学成立，将南京高等师范原有商科扩充为商科大学，并迁址上海，改名为国立东南大学分设上海商科大学，这是中国最早的商科大学。著名实业家穆藕初曾评价道："中国之唯一商业大学，始露其面目。以其特殊地位言之，实肩负全国最高商业教育之责任。""上海为中国第一通商口岸，设商科于此，不特多实习之机会，抑亦易与真正之工商界接触，实为唯一适宜之商校地点也。"[⑨]

---

① 孙瑶. 商科之新计划 [J]. 大夏大学周报，1928.
② 教育年鉴编纂委员会. 第二次中国教育年鉴 [M]. 上海：商务印书馆，1948：135.
③ 商学院概述 [J]. 重庆大学校刊，1947，9.
④ 汉口明德大学校招考广告 [N]. 申报，1921 - 07 - 01.
⑤ 湘汉明德学校之内容 [N]. 申报，1922 - 07 - 27.
⑥ 北京法政专门学校一览：民国二年九月 [Z]. 1913：35.
⑦ 中国商业函授学校正预科续招免费生广告 [N]. 申报，1915 - 11 - 09.
⑧ 中国商业公学函授部招生 [N]. 申报，1923 - 03 - 11.
⑨ 穆藕初. 穆藕初文集：增订本 [M]. 上海：上海古籍出版社，2011：194.

20 世纪 30 年代的国立上海商学院教学楼

上海商科大学设普通商业、银行理财、会计、国际贸易、工商管理、交通运输和保险 7 个系。据《国立上海商学院史料选辑》记载，当时保险系规划的课程为国文（6 学分）、英文（14 学分）、商业经济（6 学分）、货币及银行（6 学分）、广告学（2 学分）、保险学（4 学分）、生命保险（3 学分）、财产保险（3 学分）、商法（4 学分）、金融机关（4 学分）、商业组织（2 学分）、商业理财（3 学分）、商业簿记（6 学分）、高等商用数学（2 学分）、统计学（6 学分）、投资学（3 学分），合计 74 学分。不过，因种种原因，保险系并未招生开课。

1927 年秋，国民革命军底定东南，改东南大学为第四中山大学，改商科大学为商学院，1932 年独立为国立上海商学院。太平洋战争爆发后，该校曾一度中辍；1946 年奉令复校，11 月正式上课。复校经奉拨中州路 102 号前日本第六国民学校原址为校舍，有教职员 120 人，学生 415 人。[①]

国立上海商学院复校后，于 1946 年创立国内第一个保险系，7 月 28 日德国柏林大学博士、院教务主任吴道坤兼任第一任系主任。[②] 关于创设保险系的意图，1947 年吴道坤表示："（一）以应学术研究而创设；（二）以应本院整个使命而创设；（三）以应社会需要而创设。""欲使社会科学赶上自然科学的进步，保险学实为居其重要的一端，其理由如次：（一）保险的研究可以策谋社会安全，以进世界大同；（二）保险的研究可以使经济繁荣，民生改善；（三）保险的研究可以改进社会科学的研究方法。"[③]

1946 年国立上海商学院保险系的招生考试科目为公民、国文、英文、数学、史地、理化。同年 9 月 20 日录取名单公布，共 34 名，但因时局变化，新生迟至 11 月才入学。据 1947 年国立上海商学院《院务月刊》第一卷第一期记载，除去未报到及休学、退学的学生，第一届保险系学生实为 25 人，即蒋志铮、龙碧霞、严志钊、万仁宇、叶继霈、华钟屿、姚学乾、谢福良、陆始明、王超、徐英俊、盛韵如、蒋岗、臧璟龄、沈麟瑞、吴其莹、王愉英、张康凡、陈珠琴、朱止一、李可夫、陆怡慈、周建中、庄澈、王本华。[④] 此后有中途辍学、转入其他系科或被强制退学者，如吴其莹、沈麟瑞、盛韵如转入银行系，王愉英、陈珠琴、王本华转入会计系，李可夫转入合作系，陆始明转入工商管理系，徐英俊的地下党员身份曝光后被开除。[⑤]

国立上海商学院保险系基础课程包括中国语文、英文、数学、会计学、经济学等；通识课程则设商业史、经济地理、法学通论、社会学、社会发展史、政治经济学、珠算等；专业课程为保险学、

① 教育年鉴编纂委员会. 第二次中国教育年鉴［M］. 上海：商务印书馆，1948：701.
② 徐斌. 恰同学少年：记国立上海商学院首届保险系［J］. 上海保险，2018，3（62）.
③ 上海财经大学校史研究室. 国立上海商学院史料选辑［M］. 上海：上海财经大学出版社，2012：503.
④ 其中，严志钊为备取生；姚学乾从光华附中毕业后，经由上海临时大学先修班保送入读。
⑤ 徐斌. 恰同学少年：记国立上海商学院首届保险系［J］. 上海保险，2018，3.

意外责任保险、保险法、产物保险实务、海上保险学、农业保险、社会保险、再保险、保险会计、公估学、保险组织与管理、保险数学、保险问题、人寿保险实务、船舶保险等，见表8－1。[1]

表8－1　国立上海商学院保险系课程

第一学年（1946年）		第二学年（1947年）		第三学年（1948年）		第四学年（1949年）	
科目	学分	科目	学分	科目	学分	科目	学分
上学期	—	上学期	—	上学期	—	上学期	—
中国语文	3	英文	3	意外责任保险	3	农业保险	3
英文	3	货币银行学	3	保险法	3	社会保险	3
数学	3	保险学	3	公司理财	3	再保险	3
会计学	3	商事法原理	3	财政学	3	保险会计	3
经济学	3	统计学	3	工商组织与管理	3	公估学	3
商业史	2	高等会计学	3	运输学	3	保险组织与管理	3
经济地理	2	高等数学	3	—	—	社会发展史	2
法学通论	3	—	—	—	—	—	—
社会学	3	—	—	—	—	—	—
珠算	—	—	—	—	—	—	—
下学期	—	下学期	—	下学期	—	下学期	—
中国语文	3	英文	3	财政学	3	保险数学	3
英文	3	货币银行学	3	工商组织与管理	3	保险问题	3
数学	3	保险学	3	运输学	3	人寿保险实务	2
会计学	3	商事法原理	3	产物保险实务	3	船舶保险	4
经济学	3	统计学	3	海上保险学	3	中国革命问题	3
商业史	2	高等数学	3	农业金融	3	政治经济学	4
经济地理	2	投资学	3	合作概论	3	毕业论文	2
法学通论	3	—	—	—	—	—	—
珠算	—	—	—	—	—	—	—

国立上海商学院保险系得到了社会各界的支持，一些公司或团体为学生们提供了奖助学金。1947年3月23日，保险系严志钊及其他系学生5人申请了育才奖助金。同年4月5日，上海市清寒学生贷金委员会批复同意张元元、严志钊、严志坚3位学生的贷金申请。1948年10月，王九成校友为奖助本院保险学系学生的研究兴趣，推动保险学术研究，捐资设立了奖学金。中华产物保险公司

---

[1]　此表由上海财经大学博物馆徐斌博士提供。

为保险系学生姚学乾、龙碧霞、顾岐山提供了学业成绩奖学金，[①] 为徐仁英、徐之理、顾岐山、陈延山、张明扬、蒋志铮、谢福良、龙碧霞、严志钊、王超、陆怡慈、万仁宇、周建中、叶继霈、张康范、华钟屿、蒋岗、姚学乾提供了学术研究奖学金。[②]

保险系的学生还酝酿创办保险学会。1947 年 1 月 11 日，在征得吴道坤系主任的同意后，姚学乾联系龙碧霞、徐英俊、万仁宇、周建中等学生在第一教室集会筹备保险学会，讨论了章则及组织，确定团体名称为"国立上海商学院保险学会"，学会宗旨为"研究学术，增进同学间感情"；1 月 17 日，全体同学正式成立了保险学会，姚学乾为主席，吴道坤任指导员；10 月 22 日，保险系一年级、二年级召开了新学期第一次全体大会，改选了干事，徐英俊为第二任主席，谢耀柱任指导员。[③]

国立上海商学院不仅开创了中国近代保险学科教育的新阶段，而且为新中国保险学科教育打下了重要基础，其师资成为新中国保险学科教育的领军人物，其第一代毕业生成为新中国保险业的栋梁。

第三节　保险研究的初步兴起

20 世纪二三十年代，随着保险知识的传播、保险教育的创设，以及保险事业的发展，保险学术研究开始兴起，其主要象征就是一批保险刊物和专业保险著述的出现。这些保险刊物和著述在继续传播保险专门知识、推动保险观念普及的同时，也探讨保险学理，考察保险实务，分析行业现实，建言发展策略，从理论与思想层面为中国保险事业的发展作出了贡献，也初步建构了中国保险学的知识与理论体系。

一、保险学术刊物

刊物是知识传播和学术发展的重要平台与载体。民国时期，随着保险业的发展，保险知识传播和研究受到了保险业界和社会其他各界人士的重视，出现了一批保险类刊物。这些刊物一方面报道国内外保险消息，交流保险信息，传播和普及保险知识；另一方面，结合中国保险业的发展，进行保险学理探讨，解决保险发展中的问题，成为保险研究兴起的重要象征。

最早出版的保险刊物，应为上海华安合群保寿有限公司编辑的《华安》，又名《华安杂志》。该刊 1917 年在上海创立，1926 年 2 月停刊，不定期出版。其《发刊词》称：

大抵保寿业愈发达，则国家平和安宁之度愈高，此实相为表里，而可以正比例得之者。惟是沿江海之地，保寿之风气开矣，而腹地偏僻之区，尚多未明保寿之利益者。本公司天职所在，以为欲

[①] 保险系 1947 级学生，该届学生有徐仁英、徐之理、顾岐山、陈延山、张明扬，但毕业时仅三位，即徐仁英、徐之理、顾岐山。

[②] 徐斌. 恰同学少年：记国立上海商学院首届保险系 [J]. 上海保险，2018，3.

[③] 徐斌. 恰同学少年：记国立上海商学院首届保险系 [J]. 上海保险，2018，3.

开风气，不能不赖夫倡导提携，爰拟刊行印品一种，月一发行，略仿杂志体裁，即以《华安》名之。注重文艺、实业，并以提倡保寿，而不与政治。编中所载，皆平和安宁之所有事，以蕲国家永久之平和安宁，他日者更进而蕲世界之平和安宁，则本公司之志愿，庶几达矣。

发刊词中拟定《华安》刊登八方面内容：图画、社论、文苑、小说、名人言行、实业调查、东西洋进化史、本公司保寿发达成绩及报告。[①]《华安》免费赠阅保户，在为公司招揽客户的同时，也起到倡导保险风气、提高国人保险意识的作用。其主要内容是宣传寿险意义，介绍人寿保险知识，报道国内外人寿保险的状况和公司消息等。其刊登的文章，比如《人寿保险的价值》《人寿保险功效之影响》《提倡人寿保险为国民之责任》《人寿保险业之本性其要旨及作用说》《人人应保寿险说》等，大致在于阐发人寿保险意义，开通保险风气。其他文章如《人寿保险概论》《保寿说》《保险事业》《人寿保险之性质及基本观念》《保寿事业发展略考》《论中止保寿》等对人寿保险进行知识普及，《论人寿保险营业上之效应》《说保险公司之投资置产》等则论及寿险公司的经营。该刊所设的"国内外保险要闻"栏目，则介绍国内外人寿保险的发展状况，比如英国之人寿保险、合众国商会提倡保寿等。该刊对华安公司的活动和营业状况多有记述。

较早出版的保险刊物，还包括《保险与储蓄》。该刊 1924 年 7 月由保险与储蓄杂志社创办于上海，英文名为 The Journal of Insurance & Savings。该刊初为旬刊，自第七期更名为《保险与储蓄》杂志，改为半月刊，停刊时间不详。该刊以保险和储蓄方面的研究论文、译文、消息与动态等为主要内容，设有社评等栏目，也发表小说等作品。曾发表过王效文的《吾国寿险条款之研究》《物险契约要素论》《重保险与再保险》《英美水险沿革述略》《水险均损论》《水险保费之计算法》，沙仲渊的《保险原始》《保险种别》，马寅初、郁赐的《女子与寿险》，吕岳泉的《保险事业说》《保寿经理员营业上应用之医学知识》，郑重民的《火险保费之计算》《火险组织之研究》，刘伯材的《定期寿险之利弊》等文章，对 20 世纪 20 年代保险知识的普及起了一定的作用。

上述两种都属于早期保险刊物，在其时林林总总的各种刊物中，数量少到甚至可以忽略不计，故而很难产生广泛影响。其对保险知识的普及以及社会保险意识的启蒙不无蓝缕之功，当时国内保险学研究尚属零星。及至 20 世纪 30 年代，随着保险业的发展，保险学研究队伍的扩大，保险学界逐渐形成，保险刊物数量也明显增加。以下依时间为序，择要介绍。

《人寿》，1933 年 4 月 10 日创刊于上海，季刊，由上海宁绍人寿保险公司编辑发行。该刊延续到 20 世纪 40 年代初，具体停刊时间不详，是持续时间较长的一份保险刊物。封面上"人寿"两字分别由马寅初、胡适等多人题写。胡咏骐撰写的《发刊词》称："人寿保险在今日之世界已认为经济重心之事业，以故成为专门学术之一种。欧美各国商业学院，类有人寿保险专科之设，而我国商科学院亦有保险学程之修习，由此足证人寿保险之价值已为寰宇人士所公认矣。""经营此业者，须先有亲切之研究，方可无负使命。本刊之设，亦为同人砥砺攻错之借镜，俾可人手一篇，作业务之遵绳，

---

① 发刊词 [J]. 华安，1917，1.

《人寿》季刊

作文字之消遣。"① 该刊在内容上主要介绍该公司的内部活动、经营情况、人事消息等，也设有"论坛""业务报告"等栏目，介绍保险常识和欧美各国保险业的情况，论述人寿保险的意义，比如胡詠骐的《国家进步与人寿保险》《寿险公司投资的分析》《对于保险业法之意见》，王其培的《社会保险概论》《人寿保险在法律上之几点》，张明昕的《日本寿险业务概况》，胡厥文的《人寿保险与保障事业》，朱博泉的《人寿保险的效益和展望》，唐鸣时的《自由职业与人寿保险》，方椒伯的《提倡华商保险及团体职工保险之重要》《提倡华商保险告经济界与国人》，马寅初的《人寿保险之涵义与价值》等。

《人寿保险之涵义与价值》为马寅初的演讲稿，该文称："保险事业在欧美各国很发达，在中国尚在萌芽的时代；因为一般人对于保险事业的知识太幼稚，太肤浅。"他认为，在中国提倡人寿保险要注意三点："一、要使社会一般人懂得人寿保险的意义——是生产，不是浪费，是积储，不是投机。二、要政府有确定的保险法，保障保户，限制投资，政府并不得滥收税费，暗侵保费。三、要公司本着科学的原则，认真办事，要知道所收保费是保户的信托，并非公司的盈余；公司有保管的责任，无滥用的权利"。"如果能这样做，人寿保险事业在中国自能蒸蒸日上，与欧美各国并驾齐驱了。"②

《寿险季刊》，英文名 Life Insurance Quarterly，1933 年 4 月开始，由中华人寿保险协进社编辑出版。1934 年改名为《寿险界》，创刊号上有蔡元培题词"同登寿域"。其发刊词谓："人寿保险之起源，以保障家庭幸福，确定妻子儿女生活教育之准备为最初目的。演至近世，人寿保险制度之效用日以扩大，不但成为个人与家庭幸福之源泉，亦为维护合伙或公司事业发展之途径；不但为完成个人经济目的或解放家庭经济压迫之实际计划，且为健全国家社会经济结构之重要基础。""本社有鉴于斯，起而负担宣扬寿险原理，发展中国寿险事业之两大使命。竭其智能，研阐人寿保险学理，撰著人寿保险科学之文字，使人寿保险制度为健全社会经济组织、坚固国家经济基础之唯一方法，家喻户晓，人有信仰，一般社会对于寿险效用，有相当之认识。从事寿险事业之专门职业者，亦得各以所见，互相切磋，通力协作，共谋事业之发展，此本刊之所以发行也。"③ 从中可见，其宗旨一是普及人寿保险理念，

① 胡詠骐．发刊词 [J]．人寿，1933，创刊号．
② 马寅初．人寿保险之涵义与价值 [J]．人寿，1933，创刊号．
③ 发刊词 [J]．寿险季刊，1933，1（1）．

《太安丰保险界》

二是推进人寿保险业的进步。该刊发表过《人寿保险之定义》《工业保险》《各国人寿保险之比较表》《近代之劳动保险》《人寿保险的形成及其历史》《中国保险公司业务之进展》《人寿保险的利益和中国保险事业的前途》《简易保险与社会保险》等文，另外还有寿保珍闻、寿险故事、人寿保险消息等文，以及疾病预防、长寿方面的一些知识介绍。

《寿险界》，英文名 Life insurance world，1934 年在上海创刊，由中华人寿保险协进社编辑，不定期发行，但该刊维持时间不长，至 1935 年即告停刊。该刊主要介绍国内外寿险业消息和寿险知识，宣传寿险理念，讨论寿险实务，也刊登一些趣味性的内容，比如保险故事、科学小识、随笔、图画等。以 1934 年第二卷第一、第二期为例，其第一期发表过《人寿保险科学的研究》《人寿保险的效用》《寿险营业今后应有之努力》《美国之团体保险事业》《十年来之德国人寿保险事业》《夏威夷群岛之

保险事业》《日本人寿保险事业之发展与近况》等文。第二期刊登了《一九三三年之美国人寿保险事业》《人寿保险与国家经济的发展》《投资人寿保险之利益》《保险制度发达论》《从教育说到人寿保险》等文，从中可见该刊的取向。无论是寿险知识的传播还是寿险理论的研究，该刊都有一定的贡献。

《太安丰保险界》，1935 年 10 月开始出版，由太平、安平、丰盛三家保险公司总经理处编辑、发行，为半月刊。由周作民撰写的发刊词称："保险为社会事业之一，经营保险，无异服务社会，太平、安平、丰盛三公司之创设，即以服务社会为其鹄的者也。顾保险事业，千头万绪，经营亦非易言，学理法条有待研讨无论矣；即就实务而言，亦颇多应兴应革之处。故欲求保险事业之尽量进展，自非集全力以赴之不为功也。"发刊词对该刊的意图进行了说明："为研讨保险原理改进实务之计，发行本刊，分门别类，选载鸿文，希冀合力研究，切磋砥砺，以达求知借鉴之目的。"①《太安丰保险界》设有保险情报、保险论坛、保险法言、大事记等栏目，作者包

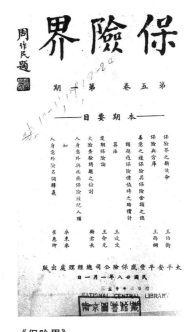

《保险界》

---

① 周作民. 发刊词 [J]. 太安丰保险界，1935，1 (1).

括郭佩弦、王效文、沛然、崔惠卿、郭雨东、戴樑臣、许汉卿、蒋建华等。第一期刊登的文章包括郭佩弦的《水险制度溯源》、王效文的《论火灾保险之保证特款》、沛然的《什么是人寿保险》、崔惠卿的《关于保险单上公断条款之外国判例》等。此外还刊登过《人寿保险经历员之特殊性》《保险务实概述》等文章。

《太安丰保险界》出版至1938年底，1939年1月更名为《保险界》（英文名为 Insurance World），继续出版到1942年1月。其间，主要撰稿人包括崔惠卿、王雨桐、顾君长、吴诗锦、王效文等，栏目有保险论坛、实务研究、名词研究、保险随笔、调查等。该刊在保险知识的普及等方面起了积极的作用。比如，崔惠卿撰写的保险名词释义系列，其涉及海上保险、人寿保险、保证保险、人身意外险等；王雨桐在该刊连载的《保险与经济》，对保险与国民经济的关系进行了讨论，并就社会保险在该刊发表过系列文章，如《社会保险概说》以及与他人合撰的《各国社会保险制度概观》《生命保险医学要论》等；王效文发表过《新保险法释义》《相互保险与合作社》等；吴诗锦发表过《论再保险的效用》《相互再保险论》《再保险法律观》《寿险辨诬录》等；顾君长为该刊撰有《保险文辞之审译》《保险业之统计问题》《火灾保险契约之条件》《人寿保险费计算法浅说》《国人何以大多尚未能利用人寿保险之我见》等文；刊物也连载过卢蓉舟与吴建时的《火险赔款分摊计算法之讨论》《火险赔款的估理》等文，就其内容而言，保险专业性特征十分明显。

《保险季刊》，1936年9月由中国保险学会创办于上海。该刊以研究保险学理与保险问题、促进中国保险事业为宗旨，具有鲜明的学术性特征，是民国时期最有代表性的保险刊物。宋汉章撰写的发刊词称："本刊之产生，自有其重大之意义与必要。不惟业斯者藉可沟通声气，灌输新知，以达事实与学理互相印证，共作进一步之切磋。即各界人士对于保险事业，亦可因此而获正确之认识，加强其信仰，以收事业推进之速效。"[1] 创刊号除刊登中国保险学会理事题名、编辑语等外，所登载的论文还有丁雪农的《所得税与遗产税下之寿险问题》、胡詠骐的《促进中国保险业刍议》、李权时的《我国保险业不发达之原因》、张素民的《保险与经济》、王效文的《中国保险业之四大问题》、张明昕的《人寿保险之教育意义》、翟温桥的《寿险公司在金融市场之地位》、闻亦齐的《由人寿保险说到健康保险》、郭雨东的《人寿保险事业经费调节论》、万景和的《人寿保险与医务选择的关系》、沈雷春的《寿险经理员应如何选择主顾？》、陆士雄的《人寿保险在工商业上之效用》、胡继瑗的《水险保单之演进及种类》、郭佩弦的《火线经纪人登记之回顾与前瞻》、李莫强的《火灾保险业者的使命》、罗北辰的《中国保险学会之创立》，还刊出《中国保险学会一年来工作报告》，并特载《保险法》《保险

李权时

业法》《简易人寿保险法》三项保险法规。第二期的论文则有张明昕的《简易寿险与社会保险》、李莫强的《火灾保险与犯罪》、陆士雄的《人寿保险之与人的方面》、魏文达的《海上兵险之研究》、王海帆的《建筑物火灾损失之审估方法》、邵竞的《海上保险之赔偿准度》、郭佩弦的《货物保水险之研究》，胡继瑗的《水险保单之演进及种类》、胡詠骐的《保险业之自由职业化》、关可贵的《失业保险法之发展概况》等。

《简易人寿保险》，始于1937年1月，由邮政储金汇业局在上海出版，沿革情形不详。该刊鉴于"各地邮政人员办理办理寿险业务，难免有隔膜或者感到困难的地方"而设立，其意图在于"介绍寿险的学理，以供大家的研究，一方面对于简易寿险的章程和办事的手续，亦随时加以解释说明，以备各经办人员之参考"。[①] 其创刊号刊登的文章，除阐发简易人寿保险的意义外，主要是介绍简易寿险的基本知识和国内发展状况，比如《简易人寿保险的理论与实施》《简易人寿保险一年来业务概况》《保险费简略说明》等，具有较强的实践指导意义。

上述各刊均创设于20世纪30年代全面抗战爆发前，这一时期是民国保险业发展最快的一个时期，这些保险刊物的集中出现，表明中国保险学术研究的迅速兴起。但保险学发展的这种趋势因日本全面侵华战争的爆发而大受影响。全面抗战爆发后，保险刊物的出版又归于零星。在全面抗战期间，新设的主要保险刊物仅可见《保联》一种，该刊1938年11月1日创刊于上海，英文名为Insurance Fraternity，由上海市保险业业余联谊会编辑出版，为月刊。其最初是上海保险界一份同人刊物，其宗旨为"联络感情，交换智识，调剂业余生活，促进保险业之发展"，同"同样重视一个刊物在学术上的价值，尤其是我们不应该忽略了本会鼓励同人们在学术研究上多多交换智识这一个宗旨"。[②] 其内容主要报道联谊会会务消息，介绍会友活动，发表过《中国保险业之特点及其前途》《保险事业与我国保险从业员》《平均分担损失之研究》等专业性文章，以帮助会员了解保险界发展动态。从1940年1月第二卷第一期开始，《保联》改名为《保险月刊》，英文名Insurance Fraternity，Insurance Monthly，成为一份较为纯粹的保险学术刊物。其《发刊词》称："在保险事业发达的国家，定期保险刊物，真是汗牛充栋：有关于一般保险的刊物；有关于专一部门的，如寿险、水险、火险、意外险等刊物；又有关于专门中而又专门的，如寿险精算、公司管理、火险建筑、水险航务等刊物。在保险事业方在萌芽的我国，关于一般的保险刊物已经是凤毛麟角，而关于专一部门的保险刊物，暂时似乎更谈不到，本刊乃适应前项需要而产生，是每一个关心保险事业的人所乐观厥成的。"其列出六项宗旨：普及保险知识，发扬保险学理，研究保险问题，报道保险消息，从事保险服务，促进保险事业。[③] 其内容注重于"增加保险原理之研讨""注重人寿保险之宣导""介绍欧美保险刊物论文""扩大对于读者之服务"等方面。[④] 《保险月刊》内容丰富，设有专论、保险论坛、保险问题研究、保险消息、保险人物志、保险教育等多个栏目。该刊主要作者有关可贵、施哲明、邵竞、郭雨东、

① 关于本刊的话 [J]. 简易人寿保险, 1937, 1 (1).
② 发刊辞 [J]. 保联, 1938, 1 (1).
③ 发刊词 [J]. 保险月刊, 1940, 2 (1).
④ 严传绪. 欢迎《保险月刊》诞生 [J]. 保险月刊, 1940, 2 (1).

陈稼轩等，关可贵发表过《火灾保险中之火的研究》《新保险公司的增设与华商保险业的前途》《生死统计概述》《制定火险保价的现代精神》等，郭雨东发表过《苏联社会保险概观》《我国的社会保险问题》《日本人寿保险事业面面观》《对于非常时期保险管理规则草案之商榷》等，另外还有王鸿生的《我国保险业应兴办保证保险之刍议》、林绳祐的《团体人寿保险概论》、唐文晋的《人寿保险在我国》、王仁全的《洋商保险业之在华情形》、林炎德的《我国保险事业之回顾与前瞻》、赖季宏的《前奥国社会保险法概说》、汪训之的《人寿保险之科学研究及其社会观》、魏文达的《共同海损推算方法》、李志贤的《火灾保险之再保险》、施哲明的《火灾保险单条款敷议》等文。施哲明还为该刊"保险教育"栏翻译了系列文章，邵竟则发表过货物海上保险系列文章。这些文章有的对国外保险业作了介绍，旨在拓展保险业界之眼界，借鉴国外保险业经验，有的则对国内保险业现状进行考察，探讨中国保险发展问题。另外，该刊设有"保险人物志"栏，介绍了保险业界前辈及专家、学者，涉及朱晋椒、项馨吾、邓东明、吕岳泉、徐可陛、陆仲义、杨士珍、傅其霖等多人。"防险谈座"栏刊载日常生活中灾害的预防知识，比如家庭防火杂谈系列、保健问题等；"保险教育"栏以课程形式呈现保险知识，系国外学者保险著述的中译本；"大学保险文选"栏目刊登大学生的保险论文，促进保险界内人才培养和学术探讨；"保险参考资料"栏介绍了保险的法律、法规和制度、政策等；"火险技术讲座"介绍火险查勘、保单缮写等知识。另外，还刊登保险判例等方面的文章。在日本全面侵华战争的特殊背景下，该刊的创设，可视为中国保险学界勉力维系于不坠的象征。

抗战胜利后，国共内战不久即爆发，在动荡的社会环境下，保险学研究也没有得到发展的机会，新设的保险刊物数量寥寥，可见者仅有《保险知识》

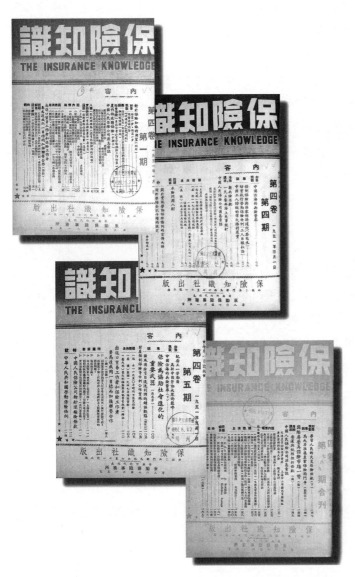

20 世纪 40 年代末出版的《保险知识》杂志，新中国成立后迁到香港

一种。该刊 1948 年 1 月 1 日创刊于南京，由保险知识社出版，为周刊。1949 年开始在广州、香港断续出版至 1951 年 9 月终止。《保险知识》刊登各种保险消息，介绍国内外保险政策和发展状况，比如《美国保险业的特征》《挪威之房屋足额火险》《一年来之重庆保险业》《一年来之香港华商保险业》等；在保险知识介绍上，该刊也发表了不少文章，比如《火灾保险单之基本条款》《巨额业务之险务管理》《船壳险费率公约》等；学术性文章如《指数保险刍议》《社会安全与社会保险》《当前保险业危机与保险量》《论举办公教人员保险》等，既有保险理论的阐释，也有保险实务问题的探讨，对保险知识的传播和普及也起到了一定的作用。

刊物是知识传播的平台，也是现代学术机制的重要组成部分。民国时期保险刊物的出版状况，大致反映了保险学术的发展情形。总体上来说，这一时期中国保险学研究尚处于起步阶段，保险刊物数量有限，专业深度也不足，其中一些刊物的学术性也稍弱。但这些刊物的出现，一方面起到了传播保险知识和保险理念的作用，对这一时期中国的保险实践也具有其指导意义；另一方面，也联结了一批保险学者，促进了民国时期保险学学术群体的成长，对中国保险学的发展具有不可替代的意义。

除了保险专业刊物，一些经济金融类刊物也常刊登保险方面的内容。《银行周报》就是其一。该周报 1917 年 5 月开始在上海出版，英文名为 The Bankers Weekly，一直延续到 1950 年 3 月才终刊。《银行周报》主要刊载上海及各地工商与财政金融消息，是创刊最早、历史最悠久、出版时间最长的一份金融杂志。该周刊也经常刊登保险界消息、保险法规，还介绍国外保险，比如日本、美国的保险政策，新西兰、英国的社会保险等，也发表过一些保险专论，比如孔滌庵的《信任保险论》《论中国之保险业》，谢国贤的《保险事业在中国》，汤贤宾的《保险学说论争》，郭佩贤的《人寿保险的效用》，陈克勤的《人寿保险投资之还报》，李权时的《保险事业组织之种类及其利弊》《保险的效用分类及其基本原则》，王效文的《信用保险与特种现金保证办法》，谢廷信的《物价上涨时之保险问题》，邓贤的《我国保险业之外资问题》，等等。

此外，刊登保险知识较多的刊物，还有 1931 年开始出版的《国际劳工消息》（后改为《国际劳工》，又改为《国际劳工通讯》）。该刊登载过不少国外保险消息，比如《意大利之灾害保险》《苏联社会保险之预算》等。该刊关注社会保险和劳工保险问题，刊载过《英国之失业保险》《瑞典之失业保险》《德国社会保险概况》《墨西哥之社会保险》《日本给薪雇员之疾病保险》等，其"国外劳工消息"栏目常见社会保险方面的报道。"国内劳工消息"栏则介绍过简易人寿险、职工互助险、人力车夫保险等。从 1923 年开始，在北京出版的《法律评论》在抗战前也发表过不少有关保险法规方面的文章，比如《新保险法之复保险与再保险论》《法兰西之社会保险法》《英国失业保险制度》《修正保险法简评》，也介绍国内外保险法制定、实施的消息，保险法判例，以及保险法文本等。上海总商会出版的会刊《商业月报》（初名《上海总商会月报》）同样发表过一些保险方面的文章，有的文章介绍知识性内容，比如《团体保险》《保险业公司组织之特质》《年金保险在欧洲的历史》等；有的国内外保险业状况，比如《上海之保险事业》《最近美国人寿保险事业鸟瞰》等；有的文章是关于保险制度的研究，

较早出版的保险学刊物
《华安》《保险与储蓄》

王效文

比如《英国失业保险制度论》《人寿保险公司组织的研究》《人寿保险年金制的经济价值》《保险法实施法中之几个问题》；等等。

大体来看，这些保险刊物有的依托一家保险公司出版，比如《华安》《太安丰保险界》《人寿》等；有的则由联谊会之类的业界组织出版，比如《保联》《保险月刊》；有的由专门的保险学术团体编辑，比如《保险季刊》等；还有的则由杂志社出版，比如《保险与储蓄》《保险知识》等。这些刊物中，有的突出学术性，注重保险学理与问题的研究，有的则偏重知识性和普及性，通俗地介绍保险知识和各种信息。这些刊物的活跃期主要是在 20 世纪 30 年代，大部分存续时间不长，但对保险知识在中国社会的普及，保险理念的传播和深入，以及保险理论与实务的发展等，都起了积极的作用。

二、 保险学著述

20 世纪二三十年代，随着专业化保险学研究的兴起，保险教育的发展，一批保险学著述问世，成为中国保险学兴起的重要标志。一般认为，中国最早的保险学著作是王效文的《保险学》，由商务印书馆 1925 年出版。该书分寿险、水险、火险、法律四编，讲述保险源流、沿革、制度程序，各种保险之利弊，保险费之计算，契约之订立等，并附录《寿险保单之解释》。该书出版后，在 20 世纪二三十年代曾数次再版，产生了较大的影响。该书也是中国保险学本土化启动的象征。吕岳泉为该书撰写序言指出："保险之学，来自欧西，欧西人之目光、之习俗，不可以移植吾国，亦犹吾国人之目光、之习俗，不可以移植欧西。"他认为王效文的《保险学》"详论保险之源流沿革，及其制度程序，条分缕析，纲举目张"，尤其是"以中国人之目光，就中国人之习惯，施以考量，核其进退，发为是言，是必吻合吾国人之心理无疑……则尽量灌输保险学识于国人，此其嚆矢也"。[①]

王效文的《保险学》问世后，大致统计，相继出版的与保险相关的著述在一百种以上，除各种保险法规及保险法规草案、协定、条例、计划书的单行本与汇编本、保险公司刊印的章程等外，专门的学术著述有数十种。其中，既有国外保险著述的译本，也有中国保险学者自著之作，内容涉及保险学及保险业的诸多方面。

---

① 吕岳泉. 王编保险学序［J］. 保险与储蓄，1924，8.

这一时期翻译的国外保险著作，有的对保险学进行一般性介绍和阐释，比如（日）柴官六所著的《保险学概论》，商务印书馆 1934 年出版，分三编介绍保险的概念、经营与政策等，附录有英、美、日三国生命保险公司的生存死亡表。（美）汉白纳（S. S. Huebner）的《财产保险学》，亦由商务印书馆 1943 年出版。该书为大学教材，内容包括火灾保险、水险、汽车保险、银钞保险、保证保险，分述保险种类、契约、条款、方法及有关立法等。

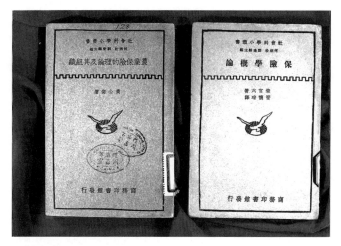

商务印书馆出版的保险学著作

寿险学著作是这一时期翻译的重点。（美）汉白纳（S. S. Huebner）的《人寿保险学》（*Life Insurance*）由徐兆荪翻译，商务印书馆 1933 年出版，该书第一编为"人寿保险之性质与效用"，介绍人寿保险原理、作用与分类；第二编为"人寿保险之科学的研究"，介绍寿险危险度之测度，保险费计算之原则及方法，参以各种实例。汉白纳的《人寿保险经济学》（*The Economics of Life Insurance*）由陈克勤翻译，商务印书馆 1934 年出版，该书分三编，即人寿保险在经济学之位置、人寿保险与经济学原则、人寿保险之创造作用，论述人寿保险的经济基础与经济意义。这一方面的译著还有贝武·许华兹所著的《寿险基金及其投资》（*Insurance Funds and their Investment*），由周宸明翻译，商务印书馆 1936 年出版，该书主要介绍寿险基金的积累、政策、经验等问题。这一方面的译著还有基恩的《寿险界外勤须知》，世界书局 1941 年出版，该书分 12 章讲述人寿保险的意义、原理、制度及其推销方法。（美）伍兹（E. A. Woods）的《人寿保险社会学》（*The Sociology of Life Insurance*），由郭佩贤、陈克勤翻译，中华人寿保险协进社 1934 年出版，全书分 11 章，阐述人寿保险与社会经济生活的关系及对解决各种社会问题的效用等。

除寿险方面的译作外，这一时期翻译的保险著述还涉及社会保险、农业保险等方面。比如，1928 年出版的《社会保险》一书，由国民政府财政部驻沪调查货价处编辑出版，译自（美）康门司（L. R. Commons）和安拙司（J. B. Andrews）合著《劳工立法原则》第八章，主要介绍工业灾害、健康、养老、残疾、孤寡、失业等的保险问题。（日）小平权一所著的《农业保险之机能与组织》，由正中书局 1937 年出版，第一章是论农业保险制度的经济价值，第二章是论农业保险的种类与机能，第三章是农业保险的组织与制度。另外，还有 1927 年国民政府财政部驻沪调查货价处编辑发行的《日本健康保险法令》，1936 年黄公安翻译的《德国牲畜保险会章程》等，分别介绍了相关的保险法令和章程。

上述这些保险学译著，原作者以美国、日本为多，这一情形大致反映了民国时期保险知识与学

《保险学》是我国第一部保险学术专著

术多来源于美国、日本。这些译著介绍了国外保险知识，传播了新的学术理念，对尚处于起步阶段的中国保险学研究而言，具有重要的参考价值。

相对译著而言，民国时期中国学者自撰的保险学著作，涉及领域较为广泛，内容也较为丰富，分别介绍如下：

关于保险学的概论性著述。王效文的《保险学》一书于 1925 年出版后，1932 年由王效文、孔滁庵编著的修订本出版。该书此后曾多次再版，至 1948 年已出版到第 10 版，可见其影响；修订版仍分总论、寿险、水险、火险四编，介绍保险源流、沿革、各种制度程序、各种保险之利弊、保险费计算及契约之订立等。另外，国立四川大学也曾编写《保险学》一书，由文华印字馆代印。

关于水险的著述。胡继瑗的《水险学原理》，商务印书馆 1940 年出版，介绍水险制度的创立发展及国际公认惯用的水险制度。魏文翰的《海上保险学》，中华书局 1944 年出版，分 16 章，介绍了海上保险发展史，保险的各项原则、方法、业务及保险契约等，附录了英国 1906 年海上保险法译文及原文、1924 年约克安底华浦规则、中央信托局保险业管理办法、中西名词对照表。魏文翰的《共同海损论》由中华书局 1946 年出版，专论船舶遭遇海难后有关利害各方如何分担损失的问题，附录了 1924 年约克安底华浦规则原文及译文对照，以及英国海损理算人公会惯例等。郑纯一所著的《水险须知》，由中国文化服务社 1947 年出版，包括水险之效用、全部损失与局部损失、共同海损与单独海损、货物水险之应用、水险保单、保险费、水险契约、投保手续 8 章。

关于火险的著述。王效文的《火灾保险》，商务印书馆 1935 年出版。该书包括两方面内容，即火灾保险理论和契约条款，共分 4 章：火灾之原理、火灾保险单之诠释、火险保险之保证特款、火灾保险单之批单。王海帆编著的《火险审估学》，商务印书馆 1938 年出版，除火险审估之意义、我国审估事业之概况外，主要介绍火险审估的原则，方法、程序等业务知识，附录了有关审估契约和保险法等 7 种。

关于寿险方面的著述。沈雷春著的《人寿保险学概论》，由上海现代书局 1934 年发行，主要介绍人寿保险的意义、沿革、价值、特征、种类、法律、医学、数理等。周绍濂编著的《人寿保险计算学》由正中书局 1945 年出版，该书应用概率与利息原理，研究人寿保险

保险丛书

火灾保险

王效文编

商务印书馆发行

王效文著的《火灾保险》

中死亡率与保险费的计算及成本的分析，盈亏的核计等方面的理论与实务。张明昕著的《考察日本简易寿险报告书》，1935 年由邮政储金汇业总局印行，记录了日本简易寿险考察情形。

1931 年出版的张法尧著的《社会保险要义》

社会保险方面也有数种著述出版。张法尧著的《社会保险要义》，华通书局 1931 年出版，介绍了社会保险的概念、历史、种类，各国社会保险概况等。吴耀麟著的《社会保险之理论与实际》，大东书局 1932 年出版，介绍了社会保险的原理、起源、种类、制度，详述各国社会保险制度和中国救济制度，附有广东建设厅劳动法起草委员会编纂的劳动保险草案。林良桐编著的《社会保险》，正中书局 1944 年出版，内容包括伤害保险、健康保险、老废保险、失业保险等 5 章。陈煜垄著的《社会保险概论》，经纬社 1946 年出版，分 8 章介绍了保险事业之产生与利弊、种类与经营，探讨社会保险的基本效用，技术与财务等。这方面的著述还有黄昌言著的《劳动保险纲要》，上海华通书局 1933 出版，介绍了劳动保险的定义、种类、实例，以及各国的灾害保险、健康保险、老废保险、遗族保险、失业保险等。张明昕著的《简易寿险与社会保险》，邮政储金汇业局 1935 年出版，介绍简易寿险与社会保险史略、意义，及日本欧美状况，中国筹设简易保险之经过等。王世颖编著的《保险合作经营论》，正中书局 1944 年出版。概述主要取材于美国包罗著的《保险合作论》一书，分 10 章论述保险概念、组织经营，各类保险合作社及其资金的筹措、运用等。

农业与家畜保险方面也有几种专门著述。黄公安的《农业保险的理论及其组织》，商务印书馆 1937 年出版，该书第一编总论，论述农业保险本质、组织与政策；第二编分论，论述耕牛、牲畜、雹灾、火灾保险及农业社会保险和人寿保险；附录了耕牛保险及押款章程，德、意、日、法等国有关牲畜保险会章，农业保险合作社法规，农业保险纲要等，共 6 种。张延凤著的《我国家畜保险之理论与实务》，由南开大学经济研究所 1941 年印行，该书内容包括家畜保险的意义、作用与必要性，我国家畜保险实际经营状况，应采取的政策等；附有四川北碚三峡实验区家畜保险社章程、农本局北碚家畜保险经理处办理再保险细则。此外还有广西省政府 1938 年编印的《广西省家畜保险法规》等。

保险法方面的著述相对较多。一些著述介绍、论述保险法的原则与规范，讨论中国保险法问题，比如王效文的《中国保险法论》，由中华书局 1930 年出版，除概述保险及保险法、保险契约外，分总则、损害保险、人身保险、海上保险 4 章论述保险法原则。李浦著的《保险法要论》，朝阳学院 1931 年印行，概述保险法定义、起源、种类以及损害保险、人身保险法规等。蔡缵周著的《保险法概论》，由中西印刷局 1932 年出版，大体也属此类。群学社 1936 年出版的《社会保险立法之趋势》，主要阐述社会劳动保护制度和立法问题，包括概说、社会保险之责任、任意的社会保险制度与强制的社会保险制度之比较、强制的社会保险制度在各国现行保险法中之地位等 5 章。另外，李葆森著的《劳动保险法 ABC》，系 ABC 丛书之一，世界书局 1929 年出版，分伤害保险、疾病保险、寡妇和孤儿保险、健康保险、失业保险等 7 章。

国民政府 1929 年颁布《保险法》，1937 年 1 月 11 日公布修正的《保险法》，这是中国保险立法的重要举措。围绕《保险法》的制定和公布，出现了一批保险法解读与释义的著述。1929 年《保险法》颁布后，郑爱诹编著的《保险法释义》，由世界书局 1930 年出版，对 1929 年《保险法》逐条释义。孔滁庵编著的《保险法》，由商务印书馆 1933 年出版，根据国民政府保险法，分总论、损害保险、人身保险 3 章，扼要说明了法律术语及立法理由。王效文著的《保险法释义》，由上海法学出版社 1937 年出版。其同样分总则、损害保险、人身保险 3 章，对《保险法》的 82 条规定进行了逐条解释。1937 年由会文堂新记书局发行的王孝通的《保险法论》，依据 1929 年的《保险法》（共 82 条），并参考德、日法例进行论述，分绪论、总则、损害保险、人身保险、海上保险 5 章，增订版增加"简易人寿保险"一章。朱方著的《保险法详解》，上海法政学社 1930 年出版，也同属此类。20 世纪 40 年代，陈顾远编著的《保险法概论》，正中书局 1943 年出版，据 1929 年、1937 年公布的《保险法》，分 3 编概述了保险规则、保险概念，保险主体、保险利益及保险契约的效力、类别、时效等。林振镛著的《新保险法释义》，大东书局 1946 年出版，上编为绪论，概述保险及保险法的概念、保险制度的演进等；下编对 1937 年 1 月 11 日修正公布的《保险业法》的 98 条逐条释义。

保险业与保险实务方面的著述也有一些。比如，陈披神著的《保险业》，商务印书馆 1928 年出版，主要介绍保险之利弊、保险之组织、保险经营之主义、保险之种类、人寿保险业、火灾保险业、海上保险业等。王云五著的《保险业概论》，分 8 章叙述保险的沿革、利弊、组织和保险的经营宗旨，以及各种保险业。1930 年 10 月，其易名为《保险业》，作为万有文库第一集之一种，由商务印书馆出版。另外，管怀琮所编的《保险从业须知》，由商务印书馆 1936 年出版，介绍了保险业务分类、外务须知、籍册组织、计算组织、保险金支付、红利分配、保险资产运用等。在友邦人寿保险公司担任总理的美国人费孟福所编的《人寿保险招徕学》，由中华人寿保险协进社 1933 年印行，概述了人寿保险原理及招揽主顾方法。张明昕著的《人寿保险推广方法》，由中华人寿保险协进社 1934 年发行。

此外，1935 年 4 月，沈雷春与中华人寿保险协进社合作编辑出版的《保险年鉴》，系中国第一部保险年鉴。内容分 4 篇，70 万字，上篇为保险业概况，中篇为世界各国保险业概况，下篇为中国保险业概况，附篇为保险法规及其他。"不特为经营保险事业者之南针，抑且为研究保险事业者之向导。"[1] 1935 年冬天，沈雷春和曹鹏等人正式组织中国保险年鉴编辑所，次年 5 月出版了 1936 年《中国保险年鉴》，"较诸一九三五年尤为精湛"，"甫经出版，其白克路同春坊七号之发行处，工作即异常紧张。闻往购者除各保险公司外，大半为金融界及学术界中人"。[2] 此后，1937 年《中国保险年鉴》于当年 7 月出版。由于日本全面侵华战争爆发，年鉴的编辑受到直接影响，1938 年的年鉴延

---

① 保险年鉴今日出版 [N]. 申报，1935 – 03 – 24.
② 中国保险年鉴前日出版 [N]. 申报，1936 – 05 – 18.

迟到 1939 年 7 月才得以出版，"内容分二编。上编述战前战后之我国保险业，第一章综述，第二章全国保险公司调查，第三章保险统计，第四章外商保险公司调查。下编载保险名词释义，分火灾保险名词释义、意外保险名词释义"。[①]

就其内容而言，上述保险学刊物和著述主要包括三个方面：一是宣传保险理念，传播保险常识，对保险的经济和社会效用进行了大量分析，从而促进了保险知识的普及，提高了社会和民众的保险意识。二是大量介绍国外保险制度和保险事业发展状况。这些保险论著对国外财产险、人寿险、社会保险等进行了较为丰富的介绍，涉及保险制度的源流与演变、保险分类、保险业规范与惯例等，为中国保险业的发展提供了参照和范例。三是结合中国国情，探讨中国保险发展问题。对于中国保险业发展中障碍和困难，保险学界从不同角度进行了分析，为中国保险的发展提出了一系列建议和设想。同时，结合保险法的颁布实施，以及国民政府尝试推行的社会保险、农业保险、简易寿险等，保险学界也进行了阐释和说明，助力保险业的发展。

当然，就总体来说，这一时期保险学研究还处于起步时期。1935 年，沈雷春为《保险年鉴》撰写的序文称："反观我国之保险事业，幼稚脆弱，已堪浩叹，而国内保险学术之荒芜，则尤足心寒。盖全国出版之保险书籍，至多不过十余种，合计各书不满百万言，平均每年出版不足一种，以与美国年出五六十种，相差何止霄壤？然此仅就一般出版物而言，如欲内容较为充实，于学术实际能兼容并蓄者，则更凤毛麟角矣。"[②] 但无论如何，这些保险刊物、保险著述以及其他报刊所刊发的保险文章，共同推动了保险知识的引进和保险观念的传播，促进了中国保险学研究的兴起和发展。

第四节　保险学术团体的建立与活动

学术社团是学术发展的重要平台，也是学科共同体的重要标志。保险知识的传播，保险教育的展开，以及保险专业著述与刊物的出现，表明保险学已经成为一个专门的知识与学科场域，也为保险学术共同体的形成提供了条件。在此情形下，以中国保险学会为代表的保险专业社团的兴起，就成为自然而然的事情。

一、保险学术社团的出现

中国保险学术社团最早出现于何时？早在 1912 年《山西实业报》曾刊登一份保险学会简章。根据简章，该学会由江南高等商业学校保险专科诸同学组织而成，名称为中华民国保险学会，计划本部设在南京，在其他各地设支部。另外，还规定了会员资格、责任，以及职员设置、会员权限、会费、经费等事项，本部设会长、副会长、部长、理事以及编辑员、宣讲员、调查员等方面。简章中

---

① 保险年鉴出版 [N]. 申报，1939 – 07 – 19.
② 中国保险年鉴编辑所. 保险年鉴：1935 [M]. 上海：中华人寿保险协进社，1935.

《保险季刊（创刊号）》

《保险季刊》

《保险季刊》

称："本学会以灌输一般人民保险之智识，促进社会储蓄之观念，养成世俗勤俭之风尚，使人人有未雨绸缪之计划，并鼓吹全国资财家急宜组织完全之保险会社，冀以厚利民生、巩固社会，挽回本国权利为主旨。"其计划开展的工作，包括组织保险宣讲团、调查欧美保险公司章程、组织机构等，调查、制作死亡生残表，发行保险杂志，筹办保险养成所以培养人才、筹办保险公司等多项，后列发起人 39 名。[①]

江南高等商业学堂保险专修科学生成立的中华民国保险学会是否有后续活动，存续情形如何，目前尚不得而知。但这一报道的出现，表明保险学界已出现了成立专业社团的构想。到 1926 年，上海《申报》上曾出现过一个名为"中国保险学会"的社团身影。当年 8 月 29 日至 9 月 4 日，《申报》登载的一则"招请各地代理"的广告称："职业高尚，后步远大，每月有百元以上之收入，不误正业，不需资本，祗须先行研究数月即可正式任事。凡身家殷实，高中毕业或未毕业，而文字清通，交游广阔，已服务商界满三年者，不论通都大埠或城乡村镇人士皆可。如有自设铺号经营工商各业者，尤所欢迎。来函务请详述一切，附邮四分，寄上海愚园路合泰坊中国保险学会转。"同年 10 月 12 日，中国保险学会又在《申报》上登载了"寿险速成班"的广告，广告语说："本会鉴于人寿保险界需才孔急，特设速成班，专授专门学识，俾合实用，一月毕业，各费减半，并给文凭，以便推荐。本埠面授，外埠函授，设额无多，简章备索。上海愚园路中国保险学会启。"

从两则广告的内容看，其时上海存在一个名为"中国保险学会"的组织，设于愚园路合泰坊。但该组织成立于何时，具体情形如何，仍难以了解。现有资料中，可见的是 20 世纪 30 年代保险界社团的活动情形。

20 世纪 20 年代末至 1937 年日本全面侵华战争前，是中国保险业发展最快的一个时期，保险专业社团也在这一时期出现。中华人寿保险协进社是 20 世纪 30 年代出现的具有一定学术性的社团组织。由该社出版的《保险季刊》曾刊出协进社暂行社章，共 9 条，规定"本社以宣扬人寿保险制度之利益、推进中国人寿保险事业为宗旨"；社员由各保险公司组成，社费分三等，有效保险额在 500 万元以下者，月付社费50 元，500 万元及以上者月付社费 100 元，1000 万元以上者月付社费

---

① 河【江】南保险学会简章［J］. 山西实业报，1912，1（18）.

150 元。在组织上，该社理事会由各公司社员推出一到二人组成，每月开常会一次，指导和监督社务，其他宣传寿险组织可邀请为名誉社员，但无选举权和被选举权。同时设执行委员会，由月缴社费并负担本社经常费用的公司社员组成，社长由执行委员会选任，每月至少集会一次，由社长报告社务。社长直接对执行委员会负责，有雇佣辅助人员和其他办事人员的权力。另外设顾问部，由社长聘请国内各界有名领袖组成。社费供本社经常费用开支，不足之数由在执行委员会有代表的公司社员按比例捐助，等等。① 1932 年 9 月 30 日，上海《新闻报》亦有消息称：

人寿保险，提倡节俭储蓄，实为一种社会经济制度，在欧美各国久已家喻户晓，视为保险家庭与稳妥投资之方法。唯我国人民瞭解寿险真意者固不少，而误会者犹居多数。前外交部情报司司长、现任《大美晚报》副编辑张似旭君，与东吴大学法学士、著作家张舍我君有鉴于此，特发起组织中华人寿保险协进社，事务所暂设外滩十七号，以宣传人寿保险真意、促进中国寿险事业、发展社会经济为宗旨。现已有华商泰山保险股份有限公司、美商友邦人寿保险公司、英商四海保险公司，自动加入为赞助人。他公司有意联络者，可致函该社询问云。②

根据以上报道，该社成立时得到了泰山、友邦、四海三家公司的支持。一年后，中国保险公司、宁绍人寿、华安合群保寿公司、先施人寿加入。1933 年 11 月 23 日下午，中华人寿保险协进社在华安合群保寿公司举行第一次全体公司会员会议，出席者有中国保险公司宋汉章、友邦人寿保险公司薛维藩、费孟福，宁绍人寿保险公司方景和，四海保险公司容显麟，华安合群保寿公司吕岳泉、顾庆毅，先施人寿保险公司零永枢，中华人寿保险协进社张似旭等。吕岳泉担任会议主席，张似旭报告了一年来的该社工作，包括"（一）在国内各著名杂志如东方、科学、华年、女青年、商业月报等按月发表人寿保险之各种宣传图画文字，（二）在本埠各日报，随时发表关于各公司之营业概况，及各种消息以引起民众之注意，（三）在申报及时事新报，按月编刊人寿保险专刊一期，文字浅显，收效宏大，刊费由登有广告之各公司分担，（四）向国内名流征集赞助人寿保险制度之题词墨宝，以资观览，而利宣传，（五）选员赴各大学演讲人寿保险之意义及利益并介绍有志之青年大学生为各公司招徕员，（六）与商务印书馆接洽，印行该社编译之人寿保险学各种书籍，（已出一种已脱稿者二种）并得该馆总编辑王云五先生，接受该社之建议，在新出版之中学公民教科书中，加入人寿保险课目，以阐明寿险之真意及其利益，（七）该社发行之寿险季刊，已出至第三期，刊费完全由所收广告费项下支出，（八）该社为宣扬寿险学理，养成专门人才起见，已着手编制讲义，拟于最短时间，开办寿险函授专科"。此后，会议对协进社事务进行讨论，对先施人寿保险公司提出的多项提案进行了表决后散会。《申报》记者称赞说："观于寿协社成立，未及周岁，而成绩已斐然可观，今更有扩大组织之举，俾各公司互相提携，以策进行，行见我国寿险事业，将迈进不已，发扬而光大之，当以此为嚆矢矣。"③

---

① 中华人寿保险协进社暂行社章［J］. 保险季刊, 1936, 1（1）.
② 中华人寿保险协进社之发起［N］. 新闻报, 1932 – 09 – 30.
③ 凡. 人寿保险协进社扩大会议记［N］. 申报, 1933 – 12 – 13.

张似旭

人壽保險社會學

郭佩賢
陳克勤 合譯

中華人壽保險協進社發行

中华人寿保险协进社出版发行的《人寿保险社会学》

上述报道中，可见中华人寿协进社成立的活动情形。同一时期张似旭表示，"一年来虽无多大成绩，今已博得国内多数公司之同情，相率踊跃参加。吾人今后的使命，须努力进行，用种种方法，比如广告图画文字宣传演讲等，在国内作普遍的宣传，尽力灌输寿险智识，鼓舞国人对于寿险之兴趣，以冀寿险事业在我国，得以发荣滋长，日臻完善之境"。[1]

中华人寿保险协进社以张似旭为社长，郭佩贤为总编辑，陈克勤、欧阳婉、沈雷春任编辑。[2] 从推动保险知识传播出发，中华人寿保险协进社致力于保险书刊的出版发行。该社 1933 年 4 月开始编辑出版《寿险季刊》，1934 年改名为《寿险界》，出版至 1935 年。其出版的寿险学著述有费孟福编、郑佩贤译的《人寿保险招徕学》（1933 年），（美）伍兹的《人寿保险社会学》（1934 年），张明昕的《人寿保险推广方法》（1934 年）等。该社还与沈雷春等合作编辑、发行了国内第一本《保险年鉴》（1935 年）。此外，1934 年中华人寿保险协进社还开办了人寿保险函授科，以培养保险人才。当年 4 月其在《申报》刊登的广告称：该科以灌输人寿保险学识、培养寿险专门人才、服务保险界为宗旨。招生条件为高小毕业以上程度，男女兼收。学费为国币 10 元，讲义及邮资等在内。[3]

不过，到 1935 年 6 月，华安、中国、宁绍、先施 4 家公司在《申报》连续数日刊登启事，表示自该年度起，退出中华人寿保险协进社。[4] 其原因虽然不详，但从启事中"中华人寿保险协进社社员完全华资公司为敝公司等四家"的表述看，显然与中华人寿保险协进社的外资保险公司背景有关。类似的情形是，曾合作编辑了 1935 年保险年鉴的中国保险年鉴社，在编辑 1936 年保险年鉴时，也特意声明："为免除外界误会起见，已与含有外商公司成分之中华人寿保险协进社分离而独立。"[5] 此后，有关中华人寿保险协进社的消息就很少见了。

二、 中国保险学会的成立与活动

（一）成立经过与内部组织

在近代保险社团中，规模最大、最具代表性的是中国保险学会。大约在 1935 年春，中国保险学会的筹备工作在汉口开始，筹备时期的

---

① 中华人寿保险协进社扩大组织［N］. 新闻报, 1933 – 11 – 26.
② 中国保险年鉴编辑所. 保险年鉴: 1935 ［M］. 上海: 中华人寿保险协进社, 1935: 185.
③ 人寿保险学函授科招生［N］. 申报, 1934 – 04 – 17.
④ 华安合群、中国、宁绍人寿、先施人寿四家保险公司退出中华人寿保险协进社启事［N］. 申报, 1935 – 06 – 22.
⑤ 1936 年中国保险年鉴开始预约［N］. 申报, 1936 – 01 – 06.

名称为"中华保险学会"，主要筹备人是中国保险公司寿险部汉口区经理罗北辰。罗北辰是国立清华大学 1929 年第一级大学毕业生，极富政治天才，曾任大学政治学教授。1933 年，罗北辰"寓政于商"，辞掉教授职务，担任宁绍人寿保险公司汉口区经理，短短两年时间，创造了令人瞩目的成绩。1935 年初，因中国银行总经理、中国保险公司董事长宋汉章的敦请，出任中国保险公司寿险部汉口区经理。罗氏出任此职后，不仅推动保险业务的拓展，还积极筹备保险学会的创设。他本人也因在保险事业上的卓越贡献而出任过全国保险公会联合会理事长、中央信托局人寿保险处经理等职务。

经过罗北辰与汉口保险同仁的多次商讨，1935 年 6 月决定先在汉口组建保险学会；7 月，罗北辰赶赴上海向宋汉章等汇报了筹备经过，宋汉章、吕岳泉等数人随即被列为发起人，并登报宣告该会即将创立。这样保险学会也就由筹备期的汉口转移到中国近代保险业的中心——上海。在学会正式成立前一日，亦即 1935 年 8 月 2 日，《申报》刊登该会缘起：

理论是事实的指针，事实是理论的表证，这是谁也不能否认的，所以有了新的理论，总会改造旧的环境，产生新的理论，二者互为因果。因为无事实的理论，则成空谈，无理论的事实，难资例证。欧美及日本人士，很能明白这种道理。在他们的国家里，学者和事业家，总是声气相通，和衷共济，组织各种学会，共同研究，以便根据精深的理论，而为事实的改进。根据既成的事实，而为理论的阐扬。因此凡百事业学术，都能循着一定的正轨前进。我国事事落后，幸近年以来，对于各种新兴社会事业，渐知从事改造，或为原理的探讨，或为实际的建树。大学者与事业家，日渐增多。但是学者自为学者，事业家自为事业家，理论事实，多不相伴，甚至背道而驰，要想两者相辅而行，实不易得。这是我国事实不能迅速进步的主因。现就保险事业一项而论，欧美各国，经学者事业家之相互努力，一般民众都已深知保险事业是完美的经济组织，是互助的社会服务，是立己立人的国民方策，是资产雄厚的金融制度。所以保险事业蓬蓬勃勃，已掌握着世界伟大的经济权威，树立了坚定的民生基础。我国保险事业，也进展到相当程度。但比起欧美来，还是望尘莫及。当我国国民经济破产、国家建设落后的今日，我们深感保险事业有急起迈进、以担负挽回国运的责任之必要。

因为保险事业，是安定社会经济的最好工具，是促进产业发展的最好方法。保险公司，特别是寿险公司，更是集中游资从事长期放款之国民经济的保管库，而担负国家建设的财政泉源。因此我们特发起创设中华保险学会，以期联合国内保险学者，与保险事业家，共谋理论事实之熔于一炉，以昌明保险学术，改造现实的环境，而建立国家之永久的经济基础。但是这样伟大的专门学会之创设，不是少数人的精力所能担负，深望我国保险学者与保险事业家热忱参加，努力从事，使本会得以发扬光大，

1935 年 8 月 3 日，中国保险学会成立大会到会者合影

促进国民经济建设运动的成功。这是我们所焚香祷祝的。发起人宋汉章、张明昕、丁雪农、吕岳泉、梁晨岚、徐可升、王效文、罗北辰。[①]

1935 年 8 月 3 日下午 4 点，中国保险学会假座静安寺路华安大厦（今南京西路金门大酒店）二楼举行成立大会。到会者有宋汉章、张明昕、丁雪农等。公推宋汉章为大会主席，罗北辰为大会书记。首先由罗北辰报告中国保险学会在武汉的发起情形，及在上海、南京扩大征求发起人及筹备概况。随即由出席大会的各发起人议决——接受武汉发起人即罗氏所拟具的缘起及会章作为学会的缘起及章程草案。接下来由主席致辞，并原则上通过了学会章程，一致决定将名称由中华保险学会改为中国保险学会。[②]

成立大会还选举理事 15 人。投票完毕后，因时间过晚，当日未曾开票即散会。1935 年 8 月 5 日，在开票员王效文、项馨吾、罗北辰的监督下开票。当选第一届理事者为宋汉章、丁雪农、胡詠骐、王效文、张素民、罗北辰、张明昕、朱如堂、项馨吾、吕岳泉、徐可升、经干堃、顾庆毅、董汉槎、刘聪强。8 月 7 日下午 4 时，中国保险学会再次假座华安大厦二楼召开了第一届理事会，选举宋汉章、张明昕、丁雪农、胡詠骐、刘聪强 5 人为常务理事，并公推宋汉章为理事长，又推请王效文为名誉秘书，项馨吾为名誉会计。会议决定暂设会所于江西路太平保险公司内。[③] 学会第一届理事均为国内保险实业界或学界著名人士，见表 8 - 2。

表 8 - 2　中国保险学会第一届理事题名录

姓名	职别	工作职务
宋汉章	理事长	中国保险公司董事长
丁雪农	常务理事	太平保险公司协理
胡詠骐	常务理事	宁绍保寿公司总经理
张明昕	常务理事	邮政储金汇业局保险处长
刘聪强	常务理事	宝丰保险公司副理
王效文	理事	太平保险公司设计部长
张素民	理事	暨南大学商学院银行会计系主任
罗北辰	理事	中国保险公司代理副理
朱如堂	理事	宝丰保险公司总理
项馨吾	理事	中央信托局保险部经理
吕岳泉	理事	华安合群保寿公司总理
徐可升	理事	肇泰保险公司经理
经干堃	理事	华安合群保寿公司副理
顾庆毅	理事	前华安合群保寿公司副理
董汉槎	理事	安平保险公司经理

资料来源：本会理事题名录 [J]. 保险季刊，1936，1（1）.

---

① 保险学会明日成立 [N]. 申报，1935 - 08 - 02.
② 中国保险学会昨开成立大会 [N]. 申报，1935 - 08 - 04.
③ 中国保险学会成立，推定各项职员 [N]. 申报，1935 - 08 - 08.

1935 年 8 月 21 日，中国保险学会召开临时会，通过了理事会修改后的章程，成立过程最后圆满结束。[①]《中国保险学会章程》共 7 章 23 条。规定该会定名为中国保险学会，以研究保险学理、促进保险事业为宗旨。总会设在上海，经理事会认可，各省市及国外重要地点可组织分会。关于会员，规定为个人会员与团体会员两种。"凡中华民国人民，研究保险或从事保险事业者，由本会会员两人之介绍，经理事会之认可，得为本会个人会员"；"凡中华民国公私

1936 年，中国保险学会第一届年会参会人员合影

法人之保险团体，由本会会员二人之介绍，经理事会之认可，得为本会团体会员。团体会员应推一人为代表"。会务包括研究保险学理、调查保险实务、编制保险统计、拟订保险条款、训练保险人才、举行保险演讲、发行保险书报、创设保险图书馆、组织各种保险研究会等 9 条。

中国保险学会设理事会，由 15 人组成，由理事互选常务理事 5 人，办理日常会务；常务理事互选理事长 1 人，对内主持会务，对外代表本会，理事长请假时，委托常务理事一人代行职权。理事由年会选任，得票多者当选，次多之 5 人为候补理事。理事任期 3 年，每年改选 1/3，连选得连任。并由理事中推任秘书及会计各 1 人，理事会办事细则由理事会制定。另外，还规定了名誉理事，"凡在保险学术或保险事业上或对本会会务有特殊贡献者，经理事会通过，得推为本会名誉理事"。关于分会，规定设总干事 1 人、干事 2 人，由分会会员大会选任，任期 1 年，连选得连任。

章程同时规定，中国保险学会会议分会员年会、理事会、常务理事会三种。年会每年举行一次，必要时可召集会员临时会。理事会每月开常会一次，常务理事会由理事长随时召集。关于会费，规定个人会员入会费 5 元，团体会员入会费为 100 元。常年会费个人会员 5 元，团体会员 100 元。会员入会费作为本会基金，非经理事会议决，不得移作他用。[②]

（二）中国保险学会的活动

中国保险学会自成立至全面抗战爆发的近两年时间中，招募会员，研究宣讲保险学理，推动行业发展，积极推进各项工作，取得了令人瞩目的成效。以个人会员为例，成立时仅有 40 余人，一年后即扩展到近百人。其重要活动包括以下各项。[③]

1. 推动保险学识传播

中国保险学会第一届理事会成立后，即刻议决先行组织出版委员会。当年 8 月 17 日，出版委员

①　中国保险学会昨开会员临时大会 [N]. 申报，1935 – 08 – 22.

②　罗北辰. 中国保险学会之创立：附录中国保险学会章程 [J]. 保险季刊，1936，1（1）.

③　中国保险学会一年来工作报告 [J]. 保险季刊，1936，1（1）.

会召开会议，决定出版多种刊物和汇编保险消息。其中，半月刊由丁雪农主持，季刊由张明昕主持，保险丛书及各种小册子由罗北辰主持。关于保险消息，则由刘聪强负责。[①]

在传播保险知识方面，中国保险学会最重要的活动是编辑出版《保险季刊》。该刊始于 1936 年 9 月 15 日，刊名由蔡元培题写。宋汉章为发行人，亦即总责任者。张明昕为编辑人。宋汉章撰写的《创刊词》称："尝闻欲睹一国国民经济兴替消长之迹象，但观国内保险事业之荣枯……良以保险事业，实操整个社会经济基础安定与否之重要关键，安定则趋繁荣，反是则殆，表里相因，事理至明。"他认为，中国保险事业特别是人寿保险之所以瞠乎欧美之后，"虽曰东西社会情形，与夫经济组织之不同，要亦由于倡导不作，灌输未周，以致多数国人几于茫然不解寿险为何物，坐令对此与国民经济至关重要之寿险事业，冷漠视之"。创办《保险季刊》"不惟业斯者借可沟通声气，灌输新知，以达事实与学理互相印证，共作进一步之切磋。即各界人士对于保险事业，亦可因此而获正确之认识，加强其信仰，以收事业推进之速效"。

自今以往，吾人惟有本历来改进向上之精神，倾力以赴。并望秉政诸公与夫伟大学者，热忱倡导。务使保险事业，在经济落后之吾国，盛开灿烂之花，缔结繁荣之果。而本刊同人，尤应三致意于此，介绍保险学术，阐扬保险真谛，以期无负使命。然后本刊问世之旨为不虚，而国民经济复兴前途，其亦庶有豸乎？[②]

张明昕为《保险季刊》的编辑人，他在编辑语中表示："本刊以研究保险学理，促进保险事业为主旨。"该刊第一卷第一期既刊载保险实业界著名人士如丁雪农、胡咏骐、王效文、张素民等的文章，也有著名学者李权时的《我国保险业不发达之原因》的论文。此后各期，均兼顾业界与学界的声音。《保险季刊》的发行，凭着专业的学理研究逐渐在读者中建立了信誉。该刊第一卷第三期出版于 1937 年 3 月。此后，因中日关系的越来越紧张，第四期未能出版。至抗战爆发，该刊也就完全陷入停顿，令人惋惜。

另一项活动是推动保险知识进入小学教科书。1936 年初，宋汉章以中国保险学会理事长身份呈文教育部，陈述保险对经济建设和国民福利的功用，恳请教育部通令各书局，仿照日本等保险先进国家的体例，"于教科书内，增加保险题材，藉资倡导，使保险思想，得以普及，实为德便"。教育部批复表示："查小学课程标准业经修正公布，其中有储蓄一项，自包括保险材料。将来编订教学要目时，可将保险一项，刊入要目中。至民众学校课本，业已编竣，将来改编时，亦可将保险材料酌量加入。"宋汉章与身兼上海市保险业同业公会主席的胡咏骐联名致函上海各大出版机构商务印书馆、中华书局、世界书局、大东及开明等，提请他们"采用保险教材，辑入教科书内"。各大书局均复函表示赞同。

在致函各大书局的同时，中国保险学会又联合上海市保险业同业公会致函国内各大学及专门学校，希望将政治、经济、法律及商科各系选修课程中的保险学设为必修课。

---

① 中国保险学会昨开会员临时大会 [N]. 申报，1935 – 08 – 22.

② 宋汉章. 创刊词 [J]. 保险季刊，1936，1 (1).

2. 吁请派遣保险留学生

晚清以来，中国留学生学业分布广泛，但保险一科则少有人注意。张明昕之所以主持《保险季刊》的编辑出版，也是因为他是留美专攻保险的极少数专业人士之一。为此，中国保险学会于1936年8月呈文教育部，希望于派遣留学生时，酌情给予保险学一定的名额，为国家储备保险人才。呈文说："查我国历届有派遣学生至欧美各国官费留学之举，其所习科目，原不限于一途。方今保险人才，既异常缺乏，而保险事业，关系国计民生，又如此重要。用特呈具钧部，恳赐咨请各省省政府，对于各该省遇有派遣国外留学生时，酌予支配专攻保险学额数名，与其他各学科并重，俾使将来我国保险事业日臻发达，社会福利益形巩固。实为公便。"同时，还分别致函中英庚款委员会和清华大学，表达了同样的愿景。同年8月31日，中国保险学会收到了中英庚款委员会董事会主席朱家骅的复函，称会于拟定招考学门分配时予以考虑。

除呼吁政府派遣留学生专攻保险学外，中国保险学会还推动和支持已在海外的留学生改习或兼学保险学，并积极吸收他们入会。留美学生黄凯禄研究社会保险，向景云研究农业保险，孙浩然研究寿险精算学，留英学生丁廷榘和留日学生李莫强研究财产保险，除李莫强早已确定外，余者是受中国保险学会的鼓励而改习保险专业的。

3. 呈请将人寿保险列为免税项

1936年10月1日，立法院修订通过的《所得税暂行条例》实施，政府正式开征所得税。出于保护尚在初级阶段的中国寿险业的目的，中国保险学会呈请立法院和财政部，陈述寿险业对社会发展的重要意义以及国际上对寿险业在税收上的优待，呼吁将人寿保险列为免税项。10月30日，财政部批复说："投保寿险人领受之保险金超过投保费用总额者，其超过部分，即与储蓄利息之所得相等，自应按照所得税暂行条例第六条之税率课税。所请修改条例一节，应毋庸议。"[①] 学会收到批复后，仍不甘心，随即再次向财政部吁请，但财政部仍不予理睬。

（三）第一届年会的召开

按照中国保险学会章程规定，1936年6月12日，中国保险学会理事会召开第六次常务会议，决议组织年会筹备委员会，公推宋汉章为委员长，丁雪农、胡咏骐、张明昕、罗北辰为委员。会议同时还决定9月19日在沪举行年会。筹委会随即通告各会员年会日期及地点，并请预备论文与提案，于9月10日以前，寄交筹委会。9月7日筹委会决议：一是会场假座上海市银行公会。二是敦请上海市社会局局长潘公展与商务印书馆总经理王云五等讲演。三是推定理事罗北辰担任大会总干事。四是年会日程，19日午时至12时整学会公宴，下午1时年会开幕，旋即名人演说、宣读论文、讨论提案、改选理事，在下午4时休息期间由上海市保险业同业公会招待茶会，等等。[②]

1936年9月19日，中国保险学会第一届年会如期在上海市银行公会举行。潘公展、王云五以及市党部代表毛云，保险业同业公会代表徐可升，及各地会员宋汉章、李权时、张素民、杨勇超、陈

---

① 批中国保险学会据呈请修改所得税暂行条例等情应毋庸议［J］. 财政日刊, 1936, 2614.
② 中国保险学会一年来工作报告［J］. 保险季刊, 1936, 1 (1).

稼轩、丁雪农、胡詠骐、张明昕、王效文、范宝华等数十人与会。大会公推宋汉章、胡詠骐、项馨吾 3 人组成主席团。

开会礼仪后，由主席宋汉章报告一年来的会务状况，次由年会筹备会总干事罗北辰报告筹备经过，旋即潘公展作了关于劳工团体保险的演讲。王云五的演讲，对中国保险学会建议在教科书内增加保险内容深表赞成，同时详述了商务印书馆投保团体保险办法。毛云及徐可升则分别代表市党部及保险业同业公会致词。汉口分会代表报告了汉口分会概况，随即年会宣读会员论文。论文共两篇，一为陈稼轩的《劳动立法保险问题》，二为范宝华的《人寿保险与银行储蓄之合作方策》。

宣读论文结束，年会讨论了章程修订案 5 条。然后，由上海市保险业同业公会主席胡詠骐致欢迎词并招待茶点。年会最后讨论了会员的 10 项提案：一是呈请立法院编纂劳动保险法案。议决通过。二是由本会呈请立法院早日通过保险法案。议决通过。三是该本会呈请实业部实施保险法规案。议决通过。四是建议政府延聘寿险专家编制我国国民经验死亡表案。议决通过。五是该会应早筹设图书馆案。议决交下届理事会办理。六是筹募该会基金案。议决交下届理事会办理。七是出版中国保险年鉴案。议决交下届理事会办理。八是联络其他经济学术团体，举行联合年会案。议决交下届理事会办理。九是编订保险师课程案。议决保留。十是函请上海市保险业同业公会，由寿险合作宣传费酌量补助保险季刊案。议决通过后，下午 6 时第一届年会结束。①

第一届年会结束后，当年 10 月 12 日，中国保险学会假座中国银行三楼会议室举行会员大会，以通讯投票的方式选举产生了第二届理事会成员。当选 15 人依次为宋汉章、罗北辰、马寅初、丁雪农、李权时、胡詠骐、项馨吾、张明昕、王效文、潘学安、陈思度、张素民、董汉槎、郭佩弦、杨勇超，以上十五人当选为第二届理事。票数次多的周作民、陈稼轩、朱如堂、郭莘民、刘聪强、徐可升、陶声汉 7 人为候补理事。② 不过，马寅初和潘学安当选后因个人原因，函请理事会辞任，其空缺随即由周作民和陈稼轩递补。选举理事会，由各理事互选常务理事，宋汉章、丁雪农、项馨吾、张明昕及胡詠骐 5 人当选。如同上届一样，第二届理事仍为国内保险业界和学界的著名人士，其题名录见表 8-3。

表 8-3　中国保险学会第二届理事题名录

姓名	职别	工作职务
宋汉章	理事长	中国保险公司董事长
丁雪农	常务理事	太平保险公司协理
项馨吾	常务理事	中央信托局保险部经理
张明昕	常务理事	邮政储金汇业局保险处长
胡詠骐	常务理事	宁绍人寿保险公司总经理

① 中国保险学会第一届年会记录 [J]. 保险季刊, 1936, 1 (2).
② 中国保险学会选定理事 [N]. 申报, 1936-10-15.

续表

姓名	职别	工作职务
罗北辰	理事	中国保险公司代理副理
李权时	理事	银行周报主编
王效文	理事	太平保险公司设计部长
陈思度	理事	华安合群保寿公司精算师
张素民	理事	暨南大学商学院银行会计系主任
董汉槎	理事	安平保险公司经理
郭佩弦	理事	太平保险公司编辑主任
杨勇超	理事	武昌中华大学教授
周作民	理事	太平保险公司总理
陈稼轩	理事	康健书局副理

资料来源：本会第二届理事题名录 [J]. 保险季刊，1936，1 (2).

（四）会务中止及抗战胜利后恢复的努力

正当中国保险学会的各项工作渐入佳境之时，日本全面侵华战争的爆发改变了一切。中央信托局最先开始内迁，其后各重要金融保险机构随着政府机关，绵延不绝地迁入大后方。常务理事宋汉章、丁雪农、项馨吾、张明昕等或因具有官方的身份或因公司业务发展的需要，战时大多时间侨居在后方或香港，留在上海的常务理事仅有胡咏骐一人。1940 年冬，胡咏骐因病过世，使得本来理事四散各地的中国保险学会再受沉重打击。胡咏骐是留美专门研究保险学的国内顶尖人士，身兼多职，他不仅是保险实业界的翘楚，任宁绍人寿保险公司总经理，同时还学养深厚，兼任中国保险学会的常务理事，还是上海市保险业同业公会的主席。

就会务而言，《保险季刊》第一卷第三期出版于 1937 年 3 月，第四期本应于 6 月出版，然而因局势影响，不仅第四期未能出版，整个杂志也完全限于停顿，至抗战胜利后都未能恢复。其他类似设立保险图书馆、编制国人经验死亡表等原先预定的工作，也都无疾而终。此外，1937 年 5 月有消息称，中国保险学会与上海市保险业同业公会，共同组织中华保险年鉴社，进行《中华保险年鉴》的编制，拟于当年 10 月完成。[①]

抗战胜利后，宋汉章于 1945 年底回到上海。因战后金融复业的繁杂事务，并且中国银行的职务压力更重，宋汉章的主要精力无疑集中在银行方面。在保险业方面，宋汉章此时与出任中央信托局寿险处经理的罗北辰的关系，传闻一度比较紧张。1946 年 7 月，全国保险商业联合会在沪成立，罗北辰当选为理事长。坊间小报曾报道了宋汉章、罗北辰两人竞争理事长的所谓内幕。[②] 1948 年 3 月，全国保险商业联合会致函宋汉章，恳请宋氏出面"主持恢复中国保险学会"。宋汉章表示同意，决定

---

① 中华保险年鉴讯 [N]. 申报，1937 - 05 - 05.
② 保险业大斗法，宋汉章功亏一篑 [J]. 海潮，1946 - 12 - 08.

短期内筹备复会。① 然而 1948 年春夏开始，国共之间的战事发展越来越快，中国保险学会复会之事仅成为口头承诺而已。直至 1979 年，中国保险学会才在北京复会。这已是新中国成立 30 年后的事了。

第五节　保险理论的阐释

大致而言，20 世纪 20 年代至 40 年代是中国保险学研究的起步阶段。这一时期，随着保险知识的传播和学术研究的展开，保险理论、专业概念与术语的诠释和研究也得到了发展。保险学界围绕财产保险、人寿保险、社会保险等领域，进行解释和论述，也提出了一些见解和认识。这些对保险及其专业理论的阐发、认知和思考，对保险事业起了积极的推动作用。

一、 财产保险理论

财产保险亦即水火险，"水火险乃一种社会积蓄之方法，藉此积蓄之方法。俾个人财产上所发生不测之损失，得由团体机关担负，而减轻个人损失之负担焉"。② 财产保险对商业活动有重要的保障作用，"无水火险之制度，则近世商业发达之范围必不能有如此之大"。③ 保险学界除了介绍水火险的历史沿革，对水火险基本原理、水火险风险控制、水火险公司经营等方面都作了一定的阐释和研究，其中不乏具有时代特色、原生性的独到见解。

（一）水险理论

王效文指出："水险之保险目的，或为船舶之损失，或为装货之损失，或为运费之损失，或为利益之损失。"④ 郭佩贤则解释说："水险者何，乃保险人与被保险人约定，于保险标的物遭遇水上一切事变及灾害而受损失时，对被保险人负责赔偿之契约也。"⑤ 水险不仅与船舶、货物、运输相关，还关乎"利益之损失"。

关于水险的分类，学术界统一将水险按保险标的分为四大类：货物保险、船舶保险、运费保险和利益保险。国民政府时期水险中货物保险和船舶保险最为普遍，也最为重要，因此相关理论介绍较多。货物保险范围较广，不限于水险，"凡与海相通之内河航运，或铁路轮船之水陆联运，飞机汽车之运输，挂号包件之邮传诸险"，⑥ 都是货物保险。船舶保险的标的是船舶，依照船舶种类可分为帆船、汽船、自动船等类，依照航行范围可分为洋、海、江、湖、运河 5 类。有学者按"损失的性

---

① 保险学会宋汉章主持恢复 [N]. 征信新闻, 1948 – 03 – 23.
② 督辉. 论水火险之功用 [N]. 钱业月报, 1923, 3 (4).
③ 督辉. 论水火险之功用 [N]. 钱业月报, 1923, 3 (4).
④ 王效文：保险学 [M]. 上海：商务印书馆, 1925：195.
⑤ 郭佩弦. 货物保水险之研究 [J]. 经济丛刊, 1937, 7.
⑥ 郭佩弦. 货物保水险之研究 [J]. 经济丛刊, 1937, 7.

质"分类：单船保险、队船保险、联合保险、港口保险和造船保险。①

水险承保的风险很多，因此其保单描述得非常复杂，用语生涩难懂，"条文之繁复，名词之奇奥，诚有令人莫名其妙者"。以郭佩弦为首的学者将风险归纳为"天然之灾祸，如海难火灾等是"，"人事之变幻，如投弃及船主船员之越权行为等是"，"寇仇之侵犯，如敌舰海盗等是"，"其他之危难，凡一切可以损坏保险标的物之意外事故皆是"。② 学者们主要探讨了以下风险：

海难。郭佩弦特意指出"海难与海上风险有别"，海难是指"一切航海时所遭遇之偶然意外事变，而非航行上发生之任何危难也"。③ 若保险标的物出险并非由于"不测之风云"或"意外之事件"，而是一种必然产生的结果，或使用的损耗，那么就不能称之为"海难"。

投弃。如果保有投弃水险，则损失由保险公司赔偿，日后所得也归至保险公司。当然，如果"货物装载于甲板之上，而其装载既非航运种类，亦非为商业习惯所许者，如货物发生投弃之损失，保险人亦可不负责任"，④ 并非所有的船上物品都满足承保条件。

船长船员故意过失。如果船长或船员的故意过失或越权行为导致货主或船主遭受损失，保险公司也不承保。构成船长船员故意过失不可或缺的条件是"欺诈手段或犯罪行为"。

战争。国民政府时期的海商法第151条规定，战争之危险，除水险契约有反对之定订外，保险人应负责任。战争风险本质上多与人为事件相关，不同于"海上风险"的意外突发性。

盗窃风险。水险契约中约定的盗窃风险细分为海盗、流氓、窃贼等，在我国的水险契约中，一般不保盗窃风险，如有实际需要，应作为附加内容添加。比如，太平保险公司的水险单就声明："凡各船在中国境内江面或沿海或香港水面上（任何出险之前后或当其时，）如遇海盗或偷窃或劫掠（不论武装或徒手，）或于出险时，或因出险关系，船长或船员，或运货仆役，或货物受托人之溺职或教唆，以致货物遭一切直接或间接之损失，本公司概不理赔。"⑤

民国保险学界研究水险风险的出发点是保单，主要是对保单载明的可保风险进行解释及说明。国内水险业所用的保单多半是仿英国制式，保单是保险实践的重要载体，也是商业契约。对保单的研究，表明中国保险理论落后于保险实践的发展，这也符合近代保险制度舶来的事实。

（二）火险理论

火灾保险是赔偿由火灾导致标的物的损失的保险契约，是损失赔偿契约。王效文认为，火险有两个含义：一是火险转移，即由一人或者团体担保他人的损失而得到一定的报酬；二为火险集中，即担保他人损失的个人或者团体负有他人的危险皆集中于其一身。他将火灾保险承保风险分为物质上和道德上两方面。物质上的风险是指财产本身所受意外的风险，可以分为四类：一是建筑的材料种类与结构等；二是工厂、商店、住宅等不同使用目的的物质设施；三是物质财产附近的环境状况；

---

① 郭佩弦. 船舶保险之研究 [J]. 商学丛刊，1937，4.
② 郭佩弦. 水险所保危险之分析 [J]. 商学丛刊，1936，2.
③ 郭佩弦. 水险所保危险之分析 [J]. 商学丛刊，1936，2.
④ 郭佩弦. 水险所保危险之分析 [J]. 商学丛刊，1936，2.
⑤ 郭佩弦. 水险所保危险之分析 [J]. 商学丛刊，1936，2.

四是物质财产的维护情况，如救火机关、水源、防火器具等。① 道德风险是指由于人为而生的风险，也可以分成多种不同的情况。关于火险损失的评估，王效文总括为三种：协议、估价和拾遗。协议由两方约定；估价取决于两方推选的公估人；拾遗是根据评估价格，承保人获得一切剩余的物品。

火险保费的计算是以危险为基础的。学者们主张执行"以事实为主，以经验为辅"的客观评定方法——图表保费制。"编制图表公司须收集各方之报告，然后视其财产之种类，详为分别，凡工厂、商店、住宅等种类需割分清晰，不得混淆，特财产分类须详，灾因如何，须分门别类细分，如建筑、地位、环境等均不可忽视，据此制定各种保险财产之标准"。② 标准保费确定之后，各种投保财产在此基础之上依据保险标的情况予以加减保费，附加保险公司费用，得出最终保险费。图表保费制体现了大数法则的思想，在收集统计了大量客观数据、出险情况之后，得出平均标准。郑重民在《火险保费之计算》一文中也提到"审察保费制"和"图表保费制"两种办法。③

与火灾风险相关的风险评估、标的损失评估、保险赔偿金额等方面是火灾保险实践的关键，也是学界讨论的焦点。诱发火灾的原因纷繁复杂，火灾保费评估前，需要考察保险标的的风险程度。学者们提出了以下9个标准：第一，地方位置及附近的状态。第二，材料及构造。第三，使用的目的。"职业之种类，千差万别，因而危险之等级更难明定"。④ 第四，发火的原因。第五，防火设备。第六，人为或道德危险。第七，沿革的危险。第八，契约时期。第九，大火灾危险。由此可见，保险学界已经能够厘清火灾保险的风险类型，但评估多为粗略概述。各华商保险公司并未能形成符合国内实际情况的风险测评表，开展火险实务仍遵照洋商火险公会制定的经验数据和表格，未能摆脱从属地位。

关于火险损失的计算，陈寿曾主张按标的物的种类分别计算。衣服类：以市价为标准，按使用年数予以扣减，能修缮即修缮，维修费由保险人负责；房屋类：以修理或重建价格估算；零售商店货物类：以遇险时的进价为基准，加运费，扣除商店佣金计算；堆栈内的货物：以紧随危险发生之后的市价为基础，并且保险人应注明于保险单上；工厂中的原料、机上原料及制成品：以原料进价加上人工费计算；机器类：与衣服类相似，按遇险后市价扣减折旧计算。⑤

关于火险经营，学者们提出以下应注意的方面：第一，预防火灾保险犯罪的发生。对制造火灾以诈取保险金的火灾保险犯罪行为，李莫强分析了其动机并提出预防方法，除国家方面加强立法外，还要"保险业者，应当在订立契约的时候，对于被保险人的资产，社会上的信用、身份、人格、被保险标的物的性质、标的与被保险人的关系等，加以详细的调查"。⑥ 第二，注意保险标的所在地。"房屋所在地的地位如何，距离自来水管的远近，建筑年代之远近，四周建筑物形状与风火墙多少"

① 王效文. 保险学 [M]. 上海：商务印书馆，1925：261.
② 王效文. 保险学 [M]. 上海：商务印书馆，1925：261.
③ 郑重民. 火险保费之计算 [J]. 保险与储蓄，1924，6.
④ 陈披神. 保险业 [M]. 上海：商务印书馆，1928：61.
⑤ 陈寿曾. 火灾保险赔偿问题之检讨 [J]. 光大闽声，1939，2.
⑥ 李莫强. 火灾保险与犯罪 [J]. 保险季刊，1936，1（2）.

都要充分注意。第三，保险标的损失估计要公平。其一，要严格按照火险损失分摊原则定赔；其二，适时聘请公估行或拍卖行来估计损失以示公正。① 第四，重视分散风险，发展互保险、再保险甚至再重保险。在火灾保险的经营上要加强与同行业的保险公司合作，对于保险金额较大的保险多与同业分保，不但有利于分摊风险，更有利于保险行业的发展。其二，"自留限额表、超额契约再保险和任意再保险对火灾保险公司的经营尤为重要"。② 在应该采取何种分保方式的问题上，李志贤认为"超额契约再保险，较之其他再保险方式，既经济而且实用也"，③ 所以他认为应该采取超额契约再保险。

学者们也注意到火险责任限制的问题。火险损失发生后，"实际损失之全部价值并不一定即为保险人应对于被保险人所负赔偿之数额，盖保险人须注意保险金额与标的物之总价值是否相等"。当保险金额大于保险标的总价值时，则称为超额保险；当保险金额等于保险标的总价值，则称为足额保险；当保险金额少于保险标的总价值，则称为不足额保险。针对超额保险，陈寿曾提出"超额保险亦为不正当之保险"，原因是"在超出财产总值的部分付之保费，即等于在虚有财产上缴纳保费"。④ 虚有财产没有任何发生危险的可能，所以超额保险不合理。

对火险保单条款的阐释，也是保险学界关注的内容之一。其时，上海各保险公司均使用由英国伦敦海外火险委员会制定的条款，起初为英文，后经保险同业合作翻译为统一的中文条款，但原文的词语构造、行文结构同法律条文相仿，晦涩难懂。一些保险学论著用浅显易懂的语言对此进行解释，并结合火灾保险利益原则说明各项条款的设立原则。潘垂统将二十条基本条款大致分为四类，并如此评价火灾保险单，"此项基本条款，或订定保险公司责任之范围，或阐述保险失效之原因事项，或列举赔偿请求之应办手续，或说明赔偿金之额之计算基础，其性质之重要，不言可知"。⑤

（三）农业保险理论

20世纪二三十年代，农村经济凋敝，生产力低下，加上受到天灾人祸的冲击，农业面临破产的危机。为此，国民政府于20世纪30年代后期开展了一系列农村合作化的工作，以期振兴农村经济，农业保险一度成为农村工作的重中之重。在这一背景下，保险学界对农业保险问题也进行了不少阐释和论述。

关于农业保险的定义，学界主要从广义上定义农业保险，涵盖了包括生产资料与生活资料两个方面。黄公安、张德粹、彭莲棠等都对农业保险的概念有所论述，其中彭莲棠的观点最为深刻，他认为"农业保险即农业经营者因共感业务上、财产上、身体上之危险，其本身自动或由第三者组织一种互助企业团体，约定某种事故发生时，该团体以赔偿方式使被害团员之损失恢复其全部或一部之经济组织"。⑥

---

① 陈寿曾. 火灾保险赔偿问题之检讨 [J]. 光大闽声, 1939, 2.
② 王雨桐. 中国之保险业 [J]. 经济研究, 1942, 4 (2).
③ 李志贤. 火灾保险之再保险 [J]. 保险月刊, 1940, 2 (9).
④ 陈寿曾. 火灾保险赔偿问题之检讨 [J]. 光大闽声, 1939, 2.
⑤ 潘垂统. 火灾保险单基本条款条文之大意 [J]. 银行周报, 1946, 30 (41).
⑥ 彭莲棠. 中国农业合作之研究 [M]. 上海：中华书局, 1948：212 –213.

关于农业保险的效用，学者们指出：对农民而言，农业保险有助于安定农民经济生活，避免疾病、死亡以及天灾人祸等意外事故导致的伤害;[1] 对农业而言，可以安定农业经济，促进农业技术提升。农民投保水灾、旱灾、虫害或家畜保险，可使农业收益不会因意外灾害而严重流失。比如，张延凤认为，家畜保险可使全国家畜减少死亡率，改进质量，在保险公司的严格监督和帮助下，农民可以挑选优种，兽医的治疗手段予以提高，间接提升了农业生产各环节的技术水平;[2] 对国家而言，则可以减轻财政负担，维护社会治安稳定。农业保险可以减轻国家对水旱灾荒进行赈济补救的财政负担，也可以避免无家可归的农民铤而走险，对社会秩序的破坏。

关于农业保险的种类，彭师勤、王世颖、唐启宇等学者均认为农业保险应注重物的保险。彭师勤在《合作与保险》中写道："农业保险范围分为五类：农业火灾保险，农业气象危害保险，植物病害及虫害保险，动物病害及病毒传染病保险，其他如盗窃与物价低落等保险。"以黄公安为代表的学者则认为，对人的保险，比如人寿保险、养老保险、疾病保险等保险行为对农民维持经济生活的安定有直接或间接的关系。农民是否拥有完整的人寿保险和疾病保险的组织，直接影响到农业经营的兴盛与衰败，因此农业保险不能离开对人的保险。除此之外，彭莲棠认为农业危险不仅有天灾，还有人祸，因此提出农业保险;彭师勤提出"农作物保险中应设有物价低落保险，用来赔偿因人的直接或间接因素造成农产价格的跌落所造成的经济损失"。[3] 这些观点和设想都是基于其时社会现实提出的，具有时代特色和针对性，但在经济基础薄弱、国内战事不断等因素的制约下，这些想法很难变成现实。

在众多的农业保险种类中，大部分学者主张应当首先开展的是家畜保险，特别是耕牛保险。叶德盛认为，在中国开展农业保险"以牲畜保险一类之耕牛保险，为时务之急"。[4] 耕牛保险在当时是符合社会实际又简便易行的保险业务，因此得到较为广泛的实践。

农业保险在经营上大体上可以分为私营与国营。私营主体包括公司和合作社。国营制度是指由公法团体（如省、市、县、区或乡村的自治团体）经营的农业保险，多含有强制性。公司制度是指由集合资本家或私人资本组织的保险公司开展的农业保险，完全以盈利为目的。合作社制度是指通过农民组织保险合作社的办法，办理相互保险，具有完全自由性质，纯粹出于共摊风险、救济社员的目的。由于农业保险成本高，利润微薄，道德风险高，多数商业保险公司并没有动力参与农业保险市场。大部分学者赞成通过保险合作社的方式经营农业保险，它的好处大致有以下几方面：其一，减少农民保费负担，抗拒经济损失和经济剥削;其二，中国本有"寿星会""防老会"等原始合作组织，农业保险合作社在此基础之上发展，符合实际;其三，农业保险的保费收入可以为信用合作社提供流通的资金，而保险单则可以作为农户申请贷款的担保，降低贷款的风险;其四，使农民养

① 黄公安. 农业保险的理论及其组织 [M]. 上海：商务印书馆，1937：9.
② 张延凤. 我国家畜保险问题之探讨 [J]. 财政评论，1940，3（5）.
③ 彭师勤. 合作与保险 [M]. 重庆：中国合作学社，1935：35.
④ 叶德盛. 吾国应速推行保险合作事业 [J]. 合作评论，1948，8（5）.

成自助、自救、自立、自卫的能力，发挥互助合作的精神；① 其五，最能体现保险制度"我为人人，人人为我"的精神。

但是，完全互助性质的保险合作社在实践中有无法避免的缺陷，比如合作保险经营人才缺乏、农民保险知识浅薄、缺乏强制性使业务难以开展等。学者们就此提出了不同的解决设想。以袁稚聪、叶德盛等为代表的学者主张应由政府主导，由国家自上而下强制推行，可以使农业保险配合国家农业政策，并由国家提供相应的技术人员和资金支持。彭莲棠、张延凤等人则主张农民自办农业保险合作社，由国家监督指导，必要时给予人力、物力协助，建立从地方到中央的农业再保险体系，给予一定的资助金并减免赋税。② 有的学者则提出了由政府或国营机关入股保险合作社，为其提供资金支持。

总体而言，保险学界已逐渐认识到了农业保险的政策性特征，不能以盈利而必须以"共享盈利，共担风险"为目的，政府从制度层面加以辅助，以农民自主的合作组织为主体。但由于种种原因，保险合作社的实践并不成功。学者们对此也进行了反思。张延凤认为，农民资本薄弱，农业保险初办之时必定入不敷出，因此国家应给予农业保险事业资本帮助。③ 彭莲棠则提出了18 条农业合作保险的建议，并创造性地提出，"农业合作保险应同时兼营多种保险"，④ 各种风险可以相互补偿，水灾、旱灾、虫害、火灾等风险不可能在同一地区同时发生，因此兼营性质的农业合作保险可以分散风险。

国民政府时期的农业保险合作是民间各种力量在探索农村经济复兴的过程中通过借鉴西方经验和互相博弈而选择的一种组织形式。学者们关于农村保险合作思想的讨论，丰富了农村建设思想，为复兴农村经济提供了新的思路。

（四）其他保险理论

1. 信用保险理论

1930 年，中国第一信用保险公司在上海成立，从此华商信用保险开始蹒跚学步。国民政府时期，信用保险业规模非常小，信用保险公司大多由银行资本投资，鉴于银行业资金流动大，传统保证人制度落后，雇员自身信用缺失会带来严重的经济损失，银行成为信用保险的购买者，因此信用保险多取决于银行雇员信用。学术界对信用保险的研究也较少，大多仅停留在介绍信用保险的定义、效用等层面，有的也提及出口信用保险、信用保险贷款等创新思想，但并未作深入论述。

保险学者多认为，信用保险是以无形的责任为保险标的的保险，信用保险其实就是"诚实保

---

① 朱华雄，王芸. 国民政府时期农业保险合作思想与实践［M］//顾海良，颜鹏飞. 经济思想史评论：第三缉. 北京：经济科学出版社，2008.

② 张延凤. 我国家畜保险问题之探讨［J］. 财政评论，1940，3（5）.

③ 张延凤. 我国家畜保险问题之探讨［J］. 财政评论，1940，3（5）.

④ 彭莲棠. 中国农业合作化之研究［M］. 北京：中华书局，1948：218 - 220.

险"。① 王效文称，信用保险完全"以消极利益之损害赔偿责任为保险标的"。② 对比学者们的观点可知，当时对信用保险的认知水平有限，仅依赖对"信用"的理解推断信用保险的定义，并未探讨信用保险的保险机制。

学者们认为，信用保险在百业萧条、世风日下的社会背景下，可以发挥积极的作用，纠正人人之间不信任的社会畸形现象。③ 通过交纳保费，将不定损失转化为定额损失，契约可以约束双方的行为，一旦发生损失，保险公司进行赔付，比传统的保人制优越。另外，出口信用保险可以为出口商和进口商提供保险证，商人利用保险证来保证商业信誉，有助于进出口贸易的繁荣。④ 从个人的角度来看，信用保险"鼓励雇主及雇员诚实行为"，可以为青年立身提供保护。

信用保险始于近代，是一种全新的保险险种，理论体系还有待完善。诸如个人信用如何划分等级、如何科学地计算保费、如何利用风险池转嫁信用风险等都还没有得到完美的解决。就中国的情形而言，自古以来就缺乏信用评价机制，流传着"不做中，不做保"的谚语，乡村社会依靠的是个人信誉，对西方信用保险制度的接受度有限，理解也存在偏颇。加上工商实业尚不发达，社会组织与欧美国家不同，保证人制度久未改进，故信用保险难以开展。由于国内的信用保险只开展了雇佣人员信用保险，所以学者们探讨的大多是信用保险在雇佣关系中的作用，信用保险在其他社会生产生活中的作用并未被重视。尽管在信用保险方面也出现了如"信用贷款法""出口信用证"等设想，但它们均停留在理论研讨层面，缺少对实践的指导意义。

2. 战时兵险理论

战时兵险是战争时期的一种特殊保险，主要为已投保的保险标的因为战时关系受到损害负责赔偿。全面抗战爆发后，国民政府组织企业向西部迁移，为保障企业的内迁及生产，国民政府举办战时兵险。由财政部拨款 1000 万元，自 1939 年起相继举办陆地兵险和运输兵险业务。陆地兵险的标的是处于静态的存栈货物、建筑物和生产工具及原料，运输兵险则保障运输途中财产或人员，并设立了兵险审核委员会。在这一背景下，部分学者就战时兵险问题进行了讨论，涉及战时兵险开展的必要性、战时兵险的运营机制、战时兵险的盈利等问题。

关于战时兵险的开展是否必要，罗北辰认为，陆地运输兵险开展已有先例，而战时陆地兵险不能算作保险，而是一种赌博。⑤ 陆地上的建筑物等处于静止状态，敌军的袭击目标早已注定，风险必将发生，违反了可保风险偶然性的原则。他还从保险范围、保险费率、保险金额三个方面论证，认为战时陆地兵险不宜开展。而以倪纯庄为代表的学者，则认为在时局动荡、情势紧急的形势下，应将保护人民财产和鼓励生产置于关键，有必要开展战时兵险。

关于战时兵险的运营机制，分为公营和私营两种。公营即政府作为主体，指定一家国营机构全

① 郭佩弦. 我国应推行信用保险制度 [J]. 太安丰保险界，1937，3（5）.
② 王效文. 论汽车保险与信用保险 [J]. 厦门大学学报，1931，1（1）.
③ 叔仁. 述信用保险 [J]. 钱业月报，1930，10（8）.
④ 光沛. 信用保证与信用保险 [J]. 国际贸易导报，1936，8（1）.
⑤ 罗北辰. 战时陆地兵险问题 [J]. 新经济半月刊，1939，2（9）.

权办理战时兵险，私营即由商业保险公司单独或联合开办战时兵险业务。抗战时期的战时兵险由政府出资，委托中央信托局保险处开办，采取的是典型的国营机制。1940 年，上海市保险业同业公会向国民党政府财政部提出，由民营保险公司代理陆地兵险，并承保"民营事业之兵险"，战时兵险才有了私营机制的辅助。

在学者们看来，战时兵险实质上是一种政策性保险，是出于国家需要而强力推行的保险，故战时兵险不以盈利为目的。在实践过程中，虽有学者指出中央信托局曾因战时兵险业务获利近千万元，但经查实，"虽然兵险基金未动用，但盈余并不大。孔祥熙在敌机轰炸重庆猖獗时期，曾令中央信托局逐天上报保费和赔款数字。当时拥有陆地兵险总保险金额三分之一的保户，集中在重庆，此外还有投保门市商品兵险的 500 户重庆商店"。①

二、 人寿保险理论

（一）人寿保险的效用

"寿险者，以人为保险之标的，对于吾人生命上所生之不测事故，支付一定金额之保险契约也。"② 对于人寿保险的内涵，保险学界从不同的角度进行了解释。黄其刘称："人寿保险，人类合作与互助之结晶也。"③ 学者们认为，人寿保险具有社会属性和道德属性。其社会属性体现在投保群体的广泛性，无论贫富，每个社会成员都应该出于对自身人寿风险的考虑，为自己提前投保人寿保险进行预防性储蓄。其道德伦理属性则体现了家庭责任感和对社会的奉献精神。"人身保险最初目的，无非为家庭之保护"，④ 故人寿保险是一种避免意外风险造成家人和亲属生活困难的预防手段。

学者们从个人和家庭、国家和社会两个层面阐述了人寿保险的效用。

就个人和家庭而言，人寿保险具有保障个人和家庭生活的意义。王效文说："有恒产者得于死后助家室以巨款，无恒产者亦能使家室得相当之养费，如是则身后无忧，勇往直前，无事不成。"黄其刘提到，"人寿保险除预备身后家庭生计之保障以外，尚有其他种种之目的"。⑤ 一来预储晚年之费用；二来保障子女上学之费用；三来维持商业，保障信用。张似旭认为："人寿保险制度，是保障家庭幸福，为最初的目的。"⑥ 郭佩贤提到"人寿保险既可以保护家庭，以预防生命无定的危险……倘如保有寿险，无论家主生前死后，家人都可没有衣食住的愁虑，家庭之中，其乐融融，这种佳境，不是没有寿险的人所得享受的"。⑦ "人寿保险不特保障一家主宰财产计划之实现，抑且专设子女教育婚嫁保险二种，庶几确立保障，以故劝人投保寿险，亦无异为教育及优生问题铲除礁岩也。"⑧ 此

① 颜鹏飞，李名炀，曹圃. 中国保险史志：1805—1949 ［M］. 上海：上海社会科学院出版社，1989：375.
② 王效文. 保险学 ［M］. 上海：商务印书馆，1925：29.
③ 黄其刘. 人寿保险与中国 ［J］. 商业杂志，1926，1.
④ 汉白纳. 人寿保险学 ［M］. 徐兆荪，译. 上海：商务印书馆，1925：9.
⑤ 黄其刘. 人寿保险与中国 ［J］. 商业杂志，1926，1.
⑥ 张似旭. 人寿保险制度的研究 ［J］. 大夏，1934，1（4）.
⑦ 郭佩贤. 人寿保险的效用 ［J］. 银行周报，1933，17（49）.
⑧ 宁绍. 人寿保险之任务与价值 ［J］. 寿险季刊，1933，1（3）.

外，人寿保险还具有养成节俭习惯、保障老年生活、提高个人信用等功效。对于商业经营者来说，人寿保险可以为职员提供便利和保护，扩大公司的票据信用，为商业经营提供帮助，加强员工福利待遇，以确保员工能尽心为公司创造更多价值。

在社会和国家层面上，人寿保险也具有重要的功效。就社会层面而言，推行人寿保险，"人人有储蓄，个个有资金，则可造成社会均富，无阶级悬殊之弊"，人寿保险业则可以吸纳就业，促进社会安宁。[①] 张似旭认为，人寿保险"对于劳资问题的解决及维护社会的安宁，实为不浅"。[②] 沈雷春称："人为家庭之原素，社会复由家庭组织而成，投保寿险者既众，则安居乐业者自多，民众之生活安定，则家庭自趋于健全之域，而社会亦自臻安宁矣。"[③] 人寿保险还能提高妇女地位，支持儿童成长，"使女界同胞之依赖丈夫而生活者，不受人事兴亡之甘苦，亦即增高妇女地位之切实办法也"。[④] "若人寿保险普及，其依靠之男子，早已保险，则虽遇意外，此类妇女可将其赔偿金以为生计费用，决不至于堕落或死亡，又无父母之孤儿，可入保险公司所办之慈善机关以供养，亦不致夭折。"[⑤] 在国家层面上，寿险则有调剂国民经济、促进国家建设的功用。"一国人民，自然贫富不均，若夫人寿保险事业发达，个个充分了解保险利益，人人寓保险于储蓄，则国内将无赤贫，国家经济基础，于焉可固。"[⑥] 保险公司可以聚集游资，"从事于建设铁道、公路，开辟沃野，经营之，耕种之，开拓之，尽其物质之效能，启其天然之富源"。[⑦] 同时，人寿保险可以增进民族合作与互助、增强民族健康、增加国家财富、辅助国家财政。"人寿保险，为提倡合作与互助精神之妙策……人人能投资于寿险公司，则人人于无形中，受合作与互助之精神之驱使，而归于合群。"[⑧] 王效文指出："投保愈多，则保险公司之资力亦愈厚，而此种资金，苟运用得当，即足以开拓富源，而增值一国之财富……故对于国家及地方团体发行之公债，皆有力应之。"[⑨] 所以，"保险事业，于个人社会之利益，从国家之立场而论，为一种必须要之制度，但毕竟寿险制度为国民团体心之涵养，并为国家之基础强固计，不可或缺者也"。[⑩]

（二）人寿保险之种类

对于人寿保险的种类，学者们主要界定和论说了定期保险、终身保险、限期缴费保险、生死合险、分期赔偿保险、联合人寿保险和年金这七种人寿保险，涉及原理、利益以及弊害，为人寿保险经营和投保提供参考。

---

① 李心毅. 人寿保险在今日之重要 [J]. 商学丛刊，1935，创刊号.
② 张似旭. 人寿保险制度的研究 [J]. 大夏，1934，1（4）.
③ 沈雷春. 人寿保险学概论 [M]. 上海：现代书局，1934：29.
④ 宁绍. 人寿保险之任务与价值 [J]. 寿险季刊，1933，1（2）.
⑤ 李心毅. 人寿保险在今日之重要 [J]. 商学丛刊，1935，创刊号.
⑥ 李心毅. 人寿保险在今日之重要 [J]. 商学丛刊，1935，创刊号.
⑦ 陈景枢. 人寿保险价值与吾国经济之关系 [J]. 商学丛刊，1936，2.
⑧ 人寿保险泛论 [J]. 华安，1926，2（7）.
⑨ 王效文. 保险学 [M]. 上海：商务印书馆，1925：29 - 42.
⑩ 陈景枢. 人寿保险价值与吾国经济之关系 [J]. 商学丛刊，1936，2.

1. 定期保险

定期保险是指保险人与被保险人约定一段特定的有效时期，在这段时期内，若被保险人死亡，则保险人给予受益人以赔偿，若过了这段时期，被保险人能生存下来，那么保险契约立即中止，保险公司再无赔偿的义务。定期保险又分为长期定期保险与短期定期保险。王效文等人均认为，定期保险时间不宜过长也不宜过短，"但若期间过长，则与终身寿险无异，过短则又年年换约，不胜其烦，而且按自然增加之率，则老人之年费，必致重大而不堪"。① 他们指出，定期保险有保费较低、适合年轻人、可以提高个人信用等优点，但也有保障只具有暂时性、保费随年龄的增加而增多等不足。

2. 终身保险

终身保险是指保险契约上不限定期间，只要被保险人死亡，即保险期间中止，保险公司向其赔偿保险金。学者们指出，终身保险主要是为家庭其他成员提供某种生活保障，"纯粹以死亡保险为目的，全为靠其生活之家庭谋福利，被保险之自身毫无益惠也"。② 终身保险的优点是没有时间限制，可得到永久保障，保费较为低廉，适合收入不多的工人及小贩，且终身保险含有储蓄的性质，还可以中途退保，并领回一定数额的保费，但需要投保者终身交付保费。

3. 限期交费保险

限期交费保险是指在约定期限内将保费全部交付，被保险人死亡时，保险公司给予保险金赔偿。这种方式好处在于不必终身交费，可以减轻年老时的经济压力。但保费极高，且带有一定风险。

4. 生死合险

生死合险，又称为储蓄保险或资富保险。被保险人与保险公司约好特定的时期为保险期间，在约定期间，被保险人死亡，公司赔偿其损失；被保险人生存，公司仅支付保险金。关于生死合险的种类，王效文将其分为倍额生死险（被保险人如满期生存，则保险金额的赔偿数额，是期内死亡赔偿数额的两倍）、半额生死险（被保险人期内生存，保险金的赔偿数额，是期内死亡赔偿数额的一半）、儿童生死险三类。这种保险的保费较高，但无论被保险人是生存还是死亡，一直具有保障的功能。

5. 分期赔偿保险

分期赔偿保险，是指投保人无论投保何种保险，保险金额的赔偿，均采用分期偿还的办法。比如，在定期寿险、终身寿险中，被保险人死亡；在生死合险中被保险人到期不死，公司应赔偿的款项不是一次给予，而是按年、按季或按月分期给予之。举例说明："将保险面额一万元分十年每年给予一千元；亦得分十五年每年给予六百六十六元六角七分；或分二十年每年给予五百元，分二十五年每年给予四百元。可随投保人之便也，更得与公司约定。"③ 其分期赔偿的主要目的是防范领款人

---

① 王效文．保险学 [M]．上海：商务印书馆，1925：29.45.
② 沈雷春．人寿保险学概论 [M]．上海：现代书局，1934：34.
③ 汉白纳．人寿保险学 [M]．徐兆荪，译．上海：商务印书馆，1925－87.

保款的丧失。

6. 联合人寿保险

联合人寿保险是指两人或两人以上联合向保险公司投保，若其中一人死，则保险金归其他生存者。联合人寿保险的种类包括夫妇共同投保、相互为受益人的普通联合保险，合作营业出资人共同投保的合伙保险以及团体保险等。有学者认为，该险种适用于"夫妻之有共同收入者，以为子女之保障，裨益于家庭非浅"。[①]

7. 年金

年金是指投保人以一定金额，向公司购得保险，自后其每生存一年，公司即给予其一年的费用，直至其死亡。购买年金的目的在于防范生无收入之危险。保险学界将年金分为普通年金（即买即生效）、延期年金（约定期限给付）、最后生存年金（夫妇互相保障）、最少限度年金（保险公司保证给予若干年年金，约定期满后若投保人仍然生存则继续支付）。

（三）关于人寿保险公司经营理论

保险学者对中国人寿保险发展滞后的原因进行分析，主张中国寿险界要向欧美国家学习，培养自己的人才，独立发展民族寿险事业，以挽回利权，为人民谋福利。关于中国寿险不发达的原因，邓贤列举了9个："（一）缺乏保险管理及经理人才；（二）国民缺乏普通保险知识；（三）人民生计艰难，无力购买寿险；（四）国政不良，万业凋敝；（五）大家庭制度，家族互相依靠，失去寿险保障家庭的效用；（六）市上利息太高，投资机会太多，致失去寿险鼓吹储蓄的效力；（七）缺乏政府对于一切保险之监督；（八）人民迷信及赌博性过深，不念及身后情形；（九）过去寿险公司的失败，致丧失寿险信用。"[②] 黄其刘则将我国寿险事业不发达归因于以下四个方面：第一，我国种种不良现状普遍影响了各实业的发展。比如，交通不便，致使商业的发达仅限于通商口岸；货币不统一，转辗兑换，并且由于缺乏汇划机构而使得营业者遭受重大损失。第二，国民的性情及风俗，与寿险的意义相背离。人寿保险在他国人看来，意味着为家属以子孙谋利益，为自身谋取存款或养老。但在当时国人看来，意味着死亡。第三，中华民族数千年相传的习俗阻碍了人寿保险的进步。第四，国内无特定法规以鼓励监督保险事业。所以，针对上述现象，他认为应采取以下方法发展我国的人寿保险事业：第一，普及寿险知识；第二，制定寿险专律；第三，中国人一律投保中国人自办的保险公司。[③]

如何发展中国的人寿保险事业，斐锡颐认为：第一，提高民众保险意识，"我国人寿保险事业之不发达，大半由于人民之不明保险的真义，与夫迷信忌讳之恶劣思想所造成"，要破除国人的迷信观念，推广人寿保险知识。第二，普及人寿保险教育，"使一般民众对于人寿保险事业之一切原理意义，与夫保险之功用利益，皆能明了"。第三，发挥政府责任，政府"不但负有监督之责任，亦且有

① 沈雷春．人寿保险学概论 [M]．上海：现代书局，1934：49．
② 邓贤．人寿保险与中国 [J]．留美学生季报，1927，20（3）．
③ 黄其刘．人寿保险与中国 [J]．商业杂志，1926，1．

提倡之义务"。第四，保险投资之力求稳固，"除债券外，产业放款，如公用事业股票及贵重地产押款……总之，保险投资，务宜力求稳固"。第五，公司管理之科学化，"依经济之原则而管理之"，"依既往之经验而立一有系统之管理制度"，"用特别及普通之训练法训练工人（此处"工人"之意义颇广，如工厂之工人、公司之职员等，皆是也），使之进步"。①

对于人寿保险公司的治理结构，张似旭提出应借鉴英美人寿保险公司，严格按照公司的基本章程，遵循决策、执行、监督三权分立的框架，限定本公司内不同机构的权利，并且规范它们之间的关系。如何合理构建公司治理结构，张似旭以图表的方式予以说明，见图8-1。

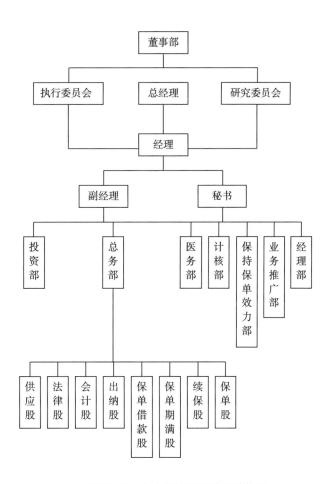

图8-1 人寿保险公司治理结构图

公司治理结构包括董事会、执行部和具体职能部门3个层面。董事会的主要权力应该是"代表股东和被保人直接负责处理公司一切事务，关于人员的进退，薪金的厘订，以及花红报酬的分配

---

① 斐锡颐. 发展我国人寿保险事业刍议［J］. 钱业月报，1932，12（12）.

等"；执行部"等于一个电气系统的中央发电所，从这一个基点发出推进的力量，输送到公司的各个部分去，以促进工作的效能"，"公司的整个政策，是从这里开始实行，同时它是一个中心组织，各部分都是在他的管辖和指导之下"；[1] 具体职能部门在执行部的纵向管辖之下，分别是经理部、业务推广部、保持保单效力部、计核部、医务部、总务部和投资部，总务部下设 8 个股级部门，分别为保单股、绩保股、保单期满股、保单借款股、出纳股、会计股、法律股和供应股。

沈雷春提出："人寿保险事业已为我国社会所注意，然因经济制度与社会情形之不同，故通行于欧美各国者，未必较适合于我国，且我国保险法尚未完全颁行，故于人寿保险公司之组织，当更需严密。"[2] 他认为，人寿保险公司最高之机关为董事会，以代表股东与被保险人直接负责处理公司一切事务，并向股东报告公司营业情形，监督公司财产及支配红利之权利义务；执行部，直接受董事会指导，处理公司一切事务，总经理、副总经理属于这类；营业部，负责公司的基础活动；稽核部专门负责计算保费比率表，及统计死亡数，并估定准备价值；医务部专门检查投保人的体格，以定舍取；其他如保单股、续保股、保单期满或赔偿股、借款股、会计股、出纳股、法律股、庶务股等机关，均各有其特殊的工作责任。他认为，人寿保险与其他制造商及买卖商迥然不同，"既不虞工人之罢工与原料供给之缺乏，又不受存货多寡、花样新旧、税捐损失、汇兑上落，以及社会好恶等之影响……人寿保险是以一纸契约与招徕者所凭藉之理论耳"。[3]

（四）人寿保险的信托理论

人寿保险信托是一种建立了人寿保险索赔的信托财产，保险人作为委托代理关系的主体，指定信托公司进行保险金的委托管理，一旦保险事故发生时，信托公司收取的保险赔偿金将被交付给指定的受益人，或者不立即以全额交付受益人，而是对于留存金额进行科学化的投资管理和使用。对人寿保险信托论述较多的是朱斯煌、张觉人等，他们的论述主要集中在人寿保险信托的功效、种类及其特点三个方面。

关于人寿保险信托的功效，朱斯煌解释说，人寿保险信托可以避免受益人突然得到巨款浪费无度和投资不当而归于失败。开展人寿保险信托，投保人或者保险受益人可以委托专门的信托公司来保管保单或者代为交纳保金，避免因单证丢失或未能及时续费而丧失保险权利。同时，保险公司还能"代领赔款，分配赔款，或代保管运用，及办理寿险赔款后种种之善后事务"。[4]

关于人寿保险信托的种类，朱斯煌认为大致可以分为四种：一是被动信托。这种信托主要是为保险人代为保管保险单证，在出险时向保险公司进行索赔并完成所得赔款的分配事项。二是不代付保费信托。"与上述被动信托相同，惟信托公司收得赔款后，不以之分配与受益人，乃将赔款妥善管理，作为殖利之本金，以所得利益，分配与受益人，俟一定信托期限完了后，始将本金交付于受益

① 张似旭. 人寿保险制度的研究 [J]. 大夏，1934，1 (4).
② 沈雷春. 人寿保险学概论 [M]. 上海：现代书局，1934：124.
③ 沈雷春. 人寿保险学概论 [M]. 上海：现代书局，1934：127.
④ 朱斯煌. 人寿保险信托 [J]. 信托季刊，1936，1 (3).

人。"三是代付保费信托。其主要特点是"委托人生前除将保险单之权利，移转于信托公司，并代保管保单外，又将一定金额之证券或资金，交存于信托公司，以证券或资金之收入，托信托公司按时缴付保险费"。四是累积保险信托。即"委托人除照例将保单之权利移转于信托公司，并代保管保单外，并将一定金额之证券或资金，交存于信托公司，以证券或资金收益，托信托公司代付保费"。①

人寿保险信托的特点。一是避免保险权利失效。在经济社会动荡不安的情形下，可以避免保险人因保单遗失破损或未能按期交费而导致丧失保险权利的情况。朱斯煌指出："此为信托公司对于委托人生前之服务，惟代付保费信托，及累积保险信托，始能达此目的。"② 张觉人也指出："今有信托公司代为补救，其有利于委托人实非浅鲜，至于省却委托人缴纳保费的麻烦，实属小事。"③ 二是增加委托人的财产。通过对委托人生前所持有的资产进行科学的组合投资，以购买债券、投资股票等理财的方式，能够使委托人的财产不断增值。三是支配委托人身后的财物，避免浪费及其他损失。如被保人去世后，"有信托公司为之支配，因受数目的限制，葬理费用，自易趋于合理，而毫无浪费之虞"，"既可免子弟浪费，亦可免意外损失。因此，受益人之日常生活所需，可以无虑匮乏"。④ 四是信托公司聚集多数保单合并管理，更为科学合理并便利。

（五）关于简易人寿保险的思考

1930 年，南京国民政府成立了国营性质的邮政储金汇业局，开始探索开办简易人寿保险。1935 年 5 月 18 日国民政府颁布了《简易人寿保险法》，同年 12 月 1 日，邮政储金汇业局正式开办简易人寿保险业务。简易人寿保险在国民政府时期的寿险业中占据了重要的一席。对于简易人寿保险，保险学界梳理了其发展历史与过程，分析其功效，"简易人寿保险之由来，良有以也。即欧美各国，亦莫不以济弱扶贫，为当务之急。其历史之早，首推英国，美德日次之，而尤以日本为最完备，自来即由国家经营"。⑤ "此种保险，在英美名为工业保险，在法兰西名为通常保险，在日本名为简易保险"。⑥

中国的简易人寿保险参照日本的经验，分为两种：终身保险和养老保险。关于两种分类，学界指出："终身保险之保险金，于被保人死亡时，给付之，养老保险之保险金，于契约所定期间届满，或期间未满，而被保人死亡时，给付之。前者纯粹为死亡保险；后者则属于一般所谓混合保险。"⑦ 张明昕认为，简易人寿保险主要是弥补普通寿险的不足："①人寿保险对于个人及家庭，较任何种保险为重要。②普通人寿保险不合于全国大多数人之经济力量。③普通人寿保险公司，皆设于通都大邑，不能普及于全国民众。"⑧ 而简易人寿保险作为一种特殊的寿险业，有保险金额较小、保费缴纳

① 朱斯煌. 人寿保险信托 [J]. 信托季刊，1936，1（3）.
② 朱斯煌. 人寿保险信托 [J]. 信托季刊，1936，1（3）.
③ 张觉人. 论人寿保险信托 [J]. 财政评论，1946，14（2）.
④ 张觉人. 论人寿保险信托 [J]. 财政评论，1946，14（2）.
⑤ 张檗任. 我国之邮政简易人寿保险 [J]. 交通杂志，1936，4（3）.
⑥ 徐柏园. 筹办邮政简易人寿保险之经过 [J]. 交通杂志，1934，2（11）.
⑦ 王辅宜. 邮政简易人寿保险制度之创设 [J]. 交通杂志，1932，1（2）.
⑧ 张明昕. 简易人寿保险制度创设之经过及由邮政经办之理由 [J]. 保险季刊，1937，1（3）.

期较短、免除体检、可上门服务等便利,可谓为中下层民众量身而定。

关于简易人寿保险的效用,学界指出,简易人寿保险的对象为中产以下的大多数人,其保额低,保费低,一般民众有能力投资。简易人寿保险的目的在于安定人民生活,增加社会福利,而不在于牟利。简易人寿保险带有社会保障的性质,是现代社会事业之一,其效用主要表现在以下三个方面:第一,安定生活。简易人寿保险的第一作用,在于安定人民的生活,减少人们对于未来生活风险的忧虑,以增加人民工作的效能。第二,鼓励储蓄。简易人寿保险是鼓励储蓄的最好方法。"每月付国币一角以上之保费,即可投保,轻而易举,即收入甚微之人,亦能胜任,而一经投保之后,即须按月缴费,自然养成按期存储之良好习惯,而此种习惯之养成,实于无形中增加生产。"[1] 第三,集中游资。简易寿险能使民间的游散资金集结为巨大的资本,扶助国民经济的发展,并且能够弥补国家财力的不足,成为国家经济的柱石。

简易人寿保险开办之际,由国营性质的邮政储金汇业局进行业务经营。对此,保险界指出,邮政储金汇业局历史悠久,基础稳固,经营能力及其信誉良好,而寿险契约期长,由邮政储金汇业局承办,有利于获取民众的信任。同时,邮政储金汇业局机构庞大,人员充裕,分支机构遍布各地,具有开展简易人寿保险业务的便利条件,"今以信用素著之邮政机关经营之,其易于招徕,已与一般公司不可同日而语……现在全国邮局,二千四百余所,邮务员佐及邮差将及二万人。以之分途举办,虽穷僻之区,平民亦能享受保险之利"[2]。另外,邮政储金汇业局是国营性质的非营利机构,由其开展简易寿险可以充分体现出简易寿险提高人民福利的主旨,故简易寿险应当也必须为国营性质。

对于简易寿险经营上的困难和障碍,学界也进行了讨论。第一,简易人寿保险办理手续的费用浩大。简易寿险保费低,保费交纳期短,为投保人提供了便利,但却为保险机构增加了开支。张明昕指出:"普通寿险五千元之保额,在简易寿险则为十个契约之保额,换言之,即普通寿险一张契约之手续,在简易寿险则需十倍之手续,不仅此也,普通寿险之保费为按年一缴,简易寿险则为按月一缴,收费手续又较之多一百余次,仅此种收账及记账之手续已增一百余倍。"[3] 第二,简易人寿保险的失效率较高。简易寿险投保人主要为中下层民众,其经济条件本就不宽裕,且工作不稳定,随时迁移,因而容易造成其投保的简易寿险失效。而契约的失效,不管对于投保人还是承保人来说,都有较大损失。对于投保人而言,损失已缴保费,失去保障。对于承保人而言,则增加了管理与经营费用。为此,张明昕提出了减少契约失效之方法:"①招徕时须使保户明瞭保险之利益。②保费之多少,须以保户之经济能力为根本。③征收员须加以相当之训练,以免怠慢失礼。④尽量作增进保户福利之设施是也。"[4]

---

① 周守良. 简易人寿保险与国民经济建设运动 [J]. 简易人寿保险, 1937, 1 (1).
② 王辅宜. 邮政简易人寿保险制度之创设 [J]. 交通杂志, 1932, 1 (2).
③ 张明昕. 简易人寿保险制度创设之经过及由邮政经办之理由 [J]. 保险季刊, 1937, 1 (3).
④ 张明昕. 简易人寿保险制度创设之经过及由邮政经办之理由 [J]. 保险季刊, 1937, 1 (3).

三、 社会保险理论

（一）社会保险之内涵

社会保险是西方资本主义发展到一定阶段的产物，它是政府为了缓和阶级矛盾，调节劳资纠纷而提倡开办的，可以说是工人阶级争取生存权利、维护工人利益斗争的成果之一。社会保险的理念，最早出现于17世纪末，欧洲有学者提倡增进工人之利益，以救济工人经济损失为目的，实行与工人切身利益相关的疾病、损伤、衰老、残废、失业等保险救济。近代西方社会保险制度创立后，其实施带来的显著成效引来世界各国的效仿和借鉴，社会保险理念也流传到中国，成为民国时期保险学界关注的重要问题之一。

20世纪二三十年代，社会保险问题之所以引起关注，也与中国社会的政治环境直接相关。在革命运动迅速兴起的背景下，发动民众、组织民众革命成为重要的政治议题，由此，劳工阶级的处境引起了广泛的关注。中国无产阶级因受资本主义和封建主义的双重剥削，工作时间长，劳动报酬低，生活困苦，疾病、伤害、衰老、失业等问题经常发生，基本利益得不到任何保障。这些问题引起了社会有识之士的关注，他们向国人介绍了西方国家的社会保险制度。比如1918年，在《东方杂志》上署名"君实"的《劳动者失业保险制度》一文中，介绍了现代社会保险知识。该刊1920年10月还发表了署名"若愚"的《德国劳工各种保险组织》一文，介绍了德国工人疾病保险、伤害保险、老年及残废保险和失业工人保险。王名烈、汪翰章、吴耀麟等学者也纷纷著书立说，对社会保险制度进行探讨。

学者们指出，社会保险是社会保障的一部分，是对偶然遭遇意外之变故补偿经济之损失的一种方法。社会保险也是社会政策的重要组成部分，对维护社会安定具有重要意义。丘昭文从经济意义上定义社会保险，"是以互助主义为基础，根据经济的设施，对于劳动阶级和中产阶级（包有使用人、企业从事者、小独立企业者、手工业者及其他）因偶然的事件，所发生紧急的财产的需要，而填补之为目的。财产的需要最主要的状况，是由劳动力一时的休止和永久的休止所生。故死亡、老衰、废疾、伤害、疾病、妊娠、失业等为其主要的原因"。他认为，社会保险定义的核心是互助主义，而互助主义的前提是多数的人和多数的经济互相结合，而且一方对于他方负有扶助的义务，才能产生补偿这一项。丘昭文认为，中国实行社会保险有三种模式可参考：一是由私设的保险株式会社和保险相互会会社之任意保险，有德、美、英三国所通行的简易保险为先例；二是由劳动者之自由独立的组织所行之任意保险，如英国的共济组合；三是由国家实行的强制性的社会保险，比如德国保险立法的成功案例。他认为第三种社会保险模式是最适合中国当时状况的，建议政府建立具有强制性、普遍性的社会保险。① 社会保险也被称为劳动保险，王名烈称："劳动保险者，国家或公法私法人，对于藉劳动谋生之阶级，因偶然之是故，及自然的推移，减少或丧失其劳动能力，及劳动

---

① 丘昭文. 社会保险的概念及其在经济上的意义 [J]. 政衡，1920，1（2）.

机会者，补偿其损害，减除其经济上生活之不安，而为种种施设之谓也。"[1] 言心哲也认为，"社会保险又名劳动保险，为缓和阶级斗争、救助资本制度劳动阶级困穷的社会政策之一。此种保险制度，足以促进社会幸福、增加物质生产"。[2] 也有少数学者从实现全体社会成员福利的目的出发，将其对象进一步扩大化。余长河将社会保险定义为，"政府或公共机关根据保险原则，以社会全体福利为前提，以保障劳动者及中下阶级人民生活为目的之一切设施的总称"。[3] 他从生活水平的角度，将中下阶级人民也纳入社会保险的对象。李崇厚认为，社会保险较其他保险，具有四个特质："强制性、补助性、普遍性、预防性。"[4]

学者们认为，对社会而言，社会保险可以缓和阶级矛盾，维持社会安定，促进国民经济的发展。许昌龄认为，社会保险可使人们患难相助、患病相扶持，起到团结民众的作用，也可以减少社会贫困，消除社会隐患，促进经济发展。[5] 吴耀麟认为，社会保险是改善劳动关系的第一步，也是资本家对劳动者的妥协，可以起到缓和阶级冲突的作用。[6] 对个人而言，社会保险则可以补偿劳动者因偶然意外遭受的经济损失，使劳动者养成节俭储蓄的习惯，消除后顾之忧。钟国光称："工人既能节其费用为保险，则虽一旦失业或有疾伤衰老罢工等不测之事发生，亦有此项保险可以依赖，而不致有冻馁之虞。"[7] 社会保险可以保障劳动者及一般低收入者在遭遇意外事故时基本经济生活需要，有利于维持健全的劳动力及恢复被损的劳动力资源，维护劳动者的自尊心，"社会保险无疑地有公共救济的成分，但同时被保险人自己也交纳了部分的保险费，因之对于保险的利益可视为权利，可维持其自尊心。"[8] 同时，社会保险还可以促进人们养成储蓄的习惯和相互关爱的美德。[9]

（二）社会保险的组织与分类

社会保险作为保险的一种，也存在被保险人、保险事故、保险给付、保险基金来源、保险机关以及争议裁判机关等基本构成要素。黄德鸿认为，"我国社会保险……应该以社会全体的利益作为实施保险的对象，才不致使享受社会保险利益的人，仅限于社会上某一种人，或仅限于社会上某一阶级"。[10] 但多数学者主张社会保险应以劳工为对象。王雨桐指出，依社会保险济贫的本质而论，其适用范围自当首推被雇佣者阶级，不论他们所属何种职业"现时则凡不克以自己之责任为准备之一般国民，不论其为工人、农民、商人或其他无职业者，均可视作社会保险之对象也"。[11]

社会保险按照经营主体的不同，可分为私营社会保险和国营社会保险。王名烈认为，二者优劣

---

① 王名烈. 劳动保险之研究 [J]. 学林, 1927, 3 (1).
② 言心哲. 社会保险浅说 [J]. 民鸣月刊, 1932, 4 (2).
③ 余长河. 社会保险述要 [J]. 金融知识, 1944, 4 (2).
④ 李崇厚. 社会保险发凡 [J]. 社会工作通讯, 1947, 3 (6).
⑤ 许昌龄. 社会保险之功用 [J]. 社会工作通讯, 1944, 1 (6).
⑥ 吴耀麟. 社会保险之理论与实际 [M]. 上海：大东书局, 1932：28.
⑦ 钟光国. 论劳工保险之必要 [J]. 商学月刊, 1925, 7.
⑧ 林良桐. 社会保险 [M]. 南京：正中书局, 1946：19.
⑨ 吴耀麟. 社会保险之理论与实际 [M]. 上海：大东书局, 1932：30.
⑩ 黄德鸿. 推行社会保险应注意的几个问题 [J]. 社会工作通讯, 1944, 1 (8).
⑪ 王雨桐. 社会保险浅说 [J]. 保险界, 1940, 6 (21).

不可简单判断，"国家或公法人之保险，比私人或私法人之保险，较安全确实；公营保险，停止保险金支付之危险，比私人或私法人所经营者较少，故易使被保险者加入；公营比私营，较易统一，因保险行政上之便宜，费用亦较节约"。另外，私营保险因财政能力有限，对大额救济难以保障，这些都是公营保险的优势，"但国家对于私营保险，加以保证，或与以补助金，且为适当之监督，则私营保险，亦安全确实，与公营保险，实际上之结果，无何等之差异焉"。① 王雨桐认为，在中国社会保险尚未发达、国家财力困窘的情形下，"此项事业不妨委托资力雄厚、规模较大之私营保险公司筹划措办，并由政府予以监督及赞助"。② 陈煜堃提出，社会保险应采取两种："其一是以地域为单位设立的保险单位，即某一区域内设立一个保险机构，另外一种是以事业为设立保险组织的单位，即在某一事业机构如加工厂、矿场等设立一个保险机构。"③ 等等。

多数学者倾向于国营社会保险。汪翰章将社会保险分为营业保险、单独保险、相互保险和官业保险四类。营业保险以盈利为目的，不利于劳工。单独保险由工厂主为劳工提供，但工厂主缺乏这种意愿。相互保险则分为劳工为共同救济所设、工业主为劳工所设及双方协同所设。官业保险"是由政府自己经营的，要满足劳动保险的理想，及稳固老衰和废疾保险的基础。"④ 他主张实施官业保险。吴耀麟认为国营社会保险的优势有"①国家有信用；②组织整齐；③复有营利的性质"。⑤ 黄泌良认为，国营社会保险，能力、资金、信用以及对于保险金支付的保障远在私营保险之上，"同时，可利用国家的权力，施行统一制度……亦由其他行政机关兼办，节省经费；即对于被保险者的救济，亦较为普遍"。⑥

关于社会保险的实施方式，一是自由保险，即劳动者自由选择是否参加，二是强制保险，即依照法律的规定，认定符合某项条件的劳动者，具有参加保险的义务，否则依法律程序强制执行。在这一问题上，学界主张不一。王名烈认为，"强制主义"和"任意主义"各有优劣，前者成效大，可以实现劳资协调。⑦ 汪翰章则认为，强制保险和任意保险的判定需要参考国民的风气，比如英国民气异常强悍，不愿受政府干涉，实施强制主义有害而无利，参考中国的情形，宜采取任意主义。⑧ 另外，潘公展、史太璞、许昌龄等都认为强制保险具有优势，许昌龄认为，"强制方式为社会保险的核心，不仅因为有独特功能可以扩充生活保障至一般需要民众，并且因为更有许多其他的优越性，为任意保险所不及"。⑨ 主张自由保险的学者认为，强制保险拘束了个人自由。比如，史太璞认为，"至主张任意保险者之重要理由，则谓强制保险拘束个人之自由"。⑩ 吴耀麟也认为，"强迫保险足以

① 王名烈. 劳动保险之研究［J］. 学林，1927，3（1）.
② 王雨桐，舒恬波，译. 社会保险之构成要素：四［J］. 保险界，1941，7（14）.
③ 陈煜堃. 社会保险概论［M］. 南京：南京经纬社，1946：42.
④ 汪翰章. 劳动保险［J］. 星期评论，1927，17.
⑤ 吴耀麟. 社会保险之理论与实际［M］. 上海：大东书局，1932：41.
⑥ 黄泌良. 社会保险及其制度［J］. 广东省银行季刊，1943，3（1）.
⑦ 王名烈. 劳动保险之研究［J］. 学林，1927，3（1）.
⑧ 汪翰章. 劳动保险［J］. 星期评论，1927，17.
⑨ 许昌龄. 社会保险几个基本问题［J］. 社会工作通讯，1947，4（7）.
⑩ 史太璞. 强制劳工保险与任意劳工保险［J］. 社会工作通讯，1947，4（7）.

妨碍人类的创造精神，人本来是自由的动物，如果不准他自由创造，而成被动的，这是很不好的事情"。①

在社会保险的费用分摊问题上，学者们都认为应由劳动者、雇主及国家共同承担，汪翰章提到："既说是劳动保险，自然应归劳动者享受利益，保险费应由劳动者负担，但是劳动者所得无几，支出的保险费有限，必定不能为十分的救济，所以定要资本家分担。"②③ 理由如下："（一）劳工的危险，多在灾厄，灾厄之所以发生，多在执行业务的时候，其原因多由于工厂设备不全，器械整理不备，当然不能和普通的疾病一样看待，工厂主对此灾厄，应负责任，所以保险费用一定要分担；（二）由政府分担劳动保险费，为近代的事实，政府想改良社会，自然不能不出相当的费用，劳动保险，是项要紧的社会政策，以前在产业保险名称之下，当消耗多数的国费，去补助资本家，现对于劳动保险，自不能吝惜费用，且劳动保险，是为预防劳工流为贫民的政策，政策如果不完全，穷民就一天一天地增多，大为国家之害。"④ 王名烈还提出："关于保险费计算之基础，各国法例约分三种主义：（1）为截止主义，即豫算每年之收入支出，以定保险费额，不设公积金，而采收入足偿支出之方针也；（2）为蓄积主义，其大体虽与前者相类似，所异者，惟就应支付长期年金之时期已至之后，求其现值，算入于保险费而赋课之，对于将来之支付，设立公积金是也；（3）为平准保险主义，即虑将来危险之增加，平均保险费，蓄积责任准备金是也。"⑤ 此外，许昌龄认为，社会保险的经费，"无论在任何情况下，也不让职工方面单独负责"。⑥ 陈煜堃则认为，"社会保险费用的分担，雇主与政府，应负担一定的比额，而被保险人所分担的费用则应减至最低的比率"。⑦ 学者们认为，劳动者、雇主和国家三者承担之比重应因保险种类而有所不同。比如伤害保险，其全部财源则由雇主单独负担，而对于疾病保险，劳动者负担比率应稍重一些。至于老废、失业保险需要大量保险基金额，国家应负担较大比重。

这一观点虽得到学者们的大致认同，但仍有不同的意见和主张。黄泌良、祝世康等主张劳动保险费用应由被保险者、雇主两者负担，国家只需负责规划、监督。祝世康提出，国家应促成劳动保险，"惟提倡之时，亦不必代筹保险之经费，只需经济方面，负担一部分之责任。劳动保险，即可奏效"。⑧⑨ 他们的这一认识受到苏联的影响。苏联作为社会主义国家，支持国有资本，抑制私人资本，其极为快速的发展方式在其时的中国经济界受到相当的关注。

此外，关于社会保险争议的裁判机构，则须设立一个专门的裁判所，"一切争议多由劳动者对保

---

① 吴耀麟. 社会保险之理论与实际 [M]. 上海：大东书局，1932：32.
② 汪翰章. 劳动保险 [J]. 星期评论，1927，17.
③ 王名烈. 劳动保险之研究 [J]. 学林，1927，3（1）.
④ 汪翰章. 劳动保险 [J]. 星期评论，1927，17.
⑤ 王名烈. 劳动保险之研究 [J]. 学林，1927，3（1）.
⑥ 许昌龄. 社会保险几个基本问题 [J]. 社会工作通讯，1947，4（7）.
⑦ 陈煜堃. 论社会保险费用之分担 [J]. 社会工作通讯，1947，4（12）.
⑧ 黄泌良. 社会保险及其制度 [J]. 广东省银行季刊，1943，3（1）.
⑨ 祝世康. 劳动保险之经费问题 [J]. 劳工月刊，1932，1（4）.

险机关取决不服而提出，故为裁判之独立公平计，实有成为独立机关之必要"。①

关于社会保险的内容与种类，学界通常认为应包括伤害、疾病、分娩、健康、养老、残疾、死亡以及失业等项。这些保障范围，都是为实现劳动者经济生活安定所设定的。保障劳动者经济生活安定，是举办社会保险的宗旨。其中，学者们重点阐释了伤害保险、健康保险、失业保险和老废保险。

1. 伤害保险

伤害保险是指劳动者因工作关系所导致的疾病、伤亡而给予的赔偿。此种保险强调必须是执行职务所导致的伤害。王名烈具体分析了业务灾害产生"伤害"的原因：雇主代理者监督的过失；第三劳动者的过失；劳动者自己的过失；不可抗力的一系列因素，比如地震、自燃、爆炸等；其他原因。由于民法中对于劳动者权益保障的范围是极有限的，迫切需要建立保障劳工权益的制度体系。举办劳工伤害保险制度则是首要任务。言心哲将伤害保险定义为，"凡因业务而遭受意外的伤害，以致疾病、伤残、死亡者，由保险机关根据法律契约，予以相当之治疗费、给养费、残废年费、遗族年费、埋葬费，于本人或其遗族"。②

学者们指出，伤害保险一种是工业灾害，一种是职业疾病。前者由突发事故引起，后者是长期逐步累积的结果。伤害保险的给付，可分为医药给付与金钱给付，也可分为伤病给付、残废给付和死亡给付。史太璞提出了不同情形的给付方法，"凡参加此类保险，不幸而遭受伤害时，除免费医治及给予药品外，对于死亡者则给付埋葬费及遗族年金，对于终身不能劳动者则给付年金，对于一时不能劳动者则给付津贴费"。③ 关于伤害保险的金钱给付，王名烈以伤害程度为决定要素提出了三种标准：一是以被保险者所被损害之性质为标准主义。二是以被保险者劳动不能之期间长短为标准主义。三是折中主义，即以被保险者所被损害之性质及劳动不能之期间长短为标准。④ 关于伤病给付的等待期间，学者们建议不宜过长也不宜过短，最佳为 3~7 天，但前提是有完善的报告制度。林良桐认为，在施行伤害保险之前，"应认真执行工厂法第四条第二款，关于工人伤病及其治疗经过的报告，及工厂法施行条例第三条，关于统一簿册表格程式的规定"。⑤ 给付标准则要考虑劳动者的生活水平，也要考虑雇用人的负担能力。死亡给付有两种，一种是办理死亡人善后的丧葬费，另一种是抚恤死亡人家属的给养费。这两种给付都是由于劳动者死亡而产生的，因此称为死亡给付。前者用来弥补丧葬时的费用，一次付清。后者则以给养孤寡为目的，一次发放或分期发放。

保险学界在伤害保险上的认识，厘清了伤害保险的基本范畴，推进了伤害保险法规的出台，对国民政府的《劳动保险草案》《工厂法》的相关规定，以及《强制劳工保险法草案》的制定，都具有一定的意义。

---

① 王雨桐，舒恬波，译. 社会保险之构成要素：四 [J]. 保险界，1941，7 (14).
② 言心哲. 社会保险浅说 [J]. 民鸣月刊，1932，4 (2).
③ 史太璞. 劳工保险之保险费及保险给付 [J]. 社会工作通讯，1946，3 (12).
④ 王名烈. 劳动保险之研究 [J]. 学林，1927，3 (1).
⑤ 林良桐. 社会保险 [M]. 南京：正中书局，1946：25.

关于伤害保险中的医药选择问题，学者们有的赞成由被保险人选择，也有的赞成保险公司选择。林良桐认为，理想的方法就在于兼顾被保险人、雇佣人和医师三方面的利益，使被保险人得到适当的医疗，雇佣人获得医药的经济，医师得到执行业务的自由与适当的报酬。他强调应注意几个方面："第一，凡是工业的伤害，除紧急救治以外，不得延聘营业的医师疗治。第二，主管官署应在各区与医师工会拟定一个可以受聘的医师名单。主管官署监视医师是否营业的，医师工会检定医师是否合格的。第三，雇佣人或保险社指定医师时，应尽可能范围内尊重被保险人的意见，务使被保险人对于治疗的医师有信仰，因而迅速恢复工作能力较有把握。"①

学者们还就加强工业伤害的预防提出了一些建议和主张。国民政府颁布了《工厂法》《工厂安全及卫生检查细则》《工厂卫生室设置办法》等，加强对工业伤害的预防。学者们建议实施成绩分类制度，即为各工业单位设立独立的伤害数目记录，凡数目少的单位，可以比照成绩减少纳费，从根本上鼓励雇佣人共同努力减少工业伤害的发生。另外还应推行工厂检查法，检查工厂是否履行保护弱者的规定，是否履行卫生和安全的规定。杨培之还提出，应建立工业伤害分析制度，"保险公司应设立工程研究处，其宗旨即将各种赔款，细心调查，分析其致伤原因，详细分类登记，研究各种防御方法，使其减少肇祸"。②

2. 健康保险

言心哲指出："健康保险，又名疾病保险，被保险者如有病时，即可赴指定之医院求治，其治疗费一概免纳……若因疾病而死亡，应予埋葬费及遗族给养年费或子女教育费至一定年限后停止。"③ 健康保险的被保险人分为两种：一是强制被保险人，二是任意被保险人。郑介安建议健康保险范围为，"普通以患病时有经济困难者为限，大概在契约下工作之劳工，不论收入多少，不分男女性别，凡 16 岁以上 65 岁以下，均为保险对象"。④ 陈任认为，被保险者的确定可以借鉴德国的《疾病保险法》中的规定，坚持济贫原则。"被保险者必须限定为贫苦的民众，凡工厂之工友，为当然之被保险者，其他商店或机关之职员，则以月薪不超过 50 元者为限"。⑤ 健康保险为预防疾病做准备，体现了防患于未然的意识。健康保险将疾病风险分担，形成大家互助、互救的情形，比如陈任所说，"健康保险就是要用富者的力量去救济贫穷者的疾病，以提高贫穷者的健康程度，也就是增加全体国家的力量"。⑥ 学者们认为，健康保险是贫穷者的福利，有利于维护社会公平，减少死亡率，从而促进社会的发展。

关于健康保险的保费缴纳，王效文认为："健康保险之保险费，其计算之方法，初无一定之标准，全视各公司之经验而定。"⑦ 陈任则提出，"我国工人之工资薪金本极低廉，雇主与被保险者宜

---

① 林良桐. 社会保险 [M]. 南京：正中书局，1946：31.
② 杨培之. 劳工保险概论 [J]. 保险季刊，1937，1 (3).
③ 言心哲. 社会保险浅说 [J]. 民鸣月刊，1932，4 (2).
④ 郑介安. 疾病保险制度与公医制度之比较研究 [J]. 社会卫生，1944，1 (2).
⑤ 陈任. 中国国民健康保险问题 [J]. 国论，1937，2 (8).
⑥ 陈任. 中国国民健康保险问题 [J]. 国论，1937，2 (8).
⑦ 王效文. 健康保险论：四 [J]. 太安丰保险界，1936，2 (17).

各出其半。保险金额应以其月入为比例。如日本之规定，不得超过百分之三。吾国可暂定为百分之二，雇主与被保险者共纳百分之四"。①

健康保险的给付，有医药给付与金钱给付两种，医药治疗伤病，金钱补偿工作收入。医药给付较为复杂，成为学者探讨的重点。首先是健康保险的治疗范围问题。治疗范围分为两种，一种只限于普通的伤病，另一种则包含复杂的伤病。林良桐建议治疗范围应包含比较复杂的伤病，因为"复杂的伤病，患者无多，负担较重，所以更需要危险分担的原则"。② 但受限于医疗资源的匮乏，若治疗范围包含复杂伤病，医疗给付可能暂时无法实现。其次，医药供给与金钱津贴是否分开办理的问题。医药供给由伤病发生之日起即可受领，金钱津贴则自伤病发生第四天不能工作之时起，方可受领。如果这两种工作均由一个医生负责，则弊端较多，故许多学者主张医药给付与金钱给付分开办理。最后，关于医生受管制的问题。学者们认为这是健康保险制度中最为棘手的问题。在医药给付问题上，医师起着关键作用。中国施行健康保险制度，是选择如德国一样的对医师的强制管制，还是选择如法国一样对医师的任意管制，林良桐阐述了自己的观点："规定疗养范围时，最少在始创制度的初期，不应仿德、法的立法例，应仿英国的立法例，只给予普通医师和简单医药与设备的利益。"③ 为了节约开支，医生应受到法律的约束，这样，医生才会兼顾资方的利益，健康保险才能有效开展。

3. 失业保险

失业保险是社会保险体系中最复杂的险种，因为失业往往与伤害、疾病以及健康保险有着错综复杂的关系，在研究失业保险问题时，需要多方考虑，既要分析经济方面的原因，又要分析社会政治以及历史遗留的各种原因，才能提出适合中国国情的失业保险制度以及措施。民国时期，失业问题极为严重，举办失业保险已经成为不可缺少的一项事业。比如，陈振鹭指出："故今日救济中国之失业，除兴实业外，亦须采用失业保险制度。"④ 1930 年，上海市政府鉴于失业问题严重，呈请中央尽快订立并公布失业保险办法，"以冀消弭失业恐慌于万一"。⑤ 在这一情形下，学者们对失业保险展开了一系列的理论研究与探讨。

言心哲认为："失业保险，被保险者虽愿意作工，但无工作地位与机会，在失业期间，保险机关须支付以相当失业给养费，但怠工的失业，则不予以保费。"⑥ 失业保险的目的："第一，促醒雇主注意熟练劳工不致动辄开除；第二，使劳工于失业时有寻求短时工作之机会；第三，调剂生产消费，设法避免劳工失业之痛苦及防止劳工不适当之营业；第四，减轻社会对于救贫之负担，增进社会之秩序安宁；第五，使产业界得到良好之工人，以促进生产之发达。"⑦ 萧保分析了失业对个人、社会、

———————————

① 陈任. 中国国民健康保险问题 [J]. 国论，1937，2（8）.
② 林良桐. 社会保险 [M]. 南京：正中书局，1946：47.
③ 林良桐. 社会保险 [M]. 南京：正中书局，1946：52.
④ 陈振鹭. 劳动问题大纲 [M]. 上海：上海大学书店，1936：623.
⑤ 沪市府呈请速订失业工人保险办法 [N]. 申报，1930－02－24.
⑥ 言心哲. 社会保险浅说 [J]. 民鸣月刊，1932，4（2）.
⑦ 巨壑. 失业保险之源流与实施方案 [J]. 劳工月刊，1932，1（1）.

国家的危害，认为失业保险具有强制工人储蓄、缓和劳资矛盾、提高工人积极性、解决社会问题等功效。"与其临时提出巨额而救济失业工人，不如平时出少资而付与工人保险，则较为方便也"。①

就如何实施失业保险，君实在《劳动者失业保险制度》一文中对失业原因及程度进行了讨论，介绍了失业保险的三种形式：自治制度、公共自由制度和强制制度，也即近代失业保险制度发展的三个阶段。"自治制度之失业保险，乃由从事于同一或近似之职业者结团体而营保险者，此团体以职工组合为主，有时或以交谊会当之。保险机关之运用，任团体员之自治。国家或自治团体，常因奖励此事业，与以补助金……公共自由制度之失业保险，则由城镇乡自治会，任保险机关之设备，被保险者之范围，扩于一般之劳动者，此制度之意，在对于全数劳动者设保险机关，以之救济失业劳动者之困难，且可减轻社会上贫民救助之负担……以国家或城镇乡之法律，对于一般或特种之劳动者强制保险义务，即为强制制度"。② 萧保认为，中国的失业保险制度的实践应以英国为仿照对象。③英国在 1911 年的国民保险法律中，明确规定受雇于建筑业、制造业、机械工程业、钢铁业、造车业等工业的所有工人必须加入失业保险，保险费由劳动者、雇主和国家均摊。按照国民政府的失业保险实施计划，失业保险的举办分为筹备、调查、宣传、实施各个阶段。工厂工人由工厂团体办理，职业工人由工会团体办理，且均受失业保险行政机关监督，保证公平公正，使凡有职业有技能的工人都能享受此项保险权利。但这一方案中对给付金额、工人种类等均无具体规定，最终也未能付诸实践。

4. 老废保险

老废保险最初是以救助永久失去劳动能力的劳动者的形式发展起来，在社会保险中占据重要的地位。老废保险包含老年保险和残废保险两种，通过劳动者交纳的保费来计算其养老和残废年金的发放，保费大部分由劳动者个人负担，具有长期储蓄的性质。与其他险种相比，老废保险不仅需要大规模的组织机构，而且需要大量的资金投入，且老废保险的年金发放历时比较长，以被保险者死亡为限，必须有稳固的保险机构为基础，故能承担如此大风险和信用的保险经营主体非国家莫属。

关于老废保险，有人认为，"老废保险乃为救济因年老无力工作或虽未老而已失去工作能力之工人而设"。④ 张法尧则认为："残废保险，是指不因职务上的事由的残废保险。养老保险，是以补偿被保险者老后的生活费为目的的保险。学者在社会保险的分类上，有把残废保险和养老保险合作一部门而称为老废保险的。这是因为残废保险与养老保险，不仅在其发给长期的年金这一点很相似，并且根据对于残疾可下早老的定义，及老年可看做残废的一形式的观念。"⑤ 在实际的立法上，学者们建议把两者作为同种类的保险事故去办理。因为残疾保险是指因受伤严重而永久失去部分或全部劳动能力，需要对受损害者的身体和经济损失进行赔偿，保障其基本生存利益。残废保险与老年保

---

① 萧保. 我国采用失业保险应以世界何国制度为标准论 [J]. 民钟季刊，1936，2（3）.
② 君实. 劳动者失业保险制度 [J]. 东方杂志，1918，15（3）.
③ 萧保. 我国采用失业保险应以世界何国制度为标准论 [J]. 民钟季刊，1936，2（3）.
④ 邦式. 劳工保险之研究 [J]. 国立劳动大学周刊，1929，2（20）.
⑤ 张法尧. 社会保险要义 [M]. 上海：华通书局，1931：16.

险放在一起，称之为老废保险，共同目的都是对失去劳动能力或不能劳动的人给予经济上的救助。

养老保险分任意保险和强制保险两种：任意保险可自愿缴纳保险费；强制保险即国家强制要求工厂或事业单位扣除被雇佣者部分薪资以充当养老保险金。对于老废的给养问题，林良桐认为已有的储蓄、子女赡养、互助机构救济等方法存在种种弊端，解决不了根本问题。以储蓄而论，老废是或然的危险，对于或然的危险，若每个人都作必然的准备，从整个社会来看，是一种不经济的行为。就子女赡养而言，传统家族制度实际上采取了风险分担的原则，但多数儿女往往缺乏充足的能力，没有能力却有义务，会降低整个家庭的生活水平。而互助机构的救助，"稍有自尊心的人，总不愿就此嗟来之食"，加之救济机构本身能力有限，难以承担，故这些都不能解决老废问题，只能实行强制老废保险制度。①

上述之外，社会保险还包括生育保险、孤儿与寡妇保险等。但纵观整个国民政府时期，中国并没有建立起包括伤害保险、健康保险、养老保险、失业保险等在内的比较完善的社会保险制度。保险学界对社会保险的探讨，大多只停留在理论解说与设想层面，实际效果十分有限。但民国时期的社会保险观念的兴起，也有其积极的意义：

第一，民国时期社会保险概念与知识的传播提高了人们的社会保险意识，劳动者开始通过寻求新的方式维护自己的权益。民国时期学者们通过大量文章和著作向国人介绍了国外的社会保险及国内开展社会保险的必要，这在很大程度上为劳动者寻求保护提供了新的路径。

第二，民国时期的社会保险问题的讨论对于社会保险实践起到了积极的推动作用，使得中国社会保障由传统向现代模式转型。学者们通过探讨社会保险的内涵、实施方式、经营主体和费用分担等问题，总结出一套符合中国近代国情的社会保险经营模式。这不仅使国民政府在社会保险立法方面逐渐进步，而且使得国民政府开始真正实施社会保险。社会保险由民间的互助保险发展到政府推行，可以说是中国社会保障制度的一步较大的跨越，政府开始从消极救济转变到经济福利，这对于现代社会保险的实践提供了可贵的经验。

第三，民国时期的社会保险论说推动了经济观念的变革，对社会经济发展起到积极的引导作用。正如学者陈稼轩评价劳工立法的意义时所提出的："劳工立法者，泯，劳资斗争，调和人民经济，消减社会隐患之立法也，其法以保护劳工为主要目的，故亦称劳工保护法，先进诸国当集合专门学者及政治家竭思殚虑以求斯项立法之完备，诚以劳工问题之解决与否，胥视劳动立法之优劣以为衡，一方既着重于劳工生活之安全，他方复利于国内产业之发展，是必本于理，成于势，而后假公力以为制裁，斯可以推行盛利也。"②

民国时期的社会保险问题探讨在学习和借鉴西方国家保险理论基础上，对中国近代社会保险事业的发展产生了重大影响。它所取得的成绩，是值得肯定的。我国自古就有"使老有所终，壮有所用，幼有所长，鳏寡孤独废疾者，皆有所养"的大同社会理想，近代学者寄希望于国家政府通过实

---

① 林良桐. 社会保险 [M]. 南京：正中书局，1946：54-56.
② 陈稼轩. 劳工立法之社会保险问题 [J]. 保险季刊，1936，1 (2).

行社会保险制度来实现这一理想社会，但因制度的不完善以及实践的不全面而未能如愿，但其精神追求仍具有启示意义。

理论与实践相辅相成。中国近代保险业的滞后，直接影响到保险理论的发展。从总体上来看，中国近代保险理论基本上是对西方保险理论的移植，有限的保险研究大多仍是对西方保险理论与知识的援引、介绍和阐释，存在明显的借鉴和模仿痕迹。学者们设计的各种保险制度、方案、法规，不少与中国社会相脱节，属于纸上谈兵。在经济水平落后、战争频繁、社会动荡、保险意识缺乏等因素的制约下，他们的建言和设想往往不具有可行性。这一情形，表明中国保险理论建构还处于最初的起步阶段。

但也应该看到，在借鉴西方保险制度与理论体系的同时，中国保险学界也尝试结合中国社会现实问题，围绕保险制度的本土化进行了尝试。比如，对农业合作保险理论的阐发，对战时兵险问题的讨论，在社会保险方面的种种设想，等等，都是基于中国社会现实而进行的理论思考，也是基于中国保险业发展需要而作出的思想回应，具有明显的时代特色和现实价值。还应该注意的是，中国近代保险理论阐释表现出了鲜明的民族立场。面对外国保险业长期控制中国保险市场的情形，保险学界和业界呼吁发展民族保险事业，抵制外资保险的垄断，并就此提出各种建言，蕴含了强烈的挽回利权、富强国家和人民的思想追求。保险学者们在人寿险、财产险以及再保险等问题的讨论中，谴责西方保险业对中国的财富掠夺，分析中国保险业落伍的原因，进行广泛的保险知识普及，积极推动民族保险业界的联合，其意图都在于为中国民族保险业的发展提供支持。他们以专业刊物为平台，以学会为纽带，对中国保险业问题进行了大量讨论，推动了保险知识的散播，提升了社会的保险意识，初步构建了中国保险学的知识框架和理论体系，不仅对中国民族保险业的发展具有现实意义，也为保险制度的中国化提供了思考样本，为中国保险理论与知识的后世发展打下了最初的根基。

The History of Insurance
in Modern China

中国近代保险史

参考文献

Reference

一、 未刊档案

[1] 上海图书馆藏盛宣怀档案。

[2] 上海市档案馆藏保险档。

[3] 上海市档案馆馆藏保安保险公司历年营业报告。

[4] 上海市档案馆藏宝丰保险公司档案。

[5] 上海市档案馆藏东莱银行档案。

[6] 上海市档案馆藏合营私营保险业联合档案。

[7] 上海市档案馆藏华安合群保寿公司档案。

[8] 上海市档案馆藏上海机器同业公会档案。

[9] 上海市档案馆藏金城银行档案。

[10] 上海市档案馆藏上海商业储蓄银行档案。

[11] 上海市档案馆藏上海市保险业同业公会档案。

[12] 上海市档案馆藏四海保险公司各年营业报告。

[13] 上海市档案馆藏太平保险公司档案。

[14] 上海市档案馆藏泰山保险公司档案。

［15］上海市档案馆藏永宁保险公司档案。

［16］上海市档案馆藏中国实业银行档案。

［17］上海市档案馆藏中国银行档案。

［18］中国保险事业二十年，上海市档案馆藏档。

［19］战时兵险业务报告，重庆市档案馆藏档。

［20］重庆市档案馆藏重庆市各商业同业公会档案。

［21］重庆市档案馆藏重庆市警察局档案。

［22］重庆市档案馆藏重庆市银楼商业同业公会档案。

［23］重庆市档案馆藏重庆市政府档案。

［24］重庆市档案馆藏川盐银行档案。

［25］重庆市档案馆藏邮政储金汇业局重庆分局档案。

［26］重庆市档案馆藏中国银行重庆分行档案。

［27］中国第二历史档案馆藏国民政府财政部档案。

［28］哈尔滨市档案馆馆藏革命历史档案。

二、 文献汇编

［1］爱汉者，等. 东西洋考每月统记传［M］. 黄时鑑，整理. 北京：中华书局，1997.

［2］蔡鸿源. 民国法规集成［M］. 合肥：黄山书社，1999.

［3］财政部财政科学研究所，中国第二历史档案馆. 国民政府财政金融税收档案史料：1927—1937 年［M］. 北京：中国财政经济出版社，1997.

［4］东北解放区财政经济史编写组. 东北解放区财政经济史料选编［M］. 哈尔滨：黑龙江人民出版社，1988.

［5］方宪堂. 上海近代民族卷烟工业［M］. 上海：上海社会科学院出版社，1989.

［6］甘肃省社会科学院历史研究室. 陕甘宁革命根据地史料选辑：第 1 辑［M］. 兰州：甘肃人民出版社，1981.

［7］李必樟. 上海近代贸易经济发展概况：1854—1898 年英国驻上海领事贸易报告汇编［M］. 上海：上海社会科学院出版社，1993.

［8］季啸凤，沈友益. 中华民国史史料外编——前日本末次研究所情报资料：第 66 册［M］. 桂林：广西师范大学出版社，1996.

［9］江西省档案馆. 湘赣革命根据地史料选编［M］. 南昌：江西人民出版社，1984.

［10］彭泽益. 中国近代手工业史资料：1840—1949［M］. 北京：中华书局，1962.

［11］陕甘宁边区财政经济史编写组，陕西省档案馆. 抗日战争时期陕甘宁边区财政经济史料摘编［M］. 西安：陕西人民出版社，1981.

［12］上海社会科学院经济研究所. 英美烟公司在华企业资料汇编［M］. 北京：中华书局，1983.

［13］上海社会科学院经济研究所，上海市国际贸易学会学术委员会. 上海对外贸易：1840—1949［M］. 上海：上海社会科学院出版社，1989.

［14］舒新成. 中国近代教育史资料［M］. 北京：人民教育出版社，1981.

［15］厦门大学法律系，福建省档案馆. 中华苏维埃共和国法律文件选编［M］. 南昌：江西人民出版社，1984.

［16］中国人民银行上海市分行金融研究室. 金城银行史料［M］. 上海：上海人民出版社，1983.

［17］中国近代经济史丛书编委会. 中国近代经济史研究资料：第4辑［M］. 上海：上海社会科学院出版社，1985.

［18］聂宝璋. 中国近代航运史资料：第1辑［M］. 北京：中国社会科学出版社，2002.

［19］全国政协文史资料委员会. 文史资料存稿选编：第21辑［M］. 北京：中国文史出版社，2002.

［20］刘明逵，唐玉良，等. 中国近代工人阶级和工人运动：第七册［M］. 北京：中共中央党校出版社，2002.

［21］璩鑫圭，唐良炎. 中国近代教育史资料汇编：学制演变［M］. 上海：上海教育出版社，2007.

［22］陕西省档案馆，陕西省社会科学院. 陕甘宁边区政府文件选编：第7辑［M］. 西安：陕西人民教育出版社，2015.

［23］申报年鉴社. 申报年鉴：1936［M］. 上海：申报年鉴社，1936.

［24］汤志均，陈祖恩，汤仁泽. 中国近代教育史资料汇编？戊戌时期教育［M］. 上海：上海教育出版社，2007.

［25］汪熙，陈绛. 轮船招商局：盛宣怀档案资料选辑之八［M］. 上海：上海人民出版社，2002. 天津市档案馆，等. 天津商会档案汇编：1903—1911［M］. 天津：天津人民出版社，1989. 王韬，顾燮光，等. 近代译书目［M］. 北京：北京图书馆出版社，2003.

［26］吴至信，李文海. 民国时期社会调查丛编：社会保障卷［M］. 福州：福建教育出版社，2004.

［27］许毅. 中央革命根据地财政经济史长编［M］. 北京：人民出版社，1982.

［28］严中平，等. 中国近代经济史统计资料选辑［M］. 北京：科学出版社，1955.

［29］中共中央党校党史教研室. 中共党史参考资料：二 第一次国内革命战争时期［M］. 北京：人民出版社，1979.

［30］中共江西省委党史研究室. 中央革命根据地历史资料文库：政权系统8［M］. 南昌：江西

人民出版社（中央文献出版社），2013.

［31］中共中央党史研究室，中央档案馆. 中国共产党第五次全国代表大会档案文献选编［M］. 北京：中共党史出版社，2014.

［32］中国第二历史档案馆. 中华民国史档案资料汇编：第三辑［M］. 南京：江苏古籍出版社，1991.

［33］中国第一历史档案馆. 晚清国际会议档案［M］. 扬州：广陵书社，2008.

［34］中国社会科学院近代史研究所. 共产国际有关中国革命的文献资料：第 1 辑［M］. 北京：中国社会科学出版社，1981.

［35］中国社会科学院法学研究所. 中国新民主主义革命时期根据地法制文献选编：第 1 卷［M］. 北京：中国社会科学出版社，1981.

［36］中国史学会. 洋务运动：中国近代史资料丛刊［M］. 上海：上海人民出版社，1961.

［37］中国人民政治协商会议天津市委员会文史资料研究委员会. 天津文史资料选辑：第 9 辑［M］. 天津：天津人民出版社，1980.

［38］中央档案馆. 中共中央文件选集：第 3 册［M］. 北京：中共中央党校出版社，1982. 中国社会科学院近代史研究室. 共产国际有关中国革命的文献资料：第 2 辑［M］. 北京：中国社会科学出版社，1982.

［39］中共中央文献研究室，中央档案馆. 建党以来重要文件选编：一九二一——一九四九 第 8 册［M］. 北京：中央文献出版社，2011.

［40］中国社会科学院近代史研究所《近代史资料》编译室. 陕甘宁边区参议会文献汇辑［M］. 北京：知识产权出版社，2013.

［41］中国财政科学研究院. 抗日战争时期陕甘宁边区财政经济史料摘编：第 2 编［M］. 武汉：长江文艺出版社，2016.

［42］中华全国总工会中国职工运动史研究室. 中国历次全国劳动大会文献［M］. 北京：工人出版社，1957.

［43］中华全国总工会中国职工运动史研究室. 中国工会历史文献［M］. 北京：工人出版社，1959.

［44］周正本，朱珠，花实. 中国近代工人阶级和工人运动：第 14 册［M］. 北京：中共中央党校出版社，2002.

［45］庄建平. 近代史资料文库：八［M］. 上海：上海书店出版社，2009.

三、 报刊杂志

综合报刊类：《申报》《上海新报》《新闻报》《大公报》（天津、上海、重庆）《时报》《民国日报》《中央日报》。

政府公报类:《国民政府公报》《政府公报》《江苏省公报》《广州市政公报》《四川省政府公报》《四川月报》《北洋官报》《四川官报》《陕西官报》《福建省政府公报》。

保险类:《保险界》《保险月刊》《保联》《护卫报》《保险与储蓄》《华安杂志》《太安丰保险界》《华安杂志》《保险季刊》《上海保险》《人寿》《简易人寿保险开办十周年专刊》《寿险季刊》《劳动保险工作概况》《中国经济信用保险有限责任合作社三周年纪念特刊》。

金融财政类:《金融日报》《大陆银行月刊》《银行周报》《银行月刊》《金融月刊》《中行月刊》《信托季刊》《中央银行月刊》《农行月刊》《中国农民银行通讯》《广东省银行季刊》《河北省银行经济半月刊》《银行界》《金融导报》《金融知识》《财政日刊》《财政评论》《征信新闻》《钱业月报》《财政评论》。

经济类:《经济汇报》《中国经济评论》《经济丛刊》《经济半月刊》《中央经济月刊》《经济旬刊》《天津经济统计月报》《北方经济》《财政旬刊》(汉口)《中国经济》《现代经济通讯·星期增刊》《统计月刊》《四川经济月刊》《四川经济季刊》《浙江经济情报》。

工商类:《商务报》(北京)《商务日报》《商务官报》《商业杂志》《商学月刊》《工商半月刊》《工商特刊》《中国实业杂志》《交通杂志》《广东劝业报》《江苏实业杂志》《农商公报》《安徽实业杂志》《江西农讯》《中华实业界》《山西实业报》《湖北商务报》《香港华商月刊》《商学丛刊》《浙江省建设月刊》《资源委员会公报》《交通职工月报》《国际贸易导报》《川盐特刊》。

其他报刊:《合作月刊》《劳工月刊》《邮汇通讯》《储汇邮工》《社会工作通讯》《社会卫生》《中国教会新报》《知新报》《申报月刊》《湘报》《河南白话科学报》《蜀曦》《国际周报》(北京)《太平洋》(上海)《大事汇刊》《四民报》《无锡新报》《留美学生季报》《北京大学日刊》《大夏大学周报》《福州高中校刊》《兴华》《立报》《政衡》《海潮》《教育与民众》《通俗教育报》《学林》《红色中华》《斗争》《解放日报》《解放与改造》《东方杂志》《斗争生活》《国论》《江苏教育行政月报》《民钟季刊》《大夏》《红旗》《光大闽声》《厦门大学学报》《民鸣月刊》《星期评论》《中华日报》《金刚钻》《新汉口》。

四、 民国著述

[1] 陈光甫先生言论集 [M]. 上海:上海商业储蓄银行,1949.

[2] 陈煜堃. 社会保险概论 [M]. 南京:南京经纬社,1946.

[3] 陈振鹭. 劳动问题大纲 [M]. 上海:上海大学书店,1936.

[4] 沙为楷. 中国买办制 [M]. 上海:商务印书馆,1934.

[5] 林良桐. 社会保险 [M]. 南京:正中书局,1946.

[6] 寒芷. 战后上海的金融 [M]. 香港:香港金融出版社,1941.

[7] 黄公安. 农业保险的理论及其组织 [M]. 上海:商务印书馆,1937.

[8] 及川朝雄. 上海外商株式市场论 [M]. 上海:上海三通书局,1941.

［9］彭莲棠. 中国农业合作之研究［M］. 上海：中华书局，1948.

［10］钱承绪. 中国金融之组织：战前与战后［M］. 南京：中国经济研究会，1941.

［11］沈雷春. 中国金融年鉴：1939［M］. 上海：中国金融年鉴社，1939.

［12］沈雷春. 中国保险年鉴：1937［M］. 上海：中国保险年鉴社，1937.

［13］沈雷春. 中国保险年鉴：1936［M］. 上海：中国保险年鉴社，1936.

［14］陶百川. 中国劳动法之理论与实际［M］. 上海：大东书局，1931.

［15］王效文. 保险学［M］. 上海：商务印书馆，1925.

［16］王效文. 五十年来之中国保险业［M］. 上海：中国通商银行，1947.

［17］关庚麟. 交通史航政编［M］. 南京：交通部、铁道部交通史编纂委员会，1931.

［18］周志骅. 东三省概论［M］. 上海：商务印书馆，1931.

［19］张法尧. 社会保险要义［M］. 上海：华通书局，1931.

［20］吴承禧. 中国的银行［M］. 上海：商务印书馆，1935.

［21］关庚麟. 交通史航政编［M］. 上海：民智书局，1935.

［22］吴耀麟. 社会保险之理论与实际［M］. 上海：大东书局，1932.

［23］许晚成. 全国金融市场调查录［M］. 上海：龙文书店，1942.

［24］予觉氏. 满洲忧患史［M］. 天津：天津益世报馆，1929.

［25］张肖梅，等. 中外经济年报［M］. 上海：世界书局，1941.

［26］中国保险年鉴编辑所. 保险年鉴：1935 序［M］. 上海：中华人寿保险协进社，1935.

五、 文集、 日记、 年谱

［1］毛泽东. 毛泽东选集：第三卷［M］. 北京：人民出版社，1966.

［2］孙中山. 孙中山全集：第9卷［M］. 北京：中华书局，1986.

［3］汪敬虞. 唐廷枢研究［M］. 北京：中国社会科学出版社，1983.

［4］瞿秋白. 瞿秋白文集·政治理论编：第2卷［M］. 北京：人民出版社，1988.

［5］林伯渠. 林伯渠文集［M］. 北京：华艺出版社，1996.

［6］中共中央文献研究室. 毛泽东文集：第4卷［M］. 北京：人民出版社，1996.

［7］赵树贵，曾丽雅. 陈炽集［M］. 北京：中华书局，1997.

［8］苑书义，孙华峰，李秉新. 张之洞全集［M］. 石家庄：河北人民出版社，1998.

［9］马寅初. 马寅初全集：第9卷［M］. 杭州：浙江人民出版社，1999.

［10］王韬. 弢园文录外编［M］. 上海：上海书店出版社，2002.

［11］中国社会科学院科研局. 聂宝璋集［M］. 北京：中国社会科学出版社，2002.

［12］薛福成. 薛福成日记［M］. 蔡少卿，整理. 长春：吉林文史出版社，2004.

［13］夏东元. 盛宣怀年谱长编：上［M］. 上海：上海交通大学出版社，2004.

［14］顾廷龙，戴逸. 李鸿章全集：信函四［M］. 合肥：安徽教育出版社，2008.

［16］刘志强，赵凤莲. 徐润年谱长编［M］. 北京：北京师范大学出版社，2011.

［17］徐润. 徐愚斋自述年谱［M］. 台北：文海出版社，1974.

［18］夏东元. 郑观应集·救时揭要：外八种［M］. 北京：中华书局，2013.

［19］蔡和森. 蔡和森文集［M］. 北京：人民出版社，2013.

［20］中国李大钊研究会. 李大钊全集：修订本［M］. 北京：人民出版社，2013.

［21］陈独秀. 陈独秀文集：第二卷［M］. 北京：人民出版社，2013.

［22］刘泱泱，等. 左宗棠全集［M］. 长沙：岳麓书社，2014.

六、 当代论著

［1］白吉尔. 中国资产阶级的黄金时代 1911—1937 年［M］. 张富强，许世芬，译. 上海：上海人民出版社，1994. 陈伊维. WTO 与保险公估理论与实务［M］. 北京：中国发展出版社，2001.

［2］陈争平. 中国经济发展史：第四分册［M］. 北京：中国经济出版社，1999.

［3］戴建斌. 中国货币文化史［M］. 济南：山东画报出版社，2011.

［4］丁日初. 上海近代经济史：1843—1894 第 1 卷［M］. 上海：上海人民出版社，1994.

［5］董波. 世界保险史话［M］. 北京：中国金融出版社，2020.

［6］杜恂诚. 日本在旧中国的投资［M］. 上海：上海社会科学院出版社，1986.

［7］费维恺. 中国早期工业化［M］. 虞和平，译. 北京：中国社会科学出版社，1990.

［8］冯邦彦. 香港金融业百年［M］. 上海：东方出版中心，2007.

［9］冯邦彦，饶美蛟. 厚生利群：香港保险史 1841—2008［M］. 香港：三联书店（香港），2009. 格林堡. 鸦片战争前中英通商史［M］. 康成. 译，北京：商务印书馆，1961.

［10］郝延平. 十九世纪的中国买办：东西间的桥梁［M］. 李荣昌，等，译. 上海：上海社会科学院出版社，1988. 何森. 何世礼将军的传奇一生［M］. ［地址不详］：北美华文作家出版社，2011.

［11］霍新宾. 清末民初广州劳资关系变动研究［M］. 广州：中山大学出版社，2017.

［12］贾秀岩，陆满平. 民国价格史［M］. 北京：中国物价出版社，1992.

［13］江生忠. 中国保险产业组织优化研究［M］. 北京：中国社会科学院出版社，2003.

［14］江苏省地方志编纂委员会. 江苏省志·保险志［M］. 南京：江苏古籍出版社，1998.

［15］H. A. L. 科克雷尔，埃德温·格林. 英国保险史：1547—1970［M］. 邵秋芬，颜鹏飞，译. 武汉：武汉大学出版社，1988.

［16］李一翔. 中国近代银行与企业的关系［M］. 台北：台湾东大图书公司，1997.

［17］梁星亮，等. 陕甘宁边区史纲［M］. 西安：陕西人民出版社，2012.

［18］刘贯学. 新中国劳动保障史话：1949—2003［M］. 北京：中国劳动社会保障出版社，2004.

［19］刘广京. 英美航运势力在华的竞争：1862—1874［M］. 邱锡荣，曹铁珊，译. 上海：上海社会科学院出版社，1988.

［20］费成康. 中国的家族法规［M］. 上海：上海社会科学院出版社，1998.

［21］勒费窝. 怡和洋行——1842—1895 年在华活动概述［M］. 陈曾年，乐嘉书，译. 上海：上海社会科学院出版社，1986.

［22］雷麦. 外人在华投资［M］. 蒋学楷，赵康节，译. 北京：商务印书馆，1953.

［23］罗兹·墨菲. 上海——现代中国的钥匙［M］. 上海社会科学院历史研究所，编译. 上海：上海人民出版社，1986.

［24］罗志平. 清末民初美国在华的企业投资：1818—1937［M］. 台北："国史馆"，1996.

［25］马士. 中华帝国对外关系史［M］. 张汇文，等. 译，北京：三联书店，1957.

［26］马学强，张秀莉. 出入于中西之间：近代上海买办社会生活［M］. 上海：上海辞书出版社，2009.

［27］裴光. 中国保险业监管研究［M］. 北京：中国金融出版社，1999.

［28］秦贤次，吴瑞松. 中国现代保险史纲［M］. 财团法人保险事业发展中心，2007.

［29］施其乐. 历史的觉醒：香港社会史论［M］. 香港：香港教育图书，1999.

［30］斯蒂芬·洛克伍德. 美商琼记洋行在华经商情况的剖析（1858—1862）［M］. 章克生，王作求，译. 上海：上海社会科学院出版社，1992.

［31］唐振常. 上海史［M］. 上海：上海人民出版社，1989.

［32］天津市地方志编修委员会. 天津通志·保险志［M］. 天津：天津社会科学院出版社，1999.

［33］汪敬虞. 十九世纪西方资本主义对中国的经济侵略［M］. 北京：人民出版社，1983.

［34］汪敬虞. 唐廷枢研究［M］. 北京：中国社会科学出版社，1983.

［35］汪敬虞. 外国资本在中国近代的金融活动［M］. 北京：人民出版社，1999.

［36］魏源. 海国图志［M］. 李巨澜，评注. 郑州：中州古籍出版社，1999.

［37］魏原杰，等. 中国保险百科全书［M］. 北京：中国发展出版社，1992.

［38］吴景平，等. 抗战时期的上海经济［M］. 上海：上海人民出版社，2001.

［39］吴申元，郑韫瑜. 中国保险史话［M］. 北京：经济管理出版社，1993.

［40］熊月之. 上海通史：第 8 卷 民国经济［M］. 上海：上海人民出版社，1999.

［41］亚当·斯密. 国民财富的性质和原因的研究：下册［M］. 郭大力，王亚南，译. 北京：商务印书馆，1974.

［42］许涤新，吴承明. 中国资本主义发展史［M］. 北京：人民出版社，2005.

［43］颜鹏飞，李名炀，曹圃. 中国保险史志：1805—1949［M］. 上海：上海社会科学院出版社，1989.

［44］严庆泽，梁鸿，王立安．世界保险史话［M］．北京：经济管理出版社，1993.

［45］赵德馨．中国近现代经济史 1842—1949［M］．厦门：厦门大学出版社，2017.

［46］赵兰亮．近代上海保险市场研究：1843—1937［M］．上海：复旦大学出版社，2003.

［47］赵守兵．仰望百年——中国保险先驱四十人［M］．北京：中国金融出版社，2014.

［48］郑宏泰，黄绍伦．政商两和——何东［M］．香港：三联书店（香港），2013.

［49］章开沅，林增平．辛亥革命史（上）［M］．北京：东方出版社，2010.

［50］张国辉．洋务运动与中国近代企业［M］．北京：中国社会科学出版社，1979.

［51］张后铨．招商局史［M］．北京：人民交通出版社，1988.

［52］张忠民．艰难的变迁——中国近代公司制度研究［M］．上海：上海社会科学院出版社，2001.

［53］中国保险学会《中国保险史》编审委员会．中国保险史［M］．北京：中国金融出版社，1998.

［54］中国人保编写组．不忘来时路——中国人民保险的记忆［M］．北京：中国金融出版社，2021.

［55］中国银行行史编撰委员会．中国银行行史：1912—1949［M］．北京：中国金融出版社，1995.

［56］中华全国总工会组织部．中国工会章程简史：第 2 版［M］．北京：中国工人出版社，2018.

［57］中央苏区工运史征编协作小组．中央革命根据地工人运动史［M］．北京：改革出版社，1989.

［58］中共中央党史研究室第一研究部．联共（布）、共产国际与中国国民革命运动：1920—1925［M］．北京：北京图书馆出版社，1997.

［59］钟宝贤．太古之道　太古在华一百五十年［M］．上海：三联书店（上海），2016.

［60］朱英．晚清经济政策与改革措施［M］．武汉：华中师范大学出版社，1996.

［61］朱华雄，王芸．国民政府时期农业保险合作思想与实践［M］//顾海良，颜鹏飞．经济思想史评论：第三辑．北京：经济科学出版社，2008.

［62］邹依仁．旧上海人口变迁的研究［M］．上海：上海人民出版社，1980.

七、　当代期刊论文

［1］补荣嘉．广州火险业的兴衰史［J］．当代保险，1988，7.

［2］蔡志刚，梁衡义．香港的保险业［J］．外国经济与管理，1995，7.

［3］陈蓉，颜鹏飞．中国近代保险市场运作机制研究——以英国海外火险委员会为例［J］．上海经济研究，2020，1.

［4］丁霞. 中国近代保险史研究的两个难题［J］. 保险研究，2015，11.

［5］高炜. 探析香港保险业的历史发展进程［J］. 内蒙古保险，1998，5.

［6］何英. 外商垄断中国保险市场时期之"价格战"分析［J］. 保险研究，2015，11.

［7］何英. 近代中文保单的争议与践行［J］. 保险研究，2020，7.

［8］李玉. 制约清末公司制度的非经济因素［J］. 四川大学学报，1995，3.

［9］林增余. 关于我国第一家外国保险商的旁证［J］. 上海保险，1991，3.

［10］林震峰. 建国初期的上海保险业［J］. 中国保险，1999，10.

［11］刘志英. 近代上海的外商证券市场［J］. 上海金融，2002，4.

［12］罗艳. 近代保险的传入和中国民族保险的产生［J］. 清史研究，2005，4.

［13］吕明勋. 旧中国的保险经纪人［J］. 上海保险，1993，2.

［14］麻光炳. 西方近代保险思想在中国的传播及中国民族保险业的兴起［J］. 贵州大学学报，2000，5.

［15］洪辰辰. 英商保险公司的"生意经"［J］. 当代保险，1989，1.

［16］森次勋. 在华列强资本的研究［J］//中国经济. 张汉，译. 1934，2（5）.

［17］邵秋芬. 清朝末年的中国保险业［J］. 当代保险，1989，5.

［18］邵秋芬. 北洋政府时期的中国保险业［J］. 当代保险，1989，10.

［19］谭文凤. 中国近代保险业述略［J］. 历史档案，2001，2.

［20］汤铭志. 话说谏当保安行［J］. 上海保险，1993，6.

［21］汪敬虞. 十九世纪外国侵华企业中的华商附股活动［J］. 历史研究，1965，4.

［22］吴奋. 探索外商保险公会成立的年份问题［J］. 上海保险，1993，7.

［23］吴静. 抗战时期国家资本寿险机构展业对比——以中华信托局人寿保险处与邮政储金汇业局保险处为例［J］. 保险研究，2015，6.

［24］吴静. 抗战时期重庆保险市场探析［J］. 保险理论与实践，2020，10.

［25］吴静. 重庆邮政储金汇业局简易寿险业务探析［J］. 保险理论与实践，2018，6.

［26］吴静，崔静. 抗战时期简易人寿保险业展业研究［J］. 保险研究，2016，7.

［27］吴静，曾代伟. 战时保险法制改革与实践研究［J］. 保险研究，2016，1.

［28］颜鹏飞，邵秋芬. 中英近代保险关系史研究——中国首家外商保险同业公会（FIAS）和伦敦海外火险委员会（FOCF）考证［J］. 经济评论，2000，2.

［29］赵兰亮. 论太平洋战争后日汪对上海保险市场的监控［J］. 上海师范大学学报，2002，2.

［30］中国第一历史档案馆. 京师当行商会创立思豫堂保险公益会史料［J］. 历史档案，2000，1.

八、 英文、 日文文献

［1］The Canton Register.

［2］ The China Press.

［3］ Chinese Year Book, 1937.

［4］ Commercial Reports: 1875—1876, Shanghai.

［5］ HOWARD COX, HUANG BIAO, STUART METCALFE. Compradors, Firm Architecture and the "Reinvention" of British Trading Companies ［J］. Business History, 2003, 45 (2).

［6］ G. C. AllEN. Western Enterprise in Far Eastern Economic Development ［M］. London: ［出版者不详］, 1954.

［7］ The North – China Herald.

［8］ The North – China Daily News.

［9］ The North – China Herald and Market Report.

［10］ The North – China Herald and Supreme Court &Consular Gazette.

［11］ The Shanghai Evening Couriers.

［12］ SUN INSURANCE OFFICE LIMITED. Board and Committee Minutes 1709 – 1920 ［Z］. London: Guildhall Library, China 4, MS31522/64: 43 –49.

［13］ The Shanghai Times.

［14］ Trading Companies ［J］. Business History, 2003, 45 (2).

［15］ VICTOR DOVER, A Handbook to Marine Insurance ［M］. 8th ed, ［s. I. ］: Witherby, 1975.

［16］ 东亚研究所. 东亚研究所调查报告: 英国ノ对支金融业及保险业投资 ［R］. 东亚研究所, 1939.

［17］ 东亚研究所. 米国ノ对支金融业及保险业投资 ［M］. ［出版地不详］: 东亚研究所, 1940.

［18］ 和田喜八. 上海に於ける保险事业の研究 ［J］. 支那研究, 1928.

［19］ 兴亚经济研究所. 中国损害保险事情と诸问题 ［M］//兴亚政治经济研究: 第三辑. ［出版地不详］: ［出版者不详］, 1942.

The History of Insurance
in Modern China

中国近代保险史

后 记
Postscript

　　编著《中国近代保险史》历史久远，工程浩大。本书在策划、选稿、编辑、出版的过程中，各界专家、学者攻坚克难、呕心沥血、精心打磨，数易其稿，作出了巨大奉献。借此机会，感谢武汉大学颜鹏飞、复旦大学赵兰亮、中南财经政法大学朱华雄、上海政法学院何英、广东财经大学丁霞、西南政法大学吴静、广东工业大学曾金莲、成都信息工程大学阳甜的前期组稿编纂；感谢天津师范大学田涛的后期统稿，尤其是在本书体例规范、内容调整、资料补充等方面的工作；感谢党史领域、经济金融领域和保险公司相关专家的有益启迪和建议；感谢国家第一历史档案馆、国家图书馆、上海市档案馆等单位的大力协助；感谢中国金融出版社为本书的出版申请国家出版基金。没有他们的接续努力和付出，就不会有这本书的诞生。

　　由于编者水平有限，书中难免存在不当之处，欢迎广大读者提出宝贵意见。

编 者

2022 年 2 月